2021

SEJUSP-MG

EDITORA
AlfaCon
Concursos Públicos

Proteção de direitos

Todos os direitos autorais desta obra são reservados e protegidos pela Lei nº 9.610/98. É proibida a reprodução de qualquer parte deste material didático, sem autorização prévia expressa por escrito do autor e da editora, por quaisquer meios empregados, sejam eletrônicos, mecânicos, videográficos, fonográficos, reprográficos, microfílmicos, fotográficos, gráficos ou quaisquer outros que possam vir a ser criados. Essas proibições também se aplicam à editoração da obra, bem como às suas características gráficas.

Diretor Presidente	Evandro Guedes
Diretor Editorial	Javert Falco
Diretor de Marketing	Jadson Siqueira
Gerente Editorial	Mariana Passos
Equipe Editorial	Dayane Ribeiro da Silva
	Fátima Rodrigues
	Mateus Ruhmke Vazzoller
	Patricia Quero
Aquisição Editorial	Fábio Oliveira
Coordenação Revisão de Texto	Paula Craveiro
Coordenação Editoração	Alexandre Rossa
Arte e Produção	Nara Azevedo
	Daniela Pavan
Capa	Alexandre Rossa

Língua Portuguesa
Pablo Jamilk

Redação
Giancarla Bombonato

Raciocínio Lógico
Daniel Lustosa

Noções de Direito Constitucional
Daniel Sena

Noções de Direito Penal
Eduardo Labruna e Evandro Guedes

Noções de Direitos Humanos e Participação Soacial
André Adriano, Nilton Matos

Legislação Especial
André Adriano, Evandro Guedes, Gustavo Muzy, Luiz Rezende, Rafael Medeiros e Thállius Moraes

Dados Internacionais de Catalogação na Publicação (CIP)
Angelica Ilacqua CRB-8/7057

A21

Agente de Segurança Penitenciário : Policial Penal : SEJUSP-MG / Equipe de professores Alfacon. -- Cascavel, PR : AlfaCon, 2021.
540 p.

ISBN 978-65-5918-246-6

1. Agente penitenciário - Concursos – Brasil 2. Polícia penal - Concursos 3. Língua portuguesa 4. Matemática 5. Informática 6. Direito 7. Minas Gerais. Secretaria de Estado de Justiça e Segurança Pública - Concursos

21-3473   CDD 351.81076

Índices para catálogo sistemático:
1. Serviço público - Brasil - Concursos

Impressão: Renovagraf

Dúvidas?
Acesse: www.alfaconcursos.com.br/atendimento
Núcleo Editorial:
Rua: Paraná, nº 3193, Centro - Cascavel/PR
CEP: 85.810-010
Núcleo Comercial/Centro de Distribuição:
Rua: Dias Leme, nº 489, Mooca - São Paulo/SP
CEP: 03118-040
 SAC: (45) 3037-8888

Data de fechamento 1ª impressão:
20/08/2021

www.alfaconcursos.com.br/apostilas

Atualizações e erratas
Esta obra é vendida como se apresenta. Atualizações - definidas a critério exclusivo da Editora AlfaCon, mediante análise pedagógica - e erratas serão disponibilizadas no site www.alfaconcursos.com.br/codigo, por meio do código disponível no final do material didático Ressaltamos que há a preocupação de oferecer ao leitor uma obra com a melhor qualidade possível, sem a incidência de erros técnicos e/ou de conteúdo. Caso ocorra alguma incorreção, solicitamos que o leitor, atenciosamente, colabore com sugestões, por meio do setor de atendimento do AlfaCon Concursos Públicos.

APRESENTAÇÃO

Fazer parte do serviço público é o objetivo de muitas pessoas. Por esse motivo, os processos seletivos relacionados a essa área de atuação costumam ser muito concorridos.

Nesse sentido, a obra **SEJUSP-MG** reúne todos os conteúdos cobrados no último edital do concurso. Na elaboração deste material, a Editora AlfaCon teve o cuidado de trazer as indicações mais importantes dos tópicos que fazem parte do conteúdo programático das disciplinas abordadas. Além disso, durante a explanação dos conteúdos, o estudante encontrará dicas essenciais à sua compreensão (no box Fique Ligado), e nos principais conteúdos constam exercícios gabaritados, provenientes de concursos. Toda essa disposição de assuntos foi pensada para auxiliar o concurseiro na melhor compreensão e fixação do conteúdo.

Conteúdos não abordados pelo material fisicamente: INFORMÁTICA (Noções de videoconferência) / NOÇÕES DE DIREITO CONSTITUCIONAL (Constituição do Estado de Minas Gerais) / LEGISLAÇÃO ESPECIAL (Lei nº 13.675/2018 (disciplina a organização e o funcionamento dos órgãos responsáveis pela segurança pública; cria a Política Nacional de Segurança Pública e Defesa Social; institui o Sistema Único de Segurança Pública) e Decreto de Regulamentação nº 9.489/2018. Lei Estadual nº 869, de 05 de julho de 1.952 e suas alterações posteriores - Estatuto dos Funcionários Públicos Civis do Estado de Minas Gerais; Lei Estadual n.º 11.404, de 25 de Janeiro de 1994 (Contém Normas de Execução Penal); Lei Estadual nº 14.695, de 30 de julho de 2.003, que instituiu a carreira de Agente de Segurança Penitenciário; Regulamentos e Normas de Procedimentos do Sistema Prisional de Minas Gerais (ReNP).

O material também se destaca por agregar ao seu estudo a tecnologia educacional AlfaCon Notes, ferramenta cuja funcionalidade consiste em registrar suas anotações por meio do QR Code. O objetivo é justamente o de deixar tudo organizado e acessível na área do aluno AlfaCon e em seu smartphone. Por isso, você tem em mãos um material que é um grande facilitador para seus estudos, pois a finalidade maior é auxiliá-lo a compreender os conteúdos de forma didática e eficaz.

Trata-se, então, de uma obra de excelência, resultado da experiência e da competência da Editora e dos Autores, que são especializados em suas respectivas disciplinas. Ressaltamos a importância e a necessidade de haver uma preparação direcionada e organizada, pois somente assim o candidato pode ter o desempenho que almeja nas provas. Tenha a certeza de que esta obra será o diferencial para a conquista de sua aprovação.

Bons estudos e rumo à sua aprovação!

App AlfaCon Notes

O **AlfaCon Notes** é um aplicativo perfeito para registrar suas **anotações de leitura,** deixando seu estudo **mais prático.** Viva a experiência Alfacon Notes. Para instalar, acesse o Google Play ou a Apple Store.

Se liga no **vídeo!**

Cada tópico de seu livro contém **um Código QR** ao lado.

Escolha o tópico e faça a leitura do Código QR utilizando o aplicativo AlfaCon Notes para registrar sua anotação.

Pronto para essa **nova experiência?** Então, baixe o App **AlfaCon Notes** e crie suas anotações.

Acesse seu material complementar:

1 Acesso o site **www.alfaconcursos.com.br** para se cadastrar **gratuitamente** ou para efetuar seu login.

2 Na aba Resgatar código, digite o código abaixo. Seu código estará disponível por 120 dias a partir do primeiro acesso.

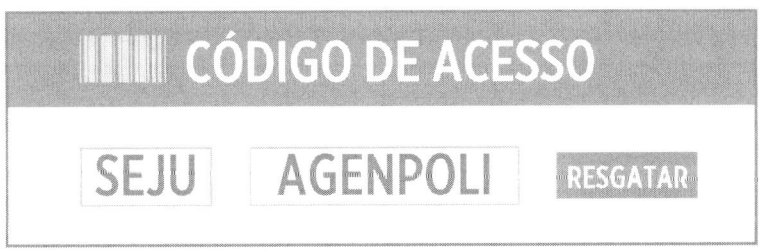

3 Após a validação do código, você será redirecionado para a página em que constam seus materiais (erratas, atualizações e material complementar). Todo esse conteúdo está disponível gratuitamente.

É mais que um livro, é uma experiência!

COMO ESTUDAR PARA UM CONCURSO PÚBLICO!

Para se preparar para um concurso público, não basta somente estudar o conteúdo. É preciso adotar metodologias e ferramentas, como plano de estudo, que ajudem o concurseiro em sua organização.

As informações disponibilizadas são resultado de anos de experiência nesta área e apontam que estudar de forma direcionada traz ótimos resultados ao aluno.

CURSO ON-LINE GRATUITO

- Como montar caderno
- Como estudar
- Como e quando fazer simulados
- O que fazer antes, durante e depois de uma prova!

Ou pelo link: alfaconcursos.com.br/cursos/material-didatico-como-estudar

ORGANIZAÇÃO

Organização é o primeiro passo para quem deseja se preparar para um concurso público.

Conhecer o conteúdo programático é fundamental para um estudo eficiente, pois os concursos seguem uma tendência e as matérias são previsíveis. Usar o edital anterior - que apresenta pouca variação de um para outro - como base é uma boa opção.

Quem estuda a partir desse núcleo comum precisa somente ajustar os estudos quando os editais são publicados.

PLANO DE ESTUDO

Depois de verificar as disciplinas apresentadas no edital, as regras determinadas para o concurso e as características da banca examinadora, é hora de construir uma tabela com seus horários de estudo, na qual todas as matérias e atividades desenvolvidas na fase preparatória estejam dispostas.

PASSO A PASSO

VEJA AS ETAPAS FUNDAMENTAIS PARA ORGANIZAR SEUS ESTUDOS

PASSO 1	PASSO 2	PASSO 3	PASSO 4	PASSO 5
Selecionar as disciplinas que serão estudadas.	Organizar sua rotina diária: marcar pontualmente tudo o que é feito durante 24 horas, inclusive o tempo que é destinado para dormir, por exemplo.	Organizar a tabela semanal: dividir o horário para que você estude 2 matérias por dia e também destine um tempo para a resolução de exercícios e/ou revisão de conteúdos.	Seguir rigorosamente o que está na tabela, ou seja, destinar o mesmo tempo de estudo para cada matéria. Por exemplo: 2h/dia para cada disciplina.	Reservar um dia por semana para fazer exercícios, redação e também simulados.

Esta tabela é uma sugestão de como você pode organizar seu plano de estudo. Para cada dia, você deve reservar um tempo para duas disciplinas e também para a resolução de exercícios e/ou revisão de conteúdos. Fique atento ao fato de que o horário precisa ser determinado por você, ou seja, a duração e o momento do dia em que será feito o estudo é você quem escolhe.

TABELA SEMANAL

SEMANA	SEGUNDA	TERÇA	QUARTA	QUINTA	SEXTA	SÁBADO	DOMINGO
1							
2							
3							
4							

SUMÁRIO

LÍNGUA PORTUGUESA 18
    1. Níveis de Análise da Língua 19
    2. Morfologia Classes de Palavras 19
        2.1 Substantivos 19
        2.2 Artigo 19
        2.3 Pronome 20
        2.4 Pronomes de Tratamento 20
        2.5 Adjetivo 23
        2.6 Advérbio 26
        2.7 Conjunção 27
        2.8 Interjeição 28
        2.9 Numeral 28
        2.10 Preposição 29
    3. Pronomes 33
        3.1 Pessoais 33
        3.2 De Tratamento 34
        3.3 Demonstrativos 35
        3.4 Relativos 36
        3.5 Indefinidos 36
        3.6 Interrogativos 36
        3.7 Possessivos 36
    4. Substantivo 37
        4.1 Número dos Substantivos 37
    5. Verbo 37
        5.1 Estrutura e Conjugação dos Verbos 38
        5.2 Flexão Verbal 39
        5.3 Formas Nominais do Verbo 39
        5.4 Tempos Verbais 39
        5.5 Tempos Compostos da Voz Ativa 39
        5.6 Vozes Verbais 39
        5.7 Tipos de Voz Passiva 40
        5.8 Verbos com a Conjugação Irregular 40
    6. Sintaxe Básica da Oração e do Período 46
        6.1 Período Simples (Oração) 46
        6.2 Período Composto 48
    7. Concordância Verbal e Nominal 53
        7.1 Concordância Verbal 53
        7.2 Concordância Nominal 54
    8. Acentuação Gráfica 57
        8.1 Regras Gerais 57
    9. Colocação Pronominal 60
        9.1 Regras de Próclise 60
        9.2 Regras de Mesóclise 60
        9.3 Regras de Ênclise 60

Sumário

9.4 Casos Facultativos	60
10. Regência Verbal e Nominal	62
10.1 Regência Verbal	62
10.2 Regência Nominal	63
11. Crase	65
11.1 Crase Proibitiva	65
11.2 Crase Obrigatória	65
11.3 Crase Facultativa	65
12. Pontuação	69
12.1 Principais Sinais e Usos	69
13. Tipologia Textual	72
13.1 Narração	72
13.2 Dissertação	73
13.3 Descrição	73
14. Compreensão e Interpretação de Textos	73
15. Paráfrase Um Recurso Precioso	76
16. Ortografia	79
17. Acordo Ortográfico da Língua Portuguesa	86
17.1 Trema	86
17.2 Regras de Acentuação	86
17.3 Hífen com Compostos	87
17.4 Uso do Hífen com Palavras Formadas Por Prefixos	87
17.5 Síntese das Principais Regras do Hífen	89
17.6 Quadro Resumo do Emprego do Hífen com Prefixos	89
18. Interpretação de Textos	92
18.1 Ideias Preliminares Sobre o Assunto	92
18.2 Semântica ou Pragmática?	92
18.3 Questão de Interpretação?	92
18.4 Tipos de Texto - O Texto e Suas Partes	92
18.5 O Texto Dissertativo	92
19. Demais Tipologias Textuais	95
19.1 O Texto Narrativo	95
19.2 O Texto Descritivo	95
19.3 Conotação X Denotação	95
19.4 Figuras de Linguagem	95
19.5 Funções da Linguagem	96
20. Interpretação de Texto Poético	100
20.1 Tradução de Sentido	100
20.2 Organização de Texto (Texto Embaralhado)	101
20.3 Significação das Palavras	101
20.4 Inferência	101
21. Estrutura e Formação de Palavras	106
21.1 Estrutura das Palavras	106
21.2 Radicais Gregos E Latinos	106
21.3 Radicais Latinos	106
21.4 Origem DAS Palavras DE Língua Portuguesa	107

  21.5 Processos de Formação de Palavras 107
 22. Figuras de Linguagem 110
  22.1 Conotação X Denotação 110
  22.2 Vícios de Linguagem 111

REDAÇÃO 114
 1. Redação para Concursos Públicos 115
  1.1 Posturas em Relação À Redação 115
  1.2 Apresentação do Texto 115
  1.3 O Texto Dissertativo 117
  1.4 Critérios de Correção da Redação para Concursos Públicos 118
  1.5 Propostas de Redação 119
 2. Dissertação Expositiva e Argumentativa 120
  2.1 Dissertação Expositiva 120
  2.2 Dissertação Argumentativa 123

RACIOCÍNIO LÓGICO 126
 1. Conjuntos Numéricos 127
  1.1 Números Naturais 127
  1.2 Números Inteiros 127
  1.3 Números Racionais 127
  1.4 Números Irracionais 129
  1.5 Números Reais 129
  1.6 Intervalos 129
  1.7 Múltiplos e Divisores 130
  1.8 Números Primos 130
  1.9 Mmc e Mdc 130
  1.10 Divisibilidade 130
  1.11 Expressões Numéricas 130
 2. Sistema Legal de Medidas 133
  2.1 Medidas de Tempo 133
  2.2 Sistema Métrico Decimal 133
 3. Razões e Proporções 135
  3.1 Grandeza 135
  3.2 Razão 135
  3.3 Proporção 135
  3.4 Divisão em Partes Proporcionais 135
  3.5 Regra das Torneiras 136
  3.6 Regra de Três 136
 4. Porcentagem e Juros 138
  4.1 Porcentagem 138
  4.2 Lucro e Prejuízo 138
  4.3 Juros Simples 138
  4.4 Juros Compostos 138
  4.5 Capitalização 138
 5. Teoria dos Conjuntos 140
  5.1 Definições 140

Sumário

    5.2 Subconjuntos 140
    5.3 Operações com Conjuntos 141
6. Proposições 143
    6.1 Definições 143
    6.2 Tabela Verdade e Conectivos Lógicos 144
    6.3 Tautologias, Contradições e Contingências 145
    6.4 Equivalências Lógicas 146
    6.5 Relação Entre Todo, Algum e Nenhum 147
7. Argumentos 150
    7.1 Definições 150
    7.2 Métodos para Classificar Os Argumentos 151
8. Psicotécnicos 154
9. Sequências Numéricas 158
    9.1 Conceitos 158
    9.2 Lei de Formação de Uma Sequência 158
    9.3 Progressão Aritmética (P.A.) 158
    9.4 Progressão Geométrica (P.G.) 159

INFORMÁTICA 162

1. Redes de Computadores 163
    1.1 Paradigma de Comunicação 163
    1.2 Dispositivos de Rrede 163
    1.3 Topologia de Rede 163
    1.4 Firewall 164
    1.5 Tipos de Redes 164
    1.6 Padrões de Infraestrutura 165
    1.7 Correio Eletrônico 165
    1.8 Url (*Uniform Resource Locator*) 166
    1.9 Navegadores 166
    1.10 Conceitos Relacionados À Internet 166
2. Sistema Windows 10 169
    2.1 Requisitos Mínimos 169
    2.2 Novidades 169
3. Word 2016 183
    3.1 Tela de Abertura 183
    3.2 Janela do Programa 183
    3.3 Menu Arquivo 184
    3.4 Aba Página Inicial 186
    3.5 Aba Inserir 191
    3.6 Aba Design 193
    3.7 Aba Layout 193
    3.8 Aba Referências 194
    3.9 Aba Correspondências 195
    3.10 Aba Revisão 195
    3.11 Aba Exibir 196
4. Excel 2016 198
    4.1 Janela Inicial 198

  4.2 Formatos de Arquivos..198
  4.3 Novidades..198
  4.4 Operadores..199
  4.5 Operadores de Referência..200
  4.6 Funções...201
  4.7 Seleção de Células...203
  4.8 Alça de Preenchimento..203
  4.9 Endereçamento de Células...204
 5. Powerpoint 2016...207
  5.1 Tela de Abertura...207
  5.2 Tela de Edição...207
  5.3 Formato de Arquivo...207
  5.4 Aba Página Inicial..207
  5.5 Aba Inserir..210
  5.6 Aba Design...211
  5.7 Aba Transações..211
  5.8 Aba Animações...211
  5.9 Aba Apresentação de Slides...212
  5.10 Aba Revisão..212
  5.11 Aba Exibir...212
  5.12 Slide Mestre..213
 6. Broffice Writer – Editor de Texto..214
  6.1 Formatos de Arquivos..214
  6.2 Formatação de Texto...214
  6.3 Ferramentas..217
  6.4 Barra de Menus..218
 7. Broffice Calc – Editor de Planilhas...225
  7.1 Planilha..225
  7.2 Célula...225
  7.3 Operadores..226
  7.4 Elemento Fixador...227
  7.5 Alça de Preenchimento..227
  7.6 Funções...228
  7.7 Formatos de Células...230
 8. Broffice Impress - Editor de Apresentação..................................233
  8.1 Janela do Programa..233
  8.2 Mestre...233
  8.3 Layouts...234
  8.4 Formatos de Arquivos..234
  8.5 Modos de Exibição..234
  8.6 Inserir Slide..235
  8.7 Menu Apresentação de Slides...236
  8.8 Impressão..237

NOÇÕES DE DIREITO CONSTITUCIONAL..239

 1. Direitos Fundamentais - Regras Gerais..240
  1.1 Conceito..240

Sumário

    1.2 Amplitude Horizontal e Vertical 240
    1.3 Classificação 240
    1.4 Características 240
    1.5 Dimensões dos Direitos Fundamentais 241
    1.6 Titulares dos Direitos Fundamentais 241
    1.7 Cláusulas Pétreas e Os Direitos Fundamentais 242
    1.8 Eficácia dos Direitos Fundamentais 242
    1.9 Força Normativa dos Tratados Internacionais 243
    1.10 Tribunal Penal Internacional - Tpi 243
    1.11 Direitos X Garantias 244
2. Direitos Fundamentais - Direitos e Deveres Individuais e Coletivos 245
    2.1 Direito À Vida 245
    2.2 Direito À Igualdade 245
    2.3 Direito À Liberdade 247
3. Direitos Fundamentais - Direitos e Deveres Individuais e Coletivos 250
    3.1 Direito À Propriedade 250
    3.2 Direito À Segurança 251
    3.3 Remédios Constitucionais 258
4. Direitos Fundamentais - Direitos Sociais e Nacionalidade 262
    4.1 Direitos Sociais 262
    4.2 Direitos de Nacionalidade 264
5. Direitos Fundamentais – Direitos Políticos e Partidos Políticos 268
    5.1 Direitos Políticos 268
    5.2 Partidos Políticos 271
6. Organização dos Poderes – Poder Executivo 272
    6.1 Princípios 272
7. Defesa do Estado e das Instituições Democráticas 279
    7.1 Sistema Constitucional de Crises 279
    7.2 Forças Armadas 281
    7.3 Segurança Pública 283

NOÇÕES DE DIREITO PENAL 287

1. Introdução ao Direito Penal e Aplicação da Lei Penal 288
    1.1 Introdução ao Estudo do Direito Penal 288
    1.2 Teoria do Crime 288
    1.3 Princípio da Legalidade (Anterioridade - Reserva Legal) 289
    1.4 Interpretação da Lei Penal 290
    1.5 Conflito Aparente de Normas Penais 290
    1.6 Lei Penal no Tempo 292
    1.7 Crimes Permanentes ou Continuados 292
    1.8 Lei Excepcional ou Temporária 292
    1.9 Tempo do Crime 293
    1.10 Lugar do Crime 293
    1.11 Da Lei Penal no Espaço 293
    1.12 Pena Cumprida no Estrangeiro 297
    1.13 Eficácia de Sentença Estrangeira 297
    1.14 Contagem de Prazo 297

1.15 Frações Não Computáveis da Pena 297
1.16 Legislação Especial 297

2. Do Crime 299
2.1 Relação de Causalidade 299
2.2 Da Consumação e Tentativa 300
2.3 Desistência Voluntária e Arrependimento Eficaz 301
2.4 Arrependimento Posterior 301
2.5 Crime Impossível - "Quase Crime" 302
2.6 Crime Doloso 302
2.7 Crime Culposo 302
2.8 Preterdolo 303
2.9 Erro Sobre Elemento do Tipo 303
2.10 Erro Sobre a Pessoa 304
2.11 Erro Sobre a Ilicitude do Fato 304
2.12 Coação Irresistível e Obediência Hierárquica 305
2.13 Exclusão da Ilicitude 305
2.14 Da Imputabilidade Penal 307
2.15 Do Concurso de Pessoas 308
2.16 Circunstâncias Incomunicáveis 309

3. Dos Crimes Contra a Pessoa 311
3.1 Dos Crimes Contra a Vida 311
3.2 Das Lesões Corporais 321
3.3 Da Periclitação da Vida e da Saúde 326
3.4 Da Rixa 328
3.5 Dos Crimes Contra Honra 329
3.6 Dos Crimes Contra Liberdade Individual 334

4. Dos Crimes Contra o Patrimônio 337
4.1 Do Furto 337
4.2 Do Roubo e da Extorsão 340
4.3 Da Usurpação 346
4.4 Do Dano 346
4.5 Da Apropriação Indébita 348
4.6 Do Estelionato e Outras Fraudes 352
4.7 Da Receptação 357
4.8 Disposições Gerais 358

5. Dos Crimes Contra a Fé Pública 360
5.1 Da Moeda Falsa 360
5.2 Petrechos para Falsificação de Moeda 360
5.3 Da Falsidade de Títulos e Outros Papéis Públicos 360
5.4 Da Falsidade Documental 361
5.5 De Outras Falsidades 365
5.6 Das Fraudes em Certames de Interesse Público 366

6. Dos Crimes Contra Administração Pública 367
6.1 Dos Crimes Praticados Por Funcionário Público Contra a Administração em Geral 367
6.2 Dos Crimes Praticados Por Particular Contra a Administração em Geral 379
6.3 Dos Crimes Praticados Por Particular Contra a Administração Pública Estrangeira 386
6.4 Dos Crimes Contra a Administração da Justiça 386

Sumário

    6.5 Subtração ou Dano de Coisa Própria em Poder de Terceiro 391
    6.6 Dos Crimes Contra As Finanças Públicas 396

NOÇÕES DE DIREITOS HUMANOS E PARTICIPAÇÃO SOCIAL 398

  1. Declaração Universal dos Direitos Humanos (Dudh) 399
    1.1 Em Alguns Artigos da Dudh, Podemos Ver (Grifos Nossos) Os Principais Direitos Tutelados 400
    1.2 Breves Considerações Sobre a Declaração Universal dos Direitos Humanos 400
    1.3 Direitos Humanos e Legislação Brasileira 401
  2. Programa Nacional DE Direitos Humanos (PNDH-3) 403
    2.1 Considerações Gerais 403
  3. Regras Mínimas para Tratamento de Prisioneiros - Regras de Mandela 411
    3.1 Observações Preliminares 411
    3.2 Princípio Fundamental 411
    3.3 Registro 411
    3.4 Separação de Categorias 411
    3.5 Locais Destinados aos Presos 411
    3.6 Higiene Pessoal 412
    3.7 Roupas de Vestir, Camas e Roupas de Cama 412
    3.8 Alimentação 412
    3.9 Contatos com o Mundo Exterior 414
    3.10 Biblioteca 414
    3.11 Religião 414
    3.12 Depósitos de Objetos Pertencentes aos Presos 414
    3.13 Notificação de Morte, Doenças e Transferências 414
    3.14 Transferência de Presos 414
    3.15 Pessoal Penitenciário 414
    3.16 Inspeção 415
    3.17 Tratamento 416
    3.18 Classificação e Individualização 416
    3.19 Privilégios 417
    3.20 Trabalho 417
    3.21 Educação e Recreio 417
    3.22 Relações Sociais e Assistência Pós-prisional 417
  4. Lei Nº 7.210, DE 11 DE Julho DE 1984 - Lei de Execução Penal 422
    4.1 Capítulo II - Do Conselho Nacional de Política Criminal e Penitenciária 422
    4.2 Capítulo V - Do Conselho Penitenciário 422
    4.3 Capítulo VIII - Do Conselho da Comunidade 423

LEGISLAÇÃO ESPECIAL 424

  1. Lei 9.455/1997 - Lei DE Tortura 425
    1.1 Lesão Corporal de Natureza Grave 427
    1.2 Lesão Corporal de Natureza Gravíssima 427
  2. Lei Anticorrupção 429
    2.1 Inovações da Lei Nº 12.846/2013 429
    2.2 Decreto Nº 8.420, DE 18 DE Março DE 2015 429
  3. Lei Nº 13.869/2019 - Lei de Abuso de Autoridade 431
  4. Improbidade Administrativa 435

4.1 Sujeitos 435
4.2 Regras Gerais 435
4.3 Modalidades 435
4.4 Efeitos da Lei 437
4.5 Das Sanções 437
4.6 Declaração de Bens 438
4.7 Prescrição 438
5. Lei Nº 10.826/2003 - Estatuto do Desarmamento 439
   5.1 Conceitos Introdutórios 439
   5.2 Dos Crimes e das Penas 445
6. Lei Nº 11.343/2006 - Sistema Nacional de Políticas Públicas Sobre Drogas (Sisnad) 456
   6.1 Disposições Preliminares 456
   6.2 Do Sistema Nacional de Políticas Públicas Sobre Drogas 456
   6.3 Das Atividades de Prevenção do Uso Indevido, Atenção e Reinserção Social de Usuários e Dependentes de Drogas 457
   6.4 Da Repressão À Produção Não Autorizada e ao Tráfico Ilícito de Drogas 458
   6.5 Da Cooperação Internacional 463
   6.6 Disposições Finais e Transitórias 464
7. Lei Nº 7.210, de 11 de Julho DE 1984 - Lei de Execução Penal 465
8. Lei 13.675/2018 e Decreto 9.489/2018 500
   8.1 Da Capacitação e da Valorização do Profissional em Segurança Pública e Defesa Social 500
   8.2 Do Programa Nacional de Qualidade de Vida para Profissionais de Segurança Pública (Pró-Vida) 500
   8.3 Disposições Finais 500
   8.4 O Decreto Nº 9.489/18 501
   8.5 Do Plano Nacional de Segurança Pública e Defesa Social 501

LÍNGUA PORTUGUESA

1. NÍVEIS DE ANÁLISE DA LÍNGUA

Vamos começar o nosso estudo fazendo uma distinção entre quatro níveis de análise da Língua Portuguesa, afinal, você não pode confundir-se na hora de estudar. Fique ligado nessa diferença:

- → **Nível Fonético / Fonológico:** estuda a produção e articulação dos sons da língua.
- → **Nível Morfológico:** estuda a estrutura e a classificação das palavras.
- → **Nível Sintático:** estuda a função das palavras dentro de uma sentença.
- → **Nível Semântico:** estuda as relações de sentido construídas entre as palavras.

Na Semântica, estudaremos, entre outras coisas, a diferença entre linguagem de sentido denotativo (ou literal, do dicionário) e linguagem de sentido conotativo (ou figurado).

Ex: Rosa é uma flor.

01. Morfologia:
    Rosa: substantivo;
    Uma: artigo;
    É: verbo ser;
    Flor: substantivo

02. Sintaxe:
    Rosa: sujeito;
    É uma flor: predicado;
    Uma flor: predicativo do sujeito.

03. Semântica:
    Rosa pode ser entendida como uma pessoa ou como uma planta, depende do sentido.

Vamos, a partir de agora, estudar as classes de palavras.

2. MORFOLOGIA CLASSES DE PALAVRAS

Antes de mergulhar nas conceituações, vamos fazer uma lista para facilitar o nosso estudo: classe e exemplo.

Artigo: o, a, os, as, um, uma, uns, umas.
Adjetivo: Legal, interessante, capaz, brasileiro, francês.
Advérbio: Muito, pouco, bem, mal, ontem, certamente.
Conjunção: Que, caso, embora.
Interjeição: Ai! Ui! Ufa! Eita.
Numeral: Sétimo, vigésimo, terço.
Preposição: A, ante, até, após, com, contra, de, desde, em, entre.
Pronome: Cujo, o qual, quem, eu, lhe.
Substantivo: Mesa, bicho, concursando, Pablo, José.
Verbo: Estudar, passar, ganhar, gastar.

2.1 Substantivos

Os substantivos são palavras que nomeiam seres reais ou imaginários, objetos, lugares ou estados de espírito.

Eles podem ser:

- → Comuns: quando designam seres da mesma espécie.
  gato, mulher, árvore
- → Próprios: quando se referem a um ser em particular.
  Bahia, Clarice Lispector, Japão
- → Concretos: que designam seres reais no mundo ou na mente.
  menino, bolo, jacaré, duende
- → Abstratos: que designam sentimentos, qualidades, estados ou ações dos seres.
  saudade, tristeza, dor, sono (sensações)
  beleza, destreza (qualidades)
  vida, morte (estados)
  estudo, trabalho, luta (ações)
- → Simples: que são formados por um único radical.
  garrafa, porta, camiseta, neve
- → Compostos: que são formados por mais de um radical.
  passatempo, guarda-chuva
- → Primitivos: que não derivam de outra palavra da língua portuguesa.
  pulso, dente
- → Derivados: que derivam de outra palavra.
  pulseira, dentista
- → Coletivos: que nomeiam seres da mesma espécie.
  alcateia, arquipélago, biblioteca

Há a possibilidade de que palavras de outras classes gramaticais tenham função de substantivo em uma frase, oração ou período, e quando isso ocorre são chamadas Palavras Substantivadas. Para isso, o artigo precede a palavra.

Ainda não sei o porquê do livro não ter sido devolvido.

2.2 Artigo

O artigo é a palavra variável que tem por função individualizar algo, ou seja, possui como função primordial indicar um elemento, por meio de definição ou indefinição da palavra que, pela anteposição do artigo, passa a ser substantivada. Os artigos se subdividem em:

Artigos definidos: o, a, os, as - porque definem o substantivo a que se referem.

Hoje à tarde, falaremos sobre **a** aula da semana passada.

Na última aula, falamos **do** conteúdo programático.

Artigos indefinidos: um, uma, uns, umas - porque indefinem o substantivo a que se referem.

Assim que eu passar no concurso, eu irei comprar **um** carro.

Pela manhã, papai, apareceu **um** homem da loja aqui.

É importante ressaltar que os artigos podem ser contraídos com algumas preposições essenciais, como demonstraremos na tabela a seguir:

MORFOLOGIA CLASSES DE PALAVRAS

Prepo-	Artigo							
sições	Definido				Indefinido			
	o	a	os	as	um	uma	uns	umas
A	ao	à	aos	às	-	-	-	-
De	do	da	dos	das	dum	duma	duns	dumas
Em	no	na	nos	nas	num	numa	nuns	numas
Per	pelo	pela	pelos	pelas	-	-	-	-
Por	polo	pola	polos	polas	-	-	-	-

O artigo é utilizado para substantivar um termo. Ou seja, quer transformar algo em um substantivo? Coloque um artigo em sua frente.

"Cantar alivia a alma." (Verbo)

"O cantar alivia a alma." (Substantivo)

Emprego do artigo com a palavra "todo":

Quando inserimos artigos ao lado do termo "todo", em geral, o sentido da expressão passa a designar totalidade. Como no exemplo abaixo:

Pobreza é um problema que acomete todo país.

(todos os países)

Pobreza é um problema que acomete todo o país.

(o país em sua totalidade).

2.3 Pronome

Os pronomes são palavras que determinam ou substituem substantivos, indicando a pessoa do discurso – que é quem participa ou é objeto do ato comunicativo.

Os pronomes podem ser pessoais, possessivos, demonstrativos, indefinidos, relativos ou interrogativos.

Pronomes substantivos e adjetivos

É chamado pronome substantivo quando um pronome substitui um substantivo.

É chamado pronome adjetivo quando determina o substantivo com o qual se encontra.

Pronomes pessoais

Pronomes pessoais representam as pessoas do discurso, substituindo o substantivo.

Existem três pessoas do discurso – ou gramaticais:

> • 1ª pessoa: eu, nós
> • 2ª pessoa: tu, vós
> • 3ª pessoa: ele, ela, eles, elas

Os pronomes pessoais podem ser:

→ Retos: têm função, em regra, como sujeito da oração.

→ Oblíquos: têm função de objeto ou complemento.

2.4 Pronomes de Tratamento

Estes são os pronomes utilizados para nos referirmos às pessoas. Eles podem ser cerimoniosos ou familiares, dependendo da pessoa com a qual falamos; considera-se a idade, o cargo e o título, dentre outros, para escolher o tratamento adequado.

É importante ressaltar que as abreviaturas devem, de modo geral, ser evitadas.

Exemplos de pronomes de tratamento:

Você: tratamento informal

Senhor, senhora: tratamento de respeito

Vossa Excelência: altas autoridades

Vossa Reverendíssima: para sacerdotes

Vossa Alteza: para príncipes, princesas e duques

Pronomes possessivos

São os pronomes que atribuem posse de algo às pessoas do discurso.

Eles podem estar em:

> 1ª pessoa do singular: meu, minha, meus, minhas
> 2ª pessoa do singular: teu, tua, teus, tuas
> 3ª pessoa do singular: seu, sua, seus, suas
> 1ª pessoa do plural: nosso, nossa, nossos, nossas
> 2ª pessoa do plural: vosso, vossa, vossos, vossas
> 3ª pessoa do plural: seu, sua, seus, suas

Pronomes demonstrativos

São os que indicam lugar, posição ou identidade dos seres, relativamente às pessoas do discurso.

São eles:

este(s), esta(s), esse(s), essa(s), aquele(s), aquela(s), aqueloutro(s), aqueloutra(s), mesmo(s), mesma(s), próprio(s), própria(s), tal, tais, semelhante(s).

Pronomes relativos

São palavras que representam substantivos já citados, com os quais estão relacionadas.

Eles podem ser:

→ Variáveis:

> Masculino: o qual, os quais, cujo, cujos, quanto, quantos.
> Femininos: a qual, as quais, cuja, cujas, quanta, quantas.

→ Invariáveis: quem, que, onde.

Os pronomes relativos podem unir duas orações como em:

Da árvore caíram maçãs, que foram recolhidas.

Pronomes indefinidos

São os pronomes que se referem, de forma imprecisa e vaga, à 3ª pessoa do discurso.

Eles podem ser:

→ Pronomes indefinidos substantivos

Têm função de substantivo: alguém, algo, nada, tudo, ninguém.

→ Pronomes indefinidos adjetivos

Têm função de adjetivo: cada, certo(s), certa (s).

→ Que variam entre pronomes adjetivos e substantivos

Variam de acordo com o contexto: algum, alguma, bastante, demais, mais, qual etc.

Locuções pronominais indefinidas

Cada qual, cada um, seja qual for, tal qual, um ou outro etc.

Pronomes interrogativos

São os pronomes utilizados em frases interrogativas e, assim como os pronomes indefinidos, não imprecisos para com a 3ª pessoa do plural.

Exemplos:

Quem foi?

Quantos professores vieram hoje?

Lutar contra quê?

Verbo

O verbo é uma palavra que exprime um estado, uma ação, um fato ou um fenômeno.

Ele possui diferentes formas, por suas flexões, para indicar a pessoa do discurso, o número, o tempo, o modo e a voz.

Pessoa e número

O verbo pode variar indicando a pessoa e o número:

> 1ª pessoa: eu ando (singular) / nós andamos
> 2ª pessoa: tu anda (singular) / vós andais
> 3ª pessoa: ele anda (singular) / eles andam

Tempos verbais

Os tempos têm a função de situar uma ação ou um acontecimento e podem ser:

→ Presente: Agora eu escrevo.

→ Pretérito (passado):

> Imperfeito: Depois de ler, ele fechava o livro.
> Perfeito: Ele fechou o livro.
> Mais-que-perfeito: Quando vi, ele já fechara o livro.

→ Futuro:

> Do presente: Indiara ganhará o presente.
> Do pretérito: Indiara ganharia o presente.

Modos verbais

Existem três modos de um fato se realizar:

→ Indicativo: Exprime um fato certo e positivo.

→ Imperativo: Exprime uma ordem, proibição, pedido, conselho.

→ Subjuntivo: Enuncia um fato hipotético, possível.

Formas nominais

As formas nominais enunciam, de forma imprecisa, vaga e impessoal, um fato.

São elas:

→ Infinitivo: prender, vender.

→ Gerúndio: prendendo, vendendo.

→ Particípio: prendido, vendido.

Além disso, o infinitivo pode ser pessoal ou impessoal, sendo:

→ Pessoal: quando tem sujeito.

→ Impessoal: quando não tem sujeito.

Também pode ser flexionado ou não flexionado

→ Flexionado: comeres tu, comermos nós, comerdes vós, comerem eles.

→ Não flexionado: comer eu, comer ele.

Verbos auxiliares

São os que se unem a uma forma nominal de outro verbo para formar voz passiva, tempos compostos e locuções verbais.

Principais verbos auxiliares: ter, haver, ser, estar.

Voz

Quanto à voz, os verbos podem ser classificados em:

→ Ativos

→ Passivos

→ Reflexivos

Conjugações

Podem-se agrupar os verbos em três conjugações, de acordo com a terminação do infinitivo.

> 1ª conjugação: terminados em -ar: cantar
> 2ª conjugação: terminados em -er: bater
> 3ª conjugação: terminados em -ir: fingir

As conjugações são caracterizadas pelas vogais temáticas A, E e I.

Elementos estruturais DO verbo

É necessário identificar o radical, o elemento básico, e a terminação, que varia indicando tempo e modo, e pessoa e número.

Exemplo: dançar | danç- (radical) -ar (terminação)

Na terminação é encontrada ao menos um dos seguintes elementos:

→ Vogal temática: que caracteriza a conjugação.

→ Desinência modo-temporal: indica o modo e o tempo do verbo.

→ Desinência número pessoal: indica se seria a 1ª, 2ª ou 3ª pessoa e se seria do plural ou do singular.

LÍNGUA PORTUGUESA

MORFOLOGIA CLASSES DE PALAVRAS

Tempos primitivos E derivados

Os tempos podem ser divididos em primitivos e derivados, que podem ser:

→ Presente do infinitivo:

Exemplo: reclamar
- Pretérito imperfeito do indicativo: reclamava, reclamavas.
- Futuro do presente: reclamarei, reclamarás.
- Futuro do pretérito: reclamaria, reclamarias.
- Infinitivo pessoal: reclamar, reclamares.
- Gerúndio: reclamando.
- Particípio: reclamado.

→ Presente do indicativo:

Exemplo: guardo, guardas, guardais
- Presente do subjuntivo - guardo: guarda, guardas, guarda, guardamos, guardais, guardam
- Imperativo afirmativo - guardas: guarda, guardais

→ Pretérito perfeito do indicativo:

Exemplo: guardaram
- Pretérito mais que perfeito do indicativo: guardara, guardaras
- Pretérito imperfeito do subjuntivo: guardasse, guardasses
- Futuro do subjuntivo: guardares

Modo imperativo

O imperativo se dá de duas formas:

→ Imperativo afirmativo:
- 2ª pessoa do singular e a 2ª pessoa do plural: derivam das pessoas equivalentes do presente do indicativo e suprime-se o s final.
- demais pessoas: continuam como no presente do subjuntivo, sem alteração.

→ Imperativo negativo: as pessoas são iguais às equivalentes do presente do subjuntivo.

Tempos compostos

→ Da voz ativa: é formado pelo particípio do verbo principal, precedido pelos verbos auxiliares ter ou haver.
→ Da voz passiva: é formado quando o verbo principal, no particípio, é precedido pelos auxiliares ter (ou haver) e ser, de forma conjunta.
→ Locuções verbais: são formadas por um verbo principal, no gerúndio ou infinitivo, precedido por um verbo auxiliar.

Verbos regulares, irregulares E defectivos

A conjugação dos verbos pode ser dividida em:

→ Regular: são os que seguem um modelo comum de conjugação, mantendo o radical invariável

→ Irregular: são os que são alterados no radical e/ou nas terminações.
→ Defectiva: são os que não são usados em certos modos por não terem a conjugação completa.

Emprego do verbo haver

O verbo haver é utilizado, principalmente, para expressar ter ou existir, mas pode indicar, também, estar presente, decorrer, fazer, recuperar, julgar, acontecer, comportar-se, entender-se e o ato de ter existência. Além disso, ele possui diversas particularidades na conjugação.

O verbo haver é um verbo irregular, que passa por alterações tanto no seu radical, quanto nas suas terminações, quando conjugado.

→ Presente do indicativo:
- (eu) hei
- (tu) hás
- (ele) há
- (nós) havemos
- (vós) haveis
- (eles) hão

No pretérito perfeito do indicativo, no pretérito mais-que-perfeito do indicativo, no pretérito imperfeito do subjuntivo e no futuro do subjuntivo, o radical hav- se transformará em houv-.

→ Pretérito perfeito do indicativo
- (eu) houve
- (tu) houveste
- (ele) houve
- (nós) houvemos
- (vós) houvestes
- (eles) houveram

→ Futuro do subjuntivo
- (quando eu) houver
- (quando tu) houveres
- (quando ele) houver
- (quando nós) houvermos
- (quando vós) houverdes
- (quando eles) houverem

Nos demais tempos verbais, o radical hav- passa a ser haj-, no presente do subjuntivo e no imperativo.

→ Presente do subjuntivo
- (que eu) haja
- (que tu) hajas
- (que ele) haja
- (que nós) hajamos
- (que vós) hajais
- (que eles) hajam

Quando o verbo haver é utilizado para indicar tempo ou com o sentido de existir, ele será impessoal e sem sujeito, sendo conjugado apenas na 3ª pessoa do singular.

> Presente do indicativo: há
> Pretérito perfeito do indicativo: houve
> Pretérito imperfeito do indicativo: havia
> Pretérito mais-que-perfeito do indicativo: houvera
> Futuro do presente do indicativo: haverá
> Futuro do pretérito do indicativo: haveria
> Presente do subjuntivo: que haja
> Pretérito imperfeito do subjuntivo: se houvesse
> Futuro do subjuntivo: quando houver

Esse verbo pode ser, também, verbo auxiliar na formação de tempos compostos. Para tal, ele substitui o verbo ter, apresentando ainda o mesmo sentido, e pode ser conjugado em todas as pessoas verbais.

→ Pretérito mais-que-perfeito composto do indicativo
> (Eu) havia + particípio do verbo principal
> (Tu) havias + particípio do verbo principal
> (Ele) havia + particípio do verbo principal
> (Nós) havíamos + particípio do verbo principal
> (Vós) havíeis + particípio do verbo principal
> (Eles) haviam + particípio do verbo principal

→ Haver ou a ver

Para referir-se a algo que possui relação para com alguma coisa, a expressão correta é a ver.

2.5 Adjetivo

É a palavra variável que expressa uma qualidade, característica ou origem de algum substantivo ao qual se relaciona.

Meu terno é azul, elegante e italiano.

Analisando, entendemos assim:

Azul: característica.

Elegante: qualidade.

Italiano: origem.

Estrutura e a classificação dos adjetivos. Com relação à sua formação, eles podem ser:

Explicativos: quando a característica é comum ao substantivo referido.

Fogo **quente**, Homem **mortal**. (Todo fogo é quente, todo homem é mortal)

Restritivos: quando a característica não é comum ao substantivo, ou seja, nem todo substantivo é assim caracterizado.

Terno **azul**, Casa **grande**. (Nem todo terno é azul, nem toda casa é grande)

Simples: quando possui apenas uma raiz.

amarelo, brasileiro, competente, sagaz, loquaz, inteligente, grande, forte etc.

Composto: quando possui mais de uma raiz.

amarelo-canário, luso-brasileiro, verde-escuro, vermelho-sangue etc.

Primitivo: quando pode dar origem a outra palavra, não tendo sofrido derivação alguma.

bom, legal, grande, rápido, belo etc.

Derivado: quando resultado de um processo de derivação, ou seja, oriundo de outra palavra.

bondoso (de bom), grandioso (de grande), maléfico (de mal), esplendoroso (de esplendor) etc.

Os adjetivos que designam origem de algum termo são denominados adjetivos pátrios ou gentílicos.

Uma lista de adjetivos pátrios de estado:

Adjetivos Pátrios	
Acre	Acriano
Alagoas	Alagoano
Amapá	Amapaense
Aracaju	Aracajuano ou Aracajuense
Amazonas	Amazonense ou Baré
Belém(PA)	Belenense
Belo Horizonte	Belo-horizontino
Boa Vista	Boa-vistense
Brasília	Brasiliense
Cabo Frio	Cabo-friense
Campinas	Campineiro ou Campinense
Curitiba	Curitibano
Espírito Santo	Espírito-santense ou Capixaba
Fernando de Noronha	Noronhense
Florianópolis	Florianopolitano
Fortaleza	Fortalezense
Goiânia	Goianiense
João Pessoa	Pessoense
Macapá	Macapaense
Maceió	Maceioense
Manaus	Manauense
Maranhão	Maranhense
Marajó	Marajoara
Natal	Natalense ou Papa-jerimum
Porto Alegre	Porto Alegrense
Ribeirão Preto	Ribeiropretense
Rio de Janeiro(Estado)	Fluminense
Rio de Janeiro(Cidade)	Carioca
Rio Branco	Rio-branquense
Rio grande do Norte	Rio-grandense-do-norte, Norte-riograndense ou Potiguar

LÍNGUA PORTUGUESA

MORFOLOGIA CLASSES DE PALAVRAS

Rio grande do Sul	Rio-grandense-do-sul, Sul-rio-grandense ou Gaúcho
Rondônia	Rondoniano
Roraima	Roraimense
Salvador	Salvadorense ou Soteropolitano
Santa Catarina	Catarinense ou Barriga-verde
Santarém	Santarense
São Paulo (Estado)	Paulista
São Paulo (Cidade)	Paulistano
Sergipe	Sergipano
Teresina	Teresinense
Tocantins	Tocantinense

Países	
Croácia	Croata
Costa rica	Costarriquense
Curdistão	Curdo
Estados Unidos	Estadunidense, norte-americano ou ianque
El Salvador	Salvadorenho
Guatemala	Guatemalteco
Índia	Indiano ou hindu (os que professam o hinduísmo)
Israel	Israelense ou israelita
Irã	Iraniano
Moçambique	Moçambicano
Mongólia	Mongol ou mongólico
Panamá	Panamenho
Porto Rico	Porto-riquenho
Somália	Somali

Adjetivos pátrios compostos

Na formação de adjetivos pátrios compostos, o primeiro elemento aparece na forma reduzida e, normalmente, erudita.

Observe alguns exemplos:

Adjetivos Pátrios Compostos	
África	Afro-/Cultura afro-americana
Alemanha	Germano- ou teuto-/Competições teutoinglesas
América	Américo-/Companhia américo-africana
Ásia	Ásio-/Encontros ásio-europeus
Áustria	Austro-/Peças austro-búlgaras
Bélgica	Belgo-/Acampamentos belgo-franceses
China	Sino-/Acordos sino-japoneses
Espanha	Hispano-/Mercado hispano-português
Europa	Euro-/Negociações euro-americanas
França	Franco- ou galo-/Reuniões franco-italianas
Grécia	Greco-/Filmes greco-romanos
Índia	Indo-/Guerras indo-paquistanesas
Inglaterra	Anglo-/Letras anglo-portuguesas
Itália	Ítalo-/Sociedade ítalo-portuguesa
Japão	Nipo-/Associações nipo-brasileiras
Portugal	Luso-/Acordos luso-brasileiros

Locução adjetiva

Expressão que tem valor adjetival, mas que é formada por mais de uma palavra. Geralmente, concorrem para sua formação uma preposição e um substantivo. Veja alguns exemplos.

Locução Adjetiva	Adjetivo
de águia	Aquilino
de aluno	Discente
de anjo	Angelical
de ano	Anual
de aranha	Aracnídeo
de asno	Asinino
de baço	Esplênico
de bispo	Episcopal
de bode	Hircino
de boi	Bovino
de bronze	Brônzeo ou êneo
de cabelo	Capilar
de cabra	Caprino
de campo	Campestre ou rural
de cão	Canino
de carneiro	Arietino
de cavalo	Cavalar, equino, equídeo ou hípico
de chumbo	Plúmbeo
de chuva	Pluvial
de cinza	Cinéreo
de coelho	Cunicular
de cobre	Cúprico
de couro	Coriáceo
de criança	Pueril
de dedo	Digital
de diamante	Diamantino ou adamantino
de elefante	Elefantino
de enxofre	Sulfúrico
de estômago	Estomacal ou gástrico
de falcão	Falconídeos
de fera	Ferino
de ferro	Férreo
de fígado	Figadal ou hepático

de fogo	Ígneo
de gafanhoto	Acrídeo
de garganta	Gutural
de gelo	Glacial
de gesso	Gípseo
de guerra	Bélico
de homem	Viril ou humano
de ilha	Insular
de intestino	Celíaco ou entérico
de inverno	Hibernal ou invernal
de lago	Lacustre
de laringe	Laríngeo
de leão	Leonino
de lebre	Leporino
de lobo	Lupino
de lua	Lunar ou selênico
de macaco	Simiesco, símio ou macacal
de madeira	Lígneo
de marfim	Ebúrneo ou ebóreo
de Mestre	Magistral
de monge	Monacal
de neve	Níveo ou nival
de nuca	Occipital
de orelha	Auricular
de ouro	Áureo
de ovelha	Ovino
de paixão	Passional
de pâncreas	Pancreático
de pato	Anserino
de peixe	Písceo ou ictíaco
de pombo	Columbino
de porco	Suíno ou porcino
de prata	Argênteo ou argírico
de quadris	Ciático
de raposa	Vulpino
de rio	Fluvial
de serpente	Viperino
de sonho	Onírico
de terra	Telúrico, terrestre ou terreno
de trigo	Trítício
de urso	Ursino
de vaca	Vacum
de velho	Senil
de vento	Eólico
de verão	Estival
de vidro	Vítreo ou hialino
de virilha	Inguinal
de visão	Óptico ou ótico

Flexão do adjetivo

O adjetivo pode ser flexionado em gênero, número e grau.

Flexão de gênero (Masculino / Feminino)

Com relação ao gênero, os adjetivos podem ser classificados de duas formas:

Biformes: quando possuem uma forma para cada gênero.

Homem **belo** / mulher **bela**

Contexto **complicado** / questão **complicada**

Uniformes: quando possuem apenas uma forma, como se fossem elementos neutros.

Homem **fiel** / mulher **fiel**

Contexto **interessante** / questão **interessante**

Flexão de número (Singular / Plural)

Os adjetivos simples seguem a mesma regra de flexão que os substantivos simples, portanto essas regras serão descriminadas no quadro de número dos substantivos. Serão, por regra, flexionados os adjetivos compostos que, em sua formação, possuírem dois adjetivos. A flexão ocorrerá apenas no segundo elemento da composição.

Guerra greco-**romana** - Guerras greco-**romanas**

Conflito **socioeconômico** - Análises **socioeconômicas**

Por outro lado, se houver um substantivo como elemento da composição, o adjetivo fica invariável.

Blusa **amarelo-canário** - Blusas **amarelo-canário**

Mesa **verde-musgo** - Mesas **verde-musgo**

O caso em questão também pode ocorrer quando um substantivo passa a ser, por derivação imprópria, um adjetivo, ou seja, também serão invariáveis os "substantivos adjetivados".

Terno cinza -Ternos cinza

Vestido rosa -Vestidos rosa

E também:

surdo mudo - surdos mudos

pele vermelha - peles vermelhas

Azul- marinho e azul-celeste são invariáveis.

Flexão de grau (Comparativo e Superlativo)

Há duas maneiras de se estabelecer o grau do adjetivo: por meio do grau comparativo e por meio do grau superlativo.

Vejamos como isso ocorre.

Grau comparativo: estabelece um tipo de comparação de características, sendo estabelecido de três maneiras:

Inferioridade: O açúcar é **menos** doce (do) **que** os teus olhos.

Igualdade: O meu primo é **tão** estudioso **quanto** o meu irmão.

Superioridade: Gramática **é mais legal** (do) **que** Matemática.

LÍNGUA PORTUGUESA

Grau superlativo: reforça determinada qualidade em relação a um referente. Pode-se estabelecer o grau superlativo de duas maneiras:

Relativo: em relação a um grupo.

De superioridade: José é o **mais** inteligente dos alunos.

De inferioridade: O presidente foi o **menos** prestigiado da festa.

Absoluto: sem relações, apenas reforçando as características

Analítico (com auxílio de algum termo)

Pedro é muito magro.

Pedro é magro, magro, magro.

Sintético (com o acréscimo de – íssimo ou –érrimo)

Pedro é macérrimo.

Somos todos estudiosíssimos.

Veja, agora, uma tabela de superlativos sintéticos.

Superlativos	
Grau normal	Superlativos
Ágil	Agilíssimo
Agradável	Agradabilíssimo
Agudo	Acutíssimo ou Agudíssimo
Alto	Altíssimo, Sumo ou Supremo
Amargo	Amaríssimo ou Marguíssimo
Amável	Amabilíssimo
Amigo	Amicíssimo
Antigo	Antiquíssimo
Atroz	Atrocíssimo
Baixo	Baixíssimo ou Ínfimo
Bom	Ótimo ou Boníssimo
Capaz	Capacíssimo
Célebre	Celebérrimo
Cheio	Cheíssimo
Comum	Comuníssimo
Cristão	Cristianíssimo
Cruel	Crudelíssimo
Doce	Dolcíssimo ou Docíssimo
Difícil	Dificílimo
Eficaz	Eficacíssimo
Fácil	Facílimo
Feliz	Felicíssimo
Feroz	Ferocíssimo
Fiel	Fidelíssimo
Frágil	Fragílimo
Frio	Frigidíssimo ou Friíssimo
Geral	Generalíssimo
Grande	Grandíssimo ou Máximo
Horrível	Horribilíssimo
Honorífico	Honorificentíssimo
Humilde	Humílimo ou Humildíssimo
Inimigo	Inimicíssimo
Inconstitucional	Inconstitucionalíssimo
Jovem	Juveníssimo
Livre	Libérrimo e Livríssimo
Louvável	Laudabilíssimo
Magnífico	Magnificentíssimo
Magro	Macérrimo ou Magríssimo
Mau	Péssimo ou malíssimo
Miserável	Miserabilíssimo
Mísero	Misérrimo
Miúdo	Minutíssimo
Notável	Notabilíssimo
Pequeno	Mínimo ou Pequeníssimo
Pessoal	Personalíssimo
Pobre	Paupérrimo ou Pobríssimo
Precário	Precaríssimo ou Precariíssimo
Próspero	Prospérrimo
Provável	Probabilíssimo
Sábio	Sapientíssimo
Sério	Seríssimo
Simpático	Simpaticíssimo
Simples	Simplíssimo ou Simplicíssimo
Tenaz	Tenacíssimo
Terrível	Terribilíssimo
Vão	Vaníssimo
Voraz	Voracíssimo
Vulgar	Vulgaríssimo
Vulnerável	Vulnerabilíssimo

Atente à mudança de sentido provocada pela alteração de posição do adjetivo.

Homem **grande** (alto, corpulento)

Grande homem (célebre)

Mas isso nem sempre ocorre. Se você analisar a construção "giz azul" e "azul giz", perceberá que não há diferença semântica.

2.6 Advérbio

É a palavra invariável que se relaciona ao verbo, ao adjetivo ou a outro advérbio para atribuir-lhes uma circunstância.

Os alunos saíram **apressadamente**.

O caso era muito **interessante**.

Resolvemos **muito bem** o problema.

06. (TJ) Assinale a alternativa em que a palavra composta inclui um elemento que originalmente é um advérbio.
   a) Maus-tratos
   b) Pré-frontal
   c) Bem-humorado
   d) Peça-chave
   e) Maria-vai-com-as-outras

07. (FGV) Em **Justiça justa**, ocorre um substantivo ao lado de um adjetivo dele cognato. Assinale a alternativa em que substantivo e adjetivo, respectivamente, **NÃO** sejam cognatos.
   a) Lentidão – lento
   b) Inércia – inercial
   c) Arma – inerme
   d) Perfil – perfilhado
   e) Obcecação – obcecado

08. (TJ) "**Se** fosse ensinar a uma criança a beleza da música, **não** começaria **com** partituras, notas e pautas. Ouviríamos juntos **as** melodias mais gostosas e **lhe** contaria sobre os instrumentos que fazem a música. Aí, encantada com a beleza da música, ela mesma me pediria que lhe ensinasse o mistério daquelas bolinhas pretas escritas sobre cinco linhas. Porque as bolinhas pretas e as cinco linhas são apenas ferramentas para a produção da beleza musical. A experiência da beleza tem de vir antes."

(http://pensador.uol.com.br/alegria de ensinar de rubens alves/)

Assinale a alternativa que apresenta, **correta** e **respectivamente**, as classes gramaticais a que pertencem as palavras em negrito no trecho a cima.
   a) Conjunção – pronome – artigo – conjunção – pronome;
   b) Conjunção – advérbio – preposição – artigo – pronome;
   c) Pronome – advérbio – artigo – pronome – conjunção;
   d) Pronome – conjunção – preposição – conjunção – pronome;
   e) Conjunção – pronome – preposição – pronome – conjunção.

09. (CEPERJ) O sentido estabelecido pelo conectivo está corretamente indicado em:
   a) "engolidas ou colocadas no nariz" - oposição
   b) "comunicado público sobre o perigo" – causa
   c) "tem os produtos em casa" – modo
   d) "brinquedo a ser recolhido" – adição
   e) "para evitar acidentes" - finalidade

10. (CEPERJ) O fragmento abaixo que apresenta uma estrutura sintática comparativa é:
   a) "quem lhe escreve sou eu"
   b) "Porque tive de viajar para o distante país do recall."
   c) "mas três meses era o mínimo."
   d) "O homem não disse nada, mas seu sorriso sinistro falava por si."
   e) "ninguém mais fraco do que nós."

11. (CEPERJ) "Sei que você sente muitas saudades, porque eu também sinto saudades de você." O conectivo "porque", no contexto acima, estabelece relação de:
   a) Modo
   b) Causa
   c) Adversidade
   d) Conformidade
   e) Proporcionalidade

12. (FGV) "É exatamente isso o **que** tem ocorrido, nos últimos tempos, no **que** diz respeito ao direito de maior importância em uma democracia, **que** é o direito de defesa, inexistente nos Estados totalitários."

A respeito das ocorrências da palavra QUE no trecho acima, assinale a alternativa que apresente, respectivamente, sua correta classificação.
   a) Conjunção subordinativa – conjunção integrante – conjunção integrante
   b) Pronome relativo – pronome relativo – pronome relativo
   c) Conjunção integrante – conjunção integrante – conjunção subordinativa
   d) Pronome relativo – preposição – pronome relativo
   e) Conjunção integrante – preposição – conjunção subordinativa

13. (FUNIVERSA) No futebol americano, há um momento em que o jogador tem de dar um chute naquilo que eles chamam de bola. E, no circuito universitário, havia um rapaz recordista de chute. Ninguém chutava tão forte quanto esse rapaz. O importante, nessa história, era que o pé que ele usava para tal façanha não tinha nenhum dos dedos e, além disso, era menor que o outro. Quando descobriram isso, fizeram entrevistas com ele, e a primeira pergunta era: "Como você, com tal deficiência, consegue fazer uma coisa que ninguém mais conseguiu?" Ele, orgulhosamente, respondia: "Porque cresci ouvindo meu pai dizer: 'Encare suas deficiências e seus problemas como desafios, nunca como desculpas'.". O que mais se encontra no dia a dia? Justamente a postura oposta. [As pessoas encaram tudo como desculpas e justificativas.] Há pessoas que vivem dizendo frases negativas que encerram verdadeiras filosofias desastrosas.

Não são raras [as vezes] em que já se ouviu alguém falando de seus problemas e dificuldades e da incapacidade de superá-los, traduzida nas seguintes frases conformistas: "Eu sou assim mesmo..."; "Sempre fui assim..."; "Não posso evitar isso..."; "Essa é a minha natureza..."; "Não adianta mesmo..."; ["**Deus me fez assim e pronto!**".] [O que tais pessoas talvez nunca percebam é] que desculpas e justificativas só levam ao conformismo e à acomodação. E isso não diz respeito à elevação de padrões e à melhoria da qualidade de vida. Desculpas e justificativas são coisas de perdedor! Enquanto os vencedores comemoram, os perdedores se justificam.

Roberto Shinyashiki. Internet: <http://tecessa.arteblog.com.br>(com adaptações). Acesso em 19/1/2011.

Assinale a alternativa correta a respeito de fatos gramaticais e estilísticos encontrados no texto .
   a) As palavras "ninguém", "pé", "você" são acentuadas pela mesma razão.
   b) Na frase "'Deus me fez assim e pronto!'", encontra-se uma interjeição característica da linguagem coloquial.
   c) Na frase "As pessoas encaram tudo como desculpas e justificativas" (linhas 8 e 19), há exemplo de gíria e de uma figura da linguagem: a anáfora.
   d) Na construção "O que tais pessoas talvez nunca percebam", o pronome "tais" está empregado de modo informal, com significado de **brilhantes, grandiosas**.
   e) O "as" de "as vezes" deve receber o sinal indicativo de crase para ajustar-se à norma culta padrão.

LÍNGUA PORTUGUESA

MORFOLOGIA CLASSES DE PALAVRAS

14. (FGV) A palavra centenário corresponde a cem anos. Assinale a alternativa em que não tenha havido correta associação da noção temporal à palavra indicada.
a) 400 anos – quadringentenário
b) 400 anos – quadricentenário
c) 600 anos – sesquicentenário
d) 150 anos – tricinquentenário
e) 7 anos – septenário

15. (FIP)

Corações a mil
(Gilberto Gil)

Minhas ambições são dez.
Dez corações de uma vez
pra eu poder me apaixonar
dez vezes a cada dia,
setenta a cada semana,
trezentas a cada mês.

(Fonte: www.gilbertogil.com.br/sec_discografia_letra.php?id=182)

Na primeira frase do texto, a palavra "dez", sublinhada, tem duplo sentido. São eles:

a) O sentido de serem dez ambições (no caso, "dez" seria um numeral) e o sentido de os corações serem apaixonados (no caso, "dez" seria um adjetivo).
b) O sentido de serem dez ambições e o sentido de serem dez corações (nos dois casos, "dez" seria um numeral).
c) O sentido de serem dez corações e o sentido de serem dez vezes a cada dia (nos dois casos, "dez" seria um numeral).
d) O sentido de serem dez ambições (no caso, "dez" seria um numeral) e o sentido de as ambições serem de extrema qualidade (no caso, "dez" seria um adjetivo).
e) O sentido de serem dez vontades boas (no caso, "dez" seria um substantivo) e o sentido de totalizarem dez as paixões ambiciosas (no caso, "dez" seria um adjetivo).

 Gabaritos

01	B	09	E
02	E	10	E
03	D	11	B
04	B	12	B
05	E	13	B
06	C	14	C
07	D	15	D
08	B		

É importante decorar essa lista de advérbios para que você consiga reconhecê-los na sentença.

→ Classificação do Advérbio:

Afirmação: sim, certamente, efetivamente etc.

Negação: não, nunca, jamais.

Intensidade: muito, pouco, assaz, bastante, mais, menos, tão, tanto, quão etc.

Lugar: aqui, ali, aí, aquém, acima, abaixo, atrás, dentro, junto, defronte, perto, longe, algures, alhures, nenhures etc.

Tempo: agora, já, depois, anteontem, ontem, hoje, jamais, sempre, outrora, breve etc.

Modo: assim, adrede, bem, mal, depressa, devagar, melhor, pior e a maior parte das palavras formadas de um adjetivo, mais a terminação "mente" (leve + mente = levemente; calma + mente = calmamente).

Inclusão: também, inclusive.

Designação: eis.

Interrogação: onde, como, quando, por que.

Também existem as chamadas locuções adverbiais que vêm quase sempre introduzidas por uma preposição: à farta (= fartamente), às pressas (= apressadamente), à toa, às cegas, às escuras, às tontas, às vezes, de quando em quando, de vez em quando etc.

Existem casos em que utilizamos um adjetivo como forma de advérbio. É o que chamamos de adjetivo adverbializado.

Aquele orador fala **belamente**.
advérbio de modo

Aquele orador fala **bonito**.
adjetivo adverbializado que tenta designar modo

2.7 Conjunção

É a palavra invariável que conecta elementos em algum encadeamento frasal. A relação em questão pode ser de natureza lógico-semântica (relação de sentido) ou apenas indicar uma conexão exigida pela sintaxe da frase.

Coordenativas

São as conjunções que conectam elementos que não possuem dependência sintática, ou seja, as sentenças que são conectadas por meio desses elementos já estão com suas estruturas sintáticas (sujeito / predicado / complemento) completas.

Aditivas: e, nem (= e não), também, que, não só... mas também, não só... como, tanto ... como, assim... como etc.

José não foi à aula **nem** fez os exercícios.

Devemos estudar **e** apreender os conteúdos.

Adversativas: mas, porém, contudo, todavia, no entanto, entretanto, senão, não obstante, aliás, ainda assim.

Os países assinaram o acordo, **mas** não o cumpriram.

A menina cantou bem, **contudo** não agradou ao público.

Alternativas: ou... ou, já ... já, seja... seja, quer... quer, ora... ora, agora... agora.

Ora diz sim, **ora** diz não.

Ou está feliz, **ou** está no ludibriando.

Conclusivas: logo, pois (depois do verbo), então, portanto, assim, enfim, por fim, por conseguinte, conseguintemente, consequentemente, donde, por onde, por isso.

O **concursando** estudou muito, **logo**, deverá conseguir seu cargo.

É professor, **por conseguinte** deve saber explicar o conteúdo.

Explicativas: Isto é, por exemplo, a saber, ou seja, verbi gratia, pois (antes do verbo), pois bem, ora, na verdade, depois, além disso, com efeito, que, porque, ademais, outrossim, porquanto etc.

Deve ter chovido, **pois** o chão está molhado.

O homem é um animal racional, **porque** é capaz de raciocinar.

Não converse agora, **que** eu estou explicando.

Subordinativas

São as conjunções que denotam uma relação de subordinação entre orações, ou seja, a conjunção subordinativa evidencia que uma oração possui dependência sintática em relação a outra. O que se pretende dizer com isso é que uma das orações envolvidas nesse conjunto desempenha uma função sintática para com sua oração principal.

Integrantes

Que, se

Sei **que** o dia do pagamento é hoje.

Vejamos **se** você consegue estudar sem interrupções.

Adverbiais

Causais: indicam a causa de algo.

Já que, porque, que, pois que, uma vez que, sendo que, como, visto que, visto como, como etc.

Não teve medo do perigo, **já que** estava protegido.

Passou no concurso, **porque** estudou muito.

Comparativas: estabelecem relação de comparação:

Como, tal como, mais...(do)que, menos...(do)que, tão como, assim como, tanto quanto etc.

Tal como procederes, receberás o castigo.

Alberto é aplicado **como** quem quer passar.

Concessivas (concessão): estabelecem relação de quebra de expectativa com respeito à sentença à qual se relacionam.

Embora, ainda que, dado que, posto que, conquanto, em que, quando mesmo, mesmo que, por menos que, por pouco que, apesar de (que).

Embora tivesse estudado pouco, conseguiu passar.

Conquanto estudasse, não conseguiu aprender.

Condicionais: estabelecem relação de condição.

Se, salvo se, caso, exceto se, contanto que, com tal que, caso, a não ser que, a menos que, sem que etc.

Se tudo der certo, estaremos em Portugal amanhã.

Caso você tenha dúvidas, pergunte a seu professor.

LÍNGUA PORTUGUESA

MORFOLOGIA CLASSES DE PALAVRAS

Consecutivas: estabelecem relação de consequência.

Tanto que, de modo que, de sorte que, tão...que, sem que etc.

O aluno estudou **tanto que** morreu.

Timeto Amon era **tão** feio **que** não se olhava no espelho.

Conformativas: estabelecem relação de conformidade.

Conforme, consoante, segundo, da mesma maneira que, assim como, como que etc.

Faça a prova **conforme** teu pai disse.

Todos agem **consoante** se vê na televisão.

Finais: estabelecem relação de finalidade.

Para que, a fim de que, que, porque.

Estudou muito **para que** pudesse ter uma vida confortável.

Trabalhei **a fim de que** o resultado seja satisfatório.

Proporcionais: estabelecem relação de proporção.

À proporção que, à media que, quanto mais... tanto mais, quanto menos... tanto menos, ao passo que etc.

À medida que o momento de realizar a prova chegava, a ansiedade de todos aumentava.

Quanto mais você estudar, **tanto mais** terá a chance de ser bem sucedido.

Temporais: estabelecem relação de tempo.

Quando, enquanto, apenas, mal, desde que, logo que, até que, antes que, depois que, assim que, sempre que, senão quando, ao tempo que, apenas que, antes que, depois que, sempre que etc.

Quando todos disserem para você parar, continue.

Depois que terminar toda a lição, poderá descansar um pouco.

Mal chegou, já quis sair.

2.8 Interjeição

É o termo que exprime, de modo enérgico, um estado súbito de alma. Sem muita importância para a análise a que nos propomos, vale apenas lembrar que elas possuem uma classificação semântica[1]:

Dor: ai! ui!

Alegria: ah! eh! oh!

Desejo: oxalá[2]! tomara!

Admiração: puxa! cáspite! safa! quê!

Animação: eia! sus! coragem!

Aplauso: bravo! apoiado!

Aversão: ih! chi! irra! apre!

Apelo: ó, olá! psit! pitsiu! alô! socorro!

Silêncio: psit! psiu! caluda!

Interrogação, **espanto**: hem!

Há, também, locuções interjeitivas: **Minha nossa! Meu Deus!**

---

[1] Segundo Napoleão Mendes de Almeida.
[2] Curiosamente, esses elementos podem ser concebidos, em algumas situações, como advérbios de dúvida.

A despeito da classificação acima, o que determina o sentido da interjeição é o seu uso.

2.9 Numeral

É a palavra que indica uma quantidade, multiplicação, fração ou um lugar numa série. Os numerais podem ser divididos em:

Cardinais: quando indicam um número básico: um, dois, três, cem mil...

Ordinais: quando indicam um lugar numa série: primeiro, segundo, terceiro, centésimo, milésimo...

Multiplicativos: quando indicam uma quantidade multiplicativa: dobro, triplo, quádruplo...

Fracionários: quando indicam parte de um inteiro: meio, metade, dois terços...

Algarismo		Cardinais	Ordinais
Romanos	Arábicos		
I	1	um	primeiro
II	2	dois	segundo
III	3	três	terceiro
IV	4	quatro	quarto
V	5	cinco	quinto
VI	6	seis	sexto
VII	7	sete	sétimo
VIII	8	oito	oitavo
IX	9	nove	nono
X	10	dez	décimo
XI	11	onze	undécimo ou décimo primeiro
XII	12	doze	duodécimo ou décimo segundo
XIII	13	treze	décimo terceiro
XIV	14	quatorze ou catorze	décimo quarto
XV	15	quinze	décimo quinto
XVI	16	dezesseis	décimo sexto
XVII	17	dezessete	décimo sétimo
XVIII	18	dezoito	décimo oitavo
XIX	19	dezenove	décimo nono
XX	20	vinte	vigésimo
XXI	21	vinte e um	vigésimo primeiro
XXX	30	trinta	trigésimo
XXXL	40	quarenta	quadragésimo
L	50	cinquenta	quinquagésimo
LX	60	sessenta	sexagésimo
LXX	70	setenta	septuagésimo ou setuagésimo
LXXX	80	oitenta	octogésimo

Algarismos	Número	Cardinal	Ordinal
XC	90	noventa	nonagésimo
C	100	cem	centésimo
CC	200	duzentos	ducentésimo
CCC	300	trezentos	trecentésimo
CD	400	quatrocentos	quadringentésimo
D	500	quinhentos	quingentésimo
DC	600	seiscentos	seiscentésimo ou sexcentésimo
DCC	700	setecentos	septingentésimo
DCCC	800	oitocentos	octingentésimo
CM	900	novecentos	nongentésimo ou noningentésimo
M	1.000	mil	milésimo
X'	10.000	dez mil	dez milésimos
C'	100.000	cem mil	cem milésimos
M'	1.000.000	um milhão	milionésimo
M''	1.000.000.000	um bilhão	bilionésimo

Lista de numerais multiplicativos e fracionários:

Algarismos	Multiplicativos	Fracionários
2	duplo, dobro, dúplice	meio ou metade
3	triplo, tríplice	terço
4	quádruplo	quarto
5	quíntuplo	quinto
6	sêxtuplo	sexto
7	sétuplo	sétimo
8	óctuplo	oitavo
9	nônuplo	nono
10	décuplo	décimo
11	undécuplo	onze avos
12	duodécuplo	doze avos
100	cêntuplo	centésimo

Para realizar a leitura dos cardinais:

É necessário colocar a conjunção "e" entre as centenas e dezenas, assim como entre as dezenas e a unidade. Ex.: 3.068.724 = três milhões sessenta e oito mil setecentos e vinte e quatro. Quanto à leitura do numeral ordinal, há duas possibilidades: Quando é inferior a 2.000, lê-se inteiramente segundo a forma ordinal. 1766º = milésimo septingentésimo sexagésimo sexto. Acima de 2.000, lê-se o primeiro algarismo como cardinal e os demais como ordinais. Hodiernamente, entretanto, tem-se observado a tendência a ler os números redondos segundo a forma ordinal.

2.536º = dois milésimos quingentésimo trigésimo sexto.

8 000º = oitavo milésimo.

Para realizar a leitura do fracionário:

O numerador de um numeral fracionário é sempre lido como cardinal. Quanto ao denominador, há dois casos:

Primeiro: se for inferior ou igual a 10, ou ainda for um número redondo, será lido como ordinal 2/6 = dois sextos; 9/10 = nove décimos; centésimos (se houver).

São exceções: 1/2 = meio; 1/3 = um terço.

Segundo: se for superior a 10 e não constituir número redondo, é lido como cardinal, seguido da palavra "avos".

1/12 = um doze avos; 4/25 = quatro vinte e cinco avos.

Ao se fazer indicação de reis, papas, séculos, partes de uma obra, usam-se os numerais ordinais até décimo. A partir daí, devem-se empregar os cardinais. Século V (século quinto), século XX (vinte), João Paulo II (segundo), Bento XVI (dezesseis).

2.10 Preposição

É a palavra invariável que serve de ligação entre dois termos de uma oração ou, às vezes, entre duas orações. Costuma-se denominar "regente" o termo que exige a preposição e "regido" aquele que recebe a preposição:

Ele comprou um livro **de** poesia.

Ele tinha medo **de** ficar solitário.

Como se vê, a preposição "de", no primeiro caso, liga termos de uma mesma oração; no segundo, liga orações.

Preposições essenciais

São aquelas que têm como função primordial a conexão das palavras: a, ante, até, após, com contra, de, desde, em, entre, para, per, perante, por, sem, sob, sobre, trás. Veja o emprego de algumas preposições:

Os manifestantes lutaram **contra** a polícia.

O aluno chegou **ao** salão rapidamente.

Aguardo sua decisão **desde** ontem.

Entre mim e ti, não há qualquer problema.

Preposições acidentais

São palavras que pertencem a outras classes, empregadas, porém, eventualmente como preposições: conforme, consoante, durante, exceto, fora, agora, mediante, menos, salvante, salvo, segundo, tirante.

O emprego das preposições acidentais é mais comum do que parece:

Todos saíram da sala, **exceto** eu.

Tirante as mulheres, o grupo que estava na sala parou de falar.

Escreveu o livro **conforme** o original.

Locuções prepositivas

Além das preposições simples, existem também as chamadas locuções prepositivas, que terminam sempre por uma preposição simples: abaixo de, acerca de, acima de, a despeito de, adiante de, a fim de, além de, antes de, ao lado de, a par de, apesar de, a

LÍNGUA PORTUGUESA

MORFOLOGIA CLASSES DE PALAVRAS

respeito de, atrás de, através de, de acordo com, debaixo de, de cima de, defronte de, dentro de, depois de, diante de, embaixo de, em cima de, em frente de(a), em lugar de, em redor de, em torno de, em vez de, graças a, junto a (de), para baixo de, para cima de, para com, perto de, por baixo de, por causa de, por cima de, por detrás de, por diante de, por entre, por trás de.

CONECTIVOS

Os conectivos têm a função de ligar palavras ou orações e eles podem ser coordenativos (ligam orações coordenadas) ou subordinativos (ligam orações subordinadas).

Coordenativos

→ Conjunções coordenativas:
Iniciam orações coordenadas:
Aditivas: e
Adversativas: mas
Alternativas: ou
Conclusivas: logo
Explicativas: pois

Subordinativos

→ Pronomes relativos:
Iniciam orações adjetivas:
que
quem
cujo/cuja
o qual/a qual

→ Conjunções subordinativas:
Iniciam orações adverbiais:
Causais: porque
Comparativas: como
Concessivas: embora
Condicionais: se
Conformativas: conforme
Consecutivas: (tão) que
Finais: para que
Proporcionais: à medida que
Temporais: quando

Iniciam orações substantivas:

Integrantes: que, se

Formas variantes

Algumas palavras possuem mais de uma forma, ou seja, junto à forma padrão existem outras formas variantes.

Em algumas situações, é irrelevante a variação utilizada, mas em outros deve-se escolher a variação mais generalizada.

Exemplos:
Assobiar, assoviar
Coisa, cousa

Louro, loiro
Lacrimejar, lagrimejar
Infarto, enfarte
Diabete, diabetes
Transpassar, traspassar, trespassar

Questões

01. (NCE) A alternativa em que **NÃO** ocorre qualquer forma de superlativo de um adjetivo é:
a) "...é o mais esperto do mundo";
b) "...que mesmo espécies mais longe na escala...";
c) "...teria evoluído a partir de organismos mais simples...";
d) "...para chegar a conclusões bem simples...";
e) "...os animais são, sim, algo inteligentes".

02. (NCE) "...comuns a quase todos os animais..."; O trecho abaixo em que o emprego do artigo é **EQUIVOCADO** é:
a) Ambos os animais são dotados de alguma inteligência;
b) Todos os quatro animais de estimação sobreviveram;
c) Os biólogos trabalharam todo o dia;
d) Entre os animais há diversos graus de inteligência;
e) Toda a manhã eles chegavam sempre na hora.

03. (TJ). Assinale a alternativa em que o grupo de vocábulos, a seguir, admite, exclusivamente, o artigo masculino.
a) Conceito, poema, sentinela;
b) Atleta, eclipse, herpes;
c) Quadrilha, assalto, hangar;
d) Fonema, afã, champanha;
e) Epígrafe, introito, omoplata.

04. (TJ) Assinale a alternativa em que a classificação morfológica da palavra está **INCORRETA**.
a) Ele jamais faria tal afirmação tão leviana e vil. Leviana é adjetivo.
b) Nunca se soube verdadeiramente quem era culpado naquela história. Quem é pronome adjetivo interrogativo.
c) Não sei se vocês estão conscientes da situação periclitante em que nos encontramos. Se é conjunção.
d) A essa hora, o delegado já terá feito a ocorrência. Ocorrência é substantivo.
e) Era mister considerar todas as particularidades daquele contrato. Mister é adjetivo.

05. (TJ) Assinale a alternativa em que o termo em negrito NÃO apresenta o valor circunstancial indicado entre parênteses.
a) O hábito, naquele país, era comer **com as mãos**. (instrumento)
b) **Naquele verão**, quantos teriam viajado? (tempo)
c) **Para vencer**, precisávamos de um esforço hercúleo. (fim)
d) Procurava, **desordenadamente**, as fichas no arquivo morto. (modo)
e) Só se retirarão do recinto **com a minha licença**. (companhia)

3. PRONOMES

Em uma definição breve, podemos dizer que pronome é o termo que substitui um substantivo, desempenhando, na sentença em que aparece, uma função coesiva. Podemos dividir os pronomes em sete categorias, são elas: pessoais, tratamento, demonstrativos, relativos, indefinidos, interrogativos, possessivos.

Antes de partir para o estudo pormenorizado dos pronomes, vamos fazer uma classificação funcional deles quando empregados em uma sentença:

Pronomes substantivos: são aqueles que ocupam o lugar do substantivo na sentença.

> **Alguém** apareceu na sala ontem.
>
> **Nós** faremos todo o trabalho.

Pronomes adjetivos: são aqueles que acompanham um substantivo na sentença.

> **Meus** alunos são os mais preparados.
>
> Pessoa **alguma** fará tal serviço por **esse** valor.

3.1 Pessoais

Referem-se às pessoas do discurso:

Quem fala (1ª pessoa);

Com quem se fala (2ª pessoa);

De quem se fala (3ª pessoa).

Classificação dos Pronomes Pessoais (caso **Reto** x caso **Oblíquo**)

Pessoa Gramatical	Retos	Oblíquos	
		Átonos	Tônicos
1ª Singular	eu	me	mim, comigo
2ª Singular	tu	te	ti, contigo
3ª Singular	ele, ela	o, a, lhe, se	si, consigo
1ª Plural	nós	nos	nós, conosco
2ª Plural	vós	vos	vós, convosco
3ª Plural	eles, elas	os, as, lhes, se	si, consigo
Função	Sujeito	Complemento/Adjunto	

Emprego de alguns pronomes (**Certo** X **Errado**)

Eu e tu x mim e ti

1ª regra: depois de preposição essencial, usa-se pronome oblíquo.

> **Entre** mim e ti, não há acordo.
>
> **Sobre** Manoel e ti, nada se pode falar.
>
> Devo **a** ti esta conquista.
>
> O presente é **para** mim
>
> Não saia **sem** mim.
>
> Comprei um livro **para** ti.
>
> Observe a preposição essencial destacada nas sentenças.

2ª regra: se o pronome utilizado na sentença for sujeito de um verbo, deve-se empregar os do caso RETO.

> Não saia sem **eu** deixar.
>
> Comprei um livro para **tu** leres.
>
> O presente é para **eu** desfrutar.

Observe que o pronome desempenha a função de sujeito do verbo destacado.

Ou seja: "mim" não faz nada!

Não vá se confundir com as sentenças em que a ordem frasal está alterada. Deve-se, nesses casos, tentar pôr a sentença na ordem direta.

> Para mim, fazer exercícios é muito bom. → Fazer exercícios é muito bom para mim.
>
> Não é tarefa para mim realizar esta revisão. → Realizar esta revisão não é tarefa para mim.

Com causativos e sensitivos:

Regra com verbos causativos (mandar, fazer, deixar) ou sensitivos (ver, ouvir, sentir).

Quando os pronomes oblíquos átonos são empregados com verbos causativos ou sensitivos, pode haver a possibilidade de desempenharem a função de sujeito de uma forma verbal próxima. Ex.:

> Fiz **Juliana** chorar. (sentença original)
>
> Fi-**la** chorar. (sentença reescrita com a substituição do termo Juliana pelo pronome oblíquo)

Em ambas as situações, a "Juliana é a chorona". Isso quer dizer que o termo feminino que está na sentença é sujeito do verbo chorar. Pensando dessa maneira, entenderemos a primeira função da forma pronominal "la" que aparece na sentença reescrita.

Outro fator a ser considerado é que o verbo "fazer" necessita de um complemento, portanto, é um verbo transitivo. Bem, ocorre que o complemento do verbo "fazer" não pode ter outro referente senão "Juliana". Então, entendemos que, na reescrita da frase, a forma pronominal "la" funciona como complemento do verbo "fazer" e sujeito do verbo "chorar".

Si e consigo

Estes pronomes somente podem ser empregados se se referirem ao sujeito da oração, pois possuem função reflexiva:

> Alberto só pensa em si.
> ("Si" refere-se a "Alberto": sujeito do verbo "pensar")
>
> O aluno levou as apostilas consigo.
> ("consigo" refere-se ao termo "aluno")

Estão erradas, portanto, frases como estas:

> Creio muito em si, meu amigo.
>
> Quero falar consigo.

Corrigindo:

> Creio muito em **você**, meu amigo.
>
> Quero falar **contigo**.

Conosco e convosco

Se vierem seguidos de uma expressão complementar, geralmente a palavra "todos", desdobram-se em "com nós" e "com vós":

> Este trabalho é com nós mesmos.

LÍNGUA PORTUGUESA

PRONOMES

Ele(s), ela(s) x O(s), A(s)

É muito comum ouvirmos frases como: "Vi *ela* na esquina", "Não queremos *eles* aqui". Então, é errado falar ou escrever assim, pois o pronome em questão está sendo utilizado fora de seu emprego original, ou seja, como um complemento (ao passo que deveria ser apenas sujeito). O certo é: "Vi-*a* na esquina", "Não *os* queremos aqui".

"O" e "A"

São complementos diretos, ou seja, são utilizados juntamente aos verbos transitivos diretos, ou nos bitransitivos, como no exemplo a seguir:

Comprei **um carro** para minha namorada = Comprei-**o** para ela. (Ocorreu a substituição do Objeto Direto)

É importante lembrar que há uma especificidade em relação à colocação dos pronomes "o" e "a" depois de algumas palavras:

> Se a palavra terminar em R, S ou Z: tais letras devem ser suprimidas e o pronome há de ser empregado como **lo**, **la**, **los**, **las**.
>
> Fazer as tarefas = fazê-**las**
>
> Querer o dinheiro = querê-**lo**.

> Se a palavra terminar com **ão**, **õe** ou **m**: tais letras devem ser mantidas e o pronome há de ser empregado como **no**, **na**, **nos**, **nas**.
>
> Compraram a casa = compraram-**na**
>
> Compõe a canção = compõe-**na**.

Lhe

É um complemento indireto, equivalente a "a ele" ou "a ela": ou seja, é empregado juntamente a um verbo transitivo indireto ou a um verbo bitransitivo, como no exemplo:

Comprei um carro **para minha namorada** = comprei-**lhe** um carro. (Ocorreu a substituição do objeto indireto)

Muitas bancas gostam de trocar as formas "o" e "a" por "lhe", o que não pode ser feito sem que a sentença seja totalmente reelaborada.

3.2 De Tratamento

São pronomes de tratamento você, senhor, senhora, senhorita, fulano, sicrano, beltrano e as expressões que integram o quadro seguinte:

Pronome	Abreviatura Singular	Abreviatura Plural
Vossa Excelência(s)	V.Ex.ª	V.Ex.as
Usa-se para:		
Presidente (sem abreviatura), ministro, embaixador, governador, secretário de Estado, prefeito, senador, deputado federal e estadual, juiz, general, almirante, brigadeiro e presidente de câmara de vereadores;		
Pronome	Abreviatura Singular	Abreviatura Plural
Vossa(s) Magnificência(s)	V.Mag.ª	V.Mag.as
Usa-se para:		
Reitor de universidade para o qual também se pode usar V. Ex.ª;		
Pronome	Abreviatura Singular	Abreviatura Plural
Vossa(s) Senhoria(s)	V.Sª	V.S.as
Usa-se para:		
Qualquer autoridade ou pessoa civil não citada acima;		
Pronome	Abreviatura Singular	Abreviatura Plural
Vossa(s) Santidade(s)	V.S	VV.SS.
Usa-se para:		
Papa;		
Pronome	Abreviatura Singular	Abreviatura Plural
Vossa(s) Eminência(s)	V.Em.ª	V.Em.as
Usa-se para:		
Cardeal;		
Pronome	Abreviatura Singular	Abreviatura Plural
Vossa(s) Excelência(s) Reverendíssima(s)	V.Exª.Rev.ma	V.Ex.as.Rev.mas
Usa-se para:		
Arcebispo e bispo;		
Pronome	Abreviatura Singular	Abreviatura Plural
Vossa(s) Reverendíssima(s)	V.Rev.ma	V.Rev.mas
Usa-se para:		
Autoridade religiosa inferior às acima citadas;		
Pronome	Abreviatura Singular	Abreviatura Plural
Vossa(s) Reverência(s)	V.Rev.ª	V.Rev.mas
Usa-se para:		
Religioso sem graduação;		
Pronome	Abreviatura Singular	Abreviatura Plural
vossa(s) majestade(s)	v.m.	vv.mm.

Usa-se para:		
Rei e imperador;		
Pronome	**Abreviatura Singular**	**Abreviatura Plural**
Vossa(s) Alteza(s)	V.A.	VV.AA.
Usa-se para:		
Príncipe, arquiduque e duque.		

Todas essas expressões se apresentam também com SUA para cujas abreviaturas basta substituir o "V" por "S".

Emprego dos pronomes de tratamento

Vossa Excelência etc. x **Sua Excelência** etc.

Os pronomes de tratamento iniciados com "Vossa(s)" empregam-se em uma relação direta, ou seja, indicam o nosso interlocutor, pessoa com quem falamos:

Soube que V. Ex.ª, Senhor Ministro, falou que não estava interessado no assunto da reunião.

Empregaremos o pronome com a forma "Sua" quando a relação não é direta, ou seja, quando falamos SOBRE a pessoa:

A notícia divulgada é de que Sua Excelência, o Presidente da República, foi flagrado em uma boate.

Utilização da 3ª pessoa

Os pronomes de tratamento são de 3ª pessoa; portanto, todos os elementos relacionados a eles devem ser empregados também na 3ª pessoa, para que se mantenha a uniformidade:

É preciso que V. Ex.ª **diga** qual será o **seu** procedimento no caso em questão, a fim de que seus assessores possam agir a tempo.

Uniformidade de Tratamento

No momento da escrita ou da fala, não é possível ficar fazendo "dança das pessoas" com os pronomes. Isso quer dizer que se deve manter a uniformidade de tratamento. Para tanto, se for utilizada 3ª pessoa no início de uma sentença, ela deve permanecer ao longo de todo o texto. Preste atenção para ver como ficou estranha a construção abaixo:

Quando **você** chegar, eu **te** darei o presente.

"Você" é de 3ª pessoa e "te" é de 2ª pessoa. Não há motivo para cometer tal engano. Tome cuidado, portanto. Podemos corrigir a sentença:

Quando tu chegares, eu te darei o presente.

Quando você chegar, eu lhe darei o presente.

3.3 Demonstrativos

São os que localizam ou identificam o substantivo ou uma expressão no espaço, no tempo ou no texto.

1ª Pessoa	
Masculino	Este(s)
Feminino	Esta(s)
Neutro	Isto
No Espaço	Com o falante
No tempo	Presente
No Texto	O que se pretende dizer ou o imediatamente retomado

2ª Pessoa	
Masculino	Esse(s)
Feminino	Essa(s)
Neutro	Isso
No Espaço	Pouco afastado
No tempo	Passado ou futuro próximos
No Texto	O que se disse anteriormente
3ª Pessoa	
Masculino	Aquele(s)
Feminino	Aquela(s)
Neutro	Aquilo
No Espaço	Muito afastado
No tempo	Passado ou futuro distantes
No Texto	O que se disse há muito ou o que se pretende dizer

Quando o pronome retoma algo já mencionado no texto, dizemos que ele possui função **Anafórica**. Quando aponta para algo que será dito, dizemos que possui função **Catafórica**. Essa nomenclatura começou a ser cobrada em algumas questões de concurso público, portanto, é importante ter esses conceitos na ponta da língua.

Exemplos de emprego dos demonstrativos:

Veja este livro que eu trouxe, é muito bom.

Você deve estudar mais! Isso é o que eu queria dizer.

Vê aquele mendigo lá na rua? Terrível futuro o aguarda.

Há outros pronomes demonstrativos:

O, **a**, **os**, **as**, quando antecedem o relativo Que e podem ser permutados por: Aquele (s), Aquela (s), Aquilo:

Não entendi o que disseste. (Não entendi aquilo que disseste.)

Esta rua não é a que te indiquei. (Esta rua não é aquela que te indiquei.)

Tal: quando puder ser permutado por qualquer demonstrativo: Não acredito que você disse **tal** coisa. (aquela coisa)

Semelhante: quando puder ser permutado por qualquer demonstrativo: Jamais me prestarei a **semelhante** canalhice. (esta canalhice)

Mesmo: quando modificar os pronomes eu, tu, nós e vós: Eu **mesmo** investiguei o caso.

De modo análogo, classificamos o termo "**próprio**". (eu próprio, ela própria)

Mesmo pode ainda funcionar como pronome neutro em frases como: "é o mesmo", "vem a ser o mesmo".

Vejamos mais alguns exemplos:

José e **João** são alunos do ensino médio. Este gosta de matemática, **aquele** gosta de português.

Veja que a verdadeira relação estabelecida pelos pronomes demonstrativos focaliza, por meio do "este" o elemento mais próximo, por meio do "aquele" o elemento mais afastado.

Esta sala precisa de bons professores. / Gostaria de que esse órgão pudesse resolver meu problema.

PRONOMES

Este(s), **esta(s)**, **isto** indicam o local de onde escrevemos. **Esse(s)**, **essa(s)**, **isso** indicam o local em que se encontra o nosso interlocutor.

3.4 Relativos

São termos que relacionam palavras em um encadeamento. Os relativos da Língua Portuguesa são:

Que: Quando puder ser permutado por "o qual" ou um de seus termos derivados. Utiliza-se o pronome "que" para referências a pessoas ou coisas.

O Qual: Empregado para referência a coisas ou pessoas.

Quem: É equivalente, segundo o mestre Napoleão Mendes de Almeida, a dois pronomes – aquele e que.

Quanto: Será relativo quando seu antecedente for o termo "tudo".

Onde: É utilizado para estabelecer referência a lugares, sendo permutável por "em que" ou "no qual" e seus derivados.

Cujo: Possui um sentido possessivo. Não permite permuta por outro relativo. Também é preciso lembrar que o pronome cujo não admite artigo, pois já é variável (cujo / cuja, jamais cujo o, cuja a).

O peão a **que** me refiro é Jonas.

A casa n**a qual** houve o tiroteio foi interditada.

O homem para **quem** se enviou a correspondência é Alberto.

Não gastes tudo **quanto** tens.

O estado para **onde** vou é Minas Gerais.

Cara, o pedreiro em **cujo** serviço podemos confiar é Marcelino.

A preposição que está relacionada ao pronome é, em grande parte dos casos, oriunda do verbo que aparece posteriormente na sentença. As bancas costumam cobrar isso!

3.5 Indefinidos

São os que determinam o substantivo de modo vago, de maneira imprecisa.

Variáveis				Invariáveis
Masculino		Feminino		
Singular	Plural	Singular	Plural	
Algum	Alguns	Alguma	Algumas	Alguém
Certo	Certos	Certa	Certas	Algo
Muito	Muitos	Muita	Muitas	Nada
Nenhum	Nenhuns	Nenhuma	Nenhumas	Ninguém
Outro	Outros	Outra	Outras	Outrem
Qualquer	Quaisquer	Qualquer	Quaisquer	Cada
Quando	Quantos	Quanta	Quantas	
Tanto	Tantos	Tanta	Tantas	
Todo	Todos	Toda	Todas	Tudo
Vário	Vários	Vária	Várias	
Pouco	Poucos	Pouca	Poucas	

Fique bem atento para as alterações de sentido relacionadas às mudanças de posição dos pronomes indefinidos.

Alguma pessoa passou por aqui ontem.

Pessoa alguma passou por aqui ontem.

Alguma pessoa = ao menos uma pessoa.

Pessoa alguma = ninguém.

3.6 Interrogativos

Chamam-se interrogativos os pronomes **que**, **quem**, **qual** e **quanto**, empregados para formular uma pergunta direta ou indireta:

Que conteúdo estão estudando?

Diga-me **que** conteúdo estão estudando.

Quem vai passar no concurso?

Gostaria de saber **quem** vai passar no concurso.

Qual dos livros preferes?

Não sei **qual** dos livros preferes.

Quantos de coragem você tem?

Pergunte **quanto** de coragem você tem.

3.7 Possessivos

Com eles relacionamos a coisa possuída à pessoa gramatical possuidora. No quadro abaixo, estão relacionados aos pronomes pessoais.

Pessoais	Possessivos
eu	meu, minha, meus, minhas
tu	teu, tua, teus, tuas
ele, você, v.ex.ª. etc.	seu, sua, seus, suas
nós	nosso, nossa, nossos, nossas
vós	vosso, vossa, vossos, vossas
eles	seu, sua, seus, suas

Emprego

→ **Ambiguidade**: "Seu", "sua", "seus" e "suas" são os reis da ambiguidade (duplicidade de sentido)

O policial prendeu o maconheiro em **sua** casa.

(casa de quem?)

Meu pai levou meu tio para casa em seu carro.

(no carro de quem?)

Corrigindo:

O policial prendeu o maconheiro na casa deste.

Meu pai, em seu carro, levou meu tio para casa.

→ **Emprego especial** - Não se usam os possessivos em relação às partes do corpo ou às faculdades do espírito. Devemos, pois, dizer:

Machuquei a mão. (E não "a minha mão")
Ele bateu a cabeça. (E não "a sua cabeça")
Perdeste a razão? (E não "a tua razão")

4. SUBSTANTIVO

É a palavra variável que designa qualidades, sentimentos, sensações, ações etc.

Quanto a sua classificação, o substantivo pode ser:

Primitivo (sem afixos): pedra.
Derivado (com afixos): pedreiro/ empedrado.
Simples (1 núcleo): guarda.
Composto (mais de 1 núcleo): guarda-roupas.
Comum (designa ser genérico): copo, colher.
Próprio (designa ser específico): Maria, Portugal.
Concreto (existência própria): cadeira, lápis.
Abstrato (existência dependente): glória, amizade.

Os Substantivos Concretos

Designam seres de existência própria, como: padre, político, carro e árvore. Os substantivos abstratos nomeiam qualidades ou conceitos de existência dependente, como: beleza, fricção, tristeza e amor.

Os Substantivos Próprios

São sempre concretos e devem ser grafados com iniciais maiúsculas. Porém, alguns substantivos próprios podem vir a se tornar comuns, pelo processo de derivação imprópria que, geralmente, ocorre pela anteposição de um artigo e a grafia do substantivo com letra minúscula. (um judas = traidor / um panamá = chapéu). As flexões dos substantivos podem se dar em gênero, número e grau.

Gênero dos Substantivos

Quanto à distinção entre masculino e feminino, os substantivos podem ser:

Biformes: quando apresentam uma forma para o masculino e outra para o feminino - gato, gata, homem, mulher.

Uniformes: quando apresentam uma única forma para ambos os gêneros. Nesse caso, eles estão divididos em:

Epicenos: usados para animais de ambos os sexos (macho e fêmea) - besouro, jacaré, albatroz;

Comum de dois gêneros: aqueles que designam pessoas. Nesse caso, a distinção é feita por um elemento ladeador (artigo, pronome) - terrícola, estudante, dentista, motorista;

Sobrecomuns: apresentam um só gênero gramatical para designar seres de ambos os sexos - indivíduo, vítima, algoz.

Em algumas situações, a mudança de gênero altera também o sentido do substantivo:

O cabeça (líder) / A cabeça (parte do corpo).

4.1 Número dos Substantivos

Tentemos resumir as principais regras de formação do plural nos substantivos.

Terminação	Variação	Exemplo
vogal ou ditongo	acréscimo do 's'	barco - barcos
m	ns	pudim - pudins
ão (primeiro caso)	ões	ladrão - ladrões
ão (segundo caso)	ães	pão - pães
ão (terceiro caso)	s	cidadão - cidadãos
r	es	mulher - Mulheres
z	es	cartaz - cartazes
n	es	abdômen - Abdômenes
s (oxítonos)	es	inglês - ingleses
al, el, ol, ul	is	tribunal - tribunais
il (oxítonos)	s	barril - barris
il (paroxítonos)	eis	fóssil - fósseis
zinho, zito	s	anelzinho - aneizinhos

Alguns substantivos são grafados apenas no plural: alvíssaras, anais, antolhos, arredores, belas-artes, calendas, cãs, condolências, esponsais, exéquias, fastos, férias, fezes, núpcias, óculos, pêsames.

Grau do substantivo:

Aumentativo / Diminutivo[1]

Analítico: quando se associam os adjetivos ao substantivo: carro grande, pé pequeno;

Sintético: quando se adiciona ao substantivo sufixos indicadores de grau, carrão, pezinho.

Sufixos:

Aumentativos: -ázio, -orra, -ola, -az, -ão, -eirão, -alhão, -arão, -arrão, -zarrão;

Diminutivos: -ito, -ulo-, -culo, -ote, -ola, -im, -elho, -inho, -zinho (o sufixo -zinho é obrigatório quando o substantivo terminar em vogal tônica ou ditongo: cafezinho, paizinho);

O aumentativo pode exprimir tamanho (casarão), desprezo (sabichão, ministraço, poetastro) ou intimidade (amigão); enquanto o diminutivo pode indicar carinho (filhinho) ou ter valor pejorativo (livreco, casebre), além das noções de tamanho (bolinha).

5. VERBO

É a palavra com que se expressa uma ação (cantar, vender), um estado (ser, estar), mudança de estado (tornar-se) ou fenômeno da natureza (chover).

Quanto à noção que expressam, os verbos podem ser classificados da seguinte maneira:

Verbos Relacionais: exprimem estado ou mudança de estado. São os chamados verbos de ligação.

---

[1] Quando não flexionamos o substantivo em algum grau, dizemos que ele está no grau normal.

LÍNGUA PORTUGUESA

VERBO

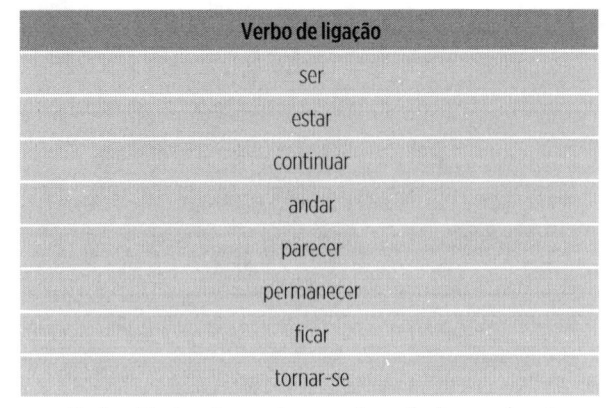

Verbo de ligação
ser
estar
continuar
andar
parecer
permanecer
ficar
tornar-se

Verbos Nocionais: exprimem ação ou fenômeno da natureza. São os chamados verbos significativos.

Os Verbos Nocionais podem ser classificados da seguinte maneira:

VI (Verbo Intransitivo): diz-se daquele que não necessita de um complemento para que se compreenda a ação verbal. Exemplos: morrer, cantar, sorrir, nascer, viver.

VT (Verbo Transitivo): diz-se daquele que necessita de um complemento para expressar o afetado pela ação verbal. Divide-se em três tipos:

Diretos: não possuem preposição para ligar o complemento verbal ao verbo. São exemplos os verbos querer, comprar, ler, falar etc.

Indiretos: possuem preposição para ligar o complemento verbal ao verbo. São exemplos os verbos gostar, necessitar, precisar, acreditar etc.

Diretos e Indiretos, ou Bitransitivos: possuem dois complementos, um não-preposicionado, outro com preposição. São exemplos os verbos pagar, perdoar, implicar etc.

Preste atenção na dica que segue:

João **morreu**.

(quem morre, morre. Não é preciso um complemento para entender o verbo).

Eu **quero** um aumento.

(quem quer, quer alguma coisa. É preciso um complemento para entender o sentido do verbo).

Eu **preciso** de um emprego.

(quem precisa, precisa "de" alguma coisa. Deve haver uma preposição para ligar o complemento ao seu verbo).

Mário **pagou** a conta ao padeiro.

(quem paga, paga algo a alguém. Há um complemento com preposição e um complemento sem preposição).

5.1 Estrutura e Conjugação dos Verbos

Os verbos possuem:

Raiz: o que lhes guarda o sentido (**cant**ar, **corr**er, **sorr**ir).

Vogal temática: o que lhes garante a família conjugacional. (**A**R, **E**R, **I**R).

Desinências: o que ajuda a conjugar ou nominalizar o verbo. (canta**ndo**, cantá**vamos**).

Os verbos apresentam três conjugações, quer dizer, três famílias conjugacionais. Em função da vogal temática, podem-se criar três paradigmas[2] verbais. De acordo com a relação dos verbos com esses paradigmas, obtém-se a seguinte classificação:

Regulares: seguem o paradigma verbal de sua conjugação sem alterar suas raízes (amar, vender, partir).

Irregulares: não seguem o paradigma verbal da conjugação a que pertencem. As irregularidades podem aparecer na raiz ou nas desinências (ouvir - ouço/ouve, estar - estou/estão).

Anômalos: apresentam profundas irregularidades. São classificados como anômalos em todas as gramáticas os verbos ser e ir.

Defectivos: não são conjugados em determinadas pessoas, tempo ou modo, portanto, apresentam algum tipo de "defeito" (falir - no presente do indicativo só apresenta a 1ª e a 2ª pessoa do plural). Os defectivos distribuem-se em grupos:

» impessoais;
» unipessoais (vozes ou ruídos de animais, só conjugados nas 3ªs pessoas);
» antieufônicos (a sonoridade permite confusão com outros verbos) - demolir; falir, abolir etc.

Abundantes: apresentam mais de uma forma para uma mesma conjugação.

Existe abundância conjugacional e participial. A primeira ocorre na conjugação de algumas formas verbais, como, por exemplo, o verbo "haver", que admite "nós havemos/hemos", "vós haveis/heis". A segunda ocorre com as formas nominais de particípio. A seguir segue uma lista dos principais abundantes na forma participial.

Verbos	Particípio regular – empregado com os auxiliares TER e HAVER	Particípio irregular – empregado com os auxiliares SER, ESTAR e FICAR
aceitar	aceitado	aceito
acender	acendido	aceso
benzer	benzido	bento
eleger	eegido	eleito
entregar	entregado	entregue
enxugar	enxugado	enxuto
expressar	expressado	expresso
expulsar	expulsado	expulso
extinguir	extinguido	extinto
matar	matado	morto
prender	prendido	preso
romper	rompido	roto
salvar	salvado	salvo
soltar	soltado	solto
suspender	suspendido	suspenso
tingir	tingido	tinto

[2] Paradigma é o modo como se dá a conjugação.

5.2 Flexão Verbal

Relativamente à flexão verbal, anotamos:

Número: singular ou plural;

Pessoa gramatical: 1ª, 2ª ou 3ª;

Tempo: referência ao momento em que se fala (pretérito, presente ou futuro). O modo imperativo só tem um tempo, o presente;

Voz: ativa, passiva, reflexiva e recíproca (que trabalharemos mais tarde);

Modo: indicativo (certeza de um fato ou estado), subjuntivo (possibilidade ou desejo de realização de um fato ou incerteza do estado) e imperativo (expressa ordem, advertência ou pedido).

5.3 Formas Nominais do Verbo

As três formas nominais do verbo (infinitivo, gerúndio e particípio) não possuem função exclusivamente verbal.

Infinitivo: assemelha-se ao substantivo, indica algo atemporal - o nome do verbo, sua desinência característica é a letra R: ama**r**, realça**r**, ungi**r** etc.

Gerúndio: equipara-se ao adjetivo ou advérbio pelas circunstâncias que exprime de ação em processo. Sua desinência característica é -**NDO**: ama**ndo**, realça**ndo**, ungi**ndo** etc.

Particípio: tem valor e forma de adjetivo - pode também indicar ação concluída, sua desinência característica é -**ADO** ou -**IDO** para as formas regulares: am**ado**, realç**ado**, ung**ido** etc.

5.4 Tempos Verbais

Dentro do **Modo Indicativo**, anotamos os seguintes tempos:

Presente do indicativo: indica um fato real situado no momento ou época em que se fala;

Eu amo, eu vendo, eu parto.

Pretérito perfeito do indicativo: indica um fato real cuja ação foi iniciada e concluída no passado;

Eu amei, eu vendi, eu parti.

Pretérito imperfeito do indicativo: indica um fato real cuja ação foi iniciada no passado, mas não foi concluída ou era uma ação costumeira no passado;

Eu amava, eu vendia, eu partia.

Pretérito mais-que-perfeito do indicativo: indica um fato real cuja ação é anterior a outra ação já passada;

Eu amara, eu vendera, eu partira.

Futuro do presente do indicativo: indica um fato real situado em momento ou época vindoura;

Eu amarei, eu venderei, eu partirei.

Futuro do pretérito do indicativo: indica um fato possível, hipotético, situado num momento futuro, mas ligado a um momento passado.

Eu amaria, eu venderia, eu partiria.

Dentro do **Modo Subjuntivo**, anotamos os seguintes tempos:

Presente do subjuntivo: indica um fato provável, duvidoso ou hipotético, situado no momento ou época em que se fala. Para facilitar a conjugação, utilize a conjunção "que";

Que eu ame, que eu venda, que eu parta.

Pretérito imperfeito do subjuntivo: indica um fato provável, duvidoso ou hipotético, cuja ação foi iniciada, mas não concluída no passado. Para facilitar a conjugação, utilize a conjunção "se";

Se eu amasse, se eu vendesse, se eu partisse.

Futuro do subjuntivo: indica um fato provável, duvidoso, hipotético, situado num momento ou época futura. Para facilitar a conjugação, utilize a conjunção "quando".

Quando eu amar, quando eu vender, quando eu partir.

5.5 Tempos Compostos da Voz Ativa

Constituem-se pelos verbos auxiliares **ter** ou **haver** + particípio do verbo que se quer conjugar, dito principal.

No **modo Indicativo**, os tempos compostos são formados da seguinte maneira:

Pretérito perfeito: presente do indicativo do auxiliar + particípio do verbo principal (Tenho amado);

Pretérito mais-que-perfeito: pretérito imperfeito do Indicativo do auxiliar + particípio do verbo principal (Tinha amado);

Futuro do presente: futuro do presente do indicativo do auxiliar + particípio do verbo principal (Terei amado);

Futuro do pretérito: futuro do pretérito indicativo do auxiliar + particípio do verbo principal (Teria amado).

No **modo Subjuntivo** a formação se dá da seguinte maneira:

Pretérito perfeito: presente do subjuntivo do auxiliar + particípio do VP (Tenha amado);

Pretérito mais-que-perfeito: imperfeito do subjuntivo do auxiliar + particípio do VP (Tivesse amado);

Futuro composto: futuro do subjuntivo do auxiliar + particípio do VP (Tiver amado).

Quanto às **formas nominais**, elas são formadas da seguinte maneira:

Infinitivo composto: infinitivo pessoal ou impessoal do auxiliar + particípio do verbo principal (Ter vendido / Teres vendido);

Gerúndio composto: gerúndio do auxiliar + particípio do verbo principal (Tendo partido).

5.6 Vozes Verbais

Cuidado com esse conteúdo, costuma ser muito cobrado em provas de concursos públicos.

Quanto às vozes, os verbos apresentam voz:

Ativa: sujeito é agente da ação verbal;

(**O corretor** vende casas)

Passiva: sujeito é paciente da ação verbal;

(Casas são vendidas **pelo corretor**)

Reflexiva: o sujeito é agente e paciente da ação verbal.

(A garota feriu-**se** ao cair da escada)

LÍNGUA PORTUGUESA

VERBO

Recíproca: há uma ação mútua descrita na sentença.

(Os amigos entreolh**aram-se**)

A voz passiva: sua característica é possuir um sujeito paciente, ou seja, que é afetado pela ação do verbo.

5.7 Tipos de Voz Passiva

Analítica: verbo auxiliar + particípio do verbo principal. Isso significa que há uma locução verbal de voz passiva.

Casas **são vendidas** pelo corretor

Veja mais alguns exemplos:

Ele fez o trabalho - O trabalho **foi feito** por ele (mantido o pretérito perfeito do indicativo)

O vento ia levando as folhas - As folhas iam **sendo levadas** pelo vento (mantido o gerúndio do verbo principal em um dos auxiliares).

Vereadores entregarão um prêmio ao gari - Um prêmio **será entregue** ao gari por vereadores (veja como a flexão do futuro se mantém na locução).

Sintética: verbo apassivado pelo termo "se" (partícula apassivadora) + sujeito paciente.

Roubou-se **o dinheiro do povo**.

Fez-se **o trabalho** com pressa.

É comum observar, em provas de concurso público, questões que mostram uma voz passiva sintética como aquela que é proveniente de uma ativa com sujeito indeterminado.

Alguns verbos da língua portuguesa apresentam **problemas de conjugação**. A seguir, **temos uma lista**, seguida de comentários sobre essas dificuldades de conjugação.

Compraram um carro novo (ativa);

Comprou-se um carro novo (passiva sintética).

5.8 Verbos com a Conjugação Irregular

Abolir: Defectivo - não possui a 1ª pessoa do singular do presente do indicativo, por isso não possui presente do subjuntivo e o imperativo negativo. (= banir, carpir, colorir, delinquir, demolir, descomedir-se, emergir, exaurir, fremir, fulgir, haurir, retorquir, urgir).

Acudir: Alternância vocálica o/u - presente do indicativo - acudo, acodes... e pretérito perfeito do indicativo - com u (= bulir, consumir, cuspir, engolir, fugir).

Adequar: Defectivo - só possui a 1ª e a 2ª pessoa do plural no presente do indicativo.

Aderir: Alternância vocálica e/i - presente do indicativo - adiro, adere... (= advertir, cerzir, despir, diferir, digerir, divergir, ferir, sugerir).

Agir:

Acomodação gráfica g/j - presente do indicativo - ajo, ages... (= afligir, coagir, erigir, espargir, refulgir, restringir, transigir, urgir).

Agredir:

Alternância vocálica e/i - presente do indicativo - agrido, agrides, agride, agredimos, agredis, agridem (= prevenir, progredir, regredir, transgredir).

Aguar:

Regular - presente do indicativo - águo, águas..., - pretérito perfeito do indicativo - aguei, aguaste, aguou, aguamos, aguastes, aguaram (= desaguar, enxaguar, minguar).

Prazer:

Irregular - presente do indicativo - aprazo, aprazes, apraz... / pretérito perfeito do indicativo - aprouve, aprouveste, aprouve, aprouvemos, aprouvestes, aprouveram.

Arguir:

Irregular com alternância vocálica o/u - presente do indicativo - arguo (ú), arguis, argui, arguimos, arguis, arguem - pretérito perfeito - argui, arguiste...

Atrair:

Irregular - presente do indicativo - atraio, atrais... / pretérito perfeito - atraí, atraíste... (= abstrair, cair, distrair, sair, subtrair).

Atribuir:

Irregular - presente do indicativo - atribuo, atribuis, atribui, atribuímos, atribuís, atribuem - pretérito perfeito - atribuí, atribuíste, atribuiu... (= afluir, concluir, destituir, excluir, instruir, possuir, usufruir).

Averiguar:

Alternância vocálica o/u - presente do indicativo - averiguo (ú), averiguas (ú), averigua (ú), averiguamos, averiguais, averiguam (ú) - pretérito perfeito - averiguei, averiguaste... - presente do subjuntivo - averigue, averigues, averigue... (= apaziguar).

Cear:

Irregular - presente do indicativo - ceio, ceias, ceia, ceamos, ceais, ceiam - pretérito perfeito indicativo - ceei, ceaste, ceou, ceamos, ceastes, cearam (= verbos terminados em -ear: falsear, passear... - alguns apresentam pronúncia aberta: estreio, estreia...).

Coar:

Irregular - presente do indicativo - coo, côas, côa, coamos, coais, coam - pretérito perfeito - coei, coaste, coou... (= abençoar, magoar, perdoar).

Comerciar:

Regular - presente do indicativo - comercio, comercias... - pretérito perfeito - comerciei... (= verbos em -iar, exceto os seguintes verbos: mediar, ansiar, remediar, incendiar, odiar).

Compelir:

Alternância vocálica e/i - presente do indicativo - compilo, compeles... - pretérito perfeito indicativo - compeli, compeliste...

Compilar:

Regular - presente do indicativo - compilo, compilas, compila... - pretérito perfeito indicativo - compilei, compilaste...

Construir:

Irregular e abundante - presente do indicativo - construo, constróis (ou construís), constrói (ou construí), construímos, construís, constroem (ou construem) - pretérito perfeito indicativo - construí, construíste...

Crer:
Irregular - presente do indicativo - creio, crês, crê, cremos, credes, creem - pretérito perfeito indicativo - cri, creste, creu, cremos, crestes, creram - imperfeito indicativo - cria, crias, cria, críamos, críeis, criam.

Falir:
Defectivo - presente do indicativo - falimos, falis - pretérito perfeito indicativo - fali, faliste... (= aguerrir, combalir, foragir-se, remir, renhir)

Frigir:
Acomodação gráfica g/j e alternância vocálica e/i - presente do indicativo - frijo, freges, frege, frigimos, frigis, fregem - pretérito perfeito indicativo - frigi, frigiste...

Ir:
Irregular - presente do indicativo - vou, vais, vai, vamos, ides, vão - pretérito perfeito indicativo - fui, foste... - presente subjuntivo - vá, vás, vá, vamos, vades, vão.

Jazer:
Irregular - presente do indicativo - jazo, jazes... - pretérito perfeito indicativo - jazi, jazeste, jazeu...

Mobiliar:
Irregular - presente do indicativo - mobílio, mobílias, mobília, mobiliamos, mobiliais, mobíliam - pretérito perfeito indicativo - mobiliei, mobiliaste...

Obstar:
Regular - presente do indicativo - obsto, obstas... - pretérito perfeito indicativo - obstei, obstaste...

Pedir:
Irregular - presente do indicativo - peço, pedes, pede, pedimos, pedis, pedem - pretérito perfeito - pedi, pediste... (= despedir, expedir, medir).

Polir:
Alternância vocálica e/i - presente do indicativo - pulo, pules, pule, polimos, polis, pulem - pretérito perfeito indicativo - poli, poliste...

Precaver-se:
Defectivo e pronominal - presente do indicativo - precavemo-nos, precaveis-vos - pretérito perfeito indicativo - precavi-me, precaveste-te...

Prover:
Irregular - presente do indicativo - provejo, provês, provê, provemos, provedes, proveem - pretérito perfeito indicativo - provi, provestc, proveu...

Reaver:
Defectivo - presente do indicativo - reavemos, reaveis - pretérito perfeito indicativo - reouve, reouveste, reouve... (verbo derivado do haver, mas só é conjugado nas formas verbais com a letra v).

Remir:
Defectivo - presente do indicativo - remimos, remis - pretérito perfeito indicativo - remi, remiste...

Requerer:
Irregular - presente do indicativo - requeiro, requeres... - pretérito perfeito indicativo - requeri, requereste, requereu... (derivado do querer, diferindo dele na 1ª pessoa do singular do presente do indicativo e no pretérito perfeito do indicativo e derivados, sendo regular)

Rir:
Irregular - presente do indicativo - rio, ris, ri, rimos, rides, riem - pretérito perfeito indicativo - ri, riste... (= sorrir)

Saudar:
Alternância vocálica - presente do indicativo - saúdo, saúdas... - pretérito perfeito indicativo - saudei, saudaste...

Suar:
Regular - presente do indicativo - suo, suas, sua... - pretérito perfeito indicativo - suei, suaste, sou... (= atuar, continuar, habituar, individuar, recuar, situar)

Valer:
Irregular - presente do indicativo - valho, vales, vale... - pretérito perfeito indicativo - vali, valeste, valeu...

Também merecem atenção os seguintes verbos irregulares:

→ **Pronominais:** Apiedar-se, dignar-se, persignar-se, precaver-se

Caber

Presente do indicativo: caibo, cabes, cabe, cabemos, cabeis, cabem;

Presente do subjuntivo: caiba, caibas, caiba, caibamos, caibais, caibam;

Pretérito perfeito do indicativo: coube, coubeste, coube, coubemos, coubestes, couberam;

Pretérito mais-que-perfeito do indicativo: coubera, couberas, coubera, coubéramos, coubéreis, couberam;

Pretérito imperfeito do subjuntivo: coubesse, coubesses, coubesse, coubéssemos, coubésseis, coubessem;

Futuro do subjuntivo: couber, couberes, couber, coubermos, couberdes, couberem.

Dar

Presente do indicativo: dou, dás, dá, damos, dais, dão;

Presente do subjuntivo: dê, dês, dê, demos, deis, deem;

Pretérito perfeito do indicativo: dei, deste, deu, demos, destes, deram;

Pretérito mais-que-perfeito do indicativo: dera, deras, dera, déramos, déreis, deram;

Pretérito imperfeito do subjuntivo: desse, desses, desse, déssemos, désseis, dessem;

Futuro do subjuntivo: der, deres, der, dermos, derdes, derem.

Dizer

Presente do indicativo: digo, dizes, diz, dizemos, dizeis, dizem;

LÍNGUA PORTUGUESA

VERBO

Presente do subjuntivo: diga, digas, diga, digamos, digais, digam;

Pretérito perfeito do indicativo: disse, disseste, disse, dissemos, dissestes, disseram;

Pretérito mais-que-perfeito do indicativo: dissera, disseras, dissera, disséramos, disséreis, disseram;

Futuro do presente: direi, dirás, dirá etc.;

Futuro do pretérito: diria, dirias, diria etc.;

Pretérito imperfeito do subjuntivo: dissesse, dissesses, dissesse, disséssemos, dissésseis, dissessem;

Futuro do subjuntivo: disser, disseres, disser, dissermos, disserdes, disserem;

Estar

Presente do indicativo: estou, estás, está, estamos, estais, estão;

Presente do subjuntivo: esteja, estejas, esteja, estejamos, estejais, estejam;

Pretérito perfeito do indicativo: estive, estiveste, esteve, estivemos, estivestes, estiveram;

Pretérito mais-que-perfeito do indicativo: estivera, estiveras, estivera, estivéramos, estivéreis, estiveram;

Pretérito imperfeito do subjuntivo: estivesse, estivesses, estivesse, estivéssemos, estivésseis, estivessem;

Futuro do subjuntivo: estiver, estiveres, estiver, estivermos, estiverdes, estiverem;

Fazer

Presente do indicativo: faço, fazes, faz, fazemos, fazeis, fazem;

Presente do subjuntivo: faça, faças, faça, façamos, façais, façam;

Pretérito perfeito do indicativo: fiz, fizeste, fez, fizemos, fizestes, fizeram;

Pretérito mais-que-perfeito do indicativo: fizera, fizeras, fizera, fizéramos, fizéreis, fizeram;

Pretérito imperfeito do subjuntivo: fizesse, fizesses, fizesse, fizéssemos, fizésseis, fizessem;

Futuro do subjuntivo: fizer, fizeres, fizer, fizermos, fizerdes, fizerem.

Seguem esse modelo desfazer, liquefazer e satisfazer.

Os particípios desses verbos e seus derivados são irregulares: Feito, desfeito, liquefeito, satisfeito, etc.

Haver

Presente do indicativo: hei, hás, há, havemos, haveis, hão;

Presente do subjuntivo: haja, hajas, haja, hajamos, hajais, hajam;

Pretérito perfeito do indicativo: houve, houveste, houve, houvemos, houvestes, houveram;

Pretérito mais-que-perfeito do indicativo: houvera, houveras, houvera, houvéramos, houvéreis, houveram;

Pretérito imperfeito do subjuntivo: houvesse, houvesses, houvesse, houvéssemos, houvésseis, houvessem;

Futuro do subjuntivo: houver, houveres, houver, houvermos, houverdes, houverem.

Ir

Presente do indicativo: vou, vais, vai, vamos, ides, vão;

Presente do subjuntivo: vá, vás, vá, vamos, vades, vão;

Pretérito imperfeito do indicativo: ia, ias, ia, íamos, íeis, iam;

Pretérito perfeito do indicativo: fui, foste, foi, fomos, fostes, foram;

Pretérito mais-que-perfeito do indicativo: fora, foras, fora, fôramos, fôreis, foram;

Pretérito imperfeito do subjuntivo: fosse, fosses, fosse, fôssemos, fôsseis, fossem;

Futuro do subjuntivo: for, fores, for, formos, fordes, forem.

Poder

Presente do indicativo: posso, podes, pode, podemos, podeis, podem;

Presente do subjuntivo: possa, possas, possa, possamos, possais, possam;

Pretérito perfeito do indicativo: pude, pudeste, pôde, pudemos, pudestes, puderam;

Pretérito mais-que-perfeito do indicativo: pudera, puderas, pudera, pudéramos, pudéreis, puderam;

Pretérito imperfeito do subjuntivo: pudesse, pudesses, pudesse, pudéssemos, pudésseis, pudessem;

Futuro do subjuntivo: puder, puderes, puder, pudermos, puderdes, puderem.

Pôr

Presente do indicativo: ponho, pões, põe, pomos, pondes, põem;

Presente do subjuntivo: ponha, ponhas, ponha, ponhamos, ponhais, ponham;

Pretérito imperfeito do indicativo: punha, punhas, punha, púnhamos, púnheis, punham;

Pretérito perfeito do indicativo: pus, puseste, pôs, pusemos, pusestes, puseram;

Pretérito mais-que-perfeito do indicativo: pusera, puseras, pusera, puséramos, puséreis, puseram;

Pretérito imperfeito do subjuntivo: pusesse, pusesses, pusesse, puséssemos, pusésseis, pusessem;

Futuro do subjuntivo: puser, puseres, puser, pusermos, puserdes, puserem.

Todos os derivados do verbo pôr seguem exatamente esse modelo: Antepor, compor, contrapor, decompor, depor, descompor, dispor, expor, impor, indispor, interpor, opor, pospor, predispor, pressupor, propor, recompor, repor, sobrepor, supor, transpor são alguns deles.

Querer
    Presente do indicativo: quero, queres, quer, queremos, quereis, querem;
    Presente do subjuntivo: queira, queiras, queira, queiramos, queirais, queiram;
    Pretérito perfeito do indicativo: quis, quiseste, quis, quisemos, quisestes, quiseram;
    Pretérito mais-que-perfeito do indicativo: quisera, quiseras, quisera, quiséramos, quiséreis, quiseram;
    Pretérito imperfeito do subjuntivo: quisesse, quisesses, quisesse, quiséssemos, quisésseis, quisessem;
    Futuro do subjuntivo: Quiser, quiseres, quiser, quisermos, quiserdes, quiserem;

Saber
    Presente do indicativo: sei, sabes, sabe, sabemos, sabeis, sabem;
    Presente do subjuntivo: saiba, saibas, saiba, saibamos, saibais, saibam;
    Pretérito perfeito do indicativo: soube, soubeste, soube, soubemos, soubestes, souberam;
    Pretérito mais-que-perfeito do indicativo: Soubera, souberas, soubera, soubéramos, soubéreis, souberam;
    Pretérito imperfeito do subjuntivo: Soubesse, soubesses, soubesse, soubéssemos, soubésseis, soubessem;
    Futuro do subjuntivo: souber, souberes, souber, soubermos, souberdes, souberem.

Ser
    Presente do indicativo: Sou, és, é, somos, sois, são;
    Presente do subjuntivo: Seja, sejas, seja, sejamos, sejais, sejam;
    Pretérito imperfeito do indicativo: Era, eras, era, éramos, éreis, eram;
    Pretérito perfeito do indicativo: Fui, foste, foi, fomos, fostes, foram;
    Pretérito mais-que-perfeito do indicativo: Fora, foras, fora, fôramos, fôreis, foram;
    Pretérito imperfeito do subjuntivo: Fosse, fosses, fosse, fôssemos, fôsseis, fossem;
    Futuro do subjuntivo: For, fores, for, formos, fordes, forem.

As segundas pessoas do imperativo afirmativo são: Sê (tu) e sede (vós).

Ter
    Presente do indicativo: Tenho, tens, tem, temos, tendes, têm;
    Presente do subjuntivo: Tenha, tenhas, tenha, tenhamos, tenhais, tenham;
    Pretérito imperfeito do indicativo: Tinha, tinhas, tinha, tínhamos, tínheis, tinham;
    Pretérito perfeito do indicativo: Tive, tiveste, teve, tivemos, tivestes, tiveram;
    Pretérito mais-que-perfeito do indicativo: Tivera, tiveras, tivera, tivéramos, tivéreis, tiveram;
    Pretérito imperfeito do subjuntivo: Tivesse, tivesses, tivesse, tivéssemos, tivésseis, tivessem;
    Futuro do subjuntivo: Tiver, tiveres, tiver, tivermos, tiverdes, tiverem.

Seguem esse modelo os verbos: Ater, conter, deter, entreter, manter, reter.

Trazer
    Presente do indicativo: Trago, trazes, traz, trazemos, trazeis, trazem;
    Presente do subjuntivo: Traga, tragas, traga, tragamos, tragais, tragam;
    Pretérito perfeito do indicativo: Trouxe, trouxeste, trouxe, trouxemos, trouxestes, trouxeram;
    Pretérito mais-que-perfeito do indicativo: Trouxera, trouxeras, trouxera, trouxéramos, trouxéreis, trouxeram;
    Futuro do presente: Trarei, trarás, trará, etc.;
    Futuro do pretérito: Traria, trarias, traria, etc.;
    Pretérito imperfeito do subjuntivo: Trouxesse, trouxesses, trouxesse, trouxéssemos, trouxésseis, trouxessem;
    Futuro do subjuntivo: Trouxer, trouxeres, trouxer, trouxermos, trouxerdes, trouxerem.

Ver
    Presente do indicativo: Vejo, vês, vê, vemos, vedes, veem;
    Presente do subjuntivo: Veja, vejas, veja, vejamos, vejais, vejam;
    Pretérito perfeito do indicativo: Vi, viste, viu, vimos, vistes, viram;
    Pretérito mais-que-perfeito do indicativo: Vira, viras, vira, víramos, víreis, viram;
    Pretérito imperfeito do subjuntivo: Visse, visses, visse, víssemos, vísseis, vissem;
    Futuro do subjuntivo: Vir, vires, vir, virmos, virdes, virem.

Seguem esse modelo os derivados antever, entrever, prever, rever. Prover segue o modelo acima apenas no presente do indicativo e seus tempos derivados; nos demais tempos, comporta-se como um verbo regular da segunda conjugação.

Vir
    Presente do indicativo: Venho, vens, vem, vimos, vindes, vêm;
    Presente do subjuntivo: Venha, venhas, venha, venhamos, venhais, venham;
    Pretérito imperfeito do indicativo: Vinha, vinhas, vinha, vínhamos, vínheis, vinham;
    Pretérito perfeito do indicativo: Vim, vieste, veio, viemos, viestes, vieram;
    Pretérito mais-que-perfeito do indicativo: Viera, vieras, viera, viéramos, viéreis, vieram;
    Pretérito imperfeito do subjuntivo: Viesse, viesses, viesse, viéssemos, viésseis, viessem;

LÍNGUA PORTUGUESA

VERBO

Futuro do subjuntivo: Vier, vieres, vier, viermos, vierdes, vierem;

Particípio e gerúndio: Vindo.

Emprego do infinitivo

Apesar de não haver regras bem definidas, podemos anotar as seguintes ocorrências:

→ Usa-se o impessoal:

Sem referência a nenhum sujeito: É proibido **estacionar** na calçada;

Nas locuções verbais: Devemos **pensar** sobre a sua situação;

Se o infinitivo exercer a função de complemento de adjetivos: É uma questão fácil de **resolver**;

Se o infinitivo possuir valor de imperativo – O comandante gritou: "**marchar**!"

→ Usa-se o pessoal:

Quando o sujeito do infinitivo é diferente do sujeito da oração principal: Eu não te culpo por seres um imbecil;

Quando, por meio de flexão, se quer realçar ou identificar a pessoa do sujeito: Não foi bom agires dessa forma;

Questões

01. (FCC) Levando-se em conta as alterações necessárias, o termo grifado foi substituído corretamente por um pronome em:
a) A Inveja habita o fundo de um vale = habitá-lo
b) jamais se acende o fogo = lhe acende
c) serviu de modelo a todos = serviu-os
d) infectar a jovem Aglauros = infectá-la
e) ao dilacerar os outros = dilacerar-lhes

02. (CESGRANRIO) "***A gente se acostuma*** a morar em apartamentos de fundos."
Nós nos acostumamos a morar em apartamentos de fundos.
A troca de pronomes também respeita as regras de concordância estabelecidas na norma-padrão em:
a) Tu te acostuma / Você se acostuma.
b) Tu se acostuma / Você se acostumas.
c) Tu te acostumas / Você se acostuma.
d) Tu te acostumas / Você vos acostuma.
e) Tu te acostumas / Você vos acostumais.

03. (FAURGS) As bibliotecas virtuais têm, de certo modo, os predicados _____ o escritor argentino Jorge Luis Borges define a sua fantástica Biblioteca de Babel: são ilimitadas e periódicas. Desse modo, atualizam, no que oferecem e na forma _____ o oferecem, uma espécie de otimismo cético próprio do racionalismo.

A biblioteca está e vai com você onde você estiver, como uma Babel feita do paradoxo do conhecimento: quanto mais se sabe, mais há para saber, de modo que, o máximo sendo também o mínimo, nunca nos falte nem a pergunta ilimitada, nem a resposta periódica _____ os livros e revistas postos ao alcance de nosso cotidiano podem nos ajudar a formular, ou, ao menos, entrever.

Assinale a alternativa que preenche, correta e respectivamente, as lacunas das linhas.

a) que – como – que
b) com que – que – a que
c) com que – como – que
d) que – como – a que
e) que – que – a que

04. (CESGRANRIO) Os substantivos grafados com ç são derivados de verbos: **produção, redução, desaceleração, projeção**. Quais os verbos a seguir que formam substantivos com a mesma grafia:
a) admitir, agredir, intuir
b) discutir, emitir, aferir
c) inquirir, imprimir, perseguir
d) obstruir, intervir, conduzir
e) reduzir, omitir, extinguir

05. (NUCEPE) **Adaptada**. Assinale a opção em que o substantivo apresentado é uma palavra de gênero feminino.
a) "sinal".
b) "palco".
c) "comunidade".
d) "lugares".
e) "jornais".

06. (CEPERJ) Os verbos considerados impessoais devem se manter invariáveis, no singular, segundo as normas de concordância verbal. Há um caso de verbo impessoal no seguinte exemplo do texto:
a) "você não vê há três meses"
b) "Para lá fui enviada."
c) "um gigantesco caminhão que andava"
d) "aquilo nos pareceu absurdo"
e) "E não precisará de recall para isso."

07. (FCC) Ainda que os modernistas de 1922 não se _____ componentes de uma escola, nem _____ ter postulados rigorosos em comum, um grande desejo de expressão livre os unificava.

Na frase acima, a correção será mantida caso a conjugação dos verbos originalmente empregados consideraram e afirmaram for modificada de modo que as formas verbais resultantes sejam, respectivamente:
a) considerarem e afirmarem.
b) considerassem e afirmassem.
c) consideravam e afirmavam.
d) considerariam e afirmariam.
e) considerar e afirmar.

08. (FUNCAB) Em "(...) A empregada já HAVIA CHEGADO e estava no portão, olhando o movimento.(...)", o tempo verbal mostra uma ação:
a) iniciada no passado, continuada no presente.
b) realizada em futuro próximo.
c) subordinada a uma ação futura.
d) repetida, independente da ação passada.
e) já terminada.

09. (FCC) Na Antiguidade, os egípcios tinham nas letras um objeto sagrado, inventado pelos deuses. O verbo flexionado nos mesmos tempo e modo em que se encontra o grifado acima está em:
a) Por meio da observação do cérebro de crianças e adultos, verificou-se de forma bastante clara ...
b) ... que o ato de escrever desencadeia ligações entre os neurônios ...
c) Com a digitação, essa área fica inativa.
d) .. a caligrafia constava entre as habilidades avaliadas nos exames de admissão do antigo ginásio até a década de 70 ...
e) ... entre as gerações que chegam aos bancos escolares.

10. (FCC) ... que já **detestava** a jovem... O verbo empregado nos mesmos tempo e modo que o grifado está em:
a) A Inveja habita o fundo de um vale...
b) ...todos os que falaram desse sentimento...
c) ...porque esta a espionara...
d) ...que interceda junto a Hersé...
e) Não admitia que a mortal...

11. (Vunesp) No contexto, a correlação expressa pelos verbos destacados na frase - Se o **fizesse** não **teria** coragem de me olhar no espelho. - indica:
a) hipótese sobre a consequência de mentir.
b) necessidade de comunicar-se sem enganar.
c) certeza acerca de ser desnecessária a mentira.
d) dúvida em relação àquilo que motiva a mentira.
e) negação de que a mentira seja viável.

Gabaritos

01	D	07	B
02	C	08	E
03	C	09	D
04	D	10	E
05	C	11	A
06	A		

LÍNGUA PORTUGUESA

6. SINTAXE BÁSICA DA ORAÇÃO E DO PERÍODO

Sintaxe é a parte da Gramática que estuda a função das palavras ou das expressões em uma oração ou em um período.

Definições importantes:

Frase, oração e período (conceitos essenciais)

Frase: qualquer sentença dotada de sentido.

Ex.: Eu adoro estudar Português!

Ex.: Fogo! Socorro!

Oração: frase organizada em torno de uma forma verbal.

Os alunos farão a prova amanhã!

Período: conjunto de orações;

> Período simples: 1 oração.

Estudarei Português.

> Período composto: mais de 1 oração.

Estudarei Português e farei a prova.

6.1 Período Simples (Oração)

A oração é dividida em termos. Assim, o estudo fica organizado e impossibilita a confusão. São os termos da oração:

Essenciais;

Integrantes;

Acessórios.

Termos essenciais da oração

Sujeito e Predicado: são chamados de essenciais, porque são os elementos que dão vida à oração. Quer dizer, sem um deles (o predicado, ao menos) não se pode formar oração.

O **Brasil** caminha para uma profunda transformação social.
(sujeito)   (predicado)

Sujeito

Sujeito é o termo sintático sobre o qual se declara ou se constata algo. Deve-se observar que há uma profunda relação entre o verbo que comporá o predicado e o sujeito da oração. Usualmente, o sujeito é formado por um substantivo ou por uma expressão substantivada.

Classificação do Sujeito:

Simples;

Composto;

Oculto, elíptico ou desinencial;

Indeterminado;

Inexistente;

Oracional.

Sujeito simples: aquele que possui apenas um núcleo.

O país deverá enfrentar difíceis rivais na competição.

A perda de fôlego de algumas das grandes economias também já foi notada por outras gigantes do setor.

> **Sujeito composto:** é aquele que possui mais de um núcleo.

Rigoberto e Jacinto são amigos inseparáveis.

Eu, meus **amigos** e todo o **resto** dos alunos faremos a prova.

Sujeito oculto, elíptico ou desinencial: aquele que não se encontra expresso na oração, porém é facilmente subentendido pelo verbo apresentado.

Acord**amos** cedo naquele dia. (Quem acordou? Nós)

Ab**ri** o blusão, tirei o 38, e perguntei com tanta raiva que uma gota de meu cuspe bateu na cara dele.(R. Fonseca)

Vanderlei caminhou pela manhã. À tarde pass**eou** pelo lago municipal, onde encont**rou** a Anaconda da cidade.

Perceba que o sujeito não está grafado na sentença, mas é facilmente recuperável por meio da terminação do verbo.

Sujeito indeterminado: ocorre quando o verbo não se refere a um núcleo determinado. São situações de indeterminação do sujeito:

Terceira pessoa do plural sem um referente:

Nunca lhe **deram** nada.

Fizeram comentários maldosos a seu respeito.

Com verbos transitivos indiretos, intransitivo e relacionais (de ligação) acompanhados da partícula "se" que, no caso, será classificada como índice de indeterminação de sujeito.

Vive-se muito bem.

Precisa-se de força e coragem na vida de estudante.

Nem sempre **se está** feliz na riqueza.

Sujeito inexistente ou oração sem sujeito: ocorre em algumas situações específicas.

Com verbos impessoais (principalmente os que denotam fenômeno da natureza).

Em setembro **chove** muito.

Nevava em Palotina.

Com o verbo haver, desde que empregado nos sentidos de existir, acontecer ou ocorrer.

Há poemas perfeitos, não **há** poetas perfeitos.

Deveria haver soluções para tais problemas.

Com os verbos ir, haver e fazer, desde que empregado fazendo alusão a tempo transcorrido.

Faz um ano que não viajo. (verbo "fazer" no sentido de "tempo transcorrido")

Há muito tempo que você não aparece. (verbo "haver" no sentido de "tempo")

Vai para dois meses que não recebo salário. (verbo "ir" no sentido de "tempo")

Com os verbos ser ou estar indicando tempo.

Era noite fechada.

É tarde, eles não vêm!

Com os verbos bastar e chegar indicando cessamento.

Basta de tanta corrupção no Senado!

Chega de ficar calado quando a situação aperta!

Com o verbo ser indicando data ou horas.

São dez horas no relógio da torre.

Amanhã **serão** dez de dezembro.

Sujeito oracional: ocorre nas análises do período composto, quando se verifica que o sujeito de um verbo é uma oração.

É preciso **que você estude Língua Portuguesa**.

Predicado

É o termo que designa aquilo que se declara acerca do sujeito. É mais simples e mais prudente para o aluno buscar identificar o predicado antes do sujeito, pois, se assim o fizer, terá mais concretude na identificação do sujeito.

Classificação do predicado:
> Nominal;
> Verbal;
> Verbo-nominal.

Predicado Nominal: o predicado nominal é formado por um verbo relacional (de ligação) + predicativo.

Lembre os principais verbos de ligação: ser, estar, permanecer, continuar, ficar, parecer, andar e torna-se.

A economia da Ásia parecia derrotada após a crise.

O deputado, de repente, virou patriota.

Português é legal.

Predicado Verbal: o predicado verbal tem como núcleo um verbo nocional.

Empresários **investirão R$ 250 milhões em novo berço para Porto de Paranaguá**.

Predicado Verbo-nominal: ocorre quando há um verbo significativo (nocional) + um predicativo do sujeito.

O trem chegou atrasado. ("atrasado" é uma qualidade do sujeito que aparece após o verbo, portanto, é um predicativo do sujeito).

Pedro Paladino já nasceu rico.

Acompanhei a indignação de meus alunos preocupado.

Predicativo

O predicativo é um termo componente do predicado. Qualifica sujeito ou objeto.

Josefina era **maldosa**, **ruim**, **sem valor**. (pred. do sujeito)

Leila deixou o garoto **louco**. (pred. do objeto)

O diretor nomeou João **chefe da repartição**. (pred. do objeto)

Termos integrantes da oração

Objeto Direto (complemento verbal);

Objeto Indireto (complemento verbal);

Complemento Nominal;

Agente da Passiva.

Objeto Direto: é o complemento de um verbo transitivo direto.

Os bons cidadãos cumprem **as leis**. (quem cumpre, cumpre algo)

Em resumo: ele queria **uma mulher**. (quem quer, quer algo)

Objeto Indireto: é o complemento de um verbo transitivo indireto.

Os bons cidadãos obedecem **às leis**. (quem obedece, obedece a algo)

Necessitamos **de manuais mais práticos** nos dias de hoje. (quem necessita, necessita de algo)

Complemento Nominal: é o complemento, sempre preposicionado, de adjetivos, advérbios e substantivos que, em determinadas circunstâncias, pedem complemento, assim como os verbos transitivos indiretos.

O filme era impróprio para crianças.

Finalizou-se a construção do prédio.

Agiu favoravelmente ao réu.

Agente da Passiva: É o complemento que, na voz passiva, designa o ser praticante da ação sofrida ou recebida pelo sujeito.

Ex. de voz ativa: O zagueiro executou a jogada.

Ex. de voz passiva: A jogada foi executada **pelo zagueiro**. (Agente da passiva)

Conversas foram interceptadas pela **Polícia Federal**. (Agente da passiva)

Termos acessórios da oração

Adjunto Adnominal;

Adjunto Adverbial;

Aposto;

Vocativo.

Adjunto Adnominal: a função do adjunto adnominal é desempenhada por qualquer palavra ou expressão que, junto de um substantivo ou de uma expressão substantivada, modifica o seu sentido. Vejamos algumas palavras que desempenham tal função.

Artigos: as alunas serão aprovadas.

Pronomes adjetivos: aquela aluna será aprovada.

Numerais adjetivos: duas alunas serão aprovadas.

Adjetivos: aluno **estudioso** é aprovado.

Locuções adjetivas: aluno **de gramática** passa no concurso.

Adjunto Adverbial: o Adjunto Adverbial é o termo acessório (que não é exigido por elemento algum da sentença) que exprime circunstância ao verbo e, às vezes, ao adjetivo ou mesmo ao advérbio.

Advérbios: os povos antigos trabalhavam mais.

Locuções Adverbiais: Li vários livros **durante as férias**.

Alguns tipos de adjuntos adverbiais: Tempo: **Ontem**, choveu muito.

Lugar: Gostaria de que me encontrasse **na esquina da padaria**.

Modo: Alfredo executou a aria **fantasticamente**.

Meio: Fui para a escola **a pé**.

Causa: **Por amor**, cometem-se loucuras.

Instrumento: Quebrou a **vidraça com uma pedra**.

LÍNGUA PORTUGUESA

Condição: **Se estudar muito**, será aprovado.

Companhia: Faremos sucesso **com essa banda.**

Aposto: o aposto é o termo sintático que, possuindo equivalência semântica, esclarece seu referente. Tipos de Aposto:

Explicativo: Alencar, **escritor romântico**, possui uma obra vastíssima.

Resumitivo ou recapitulativo: Estudo, esporte, cinema, **tudo** o chateava.

Enumerativo: Preciso de duas coisas: **saúde e dinheiro**.

Especificativo: A notícia foi publicada na revista **Veja**.

Distributivo: Havia grupos interessados: **o da direita e o da esquerda**.

Oracional: Desejo só uma coisa: **que vocês passem no concurso**.

Vocativo: O Vocativo é uma interpelação, é um chamamento. Normalmente, indica com quem se fala.

Ó mar, por que não me levas contigo?

Vem, **minha amiga**, abraçar um vitorioso.

6.2 Período Composto

Nesse tópico, você deverá realizar a análise de mais de uma oração, portanto, atenção! Há dois processos de composição de período em Língua Portuguesa. São eles: coordenação e subordinação.

Coordenação: ocorre quando são unidas orações independentes sintaticamente. Ou seja, são autônomas do ponto de vista estrutural. Vamos a um exemplo.

Altamiro pratica esportes e estuda muito.

Subordinação: ocorre quando são unidas orações que possuem dependência sintática. Ou seja, não estão completas em sua estrutura. O processo de subordinação ocorre de três maneiras:

Substantiva: quando a oração desempenhar a função de um substantivo na sentença (**sujeito, predicativo, objeto direto, objeto indireto, complemento nominal ou aposto**).

Adjetiva: quando a oração desempenhar a função de adjunto adnominal na sentença.

Adverbial: quando a oração desempenhar a função de adjunto adverbial na sentença.

Eu quero **que vocês passem no concurso**. (oração subordinada substantiva objetiva direta – a função de objeto direto está sendo desempenhada pela oração)

O Brasil, **que é um belíssimo país**, possui vegetação exuberante. (oração subordinada adjetiva explicativa)

Quando José entrou na sala, Manoel saiu. (oração subordinada adverbial temporal)

Processo de coordenação

Há dois tipos de orações coordenadas: **assindéticas** e **sindéticas**.

Assindéticas:

O nome vem da palavra grega *sýndetos*, que significa conjunção, união. Ou seja, oração que não possui conjunção quando está colocada ao lado de outra.

Valdevino **correu (OCA), correu (OCA), correu (OCA)** o dia todo.

Perceba que não há conjunções para ligar os verbos, ou seja, as orações estão colocadas uma ao lado da outra sem síndeto, portanto, são **Orações Coordenadas Assindéticas**.

Sindéticas:

Contrariamente às assindéticas, as sindéticas possuem conjunção para exprimir uma relação lógico-semântica. Cada oração recebe o nome da conjunção que a introduz. Por isso é necessário decorar as conjunções.

Aditivas: São introduzidas pelas conjunções e, nem, mas também, também, como (após "não só"), como ou quanto (após "tanto"), mais etc., dando a ideia de adição à oração anterior.

A seleção brasileira venceu a Dinamarca/ **e empatou com a Inglaterra**. (Oração Coordenada Assindética / **Oração Coordenada Sindética Aditiva**)

Adversativas: São introduzidas pelas conjunções mas, porém, todavia, contudo, entretanto, no entanto, não obstante, senão, apesar disso, embora etc., indicando uma relação de oposição à sentença anterior.

O time batalhou muito, / **mas não venceu o adversário.** (Oração Coordenada Assindética / **Oração Coordenada Sindética Adversativa**)

Alternativas: São introduzidas pelas conjunções ou... ou, ora... ora, já... já, quer... quer, seja... seja, nem... nem etc., indicando uma relação de alternância entre as sentenças.

Ora estuda, / ora trabalha,: (Oração Coordenada Sindética Alternativa / Oração Coordenada Sindética Alternativa)

Conclusivas: São introduzidas pelas conjunções pois (posposto ao verbo), logo, portanto, então, por conseguinte, por consequência, assim, desse modo, destarte, com isso, por isto, consequentemente, de modo que, indicando uma relação de conclusão do período anterior.

Comprei a carne e o carvão, / **portanto podemos fazer o churrasco**. (Oração Coordenada Assindética / **Oração Coordenada Sindética Conclusiva**)

Estou muito doente, / **não posso, pois, ir à aula**. (Oração Coordenada Assindética/ **Oração Coordenada Sindética Conclusiva**)

Explicativas: São introduzidas pelas conjunções que, porque, porquanto, por, portanto, como, pois (anteposta ao verbo), ou seja, isto é, indicando uma relação de explicação para com a sentença anterior.

Não converse, / **pois estou estudando**. (OCA / **Oração Coordenada Sindética Explicativa**)

Processo de subordinação

Orações Subordinadas Substantivas: dividem-se em 6 tipos, introduzidas, geralmente, pelas conjunções "**que**" e "**se**".

Subjetiva (O.S.S.S.): Exerce função de sujeito do verbo da oração principal.

É interessante / **que todos joguem na loteria**. (Oração Principal / **Oração subordinada substantiva subjetiva**)

Objetiva Direta (O.S.S.O.D.): Exerce função de objeto direto.

Eu quero / **que você entenda a matéria**. - Quem quer, quer algo ou alguma coisa - (Oração Principal / **Oração subordinada substantiva Objetiva Direta**)

Objetiva Indireta (O.S.S.O.I.): Exerce função de objeto indireto.

Os alunos necessitam / **de que as explicações fiquem claras**. - Quem necessita, necessita de algo - (Oração Principal / **Oração subordinada substantiva Objetiva Indireta**)

Predicativa (O.S.S.P.): Exerce função de predicativo.

O bom é / **que você faça exercícios todos os dias**. (Oração Principal / **Oração subordinada substantiva Predicativa**)

Completiva Nominal (O.S.S.C.N.): Exerce função de complemento nominal de um nome da oração principal.

Jonas tem vontade / **de que alguém o mande calar a boca**. (Oração Principal / **Oração subordinada substantiva Completiva Nominal**)

Apositivas (O.S.S.A.): Possuem a função de aposto da sentença principal, geralmente são introduzidas por dois-pontos (:).

Eu quero apenas isto: / **que você passe no concurso**. (Oração Principal / **Oração subordinada substantiva Apositiva**)

Orações Subordinadas Adjetivas: dividem-se em dois tipos. Quando desenvolvidas, são introduzidas por um pronome relativo.

O nome Oração Subordinada Adjetiva se deve ao fato de ela desempenhar a mesma função de um adjetivo na oração, ou seja, a função de adjunto adnominal. Na Gramática de Portugal, são chamadas de Orações Relativas pelo fato de serem introduzidas por pronome relativo.

Restritivas: Restringem a informação da oração principal. Não possuem vírgulas.

O homem / **que mora ao lado** / é mal-humorado. (Oração Principal / **Oração subordinada Adjetiva Restritiva** / Oração Principal)

Para entender basta perguntar: qualquer homem é mal-humorado? Não. Só o que mora ao lado.

Explicativas: Explicam ou dão algum esclarecimento sobre a oração principal.

João, / **que é o ex-integrante da comissão**, / chegou para auxiliar os novos contratados. (Oração Principal / **Oração Subordinada Adjetiva Explicativa** /Oração Principal)

Orações Subordinadas Adverbiais: dividem-se em nove tipos. Recebem o nome da conjunção que as introduz. Nesse caso, teremos uma principal (que não está negritada) e uma subordinada adverbial (que está em negrito).

Essas orações desempenham a função de Adjunto Adverbial da oração principal.

Causais: Exprimem a causa do fato que ocorreu na oração principal. Introduzidas, principalmente, pelas conjunções porque, visto que, já que, uma vez que, como que, como.

Ex.: Já que precisamos de dinheiro, vamos trabalhar.

Comparativas: Representam o segundo termo de uma comparação. Introduzidas, na maior parte dos casos, pelas conjunções que, do que, como, assim como, (tanto) quanto.

Ex.: Tiburcina fala **como uma gralha** (fala - o verbo está elíptico).

Concessivas: Indica uma concessão entre as orações. Introduzidas, principalmente, pelas conjunções embora, a menos que, ainda que, posto que, conquanto, mesmo que, se bem que, por mais que, apesar de que. Fique de olho na relação da conjunção com o verbo.

Ex.: Embora não tivesse tempo disponível, consegui estudar.

Condicionais: Expressa ideia de condição. Introduzidas, principalmente, pelas conjunções se, salvo se, desde que, exceto, caso, desde, contanto que, sem que, a menos que.

Ex.: Se ele não se defender, acabará como "boi-de-piranha" no caso.

Conformativas: Exprimem acordo, concordância entre fatos ou ideias. Introduzidas, principalmente, pelas conjunções como, consoante, segundo, conforme, de acordo com etc.

Ex.: Realize as atividades **conforme eu expliquei**.

Consecutivas: Indicam a consequência ou o efeito daquilo que se diz na oração principal. Introduzidas, principalmente, pelas conjunções que (precedida de tal, tão, tanto, tamanho), de sorte que, de modo que.

Ex.: Estudei tanto, **que saiu sangue dos olhos**.

Finais: Exprimem finalidade da ação primeira. Introduzidas, em grande parte dos casos, pelas conjunções para que, a fim de que, que e porque.

Ex.: Estudei muito **para que pudesse fazer a prova**.

Proporcionais: Expressa uma relação de proporção entre as orações. Introduzidas, principalmente, pelas conjunções (locuções conjuntivas) à medida que, quanto mais....mais, à proporção que, ao passo que, quanto mais.

Ex.: José piorava, **à medida que abandonava seu tratamento**.

Temporais: Indicam circunstância de tempo. Introduzidas, principalmente, pelas conjunções quando, antes que, assim que, logo que, até que, depois que, mal, apenas, enquanto etc.

Ex.: Logo que iniciamos o trabalho os alunos ficaram mais tranquilos.

Você viu que não é difícil. Na verdade, só é preciso estudar muito e decorar o sentido das conjunções.

SINTAXE BÁSICA DA ORAÇÃO E DO PERÍODO

Questões

01. (FCC) **Graças aos avanços na medicina e na agricultura**, as previsões funestas de Malthus não se confirmaram...

O segmento grifado exprime, em relação à afirmativa seguinte, noção de:

a) Condição.
b) Tempo.
c) Proporção.
d) Causa.
e) Finalidade.

02. (FCC) A frase em que **ambos** os elementos sublinhados são complementos verbais é:

a) Assim vos confesso que entendo de arquitetura, apesar das muitas opiniões em contrário.
b) Ninguém se impressiona tanto com um velho porão como este velho cronista, leitor amigo.
c) O porão deverá jazer sob os pés da família como jazem os cadáveres num cemitério.
d) Que atração exercem sobre o cronista as gravatas manchadas, quando desce a um porão...
e) Já não se fazem porões, hoje em dia, já não há qualquer mistério ou evocação mágica numa casa moderna.

03. (FCC) **Nascidas do povo mais humilde do Brasil**, as Escolas afirmam a vocação dos brasileiros, de todos os brasileiros, para a grandeza.

A oração grifada acima tem sentido ...... e, ao reescrevê-la com o emprego da conjunção adequada, a oração resultante deverá iniciar-se por ....

As lacunas estarão corretamente preenchidas, respectivamente, por:

a) final - Para que tivessem nascido
b) temporal - Enquanto tinham nascido
c) concessivo - Ainda que tenham nascido
d) consecutivo - Desde que tenham nascido
e) condicional - Caso tenham nascido

04. (FCC) Analisando-se aspectos sintáticos de frases de textos, é correto afirmar que em:

a) Muitos se lembravam da alegria voraz com que foram disputadas as toneladas da vítima - as formas verbais sublinhadas têm um mesmo sujeito.
b) Todos se empenhavam no lúcido objetivo comum - configura-se um caso de indeterminação do sujeito.
c) Uma tripulação de camelôs anunciava umas bugigangas - a voz verbal é ativa, sendo umas bugigangas o objeto direto.
d) Eu já podia recolher a minha aflição - não há a possibilidade de transposição para outra voz verbal.
e) Logo uma estatal, ó céus - o elemento sublinhado exerce a função de adjunto adverbial de tempo.

05. (FCC) "Fica calmo, meu caro jornalista, avião comigo não cai", procurava me tranquilizar **dr. Ulysses**.

O segmento em destaque exerce na frase acima a mesma função sintática que o elemento grifado exerce em:

a) Como a Folha era **o único veículo** ...
b) ... essas coisas não pegariam bem **para um repórter**.

c) ... **em que** tudo devia estar acertado...
d) Viajava **com os três líderes da campanha** em pequenos aviões fretados...
e) ... **quem** era o comandante.

06. (FCC) Mas, **embora ele não tivesse sido nomeado**, todos sabiam quem era o comandante.

Em relação à frase em que está inserido, o segmento grifado acima possui um sentido.

a) Condicional.
b) Causal.
c) Concessivo.
d) Comparativo.
e) Conclusivo.

07. (FCC) Este conceito **é relativo**, pois em arte não há originalidade absoluta.

... a sua contribuição maior foi **a liberdade de criação e expressão**.

Ambos os elementos acima grifados exercem nas respectivas frases a função de:

a) Adjunto adverbial.
b) Objeto direto.
c) Complemento nominal.
d) Predicativo.
e) Objeto indireto.

08. (FCC) ... o tema das mudanças climáticas **pressiona** os esforços mundiais para reduzir a queima de combustíveis.

A mesma relação entre o verbo grifado e o complemento se reproduz em:

a) ... a Idade da Pedra não acabou por falta de pedras ...
b) ... o estilo de vida e o modo da produção (...) são os principais responsáveis...
c) ... que ameaçam a nossa própria existência.
d) ... e a da China triplicou.
e) Mas o homem moderno estaria preparado.

09. (CONSULPLAN) Leia o texto:

A tradição teológica e filosófica nunca conseguiu explicar o "mistério da iniquidade", a existência do mal como potência do desejo e da ação humanas.

Ora, a corrupção é o mal do nosso tempo. Curiosamente, ela aparece como uma nova regra de conduta, uma contraditória "moral imoral". Da governalidade aos atos cotidianos, o mundo da vida no qual ética e moral se cindiram há muito tempo transformou-se na sempre saqueável terra de ninguém.

Como toda moral, a corrupção é rígida. Daí a impossibilidade do seu combate por meios comuns, seja o direito, seja a polícia. Do contrário, meio mundo estaria na prisão. A mesma polícia que combate o narcotráfico nas favelas das grandes cidades poderia ocupar o Congresso e outros espaços do governo onde a corrupção é **a regra**.

Mas o problema é que a força da corrupção é a do costume, é a da "moral", aquela mesma do malandro que age "na moral", que é "cheio de moral". Ela é muito mais forte do que a delicada reflexão ética que envolveria a autonomia de cada sujeito agente. E que só surgiria pela educação política que buscasse um pensamento reflexivo.

O sistema da corrupção é composto de um jogo de forças do qual uma das mais importantes é a "força do sentido". É ela que faz perguntar, por exemplo, "como é possível que um policial pobre se negue a aceitar dinheiro para agir ilegalmente?"

O simples fato de que essa pergunta seja colocada implica o pressuposto de que uma verdade ética tal como a honestidade foi transvalorada. Isso significa que foi também desvalorizada.

Se a conduta de praxe seria não apenas aceitar, mas exigir dinheiro em troca de uma ação qualquer na contramão do dever, é porque no sistema da corrupção o valor da honestidade, que garantiria ao sujeito a sua autonomia, foi substituído pela vantagem do dinheiro.

Mas não somente. Aquele que age na direção da lei como que age contra a moral caracterizada pelo "fazer como a grande maioria", levando em conta que no âmbito da corrupção se entende que o que a maioria quer é "dinheiro".

Verdade é que a ação em nome de um universal por si só caracteriza qualquer moral. É por meio dela que se faz o **cálculo** do "sentido" no qual, fora da vantagem que define a regra, o sujeito honesto se transfigura imediatamente em otário.

Se a moral é medida em dinheiro, não entregar-se a ele poderá parecer um luxo. Mas um contraditório luxo de pobre, já que a questão da honestidade não se coloca para os ricos, para quem tal valor parece de antemão assegurado.

Daí que jamais se louve nos noticiários a honestidade de alguém que não se enquadra no estereótipo do "pobre". **Honesto** é sempre o pobre elevado a cidadão exótico. Na verdade, por meio desse gesto o pobre é colocado à prova pelo sistema. Afinal ele teria tudo para ser corrupto, ou seja, teria todo o motivo para sê-lo. Mas teria também todo o perdão?

O cidadão exótico – pobre e honesto – que deixa de agir na direção de uma vantagem pessoal como que estaria perdoado por antecipação ao agir imoralmente sendo pobre, mas não está. A frase de Brecht seria sua jurisprudência mais básica: "O que é roubar um banco comparado a fundar um?"

Ora, sabemos que essa "moral imoral" tem sempre dois pesos e duas medidas, diferentes para ricos e pobres. No **vão** que as separa vem à tona a **incompreensibilidade** diante do mistério da honestidade. De categoria ética, ela desce ao posto de irrespondível problema metafísico.

Pois quem terá hoje a coragem de perguntar como alguém se torna o que é quando a subjetividade, a individualidade e a biografia já não valem nada e sentimos apenas o miasma que exala da vala comum das celebridades da qual o cidadão pode se salvar apenas alcançando o posto de um herói exótico, máscara do otário da vez?

(Marcia Tiburi. Cult, dezembro de 2011)

Assinale o termo que, no texto, desempenhe função sintática idêntica à de incompreensibilidade (L. 73).
a) a regra (L. 18)
b) vão (L. 72)
c) cálculo (L. 48)
d) honesto (L. 58)

10. (IPAD) Em que opção a expressão em negrito retoma a ideia de um termo para explicá-lo, desenvolvê-lo ou esclarecê-lo, assumindo a função sintática de aposto?
a) O conjunto de saltos de quedas d'água estava localizado ao oeste do Estado do Paraná, **no município de Guaíra...**
b) Calcula-se que a água do Rio Paraná levou cerca de 1 milhão de anos para cavar no basalto, **rocha vulcânica dura**, o caminho que percorria.
c) Era a cachoeira mais caudalosa do mundo, **nela** se escoando cerca de 75 mil metros cúbicos de água por segundo...
d) Capaz de gerar 15 milhões de kilowatts, Itaipu é **a usina** de maior potencial energético do mundo.
e) A barragem, **que represa o Rio Paraná**, tem a altura aproximada de um edifício de 62 andares.

11. (IPAD) Em que oração o sujeito **não** é posposto ao verbo?
a) "Sete quedas por mim passaram"
b) "Cessa o estrondo das cachoeiras"
c) "Aos mortos espanhóis, aos mortos bandeirantes, aos apagados fogos de Ciudad Real de Guaira vão juntar-se os sete fantasmas das águas assassinadas"
d) "Faz-se do movimento uma represa"
e) "da agitação faz-se um silêncio"

12. (CESGRANRIO) Em "e controlar a epidemia crescente **das doenças crônicas**," o termo destacado está ligado sintaticamente ao substantivo "epidemia". O termo que desempenha função sintática idêntica ao destacado acima está no trecho:
a) "enquanto cerca de 300 milhões de adultos são **obesos**,"
b) "...que ajude as autoridades nacionais a enfrentar os problemas."
c) "– Para alcançar as Metas do Milênio estabelecidas **pela ONU**,"
d) "Todos eles estão **mais** expostos..."
e) "entre outras doenças ligadas **ao excesso de peso**."

13. (FCC) ... mas nem todos **entendem** seu real significado.
O verbo que exige o mesmo tipo de complemento que o grifado acima está também **grifado** em:
a) Pesquisadores **revelaram** a existência de preconceitos enraizados contra a manifestação de emoções.
b) A pesquisa **tratava** da valorização de sentimentos até então vistos como negativos no ambiente de trabalho.
c) A manifestação de emoções positivas **é** geralmente bem aceita em qualquer ambiente.
d) Estudos recentes **aludem** à importância das emoções, sejam elas positivas ou negativas, na vida pessoal e profissional.
e) O local de trabalho nem sempre se **torna** propício à manifestação das próprias emoções.

14. (FUNCAB) A alternativa em que o termo destacado tem a função de adjunto adnominal e não a de predicativo do sujeito é:
a) "(...) ela estava muito mais **viva**(...)"
b) "(...) um peixe **sozinho** num tanque era algo muito solitário. (...)"
c) "(...) a mãe era **boa** para dar ideias ( )"
d) "(...) Mas ele estava **sozinho**. (...)"
e) "(...) Só então notou como estava **cansado**."

15. (FCC) ... **embora** a maioria das pessoas consuma calorias suficientes ...
A conjunção grifada acima imprime ao contexto noção de:
a) Finalidade de uma ação.
b) Temporalidade relativa a um fato.
c) Concessão quanto à afirmativa que a segue.
d) Conjectura que não se realiza.
e) Incerteza quanto à comprovação de um fato.

16. (FCC) ... elas ainda **sofrem de imensas deficiências de nutrientes** ...
A relação entre verbo e complemento, grifada acima, se reproduz em:
a) ... embora a maioria das pessoas consuma calorias suficientes ...
b) ... e têm pontuação mais baixa nos testes de habilidade cognitiva.
c) ... a epidemia de obesidade nos países ricos representa exatamente o problema oposto.

SINTAXE BÁSICA DA ORAÇÃO E DO PERÍODO

d) ... e muitos não obtêm esses nutrientes.

e) ... menos da metade daqueles que mais precisam deles ...

17. (FCC) **Com o avançar da idade**, eles precisam de mais cálcio e vitaminas...
5
   a) À medida que a idade vai avançando.
   b) Conquanto a idade avance.
   c) Se a idade for avançando.
   d) Ainda que a idade vá avançando.
   e) Em comparação à idade que avança.

18. **Enquanto** o primeiro é regido por valores como amor e lealdade, o segundo tem como marca indexadores monetários e contratos. Assinale a alternativa que poderia substituir Enquanto no período anterior, sem modificação de sentido.
   a) Como
   b) Já que
   c) Ao passo que
   d) Quando

Gabaritos

01	D	10	B
02	A	11	A
03	C	12	B
04	C	13	A
05	E	14	B
06	C	15	C
07	D	16	E
08	C	17	A
09	C	18	C

7. CONCORDÂNCIA VERBAL E NOMINAL

Trata-se do processo de flexão dos termos a fim de se relacionarem harmoniosamente na frase. Quando se pensa sobre a relação do verbo com os demais termos da oração, o estudo focaliza a concordância verbal. Quando a análise se volta para a relação entre pronomes, substantivos, adjetivos e demais termos do grupo nominal, diz-se que o foco é concordância nominal.

Fique de olho aberto para a relação do sujeito com o verbo. Uma boa noção de Sintaxe é importantíssima para entender esse segmento do conteúdo.

7.1 Concordância Verbal

Regra geral

O verbo concorda com o sujeito em número e pessoa.

O **primeiro-ministro** russo **acusou** seus inimigos.

Dois **parlamentares rebateram** a acusação.

Contaram-se **mentiras** no telejornal.

Vós sois os responsáveis por vosso destino.

Regras para Sujeito Composto[1]

Anteposto (colocado antes do verbo): o verbo vai para o plural:

Eu e meus irmãos vamos à praia.

Posposto (colocado após o verbo): o verbo concorda com o mais próximo ou vai para o plural:

Morreu (morreram), no acidente, **o prefeito e o vereador**.

Formado por pessoas (gramaticais) diferentes: plural da predominante.

Eu, você e os alunos **estudaremos** para o concurso. (a primeira pessoa é a predominante, por isso, o verbo fica na primeira pessoa do plural)

Com núcleos em correlação: concorda com o mais próximo ou fica no plural:

O professor assim como o monitor auxilia(m) os estudantes.

Ligado por NEM: verbo concordara:

No singular: se houver exclusão.

Nem Josias nem Josué **percebeu** o perigo iminente.

No singular: quando se pretende individualizar a ação, aludindo a um termo em específico.

Nem os esportes nem a leitura **o entretém**.

No plural: quando não houver exclusão, ou seja, quando a intenção for aludir ao sujeito em sua totalidade.

Nem a minha rainha nem o meu mentor **serão** tão convincentes a ponto de me fazerem mudar de ideia.

Ligado por COM: verbo concorda com o antecedente do COM ou vai para o plural:

O vocalista com os demais integrantes da banda **realizaram (realizou)** o show.

Ligado por OU: verbo no singular (se houver exclusão) ou no plural (se não houver exclusão):

Ou Pedro Amorim ou Jurandir Leitão **será** eleito vereador da cidade.

O aviso ou o ofício **deveriam** ser expedidos antes da data prevista.

Se o sujeito for construído com os termos:

Um e outro, nem um nem outro: verbo no singular ou plural, dependendo do sentido pretendido.

Um e outro **passou (passaram)** no concurso.

Um ou outro: verbo no singular.

Um ou outro fez a lição.

Expressões partitivas seguidas de nome plural: verbo no singular ou plural.

A maior parte das pessoas **fez (fizeram)** o exercício recomendado.

Coletivo geral: verbo no singular.

O cardume **nadou** rio acima.

Expressões que indicam quantidade aproximada seguida de numeral: Verbo concorda com o substantivo.

Aproximadamente 20 % dos eleitores compareceram às urnas.

Aproximadamente 20% do eleitorado **compareceu** às urnas.

Pronomes (indefinidos ou interrogativos) seguidos dos pronomes "nós" e/ou "vós": verbo no singular ou plural.

Ex.: Quem de nós **fará (faremos)** a diferença?

Palavra QUE (pronome relativo): verbo concorda com o antecedente do pronome "que".

Ex.: Fui eu que **fiz** a diferença.

Palavra QUEM: verbo na 3ª pessoa do singular.

Ex.: Fui eu *quem* **fez** a diferença.

Pela repetida utilização errônea, algumas gramáticas já toleram a concordância do verbo com a pessoa gramatical distinta da terceira, no caso de se utilizar um pronome pessoal como antecedente do "quem".

Um dos que: verbo no singular ou plural.

Ele foi *um dos que* **fez (fizeram)** a diferença.

Palavras sinônimas: verbo concorda com o mais próximo ou fica no plural.

Ex.: *A ruindade, a maldade, a vileza* **habita (habitam)** a alma do ser humano.

Quando os verbos estiverem acompanhados da palavra "SE": fique atento à função da palavra "SE".

SE - na função de pronome apassivador: verbo concorda com o sujeito paciente.

Vendem-se casas e sobrados em Alta Vista.

Presenteou-se o aluno aplicado com uma gramática.

SE - na função de índice de indeterminação do sujeito: verbo fica sempre na 3ª pessoa do singular.

---

[1] As gramáticas registram um sem-número de regras de concordância. Selecionamos as mais relevantes para o universo do concurso público.

LÍNGUA PORTUGUESA

CONCORDÂNCIA VERBAL E NOMINAL

Precisa-se de empregados com capacidade de aprender.

Vive-se muito bem na riqueza.

A dica é ficar de olho na transitividade do verbo. Se o verbo for VTI, VI ou VL, o termo "SE" será índice de indeterminação do sujeito.

Casos de concordância com o verbo "ser":

Quando indicar tempo ou distância: Concorda com o predicativo.

Amanhã **serão** 7 de fevereiro.

São 890 quilômetros daqui até Florianópolis.

Quando houver sujeito que indica quantidade e predicativo que indica suficiência ou excesso: Concorda com o predicativo.

Vinte milhões **era** muito por aquela casa.

Sessenta centavos **é** pouco por aquele lápis.

O verbo dar, no sentido de bater ou soar, acompanhado do termo hora(s): concorda com o sujeito.

Deram cinco horas no relógio do juiz.

Deu cinco horas o relógio juiz.

Verbo "parecer" – Concordância estranha.

Verbo "parecer" somado a infinitivo: Flexiona-se um dos dois.

Os alunos **pareciam** estudar novos conteúdos.

Os alunos **parecia estudarem** novos conteúdos.

Quando houver sujeito construído com nome no plural: com artigo no singular ou sem artigo: o verbo fica no singular.

Memórias Póstumas de Brás Cubas **continua** sendo lido por jovens estudantes.

Minas Gerais **é** um lindo lugar.

Com artigo plural: o verbo fica no plural.

Os Estados Unidos **aceitaram** os termos do acordo assinado.

7.2 Concordância Nominal

A concordância nominal está relacionada aos termos do grupo nominal. Ou seja, entram na dança o substantivo, o pronome, o artigo, o numeral e o adjetivo. Vamos à regra geral para a concordância.

Regra geral

O artigo, o numeral, o adjetivo e o pronome adjetivo devem concordar com o substantivo a que se referem em gênero e número.

Meu belíssimo e **antigo** carro **amarelo** quebrou, ontem, em **uma** rua **estreita.**

Os termos destacados acima, mantém uma relação harmoniosa com o núcleo de cada expressão. Relação tal que se estabelece em questões de gênero e de número.

A despeito de a regra geral dar conta de grande parte dos casos de concordância, devemos considerar a existência de casos particulares, que merecem atenção.

Casos que devem ser estudados

Dependendo da intencionalidade de quem escreve, pode-se realizar a concordância atrativa, primando por concordar com apenas um termo de uma sequência ou com toda a sequência. Vejamos:

Vi um carro e uma **moto** *vermelha*. (concordância apenas com o termo "moto")

Vi um carro e uma **moto** *vermelhos*. (concordância com ambos os elementos)

Bastante ou bastantes?

Se "bastante" é pronome adjetivo, será variável; se for advérbio (modificando o verbo), será invariável, ou seja, não vai para o plural.

Há *bastantes* **motivos** para sua ausência. (adjetivo)

Os alunos **falam** *bastante*. (advérbio)

Troque a palavra "bastante" por "muito". Se "muito" for para o plural, "bastante" também irá.

Anexo, incluso, apenso, obrigado, mesmo, próprio: são adjetivos que devem concordar com o substantivo a que se referem.

O *relatório* segue **anexo** ao documento.

Os *documentos* irão **apensos** ao relatório.

A expressão "em anexo" é invariável (não vai para plural nem para o feminino).

As planilhas irão **em anexo.**

É bom, é necessário, é proibido, é permitido: variam somente se o sujeito vier antecedido de um artigo ou outro termo determinante.

Maçã **é bom** para a voz. / A maçã **é boa** para a voz.

É necessário **aparecer** na sala. / É necessária **sua aparição** na sala.

Menos / alerta. São sempre invariáveis, contanto que respeitem sua classe de origem - advérbio: se forem derivadas para substantivo, elas poderão variar.

Encontramos **menos** alunos na escola. / Encontramos **menos** alunas na escola.

O policial ficou **alerta.** / Os policiais ficaram **alerta.**

Só / sós. Variam apenas quando forem adjetivos: quando forem advérbios, serão invariáveis.

Pedro apareceu **só** (sozinho) na sala. / Os meninos apareceram **sós** (sozinhos) na sala. (adjetivo)

Estamos **só** (somente) esperando sua decisão. (advérbio)

A expressão "a sós" é invariável.

A menina ficou **a sós** com seus pensamentos.

Troque "só" por "sozinho" (vai para o plural) ou "somente" (fica no singular).

Questões

01. (FCC) O verbo indicado entre parênteses deverá ser obrigatoriamente flexionado numa forma do plural para preencher de modo correto a frase:
a) Quanto mais interesses ...... (haver) em jogo, mais contundentes serão as iniciativas da máquina neoliberal.
b) A não ...... (ser) pelas miragens que alimenta, muitas pessoas não conseguiriam sustentar o ânimo de viver.
c) O que não lhes ...... (dever) convir é abandonar todos esses sonhos que ajudam a viver.
d) Nunca me ...... (sobrevir), como agora, os sobressaltos que cada sonho traz consigo.
e) ......-se (dever) a essas miragens o esforço com que muitos conduzem seu trabalho.

02. (FCC) O verbo indicado entre parênteses deverá flexionar-se numa forma do singular para preencher corretamente a lacuna da frase:
a) Aquele a quem ...... (sensibilizar) os fatos do noticiário deve poupar-se de acompanhá-los todos os dias.
b) Não ...... (dever) mover a ninguém as esperanças ou a crença em que o mundo se torne mais discreto e silencioso.
c) Em qualquer notícia que provenha do nosso íntimo não mais ...... (haver) de se ocultar as verdades que fingimos desconhecer.
d) As pessoas a quem ...... (impor) a TV, diuturnamente, notícias de toda espécie perdem a capacidade de discriminar o que é ou não importante.
e) As novidades que dentro de mim se ...... (mascarar) só se revelarão mediante uma análise introspectiva.

03. (FCC) O verbo entre parênteses deverá flexionar-se em uma forma do plural para preencher de modo correto a lacuna da frase:
a) Aos sentimentos do menino ...... (corresponder) um gesto bonito, pelo qual se materializou o amor filial.
b) Não se ...... (atribuir) ao gesto do menino quaisquer intentos que não tivessem raiz em sua generosidade.
c) A nenhum dos parentes ...... (ocorrer) alimentar suspeitas acerca das preocupações do menino.
d) Não ...... (faltar) aos brinquedos antigos a magia que as engenhocas eletrônicas exercem hoje sobre os pequenos.
e) ...... (ter) ocorrido aos pais que os gestos do filho estariam ocultando algum segredo?

04. (FCC) Para cada uma dessas questões, assinale a alternativa que preenche corretamente, na ordem, as lacunas da frase apresentada.
O cientista ......, com base em dados que lhe haviam sido ......, que a pesquisa ...... resultados importantes para a fauna da região.
a) previu - entregues - traria
b) previu - entregados - trazeria
c) preveu - entregues - trazeria
d) preveu - entregados - traria
e) previu - entregues - trazeria

05. (FCC) ...... tomar medidas que ...... a sobrevivência de algumas espécies de aves na região.
a) Eram necessários - garantissem
b) Eram necessárias - garantissem
c) Era necessário - garantisse
d) Eram necessárias - garantisse
e) Era necessário - garantissem

06. (FCC) A frase em que as regras de concordância estão plenamente respeitadas é:
a) Contam-se que o poeta Manuel Bandeira ficou extasiado e impressionado ao ouvirem as novas batidas do violão de João Gilberto.
b) As canções de Caetano Veloso, cuja letra costumam despertar discussões acaloradas, são considerados por muitos grandes poemas da literatura nacional.
c) Já se passou vários anos do surgimento da bossa nova, mas Chega de saudade, de João Gilberto, continua a encantar os ouvidos ao redor do mundo.
d) Além de uma canção de João Gilberto, Chega de saudade é o título do livro de Ruy Castro em que o autor relembra os protagonistas da bossa nova.
e) Imagina-se que, embora pouco estudados, deve existir motivos sociais para a indiferença com que as camadas superiores durante muito tempo via o samba.

07. O verbo que se mantém corretamente *no singular*, mesmo com as alterações propostas entre parênteses para o segmento grifado, está em:
a) Quando a peste negra varreu populações inteiras (**as epidemias**)
b) Quanto mais gente houvesse no mundo (**mais habitantes**)
c) Tom alarmista acerca do crescimento populacional arrefeceu (**As profecias**)
d) A humanidade terá de colocar toda sua inventividade à prova (**Os homens**)
e) Existe um consenso (**hipóteses diversas**)

08. (FCC) A frase em que *ambos* os elementos sublinhados são complementos verbais é:
a) Assim vos confesso que entendo de arquitetura, apesar das muitas opiniões em contrário.
b) Ninguém se impressiona tanto com um velho porão como este velho cronista, leitor amigo.
c) O porão deverá jazer sob os pés da família como jazem os cadáveres num cemitério.
d) Que atração exercem sobre o cronista as gravatas manchadas, quando desce a um porão...
e) Já não se fazem porões, hoje em dia, já não há qualquer mistério ou evocação mágica numa casa moderna.

09. (FCC) Substituindo-se o elemento grifado pelo segmento que está entre parênteses, o verbo que deverá flexionar-se no *plural* está em:
a) Clarice (**Juntamente com o marido, Clarice**) se encontrava no exterior...
b) A voz nova e solitária (**A voz que poucos conheciam**) em seguida iria encontrar obstáculos ...
c) O nome de Clarice (**A ficção de autoras intimistas**) [...] tinha aqui pequena repercussão.
d) ... como está dito por toda parte (**em todos os jornais**).
e) Ao contrário do que se (**os desavisados**) pensa ...

LÍNGUA PORTUGUESA

CONCORDÂNCIA VERBAL E NOMINAL

10. (FCC) Em épocas passadas, alguns poetas se ...... atrelados a convenções literárias tão rígidas que, em alguns casos, os ...... de encontrar uma voz original e única

    Preenchem corretamente as lacunas da frase acima, na ordem dada:
    a) Mantém - impedirão
    b) Manteram - impediam
    c) Mantiveram - impediram
    d) Manteriam - impedira
    e) Mantinham - impedia

11. (FCC) Estão plenamente observadas as normas de concordância verbal em:
    a) À noite, davam-se aos trabalhos de poucos e à diversão de muitos uma trégua oportuna, para tudo recomeçar na manhã seguinte.
    b) Aos esforços brutais da jubarte não correspondiam qualquer efeito prático, nenhum avanço obtinha o gigante encalhado na areia.
    c) Sempre haverá de aparecer aqueles que, diante de um espetáculo trágico, logram explorá-lo como oportunidade de comércio.
    d) Como se vê, cabe aos bons princípios ecológicos estimular a salvação das baleias, seja no alto-mar, seja na areia da praia.
    e) Da baleia encalhada em 1966 não restou, lembra-nos o autor, senão as postas em que a cruel voracidade dos presentes retalhou o animal

12. (CESGRANRIO) Em uma mensagem de e-mail bastante formal, enviada para alguém de cargo superior numa empresa, estaria mais adequada, por seguir a norma-padrão, a seguinte frase:
    a) Anexo vão os documentos.
    b) Anexas está a planilha e os documentos
    c) Seguem anexos os documentos
    d) Em anexas vão as planilhas.
    e) Anexa vão os documentos e a planilha.

13. (CESGRANRIO) Em que sentença a concordância segue os parâmetros da norma-padrão?
    a) Paguei a dívida e fiquei quites com minhas obrigações.
    b) A secretária disse que ela mesmo ia escrever a ata.
    c) Junto com o contrato, segue anexo a procuração.
    d) A vizinha adotou uma atitude pouca amistosa.
    e) Após a queda, a criança ficou meio chorosa.

14. A concordância verbal está de acordo com a norma-padrão em:
    a) Cada um dos curadores foram responsáveis por um tema.
    b) Muitos cartões vem decorados com guirlandas de flores.
    c) A maior parte dos cartões expostos encantou os visitantes.
    d) Está acontecendo diversos eventos sobre meios de comunicação na cidade.
    e) Haviam poucos estudantes interessados em meios de comunicação do passado.

15. (CESGRANRIO) O plural, de acordo com a norma-padrão, do trecho "Foi um momento mágico, pois, apesar de bastante jovem, eu já vinha de uma experiência de vida cheia de mudanças e recomeços." é:
    a) Foi momentos mágicos, pois, apesar de bastante jovens, nós já vínhamos de uma experiência de vida cheia de mudanças e recomeços.
    b) Foi um momento mágico, pois, apesar de bastante jovem, eu já vinha de uma experiência de vidas cheias de mudanças e recomeços.
    c) Foi um momento mágico, pois, apesar de bastante jovem, eu já vinha de experiências de vidas cheia de mudanças e recomeços.
    d) Foram momentos mágicos, pois, apesar de bastante jovens, nós já vínhamos de experiências de vida cheias de mudanças e recomeços.
    e) Foram dois momentos mágicos, pois, apesar de bastante jovem, eu já vinha de uma experiência de vida cheia de mudanças e recomeços.

16. (CESGRANRIO) O chefe de vários departamentos identifica a mudança no cenário da informática.

    Considere a frase a cima. *A palavra **identifica** pode ser substituída, mantendo o sentido da sentença, pelo verbo ver, flexionado de acordo com a norma-padrão, por*
    a) Vêm
    b) Veem
    c) Vem
    d) Vê
    e) Viram

Gabaritos

01	D	09	E
02	D	10	C
03	B	11	D
04	A	12	C
05	E	13	E
06	D	14	C
07	B	15	D
08	A	16	D

8. ACENTUAÇÃO GRÁFICA

Antes de começar o estudo, é importante que você entenda quais são os padrões de tonicidade da Língua Portuguesa e quais são os encontros vocálicos presentes na Língua. Assim, fica mais fácil entender quais são as regras e como elas surgem.

Padrões de Tonicidade

Palavras oxítonas: última sílaba tônica (so**fá**, ca**fé**, ji**ló**)

Palavras paroxítonas: penúltima sílaba tônica (fe**rru**gem, a**du**bo, sa**ú**de)

Palavras proparoxítonas: antepenúltima sílaba tônica (**â**nimo, **ví**tima, **á**timo)

Encontros Vocálicos

Hiato (encontro vocálico que se separa):
> Pi - **a** - no; sa - **ú** - de.

Ditongo (encontro vocálico que permanece unido na sílaba):
> cha - p**éu**; to - n**éis**.

Tritongo (encontro vocálico que permanece unido na sílaba):
> sa - g**uão**; U - ru - g**ual**.

8.1 Regras Gerais

Quanto às Proparoxítonas

Acentuam-se todas as palavras:

Vítima, **â**nimo, Hiper**bó**lico

Quanto às Paroxítonas

Não se acentuam as terminadas em A, E, O (seguidas ou não de S) M e ENS.

Cas**te**lo, gra**na**da, pa**ne**la, pe**pi**no, **pa**jem, i**ma**gens etc.

Acentuam-se as terminadas em R, N, L, X, I ou IS, US, UM, UNS, PS, Ã ou ÃS e DITONGOS.

Susten**tá**vel, **tó**rax, **hí**fen, **tá**xi, **ál**bum, **bí**ceps, prin**cí**pio etc.

Fique de olho em alguns casos particulares, como as palavras terminadas em OM / ON / ONS

iândom; **pró**ton, **nêu**trons etc.

Nova Ortografia – olho aberto! Deixam de se acentuarem as paroxítonas com OO e EE

"Voo, enjoo, perdoo, magoo."

"Leem, veem, deem, creem."

Quanto às Oxítonas

São acentuadas as terminadas em:

A ou **AS**: So**fá**, Pa**rá**;

E ou **ES**: Ra**pé**, Ca**fé**;

O ou **OS**: A**vô**, Ci**pó**;

EM ou **ENS**: Tam**bém**, Para**béns**.

Acentuação de Monossílabos

Acentuam-se os monossílabos tônicos terminados em **A**, **E** e **O**, seguidos ou não de **S**.

Pá, pó, pé, já, lá, fé, só.

Acentuação dos Hiatos

Acentuam-se os hiatos quando forem formados pelas letras **I** ou **U**, sozinhas ou seguidas de **S**:

Sa**ú**va, Ba**ú**, Bala**ús**tre, Pa**ís**.

Exceções:

Seguidas de **NH**: Ta**i**nha

Paroxítonas antecedidas de ditongo: Fe**i**ura

Com o **i** duplicado: Xi**i**ta

Ditongos Abertos

Serão acentuados os ditongos abertos **ÉU**, **ÉI** e **ÓI**, com ou sem **S**, quando forem oxítonos ou monossílabos.

Chap**éu**, R**éu**, Ton**éis**, Her**ói**, Past**éis**, Hot**éis**, Lenç**óis**.

Novo Acordo Ortográfico – fique de olho! Caiu o acento do ditongo aberto em posição de paroxítona.

"Ideia, Onomatopeia, Jiboia, Paranoia, Heroico etc."

Formas Verbais com Hífen

Para saber se há acento em uma forma verbal com hífen, deve-se analisar o padrão de tonicidade de cada bloco da palavra:

Aju**dá**-lo (oxítona terminada em "a" / monossílabo átono)

Con**tar**-lhe (oxítona terminada em "r" / monossílabo átono)

Convi**dá**-la-íamos. (oxítona terminada em "a" / proparoxítona)

Verbos "*ter*" e "*vir*"

Quando escritos na 3ª pessoa do singular, não serão acentuados:

Ele tem / ele vem.

Quando escritos na **3ª pessoa do plural**, receberão o **acento circunflexo**:

Eles **têm** / **vêm**

Nos verbos derivados das formas acima:

Acento agudo para singular - Contém / convém.

Acento circunflexo para o plural - Contêm / convêm.

Acentos Diferenciais

Alguns permanecem:

pôde / pode (pretérito perfeito / presente simples);

pôr / por (verbo / preposição);

fôrma¹ / forma (substantivo / verbo ou ainda substantivo).

Caiu o acento diferencial de:

para - pára (preposição / verbo);

pelo - pêlo (preposição + artigo / substantivo);

polo - pólo (preposição + artigo / substantivo);

pera - pêra (preposição + artigo / substantivo).

---

1 Nesse caso, é facultativo o acento.

ACENTUAÇÃO GRÁFICA

Questões

01. É preciso corrigir deslizes relativos à ortografia oficial e à acentuação gráfica da frase:
   a) As obras modernistas não se distinguem apenas pela temática inovadora, mas igualmente pela apreensão do ritmo alucinante da existência moderna.
   b) Ainda que celebrassem as máquinas e os aparelhos da civilização moderna, a ficção e a poesia modernista também valorizavam as coisas mais quotidianas e prosaicas.
   c) Longe de ser uma excessão, a pintura modernista foi responsável, antes mesmo da literatura, por intênsas polêmicas entre artistas e críticos conservadores.
   d) No que se refere à poesia modernista, nada parece caracterizar melhor essa extraordinária produção poética do que a opção quase incondicional pelo verso livre.
   e) O escândalo não era apenas uma consequência da produção modernista: parecia mesmo um dos objetivos precípuos de artistas dispostos a surpreender e a chocar.

02. Assinale a palavra que **NÃO** tenha sido acentuada pelo mesmo motivo que as demais.
   a) Substituído
   b) Polícia
   c) Jurisprudência
   d) Saqueável

03. Em qual das frases abaixo, a palavra destacada está de acordo com as regras de acentuação gráfica oficial da língua portuguesa?
   a) Vende-se **cocô** gelado.
   b) Se **amássemos** mais, a humanidade seria diferente.
   c) É importante que você estude pelo **ítem** do edital.
   d) Estavam deliciosas as **larânjas** que comprei.
   e) A empresa **têm** procurado um novo empregado.

04. Todas as palavras são acentuadas graficamente pelo mesmo motivo em:
   a) Água, município, edifício, Guaíra
   b) Estádios, superfície, Baía, média
   c) Paraná, será, vulcânica
   d) Cúbicos, espetáculo, energético
   e) Insuperável, quilômetro, três

05. Assinale a alternativa em que todos os substantivos devem ser acentuados.
   a) Lapis - bonus - bainha
   b) Serie - aspecto - torax
   c) Alcool - moinho - sucuri
   d) Urubu - egoismo - magoa
   e) Armazem - orgao - carater

06. Assinale a alternativa em que o termo tenha sido acentuado seguindo regra distinta dos demais.
   a) Difíceis
   b) Próprio
   c) Concluída
   d) Consequências
   e) Solidários

07. Que palavra obedece à mesma regra de acentuação que país?
   a) Compôs
   b) Baú
   c) Índio
   d) Negócios
   e) Águia

08. Cada alternativa a seguir apresenta um princípio ortográfico seguido de dois exemplos. A exemplificação está correta somente em:
   a) São acentuadas todas as palavras oxítonas terminadas em a, e, o, em seguidas ou não de "s": também e já.
   b) Todas as palavras proparoxítonas são acentuadas: década e porém.
   c) Acentua-se a segunda vogal tônica do hiato: subtraídas e ótimo.
   d) Acentuam-se os monossílabos tônicos terminados em a, e, o (s): há e só.
   e) Acentuam-se com acento agudo os ditongos tônicos éi, éu, ói: vídeo e sério.

09. "Dedicar-se **à** relação é importante..." É correto afirmar que o sinal gráfico empregado na palavra destacada nessa frase é denominado:
   a) Trema.
   b) Acento agudo.
   c) Crase.
   d) Acento circunflexo.
   e) Acento grave.

10. Assinale a alternativa em que a palavra tenha sido acentuada seguindo regra distinta das demais.
   a) Consciência
   b) Juízos
   c) Pretório
   d) Episódios
   e) Importância

11. Assinale a alternativa em que a palavra tenha sido acentuada seguindo regra distinta das demais.
   a) Previdência
   b) Diária
   c) Vítima
   d) Declínio
   e) Óbvia

12. As palavras "é", "média", "até" e "líderes", obedecem, respectivamente, às mesmas regras de acentuação gráfica de:
   a) Há, salários, paletós e técnico.
   b) Já, próprio, júnior e acadêmico
   c) É, consultório, convém e infindáveis.
   d) Mês, universitário, papéis e público
   e) Só, líder, escritório e sênior.

13. Assinale a alternativa que traz toda a acentuação correta:
   a) Não duvida o órfão que tal benção no tatú é doida.
   b) Coçá-lo é bem doído; é seriíssimo, sem dúvida.
   c) Vanglória-te dos girassois cultivados no paraíso.
   d) Favor apôr sua rubrica no documento, sem desdem.
   e) O edil foi habil ao comprar toda a maquinária.

14. Nas alternativas a seguir, os acentos foram omitidos propositadamente. Assinale a alternativa em que todas as palavras deveriam ser graficamente acentuadas
    a) Rubrica, diluvio, viuva.
    b) Ambar, heroi, ilustra-lo.
    c) Protons, forceps, releem.
    d) Dificilmente, Piaui, misantropo.
    e) Perdoo, atribuimos, caiste.

15. Assinale a série que apresenta somente palavras paroxítonas:
    a) Enciclopédia – página – relatório.
    b) Conteúdo – brechós – catálogo.
    c) Além – lá – bônus.
    d) Histórias – enciclopédia – bônus.

16. A alternativa em que o uso do acento gráfico obedece à mesma regra é:
    a) Panóptico, ótima, úteis
    b) Óleo, ótima, Ásia
    c) Óleo, Ásia, delícia
    d) Aliás, já, biguá
    e) Chapéu, vocês, aí

17. As palavras mês, está e água, respectivamente, recebem acento pelo mesmo motivo que:
    a) Baú, sofá, possível.
    b) Até, já, ausência.
    c) Nós, até, canário.
    d) Caí, será, última.
    e) Pés, saúde, notícia.

Gabaritos

01	C	10	B
02	A	11	C
03	B	12	A
04	D	13	B
05	E	14	B
06	C	15	D
07	B	16	C
08	D	17	C
09	E		

9. COLOCAÇÃO PRONOMINAL

Esta parte do conteúdo é relativa ao estudo da posição dos pronomes oblíquos átonos em relação ao verbo. Antes de iniciar o estudo, trate de memorizar os pronomes em questão, do contrário, você não progredirá.

Pronomes Oblíquos Átonos
me
te
o, a, lhe, se
nos
vos
os, as, lhes, se

Quatro casos de colocação:

Próclise (anteposto ao verbo)

Nunca **o** vi.

Mesóclise (medial em relação ao verbo)

Dir-**te**-ei algo.

Ênclise (posposto ao verbo)

Passa-**me** a resposta.

Apossínclise (intercalação de uma ou mais palavras entre o pronome e o verbo)

Talvez tu **me** já não creias.

9.1 Regras de Próclise

Palavras ou expressões negativas:

Não **me** deixe aqui neste lugar!

Ninguém **lhe** disse que seria fácil.

Pronomes relativos:

O material de que **me** falaste é muito bom.

Eis o conteúdo que **me** causa nojo.

Pronomes indefinidos:

Alguém **me** disse que você vai ser transferido.

Tudo **me** parece estranho.

Conjunções subordinativas:

Confiei neles, assim que **os** conheci.

Disse que **me** faltavam palavras.

Advérbios:

Sempre **lhe** disse a verdade.

Talvez **nos** apareça a resposta para essa questão.

Pronomes interrogativos:

Quem **te** contou a novidade?

Que **te** parece essa situação?

"Em + gerúndio"

Em **se** tratando de Gramática, eu gosto muito!

Nesta terra, em **se** plantando, tudo há de nascer.

Particípio

Ele havia avisado-**me** (errado)

Ele **me** havia avisado (certo)

Sentenças optativas

Deus **lhe** pague!

Deus **o** acompanhe!

9.2 Regras de Mesóclise

Emprega-se o pronome oblíquo átono no meio da forma verbal, quando ela estiver no futuro do presente ou no futuro simples do pretérito do indicativo.

Chamar-**te**-ei, quando ele chegar.

Se houver tempo, contar-**vos**-emos nossa aventura.

Contar-**te**-ia a novidade.

9.3 Regras de Ênclise

Não se inicia sentença, em Língua Portuguesa, por pronome oblíquo átono. Ou seja, não coloque o pronome átono no início da frase.

Formas verbais:

Do **infinitivo impessoal** (precedido ou não da preposição "a");

Do **gerúndio**;

Do **imperativo afirmativo**;

Alcança-**me** o prato de salada, por favor!

Urge obedecer-**se** às leis.

O garoto saiu da sala desculpando-**se**.

Tratando-**se** desse assunto, não gosto de pensar.

Dá-**me** motivos para estudar.

Se o gerúndio vier precedido da preposição "em", deve-se empregar a próclise.

Em **se** tratando de Gramática, eu gosto muito.

9.4 Casos Facultativos

Sujeito expresso, próximo ao verbo.

O menino se machucou (**-se**).

Eu **me** refiro (**-me**) ao fato de ele ser idiota.

Infinitivo antecedido de "não" ou de preposição.

Sabemos que não se habituar (**-se**) ao meio causa problemas.

O público o incentivou a se jogar (**-se**) do prédio.

Questões

01. (FUNCAB) A autora escreve "mas nos cingiremos a uma delas", e não "cingiremo-nos", para não infringir a mesma regra de colocação pronominal DESRESPEITADA em:
    a) O livro havia sumido e eu queria que alguém procurasse-o.
    b) Se não achasse o livro na estante, eu procuraria-o por toda a casa.
    c) Aquele livro era ótimo, por isso tenho procurado-o com insistência.
    d) Procure o livro para mim, que eu hoje não procuro-o mais.
    e) Venho tentando achar o livro, mas quem disse que encontro-o?

02. (FUNCAB) A passagem em que se evitou a ênclise do pronome átono com base na mesma regra de colocação observada em: "Assim, o homem se tornaria menos consumidor e mais feliz" é a seguinte:
a) "... com argumentos de que se trata de uma economia limpa..."
b) "... fica evidente que poucos se perguntam sobre as consequências..."
c) "Para frear o drama ambiental planetário que se avizinha..."
d) "Os manipuladores da indústria da moda não se cansam de alternar tendências..."
e) "... uma maior consciência do nosso Eu Superior se refletirá num contato mais próximo coma natureza..."

03. (MS CONCURSOS - ADAPTADA) E quando Seu José, desesperado, fez saltar os miolos com uma bala, deixou esta frase escrita num pedaço de papel:

"Enquanto foi solteira, achava minha mulher que nenhum homem era digno de ser seu marido; depois de casada (por conveniência) achou que todos eles eram dignos de ser seus amantes. Mato- me".

Na oração final do texto: "Mato-me", a colocação pronominal está:
a) Correta, pois depois de verbo é obrigatória a ênclise.
b) Incorreta, pois depois de verbo é obrigatória a próclise.
c) Adequada, pois não se inicia frase ou oração com pronome oblíquo átono.
d) Adequada, pois não se inicia frase ou oração com pronome pessoal reto.

04. (CESGRANRIO) Observe os pronomes oblíquos destacados no texto abaixo.

Como já **se** sabia, o ser humano adapta-**se** rapidamente a novas condições de vida. O que a pesquisa da felicidade nos ensinou foi o fato de a nossa capacidade de adaptação ser ainda maior do que **se** imaginava. Acostumamo-**nos** a quase tudo e há coisas das quais nunca **nos** enfadamos.

Segundo a norma culta, é possível inverter a colocação do pronome apenas em:
a) Sabia-se.
b) Se adapta.
c) Imaginava-se.
d) Nos acostumamos.
e) Enfadamo-nos.

05. (CESGRANRIO) A colocação do pronome átono destacado está **INCORRETA** em:
a) Quando **se** tem dúvida, é necessário refletir mais a respeito.
b) Tudo **se** disse e nada ficou acordado.
c) Disse que, por vezes, temos equivocado-**nos** nesse assunto.
d) Alguém **nos** informará o valor do prêmio.
e) Não devemos preocupar-**nos** tanto com ela.

06. (FADESP - ADAPTADA) Quanto às normas de colocação pronominal, é correto afirmar que, no enunciado "agora se reivindica uma escola capaz de extrapolar a mera transmissão de conteúdos", a próclise justifica-se pelo(pela):
a) Uso do registro informal da língua.
b) Presença de um termo atrativo.
c) Ocorrência de forma verbal paroxítona.
d) Posição que o pronome ocupa na frase, não iniciando a oração.

07. (INSTITUTO CIDADES) A colocação pronominal no trecho "O país recusou-se a assinar o tratado" está **CORRETA** porque:
a) Não se deve usar pronome oblíquo átono antes de verbo.
b) Não há nenhuma palavra atrativa antes do verbo para que se desse a próclise.
c) Por estar no pretérito perfeito do indicativo, o pronome ocorre em ênclise.
d) Por tratar-se de uma locução verbal de infinitivo, essa é a única forma possível de colocação pronominal.

08. (FUNCAB) Marque a opção em que houve **ERRO** na colocação do pronome oblíquo átono.
a) Você realmente acha que me convenceu com esta história?
b) Pergunto-me frequentemente se há vida após a morte.
c) Ninguém me convenceria do contrário.
d) Jamais me submeteria a este tipo de interrogatório.
e) Sentiria-se tranquilo se tivesse certeza.

09. (IADES) Assinale a alternativa correta em relação à colocação pronominal em "E muitas delas, talvez a maioria das empresas manufatureiras, **se tornarão** simples fornecedoras (...)".
a) Está adequada uma vez que a vírgula funciona como fator de próclise.
b) Está inadequada, porque quando houver o emprego de verbos nos futuros do modo indicativo, seja futuro do presente ou futuro do pretérito, a colocação deve ser a mesóclise.
c) É inadequada, pois como não há fator atrativo deveria estar na posição enclítica.
d) Está adequada, já que não há justificativa para as demais posições: ênclise, mesóclise.

10. (TJ-SC) Em qual período a colocação pronominal está **INCORRETA**:
a) O cientista pretende desvendar como se formam os furacões, tornados, tsunamis e demais fenômenos naturais de inegável potência.
b) Adotarão-se medidas de urgência para minorar os efeitos do temporal.
c) Não se sabe ainda o valor do negócio, que, especula-se, ficou em torno de um bilhão de reais.
d) O advogado se referiu duas vezes ao mesmo assunto.
e) O dano moral é a lesão aos elementos individualizadores da pessoa, tais como a honra, a reputação e o prestígio, expressando-se por desequilíbrios no ânimo do lesado.

Gabaritos

01	B	06	B
02	E	07	B
03	C	08	E
04	B	09	B
05	C	10	B

LÍNGUA PORTUGUESA

10. REGÊNCIA VERBAL E NOMINAL

Regência é a parte da Gramática Normativa que estuda a relação entre dois termos, verificando se um termo serve de complemento a outro e se nessa complementação há uma preposição.

Dividimos a Regência em:

Regência Verbal (ligada aos verbos).

Regência Nominal (ligada aos substantivos, adjetivos ou advérbios).

10.1 Regência Verbal

Deve-se analisar, nesse caso, a necessidade de complementação, a presença ou ausência da preposição e a possibilidade de mudança de sentido do texto.

Vamos aos casos:

Agradar e desagradar: São transitivos indiretos (com preposição a) nos sentidos de satisfazer, contentar:

A biografia de Aníbal Machado **agradou/desagradou** à maioria dos leitores.

A criança **agradava** ao pai por ser muito comportada.

Agradar: Pode ser transitivo direto (sem preposição) se significar acariciar, afagar:

Agradar a esposa.

Pedro passava o dia todo **agradando** os seus gatos.

Agradecer: Transitivo direto e indireto, com a preposição a, no sentido de demonstrar gratidão a alguém:

Agradecemos a Santo Antônio o milagre alcançado.

Agradecemos-lhes a benesse concedida.

O verbo em questão também pode ser transitivo direto no sentido de mostrar gratidão por alguma coisa:

Agradeço a dedicação de todos os estudantes.

Os pais **agradecem** a dedicação dos professores para com os alunos.

Aspirar: É transitivo indireto (preposição "a") nos sentidos de desejar, pretender ou almejar:

Sempre **aspirei** a um cargo público.

Manoel **aspirava** a ver novamente a família na Holanda.

Aspirar: É transitivo direto na acepção de inalar, sorver, tragar, ou seja, mandar para dentro:

Aspiramos o perfume das flores.

Vimos a empregada **aspirando** a poeira do sofá.

Assistir: É transitivo direto no sentido de ajudar, socorrer etc:

O professor **assistia** o aluno.

Devemos **assistir** os mais necessitados.

Assistir: É transitivo indireto (complemento regido pela preposição "a") no sentido de ver ou presenciar:

Assisti ao comentário da palestra anterior.

Você deve **assistir** às aulas do professor!

Assistir: É transitivo indireto (complemento regido pela preposição "a") no sentido de "ser próprio de", "pertencer a":

O direito à vida **assiste** ao ser humano.

Esse comportamento **assiste** às pessoas vitoriosas.

Assistir: É intransitivo no sentido de morar ou residir:

Maneco **assistira** em Salvador.

Chegar: É verbo intransitivo e possui os adjuntos adverbiais de lugar introduzidos pela preposição "a":

Chegamos a Cascavel pela manhã.

Este é o ponto a que pretendia **chegar**.

Caso a expressão indique posição em um deslocamento, admite-se a preposição em:

Cheguei no trem à estação.

Os verbos ir e vir têm a mesma regência de chegar:

Nós **iremos** à praia amanhã.

Eles **vieram** ao cursinho para estudar.

Custar: Ter valor ou preço: verbo transitivo direto:

O avião **custa** 100 mil reais.

Ter como resultado certa perda ou revés: verbo transitivo direto e indireto:

Essa atitude **custou**-lhe a vida.

Ser difícil ou trabalhoso: intransitivo:

Custa muito entender esse raciocínio.

Levar tempo ou demorar: intransitivo:

Custa a vida para aprender a viver.

Esquecer / lembrar: Possuem a seguinte regra - se forem pronominais, terão complemento regido pela preposição "de"; se não forem, não haverá preposição:

Lembrei-**me de** seu nome. / Esqueci-me de seu nome.

Lembrei seu nome. / Esqueci seu nome.

Gostar: É transitivo indireto no sentido de apreciar (complemento introduzido pela preposição "de"):

Gosto de estudar.

Gosto muito de minha mãe.

Gostar: Como sinônimo de experimentar ou provar é transitivo direto:

Gostei a sobremesa apenas uma vez e já adorei.

Gostei o chimarrão uma vez e não mais o abandonei.

Implicar: pode ser:

Transitivo direto (sentido de acarretar):

Cada escolha **implica** uma renúncia.

Transitivo direto e indireto (sentido de envolver alguém em algo):

Implicou a irmã no crime.

Transitivo indireto (sentido de rivalizar):

Joana estava **implicando** com o irmão menor.

O verbo informar é bitransitivo, ou seja, é transitivo direto e indireto. Quem informa, informa:

» Algo a alguém: **Informei** o acontecido para Jonas.

» Alguém de algo: **Informei**-o do acontecido.
» Alguém sobre algo: **Informei**-o sobre o acontecido.

Morar / Residir: Verbos intransitivos (ou, como preconizam alguns dicionários, transitivo adverbiado), cujos adjuntos adverbiais de lugar são introduzidos pela preposição "em":

José **mora** em Alagoas.

Há boas pessoas **residindo** em todos os estados do Brasil.

Obedecer: É um verbo transitivo indireto:

Os filhos **obedecem** aos pais.

Obedeça às leis de trânsito.

Embora transitivo indireto, admite forma passiva:

"Os pais são obedecidos pelos filhos."

O antônimo "desobedecer" também segue a mesma regra.

Perdoar: É transitivo direto e indireto, com objeto direto de coisa e indireto de pessoa:

Jesus **perdoou** os pecados aos pecadores.

Perdoava-lhe a desconsideração.

Perdoar admite a voz passiva:

"Os pecadores foram perdoados por Deus."

Precisar: É transitivo indireto (complemento regido pela preposição de) no sentido de "necessitar":

Precisaremos de uma nova Gramática.

Precisar: É transitivo direto no sentido de indicar com precisão:

Magali não soube **precisar** quando o marido voltaria da viagem.

Preferir É um verbo bitransitivo, ou seja, é transitivo direto e indireto, sempre exigindo a preposição a (preferir alguma coisa a outra):

Ex.: Adelaide **preferiu** o filé ao risoto.

Ex.: Prefiro estudar a ficar em casa descansando.

Ex.: Prefiro o sacrifício à desistência.

É incorreto reforçar o verbo "preferir" ou utilizar a locução "do que".

Proceder: É intransitivo na acepção de "ter cabimento":

Suas críticas são vazias, não **procedem**.

Proceder: É também intransitivo na acepção de "portar-se":

Todas as crianças **procederam** bem ao lavarem as mãos antes do lanche.

Proceder: No sentido de "ter procedência" é utilizado com a preposição de:

Acredito que a dúvida **proceda** do coração dos curiosos.

Proceder: É transitivo indireto exigindo a preposição a no sentido de "dar início":

Os investigadores **procederam** ao inquérito rapidamente.

Querer: É transitivo direto no sentido de "desejar":

Eu **quero** um carro novo.

Querer: É transitivo indireto (com o complemento de pessoa) no sentido de "ter afeto":

Quero muito a meus alunos que são dedicados.

Solicitar: É utilizado, na maior parte dos casos, como transitivo direto e indireto. Nada impede, entretanto, que se construa como transitivo direto:

O juiz **solicitou** as provas ao advogado.

Solicito seus documentos para a investidura no cargo.

Visar: É transitivo direto na acepção de mirar:

O atirador **visou** o alvo e disparou um tiro certeiro.

Visar: É transitivo direto também no sentido de "dar visto", "assinar":

O gerente havia **visado** o relatório do estagiário.

Visar: É transitivo indireto, exigindo a preposição a, na acepção de "ter em vista", "pretender", "almejar":

Pedro **visava** ao amor de Mariana.

As regras gramaticais **visam** à uniformidade da expressão linguística.

10.2 Regência Nominal

Alguns nomes (substantivos, adjetivos e advérbios) são comparáveis aos verbos transitivos indiretos: precisam de um complemento introduzido por uma preposição.

Acompanhemos os principais termos que exigem regência especial.

Substantivo		
Admiração a, por	Devoção a, para, com, por	Medo a, de
Aversão a, para, por	Doutor em	Obediência a
Atentado a, contra	Dúvida acerca de, em, sobre	Ojeriza a, por
Bacharel em	Horror a	Proeminência sobre
Capacidade de, para	Impaciência com	Respeito a, com, para com, por
Exceção a	Excelência em	Exatidão de, em
Dissonância entre	Divergência com, de, em, entre, sobre	Referência a
Alusão a	Acesso a	Menção a

Adjetivos		
Acessível a	Diferente de	Necessário a
Acostumado a, com	Entendido em	Nocivo a
Afável com, para com	Equivalente a	Paralelo a
Agradável a	Escasso de	Parco em, de
Alheio a, de	Essencial a, para	Passível de
Análogo a	Fácil de	Preferível a
Ansioso de, para, por	Fanático por	Prejudicial a
Apto a, para	Favorável a	Prestes a
Ávido de	Generoso com	Propício a
Benéfico a	Grato a, por	Próximo a

REGÊNCIA VERBAL E NOMINAL

Capaz de, para	Hábil em	Relacionado com
Compatível com	Habituado a	Relativo a
Contemporâneo a, de	Idêntico a	Satisfeito com, de, em, por
Contíguo a	Impróprio para	Semelhante a
Contrário a	Indeciso em	Sensível a
Curioso de, por	Insensível a	Sito em
Descontente com	Liberal com	Suspeito de
Desejoso de	Natural de	Vazio de
Distinto de, em, por	Dissonante a, de, entre	Distante de, para

Advérbios		
Longe de	Perto de	Relativamente a
Contemporaneamente a	Impropriamente a	Contrariamente a

É provável que você encontre um grande número de listas com palavras e suas regências, porém a maneira mais eficaz de se descobrir a regência de um termo é fazer uma pergunta para ele e verificar se, na pergunta, há uma preposição. Havendo, descobre-se a regência.

Ex.: A descoberta era **acessível** a todos.

Faz-se a pergunta: algo que é acessível é acessível? (a algo ou a alguém). Descobre-se, assim, a regência de acessível.

Questões

01. (FCC) A frase em que a regência está em conformidade com o padrão culto escrito é:
   a) Em seu fingimento, só restou de que dissesse ao ex-sócio que sentia saudades dele.
   b) Tudo isso considerado, é necessário fazer que ele sinta o peso da responsabilidade.
   c) Em atenção por seu talento indiscutível, o pouparam as devidas multas.
   d) Passou os documentos a mão do técnico e não os perdeu de vista até ao final da reunião.
   e) Inconformado de que eles propalavam injúrias a seu respeito, decidiu denunciá-los.

02. (CESGRANRIO) A frase em que a presença ou ausência da preposição está de acordo com a norma-padrão é:
   a) A certeza que a sorte chegará para mim é grande.
   b) Preciso de que me arranjem um emprego.
   c) Convidei à Maria para vir ao escritório.
   d) A necessidade que ele viesse me ajudar me fez chamá-lo.
   e) Às dez horas em ponto, estarei à sua casa.

03. (FCC) ... de modo que ele próprio o anunciou no orçamento de 1925. Considerando-se o contexto, o verbo grifado acima está empregado como
   a) transitivo indireto pronominal.
   b) transitivo indireto.
   c) bitransitivo.
   d) transitivo direto.
   e) intransitivo.

04. (FCC) ... procurava incorporar à escrita o ritmo da fala...
   O verbo empregado no texto com a mesma regência do grifado acima está em:
   a) ... consagrar literariamente o vocabulário usual.
   b) ... dar estado de literatura aos fatos da civilização moderna.
   c) No Brasil, ele significou principalmente libertação dos modelos acadêmicos...
   d) ... que a sua contribuição maior foi a liberdade de criação e expressão.
   e) ... os modernistas promoveram uma valorização diferente do léxico...

05. (CESGRANRIO) Em qual das sentenças abaixo, a regência verbal está em **DESACORDO** com a norma-padrão:
   a) Esqueci-me dos livros hoje.
   b) Sempre devemos aspirar a coisas boas.
   c) Sinto que o livro não agradou aos alunos.
   d) Ele lembrou os filhos dos anos de tristeza.
   e) Fomos no cinema ontem assistir o filme

06. Em relação à regência verbal e nominal, o emprego do pronome relativo, segundo o registro culto e formal da língua, está **INCORRETO** em:
   a) A conclusão que chegamos é que o fracasso ensina ao homem como recomeçar
   b) O barco a cujos tripulantes me referi pode voltar a navegar
   c) O ideal por que lutamos norteia nossos projetos.
   d) O infortúnio a que está sujeito o empreendedor motiva-o
   e) Após o término da pesquisa, informei-lhe que tornasse cuidado para não errar.

Gabaritos

01	B	04	B
02	B	05	E
03	D	06	A

11. CRASE

O acento grave é solicitado nas palavras quando há a união da preposição "a" com o artigo (ou a vogal dependendo do caso) feminino "a" ou com os pronomes demonstrativos (aquele, aquela, aquilo e "a").

Ex.: Mário foi **à** festa ontem.

Tem-se o "a" preposição e o "a" artigo feminino.

Quem vai, vai a algum lugar / festa é palavra feminina, portanto, admite o artigo "a".

Chegamos **àquele** assunto (a + aquele).

A gravata que eu comprei é semelhante **à** que você comprou (a + a).

Decore os casos em que não ocorre crase, pois a tendência da prova é perguntar se há crase ou não. Sabendo os casos proibitivos, fica muito fácil.

11.1 Crase Proibitiva

Não se pode usar acento grave indicativo de crase:

Antes de palavras masculinas.

Ex.: Fez uma pergunta **a** Mário.

Antes de palavras de sentido indefinido.

Ex.: Não vai **a** festas, **a** reuniões, **a** lugar algum.

Antes de verbos.

Ex.: Todos estão dispostos **a** colaborar.

De pronomes pessoais.

Ex.: Darei um presente **a ela**.

De nomes de cidade, estado ou país que não utilizam o artigo feminino.

Ex.: Fui **a** Cascavel. / Vou **a** Pequim.

Da palavra "casa" quando tem significado de próprio lar, ou seja, quando ela aparecer indeterminada na sentença.

Ex.: Voltei a casa, pois precisava comer algo.

Quando houver determinação da palavra casa, ocorrerá crase.

"Voltei à casa de meus pais"

Da palavra "terra" quando tem sentido de solo;

Ex.: Os tripulantes vieram a terra.

A mesma regra da palavra "casa" se aplica à palavra terra.

De expressões com palavras repetidas;

Dia a dia, mano a mano, face a face, cara a cara etc.

Diante de numerais cardinais referentes a substantivos que não estão determinados pelo artigo:

Ex.: Irei assistir a duas aulas de Língua Portuguesa.

No caso de locuções adverbiais que exprimem hora determinada e nos casos em que o numeral estiver precedido de artigo, acentua-se:

"Chegamos às oito horas da noite."

"Assisti às duas sessões de ontem."

No caso dos numerais, há uma dica para facilitar o entendimento dos casos de crase. Se houver o "a" no singular e a palavra posterior no plural, não ocorrerá o acento grave. Do contrário, ocorrerá.

11.2 Crase Obrigatória

Locução adverbial feminina.

Ex.: À noite, à tarde, às pressas, às vezes, à farta, à vista, à hora certa, à esquerda, à direita, à toa, às sete horas, à custa de, à força de, à espera de, à vontade, à toa.

Termos femininos ou masculinos com sentido da expressão "à moda de" ou "ao estilo de".

Ex.: Filé à milanesa, servir à francesa, brigar à portuguesa, gol à Pelé, conto à Machado de Assis, discurso à Rui Barbosa etc.

Locuções conjuntivas proporcionais.

Ex.: À medida que, à proporção que.

Locuções prepositivas.

Ex.: À procura de, à vista de, à margem de, à beira de, à custa de, à razão de, à mercê de, à maneira de etc.

Para evitar ambiguidade: receberá o acento o termo afetado pela ação do verbo (objeto direto preposicionado).

Ex.: Derrubou a menina **à panela**.

Ex.: Matou a vaca **à cobra**.

Diante da palavra distância quando houver determinação da distância em questão:

Ex.: Achava-se à **distância de cem** (ou de alguns) **metros**.

Antes das formas de tratamento "senhora", "senhorita" e "madame" = não há consenso entre os gramáticos, no entanto, opta-se pelo uso.

Ex.: Enviei lindas flores **à senhorita**.

Ex.: Josias remeteu uma carta **à senhora**.

11.3 Crase Facultativa

Após a preposição até:

As crianças foram até **à escola**.

Antes de pronomes possessivos femininos:

Ele fez referência **à nossa causa!**

Antes de nomes próprios femininos:

Mandei um SMS **à Joaquina**.

Antes da palavra Dona.

Remeti uma carta à **Dona Benta**.

Não se usa crase antes de nomes históricos ou sagrados:

"O padre fez alusão a Nossa Senhora."

"Quando o professor fez menção a Joana D'Arc, todos ficaram entusiasmados."

CRASE

Questões

01. ... assim [ele] se via transportado de volta "à glória que foi a Grécia e à grandeza que foi Roma".

Ambos os sinais indicativos de crase devem ser mantidos caso o segmento sublinhado seja substituído por:

a) Enaltecia.
b) Louvava.
c) Aludia.
d) Mencionava.
e) Evocava.

02. A vida urbana ofereceu ...... condições ideais para o surgimento do detetive particular, personagem dedicado ...... elucidação dos mais variados mistérios, propenso ...... investigar delitos de todos os tipos.

Preenchem corretamente as lacunas da frase acima, na ordem dada:

a) as - à - a
b) às - a - à
c) as - a - à
d) as - à - a
e) às - à - a

03. A pesquisa, feita em terras destinadas ...... agricultura, teve por objetivo estudar ...... áreas que permitissem condições favoráveis de sobrevivência ...... aves.

a) à - às - as
b) à - as - as
c) à - as - às
d) a - as - as
e) a - às - às

04. ... e chegou à conclusão de que o funcionário passou o dia inteiro tomando café.

Do mesmo modo que se justifica o sinal indicativo de crase em destaque na frase acima, está correto o seu emprego em:

a) E chegou à uma conclusão totalmente inesperada.
b) E chegou então à tirar conclusões precipitadas.
c) E chegou à tempo de ouvir as conclusões finais.
d) E chegou finalmente à inevitável conclusão.
e) E chegou à conclusões as mais disparatadas.

05. ...os modernistas promoveram uma valorização diferente do léxico, paralela à renovação dos assuntos.

O sinal indicativo de crase presente na frase acima deve ser mantido em caso de substituição do segmento grifado por:

a) Muita inovação no repertório.
b) Uma grande reformulação dos temas.
c) Toda sorte de revigoramento do repertório.
d) Profundas mudanças temáticas.
e) Inevitável transformação temática.

06. A fidelidade ...... música e ...... fala do povo permitiram ...... Adoniran exprimir a sua cidade de modo completo e perfeito.

Antonio Cândido. Op. cit.

Preenchem corretamente as lacunas da frase acima, na ordem dada:

a) a - a - à
b) a - à - à
c) à - à - a
d) à - a - a
e) a - à - a

07. Não deixa de ser paradoxal o fato de o crescimento da descrença, que parecia levar ...... uma ampliação da liberdade, ter dado lugar ...... escalada do fundamentalismo religioso, ... que se associam manifestações profundamente reacionárias.

Preenchem corretamente as lacunas da frase acima, na ordem dada:

a) a - à - a
b) à - a - a
c) a - a - à
d) à - à - a
e) a - à - à

08. Em "Bem-vindos à Feira de Caruaru", a crase é obrigatória. Em qual das alternativas abaixo, o uso da crase É FACULTATIVO?

a) A Feira de Caruaru é atração devido à grande diversidade lá existente.
b) Na Feira de Caruaru, tudo está à venda.
c) Em feiras, como a de Caruaru, vendem-se coisas às pessoas de diferentes classes sociais
d) Nas cidades de pequeno comércio, há mais pagamentos à vista.
e) Todos os dias, os comerciantes da Feira de Caruaru permanecem até às 18h.

09. A parcela da população mundial que ascendeu ...... classe média nos últimos vinte anos passou ...... consumir mais, ... um ritmo acelerado, o que põe em risco a sustentabilidade do planeta.

As lacunas da frase acima estarão corretamente preenchidas, respectivamente, por:

a) à - a - a
b) à - à - a
c) à - a - à
d) a - a - à
e) a - a - a

10. Assinale a opção em que o espaço deve ser preenchido com À (preposição e pronome), como destacado em "(...) uma média semelhante À de um casal de classe média (...)".

a) ____ medida que caminhava, recordava-se da terra natal
b) Esta cena corresponde ____ que presenciei ontem.
c) Aproveite ____ oferta e se contente com a cor do tecido.
d) Referia-se, com certeza, ____ terra de seus pais.
e) Obedeceu ____ ordem dada, sem reclamar.

11. Assinale a alternativa em que o uso do acento grave é obrigatório.

a) Ficou a olhar para os peixes sobre a pia.
b) Abriu a torneira para ver o que acontece.

c) Ela está lá do jeitinho que a deixei.
d) Juro; pode ir a cozinha ver os peixes.
e) Podia dar alguma coisa a ele.

12. ... levava à crença na contínua evolução da sociedade ...
O emprego do sinal de crase, exemplificado acima, estará correto, unicamente, em:
a) Aludir à felicidade geral.
b) Buscar à felicidade.
c) Propor à toda a população
d) Impor à esse grupo.
e) Discutir à obrigatoriedade da lei.

13. Leia o texto :
A preocupação com a herança que deixaremos as (1) gerações futuras está cada vez mais em voga. Ao longo da nossa história, crescemos em número e modificamos quase todo o planeta. Graças aos avanços científicos, tomamos consciência de que nossa sobrevivência na Terra está fortemente ligada a (2) sobrevivência das outras espécies e que nossos atos, relacionados a (3) alterações no planeta, podem colocar em risco nossa própria sobrevivência. Contudo, aliado ao desenvolvimento científico, temos o crescimento econômico que nem sempre esteve preocupado com questões ambientais. O que se almeja é o desenvolvimento sustentável, que é aquele viável economicamente, justo socialmente e correto ambientalmente, levando em consideração não só as (4) nossas necessidades atuais, mas também as (5) das gerações futuras, tanto nas comunidades em que vivemos quanto no planeta como um todo.
(Adaptado de A. P. FOLTZ, A Crise Ambiental e o Desenvolvimento Sustentável: o crescimento econômico e o meio ambiente. Disponível em http://www.iuspedia.com.br.22 jan. 2008)

Para que o texto acima respeite as regras gramaticais do padrão culto da Língua Portuguesa, é obrigatória a inserção do sinal indicativo de crase em:
a) 1, 2 e 3.
b) 1 e 2.
c) 1, 3 e 5.
d) 2 e 4.
e) 3, 4 e 5.

14. Institucionalizada ____ partir das lutas antiabsolutistas, no século 18, e da expansão dos movimentos constitucionalistas, no século 19, ____ democracia representativa foi consolidada ao longo de um processo histórico marcado pelo reconhecimento de três gerações de direitos humanos: os relativos ____ cidadania civil e política, os relativos ____ cidadania social e econômica e os relativos ____ cidadania "pós-material", que se caracterizam pelo direito ____ qualidade de vida, ____ um meio ambiente saudável, ____ tutela dos interesses difusos e ao reconhecimento da diferença e da subjetividade.
(Baseado em Mário Antônio Lobato de Paiva em www.ambitojurídico.com.br)

Marque o item que preenche de forma correta as lacunas do texto seguinte:
a) a, à, à, a, à, à, a, a.
b) a, a, à, à, à, à, a, à.
c) à, a, a, à, a, a, a, à.
d) à, a, a, à, à, à, a, à.
e) a, à, à, a, à, à, a, à.

15. "O movimento altermundialista deverá também responder à nova situação mundial nascida da crise escancarada da fase neoliberal da globalização capitalista."
No trecho acima, empregou-se corretamente o acento grave indicativo de crase. Assinale a alternativa em que isso não tenha ocorrido.
a) Eles visaram à premiação no concurso.
b) Sempre nos referimos à Florianópolis dos açorianos.
c) Nossos cursos vão de 8h às 18h.
d) A solução foi sair à francesa.
e) Fizemos uma longa visita à casa nova dos nossos amigos.

16. Os trechos abaixo compõem, sequencialmente, um texto adaptado do Editorial do jornal Zero Hora (RS) de 18/01/2010. Assinale a opção que está gramaticalmente correta quanto à ausência ou à presença do acento grave indicativo de crase.
a) O novo estímulo aos usineiros, também com pesado suporte de subsídios, levou à indústria automobilística a investir na produção não mais de carros movidos a alcool, mas de veículos flex, que permitem o uso dos dois combustíveis. No ano passado, as vendas de carros flex cresceram 14% em relação a 2008.
b) Apresentado nos anos 70 como opção à crise do petróleo, sob forte apoio governamental, o álcool perdeu relevância nas décadas de 80 e 90. A produção foi retomada e intensificada nos últimos anos, com a explosão nos preços internacionais dos derivados da energia fóssil.
c) As montadoras aplicaram recursos no desenvolvimento de tecnologias, e o consumidor se dispôs a pagar mais por veículos mais modernos. Ambos apostaram nas vantagens de um combustível que, além de reduzir à dependência da gasolina e do diesel, apresentava ainda as virtudes do ecologicamente correto, por ser menos poluente e renovável.
d) A partir do ano passado, com a queda nos preços do petróleo, outros fatores de mercado conspiraram contra o álcool, como a quebra na produção da cana e o aumento dos preços do açúcar. Mesmo que o álcool se submeta à oscilações de cotações, como qualquer outro produto, o que não se pode admitir é que essas variações façam com que a oferta do produto seja imprevisível e instável.
e) A sazonalidade e outras questões envolvidas não são suficientes para explicar a ausência de uma política que assegure, à fabricantes e consumidores, a certeza de que investiram em uma opção de combustível tratada com a seriedade que merece.

17. Assinale a alternativa em que o acento indicativo de crase está corretamente empregado.
a) O memorando refere-se à documentos enviados na semana passada.
b) Dirijo-me à Vossa Senhoria para solicitar uma audiência urgente.
c) Prefiro montar uma equipe de novatos à trabalhar com pessoas já desestimuladas.
d) O antropólogo falará apenas àquele aluno cujo nome consta na lista.
e) Quanto à meus funcionários, afirmo que têm horário flexível e são responsáveis.

LÍNGUA PORTUGUESA

CRASE

18. O acento indicativo de crase foi corretamente empregado apenas em:
   a) O cidadão não atende à apelos sem fundamento.
   b) No artigo, o autor citou à necessária reforma do Estado.
   c) Convencemos à todos da necessidade de um pacto social.
   d) O debatedor não se rendeu àqueles discursos demagógicos.
   e) Os governantes dispuseram-se à colaborar.

Gabaritos

01	C	10	B
02	A	11	D
03	C	12	A
04	D	13	B
05	E	14	B
06	C	15	C
07	A	16	B
08	E	17	D
09	A	18	D

12. PONTUAÇÃO

A pontuação assinala a melodia de nossa fala, ou seja, as pausas, a ênfase etc.

12.1 Principais Sinais e Usos

Vírgula

É o sinal mais importante para concurso público.

Usa-se a vírgula para:

Separar termos que possuem mesma função sintática no período:

José, **Maria**, **Antônio** e **Joana** foram ao mercado. (função de núcleo do sujeito)

Isolar o vocativo:

Então, **minha cara**, não há mais o que se dizer!

Isolar um aposto explicativo (cuidado com essa regra, veja que não há verbo no aposto explicativo):

O João, **ex-integrante da comissão**, veio fazer parte da reunião.

Isolar termos antecipados, como: complemento, adjunto ou predicativo:

Na semana passada, comemos camarão no restaurante português. (antecipação de adjunto adverbial)

Separar expressões explicativas, conjunções e conectivos:

isto é, ou seja, por exemplo, além disso, pois, porém, mas, no entanto, assim etc.

Separar os nomes dos locais de datas:

Cascavel, 02 de maio de 2012.

Isolar orações adjetivas explicativas (pronome relativo + verbo + vírgula):

O Brasil, **que é um belíssimo país**, possui ótimas praias.

Separar termos de uma enumeração:

Vá ao mercado e traga **cebola, alho, sal, pimenta e coentro**.

Separar orações coordenadas:

Esforçou-se muito, **mas não venceu o desafio**. (oração coordenada sindética adversativa)

Roubou todo o dinheiro, **e ainda apareceu na casa**. (oração coordenada sindética aditiva).

A vírgula pode ser utilizada antes da conjunção aditiva "e" caso se queira enfatizar a oração por ela introduzida.

Omitir um termo, elipse (no caso da elipse verbal, chamaremos "zeugma"):

De dia era um anjo, de noite um **demônio**. (omissão do verbo "ser")

Separar termos de natureza adverbial deslocado dentro da sentença:

Na semana passada, trinta alunos foram aprovados no concurso. (locução adverbial temporal)

Se estudar muito, você será aprovado no concurso. (oração subordinada adverbial condicional)

Ponto final

Usa-se o ponto final:

Ao final de frases para indicar uma pausa total; é o que marca o fim de um período:

Depois de passar no concurso, comprarei um carro.

Em abreviaturas:

Sr., a. C., Ltda., num., adj., obs., máx., *bat., brit. etc.*

Ponto e vírgula

Usam-se ponto e vírgula para:

Separar itens que aparecem enumerados:

Uma boa dissertação apresenta:

Coesão;

Coerência;

Progressão lógica;

Riqueza lexical;

Concisão;

Objetividade;

Aprofundamento.

Separar um período que já se encontra dividido por vírgulas:

Não gostava de trabalhar; queria, no entanto, muito dinheiro no bolso.

Separar partes do texto que se equilibram em importância:

Os pobres dão pelo pão o trabalho; os ricos dão pelo pão a fazenda; os de espíritos generosos dão pelo pão a vida; os de nenhum espírito dão pelo pão a alma.(Vieira).

O capitalismo é a exploração do homem pelo homem; o socialismo é exatamente o contrário.

Dois Pontos

São usados dois pontos quando:

Se vai fazer uma citação ou introduzir uma fala:

José respondeu:

- Não, muito obrigado!

Se quer indicar uma enumeração:

Quero apenas uma coisa: que vocês sejam aprovados no concurso!

Aspas

São usadas aspas para indicar:

Citação presente no texto. Ex.:

"Há distinção entre categorias do pensamento" - disse o filósofo.

Expressões estrangeiras, neologismos, gírias. Ex.:

Na parede, haviam pintado a palavra "love". (expressão estrangeira)

Ficava "bailarinando", como diria Guimarães. (neologismo)

"Velho", esconde o "cano" aí e "deixa baixo". (gíria)

LÍNGUA PORTUGUESA

PONTUAÇÃO

Reticências

São usadas para indicar supressão de um trecho, interrupção [...] dar ideia de continuidade ao que se estava falando. Ex.:

[...] rofundissimamente hipocondríaco Este ambiente me causa repugnância Sobe-me à boca uma ânsia análoga à ânsia Que se escapa pela boca de um cardíaco(...)

Eu estava andando pela rua quando...

Eu gostei da nova casa, mas da garagem...

Parênteses

São usados quando se quer explicar melhor algo que foi dito ou para fazer simples indicações. Ex.:

Foi o homem que cometeu o crime (o assassinato do irmão).

Travessão

Indica a fala de um personagem:

Ademar falou. Ex.:

- Amigo, preciso contar algo para você.

Isola um comentário no texto. Ex.:

O estudo bem realizado - **diga-se de passagem, que quase ninguém faz** - é o primeiro passo para a aprovação.

Isola um aposto na sentença. Ex.:

A Semântica – **estudo sobre as relações de sentido** - é importantíssima para o entendimento da Língua.

Reforçar a parte final de um enunciado. Ex.:

Para passar no concurso, é preciso estudar muito — **muito mesmo.**

Trocas

A Banca, eventualmente, costuma perguntar sobre a possibilidade de troca de termos, portanto, atenção!

» Vírgulas, travessões e parênteses, quando isolarem um aposto, podem ser trocadas sem prejuízo para a sentença;

» Travessões podem ser trocados por dois pontos, a fim de enfatizar um enunciado.

Regra de ouro

Na ordem natural de uma sentença, é proibido:

→ Separar Sujeito e Predicado com vírgulas:

"Aqueles maravilhosos velhos ensinamentos de meu pai foram de grande utilidade. (certo) Aqueles maravilhosos velhos ensinamentos de meu pai, foram de grande utilidade. (errado)."

→ Separar Verbo de Objeto:

"O presidente do maravilhoso país chamado Brasil assinou uma lei importante. (certo) O presidente do maravilhoso país chamado Brasil assinou, uma lei importante. (errado)"

Questões

01. (CESGRANRIO) Leia o trecho:

É uma pena que haja tamanha displicência em relação ao seu uso. Poucos se dão conta de que ela é a chave que abre as portas mais emperradas, que ela facilita negociações, encurta caminhos, cria laços, aproxima as pessoas. Tanta gente nasce e morre sem dialogar com a vida. Contam coisas, falam por falar, mas não conversam, não usam a palavra como elemento de troca. Encantam-se pelo som da própria voz e, nessa onda narcísica, qualquer palavra lhes serve.

Mas não. Não serve qualquer uma.

O trecho "Mas não. Não serve qualquer uma." pode ter sua pontuação alterada, sem modificar-lhe o sentido original, em:

a) Mas não: não serve qualquer uma.
b) Mas, não; não, serve qualquer uma.
c) Mas não; não serve, qualquer uma.
d) Mas: não, não. Serve qualquer uma.
e) Mas não - não; serve qualquer uma.

02. (CESGRANRIO) Atente para as afirmações abaixo sobre a pontuação empregada em segmentos transcritos do texto.

I. Eis aí duas culturas, a grega e a romana, que na Antiguidade se reuniram para criar uma civilização comum... **A substituição das vírgulas por travessões redundaria em prejuízo para a correção e a lógica.**

II. Se Grécia e Roma foram, para Poe, uma espécie de casa... **A retirada simultânea das vírgulas não implicaria prejuízo para a correção e a lógica.**

III. ... a primeira, em suma, a tornar-se letrada no pleno sentido deste termo, e a transmitir-nos o seu conhecimento letrado. **A vírgula colocada imediatamente depois de termo é facultativa.**

Está correto o que consta APENAS em:

a) I.
b) I e II.
c) I e III.
d) II e III.
e) III.

03. (CESGRANRIO) O uso de sinais (aspas e travessão) está adequado à norma-padrão, que deve ser observada em uma correspondência oficial, na seguinte frase:

a) O artigo sobre o "processo de desregulamentação" foi publicado na Folha de São Paulo.
b) As chuvas de verão — fenômenos que se repetem desde há muito tempo podem ser previstas.
c) "Mutatis mutandis", as novas diretrizes da direção em nada alteram as antigas.
d) O cuidado com a saúde — meta prioritária do governo, será ainda maior.
e) — O diretor disse: Demita-se o funcionário.

04. (FCC) A pesquisa também chama a atenção para o novo Código Florestal, que prevê a redução de algumas áreas – **hoje legalmente protegidas, como matas ciliares e topos de morros** –, para serem utilizadas para a agropecuária. "Ficamos receosos de que as mudanças nas áreas protegidas possam ser terríveis para as aves e para outros animais, que vão perder ambientes naturais. E aquelas que não conseguem sobreviver nas plantações tendem a se tornar raras ou até mesmo a desaparecer", prevê o professor.

O segmento isolado pelos travessões, constitui:

a) Repetição desnecessária de uma mesma informação.
b) Introdução de um novo assunto no texto
c) Transcrição exata das palavras do pesquisador.
d) Determinação de uma área a ser explorada.
e) Informação com exemplos esclarecedores.

05. (FCC) Na escala de valores, popular, mais que um adjetivo, era um estigma. Daí o escândalo do sarau de d. Nair de Tefé. Primeira-dama, ela própria artista, afrontou a conspícua Velha República.

Mantendo-se, em linhas gerais, o sentido original, uma redação alternativa para as frases acima, em que se respeitam as regras de pontuação, é:

a) Popular, era na escala de valores mais que um adjetivo, um estigma. Daí o escândalo do sarau da primeira-dama, d. Nair de Tefé, ela própria artista, que, afrontou a conspícua Velha República.
b) Popular era, na escala de valores, mais que um adjetivo, um estigma. Daí o escândalo do sarau da primeira-dama, d. Nair de Tefé, ela própria artista, que afrontou a conspícua Velha República.
c) Popular, era na escala de valores mais que um adjetivo: um estigma. Daí o escândalo do sarau da primeira-dama, d. Nair de Tefé ela própria artista, que afrontou a conspícua, Velha República.
d) Popular era, na escala de valores, mais que um adjetivo, um estigma, daí o escândalo do sarau da primeira-dama d. Nair de Tefé ela própria, artista que afrontou a conspícua Velha República.
e) Popular era, na escala de valores, mais que um adjetivo um estigma; daí o escândalo do sarau, da primeira-dama d. Nair de Tefé, ela própria, artista que afrontou, a conspícua Velha República.

06. (FCC) Está plenamente correta a pontuação do seguinte período:

a) Confessando não sem ironia, que entende de arquitetura, o cronista Rubem Braga, mestre do gênero propõe uma receita de casa, em que o porão, área frequentemente desprezada, ganha ares de profundidade e mistério.
b) Confessando, não sem ironia, que entende de arquitetura o cronista, Rubem Braga, mestre do gênero, propõe uma receita de casa, em que, o porão, área frequentemente desprezada, ganha ares de profundidade e mistério.
c) Confessando não sem ironia que entende de arquitetura, o cronista Rubem Braga, mestre do gênero, propõe: uma receita de casa em que, o porão área frequentemente desprezada, ganha ares de profundidade, e mistério.
d) Confessando, não sem ironia que, entende de arquitetura, o cronista Rubem Braga – mestre do gênero – propõe uma receita, de casa, em que o porão (área frequentemente desprezada), ganha ares de profundidade e mistério.
e) Confessando, não sem ironia, que entende de arquitetura, o cronista Rubem Braga, mestre do gênero, propõe uma receita de casa em que o porão, área frequentemente desprezada, ganha ares de profundidade e mistério.

07. (FCC - ADAPTADA) Leia o Texto:

Por mais que tudo isso venha desaparecendo dos nossos olhos e se dissolvendo em passado, em antiguidade, em raridade de museu, continua a ser parte do espírito do Rio de Janeiro. Pois as cidades são como as pessoas, em cujo espírito nada do que se passou deixa inteiramente de ser. O Rio descaracterizado de hoje guarda no seu íntimo para os que, como Gastão Cruls, sabem vê-lo histórica e sentimentalmente, uma riqueza de característicos irredutíveis ou indestrutíveis, que as páginas de Aparência do Rio de Janeiro nos fazem ver ou sentir. E este é o maior encanto do guia da cidade que o autor de A Amazônia que eu vi acaba de **escrever: dar-nos**, através da aparência do Rio de Janeiro, traços essenciais do passado e do caráter da gente carioca. Comunicar-nos do Rio de Janeiro que Gastão Cruls conhece desde seus dias de menino de morro ilustre – menino nascido à sombra do Observatório – alguma coisa de essencial. Alguma coisa do que a cidade parece ter de eterno e que vem de certa harmonia misteriosa a que tendem o branco, o preto, o roxo e o moreno – principalmente o moreno – da cor da pele dos seus homens e das suas mulheres, com o azul e o verde quente de suas águas e de suas matas.

Os dois-pontos que aparecem no trecho destacado denotam:

a) Inclusão de segmento especificativo.
b) Interrupção intencional do fluxo expositivo.
c) Intercalação de ideia isolada no contexto.
d) Constatação de fatos pertinentes ao assunto.
e) Enumeração de elementos da cidade e do povo.

Gabaritos

01	A	05	B
02	D	06	E
03	C	07	A
04	E		

LÍNGUA PORTUGUESA

13. TIPOLOGIA TEXTUAL

O conteúdo relativo à tipologia textual é, deveras, fácil. Precisamos, apenas, destacar alguns elementos estruturantes a cada tipo de texto. Dessa forma, você conseguirá responder quaisquer questões relacionadas a essa temática.

O primeiro item que se deve ter em mente na hora de analisar um texto segundo sua tipologia é o caráter da predominância. Isso quer dizer que um mesmo agrupamento textual pode possuir características de diversas tipologias distintas, porém as questões costumam focalizar qual é o "tipo" predominante, o que mais está evidente no texto. Um pouco de bom-senso e uma pequena dose de conhecimento relativo ao assunto são necessárias para obter sucesso nesse conteúdo.

Trabalharemos com três tipologias básicas: **narração, dissertação e descrição.** Vamos ao trabalho:

13.1 Narração

Facilmente identificável, a tipologia narrativa guarda uma característica básica: contar algo, transmitir a ocorrência de fatos e/ou ações que possuam um registro espacial e temporal. Quer dizer, a narração necessita, também, de um espaço bem marcado e de um tempo em que as ações narradas ocorrem. Discorramos sobre cada aspecto separadamente.

São elementos de uma NARRAÇÃO:

Personagem: Quem pratica ação dentro da narrativa, é claro. Deve-se observar que os personagens podem possuir características físicas (altura, aparência, cor do cabelo etc.) e psicológicas (temperamento, sentimentos, emoções etc.), as quais podem ser descritas ao longo do texto.

Espaço: Trata-se do local em que a ação narrativa ocorre.

Tempo: É o lapso temporal em que a ação é descrita. Não se engane, o tempo pode ser enunciado por um simples "era uma vez".

Ação: Não existe narração sem ação! Ou seja, os personagens precisam fazer algo, ou sofrer algo para que haja ação narrativa.

Narrador: Afinal, como será contada uma estória sem uma voz que a narre? Portanto, este é outro elemento estruturante da tipologia narrativa. O narrador pode estar inserido na narrativa ou apenas "observar" e narrar os acontecimentos.

Note-se que, na tipologia narrativa, os verbos flexionados no pretérito são mais evidentes.

Eis um exemplo de narração, tente observar os elementos descritos acima, no texto:

Um Apólogo

Machado de Assis

Era uma vez uma agulha, que disse a um novelo de linha:

— Por que está você com esse ar, toda cheia de si, toda enrolada, para fingir que vale alguma cousa neste mundo?

— Deixe-me, senhora.

— Que a deixe? Que a deixe, por quê? Porque lhe digo que está com um ar insuportável? Repito que sim, e falarei sempre que me der na cabeça.

— Que cabeça, senhora? A senhora não é alfinete, é agulha. Agulha não tem cabeça. Que lhe importa o meu ar? Cada qual tem o ar que Deus lhe deu. Importe-se com a sua vida e deixe a dos outros.

— Mas você é orgulhosa.

— Decerto que sou.

— Mas por quê?

— É boa! Porque coso. Então os vestidos e enfeites de nossa ama, quem é que os cose, senão eu?

— Você? Esta agora é melhor. Você é que os cose? Você ignora que quem os cose sou eu e muito eu?— Você fura o pano, nada mais; eu é que coso, prendo um pedaço ao outro, dou feição aos babados...

— Sim, mas que vale isso? Eu é que furo o pano, vou adiante, puxando por você, que vem atrás obedecendo ao que eu faço e mando...

— Também os batedores vão adiante do imperador.

— Você é imperador?

— Não digo isso. Mas a verdade é que você faz um papel subalterno, indo adiante; vai só mostrando o caminho, vai fazendo o trabalho obscuro e ínfimo. Eu é que prendo, ligo, ajunto...

Estavam nisto, quando a costureira chegou à casa da baronesa. Não sei se disse que isto se passava em casa de uma baronesa, que tinha a modista ao pé de si, para não andar atrás dela. Chegou a costureira, pegou do pano, pegou da agulha, pegou da linha, enfiou a linha na agulha, e entrou a coser. Uma e outra iam andando orgulhosas, pelo pano adiante, que era a melhor das sedas, entre os dedos da costureira, ágeis como os galgos de Diana — para dar a isto uma cor poética. E dizia a agulha:

— Então, senhora linha, ainda teima no que dizia há pouco? Não repara que esta distinta costureira só se importa comigo; eu é que vou aqui entre os dedos dela, unidinha a eles, furando abaixo e acima...

A linha não respondia; ia andando. Buraco aberto pela agulha era logo enchido por ela, silenciosa e ativa, como quem sabe o que faz, e não está para ouvir palavras loucas. A agulha, vendo que ela não lhe dava resposta, calou-se também, e foi andando. E era tudo silêncio na saleta de costura; não se ouvia mais que o plic-plic-plic-plic da agulha no pano. Caindo o sol, a costureira dobrou a costura, para o dia seguinte. Continuou ainda nessa e no outro, até que no quarto acabou a obra, e ficou esperando o baile.

Veio a noite do baile, e a baronesa vestiu-se. A costureira, que a ajudou a vestir-se, levava a agulha espetada no corpinho, para dar algum ponto necessário. E enquanto compunha o vestido da bela dama, e puxava de um lado ou outro, arregaçava daqui ou dali, alisando, abotoando, acolchetando, a linha para mofar da agulha, perguntou-lhe:

— Ora, agora, diga-me, quem é que vai ao baile, no corpo da baronesa, fazendo parte do vestido e da elegância? Quem é que vai dançar com ministros e diplomatas, enquanto você volta para a caixinha da costureira, antes de ir para o balaio das mucamas? Vamos, diga lá.

Parece que a agulha não disse nada; mas um alfinete, de cabeça grande e não menor experiência, murmurou à pobre agulha:

— Anda, aprende, tola. Cansas-te em abrir caminho para ela e ela é que vai gozar da vida, enquanto aí ficas na caixinha de costura. Faze como eu, que não abro caminho para ninguém. Onde me espetam, fico.

Contei esta história a um professor de melancolia, que me disse, abanando a cabeça:

— Também eu tenho servido de agulha a muita linha ordinária!

13.2 Dissertação

O texto dissertativo, também chamado por alguns de informativo, possui a finalidade de discorrer sobre determinado assunto, apresentando fatos, opiniões de especialista, dados quantitativos ou mesmo informações sobre o assunto da dissertação. É preciso entender que nem sempre a dissertação busca persuadir o seu interlocutor, ela pode simplesmente transmitir informações pertinentes ao assunto dissertado.

Quando a persuasão é objetivada, o texto passa a ter também características argumentativas. A rigor, as questões de concurso público focalizam a tipologia, não seus interstícios, portanto, não precisa ficar desesperado com o fato de haver diferença entre texto dissertativo-expositivo e texto dissertativo-argumentativo. Importa saber que ele é dissertativo.

Toda boa dissertação possui a **Introdução** do tema, o **Desenvolvimento** coeso e coerente, que está vinculado ao que se diz na introdução, e uma **Conclusão** lógica do texto, evidenciando o que se permite compreender por meio da exposição dos parágrafos de desenvolvimento.

A tipologia dissertativa pode ser facilmente encontrada em editoriais, textos de divulgação acadêmica, ou seja, com caráter científico, ensaios, resenhas, artigos científicos e textos pedagógicos.

Exemplo de dissertação:

Japão foi avisado sobre problemas em usinas dois anos antes, diz Wikileaks

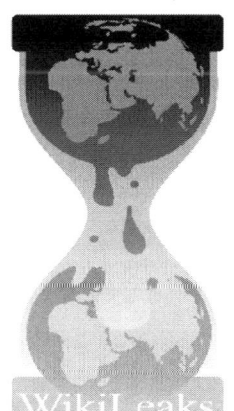

O Wikileaks, site de divulgação de informações consideradas sigilosas, vazou um documento que denuncia que o governo japonês já havia sido avisado pela vigilância nuclear internacional que suas usinas poderiam não ser capazes de resistir a terremotos. O relatório, assinado pelo embaixador Thomas Schieffer obtido pelo WikiLeaks foi publicado hoje pelo jornal britânico, The Guardian.

O documento revela uma conversa de dezembro de 2008 entre o então deputado japonês, Taro Kono, e um grupo diplomático norte-americano durante um jantar. Segundo o relatório, um membro da Agência Internacional de Energia Atômica (AIEA) disse que as normas de segurança estavam obsoletas para aguentar os fortes terremotos, o que significaria "um problema grave para as centrais nucleares". O texto diz ainda que o governo do Japão encobria custos e problemas associados a esse ramo da indústria.

Diante da recomendação da AIEA, o Japão criou um centro de resposta de emergência em Fukushima, capaz de suportar, apenas, tremores até magnitude 7,0.

13.3 Descrição

Em um texto descritivo, faz-se um tipo de retrato por escrito de um lugar, uma pessoa, um animal ou um objeto. Os adjetivos são abundantes nessa tipologia, uma vez que a sua função de caracterizar os substantivos é extremamente exigida nesse contexto. É possível existir um texto descritivo que enuncie características de sensações ou sentimentos, porém não é muito comum em provas de concurso público. Não há relação temporal na descrição. Os verbos relacionais são mais presentes, para poder evidenciar aspectos e características. Significa "criar" com palavras uma imagem.

Exemplo de texto descritivo:

Texto extraído da prova do BRB (2010) – Banca CESPE/UnB

Nome científico: Ginkgo biloba L.
Nome popular: Nogueira-do-japão
Origem: Extremo Oriente
Aspecto: as folhas dispõem-se em leque e são semelhantes ao trevo; a altura da árvore pode chegar a 40 metros; o fruto lembra uma ameixa e contém uma noz que pode ser assada e comida

14. COMPREENSÃO E INTERPRETAÇÃO DE TEXTOS

É bastante comum e compreensível que os concursandos tenham algum tipo de dificuldade nas questões de compreensão e interpretação de textos. Isso é oriundo do próprio histórico de leituras que o candidato possui, uma vez que grande parte dos concursandos querem gabaritar uma prova, ou mesmo conseguir um cargo público, sem possuir o menor hábito de leitura. Ou seja você precisa adquirir (se ainda não possui) o bom costume de ler.

Por "ler", entende-se buscar os meandros de um texto, de uma canção, de qualquer coisa com que entremos em contato. Mesmo um discurso ou um diálogo podem ser "lidos". O grande problema fica a cargo de que o bom brasileiro gosta de fazer

LÍNGUA PORTUGUESA

COMPREENSÃO E INTERPRETAÇÃO DE TEXTOS

qualquer coisa, menos de ler. Parece até que aquilo que era uma diversão, um bom entretenimento virou um pesadíssimo "fardo". Você não pode pensar desse modo. Ler deve ser uma prática constante.

E na hora do concurso? Como proceder?

Há três elementos fundamentais para boa interpretação:

Eliminação dos vícios de leitura;

Organização;

"Malandragem".

Vícios de leitura

A pior coisa que pode acontecer com o concursando, quando recebe aquele texto "capetótico" para ler e interpretar, é cair num vício de leitura. Veja se você possui algum deles. Caso possua, tente eliminar o quanto antes.

O Movimento:

Como tudo inicia. O indivíduo pega o texto para ler e não para quieto. Troca a maneira de sentar, troca a posição do texto, nada está bom, nada está confortável. Em casa, senta para estudar e o que acontece? Fome. Depois? Sede. Então, a pessoa fica se mexendo para pegar comida, para tomar água, para ficar mais sossegado e o fluxo de leitura vai para o espaço. FIQUE QUIETO! O conceito é militar! Sente-se e permaneça assim até acabar a leitura, do contrário, vai acabar com a possibilidade de entender o que está escrito. Estudar com televisão, rádio, *msn* e qualquer coisa dispersiva desse gênero só vai atrapalhar você.

O Apoio:

Não é aconselhável utilizar apoios para a leitura, tais como: réguas, acompanhar a linha com a caneta, ler em voz baixa, passar o dedo pelo papel etc. Basta pensar que seus olhos são muito mais rápidos que qualquer movimento ou leitura em voz alta. Gaguejou, escorregou no papel, dançou.

O Garoto da Borboleta:

Se você possui os vícios "a" e "b", certamente é um "garoto da borboleta" também. Isso quer dizer que é um desatento que fica facilmente (fatalmente) disperso. Tudo chama sua atenção: caneta batendo na mesa, o concorrente barulhento, a pessoa estranha que está em sua frente, o tempo passando etc. Você vai querer ficar voltando ao início do texto porque não conseguiu compreender nada e, finalmente, vai perder as questões de interpretação.

Organização da leitura

Para que ocorra organização, é necessário compreender que todo texto possui:

Posto: aquilo que é dito no texto. O conteúdo expresso.

Pressuposto: aquilo que não está dito, mas que é facilmente compreendido.

Subentendido: o que se pode interpretar por uma soma de dito com não-dito.

Veja um exemplo:

Alguém diz: "felizmente, meu tio parou de beber." É certo que o dito se compõe pelo conteúdo da mensagem: o homem parou de beber. O não-dito, ou pressuposto, fica a cargo da ideia de que meu tio "bebia", agora, não bebe mais. Por sua vez, o subentendido pode ser abstraído como "meu tio possuía problemas com a bebida e eu assumo isso por meio da sentença que profiro". Não é difícil! É necessário, no entanto, possuir uma certa "malandragem linguística" para perceber isso de início. Veremos isso ao longo do texto.

As dicas de organização não são novas, mas são eficazes, vamos lá:

Ler mais de uma vez o texto (quando for curtinho, é lógico):

A primeira leitura é para tomar contato com o assunto, a segunda, para observar como o texto está articulado.

Ao lado de cada parágrafo, escreva a principal ideia (tópico frasal) ou argumento mais forte do trecho. Isso ajuda você a ter clareza da temática e como ela está sendo desenvolvida.

Se o texto for muito longo, recomenda-se ler primeiro a questão de interpretação, para, então, buscá-la na leitura.

Observar as relações entre parágrafos:

Observar que há relações de exemplificação, oposição, causalidade entre os parágrafos do texto, por isso, tente compreender as relações intratextuais nos parágrafos.

Ficar de olho aberto para as conjunções adversativas: no entanto, contudo, entretanto, etc.

Atentar para o comando da questão:

Responda àquilo que foi pedido.

> » **Dica**: entenda que modificar e prejudicar o sentido não são a mesma coisa.

Palavras de alerta (polarizadoras):

Sublinhar palavras como: erro, incorreto, correto e exceto, para não se confundir no momento de responder à questão.

Inaceitável, incompatível e incongruente também podem aparecer.

Limitar os horizontes:

Não imaginar que você sabe o que o autor quis dizer, mas sim entender o que ele disse: o que ele escreveu. Não extrapolar a significação do texto. Para isso, é importante prestar atenção no significado das palavras.

Pode até ser coerente o que você concluiu, mas se não há base textual, descarte.

> » **Ex.**: O homem **pode** morrer de infarto. / O homem **deve** morrer de infarto.

Busque o tema central do texto:

Geralmente aparece no primeiro parágrafo do texto.

Desenvolvimento:

Se o enunciado mencionar a argumentação do texto, você deve buscar entender o que ocorre com o desenvolvimento dos parágrafos.

Verificar se o desenvolvimento ocorre por:

- » Causa e consequência;
- » Enumeração de fatos;
- » Retrospectiva histórica;
- » Fala de especialista;

» Resposta a um questionamento;
» Sequência de dados;
» Estudo de caso;
» Exemplificação.

Relatores:

Atentar para os pronomes relativos e demonstrativos no texto. Ele auxiliam o leitor a entender como se estabelece a coesão textual.

Alguns deles:
» Que;
» Cujo;
» O qual;
» Onde;
» Esse;
» Este;
» Isso;
» Isto.

Entender se a questão é de interpretação ou de compreensão:

Interpretação

Parte do texto para uma conclusão. As questões que solicitam uma inferência apresentam as seguintes estruturas:
» É possível entender que...
» O texto possibilita o entendimento de que...
» O texto encaminha o leitor para...
» O texto possibilita deduzir que...
» Depreende-se do texto que...
» Com apoio no texto, infere-se que...
» Entende-se que...
» Compreende-se que...

Compreensão

Buscam-se as informações solicitadas pela questão no texto. As questões dessa natureza possuem as seguintes estruturas:
» De acordo com o texto, é possível afirmar....
» Segundo o texto...
» Conforme o autor...
» No texto...
» Conforme o texto...

Tomar cuidado com as generalizações.

Na maior parte das vezes, o elaborador da prova utiliza a generalização para tornar a questão incorreta.

Atenção para as palavras "sempre, nunca, exclusivamente, unicamente, somente".

O que você não deve fazer!

"Viajar" no texto: interpretar algo para além do que o texto permite.

Ser "mão-de-vaca": interpretar apenas um trecho do texto.

Dar uma de "Zé Mané" e entender o contrário: fique atento a palavras como "pode", "não", "deve" etc.

"Malandragem da banca"

Talvez seja essa a característica mais difícil de se desenvolver no concursando, pois ela envolve o conhecimento do tipo de interpretação e dos limites estabelecidos pelas bancas. Só há uma maneira de ficar "malandro" estudando para concurso público: realizando provas! Pode parecer estranho, mas depois de resolver 200 questões da mesma banca, você já consegue prever como será a próxima questão. Prever é garantir o acerto! Então, faça exercícios até cansar e, quando cansar, faça mais um pouco. Assim você fica "malandro" na banca!

Vamos trabalhar com alguns exemplos agora:

Exemplo I

Entre os maiores obstáculos ao pleno desenvolvimento do Brasil, está a educação. Este é o próximo grande desafio que deve ser enfrentado com paciência, mas sem rodeios. É a bola da vez dentro das políticas públicas prioritárias do Estado. Nos anos 90 do século passado, o país derrotou a inflação — que corroía salários, causava instabilidade política e irracionalidade econômica. Na primeira década deste século, os avanços deram-se em direção a uma agenda social, voltada para a redução da pobreza e da desigualdade estrutural. Nos próximos anos, a questão da melhoria da qualidade do ensino deve ser uma obrigação dos governantes, sejam quais forem os ungidos pelas decisões das urnas.

Jornal do Brasil, Editorial, 21/1/2010 (com adaptações).

Agora o mesmo texto, devidamente marcado.

Entre **os maiores obstáculos** ao pleno desenvolvimento do Brasil, está a educação. Este é o **próximo grande desafio** que deve ser enfrentado com paciência, mas sem rodeios. É a **bola da vez** dentro das políticas públicas prioritárias do Estado. **Nos anos 90 do século passado,** o país derrotou a inflação — que corroía salários, causava instabilidade política e irracionalidade econômica. **Na primeira década deste século**, os avanços deram-se em direção a uma agenda social, voltada para a redução da pobreza e da desigualdade estrutural. **Nos próximos anos**, a questão da melhoria da qualidade do ensino deve ser uma **OBRIGAÇÃO DOS GOVERNANTES**, sejam quais forem os ungidos pelas decisões das urnas.

Comentário: Observe que destacamos para você elementos que podem surgir, posteriormente como questões. O texto inicia falando que há mais obstáculos além da educação. Também argumenta, posteriormente, que já houve outros desafios além desse que ele chama de "próximo grande desafio". Utilizando uma expressão de sentido **Conotativo** (bola da vez), o escritor anuncia que a educação ocupa posição de destaque quando o assunto se volta para as políticas públicas prioritárias do Estado.

No decorrer do texto, que se desenvolve por um tipo de retrospectiva histórica (veja o que está sublinhado), o redator traça um panorama dessas políticas públicas ao longo da história do país, fazendo uma previsão para os anos vindouros (o que foi destacado em caixa alta).

LÍNGUA PORTUGUESA

PARÁFRASE UM RECURSO PRECIOSO

Exemplo II

Um passo fundamental para que não nos enganemos quanto à **natureza do capitalismo contemporâneo** e o significado das políticas empreendidas pelos países centrais para enfrentar a recente **crise econômica** é problematizarmos, com cuidado, o termo **neoliberalismo**: "começar pelas palavras talvez não seja coisa vã", escreve Alfredo Bosi em Dialética da Colonização.

A partir da década de 1980, buscando exprimir a natureza do capitalismo contemporâneo, muitos, principalmente os críticos, utilizaram esta palavra que, por fim, se generalizou. Mas o que, de fato, significa? O prefixo neo quer dizer novo; portanto, novo liberalismo. Ora, durante o século **XIX DEU-SE A CONSTRUÇÃO DE UM LIBERALISMO** que viria encontrar a sua crise definitiva na I Guerra Mundial em 1914 e na crise de 1929. Mas desde o período entre guerras e, sobretudo, depois, com o término da II Guerra Mundial, em 1945, tomou corpo um novo modelo, principalmente na Europa, que de certa forma se contrapunha ao velho liberalismo: era **O MUNDO DA SOCIALDEMOCRACIA**, da presença do Estado na vida econômica, das ações políticas inspiradas na reflexão teórica do economista britânico John Keynes, um crítico do liberalismo econômico clássico que viveu na primeira metade do século XX. Quando esse modelo também entrou em crise, no princípio da década de 1970, surgiu a perspectiva de **RECONSTRUÇÃO DA ORDEM LIBERAL**. Por isso, novo liberalismo, neoliberalismo.

(Grupo de São Paulo, disponível em http://www.correiocidadania.com.br/content/view/5158/9/, acesso em 28/10/2010)

Exemplo III

Em Defesa do Voto Obrigatório

O voto, direito duramente conquistado, **deve ser considerado um dever** cívico, sem o exercício do qual o **direito se descaracteriza ou se perde**, afinal liberdade e democracia são fins e não apenas meios. Quem vive em uma comunidade política não pode estar **DESOBRIGADO** de opinar sobre os rumos dela. Nada contra a desobediência civil, recurso legítimo para o protesto cidadão, que, no caso eleitoral, se pode expressar no voto nulo (cuja tecla deveria constar na máquina utilizada para votação). Com o **voto facultativo**, o direito de votar e o de não votar ficam inscritos, em pé de igualdade, no corpo legal. Uma parte do eleitorado deixará voluntariamente de opinar sobre a constituição do poder político. O desinteresse pela política e a descrença no voto são registrados como mera "escolha", sequer como desobediência civil ou protesto. **A consagração da alienação política** como um direito legal interessa aos conservadores, reduz o peso da soberania popular e desconstitui o sufrágio como universal.

Para o **cidadão ativo,** que, além de votar, se organiza para garantir os direitos civis, políticos e sociais, o enfoque é inteiramente outro. O tempo e o **TRABALHO DEDICADOS AO ACOMPANHAMENTO CONTINUADO DA POLÍTICA NÃO SE APRESENTAM COMO RESTRITIVOS DA LIBERDADE INDIVIDUAL.** Pelo contrário, são obrigações auto-assumidas no esforço de construção e aprofundamento da democracia e de vigília na defesa das liberdades individuais e públicas. A ideia de que a democracia se constrói nas lutas do dia a dia se contrapõe, na essência, ao modelo liberal. O cidadão escolado na disputa política sabe que a liberdade de não ir votar é uma armadilha. Para que o sufrágio continue universal, para que todo poder emane do povo e não, dos donos do poder econômico, o voto, além de ser um direito, **deve conservar a sua condição de dever cívico.**

Exemplo IV

Madrugada na aldeia

Madrugada na aldeia nervosa,
com as glicínias escorrendo orvalho,
os figos prateados de orvalho,
as uvas multiplicadas em orvalho,
as últimas uvas miraculosas.

O silêncio está sentado pelos corredores,
encostado às paredes grossas,
de sentinela.

E em cada quarto os cobertores peludos envolvem o sono:
poderosos animais benfazejos, encarnados e negros.
Antes que um sol luarento
dissolva as frias vidraças,
e o calor da cozinha perfume a casa
com lembrança das árvores ardendo,
a velhinha do leite de cabra desce as pedras da rua
antiquíssima, antiquíssima,
e o pescador oferece aos recém-acordados
os translúcidos peixes,
que ainda se movem, procurando o rio.

(Cecília Meireles. Mar absoluto, in Poesia completa. Rio de Janeiro: Nova Aguilar, 1994, p.311)

15. PARÁFRASE UM RECURSO PRECIOSO

Parafrasear, em sentido lato, significa reescrever uma sequência de texto sem alterar suas informações originais. Isso quer dizer que o texto resultante deve apresentar o mesmo sentido do texto original, modificando, evidentemente, apenas a ordem frasal ou o vocabulário. Há algumas exigências para uma paráfrase competente. São elas:

> Usar a mesma ordem das ideias que aparecem no texto original.
>
> Em hipótese alguma é possível omitir informações essenciais.
>
> Não tecer comentários acerca do texto original, apenas parafrasear, sem frescura.
>
> Usar construções sintáticas e vocabulares que, apesar de manterem o sentido original, sejam distintas das do texto base.

Os passos da paráfrase

Vamos entender que há alguns recursos para parafrasear um texto. Apresentarei alguns com a finalidade de clarear mais o assunto em questão.

A utilização de termos sinônimos.

> O presidente assinou o documento, **mas** esqueceu-se de pegar sua caneta. / O presidente assinou o documento, **contudo** esqueceu-se de pegar sua caneta.

O uso de palavras antônimas, valendo-se de palavra negativa.

> José era um **covarde.**
>
> José **não** era um **valente.**

Emprego de termos anafóricos.

> São Paulo e Palmeiras são dois times brasileiros. O São Paulo venceu o Palmeiras na semana passada. / São Paulo e Palmeiras são dois times brasileiros. **Aquele** (São Paulo) venceu **este** (Palmeiras) na semana passada.

Permuta de termo verbal por nominal, e vice-versa.

> É importante que chegue cedo. / **Sua chegada** é importante.

Deixar termos elípticos.

> Eu preciso da colaboração de todos. / Preciso da colaboração de todos.

Alteração da ordem frasal.

> Adalberto venceu o último desafio de sua vida ontem. / Ontem, Adalberto venceu o último desafio de sua vida.

Transposição de voz verbal.

> Joel cortou a seringueira centenária. / A seringueira centenária foi cortada por Joel.

Troca de discurso.

> Naquela manhã, Oséas dirigiu-se ao pai dizendo: "Cortarei a grama sozinho." (discurso direto).
>
> Naquela manhã, Oséas dirigiu-se ao pai dizendo que cortaria a grama sozinho. (discurso indireto).

Troca de palavras por expressões perifrásticas.

> **O Rei do Futebol** esteve presente durante as celebrações. / **Pelé** esteve presente durante as celebrações.

Troca de locuções por palavras de mesmo sentido:

> A turma **da noite** está comprometida com os estudos. / A turma **noturna** está mais comprometida com os estudos.

Questões

01. Leia o texto

O que passa na cabeça deles?

Quem tem um bicho de estimação sabe muito bem: seu gato, cachorro, papagaio, hamster ou o que seja é o mais esperto do mundo. Até meados do século passado, porém, a inteligência animal era considerada inexistente. Suas atitudes e ações eram descritas como simples respostas instintivas ou estratégias de sobrevivência, sem nenhuma relação com a cognição, que se acreditava ser exclusiva do ser humano. Foi só a partir dos anos 1960 que estudos de longo prazo começaram a produzir pistas de que, sim, os animais pensam, são capazes de resolver problemas, aprender com seus erros e se adaptar a novas situações, assim como os seres humanos. Mas o que se passa na cabeça deles? Algumas espécies têm autoconsciência? Quão inteligentes são os animais? Apesar dos avanços nas pesquisas, estas e outras perguntas permanecem sem resposta, gerando controvérsias entre os especialistas. – O que existe hoje são várias linhas de entendimento do que vem a ser a inteligência animal. Há estudos feitos em ambiente natural, mas também tem muita coisa sendo feita em laboratórios – o que nos é contado pelo biólogo Salvatore Siciliano, pesquisador da Escola Nacional de Saúde da Fundação Oswaldo Cruz (Fiocruz). As pesquisas podem levar anos para chegar a conclusões bem simples, mas, à medida que aumenta o esforço de observação e amostragem, estamos passando a perceber que os animais são, sim, algo inteligentes. Quando elaborou sua Teoria da Evolução, no século XIX, Charles Darwin a estendeu para o desenvolvimento do cérebro humano. Como outros aspectos da nossa fisiologia, a inteligência teria evoluído a partir de organismos mais simples em resposta a desafios comuns a quase todos os animais, como as necessidades de se alimentar, reproduzir e interagir com o ambiente. Atualmente, faz parte do senso comum considerar que grandes primatas como os chimpanzés, cujo DNA é 99% igual ao dos seres humanos, apresentam um certo grau de inteligência, assim como outros mamíferos mais desenvolvidos, como cetáceos (baleias e golfinhos) e elefantes. Surpreendente, no entanto, foi verificar que mesmo espécies mais longe da escala e árvore evolutivas, como pássaros e polvos, também demonstram sinais de inteligência.

César Baima – O Globo, Planeta Terra, outubro 2010 (adaptado)

Sobre o título dado ao texto, pode-se fazer, de forma adequada, a seguinte afirmação:

a) A pergunta não é respondida no texto;

b) Trata-se de uma questão sobre a qual a ciência ainda não apresenta todas as respostas;

c) Representa uma interrogação feita pelos proprietários de animais domésticos;

d) O pronome eles se refere exclusivamente aos animais domésticos;

e) A pergunta fala sobre as preocupações dos donos de animais.

02. (NCE – UFRJ) - "...é o mais esperto do mundo." Esse pensamento representa:

a) Uma antiga forma de pensar sobre a inteligência animal;

b) Um pensamento corrente sobre os animais selvagens;

c) Um conceito errado sobre os animais domésticos;

d) Um carinhoso modo de pensar sobre animais de estimação;

e) Um falso pensamento fundamentado apenas nas aparências.

03. (NCE – UFRJ) A presença do biólogo no texto tem a seguinte utilidade textual:

a) Mostrar que a publicação é internacional;

b) Dar mais autoridade e credibilidade ao texto;

c) Demonstrar atualização brasileira no tema estudado;

d) Indicar pessoas que demonstram interesse pelo tema estudado;

e) Convencer o leitor de que o tema é importante.

04. (NCE – UFRJ) O texto desta prova deve ser caracterizado como:

a) Informativo sobre conhecimentos atuais no tema analisado;

b) Narrativo de uma sequência de fatos ocorridos nos últimos anos;

c) Descritivo de um conjunto de ideias científicas sobre os animais;

LÍNGUA PORTUGUESA

PARÁFRASE UM RECURSO PRECIOSO

d) Argumentativo a respeito de prós e contras das recentes descobertas;

e) Publicitário sobre os trabalhos da Fiocruz.

05. (FCC) Leia o texto:

Como declaração de princípios que é, a Declaração Universal dos Direitos Humanos não cria obrigações legais aos Estados, salvo se as respectivas Constituições estabelecem que os direitos fundamentais e as liberdades nelas reconhecidos serão interpretados de acordo com a Declaração. Todos sabemos, porém, que esse reconhecimento formal pode acabar por ser desvirtuado ou mesmo denegado na ação política, na gestão econômica e na realidade social. A Declaração Universal é geralmente considerada pelos poderes econômicos e pelos poderes políticos, mesmo quando presumem de democráticos, como um documento cuja importância não vai muito além do grau de boa consciência que lhes proporcione.

Nesses cinquenta anos não parece que os governos tenham feito pelos direitos humanos tudo aquilo a que, moralmente, quando não por força da lei, estavam obrigados. As injustiças multiplicam-se no mundo, as desigualdades agravam-se, a ignorância cresce, a miséria alastra. A mesma esquizofrênica humanidade que é capaz de enviar instrumentos a um planeta para estudar a composição das suas rochas assiste indiferente à morte de milhões de pessoas pela fome. Chega-se mais facilmente a Marte neste tempo do que ao nosso próprio semelhante.

Alguém não anda a cumprir o seu dever. Não andam a cumpri-lo os governos, seja porque não sabem, seja porque não podem, seja porque não querem. Ou porque não lho permitem os que efetivamente governam, as empresas multinacionais e pluricontinentais cujo poder, absolutamente não democrático, reduziu a uma casca sem conteúdo o que ainda restava de ideal de democracia. Mas também não estão a cumprir o seu dever os cidadãos que somos. Foi-nos proposta uma Declaração Universal dos Direitos Humanos e com isso julgamos ter tudo, sem repararmos que nenhuns direitos poderão subsistir sem a simetria dos deveres que lhes correspondem, o primeiro dos quais será exigir que esses direitos sejam não só reconhecidos, mas também respeitados e satisfeitos. Não é de esperar que os governos façam nos próximos cinquenta anos o que não fizeram nestes que comemoramos. Tomemos, então, nós, cidadãos comuns, a palavra e a iniciativa. Com a mesma veemência e a mesma força com que reivindicamos os nossos direitos, reivindiquemos também o dever dos nossos deveres. Talvez o mundo possa começar a tornar-se um pouco melhor.

(Trecho do discurso de José Saramago no banquete de encerramento da entrega do Prêmio Nobel, em 10 de dezembro de 1998. Transcrição segundo as normas brasileiras de ortografia.)

No texto, o autor

a) Reconhece o esforço empreendido por governos, mesmo os não democráticos, no sentido de respeitar integralmente os postulados da Declaração Universal dos Direitos Humanos.

b) Aponta a necessidade de participação de toda a sociedade, em todos os países, na aplicação efetiva dos princípios constantes da Declaração Universal dos Direitos Humanos.

c) Detém-se na história da elaboração da Declaração Universal dos Direitos Humanos, documento importante para a afirmação dos direitos e liberdades fundamentais do homem.

d) Relata as dificuldades encontradas em alguns países e regiões como justificativa para o fato de que os princípios da Declaração Universal ainda não estejam sendo respeitados integralmente.

e) Defende o respeito que deve merecer uma Constituição, como norma legal maior em cada Estado, para nortear toda possível ação política e até mesmo econômica.

Gabaritos

01	A	04	A
02	D	05	B
03	B		

16. ORTOGRAFIA

A ortografia é a parte da Gramática que estuda a escrita correta das palavras. O próprio nome da disciplina já designa tal função. É oriunda das palavras gregas **ortho** que significa "correto" e **graphos** que significa "escrita". Neste capítulo, vamos estudar alguns aspectos da correta grafia das palavras: o emprego de algumas letras que apresentam dificuldade para os falantes do Português.

Atualmente, há um confusão a respeito do sistema ortográfico vigente. O último sistema foi elaborado em 1990, com base em um sistema de 1986, e será implantado em todos os países de língua lusófona. No Brasil, a adesão ao acordo se deu em 2009 e, como leva 4 anos para ser implantado, teríamos dois sistemas oficiais até 31 de dezembro de 2013. Bem, seria isso, se não houvesse a prorrogação do prazo até o ano de 2016. A partir de então, vale apenas o Novo Acordo Ortográfico.

Por certo, dúvidas pairam pela cabeça do aluno: que sistema devo usar? Qual sistema devo aprender? O melhor é estudar o sistema antigo, aprendendo quais foram as atualizações, assim, garante-se que não errará pela novidade ou pela tradição. A banca deve avisar no edital do concurso ou no comando da questão qual sistema ortográfico está levando em consideração. Como as maiores alterações estao no terreno de acentuação e emprego do hífen (para o Português falado no Brasil, evidentemente), não teremos grandes surpresas neste capítulo. Vamos ao trabalho.

O Alfabeto

As letras K, W e Y foram inseridas no alfabeto devido a uma grande quantidade de palavras que são grafadas com tais letras e não podem mais figurar como termos exóticos em relação ao português. Eis alguns exemplos de seu emprego:

Em abreviaturas e em símbolos de uso internacional:

Kg - quilograma / **w** - watt /

Em palavras estrangeiras de uso internacional, nomes próprios estrangeiros e seus derivados:

Kremlin, Kepler, Darwin, Byron, byroniano.

O alfabeto, também conhecido como abecedário, é formado (a partir do novo acordo ortográfico) por 26 letras.

Forma Maiúscula		Forma Minúscula	
A	B	a	b
C	D	c	d
E	F	e	f
G	H	g	h
I	J	i	j
K	L	k	l
M	N	m	n
O	P	o	p
Q	R	q	r
S	T	s	t
U	V	u	v
W	X	w	x
Y	Z	y	z

O emprego da letra "H"

A letra H demanda um pouco de atenção. Apesar de não possui verdadeiramente sonoridade, utilizamo-la, ainda, por convenção histórica. Seu emprego, basicamente, está relacionado às seguintes regras:

No início de algumas palavras, por sua origem:

Ex.: Hoje, hodierno, haver, Helena, helênico.

No fim de algumas interjeições:

Ah! Oh! Ih! Uh!

No interior de palavra compostas que preservam o hífen, nas quais o segundo elemento se liga ao primeiro:

Super-homem, pré-história, sobre-humano.

Nos dígrafos NH, LH e CH:

Tainha, lhama, chuveiro.

O emprego de "E" e "I"

Existe uma curiosidade a respeito do emprego dessas letras nas palavras que escrevemos: o fato de o "e", no final da palavra, ser pronunciado como uma semivogal faz com que muitos falantes sintam aquela vontade de grafar a palavra com "i". Bem, veremos quais são os principais aspectos do emprego dessas letras.

Escreveremos com "e"

Palavras formadas com o prefixo ante- (que significa antes, anterior):

Antebraço, antevéspera, antecipar, antediluviano etc.

A sílaba final de formas conjugadas dos verbos terminados em –OAR e –UAR (quando estiverem no subjuntivo). Ex.:

Abençoe (abençoar)

Continue (continuar)

Pontue (pontuar)

Algumas palavras, por sua origem: arrepiar, cadeado, creolina, desperdiçar, desperdício, destilar, disenteria, empecilho, indígena, irrequieto, mexerico, mimeógrafo, orquídea, quase, sequer, seringa, umedecer etc.

Escreveremos com "i"

Palavras formadas com o prefixo anti- (que significa contra). Ex.:

Antiaéreo, anticristo, antitetânico, anti-inflamatório.

A sílaba final de formas conjugadas dos verbos terminados em –AIR, –OER e –UIR:

Cai (cair)

Sai (sair)

Diminui (diminuir)

Dói (doer)

Os ditongos AI, OI, ÓI, UI:

Pai

Foi

Herói

Influi.

LÍNGUA PORTUGUESA

ORTOGRAFIA

As seguintes palavras: aborígine, chefiar, crânio, criar, digladiar, displicência, escárnio, implicante, impertinente, impedimento, inigualável, lampião, pátio, penicilina, privilégio, requisito etc.

Vejamos alguns casos em que o emprego das letras "E" e "I" pode causar uma alteração semântica:

Escrito com "e"
Arrear = pôr arreios
Área = extensão de terra, local
Delatar = denunciar
Descrição = ação de descrever
Descriminação = absolver
Emergir = vir à tona
Emigrar = sair do país ou do local de origem
Eminente = importante

Escrito com "i"
Arriar = abaixar, desistir
Ária = peça musical
Dilatar = alargar, aumentar
Discrição = qualidade do discreto
Discriminar = separar, estabelecer diferença
Imergir = mergulhar
Imigrar = entrar em um país estrangeiro
Iminente = próximo, prestes e ocorre

O Novo Acordo Ortográfico explica que, agora, escreve-se com "i" antes de sílaba tônica. Veja alguns exemplos: acriano (admite-se, por ora, acreano), rosiano (de Guimarães Rosa), camoniano, nietzschiano (de Nietzsche) etc.

O emprego de O e U

Vejamos como empregar essas letras, a fim de que não mais possamos errar.

Apenas por exceção, palavras em Português com sílabas finais átonas (fracas) terminam por us; o comum é que se escreva com o ou os. Veja os exemplos: carro, aluno, abandono, abono, chimango etc.

Exemplos das exceções a que aludimos: bônus, vírus, ônibus etc.

Em palavras proparoxítonas ou paroxítonas com terminação em ditongo, são comuns as terminações –UA, -ULA, -ULO:

Tábua, rábula, crápula, coágulo.

As terminações –AO, -OLA, -OLO só aparecem em algumas palavras: mágoa, névoa, nódoa, agrícola1, vinícola, varíola etc.

Fique de olho na grafia destes termos:

Com a letra O: abolir, boate, botequim, bússola, costume, engolir, goela, moela, moleque, mosquito etc.

Com a letra U: bulício, bulicoso, bulir, camundongo, curtume, cutucar, jabuti, jabuticaba, rebuliço, urtiga, urticante etc.

O emprego de G e J

Essas letras, por apresentarem o mesmo som eventualmente, costumam causar problemas de ortografia. Vamos tentar facilitar o trabalho: a letra "g" só apresenta o som de "j" diante das letras "e" e "i": gesso, gelo, agitar, agitador, agir, gíria.

Escreveremos com "G"

Palavras terminadas em - AGEM, -IGEM, -UGEM. Ex.:

Garagem, vertigem, rabugem, ferrugem, fuligem etc.

Exceções: pajem, lambujem (doce ou gorjeta), lajem (pedra da sepultura).

As palavras terminadas em –ÁGIO, ÉGIO, ÍGIO, ÓGIO, ÚGIO:

Contágio, régio, prodígio, relógio, refúgio.

As palavras derivadas de outras que já possuem a letra "g".

Viagem - viageiro

Ferrugem - ferrugento

Vertigem - vertiginoso

Regime - regimental

Selvagem - selvageria

Regional - regionalismo

Em geral, após a letra "r"

Ex.: Aspergir, divergir, submergir, imergir etc.

As palavras:

De origem latina: agir, gente, proteger, surgir, gengiva, gesto etc.

De origem árabe: álgebra, algema, ginete, girafa, giz etc.

De origem francesa: estrangeiro, agiotagem, geleia, sargento etc.

De origem italiana: gelosia, ágio etc.

Do castelhano: gitano.

Do inglês: gim.

Escreveremos com "J"

Os verbos terminados em –JAR ou –JEAR e suas formas conjugadas:

Gorjear: gorjeia (lembre-se das "aves"), gorjeiam, gorjearão.

Viajar: viajei, viaje, viajemos, viajante.

Cuidado para não confundir os termos viagem (substantivo) com viajem (verbo "viajar"). Vejamos o emprego.

"Ele fez uma bela viagem."

"Tomara que eles viajem amanhã."

Palavras derivadas de outras terminadas em –JA.

Granja: granjeiro, granjear.

Loja: lojista, lojinha.

Laranja: laranjal, laranjeira.

Lisonja: lisonjeiro, lisonjeador.

---

1 Em razão da construção íncola (quem vive, habitante), por isso, silvícola, terrícola etc.

Sarja: sarjeta.

Palavras cognatas (raiz em comum) ou derivadas de outras que possuem o "j".

> ***Laje:*** lajense, lajedo.
> ***Nojo:*** nojento, nojeira.
> ***Jeito:*** jeitoso, ajeitar, desajeitado.

Nas palavras: conjetura, ejetar, injeção, interjeição, objeção, objeto, objetivo, projeção, projeto, rejeição, sujeitar, sujeito, trajeto, trajetória, trejeito.

Palavras de origem ameríndia (geralmente tupi-guarani) ou africana: canjerê, canjica, jenipapo, jequitibá, jerimum, jia, jiboia, jiló, jirau, Moji, pajé, pajéu.

Nas palavras: berinjela, cafajeste, jeca, jegue, Jeremias, jerico, jérsei, majestade, manjedoura, ojeriza, pegajento, rijeza, sujeira, traje, ultraje, varejista.

Orientações sobre a grafia do fonema /s/

Podemos representar o fonema /s/ por:

> S: ânsia, cansar, diversão, farsa.
> SS: acesso, assar, carrossel, discussão.
> C, Ç: acetinado, cimento, açoite, açúcar.
> SC, SÇ: acréscimo, adolescente, ascensão, consciência, nasço, desça
> X: aproximar, auxiliar, auxílio, sintaxe.
> XC: exceção, exceder, excelência, excepcional.

Como se grafa, então?

Escreveremos com s:

A correlação nd - ns:

> ***Pretender*** - pretensão, pretenso;
> ***Expandir*** - expansão, expansivo.

A correlação rg - rs:

> ***Aspergir*** - aspersão;
> ***Imergir*** - imersão;
> ***Emergir*** - emersão .

A correlação rt - rs:

> ***Divertir*** - diversão;
> ***Inverter*** - inversão.

O sufixo - ense:

> paranaense;
> cearense;
> londrinense.

Escreveremos com ss:

A correlação ced - cess:

> ***Ceder*** - cessão;
> ***Interceder*** - intercessão;
> ***Retroceder*** - retrocesso .

A correlação gred - gress

> ***Agredir*** - agressão, agressivo;
> ***Progredir*** - progressão, progresso.

A correlação prim - press

> ***Imprimir*** - impressão, impresso;
> ***Oprimir*** - opressão, opressor;
> ***Reprimir*** - repressão, repressivo.

A correlação meter - miss

> ***Submeter*** - submissão;
> ***Intrometer*** - intromissão.

Escreveremos com c ou com "Ç"

Palavras de origem tupi ou africana. Ex.:

> Açaí, araçá, Iguaçu, Juçara, muçurana, Paraguaçu, caçula, cacimba.

O "ç" só será usado antes das vogais a, o, u.

Com os sufixos:

> ***aça:*** barcaça;
> ***ação:*** armação;
> ***çar:*** aguçar;
> ***ecer:*** esmaecer;
> ***iça:*** carniça;
> ***nça:*** criança;
> ***uça:*** dentuça.

Palavras derivadas de verbos terminados em –ter (não confundir com a regra do –meter / s):

> ***Abster*** -> abstenção;
> ***Reter*** -> retenção;
> ***Deter*** -> detenção.

Depois de ditongos:

> Feição;
> louça;
> traição.

Palavras de origem árabe:

> açúcar;
> açucena;
> cetim;
> muçulmano.

Emprego do SC

Escreveremos com sc palavras que são termos emprestados do latim:

> adolescência;
> ascendente;
> consciente;
> crescer;
> descer;
> fascinar;
> fescenino.

LÍNGUA PORTUGUESA

ORTOGRAFIA

Grafia da letra s com som de "Z"

Escreveremos com "S":

Terminações –ês, -esa, -isa, que indicam nacionalidade, título ou origem:

Japonês - japonesa;
Marquês - marquesa;
Camponês - camponesa.

Após ditongos:

causa;
coisa;
lousa;
Sousa.

As formas dos verbos pôr e querer e de seus compostos:

Eu pus, nós pusemos, puséssseis etc.
Eu quis, nós quisemos, quisésseis etc.

As terminações –oso e –osa, que indicam qualidade:

gostoso;
garboso;
fervorosa;
talentosa.

O prefixo trans-:

transe;
transação;
transoceânico.

Em diminutivos cujo radical termine em "**S**":

Rosa - rosinha;
Teresa - Teresinha;
Lápis - lapisinho.

A correlação "**d**" - "**s**":

Aludir - alusão, alusivo;
Decidir - decisão, decisivo;
Defender - defesa, defensivo.

Verbos derivados de palavras cujo radical termina em s:

Análise - analisar;
Presa - apresar;
Êxtase - extasiar.
Português - aportuguesar

Os substantivos com os sufixos gregos –esse, isa, -ose:

catequese;
diocese;
poetisa;
virose.

(obs.: "catequizar" com "z")

Os nomes próprios:

Baltasar;
Heloísa;
Isabel;
Isaura;
Luísa;
Sousa;
Teresa.

As palavras:

análise;
cortesia;
hesitar;
reses;
vaselina;
avisar;
defesa;
obséquio;
revés;
vigésimo;
besouro;
fusível;
pesquisa;
tesoura;
colisão;
heresia;
querosene;
vasilha.

Emprego da letra "Z"

Escreveremos com "z"

As terminações - ez, -eza de substantivos abstratos derivados de adjetivos:

Belo - beleza;
Rico - riqueza;
Altivo - altivez;
Sensato - sensatez.

Os verbos formados com os sufixo - izar e palavras cognatas:

balizar;
inicializar;
civilizar.

As palavras derivadas em:

zal: cafezal, abacaxizal;
zeiro: cajazeiro, açaizeiro;
zito: avezita.
zinho: cãozinho, pãozinho, pezinho

Os derivados de palavras cujo radical termina em z:

Cruzeiro;
Esvaziar.

As palavras:

azar;

aprazível;
baliza;
buzina;
bazar;
cicatriz;
ojeriza;
prezar;
proeza;
vazamento;
vizinho;
xadrez;
xerez.

Emprego do X e do CH

A letra X pode representar os seguintes fonemas:

/ch/: xarope;
/cx/: sexo, tóxico;
/z/: exame;
/ss/: máximo;
/s/: sexto.

Escreveremos com "X"

Em geral, após um ditongo:

Caixa, peixe, ameixa, rouxinol, caixeiro (exceções: recauchutar e guache)

Geralmente, depois de sílaba iniciada por -em:

enxada;
enxerido;
enxugar;
enxurrada.

Encher (e seus derivados); palavras que iniciam por ch e recebem o prefixo en- "encharcar, enchumaçar, enchiqueirar, enchumbar". "Enchova" também é uma exceção.

Em palavras de origem indígena ou africana:

abacaxi;
xavante;
xará;
orixá;
xinxim.

Após a sílaba me no início da palavra:

mexerica;
mexerico;
mexer;
mexida.

(exceção: mecha de cabelo)

Nas palavras:

bexiga;
bruxa;
coaxar;
faxina;
graxa;
lagartixa;
lixa;
praxe;
vexame;
xícara;
xale;
xingar;
xampu.

Escreveremos com "CH"

→ As seguintes palavras, em razão de sua origem:

chave;
cheirar;
chuva;
chapéu;
chalé;
charlatão;
salsicha;
espadachim;
chope;
sanduíche;
chuchu;
cochilo;
fachada;
flecha;
mecha;
mochila;
pechincha.

Atente para a divergência de sentido com os seguintes elementos

bucho - estômago	buxo - espécie de arbusto
cheque - ordem de pagamento	xeque - lance do jogo de xadrez
tacha - pequeno prego	taxa - imposto

Questões

01. (ESAF) O texto abaixo foi transcrito com adaptações. Assinale a opção que corresponde a erro gramatical ou de grafia de palavra.

Em alguns países mais afetados pela crise global, como os Estados Unidos, a indústria buscou aumentar sua competitividade por meio da forçada redução dos custos de produção, **o que** (1) implicou demissões em massa. Mesmo com menos trabalhadores, a indústria manteve ou ampliou a produção, alcançando ganhos notáveis de produtividade. Mesmo que **aceitasse** (2) arcar com um custo social tão alto, dificilmente o Brasil **alcançaria**(3) resultados econômicos tão

ORTOGRAFIA

rápidos. O aumento da produtividade do trabalhador brasileiro é limitado, entre outros fatores, pela **defazagem** (4) nos investimentos em educação. Com **escassez** (5) de trabalhadores qualificados, exigidos cada vez mais pelo mercado de trabalho, os salários de determinadas funções tendem a subir bem mais do que a produtividade média do setor, que afeta o preço dos bens finais.

(Editorial, O Estado de S. Paulo, 24/3/2012)

a) 1
b) 2
c) 3
d) 4
e) 5

02. (ESAF) O texto abaixo foi transcrito com adaptações. Assinale a opção que corresponde a erro gramatical ou de grafia de palavra.

Poucos dias depois de **estender** (1) a cobrança de 6% do Imposto sobre Operações Financeiras – IOF para os empréstimos externos de cinco anos (antes eram taxados apenas os de três anos), como parte da guerrilha que **mantém** (2) para conter a valorização do real frente **ao** (3) dólar, o ministro da Fazenda não apenas reconheceu que sacrifica sua fé no câmbio flutuante, como admitiu haver efeitos colaterais da medida que terão de ser **mitigados** (4).De fato, o aumento do custo desse tipo de empréstimo ajuda o governo a rejeitar o capital oportunista, que aqui vem apenas para tirar vantagem de nossas taxas de juros elevadas, mas **ingeta** (5) problema na veia dos exportadores que precisam financiar suas operações no exterior. Ele fez questão de reforçar sua disposição de continuar atirando com todas as armas contra o excesso de liquidez mundial, provocado pelo tsunami cambial promovido pelos bancos centrais europeu e norte-americano.

(Editorial, Correio Braziliense,15/3/2012)

a) 1
b) 2
c) 3
d) 4
e) 5

03. Há alguns substantivos grafados com ç que são derivados de verbos, como produção, redução, desaceleração, projeção. Os verbos a seguir formam substantivos com a mesma grafia:
a) admitir, agredir, intuir
b) discutir, emitir, aferir
c) inquirir, imprimir, perseguir
d) obstruir, intervir, conduzir
e) reduzir, omitir, extinguir

04. Assinale a alternativa gramaticalmente correta de acordo com a ortografia.
a) A última paralização ocorreu há cerca de dois anos.
b) A última paralizassão ocorreu acerca de dois anos.
c) A última paralização ocorreu a cerca de dois anos.
d) A última paralisação ocorreu há cerca de dois anos.
e) A última paralisação ocorreu a cerca de dois anos.

05. (FCC) Os ...... para a conclusão da pesquisa estavam próximos e exigiam ...... na ...... dos dados já obtidos.
a) prazos – rapidês – análize
b) prazos – rapidez – análise
c) prazos – rapidez – análize
d) prasos – rapidez – análise
e) prasos – rapidês – análise

06. (FCC) É preciso corrigir deslizes relativos à ortografia oficial e à acentuação gráfica da frase:
a) As obras modernistas não se distinguem apenas pela temática inovadora, mas igualmente pela apreensão do ritmo alucinante da existência moderna.
b) Ainda que celebrassem as máquinas e os aparelhos da civilização moderna, a ficção e a poesia modernista também valorizavam as coisas mais quotidianas e prosaicas.
c) Longe de ser uma excessão, a pintura modernista foi responsável, antes mesmo da literatura, por intênsas polêmicas entre artistas e críticos concervadores.
d) No que se refere à poesia modernista, nada parece caracterizar melhor essa extraordinária produção poética do que a opção quase incondicional pelo verso livre.
e) O escândalo não era apenas uma consequência da produção modernista: parecia mesmo um dos objetivos precípuos de artistas dispostos a surpreender e a chocar.

07. (CESGRANRIO) Em qual das frases abaixo, todas as palavras são adequadas à ortografia oficial da língua portuguesa?
a) A discução sobre o português mais correto rerpercutiu bastante da mídia.
b) A discussão sobre o português mais correto repecutiu bastante na mídia.
c) A discussão sobre o português mais correto repercutiu bastante na mídia.
d) A discussão sobre o português mais correto respercutiu bastante na mídia.
e) A discursão sobre o português mais correto respercutiu bastante na mídia.

08. (ESAF) A frase correta do ponto de vista da grafia é:
a) Era grande a insidência de casos de enjoo quando era servido aquele alimento, por isso o episódio não foi tratado como exceção, atitude que garantiu o êxito das providências.
b) Em meio a tanta opulência da mansão leiloada, encontrou a geringonça que, tratada criativamente por ele, garantiu por anos seu apoio a entidades beneficentes.
c) Seus gestos desarmônicos às vezes eram mal compreendidos, mas seu jeito afável de falar, sem resquícios de mágoa, revelava sua intenção de restabelecer a paz entre os familiares.
d) Defendeu-se dizendo que nunca pretendeu axincalhar ninguém, mas as suas caçoadas realmente humilhavam e incitavam à malediscência.
e) Sempre ansiosos, desenrolaram no saguão apinhado a faixa com que brindavam os recém-formados, com os seguintes dizeres: "Viagem bastante e divirtam-se, nobres doutores".

09. A palavra corretamente grafada é
a) admissão
b) distenção
c) discusão
d) excessão
e) extenção

10. A frase que está em conformidade com a ortografia oficial é:
    a) Não interessa recaptular a indesejável dissensão, mas sim aliviar as tensões agudizadas pelo desnecessário enxerto de questões polêmicas.
    b) Sempre quis ser assessora de moda em lojas, mas eram tantos os empecilhos, que acabou por vencer a ojeriza de coser sob encomenda e, com isso, tornou-se grande costureira.
    c) Endoidescia o marido com seus gastos extravagantes, pois acreditava que o tão desejado charme era questão de plumas e brilhos esplendorosos, de preferência, vindos do exterior.
    d) Quando disse que não exitaria em abandonar o emprego de sopetão e ir relaxar numa praia distante, lhe disseram que seria sandice, mas não conseguiram vencer o fascínio da aventura.
    e) Representava na peça um cafageste que tratava a todos com escárneo, mas sua atuação era sempre tão fascinante que diariamente angariava a simpatia de toda a platéia.

Gabaritos

01	D	06	C
02	E	07	C
03	D	08	C
04	D	09	A
05	B	10	B

17. ACORDO ORTOGRÁFICO DA LÍNGUA PORTUGUESA

O Novo Acordo Ortográfico busca simplificar as regras ortográficas da Língua Portuguesa e unificar a nossa escrita e a das demais nações de língua portuguesa: Portugal, Angola, Moçambique, Cabo Verde, Guiné-Bissau, São Tomé e Príncipe e Timor-Leste.

Sua implementação no Brasil passou por algumas etapas:

> 2009 – vigência ainda não obrigatória
> 2010 a 2015: adaptação completa às novas regras
> A partir de 1º de janeiro de 2016: emprego obrigatório, o novo acordo ortográfico passa a ser o único formato da língua reconhecido no Brasil.

Entre as mudanças na língua portuguesa decorrentes da reforma ortográfica, podemos citar o fim do trema, alterações da forma de acentuar palavras com ditongos abertos e que sejam hiatos, supressão dos acentos diferencias e dos acentos tônicos, novas regras para o emprego do hífen e inclusão das letras w, k e y ao idioma.

Entre a proposta (em 1990) e a entrada em vigor (2016) são 16 anos. Esse processo foi longo porque era necessário que fossem alcançadas as três decisões para que o acordo fosse cumprido. Em 2006, São Tomé e Príncipe e Cabo Verde se uniram ao Brasil e ratificaram o novo acordo. Em maio de 2008, Portugal também ratificou o acordo para unificar a ortografia em todas as nações de língua portuguesa.

17.1 Trema

Não se usa mais o trema (¨), sinal colocado sobre a letra u para indicar que ela deve ser pronunciada nos grupos gue, gui, que, qui.

aguentar, bilíngue, cinquenta, delinquente, eloquente, ensanguentado, frequente, linguiça, quinquênio, sequência, sequestro, tranquilo.

Obs.: o trema permanece apenas nas palavras estrangeiras e em suas derivadas. Exemplos: Müller, mülleriano.

17.2 Regras de Acentuação

Ditongos abertos em paroxítonas

Não se usa mais o acento dos ditongos abertos éi e ói das palavras paroxítonas (palavras que têm acento tônico na penúltima sílaba).

alcateia, androide, apoia, apoio (verbo), asteroide, boia, celuloide, claraboia, colmeia, Coreia, debiloide, epopeia, estoico, estreia, geleia, heroico, ideia, jiboia, joia, odisseia, paranoia, paranoico, plateia, tramoia.

Obs.: a regra é somente para palavras paroxítonas. Assim, continuam a ser acentuadas as palavras oxítonas e os monossílabos tônicos terminados em éi(s), ói(s). Exemplos: papéis, herói, heróis, dói (verbo doer), sóis etc.

A palavra ideia não leva mais acento, assim como heroico. Mas o termo herói é acentuado.

I e u tônicos depois de um ditongo

Nas palavras paroxítonas, não se usa mais o acento no i e no u tônicos quando vierem depois de um ditongo.

baiuca, bocaiuva (tipo de palmeira), cauila (avarento)

Obs.:

> se a palavra for oxítona e o i ou o u estiverem em posição final (ou seguidos des), o acento permanece. Exemplos: tuiuiú, tuiuiús, Piauí;
> se o i ou o u forem precedidos de ditongo crescente, o acento permanece. Exemplos: guaíba, Guaíra.

Hiatos ee e oo

Não se usa mais acento em palavras terminadas em eem e oo(s).

abençoo, creem, deem, doo, enjoo, leem, magoo, perdoo, povoo, veem, voos, zoo

Acento diferencial

Não se usa mais o acento que diferenciava os pares pára/para, péla(s)/pela(s), pêlo(s)/pelo(s), pólo(s)/polo(s) e pêra/pera.

Exs.:

Ele para o carro.

Ele foi ao polo Norte.

Ele gosta de jogar polo.

Esse gato tem pelos brancos.

Comi uma pera.

Obs.:

> Permanece o acento diferencial em pôde/pode. Pôde é a forma do passado do verbo poder (pretérito perfeito do indicativo), na 3ª pessoa do singular. Pode é a forma do presente do indicativo, na 3ª pessoa do singular.

Ontem, ele não pôde sair mais cedo, mas hoje ele pode.

> Permanece o acento diferencial em pôr/por. Pôr é verbo. Por é preposição. Exemplo: Vou pôr o livro na estante que foi feita por mim.
> Permanecem os acentos que diferenciam o singular do plural dos verbos ter e vir, assim como de seus derivados (manter, deter, reter, conter, convir, intervir, advir etc.).

Exs.:

Ele tem dois carros. / Eles têm dois carros.

Ele vem de Sorocaba. / Eles vêm de Sorocaba.

Ele mantém a palavra. / Eles mantêm a palavra.

Ele convém aos estudantes. / Eles convêm aos estudantes.

Ele detém o poder. / Eles detêm o poder.

Ele intervém em todas as aulas. / Eles intervêm em todas as aulas.

> É facultativo o uso do acento circunflexo para diferenciar as palavras forma/fôrma. Em alguns casos, o uso do acento deixa a frase mais clara. Veja este exemplo: Qual é a forma da fôrma do bolo?

Acento agudo no u tônico

Não se usa mais o acento agudo no u tônico das formas (tu) arguis, (ele) argui, (eles) arguem, do presente do indicativo dos verbos arguir e redarguir.

17.3 Hífen com Compostos

Palavras compostas sem elementos de ligação

Usa-se o hífen nas palavras compostas que não apresentam elementos de ligação.

> guarda-chuva, arco-íris, boa-fé, segunda-feira, mesa-redonda, vaga-lume, joão-ninguém, porta-malas, porta-bandeira, pão-duro, bate-boca.

Exceções: Não se usa o hífen em certas palavras que perderam a noção de composição, como girassol, madressilva, mandachuva, pontapé, paraquedas, paraquedista, paraquedismo.

Compostos com palavras iguais

Usa-se o hífen em compostos que têm palavras iguais ou quase iguais, sem elementos de ligação.

> reco-reco, blá-blá-blá, zum-zum, tico tico, tique taque, cri-cri, glu-glu, rom-rom, pingue-pongue, zigue-zague, esconde-esconde, pega-pega, corre-corre.

Compostos com elementos de ligação

Não se usa o hífen em compostos que apresentam elementos de ligação.

> pé de moleque, pé de vento, pai de todos, dia a dia, fim de semana, cor de vinho, ponto e vírgula, camisa de força, cara de pau, olho de sogra.

Obs.: Incluem-se nesse caso os compostos de base oracional.

> maria vai com as outras, leva e traz, diz que diz que, deus me livre, deus nos acuda, cor de burro quando foge, bicho de sete cabeças, faz de conta.

Exceções: água-de-colônia, arco-da-velha, cor-de-rosa, mais-que-perfeito, pé-de-meia, ao deus-dará, à queima-roupa.

Topônimos

Usa-se o hífen nas palavras compostas derivadas de topônimos (nomes próprios de lugares), com ou sem elementos de ligação.

Exs.:
Belo Horizonte: belo-horizontino
Porto Alegre: porto-alegrense
Mato Grosso do Sul: mato-grossense-do-sul
Rio Grande do Norte: rio grandense-do-norte
África do Sul: sul-africano

17.4 Uso do Hífen com Palavras Formadas por Prefixos

Casos gerais

Antes de H

Usa-se o hífen diante de palavra iniciada por h.

Exs.:
anti-higiênico
anti-histórico
macro-história
mini-hotel
proto-história
sobre-humano
super-homem
ultra-humano

Letras Iguais

Usa-se o hífen se o prefixo terminar com a mesma letra com que se inicia a outra palavra.

Exs.:
micro-ondas
anti-inflacionário
sub-bibliotecário
inter-regional

Letras Diferentes

Não se usa o hífen se o prefixo terminar com letra diferente daquela com que se inicia a outra palavra.

Exs.:
autoescola
antiaéreo
intermunicipal
supersônico
superinteressante
agroindustrial
aeroespacial
semicírculo

Obs.: Se o prefixo terminar por vogal e a outra palavra começar por r ou s, dobram-se essas letras.

Exs.:
minissaia
antirracismo
ultrassom
semirreta

LÍNGUA PORTUGUESA

ACORDO ORTOGRÁFICO DA LÍNGUA PORTUGUESA

Casos particulares

Prefixos SUB e SOB

Com os prefixos sub e sob, usa-se o hífen também diante de palavra iniciada por r.

Exs.:
sub-região
sub-reitor
sub-regional
sob-roda

Prefixos CIRCUM e PAN

Com os prefixos circum e pan, usa-se o hífen diante de palavra iniciada por m, n e vogal.

Exs.:
circum-murado
circum-navegação
pan-americano

Outros prefixos

Usa-se o hífen com os prefixos ex, sem, além, aquém, recém, pós, pré, pró, vice.

Exs.:
além-mar
além-túmulo
aquém-mar
ex-aluno
ex-diretor
ex-hospedeiro
ex-prefeito
ex-presidente
pós-graduação
pré-história
pré-vestibular
pró-europeu
recém-casado
recém-nascido
sem-terra
vice-rei

Prefixo CO

O prefixo co junta-se com o segundo elemento, mesmo quando este se inicia por o ou h. Neste último caso, corta-se o h. Se a palavra seguinte começar com r ou s, dobram-se essas letras.

Exs.:
coobrigação
coedição
coeducar
cofundador
coabitação
coerdeiro
corréu
corresponsável
cosseno

Prefixos PRE e RE

Com os prefixos pre e re, não se usa o hífen, mesmo diante de palavras começadas por e.

Exs.:
preexistente
preelaborar
reescrever
reedição

Prefixos AB, OB e AD

Na formação de palavras com ab, ob e ad, usa-se o hífen diante de palavra começada por b, d ou r.

Exs.:
ad-digital
ad-renal
ob-rogar
ab-rogar

Outros casos do uso do hífen

NÃO e QUASE

Não se usa o hífen na formação de palavras com não e quase.

Exs.:
(acordo de) não agressão
(isto é um) quase delito

MAL

Com mal*, usa-se o hífen quando a palavra seguinte começar por vogal, h ou l.

Exs.:
mal-entendido
mal-estar
mal-humorado
mal-limpo

Obs.: Quando mal significa doença, usa-se o hífen se não houver elemento de ligação.

Exs.:
mal-francês.
Se houver elemento de ligação, escreve-se sem o hífen.
mal de lázaro, mal de sete dias.

Tupi-guarani

Usa-se o hífen com sufixos de origem tupi-guarani que representam formas adjetivas: açu, guaçu, mirim.

Exs.:
capim-açu
amoré-guaçu
anajá-mirim

Combinação Ocasional

Usa-se o hífen para ligar duas ou mais palavras que ocasionalmente se combinam, formando não propriamente vocábulos, mas encadeamentos vocabulares.

Exs.:
ponte Rio-Niterói
eixo Rio-São Paulo

Hífen e Translineação

Para clareza gráfica, se no final da linha a partição de uma palavra ou combinação de palavras coincidir com o hífen, ele deve ser repetido na linha seguinte.

Exs.:
Na cidade, conta-
-se que ele foi viajar.
O diretor foi receber os ex-
-alunos.
guarda-
-chuva
Por favor, diga-
-nos logo o que aconteceu.

17.5 Síntese das Principais Regras do Hífen

	Síntese do Hífen	
Letras diferentes	Não use hífen	Infraestrutura, extraoficial, supermercado
Letras iguais	Use hífen	Anti-inflamatório, contra-argumento, inter-racial, hiper-realista
Vogal + r ou s	Não use hífen (duplique r ou s)	Corréu, cosseno, minissaia, autorretrato
Bem	Use hífen	Bem-vindo, bem-humorado

17.6 Quadro Resumo do Emprego do Hífen com Prefixos

Prefixos	Letra que inicia a palavra seguinte
Ante-, Anti-, Contra-, Entre-, Extra-, Infra-, Intra-, Sobre-, Supra-, Ultra-	H / VOGAL IDÊNTICA À QUE TERMINA O PREFIXO Exemplos com H: ante-hipófise, anti-higiênico, anti-herói, contra-hospitalar, entre-hostil, extra-humano, infra-hepático, sobre-humano, supra-hepático, ultra-hiperbólico. Exemplos com vogal idêntica: anti-inflamatório, contra-ataque, infra-axilar, sobre-estimar, supra-auricular, ultra-aquecido.
Ab-, Ad-, Ob-, Sob-	B - R - D (Apenas com o prefixo "Ad") Exemplos: ab-rogar (pôr em desuso), ad-rogar (adotar), ob-reptício (astucioso), sob-roda, ad-digital
Circum-, Pan-	H / M / N / VOGAL Exemplos: circum-meridiano, circum-navegação, circum-oral, pan-americano, pan-mágico, pan-negritude.
Ex- (no sentido de estado anterior), Sota-, Soto-, Vice-, Vizo-	DIANTE DE QUALQUER PALAVRA Exemplos: ex-namorada, sota-soberania (não total), soto-mestre (substituto), vice-reitor, vizo-rei.
Hiper-, Inter-, Super-	H / R Exemplos: hiper-hidrose, hiper-raivoso, inter-humano, inter-racial, super-homem, super-resistente.
Pós-, Pré-, Pró- (tônicos e com significados próprios)	DIANTE DE QUALQUER PALAVRA Exemplos: pós-graduação, pré-escolar, pró-democracia. Obs.: se os prefixos não forem autônomos, não haverá hífen. Exemplos: predeterminado, pressupor, pospor, propor.
Sub-	B - H - R Exemplos: sub-bloco, sub-hepático, sub-humano, sub-região. Obs.: "subumano" e "subepático" também são aceitas.
Pseudoprefixos (diferem-se dos prefixos por apresentarem elevado grau de independência e possuírem uma significação mais ou menos delimitada, presente à consciência dos falantes.) Aero-, Agro-, Arqui-, Auto-, Bio-, Eletro-, Geo-, Hidro-, Macro-, Maxi-, Mega-, Micro-, Mini-, Multi-, Neo-, Pluri-, Proto-, Pseudo-, Retro-, Semi-, Tele-	H / VOGAL IDÊNTICA À QUE TERMINA O PREFIXO Exemplos com H: geo-histórico, mini-hospital, neo-helênico, proto-história, semi-hospitalar. Exemplos com vogal idêntica: arqui-inimigo, auto-observação, eletro-ótica, micro-ondas, micro-ônibus, neo-ortodoxia, semi-interno, tele-educação.

LÍNGUA PORTUGUESA

ACORDO ORTOGRÁFICO DA LÍNGUA PORTUGUESA

01. Não se utilizará o hífen em palavras iniciadas pelo prefixo 'co-'.
    Ex.: coadministrar, coautor, coexistência, cooptar, coerdeiro corresponsável, cosseno.

02. *Prefixos des- e in- + segundo elemento sem o "h" inicial.*
    Ex.: *desarmonia, desumano, desumidificar, inábil, inumano, etc.*

03. Não se utilizará o hífen com a palavra não.
    Ex.: não violência, não agressão, não comparecimento.

04. Não se utiliza o hífen em palavras que possuem os elementos "bi", "tri", "tetra", "penta", "hexa", etc.
    Ex.: bicampeão, bimensal, bimestral, bienal, tridimensional, trimestral, triênio, tetracampeão, tetraplégico, pentacampeão, pentágono, etc.

05. Em relação ao prefixo "hidro", em alguns casos pode haver duas formas de grafia.
    Ex.: hidroelétrica e hidrelétrica

06. No caso do elemento "socio", o hífen será utilizado apenas quando houver função de substantivo (= de associado).
    Ex.: sócio-gerente / socioeconômico

Questões

01. Nas alternativas a seguir, os acentos foram omitidos propositadamente. Assinale a alternativa em que todas as palavras deveriam ser graficamente acentuadas
    a) rubrica, diluvio, viuva.
    b) ambar, heroi, ilustra-lo.
    c) protons, forceps, releem.
    d) dificilmente, Piaui, misantropo.
    e) perdoo, atribuimos, caiste.

02. Observe as frases abaixo e responda a seguir.
    01. Fiz toda a janta usando só o _____.
    02. Na _____, os homens viviam em cavernas.
    03. Meu _____ é _____.
    As palavras que completam corretamente as lacunas em (1), (2) e (3) são, respectivamente:
    a) micro-ondas / pré-história / microcomputador / seminovo.
    b) microondas / préhistória / microcomputador / seminovo.
    c) micro-ondas / pré-história /microcomputador / semi-novo.
    d) microndas / preistoria / microcomputador / seminovo.
    e) micro-ondas / pré-história / micro-computador / seminovo.

03. Assinale a alternativa correta, segundo o novo acordo ortográfico:
    "O pronunciamento do parlamentar na _____ da peça de teatro teve repercussão na impressa, de modo que o outro deputado, ao desembarcar do seu ____ rumo à cidade de _____, no estado do _____ também falou sobre o assunto: Os que _____ jornais saberão do que estou falando".
    a) Estréia – vôo – Parnaíba – Piauí – lêem
    b) Estreia – vôo – Parnaiba – Piaui – lêem
    c) Estreia – voo – Parnaíba – Piaui – leem
    d) Estreia – voo – Parnaíba – Piauí – leem
    e) Estreia – voo – Parnaíba – Piauí – lêem

04. Assinale a opção em o emprego do hífen, segundo as regras do mais recente Acordo Ortográfico, está incorreto.
    a) Vamos comprar um anti-inflamatório porque ela está superresfriada.
    b) O quadro foi protegido com vidro antirreflexo
    c) Ele era corréu na acusação de ter assassinado o contrarregra
    d) O grupo antissequestro já participa da investigação.
    e) Trata-se de uma informação semioficial.

05. De acordo com a Nova Ortografia da Língua Portuguesa, no trecho "Apoiou ditaduras, avalizou políticas antipopulares, fingiu não ver os desmandos de aliados (...)" o termo destacado
    I. deveria ter sido grafado com hífen, como em anti-higiênico e anti-inflacionário.
    II. está adequadamente grafado, obedecendo à regra em que prefixo terminado em vogal se junta com a palavra iniciada por consoante.
    III. está adequadamente grafado, assim como em antiaéreo e antiprofissional.
    IV. tem como facultativo o emprego do hífen, visto que o Novo Acordo Ortográfico ainda é recente.
    V. obedece à mesma regra que palavras formadas por prefixos como super-, ultra- e sub-.
    Estão CORRETAS as proposições
    a) II, III, IV e V.
    b) I, II e IV.
    c) II, III e V.
    d) I, II e III.
    e) I, II, III, IV e V.

06. Assinale a opção em que há quatro palavras INCORRETAS:
    a) coronéis; micro-ondas; hipersensível; super-resistente; anti-horário; bem-vindo.
    b) acessor; atraso; infringir; jus; excessão; ascenção; aridês; vírus; excesso; viuvez.
    c) canalizar, pesquisar, analisar, balizar, sintetizar; dialisar; atualizar; bisar; prezar.
    d) ideia, chapéu, herói, plateia, condói, céu, perdoo, voo, geo-história, subsolo.

07. "O idioma tornou-se multicultural, multiétnico, pois a maior parte dos falantes da África e da Índia é bilíngue ou multilíngue." A ortografia, nesse trecho, respeita as regras determinadas pelo novo acordo ortográfico, assim como em todas as palavras de qual alternativa? Assinale-a.
    a) O sóciogerente participou da reunião com a pré-comissão do evento.
    b) A infraestrutura está protegida por um eficiente sistema de para-raios.
    c) O médico solicitou exames pre-cirúrgicos, como ultrassom e coleta de sangue para análise.
    d) Houve efeitos que indicaram a interrelação dos elementos presentes na estrutura pré-moldada.

08. Assinale a opção em que a palavra não está de acordo com o Novo Acordo Ortográfico:
a) Ideia;
b) Inter-relação;
c) Microeletrônica;
d) Minissérie;
e) Auto-ajuda.

09. Leia o cartoon.

Disponível em: https://ciberduvidas.iscte-iul.pt/Images/AOCartoon2.jpg.
Acesso em 05 de mar. de 2016

O efeito de humor no cartoon é produzido devido a uma mudança na grafia da palavra "microondas" de acordo com o Novo Acordo Ortográfico. Segundo esse documento

a) O hífen deve ser usado em dois casos: quando a segunda parte da palavra começar com s ou r (contra-regra permanece com hífen), e quando a primeira parte da palavra termina com vogal e a segunda parte começa com vogal (auto-estrada).
b) Já o acento agudo permanece nos ditongos abertos "ei" e "oi" (antes "éi" e "ói"), na grafia de palavras como colméia e jibóia.
c) O hífen deve ser usado se o prefixo do primeiro elemento terminar com a mesma vogal que inicia o segundo.
d) O acento circunflexo foi mantido nas palavras terminadas em "êem", como nas formas verbais lêem, crêem, vêem e em substantivos como enjôo e vôo.
e) Não se usa hífen nas palavras cujo prefixo for "ex" (no sentido de estado anterior) e "vice".

Gabaritos

01	B	06	B
02	A	07	B
03	D	08	E
04	A	09	C
05	C		

LÍNGUA PORTUGUESA

18. INTERPRETAÇÃO DE TEXTOS

18.1 Ideias Preliminares sobre o Assunto

Independentemente de quem seja o professor de Língua Portuguesa, é muito comum ele ouvir alguns alunos falando que até gostam da matéria em questão, mas que possuem muita dificuldade com a interpretação dos textos. Isso é algo totalmente normal, principalmente porque costumamos fazer algo terrível chamado de "leitura dinâmica" que poderia ser traduzido da seguinte maneira: procedimento em que você olha as palavras mas não entende o significado do que está lá escrito.

Para interpretar um texto, o indivíduo precisa de muita atenção e de muito treino. Interpretar pode ser comparado com disparar uma arma: apenas temos chance de acertar o alvo se treinarmos muito e soubermos combinar todos os elementos externos ao disparo: velocidade do ar, direção, distância etc.

Quando o assunto é texto, o primordial é estabelecer uma relação contextual com aquilo que estamos lendo. Montar o contexto significa associar o que está escrito no texto base com o que está disposto nas questões. Lembre-se de que há uma questão montada com a intenção de testar você, ou seja, deve ficar atento para todas as palavras e para todas as possibilidades de mudança de sentido que possa haver nas questões.

É preciso, para entender as questões de interpretação de qualquer banca, buscar o raciocínio que o elaborador da questão emprega na redação da questão. Usualmente, objetiva-se a depreensão dos sentidos do texto. Para tanto, destaque os itens fundamentais (as ideias principais contidas nos parágrafos) para poder refletir sobre tais itens dentro das questões.

18.2 Semântica ou Pragmática?

Existe uma discussão acadêmica sobre o que possa ser considerado como semântica e como pragmática. Em que pese o fato de os universitários divergirem a respeito do assunto, vamos estabelecer uma distinção simples, apenas para clarear nossos estudos.

Semântica: disciplina que estuda o significado dos termos. Para as questões relacionadas a essa área, o comum é que se questione acerca da troca de algum termo e a manutenção do sentido original da sentença.

Pragmática: disciplina que estuda o sentido que um termo assume dentro de determinado contexto. Isso quer dizer que a identificação desse sentido depende do entorno linguístico e da intenção de quem exprime a sentença.

Para exemplificar essa situação, vejamos o exemplo abaixo:

Pedro está na geladeira.

Nesse caso, é possível que uma questão avalie a capacidade de o leitor compreender que há, no mínimo, dois sentidos possíveis para essa sentença: um deles diz respeito ao fato de a expressão "na geladeira" poder significar algo como "ele foi até a geladeira buscar algo", o que – coloquialmente – significaria uma expressão indicativa de lugar. O outro sentido diz respeito ao fato de "na geladeira" significar que "foi apartado de alguma coisa para receber algum tipo de punição".

A questão sobre semântica exigiria que o candidato percebesse a possibilidade de trocar a palavra "geladeira" por "refrigerador" – havendo, nesse caso, uma relação de sinonímia.

A questão de pragmática exigiria que o candidato percebesse a relação contextualmente estabelecida, ou seja, a criação de uma figura de linguagem (um tipo de metáfora) para veicular um sentido particular.

18.3 Questão de Interpretação?

Como se faz para saber que uma questão de interpretação é uma questão de interpretação? É uma mera intuição que surge na hora da prova ou existe uma "pista" a ser seguida para a identificação da natureza da questão?

Respondendo a essa pergunta, entende-se que há pistas que identificam a questão como pertencente ao rol de questões para interpretação. Os indícios mais precisos que costumam aparecer nas questões são:

Reconhecimento da intenção do autor.

Ponto de vista defendido.

Argumentação do autor.

Sentido da sentença.

Apesar disso, não são apenas esses os indícios de que uma questão é de intepretação. Dependendo da banca, podemos ter a natureza interpretativa distinta, principalmente porque o critério de intepretação é mais subjetivo que objetivo. Algumas bancas podem restringir o entendimento do texto; outras podem extrapolá-lo.

18.4 Tipos de Texto - O Texto e suas Partes

Um texto é um todo. Um todo é constituído de diversas partes. A interpretação é, sobremaneira, uma tentativa de reconhecer as intenções de quem comunica recompondo as partes para uma visão global do todo.

Para podermos interpretar, é necessário termos o conhecimento prévio a respeito dos tipos de texto que, fortuitamente, podemos encontrar em um concurso. Vejamos quais são as distinções fundamentais com relação aos tipos de texto.

18.5 O Texto Dissertativo

Nas acepções mais comuns do dicionário, o verbo "dissertar" significa "discorrer ou opinar sobre algum tema". O texto dissertativo apresenta uma ideia básica que começa a ser desdobrada em subitens ou termos menores. Cabe ressaltar que não existe apenas um tipo de dissertação, há mais de uma maneira de o autor escrever um texto dessa natureza.

Conceituar, polemizar, questionar a lógica de algum tema, explicar ou mesmo comentar uma notícia são estratégias dissertativas. Vamos dividir essa tipologia textual em dois tipos essencialmente diferentes: o **dissertativo-expositivo** e o **dissertativo-argumentativo**.

Padrão dissertativo-Expositivo

A característica fundamental do padrão expositivo da dissertação é utilizar a estrutura da prosa não para convencer alguém de alguma coisa, e sim para apresentar uma ideia, apresentar um conceito. O princípio do texto expositivo não é a persuasão, é a informação e, justamente por tal fato, ficou conhecido como informativo. Para garantir uma boa interpretação desse padrão textual, é importante buscar a ideia principal (que deve estar presente na introdução do texto) e, depois, entender quais serão os aspectos que farão o texto progredir.

Onde posso encontrar esse tipo de texto? Jornais revistas, sites sobre o mundo de economia e finanças. Diz-se que esse tipo de texto focaliza a função referencial da linguagem.

Como costuma ser o tipo de questão relacionada ao texto dissertativo-expositivo? Geralmente, os elaboradores questionam sobre as informações veiculadas pelo texto. A tendência é que o elaborador inverta as informações contidas no texto.

Como resolver mais facilmente? Toda frase que mencionar o conceito ou a quantidade de alguma coisa deve ser destacada para facilitar a consulta.

Padrão dissertativo-Argumentativo

No texto do padrão dissertativo-argumentativo, existe uma opinião sendo defendida e existe uma posição ideológica por detrás de quem escreve o texto. Se analisarmos a divisão dos parágrafos de um texto com características argumentativas, perceberemos que a introdução apresenta sempre uma tese (ou hipótese) que é defendida ao longo dos parágrafos.

Uma vez feito isso, o candidato deve entender qual é a estratégia utilizada pelo produtor do texto para defender seu ponto de vista. Na verdade, agora é o momento de colocar "a mão na massa" para valer, uma vez que aqueles enunciados que iniciam com "infere-se da argumentação do texto", "depreende-se dos argumentos do autor" serão vencidos caso se observem os fatores de interpretação corretos.

Quais são esses fatores, então?

A conexão entre as ideias do texto (atenção para as conjunções).

Articulação entre as ideias do texto (atenção para a combinação de argumentos).

Progressão do texto.

Os Recursos Argumentativos:

Quando o leitor interage com uma fonte textual, deve observar - tratando-se de um texto com o padrão dissertativo-argumentativo - que o autor se vale de recursos argumentativos para construir seu raciocínio dentro do texto. Vejamos alguns recursos importantes:

Argumento de autoridade: baseado na exposição do pensamento de algum especialista ou alguma autoridade no assunto. Citações, paráfrases e menções ao indivíduo podem ser tomadas ao longo do texto. Tome cuidado para não cair na armadilha: saiba diferenciar se a opinião colocada em foco é a do autor ou se é a do indivíduo que ele cita ao longo do texto.

Argumento com base em consenso: parte de uma ideia tomada como consensual, o que "carrega" o leitor a entender apenas aquilo que o elaborador mostra. Sentenças do tipo todo mundo sabe que, é de conhecimento geral que identificam esse tipo de argumentação.

Argumento com fundamentação concreta: basear aquilo que se diz em algum tipo de pesquisa ou fato que ocorre com certa frequência.

Argumento silogístico (com base em um raciocínio lógico): do tipo hipotético - Se...então.

Argumento de competência linguística: consiste em adequar o discurso ao panorama linguístico de quem é tido como possível leitor do texto.

Argumento de exemplificação: utilizar casos, ou pequenos relatos para ilustrar a argumentação do texto.

Questões

Celular Vira 'Fura-trânsito' em São Paulo

Em uma cidade com tantos problemas no trânsito como São Paulo, a indústria de apps - os aplicativos para celulares e tablets - encontrou terreno fértil para se desenvolver.

Aplicativos lançados recentemente ajudam o motorista a escapar de alagamentos, a desviar de congestionamentos e até a saber onde há vagas para estacionar.

Um dos mais famosos é o Waze. Criado em Israel, é uma mistura de rede social com GPS, em que motoristas compartilham as condições do trânsito e pontos críticos de congestionamento.

Uri Levine, fundador e presidente do Waze, diz que a ideia surgiu em suas férias de 2007, ao viajar com amigos. Ele foi o último a sair, ligou para saber como estava o trânsito e evitou engarrafamentos.

Situação semelhante ocorreu em São Paulo, na temporada de chuvas de 2010. Noel Rocha trabalhava no centro e precisava passar pelo túnel do Anhangabaú - famoso pelos alagamentos.

Preso no trânsito, ele queria saber se o túnel estava fechado. "Tentei, pelo celular, o site do CGE (Centro de Gerenciamento de Emergências), mas achei muito complicado." Foi aí que teve a ideia de criar o Alaga SP, aplicativo que mostra os alagamentos ativos em São Paulo a partir de informações da prefeitura.

Além do Waze e do Alaga SP, destacam-se o Moovit - que oferece informações sobre o transporte público (ônibus, trens etc.) -, o Maplink - que mostra rotas, condições de trânsito e exibe imagens dos principais corredores através de um sistema de coleta de informações próprio - e o Apontador Rodoviário, que traça rotas e mostra a localização de pedágios com seus preços.

(André Monteiro, Folha de S.Paulo, 10.03.2013. Adaptado)

01. (VUNESP) Os aplicativos mencionados no texto têm, em comum, a finalidade de:
a) Oferecer aos usuários opções para contornarem os problemas no trânsito.
b) Substituir os órgãos públicos na fiscalização do tráfego de veículos.
c) Auxiliar os pedestres e acabar com os atropelamentos nas grandes cidades.

LÍNGUA PORTUGUESA

INTERPRETAÇÃO DE TEXTOS

d) Orientar os motoristas que desconhecem as principais leis de trânsito.

e) Reduzir o número de carros por habitante na cidade de São Paulo.

02. (VUNESP) Uri Levine e Noel Rocha idealizaram os aplicativos Waze e Alaga SP, respectivamente, a partir:
a) Da conversa com amigos que reclamavam do trânsito.
b) De suas experiências concretas como motoristas.
c) De situações em que se viram presos em engarrafamentos.
d) Da impossibilidade de viajar devido a alagamentos.
e) Da cópia de aplicativos idênticos que faziam sucesso no mercado.

03. (VUNESP) "Quando paro com meu carro no semáforo, já olho se o caminho que vou fazer está congestionado. Se estiver, pego uma alternativa e, se também estiver travada, uso o aplicativo para avisar os outros motoristas."

Considerando as descrições dos aplicativos apresentadas no texto, pode-se concluir que esse comentário se refere ao uso do:
a) Waze.
b) Alaga SP.
c) Moovit.
d) Maplink.
e) Apontador Rodoviário.

04. (VUNESP) Leia o primeiro parágrafo:

Em uma cidade com tantos problemas no trânsito como São Paulo, a indústria de apps – os aplicativos para celulares e tablets - encontrou **terreno fértil** para se desenvolver.

A expressão **terreno fértil** pode ser substituída, sem alteração da mensagem, por:
a) Necessidade restrita.
b) Cenário conturbado.
c) Condições propícias.
d) Ferramentas exóticas.
e) Momento contraditório.

Observe a passagem do terceiro parágrafo: Criado em Israel, é uma mistura de rede social com GPS, em que motoristas compartilham as condições do trânsito e pontos **críticos** de congestionamento.

05. (VUNESP) O termo **críticos**, em destaque, é empregado com o sentido de:
a) Distintos.
b) Provisórios.
c) Sugestivos.
d) Problemáticos.
e) Analíticos.

Crescimento da População é "Desafio do Século", Diz Consultor da ONU

O crescimento populacional é o "desafio do século" e não está sendo tratado de forma adequada na Rio+20, segundo o consultor do Fundo de População das Nações Unidas, Michael Herrmann.

"O desafio do século é promover bem-estar para uma população grande e em crescimento, ao mesmo tempo em que se assegura o uso sustentável dos recursos naturais" [...] "As questões relacionadas à população estão sendo tratadas de forma adequada nas negociações atuais? Eu acho que não. O assunto é muito sensível e muitos preferem evitá-lo. Mas nós estaremos enganando a nós mesmos se acharmos que é possível falar de desenvolvimento sustentável sem falar sobre quantas pessoas seremos no planeta, onde estaremos vivendo e que estilo de vida teremos", afirmou.

No fim do ano passado, a população mundial atingiu a marca de sete bilhões de pessoas. As projeções indicam que, em 2050, serão 9 bilhões. O crescimento é mais intenso nos países pobres, mas Herrmann defende que os esforços para o enfrentamento do problema precisam ser globais.

"Se todos quiserem ter os padrões de vida do cidadão americano médio, precisaremos ter cinco planetas para dar conta. Isso não é possível. Mas também não é aceitável falar para os países em desenvolvimento 'desculpa, vocês não podem ser ricos, nós não temos recursos suficientes'. É um desafio global, que exige soluções globais e assistência ao desenvolvimento", afirmou.

O consultor disse ainda que o Fundo de População da ONU é contrário a políticas de controle compulsório do crescimento da população. Segundo ele, as políticas mais adequadas são aquelas que permitem às mulheres fazerem escolhas sobre o número de filhos que querem e o momento certo para engravidar. Para isso, diz, é necessário ampliar o acesso à educação e aos serviços de saúde reprodutiva e planejamento familiar. [...]

MENCHEN, Denise. Crescimento da população é "desafio do século", diz consultor da ONU. Folha de São Paulo. São Paulo, 11 jun. 2012. Ambiente. Disponível em:<http://www1.folha.uol.com.br/ambiente.1103277-crescimento-da-populacao-e-desafio-do--seculo-diz-consultor-da-onu.shtml>. Acesso em: 22 jun. 2012. Adaptado.

06. (CESGRANRIO) No Texto I, Michael Herrmann, consultor do Fundo de População das Nações Unidas, afirma que tratar o crescimento populacional de forma adequada significa:
a) Enfrentar o problema de forma localizada e evitar soluções globalizantes.
b) Permitir a proliferação dos padrões de vida do cidadão americano e rechaçar a miséria.
c) Evitar o enriquecimento dos países emergentes e incentivar a preservação ambiental nos demais.
d) Implementar uma política de controle populacional compulsório e garantir acesso à educação e aos serviços de saúde reprodutiva.
e) Promover o bem-estar da população e assegurar o uso sustentável dos recursos naturais.

Gabaritos

01	A	04	C
02	B	05	D
03	A	06	E

19. DEMAIS TIPOLOGIAS TEXTUAIS

19.1 O Texto Narrativo

Em uma definição bem simplista, "narrar" significa "sequenciar ações". É um dos gêneros mais utilizados e mais conhecidos pelo ser humano, quer no momento de relatar algum evento para alguém – em um ambiente mais formal -, quer na conversa informal sobre o resumo de um dia de trabalho. O fato é que narramos, e o fazemos de maneira praticamente instintiva. É importante, porém, conhecer quais são seus principais elementos de estruturação.

Os operadores do texto narrativo são:

Narrador: é a voz que conduz a narrativa.

Narrador-protagonista: narra o texto em primeira pessoa.

Narrador-personagem (testemunha): nesse caso, quem conta a história não participou como protagonista, no máximo como um personagem adjuvante da história.

Narrador onisciente: narrador que está distanciado dos eventos e conhece aquilo que se passa na cabeça dos personagens.

Personagens: são aqueles que efetivamente atuam na ordem da narração, ou seja, a trama está atrelada aos comportamentos que eles demonstram ao longo do texto.

Tempo: claramente, é o lapso em que transcorrem as ações narradas. Segundo a classificação tradicional, divide-se o tempo da narrativa em: Cronológico, Psicológico e Da narrativa.

Espaço: é o local físico em que as ações ocorrem.

Trama: é o encadeamento de ações propriamente dito.

19.2 O Texto Descritivo

O texto descritivo é o que levanta características para montar algum tipo de panorama. Essas características, mormente, são físicas, entretanto, não é necessário ser sempre desse modo. Podemos dizer que há dois tipos de descrição:

Objetiva: em que surgem aspectos sensoriais diretos, ou seja, não há uma subjetividade por parte de quem escreve. Veja um exemplo:

Nome científico: Ginkgo biloba L.
Nome popular: nogueira-do-japão.
Origem: Extremo Oriente.

Aspecto: as folhas dispõem-se em leque e são semelhantes ao trevo.

A altura da árvore pode chegar a 40 metros; o fruto lembra uma ameixa e contém uma noz que pode ser assada e comida.

Subjetiva: em que há impressões particulares do autor do texto. Há maior valorização dos sentimentos insurgentes daquilo que se contempla. Veja um exemplo:

19.3 Conotação X Denotação

É interessante, quando se estuda o conteúdo de interpretação de texto, ressaltar a distinção conceitual entre o sentido conotativo e o sentido denotativo da linguagem. Vejamos como se opera essa distinção:

Sentido conotativo: figurado, ou abstrato. Relaciona-se com as figuras de linguagem.

Adalberto **entregou sua alma a Deus**.

A ideia de entregar a alma a Deus é figurada, ou seja, não ocorre literalmente, pois não há um serviço de entrega de almas. Essa é uma figura que convencionamos chamar de **metáfora**.

Sentido denotativo: literal, ou do dicionário. Relaciona-se com a função referencial da linguagem.

Adalberto **morreu**.

Quando dizemos função referencial, entende-se que o falante está preocupado em transmitir precisamente o fato ocorrido, sem apelar para figuras de pensamento.

19.4 Figuras de Linguagem

Apenas para ilustrar algumas das mais importantes figuras de linguagem que podem ser cobradas em algumas provas, observe a lista:

Metáfora: uma figura de linguagem, que consiste na comparação de dois termos sem o uso de um conectivo.

Seus olhos **são dois oceanos**. (Os olhos possuem a profundidade do oceano, a cor do oceano etc.)

Comparação: comparação direta com o elemento conectivo.

O vento é como uma mulher.

Metonímia: figura de linguagem que consiste utilização de uma expressão por outra, dada a semelhança de sentido ou a possibilidade de associação lógica entre elas.

Vá ao mercado e traga um Nescau. (achocolatado em pó).

Antítese: figura de linguagem que consiste na exposição de ideias opostas.

"**Nasce** o Sol e não dura mais que um **dia**
Depois da **Luz** se segue à **noite** escura
Em tristes **sombras morre** a formosura,
Em contínuas **tristezas e alegrias**."

(Gregório de Matos)

Os termos em negrito evidenciam relações semânticas de distinção (oposição). Nascer é o contrário de morrer, assim como sombra é o contrário de luz. Essa figura foi muito utilizada na poesia brasileira, em especial pelo autor dos versos acima: Gregório de Matos Guerra.

Paradoxo: expressão que contraria o senso comum. Ilógica.

"Amor é fogo que **arde sem se ver**;
É ferida que **dói e não se sente**;

LÍNGUA PORTUGUESA

DEMAIS TIPOLOGIAS TEXTUAIS

*É um **contentamento descontente**;*
*É **dor que desatina sem doer**."*

(Luís de Camões)

A construção semântica acima é totalmente ilógica, pois é impossível uma ferida doer e não ser sentida, assim como não é possível o contentamento ser descontente.

Perífrase: expressão que tem por função substituir semanticamente um termo:

> **A última flor do Lácio** anda muito judiada. (Português é a última flor do Lácio)

Eufemismo: figura que consiste em atenuar uma expressão desagradável:

> José **pegou emprestado sem avisar**; (roubou).

Disfemismo: contrário ao Eufemismo, é a figura de linguagem que consiste em tornar uma expressão desagradável em algo ainda pior.

> O homem **abotoou o paletó de madeira**. (morreu).

Prosopopeia: atribuição de características animadas a seres inanimados.

> O vento sussurrou em meus ouvidos.

Hipérbole: exagero proposital de alguma característica.

> **Estou morrendo de rir.**

Sinestesia: confusão dos sentidos do corpo humano para produzir efeitos expressivos.

> Ouvi uma **voz suave** saindo do quarto.

19.5 Funções da Linguagem

Deve-se a Roman Jakobson a discriminação das seis funções da linguagem na expressão e na comunicação humanas, conforme o realce particular que cada um dos componentes do processo de comunicação recebe no enunciado. Por isso mesmo, é raro encontrar em uma única mensagem apenas uma dessas funções, ou todas reunidas em um mesmo texto. O mais frequente é elas se superporem, apresentando-se uma ou outra como predominante.

Em que pese tal fato, é preciso considerar que há particularidades com relação às funções da linguagem, ou seja, cada função descreve algo em particular. Com isso, pretendo dizer que, antes de o estudante se ater às funções em si, é preciso que ele conheça o sistema que é um pouco mais amplo, ou seja, o ato comunicativo. Afinal, a teoria de Roman Jakobson se volta à descrição do ato comunicativo em si.

Em um livro chamado Linguística e comunicação, o linguista Roman Jakobson, pensando sobre o ato comunicativo e seus elementos, identifica seis funções da linguagem.

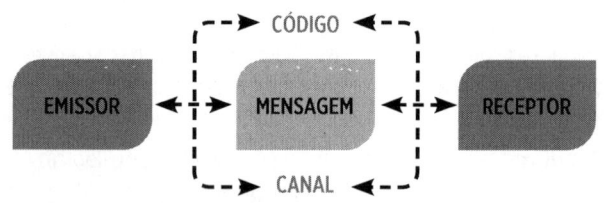

→ Nesse esquema, identificamos:

> **Emissor**: quem enuncia.

> **Mensagem**: aquilo que é transmitido pelo emissor.
> **Receptor**: quem recebe a mensagem.
> **Código**: o sistema em que a mensagem é codificada. O código deve ser comum aos polos da comunicação.
> **Canal**: meio físico por que ocorre a comunicação.

Pensando sobre esses elementos, Jakobson percebeu que cada função da linguagem está centrada em um elemento específico do ato comunicativo. É o que veremos agora.

As Funções da Linguagem são:

> **Referencial**: centrada na mensagem, ou seja, na transmissão do conteúdo. Como possui esse caráter, a objetividade é uma constante para a função referencial. É comum que se busque a imparcialidade quando dela se faz uso. É também conhecida como função denotativa. Como a terceira pessoa do singular é predominante, podem-se encontrar exemplos de tal função em textos científicos, livros didáticos, textos de cunho apenas informativo etc.

Emotiva: centrada no emissor, ou seja, em quem enuncia a mensagem. Basicamente a primeira pessoa predomina quando o texto se apoia sobre a função emotiva. É muito comum a observarmos em depoimentos, discursos, em textos sentimentais, e mesmo em textos líricos.

Apelativa: centrada no receptor, ou seja, em quem recebe a mensagem. As características comuns a manifestações dessa função da linguagem são os verbos no modo imperativo, a tentativa de persuadir o receptor, a utilização dos pronomes de tratamento que tangenciem o interlocutor. É comum observar a função apelativa em propaganda, em discursos motivacionais etc.

Poética: centrada na transformação da mensagem, ou seja, em como modificar o conteúdo da mensagem a fim de torná-lo mais expressivo. As figuras de linguagem são abundantes nessa função e, por sua presença, convencionou-se chamar, também, função poética de função conotativa. Textos literários, poemas e brincadeiras com a mensagem são fontes em que se pode verificar a presença da função poética da linguagem.

Fática: centrada no canal comunicativo. Basicamente, busca testar o canal para saber se a comunicação está ocorrendo. Expressões como "olá", "psiu" e "alô você" são exemplos dessa função.

Metalinguística: centrada no código. Quando o emissor se vale do código para explicar o próprio código, ou seja, num tipo de comunicação autorreferente. Como exemplo, podemos citar um livro de gramática, que se vale da língua para explicar a própria língua; uma aula de didática (sobre como dar aula); ou mesmo um poema que se refere ao processo de escrita de um poema. O poema a seguir é um ótimo exemplo de função metalinguística.

Catar feijão

Catar feijão se limita com escrever:
jogam-se os grãos na água do alguidar
e as palavras na da folha de papel;

e depois, joga-se fora o que boiar.
Certo, toda palavra boiará no papel,
água congelada, por chumbo seu verbo:
pois para catar esse feijão, soprar nele,
e jogar fora o leve e oco, palha e eco.
Ora, nesse catar feijão entra um risco:
o de que entre os grãos pesados entre
um grão qualquer, pedra ou indigesto,
um grão imastigável, de quebrar dente.
Certo não, quando ao catar palavras:
a pedra dá à frase seu grão mais vivo:
obstrui a leitura fluviante, flutual,
açula a atenção, isca-a com risco.

MELO NETO, João Cabral de. Obra completa.
Rio de Janeiro: Nova Aguilar, 1995.

Questões

01. Há sentido conotativo na seguinte alternativa:
a) "Será que uma bola é mais valiosa que um livro?"
b) "... aposentados choram pelo minguado aumento."
c) "Por que se concedem altos aumentos na política?"
d) "... hospitais deixam de atender ao mais simples diagnóstico..."
e) "Por que os salários não são igualitários?"

02. Leia o seguinte trecho de Machado de Assis e marque a opção correta.
"O tempo é um tecido invisível em que se pode bordar tudo, uma flor, um pássaro, uma dama, um castelo, um túmulo. Também se pode bordar nada. Nada em cima de invisível é a mais sutil obra deste mundo..."
a) Em "O tempo é um tecido invisível", o autor empregou uma metáfora.
b) Depreende-se do sentido global do trecho uma censura aos que vivem sem fazer nada.
c) A sintaxe de "bordar nada" foi construída com a figura de estilo chamada paradoxo ou oxímoro, dado que o verbo "bordar" é transitivo direto, ou seja, quem borda sempre borda alguma coisa.
d) No contexto em que está empregado, o adjetivo "sutil" significa "inútil".
e) O trecho está construído sobre uma contradição: na primeira linha, afirma-se que sobre o tecido do tempo "se pode bordar tudo"; na segunda, afirma-se que "se pode bordar nada".

O Lixo

(Luís Fernando Veríssimo)

Encontram-se na área de serviço. Cada um com seu pacote de lixo. É a primeira vez que se falam.
– Bom dia...
– Bom dia.
– A senhora é do 610.
– E o senhor do 612.
– É.
– Eu ainda não lhe conhecia pessoalmente...
– Pois é...
– Desculpe a minha indiscrição, mas tenho visto o seu lixo...
– O meu quê?
– O seu lixo.
– Ah...
– Reparei que nunca é muito. Sua família deve ser pequena...
– Na verdade sou só eu.
– Mmmm. Notei também que o senhor usa muito comida em lata.
– É que eu tenho que fazer minha própria comida. E como não sei cozinhar...
– Entendo.
– A senhora também...
– Me chame de você.
– Você também perdoe a minha indiscrição, mas tenho visto alguns restos de comida em seu lixo. Champignons, coisas assim...
– É que eu gosto muito de cozinhar. Fazer pratos diferentes. Mas, como moro sozinha, às vezes sobra...
– A senhora... Você não tem família?
– Tenho, mas não aqui.
– No Espírito Santo.
– Como é que você sabe?
– Vejo uns envelopes no seu lixo. Do Espírito Santo.
– É. Mamãe escreve todas as semanas.
– Ela é professora?
– Isso é incrível! Como foi que você adivinhou?
– Pela letra no envelope. Achei que era letra de professora.
– O senhor não recebe muitas cartas. A julgar pelo seu lixo.
– Pois é...
– No outro dia tinha um envelope de telegrama amassado.
– É.
– Más notícias?
– Meu pai. Morreu.
– Sinto muito.
– Ele já estava bem velhinho. Lá no Sul. Há tempos não nos víamos.
– Foi por isso que você recomeçou a fumar?
– Como é que você sabe?
– De um dia para o outro começaram a aparecer carteiras de cigarro amassadas no seu lixo.
– É verdade. Mas consegui parar outra vez.
– Eu, graças a Deus, nunca fumei.
– Eu sei. Mas tenho visto uns vidrinhos de comprimido no seu lixo...
– Tranquilizantes. Foi uma fase. Já passou.
– Você brigou com o namorado, certo?
– Isso você também descobriu no lixo?
– Primeiro o buquê de flores, com o cartãozinho, jogado fora. Depois, muito lenço de papel.
– É, chorei bastante, mas já passou.
– Mas hoje ainda tem uns lencinhos...
– É que eu estou com um pouco de coriza.
– Ah.
– Vejo muita revista de palavras cruzadas no seu lixo.
– É. Sim. Bem. Eu fico muito em casa. Não saio muito. Sabe como é.
– Namorada?

LÍNGUA PORTUGUESA

DEMAIS TIPOLOGIAS TEXTUAIS

– Não.

– Mas há uns dias tinha uma fotografia de mulher no seu lixo. Até bonitinha.

– Eu estava limpando umas gavetas. Coisa antiga.

– Você não rasgou a fotografia. Isso significa que, no fundo, você quer que ela volte.

– Você já está analisando o meu lixo!

– Não posso negar que o seu lixo me interessou.

– Engraçado. Quando examinei o seu lixo, decidi que gostaria de conhecê-la. Acho que foi a poesia.

– Não! Você viu meus poemas?

– Vi e gostei muito.

– Mas são muito ruins!

– Se você achasse eles ruins mesmo, teria rasgado. Eles só estavam dobrados.

– Se eu soubesse que você ia ler...

– Só não fiquei com eles porque, afinal, estaria roubando. Se bem que, não sei: o lixo da pessoa ainda é propriedade dela?

– Acho que não. Lixo é domínio público.

– Você tem razão. Através do lixo, o particular se torna público. O que sobra da nossa vida privada se integra com a sobra dos outros. O lixo é comunitário. É a nossa parte mais social. Será isso?

– Bom, aí você já está indo fundo demais no lixo. Acho que...

– Ontem, no seu lixo...

– O quê?

– Me enganei, ou eram cascas de camarão?

– Acertou. Comprei uns camarões graúdos e descasquei.

– Eu adoro camarão.

– Descasquei, mas ainda não comi. Quem sabe a gente pode...

– Jantar juntos?

– É.

– Não quero dar trabalho.

– Trabalho nenhum.

– Vai sujar a sua cozinha?

– Nada. Num instante se limpa tudo e põe os restos fora.

– No seu lixo ou no meu?

03. A função da linguagem predominante no texto de Luís Fernando Veríssimo é:
a) Fática.
b) Conativa.
c) Referencial.
d) Metalinguística.

04. O texto "Grandes cidades nem sempre são as mais poluentes diz estudo, da France Press, publicado em http://www1.folha.uol.com.br/ambiente/866228 (com acesso em 29/12/2011)" foi adaptado para compor os fragmentos abaixo. Numere-os, de acordo com a ordem em que devem ser dispostos para formar um texto coeso e coerente.

( ) Nesse estudo, enquanto cidades do mundo todo foram apontadas como culpadas por cerca de 71% das emissões causadoras do efeito estufa, cidadãos urbanos que substituíram os carros por transporte público ajudaram a diminuir as emissões per capita em algumas cidades.

( ) Pesquisadores examinaram dados de cem cidades em 33 países, em busca de pistas sobre quais metrópoles seriam as maiores poluidoras e por que, de acordo com estudo publicado na revista especializada "Environment and Urbanization".

( ) "Isso reflete a grande dependência de combustíveis fósseis para a produção de eletricidade, uma base industrial significante em muitas cidades e uma população rural relativamente grande e pobre", informa o estudo.

( ) Por fim, quando os pesquisadores olharam as cidades asiáticas, latino-americanas e africanas, descobriram emissões menores por pessoa. A maior parte das cidades na África, Ásia e América Latina tem emissões inferiores por pessoa. O desafio para elas é manter essas emissões baixas, apesar do crescimento de suas economias.

( ) O estudo também aponta outras tendências, como as cidades de climas frios terem emissões maiores, e países pobres e de renda média terem emissões per capita inferiores aos países desenvolvidos.

A sequência correta é:
a) (1) (2) (5) (4) (3)
b) (2) (1) (3) (5) (4)
c) (2) (5) (1) (3) (4)
d) (4) (1) (2) (5) (3)
e) (4) (2) (1) (3) (5)

05. Assinale a opção que preenche de forma coesa, coerente e gramaticalmente correta a lacuna do trecho a seguir.

Brasil, Rússia, Índia, China e África do Sul são mais do que cinco economias emergentes em expansão num mundo em crise. Reunidas sob o acrônimo Brics, abrigam mais de 40% da população global e somam perto de US$ 14 trilhões de PIB, ou seja, quase um quinto das riquezas produzidas no planeta. É natural que busquem maior participação no cenário internacional – o que seria facilitado por uma atuação conjunta, em bloco.

A instituição permitiria aos países reduzir a dependência econômica em relação aos Estados Unidos e à União Europeia, em sérias dificuldades. Mais do que isso, a experiência poderia depois ser replicada para dar um pontapé inicial para mudanças políticas não apenas voltadas ao desenvolvimento sustentável, como também à segurança e à paz no universo, com um rearranjo das regras e dos organismos internacionais.

(Adaptado do Correio Braziliense, 27/3/2012)

a) Maior dos Brics, a China, segunda potência mundial, tem PIB de US$ 7,4 trilhões e reservas cambiais superiores a US$ 3 trilhões. Contudo, é uma ditadura que ganha mercados mundo afora com vantagens artificiais, como a desvalorização da moeda, o yuan, um calo inclusive para o Brasil, invadido por produtos chineses em condições desfavoráveis de competitividade.

b) Assim, reconhecer a necessidade de promover correções de rumo internas é desafio de primeira ordem para os cinco emergentes. Aproximações bilaterais, vale lembrar, também terminam por fortalecer o quinteto emergente.

c) A Rússia, por sua vez, apresenta desenvolvimento relativo e hoje consolida-se como economia de mercado ainda sob olhares desconfiados de parte dos governantes de outros países do globo.

d) Os demais países têm abismos sociais a superar, problemas de desigualdades evidentes, o que deixa o bloco, formalizado ou não, distante da pose de referência internacional na questão do desenvolvimento humano.

e) Avançar na criação de um banco de desenvolvimento, proposto pelo primeiro-ministro indiano, como alternativa ao Banco Mundial - Bird e ao Fundo Monetário Internacional - FMI, já seria grande passo.

06. Os trechos abaixo compõem um texto, mas estão desordenados. Ordene-os nos parênteses e assinale a opção que corresponde à ordem que assegura coesão e coerência ao texto.

( ) Em seu Parecer, já enviado ao Tribunal Superior Eleitoral, em que responde à Consulta nº 1062, está expresso o entendimento de que o Parecer da AGU viola o artigo 73, VI, "a", da Lei 9.504/97.

( ) O subprocurador-geral da República, com aprovação do vice-procurador-geral eleitoral, contesta a posição da Advocacia Geral da União (AGU) que permite a liberação de recursos para obras e serviços iniciados nos três meses que antecedem as eleições

( ) O subprocurador-geral da República conclui, então, que "o tão-só posicionamento liberalizante de verbas em período vedado por lei está a merecer o conhecimento da presente consulta e sua resposta negativa para prevenir eventuais equívocos de interpretação, passíveis de quebra do princípio isonômico que deve presidir o embate eleitoral".

( ) Tal dispositivo legal proíbe aos agentes públicos "realizar transferência voluntária de recursos da União aos Estados e Municípios, e dos Estados aos Municípios, sob pena de nulidade de pleno direito, ressalvados os recursos destinados a cumprir obrigação formal preexistente para execução de obra ou serviço em andamento e com cronograma pré-fixado, e os destinados a atender situações de emergência e de calamidade pública".

(Adaptado de www.mpu.gov.br/noticias/ - 05/07/2004)

a) B A D C.
b) C D B A.
c) D C A B.
d) A B D C.
e) B D C A.

Gabaritos

01	B	04	B
02	A	05	E
03	A	06	A

LÍNGUA PORTUGUESA

20. INTERPRETAÇÃO DE TEXTO POÉTICO

Cada vez mais comum em provas de concursos públicos, o texto poético possui suas particularidades. Nem todas as pessoas possuem a capacidade de ler um texto poético, quanto mais interpretá-lo. Justamente por esse fato, ele tem sido o predileto dos examinadores que querem dificultar a vida dos candidatos.

Antes de passar à interpretação propriamente dita, é preciso identificar a nomenclatura das partes de um poema. Cada "linha" do poema é chamada de **verso**, o conjunto de versos é chamado de "**estrofe**". A primeira sugestão para quem pretende interpretar um poema é segmentar a interpretação por estrofe e anotar o sentido trazido ao lado e cada trecho.

Geralmente as bancas pecam ao diferenciar **autor** de **eu-lírico**. O primeiro é realmente a pessoa por detrás da pena, ou seja, é quem efetivamente escreve o texto; o segundo é a "voz" do poema, a "pessoa" fictícia, abstrata que figura como quem traz o poema para o leitor.

Outro problema muito comum na hora de fazer algo dessa natureza é a leitura do texto. Como o texto está em uma disposição que não é mais tão usual, as pessoas têm dificuldade para realizar a leitura. Eis uma dica fundamental: só interrompa a leitura quando chegar a um ponto ou a uma vírgula, porque é dessa maneira que se lê um texto poético. Além disso, é preciso que, mesmo mentalmente, o indivíduo tente dar ênfase na leitura, pois isso pode ajudar na interpretação.

Comumente, o vocabulário do texto poético não é acessível e, em razão disso, costuma haver notas explicativas com o significado das palavras, jamais ignore essa informação! Pode ser a salvação para a interpretação do texto lido.

Veja um exemplo:

Nel mezzo del camin (Olavo Bilac)

"Cheguei. Chegaste. Vinhas fatigada
E triste, e triste e fatigado eu vinha.
Tinhas a alma de sonhos povoada,
E a alma de sonhos povoada eu tinha...

E paramos de súbito na estrada
Da vida: longos anos, presa à minha
A tua mão, a vista deslumbrada
Tive da luz que teu olhar continha.

Hoje, segues de novo... Na partida
Nem o pranto os teus olhos umedece,
Nem te comove a dor da despedida.

E eu, solitário, volto a face, e tremo,
Vendo o teu vulto que desaparece
Na extrema curva do caminho extremo."

Existe outro fator extremamente importante na hora de tentar entender o conteúdo de um texto poético: o **título**! Nem todo poema possui um título, é claro, mas os que possuem ajudam, e muito, na compreensão do "assunto" do poema.

É claro que ter conhecimento do autor e do estilo de escrita por ele adotado é a ferramenta mais importante para que o candidato compreenda com profundidade o que está sendo veiculado pelo texto, porém, como grande parte das bancas ainda não chegou a esse nível de aprofundamento interpretativo, apenas o reconhecimento da superfície do texto já é suficiente para responder às questões.

Vejamos alguns textos para explanar melhor:

Bem no fundo (Paulo Leminski)

No fundo, no fundo,
Bem lá no fundo,
A gente gostaria
De ver nossos problemas
Resolvidos por decreto

A partir desta data,
Aquela mágoa sem remédio
É considerada nula
E sobre ela – silêncio perpétuo

Extinto por lei todo o remorso,
Maldito seja quem olhar pra trás,
Lá pra trás não há nada,
E nada mais

Mas problemas não se resolvem,
Problemas têm família grande,
E aos domingos saem todos passear
O problema, sua senhora
E outros pequenos probleminhas

Interpretação: por mais que trabalhemos para resolvermos nossos problemas, a única certeza é a de que eles continuarão, pois é isso que nos move.

20.1 Tradução de Sentido

As questões de tradução de sentido costumam ser o "calcanhar de Aquiles" dos candidatos. Nem sempre aparecem nas provas, mas quando surgem, é celeuma garantida. A maneira mais eficaz de resolvê-las é buscar relações de sinonímia em ambos os lados da sentença. Com isso, fica mais fácil acertar a questão.

Consideremos a relação de sinonímia presente entre "alegria" e "felicidade". Esses dois substantivos não significam, rigorosamente, a mesma coisa, mas são considerados sinônimos contextuais, se considerarmos um texto. Disso, entende-se que o sinônimo é identificado contextualmente e não depende, necessariamente, do conhecimento do sentido de todas as palavras.

Seria bom se fosse sempre dessa maneira. Ocorre que algumas bancas tentam selecionar de maneira não rigorosa os candidatos que acabam por cobrar o chamado "conhecimento que não é básico" dos candidatos. O melhor exemplo é pedir o significado da palavra "adrede", o qual pouquíssimas pessoas conhecem.

20.2 Organização de Texto (Texto Embaralhado)

Em algumas bancas, é comum haver questões que apresentam um texto desordenado, para que o candidato o reordene, garantido a coesão e a coerência. Além disso, não é raro haver trecho de texto com lacunas para preencher com alguns parágrafos. Para que isso ocorra, é mister saber o que significa coesão e coerência. Vamos a algumas definições simples.

Coesão é o conjunto de procedimentos e mecanismos que estabelecem conexão dentro do texto, o que busca garantir a progressão daquilo que se escreve nas sentenças. Pronomes, perífrases e sinônimos estão entre os mecanismos de coesão que podem ser empregados na sentença.

Coerência diz respeito à organização de significância do texto, ou seja, o sentido daquilo que se escreve. A sequência temporal e o princípio de não contradição são os dispostos mais emergentes da coerência.

Em questões dessa natureza, busque analisar as sequências de entrada e saída dos textos. Veja se há definições e conectivos que encerram ideias, ou se há pronomes que buscam sequenciar as sentenças. Desse modo, fica mais fácil acertar a questão.

20.3 Significação das Palavras

Compreensão, interpretação, intelecção

O candidato que é concurseiro de longa data sabe que, dentre as questões de interpretação de texto, é muito comum surgirem nomenclaturas distintas para fenômenos não tão distintos assim. Quer dizer que se no seu edital há elementos como leitura, compreensão, intelecção ou interpretação de texto, no fundo, o conceito é o mesmo. Ocorre que, dentro desse processo de interpretação, há elementos importantes para a resolução dos certames.

O que se diz e o que se pode ter dito:

Sempre que há um momento de enunciação, o material linguístico serve de base para que os interlocutores negociem o sentido daquilo que está na comunicação. Isso ocorre por meio de vários processos, sendo que é possível destacar alguns mais relevantes:

Dito: consiste na superfície do enunciado. O próprio material linguístico que se enuncia.

Não-dito: consiste naquilo que se identifica imediatamente, quando se trabalha com o que está posto (o dito).

Subentendido: consiste nos sentidos ativados por um processo inferencial de análise e síntese do material linguístico somado ao não-dito.

» Vejamos isso em uma sentença para compreendermos a teoria.

» "A eleição de Barack Obama não é um evento apenas americano."

Dito: é o próprio conteúdo da sentença – o fato de a eleição em questão não ser um evento apenas americano.

Não-dito: alguém poderia pensar que a eleição teria importância apenas para os americanos.

Subentendido: pode-se concluir que a eleição em questão terá grandes repercussões, a um nível global.

20.4 Inferência

Assunto muitíssimo delicado e ainda não resolvido na linguística. Não vou me dispor a teorizar sobre isso, pois seria necessário o espaço de um livro para tanto. Para a finalidade dos concursos públicos, vamos considerar que a inferência é o resultado do processamento na leitura, ou seja, é aquilo que se pode "concluir" ou "depreender" da leitura de um texto.

No momento de responder a uma questão dessa natureza, recomenda-se prudência. Existe um conceito que parece fundamental para facilitar a resolução dessas questões. Ele se chama **ancoragem lexical.** Basicamente, entende-se como A. L. a inserção de algum elemento que dispara pressuposições e fomenta inferências, ou seja, se alguma questão pedir se é possível inferir algo, o candidato só poderá responder afirmativamente, se houve uma palavra ou uma expressão (âncora lexical) que permita associar diretamente esses elementos.

Semântica (Sentido)

Evidentemente, o conteúdo relativo à significação das palavras deve muito a uma boa leitura do dicionário. Na verdade, o vocabulário faz parte do histórico de leitura de qualquer pessoa: quanto mais você lê, maior é o número de palavras que você vai possuir em seu "HD" mental. Como é impossível receitar a leitura de um dicionário, podemos arrolar uma lista com palavras que possuem peculiaridades na hora de seu emprego. Falo especificamente de **sinônimos, antônimos, homônimos e parônimos**. Mãos à obra!

Sinônimos:

Sentido aproximado: não existem sinônimos perfeitos:

Feliz (Alegre / Contente).

Palavra (Vocábulo).

Professor (Docente).

Professor Mário chegou à escola. O **docente** leciona matemática.

Antônimos:

Oposição de sentido:

Bem (Mal).

Bom (Mau).

Igual (Diferente).

Homônimos:

Homônimos são palavras com escrita ou pronúncia iguais (semelhantes), porém com significado (sentido) diferente:

Adoro comer **manga** com sal.

LÍNGUA PORTUGUESA

INTERPRETAÇÃO DE TEXTO POÉTICO

Derrubei vinho na **manga** da camisa.

Há três tipos de homônimos: homógrafos, homófonos e homônimos perfeitos.

Homógrafos – palavras que possuem a mesma grafia, mas o som é diferente.

O meu **olho** está doendo.

Quando eu **olho** para você, dói.

Homófonos – apresentam grafia diferente, mas o som é semelhante.

A **cela** do presídio foi incendiada.

A **sela** do cavalo é novinha.

Homônimos perfeitos – possuem a mesma grafia e o mesmo som.

O **banco** foi assaltado.

O **banco** da praça foi restaurado ontem.

Ele não **para** de estudar.

Ele olhou **para** a prova.

Parônimos:

Parônimos – são palavras que possuem escrita e pronúncia semelhantes, mas com significado distinto.

O professor fez a **descrição** do conteúdo.

Haja com muita **discrição**, Marivaldo.

Aqui vai uma lista para você se precaver quanto aos sentidos desses termos:

Ascender (subir).

Acender (pôr fogo, alumiar).

Quando Nero **ascendeu** em Roma, ele **acendeu** Roma.

Acento (sinal gráfico).

Assento (lugar de sentar-se).

O **acento** grave indica crase.

O **assento** 43 está danificado.

Acerca de (a respeito de).

Cerca de (aproximadamente).

Há cerca de (faz aproximadamente).

Falamos **acerca de** Português ontem.

José mora **cerca de** mim.

Há cerca de 10 anos, leciono Português.

Afim (semelhante a).

A fim de (com a finalidade de).

Nós possuímos ideias **afins**.

Nós estamos estudando **a fim** de passar.

Aprender (instruir-se).

Apreender (assimilar).

Quando você **apreender** o conteúdo, saberá que **aprendeu** o conteúdo.

Área (superfície).

Ária (melodia, cantiga).

O tenor executou a ária.

A polícia cercou a área.

Arrear (pôr arreios).

Arriar (abaixar, descer).

Precisamos **arrear** o cavalo.

Joaquim **arriou** as calças.

Caçar (apanhar animais).

Cassar (anular).

O veado foi **caçado**.

O deputado teve sua candidatura **cassada**.

Censo (recenseamento).

Senso (raciocínio).

Finalizou-se o **censo** no Brasil.

Argumentou com bom-**senso**.

Cerração (nevoeiro).

Serração (ato de serrar).

Nos dias de chuva, pode haver **cerração**.

Rolou a maior **serração** na madeireira ontem.

Cerrar (fechar).

Serrar (cortar).

Cerrou os olhos para a verdade.

Marina **serrou**, acidentalmente, o nariz na serra.

Cessão (ato de ceder).

Seção (divisão).

Secção (corte).

Sessão (reunião).

O órgão pediu a **cessão** do espaço.

Compareça à **seção** de materiais.

Fez-se uma **secção** no azulejo.

Assisti à **sessão** de cinema ontem. Passava "A Lagoa Azul".

Concerto (sessão musical).

Conserto (reparo).

Vamos ao **concerto** hoje.

Fizeram o **conserto** do carro.

Mal (antônimo de bem).

Mau (antônimo de bom).

O homem **mau** vai para o inferno.

O **mal** nunca prevalece sobre o bem.

Ratificar (confirmar).

Retificar (corrigir).

O documento **ratificou** a decisão.

O documento **retificou** a decisão.

Tacha (pequeno prego, mancha).

Taxa (imposto, percentagem).

Comprei uma tacha.

Paguei outra taxa.

Continuação da lista:
- **Bucho (estômago)**
- **Buxo (arbusto)**
- Calda (xarope)
- Cauda (rabo)
- **Cela (pequeno quarto)**
- **Sela (arreio)**
- Chá (bebida)
- Xá (Título do soberano da Pérsia, atual Irã, antes da revolução islâmica)
- **Cheque (ordem de pagamento)**
- **Xeque (lance do jogo de xadrez)**
- Comprimento (extensão)
- Cumprimento (saudação)
- **Conjetura (hipótese)**
- **Conjuntura (situação)**
- Coser (costurar)
- Cozer (cozinhar)
- **Deferir (costurar)**
- **Diferir (distinguir-se)**
- Degredado (desterrado, exilado)
- Degradado (rebaixado, estragado)
- **Descrição (ato de descrever)**
- **Discrição (reserva, qualidade de discreto)**
- Descriminar (inocentar)
- Discriminar (distinguir)
- **Despensa (lugar de guardar mantimentos)**
- **Dispensa (isenção, licença)**
- Despercebido (não notado)
- Desapercebido (desprovido, despreparado)
- **Emergir (vir à tona)**
- **Imergir (mergulhar)**
- Eminente (notável, célebre)
- Iminente (prestes a acontecer)
- **Esbaforido (ofegante, cansado)**
- **Espavorido (apavorado)**
- Esperto (inteligente)
- Experto (perito)
- **Espiar (observar)**
- **Expiar (sofrer castigo)**
- Estada (ato de estar, permanecer)
- Estadia (permanência, estada por tempo limitado)
- **Estático (imóvel)**
- **Extático (pasmo)**
- Estrato (tipo de nuvem)
- Extrato (resumo)
- **Flagrante (evidente)**
- **Fragrante (perfumado)**
- Fluir (correr)
- Fruir (gozar, desfrutar)
- **Incidente (episódio)**
- **Acidente (acontecimento grave)**
- Incipiente (principiante)
- Insipiente (ignorante)
- **Inflação (desvalorização do dinheiro)**
- **Infração (violação, transgressão)**
- Infligir (aplicar castigo)
- Infringir (transgredir)
- **Intercessão (ato de interceder)**
- **Interseção ou intersecção (ato de cortar)**
- Laço (nó)
- Lasso (frouxo)
- **Mandado (ordem judicial)**
- **Mandato (período político)**
- Ótico (relativo ao ouvido)
- Óptico (relativo à visão)
- **Paço (palácio)**
- **Passo (passada)**
- Peão (empregado / peça de xadrez)
- Pião (brinquedo)
- **Pequenez (pequeno)**
- **Pequinês (ração de cão, de Pequim)**
- Pleito (disputa)
- Preito (homenagem)
- **Proeminente (saliente)**
- **Preeminente (nobre, distinto)**
- Prescrição (ordem expressa)
- Proscrição (eliminação, expulsão)
- **Prostrar-se (humilhar-se)**
- **Postar-se (permanecer por muito tempo)**
- Ruço (grisalho, desbotado)
- Russo (da Rússia)
- **Sexta (numeral cardinal)**
- **Cesta (utensílio)**
- **Sesta (descanso depois do almoço)**
- Sortido (abastecido)
- Surtido (produzido, causado)
- **Sortir (abastecer)**
- **Surtir (efeito ou resultado)**
- Sustar (suspender)
- Suster (sustentar)
- Tilintar (soar)
- Tiritar (tremer)

LÍNGUA PORTUGUESA

INTERPRETAÇÃO DE TEXTO POÉTICO

Tráfego (trânsito)
Tráfico (comércio ilícito)
Vadear (passa a pé ou a cavalo, atravessar o rio)
Vadiar (vagabundear)
Viagem (substantivo)
Viajem (verbo)
Vultoso (volumoso, grande vulto)
Vultuoso (inchado)

Questões

01. (FUNRIO)

Vaidade – Florbela Espanca
Sonho que sou a Poetisa eleita,
Aquela que diz tudo e tudo sabe,
Que tem a inspiração pura e perfeita,
Que reúne num verso a imensidade!

Sonho que um verso meu tem claridade
Para encher todo o mundo! E que deleita
Mesmo aqueles que morrem de saudade!
Mesmo os de alma profunda e insatisfeita!

Sonho que sou Alguém cá neste mundo...
Aquela de saber vasto e profundo,
Aos pés de quem a terra anda curvada!

E quando mais no céu eu vou sonhando,
E quando mais no alto ando voando,
Acordo do meu sonho...
E não sou nada!...

No primeiro verso do poema, encontramos o eu poético feminino afirmando seu sonho de ser "a Poetisa eleita". Outro de seus sonhos é que:

a) Sua inspiração lhe diga tudo o que sabe.
b) Seus versos encham todo o mundo.
c) A terra ande curvada aos seus pés.
d) A imensidade lhe seja pura e perfeita.
e) A claridade de seus versos deleite os mortos.

02. (FUNRIO) Sobre as rimas que ocorrem nas duas primeiras estrofes do poema, é correto afirmar que elas são feitas

a) Entre verbos no gerúndio e substantivos concretos.
b) Em posição interna e externa nos oito versos.
c) Com palavras paroxítonas terminadas em vogal átona.
d) Sem simetria apenas na primeira estrofe.
e) De modo aleatório, com pouca regularidade.

03. (CEFET)

Coisas da Terra

Todas as coisas de que falo estão na cidade entre o céu e a terra. São todas elas coisas perecíveis e eternas como o teu riso a palavra solidária minha mão aberta ou este esquecido cheiro de cabelo que volta e acende sua flama inesperada no coração de maio. Todas as coisas de que falo são de carne como o verão e o salário. Mortalmente inseridas no tempo, estão dispersas como o ar no mercado, nas oficinas, nas ruas, nos hotéis de viagem. São coisas, todas elas, cotidianas, como bocas e mãos, sonhos, greves, denúncias, acidentes do trabalho e do amor. Coisas, de que falam os jornais às vezes tão rudes às vezes tão escuras que mesmo a poesia as ilumina com dificuldade. Mas é nelas que te vejo pulsando, mundo novo, ainda em estado de soluços e esperança.

Identifique os itens verdadeiros.

A primeira estrofe do poema (Texto II) é marcada pela presença de:

I. Elementos antitéticos.
II. Imagens sensoriais.
III. Ideias hiperbólicas.
IV. Termos de valor metafórico.
V. Ambiguidade de signos linguísticos.

A alternativa em que todos os itens verdadeiros estão corretamente indicados é a:

a) I e III.
b) II e V.
c) III e IV.
d) I, II e IV.
e) II, III e V.

04. (FCC) Considerando-se o contexto, traduz-se adequadamente o sentido de um segmento em:

a) Trepidam as engrenagens = Ajustam-se as peças.
b) Luz imponderável = chama impetuosa.
c) Um híbrido estranho = um mestiço inolvidável.
d) Perturbam a frieza = abalam a impassibilidade.
e) Reflexos flamejantes = imagens enérgicas.

05. (FCC) Considerado o contexto, o segmento cujo sentido está adequadamente expresso em outras palavras é:

a) Manejar a lâmina da ironia = lidar com o cortante da blasfêmia.
b) Sem apelo ideológico = desprovido de ideias revolucionárias.
c) Se alimentava da matula = se nutria da provisão.
d) Pelo atalho do senso de humor = através de um muxoxo.
e) Tratam o forasteiro = referem-se ao salteador.

06. (FCC) Considerando-se o contexto, o segmento cujo sentido está adequadamente expresso em outras palavras é:

a) Partisse os laços com a tradição = quebrasse o condão sagrado.
b) Galgou ao comando de um continente = sobrelevou o ordenamento europeu.
c) Pela causa da liberdade contra a tirania = pelo motivo da insubmissão versus rigorismo.
d) Os próprios clichês o denunciam = os próprios lugares-comuns o evidenciam.
e) O mecanismo das instituições francesas = a articulação dos institutos galeses.

07. (FCC) ... estudou para ser monge beneditino no Colégio São Bento, em São Paulo, onde chegou a escrever um livro sobre a **ordem**. No entanto, acabou seguindo o caminho da poesia – em meio à **agitação** cultural e política dos anos 1960 e 1970. (1º parágrafo).

Considerado o contexto, o sentido dos elementos grifados acima pode ser adequadamente reproduzido, na ordem dada, por:

a) Disposição - tumulto.
b) Escola - confronto.
c) Equilíbrio - burburinho.
d) Congregação - efervescência.
e) Prudência - radicalismo.

08. (FCC) Considerando-se o contexto, o segmento cujo sentido está adequadamente expresso em outras palavras é:
   a) Semelhante à tensão típica = parecida com a inquietude disseminada.
   b) Eletricidade que emanava da interpretação = impulso que transcendia a encenação.
   c) Misto de respeito e estranhamento = mistura de reverência e espanto.
   d) Energia que vibrava da vontade = força que celebrava o anseio.
   e) Carga de emoção que era única = voltagem sentimental que era usual.

09. (FCC) Considere as definições abaixo:
   I. **Senso** (estético): capacidade de apreciar a beleza pelo prazer que ela proporciona. **Censo** (demográfico): conjunto de dados característicos dos habitantes de uma localidade ou país.
   II. **Cobre**: forma flexionada do verbo cobrir. **Cobre**: metal usado em condutores de eletricidade.
   III. **Manto**: veste feminina, larga, comprida e sem mangas, usada por cima do vestido. **Manto**: por extensão, o que cobre, revestimento.

   Constitui exemplo de homonímia o par que se encontra em:
   a) III, apenas.
   b) I e II, apenas.
   c) I e III, apenas.
   d) II e III, apenas.
   e) I, II e III.

Gabaritos

01	D	06	D
02	D	07	C
03	C	08	C
04	D	09	D
05	D		

LÍNGUA PORTUGUESA

21. ESTRUTURA E FORMAÇÃO DE PALAVRAS

21.1 Estrutura das Palavras

Para compreender os termos da Língua Portuguesa, deve-se observar, nos vocábulos, a presença de algumas estruturas como raiz, desinências e afixos:

Raiz ou Radical (morfema lexical): parte que guarda o sentido da palavra.

>**Pedr**eiro
>**Pedr**ada
>Em**pedr**ado
>**Pedr**egulho.

Desinências (fazem a flexão dos termos)
Nominais:
>Gênero: Jogador / Jogadora.
>Número: Aluno / Alunos.
>Grau: Cadeira / Cadeirinha.

Verbais:
>Modo-tempo: Cantá**va**mos / Vendê**ra**mos.
>Número-pessoa: Fize**mos** / Compra**stes**.

Afixos (conectam-se às raízes dos termos)
>» Prefixos: colocados antes da raiz

Infeliz, **des**fazer, **re**tocar.

>» Sufixos: colocados após a raiz

Feliz**mente**, capac**idade**, igual**dade**.

Também é importante ficar atento aos termos de ligação. São eles:

Vogal de ligação:
>Gas**ô**metro / Bar**ô**metro / Cafe**i**cultura / Carn**í**voro

Consoante de ligação:
>Gira**s**sol / Cafe**t**eira / Paul**a**da / Chal**e**ira

21.2 Radicais Gregos e Latinos

O conhecimento sobre a origem dos radicais é, muitas vezes, importante para a compreensão e memorização de inúmeras palavras.

Radicais gregos

Os radicais gregos têm uma importância expressiva para a compreensão e fácil memorização de diversas palavras que foram criadas e vulgarizadas pela linguagem científica.

Podemos observar que esses radicais se unem, geralmente, a outros elementos de origem grega e, frequentemente, sofrem alterações fonéticas e gráficas para formarem palavras compostas.

Seguem algumas palavras e seus respectivos radicais:

ácros, alto: acrópole, acrobacia, acrofobia
álgos, dor: algofilia, analgésico, nevralgia
ánthropos, homem: antropologia, antropófago, filantropo
astér, astéros, estrela: asteroide, asterisco
ástron, astro: astronomia, astronauta
biblíon, livro: biblioteca, bibliografia, bibliófilo
cir-, quiro- (de chéir, cheirós, mão): cirurgia, cirurgião, quiromante
chlorós, verde: cloro, clorofila, clorídrico
chróma, chrómatos, cor: cromático, policromia
dáktylos, dedo: datilografia, datilografar
déka, dez: decálogo, decâmetro, decassílabo
gámos, casamento: poligamia, polígamo, monogamia
gastér, gastrós, estômago: gastrite, gastrônomo, gástrico
glótta, glóssa, língua: poliglota, epiglote, glossário
grámma, letra, escrito: gramática, anagrama, telegrama
grápho, escrevo: grafia, ortografia, caligrafia
heméra, dia: herneroteca, hernerologia, efêmero
hippos, cavalo: hipódromo, hipismo, hipopótamo
kardía, coração: cardíaco, cardiologia, taquicardia
mésos, meio, do meio: mesocarpo, mesóclise, mesopotâmia
mnemo- (de mnéme, memória, lembrança): mnemônico, amnésia, mnemoteste
morphé, forma: morfologia, amorfo, metamorfose
nekrós, morto, necrotério, necropsia, necrológio
páis, paidós, criança: pedagogia, pediatria, pediatra
pyr, pyrós, fogo: pirosfera, pirotécnico, antipirético
rino- (ele rhis, rhinós, nariz): rinite, rinofonia, otorrino
theós, deus: teologia, teólogo, apoteose
zóon, animal: zoologia, zoológico, zoonose

21.3 Radicais Latinos

Outras palavras da língua portuguesa possuem radicais latinos. A maioria delas entrou na língua entre os séculos XVIII e XX. Seguem algumas das que vieram por via científica ou literária:

ager, agri, campo: agrícola, agricultura
ambi- (de ambo, ambos): ambidestro, ambíguo
argentum, argenti, prata: argênteo, argentífero, argentino
capillus, capilli, cabelo: capilar, capiliforme, capilaridade
caput, capitis, cabeça: capital, decapitar, capitoso
cola-, (de colo, colere, habitar, cultivar): arborícola, vitícola
cuprum, cupri, cobre: cúpreo, cúprico, cuprífero
ego, eu: egocêntrico, egoísmo,ególatra
equi-, (de aequus, igual): equivalente, equinócio, equiângulo
-fero (de fero, ferre, levar, conter): aurífero, lactífero, carbonífero
fluvius, rio: fluvial, fluviômetro
frigus, frigoris, frio: frigorífico, frigomóvel
lapis, lapidis, pedra: lápide, lapidificar, lapidar

lex, legis, lei: legislativo, legislar, legista

noceo, nocere, prejudicar, causar mal: nocivo, inocente, inócuo

pauper, pauperis, pobre: pauperismo, depauperar

pecus, rebanho: pecuária, pecuarista, pecúnia

pluvia, chuva: pluvial, pluviômetro

radix, radieis, raiz: radical, radicar, erradicar

sidus, sideris, astro: sideral, sidéreo, siderar

stella, estrela: estelar, constelação

triticum, tritici, trigo: triticultura, triticultor, tritícola

vinum, vini, vinho: vinicultura, vinícola

vitis, videira: viticultura, viticultor, vitícola

volo, volare, voar: volátil, noctívolo

vox, vocis, voz: vocal, vociferar

21.4 Origem das Palavras de Língua Portuguesa

As palavras da língua portuguesa têm múltiplas origens, mas a maioria delas veio do latim vulgar, ou seja, o latim que era falado pelo povo duzentos anos antes de Cristo.

No geral, as palavras que formam o nosso léxico podem ser de origem latina, de formação vernácula ou de importação estrangeira.

Quanto às palavras de origem latina, sabe-se que algumas datam dos séculos VI e XI, aproximadamente, e outras foram introduzidas na língua por escritores e letrados, ao longo do tempo, sobretudo no período áureo, o século XVI, e de forma ainda mais abundante durante os séculos que o seguiram, por meios literário e científico. As primeiras, as formas populares, foram grandemente alteradas na fala do povo rude, mas as formas eruditas tiveram leves alterações.

Houve, ao longo desses séculos, com incentivo do povo luso-brasileiro, a criação de palavras que colaboraram para enriquecer o vocabulário. Essas palavras são chamadas criações vernáculas.

Desde os primórdios da língua, diversos termos estrangeiros entraram em uso, posteriormente enriquecendo definitivamente o patrimônio léxico, porque é inevitável que palavras de outros idiomas adentrem na língua por meio das relações estabelecidas entre os povos e suas culturas.

Devido a isso, encontramos, no vocabulário português, palavras provenientes:

→ Do grego

por influência do cristianismo e do latim literário: anjo, bíblia, clímax

por criação de sábios e cientistas: nostalgia, microscópio

→ Do hebraico

veiculadas pela Bíblia: aleluia, Jesus, Maria, Sábado

→ Do alemão

guerra, realengo, interlância

→ Do árabe

algodão, alfaiate, algema

→ Do japonês

biombo, micado, samurai

→ Do francês

greve, detalhe, pose

→ Do inglês

bife, futebol, tênis

→ Do turco

lacaio, algoz

→ Do italiano

piano, maestro, lasanha

→ Do russo

vodca, esputinique

→ Do tupi

tatu, saci, jiboia, pitanga

→ Do espanhol

cavalheiro, ninharia, castanhola

→ De línguas africanas

macumba, maxixe, marimbondo

Atualmente, o francês e o inglês são os idiomas com maior influência sobre a língua portuguesa.

21.5 Processos de Formação de Palavras

Há dois processos mais fortes (presentes) na formação de palavras em Língua Portuguesa: a composição e a derivação. Vejamos suas principais características.

Composição: é muito mais uma criação de vocábulo. Pode ocorrer por:

Justaposição (sem perda de elementos):

» Guarda-chuva, girassol, arranha-céu etc.

Aglutinação (com perda de elementos):

» Embora, fidalgo, aguardente, planalto, boquiaberto etc.

Hibridismo (união de radicais oriundos de línguas distintas:

» Automóvel (latim e grego); Sambódromo (tupi e grego).

Derivação: é muito mais uma transformação no vocábulo. Pode ocorrer das seguintes maneiras:

Prefixal (prefixação)

» Reforma, anfiteatro, cooperação

Sufixal (sufixação)

» Pedreiro, engenharia, florista

Prefixal – sufixal

» Infelizmente, ateísmo, desordenamento

Parassintética: prefixo e sufixo simultaneamente, sem a possibilidade de remover umas das partes.

» Avermelhado, anoitecer, emudecer, amanhecer

Regressão (regressiva) ou deverbal: advinda de um verbo.

» Abalo (abalar), luta (lutar), fuga (fugir)

Imprópria (conversão): mudança de classe gramatical.

O jantar, um não, o seu sim, o pobre.

LÍNGUA PORTUGUESA

ESTRUTURA E FORMAÇÃO DE PALAVRAS

Estrangeirismo

Pode-se entender como um empréstimo linguístico

Com aportuguesamento: abajur (do francês "abat-jour"), algodão (do árabe "al-qutun"), lanche (do inglês "lunch") etc.

Sem aportuguesamento: networking, software, pizza, show, shopping etc.

Acrônimo ou Sigla

Silabáveis: podem ser separados em sílabas.

Infraero (Infraestrutura Aeroportuária), **Petrobras** (Petróleo Brasileiro) etc.

Não-silabáveis: não podem ser separados em sílabas.

FMI, MST, SPC, PT, INSS, MPU etc.

Onomatopeia ou reduplicação

Onomatopeia: tentativa de representar um som da natureza.

Pow, paf, tum, psiu, argh.

Reduplicação: repetição de palavra com fim onomatopaico.

Reco-reco, tique-taque, pingue-pongue.

Redução ou abreviação

Eliminação do segmento de alguma palavra

Fone (telefone), cinema (cinematógrafo), pneu (pneumático) etc.

Questões

01. Marque a alternativa cujo sentido do sufixo e/ou prefixo formador da palavra está corretamente indicado.
    a) Estadual - proveniência, origem.
    b) Responsabilidade - propriedade.
    c) Construção - lugar ou instrumento da ação.
    d) Pavimentadas - referência, semelhança.
    e) Transversais - movimento para além de.

02. (Vunesp) O sentido expresso pelo prefixo na palavra desafinado também está presente na palavra destacada em:
    a) Eles teriam de cooperar com a nova administração do prédio.
    b) Trabalhou tanto e não salvou o documento, por isso o refez.
    c) No subtítulo do texto, havia uma palavra que não conhecia.
    d) Ele era incapaz de resolver um problema com agilidade.
    e) Era preciso esfriar o leite antes de acrescentar-lhe o café.

03. Considerando o processo de formação de palavras, assinale a alternativa em que se encontra um prefixo e um sufixo.
    a) Reconstrução
    b) Idealizadas
    c) Diariamente
    d) Heroicizadas
    e) Veracidade

04. Assim como em "desimpedido", o prefixo indica oposição, negação ou falta em:
    a) desgastada.
    b) embuste.
    c) investimento.
    d) independente.
    e) retificar.

05. Assinale a alternativa correta. Com relação à palavra AMAR, pode-se afirmar que:
    a) "am-" é o radical e "-a-" é a vogal temática, sendo "-r" a desinência do infinitivo.
    b) "am" é o prefixo verbal e "-ar" o radical que indica o tema verbal.
    c) "am" é o radical e "-ar" é o sufixo verbal que indica verbo no gerúndio.
    d) "am" é o radical e "-a-" é o determinante de gênero feminino, sendo "-r" a consoante de ligação.
    e) "a-" é o prefixo verbal e "-ma-" o radical, sendo "-r" a desinência de ligação.

06. Assinale a alternativa em que "infra" NÃO é prefixo.
    a) Infracitado.
    b) Infrato.
    c) Inframedíocre.
    d) Infraglótico.
    e) Infracolocado.

Brasília comemorou seu aniversário com uma superfesta. A cinquentona planejada por Lúcio Costa é hoje uma metrópole que oferece alta qualidade de vida.

(Fonte: O Globo, 21/04/2010, com adaptações)

07. Na notícia do jornal, as palavras "superfesta" e "cinquentona" exemplificam, respectivamente, casos de formação de palavras por
    a) Hibridismo e neologismo.
    b) Justaposição e aglutinação.
    c) Composição e derivação.
    d) Prefixação e sufixação.
    e) Conversão e regressão.

08. (CESPE) A palavra "trem-bala" é composta por justaposição, tal qual o vocábulo:
    a) governança.
    b) ilimitado.
    c) passatempo.
    d) superprodução.
    e) faturamento.

09. Em "...que serão dignos de seu sobrenome...", o substantivo grifado foi formado pelo processo de:
    a) composição por justaposição;
    b) composição por aglutinação;
    c) derivação prefixal;
    d) derivação sufixal;
    e) derivação parassintética.

10. A palavra grifada no trecho: "...pesquisas frequentes ajudam a estimular o debate." foi formada pelo processo de:
    a) composição por aglutinação.
    b) composição por justaposição.
    c) derivação parassintética.
    d) derivação regressiva.
    e) derivação prefixal.

Gabaritos

01	E	06	B
02	D	07	D
03	A	08	C
04	D	09	C
05	A	10	D

LÍNGUA PORTUGUESA

22. FIGURAS DE LINGUAGEM

Para iniciar o estudo deste capítulo, é importante, retomar alguns conceitos: ao falar de figuras de linguagem, estamos, também, falando de **funções da linguagem** e de **semântica**.

As figuras de linguagem (também chamadas de figuras de pensamento) são construções que se relacionam com a função **poética da linguagem**, ou seja, estão articuladas em razão de modificar o código linguístico para dar ênfase no sentido de uma frase.

É comum vermos exemplos de figuras de linguagem em propagandas publicitárias, poemas, músicas etc. Essas figuras estão presentes em nossa fala cotidiana, principalmente na fala de registro **informal**.

O registro dito informal é aquele que não possui grande preocupação com a situação comunicativa, uma vez que não há tensão para a comunicação entre os falantes. Gírias, erros de concordância e subtração de termos da frase são comuns nesse baixo nível de formalidade comunicativa. Até grandes poetas já escreveram textos sobre esse assunto, veja o exemplo do escritor Oswald de Andrade, que discute a norma gramatical em relação à fala popular do brasileiro:

Pronominais

Dê-me um cigarro
Diz a gramática
Do professor e do aluno
E do mulato sabido
Mas o bom negro e o bom branco
Da Nação Brasileira
Dizem todos os dias
Deixa disso camarada
Me dá um cigarro

Oswald de Andrade
(1890-1954)

Os Cem Melhores Poemas Brasileiros do Século - Seleção e Organização de Ítalo Moriconi, Editora Objetiva, Rio de Janeiro, 2001 (In Pau-Brasil - Poesia - Oswald de Andrade, São Paulo, Globo)

22.1 Conotação X Denotação

É interessante, quando se estuda o conteúdo de figuras de linguagem, ressaltar a distinção conceitual entre o sentido conotativo e o sentido denotativo da linguagem. Vejamos como se opera essa distinção:

Sentido CONOTATIVO: figurado, ou abstrato. Relaciona-se com as figuras de linguagem.

Adalberto **entregou sua alma a Deus**.

A ideia de entregar a alma a Deus é figurada, ou seja, não ocorre literalmente, pois não há um serviço de entrega de almas. Essa é uma figura que convencionamos chamar de **metáfora**.

Sentido DENOTATIVO: literal, ou do dicionário. Relaciona-se com a função **referencial** da linguagem.

Adalberto **morreu**.

Quando dizemos função referencial, entende-se que o falante está preocupado em transmitir precisamente o fato ocorrido, sem apelar para figuras de pensamento. Essa frase do exemplo serviu para mostrar o sinônimo da figura de linguagem anterior.

Vejamos agora algumas das principais figuras de linguagem que costumam ser cobradas em provas de concursos públicos:

Metáfora: uma figura de linguagem, que consiste na comparação de dois termos sem o uso de um conectivo.

> Rosa **é uma flor**. (A pessoa é como uma flor: perfumada, delicada, bela etc.)
> Seus olhos **são dois oceanos**. (Os olhos possuem a profundidade do oceano, a cor do oceano etc.)
> João **é fera**. (João é perito em alguma coisa, desempenha determinada tarefa muito bem etc.)

Metonímia: figura de linguagem que consiste utilização de uma expressão por outra, dada a semelhança de sentido ou a possibilidade de associação lógica entre elas.

Há vários tipos de metonímia, vejamos alguns deles:

Efeito pela causa:

O carrasco ergueu **a morte**. (O efeito é a morte, a causa é o machado).

Marca pelo produto:

Vá ao mercado e traga um Nescau. (achocolatado em pó).

Autor pela obra:

Li Camões com entusiasmo. (Quem leu, leu a obra, não o autor).

Continente pelo conteúdo:

Comi dois pratos de feijão. (Comeu o feijão, ou seja, o conteúdo do prato)

Parte pelo todo:

Peço sua **mão em casamento**. (Pede-se, na verdade, o corpo todo).

Possuidor pelo possuído:

Mulher, vou **ao médico**. (Vai-se ao consultório que pertence ao médico, não ao médico em si).

Antítese: figura de linguagem que consiste na exposição de ideias opostas.

*"**Nasce** o Sol e não dura mais que um **dia***
*Depois da **Luz** se segue à **noite** escura*
Em tristes sombras morre a formosura,
*Em contínuas **tristezas** e **alegrias**."*

(Gregório de Matos)

Os termos em negrito evidenciam relações semânticas de distinção (oposição). Nascer é o contrário de morrer, assim como sombra é o contrário de luz. Essa figura foi muito utilizada na poesia brasileira, em especial pelo autor dos versos acima: Gregório de Matos Guerra.

Paradoxo: expressão que contraria o senso comum. Ilógica.

*"Amor é fogo que **arde sem se ver**;*
*É ferida que **dói e não se sente**;*
*É um **contentamento descontente**;*
*É **dor que desatina sem doer**."*

(Luís de Camões)

A construção semântica acima é totalmente ilógica, pois é impossível uma ferida doer e não ser sentida, assim como não é possível o contentamento ser descontente.

Perífrase: expressão que tem por função substituir semanticamente um termo:

> **A última flor do Lácio** anda muito judiada. (Português é a última flor do Lácio)
>
> **O país do futebol** é uma grande nação. (Brasil)
>
> **O Bruxo do Cosme Velho** foi um grande escritor. (Machado de Assis era conhecido como o Bruxo do Cosme Velho)
>
> **O anjo de pernas tortas** foi o melhor jogador do mundo. (Garrincha)

Eufemismo: figura que consiste em atenuar uma expressão desagradável:

> José **pegou emprestado sem avisar**; (roubou).
>
> Maurício **entregou a alma a Deus**; (morreu).
>
> Coitado, só porque **é desprovido de beleza**. (feio)

Disfemismo: contrário ao Eufemismo, é a figura de linguagem que consiste em tornar uma expressão desagradável em algo ainda pior.

> O homem **abotoou o paletó de madeira**. (morreu)
>
> **Está chupando cana pela raiz**. (morreu)
>
> **Sentou no colo do capeta**. (morreu)

Prosopopeia: atribuição de características animadas a seres inanimados.

> **O vento sussurrou em meus ouvidos**.
>
> Parecia que a **agulha odiava o homem**.

Hipérbole: exagero proposital de alguma característica.

> **Estou morrendo de rir.**
>
> **Chorou rios de lágrimas.**

Hipérbato: inversão sintática de efeito expressivo.

> **Ouviram do Ipiranga as margens plácidas**
>
> **De um povo heroico o brado e retumbante.**

Colocando na ordem direta:

> *As margens plácidas do Ipiranga ouviram o brado retumbante de um povo heroico.*
>
> **Da minha família, ninguém fala!**

Gradação: figura que consiste na construção de uma escala de termo que fazem parte do mesmo campo semântico.

> Plantou **a semente**, zelou pelo **broto**, regou a **planta** e colheu o **fruto**. (A gradação pode ser do campo semântico da palavra semente – broto, planta e fruto – ou da palavra plantar – zelar, regar, colher)

Ironia: figura que consiste em dizer o contrário do que se pensa.

> **Lamento por ter sido eu o vencedor dessa prova.** (Evidentemente a pessoa não lamenta ser o vencedor de alguma coisa)

Onomatopeia: tentativa de representar um som da natureza. Figura muito comum em histórias em quadrinhos.

> Pof, tic-tac, click, bum, vrum!

Sinestesia: confusão dos sentidos do corpo humano para produzir efeitos expressivos.

> Ouvi uma **voz suave** saindo do quarto.
>
> O seu **perfume doce** é extremamente inebriante.

22.2 Vícios de Linguagem

Em um âmbito geral, vício de linguagem é toda expressão contrária à lógica da norma gramatical. Vejamos quais são os principais deslizes que se transformam em vícios.

Pleonasmo vicioso: consiste na repetição desnecessária de ideias.

> **Subir para cima.**
>
> **Descer para baixo.**
>
> **Entrar para dentro.**
>
> **Cardume de peixes.**
>
> **Enxame de abelhas.**
>
> **Elo de ligação.**
>
> **Fato real.**

Observação: pode existir o plágio expressivo em um texto poético. Na frase "ele penetrou na escura treva" há pleonasmo, mas não é vicioso.

Ambiguidade: ocorre quando a construção frasal permite que a sentença possua dois sentidos.

> Tenho que buscar **a cadela da sua irmã**.
>
> A empregada disse para o chefe que o cheque estava sobre **sua mesa**.
>
> **Como você**, também estou cansado. (conjunção "como" ou verbo "comer")

Cacofonia: ocorre quando a pronúncia de determinadas palavras permite a construção de outra palavra.

> Dei um beijo na bo**ca dela**.
>
> Nos**so hino** é belo.
>
> Na **vez passada**, esca**pei de** uma.

Barbarismo: é um desvio na forma de falar ou grafar determinada palavra.

> Mortandela (em vez de mortadela).
>
> Poblema (em vez de problema).
>
> Mindingo (em vez de mendigo).
>
> Salchicha (em vez de salsicha).

Esse conteúdo costuma ser simples para quem pratica a leitura de textos poéticos, portanto devemos sempre ler poesia. Passemos à resolução de algumas questões.

LÍNGUA PORTUGUESA

FIGURAS DE LINGUAGEM

Questões

01. (CESGRANRIO) As palavras podem assumir sentidos figurados, ou seja, significados diferentes das acepções e usos previstos pelos dicionários, embora facilmente compreensíveis no contexto específico em que se encontram. A passagem do texto em que uma palavra em sentido figurado está presente é:
a) "Daí esta avalanche, este tsunami de informações."
b) "O estado de nossas células cerebrais, as nossas emoções; tudo isso pode representar uma limitação para nossa capacidade de lembrar."
c) "Para quem, como eu, viaja bastante e tem de trabalhar em aviões ou em hotéis, é um recurso precioso."
d) "Mas não encontrei pen drive algum."
e) "Perguntei no aeroporto, entrei em contato com o táxi que me trouxera, liguei para casa: nada."

02. (UNICENTRO) O fragmento que ilustra a linguagem conotativa é o transcrito na alternativa:
a) "pelo uso dos aviões sequestrados como arma".
b) "A derrubada do Taleban, que governava o país centro-asiático, contribuiu de modo decisivo para debilitar aquele grupo terrorista."
c) "uma guerra injustificável contra o Iraque."
d) "como alegou então, por má-fé e paranoia, o governo americano."
e) "Produziu até agora apenas dois outros atentados de vulto".

03. (CEV-URCA) Em: "Chico passou por maus bocados, andou gastando mais de cinco litros de saliva para reconquistar a mulher" (linhas 40 e 41). A construção em destaque é própria da linguagem literária e caracteriza-se como:
a) Hipérbole.
b) Eufemismo.
c) Catacrese.
d) Anáfora.
e) Elipse.

04. (PaqTcPB) Leia o texto:

Tomar uma decisão envolve uma disputa com três participantes – dois deles (instinto e experiência) cuidam de seu presente, o outro (razão) pensa no seu futuro. Por isso, diante de uma encruzilhada, o melhor é tentar organizar essa briga. Antes de decidir se quer mesmo encarar uma mudança radical na carreira, talvez você resolva usar a razão. Ou não – talvez você esteja cansado da profissão que escolheu e prefira tentar um caminho novo. Tanto faz: em qualquer decisão, o importante é pensar se aquele problema merece uma consideração mais racional ou emotiva. E só aí começar a julgar as informações e os argumentos. Assim, o cérebro começa a movimentar as engrenagens sabendo qual delas interessa mais. E evita erros.

A utilização dos termos "participantes", "cuidam" e "pensa" (L. 2 e 3) contribui para estabelecer, no texto, uma relação de sentido denominada:
a) Ambiguidade.
b) Sinonímia.
c) Paráfrase.
d) Oposição.
e) Metáfora.

05. Pleonasmo é uma figura de linguagem que tem como marca a repetição de palavras ou expressões, aparentemente desnecessárias, para enfatizar uma ideia. No entanto, alguns pleonasmos são considerados "vícios de linguagem" por informarem uma obviedade e não desempenharem função expressiva no enunciado. Considerando esta afirmação, assinale a alternativa que possui exemplo de pleonasmo vicioso.
a) "(...) E então abriu a torneira: a água espalhou-se (...)"
b) "(...)O jeito era ir comprar um pão na padaria. (...)"
c) "(...)Matá-la, não ia; não, não faria isso. (...)"
d) "(...) Traíra é duro de morrer, nunca vi um peixe assim. (...)"
e) "(...) Tirou para fora os outros peixes: lambaris, chorões, piaus; (...)"

06. (FUNCAB) Assinale a figura de linguagem que predomina no trecho "Mas aquele pendão firme, vertical, beijado pelo vento do mar, veio enriquecer nosso canteirinho vulgar com uma força e uma alegria que me fazem bem."
a) hipérbole
b) eufemismo
c) prosopopeia
d) antítese
e) catacrese

07. (FUNRIO) Em um texto, as palavras e as expressões podem ser empregadas em sentido conotativo ou denotativo. No segmento "O segundo caminho, válido para profissionais liberais, é conquistar bons clientes e assumir a propriedade do próprio nariz.", a expressão "do próprio nariz" tem natureza conotativa. O termo ou expressão destacado(a) que está empregado(a) em sentido denotativo ocorre em:
a) Os jovens "lutam" aguerridamente para conseguir um bom emprego.
b) É educativo ensinar às pessoas a ganharem o dinheiro com o "suor do seu rosto".
c) Muitos jovens não conseguem ser "felizes" nas profissões que abraçaram.
d) Os profissionais financeiramente "mais bem sucedidos" são os médicos.
e) Os filhos podem ser "o braço direito" dos pais em empresas familiares.

08. (CESPE)

*"**Nasce** o Sol e não dura mais que um **dia**
Depois da **Luz** se segue à **noite** escura
Em tristes **sombras morre** a formosura,
Em contínuas **tristezas e alegrias**."*

(Gregório de Matos)

Assinale a opção que apresenta a figura de linguagem predominante no trecho do poema acima.
a) sinestesia
b) comparação
c) antítese
d) eufemismo
e) hipérbole

09. (CONSUPLAN) Há sentido conotativo na seguinte alternativa:
a) "Será que uma bola é mais valiosa que um livro?"
b) "...aposentados choram pelo minguado aumento."
c) "Por que se concedem altos aumentos na política?"

d) "... hospitais deixam de atender ao mais simples diagnóstico..."
e) "Por que os salários não são igualitários?"

10. Constitui exemplo de uso de linguagem figurada o elemento sublinhado na frase:
   I. Foi acusado de ser o cabeça do movimento.
   II. Ele emprega sempre a palavra literalmente atribuindo-lhe um sentido inteiramente inadequado.
   III. Ignoro o porquê de você se aborrecer comigo.
   IV. Seus pensamentos são fantasmagorias que não o deixam em paz.

   Atende ao enunciado APENAS o que está em:
   a) I e II.
   b) I e IV.
   c) II e III.
   d) III e IV.
   e) I e III.

Gabaritos

01	A	06	C
02	B	07	C
03	A	08	C
04	E	09	B
05	E	10	B

LÍNGUA PORTUGUESA

REDAÇÃO

1. REDAÇÃO PARA CONCURSOS PÚBLICOS

Os editais de concurso público disponibilizam o conteúdo programático das matérias que serão cobradas nas provas, mas nem sempre deixam explícito como se preparar para a prova discursiva, ou prova de redação – que, na grande maioria dos concursos, é uma etapa eliminatória.

Portanto, é necessário preparar-se com bastante antecedência, para que possa haver melhoras gradativas durante o processo de produção de um texto.

1.1 Posturas em Relação à Redação

Antes de começar a desenvolver a prática de escrita, é preciso que ter algumas posturas em relação ao processo de composição de um texto. Em posse dessas posturas, percebe-se que escrever não é tão complexo se você estiver orientado e fizer da escrita um ato constante.

Leitura

Apenas a leitura não garante uma boa escrita. Então, deve-se associar a leitura constante com a escrita constante, pois uma prática complementa a outra.

E o que ler?

Direcione sua prática de leitura da seguinte forma: fique atento às ATUALIDADES, que é um conteúdo geralmente previsto na prova de conhecimentos gerais. Ademais, conheça a instituição e o cargo a que você pretende candidatar-se, como as FUNÇÕES e RESPONSABILIDADES exigidas, as quais estão previstas no edital de abertura de um concurso. E, também, tenha uma visão crítica sobre os conhecimentos específicos, porque a tendência dos concursos é relacionar um tema ao contexto de trabalho.

Considere que, nas provas de redação, também podem ser abordados temas sobre algum assunto desafiante para o cargo ao qual o candidato está concorrendo. Uma dica é estar atento às informações veiculadas sobre o órgão público no qual pretende ingressar.

Produção do Texto

A produção de um texto não depende de talento ou de um dom. No processo de elaboração de um texto, pode-se dizer que um por cento (1%) é inspiração e noventa e nove por cento (99%) é trabalho. Escrever um excelente texto é um processo que exige esforço, planejamento e organização.

Escrita

O ato de escrever é sempre desta maneira: basta começar. Escrever para ser avaliado por um corretor é colocar pensamentos organizados e articulados, num papel, a partir de um posicionamento sobre um tema estabelecido na proposta de redação.

Tema

O seu texto deve estar cem por cento (100%) adequado à proposta exigida na prova, ou seja, você não pode escrever o que quer, mas o que a proposta determina. Desse modo, antes de começar a escrever, é necessário entender o TEMA da prova.

O tema é o assunto proposto que deve ser desenvolvido. Portanto, cabe a você entendê-lo, problematizá-lo e delimitá-lo, com base no comando da proposta.

Objetividade

Seu texto deve ser objetivo, isto é, o enfoque do assunto deve ser direto, sem rodeios. Além disso, as bancas dão preferência a uma linguagem simples e objetiva. E não confunda linguagem simples com coloquialismos, pois é necessário sempre manter a sua escrita baseada na norma padrão da língua portuguesa.

Além disso, é fundamental o candidato colocar-se na posição do leitor. É um momento de estranhamento do próprio texto para indagar-se: o que escrevi é interessante e de fácil entendimento?

1.2 Apresentação do Texto

Para que se consiga escrever um bom texto, é preciso aliar duas posturas: ter o hábito da leitura e praticar a escrita de textos. Além disso, é importante conhecer as propostas das bancas e saber quais são os critérios de correção previstos em edital.

Letra - Legibilidade

Escreva sempre com letra legível. Pode ser letra cursiva ou de imprensa. Tenha atenção para o espaçamento entre as letras/palavras e para a distinção entre maiúsculas e minúsculas.

Respeito às Margens

As margens (tanto esquerda quanto direita) existem para serem respeitadas, portanto, não as ultrapasse no momento em que escreve a versão definitiva. Tampouco deixe "buracos" entre as palavras.

Indicação de Parágrafos

É preciso deixar um espaço antes de iniciar um parágrafo (mais ou menos dois centímetros).

Título

Colocar título na redação vale mais pontos?

Se o título for solicitado, ele será obrigatório. Caso não seja colocado na redação, haverá alguma perda, mas não muito. Os editais, em geral, não informam pontuações exatas. No caso de o título não ser solicitado, ele se torna facultativo. Logo, se o candidato decidir inseri-lo, ele fará parte do texto, sendo analisado como tal, mas não terá um valor extra por isso.

O título era obrigatório, e não o coloquei... E agora?

Quando há a obrigatoriedade, a ausência do título não anula a questão, a menos que haja essa orientação nas instruções dadas na prova. Não há um desconto considerável em relação ao esquecimento do título, porque a maior pontuação, em uma redação para concurso, está relacionada ao conteúdo do texto.

É preciso pular linha após o título?

Em caso de obrigatoriedade do título, procure não pular linha entre o título e o início do texto, porque essa linha em branco não é contada durante a correção.

Quando se deve escrever o título?

O título é a síntese de sua redação, portanto, prefira escrevê-lo ao término da redação.

> *Não rasure seu texto.*
> *Não escreva a palavra entre parênteses, mesmo se estiver riscada: (exeção) (exeção).*
> *Não use a expressão "digo".*

Erros na Versão Final

Quando você está escrevendo e, por distração, erra uma palavra, você deve passar um traço sobre a palavra e escrevê-la corretamente logo em seguida:

Ex.: exeção exceção

Translineação

Quando não dá para escrever uma palavra completa ao final da linha, deve-se escrever até o limite, sem ultrapassar a margem direita da linha, e o sinal de separação será sempre o hífen.

Sempre respeite as regras de separação silábica. Nunca uma palavra será separada de maneira a desrespeitar as sílabas:

	tran-
sformação	

Caso a próxima sílaba não caiba no final da linha, embora ainda haja um espaço, deixe-a e continue na próxima linha.

	trans-
formação	

> *Em relação ao posicionamento do hífen de separação, deixe-o ao lado da sílaba. Nunca acima.*

Quando a palavra for escrita com hífen e a separação ocorrer justo nesse espaço, você deve usar duas marcações. Por exemplo: entende-se

	entende-
-se	

Se a palavra não tiver hífen em sua estrutura, use apenas uma marcação:

	apresen-
tação	

Impessoalidade

O texto dissertativo (expositivo-argumentativo) é impessoal. Portanto, pode-se escrever com verbos em:

> **3ª pessoa:**

Ex.: A qualidade no atendimento **precisa** ser prioridade.

Percebe-se que a qualidade no atendimento é essencial.

Notam-se várias mudanças no setor público.

> **1ª pessoa do plural:**

Observamos muitas mudanças e melhorias no serviço público.

NÃO escreva na 1ª pessoa do singular:

Ex.: Observo mudanças significativas.

Adequação Vocabular

Adequação vocabular diz respeito ao desempenho linguístico de acordo com o nível de conhecimento exigido para o cargo/área/especialidade, e a adequação do nível de linguagem adotado à produção proposta.

Portanto, devem-se escolher palavras adequadas, evitando-se o uso de jargões, chavões, termos muito técnicos que possam dificultar a compreensão.

Domínio da Norma Padrão da Língua

Deve-se ficar atento aos aspectos gramaticais, principalmente:

> **Estrutura sintática de orações e períodos**
> **Elementos coesivos**
> **Concordância verbal e nominal**
> **Pontuação**
> **Regência verbal e nominal**
> **Emprego de pronomes**
> **Flexão verbal e nominal**
> **Uso de tempos e modos verbais**
> **Grafia**
> **Acentuação**

Repetição

Prejudica a coesão textual, e ocorre quando se usa muitas vezes a mesma palavra ou ideia, as quais poderiam ser substituídas por sinônimos e conectivos.

Informações Óbvias

Explicações que não precisam ser mencionadas, pois já se explicam por si próprias.

Generalização

É percebida quando se atribui um conceito que é específico de uma forma generalizada.

Exs.: Os menores infratores saem dos centros de ressocialização e retornam ao o do crime. (isso ocorre com todos?)

É preciso que o governo tome medidas urgentes para resolver esse problema. (que medidas?)

Gerúndio

É muito comum usarmos o gerúndio na fala, mas não se usa com tanta recorrência na escrita.

1.3 O Texto Dissertativo

Dissertar é escrever sobre algum assunto e pressupõe ou defender uma ideia, analisá-la criticamente, discuti-la, opinar, ou apenas esclarecer conceitos, dar explicações, apresentar dados sobre um assunto, tudo de maneira organizada, quer dizer, com início, meio e fim bem claros e objetivos.

A dissertação pode ser classificada quanto à maneira como o assunto é abordado:

EXPOSITIVA: são expostos fatos (de conhecimento e domínio público, divulgados em diversos meios de comunicação), mas não é apresentada uma discussão, um ponto de vista.

A dissertação expositiva também é usada quando a proposta exige um texto técnico. Este tipo de texto pode ter duas abordagens: Estudo de Caso (em que é feito um parecer a partir de sua situação hipotética) e Questão Teórica (em que é preciso apresentar conceitos, normas, regras, diretrizes de um determinado conteúdo).

ARGUMENTATIVA: há a exposição de pontos de vista pessoais, com juízos de valor sobre um fato ou assunto.

E qual a melhor maneira de abordar um assunto numa prova de redação para concursos públicos?

Para que seu texto seja MUITO BEM avaliado, o ideal é conseguir chegar a uma forma mista de abordagem, ou seja, escrever um texto dissertativo em que você expõe um assunto e, ao mesmo tempo, dá sua opinião sobre ele. Desse modo, os fatos que são conhecidos (domínio público) podem se transformar em exemplificação atualizada, a qual pode ser relacionada à sua argumentação de forma contextualiza e crítica.

Aspectos gerais da produção de textos

Em face da limitação de espaço, é muito difícil apresentar muitos enfoques relativos ao tema. Por essa razão, dependendo do limite em relação à quantidade de linhas, a dissertação deve conter de 4 a 5 parágrafos, sendo UM para Introdução, DOIS a TRÊS para Desenvolvimento e UM para Conclusão.

Além disso, cada parágrafo deve possuir, no mínimo, dois períodos. Cuidado com as frases fragmentadas, ambiguidades e os erros de paralelismo.

Procure elaborar uma introdução que contenha, de maneira clara e direta, o tema, o primeiro enfoque, o segundo enfoque, etc. E mantenha sempre o caráter dissertativo. Por isso, no desenvolvimento, dê um parágrafo para cada enfoque selecionado, e empregue os articuladores adequados. Por fim, fundamente sempre suas ideias.

Quanto aos exemplos, procure selecionar aqueles que sejam de domínio público, os que tenham saído na mídia: jornais, revistas, TV. E nunca analise temas por meio de emoções exageradas – especialmente política, futebol, religião, etc.

Nunca use frases feitas, chavões.

Não repita palavras ou expressões. Use sinônimos.

Jamais converse com o leitor: nunca use você ou tu. Não empregue verbos no imperativo.

Estrutura de um Texto Dissertativo

Para escrever uma dissertação, é preciso que haja uma organização do texto a fim de que se obtenha um texto claro e bem articulado:

01. **INTRODUÇÃO**: consiste na apresentação do assunto a fim de deixar claro qual é o recorte temático e qual a ideia que será defendida e/ou esclarecida, ou seja, a TESE.
02. **DESENVOLVIMENTO**: é a parte em que são elaborados os parágrafos argumentativos e/ou informativos, nos quais você explica a sua TESE. É o momento mais importante do texto, por isso, É NECESSÁRIO que a TESE seja explicada, justificada, e isso pode ser feito por meio de exemplos e explicações.
03. **CONCLUSÃO**: esta parte do texto não traz informações novas, muito menos argumentos, porque consiste no fechamento das ideias apresentadas, ou seja, é feita uma reafirmação da TESE. Dependendo do comando da proposta de redação e do tema, pode ser apresentada uma hipótese de solução de um problema apresentado na TESE.

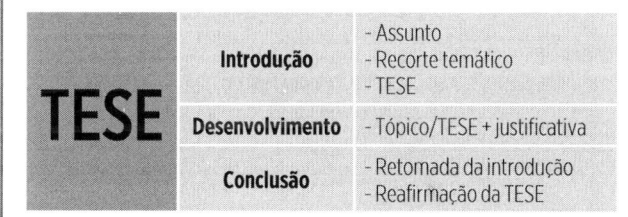

TESE		
	Introdução	- Assunto - Recorte temático - TESE
	Desenvolvimento	- Tópico/TESE + justificativa
	Conclusão	- Retomada da introdução - Reafirmação da TESE

1. Introdução

É o primeiro parágrafo e serve de apresentação da dissertação, por essa razão deve estar muito bem elaborada, ser breve e apresentar apenas informações sucintas. Deve apenas apresentar o TEMA e os ENFOQUES e ter em torno de cinco linhas.

2. Desenvolvimento

É a redação propriamente dita. Deve ser constituído de dois a três parágrafos (a depender do tema da proposta), um para cada enfoque apresentado na Introdução. É a parte da redação em que argumentos são apresentados para explicitar, em um parágrafo distinto, cada um dos enfoques. Cada parágrafo deve ter de 5 a 8 linhas. Pode-se desenvolver os argumentos por meio de relações que devem ser usadas para deixar seu texto coeso e coerente.

Conectores

As relações comentadas acima são estabelecidas com CONECTORES:

Prioridade, relevância: em primeiro lugar, antes de mais nada, antes de tudo, em princípio, primeiramente, acima de tudo, principalmente, primordialmente, sobretudo.

Tempo: atualmente, hoje, frequentemente, constantemente às vezes, eventualmente, por vezes, ocasionalmente, sempre, raramente, não raro, ao mesmo tempo, simultaneamente, nesse ínterim, enquanto, quando, antes que, depois que, logo que, sempre que, assim que, desde que, todas as vezes que, cada vez que, então, enfim, logo, logo depois, imediatamente, logo após, a princípio, no momento em que, pouco antes, pouco depois, anteriormente, posteriormente, em seguida, afinal, por fim, finalmente, agora.

Semelhança, comparação, conformidade: de acordo com, segundo, conforme, sob o mesmo ponto de vista, tal qual, tanto quanto, como, assim como, como se, bem como, igualmente, da mesma forma, assim também, do mesmo modo, semelhantemente, analogamente, por analogia, de maneira idêntica, de conformidade com.

Condição, hipótese: se, caso, eventualmente.

Adição, continuação: além disso, demais, ademais, outrossim, ainda mais, por outro lado, também, e, nem, não só ... mas também, não só... como também, não apenas ... como também, não só ... bem como, com, ou (quando não for excludente).

Dúvida: talvez, provavelmente, possivelmente, quiçá, quem sabe, é provável, não é certo, se é que.

Certeza, ênfase: certamente, decerto, por certo, inquestionavelmente, sem dúvida, inegavelmente, com toda a certeza.

Ilustração, esclarecimento: por exemplo, só para ilustrar, só para exemplificar, isto é, quer dizer, em outras palavras, ou por outra, a saber, ou seja, aliás.

Propósito, intenção, finalidade: com o fim de, a fim de, com o propósito de, com a finalidade de, com o intuito de, para que, a fim de que, para.

Resumo, recapitulação, conclusão: em suma, em síntese, em conclusão, enfim, em resumo, portanto, assim, dessa forma, dessa maneira, desse modo, logo, dessa forma, dessa maneira, assim sendo.

Explicação: por consequência, por conseguinte, como resultado, por isso, por causa de, em virtude de, assim, de fato, com efeito, tão (tanto, tamanho)... que, porque, porquanto, pois, já que, uma vez que, visto que, como (= porque), portanto, logo, que (= porque), de tal sorte que, de tal forma que, haja vista.

Contraste, oposição, restrição: pelo contrário, em contraste com, salvo, exceto, menos, mas, contudo, todavia, entretanto, no entanto, embora, apesar de, apesar de que, ainda que, mesmo que, posto que, conquanto, se bem que, por mais que, por menos que, só que, ao passo que, por outro lado, em contrapartida, ao contrário do que se pensa, em compensação.

Contraposição: é possível que... no entanto...

É certo que... entretanto...

É provável que ... porém...

Organização de ideias: em primeiro lugar ..., em segundo ..., por último ...; por um lado ..., por outro ...; primeiramente, ...,em seguida, ..., finalmente, ...

Enumeração: é preciso considerar que ...; Também não devemos esquecer que ...; Não podemos deixar de lembrar que...

Reafirmação/Retomada: compreende-se, então, que ...

É bom acrescentar ainda que ...

É interessante reiterar ...

3. Conclusão

É o último parágrafo. Deve ser breve, contendo em torno de cinco linhas. Na conclusão, deve-se retomar o tema e fazer o fechamento das ideias apresentadas em todo o texto e não somente em relação às ideias contidas no último parágrafo do desenvolvimento.

Pode-se concluir:

> Fazendo uma síntese das ideias expostas.
> Esclarecendo um posicionamento e/ou questionamento, desde que coerente, com o desenvolvimento.
> Estabelecendo uma dedução ou demonstrando uma consequência dos argumentos expostos.
> Levantando uma hipótese ou uma sugestão coerente com as afirmações feitas durante o texto.
> Apresentando possíveis soluções para os problemas expostos no desenvolvimento, buscando prováveis resultados.

Conectores

Pode-se iniciar o parágrafo da conclusão com:

Assim; Assim sendo; Portanto; Mediante os fatos expostos; Dessa forma; Diante do que foi dito; Resumindo; Em suma; Em vista disso, pode-se concluir que; Finalmente; Nesse sentido; Com esses dados, conclui-se que; Considerando as informações apresentadas, entende-se que; A partir do que foi discutido.

1.4 Critérios de Correção da Redação para Concursos Públicos

Conteúdo

Neste critério, observa-se se há apresentação marcada do recorte temático, o qual deve nortear o desenvolvimento do texto; se o recorte está contextualizado no texto, por exemplo: quando a proposta propuser uma situação hipotética, ela deve estar diluída em seu texto.

Lembre-se: a proposta não faz parte de seu texto, ou seja, sua produção não pode depender da proposta para ter sentido claro e objetivo.

Em outras palavras: se há algum texto ou uma coletânea de textos, eles têm caráter apenas motivador. Portanto, não faça cópias de trechos dos textos, tampouco pense que o tema da redação é o assunto desses textos. É preciso verificar o recorte temático, o qual fica evidente no corpo da proposta.

O único gênero textual que permite a referência ao texto motivador, bem como a cópia de alguns trechos, é o estudo de caso, pois é preciso fazer uma análise em relação a uma situação hipotética.

Gênero

Neste critério, verifica-se se a produção textual está adequada à modalidade redacional, ou seja, se o texto expressa o domínio da linguagem do gênero: narrar, relatar, argumentar, expor, descrever ações, etc.

Os concursos públicos, quase em sua totalidade, têm como gênero textual a dissertação argumentativa ou o texto expositivo-argumentativo. Desse modo, a banca avalia a objetividade e o posicionamento frente ao tema, a articulação dos argumentos, a consistência e a coerência da argumentação.

Isso significa que há uma valorização quanto do conteúdo do texto: a opinião, a justificativa dessa opinião e a seletividade de informações sobre o tema.

Coerência

Neste critério, avalia-se se há atendimento total do comando, com informações novas que evidenciam conhecimento de mundo e que atestam excelente articulação entre os aspectos exigidos pela proposta, o recorte temático e o gênero textual requisitado. Ou seja, é preciso trazer informações ao texto que não estão disponíveis na proposta. Além disso, é essencial garantir a progressão textual, quer dizer, seu texto precisa ter uma evolução e não pode trazer a mesma informação em todos os parágrafos.

Coesão e Gramática

Neste critério, percebe-se se há erros gramaticais; se os períodos estão bem organizados e articulados, com uso de vocabulário e conectivos adequados; e se os parágrafos estão divididos de modo consciente, a fim de garantir a progressão textual.

1.5 Propostas de Redação

Proposta 01

As vendas de automóveis de passeio e de veículos comerciais leves alcançaram 340 706 unidades em junho de 2012, alta de 18,75%, em relação a junho de 2011, e de 24,18%, em relação a maio de 2012, segundo informou, nesta terça-feira, a Federação Nacional de Distribuição de Veículos Automotores (Fenabrave). Segundo a entidade, este é o melhor mês de junho da história do setor automobilístico.

Disponível em: <http://br.financas.yahoo.com>. Acesso em: 3 jul. 2012 (adaptado).

Na capital paulista, o trânsito lento se estendeu por 295 km às 19 h e superou a marca de 293 km, registrada no dia 10 de junho de 2009. Na cidade de São Paulo, registrou-se, na tarde desta sexta-feira, o maior congestionamento da história, segundo a Companhia de Engenharia de Tráfego (CET). Às 19 h, eram 295 km de trânsito lento nas vias monitoradas pela empresa. O índice superou o registrado no dia 10 de junho de 2009, quando a CET anotou, às 19 h, 293 km de congestionamento.

Disponível em: <http://noticias.terra.com.br>. Acesso em: 03 jul. 2012 (adaptado).

O governo brasileiro, diante da crise econômica mundial, decidiu estimular a venda de automóveis e, para tal, reduziu o imposto sobre produtos industrializados (IPI). Há, no entanto, paralelamente a essa decisão, a preocupação constante com o desenvolvimento sustentável, por meio do qual se busca a promoção de crescimento econômico capaz de incorporar as dimensões socioambientais.

Considerando que os textos acima têm caráter unicamente motivador, redija um texto dissertativo sobre sistema de transporte urbano sustentável, contemplando os seguintes aspectos:

> **Conceito de desenvolvimento sustentável; (valor: 3,0 pontos)**
> **Conflito entre o estímulo à compra de veículos automotores e a promoção da sustentabilidade; (valor: 4,0 pontos)**
> **Ações de fomento ao transporte urbano sustentável no Brasil. (valor: 3,0 pontos)**

Proposta 02

I

Venham de onde venham, imigrantes, emigrantes e refugiados, cada vez mais unidos em redes sociais, estão aumentando sua capacidade de incidência política sobre uma reivindicação fundamental: serem tratados como cidadãos, em vez de apenas como mão de obra (barata ou de elite).

(Adaptado de: http://observatoriodadiversidade.org.br)

II

A intensificação dos fluxos migratórios internacionais das últimas décadas provocou o aumento do número de países orientados a regulamentar a imigração. Os argumentos alegados não são novos: o medo de uma "invasão migratória", os riscos de desemprego para os trabalhadores autóctones, a perda da identidade nacional.

III

Ainda não existe uma legislação internacional sólida sobre as migrações internacionais. Assim, enquanto que os direitos relativos ao investimento estrangeiro foram se reforçando cada vez mais nas regras estabelecidas para a economia global, pouca atenção vem sendo dada aos direitos dos trabalhadores.

(II e III adaptados de: http://www.migrante.org.br)

Considerando o que se afirma em I, II e III, desenvolva um texto dissertativo-argumentativo, posicionando-se a respeito do seguinte tema:

Mobilidade Humana e Cidadania na atualidade.

REDAÇÃO

2. DISSERTAÇÃO EXPOSITIVA E ARGUMENTATIVA

2.1 Dissertação Expositiva

Na dissertação expositiva, o objetivo do texto é passar conhecimento para o leitor de maneira clara, imparcial e objetiva.

Nesse tipo textual, não se faz necessariamente a defesa de uma ideia, pois não há intenção de convencer o leitor, nem criar debate. Trabalha-se o assunto de maneira atemporal.

Distinção entre texto expositivo e descritivo

É bastante comum que se confunda o texto dissertativo-expositivo com o texto descritivo. Vamos à distinção:

O texto expositivo tem por objetivo principal informar com clareza e objetividade. Predomina a linguagem impessoal e objetiva. De forma geral, segue a estrutura da dissertação (introdução, desenvolvimento, conclusão). Como exemplo desse tipo de texto, temos aqueles encontrados em livros didáticos, enciclopédias, jornais, revistas (científicas, informativas, etc.).

É bastante comum que um texto (um gênero textual) apresente diversos tipos textuais em sua estrutura, o que dificulta a diferenciação.

O tipo descritivo está relacionado à caracterização minuciosa de algo, sem, necessariamente, ter o objetivo de informar ao leitor. A linguagem utilizada na descrição nem sempre é objetiva ou impessoal, e sua estrutura não obedece necessariamente a regras.

Partes do texto dissertativo-expositivo

Tipos de introdução

→ **Introdução Simples**

É uma introdução direta, na qual é exposta apenas a delimitação do tema.

→ **Introdução com Paráfrase**

A paráfrase é uma reescrita de frases sem que haja alteração de sentido. Para que essa reescrita seja coerente, é necessário que seja mantido o paralelismo semântico. Este tipo de introdução geralmente é usado quando o tema da redação é uma afirmação.

→ **Introdução com Conceituação**

Neste tipo de introdução, a autor do texto apresenta seu ponto de vista ou a ideia central por meio da definição de algum conceito que tenha relação com o núcleo do tema.

→ **Introdução com Indicação do Desenvolvimento**

São apresentados o tema e os tópicos que serão esclarecidos no desenvolvimento. Numa dissertação-expositiva enumeram-se os aspectos que serão relatadas ao longo do texto.

É muito importante ter atenção com a ordem dessa enumeração, pois é necessário que ela seja mantida no decorrer do desenvolvimento para que se garanta conexão lógica e a progressividade textual. Além disso, todos os itens enumerados devem ser abordados no desenvolvimento.

É imprescindível, também, que se trate cada tópico em um parágrafo diferente, porque facilita, para o examinador, a identificação de que foi redigido tudo o que foi apresentado.

Tipos de desenvolvimento

O desenvolvimento deve conter a exposição de cada um dos aspectos enumerados na introdução. Não há uma forma específica para se escrever esta parte da redação. A continuidade do texto será dada de acordo com a introdução. Ou seja, a sequência do desenvolvimento deve estar já delimitada no parágrafo introdutório.

Procure escrever, em cada parágrafo, alguma palavra-chave sobre o tema e os fundamentos abordados na redação.

Nunca deixe mencionar tudo o que é solicitado na proposta. Se deixar em branco, será atribuída nota zero na correção da redação. Isso significa que você deve responder ao questionamento, sem se desviar do tema.

Tipos de conclusão

→ **Confirmação**

É a forma mais simples. É feita uma síntese do que foi escrito na redação ou uma confirmação (reforço) da tese que orientou o texto e foi afirmado na introdução.

→ **Solução**

Este tipo é muito usado em pareceres e relatórios, pois há apresentação de solução ou soluções para a tese apresentada na introdução.

→ **Expansão**

Neste tipo de conclusão, usa-se o melhor argumento ou a melhor ideia exposta (no desenvolvimento) e é feita uma conexão com o desenvolvimento, de forma encerrar a discussão ou o assunto.

→ **Finalização do desenvolvimento**

O parágrafo de conclusão também pode trazer algum aspecto relevante sobre o tema, em vez de expor uma "conclusão, síntese, expansão ou solução".

Para que a redação não fique sem fechamento, é recomendável que se use alguma expressão que indique conclusão, como: "por fim", "finalmente", "por último", "em último lugar", "em conclusão", etc.

Propostas de Dissertação Expositiva

Proposta 01

Convocada pela Defensoria Pública do Rio, a comunidade do Complexo do Alemão começou a chegar duas horas antes do combinado. Enfileiraram-se em busca, principalmente, de carteiras de identidade e de trabalho, ícones da entrada na sociedade formal. Houve duas dúzias de coleta de material genético para exames de comprovação de paternidade. Foram entrevistadas 180 moradoras sobre saúde, maternidade e violência doméstica. Uma cidadã transexual foi atrás de orientação para trocar de nome. Mães pediram tratamento psicológico para filhos com sintomas de síndrome do pânico. Segundo a presidenta da Associação de Defensores Públicos do Estado do Rio de Janeiro, "quando conversamos, percebemos que a violência permeia o discurso. Mas os moradores têm outras demandas. Denunciam a falta de alguma instituição que os defenda da vulnerabilidade". A agenda dos moradores do Alemão envolve cinco ações: moradia, saneamento, educação técnico-profissional, políticas para jovens e espaços de lazer, esporte e cultura.

Flávia Oliveira. Demanda cidadã. In: O Globo, 27/5/2015, p. 28 (com adaptações).

Considerando que o fragmento de texto acima tem caráter unicamente motivador, redija um texto dissertativo acerca do seguinte tema.

SEGURANÇA PÚBLICA: POLÍCIA E POLÍTICAS PÚBLICAS

Ao elaborar seu texto, faça o que se pede a seguir.

> **Disserte a respeito da segurança como condição para o exercício da cidadania. [valor: 25,50 pontos]**
> **Dê exemplos de ação do Estado na luta pela segurança pública. [valor: 25,50 pontos]**
> **Discorra acerca da ausência do poder público e a presença do crime organizado. [valor: 25,00 pontos]**

Padrão de Resposta da Banca

Espera-se que, relativamente ao primeiro aspecto proposto (a segurança como condição para o exercício da cidadania), o candidato afirme a impossibilidade real e concreta do pleno exercício da cidadania em um cenário de dramática insegurança. Tal como dicionarizado, o conceito de cidadania remete ao "indivíduo que, como membro de um Estado, usufrui de direitos civis e políticos garantidos pelo mesmo Estado e desempenha os deveres que lhe são atribuídos". Viver em paz, sem o contínuo temor de ser vítima de agressão — venha de onde vier — passa a ser entendido como direito essencial à vida em comunidade assentada nos princípios da cidadania.

Em relação ao segundo aspecto (exemplos de ação do Estado na luta pela segurança pública), espera-se que o candidato seja capaz de apontar alguns exemplos da necessária ação do poder público para a conquista e a manutenção do clima de segurança coletiva nas mais diversas comunidades, sobretudo as mais vulneráveis. Nesse sentido, basta que o candidato se reporte ao próprio texto motivador, tendo em vista que policiamento adequado e atendimento às demandas básicas da sociedade são faces de uma mesma moeda.

Por fim, no que concerne ao terceiro aspecto (ausência do poder público e a presença do crime organizado), convém que o candidato faça referência a uma preocupante realidade, por todos sabida: onde há omissão do Estado, a tendência é que esse vazio seja ocupado por grupos criminosos no atendimento às demandas das comunidades. Essa realidade está presente, inclusive, em instituições penitenciárias.

Proposta 02

Um relatório do Conselho de Segurança da Organização das Nações Unidas constatou que 15 mil pessoas viajaram à Síria e ao Iraque para combater pelo Estado Islâmico e por grupos extremistas semelhantes. De acordo com o relatório, essas pessoas saíram de mais de 80 países, o que inclui um grupo de países que não havia enfrentado desafios anteriores com relação à Al Qaeda. Os números reforçam recentes estimativas dos serviços de inteligência dos Estados Unidos da América sobre o escopo do problema dos combatentes estrangeiros, que, conforme o relatório, se agravou apesar das ações agressivas das forças antiterroristas e das redes mundiais de vigilância. Os números referentes ao período iniciado em 2010 são superiores aos números referentes ao total de combatentes estrangeiros nas fileiras terroristas entre 1990 e 2010 — e continuam crescendo.

Folha de S.Paulo, 1.º/11/2014, p. 10, caderno Mundo 2 (com adaptações).

Considerando que o fragmento de texto acima tem caráter unicamente motivador, redija um texto dissertativo acerca do tema a seguir.

A CIVILIZAÇÃO CONTEMPORÂNEA E O TERRORISMO

Ao elaborar seu texto, aborde, necessariamente, os seguintes aspectos:

> **o 11 de Setembro de 2001 e a nova escalada terrorista; [valor: 4,00 pontos]**
> **o Estado Islâmico: intolerância e agressividade; [valor: 4,00 pontos]**
> **a reação mundial ao terrorismo. [valor: 4,00 pontos]**

Padrão de Resposta da Banca

Espera-se que, relativamente ao primeiro aspecto (O 11 de setembro de 2001 e a nova escalada terrorista), o candidato mencione o impacto causado em todo o mundo pela ação do terror (Al Qaeda) em território norte-americano, atingindo o prédio do Pentágono, em Washington, e destruindo por completo as torres do World Trade Center, em Nova Iorque. A pronta e vigorosa reação dos EUA (governo Bush) alterou a legislação do país, com algum tipo de cerceamento das liberdades, e se estendeu por várias partes do mundo, a começar pela identificação de países considerados fontes permanentes de ações agressivas contra os EUA, definidos como "Eixo do Mal". Em verdade, o 11 de setembro de 2001 deu inédita visibilidade ao terrorismo impulsionado pelo fanatismo religioso, que se manifestou em outros locais, como, por exemplo, Londres e Madri.

Quanto ao segundo aspecto (Estado Islâmico: intolerância e agressividade), o candidato poderá destacar a intenção do grupo de instituir um califado muçulmano, com a conquista de territórios hoje integrantes da Síria e do Iraque, sua absoluta subordinação a uma visão estreita e radical do islã, além da chocante violência de seus atos, como a decapitação de prisioneiros, em cenas gravadas e divulgadas pelo mundo afora. Outro direcionamento para o segundo aspecto é o aliciamento de jovens para a luta armada por meio das redes sociais, por exemplo.

Por fim, o terceiro aspecto a ser focalizado (A reação mundial ao terrorismo) deverá levar o candidato a se referir às manifestações da opinião pública mundial, que tende a repudiar

DISSERTAÇÃO EXPOSITIVA E ARGUMENTATIVA

maciçamente atitudes dessa natureza, à ação de organismos internacionais (como a citada ONU) e à reação objetiva de muitos países (particularmente os ocidentais, à frente os EUA), agindo civil e militarmente para frear a ação terrorista. Além disso, ao abordar os aspectos citados no comando da prova, espera-se que o candidato mencione o interesse econômico subjante às atividades terroristas, o que decorre sobretudo do interesse por fontes naturais, tais como petróleo e gás natural.

Proposta 03

Em um lixão de Gana, carcaças de computadores espalhadas em meio a todo o tipo de dejetos chamam a atenção por etiquetas que identificam sua procedência: delegacias, conselhos públicos e até universidades britânicas. O mesmo acontece em lixões da China, com produtos oriundos da Europa ou dos Estados Unidos da América (EUA). Já na América Central, um navio saído dos EUA passa por países pobres tentando encontrar um terreno que aceite o depósito do que dizem ser fertilizante, mas que na verdade são cinzas de produtos eletrônicos. Parte do material, rico em arsênio, chumbo e outras substâncias tóxicas, é jogado em uma praia do Haiti, outra parte atirada no oceano. Não tão distante, 353 toneladas de resíduos de televisores são trazidos dos EUA em contêineres ao Porto de Navegantes, em Santa Catarina (carga devolvida à origem).

O Globo, 24/8/2015, p. 21 (com adaptações).

Considerando que o fragmento de texto acima tem caráter unicamente motivador, redija um texto dissertativo acerca do seguinte tema.

LIXO ELETRÔNICO: O PLANETA EM PERIGO

Ao elaborar seu texto, aborde os seguintes aspectos:
> lixo eletrônico: a outra face do desenvolvimento; [valor: 3,50 pontos]
> a globalização da rota do tráfico de resíduos eletrônicos; [valor: 3,00 pontos]
> os lucros gerados pelos resíduos e a ação do crime organizado. [valor: 3,00 pontos]

Padrão de resposta da banca

Espera-se que, em relação ao primeiro tópico proposto (lixo eletrônico: a outra face do desenvolvimento), o candidato identifique nesses resíduos eletrônicos a outra e danosa face do desenvolvimento trazido pelo processo de transformação do sistema produtivo conhecido como Revolução Industrial. O certo é que, em muitos países, ainda não há legislação plenamente ativa para controlar o descarte de eletrônicos. No Brasil, verifica-se reiterada tentativa de burlar a legislação a respeito. Esse descarte, feito de modo inadequado, agride violentamente o meio ambiente.

Quanto ao segundo aspecto (a globalização da rota do tráfico de resíduos eletrônicos), espera-se que o candidato aponte a relação existente entre a globalização da economia e a do tráfico desses resíduos. Em geral, como indicado no texto motivador, esse descarte criminoso é feito pelas economias mais desenvolvidas na direção de países periféricos e mais pobres.

Relativamente ao terceiro ponto (os lucros gerados pelos resíduos e a ação do crime organizado), espera-se que o candidato lembre que, devido à falta de monitoramento e à fragilidade da fiscalização, essa atividade ilegal torna-se por demais atraente em termos financeiros, sem maiores riscos para quem dela se ocupa. É onde entra o crime organizado global, que tem se diversificado e investido em resíduos. O próprio texto motivador deixa transparecer que o descarte do lixo eletrônico, tal como visto nos exemplos citados, acaba sendo mais um ramo do crime organizado global, integrando a extensa teia que envolve lavagem de dinheiro, comércio de armas, tráfico humano, fraudes na área esportiva, avanço ilegal sobre a biodiversidade, entre tantos outros.

Proposta 04

Considerando que o contexto que envolve as drogas ilícitas, redija um texto dissertativo que atenda, necessariamente, ao que se pede a seguir:

AS DROGAS ILÍCITAS NA CONTEMPORANEIDADE

> O problema social das drogas ilícitas no mundo contemporâneo
> O fracasso da política antidrogas militarizada
> Alternativas à atual política antidrogas

Padrão de resposta da banca

Espera-se que, em relação ao primeiro item ("O problema social das drogas ilícitas no mundo contemporâneo"), o candidato aponte as drogas como um grave problema social da contemporaneidade. Sem distinção de classes sociais e presente em todas elas, o uso de drogas ilícitas instalou-se no interior das sociedades, e é, sob muitos aspectos, elemento fundamental para a desestruturação familiar e para a exacerbação da violência. Além disso, contribui decisivamente para o adensamento do crime organizado, cuja atuação, cada vez mais, ocorre em escala global.

No que concerne ao segundo item ("O fracasso da política antidrogas militarizada"), espera-se que o candidato pondere, por exemplo, que o custo do combate às drogas é elevado, seja no que se refere a vidas humanas, seja no que se refere ao dinheiro nele aplicado. Em suma, pode-se afirmar que, se determinados instrumentos utilizados por cinco décadas não apresentaram resultados, esses métodos são ineficazes, o que leva à reflexão sobre a conveniência de substituí-los.

Por fim, em relação ao terceiro item ("Alternativas à atual política antidrogas"), espera-se que o candidato alegue que estão em marcha atitudes que podem ser uma alternativa interessante à atual política antidrogas militarizada, por exemplo, a rejeição à pulverização pura e simples dos campos de cultivo de coca, planta da qual é feita a cocaína; a permissão para o cultivo de pequenas plantações de coca; a plantação de maconha para fins medicinais e, sobretudo, ação de lideranças políticas (no Brasil, com destaque para o ex-presidente Fernando Henrique Cardoso), que defendem a descriminalização do uso da maconha, a qual distingue claramente o usuário e o traficante.

Proposta 05

Considerando o contexto que envolve as drogas ilícitas, redija um texto dissertativo que atenda, necessariamente, ao que se pede a seguir:

A MOBILIDADE HUMANA NA MODERNIDADE

> fatores que levam milhares de pessoas a enfrentar a perigosa travessia do Mediterrâneo
> o dilema moral vivido pela Europa entre receber ou rejeitar os imigrantes
> o papel da opinião pública internacional na sociedade contemporânea

Padrão de resposta da banca

Espera-se que, ao abordar o primeiro item proposto (fatores que levam milhares de pessoas a enfrentar a perigosa travessia do Mediterrâneo), o candidato enfatize, no mínimo, dois aspectos determinantes para as atuais levas de milhares de imigrantes que buscam, na Europa, as condições elementares de uma vida razoavelmente digna que não mais encontram em seus países de origem. De um lado, a fome e a miséria, quadro que tão bem representa a situação vivida, em larga medida, por habitantes da África subsaariana. De outro, a ação truculenta de governos despóticos e corruptos, além da multiplicação de guerras civis, às vezes, ensejando autênticos genocídios. Especificamente em relação ao Oriente Médio, destaca-se a caótica realidade experimentada pela Síria, na qual se associam um governo ditatorial, rivalidades religiosas levadas ao extremo e a ação implacável do terrorismo.

Em relação ao segundo tópico (o dilema moral vivido pela Europa entre receber ou rejeitar os imigrantes), espera-se que o candidato se reporte ao intenso debate travado no âmbito da União Europeia, quando alguns membros compreenderam a imperiosa necessidade de se encontrarem meios para a recepção de certo número de imigrantes, como é o caso, por exemplo, da Alemanha, enquanto outros, particularmente na Europa do Leste, ofereciam resistência explícita ao acolhimento desses imigrantes.

Por fim, quanto ao terceiro ponto (o papel da opinião pública internacional na sociedade contemporânea), espera-se que o candidato lembre ser este um elemento definidor da contemporaneidade: milhares de pessoas saem às ruas e se manifestam, por todos os meios, em face de determinados acontecimentos, como atos terroristas e o desespero desses milhares de imigrantes. Esse fenômeno de participação cidadã tem forçado os governos a tomarem certas atitudes que, muitas vezes, não se situavam em seu campo de alternativas.

2.2 Dissertação Argumentativa

A dissertação argumentativa consiste na exposição de ideias a respeito de um tema, de forma técnica e impessoal, com base em raciocínios e argumentações. Tem por objetivo a defesa ou a contestação de um ponto de vista por meio da persuasão. Por isso, a coerência entre as ideias e a clareza na forma de expressão são elementos fundamentais.

Estrutura

A estrutura lógica da dissertação consiste em: introdução (apresenta o tema a ser discutido); desenvolvimento (expõe os argumentos e ideias sobre o tema, com fundamento em fatos, exemplos, testemunhos e provas do que se pretende demonstrar); e conclusão (traz o desfecho da redação, com a finalidade de reforçar a ideia inicial).

Parágrafo

O parágrafo é uma unidade do todo que é o texto. Perceba que a redação trata de um único assunto, que é aquele apresentado no comando. Assim, dividimos o texto em parágrafos para que a leitura seja fluida, de acordo com a abordagem reservada a cada um dos parágrafos.

Elementos contidos em um parágrafo

Todo parágrafo possui uma ideia central, que é o tópico principal. Geralmente, ela se encontra na introdução do parágrafo. Em torno dessa ideia central, temos ideias secundárias que dão desenvolvimento ao parágrafo. Vale ressaltar que muitos parágrafos ainda possuem uma conclusão, a qual tem como função sintetizar o conteúdo dele.

Outro elemento não obrigatório, mas de suma importância, é o termo que faz a relação entre os parágrafos. Geralmente se encontra do segundo parágrafo em diante e objetiva fazer a conexão lógica das ideias presentes em cada parágrafo. Logo, podemos afirmar que um parágrafo adequado possui clareza, objetividade, coerência, coesão e conteúdo adequado.

Quanto ao tamanho dos parágrafos, é importante que haja uma harmonia entre eles. Dessa forma, deve-se redigir parágrafos de tamanhos semelhantes, não necessariamente iguais. Ademais, é importante não fazer parágrafos muito grandes.

Como cada parágrafo possui uma ideia principal, não se recomenda escrever um parágrafo com apenas um período ou misturar ideias em um mesmo parágrafo. Dessa maneira, o ideal é reservar um parágrafo para cada ideia e(ou) argumentação abordada ou então daquelas contidas na enumeração feita na introdução.

> Cada assunto deve ser objeto de um parágrafo específico.

Cada assunto deve ser objeto de um parágrafo específico.

Por fim, vamos novamente às regrinhas básicas: não faça parágrafos excessivamente longos e confusos, pois o examinador se cansará facilmente e não compreenderá seu texto. Por outro lado, também não faça parágrafos excessivamente curtos, que não contenham o devido desenvolvimento da ideia principal.

Exemplos

A seguir, há dois parágrafos que podem servir como introdução de um texto. Pode-se perceber que há uma organização interna que garante uma leitura rápida e eficaz. Além disso, há dois elementos básicos: a apresentação do assunto e o objetivo do texto.

REDAÇÃO

DISSERTAÇÃO EXPOSITIVA E ARGUMENTATIVA

01. Considera-se a humanização no ambiente de trabalho uma das principais características com a qual a empresa deve preocupar-se a fim de que alcance bons resultados, afinal, o capital humano é o bem mais precioso de uma instituição e o responsável por mantê-la ativa no mercado em geral. Além disso, a CF tem como um de seus fundamentos a dignidade da pessoa humana, a qual garante aos indivíduos um tratamento justo e igualitário para uma vida com qualidade. Logo, por ser um fundamento básico e irradiante, e alcançar todas as áreas do Direito, precisa ser garantido nas relações trabalhistas.

02. **A fim de alcançar a cidadania, que de certa forma é um meio para a busca da ordem e do progresso social, o Estado tem o dever, como cita a Constituição Federal, de promover a segurança pública. Por esse motivo, é coerente afirmar que é preciso ofertar, de forma homogênea, a possibilidade de "execução" da cidadania por todos do povo.**

Propostas de dissertação expositiva

Proposta 01

Elabore um texto dissertativo-argumentativo abordando o seguinte tema:

> É POSSÍVEL CONCILIAR OS INTERESSES PESSOAIS DO TRABALHADOR E OS INTERESSES DA ORGANIZAÇÃO?

Proposta 02

A internet é uma mídia que ainda vai provocar muitas modificações entre as pessoas. Estamos apenas adentrando essa nova era, que, no Brasil, teve início em 1996. Capistrano de Abreu dizia que os colonizadores portugueses ficaram, durante vários séculos, como caranguejos, apenas arranhando as costas do Brasil, sem adentrar seu território, nem dominar as regiões desconhecidas. Em relação à internet, somos os novos caranguejos do início do século XXI, sem desvendar com segurança as possibilidades desse meio de comunicação revolucionário na produção e propagação de saberes. Não sabemos ainda o que acontecerá e como se dará; por isso, não podemos fazer previsões estanques.

SHEPERD, T.; SALIÉS, T. In: Linguística da internet. São Paulo: Contexto, 2012. p.91

Redija um texto dissertativo-argumentativo em que se discuta se o uso da internet trouxe mais benefícios ou mais malefícios ao indivíduo e à sociedade. Apresente argumentos que fundamentem sua posição.

Proposta 03

Apesar da presunção de veracidade que confere autoridade, interesse e sedução a todas as fotos, a obra que os fotógrafos produzem não constitui uma exceção genérica ao comércio usualmente nebuloso entre arte e verdade. Mesmo quando os fotógrafos estão muito mais preocupados em espelhar a realidade, ainda são assediados por imperativos de gosto e de consciência. [...] O problema não é que as pessoas se lembrem através das fotografias, mas que se lembrem apenas das fotografias.

(SONTAG, Susan. "Na caverna de Platão", em Sobre a Fotografia, São Paulo, Companhia das Letras, 2008)

A partir do trecho acima, escreva um texto dissertativo-argumentativo sobre o seguinte tema:

> A IMAGEM COMO PRODUTORA DE SENTIDOS NA MODERNIDADE

Proposta 04

Epicuro havia percebido que as leis não educam: que não eram feitas para serem propriamente obedecidas, mas para garantir, sobretudo, a possibilidade de punição. Ele se deu conta, por um lado, de que a educação e as necessidades básicas do ser humano deveriam ser gerenciadas pela pólis (Estado); por outro lado, viu que era preciso, de algum modo, isolar para educar, porém, sem reclusão, porque a virtude do caráter político não se reduz, afinal, a um modelo ou teoria, tampouco ao recinto de uma instituição ou de uma *pólis*.

(Adaptado de: SPINELLI, Miguel. Epicuro e as bases do epicurismo, São Paulo, Paulus, 2013, p. 8)

Com base no excerto acima, escreva uma dissertação justificando amplamente seu ponto de vista.

Proposta 05

I

Para além da fidelidade e integridade da informação, problema que se impunha com os veículos tradicionais da mídia, hoje, com a internet, o homem enfrenta um novo desafio: distinguir, de uma profusão de informações supérfluas, as que lhe importam na formação de um pensamento que garanta sua identidade e papel social.

II

Ponto de vista não é apenas a opinião que desenvolvemos sobre determinado assunto, mas também o lugar a partir de onde consideramos o mundo e que influencia de maneira cabal nossas percepções e ações.

III

Todos os homens voltam para casa.

Estão menos livres mas levam jornais

e soletram o mundo, sabendo que o perdem.

(ANDRADE, Carlos Drummond de. "A flor e a náusea")

Redija um texto dissertativo-argumentativo a partir do que se afirma em I, II e III.

Proposta 06

As Olimpíadas eram uma série de competições esportivas que, de quatro em quatro anos, reuniam atletas das cidades-estado que formavam a Grécia Antiga. Surgiram em 776 a.C. na cidade de Olímpia e se realizaram até 393 d.C. Tinham grande importância por seu caráter religioso, político e esportivo, e buscavam a harmonia entre cidades, com a trégua entre conflitos e guerras, além da valorização da saúde e do corpo saudável. Ressurgiram em 1896, com o objetivo de retomar os ideais olímpicos na interação entre os povos, e estiveram sujeitas a interferências políticas no decorrer do tempo. Os Jogos Panamericanos, mais recentes, também realizados de quatro em quatro anos, são evento multiesportivo, que tem por base os Jogos Olímpicos e, como indica o próprio nome, reúne atletas dos países do continente americano. Na atualidade, no entanto, parece haver confluência de interesses bastante diversos na realização desses eventos, de modo a acirrar o espírito competitivo e a expor o poder, até mesmo financeiro, de alguns países.

Diante do que se expôs acima, redija um texto dissertativo-argumentativo sobre o seguinte tema:

AS COMPETIÇÕES ESPORTIVAS INTERNACIONAIS
COMO INSTRUMENTO DE MANUTENÇÃO DA PAZ
E DA IGUALDADE NO MUNDO MODERNO.

RACIOCÍNIO LÓGICO

1. CONJUNTOS NUMÉRICOS

Os números surgiram da necessidade de contar ou quantificar coisas ou objetos. Com o passar do tempo, foram adquirindo características próprias.

1.1 Números Naturais

É o primeiro dos conjuntos numéricos. Representado pelo símbolo $\mathbb{N}$. É formado pelos seguintes elementos:

$\mathbb{N} = \{0, 1, 2, 3, 4, 5, 6, 7, 8, 9, 10, 11, 12, 13, ... + \infty\}$

O símbolo ∞ significa infinito, o + quer dizer positivo, então $+\infty$ quer dizer infinito positivo.

1.2 Números Inteiros

Esse conjunto surgiu da necessidade de alguns cálculos não possuírem resultados, pois esses resultados eram negativos.

Representado pelo símbolo $\mathbb{Z}$, é formado pelos seguintes elementos:

$\mathbb{Z} = \{-\infty, ..., -3, -2, -1, 0, 1, 2, 3, ..., +\infty\}$

Operações e Propriedades dos Números Naturais e Inteiros

As principais operações com os números naturais e inteiros são: adição, subtração, multiplicação, divisão, potenciação e radiciação (as quatro primeiras são também chamadas operações fundamentais).

Adição

Na adição, a soma dos termos ou parcelas resulta naquilo que se chama **total**.

Ex.: 2 + 2 = 4

As propriedades da adição são:

Elemento Neutro: qualquer número somado ao zero tem como total o próprio número.

Ex.: + 0 = 2

Comutativa: a ordem dos termos não altera o total.

Ex.: 2 + 3 = 3 + 2 = 5

Associativa: o ajuntamento de parcelas não altera o total.

Ex.: 2 + 0 = 2

Subtração

Operação contrária à adição, também conhecida como diferença.

Os termos ou parcelas da subtração, assim como o total, têm nomes próprios:

M – N = P; em que M = minuendo, N = subtraendo e P = diferença ou resto.

Ex.: 7 – 2 = 5

Quando o subtraendo for maior que o minuendo, a diferença será negativa.

Multiplicação

Nada mais é do que a soma de uma quantidade de parcelas fixas. Ao resultado da multiplicação chama-se produto. Os símbolos que indicam a multiplicação são o **"x"** (sinal de vezes) ou o **"."** (ponto).

Exs.: 4 x 7 = 7 + 7 + 7 + 7 = 28

7 . 4 = 4 + 4 + 4 + 4 + 4 + 4 + 4 = 28

As propriedades da multiplicação são:

Elemento Neutro: qualquer número multiplicado por 1 terá como produto o próprio número.

Ex.: 5 . 1 = 5

Comutativa: ordem dos fatores não altera o produto.

Ex.: 3 · 4 = 4 · 3 = 12

Associativa: o ajuntamento dos fatores não altera o resultado.

Ex.: 2 · (3 · 4) = (2 · 3) · 4 = 24

Distributiva: um fator em evidência multiplica todas as parcelas dentro dos parênteses.

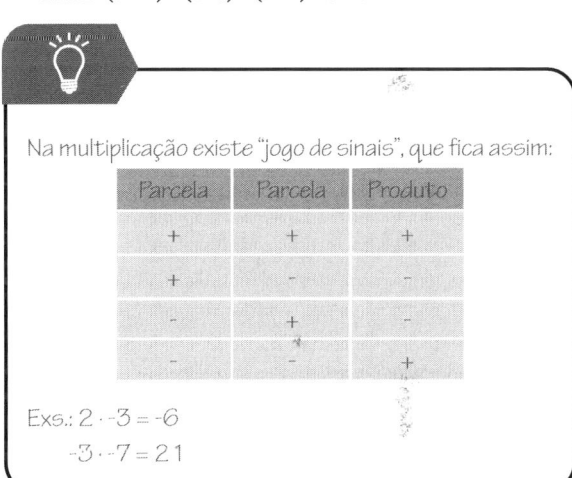

Ex.: 2 · (3 + 4) = (2 · 3) + (2 · 4) = 6 + 8 = 14

> Na multiplicação existe "jogo de sinais", que fica assim:
>
> | Parcela | Parcela | Produto |
> |---|---|---|
> | + | + | + |
> | + | – | – |
> | – | + | – |
> | – | – | + |
>
> Exs.: 2 · -3 = -6
> -3 · -7 = 21

Divisão

É o inverso da multiplicação. Os sinais que a representam são: ":", "÷", "/" ou a fração.

Exs.: 14 ÷ 7 = 2

25 : 5 = 5

36/12 = 3

> Por ser o inverso da multiplicação, a divisão também possui o "jogo de sinal".

1.3 Números Racionais

Com o passar do tempo alguns cálculos não possuíam resultados inteiros, a partir daí surgiram os números racionais, que são representados pela letra $\mathbb{Q}$ e são os números que podem ser escritos sob forma de frações.

CONJUNTOS NUMÉRICOS

$\mathbb{Q} = \frac{a}{b}$ (com "b" diferente de zero → b ≠ 0); em que "a" é o numerador e "b" é o denominador.

Fazem parte desse conjunto também as dízimas periódicas (números que apresentam uma série infinita de algarismos decimais, após a vírgula) e os números decimais (aqueles que são escritos com a vírgula e cujo denominador são as potências de 10).

Toda fração cujo numerador é menor que o denominador é chamada de fração própria.

Operações com os Números Racionais

Adição e subtração

Para somar frações deve-se estar atento se os denominadores das frações são os mesmos. Caso sejam iguais, basta repetir o denominador e somar (ou subtrair) os numeradores, porém se os denominadores forem diferentes é preciso fazer o M.M.C. (assunto que será visto adiante) dos denominadores, constituir novas frações equivalentes às frações originais e, assim, proceder com o cálculo.

$$\frac{2}{7} + \frac{4}{7} = \frac{6}{7}$$

$$\frac{2}{3} + \frac{4}{5} = \frac{10}{15} + \frac{12}{15} = \frac{22}{15}$$

Multiplicação

Para multiplicar frações basta multiplicar numerador com numerador e denominador com denominador.

$$\frac{3}{4} \cdot \frac{5}{7} = \frac{15}{28}$$

Divisão

Para dividir frações basta fazer uma multiplicação da primeira fração com o inverso da segunda fração.

$$\frac{2}{3} \div \frac{4}{5} = \frac{2}{3} \cdot \frac{5}{4} = \frac{10}{12} = \frac{5}{6} \text{(Simplificando por 2)}$$

Toda vez que for possível deve-se simplificar a fração até sua fração irredutível (aquela que não pode mais ser simplificada).

Potenciação

Se a multiplicação é soma de uma quantidade de parcelas fixas, a potenciação é a multiplicação de uma quantidade de fatores fixos, tal quantidade indicada no expoente que acompanha a base da potência.

A potenciação é expressa por: a^n, cujo "a" é a base da potência e o "n" é o expoente.

Ex.: $4^3 = 4 \cdot 4 \cdot 4 = 64$

As propriedades das potências são:

$a^0 = 1$

$3^0 = 1$

$a^1 = a$

$5^1 = 5$

$a^{-n} = 1/a^n$

$2^{-3} = \frac{1}{2^3} = 1/8$

$a^m \cdot a^n = a^{(m+n)}$

$3^2 \cdot 3^3 = 3^{(2+3)} = 3^5 = 243$

$a^m : a^n = a^{(m-n)}$

$4^5 : 4^3 = 4^{(5-3)} = 4^2 = 16$

$(a^m)^n = a^{m \cdot n}$

$(2^2)^4 = 2^{2 \cdot 4} = 2^8 = 256$

$a^{m/n} = \sqrt[n]{a^m}$

$7^{2/3} = \sqrt[3]{7^2} = \sqrt[3]{49}$

Não confunda: $(am)n \neq am\ n$

Não confunda também: $(-a)n \neq -an$.

Radiciação

É a expressão da potenciação com expoente fracionário.

A representação genérica da radiciação é: $\sqrt[n]{a}$; cujo "n" é o índice da raiz, o "a" é o radicando e "$\sqrt{\ }$" é o radical.

Quando o índice da raiz for o 2 ele não precisa aparecer e essa raiz será uma raiz quadrada.

As propriedades das "raízes" são:

→ $\sqrt[n]{a^m} = (\sqrt[n]{a})^m = a^{m/n}$

→ $\sqrt[m]{\sqrt[n]{a}} = \sqrt[m \cdot n]{a}$

→ $\sqrt[m]{a^m} = a = a^{m/m} = a^1 = a$

Racionalização: se uma fração tem em seu denominador um radical, faz-se o seguinte:

$$\frac{1}{\sqrt{a}} = \frac{1}{\sqrt{a}} \cdot \frac{\sqrt{a}}{\sqrt{a}} = \frac{\sqrt{a}}{\sqrt{a^2}} = \frac{\sqrt{a}}{a}$$

Transformando Dízima Periódica em Fração

Para transformar dízimas periódicas em fração, é preciso atentar-se para algumas situações:

> Verifique se depois da vírgula só há a parte periódica, ou se há uma parte não periódica e uma periódica.

> Observe quantas são as "casas" periódicas e, caso haja, as não periódicas. Lembrado sempre que essa observação só será para os números que estão depois da vírgula.

> Em relação à fração, o denominador será tantos "9" quantos forem as casas do período, seguido de tantos "0" quantos forem as casas não periódicas (caso haja e depois da vírgula). Já o numerador será o número sem a vírgula até o primeiro período "menos" toda a parte não periódica (caso haja).

Exs.: $0,6666... = \frac{6}{9}$

$0,36363636... = \frac{36}{99}$

$0,123333... = \frac{123 - 12}{900} = \frac{111}{900}$

$2,8888... = \frac{28 - 2}{9} = \frac{26}{9}$

$3,754545454... = \frac{3754 - 37}{990} = \frac{3717}{990}$

Transformando Número Decimal em Fração

Para transformar número decimal em fração, basta contar quantas "casas" existem depois da vírgula; então o denominador da fração será o número 1 acompanhado de tantos zeros quantos forem o número de "casas", já o numerador será o número sem a "vírgula".

Exs.: $0,3 = \dfrac{3}{10}$

$2,45 = \dfrac{245}{100}$

$49,586 = \dfrac{49586}{1000}$

1.4 Números Irracionais

São os números que não podem ser escritos na forma de fração.

O conjunto é representado pela letra $\mathbb{I}$ e tem como elementos as dízimas não periódicas e as raízes não exatas.

1.5 Números Reais

Simbolizado pela letra $\mathbb{R}$, é a união do conjunto dos números racionais com o conjunto dos números irracionais.

Representado, tem-se:

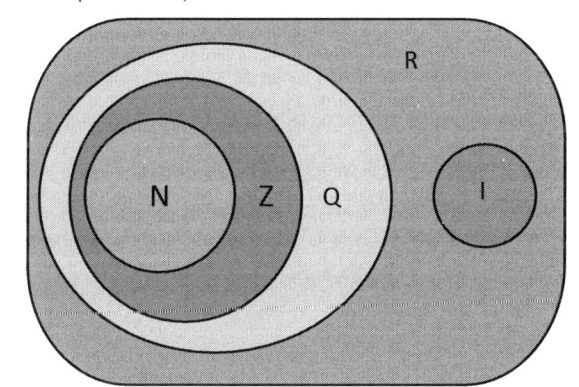

Colocando todos os números em uma reta, tem-se:

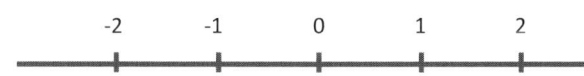

-2 -1 0 1 2

As desigualdades ocorrem em razão de os números serem maiores ou menores uns dos outros.

Os símbolos das desigualdades são:

$\geq$ maior ou igual a;

$\leq$ menor ou igual a;

$>$ maior que;

$<$ menor que.

Dessas desigualdades surgem os intervalos, que nada mais são do que um espaço dessa reta, entre dois números.

Os intervalos podem ser abertos ou fechados, depende dos símbolos de desigualdade utilizados.

Intervalo aberto ocorre quando os números não fazem parte do intervalo e os sinais de desigualdade são:

$>$ maior que;

$<$ menor que.

Intervalo fechado ocorre quando os números fazem parte do intervalo e os sinais de desigualdade são:

$\geq$ maior ou igual a;

$\leq$ menor ou igual a.

1.6 Intervalos

Os intervalos numéricos podem ser representados das seguintes formas:

Com os Símbolos $<, >, \leq, \geq$

Quando forem usados os símbolos $<$ ou $>$, os números que os acompanham não fazem parte do intervalo real. Já quando forem usados os símbolos $\leq$ ou $\geq$ os números farão parte do intervalo real.

Exs.:

$2 < x < 5$: o 2 e o 5 não fazem parte do intervalo.

$2 \leq x < 5$: o 2 faz parte do intervalo, mas o 5 não.

$2 \leq x \leq 5$: o 2 e o 5 fazem parte do intervalo.

Com os Colchetes

Quando os colchetes estiverem voltados para os números, significa que farão parte do intervalo. Porém, quando os colchetes estiverem invertidos, significa que os números não farão parte do intervalo.

Exs.:

]2;5[: o 2 e o 5 não fazem parte do intervalo.

[2;5[: o 2 faz parte do intervalo, mas o 5 não faz.

[2;5]: o 2 e o 5 fazem parte do intervalo.

Sobre uma Reta Numérica

Intervalo aberto $2<x<5$:

Em que 2 e 5 não fazem parte do intervalo numérico, representado pela marcação aberta (sem preenchimento - O).

Intervalo fechado e aberto $2 \leq x < 5$:

Em que 2 faz parte do intervalo, representado pela marcação fechada (preenchida - ●) em que 5 não faz parte do intervalo, representado pela marcação aberta (O).

Intervalo fechado $2 \leq x \leq 5$:

Em que 2 e 5 fazem parte do intervalo numérico, representado pela marcação fechada (●).

CONJUNTOS NUMÉRICOS

1.7 Múltiplos e Divisores

Os múltiplos são resultados de uma multiplicação de dois números naturais.

Ex.: Os múltiplos de 3 são: 0, 3, 6, 9, 12, 15, 18, 21, 24, 27, 30... (os múltiplos são infinitos).

Os divisores de um "número" são os números cuja divisão desse "número" por eles será exata.

Ex.: Os divisores de 12 são: 1, 2, 3, 4, 6, 12.

> Números quadrados perfeitos são aqueles que resultam da multiplicação de um número por ele mesmo.
> Ex.: $4 = 2 \cdot 2$
> $25 = 5 \cdot 5$

1.8 Números Primos

São os números que têm apenas dois divisores, o 1 e ele mesmo (alguns autores consideram os números primos aqueles que tem 4 divisores, sendo o 1, o -1, ele mesmo e o seu oposto – simétrico).

Veja alguns números primos:

2 (único primo par), 3, 5, 7, 11, 13, 17, 19, 23, 29, 31, 37, 41, 43, 47, 53, 59, ...

Os números primos servem para decompor outros números.

A decomposição de um número em fatores primos serve para fazer o MMC (mínimo múltiplo comum) e o MDC (máximo divisor comum).

1.9 MMC e MDC

O MMC de um, dois ou mais números é o menor número que, ao mesmo tempo, é múltiplo de todos esses números.

O MDC de dois ou mais números é o maior número que pode dividir todos esses números ao mesmo tempo.

Para calcular, após decompor os números, o MMC de dois ou mais números será o produto de todos os fatores primos, comuns e não comuns, elevados aos maiores expoentes. Já o MDC será apenas os fatores comuns a todos os números elevados aos menores expoentes.

Exs.: $6 = 2 \cdot 3$
$18 = 2 \cdot 3 \cdot 3 = 2 \cdot 3^2$
$35 = 5 \cdot 7$
$144 = 2 \cdot 2 \cdot 2 \cdot 2 \cdot 3 \cdot 3 = 2^4 \cdot 3^2$
$225 = 3 \cdot 3 \cdot 5 \cdot 5 = 3^2 \cdot 5^2$
$490 = 2 \cdot 5 \cdot 7 \cdot 7 = 2 \cdot 5 \cdot 7^2$
$640 = 2 \cdot 2 \cdot 2 \cdot 2 \cdot 2 \cdot 2 \cdot 2 \cdot 5 = 2^7 \cdot 5$
MMC de 18 e 225 = $2 \cdot 3^2 \cdot 5^2 = 2 \cdot 9 \cdot 25 = 450$
MDC de 225 e 490 = 5

Para saber a quantidade de divisores de um número basta, depois da decomposição do número, pegar os expoentes dos fatores primos, somar "+1" e multiplicar os valores obtidos.

Exs.: $225 = 3^2 \cdot 5^2 = 3^{2+1} \cdot 5^{2+1} = 3 \cdot 3 = 9$

Nº de divisores = $(2 + 1) \cdot (2 + 1) = 3 \cdot 3 = 9$ divisores. Que são: 1, 3, 5, 9, 15, 25, 45, 75, 225.

1.10 Divisibilidade

As regras de divisibilidade servem para facilitar a resolução de contas, para ajudar a descobrir se um número é ou não divisível por outro. Veja algumas dessas regras.

Divisibilidade por 2: para um número ser divisível por 2 basta que o mesmo seja par.

Exs.: 14 é divisível por 2.

17 não é divisível por 2.

Divisibilidade por 3: para um número ser divisível por 3, a soma dos seus algarismos tem que ser divisível por 3.

Exs.: 174 é divisível por 3, pois 1 + 7 + 4 = 12

188 não é divisível por 3, pois 1 + 8 + 8 = 17

Divisibilidade por 4: para um número ser divisível por 4, ele tem que terminar em 00 ou os seus dois últimos números devem ser múltiplos de 4.

Exs.: 300 é divisível por 4.

532 é divisível por 4.

766 não é divisível por 4.

Divisibilidade por 5: para um número ser divisível por 5, ele deve terminar em 0 ou em 5.

Exs.: 35 é divisível por 5.

370 é divisível por 5.

548 não é divisível por 5.

Divisibilidade por 6: para um número ser divisível por 6, ele deve ser divisível por 2 e por 3 ao mesmo tempo.

Exs.: 78 é divisível por 6.

576 é divisível por 6.

652 não é divisível por 6.

Divisibilidade por 9: para um número ser divisível por 9, a soma dos seus algarismos deve ser divisível por 9.

Exs.: 75 é não divisível por 9.

684 é divisível por 9.

Divisibilidade por 10: para um número ser divisível por 10, basta que ele termine em 0.

Exs.: 90 é divisível por 10.

364 não é divisível por 10.

1.11 Expressões Numéricas

Para resolver expressões numéricas, deve-se sempre seguir a ordem:

> Resolva os (parênteses), depois os [colchetes], depois as {chaves}, nessa ordem;

> Dentre as operações resolva primeiro as potenciações e raízes (o que vier primeiro), depois as multiplicações e divisões (o que vier primeiro) e por último as somas e subtrações (o que vier primeiro).

Calcule o valor da expressão:

Ex.: $8 - \{5 - [10 - (7 - 3 \cdot 2)] \div 3\}$

Resolução:

$8 - \{5 - [10 - (7 - 6)] \div 3\}$

$8 - \{5 - [10 - (1)] \div 3\}$

$8 - \{5 - [9] \div 3\}$

$8 - \{5 - 3\}$

$8 - \{2\}$

6

Questões

01. (MB) Considere $x = 10$ e $y = 20$. Calcule o valor de $(x + y)^2 - 2xy$.
a) 900
b) 600
c) 500
d) 300
e) 200

02. O conjunto A = {-4, -3, -2, -1, 0, 1} pode ser representado por:
a) $\{x \in Z \mid -4 < x < 1\}$
b) $\{x \in Z \mid -4 < x \leq 1\}$
c) $\{x \in Z \mid -4 \leq x \leq 1\}$
d) $\{x \in Z \mid -4 \leq x < 1\}$
e) $\{x \in Z \mid +4 < x < 1\}$

03. (FCC) O valor da expressão $\dfrac{A^2 - B^3}{A^B + B^A}$, para $A = 2$ e $B = -1$ é um número compreendido entre:
a) -2 e 1.
b) 1 e 4.
c) 4 e 7.
d) 7 e 9.
e) 9 e 10.

04. (TJ-PR) Um historiador comentou em sala de aula: "Meu tataravô nasceu no século 18. O ano em que nasceu era um cubo perfeito. O ano em que morreu era um quadrado perfeito. O quanto viveu, também era um quadrado perfeito." Quantos anos viveu o tataravô do historiador?
a) 36
b) 30
c) 32
d) 34
e) 40

05. (CEFET) Os restos das divisões de 247 e 315 por x são 7 e 3, respectivamente. Os restos das divisões de 167 e 213 por y são 5 e 3, respectivamente. O maior valor possível para a soma x + y é:
a) 36
b) 34
c) 30
d) 25

06. (FCC) Sejam x e y números naturais, e $\triangle$ e $\square$ símbolos com os seguintes significados:
– $x \triangle y$ é igual ao maior número dentre x e y, com $x \neq y$;
– $x \square y$ é igual ao menor número dentre x e y, com $x \neq y$;
– se $x = y$, então $x \triangle y = x \square y = x = y$.

De acordo com essas regras, o valor da expressão $[64 \square (78 \triangle 64) \square \{92 \triangle [(43 \square 21) \triangle 21]\}$ é:
a) 92.
b) 78.
c) 64.
d) 43.
e) 21.

07. (PUC-MG) O valor exato de

$$\dfrac{0,2929\ldots - 0,222\ldots}{0,555\ldots + 0,333\ldots} \text{ é:}$$

a) 3/25
b) 3/28
c) 4/34
d) 6/58
e) 7/88

08. Sejam x e y números reais dados por suas representações decimais:
$$\begin{cases} x = 0,111111\ldots \\ y = 0,999999\ldots \end{cases}$$
Pode-se afirmar que:
a) $x + y = 1$
b) $x - y = 8/9$
c) $xy = 0,9$
d) $1/(x+y) = 0,9$
e) $xy = 1$

09. (ESPP) Sejam as afirmações:
I. A soma entre dois números irracionais é sempre um número irracional.
II. Toda dízima periódica pode ser escrita com uma fração de denominador e numerador inteiros.
III. $7\sqrt{}/4 > 11/2$

Pode-se dizer que:
a) São corretas somente I e II.
b) Todas são corretas.
c) Somente uma delas é correta.
d) São corretas somente II e III.

RACIOCÍNIO LÓGICO

CONJUNTOS NUMÉRICOS

10. (FGV) Analise as afirmativas a seguir:
    I. $\sqrt{6}$ é maior que $\frac{5}{2}$.
    II. 0,555... é um número racional.
    III. Todo número inteiro tem antecessor.

    Assinale:
    a) Se somente as afirmativas I e III estiverem corretas.
    b) Se somente a afirmativa II estiver correta.
    c) Se somente as afirmativas I e II estiverem corretas.
    d) Se somente a afirmativa I estiver correta.
    e) Se somente as afirmativas II e III estiverem corretas.

Gabaritos

01	C	06	C
02	C	07	E
03	B	08	D
04	A	09	C
05	C	10	E

2. SISTEMA LEGAL DE MEDIDAS

2.1 Medidas de Tempo

A unidade padrão do tempo é o segundo (s), mas devemos saber as seguintes relações:

1 min = 60 s

1h = 60 min = 3600 s

1 dia = 24 h = 1440 min = 86400 s

30 dias = 1 mês

2 meses = 1 bimestre

6 meses = 1 semestre

12 meses = 1 ano

10 anos = 1 década

100 anos = 1 século

Exs.: 5h47min18seg + 11h39min59s = 26h86min77s = 26h87min17s = 27h27min17s = 1dia3h27mim17s;

8h23min − 3h49min51seg = 7h83min − 3h49min51seg = 7h82min60seg − 3h49min51seg = 4h33min9seg.

Cuidado com as transformações de tempo, pois elas nao seguem o mesmo padrão das outras medidas.

2.2 Sistema Métrico Decimal

Serve para medir comprimentos, distâncias, áreas e volumes. Tem como unidade padrão o metro (m). Veremos agora seus múltiplos, variações e algumas transformações.

Metro (m):

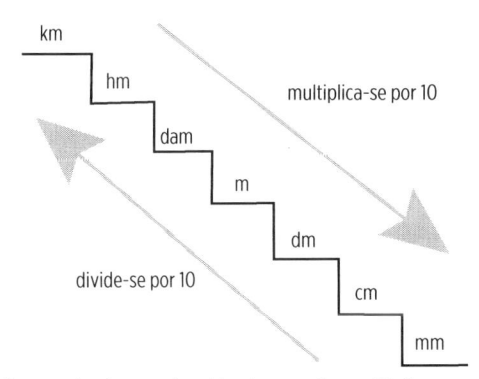

km, hm, dam, m, dm, cm, mm

multiplica-se por 10

divide-se por 10

Para cada degrau descido da escada, multiplica-se por 10, e para cada degrau subido, divide-se por 10.

Exs.: Transformar 2,98km em cm = 2,98 · 100.000 = 298.000cm (na multiplicação por 10 ou suas potências, basta deslocar a "vírgula" para a direita);

Transformar 74m em km = 74 ÷ 1000 = 0,074km (na divisão por 10 ou suas potências, basta deslocar a "vírgula" para a esquerda).

> O grama (g) e o litro (l) seguem o mesmo padrão do metro (m).

Metro quadrado (m^2):

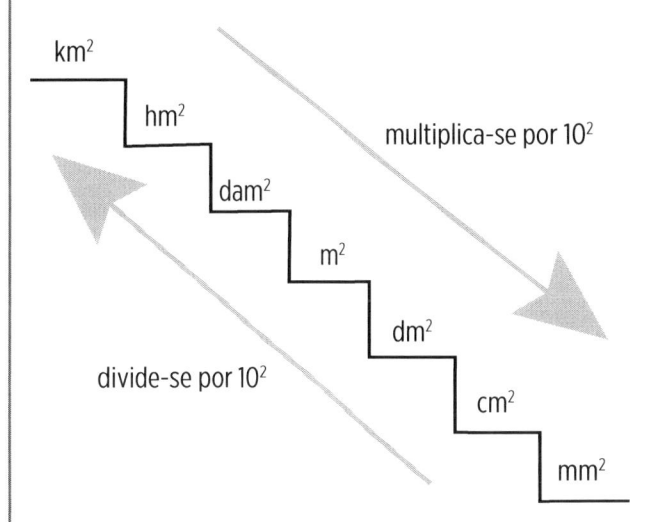

km^2, hm^2, dam^2, m^2, dm^2, cm^2, mm^2

multiplica-se por 10^2

divide-se por 10^2

Para cada degrau descido da escada multiplica por 10^2 ou 100, e para cada degrau subido divide por 10^2 ou 100.

Exs.: Transformar 79,11m^2 em cm^2 = 79,11 · 10.000 = 791.100cm^2;

Transformar 135m^2 em km^2 = 135 ÷ 1.000.000 = 0,000135km^2.

Metro cúbico (m^3):

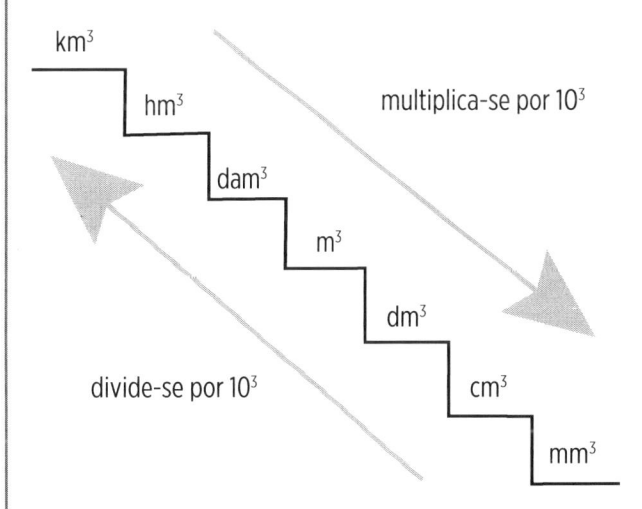

km^3, hm^3, dam^3, m^3, dm^3, cm^3, mm^3

multiplica-se por 10^3

divide-se por 10^3

Para cada degrau descido da escada, multiplica-se por 10^3 ou 1000, e para cada degrau subido, divide-se por 10^3 ou 1000.

Exs.: Transformar 269dm^3 em cm^3 = 269 · 1.000 = 269.000cm^3

Transformar 4.831cm^3 em m^3 = 4.831 ÷ 1.000.000 = 0,004831m^3

O metro cúbico, por ser uma medida de volume, tem relação com o litro (l), e essa relação é:

$1m^3$ = 1000 litros

$1dm^3$ = 1 litro

$1cm^3$ = 1 mililitro

SISTEMA LEGAL DE MEDIDAS

Questões

01. (CESGRANRIO) José é funcionário de uma imobiliária e gosta muito de Matemática. Para fazer uma brincadeira com um colega, resolveu escrever as áreas de cinco apartamentos que estão à venda em unidades de medida diferentes, como mostra a tabela abaixo.

Apartamento	Área
I	0,000162 km²
II	180 m²
III	12.800 dm²
IV	950.000 cm²
V	100.000.000 mm²

Em seguida, pediu ao colega que organizasse as áreas dos cinco apartamentos em ordem crescente.

O colega de José respondeu corretamente ao desafio proposto apresentando a ordem:

a) I < II < III < IV < V
b) II < I < IV < V < III
c) IV < V < III < I < II
d) V < II < I < III < IV
e) V < IV < III < II < I

02. (CESGRANRIO) No modelo abaixo, os pontos A, B, C e D pertencem à mesma reta. O ponto A dista 65,8 mm do ponto D; o ponto B dista 41,9 mm do ponto D, e o ponto C está a 48,7 mm do ponto A.

```
A       B       C       D
●───────●───────●───────●
```

Qual é, em milímetros, a distância entre os pontos B e C?

a) 17,1
b) 23,1
c) 23,5
d) 23,9
e) 24,8

03. (CEPERJ) Uma pessoa levou 1 hora, 40 minutos e 20 segundos para realizar determinada tarefa. O tempo total de trabalho dessa pessoa, em segundos, vale:

a) 120
b) 1420
c) 3660
d) 4120
e) 6020

04. (FCC) Sabe-se que, num dado instante, a velocidade de um veículo era v = 0,0125 km/s. Assim sendo, é correto afirmar que, em metros por hora, v seria igual a:

a) 45 000.
b) 25 000.
c) 7 500.
d) 4 500.
e) 2 500.

05. (FCC) Considere que:
> 1 milissegundo (ms) = 10^{-3} segundo
> 1 microssegundo (μs) = 10^{-6} segundo
> 1 nanossegundo (ns) = 10^{-9} segundo
> 1 picossegundo (ps) = 10^{-12} segundo

Nessas condições, a soma 1 ms + 10 μs + 100 ns + 1 000 ps NÃO é igual a:

a) 1,010101 ms.
b) 0,001010101 s.
c) 1.010.101.000 ps.
d) 1.010.101 ns.
e) 10.101,01 μs.

06. (CPCAR) Três alunos A, B e C participam de uma gincana e uma das tarefas é uma corrida em pista circular. Eles gastam para esta corrida, respectivamente, 1,2 minutos, 1,5 minutos e 2 minutos para completarem uma volta na pista. Eles partem do mesmo local e no mesmo instante. Após algum tempo, os três alunos se encontram pela primeira vez no local de partida. Considerando os dados acima, assinale a alternativa correta.

a) Na terceira vez que os três se encontrarem, o aluno menos veloz terá completado 12 voltas.
b) O tempo que o aluno B gastou até que os três se encontraram pela primeira vez foi de 4 minutos.
c) No momento em que os três alunos se encontraram pela segunda vez, o aluno mais veloz gastou 15 minutos.
d) A soma do número de voltas que os três alunos completaram quando se encontraram pela segunda vez foi 24.

07. (CESGRANRIO) Aos domingos, é possível fazer um passeio de 7 km pela antiga Estrada de Ferro Madeira-Mamoré, indo de Porto Velho até Cachoeira de Santo Antônio. Esse passeio acontece em quatro horários: 9h, 10h30min, 15h e 16h30min. Um turista pretendia fazer o passeio no segundo horário da manhã, mas chegou atrasado à estação e, assim, teve que esperar 3 horas e 35 minutos até o horário seguinte. A que horas esse turista chegou à estação?

a) 10h 55min.
b) 11h 15min.
c) 11h 25min.
d) 11h 45min.
e) 11h 55min.

08. (FCC) A velocidade de 120 km/h equivale, aproximadamente, à velocidade de:

a) 33,33 m/s
b) 35 m/s
c) 42,5 m/s
d) 54,44 m/s
e) 60 m/s

09. (CESGRANRIO) Certo nadador levou 150 segundos para completar uma prova de natação. Esse tempo corresponde a:

a) Um minuto e meio.
b) Dois minutos.
c) Dois minutos e meio.
d) Três minutos.
e) Três minutos e meio.

Gabaritos

01	C	06	D
02	E	07	C
03	E	08	A
04	A	09	C
05	E		

3. RAZÕES E PROPORÇÕES

Neste capítulo, estão presentes alguns assuntos muito incidentes em provas: razões e proporções. É preciso que haja atenção no estudo desse conteúdo.

3.1 Grandeza

É tudo aquilo que pode ser contado, medido ou enumerado.

Ex.: Comprimento (distância), tempo, quantidade de pessoas e/ou coisas, etc.

Grandezas Diretamente Proporcionais: são aquelas em que o aumento de uma implica o aumento da outra.

Ex.: Quantidade e preço.

Grandezas Inversamente Proporcionais: são aquelas em que o aumento de uma implica a diminuição da outra.

Ex.: Velocidade e tempo.

3.2 Razão

É a comparação de duas grandezas. Essas grandezas podem ser de mesma espécie (com a mesma unidade) ou de espécies diferentes (unidades diferentes). Nada mais é do que uma fração do tipo $\frac{a}{b}$, com $b \neq 0$.

Nas razões, os numeradores são também chamados de antecedentes e os denominadores de consequentes.

Exs.:

Escala: comprimento no desenho comparado ao tamanho real.

Velocidade: distância comparada ao tempo.

3.3 Proporção

Pode ser definida como a igualdade de razões.

$$\frac{a}{b} = \frac{c}{d}$$

Dessa igualdade, tiramos a propriedade fundamental das proporções: "o produto dos meios igual ao produto dos extremos" (a chamada "multiplicação cruzada").

$$b \cdot c = a \cdot d$$

É basicamente essa propriedade que ajuda resolver a maioria das questões desse assunto.

Dados três números racionais a, b e c, não nulos, denomina-se quarta proporcional desses números um número x tal que:

$$\frac{a}{b} = \frac{c}{x}$$

Proporção contínua é toda proporção que apresenta os meios iguais.

De um modo geral, uma proporção contínua pode ser representada por:

$$\frac{a}{b} = \frac{b}{c}$$

As outras propriedades das proporções são:

Numa proporção, a soma dos dois primeiros termos está para o 2º (ou 1º) termo, assim como a soma dos dois últimos está para o 4º (ou 3º).

$$\frac{a+b}{b} = \frac{c+d}{d} \text{ ou } \frac{a+b}{a} = \frac{c+d}{c}$$

Numa proporção, a diferença dos dois primeiros termos está para o 2º (ou 1º) termo, assim como a diferença dos dois últimos está para o 4º (ou 3º).

$$\frac{a-b}{b} = \frac{c-d}{d} \text{ ou } \frac{a-b}{a} = \frac{c-d}{c}$$

Numa proporção, a soma dos antecedentes está para a soma dos consequentes, assim como cada antecedente está para o seu consequente.

$$\frac{a+c}{b+d} = \frac{c}{d} = \frac{a}{b}$$

Numa proporção, a diferença dos antecedentes está para a diferença dos consequentes, assim como cada antecedente está para o seu consequente.

$$\frac{a-c}{b-d} = \frac{c}{d} = \frac{a}{b}$$

Numa proporção, o produto dos antecedentes está para o produto dos consequentes, assim como o quadrado de cada antecedente está para quadrado do seu consequente.

$$\frac{a \cdot c}{b \cdot d} = \frac{a^2}{b^2} = \frac{c^2}{d^2}$$

A última propriedade pode ser estendida para qualquer número de razões.

$$\frac{a \cdot c \cdot e}{b \cdot d \cdot f} = \frac{a^3}{b^3} = \frac{c^3}{d^3} = \frac{e^3}{f^3}$$

3.4 Divisão em Partes Proporcionais

Para dividir um número em partes direta ou inversamente proporcionais, basta seguir algumas regras:

Divisão em Partes Diretamente Proporcionais

Divida o número 50 em partes diretamente proporcionais a 4 e a 6.

$4x + 6x = 50$

$10x = 50$

$x = \frac{50}{10}$

$x = 5$

x = constante proporcional

Então, $4x = 4 \cdot 5 = 20$ e $6x = 6 \cdot 5 = 30$

RACIOCÍNIO LÓGICO

RAZÕES E PROPORÇÕES

Logo, a parte proporcional a 4 é o 20 e a parte proporcional ao 6 é o 30.

Divisão em Partes Inversamente Proporcionais

Divida o número 60 em partes inversamente proporcionais a 2 e a 3.

$$\frac{x}{2} + \frac{x}{3} = 60$$

$$\frac{3x}{6} + \frac{2x}{6} = 60$$

$$5x = 60 \cdot 6$$

$$5x = 360$$

$$x = \frac{360}{5}$$

$$x = 72$$

x = constante proporcional

Então, $\frac{x}{2} = \frac{72}{2} = 36$ e $\frac{x}{3} = \frac{72}{3} = 24$

Logo, a parte proporcional a 2 é o 36 e a parte proporcional ao 3 é o 24.

Perceba que, na divisão diretamente proporcional, quem tiver a maior parte ficará com o maior valor. Já na divisão inversamente proporcional, quem tiver a maior parte ficará com o menor valor.

3.5 Regra das Torneiras

Sempre que uma questão envolver uma "situação" que pode ser feita de um jeito em determinado tempo (ou por uma pessoa) e, em outro tempo, de outro jeito (ou por outra pessoa), e quiser saber em quanto tempo seria se fosse feito tudo ao mesmo tempo, usa-se a regra da torneira, que consiste na aplicação da seguinte fórmula:

$$t_T = \frac{t_1 \cdot t_2}{t_1 + t_2}$$

Em que "t" é o tempo.

Quando houver mais de duas "situações", é melhor usar a fórmula:

$$\frac{1}{t_T} = \frac{1}{t_1} + \frac{1}{t_2} + \ldots + \frac{1}{t_n}$$

Em que "n" é a quantidade de situações.

Uma torneira enche um tanque em 6h. Uma segunda torneira enche o mesmo tanque em 8h. Se as duas torneiras forem abertas juntas quanto tempo vão levar para encher o mesmo tanque?

$$t_T = \frac{t_1 \cdot t_2}{t_1 + t_2}$$

$$t_T = \frac{6 \cdot 8}{6 + 8} = \frac{48}{14} = 3h\ 25min\ e\ 43s$$

3.6 Regra de Três

Mecanismo prático e/ou método utilizado para resolver questões que envolvem razão e proporção (grandezas).

Regra de Três Simples

Aquela que só envolve duas grandezas.

Ex.: Durante uma viagem um carro consome 20 litros de combustível para percorrer 240km, quantos litros são necessários para percorrer 450km?

Primeiro, verifique se as grandezas envolvidas na questão são direta ou inversamente proporcionais, e monte uma estrutura para visualizar melhor a questão.

Distância	Litro
240	20
450	x

Ao aumentar a distância, a quantidade de litros de combustível necessária para percorrer essa distância também vai aumentar, então, as grandezas são diretamente proporcionais.

$$\frac{20}{x} = \frac{240}{450}$$

Aplicando a propriedade fundamental das proporções:

240x = 9000

$$x = \frac{9000}{240} = 37,5\ litros$$

Regra de Três Composta

Aquela que envolve mais de duas grandezas.

Ex.: Dois pedreiros levam nove dias para construir um muro com 2m de altura. Trabalhando três pedreiros e aumentando a altura para 4m, qual será o tempo necessário para completar esse muro?

Neste caso, deve-se comparar uma grandeza de cada vez com a variável.

Dias	Pedreiros	Altura
9	2	2
x	3	4

Note que, ao aumentar a quantidade de pedreiros, o número de dias necessários para construir um muro diminui, então as grandezas pedreiros e dias são inversamente proporcionais. No entanto, se aumentar a altura do muro, será necessário mais dias para construí-lo. Dessa forma as grandezas muro e dias são diretamente proporcionais. Para finalizar, basta montar a proporção e resolver, lembrando que quando uma grandeza for inversamente proporcional à variável sua fração será invertida.

$$\frac{9}{x} = \frac{3}{2} \cdot \frac{2}{4}$$

$$\frac{9}{x} = \frac{6}{8}$$

Ex.: Aplicando a propriedade fundamental das proporções:

6x = 72

$$X = \frac{72}{6} = 12\ dias$$

Questões

01. (FCC) Uma torneira enche um tanque, sozinha, em 2 horas enquanto outra torneira demora 4 horas. Em quanto tempo as duas torneiras juntas encherão esse mesmo tanque?
a) 1h10min
b) 1h20min
c) 1h30min
d) 1h50min
e) 2h

02. (EPCAR) Um reservatório possui 4 torneiras. A primeira torneira gasta 15 horas para encher todo o reservatório; a segunda, 20 horas; a terceira, 30 horas e a quarta, 60 horas. Abrem-se as 4 torneiras, simultaneamente, e elas ficam abertas despejando água por 5 horas. Após esse período fecham-se, ao mesmo tempo, a primeira e a segunda torneiras. Considerando que o fluxo de cada torneira permaneceu constante enquanto esteve aberta, é correto afirmar que o tempo gasto pelas demais torneiras, em minutos, para completarem com água o reservatório, é um número cuja soma dos algarismos é:
a) Par maior que 4 e menor que 10
b) Par menor ou igual a 4
c) Ímpar maior que 4 e menor que 12
d) Ímpar menor que 5

03. (ESAF) A taxa cobrada por uma empresa de logística para entregar uma encomenda até determinado lugar é proporcional à raiz quadrada do peso da encomenda. Ana, que utiliza, em muito, os serviços dessa empresa, pagou para enviar uma encomenda de 25kg uma taxa de R$ 54,00. Desse modo, se Ana enviar a mesma encomenda de 25kg dividida em dois pacotes de 16kg e 9kg, ela pagará o valor total de:
a) 54,32.
b) 54,86.
c) 76,40.
d) 54.
e) 75,60.

04. (ESAF) Dois trabalhadores, fazendo a jornada de 8 horas por dia cada um, colhem juntos 60 sacos de arroz. Três outros trabalhadores, fazendo a jornada de 10 horas por dia cada um, colhem juntos 75 sacos de arroz em 10 dias. Quanto tempo um trabalhador do primeiro grupo é mais ou menos produtivo que um trabalhador do segundo grupo?
a) O trabalhador do primeiro grupo é 10% menos produtivo.
b) O trabalhador do primeiro grupo é 10% mais produtivo.
c) O trabalhador do primeiro grupo é 25% mais produtivo.
d) As produtividades dos trabalhadores dos dois grupos é a mesma.
e) O trabalhador do primeiro grupo é 25% menos produtivo.

05. (FCC) Uma pesquisa realizada pelo Diretório Acadêmico de uma faculdade mostrou que 65% dos alunos são a favor da construção de uma nova quadra poliesportiva. Dentre os alunos homens, 11 em cada 16 manifestaram-se a favor da nova quadra e, dentre as mulheres, 3 em cada 5. Nessa faculdade, a razão entre o número de alunos homens e mulheres, nessa ordem, é igual a:
a) 4/3
b) 6/5
c) 7/4
d) 7/5
e) 9/7

06. (CESGRARIO) Uma herança no valor de R$ 168.000,00 foi dividida entre quatro irmãos em partes diretamente proporcionais às suas respectivas idades. Se as idades, em número de anos, são 32, 30, 27 e 23, a parte que coube ao mais novo dos irmãos é, em reais, igual a:
a) 23.000
b) 27.600
c) 28.750
d) 32.200
e) 34.500

07. (FCC) Ao serem contabilizados os dias de certo mês, em que três Técnicos Judiciários de uma Unidade do Tribunal Regional do Trabalho prestaram atendimento ao público, constatou-se o seguinte:
> a razão entre os números de pessoas atendidas por Jasão e Moisés, nesta ordem, era 3/5;
> o número de pessoas atendidas por Tadeu era 120% do número das atendidas por Jasão;
> o total de pessoas atendidas pelos três era 348.

Nessas condições, é correto afirmar que, nesse mês:
a) Tadeu atendeu a menor quantidade de pessoas.
b) Moisés atendeu 50 pessoas a mais que Jasão.
c) Jasão atendeu 8 pessoas a mais que Tadeu.
d) Moisés atendeu 40 pessoas a menos que Tadeu.
e) Tadeu atendeu menos que 110 pessoas.

08. (FCC) Suponha que certo medicamento seja obtido adicionando-se uma substância "A" a uma mistura homogênea Ω, composta de apenas duas substâncias X e Y. Sabe-se que:
> O teor de X em Ω é de 60%;
> Se pode obter tal medicamento retirando-se 15 de 50 litros de Ω e substituindo-os por 5 litros de A e 10 litros de Y, resultando em nova mistura homogênea.

Nessas condições, o teor de Y no medicamento assim obtido é de:
a) 52%.
b) 48%.
c) 45%
d) 44%.
e) 42%.

09. (FCC) Do total de pessoas que visitaram uma Unidade do Tribunal Regional do Trabalho de segunda a sexta-feira de certa semana, sabe-se que: 1/5 o fizeram na terça-feira e 1/6 na sexta-feira. Considerando que o número de visitantes da segunda-feira correspondia a 3/4 do de terça-feira e que a quarta-feira e a quinta-feira receberam, cada uma, 58 pessoas, então o total de visitantes recebidos nessa Unidade ao longo de tal semana é um número:
a) menor que 150.
b) múltiplo de 7.
c) quadrado perfeito.
d) divisível por 48.
e) maior que 250.

Gabaritos

01	B	06	E
02	B	07	E
03	E	08	B
04	D	09	D
05	A		

RACIOCÍNIO LÓGICO

4. PORCENTAGEM E JUROS

O presente capítulo trata de uma pequena parte da matemática financeira, e também do uso das porcentagens, assuntos presentes no dia a dia de todos.

4.1 Porcentagem

É a aplicação da taxa percentual a determinado valor.

Taxa percentual: é o valor que vem acompanhado do símbolo %.

Para fins de cálculo, usa-se a taxa percentual em forma de fração ou em números decimais.

Ex.: 3% = 3/100 = 0,03

15% = 15/100 = 0,15

34% de 1200 = 34/100 . 1200 = 40800/100 = 408

65% de 140 = 0,65 . 140 = 91

4.2 Lucro e Prejuízo

Lucro e prejuízo são resultados de movimentações financeiras.

Custo (C): "Gasto".

Venda (V): "Ganho".

Lucro (L): quando se ganha mais do que se gasta.

$$L = V - C$$

Prejuízo (P): quando se gasta mais do que se ganha.

$$P = C - V$$

Basta substituir no lucro ou no prejuízo o valor da porcentagem, no custo ou na venda.

Ex.: Um computador foi comprado por R$ 3.000,00 e revendido com lucro de 25% sobre a venda. Qual o preço de venda?

Como o lucro foi na venda, então L. = 0,25V:

L = V – C

0,25V = V – 3.000

0,25V – V = -3.000

-0,75V = -3.000 (-1)

0,75V = 3.000

$V = \dfrac{3000}{0,75} = \dfrac{300000}{75} = 4.000$

Logo, a venda se deu por R$ 4.000,00.

4.3 Juros Simples

Juros: atributos (ganhos) de uma operação financeira.

Juros simples: os valores são somados ao capital apenas no final da aplicação. Somente o capital rende juros.

Para o cálculo de juros simples, usa-se a seguinte fórmula:

$$J = C \cdot i \cdot t$$

Nas questões de juros, as taxas de juros e os tempos devem estar expressos pela mesma unidade.

> J = juros;
> C = capital;
> i = taxa de juros;
> t = tempo da aplicação.

Ex.: Um capital de R$ 2.500,00 foi aplicado a juros de 2% ao trimestre durante um ano. Quais os juros produzidos?

Em 1 ano há exatamente 4 trimestres, como a taxa está em trimestre, agora é só calcular:

J = C . i . t

J = 2.500 . 0,02 . 4

J = 200

4.4 Juros Compostos

Os valores são somados ao capital no final de cada período de aplicação, formando um novo capital, para incidência dos juros novamente. É o famoso caso de juros sobre juros.

Para o cálculo de juros compostos, usa-se a seguinte fórmula:

$$M = C \cdot (1 + I)^t$$

> M = montante;
> C = capital;
> i = taxa de juros;
> t = tempo da aplicação.

Um investidor aplicou a quantia de R$ 10.000,00 à taxa de juros de 2% a.m. durante 4 meses. Qual o montante desse investimento?

Aplicando a fórmula, já que a taxa e o tempo estão na mesma unidade:

Ex.: $M = C \cdot (1 + i)t$

M = 10.000 · (1 + 0,02)4

M = 10.000 · (1,02)4

M = 10.000 · 1,08243216

M = 10.824,32

4.5 Capitalização

Capitalização: acúmulo de capitais (capital + juros).

Nos juros simples, calcula-se por: M = C + J.

Nos juros compostos, calcula-se por: J = M – C.

Em algumas questões terão que ser calculados os montantes do juro simples ou os juros do juro composto.

Questões

01. (ESSA) Um par de coturnos custa na loja "Só Fardas" R$ 21,00 mais barato que na loja "Selva Brasil". O gerente da loja "Selva Brasil", observando essa diferença, oferece um desconto de 15% para que o seu preço se iguale ao de seu concorrente. O preço do par de coturnos, em reais, na loja "Só Fardas" é um número cuja soma dos algarismos é:
a) 9.
b) 11.
c) 10.
d) 13.
e) 12.

02. (EB) Um agricultor colheu dez mil sacas de soja durante uma safra. Naquele momento a soja era vendida a R$ 40,00 a saca. Como a expectativa do mercado era do aumento de preços, ele decidiu guardar a produção e tomar um empréstimo no mesmo valor que obteria se vendesse toda a sua produção, a juros compostos de 10% ao ano. Dois anos depois, ele vendeu a soja a R$ 50,00 a saca e quitou a dívida. Com essa operação ele obteve:
a) Prejuízo de R$ 20.000,00.
b) Lucro de R$ 20.000,00.
c) Prejuízo de R$ 16.000,00.
d) Lucro de R$ 16.000,00.
e) Lucro de R$ 60.000,00.

03. (EB) Um capital de R$ 1.000,00 foi aplicado a juros compostos a uma taxa de 44% a.a.. Se o prazo de capitalização foi de 180 dias, o montante gerado será de:
a) R$ 1.440,00.
b) R$ 1.240,00.
c) R$ 1.680,00.
d) R$ 1.200,00.
e) R$ 1.480,00.

04. (ESSA) O capital de R$ 360,00 foi dividido em duas partes, A e B. A quantia A rendeu em 6 meses o mesmo que a quantia B rendeu em 3 meses, ambos aplicados à mesma taxa no regime de juros simples. Nessas condições, pode-se afirmar que:
a) A = B
b) A = 2B
c) B = 2A
d) A = 3B
e) B = 3A

05. (ESSA) Uma loja de eletrodomésticos paga, pela aquisição de certo produto, o correspondente ao preço x (em reais) de fabricação, mais 5 % de imposto e 3 % de frete, ambos os percentuais calculados sobre o preço x. Vende esse produto ao consumidor por R$ 54,00, com lucro de 25 %. Então, o valor de x é:
a) R$ 36,00
b) R$ 38,00
c) R$ 40,00
d) R$ 41,80
e) R$ 42,40

06. (MB) Em um grupo de 20 pessoas, 40% são homens e 75% das mulheres são solteiras. O número de mulheres casadas é:
a) 3
b) 6
c) 7
d) 8
e) 9

07. (MB) Uma liga é composta por 70% de cobre, 20% de alumínio e 10% de zinco. Qual a quantidade, respectivamente, de cobre, alumínio e zinco em 800 g dessa liga?
a) 100 g, 250 g, 450 g
b) 400 g, 260 g, 140 g
c) 450 g, 250 g, 100 g
d) 560 g, 160 g, 80 g
e) 650 g, 100 g, 50 g

08. (MB) Qual das afirmativas é verdadeira?
a) Dois descontos sucessivos de 10% correspondem a um desconto de 20%.
b) Dois aumentos sucessivos de 15% correspondem a um aumento de 30%.
c) Um desconto de 10% e depois um aumento de 20% correspondem a um aumento de 8%.
d) Um aumento de 20% e depois um desconto de 10% correspondem a um aumento de 10%.
e) Um aumento de 15% e depois um desconto de 25% correspondem a um desconto de 5%.

09. (EPCAR) Lucas e Mateus ganharam de presente de aniversário as quantias x e y reais, respectivamente, e aplicaram, a juros simples, todo o dinheiro que ganharam, da seguinte forma:

Mateus aplicou a quantia y durante um tempo que foi metade do que esteve aplicado a quantia x de Lucas.

Mateus aplicou seu dinheiro a uma taxa igual ao triplo da taxa da quantia aplicada por Lucas.

No resgate de cada quantia aplicada, Lucas e Mateus receberam o mesmo valor de juros.

Se juntos os dois ganharam de presente 516 reais, então x − y é igual a:
a) R$ 103,20
b) R$ 106,40
c) R$ 108,30
d) R$ 109,60

10. (EPCAR) Um terreno que possui 2,5ha de área é totalmente aproveitado para o plantio de arroz. Cada m2 produz 5 litros de arroz que será vendido por 75 reais o saco de 50 kg. Sabe-se que o agricultor teve um total de despesas de 60000 reais, que houve uma perda de 10% na colheita e que vendeu todo o arroz colhido. Se cada litro de arroz corresponde a 800 g de arroz, é correto afirmar que 20% do lucro, em milhares de reais, é um número compreendido entre:
a) 1 e 10
b) 10 e 16
c) 16 e 22
d) 22 e 30

Gabaritos

01	B	06	A
02	D	07	D
03	D	08	C
04	C	09	A
05	C	10	B

RACIOCÍNIO LÓGICO

5. TEORIA DOS CONJUNTOS

Frequentemente, usa-se a noção de conjunto. O principal exemplo de conjunto são os conjuntos numéricos, que, advindos da necessidade de contar ou quantificar as coisas ou objetos, foram adquirindo características próprias que os diferem. Os componentes de um conjunto são chamados de elementos. Costuma-se representar um conjunto nomeando os elementos um a um, colocando-os entre chaves e separando-os por vírgula; é o que chamamos de representação por extensão. Para nomear um conjunto, usa-se geralmente uma letra maiúscula. Exemplos:

$$A = \{1,2,3,4,5\} \rightarrow \text{conjunto finito}$$

$$B = \{1,2,3,4,5,...\} \rightarrow \text{conjunto infinito}$$

5.1 Definições

Ex.: Se quisermos montar o conjunto das vogais do alfabeto, os **elementos** serão a, e, i, o, u.

A nomenclatura dos conjuntos é formada pelas letras maiúsculas do alfabeto.

Ex.: Conjunto dos estados da região Sul do Brasil: A = {Paraná, Santa Catarina, Rio Grande do Sul}.

Representação dos Conjuntos

Os conjuntos podem ser representados tanto em **chaves** como em **diagramas**.

ATENÇÃO! Quando é dada uma propriedade característica dos elementos de um conjunto, diz-se que ele está representado por compreensão. Vejamos:

$$A = \{x \mid x \text{ é um múltiplo de dois maior que zero}\}$$

Representação em chaves

Conjuntos dos estados brasileiros que fazem fronteira com o Paraguai:

B = {Paraná, Mato Grosso do Sul}.

Representação em diagramas

Ex.: Conjuntos das cores da bandeira do Brasil:

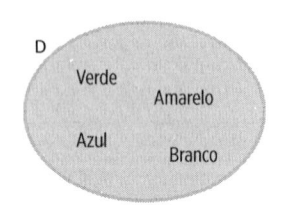

D: {Verde, Amarelo, Azul, Branco}

Elementos e Relação de Pertinência

Quando um elemento está em um conjunto, dizemos que ele pertence a esse conjunto. A relação de pertinência é representada pelo símbolo ∈ (pertence).

Ex.: Conjunto dos algarismos pares: **G** = {2, 4, 6, 8, 0}.

Observe que:

$4 \in G$ $\qquad\qquad 7 \notin G$

Conjunto Unitário, Conjunto Vazio e Conjunto Universo

Conjunto unitário: possui um só elemento.

Ex.: Conjunto da capital do Brasil: K = {Brasília}

Conjunto vazio: simbolizado por ∅ ou { }, é o conjunto que não possui elemento.

Ex.: Conjunto dos estados brasileiros que fazem fronteira com o Chile: M = ∅.

Conjunto universo: Em inúmeras situações é importante estabelecer o conjunto U ao qual pertencem os elementos de todos os conjuntos considerados. Esse conjunto é chamado de conjunto universo. Assim:

> Quando se estuda as letras, o conjunto universo das letras é o Alfabeto
> Quando se estuda a população humana, o conjunto universo é constituído de todos os seres humanos.

Para descrever um conjunto A por meio de uma propriedade característica p de seus elementos, deve-se mencionar, de modo explícito ou não, o conjunto universo U no qual se está trabalhando:

Ex.: $A = \{x \in R \mid x > 2\}$, onde $U = R \rightarrow$ forma explícita

$A = \{x \mid x > 2\} \rightarrow$ forma implícita.

5.2 Subconjuntos

Diz-se que B é um subconjunto de A se, e somente se, todos os elementos de B pertencem a A.

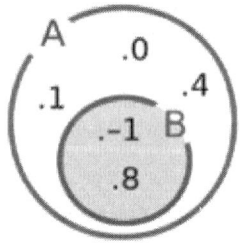

Deve-se notar que A = {-1,0,1,4,8} e B = {-1,8}, ou seja, todos os elementos de B também são elementos do conjunto A.

Nesse caso, diz-se que B está contido em A ou B é subconjunto de A. (B ⊂ A). Pode-se dizer também que A contém B. (A ⊃ B).

OBSERVAÇÕES:

> Se A ⊂ B e B ⊂ A, então A = B.
> Os símbolos ⊂ (contido), ⊃ (contém), ⊄ (não está contido) e ⊅ (não contém) são utilizados para relacionar conjuntos.
> Para todo conjunto A, tem-se A ⊂ A.
> Para todo conjunto A, tem-se ∅ ⊂ A, onde ∅ representa o conjunto vazio.
> Todo conjunto é subconjunto de si próprio (D ⊂ D);
> O conjunto vazio é subconjunto de qualquer conjunto (∅ ⊂ D);
> Se um conjunto A possui "p" elementos, então ele possui 2^p subconjuntos;

> O conjunto formado por todos os subconjuntos de um conjunto A, é denominado conjunto das partes de A. Assim, se A = {4, 7}, o conjunto das partes de A, é dado por {∅, {4}, {7}, {4, 7}}.

5.3 Operações com Conjuntos

União de conjuntos: a união de dois conjuntos quaisquer será representada por "A ∪ B" e terá os elementos que pertencem a A "ou" a B, ou seja, TODOS os elementos.

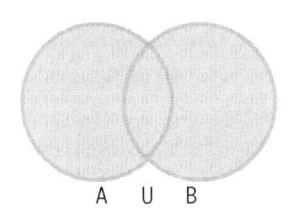

A ∪ B

Interseção de conjuntos: a interseção de dois conjuntos quaisquer será representada por "A ∩ B". Os elementos que fazem parte do conjunto interseção são os elementos COMUNS aos dois conjuntos.

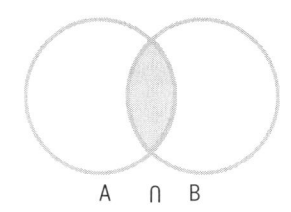

A ∩ B

Conjuntos disjuntos: Se dois conjuntos não possuem elementos em comum, diz-se que eles são disjuntos. Simbolicamente, escreve-se A ∩ B = ∅. Nesse caso, a união dos conjuntos A e B é denominada união disjunta. O número de elementos A ∩ B nesse caso é igual a zero.

n (A ∩ B) = 0.

Ex.:

Seja A = {1, 2, 3, 4, 5}, B = {1, 5, 6, 3}, C = {2, 4, 7, 8, 9} e D = {10, 20}. Tem-se:

A ∪ B = {1,2,3,4,5,6}

B ∪ A = {1,2,3,4,5,6}

A ∩ B = {1,3,5}

B ∩ A = {1,3,5}

A ∪ B ∪ C = {1,2,3,4,5,6,7,8,9} e

A ∩ D = ∅.

É possível notar que A, B e C são todos disjuntos com D, mas A, B e C não são dois a dois disjuntos.

Diferença de conjuntos: a diferença de dois conjuntos quaisquer será representada por "A – B" e terá os elementos que pertencem somente a A, mas não pertencem a B, ou seja, que são EXCLUSIVOS de A.

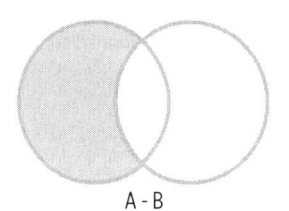

A - B

Complementar de um conjunto: se A está contido no conjunto universo U, o complementar de A é a diferença entre o conjunto universo e o conjunto A, será representado por "$C_U^{(A)}$ =U - A" e terá todos os elementos que pertencem ao conjunto universo, menos os que pertencem ao conjunto A.

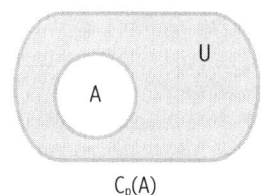

$C_p(A)$

Questões

01. Dados os conjuntos A = {1, 2, 3, 4, 6}, B = {1, 2, 3, 5, 7} e C = {3, 4, 5, 8, 9}, determine o conjunto X sabendo que X ⊂ C e C – X = B ∩ C.
   a) X = {3, 5}
   b) X = {1, 2, 7}
   c) X = {2, 3, 4}
   d) X = {3, 4, 7}
   e) X = {4, 8, 9}

02. (EPCAR) Para uma turma de 80 alunos do CPCAR, foi aplicada uma prova de Matemática valendo 9,0 pontos distribuídos igualmente em 3 questões sobre:

1ª FUNÇÃO

2ª GEOMETRIA

3ª POLINÔMIOS

Sabe-se que:

Apesar de 70% dos alunos terem acertado a questão sobre **função**, apenas 1/10 da turma conseguiu nota 9,0;

20 alunos acertaram as questões sobre **função** e **geometria**;

22 acertaram as questões sobre **geometria** e **Polinômios**;

18 acertaram as questões sobre **função** e **polinômios**.

A turma estava completa nessa avaliação, ninguém tirou nota zero, no critério de correção não houve questões com acertos parciais e o número de acertos apenas em **geometria** é o mesmo que o número de acertos apenas em **polinômios**.

Nessas condições, é correto afirmar que:

   a) O número de alunos que só acertaram a 2ª questão é o dobro do número de alunos que acertaram todas as questões.
   b) Metade da turma só acertou uma questão.
   c) Mais de 50% da turma errou a terceira questão.
   d) Apenas 3/4 da turma atingiu a média maior ou igual a 5,0.

RACIOCÍNIO LÓGICO

TEORIA DOS CONJUNTOS

03. (UPENET) Se A, B e C são conjuntos não vazios, sendo N(X) = número de elementos do conjunto X, é CORRETO afirmar que das afirmativas abaixo:

I. $A \cap (B \cup C) = (A \cap B) \cup (A \cap C)$;
II. $N(A \cap B) = N(A \cup B) - N(A) + N(B)$;
III. Se $A \cap B = \emptyset$, então, obrigatoriamente, $A = B = \emptyset$.

a) I é verdadeira.
b) I e II são verdadeiras.
c) III é verdadeira.
d) I, II e III são verdadeiras.
e) II e III são verdadeiras.

04. (CESGRANRIO) 1000 pessoas responderam a uma pesquisa sobre a frequência do uso de automóvel. 810 pessoas disseram utilizar automóvel em dias de semana, 880 afirmaram que utilizam automóvel nos finais de semana e 90 disseram que não utilizam automóveis. Do total de entrevistados, quantas pessoas afirmaram que utilizam automóvel durante a semana e, também, nos fins de semana?

a) 580
b) 610
c) 690
d) 710
e) 780

05. (FCC) Dos 36 funcionários de uma agência bancária, sabe-se que: apenas 7 são fumantes, 22 são do sexo masculino e 11 são mulheres que não fumam. Com base nessas afirmações, é correto afirmar que o:

a) Número de homens que não fumam é 18.
b) Número de homens fumantes é 5.
c) Número de mulheres fumantes é 4.
d) Total de funcionários do sexo feminino é 15.
e) Total de funcionários não fumantes é 28.

06. (CESGRANRIO) Considere os conjuntos A, B e C, seus respectivos complementares AC, BC e CC e as seguintes declarações:

I. $A \cup (B \cap C) = (A \cap B) \cup (A \cap C)$;
II. $A \cap (B \cup C) = (A \cup B) \cap (A \cup C)$;
III. $(B \cap C)C = BC \cap CC$.

Para esses conjuntos e seus respectivos complementares, está(ão) correta(s) a(s) declaração(ões):

a) II, somente.
b) III, somente.
c) I e II, somente.
d) I e III, somente.
e) I, II e III.

07. (FUMARC) Em minha turma da Escola, tenho colegas que falam, além do Português, duas línguas estrangeiras: Inglês e Espanhol. Tenho, também, colegas que só falam Português. Assim:

4 colegas só falam Português;
25 colegas, além do Português, só falam Inglês;
6 colegas, além do Português, só falam Espanhol;
10 colegas, além do Português, falam Inglês e Espanhol.

Diante desse quadro, quantos alunos há na minha turma?

a) 46
b) 45
c) 44
d) 43
e) 42

08. (CESGRANRIO) Em um grupo de 48 pessoas, 9 não têm filhos. Dentre as pessoas que têm filhos, 32 têm menos de 4 filhos e 12, mais de 2 filhos. Nesse grupo, quantas pessoas têm 3 filhos?

a) 4
b) 5
c) 6
d) 7
e) 8

09. (CESGRANRIO) Se A e B são conjuntos quaisquer e $C(A, B) = A - (A \cap B)$ então $C(A, B)$ é igual ao conjunto:

a) $\emptyset$
b) B
c) B - A
d) A - B
e) $(A \cup B) - A$

10. (CEPERJ) Dois conjuntos B e C são subconjuntos de um conjunto A, porém A também é subconjunto de B e contém os elementos de C. Desse modo, pode-se afirmar que:

a) $A = B$ e $C \subset B$
b) $A \supset B$ e $C \supset B$
c) $A \in B$ e $C \supset B$
d) $A \in B$ e $C = B$
e) $A = B$ e $B = C$

Gabaritos

01	E	06	B
02	C	07	A
03	A	08	B
04	E	09	D
05	A	10	A

6. PROPOSIÇÕES

6.1 Definições

Proposição é uma **declaração** (sentença declarativa - afirmação ou negação - com sujeito "definido", verbo e sentido completo - sentença fechada) que pode ser **classificada** OU em Verdadeiro OU em Falso.

São exemplos de proposições:

p: Danilo tem duas empresas

Q: Susana comprou um carro novo

a: Beatriz é inteligente

B: 2 + 7 = 10

As letras "p", "Q", "a", "B", servem para representar (simbolizar) as proposições.

Valores Lógicos das Proposições

Uma proposição só pode ser classificada em dois valores lógicos, que são ou o **Verdadeiro (V)** ou o **Falso (F)**, não admitindo outro valor.

As proposições têm três princípios básicos, sendo um deles o princípio fundamental que é:

Princípio da não contradição: diz que uma proposição não pode ser verdadeira e falsa ao mesmo tempo.

Os outros dois são:

Princípio da identidade: diz que uma proposição verdadeira sempre será verdadeira e uma falsa sempre será falsa

Princípio do terceiro excluído: diz que uma proposição só pode ter dois valores lógicos, ou o de verdadeiro ou o de falso, **não existindo** um terceiro valor.

Interrogações, exclamações e ordens não são proposições.

Exs.:

Que dia é hoje?

Que maravilha!

Estudem muito.

Sentenças Abertas e Quantificadores Lógicos

Existem algumas "sentenças abertas" que aparecem com com incógnitas (termo desconhecido) ou com sujeito indefinido, como por exemplo: "x + 2 = 5", não sendo consideradas proposições, já que não se pode classificá-las sem saber o o valor de x ou se ter a definição do sujeito, porém com o uso dos **quantificadores lógicos**, elas tornam-se proposições, uma vez que esses quantificadores passam a dar valor ao "x" ou definir o sujeito.

Os quantificadores lógicos são:

$\forall$: para todo; qualquer que seja; todo;

$\exists$: existe; existe pelo menos um; algum;

$\nexists$: não existe; nenhum.

Ex.:

x + 2 = 5 (sentença aberta - não é proposição)

p: $\exists$ x, x + 2 = 5 (lê-se: existe x tal que, x + 2 =5). Agora é proposição, uma vez que agora é possível classificar a proposição como verdadeira, já que sabemos que tem um valor de "x" que somado a dois é igual a cinco.

Negação de Proposição (Modificador Lógico)

Negar uma proposição significa modificar o seu valor lógico, ou seja, se uma proposição é verdadeira, a sua negação será falsa, e se uma proposição for falsa, a sua negação será verdadeira.

Os símbolos da negação são (~) ou ($\neg$) antes da letra que representa a proposição.

Ex.: p: 3 é ímpar;

~p: 3 **não** é ímpar;

$\neg$**p:** 3 é **par** (outra forma de negar a proposição).

~p: não é verdade que 3 é ímpar (outra forma de negar a proposição).

$\neg$**p: é mentira** que 3 é ímpar (outra forma de negar a proposição).

Lei da dupla negação:

~(~p) = p, negar uma proposição duas vezes significa voltar para própria proposição:

q: 2 é par;

~q: 2 não é par;

~(~q): 2 **não** é **ímpar**;

portanto;

q: 2 é par.

Tipos de Proposição

Simples ou atômica: são únicas, com apenas um verbo (ação), não pode ser dividida/separada (fica sem sentido) e não tem conectivo lógico.

Ex.: Na proposição "João é professor" tem-se uma única informação, com apenas um verbo, não sendo possível separá-la e sem conectivo.

Composta ou molecular: tem mais de uma proposição simples unidas pelos conectivos lógicos, podem ser divididas/separadas e tem mais de um verbo (pode ser o mesmo verbo referido mais de uma vez).

Ex.: "Pedro é advogado e João é professor". É possível separar em duas proposições simples: "Pedro é advogado" e "João é professor".

Simples (atômicas)	Compostas (moleculares)
Não têm conectivo lógico	Têm conectivo lógico
Não podem ser divididas	Podem ser divididas
1 verbo	+ de 1 verbo

RACIOCÍNIO LÓGICO

PROPOSIÇÕES

Conectivo Lógico

Serve para unir as proposições simples, formando proposições compostas. São eles:

e: conjunção (∧)
ou: disjunção (∨)
ou..., ou: disjunção exclusiva (⊻)
se..., então: condicional (→)
se..., e somente se: bicondicional (↔)

Alguns autores consideram a negação (~) como um conectivo, porém aqui não faremos isso, pois os conectivos servem para formar proposição composta, e a negação faz apenas a mudança do valor das proposições.

O "e" possui alguns sinônimos, que são: "mas", "porém", "nem" (nem = e não) e a própria vírgula. O condicional também tem alguns sinônimos que são: "portanto", "quando", "como" e "pois" (pois = condicional invertido. Ex.: A, pois B = B → A).

Ex.:
a: Maria foi à praia
b: João comeu peixe
p: Se Maria foi a praia, então João comeu peixe
q: ou 4 + 7 = 11 ou a Terra é redonda

6.2 Tabela Verdade e Conectivos Lógicos

A tabela verdade nada mais é do que um mecanismo usado para dar valor às proposições compostas (que também serão ou verdadeiras ou falsas), por meio de seus respectivos conectivos.

A primeira coisa que precisamos saber numa tabela verdade é o seu número de linhas, e que esse depende do número de proposições simples que compõem a proposição composta.

Número de linhas = 2^n

Em que "**n**" é o número de proposições simples que compõem a proposição composta. Portanto se houver 3 proposições simples formando a proposição composta então a tabela dessa proposição terá 8 linhas ($2^3 = 8$). Esse número de linhas da tabela serve para que tenhamos todas as relações possíveis entre "V" e "F" das proposições simples. Veja:

P	Q	R
V	V	V
V	V	F
V	F	V
V	F	F
F	V	V
F	V	F
F	F	V
F	F	F

Observe que temos todas as relações entre os valores lógicos das proposições, que sejam: as 3 verdadeiras (1ª linha), as 3 falsas (última linha), duas verdadeiras e uma falsa (2ª, 3ª e 5ª linhas), e duas falsas e uma verdadeira (4ª, 6ª e 7ª linhas). Nessa demonstração, temos uma forma prática de como se pode organizar a tabela, sem se preocupar se foram feitas todas relações entre as proposições.

Para o correto preenchimento da tabela, devemos seguir algumas regras:

> Comece sempre pelas proposições simples e suas negações, se houver;
> Resolva os parênteses, colchetes e chaves, respectivamente (igual à expressão numérica), se houver;
> Faça primeiro as conjunções e disjunções, depois os condicionais e por último os bicondicionais;
> numa proposição composta com mais de um conectivo o conectivo principal será o que for resolvido por último (muito importante saber o conectivo principal).
> A última coluna da tabela deverá ser sempre a da proposição toda, conforme as demonstrações adiante.

O valor lógico de uma proposição composta depende dos valores lógicos das proposições simples que a compõem assim como do conectivo utilizado, e é o que veremos a partir de agora.

Valor lógico de uma proposição composta por conjunção (e) = tabela verdade da conjunção (∧).

Conjunção "e": Sejam p e q proposições, a conjunção das proposições p e q, denotada por p ∧ q, só será verdadeiro quando p e q forem verdadeiras simultaneamente (se p ou q for falso p ∧ q será falso).

Ex.: P ∧ Q

P	Q	P∧Q
V	V	V
V	F	F
F	V	F
F	F	F

Representando por meio de conjuntos, temos: P ∧ Q

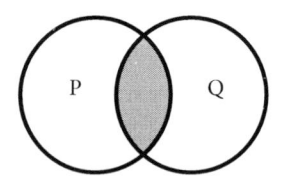

Valor lógico de uma proposição composta por disjunção (ou) = tabela verdade da disjunção (∨).

Disjunção "ou": Sejam p e q proposições, a disjunção das proposições p e q, denotada por p ∨ q, só será falsa quando p e q forem falsas simultaneamente (se p ou q for verdadeiro p ∨ q será verdadeiro).

Ex.: P ∨ Q

P	Q	P∨Q
V	V	V
V	F	V
F	V	V
F	F	F

Representando por meio de conjuntos, temos: P ∨ Q

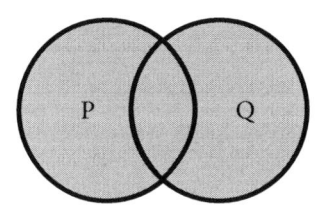

Valor lógico de uma proposição composta por disjunção exclusiva (ou, ou) = tabela verdade da disjunção exclusiva (∨).

Disjunção Exclusiva "ou ..., ou ...": Sejam p e q proposições, a disjunção exclusiva das proposições p e q, denotada por p ∨ q, será verdadeiro quando p e q tiverem valores diferentes/contrários (se p e q tiverem valores iguais p ∨ q será falso).

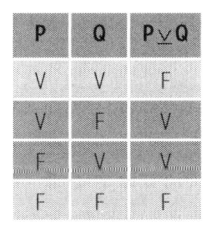

Ex.: P ∨ Q

P	Q	P∨Q
V	V	F
V	F	V
F	V	V
F	F	F

Representando por meio de conjuntos, temos: P ∨ Q

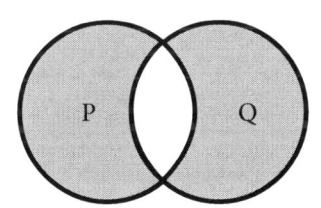

Valor lógico de uma proposição composta por condicional (se, então) = tabela verdade do condicional (→).

Condicional "Se p, então q": Sejam p e q proposições, a condicional de p e q, denotada por p → q onde se lê "p condiciona q" ou "se p, então q", é a proposição que assume o valor falso somente quando p for verdadeira e q for falsa. A tabela para a condicional de p e q é a seguinte:

Ex.: P → Q

P	Q	P→Q
V	V	V
V	F	F
F	V	V
F	F	V

Atente-se bem para esse tipo de proposição, pois é um dos mais cobrados em concursos.

Dicas:
P é antecedente e Q é consequente = P → Q
P é consequente e Q é antecedente = Q → P
P é suficiente e Q é necessário = P → Q
P é necessário e Q é suficiente = Q → P
Representando por meio de conjuntos, temos: P → Q

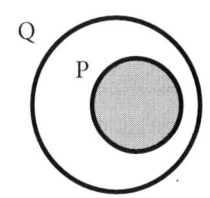

Valor lógico de uma proposição composta por bicondicional (se e somente se) = tabela verdade do bicondicional (↔).

Bicondicional "se, e somente se": Sejam p e q proposições, a bicondicional de p e q, denotada por p ↔ q, onde se lê "p bicondicional q", será verdadeira quando p e q tiverem valores iguais (se p e q tiverem valores diferentes p ↔ q será falso).

No bicondicional, "P" e "Q" são ambos suficientes e necessários ao mesmo tempo.

Ex.: P ↔ Q

P	Q	P↔Q
V	V	V
V	F	F
F	V	F
F	F	V

Representando por meio de conjuntos, temos: P ↔ Q

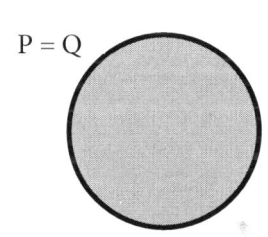

Proposição composta	Verdadeira quando...	Falsa quando...
P∧Q	P e Q são verdadeiras	Pelo menos uma falsa
P∨Q	Pelo menos uma verdadeira	P e Q são falsas
P∨Q	P e Q têm valores diferentes	P e Q têm valores iguais
P→Q	P = verdadeiro, q = verdadeiro ou P = falso	P = verdadeiro e Q = falso
P↔Q	P e Q têm valores iguais	P e Q têm valores diferentes

6.3 Tautologias, Contradições e Contingências

Tautologia: proposição composta que é **sempre verdadeira** independente dos valores lógicos das proposições simples que a compõem.

(P ∧ Q) → (P ∨ Q)

P	Q	P∧Q	P∨Q	(P∧Q)→(P∨Q)
V	V	V	V	V
V	F	F	V	V
F	V	F	V	V
F	F	F	F	V

PROPOSIÇÕES

Contradição: proposição composta que é **sempre falsa**, independente dos valores lógicos das proposições simples que a compõem.

~(P ∨ Q) ∧ P

P	Q	P∨Q	~(P∨Q)	~(P∨Q)∧P
V	V	V	F	F
V	F	V	F	F
F	V	V	F	F
F	F	F	V	F

Contingência: ocorre quando não é tautologia nem contradição. ~(P ⊻ Q) ↔ P

P	Q	P⊻Q	~(P⊻Q)	~(P⊻Q)↔P
V	V	F	V	V
V	F	V	F	F
F	V	V	F	F
F	F	F	V	F

6.4 Equivalências Lógicas

Atente-se para o princípio da equivalência. A tabela verdade está aí só para demonstrar a igualdade.

Duas ou mais proposições compostas são ditas equivalentes quando são formadas pelas mesmas proposições simples e suas tabelas verdades (resultado) são iguais.

Seguem algumas demonstrações das mais importantes:

P ∧ Q = Q ∧ P: basta trocar as proposições de lugar – também chamada de **recíproca**.

P	Q	P∧Q	Q∧P
V	V	V	V
V	F	F	F
F	V	F	F
F	F	F	F

P ∨ Q = Q ∨ P: basta trocar as proposições de lugar – também chamada de **recíproca**.

P	Q	P∨Q	Q∨P
V	V	V	V
V	F	V	V
F	V	V	V
F	F	F	F

P ⊻ Q = Q ⊻ P: basta trocar as proposições de lugar - também chamada de **recíproca**.

P ⊻ Q = ~P ⊻ ~Q: basta negar as proposições – também chamada de **contrária**.

P ⊻ Q = ~Q ⊻ ~P: troca as proposições de lugar e nega-as – também chamada de **contra-positiva**.

P ⊻ Q = (P ∧ ~Q) ∨ (~P ∧ Q): observe aqui a exclusividade dessa disjunção.

P	Q	~P	~Q	P∧~Q	~P∧Q	P⊻Q	Q⊻P	~P⊻~Q	~Q⊻~P	(P∧~Q)∨(~P∧Q)
V	V	F	F	F	F	F	F	F	F	F
V	F	F	V	V	F	V	V	V	V	V
F	V	V	F	F	V	V	V	V	V	V
F	F	V	V	F	F	F	F	F	F	F

P ↔ Q = Q ↔ P: basta trocar as proposições de lugar - também chamada de **recíproca**.

P ↔ Q = ~P ↔ ~Q: basta negar as proposições – também chamada de contrária.

P ↔ Q = ~Q ↔ ~P: troca as proposições de lugar e nega-as – também chamada de contra- positiva.

P ↔ Q = (P → Q) ∧ (Q → P): observe que é condicional para os dois lados, por isso bicondicional.

P	Q	~P	~Q	P→Q	Q→P	P↔Q	Q↔P	~P↔~Q	~Q↔~P	(P→Q)∧(Q→P)
V	V	F	F	V	V	V	V	V	V	V
V	F	F	V	F	V	F	F	F	F	F
F	V	V	F	V	F	F	F	F	F	F
F	F	V	V	V	V	V	V	V	V	V

A disjunção exclusiva e o bicondicional são as proposições com o maior número de equivalências.

P → Q = ~Q → ~P: troca as proposições de lugar e nega-se – também chamada de **contra-positiva**.

P → Q = ~P ∨ Q: nega-as o antecedente OU mantém o consequente.

P	Q	~P	~Q	P→Q	~Q→~P	~P∨Q
V	V	F	F	V	V	V
V	F	F	V	F	F	F
F	V	V	F	V	V	V
F	F	V	V	V	V	V

Equivalências mais importantes e mais cobradas em concursos.

Negação de Proposição Composta

São também equivalências lógicas; vejamos algumas delas:

~(P ∧ Q) = ~P ∨ ~Q (Leis De Morgan)

Para negar a conjunção, troca-se o conectivo e (∧) por ou (∨) e nega-se as proposições que a compõem.

P	Q	~P	~Q	P∧Q	~(P∧Q)	~P∨~Q
V	V	F	F	V	F	F
V	F	F	V	F	V	V
F	V	V	F	F	V	V
F	F	V	V	F	V	V

~(P ∨ Q) = ~P ∧ ~Q (Leis De Morgan)

Para negar a disjunção, troca-se o conectivo **ou (∨)** por **e (∧)** e negam-se as proposições simples que a compõem.

P	Q	~P	~Q	P∨Q	~(P∨Q)	~P∧~Q
V	V	F	F	V	F	F
V	F	F	V	V	F	F
F	V	V	F	V	F	F
F	F	V	V	F	V	V

~(P → Q) = P ∧ ~Q

Para negar o condicional, mantém-se o antecedente E nega-se o consequente.

P	Q	~Q	P→Q	~(P→Q)	P∧~Q
V	V	F	V	F	F
V	F	V	F	V	V
F	V	F	V	F	F
F	F	V	V	F	F

~(P ⊻ Q) = P ↔ Q

Para negar a disjunção exclusiva, faz-se o bicondicional ou nega-se a disjuncao exclusiva com a propria disjuncao exclusiva, mas negando apenas uma das proposicoes que a compõe.

P	Q	P⊻Q	~(P⊻Q)	P↔Q
V	V	F	V	V
V	F	V	F	F
F	V	V	F	F
F	F	F	V	V

~(P ↔ Q) = (P ⊻ Q).

Para negar a bicondicional, faz-se a disjunção exclusiva ou nega-se o bicondicional com o proprio bicondicional, mas negando apenas uma das proposicoes que o compõe.

P	Q	P↔Q	~(P↔Q)	P⊻Q
V	V	V	F	F
V	F	F	V	V
F	V	F	V	V
F	F	V	F	F

6.5 Relação entre Todo, Algum e Nenhum

Também conhecidos como **quantificadores lógicos**, eles têm entre si algumas relações que devemos saber, são elas:

"Todo A é B" equivale a **"nenhum A não é B"**, e vice-versa.
"todo amigo é bom = nenhum amigo não é bom."

"Nenhum A é B" equivale a **"todo A não é B"**, e vice-versa.
"nenhum aluno é burro = todo aluno não é burro."

"Todo A é B" tem como negação **"algum A não é B"** e vice-versa.

Ex.: ~(todo estudante tem insônia) = algum estudante não tem insônia.

"Nenhum A é B" tem como negação **"algum A é B"** e vice-versa.

Ex.: ~(algum sonho é impossível) = nenhum sonho é impossível.

Temos também a representação em forma de conjuntos, que é:

TODO A é B:

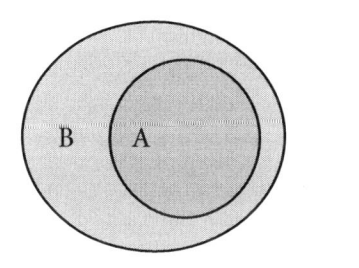

ALGUM A é B:

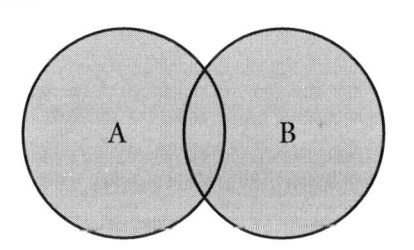

NENHUM A é B:

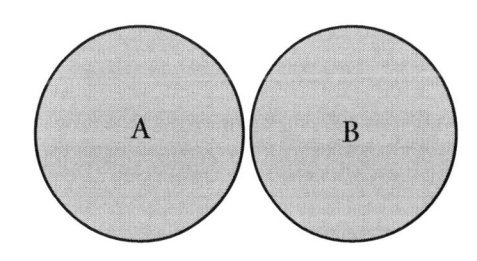

Relação de Equivalência:	Relação de Negação:
> Todo A é B = Nenhum A não é B. Ex.: Todo diretor é bom ator. = Nenhum diretor é mau ator.	> Todo A é B = Algum A não é B. Ex.: Todo policial é honesto. = Algum policial não é honesto.
> Nenhum A é B = Todo A não é B. Ex.: Nenhuma mulher é legal. = Toda mulher não é legal.	> Nenhum A é B = Algum A é B. Ex.: Nenhuma ave é mamífera. = Alguma ave é mamífera.

PROPOSIÇÕES

Equivalência

TODO (A é B / A não é B) ←NEGAÇÃO→ ALGUM (A não é B / A é B) ←NEGAÇÃO→ NENHUM (A não é B / A é B)

Equivalência

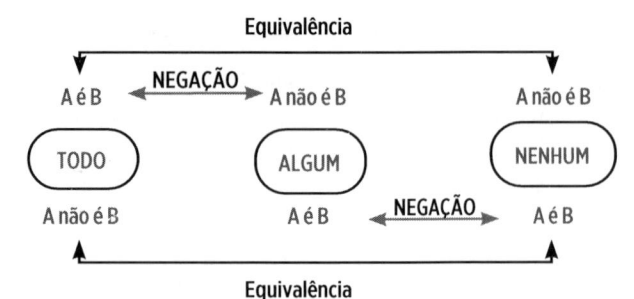

Questões

01. (IF-BA) Sabendo que proposição é o termo usado em lógica para descrever o conteúdo de orações declarativas que podem ser valoradas como verdadeiro ou falso, assinale a alternativa que indique uma proposição lógica.
a) O céu é azul.
b) Que dia será realizada a prova?
c) O nome dos jogadores.
d) O quadrado de um número.
e) Ser ou não ser? Eis a questão!

02. (FUNDATEC) A negação da proposição "Chove em Chuí na primavera" é:
a) A primavera em Chuí é uma estação seca.
b) O verão é uma estação chuvosa no Chuí.
c) Não é verdade que chove em Chuí na primavera.
d) O inverno em Chuí é uma estação fria e chuvosa.
e) O outono em Chuí é uma estação quente.

03. (VUNESP) Pretende-se analisar se uma proposição P, composta por quatro proposições simples, implica uma proposição Q, composta pelas mesmas quatro proposições simples, combinadas com conectivos distintos. Como são desconhecidos os valores lógicos das proposições simples envolvidas, pretende-se utilizar uma tabela verdade, estudando-se todas as possíveis combinações entre os valores lógicos dessas proposições, a fim de ser utilizada a definição de implicação lógica. Dessa forma, o referido número total de combinações possíveis é
a) 16.
b) 64.
c) 32.
d) 8.
e) 4.

04. (VUNESP) Considere falsidades as duas proposições a seguir:
I. I. Ana concorre ao cargo de auditora fiscal ou Jorge concorre ao cargo de professor.
II. II. Se Carlos está fazendo a prova, então ele está concorrendo ao cargo de auditor fiscal.

Com base nas informações apresentadas, assinale a alternativa que contém uma proposição necessariamente verdadeira.
a) Ana concorre ao cargo de professora e Jorge concorre ao cargo de auditor fiscal.
b) Carlos concorre ao cargo de auditor fiscal ou Ana concorre ao cargo de professor.
c) Carlos não está fazendo a prova e Jorge não concorre ao cargo de professor.
d) Ana não concorre ao cargo de auditora fiscal e Carlos concorre ao cargo de professor.
e) Carlos está fazendo a prova ou Jorge concorre ao cargo de professor.

05. (FUNDEP) Em uma reunião com as lideranças de uma empresa, uma das gerentes pediu a palavra e disse as seguintes afirmativas: I. "Se um funcionário cumpre com todas as suas obrigações, então ele será promovido a um cargo melhor." II. "Se um funcionário é promovido a um cargo melhor, então ele receberá um salário melhor." Assinale a alternativa que relaciona, de maneira correta, a falsidade ou a veracidade das duas afirmativas ditas pela gerente.
a) Se é falsa a afirmativa I, então será necessariamente verdadeira a afirmativa II.
b) Se é falsa a afirmativa I, então será necessariamente falsa a afirmativa II.
c) Se a afirmativa II é falsa, então será necessariamente falsa a afirmativa I.
d) Se a afirmativa II é verdadeira, então será necessariamente verdadeira a afirmativa I.

06. (FUNDATEC) Uma proposição equivalente de "Se Ana estuda para a prova, então Márcio fica feliz" é:
a) Se Márcio não fica feliz, então Ana não estuda para a prova.
b) Ana estuda para a prova e Márcio está feliz.
c) Ana não estuda para a prova e Márcio não está feliz
d) Se Ana não estuda para a prova, então Márcio não fica feliz.
e) Se Márcio estuda para a prova, então Ana fica feliz.

07. (IBADE) Dentre as proposições compostas a seguir, a que representa a negação da sentença "Mário é contador ou Sílvio não é enfermeiro", é:
a) Mário não é contador ou Sílvio é enfermeiro.
b) Mário não é contador e Sílvio é enfermeiro.
c) Mário é contador e Sílvio é enfermeiro.
d) Se Mário é contador, então Sílvio não é enfermeiro.
e) Sílvio é enfermeiro ou Mário é contador.

08. (FUNDATEC) A negação da proposição "Se Maria é colorada, então Maria é uma pessoa feliz" é:
a) Se Maria não é colorada, então Maria não é uma pessoa feliz.
b) Se Maria não é colorada, então Maria é uma pessoa feliz.
c) Maria é colorada se e somente se Maria é uma pessoa feliz.
d) Maria não é colorada e Maria é uma pessoa feliz.
e) Maria é colorada e Maria não é uma pessoa feliz.

09. (VUNESP) Uma proposição logicamente equivalente à afirmação "Se Marcos é engenheiro, então Roberta é enfermeira e Ana é psicóloga" é apresentada na alternativa:
a) Se Roberta é enfermeira e Ana é psicóloga, então Marcos é engenheiro.
b) Se Marcos não é engenheiro, então Roberta não é enfermeira e Ana não é psicóloga.
c) Se Roberta não é enfermeira ou Ana não é psicóloga, então Marcos não é engenheiro.
d) Roberta não é enfermeira, Ana não é psicóloga e Marcos não é engenheiro.
e) Ana é psicóloga, Marcos é engenheiro e Roberta é enfermeira.

10. (VUNESP) A negação da frase "Todos os analistas são inteligentes ou nenhum técnico é capacitado" é dada por
    a) Nenhum analista é inteligente ou todo técnico é capacitado.
    b) Existe analista que não é inteligente e existe técnico que é capacitado.
    c) Se nenhum técnico é capacitado, então todos os analistas são inteligentes.
    d) Existe analista que não é inteligente ou existe algum técnico que não é capacitado.
    e) Não existe analista inteligente ou algum técnico é capacitado.

Gabaritos

01	A	06	A
02	C	07	B
03	A	08	E
04	E	09	C
05	A	10	B

7. ARGUMENTOS

Os argumentos são uma extensão das proposições, mas com algumas características e regras próprias. Vejamos isso a partir de agora.

7.1 Definições

Argumento é um conjunto de proposições, divididas em premissas (proposições iniciais - hipóteses) e conclusões (proposições finais - teses).

Ex.:

p_1: Toda mulher é bonita.

p_2: Toda bonita é charmosa.

p_3: Maria é bonita.

c: Portanto, Maria é charmosa.

p_1: Se é homem, então gosta de futebol.

p_2: Mano gosta de futebol.

c: Logo, Mano é homem.

p_1, p_2, p_3, p_n, correspondem às premissas, e "c" à conclusão.

Representação dos Argumentos

Os argumentos podem ser representados das seguintes formas:

$$\begin{array}{c} P_1 \\ P_2 \\ P_3 \\ \cdots \\ \underline{P_n} \\ C \end{array}$$

ou

$$P_1 \wedge P_2 \wedge P_3 \wedge \cdots \wedge P_n \to C$$

ou

$$P_1, P_2, P_3, \cdots, P_n \vdash C$$

Tipos de argumentos

Existem vários tipos de argumento. Vejamos alguns:

Dedução

O argumento dedutivo parte de situações gerais para chegar a conclusões particulares. Esta forma de argumento é válida quando suas premissas, sendo verdadeiras, fornecem uma conclusão também verdadeira.

Ex.:

p_1: Todo professor é aluno.

p_2: Daniel é professor.

c: Logo, Daniel é aluno.

Indução

O argumento indutivo é o contrário do argumento dedutivo, pois parte de informações particulares para chegar a uma conclusão geral. Quanto mais informações nas premissas, maiores as chances da conclusão estar correta.

Ex.:

p_1: Cerveja embriaga.

p_2: Uísque embriaga.

p_3: Vodca embriaga.

c: Portanto, toda bebida alcoólica embriaga.

Analogia

As analogias são comparações (nem sempre verdadeiras). Neste caso, partindo de uma situação já conhecida verificamos outras desconhecidas, mas semelhantes. Nas analogias, não temos certeza.

Ex.:

p_1: No Piauí faz calor.

p_2: No Ceará faz calor.

p_3: No Paraná faz calor.

c: Sendo assim, no Brasil faz calor.

Falácia

As falácias são falsos argumentos, logicamente inconsistentes, inválidos ou que não provam o que dizem.

Ex.:

p_1: Eu passei num concurso público.

p_2: Você passou num concurso público.

c: Logo, todos vão passar num concurso público.

Silogismos

Tipo de argumento formado por três proposições, sendo duas premissas e uma conclusão. São em sua maioria dedutivos.

Ex.:

p_1: Todo estudioso passará no concurso.

p_2: Beatriz é estudiosa.

c: Portanto, Beatriz passará no concurso.

Classificação dos argumentos

Os argumentos só podem ser classificados em, ou válidos, ou inválidos:

Válidos ou bem construídos

Os argumentos são válidos sempre que as premissas garantirem a conclusão, ou seja, sempre que a conclusão for uma consequência obrigatória do seu conjunto de premissas.

Ex.:

p_1: Toda mulher é bonita.

p_2: Toda bonita é charmosa.

p_3: Maria é mulher.

c: Portanto, Maria é bonita e charmosa.

Veja que, se Maria é mulher, e toda mulher é bonita, e toda bonita é charmosa, então Maria só pode ser bonita e charmosa.

Inválidos ou mal construídos

Os argumentos são inválidos sempre que as premissas **não** garantirem a conclusão, ou seja, sempre que a conclusão **não** for uma consequência obrigatória do seu conjunto de premissas.

Ex.:
p_1: Todo professor é aluno.
p_2: Daniel é aluno.
c: Logo, Daniel é professor.

Note que, se Daniel é aluno, nada garante que ele seja professor, pois o que sabemos é que todo professor é aluno, não o contrário.

Alguns argumentos serão classificados apenas por meio desse conceito (da GARANTIA). Fique atento para não perder tempo.

7.2 Métodos para Classificar os Argumentos

Os argumentos nem sempre podem ser classificados da mesma forma, por isso existem os métodos para sua classificação, uma vez que dependendo do argumento, um método ou outro, sempre será mais fácil e principalmente mais rápido.

1º método: diagramas lógicos (ou método dos conjuntos).

Utilizado sempre que no argumento houver as expressões: **todo**, **algum** ou **nenhum**, e seus respectivos sinônimos.

Representaremos o que for dito em forma de conjuntos e verificaremos se a conclusão está correta (presente nas representações).

> Esse método é muito utilizado por diversas bancas de concursos e tende a confundir o concurseiro, principalmente nas questões em que temos mais de uma opção de diagrama para o mesmo enunciado. Lembrando que quando isso ocorrer (mais de um diagrama para o mesmo argumento), a questão só estará correta se a conclusão estiver presente em todas as representações se todos os diagramas corresponderem à mesma condição.

As representações genéricas são:

TODO A é B:

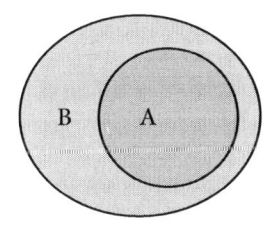

ALGUM A é B:

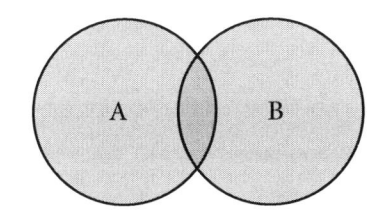

NENHUM A é B:

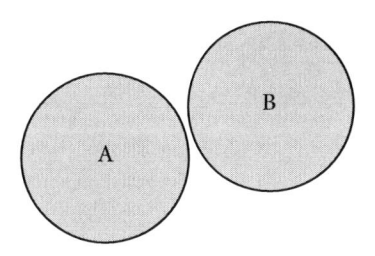

2º método: premissas verdadeiras (proposição simples ou conjunção).

Utilizado sempre que não for possível os diagramas lógicos e quando nas premissas houver uma proposição simples ou uma conjunção.

A proposição simples ou a conjunção serão os pontos de partida da resolução, já que teremos que considerar todas as premissas verdadeiras e elas – proposição simples ou conjunção – só admitem um jeito de serem verdadeiras.

O método consiste em, considerar todas as premissas como verdadeiras, dar valores às proposições simples que as compõem e no final avaliar a conclusão; se a conclusão também for verdadeira o argumento é válido, porém se a conclusão for falsa o argumento é inválido.

Premissas verdadeiras e conclusão verdadeiras = argumento válido.

Premissas verdadeiras e conclusão falsa = argumento inválido.

3º método: conclusão falsa (proposição simples, disjunção ou condicional).

Utilizado sempre que não for possível um dos "dois" métodos citados anteriormente e quando na conclusão houver uma proposição simples, uma disjunção ou um condicional.

A proposição simples, a disjunção ou o condicional serão os pontos de partida da resolução, já que teremos que considerar a conclusão como sendo falsa e elas – proposição simples, disjunção e condicional – só admitem um jeito de serem falsas.

O método consiste em: considerar a conclusão como falsa, dar valores às proposições simples, que a compõem, e supor as premissas como verdadeiras, a partir dos valores das proposições simples da conclusão e atribuir os valores das proposicoes simples das premissas. No final, se assim ficar – a conclusão falsa e as premissas verdadeiras – o argumento será inválido; porém se uma das premissas mudar de valor, então o argumento passa a ser válido.

Conclusão falsa e premissas verdadeiras = argumento inválido.

Conclusão falsa e pelo menos 1 (uma) premissa falsa = argumento válido.

Para esses dois métodos (2º método e 3º método), podemos definir a validade dos argumentos da seguinte forma:

PREMISSAS	CONCLUSÃO	ARGUMENTO
Verdadeiras	Verdadeira	Válido
Verdadeiras	Falsa	Inválido
Pelo menos 1 (uma) falsa	Falsa	Válido

4º método: tabela verdade.

Método utilizado em último caso, quando não for possível usar qualquer um dos anteriores.

RACIOCÍNIO LÓGICO

ARGUMENTOS

Dependendo da quantidade de proposições simples que tiver o argumento, esse método fica inviável, pois temos que desenhar a tabela verdade. No entanto, esse método é um dos mais garantidos nas resoluções das questões de argumentos.

Consiste em desenhar a tabela verdade do argumento em questão e avaliar se nas linhas em que as premissas forem todas verdadeiras – ao mesmo tempo – a conclusão também será toda verdadeira. Caso isso ocorra, o argumento será válido, porém se em uma das linhas em que as premissas forem todas verdadeiras a conclusão for falsa, o argumento será inválido.

Linhas da tabela verdade em que as premissas são todas verdadeiras e conclusão, nessas linhas, também todas verdadeiras = argumento válido.

Linhas da tabela verdade em que as premissas são todas verdadeiras e pelo menos uma conclusão falsa, nessas linhas = argumento inválido.

Questões

01. (FUNDATEC) Considere as seguintes proposições:
I. Todo agente administrativo é estudioso.
II. Todos os estudiosos são conhecedores da Matemática Clássica.
III. Pedro é conhecedor da Matemática Clássica.

Disso, pode-se concluir que:
a) Pedro pode ser um agente administrativo.
b) Pedro é um agente administrativo.
c) Pedro é estudioso.
d) Pedro não é um agente administrativo.
e) Pedro é estudioso e não é agente administrativo.

02. (IF-BA) Assumindo que as premissas dos argumentos a seguir são verdadeiras, analise os itens quanto à sua validade ou não:
I. Toda criança é estudante. Existe estudante que joga futebol. Logo, toda criança joga futebol.
II. Se Bruna é professora, então Bruna não pratica esportes. Bruna pratica esporte. Logo, Bruna não é professora.
III. Todo jornalista apresenta um telejornal a noite. André é um jornalista. Portanto, André apresenta um telejornal a noite.

Quanto a validade ou não dos argumentos, é correto afirmar que
a) o argumento I é válido.
b) o argumento II é não válido.
c) o argumento III é não válido.
d) o argumento I é não válido e o argumento II é válido.
e) o argumento II é não válido e o argumento III é válido.

03. (FADESP) Considere os argumentos a seguir.
I. Todos os peritos criminais receberão uma gratificação. Logo, alguns peritos criminais não receberão gratificação.
II. Médicos legistas estudaram na UFPA ou na UEPA. Ana é médica legista e não estudou na UFPA. Logo, Ana estudou na UEPA.
III. Alguns peritos são engenheiros. Alguns engenheiros estudaram na UFPA. Logo, todos os peritos estudaram na UFPA.

Após a análise das argumentações, pode-se concluir que
a) apenas o argumento III é válido.
b) apenas o argumento II é válido.
c) os argumentos I e II não são válidos.
d) os argumentos II e III são válidos.
e) os argumentos I e II são válidos.

04. (INSTITUTO AOCP) Assinale a alternativa que apresenta um argumento lógico válido.
a) Todos os mamutes estão extintos e não há elefantes extintos, logo nenhum elefante é um mamute.
b) Todas as meninas jogam vôlei e Jonas não é uma menina, então Jonas não joga vôlei.
c) Em São Paulo, moram muitos retirantes e João é um retirante, logo João mora em São Paulo.
d) Não existem policiais corruptos e Paulo não é corrupto, então Paulo é policial.
e) Todo bolo é de chocolate e Maria fez um bolo, logo Maria não fez um bolo de chocolate.

05. (IBADE) Considere como verdadeiras as sentenças a seguir.
I. Se um gerente quadriplica o próprio patrimônio, então ele é competente e carismático.
II. Se um gerente não é carismático, então ele não é promovido e não aparece na mídia.
III. Se um gerente é competente e é promovido, então ele cumpre metas.

Se Carlos é um gerente promovido, então ele
a) quadriplica o próprio patrimônio.
b) cumpre metas.
c) é competente.
d) é carismático.
e) não aparece na mídia.

06. (FUNDATEC) Se chove, faz frio. Se faz frio, é inverno. Se é inverno, Laura liga o aquecedor. Sabe-se que Laura não liga o aquecedor. Pode-se concluir que:
a) É inverno e não chove.
b) É inverno e faz frio.
c) Não é inverno e faz frio.
d) Não faz frio e chove.
e) Não faz frio, não chove e não é inverno.

07. (FCC) Considere os dois argumentos a seguir:
I. Se Ana Maria nunca escreve petições, então ela não sabe escrever petições. Ana Maria nunca escreve petições. Portanto, Ana Maria não sabe escrever petições.
II. Se Ana Maria não sabe escrever petições, então ela nunca escreve petições. Ana Maria nunca escreve petições. Portanto, Ana Maria não sabe escrever petições.

Comparando a validade formal dos dois argumentos e a plausibilidade das primeiras premissas de cada um, é correto concluir que
a) o argumento I é inválido e o argumento II é válido, mesmo que a primeira premissa de I seja mais plausível que a de II.
b) ambos os argumentos são válidos, a despeito das primeiras premissas de ambos serem ou não plausíveis.
c) ambos os argumentos são inválidos, a despeito das primeiras premissas de ambos serem ou não plausíveis.
d) o argumento I é inválido e o argumento II é válido, pois a primeira premissa de II é mais plausível que a de I.
e) o argumento I é válido e o argumento II é inválido, mesmo que a primeira premissa de II seja mais plausível que a de I.

08. (VUNESP) De um argumento válido com duas premissas, conclui-se corretamente que Alexandre não é casado com Carla. Uma das premissas desse argumento afirma como verdadeiro que Alexandre é casado com Carla se, e somente se, Maria é irmã de Carla. Sendo assim, uma segunda premissa verdadeira para esse argumento é
a) Carla não é irmã de Maria.
b) Alexandre é casado com Carla.
c) Maria é irmã de Carla.
d) Alexandre é irmão de Maria.
e) Maria não é irmã de Alexandre.

09. (CESGRANRIO) Considere o seguinte argumento, no qual a conclusão foi omitida:
Premissa 1: $p \to [(\sim r) \vee (\sim s)]$
Premissa 2: $[p \vee (\sim q)] \wedge [q \vee (\sim p)]$
Premissa 3: $r \wedge s$
Conclusão: 5988959889XX
Uma conclusão que torna o argumento acima válido é
a) $\sim(p \vee q)$
b) $(\sim q) \wedge p$
c) $(\sim p) \wedge q$
d) $p \wedge q$
e) $p \vee q$

10. (FGV) Sobre os amigos Marcos, Renato e Waldo, sabe-se que:
I. Se Waldo é flamenguista, então Marcos não é tricolor;
II. Se Renato não é vascaíno, então Marcos é tricolor;
III. Se Renato é vascaíno, então Waldo não é flamenguista.
Logo, deduz-se que:
a) Marcos é tricolor;
b) Marcos não é tricolor;
c) Waldo é flamenguista;
d) Waldo não é flamenguista;
e) Renato é vascaíno

Gabaritos

01	A	06	E
02	D	07	E
03	B	08	A
04	A	09	A
05	D	10	D

RACIOCÍNIO LÓGICO

8. PSICOTÉCNICOS

Questões psicotécnicas são todas as questões em que não precisamos de conhecimento adicional para resolvê-las. As questões podem ser de associações lógicas, verdades e mentiras, sequências lógicas, problemas com datas – calendários, sudoku, entre outras.

Neste capítulo, abordaremos inicialmente as questões mais simples do raciocínio lógico para uma melhor familiarização com a matéria.

Não existe teoria, somente prática e é com ela que vamos trabalhar e aprender.

01. (FCC) Considere que os dois primeiros pares de palavras foram escritos segundo determinado critério.

Temperamento → totem

Traficante → tetra

Massificar → ?

De acordo com esse mesmo critério, uma palavra que substituiria o ponto de interrogação é:

a) ramas.
b) maras.
c) armas.
d) samar.
e) asmar.

RESPOSTA: C.

Analisando os dois primeiros pares de palavras, vemos que a segunda palavra de cada par é formada pela última sílaba + a primeira sílaba da primeira palavra do par, logo, seguindo esse raciocínio, teremos AR + MAS = armas.

02. (FCC) Observe atentamente a disposição das cartas em cada linha do esquema seguinte. A carta que está oculta é:

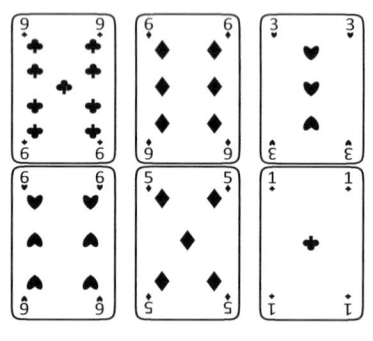

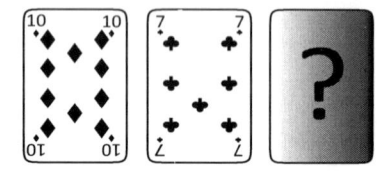

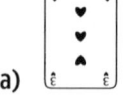

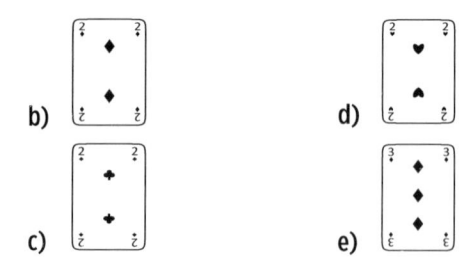

RESPOSTA: A.

Observando cada linha (horizontal), temos nas duas primeiras os três mesmos naipes (copas, paus e ouros, só mudando a ordem) e a terceira carta é o resultado da subtração da primeira pela segunda; portanto, a carta que está oculta tem que ser o "3 de copas", pois 10 – 7 = 3 e o naipe que não apareceu na terceira linha foi o de copas.

03. (FCC) Considere a sequência de figuras abaixo. A figura que substitui corretamente a interrogação é:

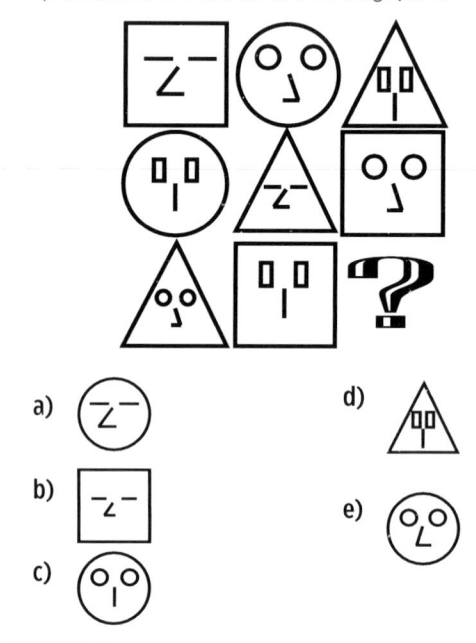

RESPOSTA: A.

Veja que em cada fila (linha ou coluna) temos sempre um círculo, um triângulo e um quadrado fazendo o contorno da careta; os olhos são círculos, quadrados ou tiras; o nariz é reto, para direita ou para esquerda; sendo assim, no ponto de interrogação o que está faltando é a careta redonda com o olhos em tiras e o nariz para a esquerda.

04. (Esaf - Adaptada) Mauro, José e Lauro são três irmãos. Cada um deles nasceu em um estado diferente: um é mineiro, outro é carioca, e outro é paulista (não necessariamente nessa ordem). Os três têm, também, profissões diferentes: um é engenheiro, outro é veterinário, e outro é psicólogo (não necessariamente nessa ordem). Sabendo que José é mineiro, que o engenheiro é paulista, e que Lauro é veterinário, conclui-se corretamente que:

a) Lauro é paulista e José é psicólogo.
b) Mauro é carioca e José é psicólogo.
c) Lauro é carioca e Mauro é psicólogo.
d) Mauro é paulista e José é psicólogo.
e) Lauro é carioca e Mauro não é engenheiro.

RESPOSTA: D.

É a única resposta possível após o preenchimento da tabela e análise das alternativas.

Vamos construir uma tabela para facilitar a resolução da questão:

Nome	Estado	Profissão
José	Mineiro	Psicólogo
Mauro	Paulista	Engenheiro
Lauro	Carioca	Veterinário

De acordo com as informações:

José é mineiro;

O engenheiro é paulista;

Lauro é veterinário, note que Lauro não pode ser paulista, pois o paulista é engenheiro.

05. (FGV) Certo dia, três amigos fizeram, cada um deles, uma afirmação:

Aluísio: Hoje não é terça-feira.

Benedito: Ontem foi domingo.

Camilo: Amanhã será quarta-feira.

Sabe-se que um deles mentiu e que os outros dois falaram a verdade. Assinale a alternativa que indique corretamente o dia em que eles fizeram essas afirmações.

a) Sábado.
b) Domingo.
c) Segunda-feira.
d) Terça-feira.
e) Quarta-feira.

RESPOSTA: C.

Baseado no que foi dito na questão, Benedito e Camilo não podem, os dois, estarem falando a verdade, pois teríamos dois dias diferentes. Então, conclui-se que Aluísio falou a verdade; com isso, o que Camilo esta dizendo é mentira e, portanto Benedito também está falando a verdade. Logo, o dia em que foi feita a afirmação é uma segunda-feira.

06. (FUMARC) Heloísa, Bernardo e Antônio são três crianças. Uma delas tem 12 anos a outra tem 10 anos e a outra 8 anos. Sabe-se que apenas uma das seguintes afirmações é verdadeira:

Bernardo tem 10 anos.

Heloísa não tem 10 anos.

Antônio não tem 12 anos.

Considerando estas informações é correto afirmar que:

a) Heloísa tem 12 anos, Bernardo tem 10 anos e Antônio tem 8 anos.
b) Heloísa tem 12 anos, Bernardo tem 8 anos e Antônio tem 10 anos.
c) Heloísa tem 10 anos, Bernardo tem 8 anos e Antônio tem 12 anos.
d) Heloísa tem 10 anos, Bernardo tem 12 anos e Antônio tem 8 anos.

RESPOSTA: D.

Como a questão informa que só uma afirmação é verdadeira, vejamos qual pode ser esta afirmação: se "I" for a verdadeira, teremos Bernardo e Heloísa, os dois, com 10 anos, o que pelo enunciado da questão não é possível; se "II" for a verdadeira, teremos, mais uma vez, Bernardo e Heloísa, agora ambos com 8 anos, o que também não é possível; se "III" for a verdadeira, teremos Heloísa com 10 anos, Bernardo com 12 anos e Antônio com 8 anos.

07. (FCC) Na sentença seguinte falta a última palavra. Você deve escolher a alternativa que apresenta a palavra que MELHOR completa a sentença.

Devemos saber empregar nosso tempo vago; podemos, assim, desenvolver hábitos agradáveis e evitar os perigos da;

a) Desdita.
b) Pobreza.
c) Ociosidade.
d) Bebida.
e) Doença.

RESPOSTA: C.

Qual dessas alternativas tem a palavra que mais se relaciona com tempo vago? Agora ficou claro! Assim a palavra é OCIOSIDADE.

08. (ESAF) Três meninos, Zezé, Zozó e Zuzu, todos vizinhos, moram na mesma rua em três casas contíguas. Todos os três meninos possuem animais de estimação de raças diferentes e de cores também diferentes. Sabe-se que o cão mora em uma casa contígua à casa de Zozó; a calopsita é amarela; Zezé tem um animal de duas cores - branco e laranja; a cobra vive na casa do meio. Assim, os animais de estimação de Zezé, Zozó e Zuzu são respectivamente:

a) Cão, cobra, calopsita.
b) Cão, calopsita, cobra.
c) Calopsita, cão, cobra.
d) Calopsita, cobra, cão.
e) Cobra, cão, calopsita.

PSICOTÉCNICOS

RESPOSTA: A.

De acordo com as informações:

A cobra vive na casa do meio;

O cão mora em uma casa contígua à casa de Zozó; contígua quer dizer vizinha, e para isso Zozó só pode morar na casa do meio;

A calopsita é amarela e Zezé tem um animal de duas cores - branco e laranja; com isso o cão só pode ser de Zezé;

Vamos construir uma tabela para ficar melhor a resolução da questão:

	Casa	Casa	Casa
Nome	Zezé	Zozó	Zuzu
Animal	Cão	Cobra	Calopsita

No livro Alice no País dos Enigmas, o professor de matemática e lógica Raymond Smullyan apresenta vários desafios ao raciocínio lógico que têm como objetivo distinguir-se entre verdadeiro e falso. Considere o seguinte desafio inspirado nos enigmas de Smullyan.

Duas pessoas carregam fichas nas cores branca e preta. Quando a primeira pessoa carrega a ficha branca, ela fala somente a verdade, mas, quando carrega a ficha preta, ela fala somente mentiras. Por outro lado, quando a segunda pessoa carrega a ficha branca, ela fala somente mentira, mas, quando carrega a ficha preta, fala somente verdades.

Com base no texto acima, julgue o item a seguir.

09. (CESPE) Se a primeira pessoa diz "Nossas fichas não são da mesma cor" e a segunda pessoa diz "Nossas fichas são da mesma cor", então, pode-se concluir que a segunda pessoa está dizendo a verdade.

RESPOSTA: CERTO.

Analisando linha por linha da tabela, encontramos contradições nas três primeiras linhas, ficando somente a quarta linha como certa, o que garante que a segunda pessoa está falando a verdade.

1ª pessoa: "Nossas fichas não são da mesma cor"	2ª pessoa: "Nossas fichas são da mesma cor"
Ficha branca (verdade)	Ficha branca (mentira)
Ficha branca (verdade)	Ficha preta (verdade)
Ficha preta (mentira)	Ficha branca (mentira)
Ficha preta (mentira)	Ficha preta (verdade)

10. (CESPE) O quadro abaixo pode ser completamente preenchido com algarismos de 1 a 6, de modo que cada linha e cada coluna tenham sempre algarismos diferentes.

1				3	2
		5	6		1
	1	6		5	
5	4			2	
	3	2	4		
4			2		3

RESPOSTA: CERTO.

Vamos preencher o quadro, de acordo com o que foi pedido:

1	6	4	5	3	2
3	2	5	6	4	1
2	1	6	3	5	4
5	4	3	1	2	6
6	3	2	4	1	5
4	5	1	2	6	3

Questões

01. (FCC) Ana, Beatriz e Célia moram com suas avós Sandra, Adélia e Maria em Franca, Campinas e em Araras, não necessariamente nas ordens indicadas. Além disso, sabe-se que:

– Beatriz não é neta de Maria.

– Ana não mora em Araras e é neta de Sandra.

– A menina que mora em Franca é neta de Adélia.

Desse modo, é correto afirmar que:

a) Maria mora em Campinas.
b) Adélia é avó de Célia.
c) Sandra mora em Franca.
d) Célia mora em Campinas.
e) Beatriz mora em Franca.

02. (IBADE) As informações abaixo referem-se aos pratos típicos que cinco amigas costumam comer em Porto Velho.

- Aline e Juliana não comem tacacá;
- Márcia e Fabiane não comem pato no tucupi nem bolo de macaxeira;
- Dandara não come filé de dourado nem caldeirada;
- Aline não come pato no tucupi;
- Dandara não come pato no tucupi nem bolo de macaxeira;
- Fabiane não come caldeirada.

Nessas condições, considerando que cada uma delas come um único prato típico, aquele que come bolo de macaxeira é:

a) Fabiane
b) Dandara
c) Juliana
d) Aline
e) Márcia

03. (IBADE) Nas férias, três técnicas em assuntos educacionais – Ana, Beatriz e Cátia – escolheram, num dado mês, um único ponto turístico para visitar. Considere que:

- os pontos turísticos escolhidos por elas foram: Memorial Rondon, Mercado Cultural e Parque Chico Mendes;
- os meses em que fizeram as visitas foram: dezembro, janeiro e fevereiro;
- Cátia visitou o Memorial Rondon;
- A técnica que visitou o Mercado Cultural foi no mês de dezembro;
- Ana visitou o seu ponto turístico no mês de fevereiro.

Nessas condições, é correto afirmar que:

a) Ana visitou o Mercado Cultural.
b) Cátia visitou seu ponto turístico em dezembro.

c) Beatriz visitou o Mercado Cultural.
d) Ana não visitou o Parque Chico Mendes.
e) Beatriz visitou o Parque Chico Mendes.

04. (IBADE) Para garantir que haverá pelo menos 100 alunos fazendo aniversário no mesmo mês, a quantidade de pessoas que deve estar matriculada em uma escola é de:
a) 1188.
b) 1212.
c) 1200.
d) 1189.
e) 1201.

05. (FCC) Um dado é um cubo, onde em cada face colocamos de 1 a 6 pontos, de tal maneira que a soma dos pontos que ficam em cada par de faces opostas é sempre 7.
Quatro dados foram empilhados como na figura abaixo.

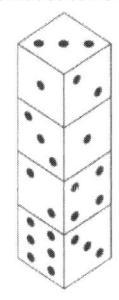

A soma dos pontos das faces que não aparecem na figura é
a) 36
b) 39
c) 47
d) 49
e) 59

06. (VUNESP) Considere a sequência:
4.444.445; 4.444.450; 444.445; 444.450; 44.445; 44.450; 4.445; ...
A soma do 5º termo com o 6º termo supera a soma do 11º termo com o 12º termo em
a) 888.800.
b) 888.880.
c) 88.800.
d) 88.880.
e) 88.000.

07. (VUNESP) Um grupo é formado por 5 garotos e sabe-se que suas idades podem ser 11 ou 12 ou 15 anos. Esses garotos sabem a própria idade e sabem as idades dos outros. Os garotos foram questionados sobre a soma das suas idades (a soma das idades dos cinco garotos), e eles responderam, respectivamente, 57 anos, 58 anos, 59 anos, 60 anos e 61 anos. Sabendo-se que, quem tem 12 anos mentiu na resposta, e quem não tem 12 anos disse a verdade, a soma das idades desses cinco garotos, em anos, é
a) 61.
b) 60.
c) 59.
d) 58.
e) 57.

08. (IADES) Suponha que, em uma unidade prisional, após um pequeno motim debelado pelos agentes de segurança prisional, três presos A, B e C tenham sido levados ao interrogatório para esclarecimento do fato. Os três presos trocaram acusações entre si e deram as declarações a seguir.
– O preso B está mentindo – disse o preso A.
– O preso C está mentindo – disse o preso B.
– O preso A e o preso B estão mentindo – disse o preso C.
Com base nessas declarações, é correto concluir que
a) apenas C mente.
b) A e B mentem.
c) apenas A mente.
d) A e C mentem.
e) apenas B mente.

09. (VUNESP) Em uma ilha, ou os nativos pertencem à tribo dos mentirosos (sempre mentem) ou pertencem à tribo dos honestos (sempre dizem a verdade). Caminhando pela ilha, encontrei 5 nativos e soube por uma pessoa da tribo dos honestos que seus nomes eram Akin, Babu, Garai, Kumi e Simba. Eles se apresentaram da seguinte maneira:
Akin: bem-vindo, Kumi e Simba são da minha tribo.
Babu: bem-vindo, amanhã é feriado.
Garai: bem-vindo, Akin é da minha tribo.
Kumi: bem-vindo, não temos feriados nessa ilha.
Simba: bem-vindo, Garai é mentiroso.
Entre esses cinco nativos, dois são mentirosos e seus nomes são:
a) Akin e Babu.
b) Akin e Simba.
c) Akin e Kumi.
d) Babu e Garai.
e) Babu e Kumi.

10. (FUNDEP) Oto, Téo e Tom são três amigos que trabalham juntos. Dois deles têm 34 anos de idade e sempre dizem mentira. Já o outro amigo, que tem 40 anos de idade, diz sempre a verdade.
Se Téo disse que a idade de Tom não é 34 anos de idade, então é correto afirmar que
a) Oto tem 34 anos de idade.
b) Téo e Tom sempre mentem.
c) Téo tem 40 anos de idade.
d) Tom diz sempre a verdade.

Gabaritos

01	E	06	C
02	D	07	C
03	C	08	D
04	D	09	D
05	E	10	B

RACIOCÍNIO LÓGICO

9. SEQUÊNCIAS NUMÉRICAS

Neste capítulo, será possível verificar a formação de uma sequência e também do que trata a P.A. (Progressão Aritmética) e a P.G. (Progressão Geométrica).

9.1 Conceitos

Sequências: conjuntos de elementos organizados de acordo com certo padrão, ou seguindo determinada regra. O conhecimento das sequências é fundamental para a compreensão das progressões.

Progressões: as progressões são sequências numéricas com algumas características exclusivas.

Cada elemento das sequências e/ou progressões são denominados termos.

Sequência dos números quadrados perfeitos:
(1, 4, 9, 16, 25, 36, 49, 64, 81, 100...);

Sequência dos números primos: (2, 3, 5, 7, 11, 13, 17, 19, 23, 29, 31, 37, 41, 43, 47, 53...).

Veja que na sequência dos números quadrados perfeitos a lei que determina sua formação é: $a_n = n^2$.

9.2 Lei de Formação de uma Sequência

Para determinarmos uma sequência numérica, precisamos de uma lei de formação. A lei que define a sequência pode ser a mais variada possível.

Ex.: A sequência definida pela lei $a_n = n^2 + 1$, com "n" $\in N$, cujo a_n é o termo que ocupa a n-ésima posição na sequência é: 0, 2, 5, 10, 17, 26... Por esse motivo, a_n é chamado de termo geral da sequência.

9.3 Progressão Aritmética (P.A.)

Progressão aritmética é uma sequência numérica em que cada termo, a partir do segundo, é igual ao anterior adicionado a um número fixo, chamado razão da progressão (r).

Quando r > 0, a progressão aritmética é crescente; quando r < 0, decrescente e quando r = 0, constante ou estacionária.

> (2, 5, 8, 11, ...), temos r = 3. Logo, a P.A. é crescente.
> (20, 18, 16, 14, ...), temos r = -2. Logo, a P.A. é decrescente.
> (5, 5, 5, 5, ...), temos r = 0. Logo, a P.A. é constante.

A representação matemática de uma progressão aritmética é:

$(a_1, a_2, a_3, ..., a_n, a_{n+1},...)$ na qual: $\begin{cases} a_2 = a_1 + r \\ a_3 = a_2 + r \\ a_4 = a_3 + r \\ \vdots \end{cases}$

Se a razão de uma PA é a quantidade que acrescentamos a cada termo para obter o seguinte, podemos dizer que ela é igual à diferença entre qualquer termo, a partir do segundo, e o anterior. Assim, de modo geral, temos:

$$r = a_2 - a_1 = a_3 - a_2 = \cdots = a_{n+1} - a_n$$

Para encontrar um termo específico, a quantidade de termos ou até mesmo a razão de uma P.A., dispomos de uma relação chamada termo geral de uma P.A.: $a_n = a_1 + (n-1)r$, onde:

> a_n é o termo geral;
> a_1 é o primeiro termo;
> n é o número de termos;
> r é a razão da P.A.

Propriedades:

P₁. Em toda P.A. finita, a soma de dois termos equidistantes dos extremos é igual à soma dos extremos.

```
1    3    5     7    9    11
          5 + 7 = 12
        3 + 9 = 12
       1 + 11 = 12
```

OBS.: Dois termos são equidistantes quando a distância entre um deles para o primeiro termo da P.A. é igual a distância do outro para o último termo da P.A.

P₂. Uma sequência de três termos é P.A. se, e somente se, o termo médio é igual à média aritmética entre os outros dois, isto é: (a,b,c) é P.A. $\Leftrightarrow b = \dfrac{(a+c)}{2}$

Ex.: seja a P.A. (2, 4, 6), então, $4 = \dfrac{2+6}{2}$

P₃. Em uma P.A. com número ímpar de termos, o termo médio é a média aritmética entre os extremos.

Ex.: (3, 6, 9, 12, 15, 18, 21, 24, 27, 30, 33, 36, 39), $21 = \dfrac{3+39}{2}$

P₄. A soma S_n dos n primeiros termos da PA $(a_1, a_2, a_3,...a_n)$ é dada por:

$$S_n = \dfrac{(a_1 + a_n) \cdot n}{2}$$

Ex.: Calcule a soma dos temos da P.A. (1, 4, 7, 10, 13, 16, 19, 22, 25).

Resolução:

$a_1 = 1; a_n = 25; n = 9$

$$S_n = \dfrac{(a_1 + a_n) \cdot n}{2}$$

$$S_n = \dfrac{(1 + 25) \cdot 9}{2}$$

$$S_n = \dfrac{(26) \cdot 9}{2}$$

$$S_n = \dfrac{234}{2}$$

$$S_n = 117$$

Interpolação Aritmética

Interpolar significa inserir termos, ou seja, interpolação aritmética é a colocação de termos entre os extremos de uma P.A. Consiste basicamente em descobrir o valor da razão da P.A. e, com, isso inserir esses termos.

Utiliza-se a fórmula do termo geral para a resolução das questões, em que "**n**" será igual a "**k + 2**", cujo "**k**" é a quantidade de termos que se quer interpolar.

Ex.: Insira 5 termos em uma P.A. que começa com 3 e termina com 15.

Resolução:

$a_1 = 3$; $a_n = 15$; $k = 5$ e $n = 5 + 2 = 7$

$a_n = a_1 + (n-1) \cdot r$

$15 = 3 + (7-1) \cdot r$

$15 = 3 + 6r$

$6r = 15 - 3$

$6r = 12$

$r = \dfrac{12}{6}$

$r = 2$

Então, P.A. (3, 5, 7, 9, 11, 13, 15)

9.4 Progressão Geométrica (P.G.)

Progressão geométrica é uma sequência de números não nulos em que cada termo, a partir do segundo, é igual ao anterior multiplicado por um número fixo, chamado razão da progressão (q).

A representação matemática de uma progressão geométrica é $(a_1, a_2, a_3,...,a_{n-1}, a_n)$, na qual $a_2 = a_1 \cdot q$, $a_3 = a_2 \cdot q$,... etc. De modo geral, escrevemos: $a_{n+1} = a_n \cdot q$, $\forall n \in \mathbb{N}^*$ e $q \in \mathbb{R}$.

Em uma P.G., a razão q é igual ao quociente entre qualquer termo, a partir do segundo, e o anterior. Exemplo:

→ (4, 8, 16, 32, 64)

$q = \dfrac{8}{4} = \dfrac{16}{8} = \dfrac{32}{16} = \dfrac{64}{32} = 2$

→ (6, -18, 54, -162)

$q = \dfrac{186}{6} = \dfrac{54}{-18} = \dfrac{-162}{54} = -3$

Assim, podemos escrever:

$\dfrac{a_2}{a_1} = \dfrac{a_3}{a_2} = \cdots = \dfrac{a_{n+1}}{a_n} = q$, sendo q a razão da P.G.

Podemos classificar uma P.G. como:

→ Crescente:
> Quando $a_1 > 0$ e $q > 1$

(2, 6, 18, 54,...) é uma P.G. crescente com $a_1 = 2$ e $q = 3$

> Quando $a_1 < 0$ e $0 < q < 1$

(-40, -20, -10,...) é uma P.G. crescente com $a_1 = -40$ e $q = 1/2$

→ Decrescente:
> Quando $a_1 > 0$ e $0 < q < 1$

(256, 64, 16,...) é uma P.G. decrescente, com $a_1 = 256$ e $q = 1/4$

> Quando $a_1 < 0$ e $q > 1$

(-2, -10, -50,...) é uma P.G. decrescente, com $a_1 = -2$ e $q = 5$

→ Constante:
> Quando $q = 1$

(3, 3, 3, 3, 3,...) é uma P.G. constante, com $a_1 = 3$ e $q = 1$

→ Alternada:
> Quando $q < 0$

(2, -6, 18, -54) é uma P.G. alternada, com $a_1 = 2$ e $q = -3$

A fórmula do termo geral de uma PG nos permite encontrar qualquer termo da progressão.

$$a_n = a_1 \cdot q^{n-1}$$

Propriedades:

P$_1$. Em toda P.G. finita, o produto de dois termos equidistantes dos extremos é igual ao produto dos extremos.

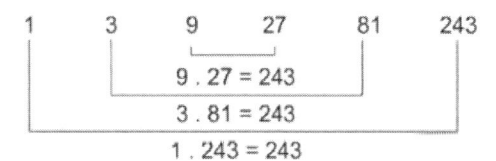

```
1     3     9     27     81     243
            9 . 27 = 243
         3 . 81 = 243
       1 . 243 = 243
```

OBS.: Dois termos são equidistantes quando a distância de um deles para o primeiro termo P.G. é igual a distância do outro para o último termo da P.G.

P$_2$. Uma sequência de três termos, em que o primeiro é diferente de zero, é uma P.G. se, e somente, sem o quadrado do termo médio é igual ao produto dos outros dois, isto é, sendo $a \neq 0$.

Ex.: (a, b, c) é P.G. $\Leftrightarrow b^2 = ac$

$(2, 4, 8) \Leftrightarrow 4^2 = 2 \cdot 8 = 16$

P$_3$. Em uma P.G. com número ímpar de termos, o quadrado do termo médio é igual ao produto dos extremos.

Ex.: (2, 4, 8, 16, 32, 64, 128, 256, 512), temos que $32^2 = 2 \cdot 512 = 1024$.

P$_4$ Soma dos n primeiros termos de uma P.G. $S_n = \dfrac{a_1(q^n - 1)}{q - 1}$

P$_5$ Soma dos termos de uma P.G. infinita:

Ex.: $S_\infty = \dfrac{a_1}{1 - q}$, se $-1 < q < 1$

OBS.:

$S_\infty = +\infty$, se $q > 1$ e $a_1 > 0$

$S_\infty = -\infty$, se $q > 1$ e $a_1 < 0$

Interpolação Geométrica

Interpolar significa inserir termos, ou seja, interpolação geométrica é a colocação de termos entre os extremos de uma P.G. Consiste basicamente em descobrir o valor da razão da P.G. e, com isso, inserir esses termos.

Utiliza-se a fórmula do termo geral para a resolução das questões, em que "**n**" será igual a "**p + 2**", cujo "**p**" é a quantidade de termos que se quer interpolar.

Ex.: Insira 4 termos em uma P.G. que começa com 2 e termina com 2048.

SEQUÊNCIAS NUMÉRICAS

Resolução:

$a_1 = 2$; $a_n = 2048$; $p = 4$ e $n = 4 + 2 = 6$

$a_n = a_1 \cdot q^{(n-1)}$

$2048 = 2 \cdot q^{(6-1)}$

$2048 = 2 \cdot q^5$

$q^5 = \dfrac{2048}{2}$

$q^5 = 1024 \quad (1024 = 4^5)$

$q^5 = 4^5$

$q = 4$

P.G. (2, **8**, **32**, **128**, **512**, 2048).

Produto dos Termos de uma P.G.

Para o cálculo do produto dos termos de uma P.G., basta usar a seguinte fórmula:

$$P_n = \sqrt{(a_1 \cdot a_n)^n}$$

Qual o produto dos termos da P.G. (5, 10, 20, 40, 80, 160).

Resolução:

$a_1 = 5$; $a_n = 160$; $n = 6$

$P_n = \sqrt{(a_1 \cdot a_n)^n}$

$P_n = \sqrt{(5 \cdot 160)^6}$

$P_n = (5 \cdot 160)^3$

$P_n = (800)^3$

$P_n = 512000000$

Questões

01. (ESPCEX) Um menino, de posse de uma porção de grãos de arroz, brincando com um tabuleiro de xadrez, colocou um grão na primeira casa, dois grãos na segunda casa, quatro grãos na terceira casa, oito grãos na quarta casa e continuou procedendo desta forma até que os grãos acabaram, em algum momento, enquanto ele preenchia a décima casa. A partir dessas informações, podemos afirmar que a quantidade mínima de grãos de arroz que o menino utilizou na brincadeira é:
a) 480
b) 511
c) 512
d) 1023
e) 1024

02. (CESGRANRIO) Álvaro, Bento, Carlos e Danilo trabalham em uma mesma empresa, e os valores de seus salários mensais formam, nessa ordem, uma progressão aritmética. Danilo ganha mensalmente R$ 1.200,00 a mais que Álvaro, enquanto Bento e Carlos recebem, juntos, R$ 3.400,00 por mês. Qual é, em reais, o salário mensal de Carlos?
a) 1.500,00
b) 1.550,00
c) 1.700,00
d) 1.850,00
e) 1.900,00

03. (CESGRANRIO) Seja a progressão geométrica:

$\sqrt{5}, \sqrt[3]{5}, \sqrt[6]{5}, \ldots$ O quarto termo dessa progressão é:
a) 0
b) $5^{-\frac{1}{6}}$
c) $5^{\frac{1}{9}}$
d) 1
e) 5

04. (CEPERJ) Em uma progressão geométrica, o segundo termo é 27^{-2}, o terceiro termo é 9^4, e o quarto termo é 3_n. O valor de n é:
a) 22
b) 20
c) 18
d) 16
e) 24

05. (CONSULPLAN) Qual é a soma dos termos da sequência (x - 2, 3x - 10, 10 + x, 5x + 2), para que a mesma seja uma progressão geométrica crescente?
a) 52
b) 60
c) 40
d) 48
e) 64

06. (VUNESP) Os valores das parcelas mensais estabelecidas em contrato para pagamento do valor total de compra de um imóvel constituem uma P.A crescente de 5 termos. Sabendo que $a_1 + a_3 = 60$ mil reais, e que $a_1 + a_5 = 100$ mil reais, pode-se afirmar que o valor total de compra desse imóvel foi, em milhares de reais, igual a:
a) 200
b) 220
c) 230
d) 250
e) 280

07. (FGV) Considere a sequência numérica (1, 4, 5, 9, 14, 23, ...). O primeiro número dessa sequência a ter 3 algarismos é:
a) 157
b) 116
c) 135
d) 121
e) 149

08. (FCC) Considere que os números que compõem a sequência seguinte obedecem a uma lei de formação (120; 120; 113; 113; 105; 105; 96; 96; 86; 86; . . .). A soma do décimo quarto e décimo quinto termos dessa sequência é um número:
a) Múltiplo de 5
b) Ímpar
c) Menor do que 100
d) Divisível por 3
e) Maior do que 130

09. (FCC) Às 10 horas do dia 18 de maio de 2007, um tanque continha 9050 litros de água. Entretanto, um furo em sua base fez com que a água escoasse em vazão constante e, então, às 18 horas do mesmo dia restavam apenas 8.850 litros de água em seu interior. Considerando que o furo não foi consertado e não foi colocada água dentro do tanque, ele ficou totalmente vazio às:
a) 11 horas de 02/06/2007
b) 12 horas de 02/06/2007
c) 12 horas de 03/06/2007
d) 13 horas de 03/06/2007
e) 13 horas de 04/06/2007

10. (CEPERJ) Em uma progressão geométrica, o segundo termo é 27^{-2}, o terceiro termo é 4^9, e o quarto termo é 3_n. O valor de n é:
a) 22
b) 20
c) 18
d) 16
e) 24

Gabaritos

01	C	06	D
02	E	07	A
03	D	08	B
04	A	09	B
05	B	10	A

INFORMÁTICA

1. REDES DE COMPUTADORES

Dois computadores conectados entre si já caracterizam uma rede. Contudo, ela normalmente é composta por diversificados dispositivos como: celulares, smartphones, tablets, computadores, servidores, impressoras, roteadores, switches, hubs, modens, etc. Devido à essa grande variedade de dispositivos, o nome genérico HOST é atribuído aos dispositivos conectados na rede.

Todo Host possui um endereço que o identifica na rede, o qual é o endereço IP. Mas também cada peça possui um número único de fábrica que o identifica, o MAC Address.

1.1 Paradigma de Comunicação

Paradigma é um padrão a ser seguido e, no caso das redes, é o modelo Cliente/Servidor. Nesse modelo, o usuário é o cliente que envia uma solicitação ao servidor; ao receber a solicitação, o servidor a analisa e, se é de sua competência, provê a informação/dado.

1.2 Dispositivos de Rrede

Os Dispositivos de Rede são citados até mesmo em provas cujo conteúdo programático não cita a matéria de hardware. E na maioria das vezes em que aparecem questões sobre o assunto, se questiona em relação à finalidade de cada dispositivo na rede, portanto, nesta seção são descritos alguns dos principais dispositivos de rede:

Modem	Modulador/demulador Responsável por converter o sinal analógico da linha telefônica em um sinal digital para o computador e vice-versa.
Hub	Conecta vários dispositivos em rede, mas não oferece muita segurança, pois envia as informações para todos na rede.
Switch	É um dispositivo que permite interligar vários dispositivos de forma mais inteligente que o Hub, pois no switch os dados são direcionados aos destinos corretos.
Roteador	Um roteador já trabalha no nível de rede; em um mesmo roteador podemos definir várias redes diferentes. Ele também cria uma rota para os dados.
Access Point	Um Ponto de Acesso opera de forma similar a um Switch, só que em redes sem fio.
Backbone	É a estrutura principal dentro de uma rede, na Internet é a espinha dorsal que a suporta, ou seja, as principais ligações internacionais.

1.3 Topologia de Rede

Topologia diz respeito à estrutura de organização dos dispositivos em uma rede.

Barramento

Na Topologia de Barramento, todos os dispositivos estão conectados no mesmo canal de comunicação, o que torna o tráfego de dados mais lento e, se o barramento se rompe, pode isolar parte da rede.

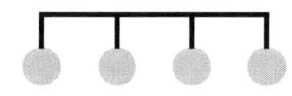

Anel

A estrutura em Anel conecta um dispositivo no outro; para que todos os computadores estejam conectados, é necessário que estejam ligados. Se o anel for simples, ou seja, de única via de dados, um computador desligado já é suficiente para tornar a rede inoperante para algum outro computador; o problema pode ser resolvido em partes, utilizando o anel duplo, trafegando dados em duas direções da rede, porém, se dois pontos forem desconectados, pode-se chegar à situação de duas redes isoladas.

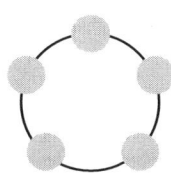

Estrela

Uma rede organizada em forma de estrela possui um nó centralizador. Esse modelo é um dos mais utilizados, pois um nó pode estar desconectado sem interferir no resto da rede, porém, o centro é o ponto crítico.

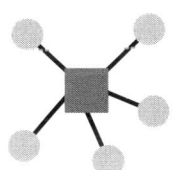

Estrela Estendida

A Estrela Estendida é utilizada em situações como em uma universidade *multicampi*, em que um nó central é a conexão principal, a partir da qual se conecta com a internet, enquanto que os outros *campi* possuem centrais secundárias como conexão entre seus computadores. A estrutura entre o nó principal e as centrais secundárias é o que chamamos de Backbone dessa rede.

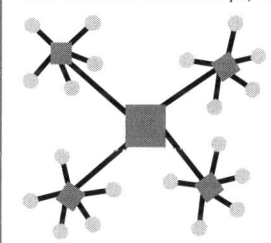

Malha

A conexão em malha é o modelo da internet, em que encontramos vários nós principais, mas também várias ligações entre diversos nós.

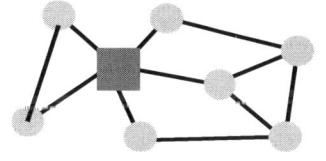

Pilhas de Protocolos

Também colocadas pelas bancas examinadoras como modelos, as pilhas de protocolos definem um conjunto de protocolos e em quais camadas de rede devem operar.

Neste tópico temos dois tipos de questões que podem ser associados na prova. Questões que fazem relação com os tipos de redes e questões que tratam da finalidade dos principais protocolos utilizados em uma navegação na Internet.

INFORMÁTICA

As pilhas de protocolos são:

TCP/IP	OSI

O modelo TCP/IP é o **padrão utilizado nas redes**. Mas, em redes privadas, mesmo o TCP/IP sendo padrão, pode ser implantado o modelo OSI.

Como o modelo TCP/IP é o padrão na seção seguinte são destacados os principais protocolos de navegação.

Principais Protocolos

Um protocolo é uma regra de comunicação em redes, portanto, a transferência de arquivos, mesmo entre computadores de uma mesma rede, utiliza um protocolo como forma de padronizar o entendimento entre os dois.

HTTP

HTTP (*Hyper Text Transport Protocol*) é o protocolo de transferência de hipertexto. É o mais utilizado pelo usuário em uma navegação pela Internet. Hipertexto consiste em um arquivo no formato HTML (*HyperText Markup Language*) - Linguagem de Marcação de Hipertexto.

HTML é um arquivo que pode ser gerado por qualquer editor de texto, pois, quando é aberto no Bloco de Notas ou Wordpad, ele apresenta apenas informações de texto. No entanto, quando é aberto pelo navegador, este interpreta o código em HTML e monta o conteúdo **Multimídia** na página. Entende-se por conteúdo multimídia: textos, áudio, vídeos e imagens.

HTTPS

HTTPS (*Hyper Text Transport Protocol Secure*), também conhecido como HTTP Seguro, é um protocolo que tem como diferença entre o HTTP apenas a segurança que oferece, pois, assim como o HTTP, serve para visualizar o conteúdo multimídia.

O que se questiona em relação a sua segurança é como ela é feita. O protocolo HTTPS utiliza o processo de **Criptografia** para manter sigilo sobre os dados transferidos entre o usuário e o servidor, para isso, são utilizados os protocolos **TLS** ou **SSL**.

Um detalhe muito importante é o de saber identificar se a navegação está sendo realizada por meio do protocolo HTTP ou pelo protocolo HTTPS. A forma mais confiável é observar a barra de endereços do navegador:

Firefox 10.02

google.com https://mail.google.com/

IE 9

https://mail.google.com/mail/html/pt-BR/noactivex.html

Google Chrome

https://mail.google.com/

Logo no início da barra, observamos a indicação do protocolo HTTPS, que, sempre que estiver em uso, deverá aparecer. Porém, deve-se ter muita atenção, pois, quando é utilizado o HTTP, alguns navegadores atuais têm omitido a informação no começo da barra de endereços.

Outra informação que nos ajuda a verificar se o acesso é por meio de uma conexão segura é o símbolo do cadeado fechado.

FTP

FTP (*File Transport Protocol*) é o protocolo de transferência de arquivos utilizado quando um usuário realiza download ou upload de um arquivo na rede.

O protocolo FTP tem como diferencial o fato de operar sobre duas portas: uma para tráfego dos dados e outra para autenticação e controle.

1.4 Firewall

O Firewall pode ser Software, Hardware, ou ambos. Ele é o responsável por **monitorar as portas da rede/computador**, permitindo ou negando a passagem dos dados na rede, seja na entrada ou saída.

É o monitor que fica na porta olhando para uma lista na qual contém as regras que um dado tem de cumprir para passar por ela. Essa lista são os protocolos, por exemplo, o Firewall monitorando a porta 80, relativa ao protocolo HTTP, o qual só trabalha com conteúdo multimídia. Então, se um arquivo .EXE tentar passar pela porta 80, ele deve ser barrado; essa é a função do Firewall.

1.5 Tipos de Redes

Podemos classificar as redes de acordo com sua finalidade; neste tópico expõe-se a diferença entre as redes: Internet vs Intranet vs Extranet.

Internet

É a rede das redes, também conhecida como rede mundial de computadores.

Muitas provas citam o sinônimo WWW (*World Wide Web*) para internet, ou por vezes apenas Web. Ela é definida como uma rede **pública** a qual todos com computador e servidor de acesso podem conectar-se.

Intranet

É uma rede empresarial, também chamada de rede corporativa. Tem como principal característica ser uma rede **privada**, portanto, possui controle de acesso, o qual é restrito somente a pessoas autorizadas.

Uma Intranet geralmente é constituída com o intuito de compartilhar recursos entre os funcionários de uma empresa, de maneira que pessoas externas não tenham acesso a eles. Os recursos compartilhados podem ser: impressoras, arquivos, sistemas, entre outros.

Extranet

É quando parte de uma Intranet é disponibilizada por meio da Internet.

Também dizemos que extranet é quando duas empresas com suas distintas Intranets possuem um sistema comum que acessam apenas parte de cada uma das Intranets.

VPN

VPN é uma forma de criar uma Intranet entre localizações geograficamente distantes, com um custo mais baixo do que ligar cabos entre os pontos. Para isso, emprega-se o processo de criptografia nos dados antes de enviá-los por meio da Internet e, quando o dado chega na outra sede, passa pelo processo de descriptografia. Dessa maneira, quem está navegando na Internet não tem acesso às informações da empresa, que continuam restritas; esse processo também é chamado de tunelamento.

1.6 Padrões de Infraestrutura

São padrões que definem como deve ser organizada e quais critérios precisam ser seguidos para montar uma estrutura de rede de acordo com os padrões estabelecidos pelo Instituto de Engenheiros Eletricistas e Eletrônicos (IEEE).

O padrão Ethernet define as regras para uma infraestrutura cabeada, como tipos de cabos que devem ser utilizados, distância máxima, tipos e quantidade de dispositivos, entre outras. Já o padrão 802.11 define as regras para uma estrutura Wi-Fi, ou seja, para a rede sem fio.

1.7 Correio Eletrônico

O serviço de e-mail é outro ponto bastante cobrado nos concursos públicos. Em essência, o que se pede é se o concursando sabe sobre as diferentes formas de se trabalhar com ele.

O e-mail é uma forma de comunicação assíncrona, ou seja, no momento do envio apenas o emissor precisa estar conectado.

Formas de acesso

Podemos ler e escrever e-mail utilizando duas formas diferentes. Na última década, o webmail ganhou mais espaço no mercado e se tornou majoritário no ramo de e-mails, mas muitas empresas utilizam ainda os clientes de e-mail.

Webmail

O webmail é uma interface de acesso para o e-mail via Browser (navegador de Internet), ou seja, uma forma de visualizar o e-mail via uma página de web. Diante disso, é possível destacar que usamos os protocolos HTTP ou HTTPS para visualizar páginas da Internet. Dessa forma, ao acessar sites de e-mail como gmail.com, hotmail.com, yahoo.com.br e outlook.com, fazemos uso desses protocolos, sendo o HTTPS o mais usado atualmente pelos grandes serviços de e-mail, pois confere ao usuário maior segurança no acesso.

Dizemos que o webmail é uma forma de ler e escrever e-mails, dificilmente citado como forma de enviar e receber, uma vez que quem realmente envia é o servidor e não o computador do usuário.

Quando um e-mail é enviado, ele parte diretamente do servidor no qual o remetente possui conta para o servidor do serviço de e-mail do destinatário.

Cliente de e-mail

Um cliente de e-mail é um programa específico para enviar e receber mensagens de e-mail e que é, necessariamente, instalado no computador do usuário.

Exs.:

Microsoft Outlook;

Mozilla Thunderbird;

Outlook Express;

Windows Live Mail.

Os programas clientes de e-mail usam protocolos específicos para envio e recebimento das mensagens de e-mail.

Protocolos utilizados pelos clientes de e-mail

Para o envio, um cliente de e-mail utiliza o protocolo SMTP (*Simple Mail Transport Protocol* – Protocolo de transporte de mensagens simples). Como todo protocolo, o SMTP também opera sobre uma porta específica, que pode ser citada como sendo a porta 25, correspondente ao padrão, mas atualmente ela foi bloqueada para uso dos usuários, vindo a ser substituída pela 587.

Com isso, em questões de Certo e Errado, apenas a 587 é a correta, quando abordado sobre o usuário, pois entre servidores a 25 ainda é utilizada. Já nas questões de múltipla escolha, vale o princípio da menos errada, ou seja, se não tiver a 587, a 25 responde a questão.

Mesmo que a mensagem de e-mail possua arquivos anexos a ela, envia-se por SMTP; assim o protocolo FTP não é utilizado.

Já para o recebimento, o usuário pode optar em utilizar o protocolo POP ou o protocolo IMAP, contudo, deve ser observada a diferença entre os dois, pois essa diferença é ponto para muitas questões.

O protocolo POP tem por característica baixar as mensagens de e-mail para o computador do usuário, mas por padrão, ao baixá-las, elas são apagadas do servidor. Portanto, as mensagens que um usuário está lendo estão, necessariamente, em seu computador.

Por outro lado, se o usuário desejar, ele pode configurar o protocolo de forma que sejam mantidas cópias das mensagens no servidor, no entanto, a que o usuário está lendo, efetivamente, está em seu computador. Sobre essa característica são citadas questões relacionando à configuração a uma espécie de backup das mensagens de e-mail.

Atualmente o protocolo POP encontra-se na versão 3; dessa forma ele pode aparecer nos textos de questão como POP3, não afetando a compreensão da mesma. Uma vez que o usuário necessita conectar na internet apenas para baixar as mensagens, é possível que ele desconecte-se da internet e mesmo assim leia seus e-mails. E, uma vez configurado o SMTP, também é possível redigir as respostas off-line, sendo necessário, no entanto, conectar-se novamente para que as mensagens possam ser enviadas.

Ao invés de utilizar o POP, o usuário pode optar em fazer uso do protocolo IMAP, que é para acesso a mensagens de e-mail, as quais, por sua vez, residem no servidor de e-mails. Portanto, se faz necessário estar conectado à internet para poder ler o e-mail por meio do protocolo IMAP.

INFORMÁTICA

REDES DE COMPUTADORES

Spam

Spam é uma prática que tem como finalidade divulgar propagandas por e-mail, ou mesmo utilizar-se de e-mails que chamem a atenção do usuário e o incentivem a encaminhar para inúmeros outros contatos, para que, com isso, levantem uma lista de contatos que pode ser vendida na Internet ou mesmo utilizada para encaminhar mais propagandas.

Geralmente um spammer utiliza-se de e-mail com temas como: filantropia, hoax (boatos), lendas urbanas, ou mesmo assuntos polêmicos.

1.8 URL (*Uniform Resource Locator*)

É um endereço que identifica um site, um serviço, ou mesmo um endereço de e-mail. A seguir, temos um exemplo de URL; observe que podemos dividi-la em várias partes.

http://www.site.com.br

↑ Protocolo   ↑ Pasta   ↑ Domínio

Domínio

É o nome registrado de um site para que possa ser acessado por meio da Internet. Assim como a URL, um domínio também pode ser dividido em três partes.

site.com.br

O .br indica que esse site está registrado no conjunto de domínios do Brasil, que é administrado e regulamentado pelo Registro.Br, componente do Comitê Gestor de Internet no Brasil (CGI).

O Registro.Br define várias normas em relação à criação de um domínio, como por exemplo o tamanho máximo de 26 caracteres, a limitação para apenas letras e números e recentemente a opção de criar domínios com letras acentuadas e o caractere **ç**.

Também compete ao Registro.Br a normatização da segunda parte do domínio, representado na figura pelo **.com**. Essa informação diz respeito ao ramo de atividade a que se destina o domínio, mas não nos garante qual a real finalidade do site. A última parte, por fim, é o próprio nome do site que se deseja registrar.

Protocolo IP

Cada equipamento na rede ganha o nome genérico de Host, o qual deve possuir um endereço para que seja localizado na rede. Esse é o endereço IP.

O protocolo IP é o responsável por trabalhar com essa informação, para tanto, um endereço IP possui versões: IPv4 e IPv6.

Um IP também é um endereço, portanto, pode ser inserido diretamente na barra de endereços de um navegador.

O IPv4 é composto por até quatro grupos de três dígitos que atingem valor máximo de 255 cada grupo, suportando, no máximo, cerca de 4 bilhões (4.294.967.296) de endereços.

200.201.88.30 endereço IP da Universidade Estadual do Oeste do Paraná (Unioeste).

O IPv6 é uma proposta que está gradativamente substituindo o IPv4, justamente pela pouca quantidade de endereço que ele oferece. O IPv6 é organizado em 8 grupos de 4 dígitos hexadecimais, suportando cerca de $3,4 \times 10^{38}$, aproximadamente 3,6 undecilhões de endereços IP.

0123:4567:89AB:CDEF:1011:1314:5B6C:88CC

DNS (*Domain Name System*)

O Sistema de Nomes de Domínios é o responsável por traduzir (resolver por meio de consultas aos servidores Raiz da Internet) um domínio para o endereço IP do servidor que hospeda (armazena) o site desejado. Esse processo ocorre em questão de segundos e obedece uma estrutura hierárquica.

1.9 Navegadores

Navegadores são programas que permitem acesso às páginas da Internet, são muitas vezes citados em provas pelo termo em inglês Browser.

Exs.:
Internet Explorer
Mozilla Firefox
Google Chrome

Também são cobrados os conceitos dos tipos de dados de navegação que estão relacionados aos navegadores.

Cache

É um armazenamento temporário. No caso dos navegadores, trata-se de uma pasta onde são armazenados os conteúdos multimídias como imagens, vídeos, áudio e inclusive textos, para que, no segundo momento em que o mesmo conteúdo for acessado, ele possa ser mostrado ao usuário mais rapidamente.

Cookies

São pequenas informações que alguns sites armazenam no computador do usuário. Exemplos de informações armazenadas nos cookies: senhas, obviamente que são armazenadas criptografadas; também são muito utilizados em sites de compras, para armazenar o carrinho de compras.

Dados de Formulários

Quando preenchemos um formulário, os navegadores oferecem opção para armazenar os dados digitados em cada campo, assim, quando necessário preencher o mesmo formulário ou ainda outro formulário com campos de mesmo nome, o navegador sugere os dados já usados a fim de autocompletar o preenchimento do campo.

1.10 Conceitos relacionados à internet

Nesta seção são apresentados alguns conceitos, tecnologias e ferramentas relacionadas à Internet que são cobrados nas provas dos concursos.

Motores de Busca

Os Motores de Busca são normalmente conhecidos por buscadores. Dentre os principais estão Google, Bing (MSN) e Yahoo!.

É importante observar que, nos navegadores atuais, os motores de busca são integrados, com isso podemos definir qual se deseja utilizar, por exemplo: o Google Chrome e o Mozilla Firefox utilizam como motor de busca padrão o Google, já o Internet Explorer utiliza o Bing. Essa informação é relevante, pois é possível nesses navegadores digitar os termos buscados diretamente na barra de endereços, ao invés de acessar previamente o site do motor de busca.

Busca Avançada

Os motores de busca oferecem alguns recursos para otimizar a busca, como operadores lógicos, também conhecidos como operadores booleanos[1]. Dentre eles podemos destacar a negação (-). Ao realizar uma busca na qual se deseja encontrar resultados que sejam relacionados a determinado assunto, porém os termos usados são comuns a outro, podemos utilizar o sinal de menos precedendo o termo do assunto irrelevante, como o exemplo de uma questão que já caiu em prova: realizar a busca por leite e cão, contudo, se for inserido apenas estes termos na busca, muitos resultados serão relacionados a gatos e leite. Para que as páginas que contenham a palavra gato não sejam exibidas na lista de páginas encontradas, basta digitar o sinal de menos (-) antes da palavra gato (sem espaço entre o sinal e a palavra), assim a pesquisa a ser inserida no buscador fica **Cão Leite -Gato**.

Também é possível realizar a busca por uma frase exata, assim, somente serão listados os sites que contenham exatamente a mesma expressão. Para isso, basta digitar a frase desejada entre aspas duplas.

Busca por/em Domínio Específico: para buscar sites que possuam determinado termo em seu nome de domínio, basta inserir o texto site: seguido da palavra desejada, lembrando que não deve haver espaço entre site: e o termo desejado. De forma similar, também pode-se utilizar **inurl: termo** para buscar sites que possuam o termo na URL.

Quando o domínio já é conhecido, é possível realizar a busca por determinado termo apenas nas páginas do domínio. Para tanto, deve-se digitar **site:Dominiodosite termo.**

Calculadora: é possível, ainda, utilizar o Google como uma calculadora, bastando digitar a expressão algébrica que se deseja resolver como 2+2 e, como resultado da "pesquisa", é apresentado o resultado da operação.

Operador: quando não se sabe exatamente qual é a palavra para completar uma expressão, pode-se completar a lacuna com um asterisco, assim o motor de busca irá entender que naquele espaço pode ser qualquer palavra.

Busca por tipo de arquivo: podemos refinar as buscas a resultados que consistam apenas em determinado formato de arquivo. Para tanto, podemos utilizar o operador filetype: assim, para buscar determinado tema, mas que seja em PDF, por exemplo, pode-se digitar **filetype: pdf tema.**

Tipos de busca

Os principais motores de busca permitem realizar as buscas de forma orientada a conteúdos gerais da web, como refinar a busca para exibir apenas imagens, vídeos ou mapas relacionados aos termos digitados.

[1] Em referência à lógica de Boole, ou seja, a lógica que você estuda para o concurso.

Chat

Um chat é normalmente citado como um bate-papo em tempo real; é a forma de comunicação em que ambos os interlocutores estão conectados (on-line) simultaneamente. Muitos chats operam com salas de bate-papo. Um chat pode ser em um site específico como o chat do UOL. Conversas pelo MSN ou Facebook podem ser consideradas como chat, desde que ambos interlocutores estejam conectados.

Fórum

Também conhecidos como Listas de Discussão, os fóruns funcionam como debates sobre determinados assuntos. Em um fórum não é necessário que os envolvidos estejam conectados para receberem os comentários, pois estes ficam disponíveis para acesso futuro pelo usuário ou mesmo por pessoas que não estejam cadastradas no fórum, contudo, existem muitos fóruns fechados, nos quais só se entra por convite ou mediante aquisição. A maioria deles vincula o e-mail dos envolvidos a uma discussão, alertando-os assim, caso um novo comentário seja acrescentado.

Moodle

O Moodle é uma ferramenta fortemente utilizada pelo setor público, e também privado, para dar suporte ao Ensino a Distância (EAD).

Questões

01. (CESPE) Existem diversos dispositivos que protegem tanto o acesso a um computador quanto a toda uma rede. Caso um usuário pretenda impedir que o tráfego com origem na Internet faça conexão com seu computador pessoal, a tecnologia adequada a ser utilizada nessa situação será o:
    a) multicast.
    b) Instant Messager.
    c) miniDim.
    d) firewall.
    e) IPv6.

02. (CESGRANRIO) O objetivo do firewall é:
    a) possibilitar a conexão com a internet.
    b) configurar uma rede privada.
    c) visualizar diversos tipos de arquivos.
    d) permitir a edição de imagens.
    e) realizar a segurança de redes privadas.

03. (FCC) É oferecida a um usuário de correio eletrônico a opção de acessar as suas mensagens por meio de um servidor POP3 ou um servidor IMAP. Ele deve configurar o seu programa leitor de correio para usar o servidor:
    a) POP3, se precisar buscar mensagens de acordo com um critério de busca.
    b) IMAP, caso esse programa suporte apenas o post office protocol.
    c) POP3, se quiser acessar suas mensagens em vários servidores sem risco de perder ou duplicar mensagens.
    d) POP3, se precisar criar e manter pastas de mensagens no servidor.
    e) IMAP, se precisar criar e manter pastas de mensagens no servidor.

INFORMÁTICA

REDES DE COMPUTADORES

A respeito de navegadores de Internet e aplicativos de correio eletrônico, julgue o próximo item.

04. (CESPE) Com relação a conceitos, tecnologias e serviços associados à Internet, assinale a opção correta:
a) O Mozilla Firefox é um navegador web que permite o acesso a conteúdo disponibilizado em páginas e sítios da Internet.
b) O Microsoft Office Access é um tipo de firewall que impede que redes de computadores que façam parte da Internet sejam invadidas.
c) Serviços de webmail consistem no uso compartilhado de software de grupo de discussão instalado em computador pertencente a uma rede local (LAN) para uso exclusivo, e em segurança, dos computadores pertencentes a essa LAN.
d) Na conexão denominada banda larga, para que usuários residenciais tenham acesso a recursos da Internet, exige-se o uso de cabos ópticos entre as residências dos usuários e seus provedores de internet.
e) O protocolo TCP/IP é utilizado na Internet para operações de transferência de arquivos quando se deseja garantir segurança sem o uso de software antivírus.

05. (FCC) A disponibilização de arquivos para a Intranet ou Internet é possível por meio de servidores especiais que implementam protocolos desenvolvidos para essa finalidade. Tais servidores possibilitam tanto o download (recebimento) quanto o upload (envio) de arquivos, que podem ser efetuados de forma anônima ou controlados por senha, que determinam, por exemplo, quais os diretórios o usuário pode acessar. Esses servidores, nomeados de forma homônima ao protocolo utilizado, são chamados de servidores:
a) DNS
b) TCP/IP
c) FTP
d) Web Service
e) Proxy

Gabaritos

01	D	04	A
02	E	05	C
03	E		

2. SISTEMA WINDOWS 10

O Windows 10 é um sistema operacional da Microsoft lançado em 29 de julho de 2015. Essa versão trouxe inúmeras novidades, principalmente, por conta da sua portabilidade para celulares e também tablets.

2.1 Requisitos mínimos

Para instalar o Windows 10, o computador deve possuir no mínimo 1 GB de memória RAM para computadores com processador 32 bits de 1GHz, e 2GB de RAM para processadores de 32bits de 1GHz. Todavia, recomenda-se um mínimo de 4GB.

A versão 32 bits do Windows necessita, inicialmente, de 16GB de espaço livre em disco, enquanto o Windows 64 bits utiliza 20GB. A resolução mínima recomendada para o monitor é de 1024 x 768.

2.2 Novidades

O Windows 10 nasce com a promessa de ser o último Windows lançado pela Microsoft. Isso não significa que não será atualizado. A proposta da Microsoft é não lançar mais versões, a fim de tornar as atualizações mais constantes, sem a necessidade de aguardar para atualizar junto de uma versão enumerada. Com isso, ao passar dos anos, a empresa espera não usar mais a referência Windows 10, mas apenas Windows.

O novo sistema trouxe inúmeras novidades como também alguns retrocessos.

O objetivo do projeto do novo Windows foi baseado na interoperabilidade entre os diversos dispositivos como tablets, smartphones e computadores, de modo que a integração seja transparente, sem que o usuário precise, a cada momento, indicar o que deseja sincronizar.

A barra Charms, presente no Windows 8 e 8.1, foi removida, e a tela inicial foi fundida ao botão (menu) Iniciar.

Algumas outras novidades apresentadas pela Microsoft são:

> Xbox Live e o novo Xbox app que proporcionam novas experiências de jogo no Windows 10. O Xbox, no Windows 10, permite que jogadores e desenvolvedores acessem à rede de jogos do Xbox Live, tanto nos computadores Windows 10 quanto no Xbox One. Os jogadores podem capturar, editar e compartilhar seus melhores momentos no jogo com Game DVR, e disputar novos jogos com os amigos nos dispositivos, conectando-a outros usuários do mundo todo. Os jogadores também podem disputar jogos no seu computador, transmitidos por stream diretamente do console Xbox One para o tablet ou computador Windows 10, dentro de casa.

> **Sequential Mode**: em dispositivos 2 em 1, o Windows 10 alterna facilmente entre teclado, mouse, toque e tablet. À medida que detecta a transição, muda convenientemente para o novo modo.

> **Novos apps universais**: o Windows 10 oferece novos aplicativos de experiência, consistentes na sequência de dispositivos, para fotos, vídeos, música, mapas, pessoas e mensagens, correspondência e calendário. Esses apps integrados têm design atualizado e uniformidade de app para app e de dispositivo para dispositivo. O conteúdo é armazenado e sincronizado por meio do OneDrive, e isso permite iniciar uma tarefa em um dispositivo e continuá-la em outro.

Área de Trabalho

A barra de tarefas do Windows 10 apresenta como novidade a busca integrada.

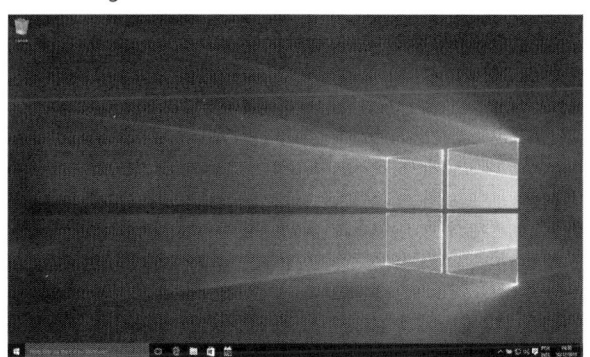

Cortana

Tal recurso opera junto ao campo de pesquisa localizado na barra de tarefas do Windows.

Está é uma ferramenta de execução de comandos por voz. Porém, ainda não conta com versão para o Português do Brasil. Outro ponto importante é a privacidade, pois tal ferramenta guarda os dados.

Continue de onde parou

Tal característica, presente no Windows 10, permite uma troca entre computador – tablet – celular, sem que o usuário tenha de salvar os arquivos e os enviar para os aparelhos; o próprio Windows se encarrega da sincronização.

Ao abrir um arquivo, por exemplo, em um computador e editá-lo, basta abri-lo em outro dispositivo, de modo que as alterações já estarão acessíveis (a velocidade e disponibilidade dependem da velocidade da conexão à Internet).

Desbloqueio imediato de usuário

Trata-se de um recurso disponível, após a atualização do Windows, que permite ao usuário que possua *webcam*, devidamente instalada, usar uma forma de reconhecimento facial para *logar* no sistema, sem a necessidade de digitar senha.

Múltiplas áreas de trabalho

Uma das novidades do Windows 10 é a possibilidade de manipular "múltiplas Áreas de Trabalho", uma característica que já estava há tempos presente no Linux e no MacOS. Ao usar o atalho Windows + Tab, é possível criar uma nova Área de Trabalho e arrastar as janelas desejadas para ela.

Botão Iniciar

Com essa opção em exibição, ao arrastar o mouse ligeiramente para baixo, são listados os programas abertos pela tela inicial. Programas abertos dentro do desktop não aparecem na lista, conforme ilustrado a seguir:

SISTEMA WINDOWS 10

Aplicativos

Os aplicativos podem ser listados clicando-se no botão presente na parte inferior do Botão Iniciar, mais à esquerda.

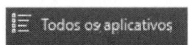

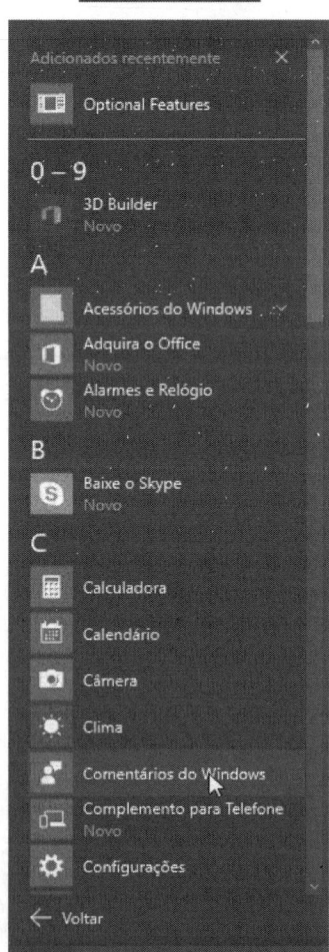

Acessórios

O Windows 10 reorganizou seus acessórios ao remover algumas aplicações para outro grupo (sistema do Windows).

Os aplicativos listados como acessórios são, efetivamente:

> Bloco de Notas;
> Conexão de Área de Trabalho Remota;
> Diário do Windows;
> Ferramenta de Captura;
> Gravador de Passos;
> Internet Explorer;
> Mapa de Caracteres;
> Notas Autoadesivas;
> Painel de Entrada de Expressões Matemática;
> Paint;
> Visualizador XPS;
> Windows Fax and Scan;
> Windows Media Player;
> Wordpad.

Bloco de Notas

O Bloco de Notas é um editor de texto simples, e apenas texto, ou seja, não aceita imagens ou formatações muito avançadas. A imagem a seguir ilustra a janela do programa.

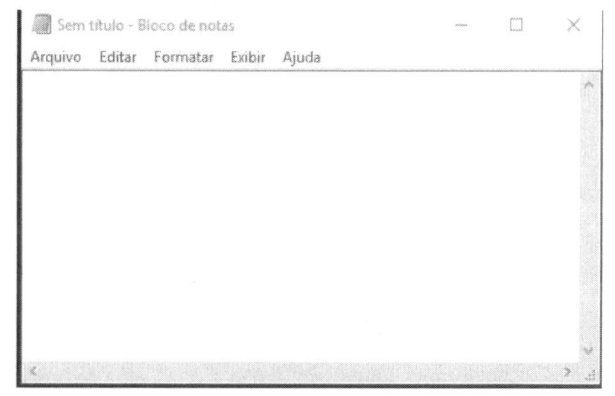

Contudo, são possíveis algumas formatações de fonte:

> Tipo/nome da fonte;
> Estilo de fonte (Negrito Itálico);

> Tamanho da fonte.

Atenção, pois a cor da fonte não é uma opção de formatação presente. A janela a seguir ilustra as opções.

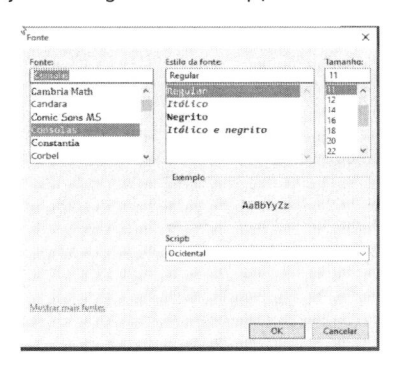

Conexão de Área de Trabalho Remota

A conexão remota do Windows não fica ativa por padrão, por questões de segurança.

Para habilitar a conexão, é necessário abrir a janela de configuração das Propriedades do Sistema, ilustrada a seguir. Tal opção é acessível pela janela Sistema do Windows.

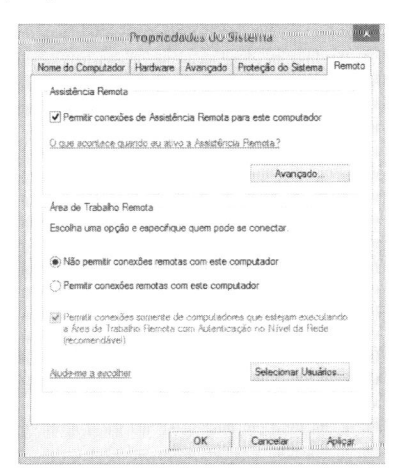

A conexão pode ser limitada à rede por restrição de autenticação em nível de rede, ou pela Internet usando contas de e-mail da Microsoft.

A figura a seguir ilustra a janela da Conexão de Área de Trabalho Remota.

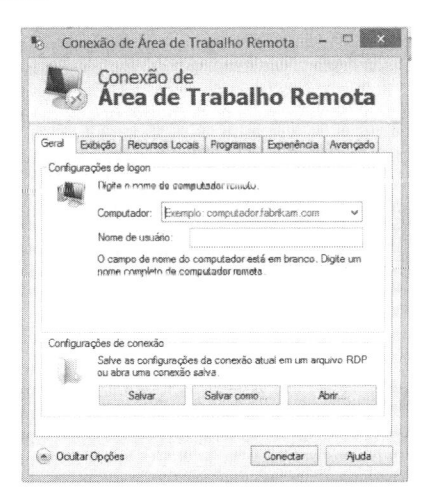

Diário do Windows

A ferramenta Diário do Windows é uma novidade no Windows 8. Ela permite que o usuário realize anotações como em um caderno.

Os recursos de formatação são limitados, de modo que o usuário pode escrever manuscritamente ou por meio de caixas de texto.

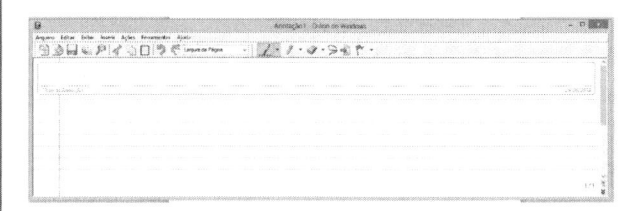

Ferramenta de Captura

A ferramenta de captura, presente desde o Windows 7, permite a captura de partes da tela do computador. Para tanto, basta selecionar a parte desejada usando o aplicativo.

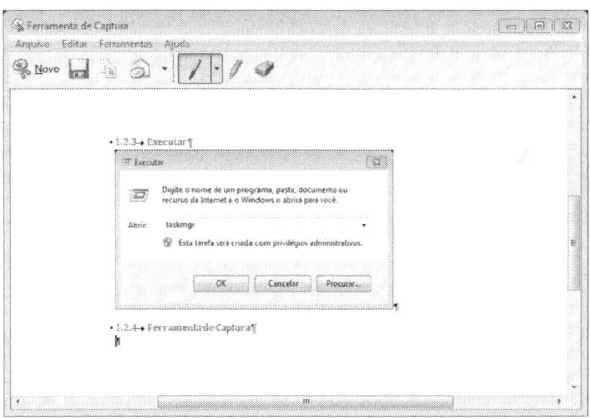

Gravador de Passos

O Gravador de Passos é um recurso novo do Windows 8, muito útil para atendentes de suporte que precisam apresentar o passo a passo das ações que um usuário precisa executar para obter o resultado esperado.

A figura a seguir ilustra a ferramenta com um passo gravado para exemplificação.

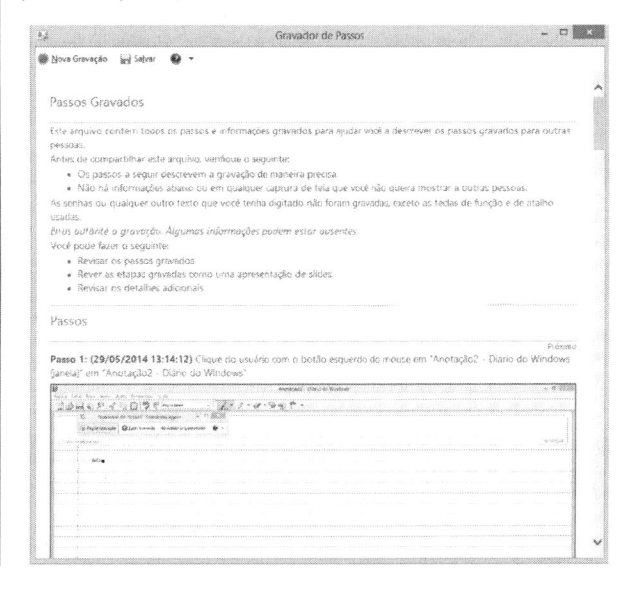

INFORMÁTICA

SISTEMA WINDOWS 10

Mapa de Caracteres

Frequentemente, faz-se necessário utilizar alguns símbolos diferenciados. Esses símbolos são chamados de caracteres especiais. O Mapa de Caracteres permite listar os caracteres não presentes no teclado para cada fonte instalada no computador e copiá-los para a área de transferência do Windows.

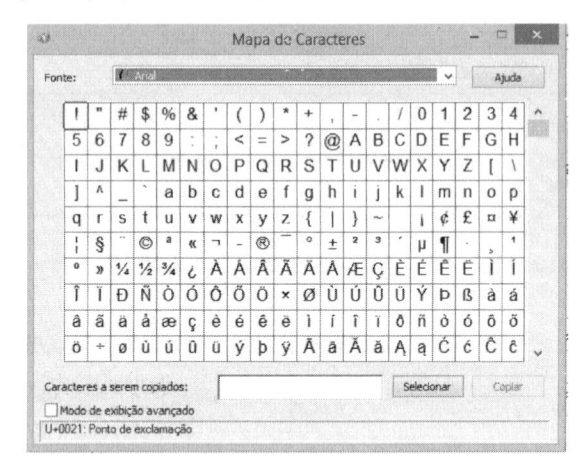

Notas Autoadesivas

Por padrão, as notas autoadesivas são visíveis na Área de Trabalho, elas se parecem com Post its.

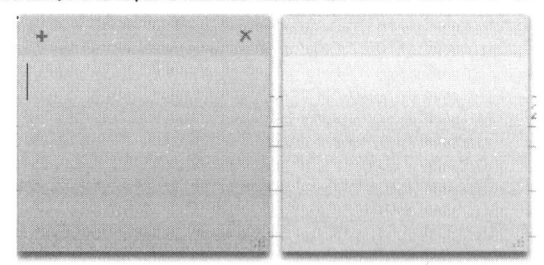

Painel de Entrada de Expressões Matemáticas

Esta ferramenta possibilita o usuário de desenhar, utilizando o mouse ou outro dispositivo de inserção como *tablet canetas*, fórmulas matemáticas como integrais e somatórios, e ainda colar o resultado produzido em documentos.

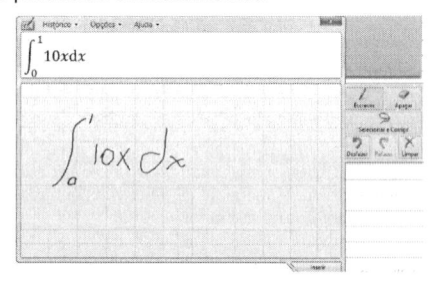

Paint

O tradicional editor de desenho do Windows, que salva seus arquivos no formato PNG, JPEG, JPG, GIF, TIFF e BMP (Bitmap), não sofreu mudanças em comparação com a versão presente no Windows 7.

WordPad

É um editor de texto que faz parte do Windows, ao contrário do MS Word, com mais recursos que o Bloco de Notas.

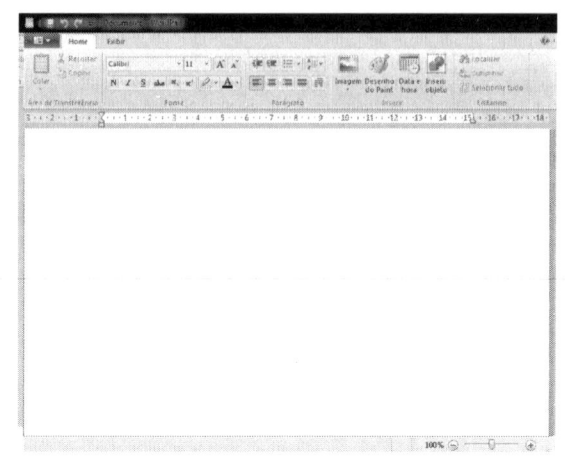

Facilidade de Acesso

Anteriormente conhecida como ferramentas de acessibilidade, são recursos que têm por finalidade auxiliar pessoas com dificuldades para utilizar os métodos tradicionais de interação com o computador.

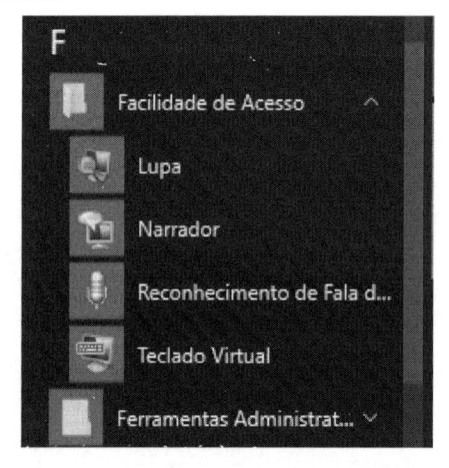

Lupa

Ao utilizar a lupa, pode-se ampliar a tela ao redor do ponteiro do mouse, como também é possível usar metade da tela do computador exibindo a imagem ampliada da área próxima ao ponteiro.

Narrador

O narrador é uma forma de leitor de tela que lê o texto das áreas selecionadas com o mouse.

Teclado Virtual

É preciso ter muito cuidado para não confundir o teclado virtual do Windows com o teclado virtual usado nas páginas de Internet Banking.

Outras ferramentas

O Windows 10 separou algumas ferramentas a mais que o Windows 8, tais como a calculadora e o calendário.

Calculadora

A calculadora do Windows 10 deixa de ser associada aos acessórios. Outra grande mudança é o fato de que sua janela pode ser redimensionada, bem como perde um modo de exibição, sendo eles:

> Padrão;
> Científica;
> Programador.

A calculadora do Windows 10 apresenta inúmeras opções de conversões de medidas, conforme ilustrado respectivamente ilustradas a seguir.

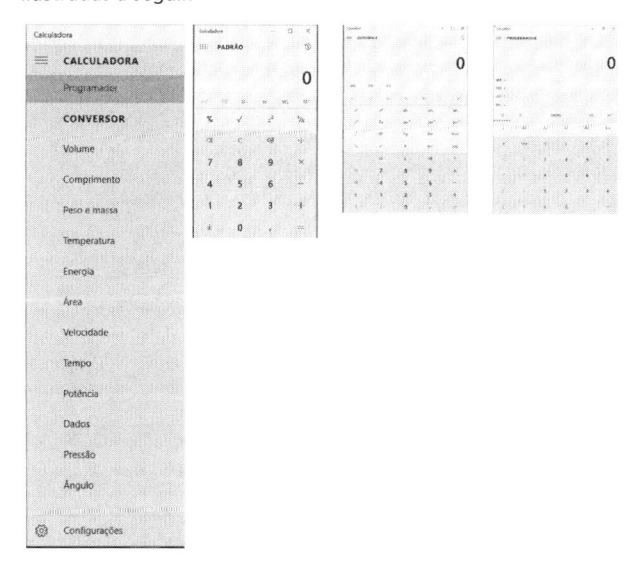

Painel de Controle

O Painel de Controle do Windows é o local onde se encontram as configurações do sistema operacional Windows.

Ele pode ser visualizado em dois modos: ícones ou categorias. As imagens a seguir representam, respectivamente, o modo ícones e o modo categorias.

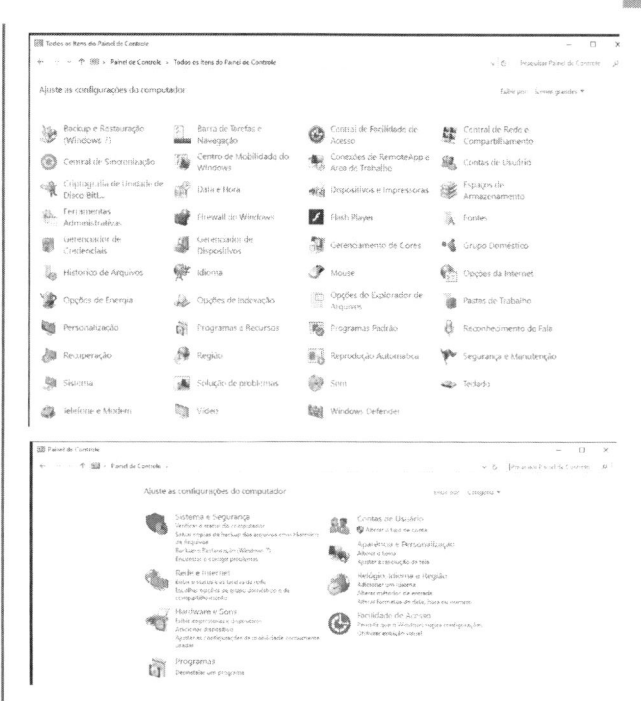

No modo Categorias, as ferramentas são agrupadas de acordo com sua similaridade, como na categoria Sistema e Segurança, que envolve o Histórico de Arquivos e a opção Corrigir Problemas.

A opção para remover um programa possui uma categoria exclusiva chamada de Programas.

Na categoria Relógio, Idioma e Região, temos acesso às opções de configuração do idioma padrão do sistema. Por consequência, é possível também o acesso às unidades métricas e monetárias, como também alterar o layout do teclado ou botões do mouse.

Algumas das configurações também podem ser realizadas pela janela de configurações acessível pelo botão Iniciar.

Segurança e Manutenção

Dispositivos e Impressoras

SISTEMA WINDOWS 10

Firewall do Windows

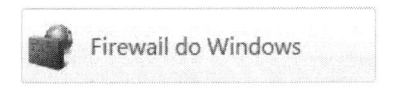

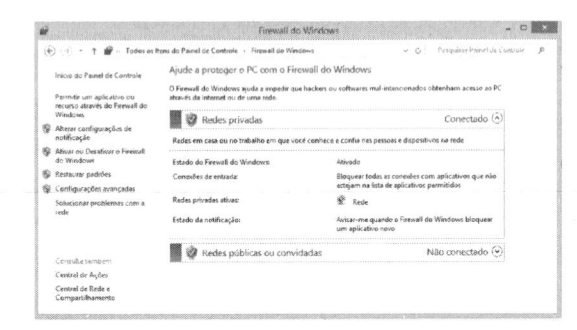

Data e Hora

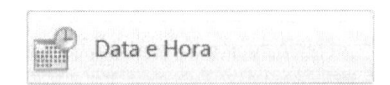

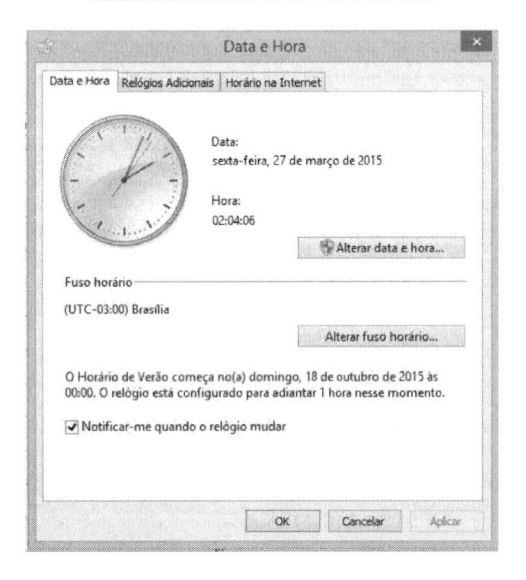

Contas de Usuário

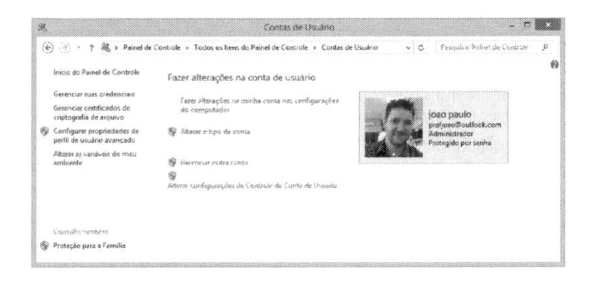

Opções de Energia

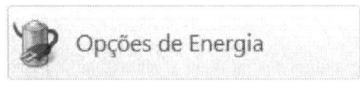

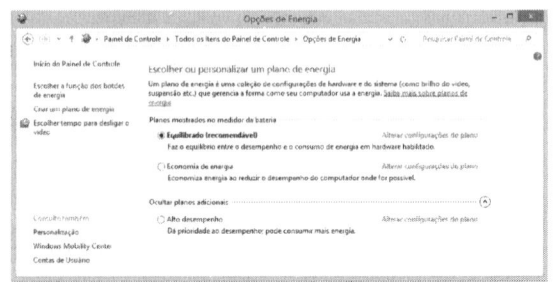

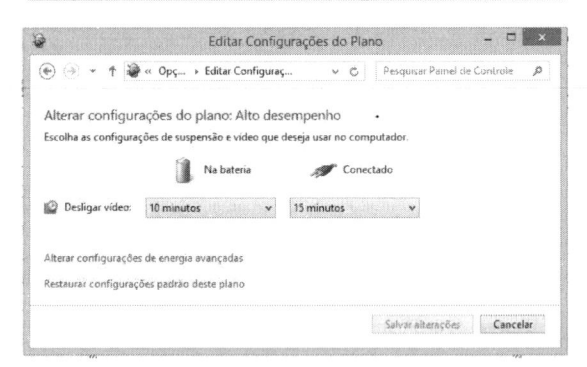

Opções do Explorador de Arquivos

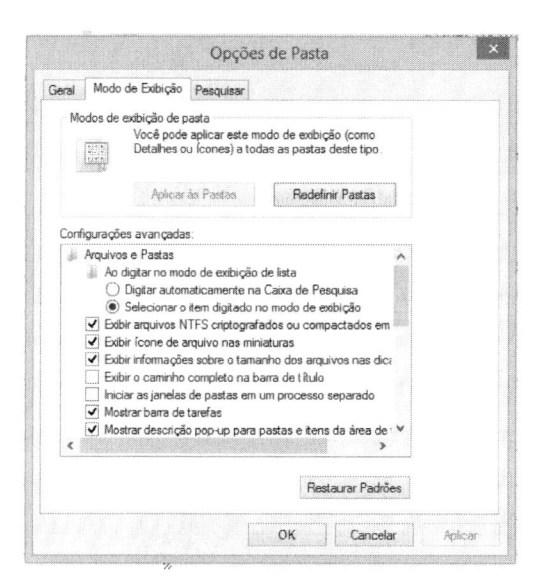

Programas Padrão

Programas e Recursos

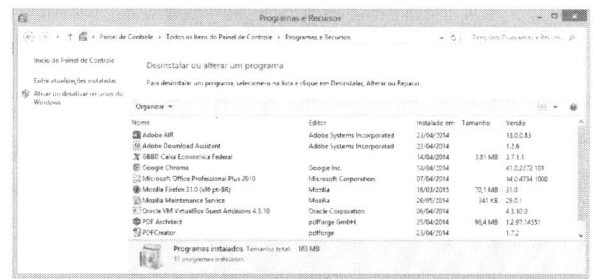

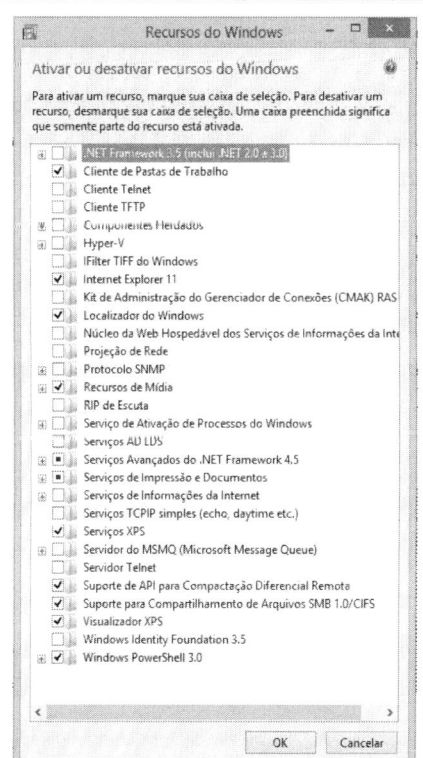

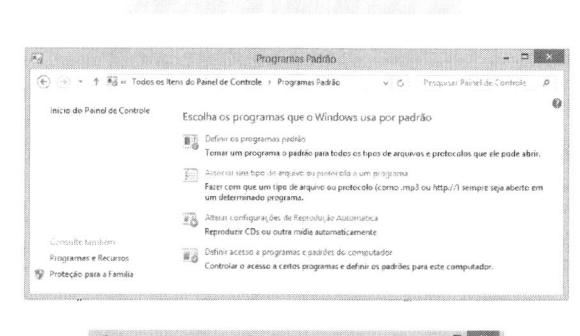

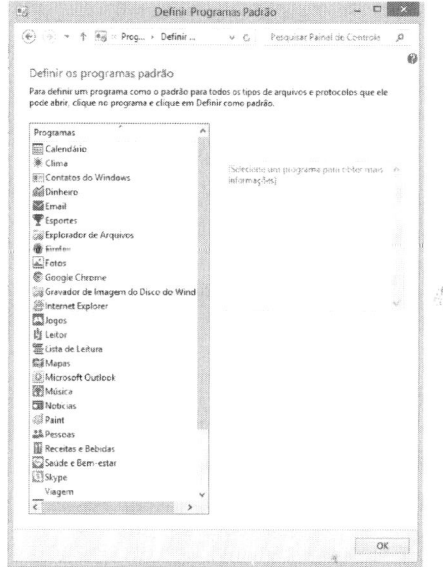

Sistema

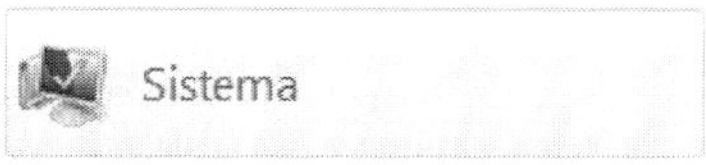

Windows Defender

No Windows 10, o Windows Defender passou a ser também antivírus além de ser antispyware.

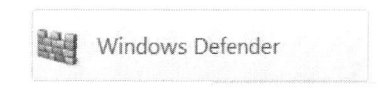

INFORMÁTICA

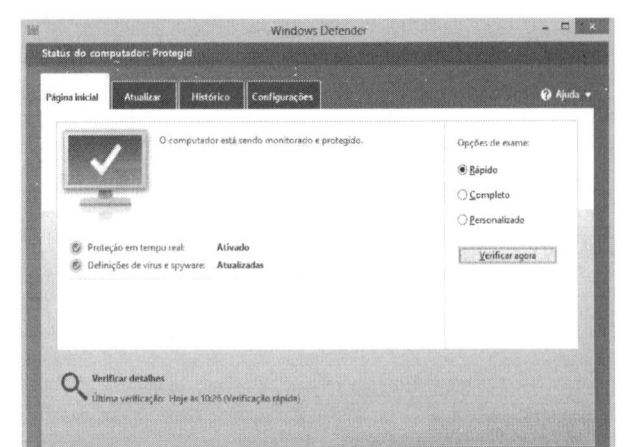

SISTEMA WINDOWS 10

Estrutura de Diretórios

Uma estrutura de diretórios é como o Sistema Operacional organiza os arquivos, separando-os de acordo com sua finalidade.

O termo diretório é um sinônimo para pasta, que se diferencia apenas por ser utilizado, em geral, quando se cita alguma pasta Raiz de um dispositivo de armazenamento ou partição.

Quando citamos o termo Raiz, estamos fazendo uma alusão a uma estrutura que se parece com uma árvore que parte de uma raiz e cria vários ganhos, que são as pastas, e as folhas dessa árvore são os arquivos.

Dessa maneira, observamos que o **diretório Raiz do Windows** é o diretório **C:** ou **C:** enquanto que o **diretório Raiz do Linux** é o **/**.

Podemos ser questionados com relação à equivalência dos diretórios do Windows em relação ao Linux.

Principais Diretórios Windows

- **C:\windows** → Armazena os arquivos do Sistema Operacional Windows.
- **C:\Arquivos de Programas** → Armazena os arquivos dos programas instalados no computador.
- **C:\Usuários** → Armazena as configurações, arquivos e pastas de cada usuário do sistema.

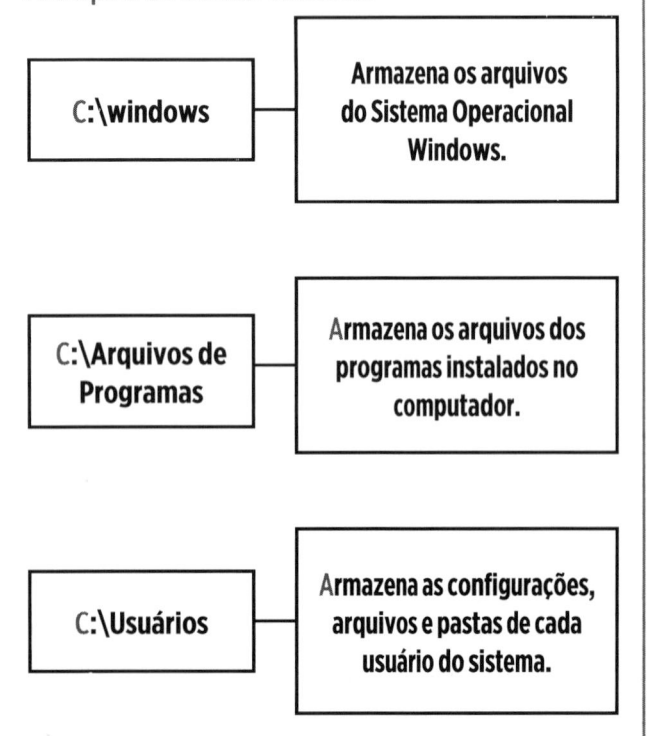

Ferramentas Administrativas

Limpeza de Disco

Apaga os arquivos temporários, por exemplo, arquivos da Lixeira, da pasta Temporários da Internet e, no caso do Windows, a partir da versão Vista, as miniaturas.

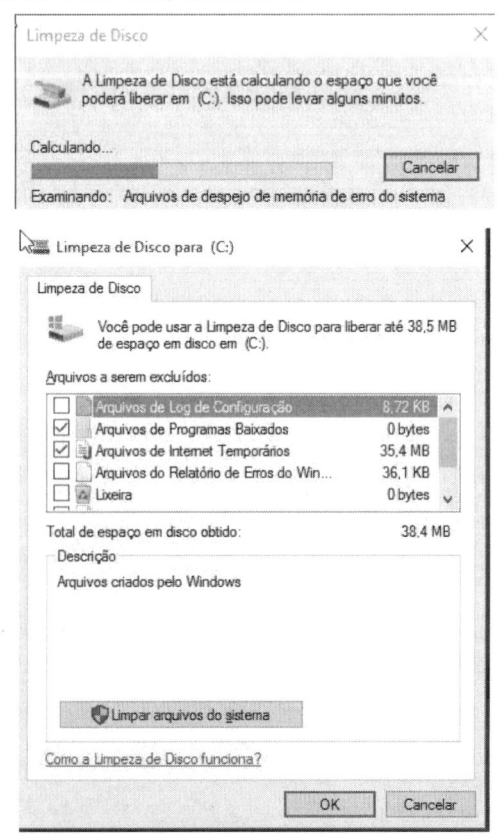

Lixeira

A capacidade da Lixeira do Windows é calculada. Assim, para HDs de até 40 GB, a capacidade é de 10%. Todavia, para discos rígidos maiores que 40 GB, o cálculo não é tão direto. Vamos a um exemplo: caso um HD possua o tamanho de 200 GB, então é necessário descontar 40 GB, pois até 40 GB a lixeira possui capacidade de 10%; assim, sobram 160 GB. A partir desse valor, deve-se calcular mais 5%, ou seja, 8 GB. Com isso, a capacidade total da lixeira do HD de 200 GB fica com 4 GB + 8 GB = 12 GB.

É importante, ainda, destacar que a capacidade da lixeira é calculada para cada unidade de armazenamento. Desse modo, se um HD físico de 500 GB estiver particionado, é necessário calcular separadamente a capacidade da lixeira para cada unidade.

A Lixeira é um local, e não uma pasta. Ela lista os arquivos que foram excluídos, porém nem todos arquivos excluídos vão para a Lixeira. Vejamos a lista de situações em que um arquivo não será movido para a lixeira:

> arquivos maiores do que a capacidade da Lixeira;
> arquivos que estão compartilhados na rede;
> arquivos de unidades removíveis;
> arquivos que foram removidos de forma permanente pelo usuário.

Desfragmentar e Otimizar Unidades

É responsabilidade do Desfragmentador organizar os dados dentro do HD de forma contínua/contígua para que o acesso às informações em disco seja realizado mais rapidamente.

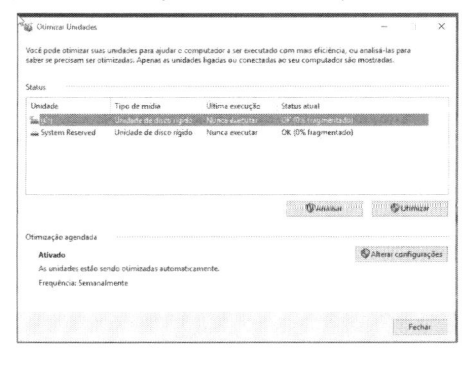

Configuração do Sistema

A Configuração do Sistema é também acessível ao ser digitado o comando msconfig na janela Executar. Permite configurar quais serviços serão carregados com o Sistema. No entanto, para configurar quais programas serão carregados junto com o sistema operacional, deve-se proceder ao acesso pelo Gerenciador de Tarefas.

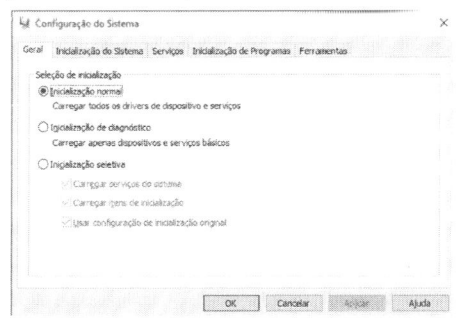

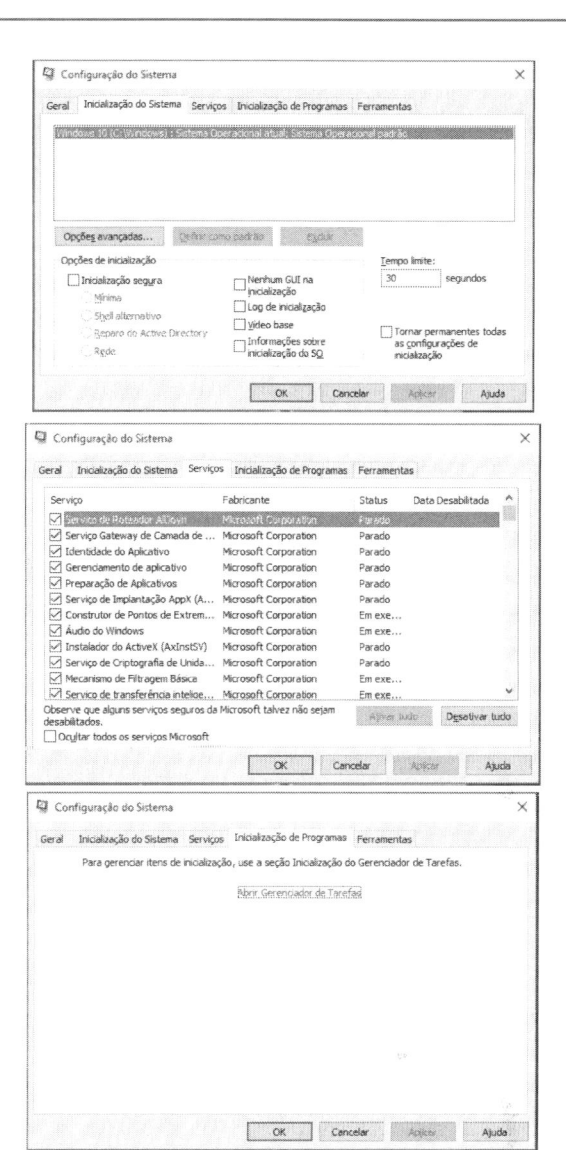

Monitor de Recursos

Permite monitorar os recursos do computador e qual o uso que está sendo realizado.

ScanDisk

O ScankDisk é o responsável por verificar o HD em busca de falhas de disco. Às vezes, ele consegue corrigi-las.

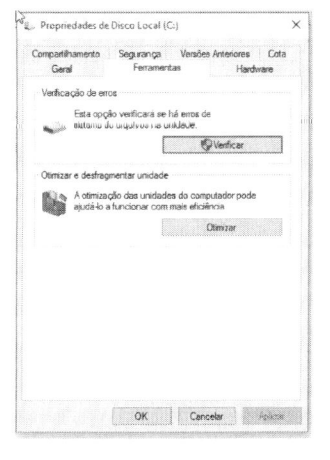

INFORMÁTICA

SISTEMA WINDOWS 10

Configurações

Uma novidade do Windows 10 é a opção Configurações, presente no Botão Iniciar, que apresenta uma estrutura similar ao Painel de Controle, inclusive realizando a separação por categorias de ferramentas, conforme ilustra a figura a seguir.

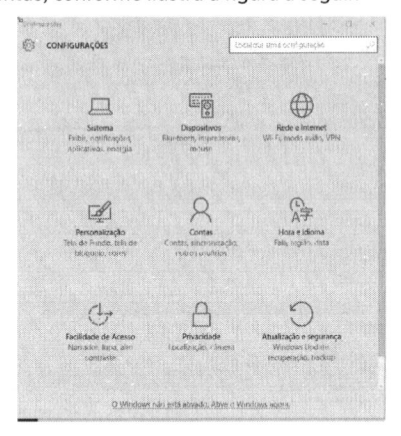

Opção Sistema

Nesta opção, são apresentadas as ferramentas de configuração de resolução de tela, definição de monitor principal (caso possua mais de um), modos de gestão de energia (mais utilizados em notebooks).

Também é possível encontrar a opção Mapas Offline, que permite o download de mapas para a pesquisa e o uso por GPS, principalmente usado em dispositivos móveis ou dotados de GPS.

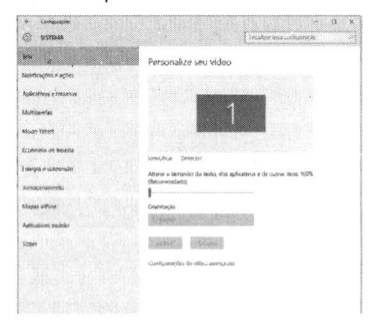

Opção Dispositivos

A opção Dispositivos lista os dispositivos que foram instalados em algum momento no sistema, como as impressoras.

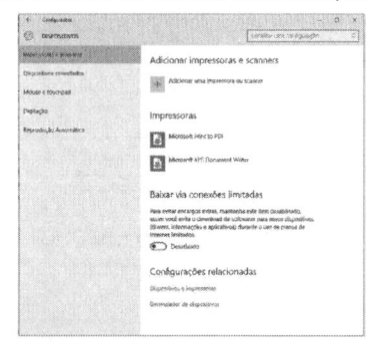

Opção Rede e Internet

Para configurar rapidamente o proxy de uma rede, ou ativar/desativar a wi-fi, a opção Rede e Internet oferece tais opções com facilidade, inclusive a opção para configurar uma VPN.

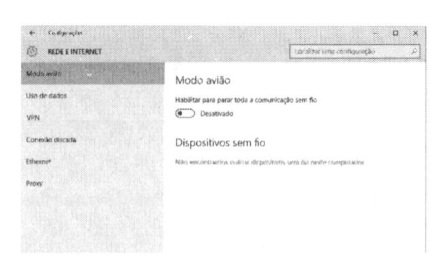

Opção Personalização

Para personalizar os temas de cores da Área de Trabalho do Windows e os papéis de parede, a opção de personalização pode ser acessada pelas Configurações. Também é possível clicar com o botão direito do mouse sobre uma área vazia da Área de Trabalho e selecionar a opção Personalizar.

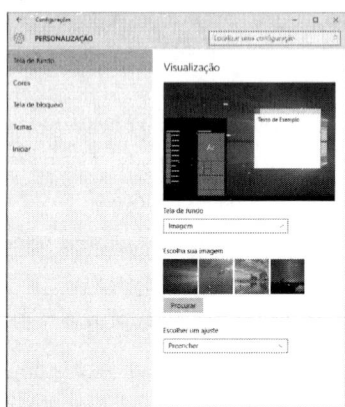

Opção Contas

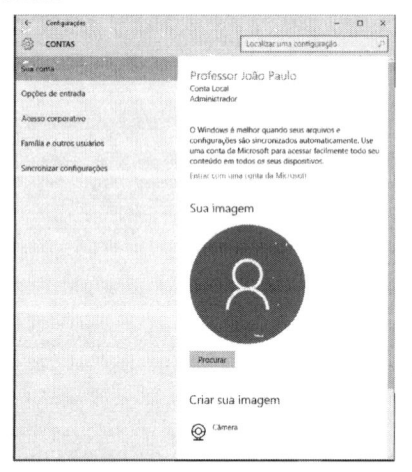

Opção Hora e Idioma

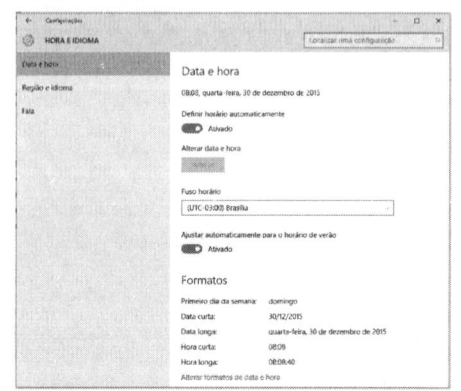

Opção Facilidade de Acesso

Além de contar com as ferramentas para acessibilidade, é possível configurar algumas características com Alto Contraste para melhorar o acesso ao uso do computador.

Opção Privacidade

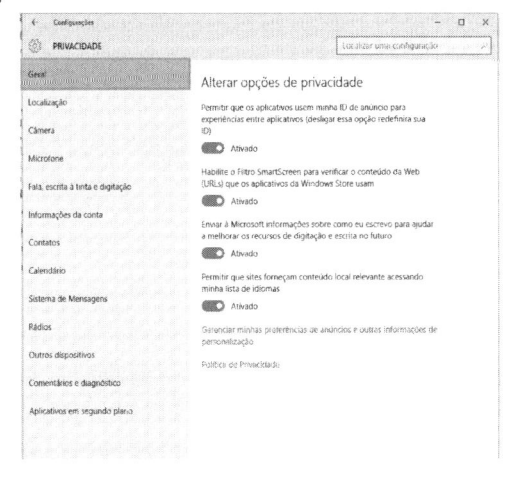

Opção Atualização e Segurança

A opção Atualização e Segurança talvez seja uma das principais opções da janela de configurações, pois, como necessidade mínima para a segurança, o Sistema Operacional deve estar sempre atualizado, assim como precisa possuir um programa antivírus que também esteja atualizado.

Vale lembrar que a realização periódica de backups também é considerada como um procedimento de segurança.

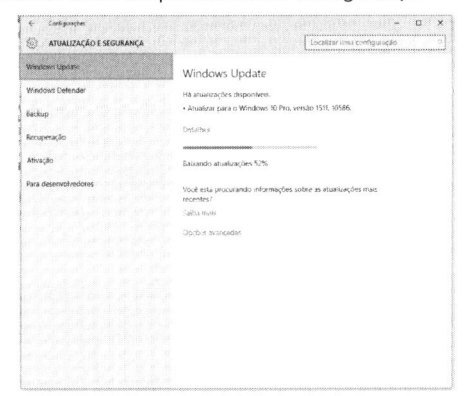

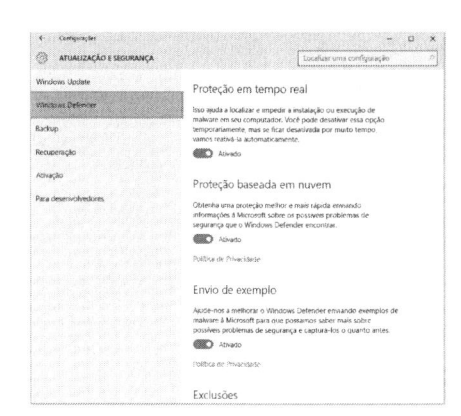

O Windows 10 realiza o backup dos arquivos usando a ferramenta Histórico de Arquivos (conforme ilustra a figura a seguir), embora ainda permita realizar backups como no Windows 7.

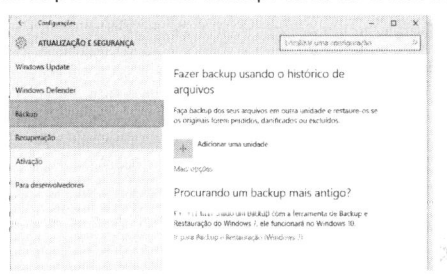

A opção Para desenvolvedores é uma novidade do Windows que assusta alguns usuários desavisados, pois, ao tentarem instalar algum aplicativo que não seja originário da Loja da Microsoft, não logram êxito. Esse impedimento ocorre por segurança. De qualquer forma, para poder instalar aplicativos "externos", basta selecionar a opção Sideload ou Modo Desenvolvedor.

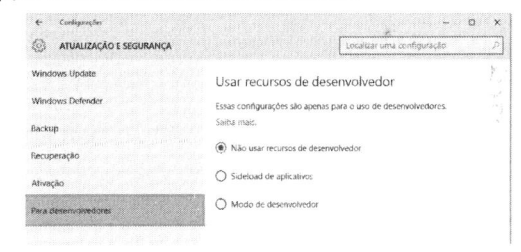

Backup no Windows 10

Um backup consiste em uma cópia de segurança dos Arquivos, que deve ser feita periodicamente, preferencialmente em uma unidade de armazenamento separada do computador.

Apesar do nome cópia de segurança, um backup não impede que os dados sejam acessados por outros usuários. Ele é apenas uma salvaguarda dos dados para amenizar os danos de uma perda.

No Windows 8 e Windows 10, o backup é gerenciado pelo Histórico de Arquivos, ilustrado a seguir.

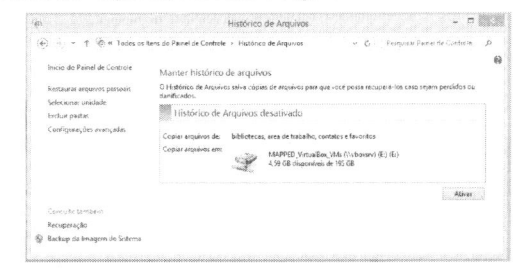

SISTEMA WINDOWS 10

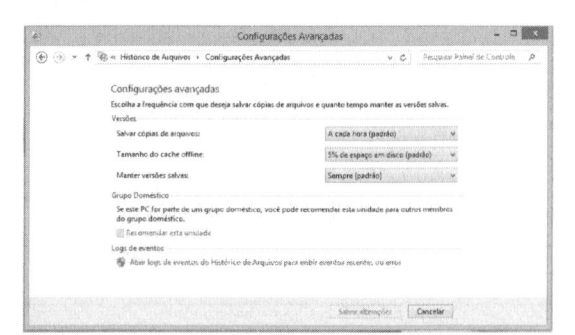

Backup e Restauração (Windows 7)

Esta ferramenta existe para manter a compatibilidade com a versão anterior de backup do Windows.

Na sequência, são citados os tipos de backup e ferramentas de backup.

Backup da Imagem do Sistema

O Backup do Windows oferece a capacidade de criar uma imagem do sistema, que é uma imagem exata de uma unidade. Uma imagem do sistema inclui o Windows e as configurações do sistema, os programas e os arquivos. É possível usar uma imagem do sistema para restaurar o conteúdo do computador, se em algum momento o disco rígido ou o computador pararem de funcionar. Quando se restaura o computador a partir de uma imagem do sistema, trata-se de uma restauração completa; não é possível escolher itens individuais para a restauração, e todos os atuais programas, as configurações do sistema e os arquivos serão substituídos. Embora esse tipo de backup inclua arquivos pessoais, é recomendável fazer backup dos arquivos regularmente, usando o Backup do Windows, a fim de que seja possível restaurar arquivos e pastas individuais conforme a necessidade. Quando for configurado um backup de arquivos agendado, o usuário poderá escolher se deseja incluir uma imagem do sistema. Essa imagem do sistema inclui apenas as unidades necessárias à execução do Windows. É possível criar manualmente uma imagem do sistema, caso o usuário queira incluir unidades de dados adicionais.

Disco de Restauração

O disco de restauração armazena os dados mais importantes do sistema operacional Windows, em geral, o que é essencial para seu funcionamento. Esse disco pode ser utilizado quando o sistema vier a apresentar problemas, por vezes decorrentes de atualizações.

Tipos de Backup

Completo/Normal

Também chamado de Backup Total, é aquele em que todos os dados são salvos em uma única cópia de segurança. Ele é indicado para ser feito com menor frequência, pois é o mais demorado para ser processado, como também para ser recuperado. Contudo, localizar um arquivo fica mais fácil, pois se tem apenas uma cópia dos dados.

Diferencial

Este procedimento de backup grava os dados alterados desde o último backup completo. Assim, no próximo backup diferencial, somente serão salvos os dados modificados desde o último backup completo. No entanto, esse backup é mais lento de ser processado do que o backup incremental, porém é mais rápido de ser restaurado do que o incremental, pois é necessário apenas restaurar o último backup completo e o último backup diferencial.

Incremental

Neste tipo de backup, são salvos apenas os dados que foram alterados após a última cópia de segurança realizada. Este procedimento é mais rápido de ser processado, porém leva mais tempo para ser restaurado, pois envolve restaurar todos os backups anteriores. Os arquivos gerados são menores do que os gerados pelo backup diferencial.

Backup Diário

Um backup diário copia todos os arquivos selecionados que foram modificados no dia de execução do backup diário. Os arquivos não são marcados como arquivos que passaram por backup (o atributo de arquivo não é desmarcado).

Backup de Cópia

Um backup de cópia copia todos os arquivos selecionados, mas não os marca como arquivos que passaram por backup (ou seja, o atributo de arquivo não é desmarcado). A cópia é útil caso o usuário queira fazer backup de arquivos entre os backups normal e incremental, pois ela não afeta essas outras operações de backup.

Explorador de Arquivos

Conhecido até o Windows 7 como Windows Explorer, o gerenciador de arquivos do Windows usa a chamada Interface Ribbon (por faixas) no Windows 8 e 10. Com isso, torna mais acessíveis algumas ferramentas como a opção para exibir as pastas e os arquivos ocultos.

A figura a seguir ilustra a janela Este Computador que apresenta os dispositivos e unidades de armazenamento locais como HDs e Drives de mídias ópticas, bem como as mídias removíveis.

Um detalhe interessante sobre o Windows 10 é que as bibliotecas, ilustradas na figura, não estão visíveis por padrão; o usuário precisa ativar sua exibição.

Na figura a seguir, é ilustrada a guia Exibir da janela Este Computador.

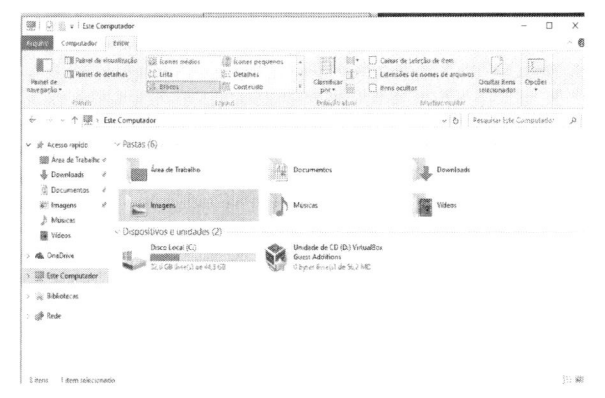

Ao selecionar arquivos ou pastas de determinados tipos, como imagens, algumas guias são exibidas como ilustra a série de figuras a seguir.

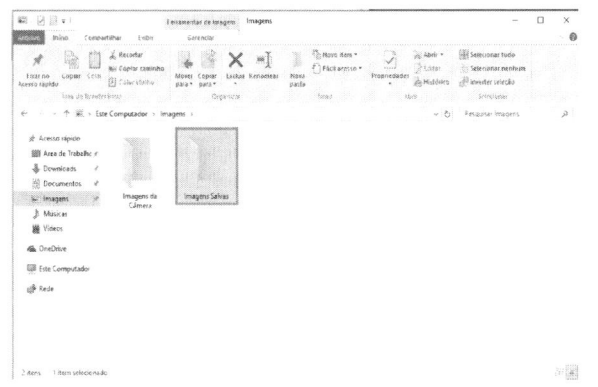

É possível notar que há opções específicas para facilitar o compartilhamento dos arquivos e pastas.

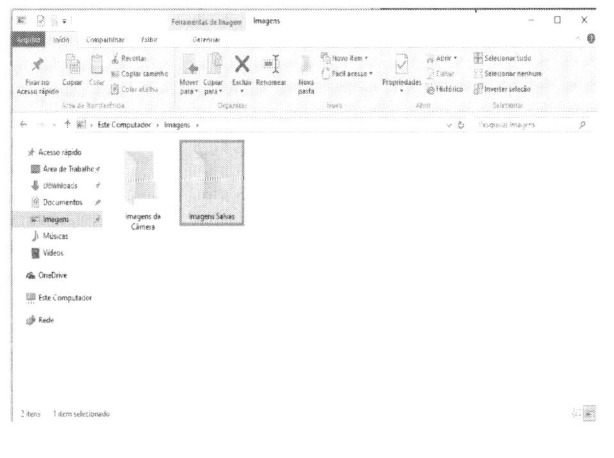

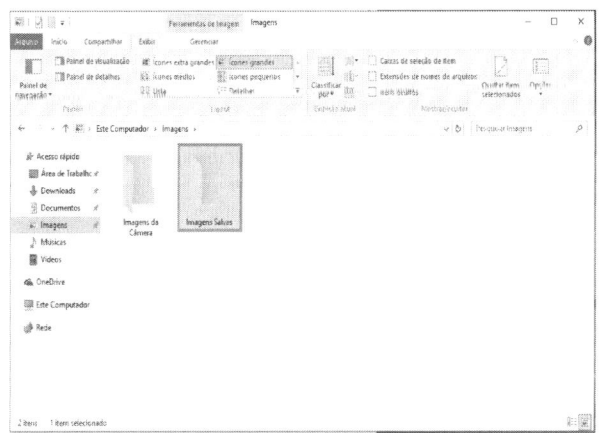

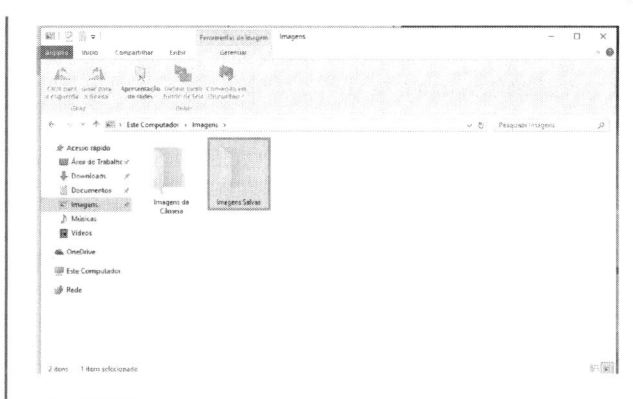

Questões

01. (IESES) Assinale a alternativa que diz respeito à seguinte definição:
Este tipo de backup fornece um backup dos arquivos modificados desde que foi realizado um backup completo. Normalmente, salva somente os arquivos que são diferentes ou novos, desde o último backup completo, mas isso pode variar em diferentes programas de backup. Juntos, um backup completo e um backup desse tipo incluem todos os arquivos no computador, alterados e inalterados:
a) Backup incremental.
b) Backup de referência.
c) Backup normal.
d) Backup diferencial.

02. (ALFACON) O Windows 10 trouxe inúmeras novidades, bem como deixou de possuir outras. Assinale a alternativa que corresponda a recursos que não estão presentes no Windows 10:
a) Bibliotecas.
b) Botão Iniciar.
c) Calculadora.
d) Barra Charms.
e) Gerenciador de Arquivos.

03. (FMP/RS) O Sistema Operacional Windows possui um painel de controle que permite que se controlem dispositivos que ajudam na segurança do sistema, especialmente no acesso pela Internet. Entre esses dispositivos, estão o Firewall, atualizações automáticas e proteção contra vírus. Tal painel de controle é:
a) Ferramentas administrativas.
b) Opções de Internet.
c) Central de Ações.
d) Conexões de rede.
e) Opções de acessibilidade.

04. (TJ/SC) O Windows Defender é:
a) um software que verifica se a cópia do Windows instalada no computador é legítima.
b) uma versão do Windows.
c) um dispositivo de hardware que, instalado no computador, evita seu uso por pessoas não autorizadas.
d) um software antispyware incluído no Windows.
e) uma campanha de marketing da Microsoft incentivando os usuários a adquirirem cópias legítimas do Windows.

INFORMÁTICA

SISTEMA WINDOWS 10

05. (FCC) Em uma repartição pública os funcionários necessitam conhecer as ferramentas disponíveis para realizar tarefas e ajustes em seus computadores pessoais.

Dentre estes trabalhos, tarefas e ajustes estão:

I. Utilizar ferramentas de colaboração on-line para melhoria do clima interno da repartição e disseminação do conhecimento.
II. Aplicar os conceitos de organização e de gerenciamento de informações, arquivos, pastas e programas a fim de possibilitar a rápida e precisa obtenção das informações, quando necessário.
III. Conhecer e realizar operações de inserção de elementos nos slides do PowerPoint, dentre outras.
IV. Conhecer as formas utilizadas pelo Excel para realizar cálculos e também operações de arrastar valores de uma célula para a outra.
V. Realizar pesquisas na Internet usando os sites de busca mais conhecidos.

Para atender ao item II, uma recomendação prática e geralmente aceita, é organizar as pastas de arquivos por tipo. Isso significa que os arquivos comuns dentro de uma mesma pasta possuirão:

a) a mesma extensão.
b) a mesma data.
c) o mesmo tamanho.
d) o mesmo título.
e) o mesmo autor.

06. (FAFIPA) Browser é um programa de computador que habilita seus usuários a interagirem com documentos virtuais da Internet. Assinale a alternativa que NÃO apresenta um browser:

a) Windows Explorer.
b) Mozilla Firefox.
c) Safari.
d) Flock.
e) GoogleChrome.

07. (FAFIPA) Sobre atalhos no Windows Explorer, assinale a alternativa INCORRETA:

a) A tecla F2 renomeia um arquivo selecionado.
b) A tecla F5 atualiza exibição.
c) A tecla Delete move um arquivo selecionado para a Lixeira.
d) As teclas Ctrl+T selecionam todo conteúdo do diretório atual.
e) As teclas Shift+Delete exclui permanentemente um arquivo selecionado.

08. (FAURGS) Assinale a alternativa correta a respeito da ferramenta de sistema identificada como Restauração do Sistema no Windows 10:

a) Não é possível desfazer as alterações que a restauração do sistema faz no Registro do sistema.
b) A operação padrão de restauração não atua sobre arquivos pessoais, não servindo para recuperar a última versão de um arquivo pessoal excluído.
c) A operação de restauração sempre retorna à configuração da primeira instalação do Windows 7.
d) Na instalação padrão do Windows 10, os pontos de restauração são criados apenas quando novos dispositivos, como impressoras e discos, são instalados no sistema.
e) Os pontos de restauração são sempre criados automaticamente pelo sistema, não sendo possível criar um ponto de restauração manualmente.

Gabaritos

01	D	05	A
02	D	06	A
03	C	07	D
04	D	08	B

3. WORD 2016

3.1 Tela de Abertura

Assim como o MS Office 2013, o MS Office 2016 exibe uma tela de abertura ao iniciar algum programa da suíte, em vez de iniciar diretamente com um documento em branco. Vejamos a figura a seguir.

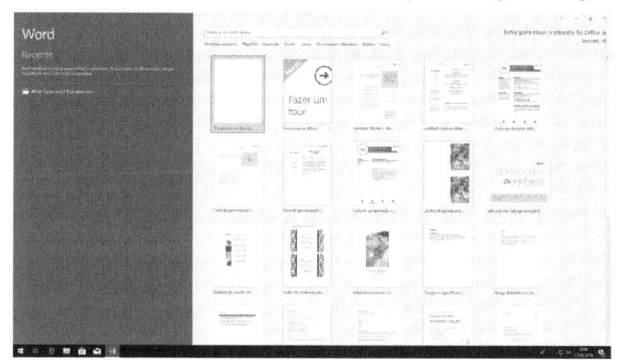

Nessa janela, o usuário tem acesso à lista dos documentos abertos recentemente no programa, bem como pode criar um novo documento: ou um documento em branco, ou a partir de um modelo a ser baixado da Internet.

Os modelos disponíveis são atualizados, em sua maioria, pelos próprios usuários. Para facilitar a localização de um modelo que seja mais adequado à necessidade do usuário, há opção para pesquisa, assim como sugestões de categorias.

3.2 Janela do Programa

A figura abaixo ilustra a janela do Microsoft Word 2016 com um documento em branco em edição.

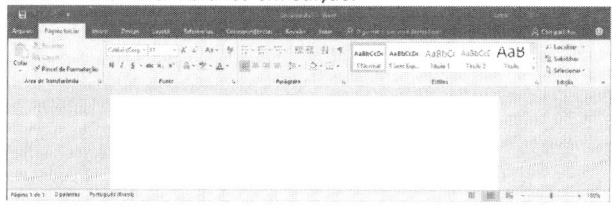

Janela Word 2016, aba Página Inicial.

A janela do Word 2016 apresenta pequenas mudanças nas opções da janela de edição em comparação com a versão anterior:

> **Cor das guias inativas**: agora a cor segue o padrão de cores escolhido. Existem 3 temas que podem ser usados: Colorido; Cinza-Escuro e Branco. Na figura acima é ilustrado o padrão (Colorido), a seguir os demais.

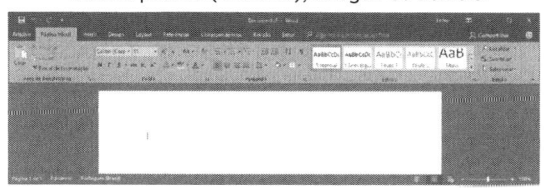

Janela do Word 2016, tema Cinza Escuro.

Janela Word 2016, tema Branco.

> **Diga-me o que você deseja fazer**: note que ao lado da guia Exibir existe um espaço para digitar, que não existia no 2016. Ele serve para acessar as ferramentas e opções; sua finalidade é facilitar a localização de ferramentas que o usuário não lembra em que aba estão. Conforme o usuário digita, vão sendo sugeridas opções relacionadas aos caracteres inseridos.

> **Opção Entrar**: foi movida para a barra de títulos; antes ficava onde aparece a carinha feliz (smile). Esse smile é o feedback ou também chamado de comentários, porém para a Microsoft, serve para o usuário contar sobre sua experiência em usar o MF Office 2016.

> **Guias**: no 2013 os títulos eram todos em caixa alta (maiúsculas) e a guia Layout era Layout de Página.

Assim como no 2013, o usuário pode logar com sua conta da Microsoft (Hotmail ou Outlook). Uma vez logado, o nome do usuário é imediatamente associado às propriedades do documento como seu autor. Observe a parte mais à direita da barra de títulos da janela ilustrada na primeira figura deste tópico. Ao efetuar o login, o nome do usuário é representado no lugar da expressão "Entrar".

Observe e faça as anotações das partes da janela indicadas na figura acompanhando a aula.

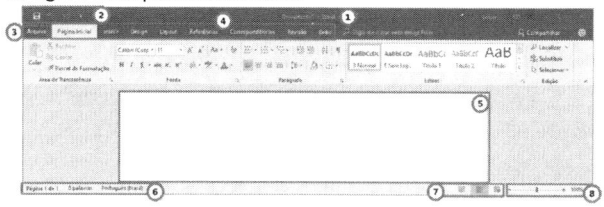

Janela do Word 2016, itens enumerados.

01. **Barra de título**: nesta barra são apresentadas as informações sobre o nome do documento em edição e seu formato, bem como o nome do programa que no caso da figura indica Microsoft Word. Também se observa na figura que não há a indicação do formato do arquivo. Isso significa que o documento em questão ainda não foi salvo em disco.

02. **Barra de Ferramentas de Acesso Rápido**: apresenta as opções mais frequentemente usadas, principalmente por meio das teclas de atalho. Por padrão mostra as opções Salvar, Desfazer e a opção que se alterna entre Repetir e Refazer. A opção ( ) Repetir repete a última ação executada; corresponde a utilizar a tecla de atalho: F4, como também CTRL + R quando esta opção está exibida na barra. Já a opção Refazer ( ) é como um desfazer para a ação Desfazer.

03. **Menu Arquivo**: a versão 2016 utiliza a mesma forma do menu Arquivo que a versão 2013, ou seja, mantém a interface Backstage view que exibe as opções do menu Arquivo, de modo que ocupem toda a tela da janela do programa.

04. **Faixa de Opções**: é possível aumentar a área útil da tela, fazendo com que as opções só sejam exibidas quando clicado na opção na Faixa de opções; basta utilizar o clique duplo do mouse sobre uma das Guias. O Word 2013 acrescentou ainda duas opções (botões) para poder alterar entre os modos de exibição das guias, um ao lado esquerdo do botão Minimizar,

INFORMÁTICA

WORD 2016

conforme ilustra a figura a seguir, e outro logo acima da barra de rolagem vertical (dentro da faixa de opções). Este último é uma seta para cima, que lembra o sinal gráfico ^ (acento circunflexo). Essas características se mantêm no 2016.

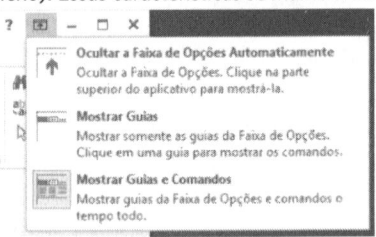

Modos de Exibição da Faixa de Opções em destaque.

05. **Página do Documento** em edição.
06. **Barra de Status**: nela são apresentadas algumas informações como número da página atual e total, total de palavras selecionadas e no documento inteiro.
07. **Modos de Exibição**: apenas três dos modos de exibição que o Word oferece estão dispostos nesse espaço para acesso rápido.
08. **Zoom**: o zoom também pode ser alterado utilizando-se a combinação da roda do mouse (scroll), enquanto se mantém pressionada a tecla CTRL.

Barra de Ferramentas de Acesso Rápido

A figura abaixo destaca a Barra de Ferramentas de acesso Rápido, na qual se encontram por padrão os botões Salvar, Desfazer e Repetir/Refazer.

Barra de Ferramentas de Acesso Rápido.

O botão Desfazer permite voltar uma ou mais ações realizadas no programa, cuja tecla de atalho é a famosa combinação CTRL + Z. Note que há uma seta à sua direita, é possível desfazer um conjunto de ações de uma única vez.

O botão Repetir repete a última ação realizada, como aplicar negrito a um texto, ou mudar a cor de uma fonte. A combinação de teclas de atalho para esta opção é CTRL + R no Word 2013.

O Botão Refazer somente é exibido quando o Desfazer é acionado, permitindo retroceder uma ação desfeita. As teclas de atalho são as mesmas do botão Repetir, até porque aparece no lugar dele.

3.3 Menu Arquivo

O menu Arquivo do Office 2016 utiliza a interface BackStage, que ocupa toda a tela do programa e oferece vários recursos integrados.

Por padrão, ao abrir o menu Arquivo, ele apresenta selecionada a opção Informações, a qual oferece dois conjuntos de opções: ferramentas de geração de documento e as propriedades do documento em edição.

Opção Informações

A Figura 9 apresenta a opção Informações do menu Arquivo do Office 2016 e suas opções.

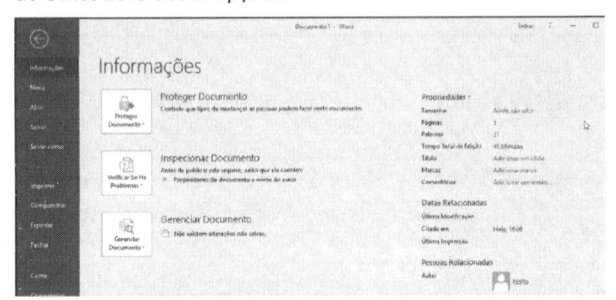

Menu Arquivo.

Na janela de informações, temos acesso a um dos conjuntos de opções mais importantes (em termos de concurso) do menu Arquivo. Também se deve observar o painel de propriedades à direita da janela.

Opção Proteger Documento

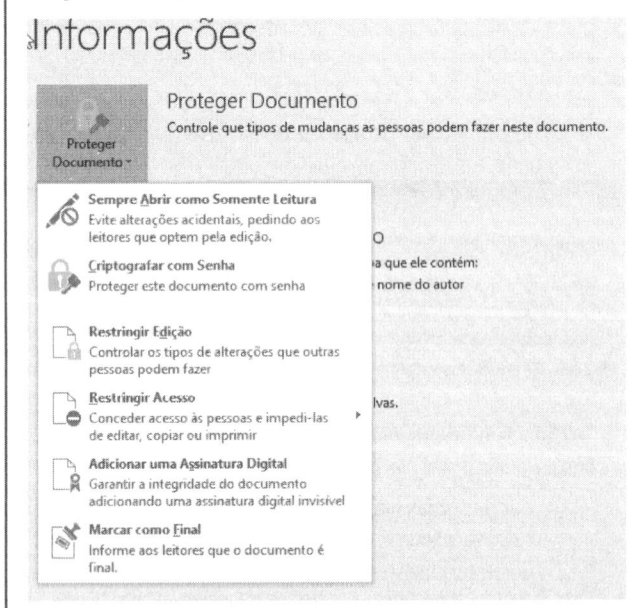

Opção Proteger Documento, a partir do menu Arquivo.

Marcar Como Final: a opção serve para salvar o arquivo como Somente leitura, assim ajuda a evitar que sejam feitas alterações no arquivo, ou seja, desabilita ou desativa a inserção de texto, a edição e as marcas de controle. Além disso, define o "Status" do documento como Final. Contudo, o comando Marcar como Final não é um recurso de segurança, pois basta que o usuário remova o Status Marcar como Final para que possa editar novamente o arquivo.

O Recurso Marcar como Final só tem efeito se o documento for aberto pela mesma versão do Ms Office; se for aberto por versões anteriores, como no 2003, abrirá normalmente, permitindo ao usuário alterar o arquivo.

Criptografar com Senha: por meio desta opção, é possível definir uma senha para que o documento possa ser acessado. Contudo, vale ressaltar que a criptografia realizada pela opção Criptografar com Senha não tem relação com Certificação Digital.

> **Restringir Edição**: por intermédio da opção Restringir Edição, é possível escolher dentre três opções de ação:
> **Restrições de Formatação**: pela qual é possível limitar as opções de formatação, permitindo apenas que seja escolhido dentre um conjunto de estilos selecionados no momento da ativação do recurso.
> **Restrições de edição**: esta opção está relacionada às ferramentas de controle de edição, como controle de alterações e comentários, até mesmo preenchimento de formulários. Com ela o usuário pode limitar que opções outro usuário que acessar o documento pode realizar. Ainda é possível determinar apenas partes do documento para que possam ser editadas, protegendo assim o resto das alterações.
> **Aplicar proteção**: depois de configuradas as opções de um ou ambos os itens acima, a opção Sim, Aplicar Proteção fica habilitada. Com isso, será aberta uma janela para determinar uma senha ou para que seja utilizado um ID (e mail) de usuários.
> **Restringir Permissão por Pessoas**: esta opção permite limitar o acesso ao documento utilizando como critério contas do Windows Live ID ou uma conta do Microsoft Windows.
> **Adicionar uma Assinatura Digital**: por meio desta opção, é possível assinar digitalmente o documento em edição, a fim de garantir a Integridade e a Autenticidade dele, por consequência também o Não Repúdio. Contudo, é necessário possuir Certificado Digital para realizar este procedimento.

Opção Verificando Problemas

Opção Verificando Se Há Problemas.

> **Inspecionar Documento**: esta opção também pode ser citada como Inspetor do documento, que possibilita diversas opções, com a finalidade de buscar no documento por dados pessoais, informações ocultas, marcas, comentários, estruturas de controle, dentre outras, para que possam ser facilmente removidas, com o auxílio desta opção.

> **Verificar Acessibilidade**: permite verificar se a estrutura do elemento possui recursos ou formatações que dificultem a leitura por pessoas com deficiência, por exemplo, documentos que serão lidos por leitores de telas, utilizados por pessoas com baixa visão ou ausência dela.
> **Verificar Compatibilidade**: esta opção permite verificar se o documento possui estruturas que não existem nas versões anteriores do Word. Assim, quando o documento for salvo em .DOC, não apresentará problemas de compatibilidade.

Opção Novo

Já a opção Novo abre no próprio menu Arquivo as opções de criação de um novo documento, conforme figura a seguir.

Note que, além de criar um simples documento em branco, podemos criar um arquivo com base em um modelo da Internet.

Opção Novo, menu Arquivo.

Opção Imprimir

O Word 2016 apresenta diretamente no menu Arquivo → Imprimir as propriedades da Impressão, que também podem ser acessadas por meio da combinação de teclas CTRL+P. Com isso, uma etapa é reduzida no procedimento para impressão, o que torna a ação mais simples e direta. Nesta mesma opção, é ilustrada a pré-visualização do documento a ser impresso.

Vale observar que desde o Word 2013 a opção Configurar Página também é encontrada no menu Arquivo, exatamente na opção imprimir. A figura a seguir representa estas observações.

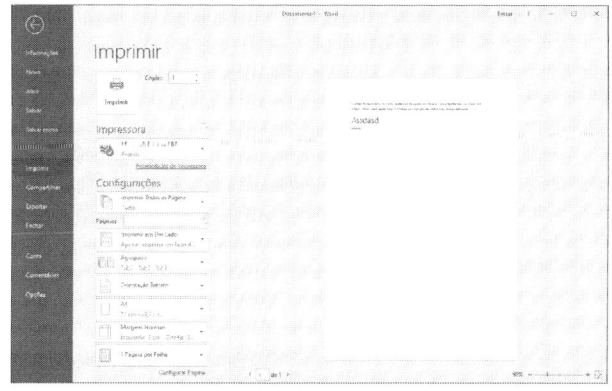

Opção Imprimir.

Outro fato importante é a pré-visualização, que também é ilustrada junto à opção imprimir.

INFORMÁTICA

Opção Salvar e Enviar

Opção Salvar Como.

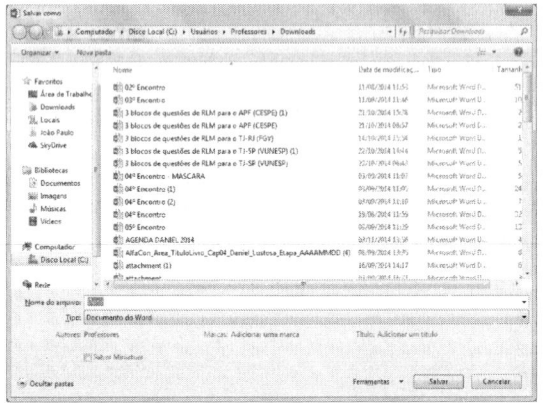

Janela para Salvar Documento.

Devemos dar ênfase no que diz respeito à integração com o Microsoft OneDrive. Uma vez logado na contra do MS Office, consequentemente o usuário estará logado com sua conta do OneDrive, assim possibilitando salvar o arquivo diretamente em sua conta na Nuvem.

3.4 Aba Página Inicial

Na Aba Página Inicial do Word 2013, encontramos as opções divididas nos blocos: Área de Transferência; Fonte; Parágrafo; Estilo; Edição, conforme ilustra a figura a seguir.

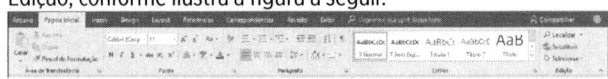

Bloco Área de Transferência

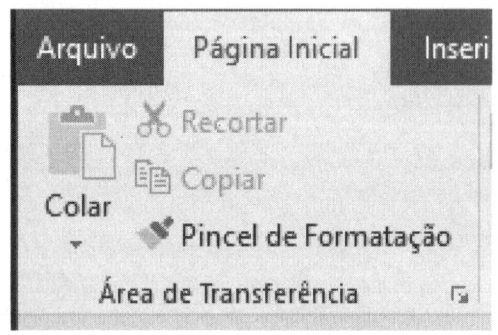

A Área de Transferência é uma área temporária, onde são colocadas as estruturas (textos, imagens etc.) que são copiadas de algum lugar, seja um documento, página da Internet, ou mesmo do Sistema Operacional, para que possam ser coladas.

A Área de Transferência do Word possui 24 posições, conforme figura a seguir, de forma que armazena não apenas a última informação copiada, mas sim as 24 últimas. Com isso, é possível colar trechos copiados ou recortados em momentos anteriores. Vale lembrar que a área de transferência fica em memória RAM, portanto quando o computador é desligado, ela é esvaziada.

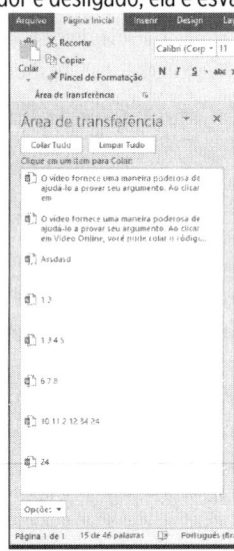

Opção Colar

No bloco Transferência, encontra-se a opção Colar. Deve-se atentar ao detalhe do botão que, quando sobreposto pelo mouse, apresenta uma divisão, como ilustrado na sequência, ou seja, executa duas ações diferentes: ao clicar na parte superior, é colado o dado que foi colocado por último na área de transferência de forma equivalente a utilizar as teclas de atalho CTRL + V; já ao clicar na parte inferior, o Word exibe uma lista de opções de colagem, bem como dá acesso à opção Colar Especial.

Pincel de Formatação

O Pincel de Formatação, ilustrado a seguir, permite realizar a cópia de formatação de um trecho de texto previamente selecionado e aplicar em outro trecho de texto a ser selecionado *a posteriori*, clique no botão Pincel.

Pincel de Formatação

Bloco Fonte

Neste bloco, são encontradas as ferramentas mais usadas durante a edição de um documento, as opções relacionadas à formatação de Fonte. A figura a seguir ilustra as opções existentes neste bloco, que analisaremos na sequência.

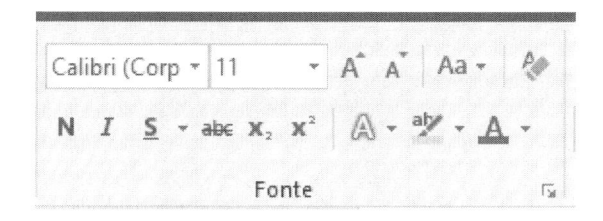

Tipo/Nome da Fonte

Esta opção permite alterar a grafia da fonte, ou seja, o seu traço. Ao alterar o tipo da fonte, ela pode sofrer alteração no seu tamanho, no entanto mantendo o mesmo valor numérico de tamanho de fonte. A figura a seguir destaca o campo; por padrão, no estilo normal do Word 2013, a fonte predefinida é a Calibri.

Tamanho da Fonte

A opção de tamanho de fonte oferece um campo, ilustrado na sequência, para definir o tamanho das letras de um texto selecionado. É possível também selecionar o tamanho pela alça.

Aumentar e Diminuir Fonte

Também é possível controlar o tamanho das fontes pelos botões Aumentar Fonte, à esquerda da figura a seguir, e Diminuir Fonte, à direita da figura a seguir, que alteram o tamanho da fonte de um texto previamente selecionado, de acordo com os valores da lista disponibilizada na alça Tamanho da Fonte. Também se podem acionar estas opções por meio das teclas de atalho CTRL + SHIFT + > para aumentar o tamanho da fonte como CTRL + SHIFT + < para diminuir o tamanho da fonte.

Maiúsculas e Minúsculas

A opção, ilustrada acima, permite alterar o trecho selecionado entre letras maiúsculas e minúsculas, de acordo com as opções ilustradas a seguir.

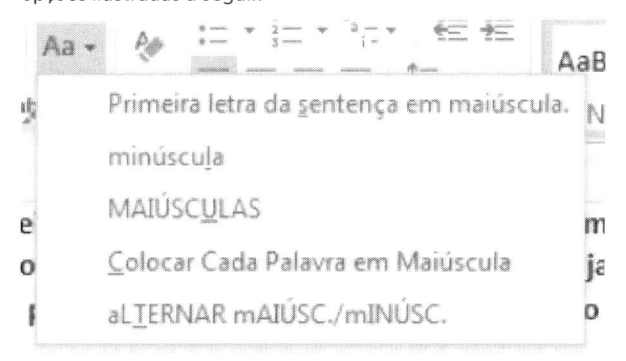

Limpar Formatação

A opção acima é útil quando se deseja limpar a formatação de um texto de forma rápida e prática, como um texto extraído da Internet, que possui fontes grandes, fundo e letras coloridas. Basta que o usuário selecione o trecho no qual deseja limpar a formatação e, em seguida, clique no botão.

Estilos de Fonte

Cuidado para não confundir o efeito de texto com o estilo de fonte, ou ainda com os estilos de formatação. As opções de efeito de fonte são a opção de **Negrito**, *Itálico* e Sublinhado, conforme ilustrado na figura a seguir. As teclas de atalho para estas funções são, respectivamente, CTRL + N, CTRL + I, CTRL + S.

Observe que o sublinhado no Word 2013 apresenta uma seta para baixo, indicando mais opções de formatação do traço do sublinhado, permitindo escolher entre o traço simples (padrão) e outros como: duplo, espesso, pontilhado, tracejado, traço/ponto, traço/ponto/ponto, dentre outros. A figura a seguir ilustra o resultado de se acionar a alça do sublinhado. Também é possível se alterar a cor do traço do sublinhado.

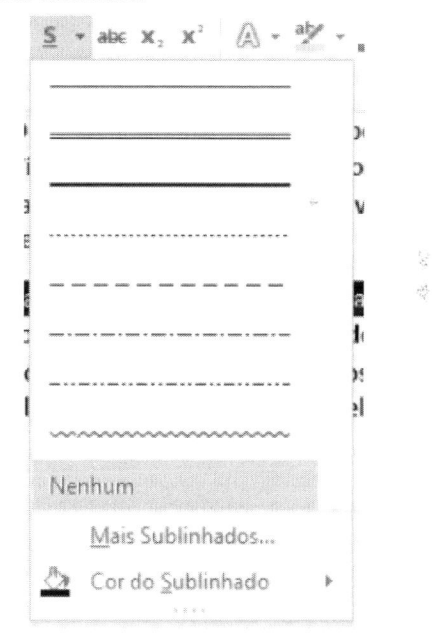

Tachado

A propriedade Tachado é comumente utilizada em textos de lei e resoluções, sobre itens que foram revogados e que, contudo, permanecem no corpo da lei. Para acionar esta opção, basta selecionar o texto desejado e clicar no botão Tachado, ilustrado a seguir.

O efeito proporcionado por esta opção é o de um traço à meia altura da linha, sobrepondo às palavras, como o exemplo. ~~Também é possível utilizar o tachado duplo por meio da janela Propriedades de Fonte, como exemplo.~~

INFORMÁTICA

WORD 2016

Subscrito e Sobrescrito

Por vezes, desejamos escrever um texto com estruturas diferenciadas, ou mesmo indicar numerais de forma reduzida, como primeiros = 1os. Para colocar as letras "os" com fonte reduzida na parte superior da linha, basta clicar no botão Sobrescrito, que o cursor de texto será posicionado no topo, digitar o texto desejado, e clicar novamente no Sobrescrito. O botão Sobrescrito fica à direita do botão Subscrito, conforme figura a seguir, que permite escrever um texto com fonte reduzida na parte inferior da linha, como utilizado em algumas equações químicas, por exemplo: texto normal texto subscrito.

$$X_2 \quad X^2$$

Efeitos de Texto

O Office 2007 inovou nos recursos de efeitos de texto. Essas propriedades e ferramentas foram mantidas e melhoradas no Office 2013; para o 2016 não houve mudanças na ferramenta. Os efeitos de texto permitem formatar os caracteres de texto de maneira mais chamativa visualmente, a fim empregar destaque a um texto, como exemplo.

Para utilizar este recurso, basta selecionar o texto desejado e clicar no botão Efeitos de Texto no bloco Fonte, indicado por um A com efeito de brilho azul ao redor, ilustrado no canto superior esquerdo da figura a seguir.

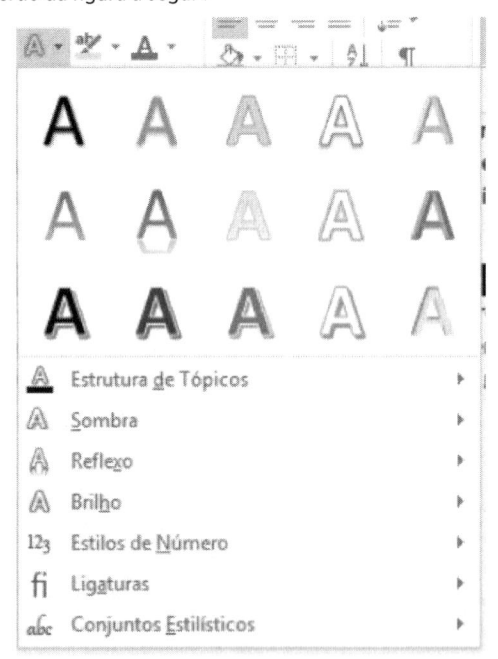

Este recurso ainda permite trabalhar as características de formatação de maneira separada, como a sombra, o reflexo e o brilho do caractere dado à cor escolhida.

Realce

A ferramenta Realce é uma opção que aplica um resultado similar ao obtido por uma caneta marca-texto. Inclusive, o conjunto de cores disponibilizado é bem limitado; apenas algumas cores estão disponíveis, como ilustra a figura a seguir.

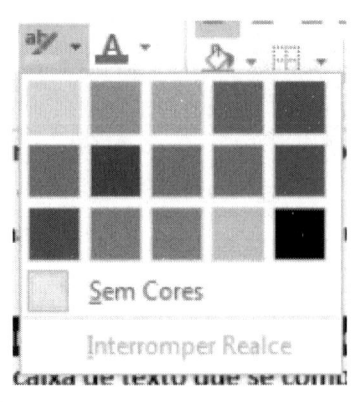

Cor da Fonte

Já quando falamos nas cores que podem ser aplicadas ao caractere (fonte), por exemplo, estas abrangem um conjunto maior, também citado nas provas como Paleta de Cores do MS Office.

O botão que corresponde a esta opção é a letra A com uma barra abaixo, que indica a última cor utilizada, como ilustrado no canto superior esquerdo da figura a seguir.

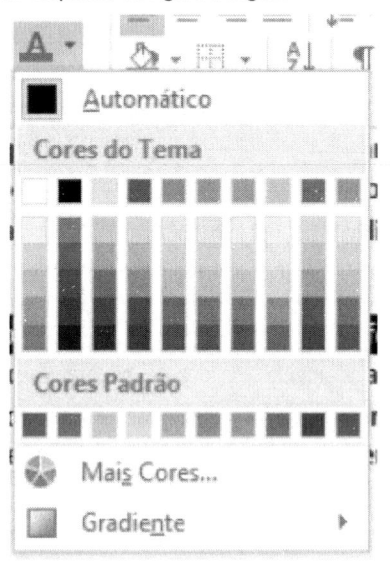

Observe que o botão Cor da Fonte apresenta uma ligeira divisão da seta à sua direita. Isso deve ser levado em conta na resolução das questões, pois se apenas o A for indicado como clicado, significa que será aplicada diretamente sobre o texto selecionado a última cor utilizada; enquanto que se for indicada a seta para baixo também, significa que foi clicado sobre ela, assim a alça exibe mais opções de cores e gradientes.

Bloco Parágrafo

Na aba Página Inicial encontram-se também as opções de formatação de parágrafo mais utilizadas, como ilustrado a seguir. Algumas opções menos frequentemente usadas estão no bloco Parágrafo da aba Layout de Página.

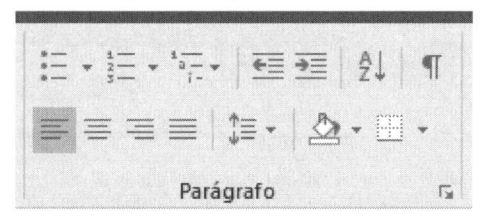

Marcadores

A opção Marcadores permite acrescentar símbolos, caracteres ou mesmo imagens, como uma foto do usuário, como itens de marcação de tópicos para cada parágrafo.

A figura a seguir ilustra o botão Marcadores, que como pode ser observado apresenta uma sutil divisão. Desse modo, se a figura apresentada nas questões de prova for igual à figura a seguir, significa que o clique foi dado na seta à direita do botão, o que remete a mais opções, como escolher o símbolo que se deseja utilizar. Mas caso seja apresentado sem a seta, o resultado é a inserção do último marcador utilizado.

Numeração

Cuidado com a diferença entre os marcadores e a numeração. A finalidade de ambos é similar, porém a Numeração segue uma sequência que pode ser numérica, utilizando-se números romanos maiúsculos ou minúsculos, letras maiúsculas ou minúsculas ou ainda números arábicos. A figura a seguir ilustra o botão Numeração que, de forma equivalente ao botão Marcadores, apresenta seta à direita apontando para baixo.

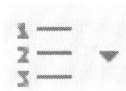

Lista de Vários Níveis

Permite gerenciar e atribuir marcadores diferentes para níveis diferentes, mas de forma a manter a relação entre eles como de título, subtítulo e tópico. A figura a seguir ilustra o botão Lista de Vários Níveis.

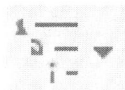

Quando clicado na seta à direita, um menu Dropdown é aberto, como ilustrado a seguir.

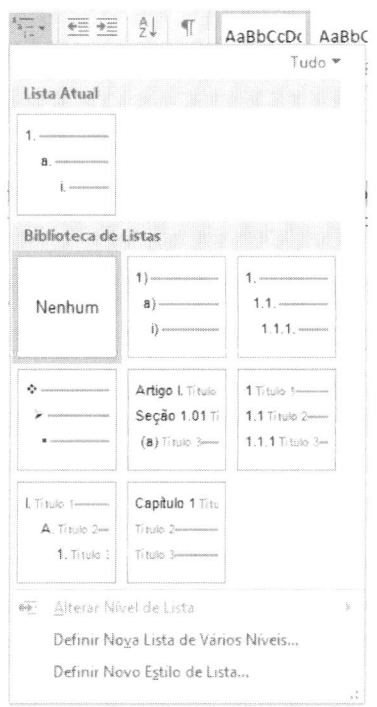

Além dos formatos de listas sugeridos pelo Word, é possível que o usuário crie a sua própria configuração de lista. Esta configuração pode ser criada para ser utilizada apenas no documento em edição, como também pode ser atribuída ao programa de forma que fique disponível para a criação e edição de outros documentos.

Diminuir e Aumentar Recuo

As opções de Diminuir e Aumentar o Recuo estão relacionadas ao recuo esquerdo do parágrafo selecionado. Ao aumentar o recuo, com o botão da direita na figura a seguir, é aumentado inclusive o recuo da primeira linha na mesma proporção. O espaço acrescido é o mesmo de uma tabulação, ou seja, o mesmo de quando pressionada a tecla TAB (1,25 cm por padrão).

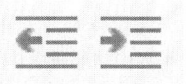

Classificar

Esta opção pode parecer estanha ao pensá-la no grupo de opções do bloco Parágrafo. Contudo, com isso, demonstra-se que é possível ordenar os textos de parágrafos, e não apenas dados em tabelas.

Uma vez clicado no botão classificar ilustrado acima, é aberta uma janela ilustrada a seguir, pela qual é possível parametrizar as regras de classificação, que pode ser por colunas em caso de tabelas. Os tipos de dados que podem ser selecionados, de maneira que o programa possa classificá-los em ordem crescente ou decrescente, são: Texto, Número e Data.

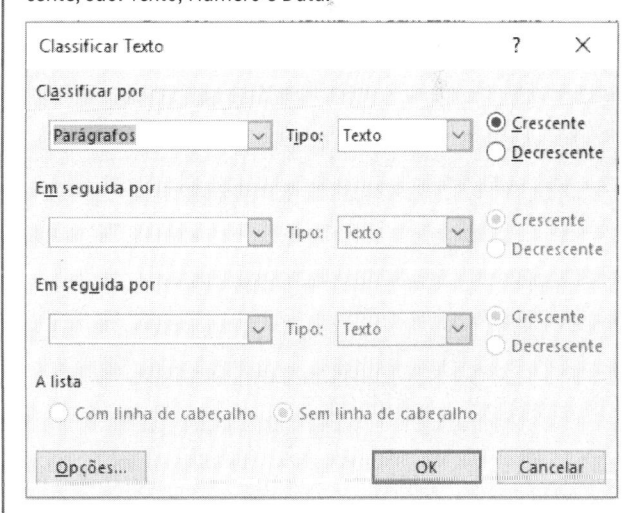

Mostrar Tudo

A opção Mostrar Tudo, ilustrada a seguir, é responsável por exibir os caracteres não imprimíveis, que auxiliam na edição de um documento ao exibir marcas de edição, espaços e marcações de parágrafos. Esta opção é muito importante para que se possa definir onde inicia e onde termina um parágrafo no texto.

INFORMÁTICA

WORD 2016

O trecho a seguir ilustra o que é apresentado quando tal opção é selecionada.

Exemplo de texto para a vídeo aula do professor João Paulo de Informática com o botão Mostrar Tudo habilitado.¶

Segundo parágrafo...¶

——————Quebra de página——————¶

Muitas pessoas entram em pânico quando, sem querer, ativam esta opção e cometem o equívoco de utilizar o Desfazer com a esperança de remover tais símbolos e acabam perdendo informações ou formatações executadas. No entanto, para remover tais marcas, basta desabilitar a opção, clicando-se novamente no botão. Alinhamentos de Parágrafo

Muito cuidado com as opções de alinhamento, pois existe também o alinhamento de Tabulação, que oferece opções diferentes das do alinhamento de parágrafo, porém com fins similares.

A figura anterior ilustra os quatro únicos alinhamentos de parágrafo: Esquerdo, Centralizado, Direito e Justificado. Também é possível acionar tais opções por meio das respectivas teclas de atalho: CTRL+Q, CTRL+E, CTRL+G, CTRL+J.

Espaçamento entre Linhas

A opção Espaçamento entre Linhas, disponível no bloco Parágrafo, apresenta alguns valores que não são ilustrados diretamente na janela Propriedades de Parágrafo, como 1,15. Contudo é possível chegar a ela de maneira manual, como selecionar a opção Múltiplos e, em seguida, digitar o valor 1,15.

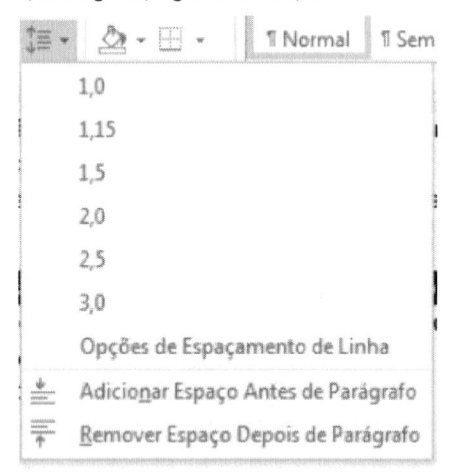

A figura anterior ilustra o botão Espaçamento entre Linhas aberto. Ele é apresentado no canto superior esquerdo da figura. Convém perceber que, por meio dele, é possível também alterar o espaçamento antes e depois do parágrafo.

Sombreamento

A opção Sombreamento permite atribuir uma cor ao plano de fundo de um parágrafo.

Exemplo: mesmo o parágrafo sendo menor que a linha, toda ela - espaço de margem a margem - é preenchida com a cor selecionada.

A figura a seguir ilustra o botão Sombreamento - balde de yinta - selecionado pela alça, assim ilustrando a paleta de cores do Word para que seja determinada a cor desejada.

Bordas

Também é possível se atribuir uma borda a um parágrafo, como também à página do documento. A opção Bordas, apresentada a seguir, pode ser utilizada tanto para aplicar uma borda a um parágrafo como a uma tabela, caso esteja selecionada.

Bloco Estilos

Os estilos de formatação são uma importante ferramenta que auxiliam e otimizam o processo de edição de documentos que devam obedecer a padrões de formatação, além de serem necessários para a inserção de sumário automático.

O Office 2007 inovou muitos estilos, como também melhorou alguns, estes foram mantidos no Office 2013. O estilo padrão apresentado é o estilo Normal, que define, por exemplo, a fonte como Calibri, tamanho 11, espaçamento entre linhas múltiplo de 1,15 e espaço após o parágrafo de 10 pt.

A figura a seguir ilustra o bloco Estilo com vários dos estilos de formatação. Para sumário, devem-se utilizar os estilos de título.

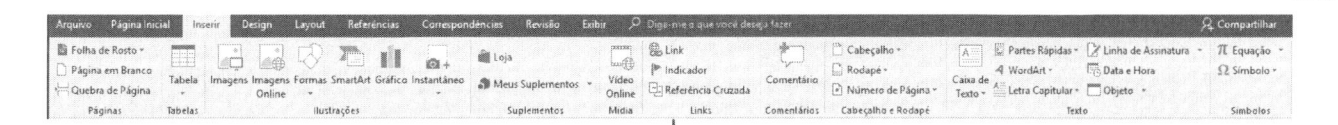

Bloco Edição

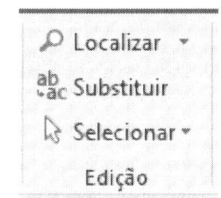

O bloco Edição é o bloco no qual foram disponibilizadas as opções que estavam no menu Editar do Office 2003, e ficaram perdidas, pode-se assim dizer. A figura a seguir ilustra o bloco com suas opções.

Localizar

A opção Localizar oferece três opções quando se clica na seta: Localizar, Localização Avançada... e Ir Para....

Clicar direto no botão Localizar é o mesmo que clicar na opção que ele oferece como Localizar. O Word abre um painel à esquerda da janela do programa, ilustrada na sequência. O mesmo painel pode ser acionado por opção encontrada na aba Exibir.

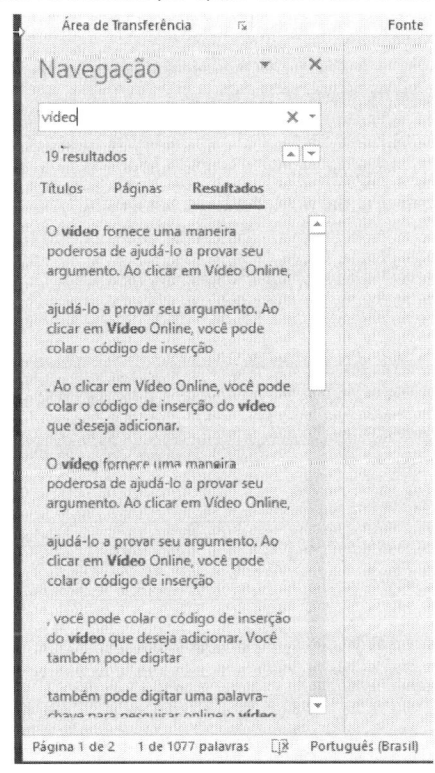

Por meio deste painel, é possível realizar uma busca rápida de forma incremental, ou seja, à medida que o usuário insere o texto no campo de busca, o Word vai filtrando no texto as ocorrências.

As opções Localização Avançada..., Ir Para... e Substituir, ao serem acionadas, abrem a mesma janela, porém com as respectivas abas selecionadas. Vale lembrar que a combinação de teclas de atalho CTRL + U no Word abre a opção Substituir.

3.5 Aba Inserir

A aba Inserir é alvo de várias questões capciosas, então é preciso ter muita atenção com relação às suas opções. A figura a seguir ilustra as opções da Guia.

Bloco Páginas

No Bloco Páginas, ilustrado a seguir, é onde se encontra uma das Quebras possíveis de se inserir em um documento, e justamente a que pode ser alvo de questões que visem confundir o candidato, pois na Aba Inserir é encontrada apenas a opção Quebra de Página; as demais ficam na aba Layout de Página.

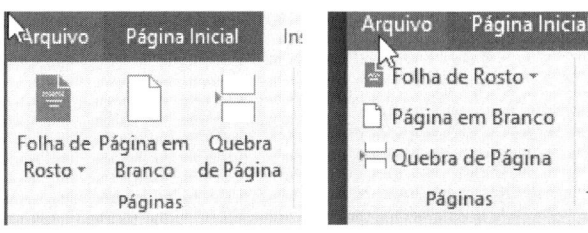

Bloco Páginas, Aba Inserir (à direita com forma reduzida).

A opção Folha de Rosto é uma opção para inserir uma página no documento em edição com mais recursos gráficos com o intuito de dar uma ênfase ao documento.

A opção Página em Branco permite inserir uma página em branco no documento a partir da posição do cursor de texto.

Bloco Tabelas

No bloco Tabelas é disponibilizada apenas a opção Tabela, ilustrada a seguir, por meio da qual podemos tanto inserir uma Tabela no documento em edição como uma Planilha.

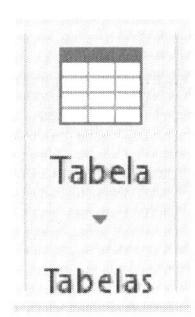

Opção Tabela

Ao clicar na opção Tabela, é aberto o menu Dropdown, ilustrado a seguir, no qual se pode observar a opção Planilha, que permite inserir uma planilha no documento. Mas, cuidado: a estrutura de planilhas é diferente de uma tabela.

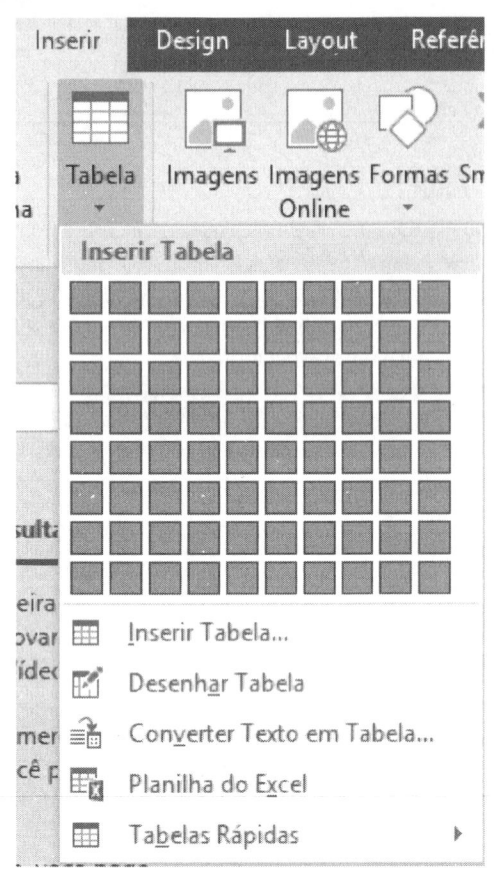

WORD 2016

Bloco Links

No bloco Links, são disponibilizadas três opções: Hiperlink, Indicador e Referência Cruzada. A opção Hiperlink tem como tecla de atalho a combinação CTRL+K.

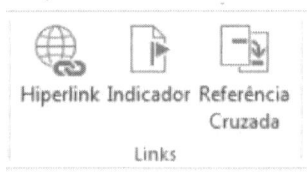

Hiperlink

A respeito da opção Hiperlink, é importante ressaltar que é possível linkar um site da Internet como arquivos da Internet, bem como arquivos do computador do usuário.

Indicador

A opção Indicador serve para criar um link para um ponto do documento em edição. Assim, é possível criar um link por meio da opção Hiperlink para este ponto.

Referência Cruzada

Esta opção permite criar referências para citações, como figuras, tabelas, quadros, entre outros.

Bloco Cabeçalho e Rodapé

A estrutura de cabeçalho e rodapé é utilizada principalmente quando se deseja inserir uma informação em várias páginas de um documento, como numeração de páginas ou uma figura. Mas, cuidado: em um mesmo documento é possível utilizar cabeçalhos e rodapés diferentes, pois essas estruturas são as mesmas para todas as páginas da mesma seção.

Bloco Texto

No bloco Texto devemos destacar a opção WordArt e Linha de Assinatura.

A opção WordArt, desde o Office 2010, mudou sua forma de formatação e estrutura; ela gera agora resultado similar ao obtido pela opção Efeitos de Texto da Aba Página Inicial.

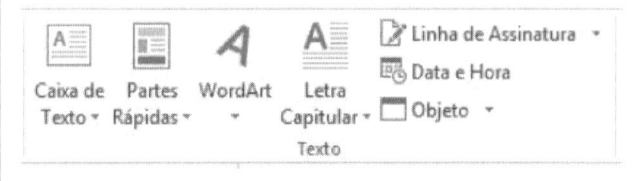

Já a opção Linha de Assinatura  permite inserir uma assinatura digital no documento em edição. Contudo, para isso, é necessário possuir um Certificado Digital. Esta opção também pode ser utilizada para inserir as linhas normalmente usadas para posterior assinatura manual.

Bloco Ilustrações

A figura abaixo ilustra o bloco Ilustrações. Esta figura, como as demais deste material, foi obtida por meio da ferramenta Instantâneo.

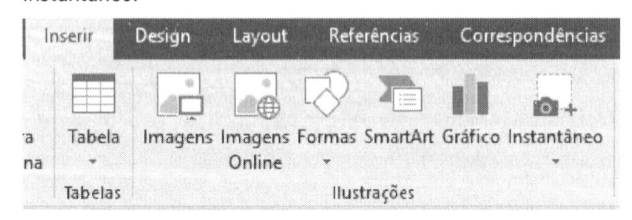

Outra funcionalidade apresentada no MS Office 2013 e mantida no 2016 é a possibilidade de incorporar recursos de aplicativos disponíveis na Windows Store, como também a opção Vídeo Online.

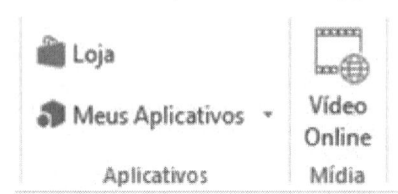

Mas devemos tomar cuidado com a opção Comentário, que, além de existir na aba Revisão, também é apresentada na aba Inserir.

Observe a diferença sutil entre o botão Caixa de Texto e o botão Letra Capitular.

Bloco Símbolos

O bloco Símbolos oferece as opções Equação e Símbolo, conforme figura a seguir. A opção Equação auxilia a escrever, em um documento de texto, funções complexas. Entretanto, ela não resolve as equações, apenas desenha; por exemplo, inserir um somatório.

Já a opção Símbolo permite que sejam inseridos símbolos, como caracteres especiais, em meio ao texto.

3.6 Aba Design

A Aba Design surge no Word 2013 como uma forma de liberar espaço para as opções que, no 2010, estavam na guia Layout da Página.

Além de possibilitar a escolha do tema de cores e estilo de formatação que será utilizado no documento, o bloco Plano de Fundo da Página merece ser destacado dentre as opções da guia, pois são comuns as questões capciosas a respeito de suas opções.

Quanto a este tema, a opção que mais tem gerado confusão em provas é a Marca d'Água, pois para "inserir" uma marca d'água, a opção específica encontra-se na guia Design, diferentemente do que a ideia de ação produz.

3.7 Aba Layout

A aba Layout é muito importante durante a edição de um documento, pois concentra as ferramentas de formatação de páginas.

Na Aba Layout são disponibilizados os blocos: Configurar Página; Parágrafo e Organizar, conforme ilustrado na figura a seguir.

Muito cuidado com as provas que podem apresentar o termo Leiaute, o qual não está errado.

Bloco Configurar Página

O bloco Configurar Página é um dos principais blocos da Aba Layout de Página. Por meio dele, podemos alterar as configurações de: Margens; Orientação; Tamanho; Colunas; Quebras; Números de Linhas e Hifenização. A figura a seguir ilustra estas opções.

Vale ressaltar que as configurações de página podem ser diferentes em um mesmo documento, pois a configuração é aplicada à seção. Assim, é possível em um mesmo documento trabalhar com páginas na orientação retrato e paisagem intercaladas.

Quebras

As quebras permitem empurar para a próxima estrutura os dados, como também criar divisões dentro de um documento para que se possam utilizar formatações de página distintas no mesmo arquivo.

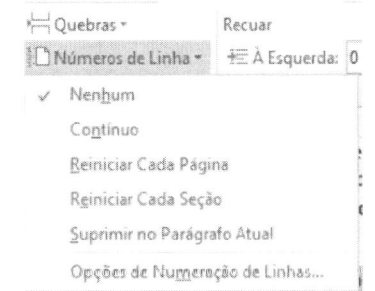

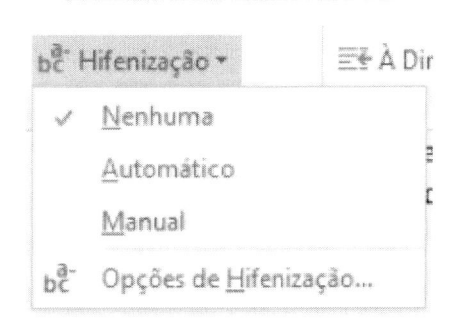

INFORMÁTICA

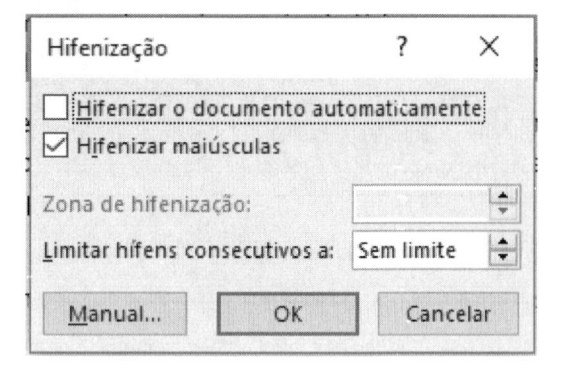

3.8 Aba Referências

A guia Referências dispõe os blocos: Sumário; Notas de Rodapé; Citações e Bibliografia; Legendas; Índice e Índice de Autoridades, conforme ilustrado a seguir.

Bloco Sumário

Por meio do Bloco Sumário, pode-se ter acesso à opção Sumário para a inserção do Sumário Automático no documento em edição. Lembrando que o sumário depende da utilização dos estilos de formatação de título ao longo do documento para poder listar tais títulos e as referidas páginas em que aparecem.

Se novos títulos forem adicionados no documento após a inserção do sumário, o sumário deverá ser atualizado por inteiro; caso apenas sejam mudadas as páginas em que os títulos estavam, pode-se atualizar o sumário por meio da opção Atualizar Apenas Números de Páginas.

Bloco Notas de Rodapé

Por meio do bloco Notas de Rodapé, é possível inserir tanto notas de rodapé como notas de fim. A diferença é que as notas de rodapé são exibidas no rodapé das páginas em que são citadas, já as notas de fim podem ser configuradas para aparecerem no fim da seção ou no fim do documento.

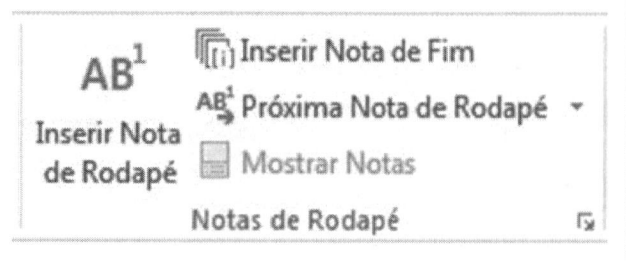

Bloco Citações e Bibliografia

O Word oferece opções de criar um cadastro de fontes bibliográficas para uso facilitado. Assim, quando desejar citar alguma referência, basta utilizar a opção Inserir Citação, disponível no Bloco Citações e Bibliografia, ilustrado a seguir.

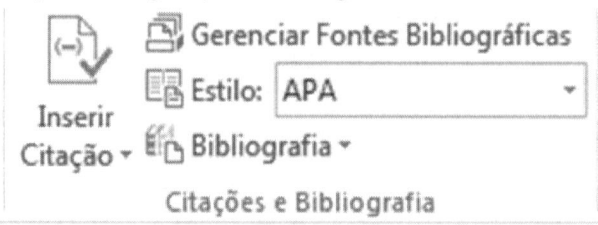

Bloco Legendas

O bloco Legenda permite inserir legendas acima ou abaixo das figuras, tabelas, quadros e outras estruturas inseridas no documento em edição, de maneira que, quando necessário, é possível inserir um índice automático que indique cada figura e a página em que é citada.

Bloco Índice

O Bloco Índice oferece a opção Marcar Entrada e Inserir Índice, que funciona de forma similar ao sumário, mas com a finalidade de criar um índice remissivo.

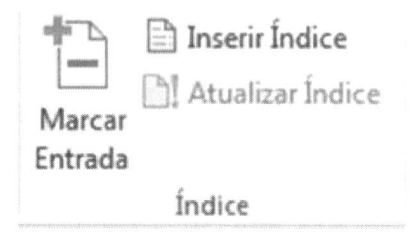

Bloco Índice de Autoridades

Os Índices de Autoridades são novidade no Word 2013. Por meio destas opções, podem-se criar listas de leis, artigos, resoluções, dentre outras estruturas da legislação que sejam citadas em meio ao documento.

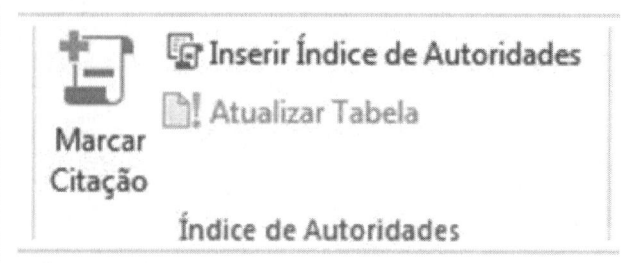

3.9 Aba Correspondências

A aba Correspondências é bastante utilizada por escritórios, pois é nela que encontramos as opções de trabalhar com Mala Direta para a geração de envelopes e etiquetas, de forma facilitada e dinâmica. Mas, atenção: é comum se questionar sobre como montar a lista de "contatos" para se trabalhar com a mala direta; para isso, é possível criar a lista utilizando o Excel ou o Access.

3.10 Aba Revisão

A aba Revisão oferece opções de correção e controle do conteúdo do documento, por meio dos blocos: Revisão de Texto; Idioma; Comentários; Controle; Alterações; Comparar e Proteger, conforme ilustrado a seguir.

Bloco Revisão de Texto

Neste Bloco é que se encontra a ferramenta Ortografia e Gramática, que pode ser acionada por meio da tecla de atalho F7. Há também a ferramenta Pesquisar. Mas, cuidado: esta ferramenta serve para pesquisar na Internet, e não no documento em edição.

Outra opção interessante é o Dicionário de Sinônimos, que se torna muito útil quando é preciso encontrar uma palavra diferente para se referenciar a algo de forma a fugir de ter de repetir algum termo.

A ferramenta Contar Palavras, ao ser acionada, abre a janela ilustrada a seguir, na qual é informada a quantidade de palavras em várias situações. O que conta mais para a prova é saber que, se um trecho do texto foi selecionado previamente à seleção da opção, os dados apresentados serão apenas referentes à seleção; porém, se nada estiver selecionado, os dados serão referentes ao documento inteiro.

Bloco Idioma

Uma novidade também no Word 2013 é a opção Traduzir, disponível no bloco Idioma, que permite traduzir um texto selecionado utilizando a ferramenta de tradução online da Microsoft. Obviamente observa-se a necessidade de estar conectado à Internet.

Muitas vezes, precisamos digitar trecho ou textos inteiros em outro idioma e ficamos em dúvida se as palavras estão corretas, pois aparecem sublinhadas em vermelho indicando erro. Porém, o MS Word é mais inteligente, uma vez que busca detectar o idioma automaticamente, de forma a se autoajustar. Contudo, às vezes precisamos definir manualmente o idioma de algumas palavras, para isso podemos utilizar a opção Idioma do Bloco Idioma.

Bloco Comentários

É possível inserir comentários no documento em edição, principalmente com a finalidade de explicar alguma alteração realizada.

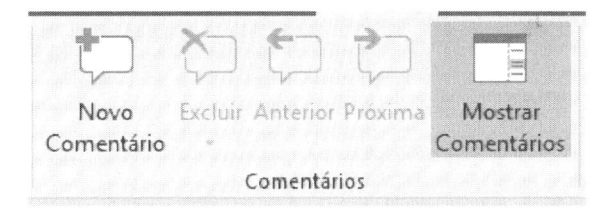

Cuidado: embora a aba Inserir apresente a opção Comentários, as demais ferramentas e opções relacionadas aos comentários e à correção de texto se encontram na aba Revisão.

Bloco Controle

O bloco Controle é uma excelente ferramenta para a correção de documentos, de forma que o escritor, ao terminar sua parte, ativa a opção Controlar Alterações e salva o documento, e envia-o para um corretor, que simplesmente apaga trechos do texto, insere novas estruturas, porém estas ações apenas são marcadas no documento, como ilustrado na sequência, de forma que o corretor, ao terminar, salva novamente o documento e o envia ao escritor para que aceite ou não as alterações realizadas.

Bloco Alterações

Ao receber o documento com as sugestões de alteração, o escritor apenas tem o trabalho de aceitar ou rejeitar as sugestões realizadas.

INFORMÁTICA

Bloco Comparar

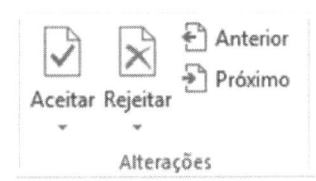

O bloco Comparar oferece a opção Comparar pela qual é possível escolher dentre as opções: Comparar... ou Combinar...

A opção Comparar... permite comparar versões diferentes de um mesmo documento, a fim de destacar as diferenças. Já a opção Combinar... serve para combinar as diferentes sugestões de alteração que várias pessoas fizeram com base no mesmo documento.

Bloco Proteger

A opção Restringir Edição, disponível no Bloco Proteger, é a mesma apresentada no menu Arquivo.

3.11 Aba Exibir

Note que no Word 2013 o nome da aba era Exibição; na versão 2016 ficou mais sucinta. As opções encontradas nesta Guia estão relacionadas a itens que se remetem à forma de apresentação da janela, do zoom, entre outas visões. A figura a seguir ilustra a aba que é composta pelos blocos: Modos de Exibição de Documento; Mostrar; Zoom; Janela e Macros.

Bloco Modos de Exibição

Trata-se de um dos principais blocos da aba Exibição, em relação à cobrança nas provas, pois neste bloco são disponibilizados os cinco modos de exibição da janela do Word: Layout de Impressão; Leitura em Tela Inteira; Layout da Web; Estrutura de Tópicos e Rascunho, conforme ilustra a figura a seguir.

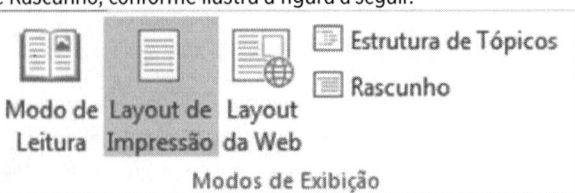

O modo Layout de impressão é o padrão. Quando ele esta ativado, é possível se visualizar os limites das páginas, e as réguas são exibidas tanto da horizontal como da vertical.

O modo Leitura em Tela Inteira oferece uma visualização na qual o tamanho da fonte é aumentado, bem como os espaçamentos, proporcionando assim uma melhor visualização do texto.

No Layout da Web não há a divisão em páginas, e apenas aparece a régua da horizontal.

A Estrutura de Tópicos exibe o texto com um marcador para cada parágrafo, como ilustrado a seguir.

O modo Rascunho é o mais simples, as figuras são omitidas, e apenas o texto é exibido.

Bloco Mostrar

Por meio deste bloco é possível se exibir ou ocultar algumas estruturas do Word, como: a Régua, as Linhas de Grade e o Painel de Navegação, conforme a figura a seguir.

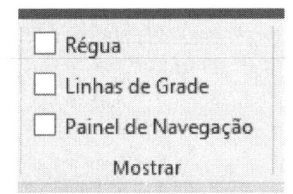

A opção Régua, por padrão, é habilitada; mas, ao desativá-la, apenas são ocultadas as réguas da janela.

Já a opção Linhas de Grade exibe o reticulado, a fim de auxiliar na edição do documento como ilustrado a seguir.

A opção Painel de Navegação habilita a exibição ao lado esquerdo da janela do Word, um painel no qual são exibidos os títulos do documento, como ilustrado a seguir. Ao se clicar em um título, o cursor de texto é disposto na posição do título clicado, também é possível se reorganizar o documento clicando e mantendo clicado, arrastar o arquivo para o local desejado.

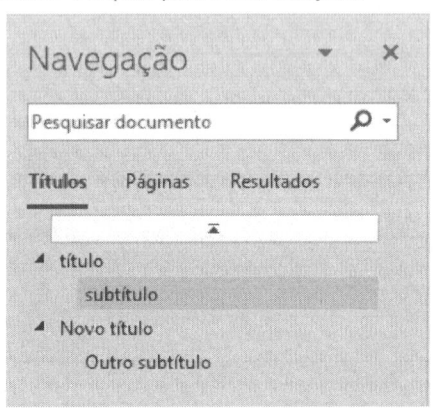

Bloco Zoom

Por meio deste bloco, ilustrado a seguir, é possível se alternar entre os diversos níveis de zoom do documento.

Bloco Janela

As opções deste bloco estão associadas à visualização da janela do programa.

A opção mais usual é a opção Dividir, que permite dividir a tela em duas, de forma a possibilitar a visualização de duas partes distantes de um mesmo documento simultaneamente, como ver a primeira e a última página de um documento com várias páginas.

Questões

01. Com referência aos ícones da interface de edição do MS Word disponíveis na guia Página Inicial, assinale a opção que apresenta, na respectiva ordem, os ícones que devem ser acionados para se realizarem as seguintes ações: aumentar em um ponto o tamanho da fonte; ativar estrutura de tópicos; alinhar texto à direita; alterar o espaçamento entre linhas de texto.

a)
b)
c)
d)
e)

02. Assinale a opção que apresenta corretamente os passos que devem ser executados no BrOffice Writer para que os parágrafos de um texto selecionado sejam formatados com avanço de 2 cm na primeira linha e espaçamento 12 entre eles:
a) Acessar o menu Editar, selecionar a opção Texto e inserir os valores desejados no campo Recuos e Espaçamento.
b) Acessar o menu Formatar, selecionar a opção Parágrafo e inserir os valores desejados no campo Recuos e Espaçamento.
c) Acessar o menu Formatar, selecionar a opção Texto e inserir os valores desejados no campo Espaçamento.
d) Acessar o menu Editar, selecionar a opção Recuos e inserir os valores desejados no campo Recuos e Espaçamento.
e) Pressionar, no início da primeira linha, a tecla Tab e, em seguida, a tecla Enter duas vezes após o primeiro parágrafo do texto selecionado. Assim, o Writer repetirá essa ação para os demais parágrafos selecionados.

Acerca de aplicativos para edição de textos e planilhas e do Windows 10, julgue o próximo item.

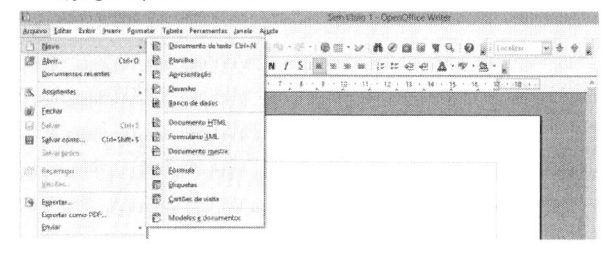

03. Tendo como referência a figura apresentada, julgue os próximos itens acerca do BrOffice Writer:
a) É possível salvar um arquivo em formato PDF por meio da opção Salvar como...
b) Selecionando-se, sequencialmente, o menu Arquivo, a opção Novo e a sub opção Planilha pode-se criar uma planilha, que será aberta dentro do Writer.
c) Clicando-se uma vez o botão , é possível inserir, em arquivos editados no Writer, links para outros arquivos ou páginas da Internet.
d) Textos que forem digitados no campo representado pelo ícone Localizar serão buscados na Internet mediante o sítio de buscas Google.
e) É possível alterar a cor da fonte utilizada em um documento ao se selecionar o texto e, em seguida, clicar o botão .

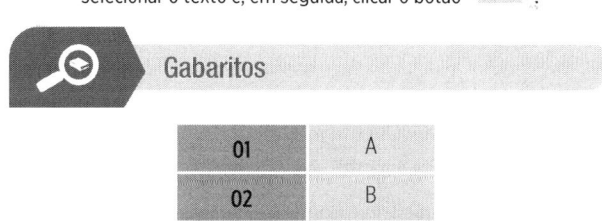

Gabaritos

01	A
02	B
03	C

INFORMÁTICA

4. EXCEL 2016

4.1 Janela Inicial

Assim como no Word e no PowerPoint 2016, o Excel inicia, por padrão, com a tela que exibe os documentos recentes e modelos, disponíveis online, como sugestões para iniciar um novo documento.

4.2 Formatos de Arquivos

Um arquivo do Excel é uma Pasta de Trabalho, composta por uma ou mais Planilhas.

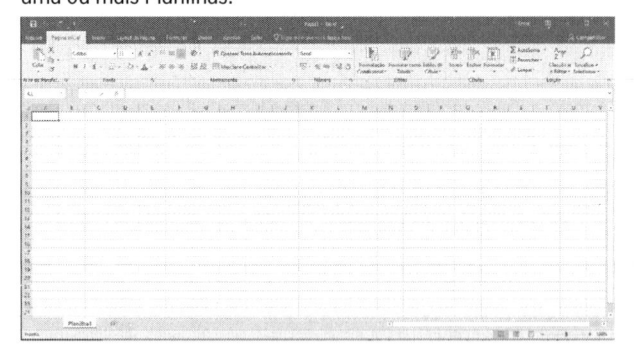

Note que, na versão 2016, o nome padrão das planilhas não é mais Plan1, e sim Planilha1, similar ao BrOffice/LibreOffice Calc.

Formato	Excel 2003	Excel 2007 e 2010	Excel 2013 e 2016	Calc
Pasta de trabalho	XLS	XLSX	XLSX	ODS
Modelo	XLT	XLTX	XLTX	OTS
Demais formatos	csv e CML	XLS, ODS, csv e XML	XLS, ODS, csv e XML	XLSX, XLS, csv e XML
PDF	Não trabalha com	SALVA em PDF	Exporta em PDF	Exporta em PDF

Nota: cada pasta de Trabalho agora opera em uma janela diferente. Assim, torna-se possível utilizar recursos como o AERO SNAP para exibir duas janelas do Excel lado a lado na tela.

Em uma tabela, o comportamento é diferente do comportamento de uma planilha. Em uma planilha, as células possuem endereços que podem ser referenciados em fórmulas e funções.

Ainda comparando tabela com planilha, ao inserir uma tabela são desejadas as células já com suas bordas em evidência, e a quantia de linhas e colunas pode ser inserida na tabela indefinidamente, ao contrário das planilhas que ao criar uma planilha ela exibe apenas suas linhas de grade e não suas bordas, tanto que se visualizarmos a impressão irá aparecer uma página em branco.

	Nº de Linhas	Nº Colunas
Excel 2003	65.536	256
Excel 2007 → 2016	$1.048.576 = 2^{20}$	$16.384 = 2^{14}$
Calc	1.048.576	$1.024 = 2^{10}$

Contudo, as planilhas já são criadas com um número específico de linhas e colunas. Este número é fixo, ou seja, não podemos criar novas linhas ou colunas muito menos excluí-las. Neste ponto você deve estar se perguntando: mas o Excel tem uma opção para inserir linhas e colunas. É... infelizmente você acabou de descobrir que o programa está lhe enganando.

4.3 Novidades

Uma das maiores novidades (pelo menos para efeito de provas em concursos) do Excel 2016 são os novos gráficos disponíveis.

Note, na figura a seguir, que os minigráficos continuam a existir no 2016, e ainda são apresentados separadamente dos gráficos tradicionais, por conta da forma que são representados. Os minigráficos são limitados ao tamanho de uma célula, enquanto os gráficos tradicionais podem ser incorporados como figuras ou como uma guia de planilha.

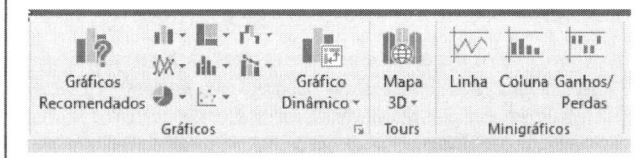

No Excel 2016, recomenda-se selecionar os dados antes de inserir um gráfico, pois o programa busca apresentar primeiramente os gráficos recomendados de acordo com o conjunto de dados selecionados. Por exemplo, se apenas uma linha, ou apenas uma coluna for selecionada o mais indicado será um gráfico de Pizza, ou sua variação Rosca. A figura a seguir representa os gráficos disponíveis no programa.

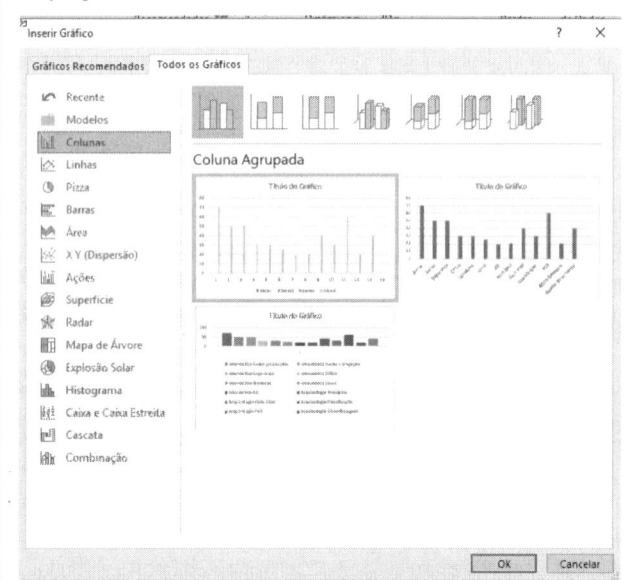

Dos gráficos disponíveis são novos, ou seja, não existiam na versão anterior, os seguintes:
> Mapa de Árvore;
> Explosão Solar;
> Histograma;
> Caixa e Caixa Estreita (boxplot);
> Cascata;
> Funil.

Os demais gráficos já existiam na versão anterior:
> Coluna (Agrupada ou empilhadas – 2D e 3D);
> Barra (Agrupada ou empilhadas – 2D e 3D);
> Linha;
> Pizza;
> Rosca (é uma variação de pizza);
> Área;
> X Y (também chamado de Dispersão);
> Bolhas (variação de dispersão);
> Ações;
> Superfície;
> Combinação (inserido no Excel 2013);
> Radar.

A seguir consta um exemplo do gráfico de explosão solar. Veja que é possível, e necessário, usar mais que duas colunas, ou linhas. Este gráfico permite analisar dados categorizados e sua participação (%) dentro de cada categoria.

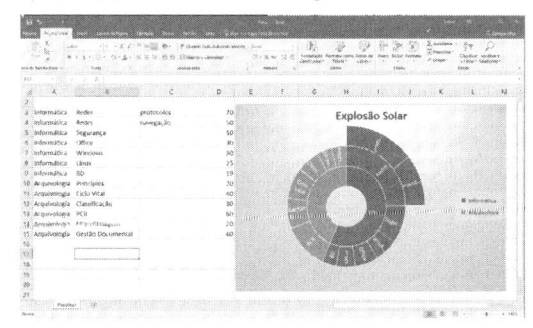

Outro gráfico, excepcional, adicionado que auxilia e muito a área de estatística é o gráfico boxplot (Caixa) que apresenta várias informações estatísticas, como máximos e mínimos, média entre outras informações.

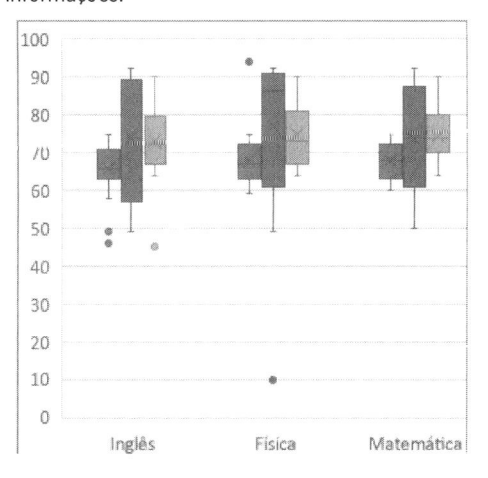

Um gráfico caixa e caixa estreita mostra a distribuição dos dados em quartis, realçando a média e as exceções. As caixas podem ter linhas estendendo-se verticalmente chamadas de "caixa estreita". Essas linhas indicam variabilidade fora do quartis superiores e inferiores e qualquer ponto fora dessas linhas ou caixas estreitas é considerado uma exceção (Microsoft).

Os gráficos de caixa estreita são frequentemente usados na análise estatística. Por exemplo, você poderia usar um gráfico de caixa estreita para comparar os resultados de avaliações médicas ou as pontuações de teste de professores (Microsoft).

4.4 Operadores

Células de absorção

Uma das principais funcionalidades de um editor de planilhas é permitir a realização de cálculos matemáticos e operar com diversas funções lógicas não somente com números, mas também com textos. Contudo, é necessário informar ao programa quando temos a intenção de realizarmos alguma destas operações. Para isso, devemos utilizar um indicador antes das fórmulas e funções.

Dentre os símbolos utilizados para iniciar uma Fórmula ou Função o mais conhecido e cobrado é o sinal de igualdade "=", porém ele não é o único que pode ser utilizado Na tabela a seguir estão descritos os demais sinais que podem ser utilizados.

Fórmulas	Exemplo	Funções	Exemplo
=	=5+5	=	=SOMA(A1:A5)
+	+5+5	+	+SOMA(A1:A5)
-	-5+5	-	-SOMA(A1:A5)
		@	@SOMA(A1:A5)

A observação sobre estes sinais está relacionada à origem do Excel. Nas primeiras versões do programa era utilizado o símbolo "@" (arroba) para indicar ao programa o início de uma função, enquanto para fórmulas se utilizava o "=", Como forma de padronizar, a Microsoft alterou o programa para que as funções também aceitassem o sinal de igualdade como indicar de início. Portanto o @ só funciona associado a funções no Excel.

Você deve estar se perguntando neste momento qual a diferença entre Fórmula e Função. Entenda por fórmula aquelas operações que envolvem os operadores matemáticos, as sentenças aritméticas, ou mesmo operações que envolvem mais de uma função.

Não podemos dizer que uma fórmula pode iniciar pelo sinal "@" pelo fato de que existe situação em que ele não funciona, como por exemplo, se for inserido em uma célula o seguinte "@5+5" Excel apresentará erro; mas se o que for inserido, por exemplo, "@B3+C3" o Excel também apresentará erro. Porém após fechar a caixa da mensagem de erro ele traz o trecho "@B3" selecionado. Assim quando o usuário clicar em alguma célula o trecho selecionado será substituído pelo sinal "=" seguido do endereço da célula selecionada.

Contudo, algumas bancas como CESPE e FCC consideraram em provas anteriores que o sinal "@" pode ser utilizado tanto para indicar o início de Fórmulas como também Funções. E, na prova o que considerar? Considere a forma correta, pois se a banca considerar o diferente utilize o exemplo dado, da situação que ocorre o erro, para anular a questão.

INFORMÁTICA

EXCEL 2016

Operadores Aritméticos

Quando trabalhamos com expressões aritméticas ou fórmulas, utilizamos constantemente os operadores, e, por este fato, muitas bancas colocam cobram questões a respeito. Os principais operadores são ilustrados na tabela a seguir.

Operador	Ação	Exemplo	Resultado
+	Soma	=5+5	10
-	Subtração	=5-5	0
*	Multiplicação	=5*5	25
/	Divisão	=5/5	1
%	Percentagem	=200*10%	20
^	Potenciação	=2^3	8

Quando uma célula estiver selecionada no Excel e se pressionar a tecla "/", o menu Arquivo será selecionado no Excel 2003 e, a partir do 2007, irá exibir as letras de cada guia da faixa de opções, ou seja, no Excel a barra faz o mesmo que a tecla Alt. Para iniciar o conteúdo de uma célula com a barra, deve-se posicionar o cursor de texto dentro da célula.

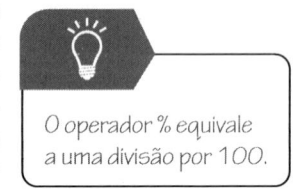

> O operador % equivale a uma divisão por 100.

Operador de texto

O operador de texto é o & que realiza a operação de concatenação, ou seja, junta os dados das células indicadas na célula em que foi inserida a fórmula.

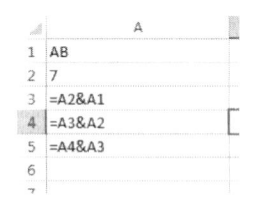

	A
1	AB
2	7
3	=A2&A1
4	=A3&A2
5	=A4&A3

	A
1	AB
2	7
3	7AB
4	7AB7
5	7AB77AB

Outros exemplos:

	A	B	C	D
1	10	40	=A1&B1	=C1+1
2	AB	CD	=B2&A2	
3	=A1&A2	=B2&B1		

Resultados:

	A	B	C	D
1	10		40	1040	1041
2	AB	CD	CDAB	
3	10AB	CD40		

4.5 Operadores de referência

Em conjunto com o uso de funções, necessitamos utilizar um indicador para especificar os valores que devem ser considerados em uma função. A presença desses indicadores é tão importante, que houve questões nas quais o erro era justamente o uso incorreto desses sinais. A tabela a seguir mostra o sinal e como o devemos ler em uma expressão.

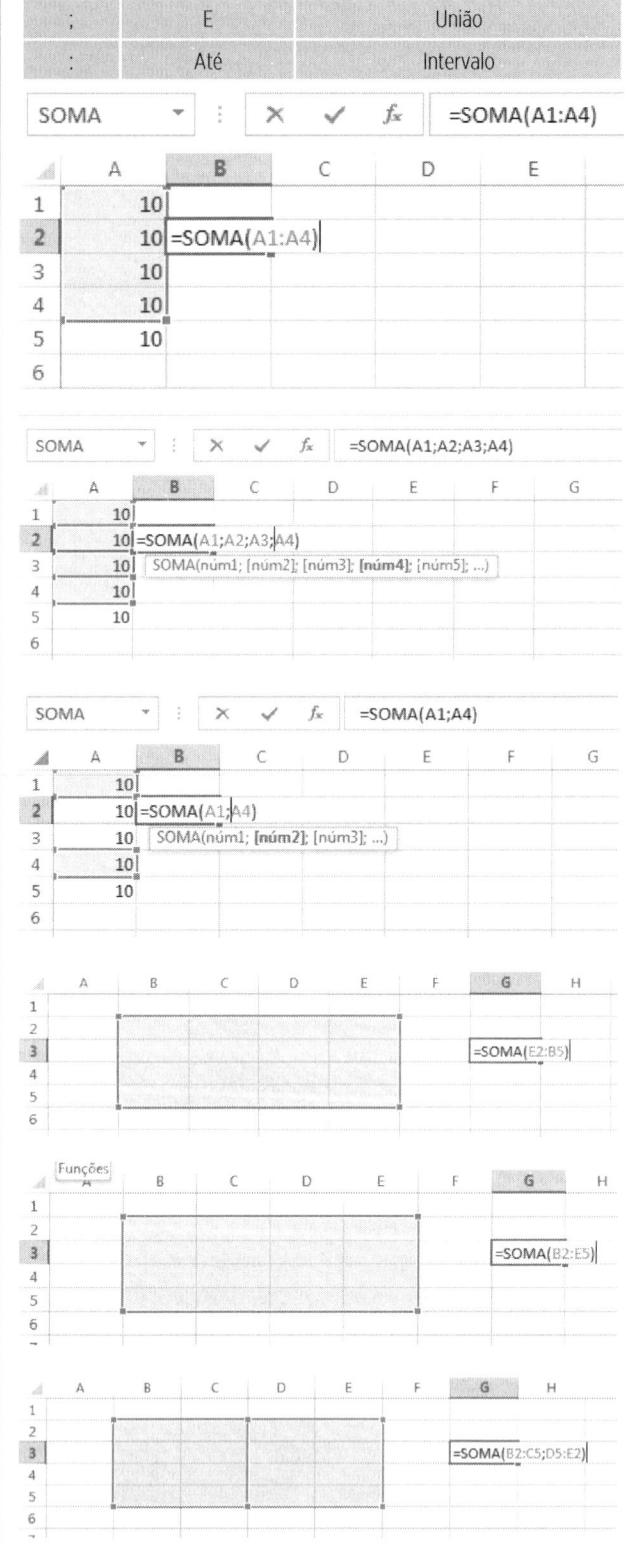

;	E	União
:	Até	Intervalo

=SOMA(A1:A4)

	A	B	C	D	E
1	10				
2	10	=SOMA(A1:A4)			
3	10				
4	10				
5	10				
6					

=SOMA(A1;A2;A3;A4)

	A	B	C	D	E	F	G
1	10						
2	10	=SOMA(A1;A2;A3;A4)					
3	10	SOMA(núm1; [núm2]; [núm3]; [núm4]; [núm5]; ...)					
4	10						
5	10						
6							

=SOMA(A1;A4)

	A	B	C	D	E	F	G
1	10						
2	10	=SOMA(A1;A4)					
3	10	SOMA(núm1; [núm2]; [núm3]; ...)					
4	10						
5	10						
6							

=SOMA(E2:B5)

=SOMA(B2:E5)

=SOMA(B2:C5;D5:E2)

O sinal de ponto e vírgula ainda pode ser entendido como operador de união, e o sinal dois-pontos define um intervalo.

Ex.: dadas as funções

=SOMA(A3:A6)

=SOMA(A3;A6)

Na primeira função será apresentado o resultado da soma dos valores das células A3, A4, A5 e A6, enquanto que na segunda será apenas calculada a soma dos valores das células A3 e A6.

Operador de comparação

Operador	Símb.	Exemplo de uso	Resultado
Menor que	<	=7<10	VERDADEIRO
Maior que	>	=7>10	FALSO
Igual à	=	=7=10	FALSO
Maior ou igual à	>=	=7>=10	FALSO
Menor ou igual à	<=	=7<=10	VERDADEIRO
Diferente de	<>	=7<>10	VERDADEIRO

4.6 Funções

O Excel oferece diversas funções para a realização de operações e cálculos. Para auxiliar o usuário a encontrar a função necessária, o programa as separa em grupos, separadas em uma biblioteca de funções. O recurso citado pode ser encontrado na aba Fórmulas, como ilustra a figura a seguir.

Categorias

> Financeira;
> Lógica;
> Texto;
> Data e Hora;
> Pesquisa e Referência;
> Matemática e Trigonométrica;
> Mais funções:
>> Estatística;
>> Engenharia;
>> Cubo;
>> Informações;
>> Compatibilidade
>> Web.

Também é possível inserir uma função por meio do botão Inserir Função presente nesta mesma aba, como pelo mesmo botão representado na aba barra de fórmulas ilustrada a seguir.

Dentre as tantas funções existentes no programa, vamos destacar as principais, ou seja, as que têm maior probabilidade de serem cobradas nas provas.

Soma

A função Soma apresenta o resultado da soma dos valores contidos nas células indicadas no espaço de parâmetros da mesma.

Logo, tomando o recorte da planilha abaixo, e seus dados, ao inserir a função =SOMA(A1:A5), obtemos como resposta o valor 20.

	A	B	C
1	7	3	
2	3	7	
3		7	
4	7	3	
5	3	5	
6			
7			

Média

O cálculo da média é a obtenção do resultado da soma de um conjunto de valores e dividir essa soma pelo total de elementos desse conjunto.

A sintaxe da função é

=MÉDIA(<parâmetros>)

Em que: os <parâmetros> são o conjunto de endereços das células que serão consideradas. Dada a figura anterior, consideremos a função: =MÉDIA(A1:A5). O resultado dessa função será 20, pois a função Média ignora células vazias.

	A	B	C
1	7	3	
2	3	7	
3		7	
4	7	3	
5	3	5	
6			
7			

Mediana

A mediana calcula o elemento central de um conjunto de dados. Mas, cuidado: devemos lembrar que esta é uma função estatística que considera os valores ordenados. Assim, ao aplicar a função:

=MED(B1:B5)

Obteremos como resposta o valor 5, pois se encontra no centro do conjunto de dados. Já no caso de aplicar a função:

=MED(A1:A5)

A resposta será também 5, porque quando o conjunto de dados possui uma quantidade par de elementos, a mediana corresponde à média dos dois elementos centrais do conjunto.

Mod

A função MOD calcula o resto de uma divisão inteira. Dessa forma, ao aplicar a função:

=MOD(A1;A2) teremos como resposta 1, uma vez que o número 7 dividido por 3 resulta em 2 e sobra 1.

INFORMÁTICA

EXCEL 2016

Potência

Esta função calcula um valor elevado a outro. Sua sintaxe é a seguinte:

=POTÊNCIA(<número>;<potência>)

Como exemplo, temos:

=POTÊNCIA(2;3)

que resulta em 8.

Ainda, podemos comparar com o uso do operador de potenciação:

=2^3

Máximo

A função Máximo retorna o valor mais alto do conjunto de dados especificados, ao aplicar a função para o conjunto de dados inicial.

=MÁXIMO(B1:B5)

A resposta será 7.

Maior

A função maior possui dois campos em sua sintaxe.

=MAIOR(<intervalo>;<Número de Ordem>)

Ao aplicar

=MAIOR(B1:B5;3)

Podemos entender como a busca pelo terceiro maior número de B1 até B5.

Mínimo

Esta função resulta no valor mais baixo de um conjunto de dados. Logo ao aplicar:

=MÍNIMO(B1:B5)

a resposta obtida será 3.

Menor

Assim como a função Maior a função menor possui dois campos obrigatórios, seja o exemplo:

=MENOR(B1:B5;4)

Em que se lê: quarto menor número de B1 até B5, que resulta em 7.

Agora

Outro grupo de funções é o das funções de data, no caso específico a função Agora é um exemplo.

Esta função não recebe parâmetros, apenas é escrita:

=AGORA( )

Seu resultado é a expressão da data e da hora atual, ou seja, do momento em que foi inserida. Cuidado: por padrão, o resultado desta função não se atualiza automaticamente. No entanto, ao inserir uma outra função ou cálculo em outra célula e teclar Enter, os dados da função Agora serão atualizados.

Hoje

A função Hoje retorna apenas a Data atual. Para usá-la, basta inserir =HOJE( ) e a data será impressa na célula.

Dias

A função DIAS retorna a diferença entre duas datas.

=DIAS(<data_Final> ; <data_Inicial>)

Cont.Núm

Esta função realiza a contagem de células cujo conteúdo é um valor numérico. Sua sintaxe apresenta-se da seguinte forma:

=CONT.NÚM(A1:A5)

Para o conjunto de dados inicial, a resposta será 4, pois uma célula está vazia.

Cont.Se

Enquanto a função Cont.Núm contabiliza a quantidade de células de conteúdo numérico, a função Cont.Se conta a quantidade de células que possuem conteúdo que atendam a um critério fornecido como parâmetro.

=CONT.SE(<intervalo>;<Critério>)

Assim, se aplicarmos:

=CONT.SE(B1:B5; "=7")

A resposta obtida será 2, pois existem apenas duas células com conteúdo igual a 7. Observe atentamente a necessidade do uso das aspas duplas.

SomaSe

Por meio da função SomaSe, podemos realizar a soma apenas das células que interessam.

Sua sintaxe é apresentada de seguinte forma:

=SOMASE(<intervalo a ser comparado> ; <critério> ; <intervalo a ser somado>)

Para isso, utilizaremos o conjunto de dados a seguir:

	A	B	C
1	7	3	A
2	3	7	A
3		3	B
4	7	7	C
5	3	5	A
6		5	C
7			

Ao utilizar a função:

=SOMASE(C1:C6; "=A"; B1:B6)

A resposta será 15, pois corresponde à soma das células presentes na coluna B, que estão na mesma linha das células da coluna C, que tem como conteúdo o texto comparado "A".

SE

A função SE também é conhecida como condicional. Esta função é utilizada para a tomada de decisões, pois permite analisar os dados e realizar uma ação de acordo com o que for encontrado.

A sintaxe da função possui por padrão três campos:

=SE(<teste lógico> ; <ação caso teste verdadeiro> ; <ação caso teste falso>)

Assim, dado o exemplo:

=SE(7>5;"verdade";"falso")

A resposta será verdade, pois é o texto expresso na ação, caso a condição seja verdadeira. Como 7 é maior do 5, isso se confirma.

=SE(7<5; "verdade"; "falso")

Como 7 não é menor do que 5, a condição é falsa; o que leva ao resultado Falso.

E

A função E retorna o resultado do tipo lógico, sendo verdadeiro somente quando todas as expressões sejam verdadeiras. A seguir consta a sintaxe desta função:

=E(expressão1; Expressão2; Expressão n)

Ou

A função OU retorna o resultado do tipo lógico, sendo falso somente quando todas as expressões sejam falsas. A seguir consta a sintaxe desta função:

=OU(expressão1; Expressão2; Expressão n)

Não

A função Não é a negação. Ela aceita apenas um parâmetro e inverte o resultado deste. Assim, se o valor da expressão resulta em verdadeiro, a resposta gerada por ela é falso e vice-versa. A seguir consta a sintaxe desta função:

=Não(Expressão)

Ou exclusivo

A função XOR retorna o resultado lógico verdadeiro apenas quando o número de proposições verdadeiras for ímpar.

=XOR(Expressão1 ; Expressão2; Expressão n)

Maiúsculas

No Excel, ao contrário do Word, para formatar um texto para letras maiúsculas não existe uma ferramenta, mas apenas a função Maiúsculas . A seguir consta a sintaxe desta função:

=MAIÚSCULA("texto")

O resultado será TEXTO.

Minúsculas

Assim como para formatar como maiúsculas, também é possível utilizar a função Minúsculas. A seguir consta a sintaxe desta função:

=MINÚSCULA("TexTo")

O resultado será texto.

4.7 Seleção de células

Durante a edição de uma planilha, podemos usar um comando do teclado para navegar entre as células. Dentre uma das ações mais comuns está o uso da tecla ENTER que, em uma planilha, seleciona a célula abaixo da célula em edição, enquanto que em uma tabela do Word é inserido um novo parágrafo na nova linha dentro da mesma célula.

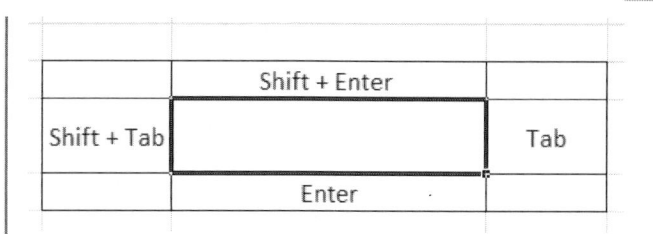

Já a tecla Tab produz o mesmo resultado tanto em uma Planilha como em uma tabela no Word. Ao teclar TAB, a célula à direita da célula em uso será selecionada.

O uso da tecla HOME tanto no Word como no Excel posiciona o cursor na primeira posição da linha atual. No caso das planilhas, a primeira posição trata-se da primeira célula.

Ao utilizar a combinação CTRL + HOME, a primeira célula é selecionada, ou seja, a célula A1.

A combinação CTRL + END seleciona a última posição do documento; esta, por sua vez, é a célula do encontro da última coluna com a última linha com conteúdo.

De modo geral, também podemos realizar a seleção de um conjunto de células.

4.8 Alça de preenchimento

A alça de preenchimento é um dos recursos que mais possui possibilidades de uso e, por consequência, respostas diferentes.

Antes de entendê-la vamos ver quem é ela. Veja a figura a seguir.

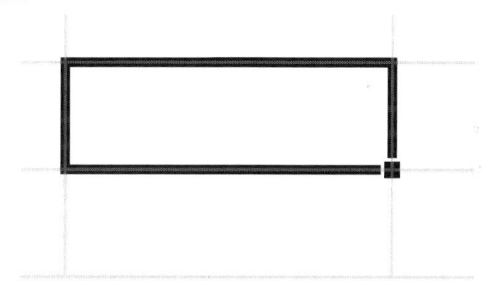

Observe que, quando uma ou mais células estão selecionadas, sempre no canto inferior direito é ilustrado um quadrado um pouco mais destacado; essa é a alça de preenchimento.

Ela possui esse nome porque é utilizada para facilitar o preenchimento de dados que obedeçam a uma regra ou padrão.

Quando uma única célula está selecionada e o seu conteúdo é um valor numérico, ao clicar sobre a alça de preenchimento e arrastar, seja na horizontal ou vertical, em qualquer sentido, exceto diagonal, no Excel o valor presente na célula é copiado para as demais sobre as quais foi arrastada a alça. A figura a seguir ilustra tal comportamento.

INFORMÁTICA

Já em uma situação em que existem duas células adjacentes selecionadas contendo valores numéricos diferentes entre si, ao se arrastar pela alça de preenchimento as células serão preenchidas com uma PA, cuja razão é a diferença entre os dois valores selecionados. A figura a seguir ilustra esse comportamento. Podemos observar que o valor que irá ser exibido na célula B6 será o número 30. Com isso observamos que a célula B4 receberá o valor 20, enquanto que B5 receberá 25, conforme vemos na figura da direita.

Mas devemos nos lembrar da exceção do Excel, em que se forem duas células selecionadas uma abaixo da outra, ao arrastar na horizontal as células são preenchidas com o mesmo valor; caso sejam duas células uma ao lado da outra as selecionadas, ao arrastar na vertical também apenas será copiado o valor das células selecionadas. Veja a figura a seguir ilustrando esse comportamento.

Quando o conteúdo de uma única célula selecionada for um texto, esse será copiado para as demais células. Mas se o conteúdo, mesmo sendo um texto, fizer parte de uma série conhecida pelo programa, as células serão preenchidas com o próximo valor da série. Por exemplo, se Janeiro for o conteúdo inserido na célula, então ao arrastar pela alça de preenchimento para a direita ou para baixo, a célula adjacente será preenchida com Fevereiro. Por outro lado, se for arrastado para cima ou para a esquerda, a célula adjacente será preenchida com Dezembro. O mesmo vale para as sequências Jan, Seg e Segunda-feira. Atenção: A, B, C não são conhecidos como série nos programas, mas o usuário pode criá-las.

Já na situação em que haja duas células que contenham textos diferentes selecionadas, ao arrastar será preenchido com o padrão encontrado. Veja o exemplo abaixo.

4.9 Endereçamento de células

Para endereçar uma célula, podemos utilizar 3 modos diferentes: Relativo, Misto e Absoluto.

Os modos de endereçamento não mudam em nada o valor ou qual célula está sendo utilizada, apenas influenciam a ação de copiar a célula com um endereço para outra célula.

Relativo	Misto		Absoluto
Coluna Linha	$Coluna Linha	Coluna $Linha	$Coluna$Linha
CL	$CL	C$L	CL
A2	$A2	A$2	$A$2

Endereçamento relativo

Fórmulas

Endereçamento misto

Deslocamento	
Origem	Destino
L=	
C=	

Fórmulas

	A	B	C	D
	ARRED		=$A1+B$1	
1	10	20	=$A1+B$1	
2	30	50		
3				
4				

Resultados

	A	B	C	D
	C1		=$A1+B$1	
1	10	20	30	
2	30	50		
3				
4				

Endereçamento absoluto

Fórmulas

	A	B	C	D
	ARRED		=$A$1	
1	10	20	30	
2	30	50		
3	=$A$1			
4				

Resultados

	A	B	C	D
	A3		=$A$1	
1	10	20	30	
2	30	50		
3	10			
4				

Questões

Figura 3A6AAA

	A	B	C
1	responsável	projeto	valor (R$)
2	João	projeto A	100.000
3	Manuel	projeto B	150.000
4	Ana	projeto C	300.000
5	Pedro	projeto D	250.000
6	Patrícia	projeto E	200.000
7	Cristina	projeto F	100.000

01. A figura 3A6AAA representa parte da janela de um arquivo no Excel, em que há uma tabela com o filtro ativo na primeira linha.

Considerando a figura 3A6AAA, caso na célula A1 seja ativado o filtro Classificar de A a Z, as informações constantes da coluna A entram em ordem alfabética:

a) ficando os números das linhas da coluna C em ordem decrescente da linha 2 para a linha 7.

b) ficando as linhas da coluna C em ordem crescente da linha 2 para a linha 7.

c) da linha 7 para a linha 2, ficando inalteradas as linhas das colunas B e C.

d) da linha 2 para a linha 7, ficando inalteradas as linhas das colunas B e C.

e) da linha 2 para a linha 7, passando todas as linhas das colunas B e C a acompanhar a nova ordenação.

Figura 3A6AAA

	A	B	C
1	responsável	projeto	valor (R$)
2	João	projeto A	100.000
3	Manuel	projeto B	150.000
4	Ana	projeto C	300.000
5	Pedro	projeto D	250.000
6	Patrícia	projeto E	200.000
7	Cristina	projeto F	100.000

02. A figura 3A6AAA representa parte da janela de um arquivo no Excel, em que há uma tabela com o filtro ativo na primeira linha.

Para configurar a coluna C da figura 3A6AAA como moeda e com visualização de R$ antes de cada número, deve-se:

a) selecionar toda a coluna e, em opções do Excel, habilitar o cálculo iterativo.

b) selecionar toda a coluna e formatar células como moeda, com opção de visualizar R$.

c) selecionar toda a coluna e, em opções do Excel, personalizar a correção ortográfica para inserir R$.

d) digitar $ antes de cada número.

e) selecionar toda a coluna e, em opções do Excel, selecionar em fórmulas o cálculo automático.

INFORMÁTICA

EXCEL 2016

03. No BrOffice Calc, para se eliminar casas decimais de um número, utiliza-se, exclusivamente, a função:
a) COMBINA.
b) EXP.
c) RADIANOS.
d) TRUNCAR.
e) SOMASE

04. Considere que, utilizando uma máquina com sistema operacional Windows, um usuário tenha inserido uma linha em branco em uma planilha do Microsoft Excel, em sua configuração padrão. Assinale a opção que apresenta a tecla que deverá ser acionada, nessa situação, para repetir essa última ação do usuário:
a) F5.
b) F1.
c) F2.
d) F3.
e) F4.

05. Um usuário, servindo-se do Microsoft Excel, deseja simular o valor de um investimento em uma instituição financeira, com base nos seguintes dados: quantidade de parcelas do investimento, taxa de rendimento anual, juros constantes e investimento feito em cada parcela.

Considerando essa situação hipotética, assinale a opção que apresenta a função a partir de cuja execução o usuário poderá simular o valor que será obtido ao final do período de investimento:
a) MÉDIA
b) VF
c) ARRED
d) CORREL
e) SOMA

	A	B	C
1	Aluno	Nota	
2	Bernardo	84	
3	Giovana	82	
4	Hugo	81	
5	João	82	
6	José	72	
7	Maria	86	
8	Patrícia	80	
9	MÉDIA	81	

06. Considerando que a figura acima mostra parte de uma planilha em processo de edição no Excel, na qual estão contidas notas de sete alunos, assinale a opção que apresenta a fórmula correta para se calcular a média dessas notas, apresentada na célula B9 da planilha:
a) =MÉDIA(B2:B8)
b) =MÉDIA(B2∑B8)
c) =MÉDIA(B2,B8)
d) =MÉDIA(B2;B8)
e) =MÉDIA(∑B2:∑B8)

07. A planilha a seguir foi digitada no LibreOffice Calc 5.3 e no Microsoft Excel 2013, ambos em português, e mostra os homicídios por armas de fogo em algumas regiões do Brasil de 2009 a 2014.

	A	B	C	D	E	F	G	H
1				Homicídios por arma de fogo				
2	UF/REGIÃO	2009	2010	2011	2012	2013	2014	Média
3	Acre	61	63	50	85	97	116	78,66667
4	Amapá	69	103	80	117	99	142	101,6667
5	Amazonas	572	635	879	855	692	756	731,5
6	Pará	2.038	2.502	2.077	2.138	2.254	2.319	2221,333

(http://www.mapadaviolencia.org.br/pdf2016/Mapa2016_armas_web.pdf)

Na célula H3, foi digitada uma fórmula para calcular a média aritmética dos valores do intervalo de células de B3 a G3. A fórmula utilizada foi:
a) =MÉDIA(B3:G3)tanto no LibreOffice Calc 5.3 quanto no Microsoft Excel 2013.
b) =AVG(B3:G3) no LibreOffice Calc 5.3 e =MÉDIA(B3:G3) no Microsoft Excel 2013.
c) =AVG(B3:G3) tanto no LibreOffice Calc 5.3 quanto no Microsoft Excel 2013.
d) =MEDIA(B3:G3) no LibreOffice Calc 5.3 e =AVERAGE(B3:G3) no Microsoft Excel 2013.
e) =MED(B3:G3)tanto no LibreOffice Calc 5.3 quanto no Microsoft Excel 2013.

Gabaritos

01	E	05	B
02	B	06	A
03	D	07	A
04	E		

5. POWERPOINT 2016

O PowerPoint é o editor de Apresentações de Slides da Microsoft.

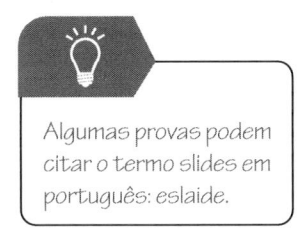

> Algumas provas podem citar o termo slides em português: eslaide.

5.1 Tela de Abertura

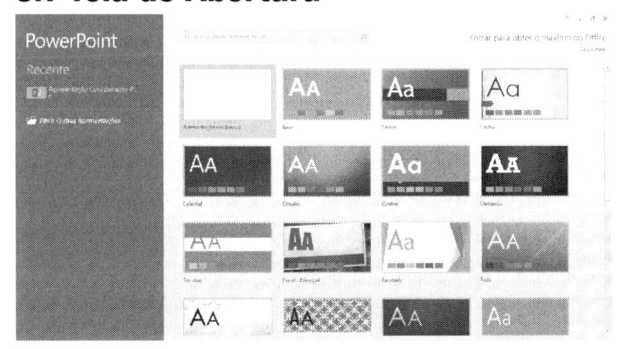

5.2 Tela de Edição

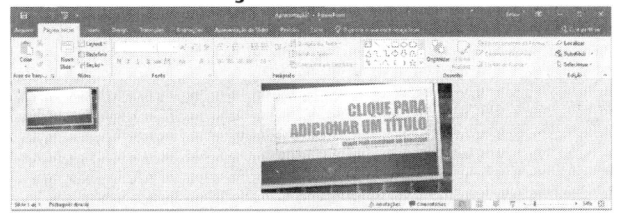

5.3 Formato de arquivo

O PowerPoint possui dois formatos principais: um relacionado à edição dos slides (PPTX), e outro que abre diretamente no modo de exibição (PPSX).

5.4 Aba Página Inicial

Ao comparar a Página Inicial do Word com o PowerPoint, é possível notar algumas diferenças, como o bloco Slides e o Bloco Desenho, como também algumas diferentes opções nos Blocos Fonte e Parágrafo. A figura a seguir ilustra esta aba.

Bloco Slides

Este é um dos blocos mais utilizados. Atente à opção Novo Slide na figura a seguir, ela apresenta uma seta para baixo, o que significa que um menu Dropdown será aberto, conforme ilustra a figura da sequência, permitindo que seja selecionado o layout do slide a ser inserido.

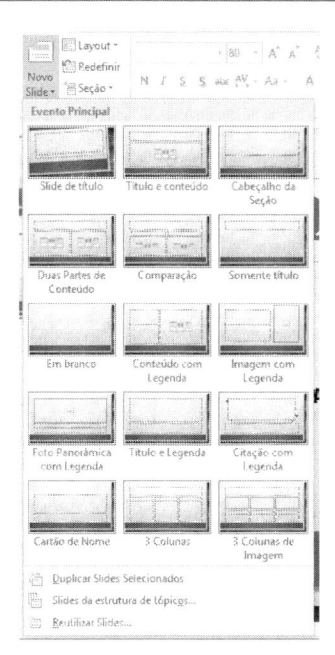

Contudo, é possível mudar o Layout (organização) de um slide mesmo após sua inserção, bastando para tanto selecionar o slide desejado e alterar seu layout pela opção Layout.

Já a opção Redefinir possibilita reestabelecer às configurações padrões de posicionamento, tamanho e formatação dos espaços reservados de um slide.

Bloco Fonte

O bloco Fonte apresenta as opções: sombra de texto e espaçamento entre caracteres que não aparecem no Word, como ilustra a figura a seguir.

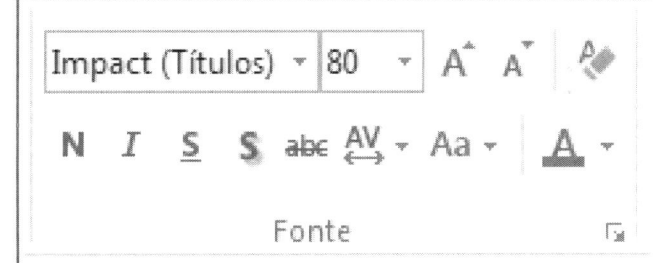

A opção Sombra indicada pela letra S mais espessa, conforme ilustrado a seguir, permite aplicar um efeito de sombra que confere um destaque ao texto, dando a impressão de volume.

No PowerPoint também é possível alterar o espaço entre os caracteres de texto, a fim de distribuir melhor um texto em um slide. Para isso, basta selecionar o texto e a opção desejada junto à alça da opção Espaçamento Entre Caracteres, ilustrada a seguir.

INFORMÁTICA

Bloco Parágrafo

Neste bloco há novas funcionalidades, como: colunas, Direção do Texto, Alinhar Texto e Converter em SmartArt, como pode ser visualizado na figura a seguir.

A opção Colunas permite formatar uma caixa de texto selecionada para que exiba seu texto em diversas colunas. Para isso, pode-se utilizar a opção ilustrada a seguir.

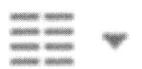

A opção Direção do Texto permite alterar a forma como um texto é exibido no PowerPoint, a fim de causar um efeito mais chamativo. A opção Direção do Texto é ilustrada a seguir.

As opções encontradas ao clicar na opção Direção do Texto são: Horizontal; Girar em 90º; Girar em 270º e Empilhado, conforme ilustrado na sequência.

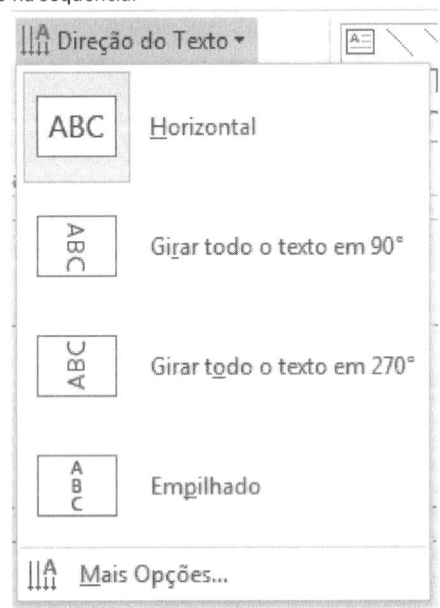

Também é possível alinhar o texto verticalmente na caixa de texto. Para isso, pode-se utilizar a opção Alinhar Texto, representada pela figura que se segue.

As opções são: Em Cima, no Meio e Embaixo.

O recurso SmartArt também existe no Word, contudo no PowerPoint é possível converter uma estrutura de um texto, em parágrafo ou tópicos, em um esquema do SmartArt.

Algumas das opções possíveis são ilustradas na figura a seguir.

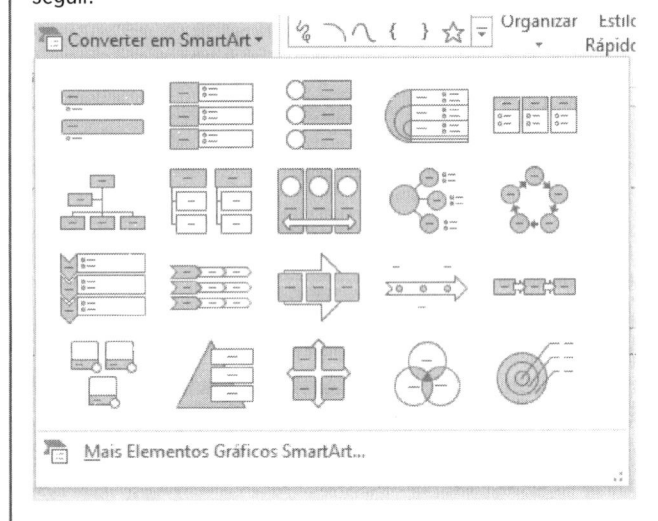

Bloco Desenho

O bloco Desenho é o substituto da barra de ferramentas de desenho encontrada no Microsoft Office 2003. Nele encontramos as mesmas opções e algumas a mais. A figura a seguir ilustra o bloco.

Formas

A opção Formas permite inserir um desenho no documento em edição que pode ser dimensionado e preenchido.

Algumas das opções de formas são ilustradas na figura a seguir.

Organizar

A opção Organizar oferece recursos de posicionamento dos objetos em relação a outros, como ordená-los um à frente do outro, ou seja, controlar a sobreposição dos itens. Como também podemos agrupar os itens para movimentá-los e dimensioná-los de maneira uniforme.

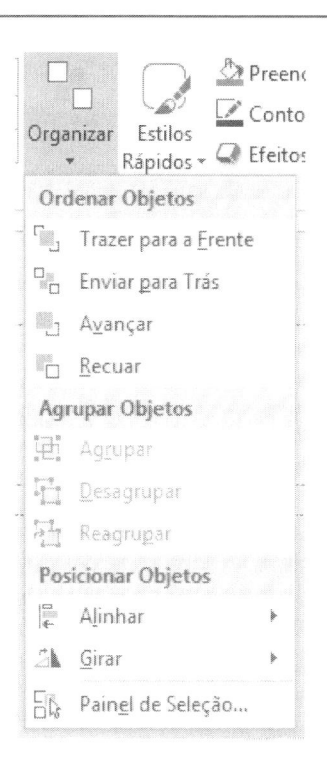

Efeitos

Os efeitos são recursos do Office 2007 que permitem atribuir mais vida às estruturas, como a possibilidade de formatar uma imagem de modo que ela pareça um botão utilizando o efeito Bisel.

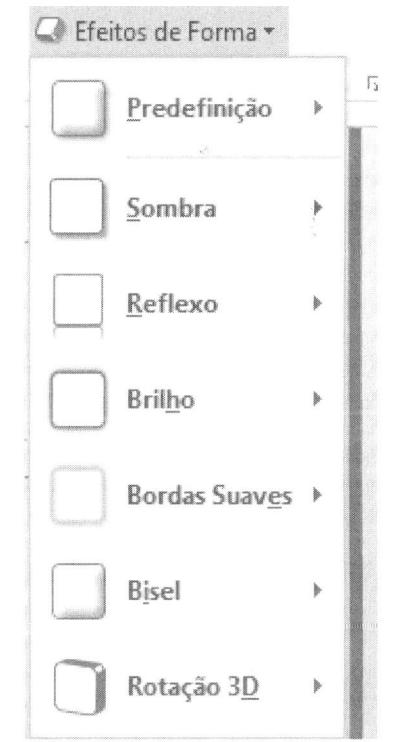

Bloco Edição

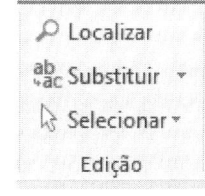

INFORMÁTICA

5.5 Aba Inserir

Na aba Inserir são disponibilizadas inúmeras opções de estruturas que podem ser inseridas na apresentação em edição, conforme ilustrado a seguir.

A maioria das opções também é encontrada no Word, todavia, as opções Novo Slide, Álbum de Fotografias, Ação, número do Slide, Vídeo e Áudio são específicas do editor de apresentação de slides.

Vale também destacar que a estrutura de cabeçalho e rodapé de um slide é diferente daquela do editor de texto. Observe que o botão apresenta a característica das duas funções em um.

Álbum de fotografias

Pode-se enfatizar a opção Álbum de Fotografias, opção que permite criar rapidamente, por meio da seleção de uma pasta contendo as imagens um álbum de fotos, colocando apenas uma foto por slide ou mais.

SmartArt

O recurso SmartArt permite criar esquemas organizacionais; tal recurso passou a existir a partir da versão 2007 do Ms Office

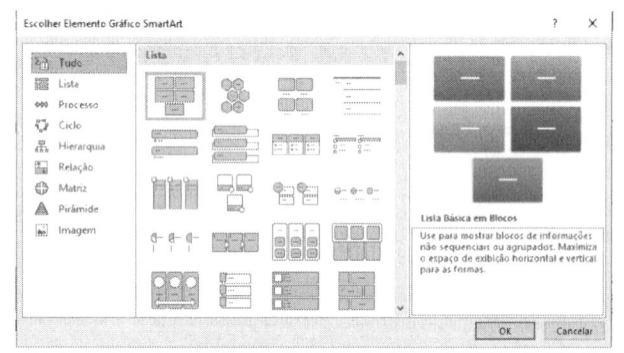

Gráficos

Com relação aos gráficos, apenas lembre-se de que eles necessitam de uma planilha com os dados que serão representados no gráfico.

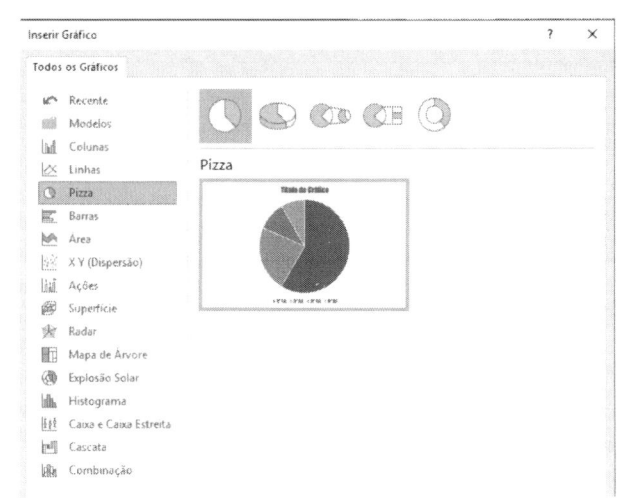

Ação

Por meio do botão Ação, podemos criar interações em meio à apresentação de slides, como navegar de modo aleatório entre os slides.

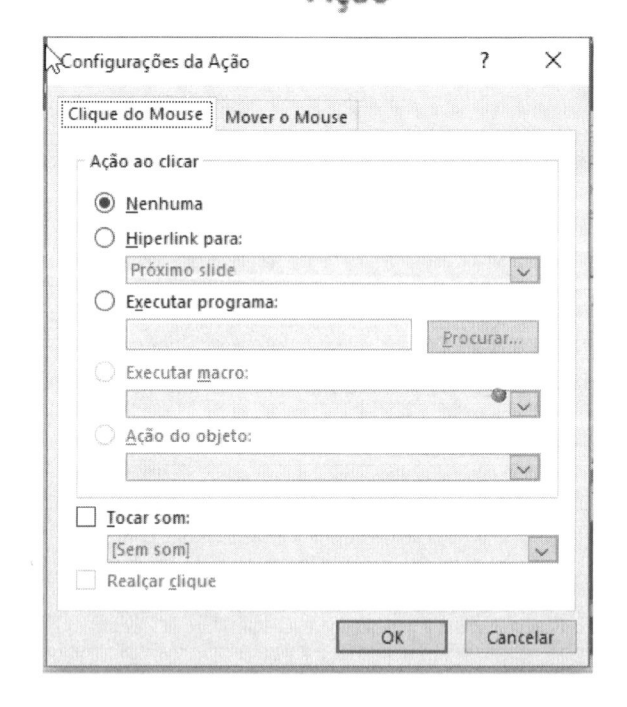

Cabeçalho e rodapé

Cuidado com a estrutura de cabeçalho e rodapé, pois no Word ela opera de modo diferente do que no PowerPoint. Nos slides também podemos trabalhar com rodapé, mas não cabeçalhos, apesar de a ferramenta possuir este nome. Na verdade, é porque o cabeçalho pode ser inserido no formato das anotações e folhetos, como mostra a segunda figura que ilustra a aba **Anotações e Folhetos**.

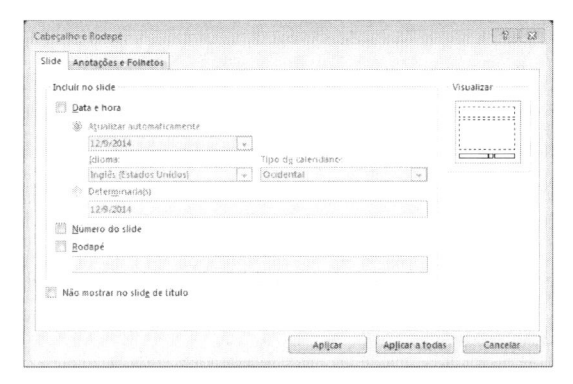

Observe ainda que existem espaços específicos para cada campo: o canto esquerdo inferior é reservado para a Data e Hora, enquanto que o rodapé ocupa o espaço ao centro e o número de slide à direita.

Contudo, este posicionamento pode variar de acordo com o Design usado na apresentação, ou seja, de acordo com a formatação do Slides Mestre.

Já nos folhetos e anotações, o cabeçalho ocupa o canto superior esquerdo, enquanto que o rodapé usa o campo inferior esquerdo. Na posição superior direita, podemos exibir a data e a hora, enquanto que no canto inferior direto, temos o espaço para o número da página.

Bloco Mídia

Aqui, notamos que é possível inserir em uma apresentação de slides um filme. como também um arquivo de áudio.

Uma outra novidade da versão 2016 é a opção Gravação de Tela, que permite gravar a tela inteira ou apenas uma área selecionada. Incluindo ou não o ponteiro do mouse e som, normalmente alguma narração.

5.6 Aba Design

Por meio desta aba, é possível mudar a configuração de um slide, colocando-o com orientação diferente do padrão, paisagem, ou mesmo mudar suas dimensões, bem como alterar o conjunto de cores de fundo e fontes por meio dos temas.

5.7 Aba Transações

Na Aba Transições, encontram-se as opções referentes à troca dos slides durante a apresentação. No Office 2016, não há novas transições se comparado à versão anterior. Contudo, a renderização passou por melhorias para que os efeitos possuam uma melhor qualidade visual. Também é possível configurar tempos para cada slide e para o efeito de transição, por meio das opções disponibilizadas no bloco Intervalo.

Efeitos de transição

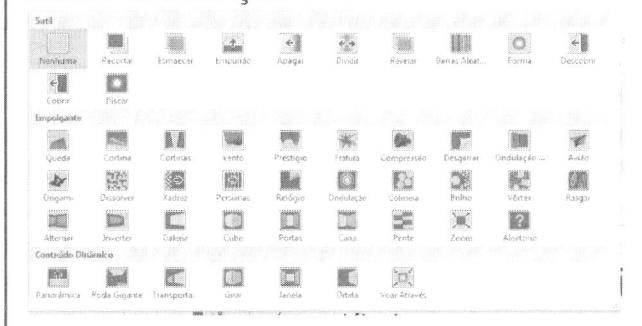

5.8 Aba Animações

Já na aba animações são encontradas opções que podem ser aplicadas a elementos em um slide, como figuras e textos. Da mesma maneira que é possível configurar o tempo de uma troca de slides, é possível configurar a duração de uma animação.

Efeitos de animações

Os efeitos de animação são organizados em 4 grupos: Entrada, Ênfase, Saída e Caminhos de Animação, sendo os 3 primeiros os principais.

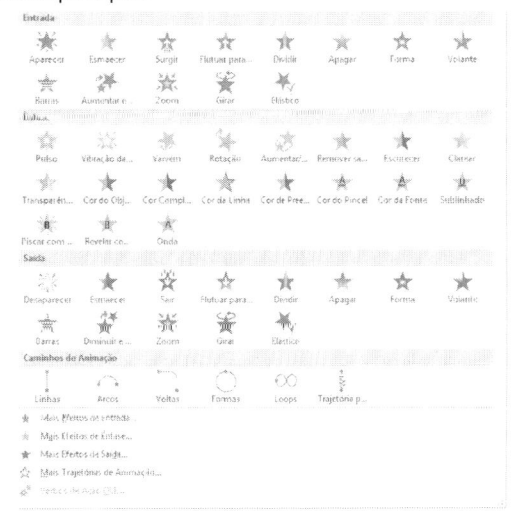

É possível utilizar mais de um efeito por objeto, porém é necessário usar a opção Adicionar Animação caso já tenha aplicado alguma ao elemento, pois se for apenas selecionada outra animação, ela irá substituir o efeito selecionado anteriormente.

INFORMÁTICA

5.9 Aba Apresentação de Slides

Na Aba apresentação podemos configurar a apresentação como um todo.

A opção do começo exibe a apresentação de slides a partir do primeiro Slide. A tecla de atalho correspondente é a tecla F5, já a opção do Slide atual exibe a apresentação a partir do slide selecionado, a tecla de atalho para esta opção é SHIFT + F5.

O PowerPoint 2016 é integrado com recursos Online, como a opção Apresentar Online, que possibilita disponibilizar uma apresentação de slides para que possa ser visualizada via Internet enquanto é exibida. Para tanto, é necessário utilizar uma Windows Live ID.

Outra opção Interessante é a opção Modo de Exibição de apresentador, que permite a um monitor e um projetor, ou mesmo dois monitores conectados ao computador, exibir a apresentação em um (normalmente no projetor) e no outro monitor uma tela de acompanhamento que exibe as anotações de cada slide, a sua miniatura e o tempo decorrido do início da apresentação.

Bloco Configurar Apresentação

Configurar Apresentação de Slides

A configuração de uma apresentação permite definir se a apresentação será exibida em tela inteira ou na forma de janela, bem como a forma de avanço dos slides e quais serão os slides.

Ocultar Slide

Essa opção permite ocultar o slide selecionado; tal slide também não é exibido na apresentação.

Testar Intervalos

Esse recurso é muito utilizado para animações com textos com transição automática. Uma vez acionada essa função, a apresentação de slides é iniciada e, a cada vez que um slide é avançado, o tempo é gravado a fim de que esse tempo seja usado na exibição dos slides.

Modo Apresentador

Outra opção Interessante é a opção modo de exibição de apresentador, que permite a um monitor e um projetor, ou mesmo dois monitores conectados ao computador, exibir a apresentação em um (normalmente no projetor) e no outro monitor uma tela de acompanhamento que exibe as anotações de cada slide, a sua miniatura e o tempo decorrido do início da apresentação.

5.10 Aba Revisão

A aba Revisão do PowerPoint apresenta as mesmas opções que o Word. Portanto, a probabilidade é que, seja cobrada alguma função em questões sobre o editor de texto, por conta da sua relevância.

5.11 Aba Exibir

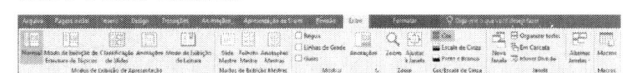

No PowerPoint, temos os seguintes modos de exibição que podem ser selecionados mediante a Aba Exibição.

Normal

O modo normal é o modo padrão de edição. Neste modo, a finalidade é a edição dos slides. Na lateral esquerda são exibidas as miniaturas dos slides em edição. É importante notar que há uma linha bem sutil abaixo do slide principal (em edição) que se encontra com a linha que separa as miniaturas. Essa linha pode ser movida para cima, a fim de exibir o espaço das anotações do slide. Também é possível clicar na opção Anotações que está na barra de status.

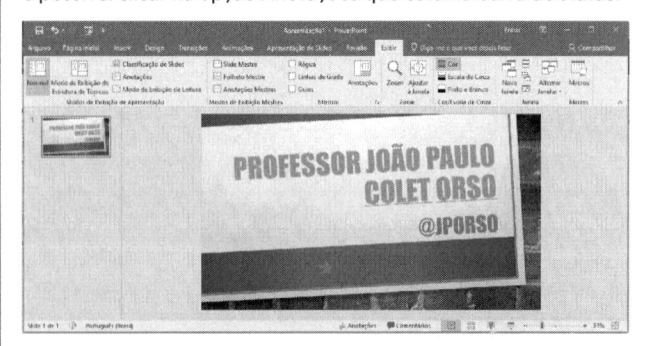

Estrutura de Tópicos

A principal característica desse modo é não apresentar características visuais, como imagens ou plano de fundo. Observe que esse modo altera apenas a visualização do painel à esquerda. Nele são indicados os slides e cada parágrafo é apresentado como um tópico.

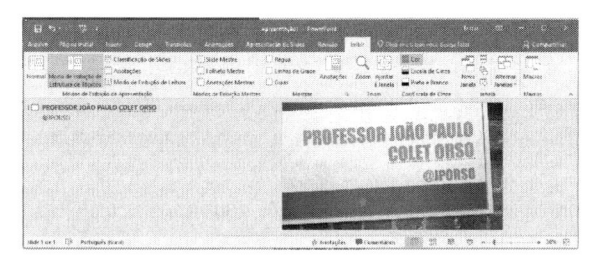

Classificação de Slides

Este modo de visualização é útil para reordenar os slides da apresentação, visualizando-os em miniatura.

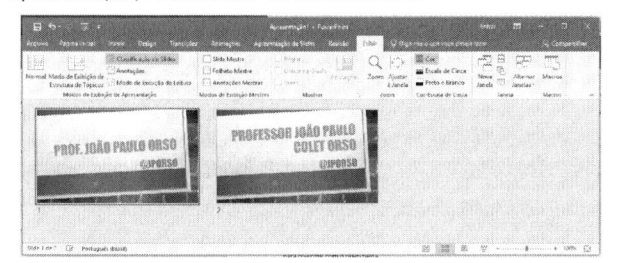

Anotações

Esta opção permite que sejam inseridas anotações que podem ser impressas, porém que não aparecem no momento da apresentação de slides.

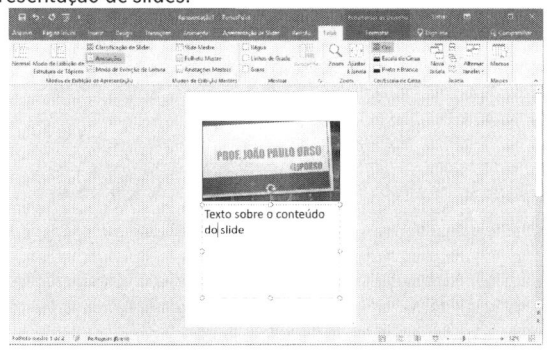

5.12 Slide Mestre

Por meio do **Slide Mestre** é possível alterar os espaços reservados para os slides, os cabeçalhos e os rodapés.

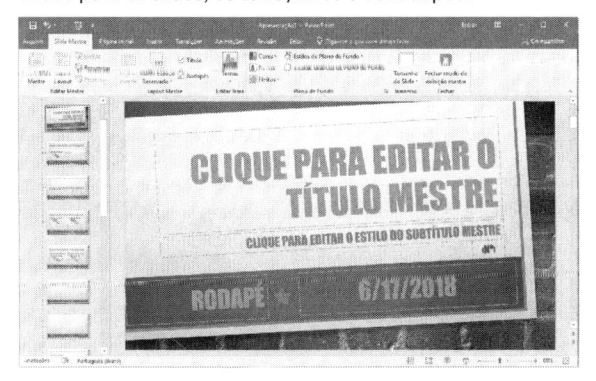

Mediante o **Folheto Mestre**, é possível alterar cabeçalhos e rodapés.

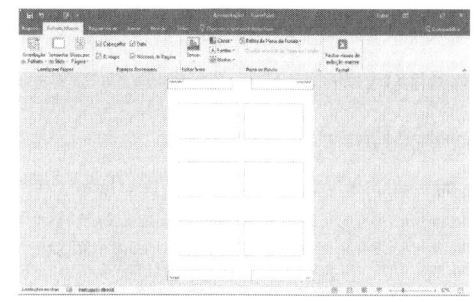

Já nas **Anotações Mestras podemos alterar os espaços reservados para os slides, as anotações, os cabeçalhos e** os rodapés.

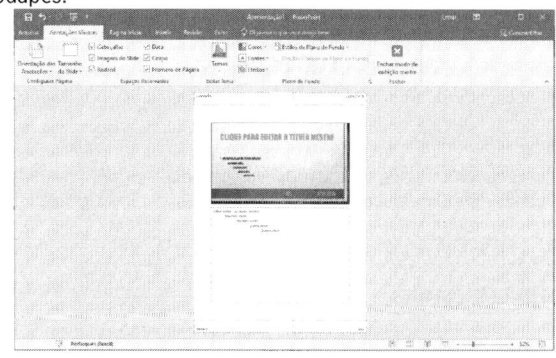

6. BROFFICE WRITER – EDITOR DE TEXTO

6.1 Formatos de arquivos

Quando se fala nos editores do BrOffice (Libre Office), devemos conhecer seus formatos de arquivos padrões, ou seja, o formato com o qual será salvo um arquivo ao acionar a opção **Salvar Como.**

A suíte de aplicativos como um todo possui um formato genérico ODF (Open Document File – Formato de Documento Aberto). Assim, é possível no editor de texto, salvar neste formato, bem como no Calc e Impress.

No entanto, o formato específico do Writer é o ODT (Open Document Text). As provas costumam relacionar os formatos com as versões dos editores. Então, vale lembrar que o Word2003 não consegue trabalhar com esse formato de arquivo. Mas, pelo Writer, é possível salvar um documento de modo que ele possa ser aberto pelo Word 2003, ou seja, é possível salvar nos formatos DOC e DOCX. Em relação ao Word 2007 e 2010, por padrão, esses programas conseguem abrir e salvar arquivos no formato ODT.

6.2 Formatação de texto

A principal finalidade do Writer é editar textos. Portanto, suas principais ferramentas são para a formatação de documentos. Podemos encontrar essas opções de formatação por meio de quatro caminhos:

Barra de Ferramentas de Formatação

Menu Formatar

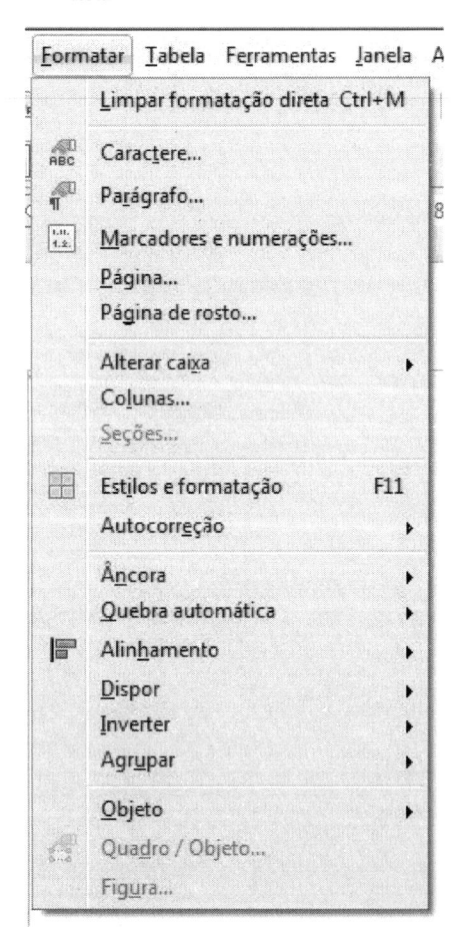

Atalhos

Botão Direito do Mouse

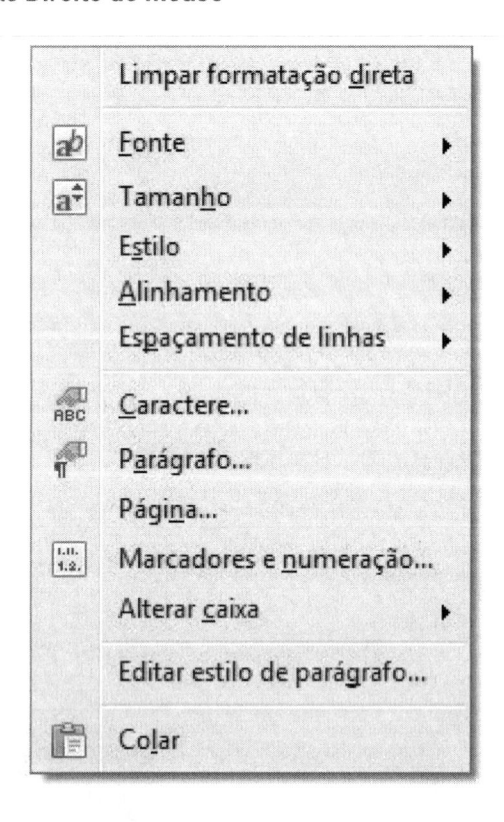

Menu Formatar

Caractere

Ao acionar esta opção, será aberta a janela ilustrada a seguir, por meio da qual podemos formatar as propriedades de fonte, como tipo/nome, estilo e tamanho e, pela aba Efeitos de Fonte, alterar a cor da fonte.

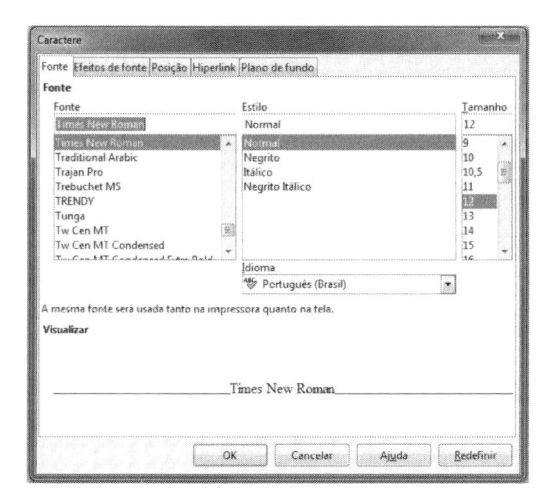

Parágrafo

As propriedades de Parágrafo englobam opções como recuos, espaçamento e alinhamentos, conforme ilustrado nas figuras na sequência:

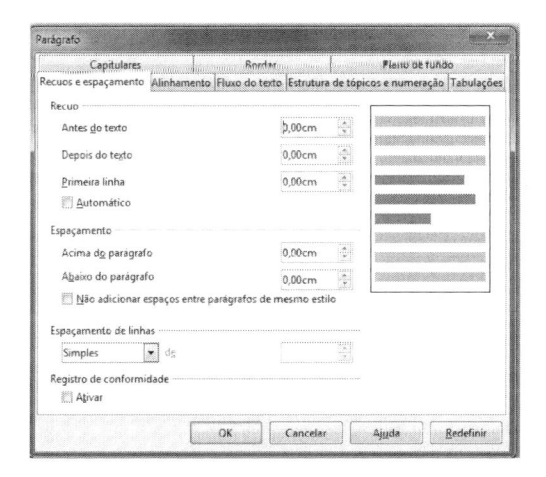

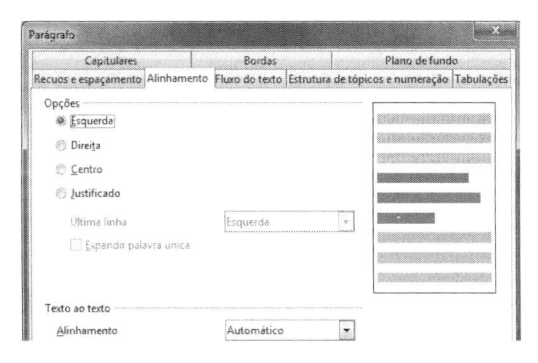

Marcadores e Numeração

Fique atento à identificação de uso deste recurso, pois, pelo menu Formatar, elas estão descritas em conjunto. Porém, na barra de Ferramentas padrão elas são apresentadas em dois botões separados.

Ao acionar a opção pelo menu Formatar, a janela aberta apresenta os Marcadores em uma guia e a numeração em outra, conforme ilustram as duas figuras da sequência:

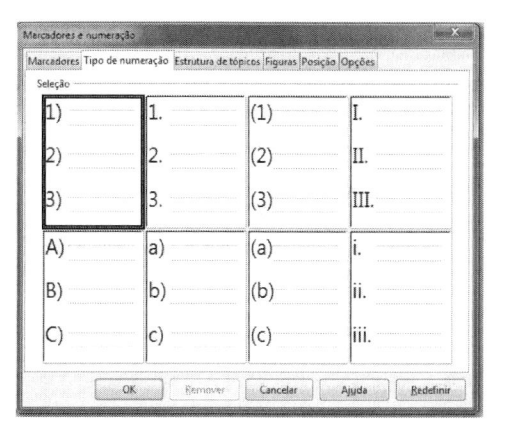

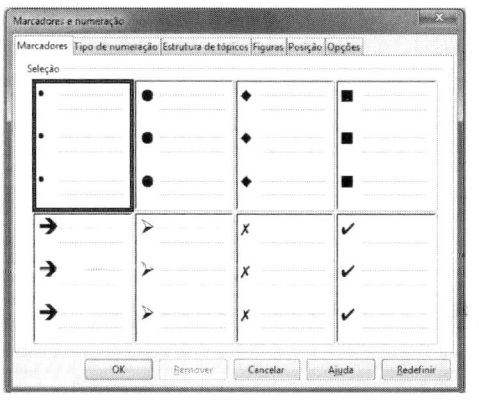

Página

Nesta opção, encontramos os recursos equivalentes aos encontrados na opção Configurar Página do Word, como dimensões das margens, dimensões de cabeçalho e rodapé, tamanho do papel e orientação da página. A imagem a seguir ilustra parte dessa janela:

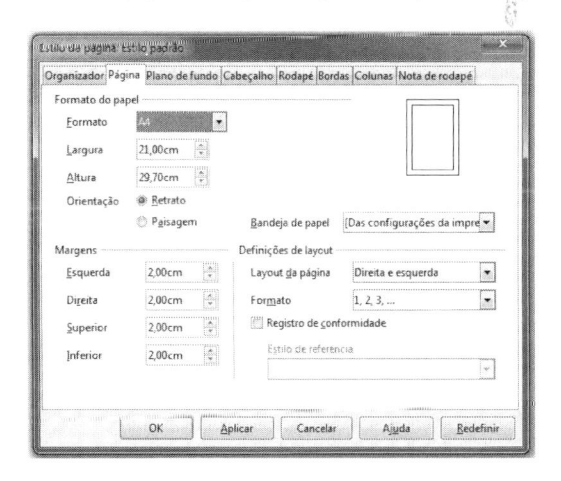

Página de Rosto

Por meio deste recurso, é possível inserir páginas em uma seção separada, para que, de uma forma mais simples, sejam trabalhadas com cabeçalhos e rodapés diferentes em um mesmo documento, mais especificamente, no que tange à numeração de páginas.

INFORMÁTICA

BROFFICE WRITER – EDITOR DE TEXTO

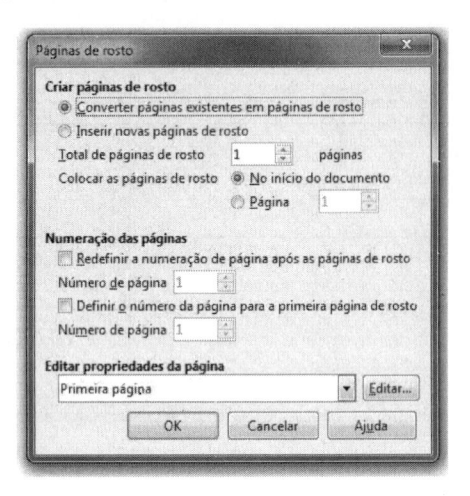

Alterar Caixa ▶

Equivalente à opção Maiúsculas e Minúsculas do Word, essa opção permite alterar a forma do caractere de texto. É importante conhecer as cinco opções desse recurso, conforme ilustrado a seguir:

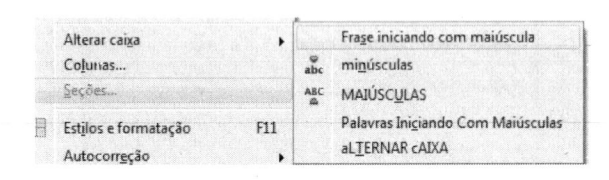

Estilos de Formatação (F11)

Por essa opção, podemos definir estilos de formatação para o texto selecionado, como título 1, título 2, título 3, entre outros, para que a edição do documento seja mais prática, além de favorecer a padronização.

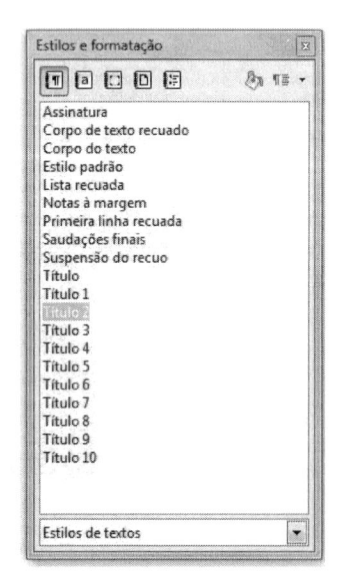

Ferramentas de Formatação

Caractere

O campo descrito por Times New Roman define a grafia com que o texto será escrito, a exemplo: ARIAL, TIMES, Vivaldi. Este campo também é conhecido como Tipo/Nome da Fonte.

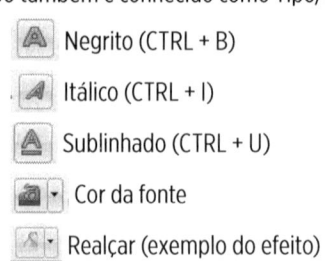

- Negrito (CTRL + B)
- Itálico (CTRL + I)
- Sublinhado (CTRL + U)
- Cor da fonte
- Realçar (exemplo do efeito)

Parágrafo

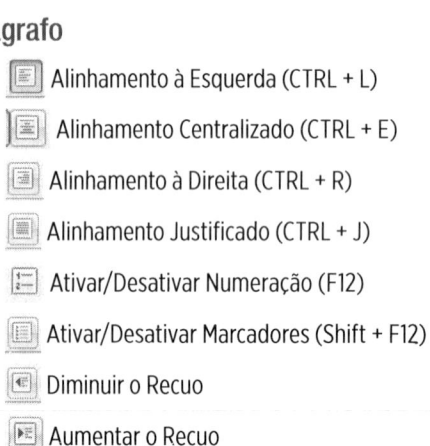

- Alinhamento à Esquerda (CTRL + L)
- Alinhamento Centralizado (CTRL + E)
- Alinhamento à Direita (CTRL + R)
- Alinhamento Justificado (CTRL + J)
- Ativar/Desativar Numeração (F12)
- Ativar/Desativar Marcadores (Shift + F12)
- Diminuir o Recuo
- Aumentar o Recuo

Tabulações

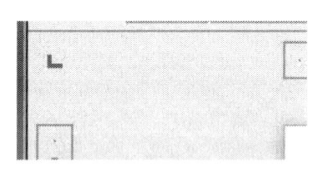

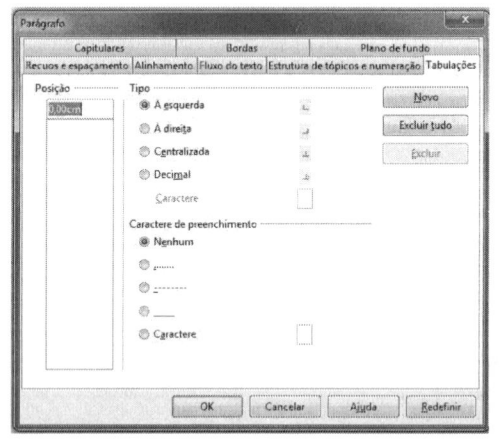

Caracteres não imprimíveis (CTRL + F10)

Exibe as marcas de edição, que, como o próprio nome já informa, não aparecem na impressão. Essas marcações são úteis para um maior controle do documento em edição, como ilustrado a seguir. Os pontos à meia altura da linha representam um espaço e o mesmo símbolo do botão indica o final de um parágrafo. Assim, no exemplo a seguir, existem dois parágrafos.

Exemplo de exibição de caracteres não imprimíveis no Writer¶
¶

Cor do Plano de Fundo

Atenção para não confundir a cor do fundo do parágrafo com a ferramenta Realçar, pois a função Realçar aplica uma cor ao fundo do texto selecionado, enquanto que a opção do Plano de Fundo aplica ao parágrafo, mesmo que tenha sido selecionada apenas uma palavra.

Estilos e Formatação (F11)

Por meio deste botão ou pela tecla de atalho, é exibido o painel de estilos que oferece diversos estilos para a formatação do texto, por exemplo: Título 1, título 2, título 3, entre outros. A imagem a seguir ilustra o painel:

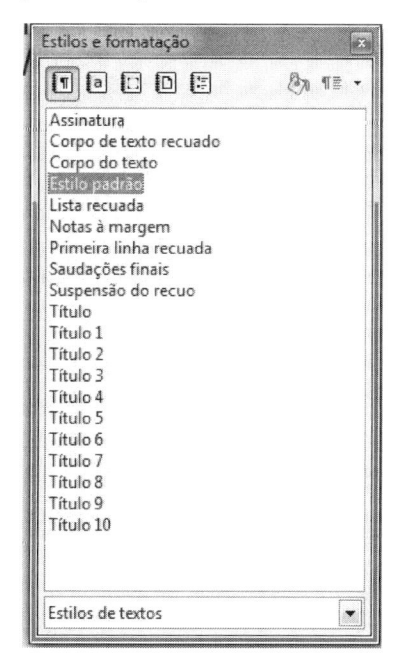

Além desse painel, também é possível escolher e aplicar um estilo por meio do Campo Estilos, ilustrado a seguir, presente na barra de ferramentas de formatação logo à esquerda do campo do tipo da fonte.

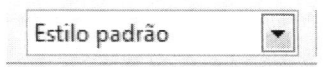

Os estilos de formatação são importantes estruturas na edição de um texto, principalmente se for necessário trabalhar com sumário, pois para utilizar o recurso de sumário, de forma que ele seja automático, é necessário utilizar os estilos de título.

Pincel de Estilo

A ferramenta de Pincel de Estilo serve para copiar apenas a formatação. Ela não copia textos, apenas as suas características, como cor da fonte, tamanho, tipo de fonte entre outras, com o intuito de aplicar em outro trecho de texto.

O funcionamento da ferramenta parte de uma seleção prévia do trecho de texto que possui a formatação desejada, clicar no botão pincel de estilo, na sequência selecionar o trecho de texto ao qual se deseja aplicar as mesmas formatações, como que pintando a formatação. Ao terminar a seleção o texto selecionado já estará formatado tal qual o selecionado inicialmente, e o mouse volta ao normal para a edição.

6.3 Ferramentas

Exportar Diretamente como PDF

O BrOffice como um todo possui este recurso que permite gerar um arquivo PDF a partir do documento em edição. A janela aberta por este botão é muito similar à janela de Salvar Como, em que se deve apontar o local onde o arquivo será salvo e com qual nome se deseja salvá-lo.

Imprimir Arquivo Diretamente

Este é um recurso diferente da impressão habitual pelo atalho CTRL+P. Essa ferramenta de impressão direta manda o arquivo diretamente para a impressora que estiver definida, pelo painel de controle, como padrão, usando as propriedades padrão de impressão.

Visualizar Página

Este é simplesmente o recurso de visualizar o que será impresso, útil para ter uma maior noção de como ficarão distribuídas as informações no papel.

Ortografia e Gramática (F7)

Essa ferramenta exibe uma janela, ilustrada a seguir, por meio da qual é possível corrigir as palavras "erradas" no texto. Erradas porque na verdade, são indicadas as palavras não conhecidas pelo dicionário do programa. Uma vez que ela esteja correta, é possível acrescentá-la ao dicionário.

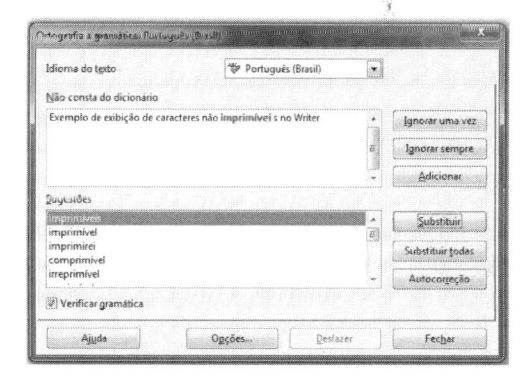

Autoverificação Ortográfica

A Autoverificação é uma ferramenta presente apenas no BrOffice, cuja finalidade é apenas habilitar ou desabilitar a exibição do sublinhado vermelho das palavras desconhecidas.

Navegador (F5)

O Navegador tem aparecido nas provas apenas a título de conhecimento de seu nome, associado ao símbolo e atalho. Essa ferramenta é um recurso para navegar no texto, a partir das suas estruturas, como títulos, tabelas, figuras e outros itens que podem ser visualizados na figura a seguir:

INFORMÁTICA

BROFFICE WRITER – EDITOR DE TEXTO

Exemplo de exibição de caracteres não imprimíveis no Writer.

Galeria

O recurso Galeria tem peso similar ao Navegador nas provas. Acionar essa ferramenta resulta na exibição do painel ilustrado a seguir, por meio do qual é possível inserir, em meio ao documento, estruturas de navegação Web, como botões, sons e outros itens.

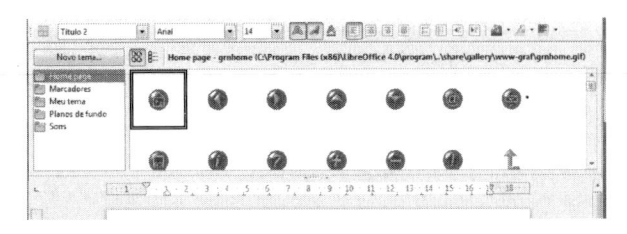

Tabela (CTRL + F12)

O botão Tabela pode ser usado de duas maneiras. Clicando no desenho da tabela, é aberta a janela ilustrada a seguir. Caso seja clicado na flecha, é exibido um reticulado, pelo qual é possível selecionar a quantidade de células que se deseja criar em uma tabela.

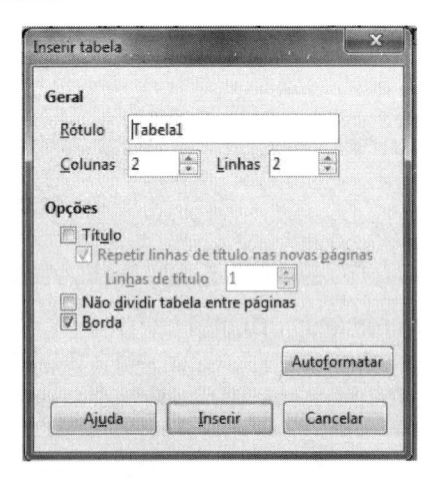

Formatar → Página

Aba Página

A aba Página é a principal da janela de formatação de página. A figura a seguir ilustra essa aba. Observe que as margens estão definidas por padrão em 2 cm, e que o tamanho do papel padrão é o A4. Também é possível determinar a orientação da página. Vale lembrar que, em um mesmo documento, é possível intercalar páginas com orientações diferentes. Para isso, devem ser utilizadas seções.

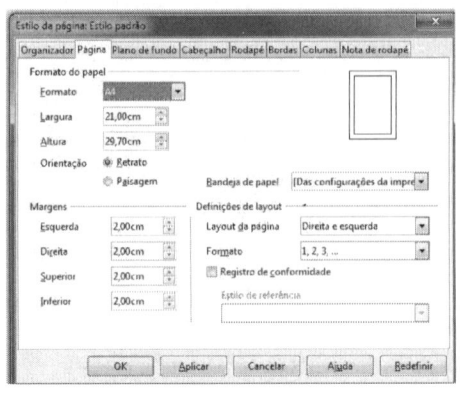

6.4 Barra de Menus

A seguir, é ilustrada a Barra de Menus e, por meio dela, temos acesso a quase todas as funcionalidades do programa. Observe que cada menu possui uma letra sublinhada. Por exemplo, o menu Arquivo possui a letra A sublinhada, essa letra sublinhada é a letra que pode ser utilizada após pressionar a tecla ALT, com o intuito de abrir o devido menu. Não é uma combinação necessariamente simultânea. Ela pode ser sequencial, ou seja, teclar ALT soltar e então pressionar a letra.

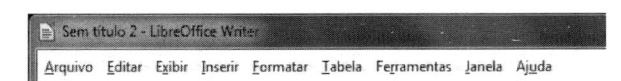

Menu Arquivo

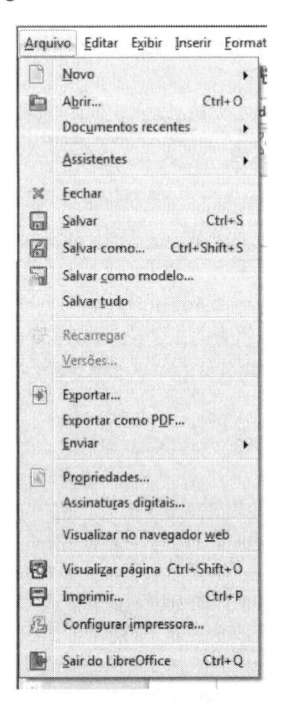

Novo ▶

Dentre as opções do menu Arquivo, damos destaque para a opção Novo. Ela aponta a característica do BrOffice de ser uma suíte de aplicativos integrada, pois, mesmo estando no Writer, é possível criar uma planilha do Calc. No entanto, ao escolher na opção Novo, uma planilha será criada no Calc. Porém, ao realizar o acesso por meio deste caminho, o Calc é carregado mais rapidamente do que se o BrOffice estivesse fechado.

Para criar um Novo Documento em Branco podemos também utilizar a opção do atalho CTRL + N.

Abrir (Ctrl + O)

Permite abrir um arquivo existente em uma unidade de armazenamento, navegando entre os arquivos e pastas.

Documentos Recentes ▶

Exibe a lista com os últimos documentos abertos, como também aqueles salvos, no Writer, com o intuito de fornecer um acesso mais rápido a eles.

Assistentes ▶

Conforme ilustrado a seguir, existem vários assistentes no BrOffice. Eles são nada mais do que procedimentos realizados em etapas, a fim de auxiliar na criação ou estruturação de informações.

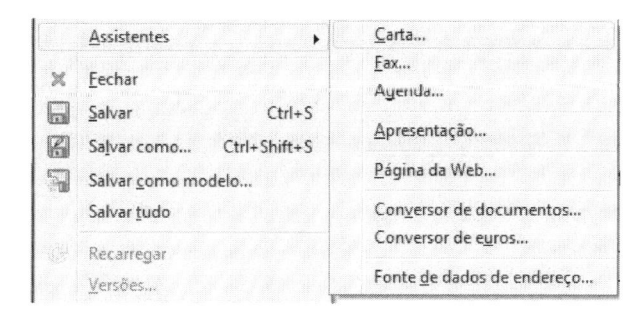

Fechar

A opção Fechar serve para fechar apenas o documento em edição, mantendo o programa aberto. Tem como teclas de atalho CTRL+W ou CTRL + F4.

Salvar

A opção Salvar apenas se preocupa em salvar as últimas alterações realizadas em um documento em edição. Seu atalho é CTRL + S no Writer. Mas essa opção possui uma situação de exceção, quando o arquivo em edição é novo, ou seja, que nunca tenha sido salvo. Essa opção salvar corresponde à opção Salvar Como.

Salvar Como

Esse recurso tem como princípio gerar um novo arquivo. Assim, se um arquivo for aberto e sejam realizadas várias alterações, sem salvar, e utilizar o comando Salvar Como, será aberta uma janela em que se solicita o local desejado e o nome do arquivo. Também é possível alterar o tipo de documento, após salvá-lo. O documento que fica em edição é o que acabou de ser salvo. O arquivo aberto inicialmente é apenas fechado, sem nenhuma alteração.

Salvar como Modelo

Podemos criar um documento-base para outros documentos, utilizando formatações específicas. Assim, essa opção é a utilizada para salvar este arquivo, de modo que possa ser utilizado para esse fim.

Salvar Tudo

Essa ferramenta aplica o comando salvar todos os documentos em edição no BrOffice, até mesmo os que estiverem em edição no Calc.

Recarregar

Ao acionar essa opção, a última versão salva do documento é restaurada. Com isso, as alterações não salvas serão perdidas.

Exportar

É possível pelo BrOffice exportar o documento de texto para outros formatos utilizados por outros programas como: XML, HTML, HTM ou mesmo o PDF.

Exportar como PDF

A opção Exportar como PDF é basicamente um caminho mais curto e explícito para gerar um arquivo PDF, a partir do documento em edição.

Assinaturas Digitais

Assim como o Microsoft Office no BrOffice, é possível assinar um documento digitalmente. Claro que, para utilizar a funcionalidade por completo, é necessário possuir um certificado digital. Contudo, mesmo não possuindo um, é possível utilizar esse recurso para assinar um documento. Porém, apenas será garantida a integridade do mesmo e apenas no próprio computador do usuário.

Visualizar no Navegador Web

Já que podemos criar páginas da Internet, é interessante que, no mínimo, possamos visualizar como ela ficaria no navegador. Diante disso, ao acionar essa ferramenta, será aberto o navegador de Internet (Browser) padrão exibindo como página o documento em edição.

Sair

Em comparação com a opção Fechar, a opção Sair fecha o programa inteiro, podendo utilizar, para isso, os atalhos ALT+F4 ou CTRL + Q.

Menu Editar

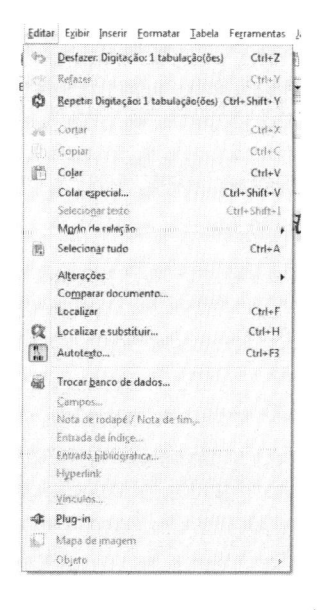

INFORMÁTICA

BROFFICE WRITER – EDITOR DE TEXTO

Do menu Editar anteriormente ilustrado, podemos destacar duas opções principais:

Colar Especial

Esse recurso permite colar um determinado dado de acordo com a necessidade de formatação, ou seja, é possível manter a formatação igual à do local de onde foi copiado ou não utilizar formatação.

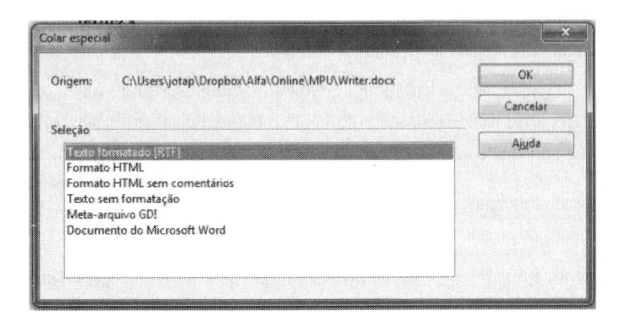

Selecionar Tudo

A opção Selecionar Tudo tem como observação a sua tecla de atalho CTRL + A, que é a mesma utilizada para selecionar todos os arquivos e pastas de um diretório por meio dos gerenciadores de arquivos.

Menu Exibir

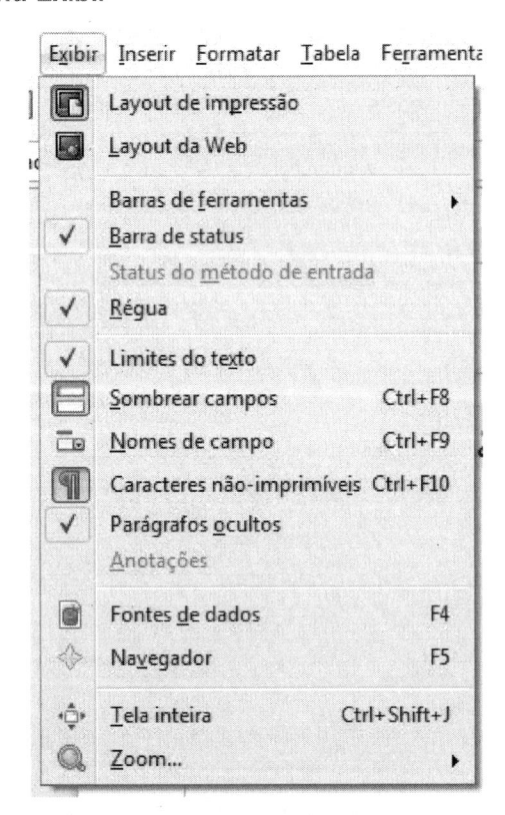

Do menu Exibir devemos conhecer os modos de exibição, bem como alguns itens importantes, listados a seguir. Mas, de modo geral, podemos pensar que as opções que normalmente encontramos nesse menu são coisas que não vemos e gostaríamos de ver, ou que estamos vendo, mas não desejamos mais ver.

Modos de Exibição

São dois os Modos de Exibição: Layout de Impressão (Padrão) e Layout da Web. Contudo, poderíamos até considerar, dependendo da situação, a opção Tela Inteira como um modo de exibição.

Barra de Ferramentas

A principal Barra de Ferramentas questionada nas provas é a barra de Desenho, que existe também no Writer e Calc, mas que é exibida por padrão apenas no Impress. A figura a seguir ilustra as barras disponíveis:

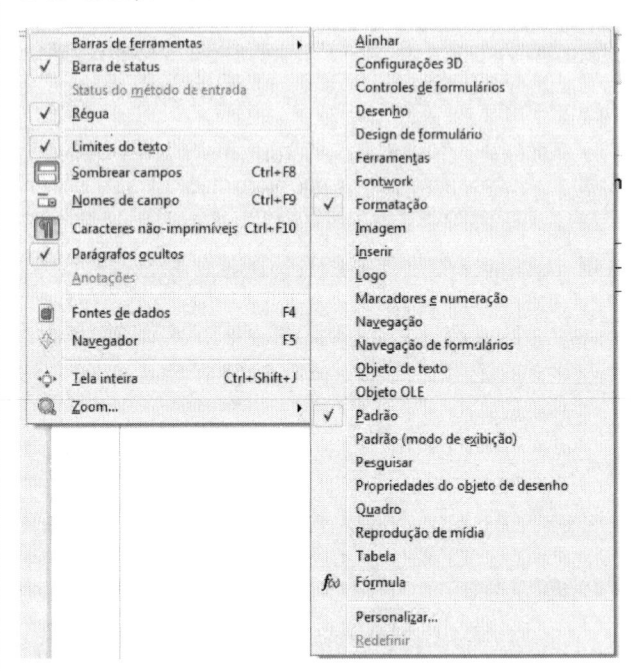

Barra de *Status*

Essa é a barra que aparece por padrão nos editores. Ela fica localizada no fim da janela, ou seja, é a última barra dentro do programa. Nela encontramos informações como número da página atual e total de páginas do documento, idioma em uso e a ferramenta de zoom à direita.

Régua

Para ocultar a régua, basta desabilitar essa opção.

Limites de Texto

Os Limites de Texto que são exibidos por padrão são, na verdade, as linhas que indicam as margens da página, ou seja, a área útil do documento.

Caracteres Não Imprimíveis (CTRL + F10)

Os caracteres não imprimíveis também podem ser ativados pelo menu Exibir, como pelas teclas de atalho.

Navegador (F5)

O Navegador, anteriormente citado, também é encontrado no menu Exibir.

Tela Inteira (CTRL + SHIFT + J)

Modo de exibição que oculta as barras e ferramentas, objetivando a leitura do documento.

Zoom

Também podemos alterar o zoom utilizando o scroll do mouse, combinado com a tecla CTRL.

Menu Inserir

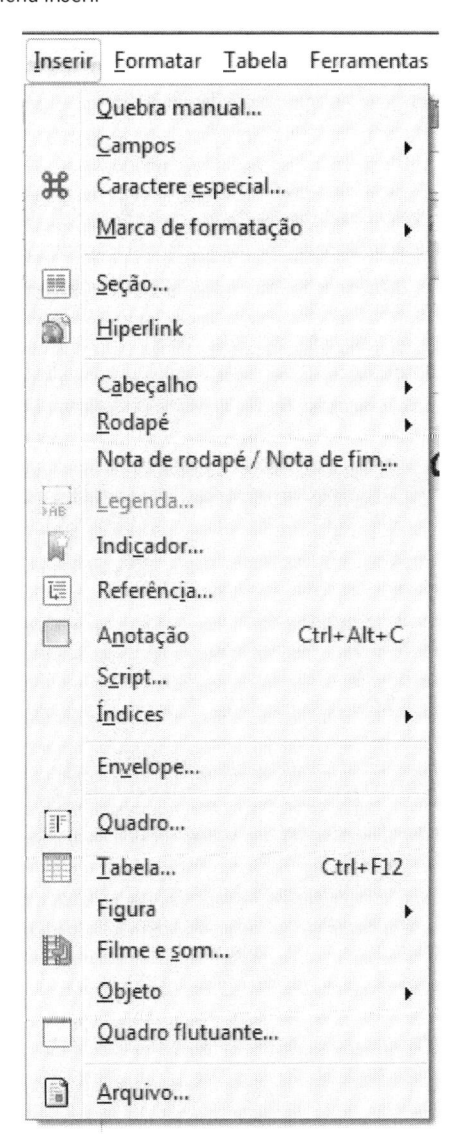

Quebra Manual

Este recurso permite utilizar estruturas que sejam auto-organizadas, como as quebras de página. Existem três quebras de texto possíveis, além das quebras de seção.

Quebra de Linha (SHIFT + ENTER)

Faz com que o conteúdo, após a quebra, seja iniciado na próxima linha.

Quebra de Coluna (CTRL + SHIFT + ENTER)

Faz com que o conteúdo, após a quebra, seja iniciado na próxima coluna.

Quebra de Página (CTRL + ENTER)

Faz com que o conteúdo, após a quebra, seja iniciado na próxima página.

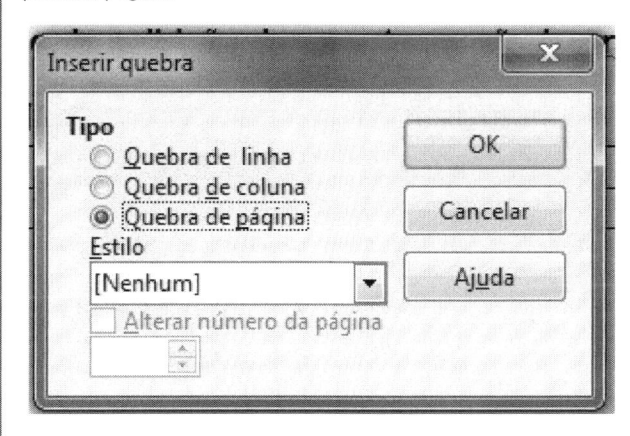

Campos ▶

Os Campos são estruturas de dados que utilizam propriedades do arquivo como nome do autor, título, dentre outras como Data e Hora do sistema.

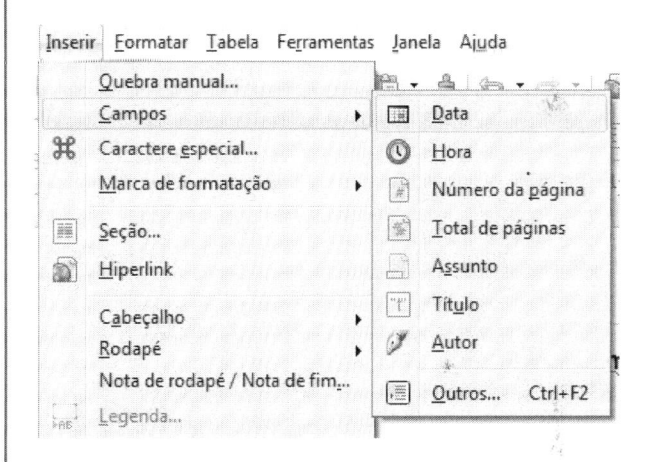

Caractere Especial

A opção Caractere Especial pode ser utilizada para inserir símbolos como este ▶ entre inúmeros outros possíveis.

Seção

Uma Seção é o recurso-base para poder, em um mesmo documento, trabalhar com páginas com cabeçalhos e rodapés distintos, ou mesmo configurações de páginas distintas, como intercalar páginas em retrato e paisagem.

Cabeçalho ▶

Rodapé ▶

As estruturas de cabeçalhos e rodapés têm por princípio poupar trabalho durante a edição, de modo que o que for inserido nestas estruturas se repete nas demais páginas, não necessariamente do documento como um todo, mas em todas as páginas da mesma Seção.

Hiperlink

Um link nada mais é do que um caminho, um atalho para algum lugar. Esse lugar pode ser uma página na Internet, ou computador, como um arquivo que esteja na Internet ou mesmo no computador local. Também é possível fazer com que um link aponte para algum ponto do mesmo documento, criando uma espécie de navegação. Contudo, para realizar esse procedimento, deve-se antes inserir Indicadores. A imagem a seguir ilustra a janela de inserir Hiperlink:

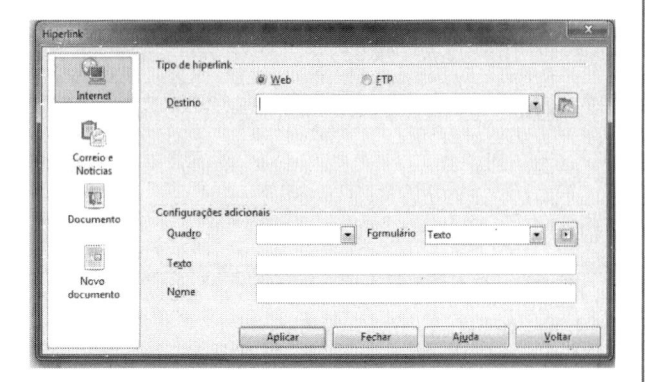

Nota de Rodapé/Nota de Fim

Notas de Rodapé e Notas de Fim são observações que, por vezes, utilizamos para explicar algo que fugiria ao contexto de uma frase[1]. A identificação ao lado da palavra/frase serve para que, no rodapé da mesma página ou ao final do documento, o leitor busque a devida explicação para a observação.

Legenda

Uma Legenda é um recurso que poderia ser utilizado neste documento para identificar as figuras e referenciá-las em meio ao texto, mas como a estrutura de apresentação do conteúdo é linear e procura ser direta, não utilizamos esse recurso.

Indicador

Um Indicador é um ponto de referência para ser apontado por um hiperlink.

Referência

Uma Referência é uma citação pela qual utilizamos a ideia de informar algo do tipo, "conforme Figura 1". Em vez de escrever a palavra figura 1, estaria utilizando uma referência a ela, para que caso seja inserida uma nova figura antes da 1 no documento, os locais em que havia sido citado como figura 1 sejam refatorados para 2.

Anotação

É o recurso de comentário que pode ser inserido em um documento como uma anotação do que deve ser feito.

Índices ▶

Os Índices são os sumários e listas automáticas que podem ser inseridas em um documento, desde que se tenha utilizado os estilos de título e o recurso de legenda.

Quadro

Um quadro, basicamente, é uma caixa de texto para que seja inserido em seu interior uma estrutura qualquer.

---
1 Por exemplo, aqui falaria sobre o que é uma frase.

Tabela

É mais um caminho possível para inserir uma tabela dentro do editor, dentre as quatro formas possíveis, como o atalho CTRL + F12.

Figura ▶

O recurso Figura permite inserir imagens de diferentes formatos (PNG, GIF, JPG) em um documento.

Filme e Som

É possível inserir uma música ou um vídeo em meio a um documento de texto.

Objeto ▶

Destaque para a opção Objeto OLE (*Object Linked Embeded*) pela qual podemos inserir uma Planilha do Calc dentro de um documento de texto e ainda utilizá-la com suas características de planilha.

Menu Tabela

O menu Tabela apresenta as opções próprias de trabalho com uma tabela, como inicialmente inserir uma tabela no documento em edição. Várias opções aparecem desabilitadas, isso ocorre porque uma tabela não foi selecionada.

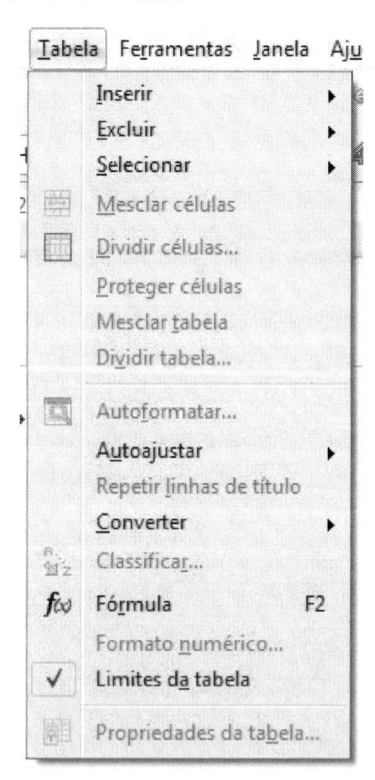

Outro caminho para se inserir uma tabela, além do menu Inserir e do atalho, dá-se por meio do menu Tabela opção Inserir e somente depois a opção Tabela.

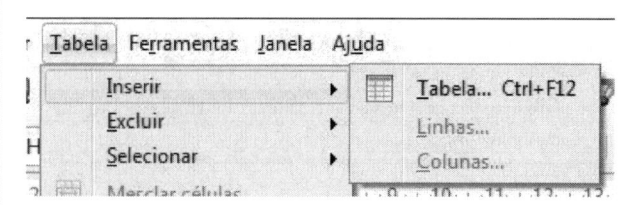

Mesclar Células

Essa ferramenta só fica habilitada quando duas ou mais células de uma tabela estão selecionadas. Ao acioná-las, as células se tornam uma, ou seja, são mescladas.

Dividir Células

Atente-se para esse recurso, pois somente em uma tabela é possível dividir células, ou seja, esse recurso não existe para planilhas.

Proteger Células

É um recurso que pode ser utilizado para bloquear as alterações em uma determinada célula e em uma tabela.

Dividir Tabela

Assim como é possível dividir uma célula, também podemos dividir uma tabela em duas ou mais, mas apenas tabelas.

Repetir Linhas de Título

Quando se trabalha com tabelas muito extensas, que se distribuem em várias páginas, é difícil manter a relação do que se tem em cada coluna e linha. Para não ter que copiar manualmente os títulos, podemos utilizar o recurso repetir linhas de título.

Converter ▶

É possível converter tanto um texto em tabela como uma tabela em texto, utilizando, para isso, alguns critérios como espaços entre palavras ou tabulações, entre outros.

Menu Ferramentas

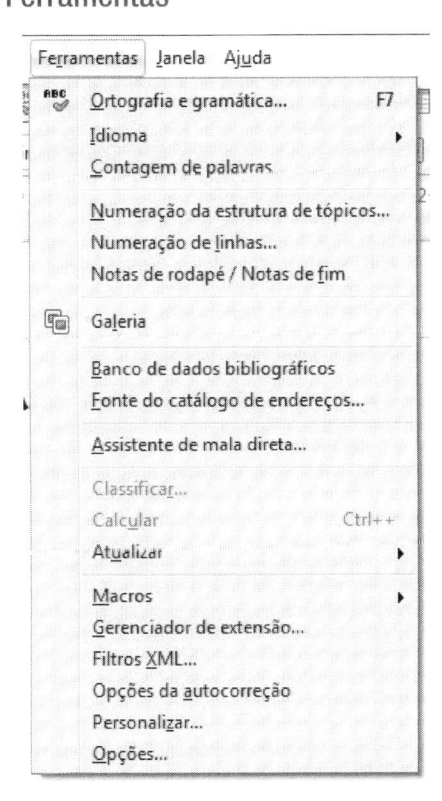

Ortografia e Gramática (F7)

Abre uma janela para verificar o documento em busca de palavras desconhecidas ao dicionário do programa.

Idioma ▶

No BrOffice Writer, podemos definir o idioma que está sendo trabalhado no texto selecionado, como no parágrafo e até para o documento de modo geral.

Contagem de Palavras

O Writer também possui recurso de contabilização de total de palavras que compõem o texto.

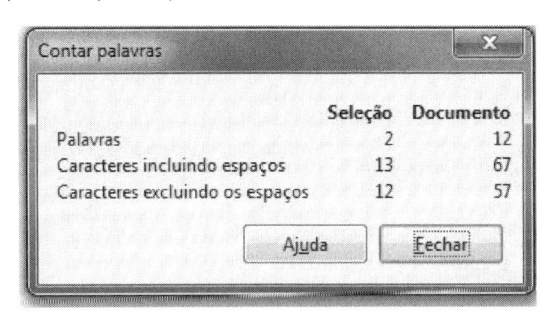

Numeração de Linhas

Este recurso é bastante utilizado nas provas de Língua Portuguesa, em que ao lado das linhas, nos textos apresentados, aparece uma numeração, que não necessita ser exibida em todas as linhas. Atenção às questões que o comparam com o recurso Numeração, usado para numerar parágrafos.

Uma forma de identificar a diferença é pela presença dos indicadores de fim de parágrafo, visíveis quando a ferramenta "caracteres não imprimíveis" está ativa.

Notas de Rodapé/Notas de Fim

Já vimos esse nome no menu Inserir. No entanto, são ferramentas distintas, mas relacionadas, pois esse recurso do menu Ferramentas abre a janela de configuração das notas, conforme ilustrado a seguir:

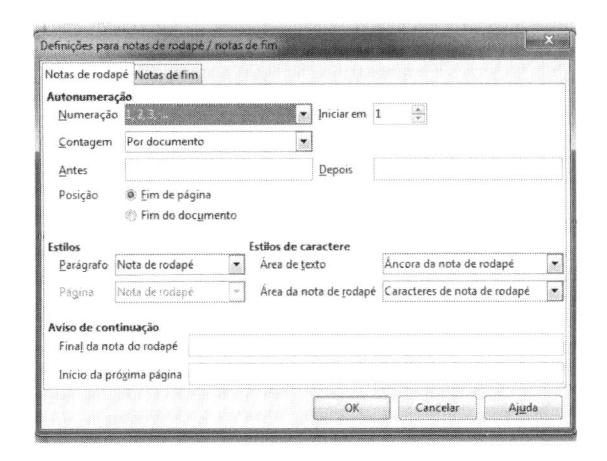

Galeria

A ferramenta que exibe a galeria também é encontrada no menu Ferramentas, além da barra de ferramentas padrão.

INFORMÁTICA

BROFFICE WRITER – EDITOR DE TEXTO

Assistente de Mala Direta

Uma ferramenta interessante para quem quer começar a entender o recurso de mala direta. Por meio dela, é possível criar uma mala direta passo a passo.

Macros ▶

De uma forma geral, as Macros são regras criadas para automatizar tarefas repetitivas. Por meio dessa ferramenta é possível executar as macros existentes.

Opções de Autocorreção

O recurso de Autocorreção é o responsável por corrigir palavras logo após a sua inserção, como colocar acento na palavra, caso digitada sem.

Opções

Esse recurso concentra as opções do programa como dados do usuário e recursos.

Questões

01. (FCC) Dentre três opções do BrOffice.org Writer 2.4, uma tabela pode ser inserida em um documento por meio da opção:
a) Tabela do menu Inserir ou Inserir do menu Tabela, apenas.
b) Inserir do menu Tabela, Tabela do menu Inserir ou Colunas do menu Formatar.
c) Inserir do menu Tabela, apenas.
d) Inserir do menu Tabela ou Colunas do menu Formatar, apenas.
e) Tabela do menu Inserir ou Colunas do menu Formatar, apenas.

02. (FCC) A barra de fórmulas permite criar e inserir cálculos em um documento de texto do BrOffice.org Writer 3.0. A barra Fórmula pode ser ativada:
a) selecionando-a apenas pelo menu Exibir.
b) selecionando-a apenas pelo menu Inserir.
c) pressionando-se a tecla F2.
d) pressionando-se a tecla F3.
e) pressionando-se a tecla F5.

03. (UEG) No LibreOffice Writer, versão 3.6.3.2, configuração padrão em português, o usuário pode adicionar com rapidez marcadores ou números às linhas de texto existentes, ou o editor pode, automaticamente, criar listas à medida que o usuário digita. Sobre esse recurso, nota-se o seguinte:
a) Em listas com vários níveis de indentação, deve-se respeitar o padrão adotado para o maior nível, ou seja, os subitens de um item numerado também deverão ser do tipo numérico.
b) Para ativar ou desativar o recurso de marcadores, o usuário pode fazer uso do ícone ▶≡ disponível na barra de ferramentas ou mesmo utilizar a tecla de atalho F11.
c) Para se criar mais de uma lista enumerada em um mesmo documento e reiniciar a numeração automaticamente, é necessário inserir uma quebra de seção.
d) Para ativar ou desativar o recurso de numeração automática, o usuário pode fazer uso do ícone $\frac{1}{2}$— disponível na barra de ferramentas ou mesmo utilizar a tecla de atalho F12.

04. (PC-RJ) Um usuário do processador de textos BROffice.org 2.3.1 Writer digitou um trabalho no software e, ao final, realizou os ajustes de rotina e salvou-o na pasta Meus Documentos, existente no disco rígido C: do microcomputador. Para isso, ele dispõe de duas alternativas: Salvar e Salvar Como..., atividades executadas por meio do uso de dois atalhos de teclado.
Esses atalhos são, respectivamente:
a) Ctrl + B e Ctrl + Shift + B.
b) Ctrl + S e Ctrl + Alt + S.
c) Ctrl + S e Ctrl + Shift + B.
d) Ctrl + B e Ctrl + Alt + B.
e) Ctrl + S e Ctrl + Shift + S.

05. (FCC) No BrOffice.org Writer, versão 3.2, o botão que mostra ou oculta os caracteres não imprimíveis no texto é exibido normalmente na barra de ferramentas:
a) padrão.
b) de formatação.
c) de objeto de texto.
d) de controles de formulários.
e) de marcadores e numeração.

06. (CEPERJ) O Writer do pacote BROffice.org 3 oferece o recurso Formatar – Página que, ao ser acionado, abre uma janela. Nessa janela é possível definir o formato do papel na página, dimensões de altura e largura, além da orientação. Se largura = 21,00 cm e altura = 29,70 cm, pode-se concluir que o formato e a orientação do papel são, respectivamente:
a) A1 e vertical.
b) A4 e vertical.
c) A0 e retrato.
d) A4 e retrato.
e) A1 e retrato.

07. (ALFACON) Julgue o próximo item, referente aos aplicativos Microsoft Office e BrOffice.org.
No Br Office Writer, a ferramenta "assistentes" pode ser encontrada no menu:
a) Arquivo.
b) Editar.
c) Exibir.
d) Inserir.
e) Ferramentas.

Gabaritos

01	A	05	A
02	C	06	D
03	D	07	A
04	E		

7. BROFFICE CALC – EDITOR DE PLANILHAS

O BrOffice Calc é um editor de planilhas eletrônicas pelo qual pode-se estruturar um controle de livro-caixa ou estoque, dentre inúmeras outras estruturas para atender a necessidades básicas de um escritório, por exemplo, que deseja controlar suas atividades. A figura a seguir ilustra a janela principal desse programa.

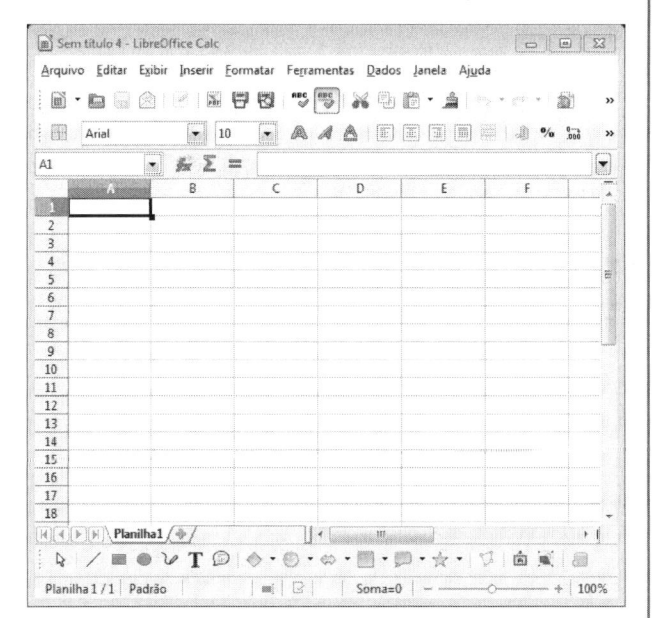

Para utilizar adequadamente esse programa, devemos entender as suas estruturas, com as quais iremos operar, como o formato de arquivo gerado.

Por padrão, um arquivo salvo no Calc é salvo no formato ODS (*Open Document Spreadsheet*), no entanto é possível por meio deste editor também salvar nos formatos padrões do Microsoft Office Excel, XLS (2003) e XLSX (2007 e 2010).

Vale lembrar que o formato ODF é o formato genérico do BrOffice, conhecido como *Open Document Format*, ou seja, Formato de Documento Aberto. Fique atento, pois o PDF (Formato de Documento Portátil) também e possível de ser gerado pelo Calc, porém por meio da opção Exportar como PDF.

7.1 Planilha

Uma planilha nada mais é do que um reticulado de linhas e colunas, as quais são preenchidas com dados e fórmulas com o intuito de se obter algum resultado ou estruturar alguma informação.

Por padrão, as linhas são identificadas por números enquanto que as colunas são identificadas por letras, conforme ilustrado na figura acima. Vale lembrar que, uma vez que existe um padrão, que existe também outra forma de se trabalhar, neste caso, é possível utilizar números para as colunas, mas é necessário alterar as opções do programa.

Uma planilha já possui um total de 1.048.576 linhas por 1024 colunas, contudo, como o alfabeto vai apenas até a letra Z, a próxima coluna é dada pela combinação AA, seguida por AB até chegar a AZ, seguida por BA, BB e assim por diante até completar as 1024 colunas, sendo a última representada pela combinação AMJ.

O mais importante a ser observado sobre essa característica é que esses valores são fixos, ou seja, uma planilha sempre terá essa estrutura, mas quando usado o recurso inserir Linhas ou Colunas, ocorre um deslocamento de conteúdo para baixo, no caso de linhas, e para a direita, no caso de colunas.

7.2 Célula

Uma célula é a menor unidade estrutural de um editor de planilhas, elas são dadas pelo encontro de uma coluna com uma linha. Assim são identificadas pelos títulos das colunas e das linhas que são exibidas.

A célula A1 é a primeira célula de uma planilha, ou seja, é a célula que se encontra na coluna A e na linha 1.

Células de absorção

Dentre as características das células podemos citar as de Absorção, também conhecidas como células de resultado. Basicamente são aquelas que apresentam o resultado de algum cálculo.

Os indicadores de Células de Absorção são símbolos usados para identificar para o programa quais células devem ser calculadas. No Calc, são três os indicadores de células de absorção:

=	=5+5	10
+	+5+5	10
-	-5+5	0

Modos de endereçamento

Os modos de endereçamento são formas de identificar o endereço de uma célula, contudo para fins de identificação os três modos de endereçamento não possuem diferença, sua aplicação é apenas para os procedimentos de copiar e colar uma célula cujo conteúdo é uma fórmula, por vezes citado pelo clicar e arrastar.

Relativo: no modo de endereçamento relativo apenas precisamos indicar a coluna e a linha de uma célula. Como o exemplo: B2, ou seja, a célula que se encontra na junção da linha 2 com a coluna B.

Misto: no modo de endereçamento misto é utilizado o símbolo $ (cifrão) para indicar que o dado que estiver imediatamente à sua direita será sempre o mesmo, ou seja, não poderá ser alterado.

Existem duas formas de endereçamento misto, em uma bloqueamos a coluna, enquanto que na outra a linha é que é bloqueada.

Quando desejamos travar a coluna, escrevemos o endereço da célula, =$B2, assim a linha pode ser alterada quando houver deslocamento, porém a coluna será sempre a coluna B.

INFORMÁTICA

BROFFICE CALC – EDITOR DE PLANILHAS

Por outro lado, quando desejamos fixar uma linha, devemos escrever o $ antes da linha, exemplo, =B$2, dessa forma, a coluna pode ser alterada quando houver deslocamento em relação à coluna, contudo a linha será sempre a linha 2.

Absoluto: no endereçamento absoluto tanto a coluna quanto a linha são fixadas, assim podemos dizer que a célula será sempre a mesma.

Endereço da planilha

<nome da Planilha>.<endereço da célula>

=Planilha1.B4+Planilha2.B4

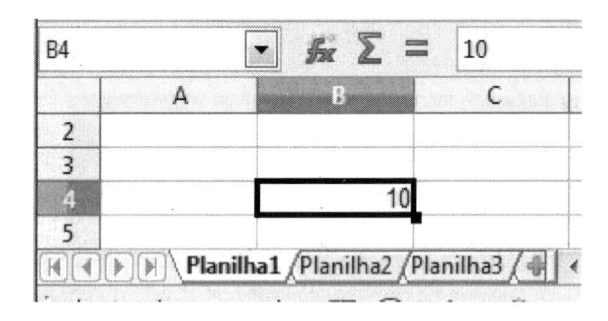

7.3 Operadores

No BrOffice Calc existem quatro tipos de operadores básicos: aritméticos, texto, referência e comparação, cada qual com suas peculiaridades.

Operadores aritméticos

Sobre Operadores Aritméticos, assim como sobre Células de Absorção, a maioria das perguntas é direta, mas as questões são colocadas na matemática destes operadores, ou seja, as regras de prioridade de operadores devem ser observadas para que não seja realizado um cálculo errado.

Operador	Símbolo	Exemplo de uso	Resultado
Adição	+	=5+5	10
Subtração	-	=5-5	0
Multiplicação	*	=5*5	25
Divisão	/	=5/5	1
Potenciação	^	=5^2	25
Percentagem	%	=200*10%	20

Operador de texto

Os editores também contam com um operador que permite atuar com texto. O operador de concatenação **&** tem a função de reunir o conteúdo das células na célula resultado. Atenção, nesse caso a ordem dos operadores altera o resultado.

A figura a seguir ilustra as células com operações de concatenação.

	A	B	C	D
1	3		4 =B1&A1	=C1+8
2	ab	cd		=A2&B2
3	=A1&A2&A4	=CONCATENAR(A1;A2;A4)		
4	=A2&A1			
5				

A figura a seguir mostra os resultados obtidos pelas fórmulas inseridas, atente aos resultados e perceba que a ordem dos fatores muda o resultado. Também observe que, por ter sido utilizado um operador de texto, o resultado por padrão fica alinhado à esquerda.

	A	B	C	D
1	3		4 43	51
2	ab	cd	abcd	
3	3abab3	3abab3		
4	ab3			
5				

Referência

Os operadores de referência são aqueles utilizados para definir o intervalo de dados que uma função deve utilizar.

; ~	E	União
:	Até	Intervalo.
!		Interseção

Considere o seguinte conjunto de dados em uma planilha em edição no Calc:

	A
1	10
2	20
3	30
4	40
5	50
6	
7	
8	

=SOMA(A1 : A4)

A função é lida como Soma de A1 até A4, ou seja, todas as células que estão no intervalo de A1 até A4 inclusive. No caso de exemplo o resultado = 100.

De forma equivalente pode-se escrever a função como se segue:

=SOMA(A1 ; A2 ; A3 ; A4)

A qual se lê Soma de A1 e A2 e A3 e A4, assim é possível especificar células aleatórias de uma planilha para realizar um cálculo.

=SOMA(A1 ; A4)

Neste caso fique atento pois, a leitura é Soma de A4 e A1, ou seja, apenas estão sendo somadas as células A1 com A4 as demais não entram no conjunto especificado. Assim, o resultado seria 50.

=SOMA(A1 : A4 ! A3 : A5)

Já nesta última situação apresentada, deseja-se somar apenas as células que são comuns ao intervalo de A1 até A4 com A3 até A5, que no caso são as células A3 e A4, assim a soma destas células resulta em 70.

7.4 Elemento fixador

O $ (cifrão) é um símbolo usado para travar alguma informação, via de regra o que estiver vinculado à direita.

As questões normalmente descrevem uma planilha e citam que uma determinada fórmula foi inserida em uma célula. Na sequência, a célula é selecionada, copiada e colada em outra célula, ou mesmo clicado pela alça de preenchimento e arrastado para outra célula.

No caso a seguir, foi inserida na célula C1 a fórmula =A1+$A2+A$2, após foi arrastada pela alça de preenchimento desta célula para a célula C2, assim a fórmula presente em C2 será:

1º de C1 para C2 foi acrescido apenas uma linha, sem alterar a coluna, assim as letras não são alteradas, mas existem modos de endereçamento misto, em que aparece $2 significa que a linha será sempre a linha 2, não podendo modificá-la.

	A	B	C	D
1	10	100	=A1+$A2+A$2	
2	50	200	=A2+$A3+A$2	
3	=$A$1+A1			
4		=$A$1+B2		
5				=B5+$A6+B$2
6				

	A	B	C	D
1	10	100	110	
2	50	200	120	
3	20			
4		210		
5				200
6				

C1	→	C2
Origem		Destino

	Destino	Origem	Deslocamento
Linha	2	1	1
Coluna	C 3ª	C 3ª	0

C1	→	D5
Origem		Destino

	Destino	Origem	Deslocamento
Linha	5	1	4
Coluna	D 4ª	C 3ª	1

A3	→	B4
Origem		Destino

	Destino	Origem	Deslocamento
Linha	4	3	1
Coluna	B 2ª	A 1ª	1

	→	
Origem		Destino

	Destino	Origem	Deslocamento
Linha	-		
Coluna	-		

7.5 Alça de Preenchimento

A Alça de Preenchimento é um dos recursos que mais possui possibilidades de uso e por consequência respostas diferentes.

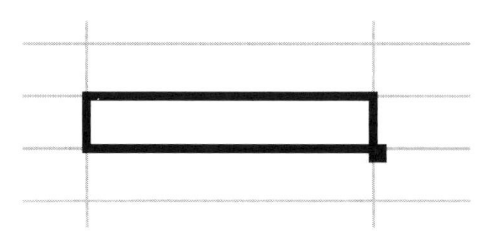

Observe que, quando uma ou mais células estão selecionadas, sempre no canto direito inferior é ilustrado um quadrado um pouco mais destacado, essa é a alça de preenchimento.

Ela possui esse nome porque é utilizada para facilitar o preenchimento de dados que obedeçam a uma regra ou padrão.

Quando uma única célula está selecionada e o seu conteúdo é um valor numérico. Ao clicar sobre a alça de preenchimento e arrastar seja na horizontal ou vertical, em qualquer sentido, exceto diagonal, será preenchido com uma Progressão Aritmética (PA) de razão 1, caso seja arrastado para esquerda ou para cima a razão é -1. A figura a seguir ilustra o comportamento.

INFORMÁTICA

BROFFICE CALC – EDITOR DE PLANILHAS

7.6 Funções

As funções são estruturas prontas criadas para que o usuário não se preocupe em como elas funcionam, mas apenas com que informações devem descrever para obter o resultado. Contudo, para as provas de concurso precisamos saber como elas funcionam.

A figura acima ilustra a barra de fórmulas e funções do Calc, por meio dela podemos inserir as funções, além de poder digitá-las diretamente. Essa barra também tem importante informação, pois é nela que é exibido o real conteúdo de uma célula, ou seja, se o que foi inserido foi uma fórmula ou um dado (valor) direto.

Caso ainda não conheça muito bem as funções é possível contar com o assistente de funções, que pode ser acessado pelo ícone *fx* presente nessa mesma barra. À direita dele encontra-se o botão SOMA, que pode ser usado para inserir a função =SOMA( ) já o sinal de igual presente na sequência é o mesmo que digitar o símbolo na célula selecionada a fim de inserir uma fórmula ou função, tanto que seu nome é Função.

Já na situação em que existem duas células adjacentes selecionadas contendo valores numéricos diferentes entre si, ao se arrastar pela alça de preenchimento as células serão preenchidas com uma PA cuja razão é a diferença entre os dois valores selecionados. A figura a seguir ilustra esse comportamento. Podemos observar que o valor que irá ser exibido na célula B6 será o número 30, com isso a célula B4 receberá o valor 20, enquanto que a B5 receberá 25, conforme vemos na figura da direita.

Quando o conteúdo de uma única célula selecionada for um texto esse, será copiado para as demais células. Mas se o conteúdo, mesmo sendo um texto, fizer parte de uma série conhecida pelo programa às células serão preenchidas com o próximo valor da série. Por exemplo, se **Janeiro** for o conteúdo inserido na célula, então, ao arrastar pela alça de preenchimento para a direita ou para baixo a célula adjacente será preenchida com **Fevereiro**, por outro lado se for arrastado para cima ou para a esquerda a célula adjacente será preenchida com **Dezembro**. O mesmo vale para as sequências Jan, Seg e Segunda-feira. Atenção: A, B, C não são conhecidos como série nos programas, mas o usuário pode criá-las.

Já na situação em que haja duas células que contenham textos diferentes selecionadas, ao arrastar será preenchido com o padrão encontrado, veja o exemplo abaixo.

Quando o conteúdo da célula for uma fórmula ao arrastar pela alça de preenchimento o resultado é o mesmo, ou seja, deverá ser calculada a nova fórmula de acordo com o deslocamento.

Principais funções

=SOMA( )
=MÉDIA( )
=MED( )
=MÁXIMO( )
=MAIOR(;)
=MÍNIMO( )
=MENOR(;)
=MODO( )

	A	B	C	D
1	3	7	10	
2	7	3	20	
3		7	30	
4	3	3	40	
5	7	5	10	
6				
7				

=MÉDIA(A1:A5)

Calcula-se a Média de A1 até A5. O cálculo da média é a soma de um conjunto de valores dividido pelo total de valores **somados**, assim para o caso apresentado na figura acima o resultado da média de A1 até A5 é 20/4 totalizando 5, ou seja, as células vazias são ignoradas. Caso a célula A3 possua o valor 0, o resultado seria 4, pois 0 (zero) é número.

=MÉDIA(A1;A2;A3;A4;A5)

Nesta segunda forma, apenas se mudou os operadores de referência, mas o resultado será o mesmo, pois o conjunto de dados é o mesmo.

=MÉDIA(B1:B5)

O conjunto apresentado também resulta em 5.

=SOMA(B1:B5)/5

Muito comum de ser usado nas provas as estruturas de funções combinadas com expressões aritméticas como somar o conjunto de B1 até B5 e na sequência dividir o resultado por 5. Atente-se, pois para o caso em questão a expressão acima calcula a média, porém não se pode dizer o mesmo para a frase, **a função =SOMA(B1:B5)/5 calcula a média dos valores de B1 até B5 qualquer que seja o valor nas células**, pois se alguma célula estiver vazia não será dividido por 5 o total somado, a fim de calcular a média.

=B1+B2+B3+B4+B5/5

Cuidado com a expressão acima, porque ela não calcula a média, mas é bastante usada nas provas para induzir o candidato ao erro, lembre-se que os cálculos devem ser realizados respeitando as precedências de operadores. Assim, a expressão para calcular a média seria **=(B1+B2+B3+B4+B5)/5** usando os parênteses para mudar a precedência indicando que o que está entre eles é que deve ser calculado por primeiro.

=MED(B1:B5)

Atenção a essa função, pois as provas induzem o candidato a pensar que se trata da função que calcula a média, contudo o que ela calcula é a **Mediana**, que é o elemento central de um conjunto de elementos. Porém, outra questão recorrente pode ser apresentada: ocorre quando o conjunto de dados é similar ao apresentado, ou seja, com números repetidos e fora de ordem, devemos lembrar que a mediada leva em consideração os valores em ordem e que estes se repetem. Desse modo, na mediana de B1 até B5 devemos observar os valores (3, 3, 5, 7, 7), com base nesse conjunto tem-se que a mediana é 5, pois é o elemento central.

=MED(A1:A5)

Contudo, quando o conjunto possui uma quantidade par de elementos, a mediana é a média dos elementos centrais. Dado do conjunto (3, 3, 7, 7) a mediana é a média de 3 e 7, ou seja, 5.

=MÁXIMO(B1:B5)

Essa função retorna o valor mais alto do conjunto de dados especificado.

=MAIOR(B1:B5;3)

Em comparação com a função Máximo, é comum aparecer a função Maior que permite identificar o enésimo termo de um conjunto.

No exemplo anterior podemos ler como o terceiro maior número do intervalo de B1 a B5.

Neste caso, como se deseja o maior valor o conjunto, deve ser considerado em ordem decrescente (7, 7, 5, 3, 3), assim o terceiro maior número é 5.

=MÍNIMO(B1:B5)

Enquanto que o máximo traz como resposta o valor mais alto, o mínimo retorna o mais baixo.

Para o exemplo acima a resposta é 3.

=MENOR(B1:B5;1)

A função Menor exibe o enésimo menor número de um conjunto, desta forma, no exemplo dado, pede-se o primeiro menor número do intervalo de B1 a B5 (3, 3, 5, 7, 7), na função menor o conjunto de dados deve ser considerado em ordem crescente, assim o primeiro menor é 3, o mesmo que o mínimo de B1 até B5.

=MODO(A1:A5)

Esta função retorna o valor que aparece com maior frequência no conjunto especificado. No caso do exemplo, a resposta é 3.

=MODO(B1:B5)

Observe que o resultado será sempre o valor mais baixo que mais se repete, mesmo que outro valor apareça com a mesma frequência, como no segundo exemplo a resposta também é 3.

Outras Funções Comuns

	A	B	C	D	E
1	3	7	10	A	
2	7	3	20	B	
3		7	30	A	
4	3	3	40	A	
5	7	5	10	B	
6					

=SE(; ;)

A função SE é também conhecida como condicional, por meio dela é possível definir ações a serem executadas diante de determinadas situações (condições).

Sua sintaxe é composta por três campos sendo que no primeiro é colocado um teste lógico, após o ponto e vírgula temos o campo que contém a ação a ser executada, caso o teste lógico seja verdadeiro e na sequência. No último campo, contém a ação caso o teste lógico seja falso.

=CONT.NÚM( )

Esta função exibe o total de células de um intervalo que possui como conteúdo um valor numérico.

=CONT.SE(;)

Enquanto que a função CONT.SE retorna a quantidade de células que atendem ao critério estabelecido no segundo campo.

=SOMASE(; ;)

Já a função SOMASE, permite somar apenas o conteúdo das células de interesse ao montante.

Assim se aplicada a função **=SOMASE(D1:D5;"=A";C1:C5)** a resposta será o montante da soma das células da coluna C que estiverem na mesma linha das células da coluna D que possuírem a letra A como conteúdo. Assim a resposta é 80.

Exs.:

=SE(C1>=10; "maior ou igual"; "Menor")

BROFFICE CALC – EDITOR DE PLANILHAS

Se o valor contido na célula C1 for maior ou igual a 10, então será escrito na célula o texto expresso no segundo campo da função. Por ser um texto, a ação desejada ele obrigatoriamente deve ser expresso entre aspas, contudo as aspas não serão exibidas na resposta.

Mas se o valor da célula C1 for menor do que então será escrito como resposta o texto **Menor**.

=CONT.NÚM(A1:A5)

Como a célula A3 está vazia, a resposta desta função é 4, pois existem apenas 4 células cujo conteúdo é um número.

=CONT.SE(D1:D5; "=A")

Ao se aplicar a função acima, ela irá contar quantas células possuem o texto A, neste caso a resposta é 3.

7.7 Formatos de células

Ao clicar com o botão direito do mouse sobre uma ou mais células selecionadas é aberto o menu suspenso, ilustrado a seguir. Neste momento nos interessa a opção Formatar Células que, ao ser acionada, abre a janela de formatação de células.

Guia Números

A figura a seguir ilustra a janela Formatar Células exibindo as opções da aba Números, as principais abas são as guias Número e Alinhamento.

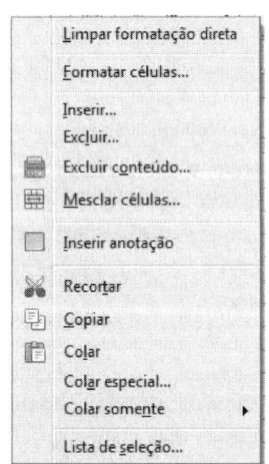

Na figura abaixo estão listados os formatos de células e exibidas as células formatadas.

	A	B
1	Número	5,70
2	Porcentagem	500,00%
3	Moeda	R$ 50,00
4	Data	09/04/13
5	Hora	23:20:00
6	Científico	5,00E+000
7	Fração	3/4
8	Valor Lógico	VERDADEIRO
9	Texto	teste
10		

Os formatos Moeda e Percentagem também podem ser definidos pelas opções da barra de Ferramentas de Formatação. A figura a seguir ilustra parte desta barra com as opções citadas.

Guia Alinhamento

Por meio desta guia, podemos formatar o alinhamento vertical e/ou horizontal de uma célula bem como a orientação do texto, ou seja, sua direção aplicando um grau de inclinação.

Também encontramos a opção Quebra Automática de texto que permite distribuir o conteúdo de uma célula em várias linhas de texto dentro da mesma célula. A figura a seguir ilustra estas opções.

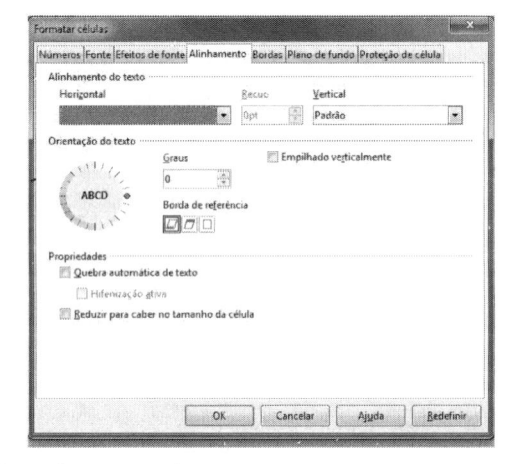

Outras ferramentas

Mesclar e Centralizar

A opção Mesclar e Centralizar do Calc centraliza tanto na horizontal como na vertical. Porém, é possível exibir apenas o conteúdo da célula superior esquerda, como também se pode mover o conteúdo das células selecionadas que serão ocultas para a célula superior esquerda.

A sequência de imagens a seguir ilustra a operação de mesclar em que se opta por exibir apenas a célula superior esquerda, observe que as demais células são apenas ocultas, assim seus valores são mantidos e podem ser referenciados.

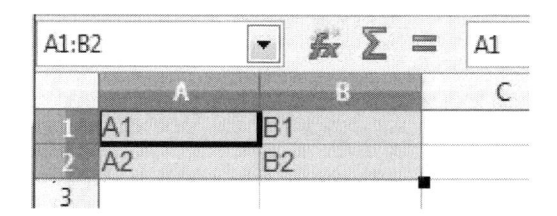

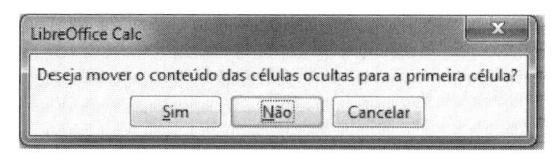

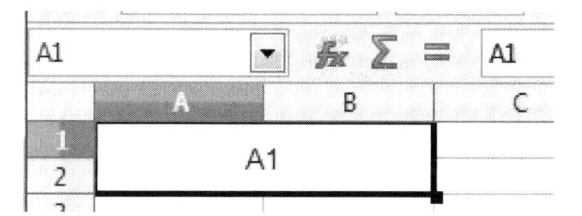

Nessa próxima sequência foi optado por mover o conteúdo para a célula superior esquerda, atente que a ordem dos dados é a mesma de leitura (esquerda para a direita e de cima para baixo).

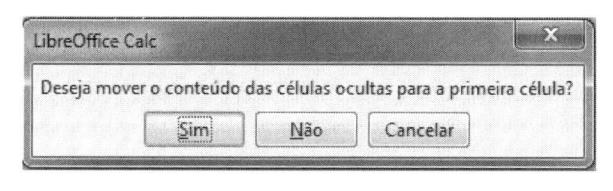

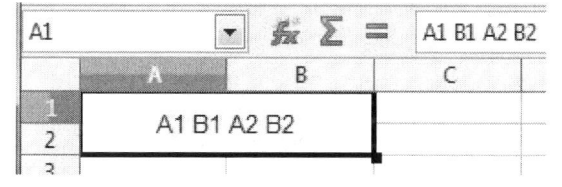

Bordas

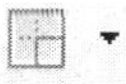

Por padrão, em uma planilha, o que vemos são as linhas de grade e não as bordas das células, tanto que se realizarmos a impressão nenhuma divisão aparece. As bordas devem ser aplicadas manualmente de acordo com a necessidade, para isso, pode-se usar o botão Bordas presente na barra de ferramentas de formatação que, ao ser acionado, exibe as opções de bordas, como: bordas externas, internas, esquerda, direita, dentre as demais que podem ser visualizadas na figura abaixo.

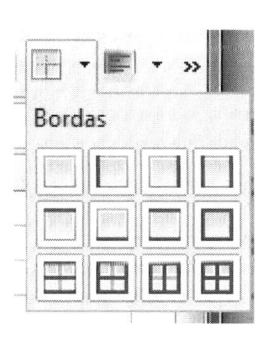

Classificar

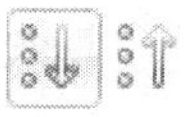

Outra opção que podemos destacar é a de classificação de dados, pela qual podemos ordenar um conjunto de dados selecionados em ordem crescente ou mesmo decrescente, por meio dos ícones acima representados, respectivamente.

Questões

01. (ALFACON) Duas ou mais células de uma planilha do Microsoft Calc podem ser unidas de tal forma que passam a ser uma só célula. Assinale a alternativa que apresenta o nome desse recurso:
a) Agrupar células.
b) Mesclar células.
c) Aglomerar dados
d) Agrupar dados
e) Consolidar dados

02. (NCE/UFRJ)Ao salvar-se um documento em um aplicativo do BrOffice, esse foi criado com a extensão padrão .ods. Pode-se afirmar que o documento é:
a) uma fotografia editada;
b) um arquivo texto;
c) uma planilha;
d) uma apresentação de slide;
e) um banco de dados.

03. (ESAF) O BrOffice é uma suíte para escritório gratuita e de código aberto. Um dos aplicativos da suíte é o Calc, que é um programa de planilha eletrônica e assemelha-se ao Excel da Microsoft. O Calc é destinado à criação de planilhas e tabelas, permitindo ao usuário a inserção de equações matemáticas e auxiliando na elaboração de gráficos de acordo com os dados presentes na planilha. O Calc utiliza como padrão o formato:
a) XLS.
b) XLSX.
c) ODF.
d) PDF.
e) DOC

04. (FUNRIO) Um programa de planilha eletrônica como Microsoft Excel ou BrOffice Calc permite realizar cálculos através de números e fórmulas armazenadas em células. Suponha as seguintes células preenchidas com números: A1=6, A2=5, A3=4, B1=3, B2=2, B3=1. Que valor será calculado e exibido na célula C3 caso esta tenha o conteúdo =SOMA(A2:B3)?
a) 5.
b) 6.
c) 12.
d) 15.
e) 21.

05. (FCC) As células A1 até A3 de uma planilha BrOffice (Calc) contêm, respectivamente, os números: 2, 22 e 222. A célula A4 contém a fórmula =A$1*$A$2+A3 (resultado = 266) que arrastada pela alça de preenchimento para a célula A5 registrará, nesta última, o resultado (calculado):
a) 510.
b) 5150.
c) 6074.
d) 10736.
e) 63936.

INFORMÁTICA

BROFFICE CALC – EDITOR DE PLANILHAS

06. (CEPERJ) Observe a planilha abaixo, no Calc do pacote BrOffice.org 3.0.

	A	B	C	D	E	F	G
1				CEDAE – 2012			
2							
3			#	Código	Nome	Leitura	Consumo
4			1	01-5009	Aldair	123	baixo
5			2	02-9876	Jussara	256	médio
6			3	03-4572	Luiz	478	alto
7			4	04-9036	Samuel	371	médio
8							

Nessa planilha foi inserida uma expressão em G4 que mostra uma mensagem, com base no quadro a seguir:

Leitura	Consumo
Menor que 200	baixo
Maior ou igual a 200 e menor que 400	médio
Maior ou igual a 400	alto

Para finalizar, a expressão inserida na célula G4 foi copiada para G5, G6 e G7. Como consequência, em G7 foi inserida a seguinte expressão:

a) =SE(F7>=400;"alto";SE(F7<200;"baixo";"médio"))
b) =SE(F7>=400;"alto";SE(F7<200;"médio";"baixo"))
c) =SE(F7>=400;"baixo";SE(F7<200;"alto";"médio"))
d) =SE(F7>=400;"médio";SE(F7<200;"alto";"baixo"))
e) =SE(F7>=400;"médio";SE(F7<200;"baixo";"alto"))

Gabaritos

01	B	04	C
02	C	05	B
03	C	06	A

8. BROFFICE IMPRESS - EDITOR DE APRESENTAÇÃO

É também conhecido como editor de slides. Fique atento com as palavras expressas em português como eslaide, que aparenta ser errada, pelo fato de não ser empregada com frequência, comumente usada para induzir o candidato ao erro.

8.1 Janela do Programa

Devemos, primeiramente, conhecer algumas funções da Janela do Editor para melhor entender seus recursos.

A primeira barra ao topo, onde encontramos os botões Fechar, Maximizar/Restaurar e Minimizar é a chamada Barra de Título, pois expressa o nome do arquivo e o programa no qual está sendo trabalhado.

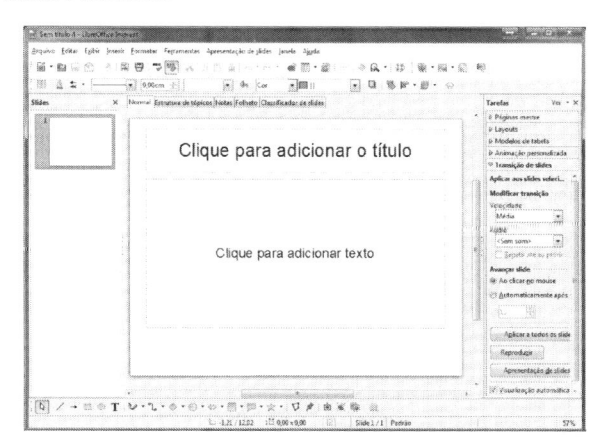

A barra logo abaixo é a Barra de Menu, onde se encontram as ferramentas do programa. Observe, à direita do menu Ferramentas, a existência de um menu diferente dos encontrados no Writer e Calc, o menu Apresentação de Slides. Nele, são encontradas as opções específicas das operações com slides como Cronometrar, Transição e Apresentação de Slides.

Na sequência, são exibidas as duas barras de ferramentas (Padrão e de Formatação). Fique atento às divisões da janela. Na lateral esquerda, está o painel Slides, nele são exibidas as miniaturas dos slides a fim de navegação na apresentação, bem como de organização. Uma vez que, para deslocar o slide, basta clicar e arrastá-lo para o local desejado.

A última é a barra de Status, por meio dela podemos visualizar em qual slide estamos, além de poder alterar o zoom do slide em edição.

Acima da barra de Status está a barra de Desenhos, ilustrada a seguir. Essa barra é comum aos demais editores (Calc e Writer). Porém, ela só aparece por padrão no Impress. Para ocultá-la ou exibi-la, basta selecionar a barra no menu Exibir → Barras de Ferramentas → Desenho.

A área central da tela é onde fica o slide em edição, também conhecida como palco, quem sabe uma associação ao espaço onde o artista expõe a sua obra.

Já à direita, é exibido o Painel de Tarefas. Essa estrutura oferece diversas opções, conforme ilustrado a seguir:

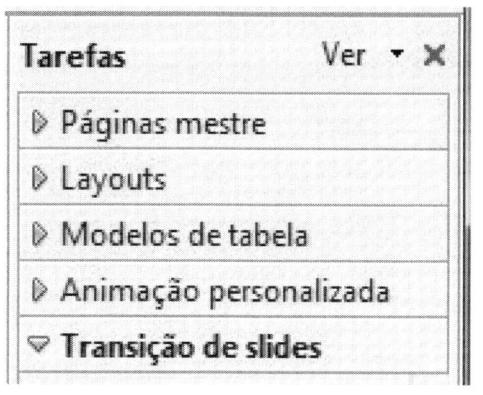

Acima do slide em edição, podem-se encontrar cinco opções, elas são modos de exibição que podem ser alternados.

8.2 Mestre

Um mestre é aquele que deve ser seguido, ou seja, uma estrutura base para a criação de um conjunto de slides. Por meio dele podemos criar um modelo no qual se definem estilos de título, parágrafo, tópicos, planos de fundo e os campos de data/hora, rodapé e número do slide, conforme pode ser visualizado na imagem a seguir:

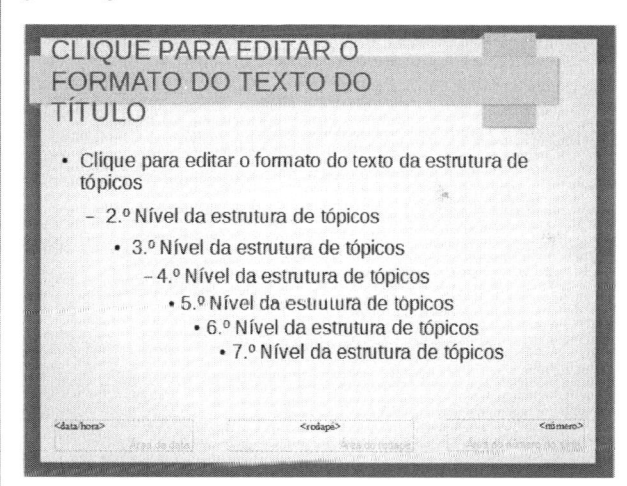

Para acionar o modo exibido, basta clicar no menu Exibir → Mestre → Slide Mestre.

A Nota Mestre serve para formatar as características das anotações (notas) que podem ser associadas a cada slide, conforme ilustrado a seguir.

BROFFICE IMPRESS - EDITOR DE APRESENTAÇÃO

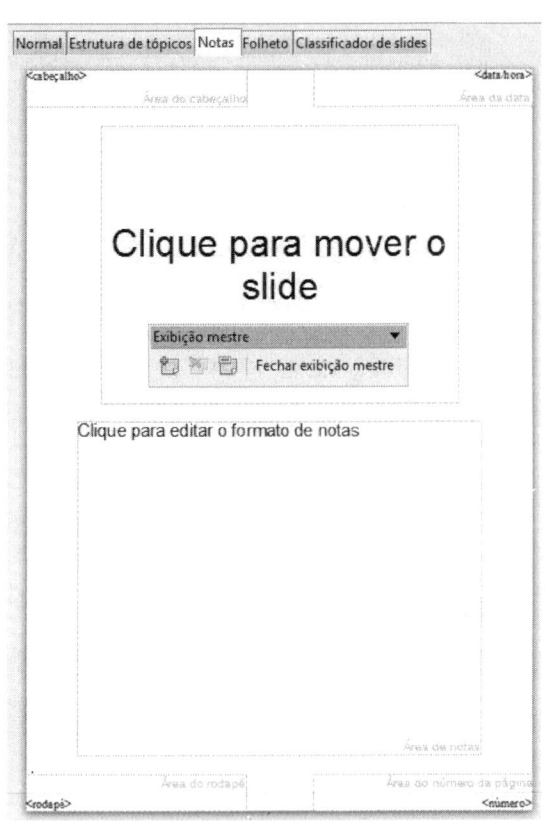

Já o item Elementos do Slide Mestre, serve para indicar quais elementos devem aparecer nos slides ou notas.

No painel de Tarefas, a opção Páginas Mestre apresenta alguns modelos de Slides Mestres que podem ser utilizados pelo usuário.

8.3 Layouts

Também podendo ser citado como Leiaute, são as estruturas que um slide pode possuir, como slides de título, título e subtítulo, slide em branco entre outros.

A figura a seguir ilustra os diversos layouts disponíveis no Impress. Esses podem ser definidos a qualquer momento da edição, inclusive após o slide já ter sido inserido.

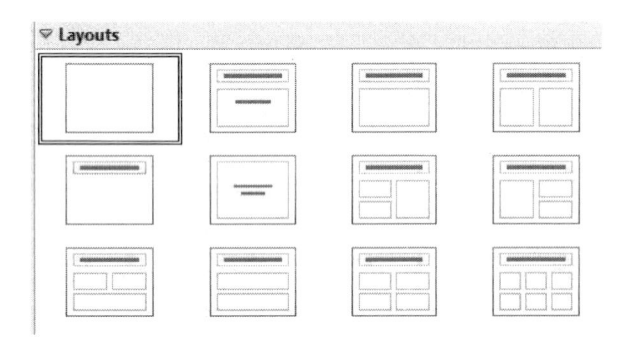

Por meio do botão Inserir Slide, presente na barra de ferramentas padrão, é possível escolher no momento da inserção o layout do slide. Após este já ter sido inserido, basta selecioná-lo no painel de slides, à esquerda, e escolher o novo layout desejado pelo botão de Layout do Slide ou pelo painel de Tarefas.

8.4 Formatos de arquivos

O Formato de Arquivo salvo por padrão no BrOffice (LibreOffice) Impress é o ODP (*Open Document Presentation*). Contudo, é possível salvar uma apresentação no formato PTT do PowerPoint (2003) ou PTTX do PowerPoint 2007 e 2010.

Existe também um formato de arquivo PPS (2003) e PPSX (2007 e 2010). Ele é um formato de autoplay, ou seja, ao ser acionado o arquivo com esse formato ele automaticamente é exibido no modo de exibição de slides.

8.5 Modos de exibição

Os Modos de Exibição refletem em diferentes estruturas e não apenas formas de visualizar os slides. No Impress existem cinco modos de exibição principais, mas pode-se acrescentar também o modo de Apresentação de Slides como sendo um modo de exibição.

Para alternar entre os modos de exibição, pode-se escolher o modo desejado pelo Menu Exibir ou pelas opções presentes no topo do palco de edição.

Normal

Este é o modo de exibição padrão para a edição dos slides, conforme ilustrado a seguir. Com esse modo, é possível alterar os textos do slide, bem como suas formatações de texto, layout e plano de fundo.

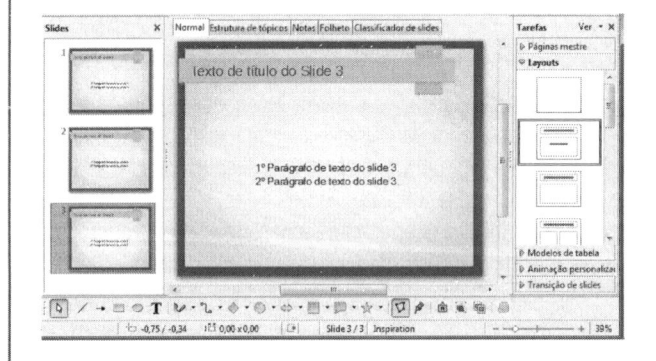

Estrutura de tópicos

Já no modo de Estruturas de Tópicos, as características de formatação do slide não são exibidas, mas apenas o conteúdo do slide. Cada slide é indicado, bem como cada parágrafo de conteúdo, conforme ilustrado a seguir. Propriedades como o tamanho e o tipo da fonte, bem como negrito, sublinhado e itálico são aparentes neste modo de exibição, ao contrário da cor da fonte.

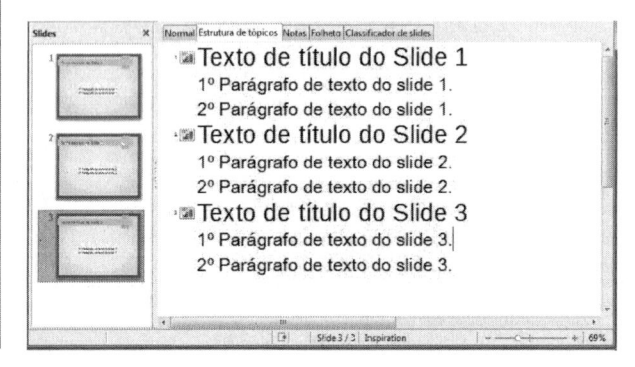

Notas

Este modo de exibição serve para que se possa inserir as anotações sobre um slide, muitas vezes usadas para descrever o assunto, ou conteúdo do slide, ou seja, são os tópicos a serem seguidos e apontados. Assim, as notas servem como um lembrete.

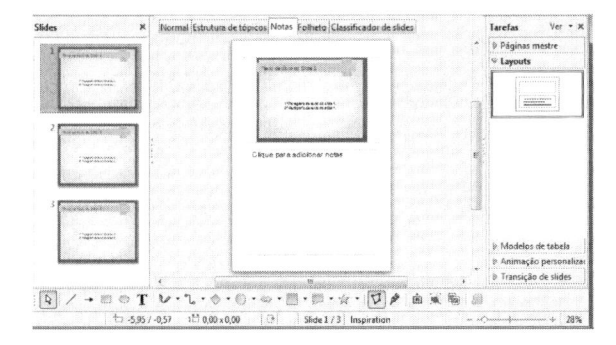

Folhetos

O modo de exibição de Folhetos, ilustrado a seguir, tem por objetivo as estruturas de cabeçalho e rodapé do modo de impressão de folhetos, ou seja, aquele em que são impressos vários slides por página.

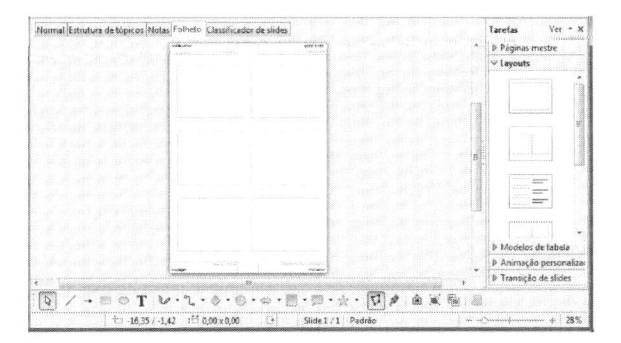

Também é possível dimensionar como ficaram os slides. Além do conteúdo do cabeçalho e rodapé, é possível inserir dados como data, hora e números de páginas. A figura a seguir ilustra com maior precisão os detalhes deste modo de exibição:

Classificador de slides

O modo Classificador de Slides serve para organizar a sequência dos slides na apresentação, oferecendo uma interface onde são exibidas as miniaturas das telas para que, ao clicar e arrastar os slides, seja possível movê-los para às posições desejadas. Na imagem a seguir, pode-se observar sua disposição:

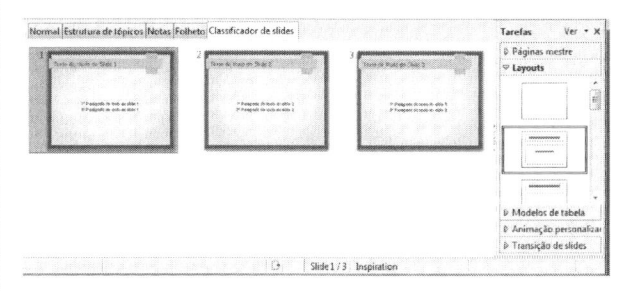

8.6 Inserir slide

Para inserir um slide em uma apresentação, podemos contar com o recurso Inserir Slide, que pode ser acionado a partir de três locais, dentro do editor de apresentação Impress: Menu Inserir, Botão direito do mouse e Barra de Ferramentas.

Além de poder inserir um novo slide pelo Menu Inserir, é possível duplicá-lo, ou seja, criar uma cópia do(s) slide(s) selecionado(s), conforme ilustrado a seguir.

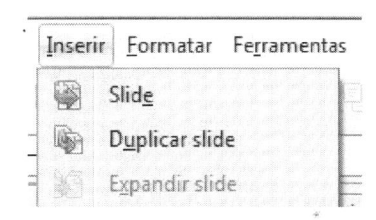

Com o clique do botão direito do mouse sobre um slide, é exibida a lista suspensa ilustrada a seguir, que possui tanto a opção de inserir novo slide, como duplicar o slide selecionado.

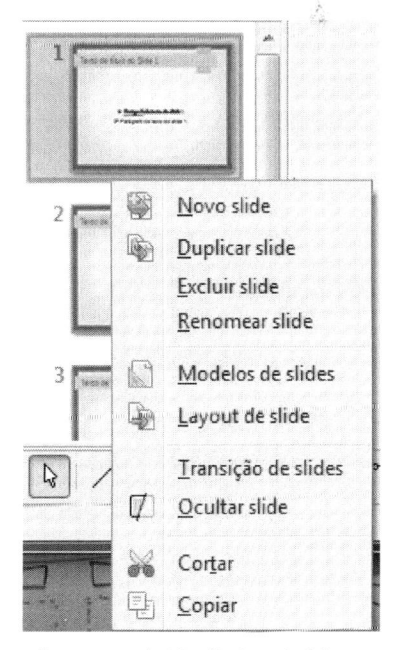

Caso o clique com o botão direito seja feito no espaço vazio, entre os slides é exibida apenas a opção Novo Slide, conforme ilustrado a seguir.

INFORMÁTICA

BROFFICE IMPRESS - EDITOR DE APRESENTAÇÃO

Já na barra de Ferramentas padrão, encontramos o ícone que permite a inserção de um slide. Caso seja clicado na seta à sua direita, é possível ainda escolher o layout do slide que está sendo inserido.

8.7 Menu Apresentação de slides

Neste menu é que se encontram as opções específicas de uma edição de apresentação de slides, como os efeitos de animação e transição de slides. Assim, se a prova citar alguma opção solicitando o menu em que ela é apresentada, se a opção tiver relação à apresentação de slides, então provavelmente estará no menu Apresentação de Slides.

Dentre os itens deste menu, podem-se destacar:

Apresentação de Slides

É a opção que permite exibir a apresentação de slides em tela cheia, de forma a poder visualizá-la. Também é possível encontrar essa opção no Menu Exibir, assim como acioná-la por meio da tecla de atalho F5 que, no caso do Impress, sempre inicia a partir do slide selecionado.

Configuração da apresentação de slides

Por meio desta opção é possível configurar características da exibição da apresentação como tempo de transição de slides automática e também a possibilidade padrão de trocar de slide a cada clique do mouse ou com tecla do teclado. A figura a seguir ilustra a janela de configurações de apresentação:

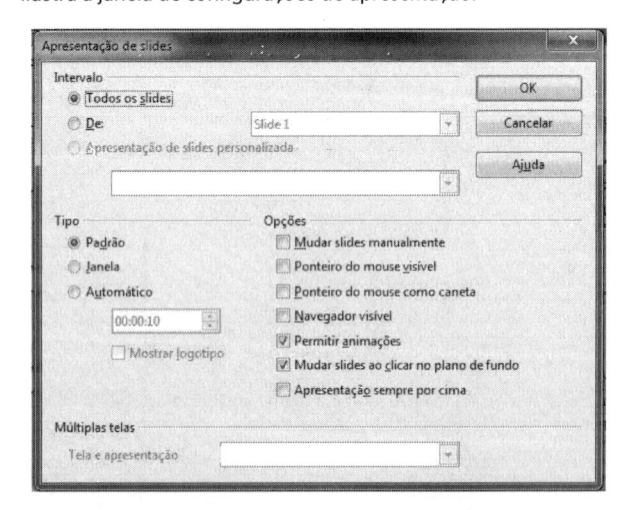

Cronometrar

A opção Cronometrar do Impress é muito inferior ao mesmo recurso no PowerPoint, se comparados. Em teoria, essa ferramenta deveria permitir marcar o tempo que seria gasto para explanar sobre uma apresentação. Contudo, o tempo é marcado por slide e exibido apenas enquanto este está sendo exibido, após, no próximo slide, o contador é novamente zerado.

Interação

Por meio deste recurso é possível modificar a sequência de exibição de uma apresentação, atribuindo a elementos do slide, como figuras e textos, ações como ir para determinado slide da apresentação, como que criando botões de navegação. Para isso, no entanto, faz-se necessário que algum elemento esteja selecionado.

Animação personalizada

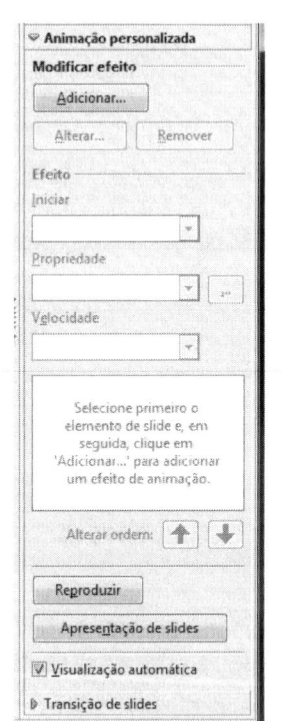

Esse recurso permite atribuir um efeito a um elemento no slide. Ao ser acionado, exibe suas opções no Painel de Tarefas à direita da tela, conforme ilustrado a seguir.

Para adicionar um efeito, é necessário selecionar algum elemento do slide, como texto ou figura e, na janela que se abre ao clicar em Adicionar (ilustrada a seguir), selecionar o efeito desejado, de acordo com categorias pré-definidas na forma de guias da janela, conforme ilustrado:

Transição de slides

Já a opção de Transição de Slides serve para aplicar um efeito a ser executado durante a troca de slide para outro. Permite, ainda, definir tempos específicos para cada slide em uma exibição automática.

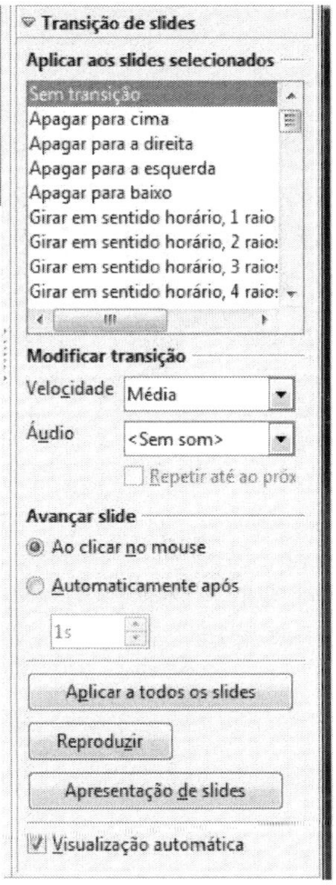

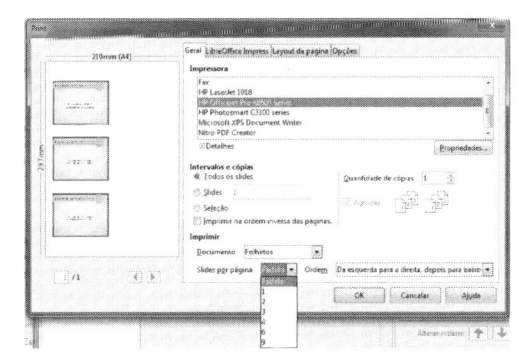

É importante observar que a janela anterior está com o número de três Slides por página, notando-se, assim, na pré-visualização à esquerda, que os slides ficam um abaixo do outro, nesta opção de impressão, enquanto que nas demais quantias os slides são distribuídos como representado a seguir, no modo de impressão de quatro slides por página:

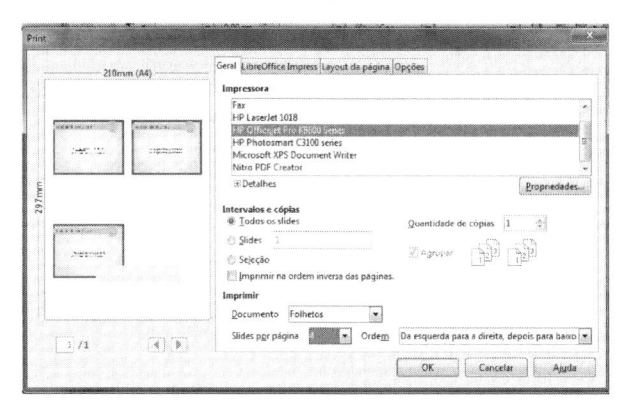

Notas

No modo de impressão de Notas, cada folha recebe um slide e, abaixo dele, são impressas as anotações referentes a ele.

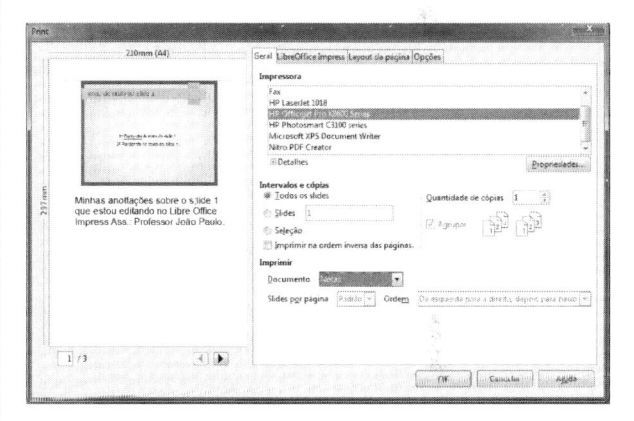

Estrutura de Tópicos

Já na forma de impressão de Estrutura de Tópicos, a impressão fica tal qual ao modo de exibição.

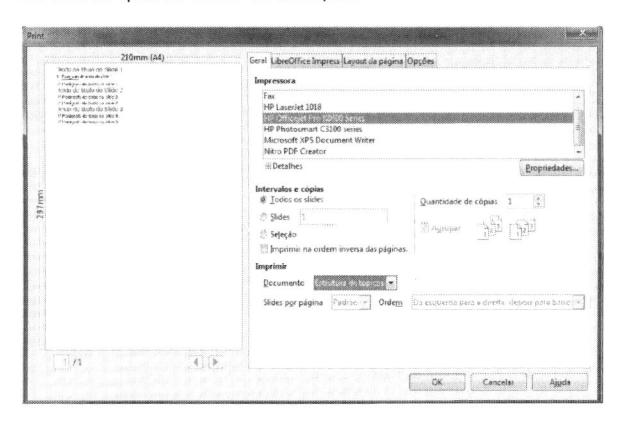

8.8 Impressão

É possível também imprimir a apresentação de slides de acordo com a necessidade, como imprimir um slide em cada página, como ilustrado na sequência, no modo **Slide**:

Slide

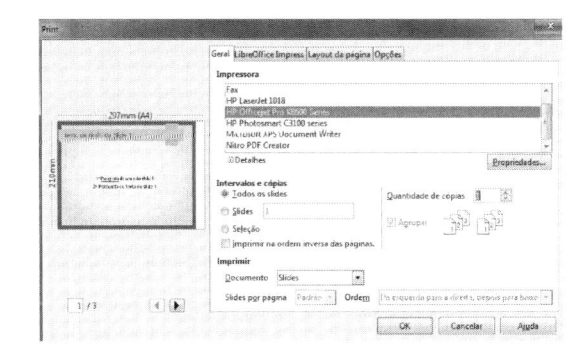

Folhetos

Caso necessário, para imprimir mais de um slide por página, pode-se escolher a opção Folheto, no campo Documento:

INFORMÁTICA

BROFFICE IMPRESS - EDITOR DE APRESENTAÇÃO

Questões

01. (FCC) Pela utilização do editor de apresentações Impress, do pacote BROffice, é possível cronometrar a apresentação sendo exibida. Este recurso é acessível por meio da opção Cronometrar, presente no menu:
a) Ferramentas.
b) Visualização de slides.
c) Apresentação de slides.
d) Editar.
e) Formatar.

02. (FCC) Para salvar uma apresentação do BrOffice Impress com senha:
a) clica-se no menu Arquivo e, em seguida, na opção Salvar como. Na janela que se abre, dá-se o nome ao arquivo no campo Nome, seleciona-se a opção Ferramentas, em seguida Opções Gerais e digita-se a senha. Para concluir, clica-se no botão Salvar.
b) pressiona-se a combinação de teclas Ctrl + Shift + S e na tela que se abre, digita-se o nome do arquivo no campo Nome, a senha no campo Senha e clica-se no botão Salvar.
c) clica-se no menu Arquivo e, em seguida, na opção Salvar. Na tela que se abre, digita-se o nome do arquivo no campo Nome, a senha no campo Senha e clica-se no botão Salvar.
d) pressiona-se a combinação de teclas Ctrl + S e na tela que se abre, digita-se o nome do arquivo no campo Nome, seleciona-se a caixa de combinação Salvar com senha e clica-se no botão Salvar. Para concluir, digita-se e redigita-se a senha e clica-se no botão OK.
e) clica-se no menu Arquivo e, em seguida, na opção Salvar. Na janela que se abre, dá-se o nome do arquivo no campo Nome, seleciona-se a opção Ferramentas, em seguida Salvar com senha. Na janela que se abre, digita-se e redigita-se a senha e clica-se no botão Salvar.

03. (FCC) Em um slide mestre do BrOffice.org Apresentação (Impress), NÃO se trata de um espaço reservado que se possa configurar a partir da janela Elementos mestres:
a) Número da página.
b) Texto do título.
c) Data/hora.
d) Rodapé.
e) Cabeçalho.

04. (CESPE) Os arquivos do Microsoft PowerPoint dos tipos .ppt, .pps e .pptx podem ser abertos pelo módulo Impress do BrOffice.
Assinale a alternativa correta em relação à suíte de programas de escritório BrOffice:
a) O BrOffice Impress é utilizado para criar e gerenciar bancos de dados.
b) O aplicativo Presentation da suíte BrOffice cria e edita apresentações em slides para reuniões.
c) Arquivos com extensão .ppt não podem ser abertos diretamente do BrOffice. Para ler esse tipo de arquivo, deve-se usar um aplicativo específico de conversão de .ppt para .odp.
d) O BrOffice Impress pode, a partir de um documento, gerar arquivos no formato PDF.
e) Uma das diferenças entre o BrOffice Impress e outros aplicativos comerciais é que o Impress ainda não possui a funcionalidade de criar e executar macros.

05. (CEPERJ) Uma apresentação de slides foi criada no software Impress do pacote LibreOffice 4.1. Pressionar a tecla de função F7 tem a seguinte finalidade:
a) Configurar transição de slides.
b) Verificar ortografia e gramática.
c) Salvar o slide atual em formato JPG.
d) Inserir número de página em todos os slides.
e) Aplicar novo design padrão a toda a apresentação.

06. (CONSULPLAN) Considere as afirmativas sobre a ferramenta BrOffice.org 2.0 Impress (configuração padrão).
I. A inserção de um novo slide pode ser realizada pelo comando de menu Inserir / Slide.
II. Clicando com o botão direito do mouse dentro da área de slides não é possível acessar o comando para incluir um novo slide.
III. Apagar para cima, Descobrir para a esquerda e Apagar para baixo são alguns dos efeitos disponíveis na transição de slides.

Está(ão) correta(s) apenas a(s) afirmativa(s):
a) I.
b) III.
c) I e II.
d) I e III.
e) II e III.

Gabaritos

01	C	04	D
02	D	05	B
03	B	06	D

NOÇÕES DE DIREITO CONSTITUCIONAL

DIREITOS FUNDAMENTAIS - REGRAS GERAIS

1. DIREITOS FUNDAMENTAIS - REGRAS GERAIS

Os direitos e garantias fundamentais estão entre os temas mais cobrados em provas. Além de questões envolvendo a literalidade do texto constitucional, encontramos aqui muitas discussões doutrinárias e jurisprudências que tornam essa matéria uma fonte inesgotável de questões.

Procura-se nas próximas páginas apresentar as principais questões levantadas na doutrina e nos tribunais, sempre privilegiando as posições adotadas pelas bancas organizadoras de concurso público.

Inicia-se o estudo pelas Regras Gerais aplicáveis aos direitos fundamentais, tema que tem sido priorizado pelas maiores organizadoras de concursos do país.

1.1 Conceito

Os direitos e garantias fundamentais são institutos jurídicos que foram criados no decorrer do desenvolvimento da humanidade e se constituem de normas protetivas que formam um núcleo mínimo de prerrogativas inerentes à condição humana.

1.2 Amplitude Horizontal e Vertical

Possuem como objetivo principal a proteção do indivíduo diante do poder do Estado. Mas não só do Estado. Os direitos e garantias fundamentais também constituem normas de proteção do indivíduo em relação aos outros indivíduos da sociedade.

E é exatamente nesse ponto que surgem os conceitos de **Amplitude Horizontal e Amplitude Vertical.** Amplitude vertical é o efeito protetor que as normas definidoras de direitos e garantias fundamentais produzem para um indivíduo diante do Estado. Já a amplitude horizontal é o efeito protetor que as normas definidoras de direitos e garantias fundamentais produzem para um indivíduo diante dos outros indivíduos.

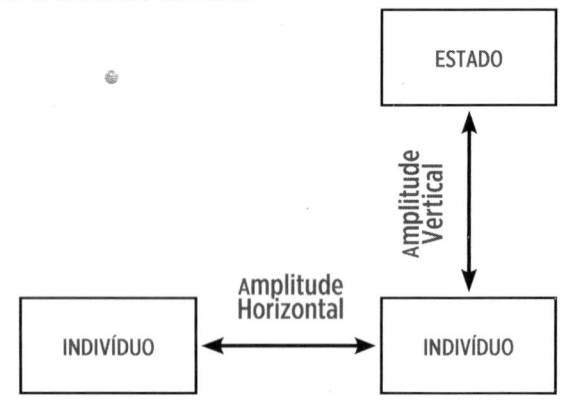

1.3 Classificação

A Constituição Federal, quando se refere aos direitos fundamentais, classifica-os em cinco grupos:

> Direitos e Deveres Individuais e Coletivos;
> Direitos Sociais;
> Direitos de Nacionalidade;
> Direitos Políticos;
> Partidos Políticos.

Essa classificação encontra-se distribuída entre os Arts. 5º e 17 do texto constitucional e é normalmente chamada pela doutrina de Conceito Formal dos Direitos Fundamentais. O Conceito Formal é o que a Constituição Federal resolveu classificar como sendo Direito Fundamental. É o rol de direitos fundamentais previstos expressamente no texto constitucional.

Costuma-se perguntar nas provas: "O rol de direitos fundamentais é um rol exaustivo? Ou melhor, taxativo?" O que se quer saber é se o rol de direitos fundamentais é só aquele que está expresso na Constituição ou não.

Responde-se a essa questão com o § 2º do Art. 5º, que diz:

> *§ 2º - Os direitos e garantias expressos nesta Constituição não excluem outros decorrentes do regime e dos princípios por ela adotados, ou dos tratados internacionais em que a República Federativa do Brasil seja parte.*

Isso significa que o rol não é taxativo, mas exemplificativo. A doutrina costuma chamar esse parágrafo de Cláusula de Abertura Material, que é exatamente a possibilidade de existirem outros direitos fundamentais, ainda que fora do texto constitucional. Esse seria o Conceito Material dos direitos fundamentais, ou seja, todos os direitos fundamentais que possuem a essência fundamental, ainda que não estejam expressos no texto constitucional.

1.4 Características

O elemento jurídico acima abordado, além de explicar a possibilidade de se inserirem novos direitos fundamentais no rol dos que já existem expressamente na Constituição Federal, também constitui uma das características que serão abordadas a seguir:

Historicidade

Essa característica revela que os Direitos Fundamentais são frutos da evolução histórica da humanidade. Significa que eles evoluem com o passar do tempo.

Inalienabilidade

Os direitos fundamentais não podem ser alienados, não podem ser negociados, não podem ser transigidos.

Irrenunciabilidade

Os direitos fundamentais não podem ser renunciados.

Imprescritibilidade

Os direitos fundamentais não se sujeitam aos prazos prescricionais. Não se perde um direito fundamental pelo decorrer do tempo.

Universalidade

Os direitos fundamentais pertencem a todas as pessoas, independentemente da sua condição.

Máxima Efetividade

Essa característica é mais uma imposição ao Estado, que está coagido a garantir a máxima efetividade dos direitos fundamentais. Esses direitos não podem ser ofertados de qualquer forma. É necessário que eles sejam garantidos da melhor forma possível.

Concorrência

Os direitos fundamentais podem ser utilizados em conjunto com outros direitos. Não é necessário abandonar um para usufruir outro direito.

Complementariedade

Um direito fundamental não pode ser interpretado sozinho. Cada direito deve ser analisado juntamente com outros direitos fundamentais, bem como com outros institutos jurídicos.

Proibição do Retrocesso

Essa característica proíbe que os direitos já conquistados sejam perdidos.

Limitabilidade

Não existe direito fundamental absoluto. São direitos relativos.

Não Taxatividade

Essa característica, já tratada anteriormente, diz que o rol de direitos fundamentais é apenas exemplificativo, tendo em vista a possibilidade de inserção de novos direitos.

Veja como esse tema costuma ser abordado em prova:

Os atos de improbidade administrativa estão taxativamente previstos em lei, não sendo possível compreender que sua enumeração seja meramente exemplificativa. ERRADO.

1.5 Dimensões dos Direitos Fundamentais

As dimensões, também conhecidas por Gerações de direitos fundamentais, são uma classificação adotada pela doutrina que leva em conta a ordem cronológica de reconhecimento desses direitos. São cinco as dimensões atualmente reconhecidas:

1ª Dimensão – foram os primeiros direitos conquistados pela humanidade. São direitos relacionados à liberdade, em todas as suas formas. Possuem um caráter negativo diante do Estado, tendo em vista ser utilizado como uma verdadeira limitação ao poder estatal, ou seja, o Estado, diante dos direitos de primeira dimensão, fica impedido de agir ou interferir na sociedade. São verdadeiros direitos de defesa com caráter individual. Estão entre estes direitos as liberdades públicas, civis e políticas.

2ª Dimensão – estes direitos surgem na tentativa de reduzirem as desigualdades sociais provocadas pela primeira dimensão. Por isso, são conhecidos como direitos de igualdade. Para reduzir as diferenças sociais, o Estado precisa interferir na sociedade: essa interferência reflete a conduta positiva adotada por meio de prestações sociais. São exemplos de direitos de segunda dimensão: os direitos sociais, econômicos e culturais.

3ª Dimensão – aqui estão os conhecidos direitos de fraternidade. São direitos que refletem um sentimento de solidariedade entre os povos na tentativa de preservarem os direitos de toda a coletividade. São de terceira geração o direito ao meio ambiente saudável, o direito ao progresso da humanidade, ao patrimônio comum, entre outros.

4ª Dimensão – esses direitos ainda não possuem um posicionamento pacífico na doutrina, mas costuma-se dizer que nesta dimensão ocorre a chamada globalização dos direitos fundamentais. São direitos que rompem com as fronteiras entre os Estados. São direitos de todos os seres humanos, independentemente de sua condição, como o direito à democracia, ao pluralismo político. São também considerados direitos de 4ª geração os direitos mais novos, que estão em construção, como o direito genético ou espacial.

5ª Dimensão – essa é a mais nova dimensão defendida por alguns doutrinadores. É formado basicamente pelo direito à paz. Esse seria o direito mais almejado pelo homem e que consubstancia a reunião de todos os outros direitos.

Deve-se ressaltar que esses direitos, à medida que foram sendo conquistados, complementavam os direitos anteriores, de forma que não se pode falar em substituição ou superação de uma geração sobre a outra, mas em cumulação, de forma que hoje podemos usufruir de todos os direitos pertencentes a todas as dimensões.

Para não se esquecer das três primeiras dimensões é só lembrar-se do Lema da Revolução Francesa: Liberdade, Igualdade e Fraternidade.

1ª DIMENSÃO	2ª DIMENSÃO	3ª DIMENSÃO
LIBERDADE	IGUALDADE	FRATERNIDADE

1.6 Titulares dos Direitos Fundamentais

Quem são os Titulares dos Direitos Fundamentais?

A própria Constituição Federal responde a essa pergunta quando diz no *caput* do Art. 5º que são titulares "os brasileiros e estrangeiros residentes no país". Mas será que é necessário residir no país para que o estrangeiro tenha direitos fundamentais?

Imaginemos um avião cheio de alemães que está fazendo uma escala no Aeroporto Municipal de Cascavel-PR.

Nenhum dos alemães reside no país. Seria possível entrar no avião e matar todas aquelas pessoas, haja vista não serem titulares de direitos fundamentais por não residirem no país? É claro que não. Para melhor se compreender o termo "residente", o STF o tem interpretado de forma mais ampla no sentido de abarcar todos aqueles que estão no país. Ou seja, todos os que estão no território brasileiro, independentemente de residirem no país, são titulares de direitos fundamentais.

Mas será que, para ser titular de direitos fundamentais, é necessário ter a condição humana? Ao contrário do que parece, não é necessário. Tem-se reconhecido como titulares de direitos fundamentais as pessoas jurídicas. Ressalta-se que não só as pessoas jurídicas de direito privado, mas também as pessoas jurídicas de direito público.

Os animais não são considerados titulares de direitos fundamentais, mas isso não

> O STF já se pronunciou sobre a "briga de galo" e a "farra do boi", declarando-as inconstitucionais. Quanto à "vaquejada", o Supremo se manifestou acerca da admissibilidade parcial, desde que não figure flagelação do animal. Por fim, o tema de "rodeios" ainda não foi pleiteado.

NOÇÕES DE DIREITO CONSTITUCIONAL

...que seja possível maltratá-los. Na prática, a CF/88 protege-os contra situações de maus-tratos. De outro lado, mortos podem ser titulares de direitos fundamentais, desde que o direito seja compatível (ex.: honra).

1.7 Cláusulas Pétreas e os Direitos Fundamentais

O Art. 60, § 4º da Constituição Federal, traz o rol das chamadas **Cláusulas Pétreas:**

> *§ 4º - Não será objeto de deliberação a proposta de emenda tendente a abolir:*
> *I. A forma federativa de Estado;*
> *II. O voto direto, secreto, universal e periódico;*
> *III. A separação dos Poderes;*
> *IV. Os direitos e garantias individuais.*

As Cláusulas Pétreas são núcleos temáticos formados por institutos jurídicos de grande importância, os quais não podem ser retirados da Constituição. Observe-se que o texto proíbe a abolição desses princípios, mas não impede que os mesmos sejam modificados, no caso, para melhor. Isso já foi cobrado em prova. É importante notar que o texto constitucional prevê no inciso IV como sendo Cláusulas Pétreas apenas os direitos e garantias individuais. Pela literalidade da Constituição, não são todos os direitos fundamentais que são protegidos por esse instituto, mas apenas os de caráter individual. Parte da doutrina e da jurisprudência entende que essa proteção deve ser ampliada, abrangendo os demais direitos fundamentais. Deve-se ter atenção com esse tema em prova, pois já foram cobrados os dois posicionamentos.

1.8 Eficácia dos Direitos Fundamentais

O § 1º do Art. 5º da Constituição Federal prevê que:

> *§ 1º - As normas definidoras dos direitos e garantias fundamentais têm aplicação imediata.*

Quando a Constituição Federal se refere à aplicação de uma norma, na verdade está falando da sua eficácia.

Esse tema é sempre cobrado em provas de concurso. Com o intuito de obter uma melhor compreensão, é necessário conceituar, classificar e diferenciar os vários níveis de eficácia das normas constitucionais.

Para que uma norma constitucional seja aplicada é indispensável que a ela possua eficácia, a qual é *a capacidade que uma norma jurídica tem de produzir efeitos*.

Se os efeitos produzidos se restringem ao âmbito normativo, tem-se a chamada **eficácia jurídica**, ao passo que, se os efeitos são concretos, reais, tem-se a chamada **eficácia social**. Eficácia jurídica, portanto, é a capacidade que uma norma constitucional tem de revogar todas as outras normas que com ela apresentem divergência. Já a eficácia social, também conhecida como efetividade, é a aplicabilidade na prática, concreta, da norma. Todas as normas constitucionais possuem eficácia jurídica, mas nem todas possuem eficácia social. Logo, é possível afirmar que todas as normas constitucionais possuem eficácia. O problema surge quando uma norma constitucional não pode ser aplicada na prática, ou seja, não possui eficácia social.

Para explicar esse fenômeno, foram desenvolvidas várias classificações acerca do grau de eficácia de uma norma constitucional. A classificação mais adotada pela doutrina e mais cobrada em prova é a adotada pelo professor José Afonso da Silva[1]. Para esse estudioso, a eficácia social se classifica em:

> **Eficácia Plena;**
> **Eficácia Contida;**
> **Eficácia Limitada.**

As normas de **eficácia plena** são aquelas **autoaplicáveis**. São normas que possuem aplicabilidade direta, imediata e integral. Seus efeitos práticos são plenos. É uma norma que não depende de complementação legislativa para produzir efeitos. Veja os exemplos:

Art. 1º; Art. 5º, caput e incisos XXXV e XXXVI; Art. 19; Art. 21; Art. 53; Art. 60, § 1º e 4º; Art. 69; Art. 128, § 5º, I e II; Art. 145, § 2º; entre outros.

As normas de **eficácia contida** também são **autoaplicáveis**. Assim como as normas de eficácia plena, elas possuem **aplicabilidade direta e imediata**. Contudo, sua aplicação não é integral. É neste ponto que a eficácia contida se diferencia da eficácia plena. A norma de eficácia contida nasce plena, mas pode ser restringida por outra norma.

Daí a doutrina chamá-la de norma contível, restringível ou redutível. Essas espécies permitem que outra norma reduza a sua aplicabilidade. São normas que produzem efeitos imediatos, mas esses efeitos podem ser restringidos. Ex:

Art. 5º, VII, XII, XIII, XV, XXVII, XXXIII; Art. 9º; Art. 37, I; Art. 170, parágrafo único; entre outros.

Já as normas de **eficácia limitada** são desprovidas de eficácia social. Diz-se que as normas de eficácia limitada não são autoaplicáveis, possuem aplicabilidade indireta, mediata e reduzida ou diferida.

São normas que dependem de outra para produzirem efeitos. O que as difere das normas de eficácia contida é a dependência de outra norma para que produza efeitos sociais. Enquanto as de eficácia contida produzem efeitos imediatos, os quais poderão ser restringidos posteriormente, as de eficácia limitada dependem de outra norma para produzirem efeitos. Deve-se ter cuidado para não pensar que essas espécies normativas não possuem eficácia. Como se afirmou anteriormente, elas possuem eficácia jurídica, mas não possuem eficácia social. As normas de eficácia limitada são classificadas, ainda, em:

> Normas de eficácia limitada de princípio institutivo (organizativo ou organizatório);
> Normas de eficácia limitada de princípio programático.

As normas de eficácia limitada de **princípio institutivo** são aquelas que dependem de outra norma para organizar ou instituir estruturas, entidades ou órgãos.

Art. 18, § 2º; Art. 22, Parágrafo único; Art. 25, § 3º; Art. 33; Art. 88; Art. 90, §2º; Art. 102, §1º; Art. 107, §1º; Art. 113; Art. 121; Art. 125, §3º; 128, §5º; Art. 131; entre outros.

---

[1] Silva, José Afonso da. "Curso de Direito Constitucional Positivo". 27ª edição. São Paulo: Malheiros, 2005.

As normas de eficácia limitada de **princípio programático** são aquelas que apresentam verdadeiros objetivos a serem perseguidos pelo Estado, programas a serem implementados. Em regra, possuem fins sociais.

Art. 7º, XI, XX, XXVII; Art. 173, §4º; Art. 196; Art. 205; Art. 215; Art. 218; Art. 227; entre outros.

O Supremo Tribunal Federal (STF) possui algumas decisões que conferiram o grau de eficácia limitada aos seguintes dispositivos:

Art. 5º, LI; Art. 37, I; Art. 37, VII; Art. 40, § 4º; Art. 18, §4º.

Feitas as considerações iniciais sobre esse tema, resta saber o que o § 1º do Art. 5º da CF quis dizer com "aplicação imediata". Para traduzir essa expressão, basta analisar a explicação apresentada anteriormente. Segundo a doutrina, as normas que possuem aplicação imediata ou são de eficácia plena ou contida. Ao que parece, o texto constitucional quis restringir a eficácia dos direitos fundamentais em plena ou contida, não existindo, em regra, normas definidoras de direitos fundamentais com eficácia limitada. Entretanto, pelos próprios exemplos aqui apresentados, não é essa a realidade do texto constitucional. Certamente, existem normas de eficácia limitada entre os direitos fundamentais (7º, XI, XX, XXVII). A dúvida que surge então é: como responder na prova?

A doutrina e o STF têm entendido que, apesar do texto expresso na Constituição Federal, existem normas definidoras de direitos fundamentais que não possuem aplicabilidade imediata, as quais são de eficácia limitada. Diante dessa contradição, a doutrina tem orientado no sentido de se conferir a maior eficácia possível aos direitos fundamentais. Em prova, pode ser cobrada tanto uma questão abordando o texto puro da Constituição Federal quanto o posicionamento da doutrina. Deve-se responder conforme for perguntado.

A Constituição previu dois instrumentos para garantir a efetividade das normas de eficácia limitada: **Ação Direta de Inconstitucionalidade** por omissão e o **Mandado de Injunção.**

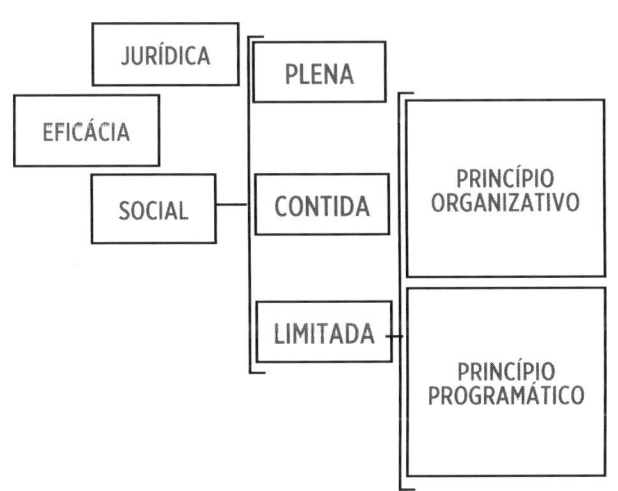

1.9 Força Normativa dos Tratados Internacionais

Uma regra muito importante para a prova é a que está prevista no § 3º do Art. 5º:

§3º - Os tratados e convenções internacionais sobre direitos humanos que forem aprovados, em cada Casa do Congresso Nacional, em dois turnos, por três quintos dos votos dos respectivos membros, serão equivalentes às emendas constitucionais.

Esse dispositivo constitucional apresenta a chamada Força Normativa dos Tratados Internacionais.

Segundo o texto constitucional, é possível que um tratado internacional possua força normativa de emenda constitucional, desde que preencha os seguintes requisitos:

> Tem que falar de direitos humanos;
> Tem que ser aprovado nas duas casas legislativas do Congresso Nacional, ou seja, na Câmara dos Deputados e no Senado Federal;
> Tem que ser aprovado em dois turnos em cada casa;
> Tem que ser aprovado por 3/5 dos membros em cada turno de votação, em cada casa.

Preenchidos esses requisitos, o Tratado Internacional terá força normativa de **Emenda à Constituição.**

Mas surge a seguinte questão: e se o Tratado Internacional for de Direitos Humanos e não preencher os requisitos constitucionais previstos no § 3º do Art. 5º da Constituição? Qual será sua força normativa? Segundo o STF, caso o Tratado Internacional fale de direitos humanos, mas não preencha os requisitos do § 3º do Art. 5º da CF, ele terá força normativa de **Norma Supralegal.**

Ainda há os tratados internacionais que não falam de direitos humanos. São tratados que falam de outros temas, por exemplo, o comércio. Esses tratados possuem força normativa de **Lei Ordinária.** Em suma, são três as forças normativas dos Tratados Internacionais:

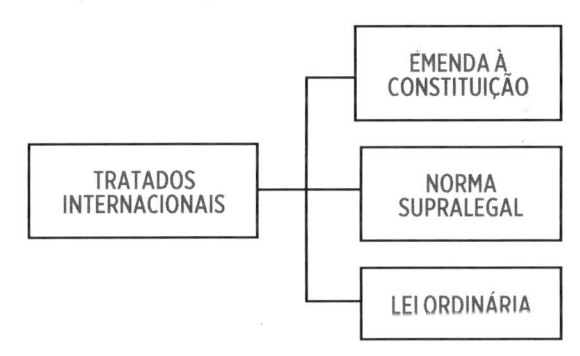

1.10 Tribunal Penal Internacional - TPI

Há outra regra muito interessante prevista no § 4º do Art. 5º da Constituição:

§ 4º - O Brasil se submete à jurisdição de Tribunal Penal Internacional a cuja criação tenha manifestado adesão.

É o chamado **Tribunal Penal Internacional**. Mas o que é o Tribunal Penal Internacional? É uma corte permanente, localizada em Haia, na Holanda, com competência de julgamento dos crimes contra a humanidade.

É um Tribunal, pois tem função jurisdicional; é Penal porque só julga crimes; é Internacional, haja vista sua competência não estar restrita à fronteira de um só Estado.

Mas uma coisa deve ser esclarecida. O TPI não julga qualquer tipo de crime. Só os crimes que tenham repercussão para toda a humanidade. Geralmente, são crimes de guerra, agressão estrangeira, genocídio, dentre outros.

NOÇÕES DE DIREITO CONSTITUCIONAL

DIREITOS FUNDAMENTAIS - REGRAS GERAIS

Apesar de ser um tribunal com atribuições jurisdicionais, o TPI não faz parte do Poder Judiciário brasileiro. Sua competência é complementar à jurisdição nacional, não ofendendo, portanto, a soberania do Estado brasileiro. Isso significa que o TPI só age quando a Justiça Brasileira se omite ou é ineficaz.

1.11 Direitos X Garantias

Muitos questionam se direitos e garantias são a mesma coisa, mas a melhor doutrina tem diferenciado esses dois institutos.

Os direitos são os próprios direitos previstos na Constituição Federal. São os bens jurídicos tutelados pela Constituição. Eles representam por si só esses bens.

As garantias são instrumentos de proteção dos direitos. São ferramentas disponibilizadas pela Constituição para a fruição dos direitos.

Apesar da diferença entre os dois institutos é possível afirmar que **toda garantia é um direito.**

Gabaritos

01	A
02	A
03	C

Questões

01. (FCC) São direitos fundamentais classificados como de segunda geração:
a) Os direitos econômicos e culturais.
b) Os direitos de solidariedade e os direitos difusos.
c) As liberdades públicas.
d) Os direitos e garantias individuais clássicos.
e) O direito do consumidor e o direito ao meio ambiente equilibrado.

02. (FCC) Em conformidade com o art. 113 da Constituição Federal: A lei disporá sobre a constituição, investidura, jurisdição, competência, garantias e condições de exercício dos órgãos da Justiça do Trabalho. A presente hipótese trata de uma norma constitucional de eficácia:
a) Limitada, definidora de princípio institutivo ou organizativo.
b) Limitada, definidora de princípios programáticos.
c) Plena, mas de natureza facultativa ou permissiva.
d) Contida, em razão de restrições impostas por outras normas constitucionais.
e) Plena, mas de natureza obrigatória, de programas ou diretrizes.

03. (FCC) Nos termos da Constituição Federal, serão equivalentes às emendas constitucionais, os tratados e convenções internacionais sobre direitos humanos que forem aprovados,
a) Pelo Senado Federal, em único turno, por três quartos dos votos dos respectivos membros.
b) Pelo Congresso Nacional, em dois turnos, por dois terços dos votos dos respectivos membros.
c) Em cada Casa do Congresso Nacional, em dois turnos, por três quintos dos votos dos respectivos membros.
d) Pela Câmara dos Deputados, em único turno, por dois terços dos votos dos presentes à sessão.
e) Pelo Congresso Nacional, em único turno, por maioria absoluta dos presentes à sessão.

2. DIREITOS FUNDAMENTAIS - DIREITOS E DEVERES INDIVIDUAIS E COLETIVOS

A Constituição Federal, ao disciplinar os direitos individuais, os coloca basicamente no Art. 5º. Logo no *caput* desse artigo, já aparece uma classificação didática dos direitos ali previstos:

> **Art. 5º.** *Todos são iguais perante a lei, sem distinção de qualquer natureza, garantindo-se aos brasileiros e aos estrangeiros residentes no País a inviolabilidade do direito à vida, à liberdade, à igualdade, à segurança e à propriedade, nos termos seguintes:*

Para estudarmos os direitos individuais, utilizaremos os cinco grupos de direitos previstos no *caput* do Art. 5º:

> **Direito à vida;**
> **Direito à igualdade;**
> **Direito à liberdade;**
> **Direito à propriedade;**
> **Direito à segurança.**

Percebe-se que os 78 incisos do Art. 5º, de certa forma, decorrem de um desses direitos que podem ser chamados de **"direitos raízes"**. Utilizando essa divisão, a seguir serão abordados os incisos mais importantes desse artigo, tendo em vista a preparação para a prova. Logicamente, não conseguiremos abordar todos os incisos, o que não tira a responsabilidade de lê-los.

2.1 Direito à Vida

Ao falar desse direito, que é considerado pela doutrina como o **direito mais fundamental de todos**, por ser um pressuposto para o exercício dos demais direitos, enfrenta-se um primeiro dEsafio: esse direito é absoluto?

Assim como os demais direitos, o direito à vida não é absoluto. São várias as justificativas existentes para considerá-lo um direito passível de flexibilização:

Pena de Morte

Uma que já apareceu em prova: existe pena de morte no Brasil?

A sua resposta tem que ser "SIM". A alínea "a" do inciso XLVII do Art. 5º traz essa previsão expressamente:

> **XLVII.** *Não haverá penas:*
> **a)** *de morte, salvo em caso de guerra declarada, nos termos do Art. 84, XIX;*

Todas as vezes que a Constituição traz uma negação acompanhada de uma exceção, estamos diante de uma possibilidade.

Aborto

A prática de aborto no Brasil é permitida? O Art. 128 do Código Penal Brasileiro apresenta duas possibilidades de prática de aborto que são verdadeiras excludentes de ilicitude:

> **Art. 128.** *Não se pune o aborto praticado por médico:*

Aborto necessário

> **I.** *Se não há outro meio de salvar a vida da gestante;*

Aborto sentimental

> **II.** *Se a gravidez resulta de estupro e o aborto é precedido de consentimento da gestante ou, quando incapaz, de seu representante legal.*

São os **abortos necessário** e **sentimental**. Aborto necessário é aquele praticado para salvar a vida da gestante e o aborto sentimental é utilizado nos casos de estupro. Essas duas exceções à prática do crime de aborto são hipóteses em que se permite a sua prática no direito brasileiro. Além dessas duas hipóteses previstas expressamente na legislação brasileira, o STF também reconhece a possibilidade da prática de aborto do feto anencéfalo (feto sem cérebro)[1]. Mais uma vez, o direito à vida encontra-se flexibilizado.

Legítima Defesa e Estado de Necessidade

Esses dois institutos, também excludentes de ilicitude do crime, são outras possibilidades de limitação do direito a vida, conforme disposto no Art. 23 do Código Penal Brasileiro:

> **Art. 23.** *Não há crime quando o agente pratica o fato:*
> **I.** *Em estado de necessidade;*
> **II.** *Em legítima defesa;*

Em linhas gerais e de forma exemplificativa, o estado de necessidade permite que, diante de uma situação de perigo, uma pessoa possa, para salvar uma vida, tirar a vida de outra pessoa. Na legítima defesa, caso sua vida seja ameaçada por alguém, existe legitimidade em retirar a vida de quem o ameaçou.

Outro ponto que deve ser ressaltado é que o direito à vida não está adstrito apenas ao fato de se estar vivo. Quando a constituição protege o direito à vida, a faz em suas diversas acepções. Existem dispositivos constitucionais que protegem o direito à vida no que tange a sua preservação da integridade física e moral (Art. 5º, III, V, XLVII, XLIX; Art. 199, §4º. A Constituição também protege o direito à vida no que tange à garantia de uma vida com qualidade (Arts. 6º; 7º, IV; 196; 205; 215).

2.2 Direito à Igualdade

Igualdade Formal X Igualdade Material

Possui como sinônimo o termo Isonomia. A doutrina classifica esse direito em:

Igualdade Formal

Traduz-se no termo "todos são iguais perante a lei, sem distinção de qualquer natureza". É o previsto no *caput* do Art. 5º. É uma igualdade jurídica, que não se preocupa com a realidade, mas apenas evita que alguém seja tratado de forma discriminatória.

Igualdade Material

Também chamada de igualdade efetiva ou substancial. É a igualdade que se preocupa com a realidade. Traduz-se na seguinte expressão: "tratar os iguais com igualdade e os desiguais com

---

1 O Tribunal, por maioria e nos termos do voto do Relator, julgou procedente a ação para declarar a inconstitucionalidade da interpretação segundo a qual a interrupção da gravidez de feto anencéfalo é conduta tipificada nos artigos 124, 126, 128, incisos I e II, todos do Código Penal, contra os votos dos Senhores Ministros Gilmar Mendes e Celso de Mello que, julgando-a procedente, acrescentavam condições de diagnóstico de anencefalia especificadas pelo Ministro Celso de Mello; e contra os votos dos Senhores Ministros Ricardo Lewandowski e Cezar Peluso (Presidente), que a julgavam improcedente. Impedido o Senhor Ministro Dias Toffoli. Plenário, 12.04.2012. ADPF 54 - Relator Min. Marco Aurélio.

NOÇÕES DE DIREITO CONSTITUCIONAL

desigualdade, na medida das suas desigualdades". Esse tipo de igualdade confere um tratamento com justiça para aqueles que não a possuem.

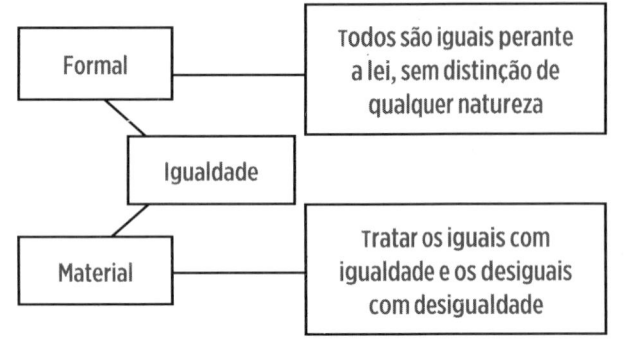

```
                    ┌─────────────────────────────┐
         ┌─ Formal ─┤ Todos são iguais perante   │
         │          │ a lei, sem distinção de    │
         │          │ qualquer natureza           │
Igualdade┤          └─────────────────────────────┘
         │          ┌─────────────────────────────┐
         └─Material─┤ Tratar os iguais com        │
                    │ igualdade e os desiguais    │
                    │ com desigualdade            │
                    └─────────────────────────────┘
```

A igualdade formal é a regra utilizada pelo Estado para conferir um tratamento isonômico entre as pessoas. Contudo, por diversas vezes, um tratamento igualitário não consegue atender a todas as necessidades práticas. Faz-se necessária a utilização da igualdade em seu aspecto material para que se consiga produzir um verdadeiro tratamento isonômico.

Imaginemos as relações entre homens e mulheres. A regra é que homem e mulher são tratados da mesma forma conforme previsto no inciso I do Art. 5º:

> *I. Homens e mulheres são iguais em direitos e obrigações, nos termos desta Constituição;*

Contudo, em diversas situações, homens e mulheres serão tratados de forma diferente:

Licença-maternidade
Tem duração de 120 dias para a mulher. Para o homem, apenas 5 dias de licença-paternidade;

Aposentadoria
A mulher se aposenta 5 anos mais cedo que o homem;

Serviço Militar Obrigatório
Só o homem está obrigado.

Essas são algumas das situações em que são permitidos tratamentos desiguais entre as pessoas. As razões que justificam essa discriminação são as diferenças efetivas que existem entre os homens e as mulheres em cada uma das hipóteses. Exemplificando, a mulher tem mais tempo para se recuperar em razão da nítida distinção do desgaste feminino para o masculino no que tange ao parto. É indiscutível que, por mais desgastante que seja o nascimento de um filho para o pai, nada se compara ao sofrimento suportado pela mãe. Por essa razão, a licença-maternidade é maior que a licença-paternidade.

Igualdade nos Concursos Públicos

O tema diz respeito à igualdade nos concursos públicos. Seria possível restringir o acesso a um cargo público em razão do sexo de uma pessoa? Ou por causa de sua altura? Ou ainda, pela idade que possui?

Essas questões encontram a mesma resposta: sim! É possível, desde que os critérios discriminatórios preencham alguns requisitos:

Deve ser Fixado em Lei
Não basta que os critérios estejam previstos no edital, precisam estar previstos em lei, no seu sentido formal.

Deve ser Necessário ao Exercício do Cargo
O critério discriminatório deve ser necessário ao exercício do cargo. A título de exemplo: seria razoável exigir para um cargo de policial militar, altura mínima ou mesmo, idade máxima, que representam vigor físico, tendo em vista a natureza do cargo que exige tal condição. As mesmas condições não poderiam ser exigidas para um cargo de técnico judiciário, por não serem necessárias ao exercício do cargo.

Em suma, podem ser exigidos critérios discriminatórios desde que previstos em lei e que sejam necessários ao exercício do cargo, observados os critérios de proporcionalidade e razoabilidade.

Esse tema sempre tem sido alvo de questões em prova, principalmente sob o aspecto jurisprudencial. Veja este exemplo de questão:

No ato da posse o servidor apresentará, se entender necessário, declaração de bens e valores que constituem o seu patrimônio e, obrigatoriamente, declaração quanto ao exercício ou não de outro cargo, emprego ou função pública. ERRADO.

Ações Afirmativas

Como formas de concretização da igualdade material foram desenvolvidas políticas públicas de compensação dirigidas às minorias sociais chamadas de **Ações Afirmativas ou Discriminações Positivas**. São verdadeiras ações de cunho social que visam a compensar possíveis perdas que determinados grupos sociais tiveram ao longo da história de suas vidas. Quem nunca ouviu falar nas "quotas para os pobres nas Universidades" ou ainda, "reserva de vagas para deficientes em concursos públicos"? Essas são algumas das espécies de ações afirmativas desenvolvidas no Brasil.

Mas por que reservar vagas para deficientes em concursos públicos? Ora, é óbvio que o deficiente, qualquer que seja sua deficiência, quando se prepara para um concurso público possui muito mais dificuldade que uma pessoa que tem a plenitude de seu vigor físico. Em razão dessa diferença, o Estado, na tentativa de reduzir a desigualdade existente entre os concorrentes, resolveu compensar a limitação de um portador de necessidades especiais reservando-lhe vagas especiais.

Perceba que, ao contrário do que parece, quando se reservam vagas num concurso público para deficientes estamos diante de um nítido tratamento discriminatório, que nesse caso é justificável pelas diferenças naturais entre o concorrente sadio e o concorrente deficiente. Lembre-se de que igualdade material é tratar iguais com igualdade e desiguais com desigualdade. O que se faz por meio dessas políticas de compensação é tratar os desiguais com desigualdade, na medida de suas desigualdades. Só dessa forma é possível alcançar um verdadeiro tratamento isonômico entre os candidatos.

Por fim, destaca-se o fato de o STF ter declarado constitucional a política de cotas étnico-raciais para seleção de estudantes em universidades públicas pacificando uma discussão antiga sobre esse tipo de ação afirmativa.

2.3 Direito à Liberdade

O direito à liberdade pertence à primeira geração de direitos fundamentais por expressarem os direitos mais ansiados pelos indivíduos como forma de defesa diante do Estado. O que se verá a seguir são algumas das acepções desse direito que podem ser cobradas em prova.

Liberdade de Ação

O inciso II do Art. 5º apresenta aquilo que a doutrina chama de liberdade de ação:

> *II.* Ninguém será obrigado a fazer ou deixar de fazer alguma coisa senão em virtude de lei;

Essa é a liberdade por excelência. Segundo o texto constitucional, a liberdade só pode ser restringida por lei. Por isso, dizemos que esse inciso também apresenta o **Princípio da Legalidade.**

A liberdade pode ser entendida de duas formas, a depender do destinatário da mensagem:

Para o particular

Para o particular, liberdade significa "fazer tudo que não for proibido".

Para o agente público

Para o agente público, liberdade significa "poder fazer tudo o que for determinado ou permitido pela lei".

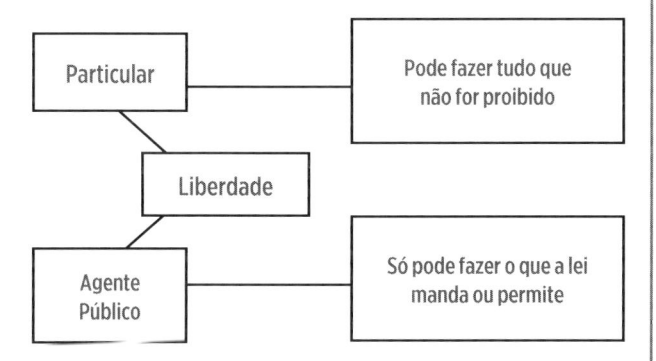

```
Particular ─────── Pode fazer tudo que não for proibido
           │
        Liberdade
           │
Agente     ─────── Só pode fazer o que a lei
Público             manda ou permite
```

Liberdade de Locomoção

Uma das liberdades mais almejadas pelos indivíduos durante as lutas sociais é o grande carro-chefe na limitação dos poderes do Estado. O inciso XV do Art. 5º já diz:

> *XV.* É livre a locomoção no território nacional em tempo de paz, podendo qualquer pessoa, nos termos da lei, nele entrar, permanecer ou dele sair com seus bens;

Perceba-se que o direito explanado nesse inciso não possui caráter absoluto, haja vista ter sido garantido em tempo de paz. Isso significa que em momentos sem paz seriam possíveis restrições às liberdades de locomoção. Destaca-se o Estado de Sítio que pode ser decretado nos casos previstos no Art. 137 da Constituição Federal. Nessas circunstâncias, seriam possíveis maiores restrições à chamada liberdade de locomoção por meio de medidas autorizadas pela própria Constituição Federal:

> *Art. 137.* O Presidente da República pode, ouvidos o Conselho da República e o Conselho de Defesa Nacional, solicitar ao Congresso Nacional autorização para decretar o estado de sítio nos casos de:
> *I.* Comoção grave de repercussão nacional ou ocorrência de fatos que comprovem a ineficácia de medida tomada durante o estado de defesa;
> *II.* Declaração de estado de guerra ou resposta a agressão armada estrangeira.
>
> *Art. 139.* Na vigência do estado de sítio decretado com fundamento no Art. 137, I, só poderão ser tomadas contra as pessoas as seguintes medidas:
> *I.* Obrigação de permanência em localidade determinada;
> *II.* Detenção em edifício não destinado a acusados ou condenados por crimes comuns;

Outro ponto interessante refere-se à possibilidade de qualquer pessoa entrar, permanecer ou sair do país com seus bens. Esse direito também não pode ser encarado de forma absoluta, haja vista a possibilidade de se exigir declaração de bens ou pagamento de imposto quando da entrada no país com bens. Nesse caso, liberdade de locomoção não se confunde com imunidade tributária.

Caso a liberdade de locomoção seja restringida por ilegalidade ou abuso de poder, a Constituição reservou um poderoso instrumento garantidor, o chamado **Habeas Corpus.**

> *Art. 5º, LXVIII.* conceder-se-á "Habeas Corpus" sempre que alguém sofrer ou se achar ameaçado de sofrer violência ou coação em sua liberdade de locomoção, por ilegalidade ou abuso de poder;

Liberdade de Pensamento

Essa liberdade serve de amparo para uma série de possibilidades no que tange ao pensamento. Assim como os demais direitos fundamentais, a manifestação do pensamento não possui caráter absoluto, sendo restringido pela própria Constituição Federal, que proíbe seu exercício de forma anônima:

> *Art. 5º, IV.* É livre a manifestação do pensamento, sendo vedado o anonimato;

A vedação ao anonimato, além de ser uma garantia ao exercício da manifestação do pensamento, possibilita o exercício do direito de resposta caso alguém seja ofendido.

Sobre Denúncia Anônima, é importante fazer uma observação. Diante da vedação constitucional ao anonimato, poder-se-ia imaginar que essa ferramenta de combate ao crime fosse considerada inconstitucional. Contudo, não tem sido esse o entendimento do STF. A denúncia anônima pode até ser utilizada como ferramenta de comunicação do crime, mas não pode servir como amparo para a instauração do Inquérito Policial, muito menos como fundamento para condenação de quem quer que seja.

Liberdade de Consciência e Crença Religiosa

Uma primeira pergunta deve ser feita acerca da liberdade religiosa em nosso país: qual a religião oficial do Brasil? A única resposta possível: é nenhuma. A liberdade religiosa do Estado brasileiro é incompatível com a existência de uma religião oficial. É o que apresenta o inciso VI do Art. 5º:

> *VI.* É inviolável a liberdade de consciência e de crença, sendo assegurado o livre exercício dos cultos religiosos e garantida, na forma da lei, a proteção aos locais de culto e a suas liturgias;

Esse inciso marca a liberdade religiosa existente no Brasil. Por esse motivo, dizemos que o Brasil é um Estado laico, leigo ou não confessional. Isso significa, basicamente, que no Brasil existe uma relação de separação entre Estado e Igreja. Essa relação entre o Estado e a Igreja encontra, inclusive, vedação expressa no texto constitucional:

NOÇÕES DE DIREITO CONSTITUCIONAL

DIREITOS FUNDAMENTAIS - DIREITOS E DEVERES INDIVIDUAIS E COLETIVOS

Art. 19. É vedado à União, aos Estados, ao Distrito Federal e aos Municípios:

I. Estabelecer cultos religiosos ou igrejas, subvencioná-los, embaraçar-lhes o funcionamento ou manter com eles ou seus representantes relações de dependência ou aliança, ressalvada, na forma da lei, a colaboração de interesse público;

Por causa da liberdade religiosa, é possível exercer qualquer tipo de crença no país. É possível ser católico, protestante, mulçumano, ateu ou satanista. Isso é liberdade de crença ou consciência. Liberdade de crer ou não crer. Perceba que o inciso VI, além de proteger as crenças e cultos, também protege as suas liturgias. Apesar do amparo constitucional, não se pode utilizar esse direito para praticar atos contrários às demais normas do direito brasileiro como, por exemplo, sacrificar seres humanos como forma de prestar culto a determinada divindade. Isso a liberdade religiosa não ampara.

Outro dispositivo importante é o previsto no inciso VII:

VII. É assegurada, nos termos da lei, a prestação de assistência religiosa nas entidades civis e militares de internação coletiva;

Nese inciso, a Constituição Federal garantiu a assistência religiosa nas entidades de internação coletivas, sejam elas civis ou militares. Entidades de internação coletivas são quartéis, hospitais ou hospícios. Em razão dessa garantia constitucional, é comum encontrarmos nesses estabelecimentos capelas para que o direito seja exercido.

Apesar da importância dos dispositivos analisados anteriormente, nenhum é mais cobrado em prova que o inciso VIII:

VIII. Ninguém será privado de direitos por motivo de crença religiosa ou de convicção filosófica ou política, salvo se as invocar para eximir-se de obrigação legal a todos imposta e recusar-se a cumprir prestação alternativa, fixada em lei;

Estamos diante do instituto da **Escusa de Consciência.** Esse direito permite a qualquer pessoa que, em razão de sua crença ou consciência, deixe de cumprir uma obrigação imposta sem que com isso sofra alguma consequência em seus direitos. Tal permissivo constitucional encontra uma limitação prevista expressamente no texto em análise. No caso de uma obrigação imposta a todos, se o indivíduo recusar-se ao seu cumprimento, ser-lhe-á oferecida uma prestação alternativa. Não a cumprindo também, a Constituição permite que direitos sejam restringidos. O Art. 15 prescreve que os direitos restringidos serão os direitos políticos:

Art. 15. É vedada a cassação de direitos políticos, cuja perda ou suspensão só se dará nos casos de:

IV. Recusa de cumprir obrigação a todos imposta ou prestação alternativa, nos termos do Art. 5º, VIII;

Liberdade de Reunião

Acerca dessa liberdade, é importante ressaltar as condições estabelecidas pelo texto constitucional:

XVI. Todos podem reunir-se pacificamente, sem armas, em locais abertos ao público, independentemente de autorização, desde que não frustrem outra reunião anteriormente convocada para o mesmo local, sendo apenas exigido prévio aviso à autoridade competente;

Enumerando-as, de forma a facilitar o estudo, tem-se que as condições estabelecidas para o exercício do direito à reunião são:

Reunião Pacífica

Não se legitima uma reunião que tenha fins não pacíficos;

Sem Armas

Para evitar a violência ou coação por meio de armas;

Locais Abertos ao Público

Encontra-se subentendida a reunião em local fechado;

Independente de Autorização

Não precisa de autorização;

Necessidade de Prévio Aviso

Precisa de prévio aviso;

Não Frustrar outra Reunião convocada Anteriormente para o Mesmo Local

Garantia de isonomia no exercício do direito prevalecendo o de quem exerceu primeiro.

Sobre o exercício da liberdade de reunião é importante saber que ele não depende de autorização, mas necessita de prévio aviso.

Outro ponto que já foi alvo de questão de prova é a possibilidade de restrição desse direito no Estado de Sítio e no Estado de Defesa. O problema está na distinção entre as limitações que podem ser adotadas em cada uma das medidas:

Art. 136, § 1º - O decreto que instituir o estado de defesa determinará o tempo de sua duração, especificará as áreas a serem abrangidas e indicará, nos termos e limites da lei, as medidas coercitivas a vigorarem, dentre as seguintes:

I. Restrições aos direitos de:

a) reunião, ainda que exercida no seio das associações;

Art. 139. Na vigência do estado de sítio decretado com fundamento no Art. 137, I, só poderão ser tomadas contra as pessoas as seguintes medidas:

IV. Suspensão da liberdade de reunião;

Ao passo que no Estado de Defesa ocorrerão restrições ao direito de reunião, no Estado de Sítio ocorrerá a suspensão desse direito.

Estado de Defesa → Restrição

Estado de Sítio → Suspensão

Liberdade de Associação

São vários os dispositivos constitucionais que regulam a liberdade de associação:

> **XVII.** É plena a liberdade de associação para fins lícitos, vedada a de caráter paramilitar;
>
> **XVIII.** A criação de associações e, na forma da lei, a de cooperativas independem de autorização, sendo vedada a interferência estatal em seu funcionamento;
>
> **XIX.** As associações só poderão ser compulsoriamente dissolvidas ou ter suas atividades suspensas por decisão judicial, exigindo-se, no primeiro caso, o trânsito em julgado;
>
> **XX.** Ninguém poderá ser compelido a associar-se ou a permanecer associado;
>
> **XXI.** As entidades associativas, quando expressamente autorizadas, têm legitimidade para representar seus filiados judicial ou extrajudicialmente;

O primeiro ponto que dever ser lembrado é que a liberdade de associação só poderá ser usufruída para fins lícitos sendo proibida a criação de associação paramilitar.

Entende-se como associação de caráter paramilitar toda organização paralela ao Estado, sem legitimidade, com estrutura e organização tipicamente militar. São as facções criminosas, milícias ou qualquer outra organização que possua fins ilícitos e alheios aos do Estado.

Destaca-se, com a mesma importância para sua prova, a dispensa de autorização e interferência estatal no funcionamento e criação das associações.

Maior destaque deve ser dado ao inciso XIX, que condiciona qualquer limitação às atividades associativas a uma decisão judicial. As associações podem ter suas atividades suspensas ou dissolvidas. Em qualquer um dos casos deve haver decisão judicial. No caso da dissolução, por ser uma medida mais grave, não basta qualquer decisão judicial, tem que ser transitada em julgado. Isso significa uma decisão definitiva, à qual não caiba mais recurso.

O inciso XX tutela a chamada Liberdade Associativa, pela qual ninguém será obrigado a se associar ou mesmo a permanecer associado a qualquer entidade associativa.

Por fim, temos o inciso XXI, que permite às associações que representem seus associados tanto na esfera judicial quanto na administrativa desde que possuam expressa autorização. Expressa autorização significa por escrito, por meio de instrumento legal que comprove a autorização.

Vale destacar que, para suspender as atividades de uma associação, basta qualquer decisão judicial; para dissolver, tem que haver decisão judicial transitada em julgado.

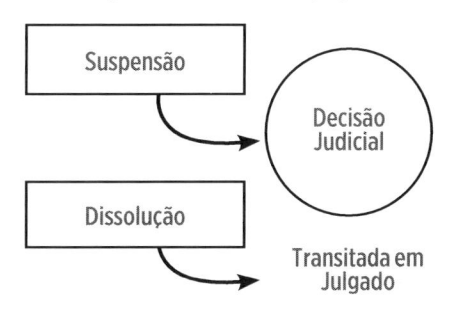

Questões

01. (FCC) No tocante aos Direitos e Deveres Individuais e Coletivos, é correto afirmar que:
a) É livre a expressão da atividade intelectual, artística, científica e de comunicação, independentemente de censura ou licença.
b) Constitui crime afiançável e prescritível a ação de grupos armados, civis ou militares, contra a ordem constitucional e o Estado Democrático.
c) A prisão de qualquer pessoa e o local onde se encontre serão comunicados ao juiz competente após cinco dias de sua prisão.
d) É proibida a prestação de assistência religiosa nas entidades militares de internação coletiva.
e) Ninguém será privado de direitos por motivo de crença religiosa ou de convicção filosófica ou política, sendo lícito invocá-las para eximir-se de obrigação legal a todos imposta.

02. (FCC) Dentre outros, a Constituição Federal estabelece como direito e dever individual e coletivo que:
a) A prática do racismo constitui crime afiançável e prescritível, sujeito à pena de detenção, nos termos da lei.
b) A expressão da atividade intelectual, científica e de comunicação depende, em qualquer hipótese, de censura ou licença da autoridade competente.
c) A criação de cooperativas depende de lei específica e o seu funcionamento, de autorização do poder executivo estadual.
d) As entidades associativas, quando expressamente autorizadas, têm legitimidade para representar seus filiados judicial ou extrajudicialmente.
e) É plena a liberdade de associação, inclusive de caráter religioso e paramilitar de segurança.

03. (FCC) No tocante aos Direitos e Deveres Individuais e Coletivos, considere as seguintes assertivas:
I. É plena a liberdade de associação para fins lícitos, permitida a de caráter paramilitar.
II. A criação de associações e, na forma da lei, a de cooperativas dependem de autorização.
III. As associações só poderão ser compulsoriamente dissolvidas por decisão administrativa.
IV. No caso de iminente perigo público, a autoridade competente poderá usar de propriedade particular, assegurada ao proprietário indenização ulterior, se houver dano.
V. São assegurados, nos termos da lei, a proteção às participações individuais em obras coletivas e à reprodução da imagem e voz humanas, inclusive nas atividades desportivas.

Está correto o que se afirma apenas em:
a) I e II.
b) I, II e III.
c) I, IV e V.
d) II, III e IV.
e) IV e V.

Gabaritos

01	A
02	D
03	E

NOÇÕES DE DIREITO CONSTITUCIONAL

3. DIREITOS FUNDAMENTAIS - DIREITOS E DEVERES INDIVIDUAIS E COLETIVOS

3.1 Direito à Propriedade

Quando se fala em direito à propriedade, alguns atributos que lhe são inerentes aparecem imediatamente. Propriedade é a faculdade que uma pessoa tem de usar, gozar dispor de um bem. O texto constitucional garante esse direito de forma expressa:

> **Art. 5º, XXII.** É garantido o direito de propriedade.

Apesar de esse direito aparentar possuir um caráter absoluto, quando se investiga mais a fundo esse tema, percebe-se que ele possui vários limitadores no próprio texto constitucional. E é isso que se passa a analisar agora.

Limitações

Dentre as limitações existentes na Constituição, estão:

Função Social

A Constituição exige em seu Art. 5º que a propriedade atenda a sua função social:

> **XXIII.** A propriedade atenderá a sua função social;

Isso significa que a propriedade não é tão individual quanto pensamos. A necessidade de observância da função social demonstra que a propriedade é muito mais que uma titularidade privada. Esse direito possui reflexos em toda a sociedade. É só imaginar uma propriedade imóvel, um terreno urbano, que, apesar de possuir um proprietário, fica abandonado. Cresce o mato, as pessoas começam a jogar lixo naquele lugar, alguns criminosos começam a utilizar aquele ambiente para prática de atividades ilícitas. Veja quantas coisas podem acontecer numa propriedade e que importarão em consequências gravosas para o meio social mais próximo. É por isso que a propriedade tem que atender a sua função social.

Requisição Administrativa

Consta no inciso XXV do Art. 5º:

> **XXV.** No caso de iminente perigo público, a autoridade competente poderá usar de propriedade particular, assegurada ao proprietário indenização ulterior, se houver dano;

Essa é a chamada Requisição Administrativa. Esse instituto permite que a propriedade seja limitada pela necessidade de se solucionar situação de perigo público. Não se trata de uma forma de desapropriação, pois o dono da propriedade requisitada não a perde, apenas a empresta para uso público, sendo garantido, posteriormente, havendo dano, direito a indenização. Esse instituto limita o caráter absoluto da propriedade.

Desapropriação

É a perda da propriedade. Esse é o limitador por excelência do direito, restringindo o caráter perpétuo da propriedade. A seguir, estão exemplificadas as três modalidades de desapropriação:

Desapropriação pelo Mero Interesse Público

Essa modalidade é utilizada pelo Estado quando o interesse social ou a utilidade pública prevalecem sobre o direito individual.

Nesse tipo de desapropriação, destaca-se que o proprietário nada fez para merecê-la, contudo, o interesse público exige que determinada área seja desapropriada. É o caso de construção de uma rodovia que exige a desapropriação de várias propriedades para o asfaltamento da via. Conforme o texto da Constituição:

> **XXIV.** A lei estabelecerá o procedimento para desapropriação por necessidade ou utilidade pública, ou por interesse social, mediante justa e prévia indenização em dinheiro, ressalvados os casos previstos nesta Constituição;

Deve ser destacado que essa modalidade de desapropriação gera direito à indenização, que deve ser paga em dinheiro, previamente e com valor justo.

Desapropriação-Sanção

Nesta modalidade, o proprietário, por algum motivo, não observou a função social da propriedade. Por esse motivo, é chamada de Desapropriação-sanção, haja vista ser uma verdadeira punição. Segundo a CF, essa desapropriação gera direito à indenização, que deverá ser paga em títulos da dívida pública ou agrária. Segundo os Art. 182, § 4º, III e 184 da Constituição:

> **Art. 182**, § 4º - É facultado ao Poder Público municipal, mediante lei específica para área incluída no plano diretor, exigir, nos termos da lei federal, do proprietário do solo urbano não edificado, subutilizado ou não utilizado, que promova seu adequado aproveitamento, sob pena, sucessivamente, de:
>
> **I.** Parcelamento ou edificação compulsórios;
>
> **II.** Imposto sobre a propriedade predial e territorial urbana progressivo no tempo;
>
> **III.** Desapropriação com pagamento mediante títulos da dívida pública de emissão previamente aprovada pelo Senado Federal, com prazo de resgate de até dez anos, em parcelas anuais, iguais e sucessivas, assegurados o valor real da indenização e os juros legais.
>
> **Art. 184.** Compete à União desapropriar por interesse social, para fins de reforma agrária, o imóvel rural que não esteja cumprindo sua função social, mediante prévia e justa indenização em títulos da dívida agrária, com cláusula de preservação do valor real, resgatáveis no prazo de até vinte anos, a partir do segundo ano de sua emissão, e cuja utilização será definida em lei.

Desapropriação Confiscatória

Por último, tem-se essa modalidade prevista no Art. 243 da Constituição:

> **Art. 243.** As propriedades rurais e urbanas de qualquer região do País onde forem localizadas culturas ilegais de plantas psicotrópicas ou a exploração de trabalho escravo na forma da lei serão expropriadas e destinadas à reforma agrária e a programas de habitação popular, sem qualquer indenização ao proprietário e sem prejuízo de outras sanções previstas em lei, observado, no que couber, o disposto no Art. 5º. (Redação dada pela Emenda Constitucional nº 81, de 2014)
>
> **Parágrafo único.** Todo e qualquer bem de valor econômico apreendido em decorrência do tráfico ilícito de entorpecentes e drogas afins e da exploração de trabalho escravo será confiscado e reverterá a fundo especial com destinação específica, na forma da lei. (Redação dada pela Emenda Constitucional nº 81, de 2014)

É a desapropriação que ocorre com a propriedade utilizada para cultivo de plantas psicotrópicas. Nesse caso, não haverá indenização, mas o proprietário poderá ser processado pela prática de ilícito penal.

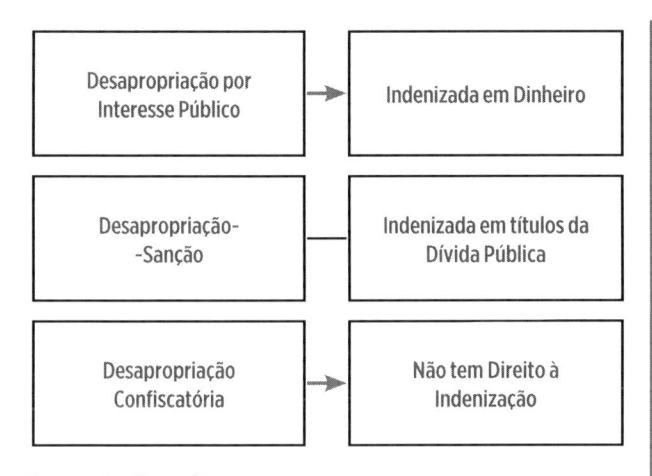

```
┌─────────────────────┐      ┌─────────────────────┐
│  Desapropriação por │ ───▶ │ Indenizada em Dinheiro │
│  Interesse Público  │      │                     │
└─────────────────────┘      └─────────────────────┘

┌─────────────────────┐      ┌─────────────────────┐
│   Desapropriação-   │ ──── │ Indenizada em títulos da │
│      -Sanção        │      │    Dívida Pública   │
└─────────────────────┘      └─────────────────────┘

┌─────────────────────┐      ┌─────────────────────┐
│    Desapropriação   │ ───▶ │  Não tem Direito à  │
│    Confiscatória    │      │     Indenização     │
└─────────────────────┘      └─────────────────────┘
```

Bem de Família

A Constituição consagra uma forma de proteção às pequenas propriedades rurais chamada de Bem de Família:

> **XXVI.** A pequena propriedade rural, assim definida em lei, desde que trabalhada pela família, não será objeto de penhora para pagamento de débitos decorrentes de sua atividade produtiva, dispondo a lei sobre os meios de financiar o seu desenvolvimento;

O mais importante para a prova é atentar para os requisitos estabelecidos no inciso, quais sejam:

Pequena Propriedade Rural

Não se trata de qualquer propriedade.

Definida em Lei

Não em outra espécie normativa.

Trabalhada pela Família

Não por qualquer pessoa.

Débitos Decorrentes da Atividade Produtiva

Não por qualquer débito.

Propriedade Imaterial

Além das propriedades sobre bens materiais, a Constituição também consagra normas de proteção sobre a propriedade de bens imateriais. São duas as propriedades consagradas: autoral e industrial.

A propriedade autoral encontra-se protegida nos incisos XXVII e XXVIII do Art. 5º:

> **XXVII.** Aos autores pertence o direito exclusivo de utilização, publicação ou reprodução de suas obras, transmissível aos herdeiros pelo tempo que a lei fixar;
>
> **XXVIII.** São assegurados, nos termos da lei:
> **a)** a proteção às participações individuais em obras coletivas e à reprodução da imagem e voz humanas, inclusive nas atividades desportivas;
> **b)** o direito de fiscalização do aproveitamento econômico das obras que criarem ou de que participarem aos criadores, aos intérpretes e às respectivas representações sindicais e associativas;

Já a propriedade industrial encontra-se protegida no inciso XXIX:

> **XXIX.** A lei assegurará aos autores de inventos industriais privilégio temporário para sua utilização, bem como proteção às criações industriais, à propriedade das marcas, aos nomes de empresas e a outros signos distintivos, tendo em vista o interesse social e o desenvolvimento tecnológico e econômico do País;

Uma relação muito interessante entre a propriedade autoral e a industrial está no tempo de proteção previsto na Constituição. Observe-se que na propriedade autoral o direito do autor é vitalício, tendo em vista a previsão de possibilidade de transmissão desses direitos aos herdeiros. Contudo, quando nas mãos dos sucessores, a proteção será pelo tempo que a lei fixar, ou seja, temporário.

Já na propriedade industrial, a proteção do próprio autor já possui caráter temporário.

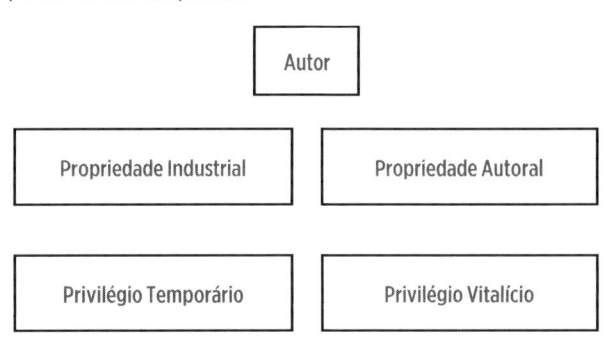

```
                    ┌─────────┐
                    │  Autor  │
                    └─────────┘
        ┌───────────────────┬───────────────────┐
┌───────────────────┐           ┌───────────────────┐
│ Propriedade Industrial │       │  Propriedade Autoral │
└───────────────────┘           └───────────────────┘

┌───────────────────┐           ┌───────────────────┐
│ Privilégio Temporário │       │  Privilégio Vitalício │
└───────────────────┘           └───────────────────┘
```

Direito à Herança

De nada adiantaria tanta proteção à propriedade se esse bem jurídico não pudesse ser transmitido por meio da sucessão de bens aos herdeiros após a morte. O direito à herança, consagrado expressamente na Constituição, traduz-se no coroamento do direito de propriedade. É a grande força motriz desse direito. Só faz sentido ter direito à propriedade se esse direito possa ser transferido aos herdeiros.

> **XXX.** É garantido o direito de herança;
>
> **XXXI.** A sucessão de bens de estrangeiros situados no País será regulada pela lei brasileira em benefício do cônjuge ou dos filhos brasileiros, sempre que não lhes seja mais favorável a lei pessoal do de cujus;

Destaque especial deve ser dado ao inciso XXXI, que prevê a possibilidade de aplicação de lei estrangeira no país em casos de sucessão de bens de pessoa estrangeira desde que esses bens estejam situados no Brasil. A Constituição Federal permite que seja aplicada a legislação mais favorável aos herdeiros, quer seja a lei brasileira, quer seja a lei estrangeira.

3.2 Direito à Segurança

Ao se referir à segurança como direito individual, o Art. 5º pretende significar "segurança jurídica" que trata de normas de pacificação social e que produzem uma maior segurança nas relações sociais. Esse é o ponto alto dos direitos individuais. Sem dúvida, aqui está a maior quantidade de questões cobradas em prova.

Princípio da Segurança nas Relações Jurídicas

Este princípio tem como objetivo garantir a estabilidade das relações jurídicas. Veja o que diz a Constituição:

> **XXXVI.** A lei não prejudicará o direito adquirido, o ato jurídico perfeito e a coisa julgada;

Os três institutos aqui protegidos encontram seu conceito formalizado na **Lei de Introdução às normas do Direito Brasileiro.**

> **Art. 6º**, § 1º - Reputa-se ato jurídico perfeito o já consumado segundo a lei vigente ao tempo em que se efetuou.

NOÇÕES DE DIREITO CONSTITUCIONAL

§ 2º - *Consideram-se adquiridos assim os direitos que o seu titular, ou alguém por ele, possa exercer, como aqueles cujo começo do exercício tenha termo pré-fixo, ou condição pré-estabelecida inalterável, a arbítrio de outrem.*

§ 3º - *Chama-se coisa julgada ou caso julgado a decisão judicial de que já não caiba recurso.*

Em linhas gerais, pode-se assim conceituá-los:

Direito Adquirido

Direito já incorporado ao patrimônio do titular;

Ato Jurídico Perfeito

Ato jurídico que já atingiu seu fim. Ato jurídico acabado, aperfeiçoado, consumado;

Coisa Julgada

Sentença judicial transitada em julgado. Aquela sentença em relação à qual não cabe mais recurso.

De uma coisa não se pode esquecer: a proibição de retroatividade da lei nos casos aqui estudados não se aplica às leis mais benéficas, ou seja, uma lei mais benéfica poderá produzir efeitos em relação ao direito adquirido, ao ato jurídico perfeito e à coisa julgada.

Devido Processo Legal

O devido processo legal possui como objetivo principal limitar o poder do Estado. Esse princípio condiciona a restrição da liberdade ou dos bens de um indivíduo à existência de um procedimento estatal que respeite todos os direitos e garantias processuais previstos na lei. É o que diz o inciso LIV do Art. 5º:

> **LIV.** *Ninguém será privado da liberdade ou de seus bens sem o devido processo legal;*

A exigência constitucional de existência de processo aplica-se tanto aos processos judiciais quanto aos procedimentos administrativos.

Desse princípio, surge a garantia constitucional à **proporcionalidade e razoabilidade.** Da mesma forma, é durante o devido processo legal que poderão ser exercidos os direitos ao contraditório e à ampla defesa, que serão analisados a seguir.

Contraditório e Ampla Defesa

Essas garantias constitucionais, conforme já salientado, decorrem do Devido Processo Legal. São utilizadas como ferramenta de defesa diante das acusações impostas pelo Estado ou por um particular nos processos judiciais e administrativos:

> **LV.** *Aos litigantes, em processo judicial ou administrativo, e aos acusados em geral são assegurados o contraditório e ampla defesa, com os meios e recursos a ela inerentes;*

Mas o que significam o contraditório e a ampla defesa?

Contraditório é o direito de contradizer, contrariar, contraditar. Se alguém diz que você é ou fez alguma coisa, o contraditório lhe permite dizer que não é e que não fez o que lhe foi imputado. É simplesmente o direito de contrariar. Já a ampla defesa é a possibilidade de utilização de todos os meios admitidos em direito para se defender de uma acusação.

Em regra, o contraditório e a ampla defesa são garantidos em todos os processos judiciais ou administrativos, contudo, a legislação brasileira previu alguns procedimentos administrativos incompatíveis com o exercício desse direito:

> Inquérito Policial;
> Sindicância Investigativa;
> Inquérito Civil.

Em suma, nos procedimentos investigatórios que não possuem o condão de punir o investigado não serão garantidos o contraditório e a ampla defesa.

Observem-se as Súmulas Vinculantes do Supremo Tribunal Federal que versam sobre esse tema:

> **SV 3.** *Nos processos perante o Tribunal de Contas da União asseguram-se o contraditório e a ampla defesa quando da decisão puder resultar anulação ou revogação de ato administrativo que beneficie o interessado, excetuada a apreciação da legalidade do ato de concessão inicial de aposentadoria, reforma e pensão.*
>
> **SV 5.** *A falta de defesa técnica por advogado no processo administrativo disciplinar não ofende a Constituição.*
>
> **SV 14.** *É direito do defensor, no interesse do representado, ter acesso amplo aos elementos de prova que, já documentados em procedimento investigatório realizado por órgão com competência de polícia judiciária, digam respeito ao exercício do direito de defesa.*
>
> **SV 21.** *É inconstitucional a exigência de depósito ou arrolamento prévios de dinheiro ou bens para admissibilidade de recurso administrativo.*

Proporcionalidade e Razoabilidade

Eis uma garantia fundamental que não está expressa no texto constitucional apesar de ser um dos institutos mais utilizados pelo Supremo em suas decisões atuais. Trata-se de um princípio implícito, cuja fonte é o Princípio do Devido Processo Legal. Esses dois institutos jurídicos são utilizados como parâmetro de ponderação quando adotadas medidas pelo Estado, principalmente no que tange à restrição de bens e direitos dos indivíduos. Duas palavras esclarecem o sentido dessas garantias: necessidade e adequação.

Para saber se um ato administrativo observou os critérios de proporcionalidade e razoabilidade, deve-se questionar se o ato foi necessário e se foi adequado à situação.

Para exemplificar, imaginemos que um determinado fiscal sanitário, ao inspecionar um supermercado, depara-se com um pote de iogurte com a data de validade vencida há um dia. Imediatamente, ele prende o dono do mercado, dá dois tiros para cima, realiza revista manual em todos os clientes e funcionários do mercado e aplica uma multa de dois bilhões de reais. Pergunta-se: será que a medida adotada pelo fiscal foi necessária? Foi adequada? Certamente que não. Logo, a medida não observou os princípios da razoabilidade e proporcionalidade.

É importante deixar claro que os princípios da proporcionalidade e da razoabilidade estão implícitos no texto constitucional, ou seja, não estão previstos expressamente.

Inadmissibilidade das Provas Ilícitas

Uma das garantias mais importantes do direito brasileiro é a inadmissibilidade das provas ilícitas. Encontra-se previsto expressamente no inciso LVI do Art. 5º:

> **LVI.** *São inadmissíveis, no processo, as provas obtidas por meios ilícitos.*

Em razão dessa garantia, é proibida a produção de provas ilícitas num processo sob pena de nulidade processual. Em regra, a prova ilícita produz nulidade de tudo o que a ela estiver relacionado. Esse efeito decorre da chamada Teoria dos Frutos da Árvore Envenenada. Segundo a teoria, se a árvore está envenenada, os frutos também o serão. Se uma prova foi produzida de forma ilícita, as demais provas dela decorrentes também serão ilícitas (ilicitude por derivação). Contudo, deve-se ressaltar que essa teoria é aplicada de forma restrita no direito brasileiro, ou seja, encontrada uma prova ilícita num processo, não significa que todo o processo será anulado, mas apenas os atos e demais provas que decorreram direta ou indiretamente daquela produzida de forma ilícita.

Caso existam provas autônomas produzidas em conformidade com a lei, o processo deve prosseguir ainda que tenham sido encontradas e retiradas as provas ilícitas. Logo, é possível afirmar que a existência de uma prova ilícita no processo não anula de pronto todo o processo.

Deve-se destacar, ainda, a única possibilidade já admitida de prova ilícita nos tribunais brasileiros: a produzida em legítima defesa.

Inviolabilidade Domiciliar

Essa garantia protege o indivíduo em seu recinto mais íntimo: a casa. A Constituição diz:

> **XI.** A casa é asilo inviolável do indivíduo, ninguém nela podendo penetrar sem consentimento do morador, salvo em caso de flagrante delito ou desastre, ou para prestar socorro, ou, durante o dia, por determinação judicial.

Como regra, só se pode entrar na casa de uma pessoa com o seu consentimento. Excepcionalmente, a Constituição Federal admite a entrada sem consentimento do morador nos casos de:

> Flagrante delito;
> Desastre;
> Prestar socorro;
> Determinação Judicial – só durante o dia.

No caso de determinação judicial, a entrada se dará apenas durante o dia. Nos demais casos, a entrada será permitida a qualquer hora.

Alguns conceitos importantes: o que é casa? O que pode ser entendido como casa para efeito de inviolabilidade? A jurisprudência tem interpretado o conceito de casa de forma ampla, em consonância com o disposto nos Arts. 245 e 246 do Código de Processo Penal:

> **Art. 245.** As buscas domiciliares serão executadas de dia, salvo se o morador consentir que se realizem à noite, e, antes de penetrarem na casa, os executores mostrarão e lerão o mandado ao morador, ou a quem o represente, intimando-o, em seguida, a abrir a porta.
>
> **Art. 246.** Aplicar-se-á também o disposto no artigo anterior, quando se tiver de proceder a busca em compartimento habitado ou em aposento ocupado de habitação coletiva ou em compartimento não aberto ao público, onde alguém exercer profissão ou atividade.

O STF já considerou como casa, para efeitos de inviolabilidade, oficina mecânica, quarto de hotel ou escritório profissional.

Outra questão relevante é saber o que é dia? Dois são os posicionamentos adotados na doutrina:

Das 6h às 18h;
Da aurora ao crepúsculo.

Segundo a jurisprudência, isso deve ser resolvido no caso concreto, tendo em vista variação de fusos horários existentes em nosso país, bem como a ocorrência do "Horário de Verão". Na prática, é possível entrar na casa independentemente do horário, desde que seja durante o dia.

Veja esta questão da FCC sobre o tema:

A casa é asilo inviolável do indivíduo, podendo-se nela entrar, sem permissão do morador, EXCETO

A em caso de desastre.
B em caso de flagrante delito.
C para prestar socorro.
D por determinação judicial, a qualquer hora. Gabarito: D.

Em caso de flagrante delito, desastre ou para prestar socorro, pode-se entrar a qualquer momento

Entrada somente para pessoas autorizadas

Mas se for para cumprir determinação judicial só durante o dia

Casa – Asilo Inviolável

Princípio da Inafastabilidade da Jurisdição

Esse princípio, também conhecido como Princípio do Livre Acesso ao Poder Judiciário ou Direito de Ação, garante, nos casos de necessidade, o acesso direto ao poder judiciário. Também, decorre desse princípio a ideia de que não é necessário o esgotamento das vias administrativas para ingressar com uma demanda no Poder Judiciário. Assim prevê a Constituição Federal:

> **XXXV.** A lei não excluirá da apreciação do Poder Judiciário lesão ou ameaça a direito;

Perceba que a proteção possui sentido duplo: lesão ou ameaça à lesão. Significa dizer que a garantia pode ser utilizada tanto de forma preventiva como de forma repressiva. Tanto para prevenir a ofensa a direito como para reprimir a ofensa já cometida.

Quanto ao acesso ao Judiciário independentemente do esgotamento das vias administrativas, há algumas peculiaridades previstas na legislação brasileira:

Justiça Desportiva

A Constituição Federal prevê no Art. 217:

> **Art. 217**, § 1º - O Poder Judiciário só admitirá ações relativas à disciplina e às competições desportivas após esgotarem-se as instâncias da justiça desportiva, regulada em lei.

Ou seja, o acesso ao Poder Judiciário está condicionado ao esgotamento das vias administrativas.

Compromisso Arbitral

A Lei 9.307/96 prevê que as partes, quando em discussão patrimonial, poderão optar pela arbitragem como forma de resolução de conflito.

NOÇÕES DE DIREITO CONSTITUCIONAL

Não se trata de uma instância administrativa de curso forçado, mas de uma opção facultada às partes.

Habeas Data

O Art. 8º da Lei 9.507/97 exige, para impetração do Habeas Data, a comprovação da recusa ao acesso a informação. Parte da doutrina não considera isso como exigência de prévio esgotamento da via administrativa, mas condição da ação. Veja-se a súmula nº 2 do STJ:

> **Súm. 2.** Não cabe "Habeas Data" se não houve recusa de informações por parte da autoridade administrativa.

Reclamação Constitucional

O Art. 7º, § 1º da Lei 11.417/2006, que regula a edição de Súmulas Vinculantes, prevê que só será possível a Reclamação Constitucional nos casos de omissão ou ato da administração pública que contrarie ou negue vigência à Súmula Vinculante, após o esgotamento das vias administrativas.

Gratuidade das Certidões de Nascimento e de Óbito

A Constituição traz expressamente que:

> **LXXVI.** São gratuitos para os reconhecidamente pobres, na forma da lei:
> **a)** o registro civil de nascimento;
> **b)** a certidão de óbito;

Observe-se que o texto Constitucional condiciona o benefício da gratuidade do registro de nascimento e da certidão de óbito apenas para os reconhecidamente pobres. Entretanto, a Lei nº 6.015/73 prevê que:

> **Art. 30.** Não serão cobrados emolumentos pelo registro civil de nascimento e pelo assento de óbito, bem como pela primeira certidão respectiva.
> **§ 1º** - Os reconhecidamente pobres estão isentos de pagamento de emolumentos pelas demais certidões extraídas pelo cartório de registro civil.

Perceba que essa lei amplia o benefício garantido na Constituição para todas as pessoas no que tange ao registro e à aquisição da primeira certidão de nascimento e de óbito. Quanto às demais vias, só serão garantidas aos reconhecidamente pobres. Deve-se ter cuidado com essa questão em prova, pois deve ser levado em conta se a pergunta tem como referência a Constituição ou não.

Celeridade Processual

Traz o texto constitucional:

> **LXXVIII.** A todos, no âmbito judicial e administrativo, são assegurados a razoável duração do processo e os meios que garantam a celeridade de sua tramitação.

Essa é a garantia da celeridade processual. Decorre do Princípio da Eficiência que obriga o Estado a prestar assistência em tempo razoável. Celeridade quer dizer rapidez, mas uma rapidez com qualidade. Esse princípio é aplicável nos processos judiciais e administrativos, visa dar maior efetividade a prestação estatal. Deve-se garantir o direito antes que o seu beneficiário deixe de precisar. Após a inclusão desse dispositivo entre os direitos fundamentais, várias medidas para acelerar a prestação jurisdicional foram adotadas, dentre as quais destacam-se:

> Juizados Especiais;
> Súmula Vinculante;
> Realização de Inventários e Partilhas por Vias Administrativas;
> Informatização do Processo.

Essas são algumas das medidas que foram adotadas para trazer mais celeridade ao processo.

Erro Judiciário

Dispositivo de grande utilidade social que funciona como limitador da arbitrariedade estatal. O Estado, no que tange à liberdade do indivíduo, não pode cometer erros sob pena de ter que indenizar o injustiçado. Isso é o que prevê o inciso LXXV do Art. 5º:

> **LXXV.** O Estado indenizará o condenado por erro judiciário, assim como o que ficar preso além do tempo fixado na sentença;

Publicidade dos Atos Processuais

Em regra, os atos processuais são públicos. Essa publicidade visa a garantir maior transparência aos atos administrativos bem como permite a fiscalização popular. Além disso, atos públicos possibilitam um exercício efetivo do contraditório e da ampla defesa. Entretanto, essa publicidade comporta algumas exceções:

> **LX.** A lei só poderá restringir a publicidade dos atos processuais quando a defesa da intimidade ou o interesse social o exigirem;

Nos casos em que a intimidade ou o interesse social exigirem, a publicidade poderá ser restringida apenas aos interessados. Imaginemos uma audiência em que estejam envolvidas crianças; nesse caso, como forma de preservação da intimidade, o juiz poderá restringir a participação na audiência apenas aos membros da família e demais interessados.

Sigilo das Comunicações

Uma das normas mais importantes da Constituição Federal que versa sobre segurança jurídica é esta:

> **XII.** É inviolável o sigilo da correspondência e das comunicações telegráficas, de dados e das comunicações telefônicas, salvo, no último caso, por ordem judicial, nas hipóteses e na forma que a lei estabelecer para fins de investigação criminal ou instrução processual penal;

Esse dispositivo prevê quatro formas de comunicação que possuem proteção constitucional:

> Sigilo da Correspondência;
> Comunicação Telegráfica;
> Comunicação de Dados;
> Comunicações Telefônicas.

Dessas quatro formas de comunicação, apenas uma obteve autorização de violação do sigilo pelo texto constitucional: as comunicações telefônicas. Deve-se tomar cuidado com esse tema em prova. Segundo o texto expresso, só as comunicações telefônicas poderão ter o seu sigilo violado. E mais, só o juiz poderá fazê-lo, com fins definidos também pela Constituição, os quais são para investigação criminal e instrução processual penal.

Entretanto, considerando a inexistência de direito fundamental absoluto, a jurisprudência tem considerado a possibilidade de quebra dos demais sigilos, desde que seja determinada por ordem judicial.

No que tange ao sigilo dos dados bancários, fiscais, informáticos e telefônicos, a jurisprudência tem permitido sua quebra por determinação judicial, determinação de Comissão Parlamentar de Inquérito, requisição do Ministério Público, solicitação da autoridade fazendária.

Tribunal do Júri

O Tribunal do Júri é uma instituição pertencente ao poder judiciário, que possui competência específica para julgar determinados tipos de crime. O Júri é formado pelo Conselho de Sentença, que é presidido por um Juiz Togado e por sete jurados que efetivamente farão o julgamento do acusado. A ideia do Tribunal do Júri é que o acusado seja julgado por seus pares.

A Constituição Federal apresenta alguns princípios que regem esse tribunal:

> **Art. 5º**, XXXVIII. É reconhecida a instituição do júri, com a organização que lhe der a lei, assegurados:
> **a)** a plenitude de defesa;
> **b)** o sigilo das votações;
> **c)** a soberania dos veredictos;
> **d)** a competência para o julgamento dos crimes dolosos contra a vida.

Segundo esse texto, o Tribunal do Júri é regido pelos seguintes princípios:

Plenitude de Defesa

Esse princípio permite que no júri sejam utilizadas todas as provas permitidas em direito. Aqui, o momento probatório é bastante explorado haja vista a necessidade de se convencer os jurados que são pessoas comuns da sociedade.

Sigilo das Votações

O voto é sigiloso. Durante o julgamento não é permitido que um jurado converse com o outro sobre o julgamento sob pena de nulidade;

Soberania dos Veredictos

O que for decidido pelos jurados será considerado soberano. Nem o Juiz presidente poderá modificar o julgamento. Aqui quem decide são os jurados;

Competência para Julgar os Crimes Dolosos Contra a Vida

O júri não julga qualquer tipo de crime, mas apenas os dolosos contra a vida. Crimes dolosos, em simples palavras, são aqueles praticados com intenção, com vontade. São diferentes dos crimes culposos, os quais são praticados sem intenção.

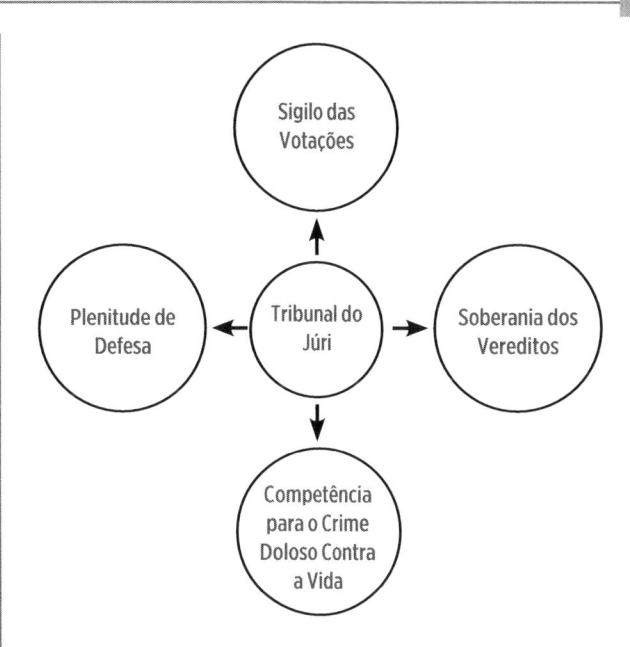

Princípio da Anterioridade

O inciso XXXIX do Art. 5º da CF apresenta o chamado Princípio da Anterioridade Penal:

> **XXXIX.** Não há crime sem lei anterior que o defina, nem pena sem prévia cominação legal.

Esse princípio decorre na necessidade de se prever antes da aplicação da pena, a conduta que é considerada como crime e a pena que deverá ser cominada. Mais uma regra de segurança jurídica.

Princípio da Irretroatividade

Esse princípio também possui sua importância ao prever que a lei penal não poderá retroagir, salvo se for para beneficiar o réu.

> **Art. 5º**, XL. A lei penal não retroagirá, salvo para beneficiar o réu.

Crimes Imprescritíveis, Inafiançáveis e Insuscetíveis de Graça e Anistia

Os dispositivos a seguir estão entre os mais cobrados em prova. O ideal é que sejam memorizados na ordem proposta no quadro abaixo:

> **Art. 5º**, XLII. A prática do racismo constitui crime inafiançável e imprescritível, sujeito à pena de reclusão, nos termos da lei;
> **Art. 5º**, XLIII. A lei considerará crimes inafiançáveis e insuscetíveis de graça ou anistia a prática da tortura, o tráfico ilícito de entorpecentes e drogas afins, o terrorismo e os definidos como crimes hediondos, por eles respondendo os mandantes, os executores e os que, podendo evitá-los, se omitirem;
> **Art. 5º**, XLIV. Constitui crime inafiançável e imprescritível a ação de grupos armados, civis ou militares, contra a ordem constitucional e o Estado Democrático.

DIREITOS FUNDAMENTAIS - DIREITOS E DEVERES INDIVIDUAIS E COLETIVOS

Crimes Imprescritíveis	Crimes Inafiançáveis	Crimes Insuscetíveis de Graça e Anistia
Racismo	Racismo	Tráfico
Ação de Grupos Armados	Ação de Grupos Armados	Terrorismo
	Tráfico	Tortura
	Terrorismo	Crimes Hediondos
	Tortura	
	Crimes Hediondos	

Os crimes inafiançáveis englobam todos os crimes previstos nos incisos XLII, XLIII e XLIV.

Os crimes que são insuscetíveis de graça e anistia não são imprescritíveis, e vice e versa. Dessa forma, nunca pode existir, na prova, uma questão que trabalhe com as duas classificações ao mesmo tempo.

Nunca, na prova, pode haver uma questão em que se apresentem as três classificações ao mesmo tempo.

Princípio da Personalidade da Pena

Assim diz o inciso XLV, do Art. 5º da CF:

> **XLV.** Nenhuma pena passará da pessoa do condenado, podendo a obrigação de reparar o dano e a decretação do perdimento de bens ser, nos termos da lei, estendidas aos sucessores e contra eles executadas, até o limite do valor do patrimônio transferido.

Esse inciso diz que a pena é pessoal, quem comete o crime responde pelo crime, de forma que não é possível que uma pessoa cometa um crime e outra responda pelo crime em seu lugar; pode até ocorrer, mas seria algum erro, não como regra, porque a pena é pessoal.

É necessário prestar atenção ao tema, pois já apareceu em prova tanto na forma de um problema quanto com a modificação do próprio texto constitucional. Esse princípio da personalidade da pena diz que a pena é pessoal, isto é, a pena não pode passar para outra pessoa, mas permite que a responsabilidade pelos danos civis possa passar para seus herdeiros. Para exemplificar, imaginemos que uma determinada pessoa assalta uma padaria e consegue roubar uns R$ 50.000,00.

Em seguida, a polícia prende o ladrão por ter roubado a padaria. Em regra, todo crime cometido gera uma responsabilidade penal prevista no Código Penal brasileiro. Ainda, deve-se ressarcir os danos causados à vítima. Se ele roubou R$50.000,00, tem que devolver, no mínimo, esse valor à vítima.

É muito difícil conseguir o montante voluntariamente, por isso, é necessário entrar com uma ação civil ex delicto para reaver o dinheiro referente ao crime cometido. O dono da padaria entra com a ação contra o bandido pedindo os R$50.000,00 acrescidos juros e danos morais. Enquanto ele cumpre a pena, a ação está tramitando. Ocorre que o preso se envolve numa confusão dentro da penitenciária e acaba morrendo.

O preso possui alguns filhos, os quais são seus herdeiros. Quando os bens passam aos herdeiros, chamamos isso de sucessão. Quando foram contabilizar os bens que o bandido tinha, perceberam que sobraram apenas R$30.000,00, valor que deve ser divido entre os herdeiros. Pergunta:

01. O homem que cometeu o crime estava cumprindo pena, mas ele morreu. Qual filho assume o lugar dele? O mais velho ou o mais novo?

Nenhum dos dois, porque a pena é personalíssima. Só cumpre a pena quem praticou o crime.

02. É possível que a responsabilidade de reparar os danos materiais exigidos pelo dono da padaria recaia sobre seus herdeiros?

Sim. A Constituição diz que os herdeiros respondem com o valor do montante recebido, até o limite da herança recebida.

03. O dono da padaria pediu R$50.000,00, mas só sobraram R$30.000,00. Os filhos terão que inteirar esse valor até completar os R$50.000,00?

Não, pois a Constituição diz que os sucessores respondem até o limite do patrimônio transferido. Ou seja, se só são transferidos R$30.000,00, então os herdeiros só vão responder pela indenização com esses R$30.000,00. E o os outros R$20.000,00, quem vai pagar? Ninguém. O dono da padaria fica com esse prejuízo.

Penas Proibidas e Permitidas

Vejamos agora dois incisos do Art. 5º da CF, que sempre caem em prova juntos: incisos XLVI e XLVII. Há no inciso XLVI as penas permitidas e no XLVII as penas proibidas. Mas como isso cai em prova? O examinador pega uma pena permitida e diz que é proibida ou pega uma proibida e diz que é permitida. Conforme os incisos:

> **XLVI.** A lei regulará a individualização da pena e adotará, entre outras, as seguintes:
> a) privação ou restrição da liberdade;
> b) perda de bens;
> c) multa;
> d) prestação social alternativa;
> e) suspensão ou interdição de direitos.

Aqui há o rol de penas permitidas. Memorize essa lista para lembrar quais são as penas permitidas. Atenção para uma pena que é pouco comum e que geralmente em prova é colocada como pena proibida, que é a pena de perda de bens.

Veja o próximo inciso com o rol de penas proibidas:

> **XLVII.** Não haverá penas:
> a) de morte, salvo em caso de guerra declarada, nos termos do Art. 84, XIX;
> b) de caráter perpétuo;
> c) de trabalhos forçados;
> d) de banimento;
> e) cruéis.

Essas são as penas que não podem ser aplicadas no Brasil. E, na prova, é cobrado da seguinte forma: existe pena de morte no Brasil? Deve-se ter muita atenção com esse tema, pois apesar de a Constituição ter dito que é proibida, existe uma exceção no caso de guerra declarada. Essa exceção é uma verdadeira possibilidade, de forma que deve-se afirmar que existe pena de morte no Brasil. Apesar de a regra ser a proibição, existe a possibilidade de sua aplicação. Só como curiosidade, a pena de morte no Brasil é regulada pelo Código Penal Militar, a qual será executada por meio de fuzilamento.

A próxima pena proibida é a de caráter perpétuo. Não existe esse tipo de pena no Brasil, pois as penas aqui são temporárias. No Brasil, uma pessoa só fica presa até, no máximo, 30 anos.

A outra pena é a de trabalhos forçados. É aquela pena em que o sujeito é obrigado a trabalhar de forma a denegrir a sua condição como ser humano. Esse tipo de pena não é permitida no Brasil.

Há ainda a pena de banimento, que é a expulsão do brasileiro, tanto nato como naturalizado.

Por fim, a Constituição veda a aplicação de penas cruéis. Pena cruel é aquela que denigre a condição humana, expõe o indivíduo a situações desumanas, vexatórias, que provoquem intenso sofrimento.

Princípio da Individualização da Pena

Nos termos do Art. 5º, inciso XLVIII, da CF:

> ***XLVIII.*** *A pena será cumprida em estabelecimentos distintos, de acordo com a natureza do delito, a idade e o sexo do apenado;*

Esse dispositivo traz uma regra muito interessante, o princípio da individualização da pena. Significa que a pessoa quando cumprir sua pena deve cumpri-la em estabelecimento e condições compatíveis com a sua situação. Se mulher, deve cumprir com mulheres; se homem, cumprirá com homens; se reincidente, com reincidentes; se réu primário, com réus primários; e assim por diante. O ideal é que cada situação possua um cumprimento de pena adequado que propicie um melhor acompanhamento do poder público e melhores condições para a ressocialização.

Regras sobre Prisões

São vários os dispositivos constitucionais previstos no Art. 5º, da CF, que se referem às prisões:

> ***LXI.*** *Ninguém será preso senão em flagrante delito ou por ordem escrita e fundamentada de autoridade judiciária competente, salvo nos casos de transgressão militar ou crime propriamente militar, definidos em lei;*
>
> ***LXII.*** *A prisão de qualquer pessoa e o local onde se encontre serão comunicados imediatamente ao juiz competente e à família do preso ou à pessoa por ele indicada;*
>
> ***LXIII.*** *O preso será informado de seus direitos, entre os quais o de permanecer calado, sendo-lhe assegurada a assistência da família e de advogado;*
>
> ***LXIV.*** *O preso tem direito à identificação dos responsáveis por sua prisão ou por seu interrogatório policial;*
>
> ***LXV.*** *A prisão ilegal será imediatamente relaxada pela autoridade judiciária;*
>
> ***LXVI.*** *Ninguém será levado à prisão ou nela mantido, quando a lei admitir a liberdade provisória, com ou sem fiança;*
>
> ***LXVII.*** *Não haverá prisão civil por dívida, salvo a do responsável pelo inadimplemento voluntário e inescusável de obrigação alimentícia e a do depositário infiel.*

Como destaque para prova, é importante enfatizar o disposto no inciso LXVII, o qual prevê duas formas de prisão civil por dívida:

Devedor de Pensão Alimentícia;
Depositário Infiel.

Apesar de a Constituição Federal apresentar essas duas possibilidades de prisão civil por dívida, o STF tem entendido que só existe uma: a prisão do devedor de pensão alimentícia. Isso significa que o depositário infiel não poderá ser preso. Essa é a inteligência da Súmula Vinculante nº 25:

> *Súmula Vinculante 25. É ilícita a prisão civil de depositário infiel, qualquer que seja a modalidade do depósito.*

Em relação a esse assunto, deve-se ter muita atenção ao resolver a questão. Se a Banca perguntar conforme a Constituição Federal, responde-se segundo a Constituição Federal. Mas se perguntar à luz da jurisprudência, responde-se conforme o entendimento do STF. Vejamos como o Cespe abordou o tema utilizando o posicionamento jurisprudencial:

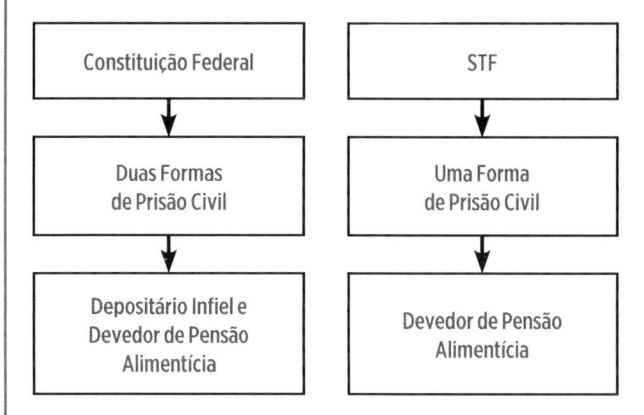

```
┌─────────────────────┐      ┌─────────────────────┐
│ Constituição Federal│      │         STF         │
└──────────┬──────────┘      └──────────┬──────────┘
           ▼                            ▼
┌─────────────────────┐      ┌─────────────────────┐
│    Duas Formas      │      │     Uma Forma       │
│   de Prisão Civil   │      │  de Prisão Civil    │
└──────────┬──────────┘      └──────────┬──────────┘
           ▼                            ▼
┌─────────────────────┐      ┌─────────────────────┐
│ Depositário Infiel e│      │  Devedor de Pensão  │
│  Devedor de Pensão  │      │     Alimentícia     │
│     Alimentícia     │      │                     │
└─────────────────────┘      └─────────────────────┘
```

Extradição

Fruto de acordo internacional de cooperação, a extradição permite que determinada pessoa seja entregue a outro país para que seja responsabilizada pelo cometimento de algum crime. Existem duas formas de extradição:

Extradição Ativa

Quando o Brasil pede para outro país a extradição de alguém.

Extradição Passiva

Quando algum país pede para o Brasil a extradição de alguém.

A Constituição Federal preocupou-se em regular apenas a extradição passiva por meios dos incisos LI e LII do Art. 5º:

> ***LI.*** *Nenhum brasileiro será extraditado, salvo o naturalizado, em caso de crime comum, praticado antes da naturalização, ou de comprovado envolvimento em tráfico ilícito de entorpecentes e drogas afins, na forma da lei;*
>
> ***LII.*** *Não será concedida extradição de estrangeiro por crime político ou de opinião.*

De acordo com a inteligência desses dispositivos, três regras podem ser adotadas em relação à extradição passiva:

Brasileiro Nato

Nunca será extraditado.

Brasileiro Naturalizado

Será extraditado em duas hipóteses: crime comum cometido antes da naturalização comprovado envolvimento com o tráfico ilícito de drogas, antes ou depois da naturalização.

Estrangeiro

Poderá ser extraditado salvo em dois casos:

> **Crime Político;**
> **Crime de Opinião.**

E na extradição ativa, quem poderá ser extraditado?

Qualquer pessoa pode ser extraditada na extradição ativa, inclusive o brasileiro nato. Deve-se ter muito cuidado com essa

NOÇÕES DE DIREITO CONSTITUCIONAL

questão em prova. Lembre-se que a extradição ativa ocorre quando o Brasil pede a extradição de um criminoso para outro país. Isso pode ser feito pedindo a extradição de qualquer pessoa que o Brasil queira punir.

Princípios que Regem a Extradição no País

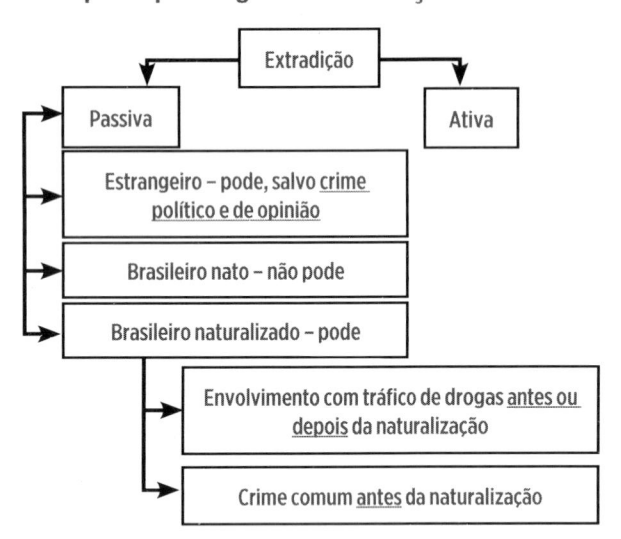

```
                    Extradição
                   /          \
              Passiva          Ativa
              
    → Estrangeiro – pode, salvo crime
      político e de opinião
    → Brasileiro nato – não pode
    → Brasileiro naturalizado – pode
            → Envolvimento com tráfico de drogas antes ou
              depois da naturalização
            → Crime comum antes da naturalização
```

Princípio da Reciprocidade

O Brasil só extradita ao país que extradita para o Brasil. Deve haver acordo ou tratado de extradição entre os país requerente e o Brasil.

Princípio da Especialidade

O extraditando só poderá ser processado e julgado pelo crime informado no pedido de extradição.

Comutação da Pena

O país requerente deverá firmar um compromisso de comutar a pena prevista em seu país quando a pena a ser aplicada for proibida no Brasil.

Dupla Tipicidade ou Dupla Incriminação

Só se extradita se a conduta praticada for considerada crime no Brasil e no país requerente.

Deve-se ter muito cuidado para não confundir extradição com entrega, deportação, expulsão ou banimento. A extradição, como se viu, é instituto de cooperação internacional entre países soberanos para a punição de criminosos.

Pela extradição, um país entrega o criminoso a outro país para que ele seja punido pelo crime praticado.

A entrega é o ato por meio do qual o país entrega uma pessoa para ser julgada no Tribunal Penal Internacional.

Deportação é a retirada do estrangeiro que tenha entrado de forma irregular no território nacional.

Expulsão é a retirada do estrangeiro que tenha praticado um ato ofensivo ao interesse nacional conforme as regras estabelecidas no Estatuto do Estrangeiro (Art. 65, Lei 6.815/80).

Banimento é uma das penas proibidas no direito brasileiro que consiste na expulsão de brasileiros para fora do território nacional.

Princípio da Presunção da Inocência

Também conhecido como princípio da não culpabilidade, essa regra de segurança jurídica garante que ninguém poderá ser condenado sem antes haver uma sentença penal condenatória transitada em julgado. Ou seja, uma sentença judicial condenatória definitiva:

> *Art. 5º, LVII. Ninguém será considerado culpado até o trânsito em julgado de sentença penal condenatória.*

Identificação Criminal

> *Art. 5º, LVIII. O civilmente identificado não será submetido a identificação criminal, salvo nas hipóteses previstas em lei.*

A Constituição garante que não será identificado criminalmente quem possuir identificação pública capaz de identificá-lo. Contudo, a Lei 12.037/2009 prevê hipóteses nas quais será possível a identificação criminal mesmo de quem apresentar outra identificação:

> *Art. 3º. Embora apresentado documento de identificação, poderá ocorrer identificação criminal quando:*
> *I. O documento apresentar rasura ou tiver indício de falsificação;*
> *II. O documento apresentado for insuficiente para identificar cabalmente o indiciado;*
> *III. O indiciado portar documentos de identidade distintos, com informações conflitantes entre si;*
> *IV. A identificação criminal for essencial às investigações policiais, segundo despacho da autoridade judiciária competente, que decidirá de ofício ou mediante representação da autoridade policial, do Ministério Público ou da defesa;*
> *V. Constar de registros policiais o uso de outros nomes ou diferentes qualificações;*
> *VI. O estado de conservação ou a distância temporal ou da localidade da expedição do documento apresentado impossibilite a completa identificação dos caracteres essenciais.*

Ação Penal Privada Subsidiária da pública

> *Art. 5º LIX. Será admitida ação privada nos crimes de ação pública, se esta não for intentada no prazo legal.*

Em regra, nos crimes de ação penal pública, o titular da ação penal é o Ministério Público. Contudo, havendo omissão ou mesmo desídia por parte do órgão ministerial, o ofendido poderá promover a chamada Ação Penal Privada Subsidiária da Pública. Esse tema encontra-se disciplinado no Art. 29 do Código de Processo Penal:

> *Art. 29. Será admitida ação privada nos crimes de ação pública, se esta não for intentada no prazo legal, cabendo ao Ministério Público aditar a queixa, repudiá-la e oferecer denúncia substitutiva, intervir em todos os termos do processo, fornecer elementos de prova, interpor recurso e, a todo tempo, no caso de negligência do querelante, retomar a ação como parte principal.*

3.3 Remédios Constitucionais

Inicia-se agora o estudo dos chamados Remédios Constitucionais, tema muito cobrado em prova de concurso. Os remédios constitucionais são espécies de garantias constitucionais que visam a proteger determinados direitos e até outras garantias fundamentais. São poderosas ações constitucionais que estão disciplinadas no texto da Constituição.

Habeas Corpus

Sem dúvida, esse remédio constitucional é o mais importante para prova, haja vista a sua utilização para proteger um dos direitos mais ameaçados do indivíduo: a liberdade de locomoção. Vejamos o que diz o texto constitucional:

> **Art. 5º LXVIII.** Conceder-se-á "Habeas Corpus" sempre que alguém sofrer ou se achar ameaçado de sofrer violência ou coação em sua liberdade de locomoção, por ilegalidade ou abuso de poder.

É essencial, conhecer os elementos necessários para a utilização dessa ferramenta.

Deve-se compreender que o *Habeas Corpus* é utilizado para proteger a liberdade de locomoção. Em relação a isso, é preciso estar atento, pois ele não tutela qualquer liberdade, mas apenas a liberdade de locomoção.

Outro ponto fundamental é que ele poderá ser utilizado tanto de forma preventiva quanto de forma repressiva. *Habeas Corpus* preventivo é aquele utilizado para prevenir a violência ou coação à liberdade de locomoção. *Habeas Corpus* repressivo é utilizado para reprimir à violência ou coação a liberdade de locomoção, ou seja, é utilizado quando a restrição da liberdade de locomoção já ocorreu.

Percebe-se que não é a qualquer tipo de restrição à liberdade de locomoção que caberá o remédio, mas apenas àquelas cometidas com ilegalidade ou abuso de poder.

Nas relações processuais que envolvem a utilização do *Habeas Corpus*, é possível identificar a participação de três figurantes:

Impetrante

O impetrante é a pessoa que impetra a ação. Quem entra com a ação. A titularidade dessa ferramenta é Universal, pois qualquer pessoa pode impetrar o HC. Não precisa sequer de advogado. Sua possibilidade é tão ampla que não precisa possuir capacidade civil ou mesmo qualquer formalidade. Esse remédio é desprovido de condições que impeçam sua utilização da forma mais ampla possível. Poderá impetrar essa ação tanto uma pessoa física quanto jurídica.

Paciente

O paciente é quem teve a liberdade de locomoção restringida. Ele será o beneficiário do *Habeas Corpus*. Pessoa jurídica não pode ser paciente de Habeas Corpus, pois a liberdade de locomoção é um direito incompatível com sua natureza jurídica.

Autoridade Coatora

É quem restringiu a liberdade de locomoção com ilegalidade ou abuso de poder. Poderá ser tanto uma autoridade privada quanto uma autoridade pública.

Outra questão interessante que está prevista na Constituição é a gratuidade dessa ação:

> **Art. 5º LXXVII.** São gratuitas as ações de Habeas Corpus e Habeas Data, e, na forma da lei, os atos necessários ao exercício da cidadania.

A Constituição proíbe a utilização desse remédio constitucional em relação às punições disciplinares militares. É o que prevê o Art. 142, § 2º:

> **§ 2º** - Não caberá "Habeas Corpus" em relação a punições disciplinares militares.

Contudo, o STF tem admitido o remédio quando impetrado por razões de ilegalidade da prisão militar. Quanto ao mérito da prisão, deve-se aceitar a vedação Constitucional, mas em relação às legalidade da prisão, prevalece o entendimento de que o remédio seria possível.

Também não cabe *Habeas Corpus* em relação às penas pecuniárias, multas, advertências ou, ainda, nos processos administrativos disciplinares e no processo de *Impeachment*. Nesses casos, o não cabimento deve-se ao fato de que as medidas não visam restringir a liberdade de locomoção.

Por outro lado, a jurisprudência tem admitido o cabimento para impugnar inserção de provas ilícitas no processo ou quando houver excesso de prazo na instrução processual penal.

Por último, cabe ressaltar que o magistrado poderá concedê-lo de ofício.

Habeas Data

O *Habeas Data* cuja previsão está no inciso LXXII do Art. 5º tem como objetivo proteger a liberdade de informação:

> **LXXII.** conceder-se-á "Habeas Data":
> *a)* para assegurar o conhecimento de informações relativas à pessoa do impetrante, constantes de registros ou bancos de dados de entidades governamentais ou de caráter público;
> *b)* para a retificação de dados, quando não se prefira fazê-lo por processo sigiloso, judicial ou administrativo.

Duas são as formas previstas na Constituição para utilização desse remédio:

> **Para Conhecer a Informação.**
> **Para Retificar a Informação.**

É importante ressaltar que só caberá o remédio em relação às informações do próprio impetrante.

As informações precisam estar em um banco de dados governamental ou de caráter público, o que significa que seria possível entrar com um *Habeas Data* contra um banco de dados privado desde que tenha caráter público.

Da mesma forma que o *Habeas Corpus*, o *Habeas Data* também é gratuito:

> **Art. 5º, LXXVII.** São gratuitas as ações de "Habeas Corpus" e "Habeas Data", e, na forma da lei, os atos necessários ao exercício da cidadania.

Mandado de Segurança

O mandado de segurança é um remédio muito cobrado em prova em razão dos seus requisitos:

> **Art. 5º, LXIX.** Conceder-se-á mandado de segurança para proteger direito líquido e certo, não amparado por "Habeas Corpus" ou "Habeas Data", quando o responsável pela ilegalidade ou abuso de poder for autoridade pública ou agente de pessoa jurídica no exercício de atribuições do Poder Público.

Como se pode ver, o mandado de segurança será cabível proteger direito líquido e certo desde que não amparado por Habeas Corpus ou Habeas Data. O que significa dizer que será cabível desde que não seja para proteger a liberdade de locomoção e a liberdade de informação. Esse é o chamado caráter subsidiário do mandado de segurança.

O texto constitucional exigiu também para a utilização dessa ferramenta a ilegalidade e o abuso de poder praticado por

DIREITOS FUNDAMENTAIS - DIREITOS E DEVERES INDIVIDUAIS E COLETIVOS

autoridade pública ou privada, desde que esteja no exercício de atribuições do poder público.

O mandado de segurança possui prazo decadencial para ser utilizado: 120 dias.

Existe também o mandado de segurança coletivo:

> **Art. 5º, LXX.** O mandado de segurança coletivo pode ser impetrado por:
> **a)** partido político com representação no Congresso Nacional;
> **b)** organização sindical, entidade de classe ou associação legalmente constituída e em funcionamento há pelo menos um ano, em defesa dos interesses de seus membros ou associados.

Observadas as regras do mandado de segurança individual, o mandado de segurança coletivo possui alguns requisitos que lhe são peculiares: os legitimados para propositura.

São legitimados para propor o mandado de segurança coletivo:

> **Partidos políticos com representação no Congresso Nacional.**

Para se ter representação no Congresso Nacional, basta um membro em qualquer uma das casas.

> **Organização Sindical.**
> **Entidade de Classe.**
> **Associação.**

Desde que legalmente constituída e em funcionamento há, pelo menos, um ano. Segundo o STF, a necessidade de estar constituída e em funcionamento há pelo menos um ano só se aplica às associações. A Banca FCC entende que esse requisito se aplica a todas as entidades.

Mandado de Injunção

O mandado de injunção é uma ferramenta mais complexa para se entender. Vejamos o que diz a Constituição:

> **Art. 5º, LXXI.** Conceder-se-á mandado de injunção sempre que a falta de norma regulamentadora torne inviável o exercício dos direitos e liberdades constitucionais e das prerrogativas inerentes à nacionalidade, à soberania e à cidadania.

O seu objetivo é suprir a omissão legislativa que impede o exercício de direitos fundamentais. Algumas normas constitucionais para que produzam efeitos dependem da edição de outras normas infraconstitucionais. Essas normas são conhecidas por sua eficácia como normas de eficácia limitada. O mandado de injunção visa a corrigir a ineficácia das normas com eficácia limitada.

Todas as vezes que um direito deixar de ser exercido pela ausência de norma regulamentadora, será cabível esse remédio.

No que tange à efetividade da decisão, deve-se esclarecer a possibilidade de adoção por parte do STF de duas correntes doutrinárias:

Teoria Concretista Geral

O Poder Judiciário concretiza o direito no caso concreto aplicando seu dispositivo com efeito *erga omnes*, para todos os casos iguais;

Teoria Concretista Individual

O Poder Judiciário concretiza o direito no caso concreto aplicando seu dispositivo com efeito inter partes, ou seja, apenas com efeito entre as partes.

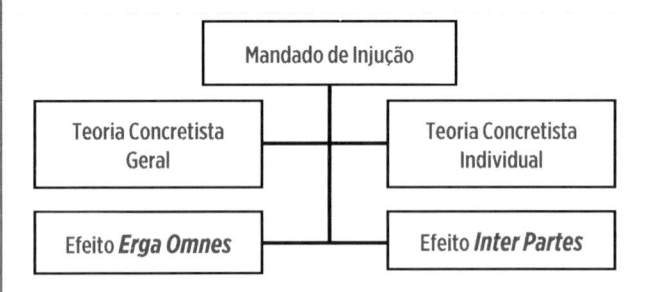

Ação Popular

A ação popular é uma ferramenta fiscalizadora utilizada como espécie de exercício direto dos direitos políticos. Por isso, só poderá ser utilizada por cidadãos. Segundo o inciso LXXIII do Art. 5º:

> **LXXIII.** Qualquer cidadão é parte legítima para propor ação popular que vise a anular ato lesivo ao patrimônio público ou de entidade de que o Estado participe, à moralidade administrativa, ao meio ambiente e ao patrimônio histórico e cultural, ficando o autor, salvo comprovada má-fé, isento de custas judiciais e do ônus da sucumbência.

Além da previsão constitucional, essa ação encontra-se regulamentada pela Lei nº 4.717/65. Percebe-se que seu objetivo consiste em proteger o patrimônio público, a moralidade administrativa, o meio ambiente e o patrimônio histórico e cultural.

O autor não precisa pagar custas judiciais ou ônus da sucumbência, salvo se houver má-fé.

```
Patrimônio Histórico e Cultural  ←→  Mandado de Segurança Coletivo

Meio Ambiente        Patrimônio Público
         ↑                    ↑
         Ação Popular  →  Privativo do Cidadão
                                ↓
         Sem custas judiciais e ônus da
         sucumbência, salvo se houver
                    **Má-fé.**
```

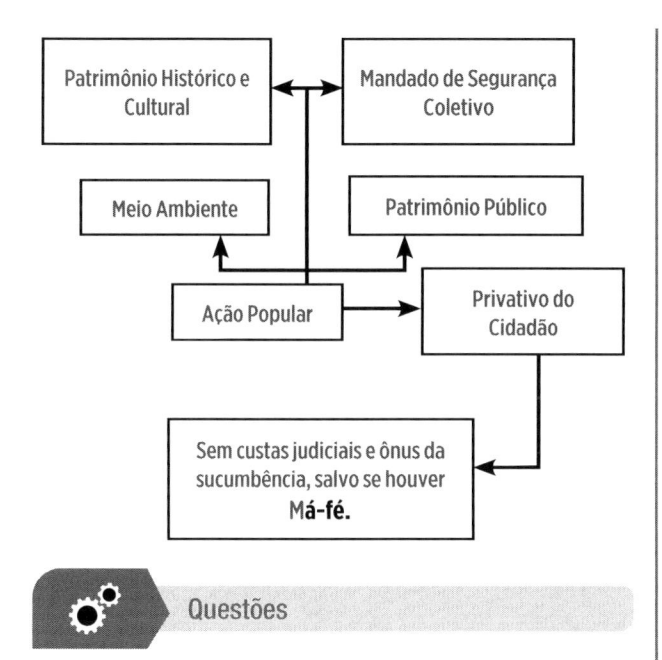

Questões

01. (FCC) No que diz respeito ao direito à inviolabilidade de domicílio, é correto afirmar que:
   a) Ninguém pode violar a casa, à noite, mesmo que munido de autorização judicial.
   b) A casa é asilo inviolável e em nenhuma hipótese se pode nela ingressar sem o consentimento do morador.
   c) O conceito de casa é restrito e abrange, apenas, a residência com ânimo definitivo.
   d) A casa, à noite, torna-se violável nas hipóteses de flagrante, desastre e prestação de socorro, porém é necessária autorização judicial.
   e) A casa é violável no caso de flagrante, desastre ou para prestar socorro.

02. (FCC) De acordo com a Constituição Federal, é assegurado, nos processos de competência do Tribunal do Júri:
   a) O processamento dos crimes patrimoniais dolosos.
   b) O sigilo das votações.
   c) A divulgação das votações, para garantia da plenitude de defesa.
   d) A soberania da sentença sobre as votações.
   e) O processamento dos crimes dolosos e culposos contra a vida.

Gabaritos

01	E
02	B

4. DIREITOS FUNDAMENTAIS - DIREITOS SOCIAIS E NACIONALIDADE

4.1 Direitos Sociais

Prestações Positivas

Os direitos sociais encontram-se previstos a partir do Art. 6º até o Art. 11 da Constituição Federal. São normas que se concretizam por meio de prestações positivas por parte do Estado, haja vista objetivarem reduzir as desigualdades sociais.

Deve-se dar destaque para o Art. 6º, que foi alterado pela EC 64/2010 e que possivelmente será objeto de questionamento em concurso público:

> **Art. 6º.** São direitos sociais a educação, a saúde, a alimentação, o trabalho, a moradia, o transporte, o lazer, a segurança, a previdência social, a proteção à maternidade e à infância, a assistência aos desamparados, na forma desta Constituição. (Redação dada pela Emenda Constitucional nº 90, de 2015)

Boa parte dos direitos aqui previstos necessita de recursos financeiros para serem implementados, o que acaba por dificultar sua plena eficácia.

Mas, antes de avançar nessa parte do conteúdo, faz-se necessário dizer que costumam ser cobradas questões de provas que abordam apenas o texto puro da Constituição Federal. A principal orientação, portanto, é que se dedique tempo à leitura da Constituição Federal, mais precisamente, do Art. 7º, que possui vários dispositivos que podem ser trabalhados em prova.

Reserva do Possível

Seria possível exigir do Estado a concessão de um direito social quando tal direito não fosse assegurado de forma condizente com sua previsão constitucional? A título de exemplo, veremos um dispositivo dos direitos sociais dos trabalhadores:

> **IV.** Salário-mínimo, fixado em lei, nacionalmente unificado, capaz de atender a suas necessidades vitais básicas e às de sua família com moradia, alimentação, educação, saúde, lazer, vestuário, higiene, transporte e previdência social, com reajustes periódicos que lhe preservem o poder aquisitivo, sendo vedada sua vinculação para qualquer fim.

Observe-se que a Constituição garante que o salário-mínimo deve atender às necessidades vitais básicas do trabalhador e de sua família com moradia, alimentação, educação, saúde, lazer, vestuário, higiene, transporte e previdência social. Entendendo que os direitos sociais são espécies de direitos fundamentais e, analisando-os sob o dispositivo previsto no § 1º do Art. 5º, segundo o qual "as normas definidoras de direitos e garantias fundamentais têm aplicação imediata", pergunta-se: seria possível entrar com uma ação visando a garantir o disposto no inciso IV, que está sendo analisado?

Certamente não. Para se garantir tudo o que está previsto no referido inciso, seria necessário que o salário-mínimo valesse, em média, por volta de R$ 3.000,00. Agora, imagine se algum trabalhador conseguisse esse benefício por meio de uma decisão judicial, o que não fariam todos os demais trabalhadores do país.

Se o Estado fosse obrigado a pagar esse valor para todos os trabalhadores, os cofres públicos rapidamente quebrariam. Para se garantir essa estabilidade, foi desenvolvida a teoria da **Reserva do Possível**, por meio da qual o Estado pode alegar essa impossibilidade financeira para atender algumas demandas, como o aumento do salário-mínimo. Quando o poder público for demandado para garantir algum benefício de ordem social, poderá ser alegada, previamente, a impossibilidade financeira para concretização do direito sob o argumento da reserva do possível.

Mínimo Existencial

Por causa da Reserva do Possível, o Estado passou a se esconder atrás dessa teoria, eximindo-se da sua obrigação social de garantia dos direitos tutelados na Constituição Federal. Tudo o que era pedido para o Estado era negado sob o argumento de que "não era possível". Para trazer um pouco de equilíbrio a essa relação, foi desenvolvida outra teoria chamada de Mínimo Existencial. Essa teoria permite que os poderes públicos deixem de atender algumas demandas em razão da reserva do possível, mas exige que seja garantido o Mínimo Existencial.

Princípio da Proibição ou Retrocesso ou Efeito Cliquet

Uma regra que funciona com caráter de segurança jurídica é a Proibição do Retrocesso. Esse dispositivo proíbe que os direitos sociais já conquistados sejam esvaziados ou perdidos sob pena de desestruturação social do País.

Salário-Mínimo

Feitas algumas considerações iniciais sobre a doutrina social, segue-se à análise de alguns dispositivos constitucionais que se encontram no Art. 7º:

> **IV.** Salário-mínimo, fixado em lei, nacionalmente unificado, capaz de atender a suas necessidades vitais básicas e às de sua família com moradia, alimentação, educação, saúde, lazer, vestuário, higiene, transporte e previdência social, com reajustes periódicos que lhe preservem o poder aquisitivo, sendo vedada sua vinculação para qualquer fim.

Vários pontos são relevantes nesse inciso. Primeiramente, é importante comentar o trecho "fixado em lei". Segundo o texto constitucional, o salário-mínimo só poderá ser fixado em Lei; entretanto, no dia 25 de fevereiro de 2011 foi publicada a Lei nº 12.382, que prevê a possibilidade de fixação do salário-mínimo por meio de Decreto do Poder Executivo. Questionado no STF[1], o guardião da Constituição considerou constitucional a fixação de salário-mínimo por meio de Decreto Presidencial.

Outro ponto interessante diz respeito ao salário-mínimo ser nacionalmente unificado. Muitos acham que alguns estados da federação fixam valores referentes ao salário-mínimo maiores do que o fixado nacionalmente. O STF já afirmou que os Estados não podem fixar salário-mínimo diferente do nacionalmente unificado. O que cada Estado pode fixar é o piso salarial da categoria de trabalhadores com valor maior que o salário-mínimo.

---

[1] Ver no STF, ADI 4.568, Rel. Min. Cármen Lúcia, julgamento em 3-11-2011, Plenário, Informativo 646.

Temos ainda a proibição de vinculação do salário-mínimo para qualquer fim. Em fevereiro de 2011, esse tema foi enfrentado pelo STF, que determinou a desvinculação do salários dos técnicos em radiologia do salário-mínimo, como estava previsto na Lei 7.394/85.

Algumas Súmulas Vinculantes do STF são importantes, pois se referem ao salário-mínimo:

> **Súmula Vinculante 4:** *Salvo nos casos previstos na Constituição, o salário-mínimo não pode ser usado como indexador de base de cálculo de vantagem de servidor público ou de empregado, nem ser substituído por decisão judicial.*
>
> **Súmula Vinculante 6:** *Não viola a Constituição o estabelecimento de remuneração inferior ao salário-mínimo para as praças prestadoras de serviço militar inicial.*
>
> **Súmula Vinculante 15:** *O cálculo de gratificações e outras vantagens do servidor público não incide sobre o abono utilizado para se atingir o salário-mínimo.*
>
> **Súmula Vinculante 16:** *Os Arts. 7º, IV, e 39, § 3º (redação da EC 19/98) da Constituição referem-se ao total da remuneração percebida pelo servidor público.*

Prescrição Trabalhista

Um dos dispositivos previstos no Art. 7º mais cobrados em prova é o inciso XXIX:

> **XXIX.** *Ação, quanto aos créditos resultantes das relações de trabalho, com prazo prescricional de cinco anos para os trabalhadores urbanos e rurais, até o limite de dois anos após a extinção do contrato de trabalho.*

Imaginemos, por exemplo, uma pessoa que tenha exercido sua função no período noturno, em uma empresa, durante 20 anos. Contudo, em todos esses anos de trabalho, ela não recebeu nenhum adicional noturno. Ora, ao ter seu contrato de trabalho rescindido, ela poderá ingressar em juízo pleiteando as verbas trabalhistas não pagas. Tendo em vista a existência de prazo prescricional para reaver seus direitos, o trabalhador terá o prazo de 2 anos para entrar com a ação, e só terá direito aos últimos 5 anos de adicional noturno.

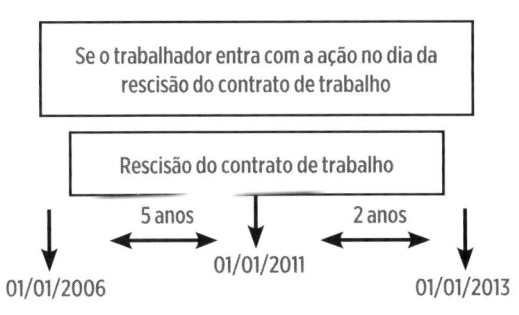

```
Se o trabalhador entra com a ação no dia da
rescisão do contrato de trabalho

            Rescisão do contrato de trabalho
         ←── 5 anos ──→ ←── 2 anos ──→
01/01/2006        01/01/2011        01/01/2013
```

Ressalta-se que esses 5 anos contam-se a partir do dia em que entrou com a ação. Se ele entrar com a ação no último dia do prazo de 2 anos, só terá direito a 3 anos de adicional noturno.

Nesse exemplo, se o trabalhador entrar com a ação no dia 01/01/2011, receberá os últimos 5 anos de adicional noturno, ou seja, até o dia 01/01/2006. Mas se o trabalhador entrar com a ação no dia 01/01/2013, último dia do prazo prescricional de 2 anos, ele terá direito aos últimos 5 anos de adicional noturno a contar do dia em que entrou com a ação. Isso significa que se depare o adicional noturno até o dia 01/01/2008. Perceba que, se o trabalhador demorar a entrar com a ação, ele perde os direitos trabalhistas anteriores ao prazo dos últimos 5 anos.

```
Se o trabalhador entra com a ação no último dia do
prazo prescricional de 2 anos

            Rescisão do contrato de trabalho
         ←── anos ──→ ←── anos ──→
                01/01/2008            01/01/2013
01/01/2006        01/01/2011
```

Proibição do Trabalho Noturno, Perigoso e Insalubre

Este inciso também é muito cotado para ser cobrado em prova. É importante lê-lo para que, em seguida, se possa responder a uma pergunta que fará entender o motivo de ele ser tão abordado em testes:

> **Art. 7º**, *XXXIII. Proibição de trabalho noturno, perigoso ou insalubre a menores de dezoito e de qualquer trabalho a menores de dezesseis anos, salvo na condição de aprendiz, a partir de quatorze anos.*

A pergunta é muito simples: a partir de qual idade pode se trabalhar no Brasil? Você deve estar em dúvida: entre 16 e 14 anos. Isso é o que acontece com a maioria dos candidatos. Por isso, nunca esqueça: se temos uma regra e essa regra está acompanhada de uma exceção; temos, então, uma possibilidade.

Ora, se a Constituição diz que é proibido o trabalho para os menores de 16 e, em seguida, excepciona essa regra dizendo que é possível a partir dos 14, na condição de aprendiz, ela quis dizer que o trabalho no Brasil se inicia aos 14 anos. Esse entendimento se fortalece à luz do Art. 227, § 3º, I:

> **Art. 227**, *§ 3º - O direito a proteção especial abrangerá os seguintes aspectos:*
>
> ***I.*** *Idade mínima de quatorze anos para admissão ao trabalho, observado o disposto no Art. 7º, XXXIII.*

Direitos dos Empregados Domésticos

O parágrafo único, do Art. 7º, da CF assegurava ao trabalhador doméstico um número reduzido de direitos, se comparado com os demais empregados, urbanos ou rurais.

Nos termos daquele dispositivo, seriam garantidos à categoria dos trabalhadores domésticos apenas os direitos previstos nos incisos IV, VI, VIII, XV, XVII, XVIII, XIX, XXI e XXIV, do Art. 7º, bem como a sua integração à previdência social.

Com a promulgação da EC nº 72, de 2 de abril de 2013, aquele parágrafo foi alterado para estender aos empregados domésticos praticamente todos os demais direitos constantes nos incisos, do Art. 7º, da CF.

A nova redação do parágrafo único, do Art. 7º, da CF dispõe:

> **Art. 7º**, *Parágrafo único. São assegurados à categoria dos trabalhadores domésticos os direitos previstos nos incisos IV, VI, VII, VIII, X, XIII, XV, XVI, XVII, XVIII, XIX, XXI, XXII, XXIV, XXVI, XXX, XXXI e XXXIII e, atendidas as condições estabelecidas em lei e observada a simplificação do cumprimento das obrigações tributárias, principais e acessórias, decorrentes da relação de trabalho e suas peculiaridades, os previstos nos incisos I, II, III, IX, XII, XXV e XXVIII, bem como a sua integração à previdência social.*

NOÇÕES DE DIREITO CONSTITUCIONAL

DIREITOS FUNDAMENTAIS - DIREITOS SOCIAIS E NACIONALIDADE

Direitos Coletivos dos Trabalhadores

São basicamente os direitos relacionados à criação e organização das associações e sindicatos que estão previstos no Art. 8º.

Princípio da Unicidade Sindical

O primeiro direito coletivo refere-se ao princípio da unicidade sindical. Esse dispositivo proíbe a criação de mais de uma organização sindical, representativa de categoria profissional ou econômica, em uma mesma base territorial:

> *II. É vedada a criação de mais de uma organização sindical, em qualquer grau, representativa de categoria profissional ou econômica, na mesma base territorial, que será definida pelos trabalhadores ou empregadores interessados, não podendo ser inferior à área de um Município.*

Em cada base territorial (federal, estadual, municipal ou distrital) só pode existir um sindicato representante da mesma categoria, lembrando que a base territorial mínima refere-se à área de um município.

Exemplificando: só pode existir **um** sindicato municipal de pescadores no município de Cascavel. Só pode existir **um** sindicato estadual de pescadores no estado do Paraná. Só pode existir **um** sindicato federal de pescadores no Brasil. Contudo, é possível existirem vários sindicatos municipais de pescadores no Estado do Paraná.

Contribuição Confederativa e Sindical

Essa questão costuma enganar até mesmo os mais preparados. Vejamos o que diz a Constituição Federal no Art. 8º, IV:

> *IV. A assembleia geral fixará a contribuição que, em se tratando de categoria profissional, será descontada em folha, para custeio do sistema confederativo da representação sindical respectiva, independentemente da contribuição prevista em lei.*

A primeira coisa que se deve perceber é a existência de duas contribuições nesse inciso. Uma chamada de Contribuição Confederativa a outra de Contribuição Sindical.

A Contribuição Confederativa é a prevista nesse inciso, fixada pela assembleia geral, descontada em folha para custear o sistema confederativo. Essa contribuição é aquela paga às organizações sindicais e que só é obrigada aos filiados e aos sindicatos. Não possui natureza tributária, por isso obriga apenas as pessoas que voluntariamente se filiam a uma entidade sindical.

A Contribuição Sindical, que é a contribuição prevista em lei, mais precisamente na Consolidação das Leis Trabalhistas (Decreto-Lei 5.452/43), deve ser paga por todos os trabalhadores ainda que profissionais liberais. Sua natureza é tributária, não possuindo caráter facultativo.

Contribuição	
Confederativa	Sindical
Fixada pela Assembleia	Fixada pela CLT
Natureza não tributária	Natureza tributária
Obrigada apenas aos filiados a sindicatos	Obrigada a todos os trabalhadores

Liberdade de Associação

Esse inciso costuma ser cobrado em prova devido às inúmeras possibilidades de se modificar o seu texto:

> *V. Ninguém será obrigado a filiar-se ou a manter-se filiado a sindicato.*

É a liberdade de associação que permite aos trabalhadores escolherem se desejam ou não se filiar a um determinado sindicato. Ninguém será obrigado a filiar-se ou a manter-se filiado.

Participação do Aposentado no Sindicato

Esse inciso também possui aplicação semelhante ao anterior, portanto deve haver uma leitura atenta aos detalhes que podem ser modificados em prova:

> *VII. O aposentado filiado tem direito a votar e ser votado nas organizações sindicais.*

Estabilidade Sindical

A estabilidade sindical constitui norma de proteção aos dirigentes sindicais que possui grande utilidade ao evitar o cometimento de arbitrariedades por partes das empresas em retaliação aos representantes dos empregados:

> *VIII. É vedada a dispensa do empregado sindicalizado a partir do registro da candidatura a cargo de direção ou representação sindical e, se eleito, ainda que suplente, até um ano após o final do mandato, salvo se cometer falta grave nos termos da lei.*

O importante aqui é entender o período de proteção que a Constituição garantiu aos dirigentes sindicais. A estabilidade se inicia com o registro da candidatura e permanece, com o candidato eleito, até um ano após o término do seu mandato. Ressalte-se que essa proteção contra despedida arbitrária não prospera diante do cometimento de falta grave.

4.2 Direitos de Nacionalidade

A nacionalidade é um vínculo jurídico existente entre um indivíduo e um Estado. Esse vínculo jurídico é a ligação existente capaz de gerar direitos e obrigações entre a pessoa e o Estado.

A aquisição da nacionalidade decorre do nascimento ou da manifestação de vontade. Quando a nacionalidade é adquirida pelo nascimento, estamos diante da chamada **Nacionalidade Originária**. Mas, se for adquirida por meio da manifestação de vontade, estamos diante de uma **Nacionalidade Secundária.**

A Nacionalidade Originária, também chamada de aquisição de nacionalidade primária, é aquela involuntária. Decorre do nascimento desde que preenchidos os requisitos previstos na legislação. Um brasileiro que adquire nacionalidade originária é chamado de nato.

Dois critérios foram utilizados em nossa Constituição para se conferir a nacionalidade originária:

Jus Solis

Esse é critério do solo, critério territorial. Serão considerados brasileiros natos as pessoas que nascerem no território nacional. Esse é o critério adotado como regra no texto constitucional.

Jus Sanguinis

Esse é o critério do sangue. Serão considerados brasileiros natos os descendentes de brasileiros, ou seja, aqueles que possuem o sangue brasileiro.

A nacionalidade secundária ou adquirida é a aquisição que depende de uma manifestação de vontade. É voluntária e, quem a adquire, possui a qualificação de naturalizado.

Conflito de Nacionalidade

Alguns países adotavam apenas o critério *jus sanguinis*, outros somente o critério *jus solis*, e isso gerou alguns problemas que a doutrina nominou de Conflito de Nacionalidade. O Conflito de Nacionalidade pode ser de duas formas:

Conflito Positivo

Ocorre quando o indivíduo adquire várias nacionalidades. Ele será chamado de polipátrida.

Conflito Negativo

Ocorre quando o indivíduo não adquire qualquer nacionalidade. Esse será chamado de apátrida (*heimatlos*).

Para evitar a ocorrência desses tipos de conflito, os países têm adotado critérios mistos de aquisição de nacionalidade originária, a exemplo do próprio Brasil.

A seguir, serão analisadas várias hipóteses previstas no Art. 12 da Constituição Federal de aquisição de nacionalidade tanto originária quanto secundária.

Nacionalidade Originária

As hipóteses de aquisição da nacionalidade originária estão previstas no Art. 12, I da Constituição Federal, e são:

> **Art. 12.** *São brasileiros:*
> **I.** *Natos:*
> **a)** *os nascidos na República Federativa do Brasil, ainda que de pais estrangeiros, desde que estes não estejam a serviço de seu país;*
> **b)** *os nascidos no estrangeiro, de pai brasileiro ou mãe brasileira, desde que qualquer deles esteja a serviço da República Federativa do Brasil;*
> **c)** *os nascidos no estrangeiro de pai brasileiro ou de mãe brasileira, desde que sejam registrados em repartição brasileira competente ou venham a residir na República Federativa do Brasil e optem, em qualquer tempo, depois de atingida a maioridade, pela nacionalidade brasileira.*

A primeira hipótese, prevista na alínea "a", adotou para aquisição o critério *jus solis*, ou seja, serão considerados brasileiros natos aqueles que nascerem no país ainda que de pais estrangeiros, desde que, os pais não estejam a serviço do seu país. Para que os filhos de pais estrangeiros fiquem impedidos de adquirirem a nacionalidade brasileira, é preciso que ambos os pais sejam estrangeiros, mas basta que apenas um deles esteja a serviço do seu país. Se os pais estrangeiros estiverem a serviço de outro país, a doutrina tem entendido que não se aplicará a vedação.

Já a segunda hipótese, adotada na alínea "b", utilizou o critério *jus sanguinis* para fixação da nacionalidade originária. Serão brasileiros natos os nascidos fora do país, filho de pai ou mãe brasileira, desde que qualquer deles esteja a serviço da República Federativa do Brasil. Estar a serviço do país significa estar a serviço de qualquer ente federativo (União, Estados, Distrito Federal ou Municípios) incluídos os órgãos e entidades da administração indireta (fundações, autarquias, empresas públicas e sociedades de economia mista).

A terceira hipótese, prevista na alínea "c", apresenta, na verdade, duas possibilidades: uma depende do registro a outra depende da opção confirmativa.

Primeiro, temos a regra aplicada aos nascidos no estrangeiro, filho de pai brasileiro ou mãe brasileira, condicionada à aquisição da nacionalidade ao registro em repartição brasileira competente. Nessa hipótese, adota-se o critério *jus sanguinis* acompanhado do registro em repartição brasileira.

Em seguida, temos a segunda possibilidade destinada aos nascidos no estrangeiro de pai brasileiro ou de mãe brasileira, que venham a residir na República Federativa do Brasil e optem (opção confirmativa), em qualquer tempo, depois de atingida a maioridade, pela nacionalidade brasileira.

Essa é a chamada nacionalidade protestativa, pois depende da manifestação de vontade por parte do interessado. Deve-se ter cuidado com a condição para a manifestação da vontade que só poder ser exercida depois de atingida a maioridade, apesar de não existir tempo limite para o exercício desse direito.

Nacionalidade Secundária

A seguir, serão apresentadas as hipóteses de aquisição de nacionalidade secundária:

> **Art. 12,** *II. Naturalizados:*
> **a)** *Os que, na forma da lei, adquiram a nacionalidade brasileira, exigidas aos originários de países de língua portuguesa apenas residência por um ano ininterrupto e idoneidade moral;*
> **b)** *os estrangeiros de qualquer nacionalidade, residentes na República Federativa do Brasil há mais de quinze anos ininterruptos e sem condenação penal, desde que requeiram a nacionalidade brasileira.*

A primeira hipótese de naturalização, prevista na alínea "a" do inciso II, é a chamada naturalização ordinária. Essa naturalização apresenta uma forma de aquisição prevista em lei. Esta Lei é a 6.815/80, que traz algumas regras para aquisição de nacionalidade, as quais não serão estudadas neste momento. O que interessa agora para a prova é a segunda parte da alínea, que confere um tratamento diferenciado para os originários de países de língua portuguesa, para quem será exigida apenas residência por um ano ininterrupto e idoneidade moral. Entende-se país de língua portuguesa qualquer país que possua a língua portuguesa como língua oficial (Angola, Portugal, Timor Leste, entre outros). Essa forma de naturalização não gera direito subjetivo ao estrangeiro, o que significa que ele poderá pleitear sua naturalização e essa poderá ser indeferida pelo Chefe do Poder Executivo, haja vista se tratar de um ato discricionário.

A alínea "b" do inciso II apresenta a chamada naturalização extraordinária ou quinzenária. Essa hipótese é destinada a qualquer estrangeiro e será exigida residência ininterrupta pelo prazo de 15 anos e não existência de condenação penal. Nessa espécie, não há discricionariedade em conceder a naturalização, pois ela gera direito subjetivo ao estrangeiro que tenha preenchido os requisitos.

NOÇÕES DE DIREITO CONSTITUCIONAL

O melhor é não esquecer que a ausência temporária da residência não quebra o vínculo ininterrupto exigido para a naturalização no país. Também deve ser ressaltado que não existe naturalização tácita ou automática, sendo exigido requerimento de quem desejar se naturalizar no Brasil.

Português Equiparado

> **Art. 12.** § 1º. Aos portugueses com residência permanente no País, se houver reciprocidade em favor de brasileiros, serão atribuídos os direitos inerentes ao brasileiro, salvo os casos previstos nesta Constituição.

Trata-se do chamado português equiparado ou quase nacional. Segundo o dispositivo, a Constituição assegura aos portugueses tratamento diferenciado, como se fossem brasileiros. Não se trata de uma hipótese de naturalização, nesse caso são atribuídos os mesmos direitos inerentes ao brasileiro.

Essa condição depende de reciprocidade por parte de Portugal. O Brasil possui um acordo internacional com Portugal por meio do Decreto nº 3.927/2001 que promulgou o Tratado de Cooperação, Amizade e Consulta Brasil/Portugal. Havendo o mesmo tratamento a um brasileiro quando estiver no país português, serão garantidos tratamentos diferenciados aos portugueses que aqui estiverem desde que manifestem interesse no recebimento desse tratamento diferenciado. Ressalta-se que para requerer esse tipo de tratamento será necessária, além do requerimento, a constituição de residência permanente no Brasil.

Por fim, não se pode esquecer de que o tratamento dado aos portugueses os equipara aos brasileiros naturalizados.

Tratamento Diferenciado entre Brasileiros

O § 2º do Art. 12 proíbe o tratamento diferençado entre brasileiros natos e naturalizados:

> **§ 2º** - A lei não poderá estabelecer distinção entre brasileiros natos e naturalizados, salvo nos casos previstos nesta Constituição.

O próprio dispositivo excepciona a regra permitindo que a Constituição Federal estabeleça tratamento diferenciado entre brasileiros natos e naturalizados. São quatro os tratamentos diferenciados estabelecidos pelo texto constitucional:

> - **Cargos privativos de brasileiros natos;**
> - **Funções privativas de brasileiros natos;**
> - **Regras de extradição;**
> - **Propriedade de empresas de jornalística ou de radiodifusão.**

O § 3º apresenta a primeira hipótese de distinção dentre brasileiros natos e naturalizados:

> **§ 3º** - São privativos de brasileiro nato os cargos:
> **I.** De Presidente e Vice-Presidente da República;
> **II.** De Presidente da Câmara dos Deputados;
> **III.** De Presidente do Senado Federal;
> **IV.** De Ministro do Supremo Tribunal Federal;
> **V.** Da carreira diplomática;
> **VI.** de oficial das Forças Armadas;
> **VII.** De Ministro de Estado da Defesa.

Os cargos privativos aos brasileiros natos são muito incidentes em provas. Por esse motivo, sugere-se que sejam memorizados. Dois critérios foram utilizados para escolha desses cargos. O primeiro está relacionado com os cargos que sucedem o Presidente da República (Presidente e Vice-Presidente da República, Presidente da Câmara dos Deputados, Presidente do Senado Federal e Ministro do Supremo Tribunal Federal). O segundo critério diz respeito à segurança nacional (carreira diplomática, oficial das forças armadas e Ministro do Estado da Defesa).

As funções privativas de brasileiros natos estão prevista no Art. 89, VII da Constituição:

> **Art. 89.** O Conselho da República é órgão superior de consulta do Presidente da República, e dele participam:
> **I.** O Vice-Presidente da República;
> **II.** O Presidente da Câmara dos Deputados;
> **III.** O Presidente do Senado Federal;
> **IV.** Os líderes da maioria e da minoria na Câmara dos Deputados;
> **V.** Os líderes da maioria e da minoria no Senado Federal;
> **VI.** O Ministro da Justiça;
> **VII.** Seis cidadãos brasileiros natos, com mais de trinta e cinco anos de idade, sendo dois nomeados pelo Presidente da República, dois eleitos pelo Senado Federal e dois eleitos pela Câmara dos Deputados, todos com mandato de três anos, vedada a recondução.

A terceira possibilidade de tratamento diferenciado diz respeito às regras de extradição previstas no inciso LI do Art. 5º:

> **LI.** Nenhum brasileiro será extraditado, salvo o naturalizado, em caso de crime comum, praticado antes da naturalização, ou de comprovado envolvimento em tráfico ilícito de entorpecentes e drogas afins, na forma da lei.

A quarta previsão está no Art. 222 da Constituição:

> **Art. 222.** A propriedade de empresa jornalística e de radiodifusão sonora e de sons e imagens é privativa de brasileiros natos ou naturalizados há mais de dez anos, ou de pessoas jurídicas constituídas sob as leis brasileiras e que tenham sede no País.

Perda da Nacionalidade

A seguir serão trabalhadas as hipóteses de perda da nacionalidade. Uma pergunta: brasileiro nato pode perder a nacionalidade?

Vejamos o que diz a Constituição Federal:

> **§ 4º** - Será declarada a perda da nacionalidade do brasileiro que:
> **I.** Tiver cancelada sua naturalização, por sentença judicial, em virtude de atividade nociva ao interesse nacional;
> **II.** Adquirir outra nacionalidade, salvo no casos:
> **a)** de reconhecimento de nacionalidade originária pela lei estrangeira;
> **b)** de imposição de naturalização, pela norma estrangeira, ao brasileiro residente em estado estrangeiro, como condição para permanência em seu território ou para o exercício de direitos civis.

Ao se analisar o dispositivo do caput desse parágrafo, é possível concluir que as regras são para os brasileiros natos ou naturalizados.

Mas vale a pena verificar cada hipótese:

O inciso I deixa claro que é uma hipótese aplicada apenas aos brasileiros naturalizados (cancelamento de naturalização). Se o indivíduo tem seu vínculo com o Estado cancelado por decisão judicial, não há que se falar em permanência da nacionalidade brasileira;

O inciso II já não permite a mesma conclusão, haja vista ter considerado qualquer brasileiro. Logo, ao brasileiro, seja ele nato ou naturalizado, que adquirir outra nacionalidade, será declarada a perda da nacionalidade, pelo menos em regra. Essa regra possui duas exceções: nos casos de reconhecimento de nacionalidade originária estrangeira ou de imposição de naturalização, não será declarada a perda da nacionalidade brasileira. É nestas hipóteses que se encontram permitidas as situações de dupla nacionalidade que conhecemos.

Uma questão interessante surge: seria possível a reaquisição da nacionalidade brasileira?

Uma vez perdida a nacionalidade, tem-se entendido que é possível a sua reaquisição dependendo da forma que foi perdida.

Se o indivíduo perde a nacionalidade com fundamento no inciso I, por cancelamento de naturalização, só seria possível a reaquisição por meio de ação rescisória.

Caso o indivíduo perca a nacionalidade por ter adquirido outra, que revela a hipótese do inciso II, também será possível a reaquisição por decreto presidencial (Art. 36, Lei 818/49).

Apesar da divergência doutrinária, prevalece o entendimento de que o brasileiro, após a reaquisição, volta à condição anterior, ou seja, se era brasileiro nato, volta a ser nato, se era naturalizado, volta como naturalizado.

Questões

01. (FCC) A Constituição Federal estabelece a proibição de trabalho noturno, perigoso ou insalubre a menores de:
a) Dezoito anos e de qualquer trabalho a menores de dezesseis anos, salvo na condição de aprendiz a partir de quatorze anos.
b) Vinte e um anos e de qualquer trabalho a menores de dezoito anos, salvo na condição de aprendiz a partir de dezesseis anos.
c) Dezessete anos e de qualquer trabalho a menores de quinze anos, salvo na condição de aprendiz a partir de treze anos.
d) Dezenove anos e de qualquer trabalho a menores de dezesseis anos, salvo na condição de aprendiz a partir de quinze anos.
e) Vinte anos e de qualquer trabalho a menores de dezenove anos, salvo na condição de aprendiz a partir de quinze anos.

02. (FCC) O filho nascido no Brasil de um casal de alemães que tenha vindo morar no Estado do Ceará em razão da aquisição de um estabelecimento hoteleiro (pousada), tem nacionalidade, nos termos da Constituição Federal Brasileira:
a) Alemã.
b) Brasileira.
c) Alemã, considerado naturalizado brasileiro.
d) Brasileira, considerado naturalizado.
e) Brasileira, considerado naturalizado alemão.

03. (FCC) É privativo de brasileiro nato o cargo de:
a) Presidente do Superior Tribunal de Justiça.
b) Presidente do Tribunal de Justiça.
c) Defensor Geral do Estado.
d) Presidente da Câmara dos Deputados.
e) Presidente do Tribunal de Contas da União.

Gabaritos

01	A
02	B
03	D

NOÇÕES DE DIREITO CONSTITUCIONAL

5. DIREITOS FUNDAMENTAIS – DIREITOS POLÍTICOS E PARTIDOS POLÍTICOS

5.1 Direitos Políticos

Os direitos políticos são um conjunto de direitos fundamentais que permitem ao indivíduo participar da vontade política do Estado. Para se falar de direitos políticos, alguns conceitos são indispensáveis.

Cidadania, Democracia e Soberania Popular

A Cidadania é a condição conferida ao indivíduo que possui direito político. É o exercício desse direito. Essa condição só é possível em nosso país por causa do regime de governo adotado, a Democracia. A democracia parte do pressuposto de que o poder do Estado decorre da vontade popular, da Soberania Popular. Conforme o parágrafo único do Art. 1º da Constituição:

> **Art. 1º**, Parágrafo único. Todo o poder emana do povo, que o exerce por meio de representantes eleitos ou diretamente, nos termos desta Constituição.

A democracia brasileira é classificada como semidireta ou participativa, haja vista poder ser exercida tanto de forma direta como de forma indireta. Como forma de exercício direto temos o previsto no Art. 14 da CF:

> **Art. 14.** A soberania popular será exercida pelo sufrágio universal e pelo voto direto e secreto, com valor igual para todos, e, nos termos da lei, mediante:
> *I.* Plebiscito;
> *II.* Referendo;
> *III.* Iniciativa popular.

Mas ainda há a ação popular que também é forma de exercício direto dos direitos políticos:

> **Art. 5º**, LXXIII. Qualquer cidadão é parte legítima para propor ação popular que vise a anular ato lesivo ao patrimônio público ou de entidade de que o Estado participe, à moralidade administrativa, ao meio ambiente e ao patrimônio histórico e cultural, ficando o autor, salvo comprovada má-fé, isento de custas judiciais e do ônus da sucumbência.

Entendamos o que significa cada uma das formas de exercício direto dos direitos políticos:

Plebiscito

Consulta popular realizada antes da tomada de decisão. O representante do poder público quer tomar uma decisão, mas, antes de tomá-la, ele pergunta para os cidadãos quem concorda. O que os cidadãos decidirem será feito.

Referendo

Consulta popular realizada depois da tomada de decisão. O representante do poder público toma uma decisão e depois pergunta o que os cidadãos acharam.

Iniciativa Popular

Essa é uma das formas de se iniciar o processo legislativo no Brasil. A legitimidade para propor criação de lei pelo eleitorado encontra amparo no Art. 61, § 2º da CF:

> **Art. 61, § 2º** - A iniciativa popular pode ser exercida pela apresentação à Câmara dos Deputados de projeto de lei subscrito por, no mínimo, um por cento do eleitorado nacional, distribuído pelo menos por cinco Estados, com não menos de três décimos por cento dos eleitores de cada um deles.

Ação Popular

Remédio constitucional previsto no inciso LXXIII que funciona como instrumento de fiscalização dos poderes públicos nos termos do inciso citado.

Quando se fala em exercício indireto, significa exercício por meio dos representantes eleitos que representarão a vontade popular.

Todas essas ferramentas disponibilizadas acima constituem formas de exercício dos direitos políticos no Brasil.

A doutrina costuma classificar os direitos políticos em:

> **Direitos políticos positivos.**
> **Direitos políticos negativos.**

Direitos Políticos Positivos

Os direitos políticos positivos se mostram pela possibilidade de participação na vontade política do Estado. Esses direitos políticos se materializam por meio da Capacidade Eleitoral Ativa e da Capacidade Eleitoral Passiva. O primeiro é a possibilidade de votar. O segundo, de ser votado.

Para que se possa exercer a capacidade eleitoral ativa, faz-se necessário o chamado alistamento eleitoral. É, simplesmente, inscrever-se como eleitor, o que acontece quando obtemos o título de eleitor. A Constituição apresenta três regras para o alistamento e o voto:

Voto Obrigatório

Maiores de 18 anos;

Voto Facultativo

Maiores de 16 e menores de 18; analfabetos e maiores de 70 anos;

Voto Proibido

Estrangeiros e conscritos.

Vejamos estas regras previstas no texto constitucional:

> **Art. 14**, § 1º. O alistamento eleitoral e o voto são:
> *I.* Obrigatórios para os maiores de dezoito anos;
> *II.* Facultativos para:
>   *a)* os analfabetos;
>   *b)* os maiores de setenta anos;
>   *c)* os maiores de dezesseis e menores de dezoito anos.
> **§ 2º** - Não podem alistar-se como eleitores os estrangeiros e, durante o período do serviço militar obrigatório, os conscritos.

Condições de alistabilidade

- **Obrigatório**: Maiores de 18 anos e < 70
- **Facultativo**:
  - Maiores de 16 e menores de 18 anos
  - Analfabetos
  - Maiores de 70 anos
- **Proibido**:
  - Estrangeiros
  - Conscritos

A **capacidade eleitoral passiva** é a capacidade de ser eleito. É uma das formas de participação política em que o cidadão aceita a incumbência de representar os interesses dos seus eleitores. Para que alguém possa ser eleito se faz necessário o preenchimento das Condições de Elegibilidade. São condições de elegibilidade as previstas no Art. 14, § 3º da Constituição:

> **Art. 14, § 3º** - São condições de elegibilidade, na forma da lei:
> **I.** a nacionalidade brasileira;
> **II.** o pleno exercício dos direitos políticos;
> **III.** o alistamento eleitoral;
> **IV.** o domicílio eleitoral na circunscrição;
> **V.** a filiação partidária;
> **VI.** a idade mínima de:
> **a)** trinta e cinco anos para Presidente e Vice-Presidente da República e Senador;
> **b)** trinta anos para Governador e Vice-Governador de Estado e do Distrito Federal;
> **c)** vinte e um anos para Deputado Federal, Deputado Estadual ou Distrital, Prefeito, Vice-Prefeito e juiz de paz;
> **d)** dezoito anos para Vereador.

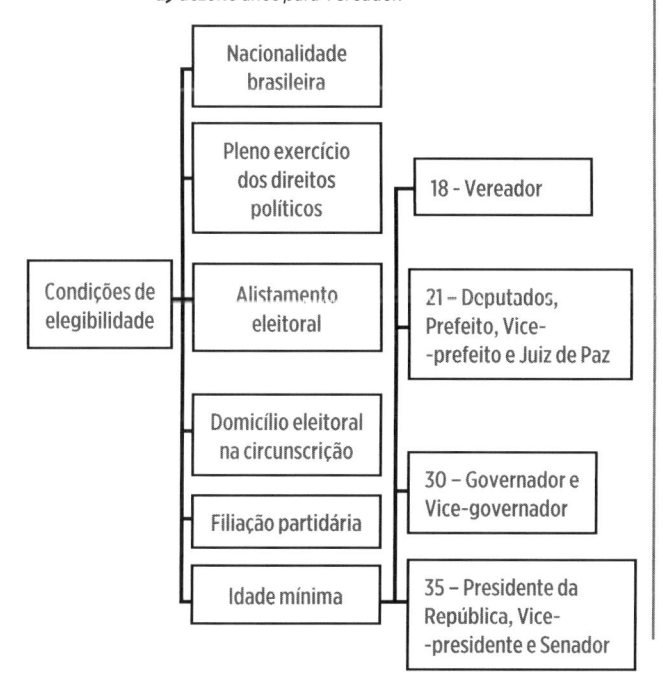

Condições de elegibilidade

- Nacionalidade brasileira
- Pleno exercício dos direitos políticos
- Alistamento eleitoral
- Domicílio eleitoral na circunscrição
- Filiação partidária
- Idade mínima:
  - 18 - Vereador
  - 21 - Deputados, Prefeito, Vice-prefeito e Juiz de Paz
  - 30 - Governador e Vice-governador
  - 35 - Presidente da República, Vice-presidente e Senador

Direitos Políticos Negativos

Os direitos políticos negativos são verdadeiras vedações ao exercício da cidadania. São inelegibilidades, hipóteses de perda ou suspensão dos direitos políticos que se encontram previstos expressamente no texto constitucional. Só não se pode esquecer a possibilidade prevista no § 9º do Art. 14 da Constituição, que admite que sejam criadas outras inelegibilidades por Lei Complementar, desde possuam caráter relativo. Inelegibilidade absoluta, segundo a doutrina, só na Constituição Federal.

A primeira inelegibilidade está prevista no Art. 14, § 4º:

> **Art. 14, § 4º** - São inelegíveis os inalistáveis e os analfabetos.

Trata-se de uma inelegibilidade absoluta que impede os inalistáveis e analfabetos a concorrerem a qualquer cargo eletivo. Nota-se primeiramente que a Constituição se refere aos inalistáveis como "inelegíveis". Todas as vezes que se encontrar o termo inalistável, deve-se pensar automaticamente em estrangeiros e conscritos. Logo, são inelegíveis os estrangeiros, conscritos e analfabetos.

Quanto aos analfabetos, uma questão merece atenção: os analfabetos podem votar, mas não podem receber votos.

Em seguida, tem-se o § 5º, que traz a chamada regra da Reeleição. Trata-se de uma espécie de inelegibilidade relativa por meio do qual alguns titulares de cargos políticos ficam impedidos de se reelegerem por mais de duas eleições consecutivas, ou seja, é permitida apenas uma reeleição:

> **Art. 14, § 5º -** O Presidente da República, os Governadores de Estado e do Distrito Federal, os Prefeitos e quem os houver sucedido, ou substituído no curso dos mandatos poderão ser reeleitos para um único período subsequente.

O primeiro ponto interessante desse parágrafo está na restrição que só ocorre para os membros do poder executivo (Presidente, Governador e Prefeito). Logo, um membro do Poder Legislativo poderá se reeleger quantas vezes ele quiser, enquanto o membro do Poder Executivo só poderá se reeleger uma única vez. Ressalte-se que o impedimento se aplica também a quem suceder ou substituir o titular dos cargos supracitados.

Mais uma regra de inelegibilidade relativa encontra-se no § 6º:

> **Art. 14, § 6º** - Para concorrerem a outros cargos, o Presidente da República, os Governadores de Estado e do Distrito Federal e os Prefeitos devem renunciar aos respectivos mandatos até seis meses antes do pleito.

Estamos diante da chamada regra de **Desincompatibilização**. Da mesma forma que o dispositivo anterior só se aplica aos membros do Poder Executivo, e essa norma exige que os representantes desse Poder, para que possam concorrer a outro cargo, devem renunciar os respectivos mandatos até seis meses antes do pleito.

Ainda há a chamada Inelegibilidade Reflexa, ou em razão do parentesco. Essa hipótese gera um impedimento, não ao titular do cargo político, mas aos seus parentes até segundo grau. Também se aplica apenas aos membros do Poder Executivo:

> **Art. 14, § 7º** - São inelegíveis, no território de jurisdição do titular, o cônjuge e os parentes consanguíneos ou afins, até o segundo grau ou por adoção, do Presidente da República, de Governador de Estado ou Território, do Distrito Federal, de Prefeito ou de quem os haja substituído dentro dos seis meses anteriores ao pleito, salvo se já titular de mandato eletivo e candidato à reeleição.

NOÇÕES DE DIREITO CONSTITUCIONAL

DIREITOS FUNDAMENTAIS – DIREITOS POLÍTICOS E PARTIDOS POLÍTICOS

O impedimento gerado está relacionado ao território de jurisdição do titular da seguinte forma:

> - O Prefeito gera inelegibilidade aos cargos de Prefeito e Vereador do mesmo município;
> - O Governador gera inelegibilidade aos cargos de Prefeito, Vereador, Deputado Estadual, Deputado Federal, Senador da República e Governador do mesmo Estado Federativo;
> - O Presidente gera inelegibilidade a todos os cargos eletivos do país.

São parentes de 1º grau: pai, mãe, filho, sogro. São parentes de 2º grau: avô, irmão, neto, cunhado.

O STF editou a Súmula Vinculante nº 18, que diz:

> **Súmula Vinculante nº 18.** A dissolução da sociedade ou do vínculo conjugal, no curso do mandato, não afasta a inelegibilidade prevista no § 7º do Art. 14 da Constituição Federal.

Lei complementar pode estabelecer novas hipóteses de inelegibilidade relativa. É o que dispõe o § 9º do Art. 14:

> **Art. 14, § 9º** - Lei complementar estabelecerá outros casos de inelegibilidade e os prazos de sua cessação, a fim de proteger a probidade administrativa, a moralidade para exercício de mandato considerada vida pregressa do candidato, e a normalidade e legitimidade das eleições contra a influência do poder econômico ou o abuso do exercício de função, cargo ou emprego na administração direta ou indireta.

Com base no texto, é possível concluir que o rol de inelegibilidades relativas previstas na Constituição Federal é meramente exemplificativo. Há ainda a Lei Complementar nº 64/90 que traz várias hipóteses de inelegibilidade.

Condições para Eleição do Militar

O militar pode se candidatar a cargo político eletivo desde que observadas as regras estabelecidas no § 8º do Art. 14:

> **Art. 14, § 8º** - O militar alistável é elegível, atendidas as seguintes condições:
>
> **I.** se contar menos de dez anos de serviço, deverá afastar-se da atividade;
>
> **II.** se contar mais de dez anos de serviço, será agregado pela autoridade superior e, se eleito, passará automaticamente, no ato da diplomação, para a inatividade.

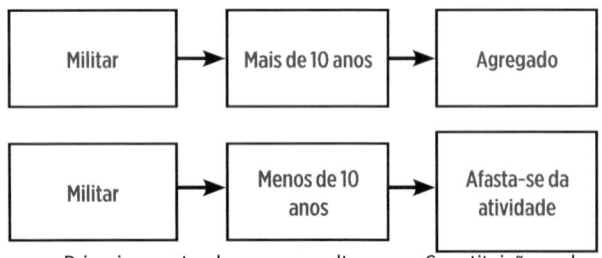

Militar → Mais de 10 anos → Agregado

Militar → Menos de 10 anos → Afasta-se da atividade

Primeiramente, deve-se ressaltar que a Constituição veda a filiação partidária aos militares:

> **Art. 142, § 3º, V.** O militar, enquanto em serviço ativo, não pode estar filiado a partidos políticos.

Recordando as condições de elegibilidade, tem-se que é necessária a filiação partidária para ser elegível, contudo, no caso do militar, o TSE tem entendido que o registro da candidatura supre a falta de prévia filiação partidária.

Um segundo ponto interessante decorre da própria interpretação do § 8º, que prevê duas regras para eleição dos militares em razão do tempo de serviço:

Militar com menos de dez anos: deve se afastar da atividade;

Militar com mais de dez anos: deve ficar agregado pela autoridade superior e se eleito, passado para inatividade.

Esse prazo de dez anos escolhido pela Constituição decorre da garantia de estabilidade para os militares.

Impugnação de Mandato Eletivo

Estes parágrafos dispensam explicação e, quando aparecem em prova, costumam cobrar o próprio texto constitucional. Deve-se ter cuidado com o prazo de 15 dias para impugnação:

> **Art. 14, § 10** - O mandato eletivo poderá ser impugnado ante a Justiça Eleitoral no prazo de quinze dias contados da diplomação, instruída a ação com provas de abuso do poder econômico, corrupção ou fraude.
>
> **§ 11** - A ação de impugnação de mandato tramitará em segredo de justiça, respondendo o autor, na forma da lei, se temerária ou de manifesta má-fé.

Cassação, Suspensão e Perda dos Direitos Políticos

Uma coisa é certa: não existe cassação de direitos políticos no Brasil. Isso não pode ser esquecido, pois sempre é cobrado em prova. Apesar dessa norma protetiva, são permitidas a perda e a suspensão desses direitos, conforme disposto no Art. 15 da Constituição:

> **Art. 15.** É vedada a cassação de direitos políticos, cuja perda ou suspensão só se dará nos casos de:
>
> **I.** Cancelamento da naturalização por sentença transitada em julgado;
>
> **II.** Incapacidade civil absoluta;
>
> **III.** Condenação criminal transitada em julgado, enquanto durarem seus efeitos;
>
> **IV.** Recusa de cumprir obrigação a todos imposta ou prestação alternativa, nos termos do Art. 5º, VIII;
>
> **V.** Improbidade administrativa, nos termos do Art. 37, § 4º.

Observe-se que o texto constitucional não esclareceu muito bem quais são as hipóteses de perda ou suspensão, trabalho esse que ficou a cargo da doutrina fazer. Seguem abaixo as hipóteses de perda ou suspensão:

Cancelamento da naturalização por sentença transitada em julgado – trata-se de perda dos direitos políticos. Ora, se o indivíduo teve cancelado seu vínculo com o Estado Brasileiro, não há sentido em lhe garantir os direitos políticos;

Incapacidade civil absoluta – apesar de ser absoluta, essa incapacidade civil pode cessar dependendo da situação. Logo, é hipótese de suspensão dos direitos políticos;

Condenação criminal transitada em julgado, enquanto durarem seus efeitos – condenação criminal é suspensão, pois dura enquanto durar a pena. Deve-se ter cuidado com essa questão em prova. O efeito da suspensão sobre os direitos políticos independe do tipo de pena aplicada ao cidadão.

Recusa de cumprir obrigação a todos imposta ou prestação alternativa, nos termos do Art. 5º, VIII - essa é a famosa hipótese da escusa de consciência. Em relação a esse tema, existe divergência na doutrina. Parte da doutrina Constitucional entende que é hipótese de perda, outra parte da doutrina, principalmente eleitoral, entende que seja hipótese de suspensão.

Improbidade administrativa, nos termos do Art. 37, § 4º - essa é mais uma hipótese de suspensão dos direitos políticos.

Princípio da Anterioridade Eleitoral

Este princípio exige o prazo de um ano para aplicação de lei que altere processo eleitoral. Isso visa a evitar que os candidatos sejam pegos de surpresa com as regras eleitorais. O Art. 16 diz:

> *Art. 16.* A lei que alterar o processo eleitoral entrará em vigor na data de sua publicação, não se aplicando à eleição que ocorra até um ano da data de sua vigência.

O STF decidiu que essa lei não se aplica às eleições de 2010 por não ter respeitado esse princípio que requer o prazo de 1 ano para aplicação da lei que alterar o processo eleitoral.

A lei havia sido publicada em junho de 2010 e queriam que valesse para as eleições do mesmo ano. O STF disse que sua aplicação para 2010 era Inconstitucional.

5.2 Partidos Políticos

Natureza Jurídica dos Partidos Políticos

Os partidos políticos, segundo previsão expressa da Constituição, possuem natureza jurídica de direito privado. Segundo o disposto no Art. 17, § 2º:

> *§ 2º* - Os partidos políticos, após adquirirem personalidade jurídica, na forma da lei civil, registrarão seus estatutos no Tribunal Superior Eleitoral.

Quando a Constituição determina que os partidos devem adquirir sua personalidade jurídica na forma da lei civil, praticamente, afirma que é uma pessoa jurídica de direito privado apesar de ser exigido seu registro no TSE.

Direitos dos Partidos

Os partidos possuem vários direitos previstos expressamente na Constituição, dentre os quais destacam-se:

Recursos do fundo partidário;

Acesso gratuito ao rádio e à televisão (Lei 9.096/95).

Limitações aos Partidos

Apesar da liberdade estampada no *caput* do Art. 17, é possível perceber que a criação dos partidos políticos possui algumas limitações:

> *Art. 17.* É livre a criação, fusão, incorporação e extinção de partidos políticos, resguardados a soberania nacional, o regime democrático, o pluripartidarismo, os direitos fundamentais da pessoa humana e observados os seguintes preceitos:
>
> *I.* Caráter nacional;
>
> *II.* Proibição de recebimento de recursos financeiros de entidade ou governo estrangeiros ou de subordinação a estes;
>
> *III.* Prestação de contas à Justiça Eleitoral;
>
> *IV.* Funcionamento parlamentar de acordo com a lei.

> *§ 4º* - É vedada a utilização pelos partidos políticos de organização paramilitar.

Verticalização

Antes da Emenda Constitucional nº 52/2006, era utilizada a chamada Verticalização, que significava a necessidade de vinculação das candidaturas do nível nacional, estadual, distrital ou municipal. Vejamos como está escrito agora:

> *§ 1º* - É assegurada aos partidos políticos autonomia para definir sua estrutura interna, organização e funcionamento e para adotar os critérios de escolha e o regime de suas coligações eleitorais, sem obrigatoriedade de vinculação entre as candidaturas em âmbito nacional, estadual, distrital ou municipal, devendo seus estatutos estabelecer normas de disciplina e fidelidade partidária.

Significa dizer que não é mais preciso haver vinculação das candidaturas nos diversos níveis federativos (União, Estados, Distrito Federal e Municípios).

Questões

01. (FCC) Um jovem com vinte anos completos que deseja concorrer a cargo eletivo junto ao Executivo ou ao Legislativo, poderá ser eleito:

a) Vice-prefeito.

b) Juiz de paz.

c) Vereador.

d) Prefeito.

e) Deputado distrital.

02. (FCC) Sobre os Direitos Políticos, considere as seguintes assertivas:

I. Se contar menos de dez anos de serviço, o militar alistável é elegível, mas deverá afastar-se da atividade.

II. Para concorrer a outro cargo o Prefeito deve renunciar ao respectivo mandato até sete meses antes do pleito.

III. O mandato eletivo poderá ser impugnado ante a Justiça Eleitoral no prazo de trinta dias contados da diplomação, instruída a ação com provas de abuso do poder econômico, corrupção ou fraude.

IV. A ação de impugnação de mandato tramitará em segredo de justiça, respondendo o autor, na forma da lei, se temerária ou de manifesta má-fé.

Está correto o que se afirma apenas em:

a) I e III.

b) I e IV.

c) II e III.

d) II e IV.

Gabaritos

01	C
02	B

NOÇÕES DE DIREITO CONSTITUCIONAL

6. ORGANIZAÇÃO DOS PODERES – PODER EXECUTIVO

O Poder Executivo, tem como função principal administrar o Estado. Para entender como o Poder Executivo Brasileiro está organizado, a seguir serão analisados alguns princípios constitucionais que o influenciam.

6.1 Princípios

Princípio Republicano

O primeiro princípio que será estudo é o Republicano que representa a Forma de Governo adotada no Brasil. A forma de governo reflete o modo de aquisição e exercício do poder político, além de medir a relação existente entre o governante e o governado.

A melhor forma de entender esse instituto é conhecendo suas características. A primeira característica decorre da análise etimológica da expressão res publica. Essa expressão, que dá origem ao princípio ora estudado, significa coisa pública, ou seja, em um Estado republicano o governante governa a coisa pública, governa para o povo.

Na república, o governante é escolhido pelo povo. Essa é a chamada eletividade. O poder político é adquirido pelas eleições, cuja vontade popular se concretiza nas urnas.

Outra característica importante é a Temporariedade. Esse atributo revela o caráter temporário do exercício do poder político. Por causa desse princípio, em nosso Estado, o governante permanece por quatro anos no poder, sendo permitida apenas uma reeleição.

Por fim, num Estado Republicano o governante pode ser responsabilizado por seus atos.

Quando se fala dessas características da forma de governo republicana, remete-se imediatamente ao regime político adotado no Brasil, que permite a participação popular nas decisões estatais: **democracia**.

Princípio Democrático

Esse princípio revela o **Regime de Governo** adotado no Brasil, também chamado de **Regime Político**. Caracteriza-se por um governo do povo, pelo povo e para o povo.

Presidencialismo

O Presidencialismo é o **Sistema de Governo** adotado no Brasil. O sistema de governo rege a relação entre o Poder Executivo e o Legislativo, medindo o grau de dependência entre eles. No Presidencialismo, prevalece a separação entre os Poderes Executivo e Legislativo os quais são independentes e harmônicos entre si.

A Constituição declara que o Poder Executivo da União é exercido pelo Presidente da República, auxiliado por seus Ministros de Estado:

> **Art. 76.** O Poder Executivo é exercido pelo Presidente da República, auxiliado pelos Ministros de Estado.

O Presidencialismo possui uma característica muito importante para prova: o presidente, que é eleito pelo povo, exerce ao mesmo tempo três funções: Chefe de Estado, Chefe de Governo e Chefe da Administração Pública.

A função de Chefe de Estado diz respeito a todas as atribuições do Presidente nas relações externas do País. Como Chefe de Governo, o Presidente possui inúmeras atribuições internas, no que tange à governabilidade do país. Já como Chefe da Administração Pública, o Presidente exercerá as funções relacionadas com a chefia da Administração Pública Federal, ou seja, apenas da União.

Esses princípios que regem o Poder Executivo costumam ser cobrados em prova. Vejamos esta questão sobre o princípio republicano:

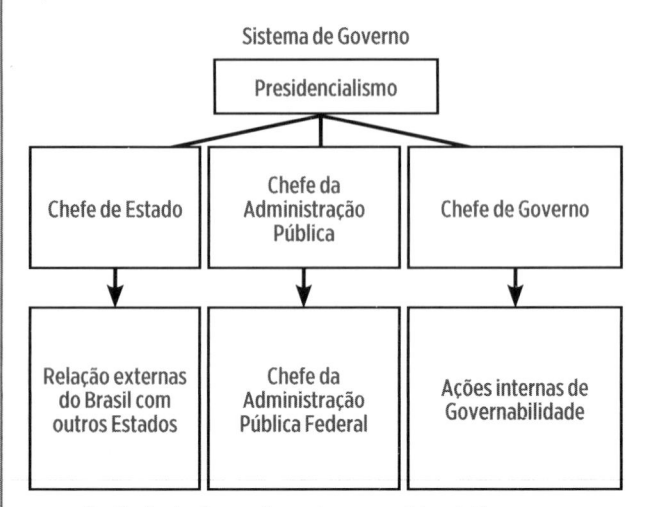

```
                    Sistema de Governo
                    Presidencialismo
        ┌───────────────┼───────────────┐
  Chefe de Estado   Chefe da        Chefe de Governo
                    Administração
                    Pública
        │               │               │
        ▼               ▼               ▼
  Relação externas  Chefe da         Ações internas de
  do Brasil com     Administração    Governabilidade
  outros Estados    Pública Federal
```

Partindo de discussões sobre o presidencialismo, que caracteriza as funções exercidas pelo Presidente da República, a seguir serão estudadas suas atribuições, que aparecem praticamente em todos os editais que contém Poder Executivo.

Atribuições do Presidente

As atribuições do Presidente da República encontram-se arroladas no Art. 84 da Constituição Federal:

> **Art. 84.** Compete privativamente ao Presidente da República:
>
> **I.** Nomear e exonerar os Ministros de Estado;
>
> **II.** Exercer, com o auxílio dos Ministros de Estado, a direção superior da administração federal;
>
> **III.** Iniciar o processo legislativo, na forma e nos casos previstos nesta Constituição;
>
> **IV.** Sancionar, promulgar e fazer publicar as leis, bem como expedir decretos e regulamentos para sua fiel execução;
>
> **V.** Vetar projetos de lei, total ou parcialmente;
>
> **VI.** Dispor, mediante decreto, sobre:
>
> **a)** Organização e funcionamento da administração federal, quando não implicar aumento de despesa nem criação ou extinção de órgãos públicos;
>
> **b)** Extinção de funções ou cargos públicos, quando vagos;
>
> **VII.** Manter relações com Estados estrangeiros e acreditar seus representantes diplomáticos;
>
> **VIII.** Celebrar tratados, convenções e atos internacionais, sujeitos a referendo do Congresso Nacional;
>
> **IX.** Decretar o estado de defesa e o estado de sítio;
>
> **X.** Decretar e executar a intervenção federal;
>
> **XI.** Remeter mensagem e plano de governo ao Congresso Nacional por ocasião da abertura da sessão legislativa, expondo a situação do País e solicitando as providências que julgar necessárias;

XII. Conceder indulto e comutar penas, com audiência, se necessário, dos órgãos instituídos em lei;

XIII. Exercer o comando supremo das Forças Armadas, nomear os Comandantes da Marinha, do Exército e da Aeronáutica, promover seus oficiais-generais e nomeá-los para os cargos que lhes são privativos;

XIV. Nomear, após aprovação pelo Senado Federal, os Ministros do Supremo Tribunal Federal e dos Tribunais Superiores, os Governadores de Territórios, o Procurador-Geral da República, o presidente e os diretores do banco central e outros servidores, quando determinado em lei;

XV. Nomear, observado o disposto no Art. 73, os Ministros do Tribunal de Contas da União;

XVI. Nomear os magistrados, nos casos previstos nesta Constituição, e o Advogado-Geral da União;

XVII. Nomear membros do Conselho da República, nos termos do Art. 89, VII;

XVIII. Convocar e presidir o Conselho da República e o Conselho de Defesa Nacional;

XIX. Declarar guerra, no caso de agressão estrangeira, autorizado pelo Congresso Nacional ou referendado por ele, quando ocorrida no intervalo das sessões legislativas, e, nas mesmas condições, decretar, total ou parcialmente, a mobilização nacional;

XX. Celebrar a paz, autorizado ou com o referendo do Congresso Nacional;

XXI. Conferir condecorações e distinções honoríficas;

XXII. Permitir, nos casos previstos em lei complementar, que forças estrangeiras transitem pelo território nacional ou nele permaneçam temporariamente;

XXIII. Enviar ao Congresso Nacional o plano plurianual, o projeto de lei de diretrizes orçamentárias e as propostas de orçamento previstos nesta Constituição;

XXIV. Prestar, anualmente, ao Congresso Nacional, dentro de sessenta dias após a abertura da sessão legislativa, as contas referentes ao exercício anterior;

XXV. Prover e extinguir os cargos públicos federais, na forma da lei;

XXVI. Editar medidas provisórias com força de lei, nos termos do Art. 62;

XXVII. Exercer outras atribuições previstas nesta Constituição.

Parágrafo único: O Presidente da República poderá delegar as atribuições mencionadas nos incisos VI, XII e XXV, primeira parte, aos Ministros de Estado, ao Procurador-Geral da República ou ao Advogado-Geral da União, que observarão os limites traçados nas respectivas delegações.

Esse tema, quando cobrado em prova, costuma trabalhar com a memorização do texto constitucional. A dica é memorizar o Art. 84 da Constituição. Ele sempre está contemplado em prova.

Como já se falou na análise do Presidencialismo, as atribuições do Presidente são de Chefe de Estado, Chefe de Governo ou Chefe da Administração Pública. Procurou-se, abaixo, adequar, conforme a melhor doutrina, as atribuições do Art. 84 às funções desenvolvidas pelo Presidente no exercício de seu mandato:

Como **Chefe de Estado:**

O Presidente representa o Estado nas suas relações internacionais. São funções de Chefe de Estado as previstas nos incisos VII, VIII, XIX, XX, XXII e XXVII do Art. 84;

Como **Chefe de Governo:**

O Presidente exerce sua liderança política representando e gerindo os negócios internos nacionais. São funções de Chefe de Governo as previstas nos incisos I, III, IV, V, IX, X, XI, XII, XIII, XIV, XV, XVI, XVII, XVIII, XXI, XXIII, XXIV, XXVI e XXVII;

Como **Chefe da Administração Pública:**

O Presidente gerencia os negócios internos administrativos da administração pública federal. São funções de Chefe da Administração Pública as previstas nos incisos II, VI, XXV e XXVII.

Uma característica interessante é que esse rol de competências é meramente exemplificativo, por força do inciso XXVII, que abre a possibilidade de o Presidente exercer outras atribuições além das previstas expressamente no texto constitucional.

Outra questão amplamente trabalhada em prova é a possibilidade de delegação de algumas de suas atribuições, conforme prescrição do parágrafo único do Art. 84. Nem todas as atribuições do Presidente são delegáveis, apenas as previstas nos incisos **VI, XII e XXV, primeira parte:**

VI. Dispor, mediante decreto, sobre:

a) Organização e funcionamento da administração federal, quando não implicar aumento de despesa nem criação ou extinção de órgãos públicos;

b) Extinção de funções ou cargos públicos, quando vagos;

XII. Conceder indulto e comutar penas, com audiência, se necessário, dos órgãos instituídos em lei;

XXV. Prover os cargos públicos federais, na forma da lei.

São três competências que podem ser delegadas para três pessoas: Ministro de Estado, Procurador-Geral da República e Advogado-Geral da União.

Ministro de Estado é qualquer ministro que auxilie o Presidente da República na administração do Estado. São exemplos: Ministro da Justiça, Ministro da Fazenda e Ministro da Agricultura.

Processo Eleitoral

O processo de eleição do Presidente da República também encontra regulação expressa no texto constitucional:

Art. 77. A eleição do Presidente e do Vice-Presidente da República realizar-se-á, simultaneamente, no primeiro domingo de outubro, em primeiro turno, e no último domingo de outubro, em segundo turno, se houver, do ano anterior ao do término do mandato presidencial vigente.

§ 1º - A eleição do Presidente da República importará a do Vice-Presidente com ele registrado.

§ 2º - Será considerado eleito Presidente o candidato que, registrado por partido político, obtiver a maioria absoluta de votos, não computados os em branco e os nulos.

§ 3º - Se nenhum candidato alcançar maioria absoluta na primeira votação, far-se-á nova eleição em até vinte dias após a proclamação do resultado, concorrendo os dois candidatos mais votados e considerando-se eleito aquele que obtiver a maioria dos votos válidos.

§ 4º - Se, antes de realizado o segundo turno, ocorrer morte, desistência ou impedimento legal de candidato, convocar-se-á, dentre os remanescentes, o de maior votação.

§ 5º - Se, na hipótese dos parágrafos anteriores, remanescer, em segundo lugar, mais de um candidato com a mesma votação, qualificar-se-á o mais idoso.

NOÇÕES DE DIREITO CONSTITUCIONAL

ORGANIZAÇÃO DOS PODERES – PODER EXECUTIVO

Algumas considerações são importantes acerca desse tema. Primeiramente, deve-se registrar que a Constituição regulou até o dia em que deve ocorrer a eleição:

Primeiro Turno:

Primeiro Domingo de Outubro;

Segundo Turno:

Último Domingo de Outubro.

Uma coisa chama a atenção no *caput* do Art. 77. É que a Constituição diz que as eleições ocorrem no ano anterior ao do término do mandato presidencial vigente. Pergunta-se: será que essa regra é aplicável no direito brasileiro?

É claro que esse dispositivo é aplicado nos dias de hoje. A eleição ocorre no ano anterior ao do término do mandato presidencial vigente, pois o mandato acaba no dia 1º de janeiro, conforme dispõe o Art. 82:

> **Art. 82.** O mandato do Presidente da República é de quatro anos e terá início em primeiro de janeiro do ano seguinte ao da sua eleição.

Ora, se o novo mandato tem início em primeiro de janeiro, significa que o mandato antigo acaba no dia primeiro de janeiro. Logo, está corretíssimo afirmar que as eleições ocorrem no ano anterior ao do término do mandato presidencial vigente.

Quando votamos para Presidente, só votamos no Presidente. O Vice é eleito como consequência da eleição do Presidente. Esse será eleito se tiver a maioria absoluta dos votos, não computados os votos brancos e nulos, ou seja, será eleito aquele que possuir a maioria absoluta dos votos válidos. Maioria absoluta dos votos significa dizer que o eleito obteve o primeiro número inteiro após a metade dos votos válidos. Se ninguém obtiver maioria absoluta, deve-se convocar nova eleição – segundo turno. Para o segundo turno, são chamados os dois candidatos mais votados. Se, porventura, ocorrer empate no segundo lugar, a Constituição determina que seja convocado o mais idoso.

O critério de idade é para a situação de desempate. Ocorrendo morte, desistência ou impedimento de algum candidato do segundo turno, deverá ser convocado o próximo mais votado.

Finalizada a eleição, o Presidente e o Vice terão prazo de dez dias a contar da posse, para assumir o cargo. Caso não seja assumido, o cargo será declarado vago. Se o Presidente assume e o Vice não, o cargo do Vice é declarado vago, ficando o Presidente sem Vice até o fim do mandato. Caso o Vice assuma e o Presidente não, o cargo de Presidente será declarado vago, assumindo o Vice a função de Presidente e permanecendo durante o seu mandato sem Vice.

> **Art. 78.** O Presidente e o Vice-Presidente da República tomarão posse em sessão do Congresso Nacional, prestando o compromisso de manter, defender e cumprir a Constituição, observar as leis, promover o bem geral do povo brasileiro, sustentar a união, a integridade e a independência do Brasil.
>
> **Parágrafo único.** Se, decorridos dez dias da data fixada para a posse, o Presidente ou o Vice-Presidente, salvo motivo de força maior, não tiver assumido o cargo, este será declarado vago.

Impedimento e Vacância

O Impedimento e a Vacância são espécies de ausência do Presidente da República. São circunstâncias em que o Presidente não está no exercício de sua função. A diferença entre os dois institutos está no fato de que, na vacância a ausência é definitiva, enquanto no impedimento a ausência é temporária. São exemplos de vacância: morte, perda do cargo, renúncia. São exemplos de impedimento: doença, viagem, férias. Na vacância, ocorre sucessão; no impedimento, ocorre substituição. Tanto no caso de impedimento como no de vacância, a Constituição Federal determina que o Vice-Presidente ficará no lugar do Presidente, pois essa é a sua função precípua:

> **Art. 79.** Substituirá o Presidente, no caso de impedimento, e suceder-lhe-á, no de vaga, o Vice-Presidente.
>
> **Parágrafo único.** O Vice-Presidente da República, além de outras atribuições que lhe forem conferidas por lei complementar, auxiliará o Presidente, sempre que por ele convocado para missões especiais.

O problema maior surge quando o Presidente e o Vice se ausentam ao mesmo tempo. Nesse caso, a Constituição determina que se convoquem outros sucessores: Presidente da Câmara dos Deputados, Presidente do Senado Federal e Presidente do Supremo Tribunal Federal. Esses são os legitimados a sucederem o Presidente da República e o Vice-Presidente de forma sucessiva e temporária quando ocorrer a ausência dos dois ao mesmo tempo:

> **Art. 80.** Em caso de impedimento do Presidente e do Vice-Presidente, ou vacância dos respectivos cargos, serão sucessivamente chamados ao exercício da Presidência o Presidente da Câmara dos Deputados, o do Senado Federal e o do Supremo Tribunal Federal.

Uma coisa deve ser observada: o Vice-Presidente é o único legitimado a suceder o Presidente de forma definitiva. O Presidente da Câmara, do Senado e do STF só substituem o Presidente em caráter temporário. Isso significa que, se o Presidente morrer, quem assume o cargo é o Vice.

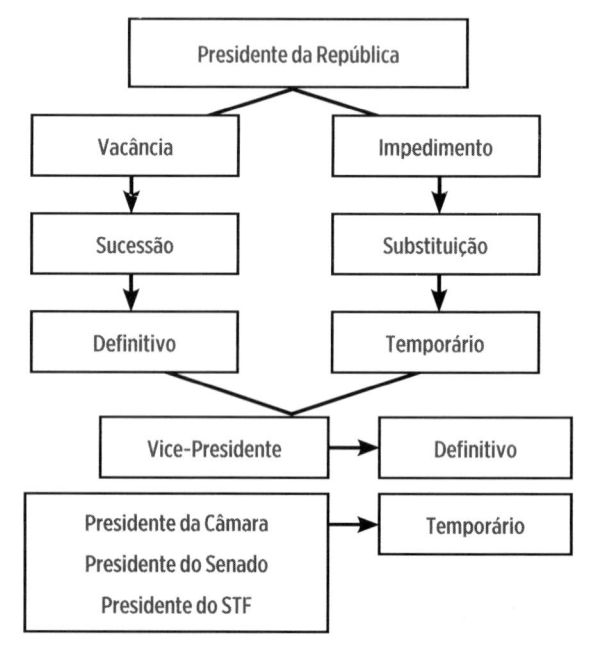

Agora, se ocorrer vacância dos cargos de Presidente e de Vice ao mesmo tempo, a Constituição determina que sejam realizadas novas eleições:

> **Art. 81.** Vagando os cargos de Presidente e Vice-Presidente da República, far-se-á eleição noventa dias depois de aberta a última vaga.

§ 1º - *Ocorrendo a vacância nos últimos dois anos do período presidencial, a eleição para ambos os cargos será feita trinta dias depois da última vaga, pelo Congresso Nacional, na forma da lei.*
§ 2º - *Em qualquer dos casos, os eleitos deverão completar o período de seus antecessores.*

Caso a vacância se dê nos dois primeiros anos de mandato, a eleição será direta, ou seja, com a participação do povo e deverá ocorrer no prazo de 90 dias a contar da última vacância. Mas, se a vacância se der nos dois últimos anos do mandato, a eleição será indireta (realizada pelo Congresso Nacional) no prazo de 30 dias a contar da última vacância. Quem for eleito permanecerá no cargo até o fim do mandato de quem ele sucedeu. Não se inicia um novo mandato. Esse mandato é chamado pela doutrina de Mandato-Tampão.

Em qualquer uma das duas situações, enquanto não forem eleitos os novos Presidente e Vice-Presidente, quem permanece no cargo é um dos sucessores temporários: Presidente da Câmara, do Senado ou do STF.

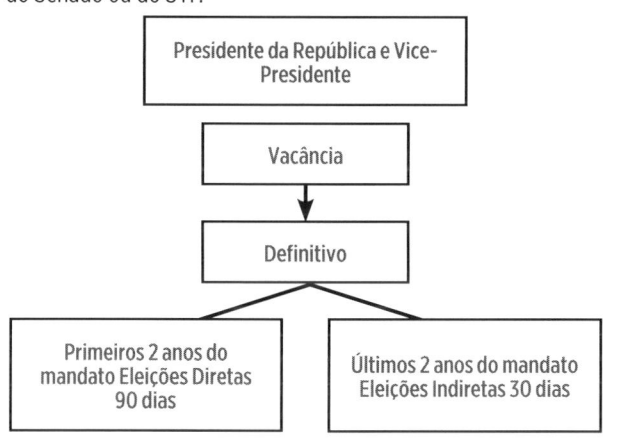

```
Presidente da República e Vice-Presidente
            │
         Vacância
            │
         Definitivo
          ╱      ╲
Primeiros 2 anos do     Últimos 2 anos do mandato
mandato Eleições Diretas   Eleições Indiretas 30 dias
    90 dias
```

Perda do Cargo no Caso de Saída do País sem Autorização do Congresso Nacional

Esse artigo prevê a possibilidade de perda do cargo do Presidente e Vice-Presidente nos casos de ausência do País por período superior a 15 dias sem licença do Congresso Nacional:

Art. 83. *O Presidente e o Vice-Presidente da República não poderão, sem licença do Congresso Nacional, ausentar-se do País por período superior a quinze dias, sob pena de perda do cargo.*

Vejamos que a Constituição não proíbe que o Presidente ou o Vice se ausentem do país sem licença do Congresso Nacional. Mas se a ausência se der por mais de 15 dias, nesse caso será indispensável a autorização da Casa Legislativa.

Órgãos Auxiliares do Presidente da República

A Constituição nos apresenta três órgãos auxiliares do Presidente da República: Ministros de Estado, Conselho da República e Conselho de Defesa Nacional. Os Ministros de Estados são os auxiliares diretos do Presidente da República. Os Arts. 87 e 88 trazem várias regras que podem ser trabalhadas em prova:

Art. 87. *Os Ministros de Estado serão escolhidos dentre brasileiros maiores de vinte e um anos e no exercício dos direitos políticos.*
Parágrafo único. *Compete ao Ministro de Estado, além de outras atribuições estabelecidas nesta Constituição e na lei:*
I. Exercer a orientação, coordenação e supervisão dos órgãos e entidades da administração federal na área de sua competência e referendar os atos e decretos assinados pelo Presidente da República;
II. Expedir instruções para a execução das leis, decretos e regulamentos;
III. Apresentar ao Presidente da República relatório anual de sua gestão no Ministério;
IV. Praticar os atos pertinentes às atribuições que lhe forem outorgadas ou delegadas pelo Presidente da República.
Art. 88. *A lei disporá sobre a criação e extinção de Ministérios e órgãos da administração pública.*

O Conselho da República e o Conselho de Defesa Nacional também são órgãos auxiliares do Presidente da República, mas que possuem atribuição consultiva. Em situações determinadas pela Constituição, o Presidente, antes de tomar alguma decisão, precisa consultar esses dois órgãos.

Abaixo, seguem os Arts. 89, 90 e 91, cujas regras também podem ser cobradas em prova. Destacam-se as composições e as competências desses órgãos:

Art. 89. *O Conselho da República é órgão superior de consulta do Presidente da República, e dele participam:*
I. O Vice-Presidente da República;
II. O Presidente da Câmara dos Deputados;
III. O Presidente do Senado Federal;
IV. Os líderes da maioria e da minoria na Câmara dos Deputados;
V. Os líderes da maioria e da minoria no Senado Federal;
VI. O Ministro da Justiça;
VII. Seis cidadãos brasileiros natos, com mais de trinta e cinco anos de idade, sendo dois nomeados pelo Presidente da República, dois eleitos pelo Senado Federal e dois eleitos pela Câmara dos Deputados, todos com mandato de três anos, vedada a recondução.
Art. 90. *Compete ao Conselho da República pronunciar-se sobre:*
I. Intervenção federal, estado de defesa e estado de sítio;
II. As questões relevantes para a estabilidade das instituições democráticas.
§ 1º - *O Presidente da República poderá convocar Ministro de Estado para participar da reunião do Conselho, quando constar da pauta questão relacionada com o respectivo Ministério.*
§ 2º - *A lei regulará a organização e o funcionamento do Conselho da República.*
Art. 91. *O Conselho de Defesa Nacional é órgão de consulta do Presidente da República nos assuntos relacionados com a soberania nacional e a defesa do Estado democrático, e dele participam como membros natos:*
I. O Vice-Presidente da República;
II. O Presidente da Câmara dos Deputados;
III. O Presidente do Senado Federal;
IV. Ministro da Justiça;
V. O Ministro de Estado da Defesa;
VI. O Ministro das Relações Exteriores;
VII. O Ministro do Planejamento;
VIII. Os Comandantes da Marinha, do Exército e da Aeronáutica.
§ 1º - *Compete ao Conselho de Defesa Nacional:*
I. Opinar nas hipóteses de declaração de guerra e de celebração da paz, nos termos desta Constituição;
II. Opinar sobre a decretação do estado de defesa, do estado de sítio e da intervenção federal;

ORGANIZAÇÃO DOS PODERES – PODER EXECUTIVO

III. Propor os critérios e condições de utilização de áreas indispensáveis à segurança do território nacional e opinar sobre seu efetivo uso, especialmente na faixa de fronteira e nas relacionadas com a preservação e a exploração dos recursos naturais de qualquer tipo;

IV. Estudar, propor e acompanhar o desenvolvimento de iniciativas necessárias a garantir a independência nacional e a defesa do Estado democrático.

§ 2º - A lei regulará a organização e o funcionamento do Conselho de Defesa Nacional.

Responsabilidades

A forma de governo adotada no País é a República e, por essa razão, é possível responsabilizar o Presidente da República por seus atos. A Constituição tratou de regular a responsabilização por Crime de Responsabilidade e por Infrações Penais Comuns.

Antes de trabalhar com cada uma das responsabilidades, serão analisadas as chamadas Imunidades.

Imunidades são prerrogativas inerentes aos cargos mais importantes do Estado. Cargos que são estratégicos e essenciais à manutenção da ordem constitucional. Entre vários, se destaca o de Presidente da República.

A imunidade pode ser:

Material

É a conhecida irresponsabilidade penal absoluta. Essa imunidade protege o titular contra a responsabilização penal.

Formal

São Prerrogativas de Cunho Processual

Um primeiro ponto essencial que precisa ser estabelecido: o Presidente não possui imunidade material, contudo, em razão da importância do seu cargo, possui imunidades formais. Apesar de o Presidente não possuir imunidade material, outros cargos a possuem, por exemplo, os Parlamentares.

Ao todo, pode-se elencar **quatro prerrogativas processuais** garantidas pela Constituição Federal ao Chefe do Executivo da União:

Processo

A Constituição exige juízo de admissibilidade emitido pela Câmara para que o Presidente possa ser processado durante o seu mandato. Isso significa que o Presidente da República só poderá ser processado se a Câmara dos Deputados autorizar pelo voto de 2/3 dos membros:

Art. 86. Admitida a acusação contra o Presidente da República, por dois terços da Câmara dos Deputados, será ele submetido a julgamento perante o Supremo Tribunal Federal, nas infrações penais comuns, ou perante o Senado Federal, nos crimes de responsabilidade.

Prerrogativa de Foro

O Presidente não pode ser julgado por qualquer juiz, haja vista a importância da função que exerce no Estado.

Diante disso, a Constituição estabeleceu dois foros competentes para julgar o Presidente:

Supremo Tribunal Federal

Será julgado pelas infrações penais comuns;

Senado Federal

Será julgado pelos Crimes de Responsabilidade.

Analisando essas duas primeiras prerrogativas, não se pode esquecer o previsto no Art. 86, § 1º:

§ 1º - O Presidente ficará suspenso de suas funções:

I. Nas infrações penais comuns, se recebida a denúncia ou queixa-crime pelo Supremo Tribunal Federal;

II. Nos crimes de responsabilidade, após a instauração do processo pelo Senado Federal.

§ 2º - Se, decorrido o prazo de cento e oitenta dias, o julgamento não estiver concluído, cessará o afastamento do Presidente, sem prejuízo do regular prosseguimento do processo.

A Constituição determina que, após iniciado o processo, tanto por infração penal comum quanto por crime de responsabilidade, o Presidente fique suspenso de suas funções pelo prazo de 180 dias, tempo necessário para que se finalize o processo. Caso o Presidente não seja julgado nesse período, ele poderá retornar ao exercício de suas funções sem prejuízo de continuidade do processo. Deve-se ter muito cuidado em prova com o início do prazo de suspensão:

Infração Penal Comum

O prazo de suspensão inicia-se **a partir do recebimento da denúncia ou queixa**;

Crime de Responsabilidade

O prazo de suspensão inicia-se **a partir da instauração do processo**.

Caso a Câmara autorize o processo do Presidente por crime de responsabilidade, o Senado deverá processá-lo, pois não assiste discricionariedade ao Senado em processar ou não. Sua decisão é vinculada à decisão da Câmara, pelo fato de as duas Casas serem políticas. Contudo, nos casos de infração penal comum, o STF não está obrigado a processar o Presidente em respeito à Separação dos Poderes.

Vamos aproveitar o momento para entender o que são infração penal comum e crime de responsabilidade.

Infração Penal Comum:

É qualquer crime ou contravenção penal cometida pelo Presidente da República na função ou em razão da sua função de Presidente. Seu processamento se dará no Supremo Tribunal Federal.

Crime de Responsabilidade:

A primeira coisa que se precisa saber sobre o crime de responsabilidade é que ele não é um crime. O crime de responsabilidade é uma infração de natureza **político-administrativa**. O nome crime é impróprio para esse instituto. O processo que visa a esse tipo de responsabilização é o ***Impeachment***.

O Presidente responderá por esse tipo de infração caso sua conduta se amolde ao previsto no Art. 85 da Constituição Federal:

Art. 85. São crimes de responsabilidade os atos do Presidente da República que atentem contra a Constituição Federal e, especialmente, contra:

I. A existência da União;

II. O livre exercício do Poder Legislativo, do Poder Judiciário, do Ministério Público e dos Poderes constitucionais das unidades da Federação;

III. O exercício dos direitos políticos, individuais e sociais;

IV. A segurança interna do País;

***V.** A probidade na administração;*
***VI.** A lei orçamentária;*
***VII.** O cumprimento das leis e das decisões judiciais.*
Parágrafo único. *Esses crimes serão definidos em lei especial, que estabelecerá as normas de processo e julgamento.*

Esse rol de condutas, consideradas como Crime de Responsabilidade estabelecido na Constituição, é meramente exemplificativo, já que é a Lei 1.079/50 o dispositivo regulador do Crime de Resposabilidade. Deve-se destacar sua relevância na fixação de outras autoridades que respondem por esse crime, novos crimes além dos procedimentos adotados nesse processo, principalmente na competência exclusiva do cidadão para denunciar o Presidente. Destaca-se ainda que, para haver condenação, o Senado deve proferi-la pelo voto de 2/3 dos seus membros.

Considerando que não se trata de um crime, essa infração não pode resultar numa pena privativa de liberdade. Quem pratica crime de responsabilidade não pode ser preso. A consequência estabelecida no Art. 52, parágrafo único, é a perda do cargo e a inabilitação para o exercício de qualquer função pública pelo prazo de oito anos:

> **Art. 52**, *Parágrafo único. Nos casos previstos nos incisos I e II, funcionará como Presidente o do Supremo Tribunal Federal, limitando-se a condenação, que somente será proferida por dois terços dos votos do Senado Federal, à perda do cargo, com inabilitação, por oito anos, para o exercício de função pública, sem prejuízo das demais sanções judiciais cabíveis.*

Prisão

O Presidente só pode ser preso pela prática de infração penal comum e somente se sobrevier sentença condenatória:

> **Art. 86**, *§ 3º - Enquanto não sobrevier sentença condenatória, nas infrações comuns, o Presidente da República não estará sujeito a prisão.*

Irresponsabilidade Penal Relativa

Também conhecida na doutrina como Imunidade Formal Temporária, essa prerrogativa afirma que o Presidente não poderá ser responsabilizado por atos alheios aos exercícios de suas funções:

> **§ 4º** - *O Presidente da República, na vigência de seu mandato, não pode ser responsabilizado por atos estranhos ao exercício de suas funções.*

Para melhor compreender as imunidades conferidas ao Presidente da República, analisemos as seguintes situações hipotéticas:

01. Suponhamos que o Presidente da República seja flagrado após ter cometido o assassinado de duas pessoas por motivos particulares.
    a) Poderia ele, no momento em que é flagrado, ser preso pelo crime?

    Não. O Presidente só pode ser preso se tiver uma sentença condenatória.

    Poderia o Presidente ser processado pelo crime de duplo homicídio durante o se mandato?

    O Presidente não pode ser responsabilizado por atos alheios aos exercícios de suas funções. Ao matar duas pessoas, ele não comete o crime na condição de Presidente, ou seja, esse crime não possui relação com sua função de Presidente. Por esse motivo, ele não pode ser processado durante o seu mandato. Não significa que ficará impune pelo crime cometido, apenas será responsabilizado normalmente após o mandato, nesse caso, sem nenhuma prerrogativa. Apesar de não haver previsão legal, a jurisprudência entende que o prazo prescricional, nesse caso, ficará suspenso, não prejudicando a responsabilização do Presidente.

02. Suponhamos agora que, em reunião com os Ministros, o Presidente tenha discutido com um deles. Em meio à confusão, o Presidente mata o Ministro.
    a) Poderia ele ser preso por esse crime?

    O Presidente não pode ser preso enquanto não sobrevier sentença condenatória. É a imunidade em relação às prisões.

    b) O Presidente poderá ser processado por esse crime enquanto estiver no seu mandato?

    Nesse caso sim. Perceba que o crime cometido foi em razão da função de Presidente, visto que não estaria na reunião com Ministros se não fosse o Presidente da República. Dessa forma, ele será processado por essa infração penal comum no Supremo Tribunal Federal, caso a Câmara dos Deputados autorize o processo. Havendo sentença condenatória, ele poderá ser preso. A possibilidade de responsabilização do Presidente da República por infração penal comum só ocorre se o crime cometido estiver ligado à sua função de Presidente.

Já em relação a outras esferas do direito, como cíveis, administrativas, trabalhistas ou qualquer outra área, o presidente não possui prerrogativa. Isso significa que o Presidente responderá normalmente, sem nenhum privilégio, nas outras esferas do Direito. O tema das Responsabilidades do Presidente tem sido alvo de inúmeras questões de prova. As questões podem ser trabalhadas a partir da literalidade do texto constitucional ou mesmo invocando caso concreto para verificação das regras e prerrogativas do Presidente.

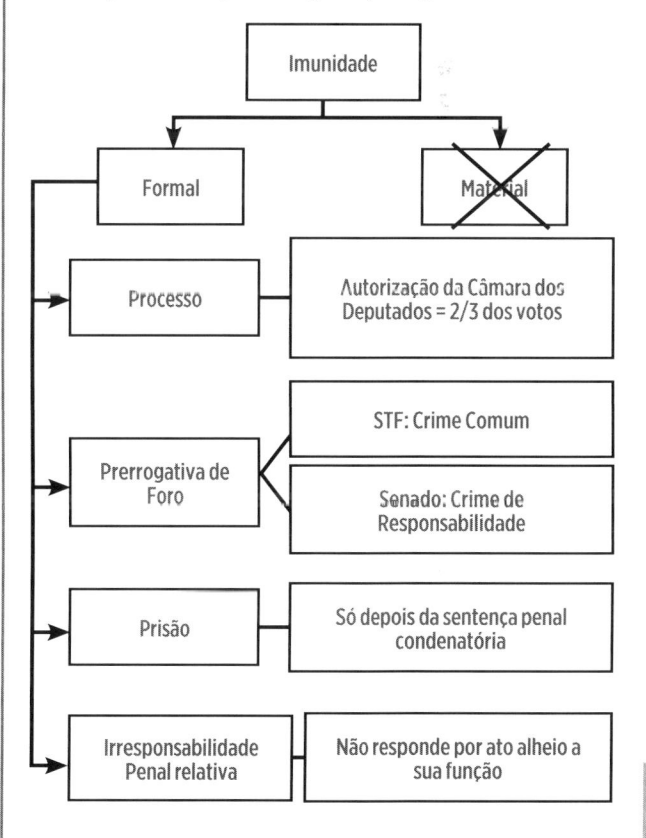

Imunidade		
Formal		
	Processo	Autorização da Câmara dos Deputados = 2/3 dos votos
	Prerrogativa de Foro	STF: Crime Comum
		Senado: Crime de Responsabilidade
	Prisão	Só depois da sentença penal condenatória
	Irresponsabilidade Penal relativa	Não responde por ato alheio a sua função
Material (riscado)		

NOÇÕES DE DIREITO CONSTITUCIONAL

ORGANIZAÇÃO DOS PODERES – PODER EXECUTIVO

Questões

01. (FCC) No que diz respeito à eleição do Presidente e do Vice-Presidente da República, é correto afirmar:
a) Se, antes de realizado o segundo turno, ocorrer morte, desistência ou impedimento legal do candidato, convocar-se-á, dentre os remanescentes, o de maior votação.
b) Será considerado eleito Presidente o candidato que, registrado por partido político, obtiver a maioria absoluta de votos, computados os em branco e os nulos.
c) Se, decorridos trinta dias da data fixada para a posse, o Presidente ou o Vice-Presidente, salvo força maior, não tiver assumido o cargo, esse será declarado vago.
d) Ocorrendo a vacância nos últimos dois anos do período presidencial, a eleição para ambos os cargos será feita dez dias depois da última vaga, pelo Congresso Nacional, nos termos da lei.
e) Em caso de impedimento ou vacância do Presidente e de seu Vice, serão chamados sucessivamente o Presidente do Senado, da Câmara dos Deputados e do Supremo Tribunal Federal.

02. (FCC) No que tange ao Poder Executivo, é correto afirmar que compete ao Ministro de Estado:
a) Decretar e executar a intervenção federal.
b) Decretar o estado de defesa e o estado de sítio.
c) Expedir instruções para a execução das leis, decretos e regulamentos.
d) Conferir condecorações e distinções honoríficas.
e) Nomear o Advogado-Geral da União.

Gabaritos

| 01 | A |
| 02 | C |

7. DEFESA DO ESTADO E DAS INSTITUIÇÕES DEMOCRÁTICAS

No título V, Arts. 136 a 144, a Constituição Federal apresenta instrumentos eficazes na proteção do Estado e de toda estrutura democrática. Os instrumentos disponibilizados são o Sistema Constitucional de Crises que compreende o Estado de Defesa e o Estado de Sítio, Forças Armadas e Segurança Pública, os quais serão analisados a partir de agora.

7.1 Sistema Constitucional de Crises

O Sistema Constitucional de Crises é um conjunto de medidas criadas pela Constituição Federal para restabelecer a ordem constitucional em momentos de crises político-institucionais. Antes de tratar das espécies em si, deve-se ressaltar algumas características essenciais desses institutos.

É necessário partir do pressuposto de que o **Estado de sítio é mais grave que o estado de defesa.** Essa compreensão permite entender que as medidas adotadas no Estado de Sítio serão mais gravosas que no Estado de Defesa.

Outro ponto interessante são os princípios que regem o Sistema Constitucional de Crises. As duas medidas devem observar os seguintes princípios:

Necessidade

Só podem ser decretadas em último caso.

Proporcionalidade

As medidas adotadas devem ser proporcionais aos problemas existentes.

Temporariedade

As medidas do Sistema Constitucional de Crises devem ser temporárias. Devem durar apenas o tempo necessário para resolver a crise.

Legalidade

As medidas devem guardar respeito à lei. E aqui é possível vislumbrar duas perspectivas acerca da legalidade:

Stricto sensu: As medidas devem respeitar os limites estabelecidos nos Decretos Presidenciais que autorizam a execução. É uma perspectiva mais restrita da legalidade;

Lato sensu: As medidas precisam respeitar a lei em sentido amplo, ou seja, toda a legislação brasileira, incluindo a Constituição Federal.

Trabalhados esses conceitos iniciais, agora será abordado cada um dos institutos do Sistema Constitucional de Crises em espécie. Inicia-se pelo Estado de Defesa.

Estado de Defesa

O Estado de Defesa está regulamentado no Art. 136 da Constituição e o seu *caput* apresenta algumas informações importantíssimas:

> **Art. 136.** O Presidente da República pode, ouvidos o Conselho da República e o Conselho de Defesa Nacional, decretar estado de defesa para preservar ou prontamente restabelecer, em locais restritos e determinados, a ordem pública ou a paz social ameaçadas por grave e iminente instabilidade institucional ou atingidas por calamidades de grandes proporções na natureza.

Esse dispositivo enumera as **hipóteses de cabimento da medida ou quais são os seus objetivos**: preservar ou prontamente restabelecer a ordem pública ou a paz social ameaçadas por grave e iminente instabilidade institucional ou atingidas por calamidades de grandes proporções na natureza. Qualquer circunstância dessas autoriza a decretação de Estado de Defesa. Lembre-se de que esse rol é taxativo. Só essas situações podem autorizar a medida.

Um detalhe interessante e que pode funcionar como ponto de distinção entre o Estado de Sítio e de Defesa é a área abrangida. O texto constitucional apresentado determina que as áreas abrangidas pela medida sejam locais restritos e determinados.

Outro ponto importante e que é frequente cobrado em prova diz respeito ao tempo de duração do Estado de Defesa. Segundo Art. 136, § 2º, essa medida de contenção de crises poderá durar 30 dias, podendo prorrogar mais uma vez por igual período:

> *§ 2º. O tempo de duração do estado de defesa não será superior a trinta dias, podendo ser prorrogado uma vez, por igual período, se persistirem as razões que justificaram a sua decretação.*

Não se esqueça de que o prazo só poderá ser prorrogado uma única vez.

Como característica principal da execução do Estado de Defesa está a possibilidade de se restringirem alguns direitos, os quais estão previamente definidos nos §§ 1º a 3º do Art. 136:

> *§ 1º. O decreto que instituir o estado de defesa determinará o tempo de sua duração, especificará as áreas a serem abrangidas e indicará, nos termos e limites da lei, as medidas coercitivas a vigorarem, dentre as seguintes:*
>
> *I. restrições aos direitos de:*
>
> *a) reunião, ainda que exercida no seio das associações;*
>
> *b) sigilo de correspondência;*
>
> *c) sigilo de comunicação telegráfica e telefônica;*
>
> *II. ocupação e uso temporário de bens e serviços públicos, na hipótese de calamidade pública, respondendo a União pelos danos e custos decorrentes.*
>
> *§ 3º. Na vigência do estado de defesa:*
>
> *I. a prisão por crime contra o Estado, determinada pelo executor da medida, será por este comunicada imediatamente ao juiz competente, que a relaxará, se não for legal, facultado ao preso requerer exame de corpo de delito à autoridade policial;*
>
> *II. a comunicação será acompanhada de declaração, pela autoridade, do estado físico e mental do detido no momento de sua autuação;*
>
> *III. a prisão ou detenção de qualquer pessoa não poderá ser superior a dez dias, salvo quando autorizada pelo Poder Judiciário;*
>
> *IV. é vedada a incomunicabilidade do preso.*

Alguns pontos merecem um destaque especial. Devido à gravidade da situação e à excepcionalidade das medidas, a Constituição autoriza a restrição de vários direitos fundamentais, por exemplo, o direito de reunião, o sigilo das correspondências, das comunicações telegráficas e telefônicas.

Essas medidas restritivas dispensam autorização judicial, inclusive a decretação de prisão que será determinada pela própria autoridade executora do Estado de Defesa e poderá durar até dez dias. A prisão deverá ser comunicada imediatamente ao juiz o qual poderá prorrogá-la por período superior.

DEFESA DO ESTADO E DAS INSTITUIÇÕES DEMOCRÁTICAS

Não se deve esquecer que, mesmo em um momento de crise, como esse em que muitos direitos constitucionais são flexibilizados, é vedada pela Constituição Federal a incomunicabilidade do preso. A ele deverá ser garantido o direito de falar com seu familiar ou advogado, além do direito de ter preservada sua integridade.

Para que seja decretado o Estado de Defesa, a Constituição previu alguns procedimentos. Primeiramente, deve-se lembrar que a decretação é competência do Presidente da República. Antes de executar a medida, ele deverá consultar o Conselho de Defesa Nacional e o Conselho da República os quais emitirão um parecer acerca da situação. Apesar da obrigatoriedade em ouvir os Conselhos, o Presidente não está vinculado ao seus pareceres. Significa dizer que os pareceres emitidos pelos conselhos são meramente opinativos.

Ouvidos os Conselhos, o Presidente decreta a medida e imediatamente submete o decreto ao Congresso Nacional para aprovação. A decisão do Congresso Nacional é definitiva. Caso o decreto seja rejeitado, o Estado de Defesa cessa imediatamente.

> *§ 4º. Decretado o estado de defesa ou sua prorrogação, o Presidente da República, dentro de vinte e quatro horas, submeterá o ato com a respectiva justificação ao Congresso Nacional, que decidirá por maioria absoluta.*
>
> *§ 5º. Se o Congresso Nacional estiver em recesso, será convocado, extraordinariamente, no prazo de cinco dias.*
>
> *§ 6º. O Congresso Nacional apreciará o decreto dentro de dez dias contados de seu recebimento, devendo continuar funcionando enquanto vigorar o estado de defesa.*
>
> *§ 7º. Rejeitado o decreto, cessa imediatamente o estado de defesa.*

Apesar de ser caracterizado por medidas excepcionais, que restringem sobremaneira os direitos e garantias fundamentais, o Controle Constitucional de Crises não está imune à fiscalização por parte dos poderes públicos. Havendo excessos nas medidas adotadas, a Constituição prevê a possibilidade de responsabilização dos agentes por seus atos. A doutrina constitucional prevê duas formas de controle: Controle Político e Controle Jurisdicional.

O Controle Político é realizado basicamente pelo Congresso Nacional, que o efetuará de três formas:

Imediato: ocorre logo após a decretação da medida conforme o § 4º do Art. 136.

Concomitante: ocorre durante a execução do Estado de Defesa conforme § 6º do Art. 136 e Art. 140.

> *Art. 140. A Mesa do Congresso Nacional, ouvidos os líderes partidários, designará Comissão composta de cinco de seus membros para acompanhar e fiscalizar a execução das medidas referentes ao estado de defesa e ao estado de sítio.*

Sucessivo (posterior): ocorre após a execução da medida nos termos do Art. 141:

> *Art. 141. Cessado o estado de defesa ou o estado de sítio, cessarão também seus efeitos, sem prejuízo da responsabilidade pelos ilícitos cometidos por seus executores ou agentes.*
>
> *Parágrafo único. Logo que cesse o estado de defesa ou o estado de sítio, as medidas aplicadas em sua vigência serão relatadas pelo Presidente da República, em mensagem ao Congresso Nacional, com especificação e justificação das providências adotadas, com relação nominal dos atingidos e indicação das restrições aplicadas.*

O Controle Jurisdicional é o realizado pelo Poder Judiciário, e ocorrerá de duas formas:

Concomitante: durante a execução da medida. Veja-se o disposto no Art. 136, § 3º;

Sucessivo (Posterior): após a execução da medida nos termos do Art. 141.

Estado de Sítio

O Estado de Sítio é mais gravoso que o Estado de Defesa. Por consequência, as medidas adotadas nesse caso terão maior efeito restritivo aos direitos fundamentais.

Primeiramente são abordadas às hipóteses de cabimento do Estado de Sítio, que estão previstas no Art. 137, I e II:

> *I. comoção grave de repercussão nacional ou ocorrência de fatos que comprovem a ineficácia de medida tomada durante o estado de defesa;*
>
> *II. declaração de estado de guerra ou resposta a agressão armada estrangeira.*

A doutrina faz uma distinção interessante entre os dois incisos, classificando-os em Repressivo e Defensivo. O Estado de Sítio Repressivo está previsto no inciso I, haja vista ser necessária a atuação dos poderes públicos para conter a situação de crise. Já o inciso II, é chamado de Estado de Sítio Defensivo, pois o poder público utiliza a medida como forma de se defender de agressões externas.

Um ponto distintivo entre o Estado de Defesa e o Estado de Sítio, muito cobrado em prova, refere-se à área abrangida. Segundo o inciso I do Art. 137, será decretada a medida quando a crise tiver repercussão nacional. Quando o candidato encontrar na prova o termo "repercussão nacional", deve associar com o Estado de Sítio. Diferentemente, se estiver escrito "local restrito e determinado", relacionar o dispositivo com Estado de Defesa.

Um tema muito cobrado em prova é o tempo de duração do Estado de Sítio. Vejamos o que diz o §1º do Art. 137:

> *§ 1º. O estado de sítio, no caso do Art. 137, I, não poderá ser decretado por mais de trinta dias, nem prorrogado, de cada vez, por prazo superior; no do inciso II, poderá ser decretado por todo o tempo que perdurar a guerra ou a agressão armada estrangeira.*

Qual o prazo de duração do Estado de Sítio? Depende da hipótese de cabimento.

Segundo o § 1º, se a hipótese for a do inciso I do Art. 137, o prazo será de 30 dias prorrogáveis por mais 30 dias enquanto for necessário para conter a situação. Cuidado com este prazo, pois a Constituição deixou transparecer que ele não pode ser prorrogado, contudo, o que ela quis dizer é que não pode ser prorrogado por mais de 30 dias todas as vezes que for prorrogado. Dessa forma, ele poderá ser prorrogado indefinidamente, enquanto for necessário.

Já no caso do inciso II, a Constituição regula o Estado de Sítio em caso de guerra ou agressão estrangeira e prevê que a medida durará enquanto for necessária para repelir a agressão estrangeira ou acabar com a guerra. Logo, o Estado de Sítio nestes casos não possuem prazo certo para terminar.

No que tange às medidas coercitivas que podem ser adotadas no Estado de Sítio, a Constituição prevê no Art. 139:

> *Art. 139. Na vigência do estado de sítio decretado com fundamento no Art. 137, I, só poderão ser tomadas contra as pessoas as seguintes medidas:*
>
> *I. obrigação de permanência em localidade determinada;*

II. *detenção em edifício não destinado a acusados ou condenados por crimes comuns;*

III. *restrições relativas à inviolabilidade da correspondência, ao sigilo das comunicações, à prestação de informações e à liberdade de imprensa, radiodifusão e televisão, na forma da lei;*

IV. *suspensão da liberdade de reunião;*

V. *busca e apreensão em domicílio;*

VI. *intervenção nas empresas de serviços públicos;*

VII. *requisição de bens.*

Parágrafo único. *Não se inclui nas restrições do inciso III a difusão de pronunciamentos de parlamentares efetuados em suas Casas Legislativas, desde que liberada pela respectiva Mesa.*

O dispositivo só regulamentou as restrições adotadas na hipótese do inciso I do Art. 137, qual seja: comoção grave de repercussão nacional ou ocorrência de fatos que comprovem a ineficácia de medida tomada durante o Estado de Defesa. Esse rol de medidas é taxativo, restringindo a atuação do poder público durante sua aplicação. No caso do Art. 137, II, a Constituição nada disse, o que levou a doutrina a concluir a possibilidade de adoção de qualquer medida necessária para conter a situação, desde que compatíveis com a Ordem Constitucional e com as leis brasileiras.

Como se pode perceber, as medidas aqui são mais gravosas que as adotadas no Estado de Defesa, e isso pode ser muito bem notado pela distinção feita entre o Estado de Defesa e de Sítio no que se refere à liberdade de reunião. Enquanto no Estado de Defesa a liberdade de reunião sofre restrições, aqui ela será suspensa.

Outro dispositivo importante é o previsto no parágrafo único, que isenta os pronunciamentos dos parlamentares efetuados em suas Casas das restrições impostas no inciso III do artigo em análise, desde que liberadas pelas respectivas Mesas. As demais restrições devem ser lidas e memorizadas, pois podem ser cobradas em prova.

Vejamos agora como é o procedimento de decretação do Estado de Sítio:

Art. 137. *O Presidente da República pode, ouvidos o Conselho da República e o Conselho de Defesa Nacional, solicitar ao Congresso Nacional autorização para decretar o estado de sítio nos casos de:*

Parágrafo único. *O Presidente da República, ao solicitar autorização para decretar o estado de sítio ou sua prorrogação, relatará os motivos determinantes do pedido, devendo o Congresso Nacional decidir por maioria absoluta.*

Art. 138. *O decreto do estado de sítio indicará sua duração, as normas necessárias a sua execução e as garantias constitucionais que ficarão suspensas, e, depois de publicado, o Presidente da República designará o executor das medidas específicas e as áreas abrangidas.*

§ 2º. Solicitada autorização para decretar o estado de sítio durante o recesso parlamentar, o Presidente do Senado Federal, de imediato, convocará extraordinariamente o Congresso Nacional para se reunir dentro de cinco dias, a fim de apreciar o ato.

§ 3º. O Congresso Nacional permanecerá em funcionamento até o término das medidas coercitivas.

Conforme estudado no Estado de Defesa, a decretação do Estado de Sítio fica a cargo do Presidente da República após ouvir o Conselho da República e o Conselho de Defesa Nacional. A consulta é obrigatória, mas os pareceres dos Conselhos não vinculam o Presidente. Apesar da similaridade de procedimentos, aqui o Presidente tem que solicitar autorização do Congresso Nacional antes de decretar o Estado de Sítio. Essa diferença é bastante cobrada em prova.

Ao passo que no Estado de Defesa o Presidente Decreta a medida e depois apresenta para o Congresso avaliar. No Estado de Sítio, antes de decretar, o Presidente deve sujeitar a medida à apreciação do Congresso Nacional.

Essa característica demonstra que, assim como no Estado de Defesa, a medida está sujeita a controle dos outros Poderes. Sendo assim, verifica-se que a fiscalização será feita tanto pelos órgãos políticos quanto pelos órgãos jurisdicionais.

Tem-se controle político quando realizado pelo Congresso Nacional, o qual se dará de forma:

Prévio: ocorre quando o Congresso Nacional autoriza a execução da medida;

Concomitante: ocorre durante a execução da medida;

Art. 140. *A Mesa do Congresso Nacional, ouvidos os líderes partidários, designará Comissão composta de cinco de seus membros para acompanhar e fiscalizar a execução das medidas referentes ao estado de defesa e ao estado de sítio.*

Sucessivo (posterior): ocorre após a execução da medida;

Art. 141. *Cessado o estado de defesa ou o estado de sítio, cessarão também seus efeitos, sem prejuízo da responsabilidade pelos ilícitos cometidos por seus executores ou agentes.*

Parágrafo único. *Logo que cesse o estado de defesa ou o estado de sítio, as medidas aplicadas em sua vigência serão relatadas pelo Presidente da República, em mensagem ao Congresso Nacional, com especificação e justificação das providências adotadas, com relação nominal dos atingidos e indicação das restrições aplicadas.*

Também existe o controle Jurisdicional executado pelos órgãos do Poder Judiciário, o qual se dará de forma:

Concomitante: durante a execução da medida. Apesar de não haver previsão constitucional expressa, qualquer lesão ou ameaça a direito poderá ser apreciada pelo Poder Judiciário;

Sucessivo (Posterior): após a execução da medida nos termos do Art. 141.

7.2 Forças Armadas

Instituições

As Forças Armadas são formadas por instituições que compõem a estrutura de defesa do Estado, a Marinha, o Exército e a Aeronáutica. Possuem como funções principais a defesa da pátria, a garantia dos poderes constitucionais, da lei e da ordem. Apesar de sua vinculação à União, suas atribuições têm caráter nacional e podem ser exercidas em todo o território brasileiro:

Art. 142. *As Forças Armadas, constituídas pela Marinha, pelo Exército e pela Aeronáutica, são instituições nacionais permanentes e regulares, organizadas com base na hierarquia e na disciplina, sob a autoridade suprema do Presidente da República, e destinam-se à defesa da Pátria, à garantia dos poderes constitucionais e, por iniciativa de qualquer destes, da lei e da ordem.*

Segundo o *caput* do Art. 142, são classificadas como instituições permanentes e regulares. Estão sempre prontas para agir. São regulares, pois desempenham funções sistemáticas e dependem de um efetivo de servidores para realizá-las.

Ainda, destaca-se a base de sua organização na hierarquia e na disciplina. Esses atributos típicos da Administração Pública são ressaltados nessas instituições devido ao caráter militar que possuem. As Forças Armadas valorizam demasiadamente essa estrutura hierárquica, com regulamentos que garantem uma distribuição do efetivo em diversos níveis de escalonamento, cujo comando supremo está nas mãos do Presidente da República.

Em linhas gerais, a Constituição previu algumas regras para o funcionamento das instituições militares:

> *§ 1º. Lei complementar estabelecerá as normas gerais a serem adotadas na organização, no preparo e no emprego das Forças Armadas.*
>
> *§ 3º. Os membros das Forças Armadas são denominados militares, aplicando-se-lhes, além das que vierem a ser fixadas em lei, as seguintes disposições:*
>
> *I. as patentes, com prerrogativas, direitos e deveres a elas inerentes, são conferidas pelo Presidente da República e asseguradas em plenitude aos oficiais da ativa, da reserva ou reformados, sendo-lhes privativos os títulos e postos militares e, juntamente com os demais membros, o uso dos uniformes das Forças Armadas;*
>
> *II. o militar em atividade que tomar posse em cargo ou emprego público civil permanente, ressalvada a hipótese prevista no Art. 37, inciso XVI, alínea "c", será transferido para a reserva, nos termos da lei; (Redação dada pela Emenda Constitucional nº 77, de 2014)*
>
> *III. o militar da ativa que, de acordo com a lei, tomar posse em cargo, emprego ou função pública civil temporária, não eletiva, ainda que da administração indireta, ressalvada a hipótese prevista no art. 37, inciso XVI, alínea "c", ficará agregado ao respectivo quadro e somente poderá, enquanto permanecer nessa situação, ser promovido por antiguidade, contando-se-lhe o tempo de serviço apenas para aquela promoção e transferência para a reserva, sendo depois de dois anos de afastamento, contínuos ou não, transferido para a reserva, nos termos da lei; (Redação dada pela Emenda Constitucional nº 77, de 2014);*
>
> *IV. ao militar são proibidas a sindicalização e a greve;*
>
> *V. o militar, enquanto em serviço ativo, não pode estar filiado a partidos políticos;*
>
> *VI. o oficial só perderá o posto e a patente se for julgado indigno do oficialato ou com ele incompatível, por decisão de tribunal militar de caráter permanente, em tempo de paz, ou de tribunal especial, em tempo de guerra;*
>
> *VII. o oficial condenado na justiça comum ou militar a pena privativa de liberdade superior a dois anos, por sentença transitada em julgado, será submetido ao julgamento previsto no inciso anterior;*
>
> *VIII. aplica-se aos militares o disposto no art. 7º, incisos VIII, XII, XVII, XVIII, XIX e XXV, e no Art. 37, incisos XI, XIII, XIV e XV, bem como, na forma da lei e com prevalência da atividade militar, no Art. 37, inciso XVI, alínea "c"; (Redação dada pela Emenda Constitucional nº 77, de 2014)*
>
> *IX. (Revogado pela Emenda Constitucional nº 41, de 19.12.2003).*
>
> *X. a lei disporá sobre o ingresso nas Forças Armadas, os limites de idade, a estabilidade e outras condições de transferência do militar para a inatividade, os direitos, os deveres, a remuneração, as prerrogativas e outras situações especiais dos militares, consideradas as peculiaridades de suas atividades, inclusive aquelas cumpridas por força de compromissos internacionais e de guerra.*

Habeas Corpus

A Constituição declarou expressamente o não cabimento de *Habeas Corpus* nas punições disciplinares militares:

> *§ 2º. Não caberá Habeas Corpus em relação a punições disciplinares militares.*

Essa vedação decorre do regime constritivo rigoroso existente nas instituições castrenses, o qual permite como sanção administrativa a prisão. Deve-se ter muito cuidado com isso em prova. Segundo o STF, se o *Habeas Corpus* versar sobre a ilegalidade da prisão, ele será admitido, ficando a vedação adstrita apenas ao seu mérito.

Vedações

Como foi dito anteriormente, o regime militar é bem rigoroso e a Constituição apresentou algumas vedações que sempre caem em prova:

> *IV. ao militar são proibidas a sindicalização e a greve;*
>
> *V. o militar, enquanto em serviço ativo, não pode estar filiado a partidos políticos;*

A sindicalização e a greve são medidas que dificultam o trabalho do militar, pois o influencia a questionar as ordens recebidas de seus superiores. As atribuições dos militares dependem de uma obediência irrestrita, por essa razão a Constituição os impediu de se organizarem em sindicatos e de realizarem movimentos paredistas.

Quanto à vedação de filiação a partido político, deve-se destacar que o militar, para que desenvolva suas atividades com eficiência, não pode se sujeitar às correntes político-partidárias. O militar deve obedecer apenas à Constituição Federal e executar suas atividades com determinação. Essa vedação não o impede de se candidatar a cargo eletivo, desde que não seja conscrito. Aqui cabe citar o Art. 14, § 8º da CF:

> *§ 8º. O militar alistável é elegível, atendidas as seguintes condições:*
>
> *I. se contar menos de dez anos de serviço, deverá afastar-se da atividade;*
>
> *II. se contar mais de dez anos de serviço, será agregado pela autoridade superior e, se eleito, passará automaticamente, no ato da diplomação, para a inatividade.*

Serviço Militar Obrigatório

Outro tema importante acerca das Forças Armadas é a existência do serviço militar obrigatório, previsto no Art. 143:

> *Art. 143. O serviço militar é obrigatório nos termos da lei.*
>
> *§ 1º. Às Forças Armadas compete, na forma da lei, atribuir serviço alternativo aos que, em tempo de paz, após alistados, alegarem imperativo de consciência, entendendo-se como tal o decorrente de crença religiosa e de convicção filosófica ou política, para se eximirem de atividades de caráter essencialmente militar.*
>
> *§ 2º. as mulheres e os eclesiásticos ficam isentos do serviço militar obrigatório em tempo de paz, sujeitos, porém, a outros encargos que a lei lhes atribuir.*

A Lei que regula o serviço militar obrigatório é a 4.375/64, a qual obriga todos os brasileiros a se alistarem. Destaca-se que essa obrigatoriedade não se aplica aos eclesiásticos (líderes religiosos) e às mulheres, em tempos de paz, o que nos conduz à conclusão de que eles poderiam ser convocados em momentos de guerra ou mobilização nacional.

O § 1º apresenta um tema que já foi cobrado em prova: a dispensa do serviço obrigatório pela escusa de consciência. Isso ocorre quando o indivíduo se recusa a cumprir a obrigação essencialmente militar que é imposta pela Constituição Federal em razão da sua convicção filosófica, religiosa ou política. O referido parágrafo, em consonância com o inciso VIII do Art. 5º, permite que nesses casos o interessado tenha respeitado o seu direito de escolha e de livre consciência desde que cumpra a prestação alternativa regulamentada na Lei 8.239/91, a qual consiste no desempenho de atribuições de caráter administrativo, assistencial, filantrópico ou produtivo, em substituição às atividades de caráter essencialmente militar. Não havendo o cumprimento da atividade obrigatória ou da prestação alternativa fixada em lei, o Art. 15 prevê como consequência a restrição dos direitos políticos:

> **Art. 15.** É vedada a cassação de direitos políticos, cuja perda ou suspensão só se dará nos casos de:
> **IV.** recusa de cumprir obrigação a todos imposta ou prestação alternativa, nos termos do Art. 5º, VIII.

Acerca desse tema, um problema surge na doutrina. A Constituição não estabelece de forma clara qual consequência deverá ser aplicada ao indivíduo que se recusa a cumprir a obrigação ou a prestação alternativa. A Lei 8.239/91, que regula a prestação alternativa ao serviço militar obrigatório, prevê que será declarada a suspensão dos direitos políticos de quem se recusar a cumprir a obrigação e a prestação alternativa. A doutrina tem se dividido entre as duas possibilidades: perda ou suspensão dos direitos políticos.

Em tese, esse tema não deveria ser cobrado em prova de concurso, considerando sua divergência doutrinária; entretanto, recentemente, para o concurso de juiz do TRF da 5ª região, a banca CESPE trouxe essa questão e sustentou em seu gabarito definitivo a posição de perda dos direitos políticos. Diante desse último posicionamento da CESPE, caso o candidato faça alguma prova desta banca, em que seja cobrada esse conteúdo, deve-se responder perda. O mesmo se aplica para FCC, que também entende que ocorre perda dos direitos políticos.

7.3 Segurança Pública

Órgãos

Conforme prescrito no *caput* do Art. 144, a Segurança Pública é dever do Estado e tem como objetivo a preservação da ordem pública e da incolumidade das pessoas e do patrimônio. Esse tema é certo em concursos públicos da área de Segurança Pública e deve ser estudado com o foco na memorização de todo o artigo. Um dos pontos mais importantes está na definição de quais órgãos compõem a chamada segurança pública, os quais estão listados de forma taxativa no Art. 144:

> **Art. 144.** A segurança pública, dever do Estado, direito e responsabilidade de todos, é exercida para a preservação da ordem pública e da incolumidade das pessoas e do patrimônio, através dos seguintes órgãos:
> **I.** polícia federal;
> **II.** polícia rodoviária federal;
> **III.** polícia ferroviária federal;
> **IV.** polícias civis;
> **V.** polícias militares e corpos de bombeiros militares.
> **VI.** polícias penais federal, estaduais e distrital.

O STF já decidiu que esse rol é taxativo e que os demais entes federativos estão vinculados à classificação proposta pela Constituição. Diante disso, conclui-se que os Estados, Distrito Federal e Municípios estão proibidos de criar outros órgãos de segurança pública diferentes dos estabelecidos na Constituição Federal. Vejamos esta questão de prova:

Ainda, como fruto dessa taxatividade, deve-se afirmar que nenhum outro órgão além dos estabelecidos nesse artigo poderá ser considerado como sendo de Segurança Pública. Isso se aplica às Guardas Municipais, aos Agentes Penitenciários, aos Agentes de Trânsito e aos Segurança Privados.

Há ainda a chamada Força Nacional de Segurança, instituição criada como fruto de um acordo de cooperação entre os Estados e o Distrito Federal que possui o objetivo de apoiar ações de segurança pública nesses locais. Apesar de ser formado por membros dos órgãos de segurança pública de todo o país, não se pode afirmar, principalmente numa prova de concurso, que essa instituição faça parte dos Órgãos de Segurança Pública.

Não se pode esquecer das Polícias Legislativas criadas no âmbito da Câmara dos Deputados e do Senado Federal, previstas nos Arts. 51, IV e 52, XIII. Também não entram na classificação de Órgãos de Segurança Pública para a prova, pois não estão no rol do Art. 144:

> **Art. 51.** Compete privativamente à Câmara dos Deputados:
> **IV.** dispor sobre sua organização, funcionamento, polícia, criação, transformação ou extinção dos cargos, empregos e funções de seus serviços, e a iniciativa de lei para fixação da respectiva remuneração, observados os parâmetros estabelecidos na lei de diretrizes orçamentárias.
>
> **Art. 52.** Compete privativamente ao Senado Federal:
> **XIII.** dispor sobre sua organização, funcionamento, polícia, criação, transformação ou extinção dos cargos, empregos e funções de seus serviços, e a iniciativa de lei para fixação da respectiva remuneração, observados os parâmetros estabelecidos na lei de diretrizes orçamentárias.

Cada um dos órgãos será organizado em estatuto próprio, conforme preleciona o § 7º do Art. 144:

> **§ 7º.** A lei disciplinará a organização e o funcionamento dos órgãos responsáveis pela segurança pública, de maneira a garantir a eficiência de suas atividades.

Polícia Administrativa X Polícia Judiciária

Antes de iniciar uma análise mais detida do artigo em questão, uma importante distinção doutrinária deve ser feita em relação às polícias de segurança pública: Polícia Administrativa e Polícia Judiciária.

Polícia Administrativa é a polícia preventiva. Sua atividade ocorre antes do cometimento da infração penal com o intuito de impedir a sua ocorrência. Sua atuação é ostensiva, ou seja, visível pelos membros da sociedade. É aquela polícia a que recorremos quando temos um problema. Uma característica marcante das polícias ostensivas é o seu uniforme. É a vestimenta que identifica um policial ostensivo. O maior exemplo de polícia administrativa é a Polícia Militar. Também são consideradas como polícia preventiva: Polícia Federal (em situações específicas), Polícia Rodoviária Federal, Polícia Ferroviária Federal e Corpo de Bombeiros Militar.

NOÇÕES DE DIREITO CONSTITUCIONAL

Polícia Judiciária é a polícia repressiva. Sua atividade ocorre após o cometimento da infração penal, quando a atuação da polícia preventiva não surtiu efeito. Sua atividade é investigativa com o fim de encontrar os elementos comprobatórios do ilícito penal cometido. O resultado do trabalho das polícias judiciárias é utilizado posteriormente pelo Ministério Público para subsidiar sua atuação junto ao Poder Judiciário. Daí a razão do nome ser Polícia Judiciária. O resultado de seu trabalho é utilizado pelo Poder Judiciário em seus julgamentos. Atente-se para a seguinte diferença, pois já caiu em prova de concurso: a Polícia Judiciária não faz parte do Poder Judiciário, mas do Poder Executivo. São consideradas como Polícia Judiciária a Polícia Civil e a Polícia Federal. A Polícia Militar também possui atribuições repressivas quando atua na investigação de crimes cometidos por policiais militares.

Além dessa classificação, pode-se distinguir os órgãos do Art. 144 em federais e estaduais, a depender da sua vinculação federativa:

Federais

Polícia Federal, Polícia Rodoviária Federal e Polícia Ferroviária Federal;

Estaduais

Polícia Civil, Polícia Militar e Corpo de Bombeiro Militar.

Feitas essas considerações iniciais, prossegue-se agora com a análise de cada um dos órgãos de segurança pública do Art. 144.

Polícia Federal

A Polícia Federal é o órgão de segurança pública com maior quantidade de atribuições previstas na Constituição Federal, razão pela qual é a mais cobrada em prova:

> *§ 1º. A polícia federal, instituída por lei como órgão permanente, organizado e mantido pela União e estruturado em carreira, destina-se a:*
>
> *I. apurar infrações penais contra a ordem política e social ou em detrimento de bens, serviços e interesses da União ou de suas entidades autárquicas e empresas públicas, assim como outras infrações cuja prática tenha repercussão interestadual ou internacional e exija repressão uniforme, segundo se dispuser em lei;*
>
> *II. prevenir e reprimir o tráfico ilícito de entorpecentes e drogas afins, o contrabando e o descaminho, sem prejuízo da ação fazendária e de outros órgãos públicos nas respectivas áreas de competência;*
>
> *III. exercer as funções de polícia marítima, aeroportuária e de fronteiras;*
>
> *IV. exercer, com exclusividade, as funções de polícia judiciária da União.*

Deve-se destacar, como característica principal, a sua atuação como Polícia Judiciária exclusiva da União. É ela quem atuará na repressão dos crimes cometidos contra a União e suas entidades autárquicas e empresas públicas. Apesar de mencionar algumas entidades da administração indireta, não se mencionou as Sociedades de Economia Mista. Isso força uma conclusão de que a Polícia Federal não tem atribuição nos crimes que envolvam interesses de Sociedades de Economia Mista.

As demais atribuições serão exercidas concomitantemente com outros órgãos, limitando a exclusividade de sua atuação apenas à função investigativa no âmbito da União.

Polícia Rodoviária Federal

A Polícia Rodoviária Federal é órgão da União responsável pelo patrulhamento das rodovias federais:

> *§ 2º. A polícia rodoviária federal, órgão permanente, organizado e mantido pela União e estruturado em carreira, destina-se, na forma da lei, ao patrulhamento ostensivo das rodovias federais.*

Eventualmente, sua atuação se estenderá às rodovias estaduais ou distritais mediante convênio firmado entre os entes federativos. Não havendo esse convênio, o patrulhamento das rodovias estaduais e distritais fica a cargo das Polícias Militares. É comum no âmbito das Polícias Militares a criação de batalhões ou companhias com essa atribuição específica, as chamadas Polícias Rodoviárias.

Polícia Ferroviária Federal

A Polícia Ferroviária Federal é o órgão da União responsável pelo patrulhamento das ferrovias federais:

> *§ 3º. A polícia ferroviária federal, órgão permanente, organizado e mantido pela União e estruturado em carreira, destina-se, na forma da lei, ao patrulhamento ostensivo das ferrovias federais.*

Diante da pouca relevância das ferrovias no Brasil, esse órgão ficou no esquecimento durante vários anos. No dia 5 agosto de 2011, a Presidente Dilma sancionou a Lei 12.462, que cria no âmbito do Ministério da Justiça a Polícia Ferroviária Federal. O efetivo que comporá essa nova estrutura se originará das instituições que anteriormente cuidavam das ferrovias:

> *Art. 48. A Lei nº 10.683, de 28 de maio de 2003, passa a vigorar com as seguintes alterações:*
>
> *Art. 29, XIV. Do Ministério da Justiça: o Conselho Nacional de Política Criminal e Penitenciária, o Conselho Nacional de Segurança Pública, o Conselho Federal Gestor do Fundo de Defesa dos Direitos Difusos, o Conselho Nacional de Combate à Pirataria e Delitos contra a Propriedade Intelectual, o Conselho Nacional de Arquivos, o Conselho Nacional de Políticas sobre Drogas, o Departamento de Polícia Federal, o Departamento de Polícia Rodoviária Federal, o Departamento de Polícia Ferroviária Federal, a Defensoria Pública da União, o Arquivo Nacional e até 6 (seis) Secretarias;*
>
> *§ 8º. Os profissionais da Segurança Pública Ferroviária oriundos do grupo Rede, Rede Ferroviária Federal (RFFSA), da Companhia Brasileira de Trens Urbanos (CBTU) e da Empresa de Trens Urbanos de Porto Alegre (Trensurb) que estavam em exercício em 11 de dezembro de 1990, passam a integrar o Departamento de Polícia Ferroviária Federal do Ministério da Justiça (NR).*

Polícia Civil

Essa é a Polícia Judiciária no âmbito dos Estados e do Distrito Federal. É dirigida por delegados de polícia de carreira e possui atribuição subsidiária à da Polícia Federal e à da Polícia Militar. Significa dizer que o que não for atribuição da Polícia Federal ou da Polícia Militar será da Polícia Civil:

> *§ 4º - às polícias civis, dirigidas por delegados de polícia de carreira, incumbem, ressalvada a competência da União, as funções de polícia judiciária e a apuração de infrações penais, exceto as militares.*

Polícia Militar e Corpo de Bombeiros Militar

Essas duas instituições possuem caráter essencialmente ostensivo dentro das atribuições próprias. A Polícia Militar é responsável pelo policiamento ostensivo e preservação da ordem pública.

É a PM quem exerce a função principal de prevenção do crime. Quando se pensa em polícia, certamente é a primeira que vem à mente, pois é vista pela sociedade. Já o Corpo de Bombeiros Militar, apesar de não ser órgão policial, possui atribuição de segurança pública à medida que executa atividades de defesa civil. São responsáveis por uma atuação voltada para a proteção da sociedade, prestação de socorro, atuação em incêndios e acidentes. Destaca-se pela agilidade no atendimento, o que muitas vezes acaba por coibir maiores tragédias:

> § 5º. às polícias militares cabem a polícia ostensiva e a preservação da ordem pública; aos corpos de bombeiros militares, além das atribuições definidas em lei, incumbe a execução de atividades de defesa civil.
>
> § 6º. As polícias militares e corpos de bombeiros militares, forças auxiliares e reserva do Exército, subordinam-se, juntamente com as polícias civis, aos Governadores dos Estados, do Distrito Federal e dos Territórios.

Por serem corporações militares, a eles se aplicam as mesmas regras que são aplicadas às Forças Armadas, como a proibição de greve, filiação partidária e sindicalização.

São ainda consideradas forças auxiliares e reserva do Exército. Significa que num momento de necessidade de efetivo seria possível a convocação de Policiais e Bombeiros Militares como força reserva e de apoio.

Estão subordinados aos Governadores dos Estados, a Distrito Federal e dos Territórios a quem compete a gestão da Segurança Pública em cada ente federativo.

No que tange à Polícia Militar, ao Corpo de Bombeiros Militares e à Polícia Civil do Distrito Federal, há um detalhe que não pode ser esquecido, pois já foi cobrado em prova. Apesar da subordinação destas forças ao Governador do Distrito Federal, a competência para legislar e manter estas corporações é da União.

Aqui há uma exceção na autonomia federativa do Distrito Federal, que está prevista expressamente na Constituição no Art. 21, XIV:

> **Art. 21.** Compete à União:
>
> **XIV.** organizar e manter a polícia civil, a polícia militar e o corpo de bombeiros militar do Distrito Federal, bem como prestar assistência financeira ao Distrito Federal para a execução de serviços públicos, por meio de fundo próprio.

Polícias Penais

A Emenda Constitucional 104/2019 introduziu no rol de entidades de segurança pública as chamadas penais.

De acordo com o art. 144, §5º-A da Constituição, cabe às polícias penais, vinculadas ao órgão administrador do sistema penal da unidade federativa a que pertencem, a segurança dos estabelecimentos penais.

Questões

01. (PCDF) Quanto à defesa do Estado e das instituições democráticas, assinale a alternativa correta.
    a) Aos policiais civis e militares são vedadas a sindicalização e a greve.
    b) Compõem a Polícia da União a Polícia Federal e a Polícia Rodoviária Federal.
    c) Os policiais civis, militares e do corpo de bombeiros do Distrito Federal têm sua remuneração sob a forma de subsídio, e é da União a competência para editá-la.
    d) O porte de arma é vedado, sem exceções, às guardas municipais.
    e) Para a decretação do estado de defesa, faz-se necessário que o presidente da República realize prévia solicitação ao Congresso Nacional, que se manifestará por maioria absoluta de seus membros.

02. (ACAFE) Sobre Segurança Pública é correto afirmar, exceto:
    a) Aos corpos de bombeiros militares incumbe a execução de atividades de defesa civil.
    b) As polícias militares cabem a polícia ostensiva e a preservação da ordem pública.
    c) A polícia incumbe a função de polícia judiciária e a apuração de infrações penais.
    d) A polícia rodoviária federal destina-se, na forma da lei, ao patrulhamento ostensivo das rodovias federais.

03. (NCUFPR) De acordo com o disposto no artigo 144 da Constituição da República Federativa do Brasil de 1988, a segurança pública, dever do Estado, direito e responsabilidade de todos, é exercida para a preservação da ordem pública e da incolumidade das pessoas e do patrimônio, através dos seguintes órgãos:
    a) Secretaria de Estado da Segurança Pública, Polícia Federal, Polícia Civil, Polícia Militar e Guarda Municipal.
    b) Polícias Federais, Polícias Civis, Corpo de Bombeiros, Guarda Municipal, Polícia de Trânsito e Exército.
    c) Secretaria de Estado da Segurança Pública, Ministério Público Estadual e Federal, Polícia Federal e Polícia Civil.
    d) Polícia Federal, Polícia Rodoviária Federal, Polícia Ferroviária Federal, Polícias Civis, Polícias Militares e Corpos de Bombeiros Militares.
    e) Secretaria de Estado da Segurança Pública, Ministério Público Estadual e Federal, Polícia Federal, Polícia Militar e Polícia Civil.

04. (FUNRIO) Com relação ao estado de defesa, no que se refere às medidas coercitivas, pode-se afirmar:
    I. Restrições aos direitos de reunião, ainda que exercida no seio das associações;
    II. O tempo de duração do estado de defesa não será superior a trinta dias, podendo ser prorrogado duas vezes, por igual período;
    III. Na vigência do estado de defesa a prisão ou detenção de qualquer pessoa não poderá ser superior a vinte dias, salvo quando autorizada pelo Poder Judiciário;
    IV. Na vigência do estado de defesa a prisão por crime contra o Estado, determinada pelo executor da medida, será por este comunicada imediatamente ao juiz competente, que a relaxará, se não for legal, facultado ao preso requerer exame de corpo de delito à autoridade policial;
    V. Na vigência do estado de defesa poderá ser o preso mantido sob incomunicabilidade por um período de 180 (cento e oitenta) dias.

NOÇÕES DE DIREITO CONSTITUCIONAL

DEFESA DO ESTADO E DAS INSTITUIÇÕES DEMOCRÁTICAS

Estão corretas apenas as opções:
a) II e V.
b) III e IV.
c) I e IV.
d) I e II.
e) III e V.

05. (UEG) São atribuições da Polícia Federal:
a) Apurar infrações penais contra a ordem pública e social ou em detrimento de bens, serviços e interesses da União ou de suas entidades autárquicas e empresas públicas, assim como outras infrações cuja prática tenha repercussão regional ou interestadual e exija repressão uniforme, segundo se dispuser em lei.
b) Prevenir e reprimir o tráfico ilícito de entorpecentes e drogas afins, o contrabando e o descaminho, sem prejuízo da ação fazendária e de outros órgãos públicos nas respectivas áreas de competência.
c) Exercer, concorrentemente com as polícias civis e militares, as funções de polícia judiciária da União.
d) Exercer as funções de polícia marítima, fluvial, aeroportuária e de fronteiras.

06. (UEG) Sobre a vigência do estado de defesa, é correto afirmar:
a) É permitida a incomunicabilidade do preso.
b) A prisão ou detenção de qualquer pessoa não poderá ser superior a quinze dias, salvo quando autorizada pelo Poder Judiciário.
c) A comunicação da prisão será acompanhada de declaração, pela autoridade, do estado físico e mental do detido no momento de sua autuação.
d) A prisão por crime contra o Estado, determinada pelo executor da medida, será por este comunicada imediatamente ao juiz competente, que a relaxará, se não for legal, facultado ao preso requerer exame de corpo de delito à autoridade judiciária.

07. (FCC) Face a comoção grave de repercussão nacional, sendo decretado o estado de sítio, Alberto, brasileiro maior e capaz e domiciliado no Estado de Roraima, resolveu se mudar para o Estado do Rio Grande do Sul, porém ao chegar no aeroporto, Otávio, agente da Polícia Federal, legalmente e no exercício de atribuições do Poder Público, proibiu a sua locomoção para outro Estado, mantendo-o contra sua vontade no Estado de Roraima. Segundo a Constituição Federal, Alberto, na vigência do estado de sítio:
a) Poderá viajar desde que impetre habeas corpus ao Superior Tribunal de Justiça, cuja competência é originária.
b) Tem direito líquido e certo e, assim, impetrará habeas corpus ao Presidente do Tribunal de Justiça do Estado de Roraima, que permitirá sua viagem.
c) Não terá que se sujeitar a ordem da autoridade desde que impetre habeas corpus ao Supremo Tribunal Federal, cuja competência é originária.
d) Não terá que se sujeitar a ordem da autoridade desde que impetre habeas corpus ao Juiz do Tribunal Militar, que requisitará informações à Policia Federal.
e) Em regra, terá que se sujeitar a ordem da autoridade e deverá permanecer no Estado de Roraima.

08. (FCC) Gustavo, Presidente da República, após ouvidos o Conselho da República e o Conselho de Defesa Nacional, decretou estado de defesa para preservar, em local restrito e determinado, a ordem pública ameaçada por grave e iminente instabilidade institucional, indicando no decreto, segundo a Constituição Federal, nos termos e limites da lei, as medidas coercitivas a vigorarem, podendo restringir os direitos de:
a) Ir e vir, sujeito à pena de banimento, apenas.
b) Ir e vir, sujeito à prisão perpétua e multa.
c) Imagem e de propriedade intelectual.
d) Reunião, ainda que exercida no seio das associações, sigilo de correspondência e sigilo de comunicação telegráfica e telefônica.
e) Livre manifestação do pensamento e de propriedade imóvel.

09. (FCC) No caso de pedido de autorização para a decretação de estado de sítio, a convocação extraordinária do Congresso Nacional far-se-á pelo:
a) Ministro das Forças Armadas.
b) Presidente da Câmara dos Deputados.
c) Presidente do Senado Federal.
d) Ministro Chefe da Casa Civil.
e) Ministro da Justiça.

10. (CESPE) Assinale a opção correta quanto à defesa do Estado e das instituições democráticas.
a) A natureza discricionária do ato do presidente da República que decreta o estado de sítio não viabiliza o controle judicial, razão pela qual há, sobre tal ato, a incidência do controle exclusivamente político, exercido pelo Congresso Nacional.
b) Não se admite, no estado de defesa e no estado de sítio, a suspensão das denominadas imunidades parlamentares.
c) Os estados-membros podem, a seu critério, inserir os seus respectivos departamentos de trânsito entre os órgãos incumbidos do exercício da segurança pública.
d) A punição disciplinar militar imposta sem que haja previsão legal é passível de impugnação via habeas corpus.
e) Para a prorrogação do prazo de duração do estado de defesa é dispensável a aprovação do Congresso Nacional.

Gabaritos

01	C	06	C
02	C	07	E
03	D	08	D
04	C	09	C
05	B	10	D

NOÇÕES DE DIREITO PENAL

1. INTRODUÇÃO AO DIREITO PENAL E APLICAÇÃO DA LEI PENAL

1.1 Introdução ao Estudo do Direito Penal

A Infração Penal é gênero que se divide em duas espécies: **crimes** (conduta mais gravosa) e **contravenções penais** (conduta de menor gravidade). Essa divisão é chamada de dicotômica. A diferença básica incide sobre as penas aplicáveis aos infratores, enquanto o crime é punível com pena de reclusão e detenção, as contravenções penais implicam prisão simples e multa, podendo ser aplicada de forma cumulativa ou não.

> O Direito Penal é chamado de Direito das Condutas Ilícitas.

Para que a conduta seja definida como crime, tem que estar tipificada (escrita) em alguma norma penal. Não somente o próprio Código Penal as descreve como também as Leis Complementares Penais ou Leis Especiais, por exemplo: Estatuto do Desarmamento (Lei nº 10.826/2003), Lei de Tortura (Lei nº 9.455/1997), entre outras. Por conseguinte, as Contravenções Penais estão previstas em Lei específica, Lei nº 3.688/41, esta também é conhecida como **Crime Anão**, visto seu reduzido potencial ofensivo. Como essa conduta não é o cerne do estudo não convém aprofundar o assunto, basta apenas ressaltar que as Contravenções Penais não admitem tentativas, enquanto o Crime é punível, mas, somente se existir previsão legal (Código Penal).

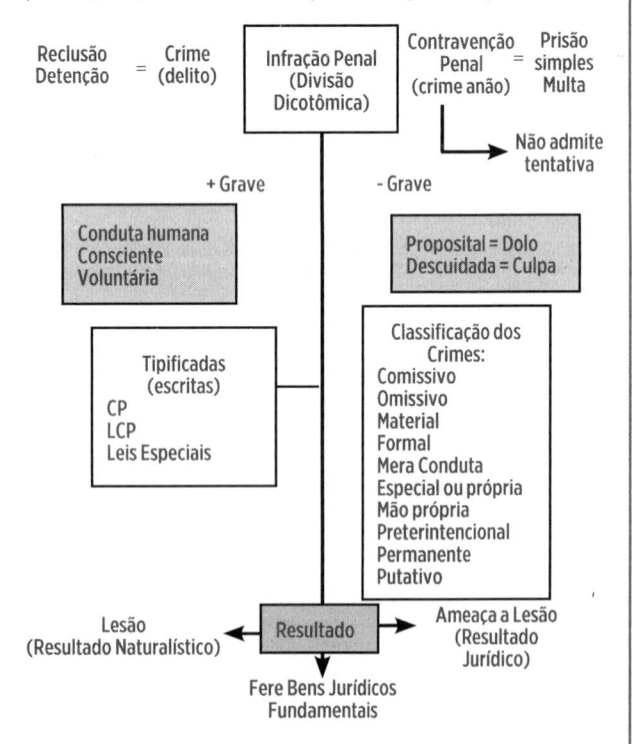

→ **Para configurar em infração penal, são necessários alguns pressupostos:**

Deve ser uma **conduta humana**, ou seja, o simples ataque de um animal não configura em crime, porém, caso ele seja instigado por outra pessoa, passa a ser um mero objeto utilizado na prática da conduta do agressor.

Deve ser uma **ação consciente**, possível de ser prevista pelo agente, quando esse é descuidado responderá de forma culposa, entretanto se realmente houver intenção, o desejo do indivíduo, sua conduta com um propósito específico será dolosa.

Necessita ser **voluntária**, por exemplo, caso o agente venha agredir alguém por conta de um espasmo muscular, essa conduta é tida como involuntária.

→ **A infração penal sempre gera um resultado que pode ser:**

> Todo crime gera um resultado, porém, nem todo crime gera um resultado naturalístico (lesão).

Naturalístico: quando ocorre efetivamente a lesão de um bem jurídico tutelado - protegido - da vítima. Por exemplo, no crime de homicídio, quando a vida de alguém é interrompida, causa um resultado naturalístico, pois modificou o mundo exterior, não somente do de cujus (falecido) como de sua família.

Jurídico: quando a lesão não se consuma, utilizando o mesmo exemplo acima, caso o agressor não tivesse êxito na sua conduta, ele responderia pela tentativa de homicídio, desde que não cause lesão corporal. Convém ressaltar que, embora o agente não obteve êxito no resultado pretendido, o Código Penal sempre irá punir por aquilo que ele queria fazer (elemento subjetivo), contudo nesse caso gerou apenas um resultado jurídico.

1.2 Teoria do Crime

Sendo o crime (delito) espécie da infração penal, possui uma nova divisão. Nesse caso, existem diversas correntes doutrinárias para este conceito, entretanto, adotaremos a majoritária, a qual vigora no Direito Penal Brasileiro, classificada como Teoria Finalista Tripartida ou Tripartite.

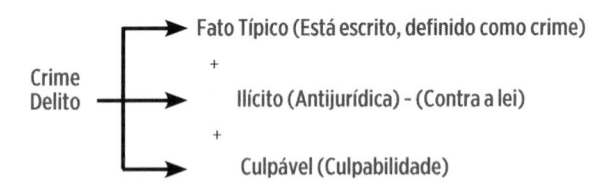

Crime Delito →
- Fato Típico (Está escrito, definido como crime)
- +
- Ilícito (Antijurídica) - (Contra a lei)
- +
- Culpável (Culpabilidade)

Conceito de Crime no Direito Penal Brasileiro

→ Fato Típico: para ser considerado fato típico, é fundamental que a conduta esteja tipificada, ou seja, escrita, em alguma norma penal. Não obstante, é necessário que exista:

> Conduta: é a ação do agente, seja ela culposa (descuidada) ou dolosa, intencional; comissiva (ação) ou omissiva (deixar de fazer).

> Resultado: que seja naturalístico (modificação provocada no mundo exterior pela conduta) ou jurídico (quando não houver resultado jurídico não existe crime).

> Nexo Causal: é o elo entre a ação e o resultado, ou seja, se o resultado foi provocado diretamente pela ação do agente, houve nexo causal.

> Tipicidade: tem que ser considerado crime, estar tipificado, escrito.

→ Ilícito (antijurídico): neste quesito a ação do agente tem que ser ilícita, pois, nosso ordenamento jurídico prevê legalidade em determinadas situações em que, mesmo sendo antijurídicas, serão permissivas. São as chamadas de excludentes de ilicitude ou de antijuridicidade, sendo: Legítima Defesa, Estado de Necessidade, Estrito Cumprimento do Dever Legal ou no Exercício Regular de um Direito.

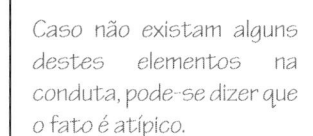

Caso não existam alguns destes elementos na conduta, pode-se dizer que o fato é atípico.

→ Culpável (culpabilidade): é a capacidade de o agente receber pena. Em alguns casos, mesmo o agente cometendo um fato típico e ilícito, ele não poderá ser culpável, ou seja, não pode ser "preso", pois incidirá nas excludentes de culpabilidade. A mais conhecida é o menor em conflito com a lei, ele pode cometer uma infração penal (crime), mas não poderá ir preso. É quando, no momento da ação ou da omissão, o agente é totalmente incapaz de entender o caráter ilícito do fato, ou de determinar-se de acordo com esse entendimento. Ainda dentro dessa espécie, haverá três desdobramentos que são a imputabilidade, a potencial consciência da ilicitude e a exigibilidade de conduta diversa.

Para que o crime ocorra, é necessário preencher todos os requisitos, caso exclua alguns dos elementos do fato típico ou se não for ilícito/antijurídico, dizemos que **excluiu** o crime; caso não possa ser culpável, o agente será **isento** de pena.

Pode ocorrer de o agente cometer um fato descrito como crime – Matar alguém – e esse fato não ser considerado crime.

Ex.: quem mata em legítima defesa comete um fato típico, ou seja, escrito e definido como crime. Contudo, esse fato não é ilícito, pois a própria lei autoriza o sujeito a matar em certos casos pré-definidos.

Pode ocorrer também, de o agente cometer um fato definido como crime, ou seja, fato típico – escrito e definido no CP – e ilícito, o ordenamento jurídico não autoriza aquela conduta, e mesmo assim ficar isento de PENA. Assim, pode o sujeito cometer um crime e não ter pena.

Ex.: quem é obrigado a cometer um crime. Uma pessoa encosta a arma carregada na cabeça de outra e diz que, se ela não cometer tal crime, irá morrer.

1.3 Princípio da Legalidade (Anterioridade - Reserva Legal)

Art. 1º. Não há crime sem lei anterior que o defina. Não há pena sem prévia cominação legal.

Somente haverá crime quando existir perfeita correspondência entre a conduta praticada e a previsão legal (Reserva Legal), que não pode ser vaga, deve ser específica. Exige-se que a lei esteja em vigor no momento da prática da infração penal (Anterioridade). Fundamento Constitucional: Art. 5º, XXXIX.

→ Princípio: *Nullum crimem, nulla poena sine praevia lege*.

As normas penais incriminadoras não são proibitivas e sim descritivas. Por exemplo, o Art. 121 - Matar alguém, no Código Penal, ele não proíbe, ou seja, não matar. Ele descreve uma conduta, que, se cometida possuirá uma sanção (punição).

Normas Penais Incriminadoras:
- Não são proibitivas
- São descritivas

Quem pratica um crime não age contra a lei, mas de acordo com ela.

A Analogia no Direito Penal só é aceita para beneficiar o agente. Por exemplo, no antigo ordenamento jurídico, só era permitido realizar o aborto em decorrência do estupro (pênis x vagina), entretanto, a norma penal não abrangia o caso do violento atentado ao pudor (pênis x ânus). Caso a mulher viesse engravidar em decorrência disso, realizava-se a analogia in bonam partem, permitindo também neste caso, o aborto. Ressaltamos que não existe mais o crime de violento atentado ao pudor, atualmente no Código Penal é tido como estupro.

Medida Provisória não pode dispor sobre matéria penal, criar crimes e cominar penas, Art. 62, § 1º, I, b CF/88, somente Lei Ordinária.

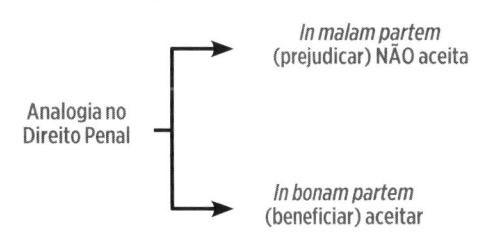

Analogia no Direito Penal:
- In malam partem (prejudicar) NÃO aceita
- In bonam partem (beneficiar) aceitar

Normas Penais em branco são aquelas que precisam ser complementadas para que analisemos o caso concreto. Por exemplo, a vigente Lei de Drogas nº 11.343/06 dispõe sobre diversas condutas ilícitas, entretanto, o que é droga? Para analisar se determinada substância é droga ou não, o direito penal analisa uma portaria da Anvisa (Agência Nacional de Vigilância Sanitária) nº 344/98, em que todas as substâncias que estiverem descritas serão consideradas como droga.

O princípio da Reserva Legal admite o uso de Normas Penais em branco.

NOÇÕES DE DIREITO PENAL

INTRODUÇÃO AO DIREITO PENAL E APLICAÇÃO DA LEI PENAL

A Analogia Penal é diferente de Interpretação Analógica, nessa situação, a conduta do agente é analisada dentro da própria norma penal, ou seja, é observado a forma como a conduta foi praticada, quais os meios utilizados. Sendo assim, a Interpretação Analógica sempre será possível, ainda que mais gravosa para o agente.

> **Art. 121.** Matar alguém:
> **Pena** - reclusão, de seis a vinte anos.
> **§ 2º.** Se o homicídio é cometido:
> **III.** Com emprego de veneno, fogo, explosivo, asfixia, tortura ou outro meio insidioso ou cruel, ou de que possa resultar perigo comum;
> **Pena** - reclusão, de doze a trinta anos.

Nessa situação, caso o agente tenha cometido o homicídio utilizando-se de alguma das formas expostas no inciso III, ocorrerá a aplicação de uma pena mais gravosa, é o exemplo de Interpretação Analógica.

1.4 Interpretação da Lei Penal

A matéria **Interpretação da Lei Penal** passou a ser abordada com mais frequência pelos editais de concurso público. No entanto, quando cobrada, não costuma gerar muita dificuldade. Isso porque geralmente a banca examinadora traz na questão uma espécie de interpretação e questiona quanto ao seu significado.

A Interpretação da Lei Penal consiste em buscar o significado e a extensão da letra da lei em relação à realidade e à vontade do legislador.

Assim, a Interpretação da Lei Penal divide-se em:

Quanto ao Sujeito

Autêntica ou Legislativa

É aquela realizada pelo mesmo órgão da qual emana, podendo vir no próprio texto legislativo ou em lei posterior: Conceito de funcionário público previsto no Art. 327, CP.

Doutrina

É aquela realizada pelos doutrinadores – estudiosos do direito penal – normalmente encontrada em livros, artigos e documentos: Código Penal comentado.

Jurisprudencial ou Judicial

É aquela realizada pelo Poder Judiciário na aplicação do caso concreto, na busca pela vontade da lei. É a análise das decisões reiteradas sobre determinado assunto legal: Súmulas do Tribunais Superiores e Súmula Vinculante.

Quanto ao Modo

Literal ou Gramatical

É aquela que busca o sentido literal das palavras.

Teleológica

É aquela que busca compreender a intenção ou vontade da lei.

Histórica

É aquela que busca compreender o sentido da lei por meio da análise do momento e contexto histórico em que foi editada.

Sistemática

É aquela que analisa o sentido da lei em conjunto com todo o ordenamento jurídico (as legislações em vigor, os Princípios Gerais de Direito, a Doutrina e a Jurisprudencial).

Progressiva

É aquela que busca adaptar a lei aos progressos obtidos pela sociedade.

Quanto ao Resultado

Declarativa

É aquela em que se encontra a perfeita correspondência entre a letra da lei e a intenção do legislador.

Restritiva

É aquela em que se restringe o alcance da letra da lei para que corresponda à real intenção do legislador. A lei diz mais do que deveria dizer.

Extensiva

É aquela em que se amplia o alcance da letra da lei para que corresponda à real intenção do legislador. A lei diz menos do que deveria dizer.

Analógica

É aquela em que a Lei Penal permite a ampliação de seu conteúdo por meio da utilização de uma expressão genérica ou aberta pelo legislador: *Art. 121, § 2º, III, CP. Homicídio qualificado por emprego de veneno, fogo, explosivo, asfixia, tortura ou outro meio insidioso ou cruel, ou de que possa resultar perigo comum.*

1.5 Conflito Aparente de Normas Penais

Fala-se em conflito aparente de normas penais quando duas ou mais normas aparentemente parecem reger o mesmo tema. Na prática, uma conduta pode se enquadrar em mais de um tipo penal, mas isso é tão somente aparente, pois os princípios do direito penal resolvem esse fato. São eles os princípios:

a) Princípio da Especialidade;
b) Princípio da Subsidiariedade;
c) Princípio da Consunção;
d) Princípio da Alternatividade.

Princípio da Especialidade

A regra, nesse caso, é que a norma especial prevalecerá sobre a norma geral. Dessa forma, a norma no tipo penal incriminador é mais completa que a prevista na norma geral.

Isso ocorre por exemplo no crime de homicídio e infanticídio. O crime de infanticídio possui em sua elementar dados complementares que o tornam mais especial – completo – que a norma geral.

Repare as elementares do Art. 123 do CP: 1) matar o próprio filho; 2) logo após o parto; 3) sob o estado puerperal. Esses são dados que, se presentes, tornam a conduta de matar alguém um crime específico, diferente do homicídio. Logo, o Art. 123 (infanticídio) é considerado especial em relação ao Art. 121 (homicídio), que pode ser entendido, nesse caso, como uma conduta genérica.

Princípio da Subsidiariedade

Usa-se esse princípio sempre que a norma principal mais grave não puder ser utilizada. Nesse caso, usamos a norma menos grave subsidiária.

A subsidiariedade pode ser expressa ou tácita. Será expressa sempre que o próprio artigo de lei assim determinar. Um bom exemplo é o Art. 239 que trata da simulação de casamento. Ele prevê a pena de detenção, de um a três anos, se o fato não constitui elemento de crime mais grave. Assim, caso não tenha ocorrido crime mais grave será aplicada a pena expressa em lei. Por outro lado, se ocorrer crime mais grave, deve ser aplicado somente esse, ficando atípico o fato menos grave.

A subsidiariedade Tácita ocorre quando não há expressa referência na lei, mas, se um fato mais grave ocorrer, a norma subsidiária ficará afastada. Isso ocorre, por exemplo, no crime do Art. 311 do CTB. Existe, expressa nesse artigo, a proibição da conduta de trafegar em velocidade incompatível com a segurança nas proximidades de escolas, hospitais, estações de embarques e desembarques de passageiros, logradouros estreitos, ou onde houver grande movimentação ou concentração de pessoas, gerando perigo de dano.

Contudo, se o agente estiver conduzindo nessas condições e acabar por atropelar e matar alguém, responderá ele pelo crime do Art. 302 do CTB, que é homicídio culposo na direção de veículo automotor. Assim, esse crime – mais grave – afastará aquele crime de perigo.

Princípio da Consunção

Esse princípio pode ocorrer quando um crime "meio" é necessário ou fase normal de preparação para outro crime. Como, por exemplo, o crime de lesão corporal fica absorvido pelo crime de homicídio, ou mesmo, o crime de invasão de domicílio que fica absorvido pelo crime de furto.

Não estamos falando em norma especial ou geral, mas sim do crime mais grave que absorveu o crime menos grave que simplesmente foi um meio necessário para a execução do crime mais grave.

Ocorre também o princípio da consunção quando, por exemplo, o agente falsifica um documento com o intuito de cometer o crime de estelionato. Como o crime de falso é meio necessário para o crime de estelionato, funcionando como a elementar fraude, fica por esse absorvido.

Nesse sentido o STJ editou a Súmula 17 que diz o seguinte:

> **Súm. 17.** *Quando o falso se exaure no estelionato, sem mais potencialidade lesiva, é por este absorvido.*

Outro ponto importante é quando falamos acerca do assunto crime progressivo e progressão criminosa. Podemos afirmar o seguinte:

No **crime progressivo** o agente tem um fim específico mais grave, contudo, necessariamente deve passar por fases anteriores menos graves. No final das contas, o crime progressivo é um meio para um fim. Isso ocorre no caso do dolo de matar, em que o agente obrigatoriamente tem que ferir a vítima antes – causando lesões corporais.

Aqui, temos o Princípio da Consunção Imperando. Por outro lado, a progressão criminosa acontece quando o dolo inicial é menos grave e no meio da conduta o agente muda sua intenção para uma mais grave (repare que temos dois dolos).

Temos o exemplo do agente que inicia uma ação com dolo de lesionar desferindo socos na vítima e no meio da ação muda de intenção, vindo a esfaqueá-la, causando sua morte.

Veja que, temos duas intenções, contudo, o código penal punirá o agente somente pelo crime mais grave. Aqui também usaremos o Princípio da Consunção no exemplo em tela.

No entanto, pode ocorrer progressão criminosa com efeito concurso material, ou seja, aplicação de mais de um crime. Isso ocorre, por exemplo, no crime de roubo em que o agente no meio da conduta resolve estuprar a vítima, ou seja, aqui temos uma progressão criminosa com dois dolos, em que o agente responderá por dois crimes diversos.

Princípio da Alternatividade

Temos esse princípio quando tivermos os chamados crimes de ação múltipla ou de conteúdo variado. Aqui, os tipos penais descrevem várias condutas para um único crime. Temos, como exemplo, o Art. 33 da Lei nº 11.343/2006:

> **Art. 33.** *Importar, exportar, remeter, preparar, produzir, fabricar, adquirir, vender, expor à venda, oferecer, ter em depósito, transportar, trazer consigo, guardar, prescrever, ministrar, entregar a consumo ou fornecer drogas, ainda que gratuitamente, sem autorização ou em desacordo com determinação legal ou regulamentar:*
> **Pena** - *reclusão de 5 (cinco) a 15 (quinze) anos e pagamento de 500 (quinhentos) a 1.500 (mil e quinhentos) dias-multa.*

Assim, podemos afirmar que, se o agente tiver em depósito e vender a droga não responderá ele por dois crimes, mas somente por um único. Isso se dá, pois qualquer ação nuclear do tipo representa o mesmo crime. Na prática, não há concurso material, respondendo o agente por uma pena somente.

→ **Costume NÃO revoga nem altera lei:**

Sendo assim, podemos dizer que temos três princípios intrínsecos no Art. 1º do Código Penal, quais sejam, da Legalidade, da Anterioridade e da Reserva Legal. É importante ressaltar que apenas a Lei Ordinária pode versar sobre matéria penal, tanto para criá-las quanto para extingui-las.

Não obstante, convém ressaltar os preceitos existentes nos tipos penais, por exemplo: Art. 121, CP, Matar alguém. Pena - 6 a 20 anos. O preceito primário seria a conduta do agente - matar alguém - e o preceito secundário seria a cominação da pena - 6 a 20 anos. Para ser considerado crime, é fundamental que existam os dois preceitos.

NOÇÕES DE DIREITO PENAL

INTRODUÇÃO AO DIREITO PENAL E APLICAÇÃO DA LEI PENAL

1.6 Lei Penal no Tempo

Art. 2º. *Ninguém pode ser punido por fato que lei posterior deixa de considerar crime, cessando em virtude dela a execução e os efeitos penais da sentença condenatória.*

Parágrafo único. *A Lei posterior, que de qualquer forma modo favorecer o agente, aplica-se aos fatos anteriores, ainda que decididos por sentença transitada em julgado.*

Conflito Temporal

Regra: Irretroatividade da Lei;

Exceção: Retroatividade para beneficiar o réu.

Retroatividade da Lei

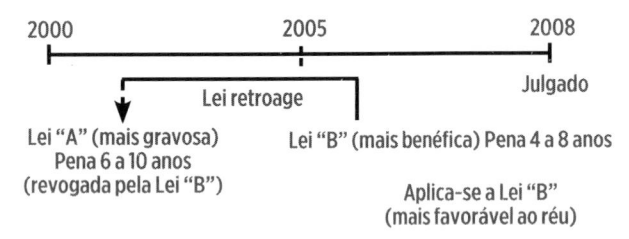

```
2000              2005              2008
 |─────────────────|─────────────────|
          Lei retroage             Julgado
 ▼                 |
Lei "A" (mais gravosa)    Lei "B" (mais benéfica) Pena 4 a 8 anos
Pena 6 a 10 anos
(revogada pela Lei "B")   Aplica-se a Lei "B"
                          (mais favorável ao réu)
```

Em regra, o Código Penal sempre adota a Lei vigente, "A", no momento da ação ou omissão do agente, sendo assim, se nesta época é cometido um crime, aquele irá responder sobre o fato descrito no tipo penal. Contudo, por vezes, o processo se estende no tempo, e o julgamento do agente demora a acontecer, nesse lapso temporal, caso surgir uma nova Lei, "B", que torne mais branda a sanção aplicada sobre o agente, esta irá retroagir ao tempo do fato, beneficiando o réu.

Ultratividade da Lei

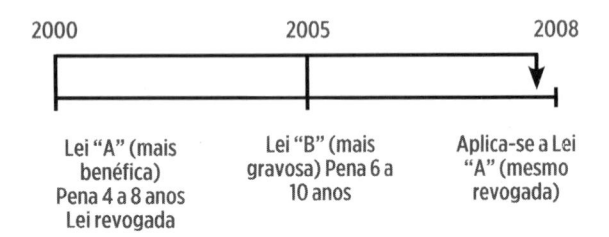

```
2000              2005              2008
 |─────────────────|─────────────────▼
Lei "A" (mais    Lei "B" (mais      Aplica-se a Lei
benéfica)        gravosa) Pena 6 a   "A" (mesmo
Pena 4 a 8 anos  10 anos            revogada)
Lei revogada
```

Não obstante, a regra da irretroatividade, pode ocorrer a chamada ultra-atividade de lei mais benéfica. Seria o caso em que, no momento da ação vigorava a Lei "A", entretanto, no decorrer do processo, entrou em vigência nova Lei "B", revogando a Lei "A", tornando mais gravosa a conduta anteriormente praticada pelo agente.

Sendo assim, no momento do julgamento, ocorrerá a ultra--atividade da lei, ou seja, a Lei "A", mesmo não estando mais em vigor, irá ultra-agir ao momento do julgamento para beneficiar o réu, por ser menos gravosa a punição que o agente irá receber.

Abolitio Criminis (Abolição do Crime)

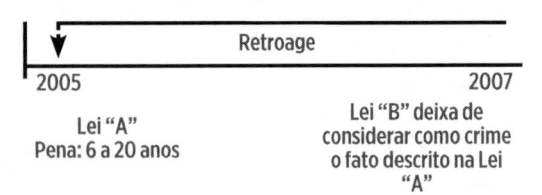

```
       Retroage
  ▼─────────────
  2005          2007
  Lei "A"       Lei "B" deixa de
  Pena: 6 a 20 anos  considerar como crime
                o fato descrito na Lei
                "A"
```

Consequências:

> Tranca e extingue o inquérito policial e a ação penal;
> Cassam imediatamente a execução de todos os efeitos penais.
> Não alcança os efeitos Civis da condenação.

Em relação ao Abolitio Criminis, ocorre o seguinte fato: quando uma conduta que antes era tipificada como crime pelo Código Penal, deixa de existir, ou seja, passa a não ser mais considerada crime, dizemos que ocorreu a abolição do crime. Diante disso, cessam imediatamente todos os efeitos penais que incidiam sobre o agente: tranca e extingue o inquérito policial, caso o acusado esteja preso deve ser posto em liberdade. Entretanto, não extingue os efeitos civis, ou seja, caso o agente tenha sido impelido em ressarcir a vítima da sua conduta mediante o pagamento de multa, essa, ainda assim, deverá ser paga.

Importante ressaltar que, a lei que beneficia o réu, não é uma faculdade do Juiz, é um dever, sempre adotada em benefício do acusado.

1.7 Crimes Permanentes ou Continuados

Nos crimes permanentes, ou seja, naqueles em que a consumação se prolonga enquanto não cessa a atividade, aplica-se ao fato a lei que estiver em vigência quando cessada a atividade, mesmo que mais grave (severa) que aquela em vigência quando da prática do primeiro ato executório. O crime se perpetua no tempo, enquanto não cessada a permanência. É o que ocorre, por exemplo, com o crime de sequestro e cárcere privado. Assim, será aplicada lei que estiver em vigência quando da soltura da vítima. Observa-se, então, o momento em que cessa a permanência para daí se determinar qual a norma a ser aplicada. É o que estabelece a Súmula 711 do STF.

> **Súm. 711.** *A lei penal mais grave aplica-se ao crime continuado ou ao crime permanente, se a sua vigência é anterior à cessação da continuidade ou da permanência.*

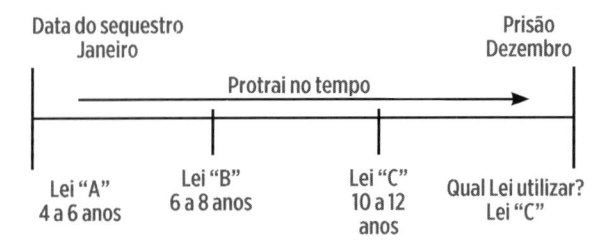

```
Data do sequestro                        Prisão
Janeiro                                  Dezembro
   |────────── Protrai no tempo ──────────▶
   |          |            |              |
  Lei "A"   Lei "B"      Lei "C"      Qual Lei utilizar?
  4 a 6 anos  6 a 8 anos  10 a 12 anos    Lei "C"
```

Ex.: O crime de sequestro é um crime que se protrai no tempo, ou seja, a todo instante ele está se consumando, qualquer que seja o momento da prisão ela estará em flagrante. Sendo assim, nos casos dos crimes permanentes ou continuados, aplica-se a pena no momento que cessar a conduta do agente, ainda que mais grave ou mais branda, independe nessa circunstância a quantificação da pena, o que será considerado, será a lei vigente no momento que cessou a conduta do agente ou a privação de liberdade da vítima, com a prisão dos acusados.

1.8 Lei Excepcional ou Temporária

Art. 3º *A Lei excepcional ou temporária, embora decorrido o* *período de sua duração ou cessada as circunstâncias que a determinaram, aplica-se ao fato praticado durante sua vigência.*

Lei Excepcional: utilizada em períodos de anormalidade social.

Ex.: Guerra, calamidades públicas, enchentes, grandes eventos, etc.

Lei Temporária: período de tempo previamente fixado pelo legislador.

Ex.: Lei que configura o crime de pescar em certa época do ano - piracema -, após lapso de tempo previamente determinado, a Lei deixa de considerar tal conduta como crime.

```
                    Retroage
     |2005           |2006
     |----------------|---------------------->
     Período de surto   Ultra-atividade da lei
       endêmico
     Fato "A" é Crime   Fato "A" não é mais
   (notificação de epidemia)    crime
```

→ De 2005 a 2006, o fato "A" era considerado crime. Aqueles que infringiram a Lei responderam posteriormente, mesmo o fato não sendo considerado mais crime.

→ Só ocorre retroatividade se a Lei posterior expressamente determinar.

É importante ressaltar que são leis excepcionais e temporárias, ou seja, a lei irá vigorar por determinado tempo, após isso, tal conduta não mais será considerada crime. Entretanto, durante a sua vigência, todos aqueles que cometerem o fato tipificado em tais normas, mesmo encerrada sua vigência, serão punidos.

> Não existe "abolitio criminis" de Lei Temporária ou Excepcional.

1.9 Tempo do Crime

Art. 4º Considera-se praticado o crime no momento da ação ou omissão, ainda que outro seja o momento do resultado.

Teoria da Atividade: O crime reputa-se praticado no momento da conduta (momento da execução).

> A imputabilidade do agente deve ser aferida no momento em que o crime é praticado.

```
"A" com 17 anos e 11 meses    3 meses depois
                              "B" morre
|-----------------------------|---------------->
     Atira em "B"              "A" com + de
                                18 anos
```

Este princípio traz o momento da ação do crime, ou seja, independente do resultado, para aplicação da lei penal, é considerado o momento exato da prática delituosa, seja ela comissiva - ação - ou omissiva - omissão.

Ex.: Caso um menor "A", cometa disparos de arma de fogo contra "B", vindo a feri-lo, entretanto, devido às lesões causadas pelos disparos, três meses depois do fato, "B" vem a falecer. Nessa época, mesmo "A" tendo completado sua maioridade penal - 18 anos - ainda assim não poderá ser punido, pois, no momento em que praticou a conduta (disparos contra "B"), era inimputável.

Devemos, contudo, ficar atentos aos crimes permanentes e continuados, no caso do sequestro, por exemplo, em que o crime se consuma a todo instante em que houver a privação de liberdade da vítima.

```
"A" com 17 anos e 11 meses    3 meses depois
     Sequestra "B"             Preso com 18 anos
|-----------------------------|---------------->
                Crime de
                sequestro
```

Nesta situação em questão, "A" não será mais inimputável, pois no momento de sua prisão já havia completado 18 anos, não considerado neste caso, o momento em que se iniciou a ação, mas sim, quando cessou.

1.10 Lugar do Crime

Art. 6º. Considera-se praticado o crime no lugar em que ocorreu a ação ou omissão, no todo ou em parte, bem como onde se produziu ou deveria produzir-se o resultado.

. Teoria da Ubiquidade: utilizada no caso de um crime ser praticado em território nacional e o resultado ser produzido no estrangeiro. O foro competente será tanto o do lugar da ação ou omissão quanto o do local em que produziu ou deveria produzir-se o resultado.

```
Ambos os lugares são competentes para jugar o processo
|------------------------------------------->
"A", manda uma               A carta explote
carta bomba                  efetivamente
pelo correio para            em LONDRES.
LONDRES.
Local da ação                Local que produziu
ou omissão                   ou deveria produzir
                             o resultado
```

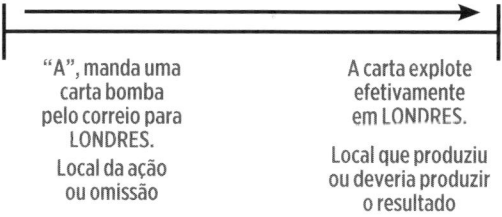

Ex.: Nesse caso "A", residente do Brasil, enviou uma carta bomba pelo correio para Londres, sendo assim, a carta efetivamente explode. Desse modo, tanto o Brasil, quanto a Inglaterra serão competentes para julgá-lo.

Não existe a teoria do "resultado".

São considerados para os crimes à distância, países diferentes.

Não confundir os artigos.

L ugar
U biquidade   Art. 6º
T empo   Art. 4º
A tividade

1.11 Da Lei Penal no Espaço

Da Territorialidade

Antes de iniciar o estudo do tópico, temos que ter em mente que iremos estudar a Lei Penal e não a Lei Processual Penal, que segue outra regra específica.

INTRODUÇÃO AO DIREITO PENAL E APLICAÇÃO DA LEI PENAL

Aqui trataremos de como se comporta a Lei Penal Brasileira quando ocorrerem crimes no exterior, ou seja, Extraterritorialidade de lei. Portanto, quando falamos em extraterritorialidade estamos tratando somente da Lei Penal e não da Lei Processual Penal.

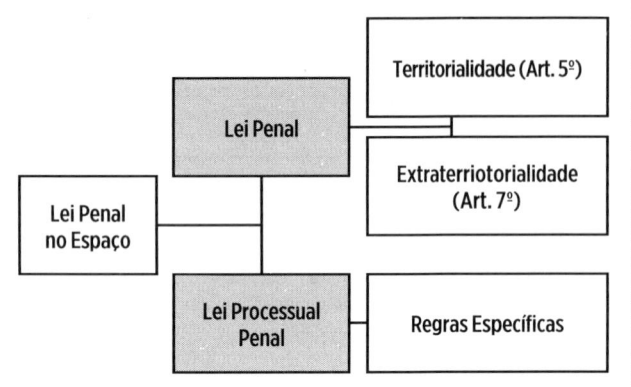

```
Lei Penal no Espaço
├── Lei Penal
│   ├── Territorialidade (Art. 5º)
│   └── Extraterriotorialidade (Art. 7º)
└── Lei Processual Penal
    └── Regras Específicas
```

Falamos em Territorialidade quando se faz a aplicação da lei penal dentro do próprio Estado que a editou. Dessa forma, quando aplicamos a lei brasileira em nosso solo, estamos usando o conceito de Territorialidade.

A Territorialidade é tratada no Art. 5º, CP: *aplica-se a lei brasileira, sem prejuízo de convenções, tratados e regras de direito internacional, ao crime cometido no território nacional.*

Território Nacional Próprio

Art. 5º
> Lei Brasileira:
>> Sem prejuízo;
> Convenções, tratados e regras internacionais:
>> Imunidades.

§1º Território por extensão ou assimilação.

Embarcação ou aeronave brasileira pública (em qualquer lugar).

Embarcação ou aeronave brasileira privada a serviço do Estado brasileiro (em qualquer lugar).

Embarcação ou aeronave brasileira mercante ou privada, desde que não esteja em território alheio.

A Extraterritorialidade é tratada no Art 7:

> **Art. 7º.** Ficam sujeitos a Lei Brasileira, embora cometidos no estrangeiro:
> **I.** Os crimes:
> *a)* contra a vida ou a liberdade do Presidente de República;
> *b)* contra o patrimônio ou a fé pública da União, do Distrito Federal, de Estado, de Território, de Município, de empresa pública, sociedade de economia mista, autarquia ou fundação instituída pelo Poder Público;
> *c)* contra a administração pública, por quem está a seu serviço;
> *d)* de genocídio, quando o agente for brasileiro ou domiciliado no Brasil;
> **II.** Os crimes:
> *a)* que, por tratado ou convenção, o Brasil se obrigou a reprimir;
> *b)* praticados por brasileiros;
> *c)* praticados em aeronaves ou embarcações brasileiras, mercantes ou de propriedade privada, quando em território estrangeiro e aí não venham a ser julgados.
> *§1º* Nos casos do inciso I, o agente é punido segundo a lei brasileira, ainda que absolvido ou condenado no estrangeiro.
> *§2º* Nos casos do inciso II, a aplicação da lei brasileira depende do concurso das seguintes condições:
> *a)* entra o agente no território nacional;
> *b)* ser o fato punível também no país em que foi praticado;
> *c)* estar o crime incluído entre aqueles pelos quais a lei brasileira autoriza a extradição;
> *d)* não ter sido o agente absolvido no estrangeiro ou aí não ter cumprido pena;
> *e)* não ter sido o agente perdoado no estrangeiro, ou, por outro motivo não estar extinta a punibilidade, segundo a lei mais favorável.
> *§ 3º* A lei brasileira aplica-se também ao crime cometido por estrangeiro contra brasileiro fora do Brasil, se reunidas as condições previstas no parágrafo anterior:
> *a)* não pedida ou negada sua extradição;
> *b)* houve requisição do Ministro da Justiça.

Território Nacional

Podemos conceituar território nacional como sendo o espaço onde certo Estado possui sua soberania.

Elementos que constituem um determinado Estado soberano:

> Território;
> Povo;
> Organização jurídica.

Consideramos como território nacional as limitações que temos no mapa do país e mais o mar territorial, que representa a extensão de 12 milhas do mar a contar da costa, e sempre na maré baixa. O código considera, também, território nacional o espaço aéreo respectivo e o espaço aéreo correspondente ao território nacional. Esse sempre devemos considerar como território próprio.

Temos que considerar, também, como território nacional, o chamado território por extensão, assimilação ou impróprio descrito no §1º do Art. 5º do Código Penal.

> *§ 1º* Para os efeitos penais, consideram-se como extensão do território nacional as embarcações e aeronaves brasileiras, de natureza pública ou a serviço do governo brasileiro, onde quer que se encontrem, bem como as aeronaves e as embarcações brasileiras, mercantes ou de natureza privada, que se achem, respectivamente no espaço aéreo correspondente ou em alto mar.
> *§ 2º* É também aplicável a lei brasileira aos crimes praticados a bordo de aeronaves ou embarcações estrangeiras, de propriedade privada, achando-se aquelas em pouso no território nacional ou em voo no espaço aéreo correspondente, e estas em porto ou mar territorial do Brasil.

Como mencionado, a Lei Penal aplica-se em todo o território nacional próprio ou por assimilação. Por esse princípio aplica-se aos nacionais ou estrangeiros (mesmo que irregular) a Lei Penal brasileira.

Contudo, em alguns casos, mesmo o fato sendo praticado no Brasil, não será aplicada a Lei Penal a esse fato, isso se deve quando ocorrer por meio de convenções, tratados e regras de direito internacional, aqui o Brasil abre mão de punir, ou seja, nesses casos não se aplicará a Lei Brasileira.

Dessa forma, o Princípio da Territorialidade da Lei Penal é mitigado, isto é, não é adotado de forma absoluta e sim temperada, por esse motivo falamos em Princípio da Territorialidade Temperada.

Podemos dar como exemplo as imunidades diplomáticas e consulares concedidas por meio de adesão do Brasil às convenções de Viena (1961 e 1963), aos diplomatas e aos cônsules que exercem suas atividades no Brasil.

Quando falamos em território nacional, obrigatoriamente temos que pensar em algumas regras: Todas as embarcações ou aeronaves brasileiras de natureza pública, onde quer que se encontrem são consideradas parte do território nacional.

Para as embarcações e aeronaves de natureza privada, serão estas consideradas extensão do território nacional quando se acharem, respectivamente, no mar territorial brasileiro ou no espaço aéreo correspondente. Preste bem atenção, as de natureza privada, sem estar a serviço do Brasil, somente responderão pela lei brasileira se estiverem dentro do Brasil.

Ex.: Um navio brasileiro privado pelo mar da Argentina deverá responder pelas Leis Penais Argentinas, ou seja, caso um brasileiro mate o outro, a lei a ser aplicada é a Lei Penal Argentina, pois o navio não estava a serviço do Brasil.

Por outro lado, se o navio estiver em alto mar (terra de ninguém - aplica-se o princípio do pavilhão ou da bandeira) e ostentar a bandeira brasileira e lá um marujo matar o outro, a competência é da lei brasileira.

A mesma regra utilizamos para aeronaves. Uma questão interessante é por exemplo, se uma aeronave pousar em um país distinto e o piloto cometer um crime e essa aeronave estiver a serviço do Brasil, aplica-se a lei brasileira. Caso a aeronave for particular aplica-se a lei do país em que a aeronave estiver pousada.

Questão interessante é se o piloto sair do aeroporto e lá fora cometer um crime. Nesse caso temos que perguntar se o piloto estava em serviço oficial ou não, se estiver em serviço oficial aplicamos a lei penal brasileira, do contrário, aplica-se a lei do país onde cometeu o crime.

Resumo dos Conceitos

> Território nacional: é o espaço onde determinado estado exerce com exclusividade sua soberania.
> Território próprio: toda a base territorial por nós conhecida (o mapa), acrescida do mar territorial, que é extensão de 12 milhas mar a dentro, a contar da baixa maré.
> Território por extensão: embarcações e aeronaves brasileiras: públicas ou a serviço do estado (qualquer lugar do globo) e privadas em águas ou terras de ninguém.
> Territorialidade: aplicação da lei penal no território nacional
> Territorialidade absoluta: impossibilidade para aplicação de convenções, tratados e regras de direito internacional, ao crime cometido no território nacional.
> Territorialidade temperada: adota como regra a aplicação da lei penal brasileira no território nacional. Entretanto, com determinadas hipóteses, permite a aplicação de lei penal estrangeira a fatos cometidos no Brasil (Art. 5º do CP).
> Imunidade: exclusão da aplicação da lei penal.

> Imunidade diplomática e consular: são imunidades previstas em convenções internacionais chancelados pelo Brasil.
> Imunidade parlamentar: previstas na Constituição Federal aos membros do Poder Legislativo.

Princípios da Aplicação da Lei Penal no Espaço

> Próprio.
> Por assimilação ou extensão.

Embarcação e aeronaves brasileiras: públicas ou a serviço do Estado (em qualquer parte do planeta) e privadas ou marcantes em águas ou terras de ninguém.

Passaremos a tratar agora dos princípios que regulam a aplicação da Lei Penal no Espaço.

Princípio da Territorialidade

A lei penal de um país terá aplicação aos crimes cometidos dentro de seu território. Aqui, o Estado soberano tem o dever de exercer jurisdição sobre as pessoas que estejam sem seu território.

Princípio da Nacionalidade

Classificado também como Princípio da Personalidade. Aqui os cidadãos de um determinado país devem obediência às suas leis, onde quer que se encontrem. Podemos dividir esse princípio em:

Princípio da Nacionalidade Ativa

Aplica-se a lei nacional ao cidadão que comete crime no estrangeiro, independentemente da nacionalidade do sujeito passivo ou do bem jurídico lesado.

Princípio da Nacionalidade Passiva

O fato praticado pelo nacional deve atingir um bem jurídico de seu próprio estado ou de um concidadão.

Princípio da Defesa, Real ou de Proteção

Aqui se leva em consideração a nacionalidade do bem jurídico lesado (sujeito passivo), independentemente da nacionalidade do sujeito ativo ou do local da prática do crime.

Princípio da Justiça Penal Universal ou da Universalidade

Aqui, todo Estado tem o direito de punir todo e qualquer crime, independentemente da nacionalidade do criminoso ou do bem jurídico lesado, ou do local em que o crime foi praticado, bastando que o criminoso se encontre dentro do seu território. Assim, quem quer que seja que cometa crime dentro do território nacional será processado e julgado aqui.

Princípio da Representação

A Lei Penal brasileira também será aplicada aos delitos cometidos em aeronaves e embarcações privadas brasileiras quando se encontrarem no estrangeiro e aí não venham a ser julgadas.

NOÇÕES DE DIREITO PENAL

INTRODUÇÃO AO DIREITO PENAL E APLICAÇÃO DA LEI PENAL

Extraterritorialidade

Art. 7º. Ficam sujeitos à lei brasileira, embora cometidos no estrangeiro:

I. Os crimes:

a) contra a vida ou a liberdade do Presidente da República;

b) contra o patrimônio ou a fé pública da União, do Distrito Federal, de Estado, de Território, de Município, de empresa pública, sociedade de economia mista, autarquia ou fundação instituída pelo Poder Público;

c) contra a administração pública, por quem está a seu serviço;

d) de genocídio, quando o agente for brasileiro ou domiciliado no Brasil;

II. Os crimes:

a) que, por tratado ou convenção, o Brasil se obrigou a reprimir;

b) praticados por brasileiro;

c) praticados em aeronaves ou embarcações brasileiras, mercantes ou de propriedade privada, quando em território estrangeiro e aí não sejam julgados.

§ 1º. Nos casos do inciso I, o agente é punido segundo a lei brasileira, ainda que absolvido ou condenado no estrangeiro.

§ 2º. Nos casos do inciso II, a aplicação da lei brasileira depende do concurso das seguintes condições:

a) entrar o agente no território nacional;

b) ser o fato punível também no país em que foi praticado;

c) estar o crime incluído entre aqueles pelos quais a lei brasileira autoriza a extradição;

d) não ter sido o agente absolvido no estrangeiro ou não ter aí cumprido a pena;

e) não ter sido o agente perdoado no estrangeiro ou, por outro motivo, não estar extinta a punibilidade, segundo a lei mais favorável.

§ 3º. A lei brasileira aplica-se também ao crime cometido por estrangeiro contra brasileiro fora do Brasil, se, reunidas as condições previstas no parágrafo anterior:

a) não foi pedida ou foi negada a extradição;

b) houve requisição do Ministro da Justiça.

> O Código Penal brasileiro adota o princípio da Territorialidade como regra e os outros como exceção. Assim, os outros princípios visam disciplinar a aplicação extraterritorial da Lei Penal brasileira.

A regra é de que a lei penal brasileira apenas aplica-se aos crimes praticados no Brasil (conforme estudado no Art. 5º do Código Penal). No entanto, há situações que, por força do Art. 7º, permitem o Estado aplicar sua legislação penal no estrangeiro. Nesta norma, encontram-se diversos princípios, são eles:

Defesa (também chamado de Real): amplia a aplicação da lei penal em decorrência da gravidade da lesão. É o aplicável no Art. 7º nas alíneas do inciso I, são elas:

> **a)** contra a vida ou a liberdade do Presidente da República.

Caso seja a prática de latrocínio, não há a extensão da lei brasileira, visto que o latrocínio é considerado crime contra o patrimônio.

> **b)** contra o patrimônio ou a fé pública da União, do Distrito Federal, de Estado, de Território, de Município, de empresa pública, sociedade de economia mista, autarquia ou fundação instituída pelo Poder Público;

> **c)** contra a administração pública, por quem está a seu serviço;

> **d)** de genocídio, quando o agente for brasileiro ou domiciliado no Brasil.

Há discussão qual o princípio aplicável neste caso, havendo quem sustente ser da defesa, outros dizem ser da nacionalidade ativa e outra corrente, ainda, afirmando ser relacionado ao princípio da Justiça Penal Universal.

Justiça Penal Universal (também chamada de Justiça Cosmopolita): amplia a aplicação da legislação penal brasileira em decorrência da de tratado ou convenção que o Brasil é signatário. Vem normatizada pelo Art. 7º, II, "a":

> **a)** Que, por tratado ou convenção, o Brasil se obrigou a reprimir.

Nacionalidade Ativa: amplia a aplicação da legislação penal brasileiro ao exterior caso o crime seja praticado por brasileiro. Está prevista no Art. 7º, II, "b":

> **b)** Praticados por brasileiro;

Representação (também chamado de Pavilhão ou da Bandeira ou da Substituição): amplia a aplicação da legislação penal brasileira em decorrência do local em que o crime é praticado. Vem normatizada pelo Art. 7º, II, "c":

> **c)** Praticados em aeronaves ou embarcações brasileiras, mercantes ou de propriedade privada, quando em território estrangeiro e aí não sejam julgados.

Nacionalidade Passiva: amplia a aplicação da legislação penal brasileira em decorrência da nacionalidade da vítima do crime. Vem normatizada pelo Art. 7º, §3º:

> **§3º.** A lei brasileira aplica-se também ao crime cometido por estrangeiro contra brasileiro fora do Brasil.

Tais regras, de que a legislação penal brasileira será aplicada no exterior, valem apenas para os crimes e nunca para as contravenções penais. Apesar da lei prever, no Art. 7º, que a lei brasileira também será aplicada no anterior, há determinadas regras para esta aplicação, também normatizadas pelos parágrafos do artigo em questão, vejamos:

Incondicionada: é a prevista para os casos normatizados no Art. 7º, I, alíneas "a" até "d". Segundo o Código Penal, o agente será processado de acordo com a lei brasileira, mesmo que for absolvido ou condenado no exterior (conforme normatizado pelo §1º do Art. 7º). Não exige qualquer condição.

Condicionada: é a prevista para os casos normatizados no Art. 7º, §2º, alíneas "a" até "e": São as condições:

> **a)** Entrar o agente no território nacional.
> **b)** Ser o fato punível também no país em que foi praticado.
> **c)** Estar o crime incluído entre aqueles pelos quais a lei brasileira autoriza a extradição.
> **d)** Não ter sido o agente absolvido no estrangeiro ou cumprido a pena.
> **e)** Não ter sido o agente perdoado no estrangeiro.

Não estará extinta a punibilidade do agente, seja pela brasileira, seja pela lei estrangeira.

Hipercondicionada: é a prevista para os casos normatizados no Art. 7º, §3º. Chama-se pela doutrina de hipercondicionada porque exige, além das condições da condicionada, outras duas. São condições:

> Não ser pedida ou, se pleiteada, negada a extradição.
> Requisição do Ministro da Justiça.

1.12 Pena Cumprida no Estrangeiro

Art. 8º. *A pena cumprida no estrangeiro atenua a pena imposta no Brasil pelo mesmo crime, quando diversas, ou nela é computada, quando idênticas.*

Caso o agente seja processado no exterior e lá, condenado e cumprido pena, estipula-se neste artigo que caso venha no Brasil a ser condenado pelo mesmo fato (no caso da extraterritorialidade incondicionada), deverá se verificar:

Se as penas são idênticas, ou seja, da mesma qualidade, deverá ser computada como cumprida no Brasil.

Ex.: As duas são privativas de liberdade.

Se as penas são diversas, ou seja, de qualidade diferente, deverá haver uma atenuação.

Ex.: no exterior o agente cumpriu pena restritiva de liberdade e, no Brasil, foi condenado e teve sua pena substituída pela prestação de serviços comunitários. Neste caso, deverá se atenuar a pena no Brasil.

1.13 Eficácia de Sentença Estrangeira

Art. 9º. *A sentença estrangeira, quando a aplicação da lei brasileira produz na espécie as mesmas consequências, pode ser homologada no Brasil para:*

I. Obrigar o condenado à reparação do dano, a restituições e a outros efeitos civis;

II. Sujeitá-lo a medida de segurança.

Parágrafo único. *A homologação depende:*

a) para os efeitos previstos no inciso I, de pedido da parte interessada;

b) para os outros efeitos, da existência de tratado de extradição com o país de cuja autoridade judiciária emanou a sentença, ou, na falta de tratado, de requisição do Ministro da Justiça.

A regra geral é de que a sentença penal estrangeira não precisa ser homologada para produzir efeitos no Brasil. No entanto, o Art. 9º traz duas situações que necessitam da homologação para que a sentença produza efeitos no Brasil, são elas:

Para a produção de efeitos civis (Ex.: Reparação de danos, restituições, entre outros). Neste caso, depende do pedido da parte interessada.

Para a aplicação de medida de segurança ao agente da Infração Penal: caso exista tratado de extradição, necessita de requisição do Procurador-Geral da República. Caso inexista tratado de extradição, necessita de requisição do Ministro da Justiça.

1.14 Contagem de Prazo

Art. 10. *O dia do começo inclui-se no cômputo do prazo. Contam-se os dias, os meses e os anos pelo calendário comum.*

A regra, aqui, é diversa da processual, visto que o dia do começo do prazo penal inclui-se no cômputo do prazo. Por exemplo, determinado agente pratica uma infração penal em 10 de agosto de 2012. Supondo que esta infração penal possui um prazo prescricional de 08 (oito) anos, a pretensão punitiva irá prescrever em 09 de agosto de 2020.

1.15 Frações Não Computáveis da Pena

Art. 11. *Desprezam-se, nas penas privativas de liberdade e nas restritivas de direitos, as frações de dia, e, na pena de multa, as frações de cruzeiro.*

Ou seja, caso após o cálculo da pena, remanescer frações de dia (por exemplo: o agente é condenado a pena de 15 (quinze) meses de detenção, com uma causa de aumento de 1/2, a pena torna-se em 22,5 dias. Com a norma deste artigo, despreza-se a fração de metade e a pena final é de 22 dias.

Do mesmo modo, aplica-se a regra à pena de multa, não sendo condenado o agente a pagar os centavos.

1.16 Legislação Especial

Art. 12. *As regras gerais deste Código aplicam-se aos fatos incriminados por lei especial, se esta não dispuser de modo diverso.*

As infrações penais não estão apenas descritas no Código Penal, mas também em outras leis, que se denominam de leis especiais. Nestes casos, aplica-se, desde que a lei especial não dispuser de modo diverso, as regras gerais do Código Penal.

Questões

01. (FCC) Adotada a Teoria Finalista, é possível se a firmar que o dolo e a culpa integram:
    a) Tipicidade e culpabilidade, respectivamente.
    b) Culpabilidade.
    c) Antijuridicidade.
    d) Culpabilidade e tipicidade, respectivamente.
    e) Tipicidade.

02. (FCC) Adotada a teoria finalista da ação, o dolo e a culpa integram a:
    a) Punibilidade.
    b) Tipicidade.
    c) Culpabilidade.
    d) Imputabilidade.
    e) Antijuridicidade.

03. (ALFACON) Assinale a alternativa falsa:
    a) Pode-se definir ilicitude como a relação de antagonismo que se estabelece entre uma conduta humana voluntária e o ordenamento jurídico;
    b) O roubo de veículo automotor acarreta necessariamente um aumento de pena, se o veículo for transportado para o exterior;
    c) A difamação, em regra, não admite a exceção da verdade, enquanto a calúnia, em regra, a admite;
    d) Pode-se afirmar que a analogia no direito penal só pode ser utilizada para beneficiar o réu.

04. (ALFACON) A chamada abolitio criminis faz cessar, em virtude dela:
    a) A execução da sentença condenatória, mas não os seus demais efeitos penais.
    b) A execução da pena em relação ao autor do crime, mas este benefício não se estende aos eventuais coautores ou partícipes.
    c) Os efeitos penais da sentença condenatória, mas não a sua execução.
    d) A execução e os efeitos penais da sentença condenatória.

NOÇÕES DE DIREITO PENAL

INTRODUÇÃO AO DIREITO PENAL E APLICAÇÃO DA LEI PENAL

05. (ALFACON) Taxatividade, em Direito Penal, significa que:
   a) Os fatos descritos na lei penal admitem ampliações de entendimento.
   b) O fato é típico ou atípico.
   c) O conjunto de normas incriminadoras admitem pena de multa.
   d) As regras de direito penal decorrem do princípio da reserva legal.

Gabaritos

01	E
02	B
03	A
04	D
05	B

2. DO CRIME

2.1 Relação de Causalidade

Teoria da Equivalência dos Antecedentes

A ação ou omissão tem que dar causa ao resultado:

Relação de Causalidade

Art. 13. O resultado, de que depende a existência do crime, somente é imputável a quem lhe deu causa. Considera-se causa a ação ou omissão sem a qual o resultado não teria ocorrido.

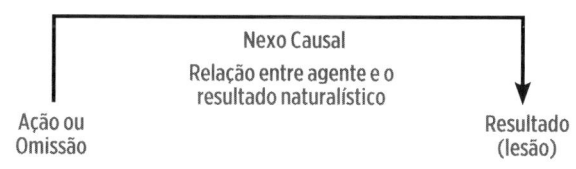

```
                    Nexo Causal
            Relação entre agente e o
              resultado naturalístico
Ação ou                                    Resultado
Omissão                                     (lesão)
```

Neste caso, antes de tudo, é importante mencionar sobre a responsabilidade do agente. Para o Código Penal existem duas formas de responsabilidades: subjetiva e objetiva.

Subjetiva: nesta situação, o agente pode ser punido na modalidade culposa, quando não queria o resultado. É o imperito, imprudente ou negligente. Na modalidade dolosa, quando o agente quis ou assumiu o risco do resultado. O Código Penal sempre irá punir sobre aquilo que o agente queria causar, sobre a intenção no momento da conduta.

Objetiva: a responsabilidade objetiva não é mais adotada, visto que sempre haveria a punição por dolo, não se admitindo a forma culposa.

Ex.: "A" dispara dois tiros em "B". Os tiros efetivamente acertam "B" causando sua morte. Nessa situação, a ação de "A" deu causa ao resultado, que é morte de "B", mantendo uma relação de causa x efeito, com resultado naturalístico: morte.

Causa Relativamente Independente
Superveniência de Causa Independente

§ 1º. A superveniência de causa relativamente independente exclui a imputação quando, por si só, produziu o resultado; os fatos anteriores, entretanto, imputam-se a quem os praticou.

Ex.: "A" atira em "B", contudo "B" morre devido a um veneno ingerido anteriormente. A causa efetiva da morte de "B" foi o envenenamento e não o disparo efetuado por "A". Nessa situação, "A" responderá apenas por tentativa de homicídio.

Nesta situação, a causa da morte não foi efetivamente o tiro disparado por "A", mas o veneno ingerido anteriormente.

Sendo assim, não foi efetivamente o disparo que causou o resultado naturalístico da morte de "B".

Ex.: "A" atira na cabeça de "B", esse é socorrido em ambulância, no trajeto para o hospital a ambulância capota causando a morte de "B". Mesmo "A" tendo concorrido diretamente para que "B" estivesse na ambulância, o código penal manda que "A" responda somente por tentativa de homicídio.

Fato que ocorre após a conduta do agente, entretanto, não ocorreria se a ação ou omissão não tivesse acontecido.

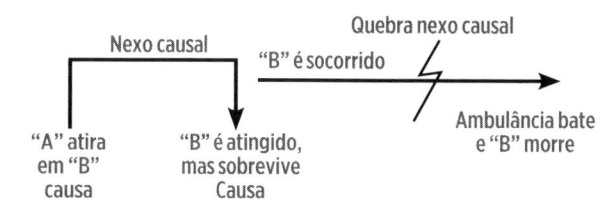

```
                            Quebra nexo causal
        Nexo causal    "B" é socorrido
                                          Ambulância bate
"A" atira    "B" é atingido,              e "B" morre
em "B"       mas sobrevive
causa        Causa
```

No exemplo citado, digamos que "B" seja socorrido com sucesso. Entretanto, devido ao ferimento na cabeça, tenha que ser submetido à intervenção cirúrgica imprescindível e, durante o procedimento, devido a complicações, vem a falecer. Nesta situação, "A" responderá por homicídio consumado, pois ninguém está obrigado a submeter-se a intervenções cirúrgicas. A mesma situação ocorre se, devido à internação, "B" contraia infecção hospitalar, vindo a falecer. Nessas duas hipóteses, "A" responderá pelo crime consumado, segundo entendimento do STJ - Superior Tribunal de Justiça. Cabe ressaltar que, mesmo "B", estando no hospital, porém, este falece devido a um desmoronamento provocado por um terremoto, haverá novamente a quebra do nexo causal, como no acidente com a ambulância, "A" responderá somente pela tentativa de homicídio.

Relevância da Omissão

O "dever" de agir é um dever Jurídico, é o poder do garantidor ou garantia, ou seja, imposto por Lei. Quando da omissão, o agente tem a possibilidade e o dever jurídico de agir e omite-se.

Ex.: Dois policiais observam uma pessoa sendo vítima de roubo e nada fazem, nesse caso, os agentes, tendo a possibilidade e o dever de agir, omitiram-se. Nesta situação ambos responderão pelo resultado, ou seja, por roubo.

§ 2º. A omissão é penalmente relevante quando o omitente devia e podia agir para evitar o resultado. O dever de agir incumbe a quem:
a) Tenha por Lei obrigação de cuidado, proteção ou vigilância; (**dever legal**).

Exs.: Pai que deixa de alimentar o filho, e este vem a morrer de inanição.

Carcereiro que observa o preso agonizando à beira da morte e nada faz.

b) De outra forma, assumiu a responsabilidade de impedir o resultado; (**dever do garantidor**).

Ex.: Babá que descuida da criança e a deixa morrer. Salva-vidas que observa banhista se afogar e nada faz.

c) Com seu comportamento anterior, criou o risco da ocorrência do resultado.

Ex.: Homem se propõe a ajudar um idoso a atravessar na faixa de pedestres. Porém, no meio do caminho, o homem abandona o idoso e este morre atropelado.

Esses crimes são chamados de crimes omissivos impróprios ou comissivos por omissão, ou ainda participação por omissão. Em todos esses casos, o omitente responderá pelo resultado, a não ser que este não lhe possa ser atribuído nem por dolo nem por culpa. O agente tem que ter consciência de que se encontra na função de agente garantidor.

NOÇÕES DE DIREITO PENAL

2.2 Da Consumação e Tentativa

Art. 14º. *Diz-se do Crime:*

I. Consumado, quando nele se reúnem todos os elementos de sua definição legal.

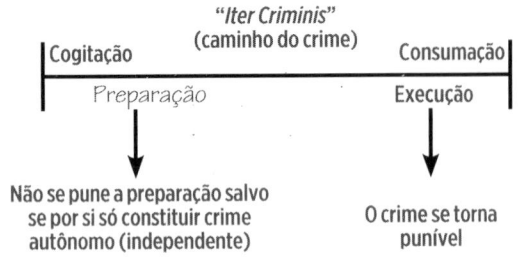

```
                    "Iter Criminis"
                   (caminho do crime)
   Cogitação                              Consumação
   ─────────────────────────────────────────────────
          Preparação              Execução
              │                      │
              ▼                      ▼
   Não se pune a preparação salvo    O crime se torna
   se por si só constituir crime         punível
   autônomo (independente)
```

Para que o crime seja consumado, é necessário que ele percorra todas as fases do ***iter criminis***, quais sejam: cogitação, preparação, execução e consumação. O agente, com sua conduta, "caminha" por todas as fases até atingir o resultado.

Ex.: Fabrício, com "*animus necandi*" (vontade de matar) Pedro, pensa em uma forma de consumar seu desejo (**cogitação**). Para isso, compra um revólver e munições (**preparação**) e desloca-se até a casa da vítima. Ao avistá-lo, inicia os disparos (**execução**) contra Pedro, ferindo-o mortalmente (**consumação**).

O Código Penal não admite a punição nas fases de **cogitação** e **preparação**, salvo se constituírem **crimes autônomos**. No caso citado acima, se Fabrício fosse preso no momento em que estava com o revólver, deslocando-se à casa de Pedro para matá-lo, iria configurar apenas o crime de porte ilegal de arma de fogo, não poderia de forma alguma ser punido pela tentativa de matar Pedro. Só se pode punir a intenção do agente, a partir do momento que entra na esfera de **execução**.

Outra situação, seria a união de 3 ou mais pessoas que planejam assaltar um banco, para isso, compram ferramentas: picaretas, pás, marretas, conseguem a planta do banco, alugam uma casa nas proximidades, contudo, no momento que planejavam a forma como iriam realizar o assalto, são surpreendidos pela polícia com todos os materiais. Nesse caso, essas pessoas não responderão pelo crime de "roubo" (Art. 157 CP), na forma tentada, mas sim pelo crime de "associação criminosa" (Art. 288 CP). Mesmo com a posse de todos os materiais que seriam utilizados, eles não haviam entrado na esfera de execução do roubo.

Por conseguinte, o Código Penal sempre irá punir o agente por aquilo que ele queria cometer (**Elemento Subjetivo**), ou seja, qual era a intenção do agente, ainda que outro seja o resultado.

Ex.: "A", com intenção de matar "B", efetua vários disparos em sua direção, contudo, acerta apenas um tiro no dedo do pé de "B". Independente desse resultado, "A" vai responder por tentativa de homicídio, pois era sua intenção inicial.

É importante sempre atentar-se para a vontade do agente, pois o Código Penal irá puni-lo somente pelo resultado ao qual quis causar, ou seja, sempre pelo Elemento Subjetivo do agente.

Tentativa

Diz que o crime é tentado, quando, iniciada a execução, não se consuma por circunstâncias alheias à vontade do agente.

Não se admite Tentativa para:
> Crime culposo;
> Contravenções Penais (Art. 4º, L, CP);
> Mera conduta;
> Crime Preterdoloso.

Alguns tipos penais não aceitam a forma "tentada", sendo assim, o fato de iniciar a execução já o torna consumado, como por exemplo o crime de: Concussão (Art. 316, CP), nessas situações, a consumação é um mero exaurimento.

Os crimes "tentados" são aqueles que iniciam a fase de execução, mas não chegam à consumação por circunstâncias alheias à vontade do agente, ou seja, o autor quer praticar a conduta, mas é impedido de alguma forma.

Exs.: "A" com intenção de matar "B", compra um revólver; ao encontrar "B", no momento que iria iniciar os disparos, é flagrado por um policial que o impede.

"A" com intenção de matar "B", compra um revólver; ao encontrar "B" do outro lado da rua, no momento que começa a efetuar os disparos, atinge uma caçamba de entulhos que trafegava pela via.

As circunstâncias alheias à vontade do agente podem ser quaisquer fatos, que impeçam que o crime seja consumado.

Pena do Crime Tentado

É a mesma do crime consumado. Devendo ser reduzida de 1/3 a 2/3. Quanto mais próximo o crime chegar da consumação, maior deverá ser a pena.

Se, quando iniciada a execução, o crime não se consumar por circunstâncias alheias à vontade do agente, incidirá a pena do crime consumado, com redução no *quantum* da pena.

Homicídio: pena de 6 a 20 anos.

Ex.: João fez disparos contra José causando sua morte.

Pena - 12 anos

Tentativa de homicídio: pena de 6 a 20 anos reduzida de 1 a 2/3.

Ex.: João fez disparos contra José que ferido foi socorrido e sobreviveu.

Pena - 4 anos (melhor cenário) - 8 anos (pior cenário).

Ex.: João, armado de pistola, efetua 15 disparos contra José ficando este em coma por 40 dias, quase vindo a falecer, mas sobrevive.

Pena - mesmo nesse caso, haverá redução de pena, nesse caso, à mínima, 1/3 - 8 anos - mas deve ser aplicada.

Existem dois tipo de tentativas, perfeita e imperfeita, ambas podem ser cruentas e incruentas.

A tentativa será perfeita - crime falho - quando o agente esgotar todos os meios, vindo a acertar ou não a vítima. E imperfeita, quando **NÃO** esgotou todos os meios, mesmo que já tenha atingido a vítima ou ainda sem feri-la, por circunstâncias alheias à sua vontade.

A doutrina ainda classifica a tentativa em idônea ou inidônea (neste último caso, também apelidada de "crime impossível"), quanto à possibilidade de alcançar o resultado.

2.3 Desistência Voluntária e Arrependimento Eficaz

Art. 15. O agente que, voluntariamente, desiste de prosseguir na execução ou impede que o resultado se produza, só responde pelos atos já praticados.

Desistência Voluntária: o agente interrompe voluntariamente a execução do crime impedindo a consumação.

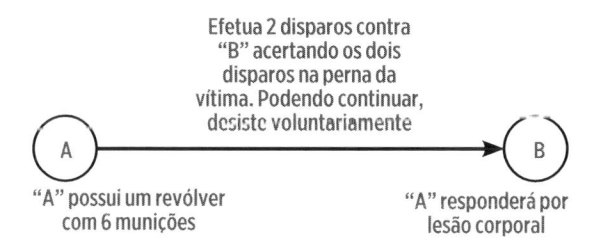

Nessa situação, o agente poderia efetuar mais disparos, porém desiste de continuar a efetuá-los e vai embora, é importante ressaltar que a desistência não teve influência de nenhuma outra circunstância, senão a vontade do próprio agente.

Arrependimento Eficaz: encerrada a execução do crime, o agente voluntariamente impede o resultado. Aqui, ele leva a execução até o fim. Contudo, com sua ação impede que o resultado seja produzido.

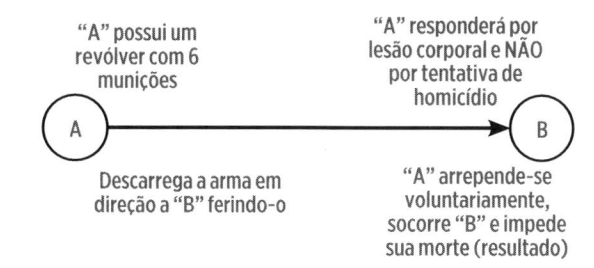

Nesta situação, o agente esgota os meios efetuando todos os disparos, contudo, após finalizá-los, arrepende-se do que fez, socorre "B" levando-o para um hospital, vindo a salvá-lo.

A "desistência voluntária" (ato negativo) e o "arrependimento eficaz" (ato positivo) têm como consequência a DESCLASSIFICAÇÃO DA FIGURA TÍPICA, ou seja, exclui a modalidade tentada. Dessa forma o agente responderá pelos atos até então praticados; nessas situações, considera-se lesão corporal.

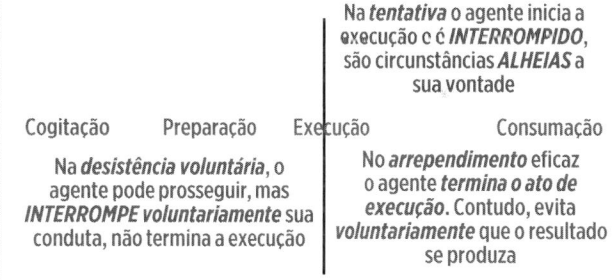

Tentativa: após o início da execução, o crime não se consuma por vontades alheias ao desejo do agente.

Desistência voluntária: mesmo podendo prosseguir, o agente desiste, interrompe por sua vontade própria.

Arrependimento eficaz: finalizados todos os atos de execução, o agente por vontade própria, socorre a vítima, impedindo que o resultado (morte) ocorra.

2.4 Arrependimento Posterior

Art. 16. Nos crimes cometidos sem violência ou grave ameaça à pessoa, reparado o dano ou restituída a coisa, até o recebimento da denúncia ou da queixa, por ato voluntário do agente, a pena será reduzida de um a dois terços.

É requisito fundamental que não ocorra violência ou grave ameaça. Após a consumação do crime, antes que do recebimento da denúncia ou queixa - instauração no Poder Judiciário - o agente repara o dano causado anteriormente.

Ex.: Um rapaz é preso pelo furto (Art. 155, CP) de uma televisão de 14 polegadas, antes do recebimento da denúncia, seu advogado - ou representante legal - repara à vítima todos os danos que o agente causou quando subtraiu o bem, nessa hipótese, a pena do agente será reduzida.

Caso a reparação do dano ocorra após o recebimento da denúncia, a pena será atenuada, por exemplo, em vez de iniciar a pena no regime de reclusão, irá iniciar em regime semi-aberto.

2.5 Crime Impossível - "Quase Crime"

Art. 17. Não se pune a tentativa quando, por ineficácia absoluta do meio ou por absoluta impropriedade do objeto, é impossível consumar-se o crime.

Ineficácia absoluta do meio: o meio empregado ou o instrumento utilizado para a execução do crime jamais o levarão a consumação.

> Tentar matar alguém utilizando uma arma de brinquedo.
> Tentar envenenar alguém com sal.

"A" com intenção de envenenar "B", coloca sal - erro do tipo putativo - em sua comida, pensando ser arsênico.

Impropriedade absoluta do objeto material: Nessa hipótese, a pessoa ou a coisa sobre a qual recai a conduta é absolutamente inidônea para produção de algum resultado lesivo.

> Matar quem já está morto.

"A" com intenção de matar "B", enquanto este está dormindo, efetua vários disparos. Contudo, "B" já estava morto devido ao veneno administrado por "C" horas atrás.

Embora o elemento subjetivo do agente seja o dolo - homicídio - esses casos não serão puníveis, pois o meio empregado "sal" ou o objeto material "o morto" tornam o crime impossível de ser consumado.

Caso a ineficácia absoluta do meio seja relativa, será considerado crime, por exemplo, uma arma antiga de um colecionador, da segunda guerra mundial, seria quase impossível cometer um crime com um meio desses, entretanto, caso ela tenha potencial para causar lesão (esteja funcionando) o crime que o agente tentou praticar com esta arma, será considerado punível.

2.6 Crime Doloso

Art. 18. Diz-se o crime:
I. doloso, quando o agente quis o resultado ou assumiu o risco de produzi-lo.

> **Doloso direto**: quis resultado.
> **Doloso eventual ou indireto**: assumiu o risco de produzir o resultado.

Ex.: "A" atira em direção de "B" querendo que a morte desse aconteça.

"A", caçador, efetua vários disparos a fim de abater animal. Contudo, é advertido por "B" que naquela direção em que está atirando é local habitado. "A" não se importa e continua os disparos, mesmo consciente que poderia acertar alguém. Um de seus projéteis acerta "C", inocente morador das redondezas. Nessa situação, deverá "A" responder por homicídio doloso - eventual - pois assumiu o risco de produzir o resultado não observando a advertência que "B" lhe havia feito. O agente sabe o que pode vir a causar, mas não se importa com o resultado.

Ex.: "A" dirigindo em altíssima velocidade e disputando um racha com amigos perto de uma movimentada escola vem a atropelar "B", estudante, no momento que este atravessava a via. "A" nessa situação tinha consciência que sua conduta poderia matar alguém. Contudo, não se importou em continuar. Novamente, o agente sabe que pode acontecer, mas não se importa.

> **Dolo Direto** - Teoria da Vontade - Quer o resultado.
> **Dolo Eventual** - Teoria do Assentimento - Assume o risco do resultado.

2.7 Crime Culposo

Art. 18, II. Culposo, quando o agente deu causa ao resultado por imprudência, negligência ou imperícia.
Parágrafo único. Salvo os casos expressos em lei, ninguém pode ser punido por fato previsto como crime, senão quando o pratica dolosamente.

Culpa

Na conduta culposa, há uma ação voluntária dirigida a uma finalidade lícita, mas, pela quebra do dever de cuidado a todos exigidos, sobrevém um resultado ilícito não desejado, cujo risco nem sequer foi assumido.

Requisitos do Crime Culposo

Quebra do dever objetivo de cuidado

A culpa decorre da comparação que se faz entre o comportamento realizado pelo sujeito no plano concreto e aquele que uma pessoa de prudência normal, mediana, teria naquelas mesmas circunstâncias. Haverá a conduta culposa sempre que o evento decorrer de quebra do dever de cuidado por parte do agente mediante uma conduta imperita, negligente ou imprudente.

Previsibilidade

Não basta tão somente a quebra do dever de cuidado para que o agente responda pela modalidade culposa, pois é necessário que as consequências de sua ação descuidada sejam previsíveis.

Modalidades do Crime Culposo

Imprudência

É o fazer sem a obrigação de cuidado.

É a culpa de quem age, ou seja, aquela que surge durante a realização de um fato sem o cuidado necessário.

Ex.: Ultrapassagem em local proibido, excesso de velocidade, trafegar na contramão, manejar arma carregada, atravessar o sinal vermelho, etc.

Imperícia

É a falta de conhecimento técnico ou habilitação para o exercício de profissão ou atividade.

Ex.: Médico ao realizar uma cirurgia e esquece uma pinça dentro do abdômen do paciente. Atirador de elite que acerta a vítima, em vez do criminoso. Médico que faz lipoaspiração e causa a morte de paciente.

Negligência

É o não fazer sem a obrigação de cuidado.

É a culpa na sua forma omissiva. Consiste em deixar alguém de tomar o cuidado devido antes de começar a agir.

Ex.: Deixar de conferir os pneus antes de viajar, bem como de realizar a devida manutenção do veículo. Deixar substância tóxica ao alcance de crianças, etc.

```
Crime Culposo ----┐
       ↓          ├--→ Imprudência  --→ Apressado
  Quebra do       │
  dever de        ├--→ Imperícia    --→ Despreparado
  cuidado         │
       ↓          └--→ Negligência  --→ Relaxado
  Previsível
```

Culpa Consciente

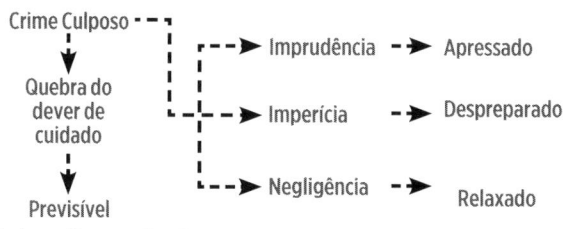

Na culpa consciente, o agente antevê o resultado, mas não o aceita, não se conforma com ele. O agente age na crença de que não causará o resultado danoso:

O atirador - não o substituto - de facas no circo. Ele atira a faca na crença de que, habilidoso que é, acertará a maçã. Mas, ao contrário do que acreditava, ele acerta a moça.

2.8 Preterdolo

Art. 19. *Pelo resultado que agrava especialmente a pena, só responde o agente que o houver causado ao menos culposamente.*

Quando o resultado agravador for imputado a título de culpa, estaremos diante de um crime PRETERDOLOSO. Nele, o agente quer praticar um crime, mas acaba excedendo-se e produzindo culposamente um resultado mais gravoso do que o desejado.

Ex.: O agente desfere soco no rosto da vítima com intenção de lesioná-la, no entanto, ela perde o equilíbrio, bate a cabeça e morre.

Art. 157. *Subtrair coisa móvel alheia, para si ou para outrem, mediante grave ameaça ou violência à pessoa, ou depois de havê-la, por qualquer meio, reduzido a impossibilidade de resistência:*
Pena - *Reclusão, de quatro a dez anos, e multa.*
§ 3º. *Se da violência resulta lesão corporal grave, a pena é de reclusão, de sete a quinze anos, além da multa; se resulta morte, a reclusão é de vinte a trinta anos, sem prejuízo da multa.*
Art. 129. *Ofender a integridade corporal ou a saúde de outrem:*
§ 3º. *Se resulta morte e as circunstâncias evidenciam que o agente não quis o resultado, nem assumiu o risco de produzi-los;*
Pena - *Reclusão, de quatro a doze anos.*

2.9 Erro sobre Elemento do Tipo

Art. 20. *O erro sobre elemento constitutivo do tipo legal de crime exclui o dolo, mas permite a punição por crime culposo, se previsto em lei.*

Elementares: é a descrição típica do crime. Geralmente o próprio *caput*. Quando se extrai a elementar, o crime não existe.

Art. 155. *Subtrair coisa alheia móvel:* Caso o indivíduo subtraia coisa própria por engano não haverá o crime, pouco importando sua intenção. Assim, se o agente subtrai sua própria bicicleta por "engano", pensando que está a subtrair bicicleta de seu vizinho não comete crime algum. Não há como punir uma pessoa que subtrai suas próprias coisas.

Circunstâncias: são dados assessórios do crime, que suprimidos não impedem a punição do agente. Só servem para aumentar ou diminuir a pena.

Ladrão que furta um bem de pequeno valor pensando ser de grande valor. Responderá pelo furto simples sem redução de pena do privilégio.

Erro Essencial

Incide sobre situação, de tal importância, para o tipo que se o erro não existisse o agente não teria cometido o crime, ou pelo menos, não naquelas circunstâncias.

Erro Inevitável (Invencível ou Escusável)

É aquele que não podia ter sido evitado, nem mesmo com o emprego de uma diligência mediana.

Nessas duas situações, exclui-se o dolo e a culpa do agente, sendo assim, exclui o crime.

Agente furta caneta pensando que é própria.

Ex.: Sujeito que mantém conjunção carnal com menor de 13 anos que aparenta ter 20 anos pela sua proporção física.

Ex.: Bêbado que sai de uma festa e liga carro alheio com sua chave normalmente, sendo o carro de mesma cor e modelo que o seu.

Erro Evitável (Vencível ou Inescusável)

É aquele que poderia ser evitado pela prudência normal do homem médio. Exclui o dolo, mas permite a modalidade culposa se prevista em lei. Quando não prevista a modalidade culposa, não ocorre o crime.

Exs.: Caçador confunde vulto em uma moita com o animal que caçava e atira, vindo a causar a morte de um lavrador. Nessa situação, caso o fato pudesse ser previsível, deverá o caçador responder por homicídio culposo.

Bêbado sai de uma festa, ao observar carro idêntico ao seu, tenta desativá-lo com a chave do próprio carro, não obtendo êxito, quebra o vidro com uma pedra, força a ignição e vai para sua casa. Nesse caso, o agente será punido na modalidade culposa, embora não tendo a intenção, utilizou-se de uma conduta reprovável.

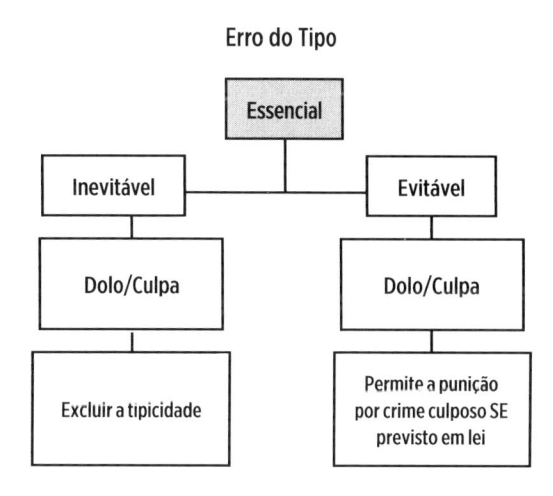

Erro do Tipo

```
            ┌─────────────┐
            │  Essencial  │
            └──────┬──────┘
         ┌────────┴────────┐
    ┌────────────┐    ┌───────────┐
    │ Inevitável │    │ Evitável  │
    └──────┬─────┘    └─────┬─────┘
    ┌──────────┐      ┌──────────┐
    │Dolo/Culpa│      │Dolo/Culpa│
    └─────┬────┘      └─────┬────┘
  ┌──────────────┐   ┌─────────────────┐
  │   Excluir    │   │ Permite a punição│
  │ a tipicidade │   │ por crime culposo SE│
  └──────────────┘   │   previsto em lei │
                    └─────────────────┘
```

Erro do Tipo Acidental

Já o erro do tipo acidental **não exclui nada**, visto que o agente tem o elemento subjetivo do tipo e apenas erra na execução da ação criminosa.

> **Erro sobre o objeto**: o agente furta um quadro que acredita ser verdadeiro, mas no outro dia descobre que é falso. Aqui, ele responde como se tivesse furtado o quadro verdadeiro.

> **Erro sobre a pessoa** (error in persona): o agente tenta matar A, mas mata B, executando fielmente o que havia planejado. Neste caso, responde normalmente por homicídio.

> **Erro sobre a execução** (aberratio ictus): o agente tenta matar a sua namorada ao vê-la com outro, mas por não saber manusear a arma, quando atira, acerta em pessoa diversa. Nesse caso, ele responde como se tivesse matado a namorada.

> **Resultado diverso do esperado** (aberratio criminis): ocorrendo resultado diverso do pretendido, a consequência para o agente é responder pelo crime, a título de culpa (se houver), conforme Art. 74 do CP. Se ocorrer também o resultado pretendido, haverá concurso formal (1 ação = 2 crimes).

> **Erro sucessivo** (Dolo Geral ou aberratio causae): o agente, após acreditar ter matado a sogra por veneno, "desova" o corpo em um lago. Após a perícia analisar o caso, é constatado que não houve morte por envenenamento, mas por afogamento. Nessa situação, o agente responde como se tivesse envenenado a vítima.

2.10 Erro sobre a Pessoa

Art. 20, § 3º. O erro quanto à pessoa contra a qual o crime é praticado não isenta de pena. Não se consideram, neste caso, as condições ou qualidades da vítima, senão as da pessoa contra quem o agente queria praticar o crime.

É o erro na representação do agente, que olha um desconhecido e o confunde com a pessoa que quer atingir. O erro é tão irrelevante, que o legislador determinou que o autor fosse punido pelo crime que efetivamente cometeu contra o terceiro inocente - vítima efetiva - como se tivesse atingido a pretendida - vítima virtual -, por exemplo:

"A" atira em "B" por engano, pois pensei que "B" fosse seu pai, quem realmente queria matar

A → B (Vítima efetiva sósia de "C")

Nessa situação será considerado para aplicação de pena como se tivesse matado "C" seu pai

Vítima virtual — C — Pai de "A"

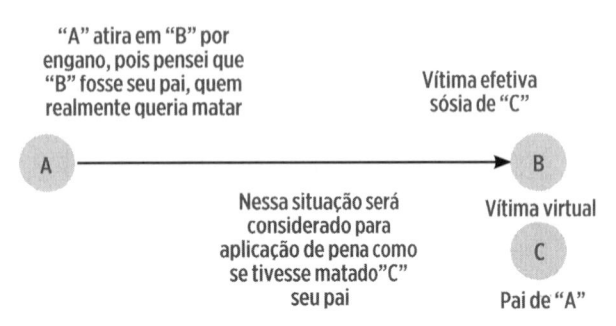

Esta situação é considerada um irrelevante penal, ou seja, o agente quer cometer uma coisa - matar "C" - entretanto, acaba matando "B", porém, independente do resultado, o Código Penal sempre adota o elemento subjetivo, ou seja, irá puni-lo pelo fato que ele realmente queria praticar, como na situação exposta era contra seu pai, incidirá ainda aumento de pena.

2.11 Erro sobre a Ilicitude do Fato

Erro de Proibição

Art. 21. O desconhecimento da lei é inescusável. O erro sobre a ilicitude do fato, se inevitável, isenta de pena; se evitável, poderá diminui-la de um sexto a um terço.

É a errada compreensão de uma determinada regra legal. Pode levar o agente a supor que certa conduta seja lícita.

Ex.: Um rústico aldeão, que nasceu e passou toda a sua vida em um vilarejo afastado do sertão, agride levemente sua mulher, por suspeitar que ela o traísse. É de irrelevante importância se o aldeão sabia ou não que sua conduta era ilícita.

Nesse caso é crime, porém o CP determina que, devido às circunstâncias - por força do ambiente onde vive e as experiências acumuladas -, o sujeito não terá PENA, ou seja, exclui-se a culpabilidade.

Nesta situação, devido à origem do agente ser de lugar ermo, e o mesmo não possuiu conhecimento suficiente sobre fatos que não são permitidos, embora sua conduta seja criminosa, nesse caso fático o Juiz não aplicará pena sobre o agente.

Tipos de Erro de Proibição

Erro Inevitável ou Escusável = Isenta de Pena

Dona de casa de prostituição cujo funcionamento era de pleno conhecimento das autoridades fiscais, tendo, inclusive, licença de funcionamento fornecido pela Prefeitura Municipal, circunstância que sugeriam o desempenho de atividade lícita.

Parágrafo único. Considera-se evitável o erro se o agente atua ou se omite sem a consciência da ilicitude do fato, quando lhe era possível, nas circunstâncias, ter ou atingir essa consciência.

Erro Evitável ou Inescusável = Não isenta de pena, mas terá direito a uma redução de pena 1/6 a 1/3.

Ex.: Atendente de farmácia que, apesar de ciente de que a venda de medicamentos com tarja preta configura transgressão administrativa, não tem consciência de que tal prática, com relação a alguns dos medicamentos controlados, caracteriza também o crime de tráfico de drogas.

Diferenças

Erro de Tipo	X	Erro de Proibição
Agente erra sobre dados do próprio crime. Isenta do dolo e culpa se inevitável e isenta de dolo mas permite a punição por culpa se evitável.		O agente acha que sua conduta é legal, quando na verdade é ilegal. Aqui o agente comete crime, mas não tem pena pois culpabilidade fica excluída.

É importante que diferenciemos bem a relação entre erro do tipo - exclui o crime - com o erro de proibição - isenta de pena . Naquele o agente sabe que sua conduta é ilícita, entretanto, erra sobre o próprio tipo penal, ou seja, sua intenção é realizar uma conduta, mas acaba cometendo outra. Contudo, nesse o agente desconhece o caráter ilícito do fato, imagina estar praticando uma conduta lícita, quando na verdade é ilícita - criminosa.

2.12 Coação Irresistível e Obediência Hierárquica

Art. 22. Se o fato é cometido sob coação irresistível ou em estrita obediência a ordem, não manifestamente ilegal, de superior hierárquico, só é punível o autor da coação ou da ordem.

Para que se possa considerar alguém culpado do cometimento de uma infração penal, é necessário que esta tenha sido praticada em condições e circunstâncias normais, pois, do contrário, não será possível exigir do sujeito conduta diversa da que, efetivamente acabou praticando.

Nessa situação, o agente obriga uma terceira pessoa a cometer um crime ou ao cumprimento de uma ordem ilegal, a pessoa coagida não será punida, mas sim, quem o coagiu e o obrigou a realizar a conduta contra seu consentimento.

Coação Irresistível

É o emprego de força física ou de grave ameaça para que alguém faça ou deixe de fazer alguma coisa.

Coação Física - *vis absoluta* - o sujeito não comete crime.

Ex.: "A" imobiliza "B", depois, coloca uma arma em sua mão e força-o a apertar o gatilho. O disparo acerta "C", que morre. Nessa situação, devido à coação FÍSICA irresistível, "B" **NÃO** comete crime. "A" responderá por homicídio.

A coação física recai sobre a conduta do agente - elemento do fato típico - pois este foi forçado, nessa situação, exclui-se o crime.

Coação Moral - *vis relativa* - o sujeito comete crime, mas ocorre isenção de pena.

Ex.: "A" encosta uma arma carregada na cabeça "B" e ordena que ele atire em "C", caso contrário quem irá morrer é "B". "B" atira e "C" morre. Nessa situação, ambos cometem crime ("A" e "B"). Contudo, somente "A" terá PENA, "B" estará **ISENTO** de pena devido a coação MORAL irresistível.

Assim sendo, mesmo "B" tendo praticado o ato, sua conduta foi forçada mediante grave ameaça moral, em que este, temendo por sua própria vida, cometeu o crime. Nessa situação a conduta de "B" é típica e ilícita, contudo, não culpável, pois ficará isento de pena.

Obediência Hierárquica

É a obediência à ordem não manifestamente ilegal de superior hierárquico, tornando viciada a vontade do subordinado e afastando a exigência de conduta diversa. Também exclui a culpabilidade.

Ordem de superior hierárquico: é a manifestação de vontade do titular de uma função pública a um funcionário que lhe é subordinado.

Ex.: Um delegado de polícia manda seu subordinado, aspirante recém-chegado da corporação, que prenda um desafeto seu, para que esse aprenda uma lição.

Caso o aspirante cumpra esta ordem ilegal de seu superior, ambos estarão cometendo crime, abuso de autoridade; pois, embora ordem de superior, o aspirante no caso não é obrigado a cumpri-la.

Ordem manifestamente não ilegal: a ordem deve ser aparentemente legal. Se for manifestamente ilegal, deve o subordinado responder pelo crime.

Ex.: Delegado de polícia determina que agente prenda Antônio, indiciado por crime de latrocínio e alega que Antônio tem contra si um mandado de prisão expedido pela autoridade judiciária. O agente então prende Antônio e o conduz até a delegacia. Acontece que não existia mandado algum contra Antônio. Nessa situação, tanto o delegado quanto o agente cometeram crime de abuso de autoridade. Contudo, somente o delegado terá PENA, o agente ficará isento devido à "aparência" de ordem manifestamente NÃO ilegal.

Nessa conduta, o agente pensava estar praticando uma ação lícita, entretanto, este foi enganado por seu superior, sob alegação de posse de falso mandado de prisão.

2.13 Exclusão da Ilicitude

Art. 23. Não há crime quando o agente pratica o fato:
I. Em estado de necessidade;
II. Em legítima defesa;
III. Em estrito cumprimento de dever legal ou no exercício regular de direito.

Excesso Punível

Parágrafo único. O agente, em qualquer das hipóteses deste artigo, responderá pelo excesso doloso ou culposo.

O agente que extrapolar os limites das excludentes deve responder pelo resultado produzido de forma dolosa ou culposa.

Ex.: João saca sua arma para matar Manoel, esse, prevendo o ocorrido, vale-se de sua arma e atira primeiro, ferindo João. Mesmo após a cessação da agressão por parte de João, Manoel efetua mais dois disparos para garantir o resultado.

Nessa situação, Manoel excedeu-se e deverá responder por homicídio na modalidade dolosa.

Excesso - responderá por homicídio doloso

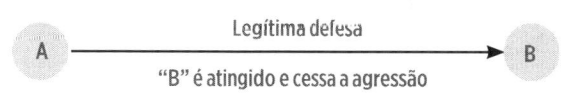

A → Legítima defesa → B

"B" é atingido e cessa a agressão

"A" atira em "B" para se defender de injusta agressão

"A" mesmo depois de cessada a agressão de "B" efetua mais dois disparos para garantir o resultado

Não obstante, as excludentes de ilicitude, como o próprio nome já diz, excluem o caráter ilícito do fato, tornando a conduta lícita e jurídica.

Crime
- Fato Típico
- Ilícito (Antijurídico)
  - Estado de Necessidade
  - Legítima Defesa
  - Estrito Cumprimento do Dever Legal
  - Exercício Regular do Direito

DO CRIME

Ocorrendo o fato diante de uma dessas excludentes, exclui-se também o crime.

São situações em que a norma penal permite que se cometa crime em determinadas situações, pois, apesar de serem condutas ilícitas, o agente não será punido.

Estado de Necessidade

Art. 24. *Considera-se em estado de necessidade quem pratica o fato para salvar de perigo atual, que não provocou por sua vontade, nem podia de outro modo evitar, direito próprio ou alheio, cujo sacrifício, nas circunstâncias, não era razoável exigir-se.*

Ocorre quando um bem é lesado para se salvar outro bem em perigo de ser igualmente ofendido. Ambos possuidores desses bens têm direito de agir para proteger-se.

→ **Requisitos para configuração do estado de necessidade:**
> Perigo atual.
> Direito próprio ou alheio.
> Perigo não causado voluntariamente pelo agente.
> Inevitabilidade de comportamento.
> Razoabilidade do sacrifício.
> Requisito subjetivo.

Ex.: Em um cruzeiro marítimo, 10 passageiros estão a bordo de um navio. No entanto, só existem 9 salva-vidas e o navio está afundando em alto-mar. O único que ficou sem o apetrecho não sabe nadar e para salvar sua vida do perigo atual desfere facadas em outro passageiro a fim de conseguir se salvar.

Trabalhador desempregado e vendo os filhos passarem fome, entra em supermercado e furta dois pacotes de arroz e um pedaço de carne seca (furto famélico).

Cidadão não tem carteira de motorista e observa um motorista em avançado estado de infarto, nessa situação, toma a direção de veículo automotor e dirige perigosamente até o hospital, gerando perigo de dano.

Não irá incidir em estado de necessidade caso o agente dê causa ao acontecimento.

§ 1º *Não pode alegar estado de necessidade quem tinha o deve legal de enfrentar o perigo.*

Um exemplo disso é o bombeiro. Poderá, no entanto, recusar-se a uma situação perigosa quando impossível o salvamento ou o risco for inútil.

Legítima Defesa

Art. 25 - *Entende-se em legítima defesa quem, usando moderadamente dos meios necessários, repele injusta agressão, atual ou iminente, a direito seu ou de outrem. (Redação dada pela Lei nº 7.209, de 11.7.1984)*

Parágrafo único. *Observados os requisitos previstos no caput deste artigo, considera-se também em legítima defesa o agente de segurança pública que repele agressão ou risco de agressão a vítima mantida refém durante a prática de crimes. (Incluído pela Lei nº 13.964, de 2019) -* **ANTICRIME**

Agora temos uma nova (mas não tão nova assim) previsão de legítima defesa para agentes de segurança pública que repelirem (ao meu ver já era assim) agressão ou risco de agressão (bom, até onde sei, já era assim também), a injusta agressão ATUAL ou IMINENTE) vítima mantida REFÉM (eis aí a injusta agressão acontecendo) durante a prática de crimes.

Bom, conclui-se que até aqui nada de novo, senão já preenchidos todos os requisitos da legítima defesa do caput do art. 25 do CP.

No entanto, novidade mesmo, encontra-se no novíssimo art. 14-A no Código de Processo Penal (introduzido também pelo pacote ANTICRIME), onde esses agentes terão um Inquérito PRIVILEGIADO, e com direito a contraditório (direito a serem CITADOS EM 48 HORAS e ampla defesa com direito a DEFENSOR).

Ocorre um efetivo ataque ilícito contra o agente ou terceiro, legitimando repulsa.

Requisitos para que subsista a legítima defesa:
> Agressão humana.
> Agressão injusta.
> Agressão atual ou iminente.
> Agressão a direito próprio ou de terceiro.
> Meios necessários.
> Requisito subjetivo.

Ex.: "A" desafeto de "B" arma-se com um machado e prestes a desferir um golpe é surpreendido pela reação de "B", que saca um revólver e efetua um disparo.

"A" munido de um cão, atiça o animal na direção de "B" que para repelir a injusta agressão atira no enfurecido animal.

"A", menor de idade, pega um fuzil e, prestes a atirar em "B", é surpreendido por esse que pega uma bazuca, único meio disponível no momento, vindo a "explodir" "A".

Os meios necessários para conter a injusta agressão podem ser quaisquer que estejam disponíveis, inexiste equiparação dos meios utilizados.

É necessário que seja atual e iminente. Caso "B" ferido por "A" desloque-se até sua casa, depois de sofrida agressão, para apanhar revólver com intuito de se defender, não será mais válido, caso venha efetuar disparos contra "A".

Não Configura Legítima Defesa

Ex.: "A" marido traído chega a casa e surpreende "C" sua esposa em conjunção carnal com "B". Enfurecido, pega sua arma e dispara contra a esposa traidora.

"A" surpreendido por cão feroz, dispara para que não seja atacado.

"A" desafeto de "B" vai a sua procura e efetua disparo. Mais tarde provou-se que "B" também estava armado e queria igualmente executar "A".

Estrito Cumprimento do Dever Legal

Em síntese, é a ação praticada por um dever imposto por lei. É necessário que o cumprimento seja nos exatos ditames da lei. Do contrário, o agente incorrerá em excesso, podendo responder criminalmente.

Exs.: Policial que prende foragido da justiça vindo a causar-lhe lesões devido sua resistência.

Soldado que, em tempos de guerra, executa inimigo.

A execução efetuada pelo carrasco, quando o ordenamento jurídico admite.

Exercício Regular de Direito

É o desempenho de uma atividade ou a prática de uma conduta autorizada em lei.

> Tratamento médico ou intervenção cirúrgica, comete lesão corporal para realizar o ato cirúrgico.

> Ofendículos - (exercício regular do direito de defesa da propriedade), cerca elétrica, cacos de vidro, arame farpado, etc.

A lei não permite o emprego da violência física como meio para repelir injúrias ou palavras caluniosas, visto que não existe legítima defesa da honra. Somente a vida ou a integridade física são abrangidas pelo instituto da legítima defesa.

Admite-se a excludente de legítima defesa real contra quem pratica o fato acobertado por causa de exclusão da culpabilidade, como o inimputável.

Nos termos do Código Penal e na descrição da excludente de ilicitude, haverá legítima defesa sucessiva na hipótese de excesso, que permite a defesa legítima do agressor inicial.

É possível legítima defesa de provocações por meio de injúrias verbais, segundo a sua intensidade e conforme as circunstâncias, pode ou não ser agressão.

Agressão de inimputável constitui legítima defesa.

Agressão decorrente de desafio, duelo, convite para briga não constitui legítima defesa.

Agressão passada constitui vingança e não legítima defesa.

Agressão futura não autoriza legítima defesa (mal futuro).

Não existe legítima defesa da honra.

O agente tem que saber que está na legítima defesa.

Legítima defesa e porte ilegal de arma de fogo: Se portar anteriormente, responde pelo crime do Art. 14 ou Art. 16, caput do estatuto do desarmamento. Se for contemporâneo, não responde pelo crime dos artigos mencionados.

2.14 Da Imputabilidade Penal

Inimputáveis

Art. 26. É isento de pena o agente que, por doença mental ou desenvolvimento mental incompleto ou retardado, era, ao tempo da ação ou da omissão, inteiramente incapaz de entender o caráter ilícito do fato ou de determinar-se de acordo com esse entendimento.

Redução de Pena

Parágrafo único. *A pena pode ser reduzida de um a dois terços, se o agente, em virtude de perturbação de saúde mental ou por desenvolvimento mental incompleto ou retardado não era inteiramente capaz de entender o caráter ilícito do fato ou de determinar-se de acordo com esse entendimento.*

Imputabilidade: é a capacidade de entender o caráter ilícito do fato e de determinar-se de acordo com esse entendimento.

É a capacidade de entendimento e a faculdade de controlar e comandar suas próprias ações.

→ Imputável (regra): Pode-se imputar (aplicar) pena ao sujeito.
→ **INI**mputável (exceção): Não pode sofrer pena. Ou seja, é a capacidade de compreensão do agente de que sua conduta é ilícita, inapropriada, é uma das espécies da culpabilidade que compõem o fato típico, ou seja, a capacidade de punir, ou não, o agente da conduta.

Exclusão da Imputabilidade

Doença Mental

É a doença mental de qualquer ordem. Compreende a infindável gama de moléstias mentais.

Ex.: Alcoolismo patológico.

Desenvolvimento Mental Incompleto ou Retardado

Ex.: Silvícola inadaptado - índio - menor de 18 anos.

Sistema Adotado pela Legislação Brasileira

Regra: BIOpsicológico

Não basta ter a enfermidade. No momento da ação ou omissão, o sujeito tem que ser inteiramente incapaz de entender e compreender o caráter ilícito do fato e determinar-se de acordo com esse entendimento.

Exceção: Biológico

Basta tão somente a menoridade - menos de 18 anos - para configurar a inimputabilidade.

Embriaguez

Art. 28, II. A embriaguez, voluntária ou culposa, pelo álcool ou substância de efeitos análogos.

§ 1º É isento de pena o agente que, por embriaguez completa, proveniente de caso fortuito ou força maior, era, ao tempo da ação ou da omissão, inteiramente incapaz de entender o caráter ilícito do fato ou de determinar-se de acordo com esse entendimento.

NÃO Exclui a Imputabilidade	Exclui a Imputabilidade
Voluntária	Caso Fortuito
Culposa	Força Maior
Preordenada	

A embriaguez não exclui a imputabilidade, quais sejam: a voluntária - toma por conta própria -, a culposa - toma além da conta - e a preordenada - toma para criar coragem - sendo que a última, é causa de aumento de pena, actio libera in causa.

§ 2º A pena pode ser reduzida de um a dois terços, se o agente, por embriaguez, proveniente de caso fortuito ou força maior, não possuía, ao tempo da ação ou da omissão, a plena capacidade de entender o caráter ilícito do fato ou de determinar-se de acordo com esse entendimento.

No caso da embriaguez por caso fortuito, caso ela seja completa, será causa de isenção de pena, caso seja semicompleta (semi-imputabilidade), incidirá em diminuição de pena - redução de culpabilidade - de 1/3 a 2/3.

NOÇÕES DE DIREITO PENAL

DO CRIME

Emoção e Paixão

Art. 28. *Não excluem a imputabilidade penal:*
I. A emoção ou a paixão;

A emoção pode, em alguns casos, servir como diminuição de pena - privilégio -, como no caso do homicídio e lesão corporal privilegiado. Os requisitos são: a emoção deve ser intensa; o agente deve estar sob o domínio dessa emoção; deve ter sido provocado por ato injusto da vítima; a reação do agente deve ser logo após a essa provocação.

A injusta provocação pode ser de forma indireta, por exemplo, alguém que maltrata um animal, com intenção de provocar o agente, utilizando desse objeto - cachorro - para obter seu desejo.

Menores de Dezoito Anos

Art. 27. *Os menores de 18 (dezoito) anos são penalmente inimputáveis, ficando sujeitos às normas estabelecidas na legislação especial.*

Fundamento Constitucional

O Art. 228 da CF prevê que *são penalmente inimputáveis os menores de dezoito anos, sujeitos às normas de legislação especial.*

Critério adotado pelo Código Penal: Sistema Biológico

→ Crime + contravenção penal maior de 18 anos.
→ Ato infracional menor de 18 anos.

Não sofrem sanção penal pela prática do ilícito, em decorrência da ausência de culpabilidade. Estão sujeitos ao procedimento e as medidas socioeducativas previstas no ECA em virtude das condutas descritas como crime e contravenção penal ser consideradas ato infracional.

Para auxiliar, convém esquematizar as Excludentes de Imputabilidade:

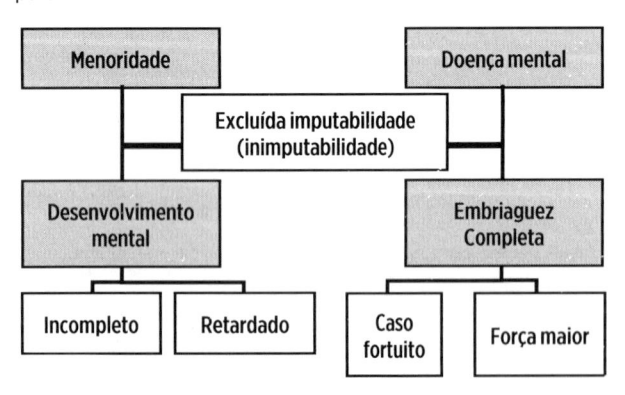

```
        Menoridade              Doença mental
            |                        |
            +----------+-------------+
                       |
              Excluída imputabilidade
                (inimputabilidade)
                       |
            +----------+-------------+
            |                        |
      Desenvolvimento          Embriaguez
          mental                 Completa
         /      \               /       \
   Incompleto  Retardado    Caso      Força maior
                            fortuito
```

De acordo com entendimento, essas são as causas justificantes para a exclusão da imputabilidade, podemos dizer que são subespécies da culpabilidade, e a espécie que compõem os elementos do crime, juntamente com fato típico e a antijuridicidade.

2.15 Do Concurso de Pessoas

Art. 29. *Quem, de qualquer modo, concorre para o crime incide nas penas a este cominadas, na medida de sua culpabilidade.*

Sujeitos da infração penal:

> Sujeito Ativo (quem comete a ação).
> Sujeito Passivo (quem sofre a ação).

Foco do estudo = Sujeito Ativo do Crime.

Quem pode ser sujeito ativo da infração penal:

> Maiores de dezoito anos:

Menor comete ato infracional (tudo que representa crime, para o menor é ato infracional, que, na verdade, constitui um tipo específica, tratado no ECA).

> Pessoas Jurídicas em atos lesivos ao **meio ambiente.**

As pessoas jurídicas podem ser responsabilizadas penalmente.

O Concurso de Pessoas também conhecido como concurso de agentes, ocorre quando duas ou mais pessoas concorrem para o mesmo crime. Colaborar ou concorrer para o crime é praticar o ato (moral ou material) que tenha relevância para a perpetração do ilícito.

Requisitos para Concursos de Pessoas

Pluralidade de agentes

Quem participa na execução do crime é coautor. Quem não executa o verbo do tipo é **partícipe.**

Ex.: "A" segura "B" enquanto "C" o esfaqueia até a morte. "A" e "C" são coautores do crime de homicídio. (divisão de tarefas no crime, ambos participam da execução)

"A" empresta arma para "B". "B" usa-se da arma para executar "C". "B" é autor (executou) e "A" é partícipe (auxiliou de forma material).

O código penal adotou a **Teoria Monista** de agentes, ou seja, todos responderão pelo mesmo crime, independente, de qual seja sua participação.

Relevância Causal

A conduta deverá ser relevante. Do contrário, não ocorrerá o concurso de pessoas.

Ex.: "A" empresta arma para "B", que para matar "C" usa um pedaço de pau. Nessa situação, o auxílio de "A" foi irrelevante para que o crime existisse. Somente "B" responde por homicídio. Contudo, se ao emprestar a arma, "A" de qualquer forma incentivou moralmente a atitude de "B", esse será partícipe do crime de homicídio.

Não houve nexo entre o homicídio e o empréstimo da arma, nessa situação, a conduta de "A" é atípica.

Liame Subjetivo

É a vontade de participar do crime. Pelo menos um agente tem que querer participar do crime do outro.

Ex.: "A", desafeto de "B", posiciona-se para matá-lo. "C", também inimigo mortal de "B", sabendo da vontade de "A", adere à vontade dele e juntos disparam a arma. Ambos responderão por homicídio como coautores.

Identidade de Infração

O Código Penal adotou a teoria Unitária ou Monista, em que todos que concorrem para o crime, responderão pelo mesmo crime, na medida de sua culpabilidade (responsabilidade).

Teorias do Concurso de Pessoas

Teoria do Caput
- > Regra: Monista/ Igualitária / Unitária.
- > Exceção: Pluralista (não tem concurso de pessoas).

Ex.: Corrupção passiva e ativa.

Teoria do Autor

- > Regra: Restritiva (Código Penal); Quem pratica o núcleo do tipo (verbo).
- > Exceção: Domínio do Fato (Doutrina e Jurispridência); Teoria do Partícipe.
- > Acessoriedade Limitada

Não pratica o verbo; contudo, auxilia de qualquer forma.
- » Moral: instigado ou induzido.
- » Material: qualquer auxílio.
- > Não Ocorre Concurso de Pessoas.
- » Autor Mediato (homem por trás).
- » Autoria Colateral.
- » Participação Inócua (ineficaz).
- » Crimes de concurso necessário.

Autoria Sucessiva ou Participação Sucessiva TEM Concurso de Pessoas!

Ex.: Associação criminosa - Art. 288

A exceção é a teoria pluralista:

Corrupção passiva e ativa.

Autor (Teoria Restrita):
- > Quem pratica o núcleo do tipo (verbo).

Partícipe:
- > **Não** pratica o verbo; contudo, auxilia de qualquer forma.
- » **Moral**: instigado ou induzido.
- » **Material:** qualquer auxílio.

Mandante = Partícipe.

Autor Mediato (não ocorre concurso):
- > São usados como instrumentos do crime:
- » Inimputável.
- » Doente mental.
- » Coação irresistível.
- » Obediência hierárquica.

Exceção: Teoria Pluralista.

Participação em Crime Diverso

§ 1º Se a participação for de menor importância, a pena pode ser diminuída de um sexto a um terço

§ 2º Se algum dos concorrentes quis participar de crime menos grave, ser-lhe-á aplicada a pena deste; essa pena será aumentada até metade, na hipótese de ter sido previsível o resultado mais grave.

Há hipóteses, todavia, em que o partícipe colabora com um crime e o autor, no momento da prática do ilícito vai além do imaginado pelo partícipe.

Ex.: É o caso em que dois indivíduos combinam um furto. Sendo que, um deles fica esperando no carro da fuga e o outro entra na residência. No interior da casa, o autor além de furtar, encontra a moradora e contra ela dispara vários tiros. Nessa situação, por força do Art. 29, § 2º, do CP, os agentes deverão responder por crimes diferentes. O que ficou no carro por furto (pois era esse que queria praticar) e o autor, por latrocínio.

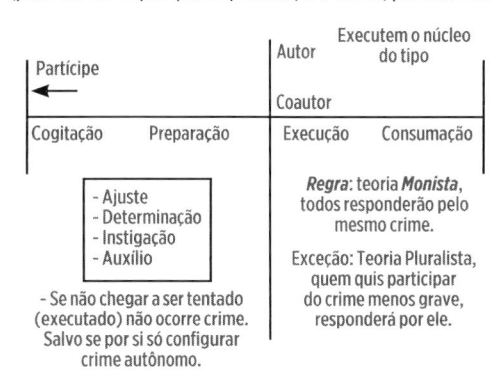

Partícipe		Autor	Executem o núcleo do tipo
		Coautor	
Cogitação	Preparação	Execução	Consumação

- Ajuste
- Determinação
- Instigação
- Auxílio

- Se não chegar a ser tentado (executado) não ocorre crime. Salvo se por si só configurar crime autônomo.

Regra: teoria **Monista**, todos responderão pelo mesmo crime.

Exceção: Teoria Pluralista, quem quis participar do crime menos grave, responderá por ele.

2.16 Circunstâncias Incomunicáveis

Art. 30. Não se comunicam as circunstâncias e as condições de caráter pessoal, salvo quando elementares do crime.

Ex.: "A", funcionário público, convida "B" para furtar repartição pública em que trabalha. "B", desconhecendo a função de "A", acaba aceitando. Nesse caso, "A" responderá por peculato (Art. 312 CP) e "B" por furto (Art. 155 CP). Porém, caso "B" soubesse da função pública de "A", ambos responderiam por peculato.

Art. 31. O ajuste, a determinação ou instigação e o auxílio, salvo disposição expressa em contrário, não são puníveis, se o crime não chega, pelo menos, a ser tentado.

No crime culposo admite-se coautoria, mas NÃO participação.

Não existe tentativa em crime Preterdoloso.

Ex.: "A" é induzido por "B" a cometer suicídio em momento depressivo por qual passava, entretanto, "A" nada faz. Nessa situação, a conduta de "B" é atípica.

Questões

01. (ALFACON) Assinale a alternativa falsa:
   a) Pode-se definir ilicitude como a relação de antagonismo que se estabelece entre uma conduta humana voluntária e o ordenamento jurídico.
   b) O roubo de veículo automotor acarreta necessariamente um aumento de pena, se o veículo for transportado para o exterior.
   c) A difamação, em regra, não admite a exceção da verdade, enquanto a calúnia, em regra, a admite.
   d) Pode-se afirmar que a analogia no direito penal só pode ser utilizada para beneficiar o réu.

DO CRIME

02. (ALFACON) A, imputável, comete o crime de furto. No dia seguinte, ao recebimento da denúncia, restitui o objeto ao proprietário. O fato é:
a) Irrelevante.
b) Atenuante.
c) Arrependimento posterior.
d) Tentativa.
e) Extinção da punibilidade.

03. (ALFACON) Rogério, amigo íntimo de Rubens, comenta com este que vai assaltar o Banco BB na manhã de segunda-feira, pedindo que guarde segredo. No dia do roubo, Rogério é preso e diz à polícia que Rubens sabia disto. Portanto, diante desta hipótese, é correto afirmar que:
a) Rogério responde pelo crime de roubo e Rubens terá a pena diminuída de um a dois terços por participação de menor importância.
b) Rubens é partícipe, eis que tinha ciência do crime a ser praticado por Rogério.
c) Somente Rogério é autor do crime de roubo.
d) Rogério é autor e Rubens é coautor.

04. (ALFACON) Paulo resolve atirar em José que está conversando com Afonso. E mesmo prevendo que poderá atingir o terceiro (Afonso), não desiste do seu intento e atira, acertando-o. Responderá pelo crime a título de:
a) Dolo direto.
b) Dolo alternativo.
c) Dolo eventual.
d) Culpa inconsciente.
e) Dolo indireto.

05. (ALFACON) Paulo, para defender-se de João, retira a arma que está na posse de Aldo. Haverá:
a) Legítima defesa subjetiva e legítima defesa sucessiva.
b) Legítima defesa putativa e legítima defesa sucessiva.
c) Estado de necessidade e exercício regular de direito.
d) Legítima defesa e estado de necessidade.
e) Legítima defesa e estrito cumprimento de dever legal.

06. (ALFACON) O homicídio praticado sob coação a que o agente poderia resistir implica no reconhecimento:
a) De causa que isente o agente de pena.
b) De causa que privilegia o agente.
c) De circunstância que atenua a pena do agente.
d) De causa que qualifica o homicídio.

07. (ALFACON) Constituem elementos do fato típico culposo, exceto:
a) Resultado voluntário.
b) Previsibilidade objetiva.
c) Tipicidade.
d) Resultado.

08. (ALFACON) São pressupostos da culpabilidade
a) A exigibilidade de conduta diversa e a possibilidade de conhecer a ilicitude do fato.
b) A falta de dever de cuidado e a imputabilidade.
c) A possibilidade de conhecer a ilicitude do fato e a previsibilidade do resultado.
d) O dolo e a culpa.
e) A exigibilidade de conduta diversa e a falta de dever de cuidado.

09. (NCE) Entre as alternativas abaixo, é correto afirmar que os ofendículos excluem:
a) O nexo causal.
b) A culpabilidade.
c) A imputabilidade.
d) A ilicitude.
e) A culpa.

Gabaritos

01	A	06	C
02	B	07	B
03	C	08	A
04	E	09	D
05	D		

3. DOS CRIMES CONTRA A PESSOA

Os direitos e garantias individuais não têm caráter absoluto, por esse motivo, o direito à vida é relativo.

Ex.: Pena de morte em caso de guerra externa. (Art. 5º, XLVII, "a", CF/88). O crime de homicídio, capitulado nos crimes contra a vida, está descrito no Art. 121 do Código Penal, e versa sobre a eliminação da vida humana extrauterina.

Vejamos no quadro abaixo quais são os crimes dolosos contra a vida, e suas principais peculiaridades:

Crimes Contra a Vida	
Homicídio (Art. 121, CP)	São todos crimes de Ação penal incondicionada. São julgados pelo tribunal do Júri. **Obs.:** O homicídio culposo é julgado pelo Juiz.
Participação em Suicídio (Art. 122, CP)	
Infanticídio (Art. 123, CP)	
Aborto (Arts. 124 a 126, CP)	

Dos crimes culposos contra a vida, só temos o homicídio. Os demais não comportam a modalidade culposa, o aborto culposo pode ser resultado qualificado, mas crime autônomo ele não é. Não temos infanticídio culposo também. Só o homicídio admite a forma culposa.

3.1 Dos Crimes Contra a Vida

Homicídio
Art. 121. *Matar alguém:*
Pena *- reclusão, de seis a vinte anos*
Caso de diminuição de pena
§ 1º Se o agente comete o crime impelido por motivo de relevante valor social ou moral, ou sob o domínio de violenta emoção, logo em seguida a injusta provocação da vítima, o juiz pode reduzir a pena de um sexto a um terço.
Homicídio qualificado
§ 2º Se o homicídio é cometido:
I. mediante paga ou promessa de recompensa, ou por outro motivo torpe;
II. por motivo fútil;
III. com emprego de veneno, fogo, explosivo, asfixia, tortura ou outro meio insidioso ou cruel, ou de que possa resultar perigo comum;
IV. à traição, de emboscada, ou mediante dissimulação ou outro recurso que dificulte ou torne impossível a defesa do ofendido;
V. para assegurar a execução, a ocultação, a impunidade ou vantagem de outro crime:
Pena *- reclusão, de doze a trinta anos.*
Feminicídio (Incluído pela Lei nº 13.104, de 2015)
VI. contra a mulher por razões da condição de sexo feminino: (Incluído pela Lei nº 13.104, de 2015)
VII. contra autoridade ou agente descrito nos arts. 142 e 144 da Constituição Federal, integrantes do sistema prisional e da Força Nacional de Segurança Pública, no exercício da função ou em decorrência dela, ou contra seu cônjuge, companheiro ou parente consanguíneo até terceiro grau, em razão dessa condição: (Incluído pela Lei nº 13.142, de 2015)
VIII. (VETADO): (Incluído pela Lei nº 13.964, de 2019)
Pena *- reclusão, de doze a trinta anos.*

§ 2º-A Considera-se que há razões de condição de sexo feminino quando o crime envolve: (Incluído pela Lei nº 13.104, de 2015)
I. violência doméstica e familiar; (Incluído pela Lei nº 13.104, de 2015)
II. menosprezo ou discriminação à condição de mulher. (Incluído pela Lei nº 13.104, de 2015)
Homicídio culposo
§ 3º Se o homicídio é culposo: (Vide Lei nº 4.611, de 1965)
Pena *- detenção, de um a três anos.*
Aumento de pena
§ 4º No homicídio culposo, a pena é aumentada de 1/3 (um terço), se o crime resulta de inobservância de regra técnica de profissão, arte ou ofício, ou se o agente deixa de prestar imediato socorro à vítima, não procura diminuir as conseqüências do seu ato, ou foge para evitar prisão em flagrante. Sendo doloso o homicídio, a pena é aumentada de 1/3 (um terço) se o crime é praticado contra pessoa menor de 14 (quatorze) ou maior de 60 (sessenta) anos. (Redação dada pela Lei nº 10.741, de 2003)
§ 5º Na hipótese de homicídio culposo, o juiz poderá deixar de aplicar a pena, se as consequências da infração atingirem o próprio agente de forma tão grave que a sanção penal se torne desnecessária. (Incluído pela Lei nº 6.416, de 24.5.1977)
§ 6º A pena é aumentada de 1/3 (um terço) até a metade se o crime for praticado por milícia privada, sob o pretexto de prestação de serviço de segurança, ou por grupo de extermínio. (Incluído pela Lei nº 12.720, de 2012)
§ 7º A pena do feminicídio é aumentada de 1/3 (um terço) até a metade se o crime for praticado: (Incluído pela Lei nº 13.104, de 2015)
I. durante a gestação ou nos 3 (três) meses posteriores ao parto; (Incluído pela Lei nº 13.104, de 2015)
II. contra pessoa menor de 14 (catorze) anos, maior de 60 (sessenta) anos, com deficiência ou portadora de doenças degenerativas que acarretem condição limitante ou de vulnerabilidade física ou mental; (Redação dada pela Lei nº 13.771, de 2018)
III. na presença física ou virtual de descendente ou de ascendente da vítima; (Redação dada pela Lei nº 13.771, de 2018)
IV. em descumprimento das medidas protetivas de urgência previstas nos incisos I, II e III do caput do art. 22 da Lei nº 11.340, de 7 de agosto de 2006. (Incluído pela Lei nº 13.771, de 2018)
Homicídio Simples
Art. 121. *Matar alguém:*
Pena *- reclusão, de seis a vinte anos.*
Caso de Diminuição de Pena
§ 1º Se o agente comete o crime impelido por motivo de relevante valor social ou moral, ou sob o domínio de violenta emoção, logo em seguida a injusta provocação da vítima, o juiz pode reduzir a pena de um sexto a um terço.
Homicídio Qualificado
§ 2º Se o homicídio é cometido:
I. Mediante paga ou promessa de recompensa, ou por outro motivo torpe;
II. Por motivo fútil;
III. Com emprego de veneno, fogo, explosivo, asfixia, tortura ou outro meio insidioso ou cruel, ou de que possa resultar perigo comum;
IV. À traição, de emboscada, ou mediante dissimulação ou outro recurso que dificulte ou torne impossível a defesa do ofendido;
V. Para assegurar a execução, a ocultação, a impunidade ou vantagem de outro crime:

NOÇÕES DE DIREITO PENAL

DOS CRIMES CONTRA A PESSOA

Pena - reclusão, de doze a trinta anos.
Homicídio Culposo
§ 3º. Se o homicídio é culposo:
Pena - detenção, de um a três anos.
Aumento de pena
§ 4º. No homicídio culposo, a pena é aumentada de 1/3 (um terço), se o crime resulta de inobservância de regra técnica de profissão, arte ou ofício, ou se o agente deixa de prestar imediato socorro à vítima, não procura diminuir as consequências do seu ato, ou foge para evitar prisão em flagrante. Sendo doloso o homicídio, a pena é aumentada de 1/3 (um terço) se o crime é praticado contra pessoa menor de 14 (quatorze) ou maior de 60 (sessenta) anos.
§ 5º. Na hipótese de homicídio culposo, o juiz poderá deixar de aplicar a pena, se as consequências da infração atingirem o próprio agente de forma tão grave que a sanção penal se torne desnecessária.

O homicídio é morte injusta de uma pessoa praticada por outrem. De acordo com Nelson Hungria É o Crime por excelência.

No Art. 121, caput tem-se o chamado Homicídio Doloso Simples. No Art. 121, §1º, tem-se o chamado Homicídio Doloso Privilegiado. O Art. 121, §2º, traz o Homicídio Doloso qualificado. O Art.121, §3º, traz o Homicídio Culposo. O Art. 121, §4º, do CP traz as Majorantes de Pena, o §5º traz o Perdão Judicial.

E o homicídio preterdoloso? Está previsto no Art. 129, §3º do CP: é a lesão corporal seguida de morte.

Homicídio não é genocídio, são dois crimes distintos. Nem todo homicídio em massa vai ser genocídio. Para ser genocídio tem que se enquadrar na lei, o propósito tem que ser de exterminar total ou parcialmente um grupo étnico, social ou religioso. Se o objetivo não for esse, não temos o genocídio. Pode ser genocídio segregando membros de um grupo, impedindo o nascimento no seio de um grupo. Foi o que Saddam Hussein fez com os Curdos no Iraque.

Homicídio Simples

Art. 121. Matar alguém:

Sujeito Ativo: é crime comum, pode ser praticado por qualquer pessoa.

Sujeito Passivo: da mesma forma, pode ser praticado por qualquer pessoa. Noronha entende que o Estado também figura como vítima do homicídio, justificando existir um interesse do ente político na conservação da vida humana, sua condição de existência.

Alguns autores dizem ainda que, quando a vítima for Presidente da República, do Senado Federal ou da Câmara dos Deputados, o crime pode ser contra a Segurança Nacional. Pode estar enquadrado no Art. 121 do CP ou do Art. 29 da Lei nº 7.170/83, que é matar alguém com motivação política. Caso isso ocorra, se está diante do Princípio da Especialidade.

Conduta Punida

A conduta punível nesse tipo penal nada mais é que tirar a vida de alguém. Atente-se para a diferença:

> **Vida intrauterina**: abortamento – aborto.
> **Vida extrauterina**: homicídio ou infanticídio.

Quanto ao início do parto, existem três correntes:

> 1ª Corrente: dá-se com o completo e total desprendimento do feto das entranhas maternas;
> 2ª Corrente: ocorre desde as dores do parto;
> 3ª Corrente: ocorre com a dilatação do colo do útero.

Forma de execução: trata-se de delito de execução livre, podendo ser praticado por ação ou omissão, meios de execução diretos ou indiretos.

Tipo Subjetivo: o Art. 121, caput é punido a título de dolo direto ou dolo eventual.

Verifica-se o dolo eventual quando o agente assumiu o risco de praticar a conduta delituosa. Atualmente os tribunais vêm entendendo que quando o agente, embriagado, pratica homicídio de trânsito, pode ser condenado pelo homicídio do Art. 121 do CP, tendo em vista que, ao ingerir bebida alcoólica e tomar a direção de um veículo, assumiu o risco de produzir o evento danoso.

A finalidade do agente pode servir como privilégio ou como qualificadora.

Consumação e Tentativa

Trata-se de delito material ou de resultado, ou seja, o delito consuma-se com a morte. A morte dá-se com a cessação da atividade encefálica. Cessando a atividade encefálica, o agente será considerado morto, conforme se extrai da Lei nº 9.434/97 – Lei de Transplantes. A tentativa é possível, considerando que o homicídio se trata de crime plurissubsistente, permitindo a execução fracionamento.

O homicídio simples pode ser considerado crime hediondo quando praticado em atividade típica de grupo de extermínio. É o chamado homicídio condicionado. O homicídio pode ser praticado através de relações sexuais ou atos libidinosos.

Ex.: "A", portador do vírus HIV (AIDS) e sabedor desta condição, com a intenção de matar, tem relação sexual com "B", com o fim de transmitir voluntária e dolosamente o vírus a este último. Nesta situação, após a transmissão, enquanto "B" não morrer, "A" responderá por tentativa de homicídio, após a morte de "B", "A" responderá por homicídio consumado.

Homicídio Privilegiado

Art. 121, § 1º. Se o agente comete o crime impelido por motivo de relevante valor social ou moral, ou sob o domínio de violenta emoção, logo em seguida a injusta provocação da vítima, ou juiz pode reduzir a pena de um sexto a um terço.

O Homicídio Privilegiado é caso de diminuição de pena, havendo diminuição de pena de 1/6 a 1/3. Essa diminuição de pena é direito subjetivo do réu, sendo que, presentes os requisitos, o juiz deve reduzir a pena.

Hipóteses Privilegiadoras

Se o agente comete o crime por motivo de relevante valor social

No valor social, o agente mata para atender os interesses de toda coletividade.

Ex.: Matar estuprador do bairro; matar um assassino que aterroriza a cidade.

Se o agente comete o crime por relevante valor moral: o agente mata para atender interesses particulares, diferente do valor social

Esses interesses morais são ligados aos sentimentos de compaixão, misericórdia ou piedade.

Ex.: Eutanásia; A mata B porque matou o filho.

Alguns autores salientam que há uma doutrina cada vez mais recente de que a ortotanásia não seja crime, mas essa questão, indagada em concurso do MP de SC, foi considerada tão crime como a eutanásia.

Se o agente comete o crime sob o domínio de violenta emoção, logo em seguida a injusta provocação da vítima - Homicídio Emocional

Atente-se que domínio não se confunde com mera influência. A mera influência é uma atenuante de pena prevista no Art. 65 do CP.

É necessário observar que o homicídio deve ocorrer logo após a injusta provocação da vítima, ou seja, deve haver imediatidade da reação (reação sem intervalo temporal). Entende a jurisprudência que, enquanto perdurar o domínio da violenta emoção, a reação será considerada imediata.

Observa-se ainda que a provocação da vítima deve ser injusta, e isso não traduz, necessariamente, um fato típico. Pode haver injusta provocação sem configurar fato típico, mas serve para configurar o homicídio emocional.

Ex.: Adultério.

Se for injusta a agressão da vítima, será caso de legítima defesa.

O privilégio é sempre circunstância do crime. Sendo que as circunstâncias subjetivas são incomunicáveis, nos termos do Art. 30 do CP. Já as circunstâncias objetivas são comunicáveis, nos termos do Art. 30, in fine.

Circunstâncias Subjetivas	Circunstâncias Objetivas
Não se comunicam.	Comunicam-se.
Ligam-se ao motivo ou estado anímico do agente	Ligam-se ao meio / modo de execução
Como as privilegiadoras aqui citadas são subjetivas, não haverá comunicabilidade em relação aos demais autores do crime, logo não se aplica ao coautor se não restarem comprovados os mesmos requisitos.	

Homicídio Qualificado

> Posição Majoritária – 6ª Turma do STJ (HC 78.643/PR), Nelson Hungria, Raúl Eugênio Zaffaroni e Alexandre Araripe Marinho – As qualificadoras não são, a rigor, circunstâncias, mas sim elementares do Tipo Derivado, porque dão pena abstrata nova, ou seja, podem ser identificadas antes mesmo da fixação da pena-base. Então sempre se comunicam.

O homicídio qualificado é sempre crime hediondo.

Homicídio Qualificado
§ 2º. Se o homicídio é cometido:
I. Mediante paga ou promessa de recompensa, ou por outro motivo torpe;
II. Por motivo fútil;
III. Com emprego de veneno, fogo, explosivo, asfixia, tortura ou outro meio insidioso ou cruel, ou de que possa resultar perigo comum;
IV. À traição, de emboscada, ou mediante dissimulação ou outro recurso que dificulte ou torne impossível a defesa do ofendido;
V. Para assegurar a execução, a ocultação, a impunidade ou vantagem de outro crime:
Pena *- reclusão, de doze a trinta anos.*

Motivo Torpe

É o motivo abjeto, ignóbil, vil, espelhando ganância.

É indagado se a qualificadora da torpeza se aplica também ao mandante, ou apenas para o executor.

Alguns autores dizem que a resposta depende se se entende que essa qualificadora é uma elementar ou se é circunstância. Entendendo que se trata de circunstância, somente o executor responde pelo homicídio qualificado já que a circunstância subjetiva não se comunica. Por outro lado, entendendo-se que se trata de elementar subjetiva do crime, haverá comunicabilidade, estendendo-se a qualificadora ao mandante (ambos respondem pela qualificadora – mandante e executor).

Atualmente, prevalece a segunda hipótese, ou seja, que se trata de elementar subjetiva do crime, e mandante e executor respondem pelo crime qualificado.

Mediante Paga ou Promessa de Recompensa

No caso de o agente matar mediante paga ou promessa de recompensa de natureza diversa da econômica, por exemplo, sexual, continua se tratando de motivo torpe, pois não deixa de se ajustar ao encerramento genérico, somente não configurando o exemplo dado no início do inciso. É o chamado homicídio mercenário.

Esse homicídio mercenário que nada mais é que um exemplo de torpeza. O executor é chamado de matador de aluguel.

O crime, mediante paga ou promessa, é crime de concurso necessário (plurisubsistente – plurilateral – plurisubjetivo), exigindo-se pelo menos duas pessoas (mandante e executor).

Neste caso, necessariamente a natureza é econômica, logo se a vantagem era promessa sexual, entre outras, não incidirá a qualificadora.

Nesse inciso I o legislador aqui encerrou de forma genérica, o que permite a interpretação analógica, ou seja, permite ao juiz a análise de outras situações que aqui podem se enquadrar.

Por Motivo Fútil

Segundo alguns autores é aquele que ocorre quando o móvel apresenta real desproporção entre o delito e a sua causa moral. Tem-se a pequeneza do motivo (matar por pouca coisa).

Ex.: Briga de trânsito.

Tem caráter SUBJETIVO, pois se refere à motivação do agente para cometer o crime.

> CIÚME não é considerado motivo torpe.
> AUSÊNCIA de motivo não é considerado motivo fútil.
> Um motivo não pode ser FÚTIL e TORPE ao mesmo tempo, pois um exclui o outro.

NOÇÕES DE DIREITO PENAL

DOS CRIMES CONTRA A PESSOA

É um motivo insignificante, de pouca importância, completamente desproporcional à natureza do crime praticado.

Atente-se que, motivo fútil não se confunde com motivo injusto, uma vez que a injustiça é característica de todo e qualquer crime - injusto penal.

Se não há motivo comprovado nos autos, poderá ser denunciado por homicídio qualificado pelo motivo fútil? Aqui há duas correntes:

1ª Corrente: a ausência de motivos equipara-se ao motivo fútil, pois seria um contrassenso conceber que o legislador punisse com pena mais grave quem mata por futilidade, permitindo que o que age sem qualquer motivo receba sanção mais branda. (MAJORITÁRIA)

2ª Corrente: a ausência de motivos não pode ser equiparada ao motivo fútil, sob pena de se ofender o princípio da reserva legal. É o que entende Cezar Roberto Bitencourt – para ele o legislador que deve incluir a ausência de motivo no rol das qualificadoras.

Com emprego de veneno, fogo, explosivo, asfixia, tortura ou outro meio insidioso ou cruel, ou de que possa resultar perigo comum

Neste inciso, novamente se permite a interpretação analógica, trazendo alguns exemplos o inciso.

Tem caráter objetivo, pois se refere aos meios empregados pelo agente para o cometimento do homicídio.

Esse inciso permite igualmente a interpretação analógica, trazendo como exemplos o emprego de veneno, fogo, explosivo, asfixia ou tortura.

No caso do emprego de veneno, é imprescindível que a vítima desconheça estar ingerindo a substância letal.

No caso de tortura, o sofrimento é aquele desnecessário da vítima antes da sua morte.

Homicídio qualificado pela tortura (Art. 121, § 2º, III, CP)	Tortura com resultado morte (Art. 1º, § 3º, Lei nº 9.455/97)
Morte DOLOSA.	Morte PRETERDOLOSA.
O agente utiliza a tortura para provocar a morte da vítima.	O agente tem o dolo de torturar a vítima, e da tortura resulta culposamente sua morte.
Competência do tribunal do júri.	Competência do juiz.
A tortura foi o meio utilizado para a morte.	A tortura foi o fim desejado, mas a morte foi culposa.

A traição, de emboscada, ou mediante dissimulação ou outro recurso que dificulte ou torne impossível a defesa do ofendido

O legislador cita como exemplos a traição, emboscada ou dissimulação, finalizando de maneira genérica o que também permite a interpretação analógica.

Tem caráter objetivo (modo de execução do crime).

Traição: ataque desleal, quebra de confiança.

Emboscada: aquele que ataca a vítima com surpresa. Ele se oculta para surpreender a vítima.

Dissimulação: significa fingimento, disfarçando o agente a sua intenção hostil.

Ex.: Aquele que convida para ir à casa de outrem e, lá chegando, mata o convidado.

Para assegurar a execução, ocultação, a impunidade ou vantagem de outro crime

Tem caráter subjetivo (refere-se aos motivos do crime). Trata das hipóteses de conexão teleológica e consequencial.

→ Quando se comete o crime para assegurar a execução, classifica-se o homicídio como qualificado teleológico.

Ex.: "A" pretendendo cometer um crime de extorsão mediante sequestro contra uma pessoa muito importante e para assegurar a execução mata o segurança do empresário.

→ Já no homicídio consequencial são as seguintes hipóteses:

Conexão Consequencial	
Ocultação	Quer evitar a descoberta do crime cometido pelo agente. **Ex.:** Ocultar o cadáver após o homicídio.
Impunidade	O criminoso procura evitar que se descubra que ele foi o autor do crime. **Ex.:** Matar a testemunha ocultar de um crime.
Vantagem	O agente que usufruir a vantagem decorrente da prática de outro crime. **Ex.:** Um ladrão mata o outro para ficar com todo o dinheiro do roubo praticado por ambos.

O STF tem admitido a coexistência do privilégio (caráter subjetivo) com as qualificadoras de caráter objetivo (chamado homicídio privilegiado-qualificado).

Ex.: "A" matou "B" envenenado porque este último estuprou a filha de "A".

O homicídio privilegiado-qualificado não é considerado hediondo (pois a existência do privilégio afasta a hediondez do homicídio qualificado).

Matar por ocasião de outro crime, sem vínculo finalístico, não qualifica o crime.

O crime futuro deve ocorrer para gerar a conexão teleológica? O crime futuro não precisa ocorrer para gerar esta qualificadora, bastando matar para essa finalidade.

> Matar para assegurar uma contravenção penal não qualifica o crime nesta modalidade, mas pode qualificá-lo pelo motivo fútil.

Há possibilidades do homicídio qualificado ser privilegiado? Sim. Há essa possibilidade, quando as qualificadoras são objetivas.

Ou seja, uma da privilegiadoras, e uma das qualificadoras do meio cruel ou da torpeza (objetivas).

Para a maioria da doutrina, o homicídio qualificado quando também privilegiado não será hediondo, uma vez que o privilégio é preponderante.

Feminicídio

VI. Contra a mulher por razões da condição de sexo feminino:

VII. Contra autoridade ou agente descrito nos Arts. 142 e 144 da Constituição Federal, integrantes do sistema prisional e da Força Nacional de Segurança Pública, no exercício da função ou em decorrência dela, ou contra seu cônjuge, companheiro ou parente consanguíneo até terceiro grau, em razão dessa condição: (Incluído pela Lei nº 13.142, de 2015).

Pena - *reclusão, de doze a trinta anos.*

§ 2º-A. *Considera-se que há razões de condição de sexo feminino quando o crime envolve:*

I. Violência doméstica e familiar;

II. Menosprezo ou discriminação à condição de mulher.

§ 7º *A Pena do feminicídio é aumentada de 1/3 (um terço) até a metade se o crime for praticado:*

I. Durante a gestação ou nos 3 (três) meses posteriores ao parto;

II. Contra pessoa menor de 14 (catorze) anos, maior de 60 (sessenta) anos ou com deficiência;

III. Na presença de descendente ou de ascendente da vítima.

Pena *- reclusão, de doze a trinta anos.*

A Lei nº 13.104/2015 introduziu no Código penal uma nova figura típica: o feminicídio. A pena para homicídio qualificado é de 12 a 30 anos de prisão, e será aumentada em um terço se o crime acontecer durante a gestação ou nos três meses posteriores ao parto; se for contra adolescente menor de 14 anos ou adulto acima de 60 anos ou ainda pessoa com deficiência. Também se o assassinato for cometido na presença de descendente ou ascendente da vítima.

Podemos definir como uma qualificadora do crime de homicídio motivada pelo ódio contra as mulheres, tendo como ente motivador por circunstâncias específicas em que o pertencimento da mulher ao sexo feminino é central na prática do delito. Entre essas circunstâncias estão incluídos: os assassinatos em contexto de violência doméstica ou familiar e o menosprezo ou discriminação à condição de mulher.

Temos essa qualificadora conhecida como crime fétido.

Razões de Gênero

A qualificadora do feminicídio não poderá ser provada por um laudo pericial ou exame cadavérico, porque nem sempre um assassinado de uma mulher será considerado "feminicídio". Assim, para ser configurada a qualificadora do feminicídio, a acusação tem que provar que o crime foi cometido contra a mulher por razões da condição de sexo feminino.

O feminicídio foi acrescentado no § 2º-A. Essa conduta tomou a forma de uma norma explicativa do termo razões da condição de sexo feminino, podendo ocorrer em duas situações:

> Violência doméstica e familiar;

> Menosprezo ou discriminação à condição de mulher;

O § 7º do Art. 121 do CP estabelece causas de aumento de pena para o crime de feminicídio.

A pena será aumentada de 1/3 até a metade se for praticado:

> Durante a gravidez ou nos 3 meses posteriores ao parto;

> Contra pessoa menor de 14 anos, maior de 60 anos ou com deficiência;

> Na presença de ascendente ou descendente da vítima.

Art. 1º. *São considerados hediondos os seguintes crimes, todos tipificados no Decreto-Lei nº 2.848, de 7 de dezembro de 1940 - Código Penal, consumados ou tentados:*

I. homicídio (Art. 121), quando praticado em atividade típica de grupo de extermínio, ainda que cometido por um só agente, e homicídio qualificado (Art. 121, § 2º, incisos I, II, III, IV, V, VI e VII);

Como todo homicídio qualificado, o feminicídio também é considerado hediondo de acordo com o Art. 1º da Lei nº 8.072/90 (Lei de Crimes Hediondos).

Homicídio Funcional

Essa qualificadora foi inserida pela Lei nº 13.142/2015, que acrescentou objetivamente essa ação no rol dos crimes hediondos no Art. 1º inciso I-A e também aumentou a pena de 1/3 a 2/3 no Art. 129 (lesão corporal).

VII. Contra autoridade ou agente descrito nos Arts. 142 e 144 da Constituição Federal, integrantes do sistema prisional e da Força Nacional de Segurança Pública, no exercício da função ou em decorrência dela, ou contra seu cônjuge, companheiro ou parente consanguíneo até terceiro grau, em razão dessa condição:

São autoridades previstas no Art. 142 da CF/88

Art. 142. *As Forças Armadas, constituídas pela Marinha, pelo Exército e pela Aeronáutica, são instituições nacionais permanentes e regulares, organizadas com base na hierarquia e na disciplina, sob a autoridade suprema do Presidente da República, e destinam-se à defesa da Pátria, à garantia dos poderes constitucionais e, por iniciativa de qualquer destes, da lei e da ordem.*

São autoridades do Art. 144 da CF/88:

Art. 144. *A segurança pública, dever do Estado, direito e responsabilidade de todos, é exercida para a preservação da ordem pública e da incolumidade das pessoas e do patrimônio, através dos seguintes órgãos:*

I. Polícia federal;

II. Polícia rodoviária federal;

III. Polícia ferroviária federal;

IV. Polícias civis;

V. Polícias militares e corpos de bombeiros militares.

VI. Polícias Penais Federal, estaduais e distrital.

Homicídio Culposo

§ 3º. *Se o homicídio é culposo:*

Pena *- detenção, de um a três anos.*

Ocorre o homicídio culposo quando o agente realiza uma conduta voluntária, com violação de dever objetivo de cuidado a todos imposto, por negligência, imprudência ou imperícia, produzindo, por consequência, um resultado (morte) involuntário, não previsto e nem querido, mas objetivamente previsível, que podia ter sido evitado caso observasse a devida atenção.

> NÃO incide aumento quando o agente foge em razão de sérias ameaças de linchamento.

Modalidades de Culpa	
Negligência	Culpa negativa. O agente deixa de fazer aquilo que a cautela manda. **Ex.:** Viajar de carro com os freios danificados.
Imprudência	Culpa positiva. O agente pratica um ato perigoso. **Ex.:** Trafegar com veículo no centro da cidade a 180 km/h.
Imperícia	Culpa profissional. É a falta de aptidão para o exercício de arte, profissão ou ofício para a qual o agente, apesar de autorizado a exercê-la, não possui conhecimentos teóricos ou práticos para tanto. **Ex.:** Médico ginecologista que começa a realizar cirurgias plásticas sem especialização para tanto.

Por se tratar de infração de médio potencial ofensivo (já que a pena mínima é de um ano) há possibilidade de suspensão condicional do processo.

DOS CRIMES CONTRA A PESSOA

Já quando ocorre o delito previsto no Art. 302 do CTB – homicídio culposo na condução de veículo automotor – a pena é detenção de dois a quatro anos + a suspensão ou proibição da permissão de conduzir veículo.

Art. 121, §3º, CP	Art. 302, CTB
Norma geral	Norma especial: na direção de veículo automotor.
Pena varia de 01 a 03 anos à infração penal de médio potencial ofensivo.	A pena é de 02 a quatro anos à infração penal de grande potencial ofensivo.
Admite a suspensão do processo.	Não admite suspensão condicional do processo.

Aumento de Pena

§ 4º. No homicídio culposo, a pena é aumentada de 1/3 (um terço), se o crime resulta de inobservância de regra técnica de profissão, arte ou ofício, ou se o agente deixa de prestar imediato socorro à vítima, não procura diminuir as consequências do seu ato, ou foge para evitar prisão em flagrante. Sendo doloso o homicídio, a pena é aumentada de 1/3 (um terço) se o crime é praticado contra pessoa menor de 14 (quatorze) ou maior de 60 (sessenta) anos.

Aqui se tem o rol das majorantes do homicídio doloso e o rol das majorantes do homicídio culposo.

Aumento de pena de 1/3

Se o crime resulta de inobservância de regra técnica de profissão, arte ou ofício: neste caso, apesar do agente dominar a técnica, não observa o caso concreto. É diferente da imperícia, pois nessa hipótese, o agente não domina a técnica.

Se o agente deixa de prestar imediato socorro à vítima: neste caso, é necessário para a incidência da majorante que o socorro seja possível, e que o agente não tenha risco pessoal na conduta.

Não incide aumento quando terceiros prestarem socorro ou morte instantânea incontestável.

Neste caso, não incide também o Art. 135 do CP (omissão de socorro), para evitar o bis in idem.

De acordo com o STF, se o autor do crime, apesar de reunir condições de socorrer a vítima não o faz, concluindo pela inutilidade da ajuda em face da gravidade da lesão, sofre a majorante do Art. 121, §4º, do CP:

Se não procura diminuir as consequências do seu ato;

Se foge para evitar prisão em flagrante: para a maioria da doutrina esta majorante é aplicável, pois o agente demonstra, ao fugir do flagrante, ausência de escrúpulo e diminuta responsabilidade moral, lembrando que prejudica as investigações.

Para a doutrina moderna, essa majorante não deveria incidir, pois a pessoa estaria obrigada, nessa hipótese, a produzir prova contra si mesma, o que vai de encontro ao instituto de liberdade, e já que a fuga sem violência não é crime e daí que não poderia também incidir essa majorante. (Defensoria Pública).

No homicídio doloso a pena é aumentada de 1/3 se o crime é praticado contra:

> Menor de 14 anos;
> Maior de 60 anos (não abrange aquele que tem idade igual a 60 anos).

A idade da vítima deve ser conhecida pelo agente.

E se, quando do disparo de arma de fogo, a vítima tenha menos de 14 anos, e quando falece já é maior de 14, incide a majorante? SIM, neste caso analisa-se se na ocasião da ação a vítima era menor de 14 anos.

Perdão Judicial

§ 5º. Na hipótese de homicídio culposo, o juiz poderá deixar de aplicar a pena, se as consequências da infração atingirem o próprio agente de forma tão grave que a sanção penal se torne desnecessária.

Conceito: Segundo alguns autores, perdão judicial é o instituto pelo qual o Juiz, não obstante a prática de um fato típico e ilícito, por um agente comprovadamente culpado, deixa de lhe aplicar, nas hipóteses taxativamente previstas em lei, o preceito sancionador cabível, levando em consideração determinadas circunstâncias que concorrem para o evento.

O perdão judicial somente é concedido após a sentença.

O perdão judicial é uma causa extintiva da punibilidade. E caso seja indagado pelo examinador acerca da diferença do perdão judicial para o perdão do ofendido, é necessário observar que:

Perdão Judicial	Perdão do Ofendido
É ato unilateral (não precisa ser aceito pelo agente).	É ato bilateral (precisa ser aceito pelo agente).
Homicídio culposo ou lesão corporal culposa.	Somente na ação penal privada.

O perdão judicial somente ocorre no homicídio culposo, se as circunstâncias da infração atingirem o agente de forma tão grave que a sanção penal se torne desnecessária.

Ex.: Pai culposamente atropela filho na garagem de casa.

Natureza jurídica da sentença concessiva de perdão judicial: De acordo com a Súmula 18 do STJ: A sentença concessiva do perdão judicial é declaratória da extinção da punibilidade, não subsistindo qualquer efeito condenatório.

Perdão Judicial e Código de Trânsito Brasileiro: O perdão judicial no CTB estava previsto no Art. 300, mas este foi vetado.

Causa Específica de Aumento de Pena

§ 6º. A pena é aumentada de 1/3 (um terço) até a metade se o crime for praticado por milícia privada, sob o pretexto de prestação de serviço de segurança, ou por grupo de extermínio.

Esse parágrafo foi introduzido no Código Penal pela Lei nº 12.720 de 27 de setembro de 2012, juntamente com a mudança no §7º do crime de lesão corporal (Art. 129 do CP) e o novo crime de constituição de milícia privada (Art. 288-A do CP).

> O CP afirma que a sentença é condenatória, considerando que há previsão no Art. 120 que a sentença não é considerada para fins de reincidente.

É uma majorante de concurso necessário, visto que um grupo não pode ser constituído por uma ou duas pessoas.

O legislador omitiu qual o número mínimo exigido para a configuração desses grupos de extermínio ou milícias, mas a interpretação que predomina é de no mínimo 03 pessoas.

Para que ocorra essa causa especial de aumento de pena, se faz necessário um especial fim de agir do grupo de milícia privada (pretexto de prestação de serviço de segurança). Essa majorante também é aplicada se for cometida por somente um integrante do grupo, somente se o referido homicídio já teria sido planejado pela milícia anteriormente.

Ex.: O que ocorre nas favelas do Rio de Janeiro.

Induzimento, Instigação ou Auxílio ao Suicídio

Induzimento, instigação ou auxílio a suicídio ou a automutilação
Art. 122. *Induzir ou instigar alguém a suicidar-se ou a praticar automutilação ou prestar-lhe auxílio material para que o faça: (Redação dada pela Lei nº 13.968, de 2019)*
Pena *- reclusão, de 6 (seis) meses a 2 (dois) anos. (Redação dada pela Lei nº 13.968, de 2019)*
§ 1º Se da automutilação ou da tentativa de suicídio resulta lesão corporal de natureza grave ou gravíssima, nos termos dos §§ 1º e 2º do art. 129 deste Código: (Incluído pela Lei nº 13.968, de 2019)
Pena *- reclusão, de 1 (um) a 3 (três) anos. (Incluído pela Lei nº 13.968, de 2019)*
§ 2º Se o suicídio se consuma ou se da automutilação resulta morte: (Incluído pela Lei nº 13.968, de 2019)
Pena *- reclusão, de 2 (dois) a 6 (seis) anos. (Incluído pela Lei nº 13.968, de 2019)*
§ 3º A pena é duplicada: (Incluído pela Lei nº 13.968, de 2019)
I. se o crime é praticado por motivo egoístico, torpe ou fútil; (Incluído pela Lei nº 13.968, de 2019)
II. se a vítima é menor ou tem diminuída, por qualquer causa, a capacidade de resistência. (Incluído pela Lei nº 13.968, de 2019)
§ 4º A pena é aumentada até o dobro se a conduta é realizada por meio da rede de computadores, de rede social ou transmitida em tempo real. (Incluído pela Lei nº 13.968, de 2019)
§ 5º Aumenta-se a pena em metade se o agente é líder ou coordenador de grupo ou de rede virtual. (Incluído pela Lei nº 13.968, de 2019)
§ 6º Se o crime de que trata o § 1º deste artigo resulta em lesão corporal de natureza gravíssima e é cometido contra menor de 14 (quatorze) anos ou contra quem, por enfermidade ou deficiência mental, não tem o necessário discernimento para a prática do ato, ou que, por qualquer outra causa, não pode oferecer resistência, responde o agente pelo crime descrito no § 2º do art. 129 deste Código. (Incluído pela Lei nº 13.968, de 2019)
§ 7º Se o crime de que trata o § 2º deste artigo é cometido contra menor de 14 (quatorze) anos ou contra quem não tem o necessário discernimento para a prática do ato, ou que, por qualquer outra causa, não pode oferecer resistência, responde o agente pelo crime de homicídio, nos termos do art. 121 deste Código. (Incluído pela Lei nº 13.968, de 2019)

Para o Direito Penal Brasileiro, não é passível de punição a conduta do agente que tem como objetivo o extermínio da sua própria vida, ou seja, aquele que comete o suicídio (autocídio/autoquíria), bem como a possível lesão que o sujeito venha a sofrer caso sua tentativa não obtenha sucesso, devido à falta de previsão legal para tal conduta.

Contudo, o objetivo da norma penal ao tipificar essa conduta é punir o agente que participa na ocorrência do crime, auxiliando, induzindo ou instigando alguém a cometer o suicídio.

Classificação

É crime simples, comum, e formal, pois sua consumação não exige resultado. É crime de forma livre. Pode ser praticado por ação ou por omissão IMPRÓPRIA, quando presente o dever de agir. (Art. 13, § 2º, CP)

Condutas acessórias à prática do suicídio:

> Induzir: Implantar a ideia.
> Instigar: Reforçar a ideia preexistente.
> Auxiliar: Intromissão no processo físico de causação.

Sujeitos

Sujeito Ativo: crime comum, pode ser praticado por qualquer um.

Sujeito Passivo: alguém que tenha capacidade para agir, pois caso contrário será crime de homicídio. Se ela tiver relativa capacidade (de 14 até fazer 18 anos – Art. 224, "a" e 217-A, CP), incorrerá na pena do Art. 122, parágrafo único, II, CP.

Natureza Jurídica do Art. 122, CP: Nelson Hungria, Luiz Regis Prado, Aníbal Bruno e Rogério Greco – Condição Objetiva de Punibilidade, porque o crime se perfaz quando se instiga, induz ou auxilia. Mas a lei condiciona a punibilidade dessa conduta à ocorrência do suicídio, ou pelo menos da lesão grave. São resultados que se encontram fora do Tipo e, por isso, são condições que a Lei coloca para que o Estado possa exercer o *ius puniendi*.

> *O crime previsto no Art. 122, CP é um crime condicionado ao resultado (morte ou lesão), pois se não se consumar, não terá relevância penal alguma e, portanto, não admite tentativa.*

Art. 13, § 2º, CP. A omissão é penalmente relevante quando o omitente devia e podia agir para evitar o resultado. O dever de agir incumbe a quem:
a) Tenha por lei obrigação de cuidado, proteção ou vigilância;
b) De outra forma, assumiu a responsabilidade de impedir o resultado;
c) Com seu comportamento anterior, criou o risco da ocorrência do resultado.

A conduta só é punida na forma dolosa (o agente que participa), NÃO existindo previsão para modalidade culposa.

Descrição do crime: é conhecido também como o crime de participação em suicídio. Ademais, a participação deve dirigir-se a pessoa(as) determinada (as), pois NÃO é punível a participação genérica (um filme, livro, que estimule o pensamento suicida).

Sendo a conduta criminosa composta de vários verbos (induzir, instigar, auxiliar), ainda que o agente realize as três condutas, o crime será único, respondendo desta forma, apenas pelo Art. 122 do CP.

NOÇÕES DE DIREITO PENAL

DOS CRIMES CONTRA A PESSOA

Na participação material, o auxílio deve ser acessório, pois, caso seja direto e imediato, o crime será o de homicídio, visto que o sujeito não pode, em hipótese alguma, realizar uma conduta apta a eliminar a vida da vítima.

Ex.: "A" empresta sua arma de fogo para "B", contudo, "B" solicita para que esse ("A") efetue o disparo em sua cabeça.

O auxílio deve ser eficaz, ou seja, precisa contribuir efetivamente para o suicídio. Desse modo, se "A" empresta uma arma de fogo para "B" se matar, mas este acabe utilizando uma corda (enforcamento), nesse caso, a conduta de "A" será atípica.

Exige-se que o agente imprima seriedade em sua conduta, querendo que a vítima efetivamente se suicide (dolo).

Não há crime se o agente fala, por brincadeira, para a vítima se matar e esta realmente se mata.

Não caracteriza constrangimento ilegal a coação (força) exercida para impedir o suicídio (Art. 146, §3º, II, CP).

Ex.: "A" induz "B" a suicidar-se e "C" empresta a arma de fogo. "B" se mata. "A" e "C" responderão como autores do crime previsto no Art. 122, CP.

Pacto de Morte ou Suicídio a Dois

Duas pessoas resolvem se suicidar conjuntamente. Ex.: câmara de gás. Podem ocorrer as seguintes situações:		
"A" e "B" sobreviveram e não ocorreu lesão corporal grave (ou gravíssima).	Os dois abriram a torneira de gás.	Os dois responderão por tentativa de homicídio.
"A" e "B" sobreviveram e não ocorreu lesão corporal grave (ou gravíssima).	"A" abriu a torneira.	"A" responderá por tentativa de homicídio e "B" não responderá por nada (Fato Atípico).
"A" e "B" sobreviveram, mas "B" ficou com lesão corporal grave (ou gravíssima).	"A" abriu a torneira.	"A" responderá por tentativa de homicídio e "B" responderá por participação em suicídio (Art. 122).
"A" morreu e "B" sobreviveu.	"A" abriu a torneira.	"B" responderá por participação em suicídio (Art. 122).
"A" morreu e "B" sobreviveu.	"B" abriu a torneira.	"B" responderá por homicídio.

Roleta-Russa e Duelo Americano

Os Sobreviventes Responderão pelo Crime:	
Roleta-russa	A arma de fogo (revólver) é municiada com um único projétil, sendo o gatilho acionado por ambos os participantes – conforme sua ordem – girando o "tambor" da arma a cada nova tentativa. "A" gira o tambor, mira em sua cabeça, e aciona o gatilho.
Duelo-Americano	Existem duas armas, sendo que apenas uma está municiada, cada um escolhe a sua e efetiva o disparo contra si mesmo, desconhecendo qual efetivamente está carregada.

Formas Qualificadas

Portanto verificar o aluno que com as modificações introduzidas no referido crime, temos agora as qualificadoras de lesão gravíssima ou grave (que antes tornava atípico o crime) e morte, em que ambas eram apenas consideradas como condição para a tipificação do crime:

a) Se da automutilação ou da tentativa de suicídio resulta lesão corporal de natureza grave ou gravíssima, nos termos dos §§ 1º e 2º do art. 129 deste Código – pena de 1 a 3 anos

b) Se o suicídio se consuma ou se da automutilação resulta morte – pena de 2 a 6 anos

Formas Majoradas

a) A pena é duplicada (aqui o aumento será aplicado em dobro, o que não é até o dobro, mas sim em dobro)

> se o crime é praticado por motivo egoístico, torpe ou fútil;

> se a vítima é menor ou tem diminuída, por qualquer causa, a capacidade de resistência.

b) A pena é aumentada até o dobro se a conduta é realizada por meio da rede de computadores, de rede social ou transmitida em tempo real.

Portanto perceba que não havia essa previsão na redação anterior. Através da evolução comportamental da sociedade, uma maior punição agora se impõe aos que, através dos novos meios de comunicação em massa – internet e redes sociais.

c) Aumenta-se a pena em metade se o agente é líder ou coordenador de grupo ou de rede virtual

O que antes também não era previsto, agora se tem uma maior punição dos líderes/administradores/fundadores de grupos de comunicação, devido ao seu imenso poder de persuasão sobre seus "seguidores".

Infanticídio

Art. 123. *Matar, sob a influência do estado puerperal, o próprio filho, durante o parto ou logo após:*
Pena *- detenção, de dois a seis anos.*

O Art. 123 do CP é um homicídio especial, dotado de especializastes, possuindo pena menor, o que implica o fato de ser considerado Homicídio Privilegiado.

Requisitos

> Praticado pela própria mãe contra seu filho;

> Durante ou logo após o parto;

> Contra recém-nascido (neonato);

> Sob influência de estado puerpério (lapso temporal até que a mulher volte ao ciclo menstrual normal).

Trata-se de um crime próprio (praticado pela própria mãe).

É um crime comissivo (ação) ou omissivo (omissão imprópria), sendo também um crime material, consuma-se, efetivamente, com a morte da vítima.

Sujeitos

Sujeito Ativo: o sujeito ativo aqui é a mãe, sob influência do estado puerperal.

Indaga-se se o crime em questão admite concurso de pessoas (coautoria e participação)?

Sobre essa pergunta existem duas correntes:

1ª Corrente: o estado puerperal é condição personalíssima incomunicável, logo, não admite concurso de pessoas. Mas atente-se que o CP não reconhece essa condição personalíssima – não tem previsão do Art. 30 do CP.

2ª Corrente: o estado puerperal é condição pessoal comunicável, pelo que é admitido o concurso de agentes. (Majoritária)

→ Alguns autores dividem dessa forma:

1ª Situação: parturiente e médico matam o nascente ou neonato. Parturiente responde pelo Art. 123 e o médico também responde pelo Art. 123 em coautoria.

2ª Situação: parturiente, auxiliada pelo médico, mata nascente ou neonato. A parturiente responde pelo Art. 123 e o médico também, como partícipe.

3ª Situação: médico, auxiliado pela parturiente, mata nascente ou neonato. O médico responderá pelo crime de homicídio e a parturiente, também responderia pelo Art. 121 do CP na qualidade de partícipe. Mas aqui surgem duas correntes em face da injustiça existente:

Corrente Majoritária: o médico responde pelo Art. 121 do CP e a parturiente responde pelo Art. 123 para sanar a injustiça existente.

Sujeito Passivo: é próprio, ou seja, somente aquele que é o nascente (durante o parto) ou neonato (logo após o parto).

Diante da especialidade, tanto do sujeito ativo como do sujeito passivo, o crime é considerado biprópio.

Supondo que a mãe mate aquele que supõe ser seu filho, mas na verdade é filho de outrem. Nesse caso continuará respondendo pelo crime de infanticídio, diante da aplicação do Art. 20 do CP, que determina a consideração das qualidades da vítima virtual.

Conduta

A conduta punível é tirar a vida extrauterina do próprio filho, durante ou logo após o parto.

→ Tem-se o matar + as seguintes especializantes:

Elemento temporal constitutivo do tipo: durante ou logo após o parto. Se for antes do parto, o crime é de aborto. Se, após o parto, o crime é de homicídio.

Influência do estado puerperal: a doutrina afirma que, o logo após perdura enquanto presente a influência do estado puerperal. Enquanto a gestante estiver sob a influência do estado puerperal, o elemento temporal constitutivo estará presente. Estado puerperal é um desequilíbrio fisio-psíquico.

Estado puerperal: Conforme Sanches, é o estado que envolve a parturiente durante a expulsão da criança do ventre materno, produzindo profundas alterações psíquicas e físicas.

Puerpério é o período que se estende do início do parto até a volta da mulher às condições pré-gravidez.

É preciso, também, que haja uma relação de causa e efeito entre o estado puerperal e o crime, pois nem sempre ele produz perturbações psíquicas na parturiente. Esse alerta se encontra na exposição de motivos do CP.

Dependendo do grau do estado puerperal é possível que a parturiente seja tratada como inimputável ou semi-imputável? Sim. Dependendo do grau de desequilíbrio fisio-psíquico, a parturiente pode sofrer o mesmo tratamento do inimputável ou semi-imputável. Essa é a posição de Mirabete.

Tipo Subjetivo

O crime descrito no Art. 123 é punido a título de dolo, não havendo possibilidade de punição na modalidade culposa.

Consumação e tentativa:

O crime se consuma com a morte, sendo perfeitamente possível a tentativa.

Aborto Provocado pela Gestante ou Com Seu Consentimento

> **Art. 124.** Provocar aborto em si mesma ou consentir que outrem lhe provoque:
> **Pena** - detenção, de um a três anos.

O crime de aborto ocorre quando há a interrupção da gravidez, ocasionando a morte do produto da geração, procriação, concepção, ou seja, é a eliminação da vida intrauterina.

Sob o aspecto jurídico, a gravidez tem início com a nidação (implantação do óvulo fecundado no útero – parede uterina).

Portanto, não há crime de aborto quando da utilização de meios que inibem a fixação do ovo na parede uterina. É o que ocorre com o DIU (diafragma intrauterino).

Espécies de Aborto

Criminoso	Interrupção dolosa da gravidez (Arts. 124 a 127, CP).
Legal ou Permitido	Não há crime por expressa previsão legal. Art. 128, CP: I) Quando não há outro meio para salvar a vida da gestante (aborto necessário ou terapeutico); II) Quando a gravidez resulta de estupro (aborto sentimental ou humanitário).
Natural	Interrupção espontânea da gravidez. Não há crime.
Acidental	A gestante sofre um acidente qualquer e perde o bebê. Não é crime, por ausência de dolo.
Eugênico ou Eugenésico	Interrupção da gravidez quando há anomalia ou algum defeito genético. É crime, exceto o aborto de anencéfalo.
Econômico ou Social	Interrupção da gravidez para não agravar a situação de miséria enfrentada pela mãe ou por sua família. É crime.

Objetividade Jurídica

Vida humana. No aborto provocado por terceiro SEM o consentimento da gestante (Art. 125), protege-se também a integridade física e psíquica da gestante.

Objeto Material

O produto da concepção (óvulo fecundado, embrião ou feto).

NOÇÕES DE DIREITO PENAL

Deve haver prova da gravidez, pois se a mulher não está grávida, ou se o feto já havia morrido por outro motivo qualquer será crime impossível por absoluta impropriedade do objeto (Art. 17, CP).

O feto deve estar alojado no útero materno. Desse modo, se ocorrer a destruição de um tubo de ensaio que contém um óvulo fertilizado in vitro não haverá aborto.

O feto não necessita ter viabilidade. Basta que esteja vivo antes do crime.

Sujeitos do Crime

Sujeito Ativo: Os crimes do Art. 124, CP são de mão própria, pois somente a gestante pode provocar aborto em si mesma ou consentir que um terceiro lhe provoque. Não admitem coautoria, mas admite participação. É crime comum nos demais casos.

Sujeito Passivo: é o feto. No aborto provocado por terceiro SEM o consentimento da gestante (Art. 125) as vítimas são o feto e a gestante.

É crime de forma livre. Pode ser praticado de forma comissiva ou omissiva (Ex.: deixar dolosamente de ingerir medicamentos necessários para a preservação da gravidez). Se, contudo, o meio de execução for absolutamente ineficaz será crime impossível (Ex.: despachos, rezas e simpatias).

Elemento Subjetivo

É o dolo, direto ou eventual.

Não existe o crime de aborto culposo

Se a própria gestante agir culposamente e ensejar o aborto, o fato será atípico. Já o terceiro que provoca aborto por culpa responde por lesão corporal culposa contra a gestante.

Consumação e Tentativa

Ocorre com a morte do feto. É dispensável a expulsão do produto da concepção.

É admitida a tentativa.

Ex.: Realizou manobras abortivas e o feto foi expulso com vida: tentativa de aborto.

O agente quer ferir a gestante e realiza manobras abortivas e o feto é expulso com vida: lesão corporal grave (aceleração de parto – Art. 129, § 1º, IV, CP).

Realizou manobras abortivas e o feto foi expulso com vida. Logo em seguida o agente mata o feto: tentativa de aborto e homicídio em concurso material.

Realizou manobras abortivas e o feto foi expulso com vida, mas morreu alguns dias depois em razão da manobra realizada: aborto consumado.

Classificação Doutrinária

O aborto é crime: material, próprio e de mão própria ou comum, instantâneo, comissivo ou omissivo, de dano, unissubjetivo, unilateral ou de concurso eventual, plurissubjetivo ou de concurso necessário, plurissubsistente, de forma livre, progressivo.

O Art. 20 da LCP diz que constitui contravenção penal a conduta de anunciar processo, substância ou objeto destinado a provocar aborto.

Análise do Tipo Penal

1ª parte: provocar aborto em si.

É o autoaborto, um crime próprio e de mão própria.

Admite participação:

Ex.: Mulher gestante ingere medicamento abortivo que lhe foi dado por seu namorado e provoca o aborto. Nesta situação a gestante é autora de autoaborto e seu namorado é partícipe (induzir, instigar ou auxiliar) deste crime. Todavia, se o namorado tivesse executado qualquer ato de provocação do aborto seria autor do crime previsto no Art. 126, CP (aborto com o consentimento da gestante).

O partícipe do autoaborto, além de responder por este crime, pratica ainda homicídio culposo ou lesão corporal culposa se ocorrer morte ou lesão corporal grave em relação à gestante, pois o disposto no Art. 127 não se aplica ao crime do Art. 124.

Quanto à gestante que provoca aborto em si mesma, o aborto legal ou permitido, duas situações podem ocorrer:

> Se for aborto necessário ou terapêutico: não há crime (estado de necessidade);

> Se for aborto sentimental ou humanitário: há crime, pois nesta modalidade somente é autorizado no aborto praticado pelo médico.

2ª parte: consentir para que 3º lhe provoque o aborto.

O legislador criou uma exceção à teoria monista ou unitária no concurso de pessoas (Art. 29, Caput, CP) e criou crimes distintos: a gestante responde pelo Art. 124, 2ª parte, CP e o terceiro que provoca o aborto responde pelo Art. 126, CP.

Esse crime é de mão própria, pois somente a gestante pode prestar o consentimento. Não admite coautoria, mas admite participação.

A gestante dever ter capacidade e discernimento para consentir (ser maior de 14 anos e ter integridade mental). E o consentimento deve ser válido (isento de fraude e não tenha sido obtido por meio de violência ou grave ameaça).

Aborto Provocado por Terceiro

Art. 125. Provocar aborto, sem o consentimento da gestante:
Pena - reclusão, de três a dez anos.

Sujeito ativo: qualquer pessoa

Sujeito passivo: produto da concepção e a gestante.

Art. 126. Provocar aborto com o consentimento da gestante:
Pena - reclusão, de um a quatro anos.
Parágrafo único. Aplica-se a pena do artigo anterior, se a gestante não é maior de quatorze anos, ou é alienada ou débil mental, ou se o consentimento é obtido mediante fraude, grave ameaça ou violência.

Considerações

É crime de concurso necessário.

O legislador criou uma exceção à teoria monista ou unitária no concurso de pessoas (Art. 29, Caput, CP) e criou crimes distintos: a gestante responde pelo Art. 124, 2ª parte, CP e o terceiro que provoca o aborto responde pelo Art. 126, CP.

O consentimento da gestante (expresso ou tácito) deve subsistir até a consumação do aborto. Se durante a prática do crime ela se arrepender e solicitar ao terceiro a paralisação das manobras letais, mas não for obedecida, para ela o fato será atípico, e o terceiro responderá pelo crime do Art. 125, CP.

Se três ou mais pessoas associarem-se para o fim de praticarem abortos, responderão pelo crime de Associação Criminosa (Art. 288, CP) em concurso material com os abortos efetivamente realizados.

Se não tiver o consentimento da gestante responde pelo Art. 125 do CP.

Caso a gestante consentir, mas seu consentimento não seja válido, por se enquadrar em alguma das hipóteses do parágrafo único do Art. 126 (gestante não maior de 14 anos ou alienada mental ou consentimento obtido através de fraude, grave ameaça ou violência), os agentes responderão pelo crime do Art. 125 do CP.

Forma Qualificada

Art. 127. *As penas cominadas nos dois artigos anteriores são aumentadas de um terço, se, em consequência do aborto ou dos meios empregados para provocá-lo, a gestante sofre lesão corporal de natureza grave; e são duplicadas, se, por qualquer dessas causas, lhe sobrevém a morte.*

Esses resultados são preterdolosos advindos da prática abortiva, ou seja, são resultados que só poderão ser imputados a título de culpa. Se houver dolo em relação a esses resultados haverá concurso.

> O aborto de feto anencefálico é uma espécie de aborto eugênico.

Aborto Necessário

Art. 128. *Não se pune o aborto praticado por médico:*
Se não há outro meio de salvar a vida da gestante;

Depende de dois requisitos:
> Que a vida da gestante corra perigo em razão da gravidez;
> Que não exista outro meio de salvar sua vida. (Desse modo, há crime de aborto quando interrompida a gravidez para preservar a saúde da gestante.)

O risco para a vida da gestante não precisa ser atual. Basta que exista, isto é, que no futuro possa colocar em perigo a vida da mulher.

Não necessita do consentimento da gestante e não haverá crime quando a gestante se recusa a fazê-lo e o médico provoca o aborto necessário.

Se o aborto necessário for realizado por ENFERMEIRA, ou por qualquer pessoa que não o médico, duas situações podem ocorrer:
> Há perigo atual para a gestante: estado de necessidade (Art. 24, CP);
> Não há perigo atual: há crime de aborto.

Aborto no Caso de Gravidez Resultante de Estupro

II. Se a gravidez resulta de estupro e o aborto é precedido de consentimento da gestante ou quando incapaz, de seu representante legal.

Necessita de três requisitos:
> Ser praticado por médico;
> Consentimento válido da gestante ou de seu representante legal (se for incapaz);
> Gravidez resultante de estupro.

Nesta hipótese, como não há perigo atual para a vida da gestante, haverá o crime de aborto se praticado por qualquer pessoa que não seja o médico.

O aborto será permitido mesmo que a gravidez resulte de ato libidinoso diverso da conjunção carnal (Ex.: Sexo anal, estupro de vulnerável) em razão da mobilidade dos espermatozoides. É considerada uma hipótese de analogia in bonam partem.

Não se exige autorização judicial para a realização desta espécie de aborto permitido.

São causas especiais de exclusão da ilicitude. Embora o aborto praticado em tais situações seja fato típico, não há crime pelo fato de serem hipóteses admitidas pelo ordenamento jurídico.

Ambos devem ser praticados por médico (este não precisa de autorização judicial para realizar estas espécies de aborto).

Aborto sentimental também é autorizado quando a gravidez decorrer de estupro de vulnerável (analogia in bonam partem).

Aborto Econômico: não está previsto no ordenamento jurídico. Se praticado será crime de aborto.

De acordo com o Código Penal, existem apenas duas modalidades permissivas de aborto previstas no Art. 128 do CP (aborto necessário e aborto sentimental).

No entanto, em abril de 2012, o STF no julgamento da ADPF 54 passou a admitir uma terceira modalidade: o aborto de feto anencefálico (malformação fetal que leva à ausência de cérebro e à impossibilidade de vida).

Para tanto, não há necessidade de autorização judicial. Basta um laudo formal do médico atestando a anencefalia e a inviabilidade de vida.

3.2 Das Lesões Corporais

Art. 129. *Ofender a integridade corporal ou a saúde de outrem:*
Pena *- detenção, de três meses a um ano.*
Lesão Corporal de Natureza Grave
§ 1º. *Se resulta:*
I. Incapacidade para as ocupações habituais, por mais de trinta dias;
II. Perigo de vida;
III. Debilidade permanente de membro, sentido ou função;
IV. Aceleração de parto:
Pena *- reclusão, de um a cinco anos.*
§ 2º. *Se resulta:*
I. Incapacidade permanente para o trabalho;
II. Enfermidade incurável;
III. Perda ou inutilização do membro, sentido ou função;
IV. Deformidade permanente;
V. Aborto:
Pena - reclusão, de dois a oito anos.

NOÇÕES DE DIREITO PENAL

DOS CRIMES CONTRA A PESSOA

Lesão Corporal Seguida de Morte

§ 3º. Se resulta morte e as circunstâncias evidenciam que o agente não quis o resultado, nem assumiu o risco de produzi-lo:
Pena - reclusão, de quatro a doze anos.

Diminuição de Pena:

§ 4º. Se o agente comete o crime impelido por motivo de relevante valor social ou moral ou sob o domínio de violenta emoção, logo em seguida a injusta provocação da vítima, o juiz pode reduzir a pena de um sexto a um terço.

Substituição da Pena:

§ 5º. O juiz, não sendo graves as lesões, pode ainda substituir a pena de detenção pela de multa, de duzentos mil réis a dois contos de réis:

   I. Se ocorre qualquer das hipóteses do parágrafo anterior;

   II. Se as lesões são recíprocas.

Lesão Corporal Culposa

§ 6º. Se a lesão é culposa:
Pena - detenção, de dois meses a um ano.

Aumento de Pena

§ 7º. Aumenta-se a pena de 1/3 (um terço) se ocorrer qualquer das hipóteses dos §§ 4º e 6º do Art. 121 deste Código.

§ 8º. Aplica-se à lesão culposa o disposto no § 5º do Art. 121.

Violência Doméstica

§ 9º. Se a lesão for praticada contra ascendente, descendente, irmão, cônjuge ou companheiro, ou com quem conviva ou tenha convivido, ou, ainda, prevalecendo-se o agente das relações domésticas, de coabitação ou de hospitalidade.
Pena - detenção, de 3 (três) meses a 3 (três) anos.

§ 10. Nos casos previstos nos §§ 1º a 3º deste artigo, se as circunstâncias são as indicadas no § 9º deste artigo, aumenta-se a pena em 1/3 (um terço).

§ 11. Na hipótese do § 9º deste artigo, a pena será aumentada de um terço se o crime for cometido contra pessoa portadora de deficiência.

§ 12. Se a lesão for praticada contra autoridade ou agente descrito nos Arts. 142 e 144 da Constituição Federal, integrantes do sistema prisional e da Força Nacional de Segurança Pública, no exercício da função ou em decorrência dela, ou contra seu cônjuge, companheiro ou parente consanguíneo até terceiro grau, em razão dessa condição, a pena é aumentada de um a dois terços.

Essa qualificadora foi inserida pela Lei nº 13.142/2015.

São autoridades previstas no Art. 142 da CF/88:

Art. 142. As Forças Armadas, constituídas pela Marinha, pelo Exército e pela Aeronáutica, são instituições nacionais permanentes e regulares, organizadas com base na hierarquia e na disciplina, sob a autoridade suprema do Presidente da República, e destinam-se à defesa da Pátria, à garantia dos poderes constitucionais e, por iniciativa de qualquer destes, da lei e da ordem.

São autoridades do Art. 144 da CF/88:

Art. 144. A segurança pública, dever do Estado, direito e responsabilidade de todos, é exercida para a preservação da ordem pública e da incolumidade das pessoas e do patrimônio, através dos seguintes órgãos:

   I. Polícia federal;

   II. Polícia rodoviária federal;

   III. Polícia ferroviária federal;

   IV. Polícias civis;

   V. Polícias militares e corpos de bombeiros militares.

   VI. Policiais Penais Federal, estaduais e distritais.

§8º. Guardas municipais

Lesão corporal é a ofensa humana direcionada à integridade corporal ou à saúde de outra pessoa, quer do ponto de vista anatômico, quer do ponto de vista fisiológico ou mental. A dor, por si só, não caracteriza lesão corporal.

No crime de lesão corporal, protege-se a incolumidade física em sentido amplo: Saúde física ou corporal; Saúde fisiológica (correto funcionamento do organismo) e Saúde mental (psicológica).

Topografia do Art. 129	
Art. 129, *caput*	Lesão dolosa leve.
Art. 129, §1º	Lesão dolosa grave - Atenção! O § 1º não traz somente a lesão dolosa grave. Ele também tem lesão preterdolosa grave.
Art. 129, §2º	Lesão dolosa gravíssima - também no § 2º tem preterdolo.
Art. 129, §3º	Lesão seguida de morte (está genuinamente preterdolosa).
Art. 129, §4º	Lesão dolosa privilegiada.
Art. 129, §5º	Lesão culposa.
Art. 129, §6º	Majorantes.
Art. 129, §7º	Perdão judicial.
Art. 129, §§ 9, 10 e 11	Violência doméstica e familiar (aqui não é só contra mulher).
Art. 129, § 12	Praticada contra autoridade policial.

Classificação

Pode ser praticado por ação ou omissão, quando presente o dever de agir para evitar o resultado, Art. 13, §2º, CP.

Ex.: A mãe que deixa o filho pequeno sozinho na cama, desejando que ele caísse e se machucasse.

É crime de forma livre. Pode ser praticado por ação ou omissão. Pratica lesão quem cria ferimento ou quem agrava o ferimento que já existe.

Elemento subjetivo é o dolo (direto ou eventual) conhecido como animus laedendi, mas há também a culpa no §6º (lesão corporal culposa) e o preterdolo no §3º (lesão corporal seguida de morte).

> Qual crime é praticado, pelo policial militar que agride uma pessoa? Abuso de autoridade e lesão corporal.

Sujeitos do Crime

Sujeito Ativo: é crime comum, podendo ser praticado por qualquer pessoa.

Sujeito Passivo: em regra, qualquer pessoa.

Exceções: Art. 129, §1º, IV (aceleração de parto) e Art. 129, §2º, V (lesão que resulta aborto). Nestas duas hipóteses as vítimas são, necessariamente, gestantes. Também na lesão qualificada pela violência doméstica a vítima precisa ser ascendente, descendente, irmã, cônjuge ou companheira do agressor.

Exceções:

> Art. 129, §1º, IV (aceleração de parto).

> Art. 129, §2º, V (lesão que resulta aborto).

Nestas duas hipóteses as vítimas são, necessariamente, gestantes.
> Contra ascendente, descendente, irmã, cônjuge ou companheira do agressor.
> Agentes de Segurança descritos no Art. 129, §12º, assim com parente consanguíneo até terceiro grau.

Consumação e Tentativa

Por ser crime material se consuma com a efetiva lesão da vítima. A pluralidade de lesões contra a mesma vítima e no mesmo contexto temporal caracteriza crime único, mas deve influenciar na dosimetria da pena-base (Art. 59, CP).

A tentativa só é cabível nas modalidades dolosas. Não cabe tentativa na lesão culposa e na lesão corporal seguida de morte.

Lesão corporal (Art. 29, CP)	Contravenção penal de vias de fato (Art. 21, LCP)
Lesionar a vítima.	Agredir a vítima, sem lesioná-la Ex.: empurrão, puxão de cabelo.

Lesão Corporal Leve

A ação penal é pública condicionada à representação da vítima, de competência dos Juizados Especiais Criminais.

O conceito de Lesão Leve é considerado por exclusão: será de natureza leve se não for a lesão de natureza grave ou gravíssima.

Há jurisprudência admitindo o princípio da insignificância na lesão corporal, quanto às lesões levíssimas. Na doutrina, esse posicionamento é Pierangeri.

Lesão Corporal de Natureza Grave

§ 1º. Se resulta
I. Incapacidade para as ocupações habituais, por mais de trinta dias;
II. Perigo de vida;
III. Debilidade permanente de membro, sentido ou função;
IV. Aceleração de parto:
Pena - *reclusão, de um a cinco anos.*

Trata-se de infração de médio potencial ofensivo, considerando que a pena mínima é de um ano.

A ação penal é pública incondicionada.

Incapacidade para as Ocupações Habituais por Mais de Trinta Dias.

As ocupações habituais são aquelas rotineiras, física ou mental, do cotidiano do ofendido e não apenas seu trabalho. É suficiente tratar-se de ocupação concreta, pouco importando se lucrativa ou não.

A atividade deve ser lícita, sendo indiferente se moral ou imoral.

Prostituta pode. Ladrão não pode.

Um bebê de tenra idade pode ser vítima dessa lesão? A resposta é afirmativa e há jurisprudência nesse sentido, trazendo como exemplo a hipótese em que o bebê, em razão da agressão não pode ser alimentado, pelo prazo de 30 dias.

É irrelevante a idade da vítima (pode ser idosa ou criança).

São exigidos dois exames periciais: um inicial realizado logo após o crime; e um exame complementar realizado logo que decorra o prazo de 30 dias da data do crime.

Supondo que a vítima sofra uma lesão ficando com um hematoma no olho, e, por vergonha não saiu de casa pelo prazo superior a trinta dias, nessa hipótese, restou configurado o delito de lesões corporais graves? Ensina a doutrina, seguida pela jurisprudência, que a relutância por vergonha de praticar as ocupações habituais não agrava o crime. É a lesão que deve incapacitar o agente e não a vergonha da lesão.

Perigo de Vida

Perigo de vida é a possibilidade grave, concreta e imediata de a vítima morrer em consequência das lesões sofridas. Trata-se de perigo concreto, comprovado por perícia médica, que deve indicar, de modo preciso e fundamentado, no que consistiu o perigo de vida proporcionado à vítima.

Nesta hipótese, é crime tipicamente PRETERDOLOSO, pois o resultado agravador deve resultar de culpa do agente.

Se o agente, ao praticar a lesão, quis o resultado ou assumiu o risco de produzi-lo, responderá por tentativa de homicídio.

O crime preterdoloso não está apenas na lesão corporal seguida de morte. O perigo de vida é um resultado necessariamente preterdoloso. O inciso II ora discutido nada mais é que um crime preterdoloso, isto é, dolo na lesão e culpa no perigo de vida. Está-se, pois, diante de um crime necessariamente preterdoloso.

Debilidade Permanente de Membro, Sentido ou Função.

Debilidade é a diminuição ou o enfraquecimento da capacidade funcional. Há de ser permanente, isto é, duradoura e de recuperação incerta. Não se exige perpetuidade.

Ex.: O agente não fica cego, mas tem reduzida a capacidade visual.

Membros	São os braços, pernas, mãos e pés.
Sentidos	São os mecanismos sensoriais por meio dos quais percebemos o mundo externo: visão, audição, tato, olfato e paladar.
Função	É a atividade inerente a um órgão ou aparelho do corpo humano: respiratória, circulatória, digestiva etc.

A perda ou inutilização de membro sentido ou função é lesão corporal gravíssima (Art. 129, §2º, III, CP).

Órgãos duplos: (Ex.: Rins, olhos, pulmões) a perda de um deles caracteriza lesão grave pela debilidade permanente. Já a perda de ambos configura lesão corporal gravíssima pela perda ou inutilização.

A recuperação do membro, sentido ou função por meio cirúrgico ou ortopédico não exclui a qualificadora, pois a vítima não é obrigada a submeter-se a tais procedimentos.

Aceleração de Parto

É a antecipação do parto, o parto prematuro. A criança nasce com vida e continua a viver.

NOÇÕES DE DIREITO PENAL

Para incidir essa qualificadora do inciso IV, é imprescindível que o agente saiba ou pudesse saber que a vítima da lesão era gestante, sob pena de restar caracterizada a responsabilidade penal objetiva, vedada pelo ordenamento jurídico. É necessário observar ainda que, em nenhuma dessas hipóteses o agente aceita ou quer o abortamento

Se em consequência da lesão o feto for expulso morto do ventre materno, o crime será de lesão corporal gravíssima em razão do aborto (Art. 129, §2º, V, CP).

Lesão Corporal Dolosa Gravíssima

§ 2º. Se resulta
I. Incapacidade permanente para o trabalho;
II. Enfermidade incurável;
III. Perda ou inutilização do membro, sentido ou função;
IV. Deformidade permanente;
V. Aborto:
Pena - reclusão, de dois a oito anos.

Em concurso, restou indagado se a expressão gravíssima era criação da lei, doutrina ou jurisprudência. Referida expressão é criação da doutrina que foi seguida pela jurisprudência.

A Lei nº 9.455/97, que é a lei de tortura, adotou a expressão doutrinária gravíssima. Na lei de tortura, no Art. 1º, §3º, há expressa menção à lesão grave ou gravíssima.

Incapacidade Permanente para o Trabalho

Deve tratar-se de incapacidade genérica para o trabalho, ou seja, a vítima fica impossibilitada de exercer qualquer tipo de atividade laborativa remunerada.

A incapacidade não significa perpetuidade, basta que seja uma incapacidade duradoura, dilatada no tempo.

Enfermidade Incurável.

É a alteração prejudicial da saúde por processo patológico, físico ou psíquico, que não pode ser eficazmente combatida com os recursos da medicina à época do crime. Deve ser provada por exame pericial.

Também é considerada incurável a enfermidade que somente pode ser enfrentada por procedimento cirúrgico complexo ou mediante tratamentos experimentais ou penosos, pois a vítima não pode ser obrigada a enfrentar tais situações.

A transmissão intencional do vírus da AIDS no Brasil é tida como de natureza letal, pelo que é considerada tentativa de homicídio. O certo seria a criação de tipo penal específico sobre a transmissão intencional do vírus da AIDS.

Em recente julgado o STF afastou essa ideia. Entendeu o STF, recentemente, que não se trata de tentativa de homicídio a transmissão intencional do vírus da AIDS.

Perda ou Inutilização de Membro, Sentido ou Função

Perda: é a ablação, a destruição ou privação de membro (Ex.: arrancar um braço), sentido (Ex.: perda da audição), função (Ex.: ablação do pênis que extingue a função reprodutora). Pode concretizar-se por meio de mutilação (o membro, sentido ou função é eliminado diretamente pela conduta do agressor) ou amputação (resulta da intervenção médico-cirúrgica realizada para salvar a vida do ofendido).

Inutilização: falta de aptidão do órgão para desempenhar sua função específica. O membro ou órgão continua ligado ao corpo da vítima, mas incapacitado para desempenhar as atividades que lhe são próprias.

Ex.: A vítima ficou paraplégica.

A correção corporal da vítima por meios ortopédicos ou próteses não afasta a qualificadora, ao contrário do reimplante realizado com êxito.

A perda de parte do movimento de um membro (braço, perna, mão ou pé) configura lesão grave pela debilidade permanente. Todavia, a perda de todo o movimento caracteriza lesão corporal gravíssima pela inutilização.

Deformidade Permanente

Segundo doutrina e jurisprudências majoritárias, esta qualificadora está intimamente relacionada a questões estéticas. Desse modo, precisa ser visível, mas não necessariamente na face, e capaz de causar impressão vexatória em quem olha a vítima.

A vítima não é obrigada a se submeter a intervenção cirúrgica para a reparação da deformidade. Caso, no entanto, se submeta, e a deformidade for corrigida, desaparecerá a qualificadora, sendo cabível, inclusive, a revisão criminal. A correção da deformidade com o uso de prótese (Ex.: olho de vidro, orelha de borracha ou aparelho ortopédico) não exclui a qualificadora.

Aborto.

Essa qualificadora é necessariamente preterdolosa. Há dolo na lesão e culpa no aborto. Se o agente quer, ou assume o risco do aborto haverá concurso de crimes.

A interrupção da gravidez, com a consequente morte do produto da concepção, deve ter sido provocada culposamente, pois se trata de crime preterdoloso.

Se a morte do feto foi proposital, o sujeito responderá por dois crimes: lesão corporal em concurso formal impróprio com aborto sem o consentimento da gestante (Art. 125). É obrigatório o conhecimento da gravidez por parte do agressor.

Lesão Corporal Seguida de Morte

§ 3º. Se resulta morte e as circunstâncias evidenciam que o agente não quis o resultado, nem assumiu o risco de produzi-lo.
Pena - reclusão, de quatro a doze anos.

É crime exclusivamente preterdoloso (dolo no antecedente – lesão - e culpa no consequente – morte). Esse crime não vai a júri, considerando que não há dolo na morte.

A morte foi ocasionada a título culposo – temos o típico caso de crime preterdoloso (dolo na conduta antecedente e culpa na posterior).

Se presente o dolo direto ou dolo eventual quanto ao resultado morte, o sujeito responderá por homicídio doloso.

Essa modalidade de lesão corporal não admite tentativa.

Lesão Corporal Privilegiada

Diminuição de Pena

§ 4º. *Se o agente comete o crime impelido por motivo de relevante valor social ou moral ou sob o domínio de violenta emoção, logo em seguida a injusta provocação da vítima, o juiz pode reduzir a pena de um sexto a um terço.*

Esse privilégio se aplica a todos os tipos de lesão dolosa, contudo, é incabível nas lesões culposas.

Mesmas características do homicídio privilegiado (Art. 121, §1º, do CP).

Substituição da Pena

§ 5º. *O juiz, não sendo graves as lesões, pode ainda substituir a pena de detenção pela de multa:*

I. Se ocorre qualquer das hipóteses do parágrafo anterior;

II. Se as lesões são recíprocas.

A situação da substituição de penas somente se aplica ao caput, considerando que exige que as lesões corporais não sejam graves. A possibilidade de substituição, assim, somente se dá com a hipótese de lesões leves.

Quando a Lesão Corporal Leve for Privilegiada

Desse modo, caso as lesões sejam leves, o juiz terá duas opções: reduzir a pena de 1/6 a 1/3 (§4º) ou substituí-la por multa (§5º).

Se as Lesões Leves Forem Recíprocas

Uma pessoa agride outra e, cessada essa primeira agressão, ocorrer uma outra lesão pela primeira vítima.

Lesão Corporal Culposa

§ 6º. *Se a lesão é culposa:*

Pena - *detenção, de dois meses a um ano.*

Ocorre lesão corporal culposa quando o agente faltou com seu dever de cuidado objetivo por meio de imprudência, negligência ou imperícia. Desse modo, as consequências, embora previsíveis, não foram previstas pelo agente, ou se foram, ele não assumiu o risco de produzir o resultado.

Essa espécie de lesão depende de representação da vítima ou de seu representante legal (Art. 88, Lei nº 9.099/95), pois é crime de ação penal pública condicionada a representação e infração penal de menor potencial ofensivo (pena máxima menor que dois anos).

Diferentemente do que ocorre com as lesões dolosas (que podem ser leves, graves ou gravíssimas) o CP não fez distinção com relação às lesões culposas. Desse modo, qualquer que seja a intensidade da lesão, o agente responderá por lesão corporal CULPOSA. A gravidade da lesão será levada em consideração na fixação da pena-base (Art. 59).

Aumento de Pena

§ 7º. *Aumenta-se a pena de um terço, se ocorrer qualquer das hipóteses do Art. 121, §§ 4º e 6º.*

Art. 121, *§4º, CP. No homicídio culposo, a pena é aumentada de 1/3 (um terço), se o crime resulta de inobservância de regra técnica de profissão, arte ou ofício, ou se o agente deixa de prestar imediato socorro à vítima, não procura diminuir as consequências do seu ato, ou foge para evitar prisão em flagrante. Sendo DOLOSO o homicídio, a pena é aumentada de 1/3 (um terço) se o crime é praticado contra pessoa menor de 14 (quatorze) ou maior de 60 (sessenta) anos.*

Art. 121, *§4º, CP. A pena é aumentada de 1/3 (um terço) até a metade se o crime for praticado por milícia privada, sob o pretexto de prestação de serviço de segurança, ou por grupo de extermínio.*

§ 8º. *Aplica-se à lesão culposa o disposto no § 5º do Art. 121.*

Art. 121, *§ 5º, CP. Na hipótese de homicídio CULPOSO, o juiz poderá deixar de aplicar a pena, se as consequências da infração atingirem o próprio agente de forma tão grave que a sanção penal se torne desnecessária.*

Violência Doméstica

§ 9º. *Se a lesão for praticada contra ascendente, descendente, irmão, cônjuge ou companheiro, ou com quem conviva ou tenha convivido, ou, ainda, prevalecendo-se o agente das relações domésticas, de coabitação ou de hospitalidade:*

Pena - *detenção, de 3 (três) meses a 3 (três) anos.*

§ 10. *Nos casos previstos nos §§ 1º a 3º deste artigo, se as circunstâncias são as indicadas no § 9º deste artigo, aumenta-se a pena em 1/3 (um terço).*

§ 11. *Na hipótese do § 9º deste artigo, a pena será aumentada de um terço se o crime for cometido contra pessoa portadora de deficiência.*

A forma qualificada do §9º só se aplica à lesão corporal LEVE.

Pode ser causa supralegal de exclusão da ilicitude (somente na lesão corporal leve), desde que presentes os seguintes requisitos, cumulativos:

> Deve ser expresso;

> Livre (não pode ter sido concedido em razão de coação ou ameaça);

> Ser moral e respeitar os bons costumes;

> Deve ser prévio à consumação da lesão;

> O ofendido deve ser capaz para consentir (maior de 18 anos e mentalmente capaz).

Durante a relação sexual, a mulher pede ao seu parceiro que a bata com força.

É irrelevante o consentimento do ofendido nos crimes de lesão corporal grave, gravíssima e seguida de morte, pois o bem jurídico protegido nestas hipóteses é indisponível.

Autolesão: em razão do princípio da alteridade, não se pune a autolesão. Todavia, pode caracterizar o crime descrito no Art. 171, §2º, V, CP.

Ex.: Jogador de golfe quebra o próprio braço para receber o valor do seguro.

Lesões em atividades esportivas: há a exclusão da ilicitude em razão do exercício regular do direito.

Cirurgias emergenciais: se há risco de morte de paciente, o médico que atua sem o consentimento do operado estará amparado pelo estado de necessidade de terceiro. Se não há risco de morte, a cirurgia depende de consentimento da vítima ou de seu representante legal para afastar o crime pelo exercício regular do direito.

Cirurgia de mudança de sexo: não há crime de lesão corporal gravíssima por ausência de dolo de lesionar a integridade corporal ou a saúde do paciente. Atualmente é permitida a realização dessa cirurgia – redesignação sexual – inclusive na rede pública de saúde (Portaria do Ministério da Saúde nº 1.707 de 19/08/08). Desse modo, o médico que realiza esta cirurgia não comete crime por estar acobertado pelo exercício regular de direito.

NOÇÕES DE DIREITO PENAL

DOS CRIMES CONTRA A PESSOA

Cirurgia de esterilização sexual: não há crime na conduta do médico que realiza esta cirurgia (vasectomia, ligadura de trompas etc.) com a autorização do paciente, apesar da eliminação da função reprodutora. Exercício regular de direito.

3.3 Da Periclitação da Vida e da Saúde

Perigo de Contágio Venéreo

Art. 130. Expor alguém, por meio de relações sexuais ou qualquer ato libidinoso, a contágio de moléstia venérea, de que sabe ou deve saber que está contaminado:
Pena - detenção, de três meses a um ano, ou multa.
§ 1º. Se é intenção do agente transmitir a moléstia:
Pena - reclusão, de um a quatro anos, e multa.
§ 2º. Somente se procede mediante representação.

Esse crime configura-se quando o agente transmite ou expõe a perigo de contágio de uma doença venérea (sífilis, gonorreia etc.), bem como, caso ele a desconheça, venha a infectar uma possível vítima.

A forma de transmitir a doença pode ser por meio de relações sexuais (pênis x vagina), ou por qualquer outro ato libidinoso (ação que satisfaça a libido do agente, beijo lascivo, sexo oral, sexo anal, masturbação, etc.).

Se a intenção é transmitir, por tratar-se de crime formal, não é necessária a transmissão.

O §1º traz a forma qualificada do crime, ou seja, quando o agente tem intenção de transmitir a doença.

> A AIDS não é considerada uma moléstia venérea, visto que pode ser contraída ou transmitida de formas diversas, além do contato sexual.

Perigo de Contágio de Moléstia Grave

Art. 131. Praticar, com o fim de transmitir a outrem moléstia grave de que está contaminado, ato capaz de produzir o contágio:
Pena - reclusão, de um a quatro anos, e multa.

É crime de Dano (caso exponha a perigo sem querer ou assumir o risco será hipótese do Art. 132, CP), Formal (não precisa transmitir) e de Forma Livre.

Nesse delito, o agente tem o fim especial de agir, ou seja, pratica um ato (diverso do contato sexual) com a intenção de transmitir uma moléstia grave (qualquer doença que acarrete em prejuízo a saúde da vítima – não sendo venérea), por exemplo, sarampo, tuberculose etc.

Ademais, em relação à AIDS, visto seu grau letal, é considerado como tentativa de homicídio (Art. 121 do CP), não há possibilidade alguma de enquadrá-la como moléstia grave.

Perigo para Vida ou Saúde de Outrem

Art. 132. Expor a vida ou a saúde de outrem a perigo direto e iminente:
Pena - detenção, de três meses a um ano, se o fato não constitui crime mais grave.
Parágrafo único. A pena é aumentada de um sexto a um terço se a exposição da vida ou da saúde de outrem a perigo decorre do transporte de pessoas para a prestação de serviços em estabelecimentos de qualquer natureza, em desacordo com as normas legais.

Estará configurado o crime quando o agente, de qualquer forma, expor em perigo a vida de uma pessoa determinada. Tal ação pode ser praticada de forma livre, ou seja, não exige uma conduta específica.

Soltar uma pedra do alto de um viaduto em um carro que passa pela rodovia com intenção de causar um acidente.

Caso a conduta do agente não seja contra uma pessoa determinada, será configurado um crime diverso que será avaliado de acordo com a situação (Arts. 250 a 259 do CP).

O incapaz não precisa ser necessariamente uma criança. Por exemplo, uma instrutora de escola de natação que deixa os alunos sozinhos na piscina enquanto vai ao banheiro.

Se o abandono se dá em uma situação em que não há risco, não haverá crime.

Para esse crime deve haver o dolo de perigo.

Abandono de Incapaz

Art. 133. Abandonar pessoa que está sob seu cuidado, guarda, vigilância ou autoridade, e, por qualquer motivo, incapaz de defender-se dos riscos resultantes do abandono:
Pena - detenção, de seis meses a três anos.
§ 1º. Se do abandono resulta lesão corporal de natureza grave:
Pena - reclusão, de um a cinco anos.
§ 2º. Se resulta a morte:
Pena - reclusão, de quatro a doze anos.
Aumento de Pena
§ 3º. As penas cominadas neste artigo aumentam-se de um terço:
   I. Se o abandono ocorre em lugar ermo;
   II. Se o agente é ascendente ou descendente, cônjuge, irmão, tutor ou curador da vítima.
   III. Se a vítima é maior de 60 (sessenta) anos.

Essa figura típica incrimina a conduta do agente, que tendo o dever de cuidado, guarda, vigilância ou autoridade abandona, desampara, deixa de prestar o devido cuidado para quem seja incapaz.

Ex.: A mãe deixa o filho em um parque central enquanto percorre lojas realizando compras, ou então, deixa-o dentro do veículo enquanto está no interior de um supermercado. Uma babá, que deixa a criança sozinha dentro de casa enquanto vai à feira.

Ademais, existem as figuras qualificadas caso, do abandono, resulte em lesão corporal de natureza grave, ou a morte do incapaz. Por conseguinte, ocorre também o aumento de pena nas hipóteses descritas nos incisos do § 3º deste artigo.

Exposição ou Abandono de Recém-Nascido

Art. 134. Expor ou abandonar recém-nascido, para ocultar desonra própria:
Pena - detenção, de seis meses a dois anos.
§ 1º. Se do fato resulta lesão corporal de natureza grave:
Pena - detenção, de um a três anos.
§ 2º. Se resulta a morte:
Pena - detenção, de dois a seis anos.

Esse delito é considerado uma forma privilegiada do crime de abandono de incapaz, artigo anterior, no entanto, nesse caso, a vítima é determinada – o recém-nascido – ademais, tal conduta visa proteção da honra do agente.

Uma jovem de 18 anos, mãe solteira, que abandona seu filho recém-nascido para preservar sua imagem perante a família.

Por conseguinte, também existe a forma qualificada do crime, expressa nos parágrafos primeiro e segundo, no caso de a ação resultar em lesão corporal de natureza grave ou a morte do recém-nascido.

Omissão de Socorro

> **Art. 135.** Deixar de prestar assistência, quando possível fazê-lo sem risco pessoal, à criança abandonada ou extraviada, ou à pessoa inválida ou ferida, ao desamparo ou em grave e iminente perigo; ou não pedir, nesses casos, o socorro da autoridade pública:
> **Pena** - detenção, de um a seis meses, ou multa.
> **Parágrafo único.** A pena é aumentada de metade, se da omissão resulta lesão corporal de natureza grave, e triplicada, se resulta a morte.

Essa norma penal tipifica a conduta omissa do agente que não presta auxílio – desde que tal prestação não incorra em risco pessoal – ou, quando não puder fazê-lo, deixa de pedir socorro para autoridade pública.

Classificação

É considerado um crime COMUM, visto que pode ser praticado por qualquer pessoa.

É um crime OMISSIVO PRÓPRIO ou PURO, pois a conduta omissiva está prevista no artigo em tela do Código Penal que ocorre quando o agente deixa de fazer o que lhe é imposto por lei – prestar socorro.

Comumente é praticado apenas por uma pessoa, sendo que é perfeitamente possível que haja o concurso de agentes, Art. 29 do CP.

Sujeitos do Crime

Sendo um crime comum, o sujeito ativo pode ser qualquer pessoa, enquanto o sujeito passivo são as pessoas elencadas no caput do próprio artigo: Criança abandonada ou extraviada (Perigo Abstrato). Pessoa ferida ou inválida com sérias dificuldades de movimentação (Perigo Abstrato). Ao desamparo ou em grave e eminente perigo (Perigo Concreto).

Consumação e Tentativa

O crime se consuma no momento da omissão, ademais, não será configurado o crime quando a vítima ofereça resistência que torne impossível a prestação de auxílio, ou então, caso ela esteja manifestamente em óbito.

Não admite tentativa.

Descrição do Crime

O crime pode ser cometido de duas formas distintas:

Falta de assistência imediata: o agente pode prestar socorro, sem risco pessoal, mas deliberadamente não o faz.

Falta de assistência mediata: o agente não pode prestar pessoalmente o socorro, mas também não solicita o auxílio da autoridade pública.

A simples condição de médico não o coloca como garantidor.

Pessoa inválida e pessoa ferida: é imprescindível que se encontrem ao desamparo no momento da omissão.

Se apenas uma pessoa presta o socorro, quando diversas poderiam tê-lo feito sem risco pessoal, não há crime para ninguém.

Omissão de socorro a pessoa idosa (igual ou superior a 60 anos), responde conforme o Art. 97, Lei nº 10.741/03 – Estatuto do Idoso.

> **Parágrafo único.** A pena é aumentada de metade, se da omissão resulta lesão corporal de natureza grave, e triplicada, se resulta a morte.

A causa de aumento de pena é exclusivamente preterdolosa, o agente tem o dolo de se omitir (não presta o socorro) e disto, acaba resultando uma consequência não deseja pelo omitente.

Condicionamento de Atendimento Médico-Hospitalar Emergencial

> **Art. 135-A.** Exigir cheque-caução, nota promissória ou qualquer garantia, bem como o preenchimento prévio de formulários administrativos, como condição para o atendimento médico-hospitalar emergencial:
> **Pena** - detenção, de 3 (três) meses a 1 (um) ano, e multa.
> **Parágrafo único.** A pena é aumentada até o dobro se da negativa de atendimento resulta lesão corporal de natureza grave, e até o triplo se resulta a morte.

Esse delito tipifica a conduta do estabelecimento que presta atendimento médico-hospitalar emergencial e venha a exigir cheque, nota promissória ou qualquer garantia, como também, que sejam preenchidos formulários como condição necessária para que o socorro possa ser prestado.

Existe ainda o aumento de pena, tratado no parágrafo único, que é quando resulta em lesão corporal grave ou ainda a morte.

Inserido no Código Penal pela Lei nº 12.653/12 coibindo uma prática que era comum em estabelecimentos médico-hospitalares particulares.

Maus-Tratos

> **Art. 136.** Expor a perigo a vida ou a saúde de pessoa sob sua autoridade, guarda ou vigilância, para fim de educação, ensino, tratamento ou custódia, quer privando-a de alimentação ou cuidados indispensáveis, quer sujeitando-a a trabalho excessivo ou inadequado, quer abusando de meios de correção ou disciplina:
> **Pena** - detenção, de dois meses a um ano, ou multa.
> **§ 1º.** Se do fato resulta lesão corporal de natureza grave:
> **Pena** - reclusão, de um a quatro anos.
> **§ 2º.** Se resulta a morte:
> **Pena** - reclusão, de quatro a doze anos.
> **§ 3º.** Aumenta-se a pena de um terço, se o crime é praticado contra pessoa menor de 14 (catorze) anos.

Esse artigo tipifica a conduta do agente que pratique, sob a pessoa que esteja subordinada à sua autoridade, guarda ou vigilância, atos não condizentes como forma ou a pretexto de educá-la, ensiná-la, tratá-la ou reprimi-la.

Classificação

Trata-se de um crime PRÓPRIO, ou seja, o sujeito ativo deve ser superior hierárquico do sujeito passivo.

É um crime comissivo ou omissivo, porém suas condutas são vinculadas, ou seja, o artigo traz, expressamente, a forma como a conduta do agente deve ocorrer.

NOÇÕES DE DIREITO PENAL

DOS CRIMES CONTRA A PESSOA

Haverá crime único desde que as condutas sejam praticadas contra a mesma vítima e no mesmo contexto fático.

Sujeitos do Crime

Sujeito Ativo: é um crime próprio, ou seja, somente aquele que tem o sujeito passivo sob sua autoridade, guarda ou vigilância, para fins de educação, ensino, tratamento ou custódia.

Sujeito Passivo: é aquele que se encontra sob a autoridade, guarda ou vigilância de outra pessoa, para fins de educação, ensino, tratamento ou custódia.

Consumação e Tentativa

O crime consuma-se com a exposição da vítima ao perigo. Não se exige o dano efetivo.

A conduta de privação de alimentos ou cuidados indispensáveis (modalidade omissiva) não admite tentativa. Contudo, as demais condutas admitem a tentativa.

Descrição do Crime

Apenas pode ser executado pelos meios/condutas indicados no tipo penal, sendo as seguintes:

> Privar a vítima de alimentos ou cuidados indispensáveis: caso a intenção do agente, ao privar a vítima de alimentos, seja matá-la, responderá pelo crime de homicídio (tentado ou consumado);
> Sujeitar a vítima a trabalhos excessivos ou inadequados;
> Abusar dos meios de disciplina ou correção.

As formas qualificadas do crime de maus-tratos (lesão corporal de natureza grave e morte) são exclusivamente preterdolosas – conduta dolosa no antecedente e culpa no consequente.

Aumenta-se a pena de 1/3 se o crime é praticado contra pessoa menor de 14 anos.

A esposa não pode ser vítima de maus-tratos pelo marido, visto que não se encontra sob sua autoridade, guarda ou vigilância. Desse modo, o marido poderá responder pelo crime de lesão corporal (Art. 129 do CP).

Tratando-se de criança ou adolescente sujeita à autoridade, guarda ou vigilância de alguém e submetida a vexame ou constrangimento, aplica-se o Art. 232 da Lei nº 8.069/90 (ECA): submeter criança ou adolescente sob sua autoridade, guarda ou vigilância a vexame ou a constrangimento: pena: detenção de seis meses a dois anos.

A diferença entre o crime de maus-tratos e o crime de Tortura (Lei nº 9.455/97), reside no fato de que nesta a vítima é submetida a intenso sofrimento físico ou mental como forma de aplicar castigo pessoal ou medida de caráter preventivo (Art. 1º, II, Lei nº 9.455/97).

Caso a vítima seja idosa, incide o crime previsto no Art. 99 da Lei nº 10.741/2003 - Estatuto do Idoso.

3.4 Da Rixa

Art. 137. Participar de rixa, salvo para separar os contendores:
Pena - detenção, de quinze dias a dois meses, ou multa.
Parágrafo único. Se ocorre morte ou lesão corporal de natureza grave, aplica-se, pelo fato da participação na rixa, a pena de detenção, de seis meses a dois anos.

A rixa é um conflito tumultuoso que ocorre entre três ou mais pessoas, acompanhada de vias de fato (luta, briga), em que os participantes desferem violências recíprocas, não sendo possível identificar dois grupos distintos.

É um crime comum, pois pode ser praticado por qualquer pessoa.

Ainda, enquadra-se em um delito plurissubjetivo, plurilateral ou de concurso necessário, visto que, para configurar o crime, devem existir no mínimo três pessoas. Por conseguinte, basta que apenas um dos participantes seja imputável (dois menores e um maior de 18 anos).

Também é considerado um crime de condutas contrapostas, ou seja, todos os participantes estão trocando agressões entre si, ora apanha, ora bate.

Sujeitos do Crime

No crime de rixa, ao mesmo tempo em que o agente é sujeito ativo, ele também é um sujeito passivo, pois assim como ele agride também está sofrendo uma agressão - reciprocidade.

Consumação e Tentativa

A consumação ocorre no momento em que os participantes iniciam as vias de fato ou ainda as violências recíprocas.

Admite a tentativa, quando ocorre, por exemplo, a intervenção policial no momento em que iriam se iniciar as agressões.

Descrição do Crime

Os três ou mais rixosos devem combater entre si, pois participa da rixa quem nela pratica, agressivamente, atos de violência material.

Não há rixa quando lutam entre si dois ou mais grupos contrários, perfeitamente definidos. Nesse caso, os membros de cada grupo devem ser responsabilizados pelos ferimentos produzidos nos membros do grupo contrário.

O crime pode ser praticado de forma comissiva (o agente que participa efetivamente da rixa), ou omissiva (quando o omitente podia e devia agir para evitar o resultado).

Ex.: O policial que assiste a três pessoas brigando entre si e nada faz para impedir o resultado.

Não há crime na conduta de quem ingressou no tumulto somente para separar os contendores.

Sendo considerado um crime de perigo abstrato, para que se configure o crime não há necessidade de que os participantes sofram lesões, o simples fato de participar da rixa já acarreta em crime.

O contato físico é dispensável, sendo perfeitamente possível a rixa a distância com o arremesso de objetos, tiros, etc.

Na possibilidade em que ocorre lesão corporal de natureza leve em algum dos participantes e o agente que a causou possa ser identificado, nessa hipótese, ele responderá pelo crime de rixa em concurso material com o crime de rixa, se resulta em lesão corporal grave/gravíssima ou a morte, estará configurado o crime de rixa qualificada.

Quando houver briga entre torcidas, não configura rixa, mas sim o tipo penal descrito no Art. 41-B da Lei nº 10.671/2003 – Estatuto do Torcedor - tem-se um tipo penal específico incluído pela Lei nº 12.299/2010.

Rixa qualificada: também é conhecida como rixa complexa, sendo:

> **Parágrafo único.** Se ocorre morte ou lesão corporal de natureza grave, aplica-se, pelo fato da participação na rixa, a pena de detenção, de seis meses a dois anos.

A rixa qualificada é um dos últimos resíduos da responsabilidade penal objetiva - antigamente adotada pelo ordenamento jurídico brasileiro - pois, nesta hipótese, independe qual dos rixosos foi o responsável pela produção do resultado agravador – lesão corporal grave ou morte - todos aqueles que participaram responderão na modalidade qualificada.

Ainda, não importa se a morte ou a lesão corporal grave seja produzida em um dos rixosos ou então em uma terceira pessoa, alheia à rixa (apaziguador ou mero transeunte).

Há aqui três sistemas de punição:

Sistema da solidariedade absoluta: se da rixa resultar lesão grave ou morte, todos os participantes respondem pelo evento (lesão grave ou homicídio), independentemente de se apurar quem foi o seu real autor.

Sistema da cumplicidade correspectiva: havendo lesão grave ou morte, e não sendo apurado seu autor, todos os participantes respondem por esse resultado, sofrendo, entretanto, sanção intermediária à de um autor e de um partícipe.

Sistema da autonomia: a rixa é punida por si mesma, independentemente do resultado morte ou lesão grave, o qual, se ocorrer, somente qualificará o delito. Apenas o causador da lesão grave ou morte, se identificado, é que responderá também pelos delitos dos Arts. 121 e 129 do CP.

O CP adotou o princípio ou sistema da autonomia, nos termos do Art. 137, parágrafo único:

> **Parágrafo único.** Se ocorre morte ou lesão corporal de natureza grave, aplica-se, pelo fato da participação na rixa, a pena de detenção, de seis meses a dois anos.

Até mesmo o rixoso que sofreu lesão corporal grave responde pela rixa qualificada (todos os que se envolvem no tumulto, daí sobrevindo lesão corporal grave ou morte respondem pela rixa qualificada).

O resultado agravador (lesão corporal grave ou a morte) pode ser doloso ou culposo, não se tratando de crime essencialmente preterdoloso.

Caso o resultado seja lesões leves ou ocorra uma tentativa de homicídio, não é capaz de qualificar a rixa.

> **Ex.:** "A" participou da rixa, mas abandonou ANTES da produção do resultado agravador (lesão corporal grave ou morte): "A" responde por rixa qualificada, pois concorreu com o seu comportamento anterior para a produção do resultado.
>
> "A" ingressou na rixa DEPOIS da produção do resultado agravador (lesão corporal grave ou morte): "A" responde por rixa simples.
>
> RIXA versus LEGÍTIMA DEFESA – Durante uma rixa um dos participantes, "A", empunha uma arma para matar "B", este, em sua defesa, consegue defender-se, toma a arma de "A" e o mata. Nessa situação, caso "A" conseguisse matar "B", deveria responder pelo crime de rixa qualificada (resultando morte de um dos participantes) em concurso material com o crime de homicídio. Contudo, como "B" conseguiu reagir, em relação ao crime de homicídio que "A" tentara contra ele, caberá à exclusão de ilicitude – legítima defesa – em relação ao crime de homicídio (morte de "A"), porém, ainda assim, "B" e "C" responderão por rixa qualificada, pois a legítima defesa não é relevante para excluir a qualificação do crime de rixa.

3.5 Dos Crimes Contra Honra

Crime	Conduta	Honra ofendida
Calúnia: Art. 138, CP	Imputar fato criminoso sabidamente falso.	Há ofensa da honra objetiva. Ofende-se a reputação, diz respeito ao conceito perante terceiros.
Difamação: Art. 139, CP	Imputar fato desonroso, em regra não importando se verdadeiro ou falso.	Ofende-se a honra objetiva.
Injúria: Art. 140, CP	É a atribuição de qualidade negativa.	Ofende-se a honra subjetiva, a autoestima, ou seja, o que a vítima pensa dela mesma.

Calúnia

> **Art. 138.** Caluniar alguém, imputando-lhe falsamente fato definido como crime:
>
> **Pena** - detenção, de seis meses a dois anos, e multa.
>
> **§ 1º.** Na mesma pena incorre quem, sabendo falsa a imputação, a propala ou divulga.
>
> **§ 2º.** É punível a calúnia contra os mortos.
>
> Exceção da Verdade
>
> **§ 3º.** Admite-se a prova da verdade, salvo:
>
> **I.** Se, constituindo o fato imputado crime de ação privada, o ofendido não foi condenado por sentença irrecorrível;
>
> **II.** Se o fato é imputado a qualquer das pessoas indicadas no nº I do Art. 141;
>
> **III.** Se do crime imputado, embora de ação pública, o ofendido foi absolvido por sentença irrecorrível.

Honra objetiva (o que os outros pensam de mim).

Sujeitos do Crime

Sujeito Ativo/Passivo: qualquer pessoa (crime comum).

Os mortos também podem ser caluniados, mas seus parentes é que serão os sujeitos passivos do crime. Não há regra semelhante no tocante aos demais crimes contra a honra.

Podem, ainda, serem vítimas os menores e os loucos.

A pessoa jurídica também pode ser sujeito passivo do crime de calúnia, pois pode cometer crimes ambientais (Lei nº 9.605/98).

Mas, observe-se que não podem praticar tal crime pessoas que desfrutam de inviolabilidade.

> **Ex.:** Parlamentares.

Aqui se indaga se advogados são imunes à prática do crime de calúnia. Os advogados não têm imunidade profissional na calúnia, possuindo a imunidade somente no que tange à difamação e à injúria.

NOÇÕES DE DIREITO PENAL

DOS CRIMES CONTRA A PESSOA

Objeto Material

É a pessoa que tem sua honra objetiva ofendida.

Núcleo do Tipo

A conduta típica consiste em caluniar alguém (imputar falsamente um fato definido como crime).

A imputação de fato definido como Contravenção Penal (Decreto-Lei nº 3.688/41) não constitui calúnia, pois não é crime, mas poderá caracterizar difamação.

Atribuir falsamente a alguém a prática de um fato atípico não constitui crime de calúnia, mas poderá configurar outro crime contra a honra.

Ex.: dano culposo.

Fato Determinado

É imprescindível a imputação da prática de um fato determinado, ou seja, de uma situação concreta, contendo autor, objeto e suas circunstâncias.

Pessoa Certa e Determinada

A ofensa deve se dirigir a pessoa certa e determinada.

Ex.: Dizer que no dia 25 de dezembro, por volta de 20h00min, Roberto se fantasiou de papai noel e praticou um furto na casa de Pedro, o qual reside no centro da cidade de Cascavel/PR.

Falsidade da Imputação

Deve ser falsa a imputação do fato definido como crime. Essa falsidade pode recair sobre o fato (o crime imputado à vítima não ocorreu) ou sobre o envolvimento no fato (o crime ocorreu, mas a vítima não praticou tal delito).

Quando o ofensor, agindo de boa-fé, supõe erroneamente ser verdadeira a afirmação, incidirá em Erro de Tipo. Desse modo, o fato será atípico, pois excluirá o dolo do fato típico.

Consumação

O crime de calúnia se consuma quando 3ª pessoa toma conhecimento do fato imputado. Não é necessário que a vítima tome conhecimento da ofensa.

Calúnia X Denunciação Caluniosa

Calúnia (Art. 138, CP)	Denunciação Caluniosa (Art. 339, CP)
Caluniar alguém, imputando-lhe falsamente fato definido como crime.	Dar causa à instauração de investigação policial, de processo judicial, instauração de investigação administrativa, inquérito civil ou ação de improbidade administrativa contra alguém, imputando-lhe crime de que o sabe inocente.
É crime contra honra.	É crime contra a Administração da Justiça.
Regra: Ação Penal Privada.	Ação Penal Pública Incondicionada.
Não admite a imputação falsa de contravenção.	Admite (é circunstância que importa na diminuição da pena pela metade (Art. 339 §2º, CP).

§ 1º. Na mesma pena incorre quem, sabendo falsa a imputação, a propala ou divulga.

> Propalar: relatar verbalmente.
> Divulgar: relatar por qualquer outro meio (panfletos, outdoors, gestos etc).

Observa-se que também é punível a conduta daquele que propaga, divulga a calúnia criada por outrem.

Responde pelo caput quem cria a falsidade e responde pelo §1º do CP a pessoa que divulga (diversa da pessoa que criou – se for a mesma pessoa, o §1º configura pos facto impunível).

Exclui-se o crime quando o agente age:

> Com animus jocandi: intenção de brincar.
> Com animus consulendi: intenção de aconselhar.
> Com animus narrandi: intenção de narrar (é o animus da testemunha).
> Com animus corrigendi: intenção de corrigir.
> Com animus defendendi: intenção de defender direito

Exceção da Verdade

§ 3º. Admite-se a prova da verdade, salvo:

I. Se, constituindo o fato imputado crime de ação privada, o ofendido não foi condenado por sentença irrecorrível;

II. Se o fato é imputado a qualquer das pessoas indicadas no nº I do Art. 141;

III. Se do crime imputado, embora de ação pública, o ofendido foi absolvido por sentença irrecorrível.

Trata-se de incidente processual, forma de defesa indireta, por meio da qual o acusado de ter praticado calúnia pretende provar a veracidade do que alegou.

Somente haverá o crime de calúnia quando o fato for falso. Desse modo, se a imputação é verdadeira o fato é atípico.

A exceção da verdade é o instrumento adequado para se provar a veracidade do fato imputado a outrem.

A regra é a admissibilidade da exceção da verdade. Todavia, em três situações previstas pelo CP não será admitida a sua utilização:

I. Se, constituindo o fato imputado crime de ação privada, o ofendido não foi condenado por sentença irrecorrível;

II. Se o fato é imputado a qualquer das pessoas indicadas no inciso I do Art. 141;

(Presidente da República ou chefe de governo estrangeiro).

III. Se do crime imputado, embora de ação pública, o ofendido foi absolvido por sentença irrecorrível.

Difamação

Art. 139. Difamar alguém, imputando-lhe fato ofensivo à sua reputação:

Pena - detenção, de três meses a um ano, e multa.

Difamar é imputar a alguém um fato ofensivo à sua reputação.

Subsiste o crime de difamação ainda que seja verdadeira a imputação (salvo quando o ofendido é funcionário público e a ofensa é relativa ao exercício de suas funções), desde que dirigida a ofender a honra alheia.

Objetividade Jurídica

Honra objetiva (o que os outros pensam de mim).

O fato pode ser: Verdadeiro ou Falso / Criminoso ou não criminoso / Contravenção penal;

O fato deve ser Determinado.

Objeto Material

É a pessoa que tem sua honra objetiva ofendida.

Espécie de Honra Ofendida

A difamação ofende a honra objetiva.

Consumação e Tentativa

Se consuma no momento em que um terceiro toma conhecimento da ofensa.

Morto não pode ser vítima de difamação.

Tendo em vista que pessoa jurídica tem reputação, então pode ser vítima de difamação.

O crime é punido a título de dolo, sendo imprescindível a vontade de ofender a reputação, a intenção de ofender a honra.

Em regra, admite tentativa. No caso de difamação verbal, não se admite a tentativa.

Exceção da Verdade

Parágrafo único. A exceção da verdade somente se admite se o ofendido é funcionário público e a ofensa é relativa ao exercício de suas funções.

Na difamação, a exceção da verdade somente é admitida se o ofendido é funcionário público e a ofensa é relativa ao exercício de suas funções. É indispensável a relação de causalidade entre a imputação e o exercício da função pública.

Na difamação, a consequência da exceção da verdade, ao contrário da calúnia, atinge a ilicitude, e não a atipicidade da conduta, pois é uma hipótese especial de exercício regular do direito.

A procedência da exceção da verdade na difamação gera a absolvição, sendo uma forma especial de exercício regular de direito.

Art. 138	Art. 139
Admite prova da verdade.	A regra é não admitir a prova da verdade.
Exceções: Art. 138, § 3º I, II e III.	Exceção: Art. 139, Parágrafo único. Ofendido funcionário público mais ofensa funcional.
Procedência gera a absolvição sob o fundamento da atipicidade.	Procedência gera a absolvição, pois se trata de hipótese de exercício regular de direito. Descriminante especial.
Admite exceção de notoriedade.	Também.

Injúria

Art. 140. Injuriar alguém, ofendendo-lhe a dignidade ou o decoro:
Pena - detenção, de um a seis meses, ou multa.
§ 1º. O juiz pode deixar de aplicar a pena:
I. Quando o ofendido, de forma reprovável, provocou diretamente a injúria;
II. No caso de retorsão imediata, que consista em outra injúria.
§ 2º. Se a injúria consiste em violência ou vias de fato, que, por sua natureza ou pelo meio empregado, se considerem aviltantes:
Pena - detenção, de três meses a um ano, e multa, além da pena correspondente à violência.
§ 3º. Se a injúria consiste na utilização de elementos referentes a raça, cor, etnia, religião, origem ou a condição de pessoa idosa ou portadora de deficiência:
Pena - reclusão de um a três anos e multa.

Injuriar é atribuir qualidade negativa à alguém.

Espécie de Honra Ofendida

Ofende a honra subjetiva da pessoa (o que a pessoa acha de si própria). A consumação ocorre quando a ofensa chega ao conhecimento da vítima.

Ofende a dignidade ou o decoro da vítima:

Na injúria, é irrelevante o fato de a qualidade negativa atribuída à vítima ser ou não verdadeira. Desse modo, se o agente chama uma pessoa de gorda, com a intenção de injuriar, estará configurado o crime de injúria, mesmo que a vítima seja mesmo gorda ou obesa.

> Dignidade: ofende as qualidades morais da pessoa.

Ex.: Chamar alguém de vagabundo.

> Decoro: ofende as qualidades físicas.

Exs.: Chamar alguém de monstro) ou intelectuais

Chamar alguém de retardado, idiota.

Queixa-Crime ou Denúncia

A queixa-crime ou denúncia ajuizada pelo crime de injúria deve descrever, minuciosamente sob pena de inépcia, quais foram as ofensas proferidas contra a vítima, por mais baixas e repudiáveis que possam ser.

Formas de Execução

Pode ser praticado por ação ou omissão.

Ex.: "A" estende a mão para cumprimentar "B" e este recusa o cumprimento.

Consumação e Tentativa

É crime de execução livre: pode ser praticado por meio de palavras, gestos, escritos etc. Aliás, pode ser praticado por ação ou omissão (o único exemplo dado pela doutrina de injúria por omissão é ignorar ou não retribuir um cumprimento, como forma de humilhar a pessoa na frente de outras).

Como a injúria protege a honra subjetiva, o crime se consuma quando a vítima toma conhecimento da injúria, dispensando-se o efetivo dano à sua honra (é crime formal). Consuma no momento em que o fato chega ao conhecimento da vítima, dispensando efetivo dano a sua dignidade ou decoro.

A tentativa é possível somente na forma escrita. A injúria realizada verbalmente não admite tentativa.

Exceção da verdade: a injúria não admite exceção da verdade, pois o ofensor atribui uma qualidade negativa à vítima e não um fato.

NOÇÕES DE DIREITO PENAL

DOS CRIMES CONTRA A PESSOA

Elemento Subjetivo

É o dolo (direto ou eventual). Não admite a modalidade culposa de injúria.

Injúria Contra Funcionário Público X Desacato

Injúria contra funcionário público	Desacato (Art. 331, CP)
Atribuir qualidade negativa ao funcionário público durante sua ausência.	A ofensa é realizada na presença do funcionário público no exercício da função ou em razão dela.
É crime contra a honra.	É crime contra a Administração Pública.
Ação Penal Privada (Regra).	Ação Penal Pública Incondicionada.
Ex.: "A" Fala a seus vizinhos que o Promotor da cidade é bandido.	Ex.: "A" Durante uma audiência judicial chama o Juiz de corrupto.

Atenção às imunidades! Quem detém imunidade por palavras, opiniões e votos não pratica calúnia, injúria ou difamação. São eles: senadores, deputados federais, deputados estaduais/distritais, vereadores no limite da vereança, advogado (que tem imunidade profissional na injúria - Art. 7º, §2º, do EOAB - a calúnia foi afastada pelo STF).

Pessoa jurídica pode ser vítima de injúria? Não, pois ela não tem honra subjetiva, não tem dignidade, decoro. Quanto a isso não há divergência.

Mirabete entende que pessoa jurídica não pode ser vítima de nenhum crime contra a honra, pois esse capítulo se aplicaria apenas às pessoas físicas.

Perdão Judicial

§ 1º. *O juiz pode deixar de aplicar a pena:*
I. Quando o ofendido, de forma reprovável, provocou diretamente a injúria;
II. No caso de retorsão imediata, que consista em outra injúria.

O perdão judicial é causa de extinção da punibilidade (Art. 107, IX, CP). A sentença que concede o perdão judicial é declaratória da extinção da punibilidade (Súmula 18, STJ).

Só o perdão do ofendido tem que ser aceito, o perdão do juiz não é oferecido, mas sim imposto.

Trata-se de um direito subjetivo do acusado, e não uma faculdade do juiz. Preenchidos os requisitos, o juiz deve perdoar.

> Quando o ofendido, de forma reprovável, provocou diretamente a injúria;

A provocação tem que ser reprovável e direta.

> No caso de retorsão imediata, que consista em outra injúria.

Retorsão é o revide. Deve ser imediata. É modalidade anômala de legítima defesa. Não há retorsão contra ofensa passada. Existe apenas retorsão imediata no crime de injúria.

Injúria Real

§ 2º. *Se a injúria consiste em violência ou vias de fato, que, por sua natureza ou pelo meio empregado, se considerem aviltantes:*
Pena - *detenção, de três meses a um ano, e multa, além da pena correspondente à violência.*

É a injúria praticada com um meio de execução especial: mediante violência ou vias de fato. Aqui a violência ou as vias de fato são o meio e a injúria é o fim. O agente usa da violência para injuriar.

Jogar ovos em um cantor, cuspir na cara, dar tapa no rosto.

Aviltantes: humilhantes.

O meio de execução é a violência ou então as vias de fato. Se a injúria real for praticada com vias de fato, a vias de fato fica absorvida.

A lei impõe o concurso material obrigatório entre as penas de injúria real e do resultante da violência (homicídio, lesão corporal etc.).

Injúria Qualificada

§ 3º. *Se a injúria consiste na utilização de elementos referentes a raça, cor, etnia, religião, origem ou a condição de pessoa idosa ou portadora de deficiência:*
Pena - *reclusão de um a três anos e multa.*

> Não podemos confundir a injúria preconceito (Art. 140, §3º, CP) com o crime de racismo (Lei nº 7.716/89). Na injúria, ocorre a atribuição de qualidade negativa. Já no racismo, ocorre a segregação da vítima do convívio social.

Assim como nos demais crimes contra a honra, a ofensa deve ser dirigida a pessoa ou pessoas determinadas.

Injúria Qualificada X Crime de Racismo

Injúria Qualificada (Art. 140, § 3º, CP)	Crime de Racismo (Lei nº 7.716/89)
É crime afiançável.	É crime inafiançável.
Ação Penal Pública Condicionada a Representação.	Ação Pública Incondicionada.
Prescritível.	Imprescritível.
Atribuir a alguém qualidade negativa.	Manifestações preconceituosas generalizadas ou segregação racial.
Ex.: Chamar uma pessoa negra de macaco.	Ex.: Hotel que proíbe a hospedagem de pessoas negras. Ex.: Empresa que não contrata pessoas da religião evangélica.

Prevalece na doutrina, que a injúria preconceito não admite o perdão judicial do Art. 140, § 1º, tratando-se de violação mais séria à honra da vítima, ferindo uma das metas fundamentais do Estado Democrático de Direito, qual seja, dignidade da pessoa humana.

Disposições Comuns

Art. 141 - *As penas cominadas neste Capítulo aumentam-se de um terço, se qualquer dos crimes é cometido:*
I. contra o Presidente da República, ou contra chefe de governo estrangeiro;
II. contra funcionário público, em razão de suas funções;
III. na presença de várias pessoas, ou por meio que facilite a divulgação da calúnia, da difamação ou da injúria.

IV – contra pessoa maior de 60 (sessenta) anos ou portadora de deficiência, exceto no caso de injúria. (Incluído pela Lei nº 10.741, de 2003)

§ 1º - Se o crime é cometido mediante paga ou promessa de recompensa, aplica-se a pena em dobro. (Redação dada pela Lei nº 13.964, de 2019)

§ 2º - (VETADO). (Incluído pela Lei nº 13.964, de 2019)

Este artigo não traz qualificadoras, mas sim causas de aumento de pena, majorantes (a serem consideradas pelo juiz na terceira fase de aplicação da pena).

É uma majorante aplicada a todos os crimes do capítulo – injúria, difamação e calúnia. Nenhum desses crimes escapa do aumento quando preenchidos os requisitos.

Aumentam-se de um terço, se qualquer dos crimes é cometido:

I. Contra o Presidente da República, ou contra chefe de governo estrangeiro;

A pena é aumentada de 1/3, em razão da importância das funções desempenhadas pelo Presidente da República e pelo chefe de governo estrangeiro. A conduta criminosa, além de atentar contra a honra de uma pessoa, ofende também os interesses de toda a nação que ela representa.

II. Contra funcionário público, em razão de suas funções.

Esse aumento de pena não se aplica quando a conduta se refere à vida privada do funcionário público.

É necessário o nexo de causalidade entre a ofensa e o exercício da função pública.

III. Na presença de várias pessoas, ou por meio que facilite a divulgação da calúnia, da difamação ou da injúria.

A expressão "várias pessoas" se refere a no mínimo três pessoas. Não se incluindo neste número o ofensor, a vítima e eventuais coautores e partícipes.

O STF, após o julgamento da ADPF nº 130-7/DF decidiu que a Lei de Imprensa (Lei nº 5.250/67) não foi recepcionada pela CF/88. Desse modo, aos crimes contra a honra praticados por meio da imprensa (oral ou escrita) serão aplicadas as disposições do Código Penal (Arts. 138 a 145).

IV. Contra pessoa maior de 60 (sessenta) anos ou portadora de deficiência, exceto no caso de injúria.

Esse inciso foi inserido no CP pela Lei nº 10.741/03 (Estatuto do Idoso). O ofensor tem que ter conhecimento da idade da vítima no momento do crime.

Não se aplica este inciso no caso de injúria, pois neste crime já existe a figura da injúria qualificada (Art. 140, §3º, CP) razão pela qual evita-se o bis in idem desta forma.

Parágrafo único. Se o crime é cometido mediante paga ou promessa de recompensa, aplica-se a pena em dobro.

Hipótese de crime plurissubjetivo ou de concurso necessário. O pagamento, em ambos os casos, pode ser em dinheiro ou qualquer outro bem e a vantagem não precisa ser necessariamente econômica.

Ex.: Promessa de emprego, de casamento, de favores sexuais.

Essa majorante não se aplica ao mandante, apenas ao executor.

Exclusão do Crime

Art. 142. Não constituem injúria ou difamação punível:

I. A ofensa irrogada em juízo, na discussão da causa, pela parte ou por seu procurador;

II. A opinião desfavorável da crítica literária, artística ou científica, salvo quando inequívoca a intenção de injuriar ou difamar;

III. O conceito desfavorável emitido por funcionário público, em apreciação ou informação que preste no cumprimento de dever do ofício.

Parágrafo único. Nos casos dos ns. I e III, responde pela injúria ou pela difamação quem lhe dá publicidade.

Esse dispositivo não se aplica ao crime de calúnia, pois há neste crime o interesse do Estado e da sociedade em realizar a sua apuração advogado diz que o promotor foi subornado pelo réu para pedir sua absolvição.

A imunidade é relativa: para a maioria, a ressalva exarada pela expressão salvo quando se tem intenção de injuriar ou difamar se aplica não apenas ao inciso II, como também aos incisos I e III. Esse é o entendimento da maioria.

Nas hipóteses dos incisos I e III responde pela injúria ou difamação aquele que dá publicidade ao fato. É imprescindível, para tanto, o animus ofendendi.

I. A ofensa irrogada em juízo, na discussão da causa, pela parte ou por seu procurador;

Esta excludente de ilicitude não se aplica quando a ofensa é dirigida ao juiz (magistrado), pois este não é parte na causa.

Para o advogado, de acordo com o Art. 7º, §2º, da Lei nº 8.906/94 (Estatuto da OAB): O advogado tem imunidade profissional, não constituindo injúria, difamação ou desacato puníveis em qualquer manifestação de sua parte, no exercício de sua atividade, em juízo ou fora dele, sem prejuízo das sanções disciplinares perante a OAB, pelos excessos que cometer.

A expressão ou desacato foi declarada inconstitucional pelo STF, nos autos da ADIN 1.127-8. Desse modo, o advogado pode praticar o crime de desacato.

II. A opinião desfavorável da crítica literária, artística ou científica, salvo quando inequívoca a intenção de injuriar ou difamar;

III. O conceito desfavorável emitido por funcionário público, em apreciação ou informação que preste no cumprimento de dever do ofício.

Cuida-se de modalidade especial de estrito cumprimento do dever legal.

Ex.: Delegado de Polícia que, ao relatar o inquérito policial, refere-se ao indiciado como pessoa de alta periculosidade, covarde e impiedoso.

Retratação

Art. 143. O querelado que, antes da sentença, se retrata cabalmente da calúnia ou da difamação, fica isento de pena.

Parágrafo único. Nos casos em que o querelado tenha praticado a calúnia ou a difamação utilizando-se de meios de comunicação, a retratação dar-se-á, se assim desejar o ofendido, pelos mesmos meios em que se praticou a ofensa.

É necessário observar que, retratação não se confunde com confissão da calúnia ou da difamação. Retratar-se é escusar-se,

NOÇÕES DE DIREITO PENAL

retirar o que disse, trazer a verdade novamente à tona. Trata-se de causa extintiva da punibilidade.

Se o querelado se retrata, há exclusão do crime, mas isso não importa em exclusão de indenização na seara cível.

Atente-se que, somente em relação a calúnia e a difamação há possibilidade de retratação, não abrangendo a injúria. Atente-se que, na lei de imprensa, havia previsão relativa a injúria, mas esta não foi recepcionada pela CF, nos termos de decisão proferida pelo STF.

Na retratação não se exige a concordância do ofendido.

A retratação deve ser total e incondicional. Deve ainda, abranger tudo o que foi dito pelo ofensor.

> É possível retratação extintiva da punibilidade no crime contra a honra de funcionário público no exercício da função? Em regra, não, pois não haverá querelado (a ação penal é pública).

Pedido de Explicações

Art. 144. *Se, de referências, alusões ou frases, se infere calúnia, difamação ou injúria, quem se julga ofendido pode pedir explicações em juízo. Aquele que se recusa a dá-las ou, a critério do juiz, não as dá satisfatórias, responde pela ofensa.*

Possui as seguintes características:

> É medida facultativa, pois a vítima não precisa dele se valer para o oferecimento da ação penal.
> Somente pode ser utilizado antes do ajuizamento da ação penal.
> Não possui procedimento específico.
> Não interrompe ou suspende o prazo decadencial.

O requerido não pode ser compelido a prestar as informações solicitadas. Desse modo, caso se omita, não poderá sofrer qualquer espécie de sanção.

Ação Penal

Art. 145. *Nos crimes previstos neste Capítulo somente se procede mediante queixa, salvo quando, no caso do Art. 140, § 2º, da violência resulta lesão corporal.*
Parágrafo único. *Procede-se mediante requisição do Ministro da Justiça, no caso do inciso I do caput do Art. 141 deste Código, e mediante representação do ofendido, no caso do inciso II do mesmo artigo, bem como no caso do § 3º do Art. 140 deste Código. (Redação dada pela Lei nº 12.033, de 2009).*

Espécies de Ação Penal

A regra geral é que os crimes contra a honra (Calúnia/Difamação/Injúria) são de Ação Penal privada.

→ Todavia, há três exceções:

> Pública Condicionada a requisição do Ministro da Justiça (crime contra o Presidente da República ou chefe de governo estrangeiro);
> Pública Condicionada a representação do ofendido (crime contra funcionário público em razão de suas funções ou crime de injúria qualificada – discriminação);
> Pública incondicionada: injúria real se resulta lesão corporal.

Crime contra a honra de funcionário público: Tratando-se de ofensa em razão da função, a ação penal é pública condicionada a representação.

Tratando-se de ofensa sem vínculo com a função pública, a ação penal é privada.

Súm. 714, STF. É concorrente a legitimidade do ofendido mediante queixa e do MP condicionada a representação do ofendido, para a ação penal por crime contra a honra de servidor público em razão do exercício de suas funções.

Caso a injúria preconceito tenha sido praticada antes da Lei nº 12.033/09 quando tal crime dependia de queixa e ao ingressar com a inicial já está em vigor tal lei. Será cabível queixa ou deverá ser oferecida representação para que o MP denuncie? Essa é uma alteração irretroativa pela qual a ação penal continuará sendo privada, nessa hipótese.

3.6 Dos Crimes contra Liberdade Individual

Dos Crimes contra a Liberdade Pessoal

Constrangimento ilegal
Art. 146. *Constranger alguém, mediante violência ou grave ameaça, ou depois de lhe haver reduzido, por qualquer outro meio, a capacidade de resistência, a não fazer o que a lei permite, ou a fazer o que ela não manda:*
Pena - *detenção, de três meses a um ano, ou multa.*
Aumento de Pena
§ 1º. *As penas aplicam-se cumulativamente e em dobro, quando, para a execução do crime, se reúnem mais de três pessoas, ou há emprego de armas.*
§ 2º. *Além das penas cominadas, aplicam-se as correspondentes à violência.*
§ 3º. *Não se compreendem na disposição deste artigo:*
   I. A intervenção médica ou cirúrgica, sem o consentimento do paciente ou de seu representante legal, se justificada por iminente perigo de vida;
   II. A coação exercida para impedir suicídio.
Ameaça
Art. 147. *Ameaçar alguém, por palavra, escrito ou gesto, ou qualquer outro meio simbólico, de causar-lhe mal injusto e grave:*
Pena - *detenção, de um a seis meses, ou multa.*
Parágrafo único. *Somente se procede mediante representação.*
Sequestro e Cárcere Privado
Art. 148. *Privar alguém de sua liberdade, mediante sequestro ou cárcere privado:*
Pena - *reclusão, de um a três anos.*
§ 1º. *A pena é de reclusão, de dois a cinco anos:*
   I. Se a vítima é ascendente, descendente, cônjuge ou companheiro do agente ou maior de 60 (sessenta) anos;
   II. Se o crime é praticado mediante internação da vítima em casa de saúde ou hospital;
   III. Se a privação da liberdade dura mais de quinze dias.
   IV. Se o crime é praticado contra menor de 18 (dezoito) anos;
   V. Se o crime é praticado com fins libidinosos.
§ 2º. *Se resulta à vítima, em razão de maus-tratos ou da natureza da detenção, grave sofrimento físico ou moral:*
Pena - *reclusão, de dois a oito anos.*

Trata-se de infração de médio potencial ofensivo, admitindo-se a suspensão condicional do processo.

As pessoas que são impossibilitadas de se locomover podem ser vítimas do delito? A liberdade de movimento não deixa de existir quando se exerce à custa de aparelhos ou com o auxílio de outrem.

Essa é a posição que prevalece no Brasil. Há doutrinadores estrangeiros que afirmam que não seria esse o delito, mas sim o de constrangimento ilegal em se tratando de pessoas que não podem se locomover.

Caso a vítima seja Presidente da República, do SF, CD e STF, e, havendo motivação política, o delito pode ser considerado crime contra a Segurança Nacional (Art. 28 da Lei nº 7.170/83).

→ Conduta: é a privação da liberdade. Pode ser executada mediante:

> Sequestro: é privação da liberdade sem confinamento.

Ex.: Sítio, casa.

> Cárcere Privado: é a privação da liberdade com confinamento.

Ex.: Porão.

Quando o crime for praticado mediante cárcere privado, deve fixar esse meio mais gravoso na fixação da pena.

O crime pode ser praticado por ação ou omissão.

Médico que não concede alta para paciente já curado.

→ Tipo subjetivo: O dolo é a finalidade especial do crime.

Se a finalidade for obter vantagem econômica, o delito será o previsto no Art. 159 do CP. Se o fim for satisfazer pretensão, deixa de ser o delito do Art. 148 e passa a ser o delito previsto no Art. 345 (exercício arbitrário das próprias razões). Ex.: médico que não concede alta para paciente com a finalidade de satisfazer pretensão tida como legítima – pagamento do tratamento – o delito será de exercício arbitrário das próprias razões.

Na hipótese em que a finalidade é causar sofrimento físico ou mental, o delito será o de tortura.

→ Consumação e tentativa: Trata-se de delito permanente, e sua consumação se protrai no tempo. Consuma-se com a efetiva privação da liberdade ou locomoção da vítima.

A tentativa é perfeitamente difícil já que a privação da liberdade pode ser antecedida de violência e se o agente age de forma violenta, mas não consegue privar sua liberdade por circunstâncias alheias a sua vontade, terá havido tentativa.

→ Qualificadoras: Art. 148, §1º:

I. Ascendente, descendente, cônjuge ou companheiro do agente ou maior de 60 anos.

Neste caso, para qualificar não abrange o parentesco colateral, por afinidade, padrasto, ou madrasta do agente.

O idoso deve ter MAIS de 60 anos quando de sua libertação, não importando se quando da privação da liberdade tinha menos de 60 anos.

II. Se o crime é praticado mediante internação da vítima em casa de saúde ou hospital: Neste caso, tem que ser internação simulada ou fraudulenta.

III. Se a privação da liberdade dura mais de quinze dias: Este prazo inicia-se no momento da privação da vítima, até sua libertação.

IV. Crime praticado contra menor de 18 anos: neste inciso basta que a vítima seja maior de 18 anos ao final do sequestro, pouco importando se tinha menos que 18 anos no inicio do cárcere.

V. Se praticado com fins libidinosos: trata-se de ação penal pública incondicionada (e não ação privada, como era anterior a 2005).

Redução a Condição Análoga à de Escravo

Art. 149. *Reduzir alguém a condição análoga à de escravo, quer submetendo-o a trabalhos forçados ou a jornada exaustiva, quer sujeitando-o a condições degradantes de trabalho, quer restringindo, por qualquer meio, sua locomoção em razão de dívida contraída com o empregador ou preposto:*

Pena - *reclusão, de dois a oito anos, e multa, além da pena correspondente à violência.*

§ 1º. Nas mesmas penas incorre quem:

I. Cerceia o uso de qualquer meio de transporte por parte do trabalhador, com o fim de retê-lo no local de trabalho;

II. Mantém vigilância ostensiva no local de trabalho ou se apodera de documentos ou objetos pessoais do trabalhador, com o fim de retê-lo no local de trabalho.

§ 2º. A pena é aumentada de metade, se o crime é cometido:

I. Contra criança ou adolescente;

II. Por motivo de preconceito de raça, cor, etnia, religião ou origem.

Tráfico de Pessoas

Art. 149-A. *Agenciar, aliciar, recrutar, transportar, transferir, comprar, alojar ou acolher pessoa, mediante grave ameaça, violência, coação, fraude ou abuso, com a finalidade de: (Incluído pela Lei nº 13.344, de 2016)*

I. remover-lhe órgãos, tecidos ou partes do corpo; (Incluído pela Lei nº 13.344, de 2016)

II. submetê-la a trabalho em condições análogas à de escravo; (Incluído pela Lei nº 13.344, de 2016)

III. submetê-la a qualquer tipo de servidão; (Incluído pela Lei nº 13.344, de 2016)

IV. adoção ilegal; ou (Incluído pela Lei nº 13.344, de 2016)

V. exploração sexual. (Incluído pela Lei nº 13.344, de 2016)

Pena. reclusão, de 4 (quatro) a 8 (oito) anos, e multa. (Incluído pela Lei nº 13.344, de 2016)

§ 1º. A pena é aumentada de um terço até a metade se: (Incluído pela Lei nº 13.344, de 2016)

I. o crime for cometido por funcionário público no exercício de suas funções ou a pretexto de exercê-las; (Incluído pela Lei nº 13.344, de 2016)

II. o crime for cometido contra criança, adolescente ou pessoa idosa ou com deficiência; (Incluído pela Lei nº 13.344, de 2016)

III. o agente se prevalecer de relações de parentesco, domésticas, de coabitação, de hospitalidade, de dependência econômica, de autoridade ou de superioridade hierárquica inerente ao exercício de emprego, cargo ou função; ou (Incluído pela Lei nº 13.344, de 2016)

IV. a vítima do tráfico de pessoas for retirada do território nacional. (Incluído pela Lei nº 13.344, de 2016)

§ 2º. A pena é reduzida de um a dois terços se o agente for primário e não integrar organização criminosa. (Incluído pela Lei nº 13.344, de 2016)

NOÇÕES DE DIREITO PENAL

DOS CRIMES CONTRA A PESSOA

Dos Crimes contra a Inviolabilidade do Domicílio

Violação de Domicílio

Art. 150 - Entrar ou permanecer, clandestina ou astuciosamente, ou contra a vontade expressa ou tácita de quem de direito, em casa alheia ou em suas dependências:

Pena - detenção, de um a três meses, ou multa.

§ 1º - Se o crime é cometido durante a noite, ou em lugar ermo, ou com o emprego de violência ou de arma, ou por duas ou mais pessoas:

Pena - detenção, de seis meses a dois anos, além da pena correspondente à violência.

§ 2º - (Revogado pela Lei nº 13.869, de 2019)

§ 3º - Não constitui crime a entrada ou permanência em casa alheia ou em suas dependências:

I. durante o dia, com observância das formalidades legais, para efetuar prisão ou outra diligência;

II. a qualquer hora do dia ou da noite, quando algum crime está sendo ali praticado ou na iminência de o ser.

§ 4º - A expressão "casa" compreende:

I. qualquer compartimento habitado;

II. aposento ocupado de habitação coletiva;

III. compartimento não aberto ao público, onde alguém exerce profissão ou atividade.

§ 5º - Não se compreendem na expressão "casa":

I. hospedaria, estalagem ou qualquer outra habitação coletiva, enquanto aberta, salvo a restrição do n.º II do parágrafo anterior;

II. taverna, casa de jogo e outras do mesmo gênero

Dos Crimes contra a Inviolabilidade de Correspondência

Violação de Correspondência

Art. 151. Devassar indevidamente o conteúdo de correspondência fechada, dirigida a outrem:

Pena - detenção, de um a seis meses, ou multa.

Sonegação ou Destruição de Correspondência

§ 1º. Na mesma pena incorre:

I. Quem se apossa indevidamente de correspondência alheia, embora não fechada e, no todo ou em parte, a sonega ou destrói;

Violação de Comunicação Telegráfica, Radioelétrica ou Telefônica

II. Quem indevidamente divulga, transmite a outrem ou utiliza abusivamente comunicação telegráfica ou radioelétrica dirigida a terceiro, ou conversação telefônica entre outras pessoas;

III. Quem impede a comunicação ou a conversação referidas no número anterior;

IV. Quem instala ou utiliza estação ou aparelho radioelétrico, sem observância de disposição legal.

§ 2º. As penas aumentam-se de metade, se há dano para outrem.

§ 3º. Se o agente comete o crime, com abuso de função em serviço postal, telegráfico, radioelétrico ou telefônico:

Pena - detenção, de um a três anos.

§ 4º. Somente se procede mediante representação, salvo nos casos do § 1º, IV, e do § 3º.

Correspondência Comercial

Art. 152. Abusar da condição de sócio ou empregado de estabelecimento comercial ou industrial para, no todo ou em parte, desviar, sonegar, subtrair ou suprimir correspondência, ou revelar a estranho seu conteúdo:

Pena - detenção, de três meses a dois anos.

Parágrafo único. Somente se procede mediante representação.

Dos Crimes contra a Inviolabilidade dos Segredos

Divulgação de Segredo

Art. 153. Divulgar alguém, sem justa causa, conteúdo de documento particular ou de correspondência confidencial, de que é destinatário ou detentor, e cuja divulgação possa produzir dano a outrem:

Pena - detenção, de um a seis meses, ou multa.

§ 1º. Somente se procede mediante representação.

§ 1º-A. Divulgar, sem justa causa, informações sigilosas ou reservadas, assim definidas em lei, contidas ou não nos sistemas de informações ou banco de dados da Administração Pública:

Pena - detenção, de 1 (um) a 4 (quatro) anos, e multa.

§ 2º. Quando resultar prejuízo para a Administração Pública, a ação penal será incondicionada.

Violação do Segredo Profissional

Art. 154. Revelar alguém, sem justa causa, segredo, de que tem ciência em razão de função, ministério, ofício ou profissão, e cuja revelação possa produzir dano a outrem:

Pena - detenção, de três meses a um ano, ou multa.

Parágrafo único. Somente se procede mediante representação.

Art. 154-A. Invadir dispositivo informático alheio, conectado ou não à rede de computadores, mediante violação indevida de mecanismo de segurança e com o fim de obter, adulterar ou destruir dados ou informações sem autorização expressa ou tácita do titular do dispositivo ou instalar vulnerabilidades para obter vantagem ilícita: (Incluído pela Lei nº 12.737, de 2012)

Pena - detenção, de 3 (três) meses a 1 (um) ano, e multa. (Incluído pela Lei nº 12.737, de 2012)

§ 1º Na mesma pena incorre quem produz, oferece, distribui, vende ou difunde dispositivo ou programa de computador com o intuito de permitir a prática da conduta definida no caput. (Incluído pela Lei nº 12.737, de 2012)

§ 2º Aumenta-se a pena de um sexto a um terço se da invasão resulta prejuízo econômico. (Incluído pela Lei nº 12.737, de 2012)

§ 3º Se da invasão resultar a obtenção de conteúdo de comunicações eletrônicas privadas, segredos comerciais ou industriais, informações sigilosas, assim definidas em lei, ou o controle remoto não autorizado do dispositivo invadido: (Incluído pela Lei nº 12.737, de 2012)

Pena - reclusão, de 6 (seis) meses a 2 (dois) anos, e multa, se a conduta não constitui crime mais grave. (Incluído pela Lei nº 12.737, de 2012)

§ 4º Na hipótese do § 3o, aumenta-se a pena de um a dois terços se houver divulgação, comercialização ou transmissão a terceiro, a qualquer título, dos dados ou informações obtidos. (Incluído pela Lei nº 12.737, de 2012)

§ 5º Aumenta-se a pena de um terço à metade se o crime for praticado contra: (Incluído pela Lei nº 12.737, de 2012)

I. Presidente da República, governadores e prefeitos; (Incluído pela Lei nº 12.737, de 2012)

II. Presidente do Supremo Tribunal Federal; (Incluído pela Lei nº 12.737, de 2012)

III. Presidente da Câmara dos Deputados, do Senado Federal, de Assembleia Legislativa de Estado, da Câmara Legislativa do Distrito Federal ou de Câmara Municipal; ou (Incluído pela Lei nº 12.737, de 2012)

IV. dirigente máximo da administração direta e indireta federal, estadual, municipal ou do Distrito Federal. (Incluído pela Lei nº 12.737, de 2012)

Ação penal

(Incluído pela Lei nº 12.737, de 2012)

Art. 154-B. Nos crimes definidos no art. 154-A, somente se procede mediante representação, salvo se o crime é cometido contra a administração pública direta ou indireta de qualquer dos Poderes da União, Estados, Distrito Federal ou Municípios ou contra empresas concessionárias de serviços públicos. (Incluído pela Lei nº 12.737, de 2012)

4. DOS CRIMES CONTRA O PATRIMÔNIO

4.1 Do Furto

Art. 155 - *Subtrair, para si ou para outrem, coisa alheia móvel:*
Pena - *reclusão, de um a quatro anos, e multa.*

§ 1º - A pena aumenta-se de um terço, se o crime é praticado durante o repouso noturno.

§ 2º - Se o criminoso é primário, e é de pequeno valor a coisa furtada, o juiz pode substituir a pena de reclusão pela de detenção, diminuí-la de um a dois terços, ou aplicar somente a pena de multa.

§ 3º - Equipara-se à coisa móvel a energia elétrica ou qualquer outra que tenha valor econômico.

Furto qualificado

§ 4º - A pena é de reclusão de dois a oito anos, e multa, se o crime é cometido:

I. com destruição ou rompimento de obstáculo à subtração da coisa;

II. com abuso de confiança, ou mediante fraude, escalada ou destreza;

III. com emprego de chave falsa;

IV. mediante concurso de duas ou mais pessoas.

§ 4º-A A pena é de reclusão de 4 (quatro) a 10 (dez) anos e multa, se houver emprego de explosivo ou de artefato análogo que cause perigo comum. (Incluído pela Lei nº 13.654, de 2018)

§ 5º - A pena é de reclusão de três a oito anos, se a subtração for de veículo automotor que venha a ser transportado para outro Estado ou para o exterior. (Incluído pela Lei nº 9.426, de 1996)

§ 6º A pena é de reclusão de 2 (dois) a 5 (cinco) anos se a subtração for de semovente domesticável de produção, ainda que abatido ou dividido em partes no local da subtração. (Incluído pela Lei nº 13.330, de 2016)

§ 7º A pena é de reclusão de 4 (quatro) a 10 (dez) anos e multa, se a subtração for de substâncias explosivas ou de acessórios que, conjunta ou isoladamente, possibilitem sua fabricação, montagem ou emprego. (Incluído pela Lei nº 13.654, de 2018)

O crime de furto está descrito no rol dos crimes contra o patrimônio, mais precisamente, no Título II do Código Penal. Furto é se apropriar de algo alheio para si ou para outra pessoa.

Existem várias modalidades de furto, dentre as quais se destacam: o furto de coisa comum, furto privilegiado e o furto qualificado. Há que se distinguir furto de roubo: a principal diferença entre os dois é que no roubo há emprego de violência e no furto não há.

Bem Jurídico Tutelado

Tutela-se a propriedade, a posse e a detenção, desde que legítimas.

Classificação

É considerado um crime COMUM (praticado por qualquer pessoa) e MATERIAL (para sua consumação exige um resultado).

É um crime doloso (ânimo de assenhoramento definitivo da coisa. Vontade de se tornar dono / proprietário do bem).

Sujeitos do Crime

Sujeito Ativo: qualquer pessoa (exceto o proprietário).

Sujeito Passivo: qualquer pessoa (proprietário, possuidor ou detentor do bem). Pode ser pessoa física ou jurídica.

Consumação e Tentativa

De acordo com a teoria da inversão da posse, ocorre a consumação do furto no momento em que o bem sai da esfera de disponibilidade da vítima e passa para a do autor do delito.

E de acordo com o STJ não se exige a posse mansa e pacífica do bem para a sua consumação, bastando que o agente obtenha a simples posse do bem, ainda que por um curto período de tempo.

Precedentes do STJ e STF considera-se consumado o crime de furto com a simples posse, ainda que breve, do bem subtraído, não sendo necessária que a mesma se dê de forma mansa e pacífica, bastando que cesse a clandestinidade, ainda que por curto espaço de tempo.

> 01. Pungista (vulgarmente conhecido como batedor de carteira) coloca a mão no bolso da vítima, mas a carteira está no outro bolso: tentativa de furto.
> 02. Pungista coloca a mão no bolso da vítima, mas a carteira está em casa: crime impossível (Art. 17, CP).

Furto Consumado

Há perda dos bens subtraídos;

APF (Auto de Prisão em Flagrante) de apenas um dos agentes e fuga dos comparsas;

Subtração e posse de apenas parte dos bens;

APF (Auto de Prisão em Flagrante) no caso de flagrante presumido.

Por circunstâncias alheias à vontade do agente, este não consegue consumar o furto. É admitida a tentativa, pois se trata de crime material (exige resultado).

Tipo Subjetivo

O delito é punido a título de dolo. Mas, atente-se que é necessária a vontade de apoderamento definitivo, ou seja, a intenção de não mais devolver a coisa à vítima.

O furto de uso é fato atípico. Mas para ser caracterizado o furto de uso são necessários três requisitos: a internação desde o início de uso momentâneo da coisa, ser coisa não consumível (infungível) e a restituição seja imediata e integral à vítima.

Qual crime pratica o proprietário que subtrai coisa sua na legítima posse de terceiro? Há prática do delito de exercício arbitrário das próprias razões. E, aqui, pode se enquadrar no Art. 345 ou 346 do CP, a depender da qualidade da posse do agente.

E a coisa pública de uso comum, pode ser objeto material de furto?

A coisa pública, de uso comum, a todos pertence, não podendo ser subtraída e configurar furto. Sucede que, dependendo da situação, há possibilidade da prática de crime ambiental, do delito de usurpação de águas e do crime de dano.

Ex.: Furto de parte de estátua.

A vigilância física ou eletrônica em estabelecimentos comerciais torna o crime impossível? Primeiramente, deve-se analisar a natureza do equipamento. Se, por exemplo, se tem um equipamento que impede por si só a saída do estabelecimento com o bem seria configurado o crime impossível. O fato de haver câmeras ou seguranças apenas dificulta a consumação.

Furto Noturno

Art. 155, § 1º, CP. A pena aumenta-se de um terço, se o crime é praticado durante o repouso noturno.

O repouso noturno só era aplicado ao furto simples (caput). Porém a jurisprudência hoje admite a previsão do aumento de pena tanto para o furto simples (caput) quanto para o furto qualificado (§§ 4º, 5º)

Aplica-se esta causa de aumento de pena, desde que o fato seja praticado durante o repouso noturno.

Não importa se a casa estava ou não habitada, ou o seu morador estava ou não dormindo (divergência).

Aplica-se esta majorante, também, aos furtos cometidos durante o repouso noturno em veículos estacionados em vias públicas, bem como em estabelecimentos comerciais (Divergência jurisprudencial).

Repouso Noturno	Noite
Período em que as pessoas se recolhem em suas casas para descansarem (dormirem). Varia conforme a região: grandes metrópoles ou pequenas cidades do interior.	Ausência de luz solar. Período que vai da aurora ou crepúsculo.

Furto Privilegiado

§ 2º. Se o criminoso é primário, e é de pequeno valor a coisa furtada, o juiz pode substituir a pena de reclusão pela de detenção, diminuí-la de um a dois terços, ou aplicar somente a pena de multa.

Aplica-se apenas ao furto simples (*caput*) e ao furto noturno. Não se aplica ao furto qualificado (§§ 4º e 5º).

Criminoso primário: aquele que não é reincidente. Não precisa ser portador de bons antecedentes. Se já transcorrido o prazo de 5 anos entre a data de cumprimento ou extinção da pena e a infração penal posterior, o agente readquire a sua condição de primário (Art. 64, I, CP).

Coisa subtraída de pequeno valor: bem cujo valor seja de até um salário mínimo na data do fato.

"Coisa de pequeno valor" não se confunde com "coisa de valor insignificante". A primeira, se também presente a primariedade do agente, enseja a incidência do privilégio; a segunda conduz à atipicidade do fato, em decorrência do princípio da insignificância (criminalidade de bagatela).

Presentes estes dois requisitos legais, o juiz é obrigado a aplicar o privilégio ao criminoso (direito subjetivo do acusado).

Furto Qualificado-Privilegiado

O STF aceita a possibilidade de se aplicar o privilégio (Art. 155, §2º, CP) às figuras qualificadas (Art. 155, §§ 4º e 5º, CP) desde que não haja imposição isolada de pena de multa em decorrência do privilégio.

STF entendeu que no furto qualificado pelo concurso de agentes, não há óbice ao reconhecimento do privilégio, desde que estejam presentes os requisitos ensejadores de sua aplicação, quais sejam, a primariedade do agente e o pequeno valor da coisa furtada.

§ 3º. Equipara-se à coisa móvel a energia elétrica ou qualquer outra que tenha valor econômico.

Trata-se de normal penal interpretativa. Entende por qualquer outra energia térmica, mecânica, radioatividade e genética (sêmen de animal).

Furto de Sinal de TV a Cabo

1ª Corrente: não é crime. A energia se consome, se esgota e pode, inclusive, terminar, ao passo que sinal de TV não se gasta, não diminui. É adotada por Bittencourt.

2ª Corrente: o furto de sinal de TV se encaixa no §3º do Art. 155, pois é uma forma de energia. É uma corrente adotada pelo STJ.

Furto de Energia X estelionato no Consumo de Energia

Furto de Energia Elétrica	Estelionato no Consumo de Energia
No furto de energia elétrica, o agente **não está autorizado via contrato, a gastar energia**.	Nesse caso o agente está autorizado, via contrato, a gastar energia.
O agente, mediante artifício, por exemplo, ligação clandestina, subtrai a energia.	O agente, mediante fraude, altera o medidor de consumo da energia, indicando valor menor que o efetivamente consumido.

Furto Qualificado

§ 4º. A pena é de reclusão de dois a oito anos, e multa, se o crime é cometido:
I. Com destruição ou rompimento de obstáculo à subtração da coisa;

Ex.: Arrombamento de fechaduras, janelas, portas, cadeados, cofres, trincos.

Se o obstáculo destruído for inerente à própria coisa não incidirá esta forma qualificada.

Ex.: Quebrar o vidro da porta de um carro com o objetivo de furtar o veículo (furto simples).

Todavia, caso o agente quebre o vidro apenas para viabilizar o furto do CD-Player, ou de qualquer outro objeto que se encontra em seu interior, responderá por furto qualificado.

Se o agente, apenas desliga o alarme não incidirá a qualificadora, pois não houve destruição ou rompimento de obstáculo.

Caso a violência seja empregada após a consumação do furto, o agente responderá por furto em concurso com o crime de dano (Art. 163).

De acordo com Fernando Capez, o furto da bolsa para obter o que está em seu interior não qualifica o delito, pois a bolsa não é obstáculo e sim forma de transportar as coisas. O obstáculo seria um cadeado.

Há decisões que entendem pela aplicabilidade da qualificadora quando há ligação direta no veículo.

> *II. Com abuso de confiança, ou mediante fraude, escalada ou destreza;*

> Confiança é circunstância subjetiva incomunicável o concurso de pessoas (Art. 30, CP).

Ex.: Famulato (furto praticado por empregado doméstico contra o patrão).

Essa qualificadora pressupõe dois requisitos:

> A vítima tem que depositar, por qualquer motivo (amizade, parentesco, relações profissionais etc.), uma especial confiança no agente;

> O agente deve se aproveitar de alguma facilidade decorrente da confiança nele depositada para cometer o crime.

A vítima tem que depositar, por qualquer motivo (amizade, parentesco, relações profissionais etc.), uma especial confiança no agente;

O agente deve se aproveitar de alguma facilidade decorrente da confiança nele depositada para cometer o crime.

Furto Mediante Abuso de Confiança	Apropriação Indébita
O agente tem mero contato com a coisa.	O agente exerce a posse em nome de outrem.
O agente pode até ter posse, mas essa é uma posse precária vigiada.	O agente tem posse desvigiada
O dolo está presente desde o início da posse.	O dolo é superveniente à posse.

Fraude é o artifício (emprego de algum objeto, instrumento ou vestimenta para enganar o titular do bem) ou ardil (conversa enganosa), isto é, o meio enganoso empregado pelo agente para diminuir a vigilância da vítima ou de terceiro sobre um bem móvel, permitindo ou facilitando sua subtração.

> A fraude como qualificadora há de ser empregada antes ou durante a subtração da coisa, ou seja, antecede a consumação do crime.

> Um ponto muito relevante é a diferenciação entre furto mediante fraude e estelionato.

Destreza: trata-se de peculiar habilidade física ou manual permitindo ao agente despojar a vítima sem que esta perceba.

Ex.: Batedores de carteira ou punguistas.

	Furto Mediante Fraude	Estelionato (Art. 171, CP)
F R A U D E	É qualificadora do crime.	É elementar do crime.
	Deve ser empregada antes ou durante a subtração do bem.	Antecede o apossamento da coisa.
	É utilizada para **diminuir a vigilância** da vítima sobre o bem, permitindo ou facilitando a subtração.	É utilizada para induzir a vítima em erro, mediante uma falsa percepção da realidade.
	Há a subtração do bem sem que a vítima perceba.	Ocorre a entrega espontânea (embora viciada) do bem pela vítima ao agente.
	Ex.: "A" e "B", banidos, se disfarçam de técnicos de TV a cabo e pedem para consertar a TV de "C". Enquanto "C" permanece em seu quarto "A" e "B" aproveitam sua distração para furtar objetos na sala de estar.	**Ex.:** "A" se disfarça de manobrista e fica parado em frente a um restaurante. "B" entrega seu veículo para que o falso manobrista o estacione. "A" desaparece com o carro.

III. Com emprego de chave falsa;

Segundo alguns autores, chave falsa é todo o instrumento, com ou sem forma de chave, destinado a abrir fechaduras

Ex.: Grampos, arames, estiletes, micha etc.

A chave verdadeira, obtida fraudulentamente, não gera a qualificadora do inciso III.

IV. Mediante concurso de duas ou mais pessoas.

Responderá por furto qualificado mesmo se um dos integrantes for menor de 18 anos.

> *§ 4º-A A pena é de reclusão de 4 (quatro) a 10 (dez) anos e multa, se houver emprego de explosivo ou de artefato análogo que cause perigo comum.*

A Lei 13.645, de 2018, inseriu uma nova qualificadora ao crime do furto, com o intuito de criminalizar mais gravemente a conduta relacionada à subtração com o emprego de explosivo ou artefato análogo, como o que acontece com os caixas de banco.

> *§ 5º. A pena é de reclusão de 3 (três) a 8 (oito) anos, se a subtração for de veículo automotor que venha a ser transportado para outro Estado ou para o exterior.*

> *§ 6º A pena é de reclusão de 2 (dois) a 5 (cinco) anos se a subtração for de semovente domesticável de produção, ainda que abatido ou dividido em partes no local da subtração.*

> *§ 7º A pena é de reclusão de 4 (quatro) a 10 (dez) anos e multa, se a subtração for de substâncias explosivas ou de acessórios que, conjunta ou isoladamente, possibilitem sua fabricação, montagem ou emprego.*

Outra modificação feita pela Lei 13.654 de 2018 foi a inserção do § 7º no Art. 155 do CP. Essa alteração pune mais gravemente a subtração de explosivos ou acessórios para a fabricação, montagem ou emprego.

Bens Imóveis e Energia Elétrica

Os bens considerados imóveis pela legislação civil e que puderem ser deslocados de um local para outro podem ser objeto de furto.

Ex.: Navios, prédios, terrenos, carro, moto, animal de estimação, celular.

A energia elétrica ou qualquer outra que possua valor econômico é equiparada a coisa móvel (Art. 155, §3º, CP).

Ex.: Energia genética, energia nuclear, energia mecânica. Desse modo, a ligação clandestina de energia elétrica "gato" é crime de furto.

Modalidades de Furto

Abigeato: furto de gado.

Famulato: furto praticado pelo empregado doméstico contra o patrão. Não precisa ser realizado na residência do patrão, pode ser em qualquer lugar.

Furto famélico: hipótese em que o agente subtrai alimentos para saciar sua fome ou de sua família, pois se encontra em situação de extrema miséria e pobreza.

O furto famélico configura estado de necessidade, preenchidos os seguintes requisitos:

> Fato praticado para mitigar a fome;

> Que haja subtração de coisa capaz de contornar imediatamente e diretamente a emergência (fome).

NOÇÕES DE DIREITO PENAL

DOS CRIMES CONTRA O PATRIMÔNIO

> Inevitabilidade do comportamento lesivo.
> Impossibilidade de trabalho ou insuficiência dos recursos auferidos.

Somente pode ser aplicado o furto famélico àquele que está desempregado? Não. Caso os recursos obtidos sejam insuficientes, pode ser reconhecido o furto famélico.

O consentimento do ofendido, antes ou durante a subtração, torna o fato atípico (bem disponível), mas após a subtração, o fato será típico.

Não existe furto culposo.

É possível o furto privilegiado + repouso noturno.

É possível o furto privilegiado + furto qualificado desde que não haja imposição isolada da pena de multa em decorrência do privilégio.

Princípio da Insignificância no Furto

O princípio da insignificância é causa supralegal de exclusão da tipicidade (o fato não será crime).

Exige a Presença dos Seguintes Requisitos

Requisitos objetivos: mínima ofensividade da conduta; ausência de periculosidade social; reduzido grau de reprovabilidade do comportamento; e inexpressividade da lesão jurídica.

Requisitos subjetivos: importância do objeto material para a vítima (situação econômica + valor sentimental do bem); e circunstâncias e resultado do crime.

O princípio da insignificância, desde que presentes seus requisitos objetivos e subjetivos, é em tese aplicável tanto ao furto simples como ao furto qualificado.

Ex.: Duas pessoas, em concurso de agentes, furtam uma penca de bananas.

Subtração de cartão bancário ou de crédito: não há crime de furto (princípio da insignificância). Eventual utilização do cartão, para saques em dinheiro ou compras em geral, caracteriza o crime de estelionato (Art. 171, CP).

Furtos X Outros Crimes Semelhantes

Principais diferenças entre os crimes que mais são confundidos em provas de concurso:

Furto X Apropriação Indébita

O furto é diferente da apropriação indébita (Art. 168, CP), pois no primeiro a posse é vigiada e a subtração reside exatamente na retirada do bem desta esfera de vigilância. Já no segundo, a vítima entrega ao agente a posse desvigiada de um bem.

Furto X Peculato

O funcionário público que subtrai ou concorre para que seja subtraído bem público ou particular, que se encontra sob a guarda ou custódia da Administração Pública, valendo-se da facilidade que seu cargo lhe proporciona, pratica o crime de peculato furto (Art. 312, §1º, CP), também conhecido como peculato impróprio.

Furto X Exercício Arbitrário das Próprias Razões

Se um credor subtrai bens do devedor para se ressarcir de dívida não paga, o crime não será de furto, mas de exercício arbitrário das próprias razões (Art. 345, CP).

É pacífico o entendimento de que a coisa abandonada (*res derelicta*), a coisa de ninguém (*res nullius*) não podem ser objeto do crime de furto, como também a coisa perdida (*res desperdita*), porém a coisa perdida constitui o crime de apropriação de coisa achada, Art.169, II, do CP.

O ser humano não pode ser objeto de furto, salvo se forem partes definidas e com valor econômico.

Ex.: Cabelo.

Cadáver pode ser objeto de furto, desde que possua dono.

Ex.: Cadáver de faculdade de medicina.

> *§ 5º. A pena é de reclusão de três a oito anos, se a subtração for de VEÍCULO AUTOMOTOR que venha a ser transportado para outro Estado ou para o exterior. (Incluído pela Lei nº 9.426, de 1996)*

Esta majorante só incide quando o furto for de veículo automotor, não abrangendo embarcação nem aeronave, além disso, o veículo automotor deve ser levado para outro Estado ou país. Esqueceu-se de colocar o DF na qualificadora, porém a doutrina penal entende que o DF está abrangido também, pois o legislador ao utilizar a expressão Estado considerou os entes da federação, dentre eles o DF.

Não basta a intenção de ultrapassar os limites do Estado ou do país, sendo necessário que este ato seja consumado.

Furto de Coisa Comum

> *Art. 156. Subtrair o condômino, coerdeiro ou sócio, para si ou para outrem, a quem legitimamente a detém, a coisa comum:*
> *Pena - detenção, de seis meses a dois anos, ou multa.*
> *§ 1º. Somente se procede mediante representação.*
> *§ 2º. Não é punível a subtração de coisa comum fungível, cujo valor não excede a quota a que tem direito o agente.*

4.2 Do Roubo e da Extorsão

Roubo

> *Art. 157 - Subtrair coisa móvel alheia, para si ou para outrem, mediante grave ameaça ou violência a pessoa, ou depois de havê-la, por qualquer meio, reduzido à impossibilidade de resistência:*
> *Pena - reclusão, de quatro a dez anos, e multa.*
> *§ 1º - Na mesma pena incorre quem, logo depois de subtraída a coisa, emprega violência contra pessoa ou grave ameaça, a fim de assegurar a impunidade do crime ou a detenção da coisa para si ou para terceiro.*
> *§ 2º A pena aumenta-se de 1/3 (um terço) até metade: (Redação dada pela Lei nº 13.654, de 2018)*
> *I. (revogado); (Redação dada pela Lei nº 13.654, de 2018)*
> *II. se há o concurso de duas ou mais pessoas;*
> *III. se a vítima está em serviço de transporte de valores e o agente conhece tal circunstância.*
> *IV. se a subtração for de veículo automotor que venha a ser transportado para outro Estado ou para o exterior; (Incluído pela Lei nº 9.426, de 1996)*
> *V. se o agente mantém a vítima em seu poder, restringindo sua liberdade. (Incluído pela Lei nº 9.426, de 1996)*

VI. se a subtração for de substâncias explosivas ou de acessórios que, conjunta ou isoladamente, possibilitem sua fabricação, montagem ou emprego. (Incluído pela Lei nº 13.654, de 2018)

VII. se a violência ou grave ameaça é exercida com emprego de arma branca; (Incluído pela Lei nº 13.964, de 2019) - ANTICRIME

§ 2º-A A pena aumenta-se de 2/3 (dois terços): (Incluído pela Lei nº 13.654, de 2018)

I. se a violência ou ameaça é exercida com emprego de arma de fogo; (Incluído pela Lei nº 13.654, de 2018)

II. se há destruição ou rompimento de obstáculo mediante o emprego de explosivo ou de artefato análogo que cause perigo comum. (Incluído pela Lei nº 13.654, de 2018)

§ 2º-B. Se a violência ou grave ameaça é exercida com emprego de arma de fogo de uso restrito ou proibido, aplica-se em dobro a pena prevista no caput deste artigo. (Incluído pela Lei nº 13.964, de 2019) - ANTICRIME

§ 3º Se da violência resulta: (Redação dada pela Lei nº 13.654, de 2018)

I. lesão corporal grave, a pena é de reclusão de 7 (sete) a 18 (dezoito) anos, e multa; (Incluído pela Lei nº 13.654, de 2018)

II. morte, a pena é de reclusão de 20 (vinte) a 30 (trinta) anos, e multa. (Incluído pela Lei nº 13.654, de 2018)

O crime de roubo está tipificado no rol dos crimes contra o patrimônio. Esse crime assemelha-se muito ao crime de furto, contudo possui elementos que, agregados à conduta "subtrair", formam um novo crime.

No roubo há a subtração de coisa móvel alheia, porém com o emprego de violência ou grave ameaça contra a pessoa, elementos esses que empregados, fazem com que a vítima entregue a coisa móvel, funcionando como circunstâncias especiais que relevam a distinção para o crime furto.

Classificação

É crime comum / Formal (STJ e STF) / instantâneo / plurissubsistente / de dano / de concurso eventual.

Ofende o patrimônio, integridade física e liberdade individual do indivíduo (Crime COMPLEXO).

É crime de forma livre: admite qualquer meio de execução.

Emprego de Grave Ameaça

Também denominada de violência moral ou vis compulsiva (consiste na promessa de mal grave, iminente e passível de realização).

Emprego de Violência

Também denominada de violência própria, violência física ou vis absoluta (consiste no emprego de força física sobre a vítima, mediante lesão corporal ou vias de fato, para facilitar a subtração do bem.

Qualquer Outro Meio que Reduza a Vítima à Impossibilidade de Resistência

Também conhecida como **violência imprópria ou violência indireta**. Abrange todos os outros meios (diferentes da violência ou grave ameaça) que impossibilitam a resistência da vítima no momento da execução do roubo.

Ex.: Drogar ou embriagar a vítima, usar soníferos (o famoso "Boa noite Cinderela") ou hipnose etc.

Não admite o princípio da insignificância, pois o desvalor da conduta é elevado, o que justifica a rigorosa atuação do direito penal.

O elemento subjetivo é o dolo e exige-se o fim de assenhoramento definitivo da coisa (*animus rem sibi habendi*). Não é admitida a modalidade culposa.

O crime de roubo admite arrependimento posterior? Para a maioria da doutrina o roubo próprio admite arrependimento posterior quando praticado mediante violência imprópria (Ex.: uso de psicotrópicos). Para a minoria, violência imprópria não admite arrependimento posterior, pois não deixa de ser espécie de violência.

Sujeitos do Crime

Sujeito Ativo: qualquer pessoa (crime comum), exceto o proprietário da coisa alheia móvel.

Sujeito Passivo: o proprietário, possuidor ou detentor da coisa alheia móvel, assim como qualquer outra pessoa que seja atingida pela violência ou grave ameaça. Pessoa Jurídica também pode ser sujeito passivo.

Consumação e Tentativa

Consuma-se o crime de roubo, no momento em que o agente se torna possuidor do bem subtraído mediante grave ameaça ou violência. Para que o agente se torne possuidor, é desnecessário que a coisa saia da esfera de vigilância da vítima, bastando que cesse a clandestinidade ou a violência. (Para esta corrente, o crime de Roubo é Formal).

A tentativa é plenamente admitida, haja vista o caráter plurissubsistente do crime de roubo.

Situações nas quais o roubo é considerado consumado:

> Destruição ou perda do bem subtraído;
> Prisão em flagrante de um dos ladrões e fuga do(s) comparsa(s) com o bem subtraído.

Roubo Impróprio

§ 1º. Na mesma pena incorre quem, logo depois de subtraída a coisa, emprega violência contra pessoa ou grave ameaça, a fim de assegurar a impunidade do crime ou a detenção da coisa para si ou para terceiro.

	Roubo Próprio (caput)	Roubo Impróprio (§ 1º)
Meios de Execução	Violência ou Grave ameaça ou qualquer outro meio que reduza a vítima à impossibilidade de resistência (violência imprópria).	Violência ou Grave Ameaça.
Momento de Emprego do meio de execução	Antes ou Durante a subtração do bem.	Logo depois de subtrair a coisa, mas antes da consumação do furto.
Finalidade do meio de execução	Permitir a subtração do bem.	Assegurar a impunidade do crime ou a detenção da coisa (o bem já foi subtraído).

NOÇÕES DE DIREITO PENAL

DOS CRIMES CONTRA O PATRIMÔNIO

O roubo impróprio não admite a violência imprópria (qualquer outro meio que reduza a vítima à impossibilidade de resistência).

Para falarmos em roubo impróprio é imprescindível o prévio apoderamento da coisa.

O roubo impróprio consuma-se no momento em que o sujeito utiliza a violência à pessoa ou grave ameaça, ainda que não tenha êxito em sua finalidade de assegurar a impunidade do crime ou a detenção da coisa subtraída para si ou para terceiro (**é Crime Formal**).

Causas de Aumento de Pena

§ 2º. A pena aumenta-se de um terço até metade:
I. (Revogado)
II. Se há o concurso de duas ou mais pessoas;
III. Se a vítima está em serviço de transporte de valores e o agente conhece tal circunstância.
IV. Se a subtração for de veículo automotor que venha a ser transportado para outro Estado ou para o exterior;
V. Se o agente mantém a vítima em seu poder, restringindo sua liberdade.

Se o crime é cometido em concurso de agentes e somente um deles utiliza a arma, a causa de aumento de pena se estende a todos os envolvidos no roubo, independentemente de serem coautores ou partícipes.

Arma de fogo	Efetivo uso: incide a causa de aumento. Porte ostensivo: Incide a causa de aumento. Porte simulado de arma: não incide a causa de aumento, mas caracteriza o roubo simples (grave ameaça).
Arma com defeito	Absoluta ineficácia de arma: não incide a causa de aumento, mas caracteriza o roubo simples (grave ameaça). Relativa ineficácia de arma: incide a causa do aumento.
Arma desmuniciada	Não incide a causa de aumento, mas caracteriza o roubo simples (grave ameaça). Conforme o STF, arma desmuniciada ou sem possibilidade de pronto municiamento não configura o crime tipificado no Art. 14 da Lei 10.826/03 (Estatuto do Desarmamento).
Arma de brinquedo	Não incide a causa de aumento, mas caracteriza o roubo simples (grave ameaça).

Se há o concurso de duas ou mais pessoas

Incide esta qualificadora ainda que um dos envolvidos seja inimputável (Ex.: Menor de 18 anos) ou não possa ser identificado.

Essa qualificadora incide ainda que apenas um dos envolvidos no roubo pratique atos executórios ou esteja presente no local do crime. Desse modo, aplica-se tanto aos coautores quanto aos partícipes.

Se a vítima está em serviço de transporte de valores e o agente conhece tal circunstância

Tem por finalidade conceder maior proteção às pessoas que prestam serviços relacionados ao transporte de valores, exclui-se o proprietário dos bens.

Ex.: Carros-fortes, office-boys, estagiários, funcionários de bancos etc.

Exige-se que o agente tenha conhecimento desta circunstância.

Se a subtração for de veículo automotor que venha a ser transportado para outro Estado ou para o exterior

Fundamenta-se na maior dificuldade de recuperação do bem pela vítima, quando ocorre a ultrapassagem das fronteiras estaduais ou internacionais.

Não incide esta causa de aumento de pena na hipótese de transporte de componentes isolados (peças) do veículo automotor para outro Estado ou para o exterior.

Esta majorante só incide quando o roubo for de veículo automotor, não abrangendo embarcação nem aeronave. Além disso a causa de aumento de pena somente terá incidência quando o veículo automotor efetivamente for transportado para outro Estado ou para o Exterior.

De acordo com Cleber Masson, a majorante é compatível com a forma tentada em uma única hipótese: quando o agente é perseguido logo após a subtração e foge em direção a fronteira de outro País ou Estado, mas acaba sendo preso antes que transponha a fronteira. Nesse caso basta a intenção do agente de transpor a fronteira para a aplicação do aumento de pena.

Ex.: Um veículo foi roubado e desmanchado em Cascavel/PR e suas peças foram encaminhadas para São Paulo ou para o Paraguai.

Esta majorante só incide quando o roubo for de veículo automotor, não abrangendo embarcação nem aeronave, além disso, o veículo automotor deve ser levado para outro Estado ou país.

Se o agente mantém a vítima em seu poder, restringindo sua liberdade

Na hipótese desta qualificadora, a vítima deve ter restringida sua liberdade por tempo juridicamente relevante.

Ex.: Pedro, mediante grave ameaça, subtrai o carro de Rafael, e com ele permanece até abandoná-lo em um local distante, evitando, dessa forma, o pedido de socorro às autoridades.

Se a subtração for de substâncias explosivas ou de acessórios que, conjunta ou isoladamente, possibilitem sua fabricação, montagem ou emprego

Trata-se de mais uma alteração marcada pela Lei 13.654/2018. Nesse caso, vale a pena destacar o objeto material do roubo. Em se tratando de explosivos ou acessórios para fabricação, montagem ou emprego, haverá aumento de pena.

> Em se tratando de simulacro, permanece o entendimento de que ainda é roubo (pois tem capacidade de constranger), mas é descaracterizado do aumento de pena!

Se a violência ou ameaça é exercida com emprego de arma de fogo

Aqui incide o aumento apenas com o uso da arma de fogo (arma PRÓPRIA) e desde que não seja de uso restrito ou proibido (já que com a alteração do pacote **ANITCRIME**, agora há a previsão do §2º-B com aumento de pena até o DOBRO).

E uma outra inovação do mesmo pacote legislativo, foi a "ressurreição" do uso de arma branca (ou arma IMPRÓPRIA) no §2º em seu novel inciso VII (aumento de 1/3 a ½).

> **§ 2º-A** A pena aumenta-se de 2/3 (DOIS TERÇOS):
> **I.** se a violência ou ameaça é exercida com emprego de arma de fogo.

A Lei 13.654 de 2018 inseriu o parágrafo 2º A, restringindo o aumento de pena no crime de furto. Agora, será considerado aumento de pena apenas em se tratando de arma própria (fogo), não abrangendo mais a arma imprópria. Além disso, entende o STF que é desnecessária a perícia na arma e a apreensão (desde que haja outros meios de prova) para o enquadramento do aumento. Cabe à parte comprovar a ineficácia do meio.

> **II.** se há **destruição ou rompimento de obstáculo** mediante o emprego de **EXPLOSIVO** ou de **ARTEFATO** análogo que cause **PERIGO COMUM**. (grifo nosso)

Perceba aqui a única diferença com furto (art. 155), já que lá, no furto, há a previsão de qualificadora para rompimento ou destruição de obstáculo em qualquer modalidade de ruptura ou destruição. Ao contrário aqui, no roubo (art. 157), não se trata de qualificadora, mas sim de majorante (ou causa de aumento) onde apenas incidirá tal majoração caso de rompimento ou destruição com explosivos ou artefato análogo.

Se a violência ou grave ameaça é exercida com emprego de arma de fogo de uso restrito ou proibido

A inovação do pacote ANTICRIME, tivemos um aumento em dobro para tal utilização de arma de uso proibido como fruto da violência ou ameaça empregada pelo agente, além de também ter inserido tal previsão no rol dos crimes HEDIONDOS.

Roubo Qualificado

> **§ 3º** Se da violência resulta: (Redação dada pela Lei nº 13.654, de 2018)
> **I.** lesão corporal grave, a pena é de reclusão de 7 (sete) a 18 (dezoito) anos, e multa; (Incluído pela Lei nº 13.654, de 2018)
> **II.** morte, a pena é de reclusão de 20 (vinte) a 30 (trinta) anos, e multa. (Incluído pela Lei nº 13.654, de 2018)

Assim, existem duas qualificadoras do crime de roubo: a qualificação por lesão grave e ou pela morte, fato conhecido como latrocínio.

De acordo com o texto legal, somente é possível a incidência das qualificadoras quando o resultado agravador resultar de violência. Desse modo, se resultar de grave ameaça não incidirá esta qualificadora.

Imagine a seguinte situação hipotética: "A" apontou uma arma de fogo para "B", senhora de 80 anos, e anunciou o assalto. "B", com o susto da situação, sofreu um infarto fulminante e morreu em razão da grave ameaça empregada, momento em que "A" subtrai a bolsa da vítima. Nesta situação, "A" responderá por roubo consumado em concurso formal com homicídio culposo.

Segundo o Art. 1º da Lei nº 8.072/90, O latrocínio, consumado ou tentado, **é crime hediondo**.

De acordo com a **Súmula 603 do STF** a competência para o processo e julgamento do latrocínio é do **Juiz Singular** e não do Tribunal do Júri. Isso ocorre porque o latrocínio é crime contra o patrimônio e o Tribunal do Júri só julga os crimes dolosos contra a vida.

O resultado agravador (morte) pode ter sido causado de forma **dolosa ou culposa**. Percebe-se, então, que o latrocínio não é crime exclusivamente preterdoloso (dolo no antecedente e culpa no consequente). Admite-se a tentativa se o resultado agravador, morte, ocorrer de forma dolosa.

Qual crime pratica o assaltante que, duas semanas após o assalto, mata gerente que o reconheceu como um dos criminosos? Não pode ser o Art. 157, § 3º, uma vez que exige o fator tempo e o fator nexo. O crime será de roubo em concurso material com homicídio qualificado pela conexão consequencial.

De acordo com a Súmula 610 do STF: Há crime de latrocínio, quando o homicídio se consuma, ainda que não realize o agente a subtração de bens da vítima. Atenção para as seguintes situações:

Subtração do Bem	Morte da Vítima	Latrocínio
Consumado	Consumado	Consumado
Tentada	Consumado	Consumado
Tentada	Tentada	Tentada
Consumado	Tentada	Tentada

Extorsão

> **Art. 158.** Constranger alguém, mediante violência ou grave ameaça, e com o intuito de obter para si ou para outrem indevida vantagem econômica, a fazer, tolerar que se faça ou deixar fazer alguma coisa:
> **Pena -** reclusão, de quatro a dez anos, e multa.
> **§ 1º.** Se o crime é cometido por duas ou mais pessoas, ou com emprego de arma, aumenta-se a pena de um terço até metade.
> **§ 2º.** Aplica-se à extorsão praticada mediante violência o disposto no § 3º do artigo anterior.
> **§ 3º.** Se o crime é cometido mediante a restrição da liberdade da vítima, e essa condição é necessária para a obtenção da vantagem econômica, a pena é de reclusão, de 6 (seis) a 12 (doze) anos, além da multa; se resulta lesão corporal grave ou morte, aplicam-se as penas previstas no Art. 159, §§ 2º e 3º, respectivamente.

A extorsão, ao contrário do roubo, não pode ser praticada mediante violência imprópria (Qualquer outro meio que reduza a vítima à impossibilidade de resistência).

Segundo Nelson Hungria, uma das formas mais frequentes de extorsão é a famosa "Chantagem" (praticada mediante ameaça de revelação de fatos escandalosos ou difamatórios, para coagir o ameaçado a "comprar" o silêncio do ameaçador). É um crime de ação penal pública incondicionada.

Classificação

Extorsão é crime comum / de forma livre / formal / instantâneo / plurissubsistente / de dano / doloso (não admite a modalidade culposa) / de concurso eventual.

É considerado um crime complexo, pois protege vários bens jurídicos. (patrimônio, integridade física e liberdade individual).

É crime formal / de consumação antecipada. A obtenção da indevida vantagem econômica pelo agente é exaurimento do

NOÇÕES DE DIREITO PENAL

DOS CRIMES CONTRA O PATRIMÔNIO

crime que será levado em consideração na dosimetria da pena-base (Art. 59, CP).

Sujeitos do Crime

Por ser um crime comum, não se exige uma qualidade especial do sujeito ativo ou passivo, portanto pode ser cometido/sofrido por qualquer pessoa.

Consumação e Tentativa

Súm. 96, STJ. *O crime de extorsão consuma-se independentemente da obtenção da vantagem indevida.*

A tentativa é admitida.

Causa de Aumento de Pena

> Se o crime é COMETIDO por duas ou mais pessoas;
> Se o crime é cometido com emprego de arma;

Extorsão (Art. 158, §1º, primeira parte, CP)	Roubo (Art. 157, §2º, II, CP)
Crime COMETIDO por duas ou mais pessoas.	Se há o CONCURSO de duas ou mais pessoas.
Admite coautoria, mas não admite participação.	Admite coautoria e participação.

Extorsão Qualificada

Art. 158, § 2º, CP. *Aplica-se à extorsão praticada mediante violência o disposto no § 3º do artigo anterior.*

Se, da **violência** resulta lesão corporal grave (7 a 15 anos), se resulta morte (20 a 30 anos).

Se, o resultado agravador (lesão corporal grave ou morte) ocorrer em razão da grave ameaça empregada, o agente responderá pelo crime de Extorsão simples (*caput*).

A extorsão qualificada pela morte, consumada ou tentada é **crime hediondo** (Art. 1º, IV, Lei nº 8.072/90).

Extorsão mediante restrição da liberdade da vítima

§ 3º. Se o crime é cometido mediante a restrição da liberdade da vítima, e essa condição é necessária para a obtenção da vantagem econômica, a pena é de reclusão, de 6 (seis) a 12 (doze) anos, além da multa; se resulta lesão corporal grave ou morte, aplicam-se as penas previstas no Art. 159, §§ 2º e 3º, respectivamente.

Popularmente conhecido como o crime de "Sequestro relâmpago".

Este crime, além de atentar contra o patrimônio da vítima, viola também sua liberdade de locomoção.

Ex.: "A", mediante uso de arma de fogo, ameaça de morte "B", o qual estava saindo de sua residência, e o constrange a dirigir seu veículo até um caixa eletrônico para que "B" saque dinheiro para entregar a "A".

Diferencia-se do Roubo (Art. 157, §2º, V, CP), pois é imprescindível um comportamento de "B" (digitar a senha do cartão do banco) para a consumação do crime de extorsão.

Diferenças entre o "sequestro relâmpago" com a extorsão mediante sequestro

Sequestro Relâmpago (Art. 158, §3º, CP)	Extorsão Mediante Sequestro (Art. 159, CP)
Restrição da liberdade.	Privação da liberdade.
Não há encarceramento da vítima.	A vítima é colocada no cárcere.
Finalidade de se obter indevida vantagem econômica.	Finalidade de se obter qualquer vantagem, como condição ou preço do resgate.

Se a vantagem é devida (legítima), verdadeira ou supostamente, o agente responderá pelo crime de exercício arbitrário das próprias razões (Art. 345, CP).

A vantagem indevida deve ser econômica, pois se não o for, estará afastado o crime de extorsão.

Ex.: "A", mediante violência ou grave ameaça, coage "B" a assumir a autoria de um crime de difamação praticado contra "C".

Diferenças entre o crime de extorsão e roubo:

Roubo	Extorsão
O ladrão subtrai.	O extorsionário faz com que a vítima lhe entregue.
O agente busca vantagem imediata.	O agente busca vantagem mediata (futura).
Não admite bens imóveis.	Admite bens imóveis também.
Admite violência imprópria.	Não admite violência imprópria.
A colaboração da vítima é dispensável.	A colaboração da vítima é indispensável.

Diferenças entre o crime de Extorsão e Constrangimento ilegal

A **extorsão** se distingue do crime de constrangimento ilegal (Art. 146, CP), pois, no primeiro há a presença de um elemento subjetivo do tipo (especial fim de agir do agente) representado pela vontade de **obter indevida vantagem econômica, para si ou para outrem**.

Diferenças entre o crime de Extorsão e Concussão

Extorsão (Art. 158)	Concussão (Art. 316)
Crime Contra o Patrimônio.	Crime contra a Administração Pública.
Há emprego de violência ou grave ameaça.	Não há emprego de violência ou grave ameaça.
Em regra é praticado por particular, mas funcionário público pode praticar caso empregue violência ou grave ameaça.	Em regra é praticado por funcionário público, mas particular pode ser coautor ou partícipe.

É possível concurso de crimes de roubo e extorsão, por exemplo o agente, após roubar o carro da vítima, a obriga a entregar o cartão 24h com a senha, conforme STJ.

Extorsão Mediante Sequestro

Art. 159. Sequestrar pessoa com o fim de obter, para si ou para outrem, qualquer vantagem, como condição ou preço do resgate:
Pena - *reclusão, de oito a quinze anos.*
§ 1º. Se o sequestro dura mais de 24 (vinte e quatro) horas, se o sequestrado é menor de 18 (dezoito) ou maior de 60 (sessenta) anos, ou se o crime é cometido por bando ou quadrilha:
Pena - *reclusão, de doze a vinte anos.*
§ 2º. Se do fato resulta lesão corporal de natureza grave:
Pena - *reclusão, de dezesseis a vinte e quatro anos.*
§ 3º. Se resulta a morte:
Pena - *reclusão, de vinte e quatro a trinta anos.*
§ 4º. Se o crime é cometido em concurso, o concorrente que o denunciar à autoridade, facilitando a libertação do sequestrado, terá sua pena reduzida de um a dois terços.

Objetividade Jurídica

Patrimônio e liberdade individual. Integridade física e vida humana (§2º e §3º).

→ **É crime complexo.**

Resulta da fusão da extorsão (Art. 158) e sequestro (Art. 148).

Objeto Material

A pessoa privada de sua liberdade e também aquela lesada em seu patrimônio.

É crime hediondo em todas as suas modalidades (tentados ou consumados). (Art. 1º, IV, Lei nº 8.072/90).

Núcleo do Tipo

"Sequestrar": privar uma pessoa de sua liberdade de locomoção por tempo juridicamente relevante.

Sujeitos do Crime

Sujeito Ativo: qualquer pessoa (crime comum). Se o sujeito ativo for funcionário público e cometer o crime no exercício de suas funções, responderá também pelo crime de abuso de autoridade (Arts. 3º, "a" e 4º, "a", Lei nº 4.898/65).

Pessoa que simula o próprio sequestro para extorquir seus pais, mediante o auxílio de terceiros, responde por extorsão (Art. 158).

Sujeito Passivo: pessoa que sofre a lesão patrimonial e pessoa privada de sua liberdade.

A vítima deve ser necessariamente uma pessoa humana. Desse modo, a privação da liberdade de um animal (de extinção ou raça) configura o crime de extorsão (Art. 158, CP).

Se a vítima for menor de 18 anos ou maior de 60 anos o crime será qualificado (§1º).

Supondo que haja subtração de animal de outrem e informa que somente será devolvido caso seja pago resgate. Há prática do crime de extorsão mediante sequestro? Não haverá tal crime já que o tipo penal se remete à pessoa. Nessa hipótese, será configurado o delito de extorsão.

Elemento Subjetivo

Dolo + (especial fim de agir) com o fim de obter, para si ou para outrem, qualquer vantagem, como condição ou preço do resgate. Não se admite a modalidade culposa.

Espécie da Vantagem

A maioria da doutrina entende que a vantagem deve ser econômica e indevida.

Se a vantagem for devida, o agente responderá pelos crimes de sequestro (Art. 148) e exercício arbitrário das próprias razões (Art. 345) em concurso formal.

Consumação e Tentativa

Consuma-se com a privação da liberdade da vítima, independente da obtenção da vantagem pelo agente. É crime formal. A tentativa é possível.

Juízo Competente

O Juízo Competente para julgamento é o do local em que ocorreu o sequestro da vítima, e não o da entrega do eventual resgate.

Se os parentes da vítima realizarem o pagamento do resgate, ocorrerá o exaurimento do crime.

Crime Permanente

É Crime Permanente (a consumação se prolonga no tempo e dura todo o período em que a vítima estiver privada de sua liberdade).

Por ser crime permanente, é cabível a prisão em flagrante a qualquer tempo, enquanto durar a permanência.

A privação da liberdade do sequestrado há de ser mantida por tempo juridicamente relevante.

Classificação Doutrinária

Crime comum / de forma livre/ FORMAL / PERMANENTE / plurissubsistente / de dano / de concurso eventual.

Ação Penal

A Ação Penal é pública incondicionada em todas as espécies do crime.

Figuras Qualificadas

§ 1º. Se o sequestro dura mais de 24 (vinte e quatro) horas, se o sequestrado é menor de 18 (dezoito) ou maior de 60 (sessenta) anos, ou se o crime é cometido por bando ou quadrilha. Pena - reclusão de 12 a 20 anos.

Incide a qualificadora quando na data do sequestro a vítima possuía, por exemplo, 59 anos e 11 meses e na data da libertação possuía mais de 60 anos, pois o crime de extorsão mediante sequestro é crime permanente (a consumação prolonga-se no tempo por vontade do agente).

E se o crime se deu em exatas 24 horas, incide a qualificadora? Não. Tem que ser mais de 24 horas.

Se o crime é cometido por associação criminosa e esta for usada para qualificar o delito, não pode haver a punição pelo Art. 288 do CP, sob pena de ocorrência do *bis in idem*.

§ 2º. Se do fato resulta lesão corporal de natureza grave:
Pena - reclusão de 16 a 24 anos.
§ 3º. Se resulta a morte:
Pena - reclusão de 24 a 30 anos.

No roubo e na extorsão só existe a qualificadora quando a lesão corporal de natureza grave ou a morte resultam da "violência", ao passo que nesta hipótese o crime será qualificado quando

NOÇÕES DE DIREITO PENAL

DOS CRIMES CONTRA O PATRIMÔNIO

do FATO resultar lesão corporal de natureza grave ou morte. Portanto o resultado agravador pode ser provocado por violência própria, violência imprópria ou GRAVE AMEAÇA.

Não incidirá esta qualificadora se o resultado agravador for produzido por força maior, caso fortuito ou culpa de terceiro.

Ex.: cai um raio no barraco onde a vítima era mantida em cativeiro e esta morre.

A morte ou lesão corporal grave podem ter sido provocadas dolosa ou culposamente. Não é crime exclusivamente preterdoloso (dolo no antecedente e culpa no consequente).

A pena da extorsão mediante sequestro qualificada pela morte (24 a 30 anos) é a maior do Código Penal.

Delação Premiada

*§ 4º. Se o crime é cometido em concurso, o concorrente que o denunciar à autoridade, **facilitando a libertação do sequestrado**, terá sua pena reduzida de um a dois terços.*

É causa especial de diminuição da pena que somente pode ser aplicada pelo Juiz (Delegados e Promotores não podem).

Requisitos para a incidência deste parágrafo:

> Prática do crime em concurso de pessoas: não é exigível Associação Criminosa, basta o concurso de pessoas;
> Esclarecimento por parte de um dos criminosos a autoridade sobre o crime;
> Facilitação da libertação do sequestrado, ou seja, que a delação seja eficaz.

De acordo com a jurisprudência, deve ser aplicada a delação premiada quando a vítima é libertada diretamente por um dos sequestradores.

A redução de pena é proporcional conforme a maior ou menor colaboração do agente. Quanto mais auxiliar, maior a redução.

A delação deve ser EFICAZ, ou seja, deve ter contribuído decisivamente para a libertação da vítima. Desse modo, a pena não será diminuída se o refém foi solto por outro motivo qualquer, diverso da informação prestada pelo sequestrador.

Presentes os requisitos legais, o juiz é obrigado a reduzir a pena do criminoso (é direito subjetivo do réu).

A redução da pena da delação premiada não se comunica aos demais coautores ou partícipes que não denunciaram o fato à autoridade (circunstância pessoal), pois não facilitaram a libertação do refém.

Extorsão Indireta

Art. 160. Exigir ou receber, como garantia de dívida, abusando da situação de alguém, documento que pode dar causa a procedimento criminal contra a vítima ou contra terceiro:
Pena - reclusão, de um a três anos, e multa.

O crime de extorsão se consuma no momento em que é realizada a conduta de constrangimento mediante o uso de violência ou grave ameaça, portanto considerado crime formal. A obtenção da vantagem indevida configura mero exaurimento do crime.

4.3 Da Usurpação

Alteração de Limites

Art. 161. Suprimir ou deslocar tapume, marco, ou qualquer outro sinal indicativo de linha divisória, para apropriar-se, no todo ou em parte, de coisa imóvel alheia:
Pena - detenção, de um a seis meses, e multa.
§ 1º. Na mesma pena incorre quem:

Usurpação de Águas

I. Desvia ou represa, em proveito próprio ou de outrem, águas alheias;

Esbulho Possessório

II. Invade, com violência a pessoa ou grave ameaça, ou mediante concurso de mais de duas pessoas, terreno ou edifício alheio, para o fim de esbulho possessório.
§ 2º. Se o agente usa de violência, incorre também na pena a esta cominada.
§ 3º. Se a propriedade é particular, e não há emprego de violência, somente se procede mediante queixa.

Supressão ou Alteração de Marca em Animais

Art. 162. Suprimir ou alterar, indevidamente, em gado ou rebanho alheio, marca ou sinal indicativo de propriedade:
Pena - detenção, de seis meses a três anos, e multa.

4.4 Do Dano

Art. 163. Destruir, inutilizar ou deteriorar coisa alheia:
Pena - detenção, de um a seis meses, ou multa.
Dano Qualificado
Parágrafo único. Se o crime é cometido:
I. Com violência à pessoa ou grave ameaça;
II. Com emprego de substância inflamável ou explosiva, se o fato não constitui crime mais grave;
III. contra o patrimônio da União, de Estado, do Distrito Federal, de Município ou de autarquia, fundação pública, empresa pública, sociedade de economia mista ou empresa concessionária de serviços públicos; (Redação dada pela Lei nº 13.531, de 2017)
IV. Por motivo egoístico ou com prejuízo considerável para a vítima:
Pena - detenção, de seis meses a três anos, e multa, além da pena correspondente à violência.

Objetividade Jurídica

Patrimônio das pessoas físicas ou jurídicas.

Não há crime de dano quando a conduta do agente recair sobre *res derelicta* (coisa abandonada) ou *res nullius* (coisa de ninguém). Todavia se a conduta recair sobre *res despedita* (coisa perdida) haverá crime, pois se trata de coisa alheia.

Objeto Material

Coisa alheia, móvel ou imóvel, sobre a qual incide a conduta do agente.

Dano em Documentos (Públicos ou Privados)

Se o agente danificou para impedir utilização do documento como prova de algum fato juridicamente relevante, responderá pelo crime de supressão de documento (Art. 305, CP). Todavia, se a conduta foi praticada unicamente com o objetivo de prejudicar o patrimônio da vítima, responderá o agente pelo crime de dano (Art. 163, CP).

Tipo Misto Alternativo, Crime de Ação Múltipla ou de Conteúdo Variado

Haverá crime único na prática de várias condutas com objeto material no mesmo contexto fático.

É Crime de Forma Livre = Admite qualquer meio de execução.

Pode ser praticado por omissão, desde que presente o dever jurídico de agir (Art. 13, §2º, CP).

Empregada doméstica deixa, dolosamente, de fechar as janelas da casa da patroa durante uma chuva para que sejam danificados os objetos eletrônicos da casa.

O agente que pratica a conduta de pichar, grafitar ou por qualquer outro meio conspurcar (poluir) edificação ou monumento urbano responderá pelo crime previsto no Art. 65 da Lei nº 9.605/98 (Lei dos Crimes Ambientais).

Núcleos do Tipo

Destruir: extinguir a coisa (dano físico total).

Ex.: Quebrar totalmente um espelho; queimar um telefone celular.

Inutilizar: tornar uma coisa imprestável aos fins a que se destina.

Retirar a bateria de um carro.

Deteriorar: estragar parcialmente um bem, diminuindo-lhe o valor ou a utilidade (dano físico parcial).

Ex.: Riscar a lataria de um veículo.

Conduta de fazer DESAPARECER coisa alheia não é crime de dano.

Exs.: Pedro faz sumir o celular de Rafael, seu desafeto. Nesta situação Pedro responderá civilmente por sua conduta. Não responderá pelo crime de dano (Art. 163, CP).

"A" abre a porteira da fazenda de "B", seu desafeto, para que desapareça o cavalo de propriedade deste último. "A" responderá civilmente por sua conduta.

Sujeitos do Crime

Sujeito Ativo: é crime comum, pode ser praticado por qualquer pessoa, exceto o proprietário da coisa.

Se o proprietário danificar coisa própria, que se acha em poder de terceiro por determinação judicial ou convenção, responderá pelo previsto no Art. 346, CP.

Sujeito Passivo: qualquer pessoa (proprietário ou possuidor legítimo da coisa).

Elemento Subjetivo

É o Dolo. A finalidade do agente deve ser unicamente destruir, inutilizar ou deteriorar coisa alheia.

Importante: não existe o crime de dano culposo.

Se o dano constituir-se em meio para a prática de outro crime, ou então como qualificadora de outro crime, será por este absorvido. Ex.: Furto qualificado pela destruição ou rompimento de obstáculo (Art. 155, §4º, I, CP): o dano, crime-meio, será absorvido pelo furto, crime-fim.

Consumação e Tentativa

É crime material. Desse modo, ele se consuma quando o agente efetivamente destrói, inutiliza ou deteriora a coisa alheia. A tentativa é plenamente possível.

Dano Simples

O crime de dano simples (*caput*) é IMPO, Infração de Menor Potencial Ofensivo, de competência do Juizado Especial e de ação penal privada (Art. 167, CP).

Classificação Doutrinária

Crime comum / material / doloso / de forma livre / instantâneo / plurissubjetivo / de concurso eventual e não transeunte (deixa vestígios materiais).

Dano Qualificado

Parágrafo único. Se o crime é cometido:
I. Com violência à pessoa ou grave ameaça;
II. Com emprego de substância inflamável ou explosiva, se o fato não constitui crime mais grave;
III. contra o patrimônio da União, de Estado, do Distrito Federal, de Município ou de autarquia, fundação pública, empresa pública, sociedade de economia mista ou empresa concessionária de serviços públicos; (Redação dada pela Lei nº 13.531, de 2017)
IV. Por motivo egoístico ou com prejuízo considerável para a vítima:
Pena - *detenção, de seis meses a três anos, e multa, além da pena correspondente à violência.*

Com Violência à Pessoa ou Grave Ameaça

A vítima da violência ou grave ameaça pode ser pessoa diversa da vítima do dano.

Ex.: Ameaçar a empregada doméstica de seu vizinho para quebrar a vidraça de sua janela.

A violência ou grave ameaça deve ocorrer antes ou durante a prática do crime de dano, pois, se ocorrer depois, o agente responderá pelo crime de dano simples em concurso material com o crime de lesão corporal (Art. 129) ou ameaça (Art. 147).

De acordo com o Art. 167, CP, nesta hipótese de dano a ação penal será pública incondicionada.

Com Emprego de Substância Inflamável ou Explosiva, se o Fato não Constitui Crime Mais Grave

A expressão "**se o fato não constitui crime mais grave**" informa que esta qualificadora é expressamente subsidiária, ou seja, somente incidirá o dano qualificado quando a lesão ao patrimônio alheio não caracterizar um crime mais grave, nem funcionar como meio de execução de um delito mais grave.

NOÇÕES DE DIREITO PENAL

DOS CRIMES CONTRA O PATRIMÔNIO

Ex.: "A" explode o carro de "B" que estava no estacionamento: "A" responderá pelo crime de dano qualificado. Todavia se "A" explodiu o carro de "B" com a intenção de matá-lo, e efetivamente alcançou este resultado responderá pelo crime de homicídio qualificado (Art. 121, §2º, III, CP).

De acordo com o Art. 167 do CP, nesta hipótese de dano, **a ação penal será pública incondicionada**.

Contra o patrimônio da União, de Estado, do Distrito Federal, de Município ou de autarquia, fundação pública, empresa pública, sociedade de economia mista ou empresa concessionária de serviços públicos;

A Lei 13.531, de 2017, adicionou ao crime de dano qualificado todos os entes da Administração direta mais os concessionários de serviços públicos, o que de fato foi bem aplicado ao que acontece no dia a dia.

De acordo com o entendimento do STJ, o preso que danifica (destrói, deteriora ou inutiliza) as paredes e grades da cela dos presídios ou delegacias, com o objetivo de fuga não responde pelo crime de dano. Vejamos uma jurisprudência sobre o tema:

> Conforme entendimento, há muito fixado nesta Corte Superior (STF), para a configuração do crime de dano, previsto no Art. 163 do CPB, é necessário que a vontade seja voltada para causar prejuízo patrimonial ao dono da coisa (animus nocendi). **Dessa forma, o preso que destrói ou inutiliza as grades da cela onde se encontra, com o intuito exclusivo de empreender fuga, não comete crime de dano.** 2. Parecer do MPF pela concessão da ordem. 3. Ordem concedida, para absolver o paciente do crime de dano contra o patrimônio público (Art. 163, Parágrafo Único, III, do CPB).

De acordo com o Art. 167 do CP, nesta hipótese de dano **a ação penal será pública incondicionada**.

Por Motivo Egoístico ou com Prejuízo Considerável para a Vítima

Motivo egoístico é aquele ligado à obtenção de um futuro benefício, de ordem moral ou econômica. Ex.: "A" e "B" foram aprovados na segunda fase do concurso de Delegado de Polícia Civil de um Estado qualquer. Então, no dia da prova oral, "A" sabota o carro de "B" para que este não consiga chegar a tempo para realizar o exame e seja eliminado do concurso.

> Aquele que destrói cadáver ou parte dele responde pelo crime previsto no Art. 211 do CP.

De acordo com o Art. 167 do CP, nesta hipótese de dano **a ação penal é privada**.

Introdução ou Abandono de Animais em Propriedade Alheia

Art. 164. *Introduzir ou deixar animais em propriedade alheia, sem consentimento de quem de direito, desde que o fato resulte prejuízo:*
Pena - *detenção, de quinze dias a seis meses, ou multa.*

Dano em Coisa de Valor Artístico, Arqueológico ou Histórico

Art. 165. *Destruir, inutilizar ou deteriorar coisa tombada pela autoridade competente em virtude de valor artístico, arqueológico ou histórico:*
Pena - *detenção, de seis meses a dois anos, e multa.*

Alteração de Local Especialmente Protegido

Art. 166. *Alterar, sem licença da autoridade competente, o aspecto de local especialmente protegido por lei:*
Pena - *detenção, de um mês a um ano, ou multa.*

Ação Penal

Art. 167. *Nos casos do art. 163, do inciso IV do seu parágrafo e do Art. 164, somente se procede mediante queixa.*

4.5 Da Apropriação Indébita

Apropriação indébita
Art. 168. *Apropriar-se de coisa alheia móvel, de que tem a posse ou a detenção:*
Pena - *reclusão, de um a quatro anos, e multa.*
Aumento de Pena
§ 1º. *A pena é aumentada de um terço, quando o agente recebeu a coisa:*
　I. *Em depósito necessário;*
　II. *Na qualidade de tutor, curador, síndico, liquidatário, inventariante, testamenteiro ou depositário judicial;*
　III. *Em razão de ofício, emprego ou profissão.*

A principal característica do crime de apropriação indébita é a existência de uma situação de **quebra de confiança**, pois a vítima entrega, voluntariamente, uma coisa móvel ao agente, e este, logo após, inverte seu ânimo no tocante ao bem, passando a comportar-se como seu dono.

Objetividade Jurídica

Patrimônio.

Objeto Material

Coisa alheia móvel sobre a qual recai a conduta criminosa (imóveis não).

Para o STJ é possível a prática do crime de apropriação indébita de coisas fungíveis (móveis que podem substituir-se por outros da mesma espécie, qualidade e quantidade).

Ex.: Dinheiro.

Núcleo do Tipo

É o verbo "apropriar" que significa tomar para si, fazer sua coisa alheia.

Posse/Detenção Legítima e Desvigiada

A posse ou a detenção do bem deve ser LEGÍTIMA e também desvigiada. Desse modo, o crime de apropriação indébita deve preencher os seguintes requisitos:

A vítima entrega o bem voluntariamente: se houver fraude para a entrega o crime será de estelionato, se houver violência ou grave ameaça à pessoa o crime será de roubo ou de extorsão.

O agente tem a posse ou detenção desvigiada do bem: se a posse ou detenção for vigiada e o bem for retirado da vítima sem sua autorização o crime será de furto.

O agente recebe o bem de boa-fé: se ao receber o bem o agente já tinha a intenção de apropriar-se dele, o crime será de estelionato. Obs.: a boa-fé é presumida.

Modificação posterior no comportamento do agente: após entrar licitamente (de boa-fé) na posse ou detenção da coisa, o agente passa a se comportar como se fosse dono. Momento em que apresenta seu ânimo de assenhoramento definitivo (*animus rem sibi habendi*). Essa alteração no comportamento do agente ocorre de duas formas:

a) **Prática de algum ato de disposição** (venda, doação, locação, troca etc.). Também conhecida como apropriação indébita própria.
b) **Recusa na restituição** (a vítima solicita a devolução do bem e o agente expressamente se recusa a devolver). Também denominada **negativa de restituição**.

Sujeitos do Crime

Ex.: Se o agente é funcionário público e apropria-se de dinheiro, valor ou qualquer outro bem móvel, público ou particular (sob a guarda ou custódia da Administração Pública), de que tem a posse em razão do cargo, responderá pelo crime de peculato-apropriação (Art. 312, caput, 1ª parte, CP). Em regra, a prova desse delito depende da prática de algum ato incompatível com a vontade de restituir.

Sujeito Ativo: qualquer pessoa, desde que tenha a posse ou detenção lícita da coisa alheia móvel. Sempre pessoa diversa do proprietário.

Sujeito Passivo: proprietário ou possuidor (pessoa física ou jurídica) do bem.

Elemento Subjetivo

Dolo. Doutrina e jurisprudência defendem a necessidade do ânimo de assenhoramento definitivo da coisa. Desse modo, não responderá por este crime aquele que simplesmente se esquece de devolver o bem na data previamente combinada. Não se admite a modalidade culposa.

Apropriação Indébita "De Uso"

Não se pune a apropriação indébita "de uso": situação em que a pessoa usa momentaneamente a coisa alheia, para em seguida restituí-la integralmente ao seu proprietário.

Apropriação Indébita X Estelionato

Apropriação indébita (Art. 168, CP)	Estelionato (Art. 171, CP)
O dolo é posterior ou subsequente.	O dolo é anterior ou antecedente.
A pessoa recebe a posse ou detenção de coisa de maneira legítima, surgindo a vontade de se apropriar posteriormente.	O agente já possuía a intenção de se apropriar do bem antes de alcançar a sua posse ou detenção.
Ex.: Pessoa vai a uma locadora de veículos, aluga um veículo, gosta dele e decide não devolver.	**Ex.:** Pessoa vai a uma locadora de veículos, já com a intenção de alugar o veículo e não devolvê-lo.

Consumação

Ocorre no momento em que o agente inverte seu ânimo em relação a coisa alheia móvel, ou seja, ele passa a se comportar como dono do bem. Pode se dar de duas maneiras:

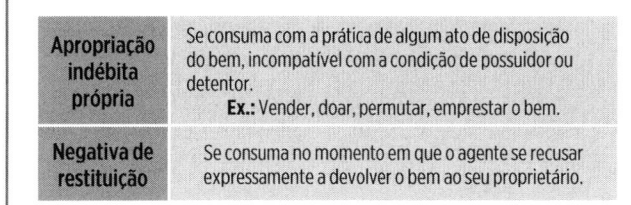

Apropriação indébita própria	Se consuma com a prática de algum ato de disposição do bem, incompatível com a condição de possuidor ou detentor. **Ex.:** Vender, doar, permutar, emprestar o bem.
Negativa de restituição	Se consuma no momento em que o agente se recusar expressamente a devolver o bem ao seu proprietário.

Tentativa

A apropriação indébita própria admite tentativa.

Ex.: "A" é preso em flagrante no momento em que doava os DVDs de "B", do qual tinha a posse legítima e desvigiada.

A apropriação indébita negativa de restituição não admite tentativa (conatus), pois é crime unissubsistente: ou o sujeito recusa a devolver o bem, e o crime estará consumado, ou o devolve ao dono, e o fato será atípico.

Ação Penal

A Ação Penal é pública incondicionada.

Competência

Local em que o agente se apropria da coisa alheia móvel, dela dispondo ou negando-se a restituí-la ao seu titular. (Art. 70, *caput*, CPP).

Quando o crime de apropriação indébita for praticado por algum representante (comercial ou não) da vítima, a competência será do local em que o agente deveria ter prestado contas dos valores recebidos.

Classificação Doutrinária

Crime comum / material / de forma livre / de concurso eventual / doloso / em regra plurissubsistente, ou unissubsistente (negativa de restituição) / instantâneo.

Ex.:

01. O Art. 102 do Estatuto do Idoso (Lei nº 10.741/2003) prevê uma modalidade especial de apropriação indébita, quando praticada contra idoso:

    Art. 102. Apropriar-se de ou desviar bens, proventos, pensão ou qualquer outro rendimento do idoso, dando-lhes aplicação diversa da de sua finalidade:
    Pena - reclusão de 1 a 4 anos.

02. O Art. 5º, "caput", da Lei dos Crimes Contra o Sistema Financeiro Nacional (Lei nº 7.492/86) também contém uma modalidade especial de apropriação indébita:

    Art. 5º. Apropriar-se, quaisquer das pessoas mencionadas no Art. 25 desta lei, de dinheiro, título, valor ou qualquer outro bem móvel de que tem a posse, ou desviá-lo em proveito próprio ou alheio:
    Pena - reclusão de 2 a 6 anos e multa.

    Trata-se de crime próprio, pois somente pode ser praticado pelo controlador e pelos administradores de instituição financeira (diretores e gerentes).

NOÇÕES DE DIREITO PENAL

DOS CRIMES CONTRA O PATRIMÔNIO

Aumento de Pena

§ 1º. A pena é aumentada de um terço, quando o agente recebeu a coisa:

I. Em depósito necessário;

II. Na qualidade de tutor, curador, síndico, liquidatário, inventariante, testamenteiro ou depositário judicial;

III. Em razão de ofício, emprego ou profissão.

A pena será aumentada de um terço quando o agente recebeu a coisa:

Em Depósito Necessário

De acordo com a doutrina majoritária, esta causa de aumento de pena incide apenas no **depósito necessário miserável, previsto no Art. 647, II, CC** (é o que se efetua por ocasião de alguma calamidade, como inundação, incêndio, saque ou naufrágio).

> A palavra "síndico" deve ser substituída pela expressão "administrador judicial", em razão da alteração ocorrida pela Lei nº 11.101/2005 (Lei de Falência e Recuperação Judicial do Empresário e da Sociedade Empresária).

Na Qualidade de Tutor, Curador, Síndico, Liquidatário, Inventariante, Testamenteiro ou Depositário Judicial

O fundamento do tratamento penal mais rigoroso repousa na relevância das funções exercidas pelas pessoas indicadas neste inciso, as quais recebem coisas alheias para guardar consigo, necessariamente, até o momento da devolução.

Em Razão de Ofício, Emprego ou Profissão

Não necessita de relação de confiança entre o agente e a vítima.

Emprego	Prestação de serviço em subordinação e dependência. **Ex.:** Dono de um supermercado e seus funcionários.
Ofício	Ocupação mecânica ou manual, que necessita de um determinado grau de habilidade, e que seja útil ou necessário às pessoas em geral. **Ex.:** Mecânico, sapateiro etc.
Profissão	Atividade em que não há hierarquia e necessita de conhecimentos específicos (técnico e intelectual). **Ex.:** Advogado, dentista, médico, arquiteto, contador etc.

Apropriação Indébita Privilegiada

O Art. 170 do Código Penal dispõe o seguinte:

Nos crimes previstos neste Capítulo, aplica-se o disposto no Art. 155, § 2º.

Art. 155, *§2º, CP. Se o criminoso é primário, e é de pequeno valor a coisa furtada, o juiz pode substituir a pena de reclusão pela de detenção, diminuí-la de um a dois terços, ou aplicar somente a pena de multa.*

Portanto, é possível a caracterização da apropriação indébita privilegiada, em qualquer de suas espécies.

Apropriação Indébita Previdenciária

Art. 168-A. Deixar de repassar à previdência social as contribuições recolhidas dos contribuintes, no prazo e forma legal ou convencional:

Pena - reclusão, de 2 (dois) a 5 (cinco) anos, e multa.

§ 1º. Nas mesmas penas incorre quem deixar de:

I. Recolher, no prazo legal, contribuição ou outra importância destinada à previdência social que tenha sido descontada de pagamento efetuado a segurados, a terceiros ou arrecadada do público;

II. Recolher contribuições devidas à previdência social que tenham integrado despesas contábeis ou custos relativos à venda de produtos ou à prestação de serviços;

III. Pagar benefício devido a segurado, quando as respectivas cotas ou valores já tiverem sido reembolsados à empresa pela previdência social.

§ 2º. É extinta a punibilidade se o agente, espontaneamente, declara, confessa e efetua o pagamento das contribuições, importâncias ou valores e presta as informações devidas à previdência social, na forma definida em lei ou regulamento, antes do início da ação fiscal.

§ 3º. É facultado ao juiz deixar de aplicar a pena ou aplicar somente a de multa se o agente for primário e de bons antecedentes, desde que:

I. Tenha promovido, após o início da ação fiscal e antes de oferecida a denúncia, o pagamento da contribuição social previdenciária, inclusive acessórios; ou

II. O valor das contribuições devidas, inclusive acessórios, seja igual ou inferior àquele estabelecido pela previdência social, administrativamente, como sendo o mínimo para o ajuizamento de suas execuções fiscais.

§ 4º A faculdade prevista no § 3º deste artigo não se aplica aos casos de parcelamento de contribuições cujo valor, inclusive dos acessórios, seja superior àquele estabelecido, administrativamente, como sendo o mínimo para o ajuizamento de suas execuções fiscais.

Objetividade Jurídica

Seguridade social (saúde, previdência e assistência social - Art. 194, CF/88). Não se trata de crime contra o patrimônio.

Objeto Material

Contribuição previdenciária arrecadada e não recolhida.

Núcleo do Tipo

Deixar de repassar, significa **deixar de recolher**. (Recolher é depositar a quantia recebida - descontada ou cobrada).

É crime omissivo próprio ou puro (não admite tentativa).

Lei Penal em Branco Homogênea

Deve ser complementada pela legislação previdenciária em relação aos prazos de recolhimento.

Sujeitos do Crime

Sujeito Ativo: qualquer pessoa, crime comum (admite coautoria e participação).

Sujeito Passivo: União Federal.

> Pessoa Jurídica não pode ser sujeito ativo.

Competência

Sendo o sujeito ativo União Federal, a competência será da Justiça Federal (crime praticado em detrimento dos interesses da União).

Elemento Subjetivo

É o dolo.

É dispensável (prescindível) o fim de assenhoramento definitivo (animus rem sibi habendi), pois o núcleo do tipo é "deixar de repassar", e não "apropriar-se" como no crime de apropriação indébita.

Não se admite a forma culposa.

Consumação

Para a maioria da doutrina é crime formal. Para o STF é crime material, pois deve haver a efetiva lesão aos cofres da União.

Se a conduta for praticada mediante fraude, o crime será de sonegação de contribuição previdenciária, previsto no Art. 337-A, CP.

É Crime Unissubsistente

A conduta se exterioriza em um único ato, suficiente para a consumação.

Ação Penal

Ação penal pública incondicionada.

Hipótese de Dificuldades Financeiras

Firmou-se o entendimento de que há inexigibilidade de conduta diversa (causa supralegal de exclusão da culpabilidade).

O STJ já decidiu que o fato é atípico em face da ausência de dolo.

> Para o Cespe o fato se enquadra em estado de necessidade (excludente de ilicitude). Veja a questão:
> (Cespe) Em razão de sérias dificuldades de ordem financeira, causadas pelos desajustes da economia nacional, o proprietário de determinada empresa se viu obrigado a não recolher aos cofres previdenciários os recursos relativos às contribuições arrecadadas de seus empregados. Nessa situação, comprovadas as dificuldades insuperáveis que motivaram a conduta do empresário e, em consequência, o estado de necessidade, não terá havido qualquer ilicitude a legitimar a persecução penal.
> A questão está correta.

Extinção da Punibilidade

§ 2º. É extinta a punibilidade se o agente, espontaneamente, declara, confessa e efetua o pagamento das contribuições, importâncias ou valores e presta as informações devidas à previdência social, na forma definida em lei ou regulamento, antes do início da ação fiscal.

A ação fiscal tem início com a lavratura do Termo de Início da Ação Fiscal (TIAF).

Para que ocorra a extinção da punibilidade, devem-se preencher, cumulativamente, três requisitos:

> Espontânea declaração e confissão do débito;
> Prestação de informações à Previdência Social;
> Pagamento integral do débito previdenciário ANTES do início da Ação Fiscal.

Perdão Judicial e Aplicação Isolada de Pena de Multa

§ 3º. É facultado ao juiz deixar de aplicar a pena ou aplicar somente a de multa se o agente for primário e de bons antecedentes, desde que:

I. Tenha promovido, após o início da ação fiscal e antes de oferecida a denúncia, o pagamento da contribuição social previdenciária, inclusive acessórios; ou

A hipótese do inciso I não se aplica mais, em razão regra contida no Art. 9, §2º, Lei nº 10.684/03 e do entendimento do STJ sobre o assunto.

> Para o STJ o pagamento integral do débito previdenciário, ANTES ou DEPOIS do recebimento da denúncia, é causa de extinção da punibilidade (Art. 9º, §2º, Lei nº 10.684/03). HC 63.168/SC.

II. O valor das contribuições devidas, inclusive acessórios, seja igual ou inferior àquele estabelecido pela previdência social, administrativamente, como sendo o mínimo para o ajuizamento de suas execuções fiscais.

Perdão Judicial e Parcelamento

§ 4º A faculdade prevista no § 3º deste artigo não se aplica aos casos de parcelamento de contribuições cujo valor, inclusive dos acessórios, seja superior àquele estabelecido, administrativamente, como sendo o mínimo para o ajuizamento de suas execuções fiscais.

Justa Causa e Prévio Esgotamento da Via Administrativa

Lei nº 9.430/96. Dispõe sobre a legislação tributária federal, as contribuições para a seguridade social, o processo administrativo de consulta; e dá outras providências:

Art. 83. *A representação fiscal para fins penais relativa aos crimes contra a ordem tributária previstos nos Arts. 1º e 2º da Lei no 8.137, de 27 de dezembro de 1990, e aos crimes contra a Previdência Social, previstos nos Arts. 168-A e 337-A do Decreto-Lei no 2.848, de 7 de dezembro de 1940 (Código Penal), será encaminhada ao Ministério Público depois de proferida a decisão final, na esfera administrativa, sobre a exigência fiscal do crédito tributário correspondente. (Redação dada pela Lei nº 12.350, de 2010).*

§ 1º. Na hipótese de concessão de parcelamento do crédito tributário, a representação fiscal para fins penais somente será encaminhada ao Ministério Público após a exclusão da pessoa física ou jurídica do parcelamento. (Incluído pela Lei nº 12.382, de 2011).

§ 2º. É suspensa a pretensão punitiva do Estado referente aos crimes previstos no caput, durante o período em que a pessoa física ou a pessoa jurídica relacionada com o agente dos aludidos crimes estiver incluída no parcelamento, desde que o pedido de parcelamento tenha sido formalizado antes do recebimento da denúncia criminal. (Incluído pela Lei nº 12.382, de 2011).

NOÇÕES DE DIREITO PENAL

DOS CRIMES CONTRA O PATRIMÔNIO

§ 3º. A prescrição criminal não corre durante o período de suspensão da pretensão punitiva. (Incluído pela Lei nº 12.382, de 2011).

§ 4º. Extingue-se a punibilidade dos crimes referidos no caput quando a pessoa física ou a pessoa jurídica relacionada com o agente efetuar o pagamento integral dos débitos oriundos de tributos, inclusive acessórios, que tiverem sido objeto de concessão de parcelamento. (Incluído pela Lei nº 12.382, de 2011).

Princípio da Insignificância

Para o STF, é possível a aplicação do princípio da insignificância (causa supralegal de exclusão da tipicidade - o fato não será crime) quando o valor do débito previdenciário não ultrapassar R$10.000,00 (dez mil reais). O fundamento está no Art. 20 da Lei nº 10.522/02, que determina o arquivamento das execuções fiscais, sem cancelamento na distribuição, quando os débitos inscritos como dívida ativa da União não excedam este valor.

Forma Privilegiada

Nos termos do Art. 170 do CP aplica-se o Art. 155, §2º, para este crime (forma privilegiada).

Apropriação de Coisa Havida por Erro, Caso Fortuito ou Força da Natureza

Art. 169. Apropriar-se alguém de coisa alheia vinda ao seu poder por erro, caso fortuito ou força da natureza:
Pena - detenção, de um mês a um ano, ou multa.
Parágrafo único. Na mesma pena incorre:
Apropriação de Tesouro
I. Quem acha tesouro em prédio alheio e se apropria, no todo ou em parte, da quota a que tem direito o proprietário do prédio;
Apropriação de Coisa Achada
II. Quem acha coisa alheia perdida e dela se apropria, total ou parcialmente, deixando de restituí-la ao dono ou legítimo possuidor ou de entregá-la à autoridade competente, dentro no prazo de quinze dias.

Art. 170. Nos crimes previstos neste Capítulo, aplica-se o disposto no Art. 155, § 2º.

4.6 Do Estelionato e outras Fraudes

Estelionato
Art. 171 - Obter, para si ou para outrem, vantagem ilícita, em prejuízo alheio, induzindo ou mantendo alguém em erro, mediante artifício, ardil, ou qualquer outro meio fraudulento:
Pena - reclusão, de um a cinco anos, e multa, de quinhentos mil réis a dez contos de réis. (Vide Lei nº 7.209, de 1984)
§ 1º - Se o criminoso é primário, e é de pequeno valor o prejuízo, o juiz pode aplicar a pena conforme o disposto no art. 155, § 2º.
§ 2º - Nas mesmas penas incorre quem:
Disposição de coisa alheia como própria
I. vende, permuta, dá em pagamento, em locação ou em garantia coisa alheia como própria;
Alienação ou oneração fraudulenta de coisa própria
II. vende, permuta, dá em pagamento ou em garantia coisa própria inalienável, gravada de ônus ou litigiosa, ou imóvel que prometeu vender a terceiro, mediante pagamento em prestações, silenciando sobre qualquer dessas circunstâncias;
Defraudação de penhor
III. defrauda, mediante alienação não consentida pelo credor ou por outro modo, a garantia pignoratícia, quando tem a posse do objeto empenhado;
Fraude na entrega de coisa
IV. defrauda substância, qualidade ou quantidade de coisa que deve entregar a alguém;
Fraude para recebimento de indenização ou valor de seguro
V. destrói, total ou parcialmente, ou oculta coisa própria, ou lesa o próprio corpo ou a saúde, ou agrava as consequências da lesão ou doença, com o intuito de haver indenização ou valor de seguro;
Fraude no pagamento por meio de cheque
VI. emite cheque, sem suficiente provisão de fundos em poder do sacado, ou lhe frustra o pagamento.
§ 3º - A pena aumenta-se de um terço, se o crime é cometido em detrimento de entidade de direito público ou de instituto de economia popular, assistência social ou beneficência.
Estelionato contra idoso
§ 4º Aplica-se a pena em dobro se o crime for cometido contra idoso. (Incluído pela Lei nº 13.228, de 2015)
§ 5º Somente se procede mediante representação, salvo se a vítima for: (Incluído pela Lei nº 13.964, de 2019)
I. a Administração Pública, direta ou indireta; (Incluído pela Lei nº 13.964, de 2019) **ANTICRIME**
II. criança ou adolescente; (Incluído pela Lei nº 13.964, de 2019)
III. pessoa com deficiência mental; ou (Incluído pela Lei nº 13.964, de 2019) **ANTICRIME**
IV. maior de 70 (setenta) anos de idade ou incapaz. (Incluído pela Lei nº 13.964, de 2019) **ANTICRIME**

Esse crime tem o objetivo de punir a conduta do agente que, utilizando-se de uma **fraude**, induz ou mantém alguém em erro, no intuito de obter uma vantagem ilícita sobre essa vítima.

Classificação

É um crime COMUM, ou seja, pode ser praticado por qualquer pessoa.

É um crime instantâneo - consuma-se no momento da prática do ato - com efeitos permanentes.

Admite a modalidade comissiva (pratica a conduta do estelionato) ou omissiva (mantém a vítima em erro).

Sujeitos do Crime

Sujeito Ativo: sendo um crime comum, admite qualquer pessoa.

Sujeito Passivo: qualquer pessoa - física ou jurídica - que seja mantida em erro, desde que seja determinada, NÃO se admite uma vítima incerta.

O crime de estelionato **exige** VÍTIMA CERTA E DETERMINADA, logo, se a vítima for incerta ou indeterminada, trata-se de crime contra a economia popular - Art. 2º, XI, Lei nº 1.521/51.

Ex.: Adulteração de balança, de bomba de combustível, de taxímetro.

Se a vítima for incapaz ou alienada, o crime será o do Art. 173 do CP: abuso de incapazes - Abusar, em proveito próprio ou alheio, de necessidade, paixão ou inexperiência de menor, ou da alienação ou debilidade mental de outrem, induzindo qualquer deles à prática de ato suscetível de produzir efeito jurídico, em prejuízo próprio ou de terceiro.

Consumação e Tentativa

ADMITE tentativa, ademais a fraude deve ser idônea a ludibriar a vítima, pois, do contrário, será **crime impossível** em face da ineficácia absoluta do meio de execução (Art. 17 do CP).

Consuma-se com a obtenção da vantagem ilícita causando o prejuízo à vitima, passando pelos momentos de:

> Emprego de fraude pelo agente;
> Situação de erro na qual a vítima é colocada ou mantida;
> Obtenção de vantagem ilícita pelo agente;
> Prejuízo sofrido pela vítima.

Descrição

A vantagem **ilícita** deve ser de natureza econômica (patrimonial): se a vantagem for **lícita**, estará configurado o crime de exercício arbitrário das próprias razões, Art. 345 do CP: fazer justiça pelas próprias mãos, para satisfazer pretensão, **embora legítima**, salvo quando a lei o permite.

> Daí que o STF entendeu que o ponto eletrônico, ou a cola eletrônica são fatos atípicos em face da inexistência de vantagem econômica. Esse foi o entendimento prevalecente, apesar de haver minoria do STF que afirma tratar-se de fato típico.
> O silêncio pode ser usado como meio fraudulento para a prática de estelionato, bem como a mentira (tem que ser fraudulenta).
> A fraude bilateral não exclui o crime.

Formas de Execução

Ardil - caracteriza-se pela fraude de forma intelectual, fraude moral, representada pela conversa enganosa. É a lábia.

Ex.: "A", alegando ser especialista em conserto de computadores, convence "B" a entregar-lhe seu notebook para conserto.

Artifício - caracteriza-se pela fraude de forma material. O agente utiliza algum instrumento ou objeto para enganar a vítima.

Ex.: "A" se disfarça de manobrista e fica parado na porta de um restaurante para que "B" voluntariamente lhe entregue seu carro. Ou ainda, aquele que utiliza o bilhete premiado ou um documento falso.

Qualquer Outro Meio Fraudulento - é uma situação de interpretação analógica.

O silêncio. "A" comerciante entrega a "B", cliente, troco além do devido, mas este nada fala e nada faz, ficando com o dinheiro para si.

Estelionato e Crime Impossível - Qualquer que seja o meio de execução (artifício, ardil ou outro meio fraudulento) empregado na prática da conduta, somente haverá a tentativa quando apresentar idoneidade para enganar a vítima. A idoneidade leva em conta as condições pessoais do ofendido.

Se o meio fraudulento for capaz de enganar a vítima, estará caracterizado o conatus. Caso não tenha intenção de iludir a vítima ou apresente-se grosseiro será crime impossível, pois há impropriedade absoluta do meio de execução. (Art. 17 do CP).

Estelionato e Reparação do Dano: a reparação do dano não apaga o crime de estelionato, porém, dependendo do momento que ocorrer a indenização à vítima, podem ocorrer as seguintes situações:

> Se ANTERIOR ao RECEBIMENTO da DENÚNCIA ou QUEIXA, é possível o reconhecimento do arrependimento posterior, isso irá diminuir a pena de um a dois terços, nos termos do Art. 16 CP.
> Se ANTES da SENTENÇA, pode ser aplicada a atenuante genérica de acordo com o Art. 65, III, c, parte final, do CP.
> Se POSTERIOR à SENTENÇA, não surte efeito algum.

Pratica estelionato em sua modalidade fundamental (Art. 171, caput, do CP):

Exs.: "A" portando folha de cheque de "B" chega ao comércio e, se passando por "B", emite a cártula e obtém vantagem em prejuízo alheio.

"A" se apodera (furto, roubo...) de folha de cheque de "B" e a preenche indevidamente utilizando-a como meio fraudulento para induzir ou manter alguém em erro, e, por consequência, obtém vantagem ilícita em prejuízo alheio.

"A" esta com sua conta bancária encerrada, mas continua comprando objetos e pagando com as folhas de cheques que ainda possui;

"A" cria uma conta bancária com documentos falsos e, posteriormente, emite cheques sem suficiente provisão de fundos para comprar objetos.

Regra contida no Art. 9, §2º, Lei nº 10.684/03 e do entendimento do STJ sobre o assunto.

Estelionato Privilegiado

§1º. Se o criminoso é primário, e é de **pequeno valor o prejuízo**, o juiz pode aplicar a pena conforme o disposto no Art. 155, § 2º.

O prejuízo de "pequeno valor" deve ser dano igual ou inferior a um salário mínimo vigente à época do fato.

Absorção do Crimes de Falso

Súm. 17, STJ. Quando o falso se exaure no estelionato, sem mais potencialidade lesiva, é por este absorvido.

Empregando a fraude, sem a intenção de se enriquecer e só com a intenção de prejudicar alguém, não se trata de estelionato. É necessário buscar a obtenção de indevida vantagem econômica.

Quando o agente, mediante fraude, consegue obter da vítima um título de crédito, o delito está consumado? Não, enquanto o título não é convertido em valor material, não há efetivo proveito do agente, podendo ser impedido de realizar a conversão por circunstâncias alheias a sua vontade. Assim, o crime ainda está na fase de execução. (**MAJORITÁRIA**).

Figuras Equiparadas

§ 2º. Nas mesmas penas incorre quem:

Disposição de Coisa Alheia como Própria

I. Vende, permuta, dá em pagamento, em locação ou em garantia coisa alheia como própria;

DOS CRIMES CONTRA O PATRIMÔNIO

Nessa situação, admite-se que o bem seja móvel ou imóvel. É quando o agente, na posse do bem de um terceiro, utiliza-o como se fosse próprio.

Ex.: O inquilino de um imóvel, que aluga para uma terceira pessoa por um valor superior, na intenção de obter lucro, sem o consentimento ou ciência do proprietário real do imóvel.

Alienação ou Oneração Fraudulenta de Coisa Própria

II. Vende, permuta, dá em pagamento ou em garantia coisa própria inalienável, gravada de ônus ou litigiosa, ou imóvel que prometeu vender a terceiro, mediante pagamento em prestações, silenciando sobre qualquer dessas circunstâncias;

Nessa situação, o bem é da própria pessoa, podendo também ser imóvel ou móvel.

Ex.: O agente vende veículo para três pessoas ao mesmo tempo, no entanto, tal bem se encontra em busca e apreensão por falta de pagamento, existe um ônus judicial sobre o patrimônio.

Trata-se de crime de duplo resultado: vantagem + prejuízo, punindo-se aquele que pratica um dos núcleos do tipo, silenciando sobre a circunstância.

Defraudação de Penhor

III. Defrauda, mediante alienação não consentida pelo credor ou por outro modo, a garantia pignoratícia, quando tem a posse do objeto empenhado;

Seria a hipótese em que, um devedor, recebendo algo como penhor (garantia) de um credor, pratica ato de posse do bem, sem o consentimento dele (credor).

Ex.: Um empresário resolve penhorar seu veículo para levantar fundos para o investimento na sua empresa, entretanto a empresa que penhorou o veículo decide alugá-lo para que possa obter lucro.

Fraude na Entrega de Coisa

IV. Defrauda substância, qualidade ou quantidade de coisa que deve entregar a alguém;

Pode ocorrer tanto em bens móveis quanto imóveis.

Ex.: Uma construtora vende imóveis na planta com dimensão de 200m², contudo, ao cabo das obras, na entrega da chave aos proprietários, esses constatam que os imóveis só possuem 170m².

Caso a qualidade, quantidade do objeto seja superior, não existe o crime (se o imóvel tivesse 230m², por exemplo).

Deve-se ter em mente que, na hipótese de RELAÇÃO COMERCIAL, pode-se estar diante do Art. 175 do CP.

Fraude para Recebimento de Indenização ou Valor de Seguro

V. Destrói, total ou parcialmente, ou oculta coisa própria, ou lesa o próprio corpo ou a saúde, ou agrava as consequências da lesão ou doença, com o intuito de haver indenização ou valor de seguro;

É pressuposto fundamental deste crime, a prévia existência de um contrato de seguro em vigor. Caso não exista seguro, será crime impossível, diante da impropriedade absoluta do objeto material (Art. 17 do CP). Nessa situação o sujeito passivo deste crime será necessariamente a seguradora, sendo também admissível a hipótese de tentativa.

Por conseguinte, é um crime FORMAL, ou seja, consuma-se com a prática da conduta típica (destruir, ocultar, autolesionar e agravar), ainda que o sujeito NÃO consiga alcançar a indevida vantagem econômica pretendida.

Cuidado para não confundir esta hipótese de estelionato com o crime de incêndio doloso qualificado (Art. 250, §1º, I, CP).

Ex.: Pedro ateou fogo em sua loja de tecidos, com a finalidade de obter o respectivo seguro, colocando em risco os imóveis vizinhos. Em razão dessa conduta, Pedro responderá por crime de incêndio doloso qualificado pelo intuito de obter vantagem econômica em proveito próprio.

Na hipótese em que a fraude é perpetrada por terceiro, sem o conhecimento do segurado, sabendo que esse será o beneficiário do valor da apólice, o delito será o previsto no Art. 171, *caput*, do CP.

> Somente existe o crime, quando provado que, desde o início, EXISTE a má-fé do agente, ou seja, desde o momento em que colocou o cheque em circulação ele já não tinha intenção de honrar seu pagamento; seja pela ausência de suficiência de provisão de fundos, seja pela frustração de seu pagamento. Sendo assim, deve haver a finalidade específica que é a intenção de fraudar / enganar a vítima.

Fraude no Pagamento por meio de Cheque

VI. Emite cheque, sem suficiente provisão de fundos em poder do sacado, ou lhe frustra o pagamento.

Sujeito Ativo: é um crime próprio (o titular da conta bancária), ademais, ADMITE coautoria e participação.

Sujeito Passivo: a pessoa física ou jurídica que suporta prejuízo patrimonial.

Súm. 246, STF. Comprovado NÃO ter havido fraude, não se configura crime de emissão de cheque sem fundos.

"A" compra um produto na loja de "B", no momento da compra não possui dinheiro na conta. Ocorre que pretendia realizar o depósito na conta antes que "B" apresentasse a folha de cheque ao banco. Todavia acaba se esquecendo de realizar o depósito. Desse modo o cheque é devolvido por falta de fundos. NÃO É CRIME, pois o inciso VI do Art. 171 do CP, NÃO admite a forma culposa.

Esse crime se consuma no instante em que o banco se nega a efetuar o pagamento do cheque, quer pela ausência de fundos, quer pelo recebimento de contraordem (sustação) expedida pelo correntista, daí resulta o prejuízo patrimonial do ofendido. É crime material.

A falsidade ideológica é *ante factum* impunível, pois quem assina o cheque é o responsável pela fraude e não outra pessoa.

O crime do inciso VI do Art. 171, pode ser praticado de DUAS formas:

> O agente coloca o cheque em circulação sem ter dinheiro suficiente na conta;

> O agente possui fundos quando da emissão do cheque, no entanto, antes do beneficiário apresentar o título, o agente retira todo o numerário depositado ou apresenta uma contraordem de pagamento (sustação).

Fraude do cheque ocorre pelo agente que tem a conta encerrada, não é este estelionato do inciso VI, é estelionato simples do *caput*.

Competência até o Recebimento da Denúncia

Súm. 521, STF. *O foro competente para o processo e julgamento dos crimes de estelionato, sob a modalidade da emissão dolosa de cheque sem provisão de fundos, é o do local onde se deu a recusa do pagamento pelo sacado.*

Súm. 244, STJ. *Compete ao foro do local da recusa processar e julgar o crime de estelionato mediante cheque sem provisão de fundos.*

O Art. 70, caput, 1ª parte, CPP diz que a competência é, em regra, do local da consumação do delito.

Súm. 554, STF. *O pagamento de cheque emitido sem provisão de fundos, APÓS o recebimento da denúncia, não obsta ao prosseguimento da ação penal.*

Desse modo, entende-se que o pagamento de cheque sem previsão de fundos, ATÉ o RECEBIMENTO da DENÚNCIA, impede o prosseguimento da ação penal, ou seja, é causa extintiva de punibilidade.

Na hipótese do inciso VI do Art. 171, a tentativa é possível, por exemplo: o correntista dolosamente emite um cheque sem suficiente provisão de fundos, mas seu pai, agindo sem seu conhecimento, deposita montante superior em sua conta corrente antes da apresentação da folha de cheque.

Segundo STJ, a emissão de cheques como garantia de dívida (pós-datado), e não como ordem de pagamento à vista, não constitui crime de estelionato, na modalidade prevista no Art. 171, §2º, VI, CP. Entretanto, é possível a responsabilização do agente pelo estelionato na modalidade fundamental, se demonstrado seu dolo em obter vantagem ilícita em prejuízo alheio no momento da emissão fraudulenta do cheque.

Mas atente-se que, se o agente pós-datar o cheque sabendo da inexistência de fundos, há má-fé e configurará o Art. 171, *caput*, do CP. Assim, se emissão do cheque é fraudulenta - presente a má-fé - caracteriza o Art. 171, *caput*.

NÃO é crime de estelionato a emissão de cheque sem fundos para pagamento de:

A. Dívida anteriormente existente;

Nessa hipótese a razão do prejuízo da vítima é diferente da fraude no pagamento por meio de cheque.

Ex.: "A" compra algumas roupas fiado na loja de "B" e não efetua o pagamento na data combinada. Seis meses após a compra, após insistentes cobranças de "B", "A" emite um cheque sem fundos para quitar a dívida.

B. Dívidas de jogos ilícitos.

Ex.: Apostas ilegais ou jogo do bicho.

C. Programas sexuais com prostitutas ou garotos de programa.

Cheque

> Emitir cheque, encerrando, logo após, a conta: tem-se o Art. 171, §2º, VI, aplicando-se as Súmulas 521 do STF e 224 do STJ.

> Emitir cheque de conta encerrada: aplica-se o Art. 171, *caput*, sem aplicação das súmulas.

> Frustrar pagamento de cheque para não pagamento de dívida de jogo é crime? Nos termos do Art. 814 do CC, as dívidas de jogo não obrigam a pagamento, mas não se pode recobrar dívida dessa natureza então paga.

Causa de Aumento de Pena

Art. 171, § 3º, CP. *A pena aumenta-se de um terço, se o crime é cometido em detrimento de entidade de direito público ou de instituto de economia popular, assistência social ou beneficência.*

Fundamenta-se na maior extensão dos danos produzidos, pois com a lesão ao patrimônio público e ao interesse social toda coletividade é prejudicada.

Súm. 24, STJ. *Aplica-se ao crime de estelionato, em que figure como vítima entidade autárquica da Previdência Social, a qualificadora do § 3º do Art. 171, CP.*

Não se aplica o §3º no caso de estelionato contra o Banco do Brasil, considerando que esta não é entidade de Direito Público.

> Súm. 73, STJ. A utilização de papel-moeda GROSSEIRAMENTE falsificado configura, em tese, o crime de estelionato, de competência da Justiça Estadual.

Jogos de Azar: há o crime de estelionato caso seja empregado meio fraudulento visando eliminar totalmente a possibilidade de vitória por parte dos jogadores.

Adulteração de máquina de caça-níquel para que os apostadores nunca vençam.

Falsidade Documental: o sujeito que falsifica documento (público ou particular) e, posteriormente, dele se vale para enganar alguém, obtendo vantagem ilícita em prejuízo alheio responderia, EM TESE, por dois crimes: estelionato e falsidade documental (Art. 171, *caput*, e Art. 297 - documento público ou 298 - documento particular), contudo, nessa situação, o crime de estelionato absorve o crime de falsidade documental. É esse o teor da súmula do STJ:

Súm. 17, STJ. *Quando o falso se exaure no estelionato, sem mais potencialidade lesiva, é por este absorvido.*

Ocorre o "Princípio da Consumação", que é quando o crime-fim (estelionato) absorve o crime-meio (falsidade documental). Isso desde que a fé pública, o patrimônio ou outro bem jurídico qualquer não possam mais ser atacados pelo documento falsificado e utilizado por alguém como meio fraudulento para obtenção de vantagem ilícita em prejuízo alheio.

Competência

O Art. 70 do CPP prevê que a competência será, em regra, determinada pelo **lugar em que se consumar a infração**. Verifica-se nesta regra que no estelionato o juízo competente será o do local em que o sujeito obteve a vantagem ilícita em prejuízo alheio.

DOS CRIMES CONTRA O PATRIMÔNIO

Súm. 107, STJ. Compete à justiça comum estadual processar e julgar crime de estelionato praticado mediante falsificação das guias de recolhimento das contribuições previdenciárias, **quando não ocorre lesão à autarquia federal.**

É crime de competência da Justiça Estadual. No entanto, será de competência da Justiça Federal quando for praticado em detrimento de bens, serviços ou interesses da União ou suas entidades autárquicas ou empresas públicas. (Art. 109, inciso IV, CF).

Súm. 48, STJ. Compete ao juízo do local da obtenção da vantagem ilícita processar e julgar crime de estelionato cometido mediante falsificação de cheque. Esta súmula está relacionada ao crime definido pelo estelionato em sua modalidade fundamental (caput).

Súm. 521, STF. O foro competente para o processo e julgamento dos crimes de estelionato, sob a modalidade da emissão dolosa de cheque sem provisão de fundos, é o do local onde se deu a recusa do pagamento pelo sacado. (Ou seja, local da agência bancária)

Ação Penal

Perceba mais uma alteração do pacote ANtiCRIME, revelando agora expressamente que a ação penal será CONDICIONADA à representação da vítima, salvo quando:

> a Administração Pública, direta ou indireta
> criança ou adolescente
> pessoa com deficiência mental
> maior de 70 (setenta) anos de idade ou incapaz.

Duplicata Simulada

Art. 172. Emitir fatura, duplicata ou nota de venda que não corresponda à mercadoria vendida, em quantidade ou qualidade, ou ao serviço prestado.
Pena - detenção, de 2 (dois) a 4 (quatro) anos, e multa.
Parágrafo único. Nas mesmas penas incorrerá aquele que falsificar ou adulterar a escrituração do Livro de Registro de Duplicatas.

Abuso de Incapazes

Art. 173. Abusar, em proveito próprio ou alheio, de necessidade, paixão ou inexperiência de menor, ou da alienação ou debilidade mental de outrem, induzindo qualquer deles à prática de ato suscetível de produzir efeito jurídico, em prejuízo próprio ou de terceiro:
Pena - reclusão, de dois a seis anos, e multa.

Induzimento à Especulação

Art. 174. Abusar, em proveito próprio ou alheio, da inexperiência ou da simplicidade ou inferioridade mental de outrem, induzindo-o à prática de jogo ou aposta, ou à especulação com títulos ou mercadorias, sabendo ou devendo saber que a operação é ruinosa:
Pena - reclusão, de um a três anos, e multa.

Fraude no Comércio

Art. 175. Enganar, no exercício de atividade comercial, o adquirente ou consumidor:
I. Vendendo, como verdadeira ou perfeita, mercadoria falsificada ou deteriorada;
II. Entregando uma mercadoria por outra:
Pena - detenção, de seis meses a dois anos, ou multa.
§ 1º. Alterar em obra que lhe é encomendada a qualidade ou o peso de metal ou substituir, no mesmo caso, pedra verdadeira por falsa ou por outra de menor valor; vender pedra falsa por verdadeira; vender, como precioso, metal de outra qualidade:
Pena - reclusão, de um a cinco anos, e multa.
§ 2º. É aplicável o disposto no Art. 155, § 2º.

Outras Fraudes

Art. 176. Tomar refeição em restaurante, alojar-se em hotel ou utilizar-se de meio de transporte sem dispor de recursos para efetuar o pagamento:
Pena - detenção, de quinze dias a dois meses, ou multa.
Parágrafo único. Somente se procede mediante representação, e o juiz pode, conforme as circunstâncias, deixar de aplicar a pena.

Fraudes e Abusos na Fundação ou Administração de Sociedade por Ações

Art. 177. Promover a fundação de sociedade por ações, fazendo, em prospecto ou em comunicação ao público ou à assembleia, afirmação falsa sobre a constituição da sociedade, ou ocultando fraudulentamente fato a ela relativo:
Pena - reclusão, de um a quatro anos, e multa, se o fato não constitui crime contra a economia popular.
§ 1º. Incorrem na mesma pena, se o fato não constitui crime contra a economia popular:

I. O diretor, o gerente ou o fiscal de sociedade por ações, que, em prospecto, relatório, parecer, balanço ou comunicação ao público ou à assembleia, faz afirmação falsa sobre as condições econômicas da sociedade, ou oculta fraudulentamente, no todo ou em parte, fato a elas relativo;

II. O diretor, o gerente ou o fiscal que promove, por qualquer artifício, falsa cotação das ações ou de outros títulos da sociedade;

III. O diretor ou o gerente que toma empréstimo à sociedade ou usa, em proveito próprio ou de terceiro, dos bens ou haveres sociais, sem prévia autorização da assembleia geral;

IV. O diretor ou o gerente que compra ou vende, por conta da sociedade, ações por ela emitidas, salvo quando a lei o permite;

V. O diretor ou o gerente que, como garantia de crédito social, aceita em penhor ou em caução ações da própria sociedade;

VI. O diretor ou o gerente que, na falta de balanço, em desacordo com este, ou mediante balanço falso, distribui lucros ou dividendos fictícios;

VII. O diretor, o gerente ou o fiscal que, por interposta pessoa, ou conluiado com acionista, consegue a aprovação de conta ou parecer;

VIII. O liquidante, nos casos dos nºs I, II, III, IV, V e VII;

IX. O representante da sociedade anônima estrangeira, autorizada a funcionar no País, que pratica os atos mencionados nos nºs I e II, ou dá falsa informação ao Governo.

§ 2º. Incorre na pena de detenção, de seis meses a dois anos, e multa, o acionista que, a fim de obter vantagem para si ou para outrem, negocia o voto nas deliberações de assembleia geral.

Emissão Irregular de Conhecimento de Depósito ou "Warrant"

Art. 178. Emitir conhecimento de depósito ou warrant, em desacordo com disposição legal:
Pena - reclusão, de um a quatro anos, e multa.

Fraude à Execução

Art. 179. Fraudar execução, alienando, desviando, destruindo ou danificando bens, ou simulando dívidas:
Pena - detenção, de seis meses a dois anos, ou multa.
Parágrafo único. Somente se procede mediante queixa.

4.7 Da Receptação

Art. 180. *Adquirir, receber, transportar, conduzir ou ocultar, em proveito próprio ou alheio, coisa que sabe ser produto de crime, ou influir para que terceiro, de boa-fé, a adquira, receba ou oculte:*
Pena - *reclusão, de um a quatro anos, e multa.*
Receptação Qualificada
§ 1º. *Adquirir, receber, transportar, conduzir, ocultar, ter em depósito, desmontar, montar, remontar, vender, expor à venda, ou de qualquer forma utilizar, em proveito próprio ou alheio, no exercício de atividade comercial ou industrial, coisa que deve saber ser produto de crime:*
Pena - *reclusão, de três a oito anos, e multa.*
§ 2º. *Equipara-se à atividade comercial, para efeito do parágrafo anterior, qualquer forma de comércio irregular ou clandestino, inclusive o exercício em residência.*
§ 3º. *Adquirir ou receber coisa que, por sua natureza ou pela desproporção entre o valor e o preço, ou pela condição de quem a oferece, deve presumir-se obtida por meio criminoso:*
Pena - *detenção, de um mês a um ano, ou multa, ou ambas as penas.*
§ 4º. *A receptação é punível, ainda que desconhecido ou isento de pena o autor do crime de que proveio a coisa.*
§ 5º. *Na hipótese do § 3º, se o criminoso é primário, pode o juiz, tendo em consideração as circunstâncias, deixar de aplicar a pena. Na receptação dolosa aplica-se o disposto no § 2º do Art. 155.*
§ 6º. *Tratando-se de bens e instalações do patrimônio da União, Estado, Município, empresa concessionária de serviços públicos ou sociedade de economia mista, a pena prevista no caput deste artigo aplica-se em dobro.*
Art. 180-A. *Adquirir, receber, transportar, conduzir, ocultar, ter em depósito ou vender, com a finalidade de produção ou de comercialização, semovente domesticável de produção, ainda que abatido ou dividido em partes, que deve saber ser produto de crime: (Incluído pela Lei nº 13.330, de 2016)*
Pena *- reclusão, de 2 (dois) a 5 (cinco) anos, e multa. (Incluído pela Lei nº 13.330, de 2016)*

Esse artigo tipifica a conduta do agente que adquire, recebe, transporta, conduz, dentre outras condutas, com intuito de obter vantagem, produto de crime (furto, roubo, extorsão, estelionato etc.). É considerado como delito, a conduta de adquirir (receptação própria), como a de influenciar para que uma terceira pessoa adquira esses produtos (receptação imprópria).

Classificação

A conduta do *caput* é considera como um crime comum, pois pode ser praticada por qualquer agente. Ademais, no § 1º, considera-se um crime PRÓPRIO, pois exige uma qualidade específica do agente, devendo ele ser comerciante ou industrial, mesmo que ele exerça de forma clandestina ou ilegal.

Ex.: Um ferro velho que vende peças de veículos furtados.

A receptação é crime acessório, pois depende da existência do crime anterior. Não é necessário que o crime anterior seja contra o patrimônio.

Ex.: Receptar bem oriundo do crime de corrupção passiva.

É um crime de ação múltipla e conteúdo variado, ou seja, a prática de várias condutas contra o mesmo bem, caracteriza crime único (adquire e vende).

O bem imóvel não pode ser objeto material do crime de receptação, somente bens móveis.

Sujeitos do Crime

Sujeito Ativo (*caput*): pode ser qualquer pessoa, exceto quem seja autor ou coautor do crime antecedente (furto, extorsão, roubo).

Sujeito Ativo (da receptação qualificada §1º): é um crime próprio, somente aquela pessoa que desempenha atividade comercial ou industrial.

Dono de ferro velho de carros e peças usadas.

> Admite a participação.
> A atividade deve ser habitual ou contínua.

Sujeito Passivo: é a vítima do crime anterior, ou seja, donde veio o produto do furto.

Consumação e Tentativa

Receptação Própria (*caput*): Adquirir, receber - crime material/instantâneo - transportar, conduzir ou ocultar - crime permanente - ambos **admitem** a tentativa.

Receptação Imprópria (2ª parte do *caput*): INFLUIR - crime FORMAL e UNISSUBSISTENTE - **NÃO** admite tentativa.

Receptação Própria X Imprópria

Própria: adquirir, receber, transportar, conduzir ou ocultar, em proveito próprio ou alheio, coisa que SABE ser produto de crime.

Imprópria: ou **Influir** para que terceiro, de boa-fé, a adquira, receba ou oculte:

Na receptação **imprópria**, caso o agente influenciador seja o autor do crime antecedente, responderá **APENAS** por este delito, e não pela receptação. Trata-se de *post factum impunível* (Ex.: "A" coautor do furto de um computador, influi para que "B", de boa-fé, o compre).

A expressão "coisa que sabe" é indicativa de dolo direto e implicitamente abrange o dolo eventual? Prevalece que, a expressão coisa que sabe indica apenas dolo direto. Assim, o *caput* do artigo não pune o dolo eventual.

Imaginando que Rogério venda um carro à Vânia. Após uma semana que vendeu o carro, Vânia fica sabendo que o carro é produto de crime, mas permanece com ele. Houve prática de receptação? Nesse caso, não se pode esquecer que se trata de dolo superveniente, e esse não configura o crime. Assim, o dolo superveniente não configura o crime. A má-fé deve ser contemporânea a qualquer das condutas previstas no tipo.

Receptação Culposa

§ 3º. *Adquirir ou receber coisa que, por sua natureza ou pela desproporção entre o valor e o preço, ou pela condição de quem a oferece, deve presumir-se obtida por meio criminoso: (Alterado pela Lei nº 9.426, de 1996):*
Pena - *detenção, de 1 (um) mês a 1 (um) ano, ou multa, ou ambas as penas.*

É necessário observar três circunstâncias que indicam ser o bem produto de crime:

> Sua natureza;
> Desproporção entre valor e preço;
> Condição de quem a oferece.

NOÇÕES DE DIREITO PENAL

No crime de receptação simples (caput) é necessário que o agente tenha certeza de que o bem é produto de crime, pois, em caso de dúvida (culpa ou dolo eventual), o agente responderá pelo crime de receptação culposa (§3º).

Norma Penal Explicativa

§ 4º. A receptação é punível, ainda que desconhecido ou isento de pena o autor do crime de que proveio a coisa.

Ainda que ocorra a extinção da punibilidade do crime antecedente, haverá o crime de receptação (Art. 180 do CP).

Ex.: A morte do agente do crime anterior, prescrição etc.

Esse parágrafo dá certa autonomia ao crime de receptação em relação ao crime antecedente.

Ex.: Ricardo, menor de idade, subtrai o DVD de um veículo e o vende a Pedro, o qual conhece a origem criminosa do bem. Nesta situação, mesmo sendo Ricardo inimputável, Pedro responderá pelo crime de receptação.

Segundo alguns autores, a receptação é crime acessório e pressupõe outro crime para que exista. Sucede que não há submissão à punição do crime principal para que seja punido, ou seja, sua punição é independente.

Se o crime pressuposto está prescrito ou teve extinta a punibilidade, não desaparece a receptação.

Receptação Privilegiada

§ 5º. Na hipótese do § 3º. Receptação CULPOSA. se o criminoso é primário, pode o juiz, tendo em consideração as circunstâncias, deixar de aplicar a pena.

Na receptação dolosa aplica-se o disposto no § 2º do Art. 155:

Art. 155, § 2º. *Se o criminoso é primário, e é de pequeno valor a coisa furtada, o juiz pode substituir a pena de reclusão pela de detenção, diminuí-la de um a dois terços, ou aplicar somente a pena de multa.*

A receptação privilegiada (2ª parte do §5º) somente se aplica à receptação dolosa (própria ou imprópria); culposa e qualificada NÃO!

Receptação Culposa (§3º) + Criminoso primário + Tendo em consideração as circunstâncias = Perdão Judicial (Juiz deixa de aplicar a pena)	Receptação dolosa (caput) + Criminoso primário + Coisa de pequeno valor = Art. 155, §2º, CP: Substituir a pena de reclusão pena de detenção; Diminuí-la de um a dois terços ou aplicar somente a pena de multa.

Causa de Aumento de Pena

Caso o bem seja produto de contravenção penal, NÃO existirá o crime de receptação. O fato será atípico, pois este delito somente existe em caso de bem produto de CRIME.

§6º. Tratando-se de bens e instalações do patrimônio da União, Estado, Município, empresa concessionária de serviços públicos ou sociedade de economia mista, a pena prevista no caput deste artigo APLICA-SE EM DOBRO.

Aplicável somente para a receptação **SIMPLES** (caput). Não se aplica à receptação qualificada nem à culposa.

É possível a **receptação da receptação**, por exemplo, "A" adquire um relógio produto de furto e o vende a "B", este vende o mesmo bem a "C" ciente de sua origem criminosa.

Art. 180-A. *Adquirir, receber, transportar, conduzir, ocultar, ter em depósito ou vender, com a finalidade de produção ou de comercialização, semovente domesticável de produção, ainda que abatido ou dividido em partes, que deve saber ser produto de crime:*

Pena *- reclusão, de 2 (dois) a 5 (cinco) anos, e multa.*

4.8 Disposições Gerais

Imunidades Penais Absolutas ou Escusas Absolutórias

Art. 181. *É isento de pena quem comete qualquer dos crimes previstos neste título, em prejuízo:*

I. Do cônjuge, na constância da sociedade conjugal;

II. De ascendente ou descendente, seja o parentesco legítimo ou ilegítimo, seja civil ou natural.

Trata-se de causa de extinção da punibilidade.

No caso do inciso I, abrange-se também a união estável, os separados de fato e ainda as uniões homoafetivas.

Não importa o Regime de comunhão de bens do casamento.

Ex.: Separação total de bens.

No caso do inciso II, não se aplica esta escusa na hipótese de parentesco por afinidade (sogra, genro, cunhado...). Outrossim, verifica-se que não há abrangência aos colaterais e afins.

Imunidade Patrimonial Relativa

Art. 182. *Somente se procede mediante representação, se o crime previsto neste título é cometido em prejuízo:*

I. Do cônjuge desquitado ou judicialmente separado;

II. De irmão, legítimo ou ilegítimo;

III. De tio ou sobrinho, com quem o agente coabita.

Após a entrada em vigor da Lei nº 6.515/77, o desquite não existe mais no ordenamento jurídico brasileiro.

Aos ex-cônjuges divorciados não se aplica essa imunidade.

No caso dos incisos II e III, é necessária efetiva coabitação, para incidência desta imunidade.

Este é um dos artigos do Código Penal que mais caem em concurso. Portanto, é muito importante decorá-lo!

Inaplicabilidade das Imunidades

Art. 183. *Não se aplica o disposto nos dois artigos anteriores:*

I. Se o crime é de roubo ou de extorsão, ou, em geral, quando haja emprego de grave ameaça ou violência à pessoa;

II. Ao estranho que participa do crime;

III. Se o crime é praticado contra pessoa com idade igual ou superior a 60 (sessenta) anos.

Este inciso foi incluído pelo Estatuto do Idoso (Lei nº 10.741/03). **Preste muita atenção,** pois este é um dos dispositivos deste assunto que mais cai em concurso público.

É aplicada a imunidade na violência doméstica e familiar contra a mulher no ambiente familiar?

1ª Corrente: para Maria Berenice Dias, jurista brasileira, não se admite imunidade patrimonial na violência doméstica e familiar contra a mulher, benefício afastado pelo Art. 7º, IV, da Lei nº 11.340/06.

2ª Corrente: diz que a Lei Maria da Penha não vedou, expressamente, qualquer imunidade, diferente do Estatuto do Idoso que vedou a imunidade para o idoso.

Tem prevalecido a 2ª Corrente.

5. DOS CRIMES CONTRA A FÉ PÚBLICA

5.1 Da Moeda Falsa

Art. 289. Falsificar, fabricando-a ou alterando-a, moeda metálica ou papel-moeda de curso legal no país ou no estrangeiro:
Pena - reclusão, de três a doze anos, e multa.

§ 1º. Nas mesmas penas incorre quem, por conta própria ou alheia, importa ou exporta, adquire, vende, troca, cede, empresta, guarda ou introduz na circulação moeda falsa.

§ 2º. Quem, tendo recebido de boa-fé, como verdadeira, moeda falsa ou alterada, a restitui à circulação, depois de conhecer a falsidade, é punido com detenção, de seis meses a dois anos, e multa.

§ 3º. É punido com reclusão, de três a quinze anos, e multa, o funcionário público ou diretor, gerente, ou fiscal de banco de emissão que fabrica, emite ou autoriza a fabricação ou emissão:

I. De moeda com título ou peso inferior ao determinado em lei;

II. De papel-moeda em quantidade superior à autorizada.

§ 4º. Nas mesmas penas incorre quem desvia e faz circular moeda, cuja circulação não estava ainda autorizada.

Modos de Falsificar

Fabricando a moeda (manufaturando, fazendo a cunhagem): o próprio agente produz (cria) a moeda.

Alterando (modificando, adulterando): utilizando moeda verdadeira (autêntica), a altera (transforma cédula de dois reais em cem reais).

Objeto Material

O objeto material também pode ser a moeda estrangeira, desde que tenha curso legal no Brasil, ou no país de origem, ou seja, quando circulada não pode ser recusada como meio de pagamento.

Fragoso, ensina que inexistirá o crime quando houver adulteração para que o valor nominal seja diminuído em relação ao verdadeiro.

É imprescindível, além das características apontadas, que a falsificação seja convincente, isto é, capaz de iludir os destinatários da moeda.

Nem sempre a falsificação grosseira constituirá fato atípico, já que este ocorrerá somente quando não haja qualquer possibilidade de iludir alguém. Do contrário, poderá se configurar o crime de estelionato. Este, aliás, é o entendimento do Superior Tribunal de Justiça:

Súm. 73. A utilização de papel-moeda grosseiramente falsificado configura, em tese, o crime de estelionato, de competência da Justiça Estadual.

Crimes Assimilados ao de Moeda Falsa

Art. 290. Formar cédula, nota ou bilhete representativo de moeda com fragmentos de cédulas, notas ou bilhetes verdadeiros; suprimir, em nota, cédula ou bilhete recolhidos, para o fim de restituí-los à circulação, sinal indicativo de sua inutilização; restituir à circulação cédula, nota ou bilhete em tais condições, ou já recolhidos para o fim de inutilização:
Pena - reclusão, de dois a oito anos, e multa.
Parágrafo único. O máximo da reclusão é elevado a doze anos e multa, se o crime é cometido por funcionário que trabalha na repartição onde o dinheiro se achava recolhido, ou nela tem fácil ingresso, em razão do cargo. (Vide Lei nº 7.209, de 11.7.1984)

Consumuação

Neste delito, da mesma forma, é necessário que a formação da moeda com fragmentos e a supressão do sinal indicativo sejam capazes de iludir.

Não é necessário o dano para consumar-se o delito, basta a mera formação da cédula a partir dos fragmentos, com a supressão do sinal identificador de recolhimento.

Há autores que ditam que, ao contrário do que ocorre com o crime de moeda falsa (298, CP), a aquisição e o recebimento da moeda nas condições descritas no Art. 290, *caput*, não foram elevados à categoria de crime principal, subsistindo o delito de receptação.

5.2 Petrechos para Falsificação de Moeda

Art. 291. Fabricar, adquirir, fornecer, a título oneroso ou gratuito, possuir ou guardar maquinismo, aparelho, instrumento ou qualquer objeto especialmente destinado à falsificação de moeda:
Pena - reclusão, de dois a seis anos, e multa.

Emissão de Título ao Portador sem Permissão Legal

Art. 292. Emitir, sem permissão legal, nota, bilhete, ficha, vale ou título que contenha promessa de pagamento em dinheiro ao portador ou a que falte indicação do nome da pessoa a quem deva ser pago:
Pena - detenção, de um a seis meses, ou multa.
Parágrafo único. Quem recebe ou utiliza como dinheiro qualquer dos documentos referidos neste artigo incorre na pena de detenção, de quinze dias a três meses, ou multa.

5.3 Da Falsidade de Títulos e Outros Papéis Públicos

Falsificação de Papéis Públicos

Art. 293. Falsificar, fabricando-os ou alterando-os:

I. Selo destinado a controle tributário, papel selado ou qualquer papel de emissão legal destinado à arrecadação de tributo;

II. Papel de crédito público que não seja moeda de curso legal;

III. Vale postal;

IV. Cautela de penhor, caderneta de depósito de caixa econômica ou de outro estabelecimento mantido por entidade de direito público;

V. Talão, recibo, guia, alvará ou qualquer outro documento relativo a arrecadação de rendas públicas ou a depósito ou caução por que o poder público seja responsável;

VI. Bilhete, passe ou conhecimento de empresa de transporte administrada pela União, por Estado ou por Município:

Pena - reclusão, de dois a oito anos, e multa.

§1º. Incorre na mesma pena quem:

I. Usa, guarda, possui ou detém qualquer dos papéis falsificados a que se refere este artigo;

II. Importa, exporta, adquire, vende, troca, cede, empresta, guarda, fornece ou restitui à circulação selo falsificado destinado a controle tributário;

III. *Importa, exporta, adquire, vende, expõe à venda, mantém em depósito, guarda, troca, cede, empresta, fornece, porta ou, de qualquer forma, utiliza em proveito próprio ou alheio, no exercício de atividade comercial ou industrial, produto ou mercadoria:*
  a) *em que tenha sido aplicado selo que se destine a controle tributário, falsificado;*
  b) *sem selo oficial, nos casos em que a legislação tributária determina a obrigatoriedade de sua aplicação.*
§2º. *Suprimir, em qualquer desses papéis, quando legítimos, com o fim de torná-los novamente utilizáveis, carimbo ou sinal indicativo de sua inutilização:*
Pena *- reclusão, de um a quatro anos, e multa.*
§3º. *Incorre na mesma pena quem usa, depois de alterado, qualquer dos papéis a que se refere o parágrafo anterior.*
§4º. *Quem usa ou restitui à circulação, embora recebido de boa-fé, qualquer dos papéis falsificados ou alterados, a que se referem este artigo e o seu § 2º, depois de conhecer a falsidade ou alteração, incorre na pena de detenção, de seis meses a dois anos, ou multa.*
§5º. *Equipara-se a atividade comercial, para os fins do inciso III do § 1º, qualquer forma de comércio irregular ou clandestino, inclusive o exercido em vias, praças ou outros logradouros públicos e em residências.*

> O inciso III - vale postal - foi revogado pelo Art. 36 da Lei 6.538/76. Sendo assim, só é passível de cobrança em concursos que cobrem especificamente essa lei.

Esse artigo do Código Penal traz a tipificação da conduta daquele agente que pratica atos de falsificação de papéis públicos, ou seja, aqueles que são chancelados pelo Estado como sendo verdadeiros. Dessa forma, o crime possui diversas condutas típicas, mas a principal está no **caput**, pois pune quem: **falsifica** ou **adultera o documento**.

De acordo com o §1º, pune-se com a mesma pena do *caput* - reclusão de dois a oito anos - quem **guarda, possui ou detém** quaisquer dos papéis que constam no inciso I ao VI do *caput*. Ademais, a falsificação engloba nos incisos II e III deste parágrafo, aplica punição às outras condutas ligadas, especificamente, à falsificação de selo destinado ao controle tributário, ou então, de produtos ou mercadorias sobre os quais incide o controle tributário.

> Se a falsificação for usada como meio para a fraude, estará configurado o crime de estelionato (Art. 171 do CP), o qual absorve o crime de falsificação, de acordo com o princípio da consunção.

Em relação ao §2º, pune-se quem efetuou a supressão do sinal indicativo de inutilização com intenção de tornar novamente utilizável.

O **§3º diz que é punido** quem **USA**, desde que esse não seja o mesmo autor que suprimiu o documento, pois senão, responderá pela *caput*.

O **§4º** é a figura **privilegiada** do Art. 293, pois pune quem recebe de **boa-fé** e repassa o documento falsificado após reconhecer a sua falsidade.

Por fim, o §5º trata da equiparação das condutas reconhecidas como atividade comercial expressa no Art. 1º, inciso III, exercidas em locais irregulares e clandestinos, em locais públicos ou até mesmo se praticada dentro da própria residência do agente.

Petrechos de Falsificação

Art. 294. *Fabricar, adquirir, fornecer, possuir ou guardar **objeto especialmente destinado à falsificação** de qualquer dos papéis referidos no artigo anterior:*
Pena *- reclusão, de um a três anos, e multa.*
Art. 295. *Se o **agente é funcionário público**, e comete o crime **prevalecendo-se do cargo**, aumenta-se a pena de sexta parte.*

A figura típica do Art. 294, prevê a conduta do agente que possua objetos que tenham como fim específico a falsificação de quaisquer papéis públicos mencionados no Art. 293 do Código Penal.

> Caso o agente seja FUNCIONÁRIO PÚBLICO, e pratique quaisquer das condutas descritas no Art. 293, utilizando-se de privilégios que seu cargo ofereça, responderá com AUMENTO DE PENA - conforme Art. 295 do CP.

Caso esse objeto possua a capacidade de falsificar, mas sua função principal não é esta, a sua posse não será considerada como objeto (petrecho).

Ex.: Uma impressora de alta capacidade que tenha condições de imprimir cédulas falsas. Contudo, depende - logicamente - do contexto fático em que se apresente.

> O Art. 295 do Código Penal trata especificamente da hipótese em que o agente é FUNCIONÁRIO PÚBLICO, o qual responderá com aumento de pena de SEXTA PARTE caso tenha utilizado de atributos da sua função pública para a prática do crime.

5.4 Da Falsidade Documental

Falsificação do Selo ou Sinal Público

Art. 296. *Falsificar, fabricando-os ou alterando-os:*
I. *Selo público destinado a autenticar atos oficiais da União, de Estado ou de Município;*
II. *Selo ou sinal atribuído por lei à entidade de direito público, ou a autoridade, ou sinal público de tabelião:*
Pena *- reclusão, de dois a seis anos, e multa.*
§1º. *Incorre nas mesmas penas:*
I. *Quem faz uso do selo ou sinal falsificado;*
II. *Quem utiliza indevidamente o selo ou sinal verdadeiro em prejuízo de outrem ou em proveito próprio ou alheio.*
III. *Quem altera, falsifica ou faz uso indevido de marcas, logotipos, siglas ou quaisquer outros símbolos utilizados ou identificadores de órgãos ou entidades da Administração Pública.*

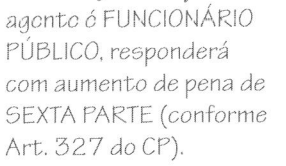

> Na situação em que o agente é FUNCIONÁRIO PÚBLICO, responderá com aumento de pena de SEXTA PARTE (conforme Art. 327 do CP).

NOÇÕES DE DIREITO PENAL

DOS CRIMES CONTRA A FÉ PÚBLICA

§2º. Se o agente é funcionário público, e comete o crime prevalecendo-se do cargo, aumenta-se a pena de sexta parte.

Esse delito visa incriminar o agente que **falsifica SELOS ou SINAIS públicos** - objetos que atestam um documento como verdadeiro - por meio da **fabricação** (contrafação - próprio agente fabrica um selo ou sinal falso), ou pela **alteração** (modificação de selo ou sinal verdadeiro).

Tais itens - selo ou sinal - **não** são considerados documentos públicos, e sim, objetos que o criminoso utiliza para falsificação.

Ex.: Carimbo, selo de identificação etc.

A falsidade tipificada nesse artigo é **MATERIAL**, ou seja, a forma do documento é modificada (alteração), ou fabricada (contrafação).

Falsificação de Documento Público

Art. 297. Falsificar, no todo ou em parte, documento público, ou alterar documento público verdadeiro:
Pena - reclusão, de dois a seis anos, e multa.
§1º. Se o agente é funcionário público, e comete o crime prevalecendo-se do cargo, aumenta-se a pena de sexta parte.
§2º. Para os efeitos penais, equiparam-se a documento público o emanado de entidade paraestatal, o título ao portador ou transmissível por endosso, as ações de sociedade comercial, os livros mercantis e o testamento particular.
§3º. Nas mesmas penas incorre quem insere ou faz inserir:
I. Na folha de pagamento ou em documento de informações que seja destinado a fazer prova perante a previdência social, pessoa que não possua a qualidade de segurado obrigatório;
II. Na Carteira de Trabalho e Previdência Social do empregado ou em documento que deva produzir efeito perante a previdência social, declaração falsa ou diversa da que deveria ter sido escrita;
III. Em documento contábil ou em qualquer outro documento relacionado com as obrigações da empresa perante a previdência social, declaração falsa ou diversa da que deveria ter constado.
§4º. Nas mesmas penas incorre quem omite, nos documentos mencionados no § 3º, nome do segurado e seus dados pessoais, a remuneração, a vigência do contrato de trabalho ou de prestação de serviços.

> Para provar a materialidade do crime, é INDISPENSÁVEL a realização de exame de corpo de delito, direto ou indireto, no documento, NÃO podendo supri-lo pela confissão do acusado (Art. 158 do CPP), ou seja, pela perícia no documento.

Este título do Código Penal tem por objetivo tipificar a conduta do agente que **falsifica, total ou parcialmente, documento público**, bem como aquele que **altera** documentos públicos **verdadeiros** com intenção de obter **vantagem ilícita**.

A falsidade tipificada nesse artigo é material, ou seja, a forma do documento é modificada (alteração), ou falsificada (contrafação), total ou parcialmente.

Documento para o Direito Penal deve possuir as seguintes características:

> Forma escrita;
> Elaborado por pessoa determinada;
> Conteúdo revestido de relevância jurídica;
> Possuir eficácia probatória.

> Portanto, **documento público** é aquele confeccionado pelo funcionário público, nacional ou estrangeiro, **no desempenho de suas atividades**, em conformidade com as formalidades legais.

Caso a agente seja funcionário público, responde com aumento de pena de sexta parte, conforme preceitua o §1º desse artigo.

A fotocópia (xerox/traslado), sem autenticação, não tem eficácia probatória. Desse modo, não é classificado como documento público para fins penais.

§ 2º. Para os efeitos penais, equiparam-se a documento público o emanado de entidade paraestatal, o título ao portador ou transmissível por endosso, as ações de sociedade comercial, os livros mercantis e o testamento particular.

Entidades paraestatais, integrantes do terceiro setor, são as pessoas jurídicas de direito privado, sem fins lucrativos, que atuam ao lado e em colaboração com o Estado. (Exemplo: SESC, SENAI, SESI, SENAC e ONGs).

Título ao portador: cheque ao portador (nominal).

Título transmissível por endosso: cheque, duplicata, nota promissória, letra de câmbio.

Ações de sociedade comercial: sociedades anônimas, sociedades em comandita por ações.

Livros mercantis: destinados a registrar as atividades empresariais.

Testamento **particular**.

Na hipótese em que o agente que faz **uso** do documento falsificado ou modificado seja o mesmo que falsificou - os papéis públicos - esse delito (Art. 297) será absorvido pelo (Art. 171), estelionato, do Código Penal, visto que, a conduta visa obter **vantagem indevida** mediante o **uso de fraude**. Sendo assim, a falsificação é "**meio**" (uso da fraude) para o fim (a vantagem), que é o crime de estelionato. Por conseguinte, de acordo com o **princípio da consunção**, o crime mais grave absorve o menos grave.

Súm. 17, STJ. Quando o falso se exaure no estelionato, sem mais potencialidade lesiva, é por ele absorvido.

Falsificação de Documento Particular

Art. 298. Falsificar, no todo ou em parte, documento particular ou alterar documento particular verdadeiro:
Pena - reclusão, de um a cinco anos, e multa.

Este artigo do Código Penal tem por objetivo tipificar a conduta do agente que falsifica, total ou parcialmente, documento **particular**, bem como aquele que altera documentos particulares verdadeiros com intenção de obter vantagem ilícita.

> Documento escrito a lápis é documento público? É necessário observar que documento escrito a lápis ainda que feito por servidor público não é documento, considerando a insegurança na manutenção de seu conteúdo.
>
> Substituir fotografia em documento de identidade, prevalece que é o delito do Art. 297 do CP. (Atualmente a jurisprudência dispensa a perícia nesses casos).

Para configurar o crime de falsificação, faz-se necessário que esse tenha capacidade de ludibriar terceiros, pois a falsificação ou modificação **grosseira** ou sem potencialidade lesiva **não** configura o crime, ou seja, de acordo com o Art. 17 do CP é um crime impossível por absoluta impropriedade do objeto, podendo configurar estelionato.

Nessa situação, o documento em si é falso, porém os dados podem ser verdadeiros, pois o agente que emite/falsifica o documento, não tem competência para fazê-lo.

Para provar a materialidade do crime, é INDISPENSÁVEL a realização de exame de corpo de delito, direto ou indireto, no documento, não podendo supri-lo a confissão do acusado (Art. 158 do CPP).

Considerações

Se a falsidade do documento é material, o agente responde pelo Art. 298 do CP, falsificação de documento particular, caso seja **ideológica**, o agente responderá pelo Art. 299 do CP, falsidade ideológica.

Caso o agente que utilize o documento falsificado ou modificado seja o mesmo que o falsificou, responderá pelo crime do Art. 304 do CP, uso de documento particular falsificado.

Documento público nulo, se torna documento particular. Atos públicos nulos, feitos por oficiais incompetentes, são documentos particulares.

Na hipótese de documento particular, com firma reconhecida em cartório, temos um documento público? Falsificando os escritos do documento, o delito será o do Art. 298 do CP. Porém, se a conduta for para falsificar o selo do tabelião, o delito é o do Art. 297.

Na hipótese em que um indivíduo falsifica um documento particular com o objetivo de praticar o CRIME DE SONEGAÇÃO FISCAL, responderá pelo crime previsto no Art. 1º, III e IV, da Lei 8.137/90.

Falsidade Ideológica

Art. 299. Omitir, em documento público ou particular, declaração que dele devia constar, ou nele inserir ou fazer inserir declaração falsa ou diversa da que devia ser escrita, com o fim de prejudicar direito, criar obrigação ou alterar a verdade sobre fato juridicamente relevante:

Pena - reclusão, de um a cinco anos, e multa, se o documento é público, e reclusão de um a três anos, e multa, se o documento é particular.

Parágrafo único. Se o agente é funcionário público, e comete o crime prevalecendo-se do cargo, ou se a falsificação ou alteração é de assentamento de registro civil, aumenta-se a pena de sexta parte.

Diferentemente dos Art. 297 e 298, que tratam da falsidade material, em que o conteúdo pode ser verdadeiro, mas o documento em si é falso, esse artigo aborda a falsidade ideológica, em que o documento é verdadeiro, mas o conteúdo, a ideia é falsa. A falsidade ideológica também é conhecida como falso ideal, falso intelectual ou falso moral.

Falsidade Material	Falsidade Ideológica
A forma do documento é falsa, porém os dados podem ser verdadeiros.	A forma do documento é verdadeira, mas a ideia contida é falsa.

Núcleos do Tipo

Omitir: o funcionário público no momento da elaboração de um documento, **deixa de inserir** (omissão) informação que nesse deveria constar. É a falsidade imediata.

Inserir: aquele que **insere** no documento público ou particular informação falsa ou diversa que deveria ser escrita. É a falsidade **imediata**.

Fazer inserir: é o particular que fornece a informação falsa ao funcionário público competente, que **por erro** a insere no documento verdadeiro. É chamada falsidade **mediata**.

Caso o agente que utilizar o documento falsificado ou modificado seja o mesmo, esse delito (Art. 299) será absorvido pelo Art. 171, estelionato, do Código Penal, visto que a conduta busca obter vantagem indevida mediante o uso de fraude.

Para que seja configurado o crime de falsidade ideológica, o agente deve ter um especial fim de agir, ou seja, um **dolo específico**, de prejudicar um direito, criar uma obrigação ou alterar a verdade sobre um fato.

Falso Reconhecimento de Firma ou Letra

Art. 300. Reconhecer, como verdadeira, no exercício de função pública, firma ou letra que o não seja:

Pena - reclusão, de um a cinco anos, e multa, se o documento é público; e de um a três anos, e multa, se o documento é particular.

Esse crime é classificado como **próprio**, pois somente pode ser cometido por funcionário público no exercício da função, ou seja, aquele que tem a competência para o reconhecimento.

O delito configura-se quando o funcionário público reconhece (atesta, afirma), como verdadeiro a firma ou letra que **sabe ser falsa**.

Não admite a modalidade culposa, porém o agente poderá vir a responder na esfera administrativa e civil. (**STJ. RMS 26.548/PR - 2010**)

Certidão ou Atestado Ideologicamente Falso

Art. 301. Atestar ou certificar falsamente, em razão de função pública, fato ou circunstância que habilite alguém a obter cargo público, isenção de ônus ou de serviço de caráter público, ou qualquer outra vantagem:

Pena - detenção, de dois meses a um ano.

Esse delito tipifica a conduta do funcionário público que, devido às qualidades que seu cargo **propicia, atesta ou certifica** aquilo que sabe ser falso, em benefício de terceiros, para que obtenham vantagem, isenção ou ônus de obrigações junto à Administração Pública (*caput*).

NOÇÕES DE DIREITO PENAL

DOS CRIMES CONTRA A FÉ PÚBLICA

A **certidão ou atestado** são verdadeiros, porém **os dados** informados para que tal pessoa obtenha vantagem sobre a Administração são falsos.

Falsidade Material de Atestado ou Certidão

§1º. *Falsificar, no todo ou em parte, atestado ou certidão, ou alterar o teor de certidão ou de atestado verdadeiro, para prova de fato ou circunstância que habilite alguém a obter cargo público, isenção de ônus ou de serviço de caráter público, ou qualquer outra vantagem:*
Pena - *detenção, de três meses a dois anos.*
§2º. *Se o crime é praticado com o fim de lucro, aplica-se, além da pena privativa de liberdade, a de multa.*

> Se o agente é funcionário público, e comete o crime prevalecendo-se do cargo, ou se a falsificação ou alteração é de assentamento de registro civil, aumenta-se a pena de sexta parte.
>
> A falsidade ideológica é crime que não pode ser comprovado pericialmente, pois o documento é verdadeiro em seu aspecto formal, sendo falso apenas o seu conteúdo. Assim, não se exige o exame pericial (corpo de delito). O juiz é quem deve avaliar no caso concreto se o conteúdo é verdadeiro ou falso.

Configura também a conduta do agente que, ao contrário de atestar ou certificar, **falsifica** atestado, certidões ou **altera** o seu conteúdo em benefício de terceiros que desejam obter as mesmas vantagens já mencionadas no *caput* (§ 1º).

De acordo com o § 2º, caso a conduta tenha o fim de obtenção de lucro, além da pena de restrição de liberdade, o agente será apenado também com o pagamento de multa.

Falsidade de Atestado Médico

Art. 302. *Dar o médico, no exercício da sua profissão, atestado falso:*
Pena - *detenção, de um mês a um ano.*
Parágrafo único. *Se o crime é cometido com o fim de lucro, aplica-se também multa.*

O artigo visa punir o médico que, no exercício da sua profissão, fornece atestado falso independente de ele ser especialista ou não na área, imputando diagnóstico falso ao paciente que o solicita.

NÃO é necessário que o médico seja especialista da área a qual ele tenha fornecido o atestado falso.

Ex.: Um médico cirurgião plástico, atesta um distúrbio psiquiátrico para que a pessoa consiga obter licença ou qualquer alguma outra vantagem. Embora ele não seja neurologista, responderá pelo crime de falso atestado.

Caso o médico seja funcionário público, responderá pelo crime do Art. 301, *caput* do Código Penal.

Sendo a conduta realizada com o objetivo de obter lucros, além da pena de detenção, será aplicada também uma multa (parágrafo único).

Reprodução ou Adulteração de Selo ou Peça Filatélica

Art. 303. *Reproduzir ou alterar selo ou peça filatélica que tenha valor para coleção, salvo quando a reprodução ou a alteração está visivelmente anotada na face ou no verso do selo ou peça:*
Pena - *detenção, de um a três anos, e multa.*
Parágrafo único. *Na mesma pena incorre quem, para fins de comércio, faz uso do selo ou peça filatélica.*

Uso de Documento Falso

Art. 304. *Fazer uso de qualquer dos papéis falsificados ou alterados, a que se referem os Arts. 297 a 302:*
Pena - *a cominada à falsificação ou à alteração.*

> Artigo revogado pelo Art. 39 da Lei 6.538/78 que trata do mesmo crime.

O crime de documento falso é um crime classificado doutrinariamente como remetido e acessório.

Crime remetido: pois tem a conduta típica descrita em artigos diferentes: **Arts. 297 a 302**, ou seja, é quando o agente efetivamente faz o uso dos documentos mencionados nesses artigos.

Crime acessório: pois necessita da prática de crime anterior - **Art. 297 a 302** - para caracterizar-se crime. Antes de ocorrer efetivamente o uso do documento falso, já houve um crime anterior, consumado no momento em que esse foi fabricado, alterado, modificado etc.

Apontamentos

A consumação ocorre no momento da utilização de quaisquer dos documentos falsificados dos Arts. 297 a 302 do Código Penal.

É necessário que haja o uso, não sendo suficiente a simples alusão ao documento falso.

Para configurar o instituto da tentativa, irá depender de que maneira que o crime de uso de documento falso seja praticado.

No caso do comento ser mal feito e a falsidade seja evidente (GROSSEIRA), afasta a falsidade do documento.

Apesar de haver corrente sustentando que, para a caracterização do crime basta que o escrito saia da esfera de disponibilidade do agente, ainda que empregado em finalidade diversa daquela a que se destinava, de acordo com a maioria, é imprescindível que o documento falso seja utilizado em sua específica destinação probatória.

Quando o agente utiliza o documento falso para cometer o crime de estelionato, responderá apenas por este último, e o outro restará absorvido.

Ex.: "A" usa o documento falso para enganar "B", com o fim de obter vantagem.

Agente deve apresentar de forma espontânea o documento a terceiros. A doutrina vem aceitando que, se o agente for solicitado a entregar por agente policial, o crime persiste.

Ex.: Em uma blitz de trânsito, quando o condutor apresenta uma Carteira Nacional de Habilitação ao ser essa solicitada pelo agente público.

Caso o agente que utilize o documento falsificado ou modificado seja o mesmo que praticou a falsificação, responderá apenas pelo crime da falsificação do documento.

Independente da forma que será realizada a apresentação do documento, se voluntária ou por solicitação de autoridade pública, o agente responderá pelo crime do Art. 304 do CP.

Supressão de Documento

Art. 305. *Destruir, suprimir ou ocultar, em benefício próprio ou de outrem, ou em prejuízo alheio, documento público ou particular verdadeiro, de que não podia dispor:*

Pena - *reclusão, de dois a seis anos, e multa, se o documento é público, e reclusão, de um a cinco anos, e multa, se o documento é particular.*

O crime desse artigo, tem por objetivo tipificar a conduta do agente que dispõe de documento público ou particular verdadeiro, quando não o podia, com intuito de destruir, suprimir ou ocultar informações na intenção de causar prejuízo para outrem ou vantagem para si ou para terceiros.

É necessário que o documento suprimido, o alterado ou ocultado tenha seu valor probatório insubstituível, ou seja, caso seja cópia do documento original, NÃO estará configurado o crime.

O autor deve agir com finalidade específica, qual seja, executar o crime em benefício próprio ou de outrem, ou em prejuízo alheio (ausente esse elemento, outro poderá ser o delito).

5.5 De Outras Falsidades

Falsificação do Sinal Empregado no Contraste de Metal Precioso ou na Fiscalização Alfandegária, ou para Outros Fins

Art. 306. *Falsificar, fabricando-o ou alterando-o, marca ou sinal empregado pelo poder público no contraste de metal precioso ou na fiscalização alfandegária, ou usar marca ou sinal dessa natureza, falsificado por outrem:*

Pena - *reclusão, de 2 (dois) a 6 (seis) anos, e multa.*

Falsa Identidade

Art. 307. *Atribuir-se ou atribuir a terceiro falsa identidade para obter vantagem, em proveito próprio ou alheio, ou para causar dano a outrem:*

Pena - *detenção, de três meses a um ano, ou multa, se o fato não constitui elemento de crime mais grave.*

Esse delito torna típica a conduta de atribuir, para si próprio ou parar terceira pessoa, falsa identidade para obtenção de vantagem ou causar dano a terceiro, na tentativa de incriminá-lo, por exemplo:

Da leitura do verbo nuclear "atribuir" conclui-se que o crime é comissivo (praticado por ação), não ocorrendo a hipótese em que o agente silencia acerca da identidade equivocada que lhe atribuem.

Não ocorre o uso de documento falso (Art. 304 do CP), quando o agente somente atribui - verbalmente - ser outra pessoa, deve ser capaz de iludir.

O crime de falsa identidade é um CRIME SUBSIDIÁRIO, ou seja, caso venha a ser utilizado para prática de um crime mais grave, será atribuída a pena desse. Seria o caso do estelionato (Art. 171 do CP), por exemplo, pois o agente utiliza-se da fraude da falsa identidade para obtenção de vantagem. Ocorre o chamado princípio da consunção, em que o crime fim (estelionato) absorve o crime meio (falsa identidade).

Uso de Documento de Identidade Alheia

Art. 308. *Usar, como próprio, passaporte, título de eleitor, caderneta de reservista ou qualquer documento de identidade alheia ou ceder a outrem, para que dele se utilize, documento dessa natureza, próprio ou de terceiro:*

Pena - *detenção, de quatro meses a dois anos, e multa, se o fato não constitui elemento de crime mais grave.*

Esse crime descreve a conduta do agente que **utiliza de documento - verdadeiro** - de uma terceira pessoa para se passar por ela, sendo conhecido como o "Uso de documento de identidade alheia". Se utilizar documento falso é o Art. 304 CP.

O agente efetivamente **utiliza** o documento alheio como se fosse próprio, sendo que a simples posse de documentos de terceiro não caracteriza o crime.

É punido tanto o agente que fez o uso do documento alheio, quanto a pessoa que o emprestou - cedeu - para que aquele o utiliza-se.

O crime de falsa identidade é subsidiário, ou seja, caso constituir crime mais grave será atribuído ao autor o crime mais grave. Desse modo, se o agente USAR documento falso, embora em nome de 3ª pessoa, (Ex.: colar sua fotografia em um documento de identidade alheio) responderá pelo crime de uso de documento falso (Art. 304, CP), haja vista que a substituição de fotografia em documento público caracteriza o crime de falsificação de documento público (Art. 297, CP).

Fraude de Lei Sobre Estrangeiro

Art. 309. *Usar o estrangeiro, para entrar ou permanecer no território nacional, nome que não é o seu:*

Pena - *detenção, de 1 (um) a 3 (três) anos, e multa.*

Parágrafo único. *Atribuir a estrangeiro falsa qualidade para promover-lhe a entrada em território nacional: (Acrescentado pela L-009.426-1996)*

Pena - *reclusão, de 1 (um) a 4 (quatro) anos, e multa.*

De acordo com Mirabete, a expressão território nacional deve ser tomada no seu sentido jurídico, incluindo, portanto, o mar territorial e o espaço aéreo correspondente à coluna atmosférica.

O parágrafo único, traz um crime comum, cuja conduta típica consiste em atribuir a estrangeiro falsa qualidade para promover-lhe a entrada em território nacional.

Art. 310. *Prestar-se a figurar como proprietário ou possuidor de ação, título ou valor pertencente a estrangeiro, nos casos em que seja vedada por lei a propriedade ou a posse de tais bens: (Alterado pela L-009.426-1996)*

Pena - *detenção, de 6 (seis) meses a 3 (três) anos, e multa.*

Adulteração de Sinal Identificador de Veículo Automotor

Art. 311. *Adulterar ou remarcar número de chassi ou qualquer sinal identificador de veículo automotor, de seu componente ou equipamento:*

Pena - *reclusão, de três a seis anos, e multa.*

§1º. *Se o agente comete o crime no exercício da função pública ou em razão dela, a pena é aumentada de um terço.*

NOÇÕES DE DIREITO PENAL

§2º. Incorre nas mesmas penas o funcionário público que contribui para o licenciamento ou registro do veículo remarcado ou adulterado, fornecendo indevidamente material ou informação oficial.

O sinal de identificação é a placa do veículo, numeração do motor, marcação dos vidros etc.

A pessoa que recebe o veículo já adulterado, sabendo dessa circunstância, não pratica o crime do Art. 311, mas sim o do Art. 180 (receptação).

O §1º é uma causa especial de aumento de pena, se o funcionário público comete o crime prevalecendo-se do cargo. Exige-se, para incidir o aumento de pena, uma qualidade especial do agente, ser funcionário público, ou seja, um crime PRÓPRIO.

O §2º é uma figura equiparada. Esse parágrafo versa uma forma **própria** de crime, podendo ser cometido somente por funcionário público que tenha competência legítima para tais condutas.

Fita Adesiva

A alteração de placa com utilização de fita adesiva é objeto de controvérsia. Para alguns autores, não se apresentando adulteração concreta e definitiva com objetivo de fraudar a propriedade, o licenciamento ou o registro do veículo, trata-se de simples infração administrativa. Para outros doutrinadores, há o crime do Art. 311 do CP.

Guilherme Nucci, ensina que a falsificação grosseira não constitui o delito, mas mera infração administrativa

Ex.: O agente modifica a placa do carro utilizando uma fita isolante preta.

5.6 Das Fraudes em Certames de Interesse Público

Fraudes em Certame de Interesse Público

Art. 311-A. Utilizar ou divulgar, indevidamente, com o fim de beneficiar a si ou a outrem, ou de comprometer a credibilidade do certame, conteúdo sigiloso de:

I. Concurso público;

II. Avaliação ou exame público;

III. Processo seletivo para ingresso no ensino superior;

IV. Exame ou processo seletivo previstos em lei:

Pena - reclusão, de 1 (um) a 4 (quatro) anos, e multa.

§1º. Nas mesmas penas incorre quem permite ou facilita, por qualquer meio, o acesso de pessoas não autorizadas às informações mencionadas no caput.

§2º. Se da ação ou omissão resulta dano à administração pública:

Pena - reclusão, de 2 (dois) a 6 (seis) anos, e multa.

§3º. Aumenta-se a pena de 1/3 (um terço) se o fato é cometido por funcionário público.

Introduzido no Código Penal em 2011 pela Lei 12.550, visa evitar as fraudes cometidas em provas de concursos públicos, devido às precárias condições de fiscalização do Estado. Protege o sigilo da boa administração pública, vestibulares, processos seletivos, concursos públicos etc.

Por ser um crime comum, pode ser praticado por qualquer pessoa e, se praticado por funcionário público, a **pena aumenta-se de um terço** (Art. 311-A, §3º do CP).

Figura equiparada (Art. 311 - A, §1º): em análise ao tipo referido, a conduta é autenticamente um concurso de pessoas na modalidade participação, ou seja, um agente auxilia o outro na prática do crime.

Qualificadora (Art. 311 - A, §2º): o dano que afeta a Administração Pública é analisado em sentido amplo, e não somente o dano material. Por ser um crime contra a fé pública, afeta principalmente a moral da Administração e abala a credibilidade depositada pelas pessoas no Estado.

Consumação: Consuma-se com a simples prática dos núcleos, dispensando a obtenção da vantagem particular buscada pelo agente ou mesmo eventual dano à credibilidade do certame.

Princípio da Especialidade

Aplicando-se o princípio da especialidade, a violação de sigilo funcional envolvendo certames de interesse público, não caracteriza o crime do Art. 325, mas sim o do Art. 311-A do CP.

Entendeu o STF que o uso de cola eletrônica não é crime. Entretanto, se o candidato teve acesso privilegiado ao gabarito da prova, pratica o crime junto com a pessoa que lhe forneceu.

Questões

01. (AOCP) Omitir, em documento público ou particular, declaração que dele devia constar, ou nele inserir ou fazer inserir declaração falsa ou diversa da que devia ser escrita, com o fim de prejudicar direito, criar obrigação ou alterar a verdade sobre fato juridicamente relevante, configura o crime de:

    a) Supressão de documento.

    b) Falsidade ideológica.

    c) Falso reconhecimento.

    d) Falsificação de documento particular.

    e) Falsificação de sinal público.

02. (TRT 15R) O médico do trabalho da empresa que omite ou faz inserir declaração falsa ou diversa da que deveria ser escrita no documento Perfil Profissiográfico Previdenciário, com o fim de preservar a empresa contra eventual demanda judicial, comete crime de:

    a) Falsificação de documento público;

    b) Falsificação de documento particular;

    c) Falsidade ideológica;

    d) Falsidade de atestado médico;

    e) Falsidade material de atestado ou certidão.

Gabaritos

01	B
02	C

6. DOS CRIMES CONTRA ADMINISTRAÇÃO PÚBLICA

6.1 Dos Crimes Praticados por Funcionário Público Contra a Administração em Geral

Peculato

> **Art. 312**. Apropriar-se o funcionário público de dinheiro, valor ou qualquer outro bem móvel, público ou particular, de que tem a posse em razão do cargo, ou desviá-lo, em proveito próprio ou alheio:
> **Pena** - reclusão, de dois a doze anos, e multa.
> **§ 1º**. Aplica-se a mesma pena, se o funcionário público, embora não tendo a posse do dinheiro, valor ou bem, o subtrai, ou concorre para que seja subtraído, em proveito próprio ou alheio, valendo-se de facilidade que lhe proporciona a qualidade de funcionário.
> **Peculato Culposo**
> **§ 2º**. Se o funcionário concorre culposamente para o crime de outrem:
> **Pena** - detenção, de três meses a um ano.
> **§ 3º**. No caso do parágrafo anterior, a reparação do dano, se precede à sentença irrecorrível, extingue a punibilidade; se lhe é posterior, reduz de metade a pena imposta.

Esse artigo tem por objetivo tipificar a conduta do funcionário público que, aproveitando do cargo que ocupa, apropria-se de bem público ou particular. É necessário que o agente utilize das facilidades do seu cargo, pois, se não o fizer, responderá normalmente, a depender do caso concreto, nos crimes elencados no Título II. Dos Crimes Contra O Patrimônio, do Código Penal, por exemplo, o furto. (Art. 155 do CP).

Peculato Apropriação

> **Art. 312. apropriar-se** o funcionário público de dinheiro, valor ou qualquer outro bem **móvel, público ou particular**, de que tem a posse em razão do cargo.(...)

Nessa situação o funcionário público já possui a posse ou detenção lícita do bem (em razão do cargo que ocupa), porém passa a se comportar como se fosse o dono (pratica atos de disposição da coisa, venda, troca, doação etc.), não mais devolvendo ou restituindo o bem à Administração Pública.

Peculato-Desvio

> **Art. 312**. (...) ou desviá-lo, em proveito próprio ou alheio.

Também chamado de **peculato próprio**, valendo-se do cargo, o agente desvia, em proveito próprio ou de outrem; dinheiro, valor ou qualquer outro bem móvel, público ou particular.

Peculato Furto

Também chamado de **peculato impróprio**. Só haverá este crime se o funcionário público valer-se dessa qualidade para subtrair o bem. Caso contrário, o crime será o de furto (Art. 155 do CP). Caso o particular não tenha conhecimento da qualidade de funcionário público, responderá por furto, enquanto esse último, responderá por peculato.

Exs.: "A" funcionário público, valendo-se do cargo, subtrai bem móvel da administração com auxílio de "B", o qual conhecia sua função. Ambos respondem por peculato, Art. 312 do CP.

"A" funcionário público, valendo-se do cargo, subtrai bem móvel da administração com auxílio de "B", o qual desconhecia a função de "A". "A" responderá por peculato (Art. 312 do CP), e "B" por furto (Art. 155 do CP).

"A" funcionário público, sem aproveitar do cargo que ocupa, com auxílio de "B", subtrai bem móvel da repartição em que "A" trabalha. Ambos respondem por furto (Art. 155 do CP).

São considerados crimes próprios, pois exigem a qualidade de funcionário público para sua classificação.

A conduta é sempre dolosa (apropriar-se, desviar, subtrair). Existe, no entanto, previsão para modalidade culposa (vide § 2º, peculato culposo).

É um crime comissivo, por conseguinte, pode incorrer em omissão imprópria, quando o agente, como garantidor, podendo evitar, nada faz para que o crime não seja consumado (Art. 13, §2º, do CP).

Sujeitos do Crime

Sujeito Ativo: o funcionário público (crime próprio), mas admite-se coautoria e participação de particulares, desde que tenham conhecimento da qualidade de funcionário público do agente.

Se, comprovado que o particular desconhecia a qualidade funcional do agente, responde por apropriação indébita.

Sujeito Passivo: o Estado e secundariamente o particular, pessoa física ou jurídica, diretamente lesada em seu patrimônio.

Consumação e Tentativa

Admite tentativa.

Tratando-se do peculato apropriação, peculato furto e peculato culposo, são crimes materiais, pois estarão consumados com a efetiva posse do bem móvel. No caso do peculato desvio, é um crime formal, pois se consuma no momento em que ocorre o desvio do destino da verba.

Figura Culposa

> **§ 2º**. Se o funcionário concorre culposamente para o crime de outrem:

Essa situação é quando o funcionário público, por imprudência, imperícia ou negligência, diante de sua conduta, permite que um terceiro pratique um crime contra a Administração Pública.

Caso o agente não seja funcionário público, ou sendo, não se utilize das facilidades que o cargo lhe proporciona para a subtração, incorrerá no crime de furto.

É importante considerar que:

> É o único crime culposo da espécie dos delitos funcionais.
> É o único crime de menor potencial ofensivo entre os delitos funcionais.

O funcionário público só responderá por este crime se o crime doloso de outrem (terceiro) chegar a se consumar.

Qual crime de outrem? Qualquer crime de outrem? Ou apenas algumas modalidades de crime?

DOS CRIMES CONTRA ADMINISTRAÇÃO PÚBLICA

O § 2º merece uma interpretação topográfica. Então, esse crime de outrem só pode ser o do §1º. Só pode ser o do caput. Desse modo, só existe o crime de peculato culposo quando o funcionário público concorre culposamente para um peculato-furto ou peculato próprio (apropriação ou desvio), de outrem. Prevalece essa corrente, que é a restritiva.

No que tange ao diretor de sindicato que se apropria de quantia, ele não irá praticar peculato, pois não é funcionário público, sequer por equiparação. Não é o diretor de sindicato funcionário público típico ou atípico.

> *§ 3º. No caso do parágrafo anterior, a reparação do dano, se precede à sentença irrecorrível, extingue a punibilidade; se lhe é posterior, reduz de metade a pena imposta.*

No crime de peculato culposo, a reparação do DANO, se precede (é anterior) à sentença irrecorrível, extingue a punibilidade; se lhe é posterior, reduz de metade a pena imposta. Somente para o peculato culposo. No Peculato Doloso não é possível aplicação do § 3º.

Sentença Irrecorrível

Antes da sentença irrecorrível, extingue a punibilidade.

A reparação do dano após a sentença irrecorrível, há redução de metade da pena imposta. E, isso é feito pelo juiz da execução penal.

Peculato X Roubo

Se a posse do bem (peculato apropriação ou desvio) decorre de violência ou grave ameaça, há crime de roubo (Art. 157) ou extorsão (Art. 158 do CP).

Peculato	
Peculato Doloso	Peculato apropriação (caput 1ª parte); Peculato desvio (peculato próprio) (caput 2ª parte); Peculato mediante erro de outrem (peculato estelionato) (Art. 313).
Peculato Culposo	(§2)

O Peculato de Uso não é crime, mas pode caracterizar ato de improbidade administrativa (Art. 9º, Lei nº 8.429/92). É o fato em que, por exemplo, um funcionário público apropria-se temporariamente de veículo público, no intuito de realizar diligências de caráter pessoal, restituindo o veículo ao pátio da repartição logo após o uso.

Se há desvio da verba em proveito da própria Administração, com utilização diversa da prevista em sua destinação, temos configurado o crime do Art. 315 do CP.

Princípio da Insignificância

O princípio da insignificância é causa supralegal de exclusão da tipicidade, ou seja, o fato não será considerado crime. Sendo assim, há duas posições sobre o assunto:

> STJ: **não** admite a incidência do princípio da insignificância nos crimes contra a Administração Pública, pois a norma penal busca resguardar não somente o aspecto patrimonial, mas a moral administrativa.

> STF: **admite** a aplicação do princípio da insignificância nos crimes contra a administração pública. (HC 107370/SP, rel. Min. Gilmar Mendes, 26.4.2011).

Peculato Mediante Erro de Outrem

Art. 313. Apropriar-se de dinheiro ou qualquer utilidade que, no exercício do cargo, recebeu por erro de outrem:
Pena - reclusão, de um a quatro anos, e multa.

Conduta

Pune-se a conduta do agente que inverter, no exercício do seu cargo, a posse de valores recebidos por erro de terceiro. O bem apoderado, ao contrário do que ocorre no peculato apropriação, não está naturalmente na posse do agente, derivando de erro alheio.

O erro do ofendido deve ser espontâneo, pois, se provocado pelo funcionário, poderá configurar o crime de estelionato.

Classificação

São considerados crimes próprios, pois exigem a qualidade de funcionário público para sua Classificação.

A conduta é sempre dolosa (apropriar-se). Não existe, no entanto, a forma culposa.

É um crime comissivo, por conseguinte, pode incorrer em omissão imprópria, quando o agente, como garantidor, podendo evitar, nada faz para que o crime não seja consumado (Art. 13, §2º do CP).

Sujeitos do Crime

Sujeito Ativo: o funcionário público (crime próprio), mas admite-se coautoria e participação de particulares, desde que tenham conhecimento da qualidade de funcionário público do agente.

Sujeito Passivo: o Estado e secundariamente o particular, pessoa física ou jurídica, diretamente lesada em seu patrimônio.

Consumação e Tentativa

ADMITE Tentativa

Sendo esse um crime material, consuma-se com a efetiva apropriação. Neste caso há divergência, alguns autores sustentam que a consumação se dará somente no momento em que o agente percebe o erro de terceiro e não o desfaz, ou seja, a consumação não se dá no momento do recebimento da coisa, mas sim no instante em que o agente se apropria da coisa recebida por erro, agindo como se dono fosse.

Descrição

O funcionário público que, no exercício do cargo, recebeu de terceiro, o qual estava em erro, dinheiro ou qualquer outra utilidade, e não prossegue com a efetiva destinação correta do recurso.

Apropriação Coisa Havida por Erro

Se o funcionário público se apropriou de dinheiro ou qualquer utilidade que recebeu fora do exercício do cargo, responderá pelo crime de: Apropriação de coisa havida por erro, caso fortuito ou força da natureza.

Art. 169, CP. Apropriar-se alguém de coisa alheia vinda ao seu poder por erro, caso fortuito ou força da natureza.

Se o particular, por engano quanto à pessoa, coisa ou obrigação, entrega objeto a funcionário público, em razão do cargo deste, e se ele se apropria do bem, há crime de peculato mediante erro de outrem (Art. 313, CP).

Inserção de Dados Falsos em Sistema de Informações

Art. 313-A. *Inserir ou facilitar, o funcionário autorizado, a inserção de dados falsos, alterar ou excluir indevidamente dados corretos nos sistemas informatizados ou bancos de dados da Administração Pública com o fim de obter vantagem indevida para si ou para outrem ou para causar dano:*
Pena - reclusão, de 2 (dois) a 12 (doze) anos, e multa.

Pune-se a conduta do funcionário público autorizado que insere ou facilita inserção de dados falsos, altera ou exclui indevidamente dados nos sistema de informação da Administração Pública com o objetivo de receber vantagem indevida, tal crime é também conhecido como **peculato eletrônico**.

Classificação

Trata-se de crime de mão própria, pois exige a qualidade de funcionário público autorizado para sua Classificação, ou seja, não é qualquer funcionário público, mas sim aquele autorizado a inserir, alterar ou excluir dados nos sistemas informatizados ou banco de dados.

A conduta é sempre dolosa (inserir, alterar ou excluir). Não existe, no entanto, a possibilidade da forma culposa.

É um crime comissivo, por conseguinte, pode incorrer em omissão imprópria, quando o agente, como garantidor, podendo evitar, nada faz para que o crime não seja consumado (Art. 13, §2º, CP).

Sujeitos do Crime

Sujeito Ativo: o funcionário público autorizado (crime de mão própria), sendo possível a coautoria e participação do particular que tenha consciência da função pública do agente.

Sujeito Passivo: o Estado e secundariamente o particular, pessoa física ou jurídica, diretamente lesada em seu patrimônio.

Consumação e Tentativa

ADMITE Tentativa

Sendo um crime formal, consuma-se com a devida inserção, alteração ou exclusão, não sendo necessário o efetivo recebimento da vantagem indevida, considerada apenas mero exaurimento do crime.

Descrição

Visa punir o funcionário autorizado, o qual detém acesso aos sistemas de informação da Administração Pública, e, aproveitando-se dessa situação, realiza condutas indevidas causando prejuízo para Administração, bem como, aos particulares.

Erro de Tipo

É possível a ocorrência do erro do tipo, escusável ou inescusável, do agente que acredita estar agindo corretamente e acaba inserindo, excluindo ou alterando de forma equivocada, dados verdadeiros.

Mesmo sendo um crime de mão própria, é possível a figura da participação e coautoria, seja ela material ou moral.

Modificação ou Alteração Não Autorizada de Sistema de Informações

Art. 313-B. *Modificar ou alterar, o funcionário, sistema de informações ou programa de informática sem autorização ou solicitação de autoridade competente:*
Pena - detenção, de 3 (três) meses a 2 (dois) anos, e multa.
Parágrafo único. *As penas são aumentadas de um terço até a metade se da modificação ou alteração resulta dano para a Administração Pública ou para o administrado.*

Consiste em punir a conduta do funcionário público que modifica ou altera, sem autorização, os sistemas de informações da Administração Pública.

Classificação

São considerados crimes próprios, pois exigem a qualidade de funcionário público para sua Classificação.

A conduta é sempre dolosa (modificar, alterar). NÃO existe, no entanto, a possibilidade da forma culposa.

É um crime comissivo, por conseguinte pode incorrer em omissão imprópria, quando o agente, como garantidor, podendo evitar, nada faz para que o crime não seja consumado (Art. 13, §2º, CP).

Sujeitos do Crime

Sujeito Ativo: o funcionário público (crime próprio), não exige a qualidade de ser funcionário autorizado, ademais é possível a coautoria e participação do particular que tenha consciência da função pública do agente.

Sujeito Passivo: o Estado e secundariamente o particular, pessoa física ou jurídica, diretamente prejudicada.

Consumação e Tentativa

ADMITE Tentativa

O crime se consuma no momento da efetiva modificação ou alteração do sistema de informação, sendo que, se resultar em dano, é causa de aumento de pena conforme parágrafo único desse artigo.

Descrição

Para configuração do crime em tela é necessário que a modificação ou alteração ocorra sem autorização, pois tal conduta resume-se ao dolo do agente, à vontade livre de provocar as modificações.

Os crimes previstos nos Arts. 313-A e 313-B, ambos do CP, são conhecidos como peculato eletrônico.

Extravio, Sonegação ou Inutilização de Livro ou Documento

Art. 314. *Extraviar livro oficial ou qualquer documento, de que tem a guarda em razão do cargo; sonegá-lo ou inutilizá-lo, total ou parcialmente:*

Pena - reclusão, de um a quatro anos, se o fato não constitui crime mais grave.

Para configuração deste crime, é indispensável que o funcionário público tenha a posse do livro ou documento em razão do cargo que ocupa. É considerado como sendo um **crime subsidiário**, pois comumente sendo aplicado, caso o resultado não constitua crime mais grave.

Classificação

É considerado crime próprio, pois exige a qualidade de funcionário público para sua Classificação.

A conduta é sempre dolosa (extravio, inutilização, sonegação). Não existe, no entanto, a possibilidade da forma culposa.

É um crime comissivo, por conseguinte, pode incorrer em omissão imprópria, quando o agente, como garantidor, podendo evitar, nada faz para que o crime não seja consumado (Art. 13, §2º, CP).

Sujeitos do Crime

Sujeito Ativo: somente funcionário público (crime próprio), ademais é possível a coautoria e participação do particular que tenha consciência da função pública do agente.

Sendo o sujeito ativo servidor em exercício junto a repartição fiscal ou tributária, o extravio de livre oficial, processo fiscal, ou qualquer documento por ele causado, configura crime especial previsto no Art. 3º, I, da Lei nº 8.137/90.

Sujeito Passivo: o Estado e, por conseguinte, o particular, pessoa física ou jurídica prejudicada.

Consumação e Tentativa

ADMITE Tentativa

O crime se consuma no momento do efetivo extravio ou inutilização, mesmo que seja de forma parcial, bem como, com a sonegação.

Descrição

Por ser um crime subsidiário, há depender do resultado naturalístico que ocasionar, o crime será absorvido de acordo com sua especificidade (princípio da consunção), conforme em alguns dos casos exposto abaixo.

> Quando há o dolo específico de agir, responde pelo Art. 305 do CP.

> Caso o funcionário não seja o responsável pela guarda do livro ou do documento, responderá pelo Art. 337 do CP.

> Se praticado por advogado ou procurador, responderá pelo Art. 356 do CP.

O crime tipificado no Art. 314, além de ser próprio, é subsidiário em relação ao delito previsto no Art. 305, que exige dolo específico. Veja as diferenças:

	Art. 305. Supressão de documento público.	Art. 314. Extravio, sonegação ou inutilização de livro ou documento.
Objetividade Jurídica	Crime contra a fé pública.	Crime contra a administração pública.
Sujeito Ativo	Qualquer pessoa (crime comum).	Funcionário público (crime próprio).
Conduta	Destruir, suprimir ou ocultar documento público ou particular verdadeiro.	Extraviar, sonegar ou inutilizar livro oficial ou qualquer documento de que tem guarda em razão do cargo.
Tipo Subjetivo	Há finalidade específica de tirar proveito próprio ou de outrem, ou visando causar prejuízo alheio.	Não se exige qualquer finalidade específica.
Pena	Reclusão, de 2 a 6 anos, e multa, se o documento é público, e reclusão, de 1 a 5 anos, e multa, se o documento é particular.	Reclusão de 1 a 4 anos, se o fato não constitui crime mais grave.

Emprego Irregular de Verbas ou Rendas Públicas

Art. 315. Dar às verbas ou rendas públicas aplicação diversa da estabelecida em lei:
Pena - detenção, de um a três meses, ou multa.

Este tipo penal visa penalizar o administrador público que destina a verba pública para projetos, despesas ou gastos que não foram previstos no Orçamento Público, ou então, que não foram autorizados pela Lei Orçamentária Anual.

Classificação

São considerados crimes próprios, pois exigem a qualidade específica do funcionário público dotado de competência para utilizar e destinar as verbas públicas.

A conduta é sempre dolosa (destinar a verba para outra situação a qual não era prevista). Não existe possibilidade para modalidade culposa.

É um crime comissivo, por conseguinte, pode incorrer em omissão imprópria, quando o agente, como garantidor, podendo evitar, nada faz para que o crime não seja consumado (Art. 13, §2º, CP).

Sujeitos do Crime

Sujeito Ativo: é crime próprio, pois o sujeito ativo será somente aquele funcionário público que tenha o poder de administração de verbas ou rendas pública (Ex.: Presidente da República, Ministros, Governadores etc.), ademais, é possível a coautoria e participação do particular que tenha consciência da função pública do agente.

Tratando-se de Prefeito Municipal, há crime próprio, prevalecendo pelo principio da especialidade o disposto no Art. 1º, III, do Decreto-Lei nº 201/67.

Sujeito Passivo: o Estado e secundariamente o particular, pessoa física ou jurídica, diretamente prejudicada.

Consumação e Tentativa

ADMITE Tentativa

O crime se consuma no momento da efetiva destinação ou aplicação das verbas ou rendas públicas.

A simples destinação, sem posterior aplicação, constitui tentativa, gerando perigo para a regularidade administrativa.

Descrição

Caso o agente público seja o Presidente da República, ele responderá pela lei de improbidade administrativa, Art. 11, Lei nº 1.079/50. Por conseguinte, sendo prefeito, responderá pelo Art. 1º, III, do Decreto-Lei nº 201/67.

Entendimento STF

Segundo o STF

RT 617/396. Se o orçamento for aprovado por decreto do próprio Poder Executivo, e não por lei, não há o que se falar neste crime.

RT 883/462. Para que caracterize esse crime, é necessário que a lei que destina as verbas ou rendas públicas, seja em sentido formal e material.

Concussão

Art. 316. *Exigir, para si ou para outrem, direta ou indiretamente, ainda que fora da função ou antes de assumi-la, mas em razão dela, vantagem indevida:*

Pena - *reclusão, de 2 (dois) a 12 (doze) anos, e multa. (Redação dada pela Lei nº 13.964, de 2019)* - **ANTICRIME**

§ 1º. *Se o funcionário exige tributo ou contribuição social que sabe ou deveria saber indevido, ou, quando devido, emprega na cobrança meio vexatório ou gravoso, que a lei não autoriza:*

Pena - *reclusão, de três a oito anos, e multa.*

§ 2º. *Se o funcionário desvia, em proveito próprio ou de outrem, o que recebeu indevidamente para recolher aos cofres públicos:*

Pena - *reclusão, de dois a doze anos, e multa.*

No crime de concussão, o funcionário público exige uma vantagem indevida e a vítima, temendo represálias, cede a essa exigência.

Trata-se de uma forma especial de extorsão, executada por funcionário público.

Classificação

São considerados crimes próprios, pois exigem uma qualidade específica, ser funcionário público.

A conduta é sempre dolosa (**exigir**). Não existe possibilidade para modalidade culposa.

É um crime comissivo, por conseguinte pode incorrer em omissão imprópria, quando o agente, como garantidor, podendo evitar, nada faz para que o crime não seja consumado (Art. 13, §2º, do CP).

Sujeitos do Crime

Sujeito ativo: somente funcionário público (crime próprio), ademais, é possível a coautoria e participação do particular que tenha consciência da função pública do agente.

Sujeito passivo: o Estado e, por conseguinte, o particular, pessoa física ou jurídica prejudicada.

Consumação e Tentativa

ADMITE Tentativa

O crime é formal, sendo assim, está consumado no momento da exigência.

Descrição

> É atípica a conduta do particular (vítima) que efetivamente entregou o dinheiro exigido pelo funcionário público, pois ele agiu assim por medo de represálias.

Sendo um crime formal, e a consumação ocorrendo com a mera exigência da vantagem indevida. Pouco importa se o funcionário público recebe ou não. Porém, caso receba, haverá o exaurimento do crime.

Vantagem Devida

Se a vantagem for devida, o agente funcionário público responderá pelo crime de abuso de autoridade, Lei nº 4.898/65.

Caso a vantagem seja **para a própria Administração Pública**, poderá haver o crime de excesso de exação (Art. 316, §1º, CP).

Mesmo que seja funcionário público, mas que não tenha a competência para a prática do mal prometido, não responde por este crime, mas por extorsão.

> O particular que se disfarça de policial e exige dinheiro (vantagem indevida) para não efetuar a prisão de alguém, responderá pelo crime de extorsão (Art. 158, CP).

No crime de concussão, o agente exige a vantagem indevida. Ademais, no crime de corrupção passiva, Art. 317 do CP, O agente solicita, recebe ou aceita promessa de vantagem indevida.

Excesso de Exação

Art. 316, §1º. *Se o funcionário exige tributo ou contribuição social que sabe ou deveria saber indevido, ou, quando devido, emprega na cobrança meio vexatório ou gravoso, que a lei não autoriza:*

Pena - *reclusão, de três a oito anos, e multa.*

Art. 316, §2º. *Se o funcionário desvia, em proveito próprio ou de outrem, o que recebeu indevidamente para recolher aos cofres públicos:*

Pena - *reclusão, de dois a doze anos, e multa.*

Trata-se da cobrança integral e pontual de tributos, em que o funcionário público exige ilegalmente tributo ou contribuição social em benefício da Administração Pública.

Classificação

São considerados crimes próprios, pois exige uma qualidade específica, ser funcionário público.

A conduta é sempre dolosa (**exigir tributo ou contribuição social ou desviar o recebimento indevido**). NÃO existe possibilidade para modalidade culposa.

É um crime comissivo, por conseguinte, pode incorrer em omissão imprópria, quando o agente, como garantidor, podendo evitar, nada faz para que o crime não seja consumado (Art. 13, §2º, CP).

NOÇÕES DE DIREITO PENAL

DOS CRIMES CONTRA ADMINISTRAÇÃO PÚBLICA

Sujeitos do Crime

Sujeito Ativo: somente funcionário público (crime próprio), ademais, é possível a coautoria e participação do particular que tenha consciência da função pública do agente.

Sujeito Passivo: o Estado e, por conseguinte, o particular, pessoa física ou jurídica prejudicada.

Consumação e Tentativa

ADMITE Tentativa

O §1º diz que o crime é formal, sendo assim, está consumado no momento da exigência do tributo ou contribuição social por meio vexatório e gravoso, mesmo que a vítima não realize o pagamento.

O § 2º refere-se ao crime material, sendo consumado no momento que ocorre o desvio em proveito próprio ou de outrem, tendo recebido indevidamente.

Descrição

§ 1º do Excesso de Exação

Exigir um tributo ou contribuição social que **sabe ou deveria saber indevido**.

Ex.: Tributo que já foi pago pelo contribuinte; ou a quantia cobrada é superior à fixada em lei.

Exigir um tributo ou contribuição social devido, porém **empregando meio vexatório ou gravoso, que a lei não autoriza**.

Ex.: Meio vexatório: humilhar, causar vergonha ou constrangimento na vítima. Meio gravoso: causar maiores despesas ao contribuinte.

§ 2º da Qualificadora

O **desvio** do tributo ou contribuição social **indevido** ocorre antes de sua incorporação aos cofres públicos, pois, caso ocorra depois, o funcionário público responderá pelo crime de peculato desvio (Art. 312, *caput*, 2ª parte do CP).

Tributos

De acordo com o STF, existem cinco espécies de tributos: **impostos, taxas, contribuições de melhoria, empréstimos compulsórios e contribuições sociais**.

Segundo o STJ, **a custa e emolumentos concernentes aos serviços notariais e registrais possuem natureza tributária**, qualificando-se como taxas remuneratórias de serviços públicos. Desse modo, comete o crime de excesso de exação aquele que exige custas ou emolumentos que sabe ou deveria saber indevido.

Prevalece que a expressão deveria saber configura dolo eventual, entretanto há doutrina no sentido de que se trata de modalidade culposa do tipo.

Corrupção Passiva

> **Art. 317.** Solicitar ou receber, para si ou para outrem, direta ou indiretamente, ainda que fora da função ou antes de assumi-la, mas em razão dela, vantagem indevida, ou aceitar promessa de tal vantagem:
> **Pena** - reclusão, de 2 (dois) a 12 (doze) anos, e multa.
> **§ 1º.** A pena é aumentada de um terço, se, em consequência da vantagem ou promessa, o funcionário retarda ou deixa de praticar qualquer ato de ofício ou o pratica infringindo dever funcional.
> **§ 2º.** Se o funcionário pratica, deixa de praticar ou retarda ato de ofício, com infração de dever funcional, cedendo a pedido ou influência de outrem:
> **Pena** - detenção, de três meses a um ano, ou multa.

Apesar de possuir certas semelhanças com o delito de concussão, nesse delito podemos dizer que é menos constrangedor para a vítima, pois não há a coação moral da exigência, a honra da imagem do emprego vexatório, ocorre simplesmente a solicitação, o recebimento ou a simples promessa de recebimento.

Classificação

São considerados crimes próprios, pois exigem uma qualidade específica, ser funcionário público.

A conduta é sempre dolosa (**solicita, recebe ou aceita promessa**). Não existe possibilidade para modalidade culposa.

É um crime comissivo, por conseguinte, pode incorrer em omissão imprópria, quando o agente, como garantidor, podendo evitar, nada faz para que o crime não seja consumado (Art. 13, §2º, do CP).

Sujeitos do Crime

Sujeito Ativo: é o funcionário público no exercício da função, aquele fora da função, mas em razão dela, ou o particular que está na iminência de assumir, e atue criminosamente em razão dela. Pode ter a participação do particular que tenha consciência da função pública do agente.

Sujeito Passivo: o Estado e, por conseguinte, o particular, pessoa física ou jurídica prejudicada.

O particular só será vítima se a corrupção partir do funcionário corrupto.

Consumação e Tentativa

Admite tentativa somente na modalidade solicitar, quando formulada por meio escrito (carta interceptada).

O crime é formal, sendo assim, nesse delito, existem três momentos em que o crime pode se consumar. No momento da **solicitação**, no momento do **recebimento**, ou então no instante em que o agente aceita a **promessa** de **recebimento**, independe do efetivo pagamento ou recebimento para o crime estar consumado, caso ocorra, será mero exaurimento do crime.

Descrição

Solicitar: a conduta parte do funcionário público que pede a vantagem indevida. Nesta situação, o funcionário público responde por corrupção passiva e **o particular, caso entregue a vantagem indevida, não responderá por crime algum (fato atípico)**.

Receber: a conduta parte do particular que oferece a vantagem indevida e o funcionário público recebe. Nesta situação, o funcionário público responde por corrupção passiva e o particular por corrupção ativa.

Aceitar promessa de tal vantagem: a conduta parte do particular que promete vantagem indevida ao funcionário público e este aceita a promessa. Nesta situação, o funcionário público responde por corrupção passiva e o particular por corrupção ativa. OBS.: não é necessário que o funcionário público efetivamente receba a vantagem prometida, pois o crime estará consumado com a mera aceitação de promessa.

Espécies de Corrupção Passiva

Corrupção Passiva Própria	Corrupção Passiva Imprópria
O funcionário público negocia um ato ILÍCITO. **Ex.:** PRF solicita R$ 100,00 para não multar motorista sem carteira de habilitação.	O funcionário público negocia um ato LÍCITO. **Ex.:** Juiz de Direito recebe dinheiro de autor de ação judicial para agilizar os trâmites do processo.

Mesmo que a propina seja para a prática de ato LEGAL, ocorrerá o crime em estudo.

Ex.: Comerciantes dão dinheiro para que policiais militares realizem rondas diárias no bairro onde os comerciantes trabalham. É crime, pois os servidores públicos já são remunerados pelo Estado para realizarem estas atividades.

Promessa
Vantagem Indevida

Particular que oferece ou promete vantagem indevida: O particular que oferece ou promete vantagem indevida ao funcionário público, responde pelo crime de corrupção ativa, Art. 333, do CP.

Exceção à teoria unitária ou monista no concurso de pessoas:
Art. 29, CP. Quem, de qualquer modo, concorre para o crime incide nas penas a este cominadas, na medida de sua culpabilidade.

Portanto, a regra é que todos aqueles que concorrem para a prática de um crime responderão pelo mesmo crime. Como se trata de **exceção**, o funcionário público que recebe ou aceita promessa de vantagem indevida responde por corrupção passiva, Art. 317, enquanto o particular que oferece ou promete vantagem indevida responde por corrupção ativa, Art. 333.

Não configura o crime de corrupção passiva o recebimento, pelo funcionário público, de gratificações usuais de pequeno valor por serviços extraordinários (desde que não se trate de ato contrário à lei), ou pequenas doações ocasionais, geralmente no Natal ou no Ano Novo.

Caso a vantagem recebida seja revertida em favor da própria Administração Pública não haverá o crime de corrupção passiva. Todavia, o funcionário público estará sujeito à prática de ato de improbidade administrativa (Lei nº 8.429/92).

Causa de Aumento de Pena

§ 1º. A pena é aumentada de um terço, se, em consequência da vantagem ou promessa, o funcionário retarda ou deixa de praticar qualquer ato de ofício ou o pratica infringindo dever funcional.

O que seria o exaurimento do crime funciona como causa de aumento de pena para o funcionário público. A pena será aumentada em 1/3.

Se a violação praticada pelo agente público constitui, por si só, um novo crime, haverá concurso formal ou material entre a corrupção e a infração dela resultante. Todavia, nessa hipótese, a corrupção deixa de ser qualificada, pois do contrário incidirá no *bis in idem*, considerando-se o mesmo fato duas vezes em prejuízo do funcionário réu.

Corrupção Passiva Privilegiada

§ 2º. Se o funcionário pratica, deixa de praticar ou retarda ato de ofício, com infração de dever funcional, cedendo a pedido ou influência de outrem:
Pena - detenção, de três meses a um ano, ou multa.

Punem-se, nesse dispositivo, os famigerados favores administrativos.

Nesta hipótese, o particular não oferece ou promete vantagem indevida ao funcionário público. Ele apenas **pede** para que esse DÊ UM JEITINHO de praticar, deixar de praticar ou retardar ato de ofício, com infração de dever funcional.

Ex.: Pedro é abordado numa Blitz e seu veículo está com o IPVA atrasado. Diante disso, ele pede ao policial rodoviário que não aplique a devida multa ou apreenda o veículo. O policial atende ao pedido. Nesta situação, o policial praticou o crime de corrupção passiva privilegiada e Pedro é partícipe deste crime.

O § 2º tem grande incidência em concursos. É o famoso Dar um jeitinho.

Diferenças Importantes

Corrupção Passiva Privilegiada (Art. 317, §2º, CP)	Prevaricação (Art. 319, CP)
Se o funcionário pratica, deixa de praticar ou retarda ato de ofício, com infração de dever funcional, CEDENDO A PEDIDO OU INFLUÊNCIA DE OUTREM.	Retardar ou deixar de praticar, indevidamente, ato de ofício, ou praticá-lo contra disposição expressa de lei, PARA SATISFAZER INTERESSE OU SENTIMENTO PESSOAL. **Obs.:** Não há intervenção alheia nesse crime.

Facilitação de Contrabando ou Descaminho

Art. 318. Facilitar, com infração de dever funcional, a prática de contrabando ou descaminho (Art. 334):
Pena - reclusão, de 3 (três) a 8 (oito) anos, e multa.

Conduta: a conduta criminosa consiste em facilitar, por ação ou omissão, o contrabando ou o descaminho.

Sujeitos do Crime

Sujeito Ativo: é crime próprio, somente o funcionário público incumbido de impedir a prática do contrabando ou descaminho poderá intentá-lo. Caso não ostente essa atribuição funcional, responderá pelo delito de contrabando ou descaminho, na condição de partícipe.

Sujeito Passivo: O Estado.

Exceção à teoria unitária ou monista no concurso de pessoas (Art. 29, CP)

O funcionário público que facilita, com infração de dever funcional, a prática de contrabando ou descaminho, responde

DOS CRIMES CONTRA ADMINISTRAÇÃO PÚBLICA

pelo crime do Art. 318. Já o particular que realiza o contrabando ou descaminho responde pelo crime do elo crime do Art. 334 ou Art. 334 - A.

Conceito

Contrabando: é a importação ou exportação de mercadoria cuja entrada ou saída é proibida no Brasil. Ex.: máquinas caça-níquel, cigarros, quando em desacordo com autorização legal.

Descaminho: a importação ou exportação é permitida, porém o agente frauda o pagamento do tributo devido.

> Se a mercadoria importada ou exportada for arma de fogo, acessório ou munição, sem autorização da autoridade competente, o agente responderá pelo crime previsto no Art. 18 da Lei nº 10.826/03 (Estatuto do Desarmamento). Tráfico internacional de arma de fogo.

Consumação

Ocorre no momento em que o funcionário público efetivamente facilita o contrabando ou descaminho. **É crime formal ou de consumação antecipada**.

Não é necessário que a outra pessoa (autor do crime de contrabando ou descaminho - Art. 334) tenha sucesso em sua empreitada criminosa. Desse modo, mesmo que esta outra pessoa não obtenha êxito na realização do crime do Art. 334, o crime de contrabando e descaminho estará consumado, pois é crime formal.

Tentativa

Admitida somente na forma comissiva (ação). **A forma omissiva não admite o *conatus*.**

Elemento Subjetivo

Dolo. Não se admite a modalidade culposa.

> Súm. 151, STJ. A competência para o processo e julgamento por crime de contrabando e descaminho define-se pela prevenção do Juízo Federal do lugar da apreensão dos bens.

Competência

Os crimes de contrabando e descaminho é da competência da **Justiça Federal**, pois ofende interesse da União (Art. 109, IV, CF/88).

Prevenir e reprimir o contrabando e o descaminho são atribuições da Polícia Federal (Art. 144, §1º, II, CF/88).

Prevaricação

Art. 319. Retardar ou deixar de praticar, indevidamente, ato de ofício, ou praticá-lo contra disposição expressa de lei, para satisfazer interesse ou sentimento pessoal:
Pena - detenção, de três meses a um ano, e multa.

Para que configure o delito de prevaricação, faz-se necessário que a ação ou omissão seja praticada de forma indevida, infrinja o dever funcional do agente público.

Classificação

É considerado crime de mão própria, pois exige uma qualidade específica, ser funcionário público e possuir determinado dever funcional.

Assim, é imprescindível que o funcionário tenha a atribuição para a prática do ato, pois, do contrário, não se pode considerar violação ao dever funcional.

A conduta é sempre dolosa, a qual se divide em três tipos: 1) Retardar indevidamente ato de ofício; 2) Deixar de praticar ato de ofício; 3) Praticar contra disposição expressa em lei.

NÃO admite a forma culposa.

Sujeitos do Crime

Sujeito Ativo: somente funcionário público (crime próprio).
Sujeito Passivo: o Estado e, por conseguinte, o particular, pessoa física ou jurídica prejudicada.

Consumação e Tentativa

Consuma-se o crime com o retardamento, a omissão ou a prática do ato, sendo dispensável a satisfação do interesse visado pelo servidor.

A tentativa não é admitida nas condutas retardar deixar de praticar, pois é crime omissivo próprio ou puro. Já a conduta praticá-lo contra disposição expressa de lei admite a tentativa por ser crime comissivo, ou seja, que exige uma ação.

É um crime formal. Para a consumação basta a intenção do funcionário público de satisfazer interesse ou sentimento pessoal, mesmo que não consiga êxito na concretização deste resultado.

Descrição

Crime de ação múltipla ou de conteúdo variado: Retardar, deixar de praticar ou praticá-lo. A realização de mais de um destes verbos, no mesmo contexto fático, caracteriza crime único. Todavia, tal fato será levado em conta pelo juiz no momento de fixação da pena-base (Art. 59 do CP).

Considerações

Retardar (atrasar / adiar): o funcionário público não realiza o ato de ofício dentro do prazo legal. Deixar de praticar (abster-se de praticar): não praticar o ato de ofício.

+

Indevidamente: (injustificavelmente / ilegalmente)

=

Prevaricação

Nessas duas hipóteses a prevaricação é crime omissivo próprio ou puro (condutas omissivas). Não admite tentativa (*conatus*).

NÃO há crime quando o funcionário público deixa de agir em razão de caso fortuito ou força maior.

Ex.: A falta de efetivo (pessoal) na repartição, incêndio, inundação etc.

Praticar (realizar um ato)
+
Contra Disposição Expressa de Lei
=
Prevaricação

Nesta hipótese a prevaricação é crime comissivo. Admite tentativa (*conatus*).

> No caso concreto, se ausente o interesse de satisfazer interesse ou sentimento pessoal e o funcionário público receber uma ordem que deveria cumprir e não cumpri-la, não estará configurado o crime de prevaricação. Todavia, poderá caracterizar ato de improbidade administrativa (Art. 11, II, Lei n° 8.429/92).

Pessoalidade

Interesse Pessoal: é qualquer vantagem ou proveito de caráter moral ou patrimonial. Caso o funcionário público exija ou receba uma vantagem indevida a pretexto de praticar, retardar ou omitir a prática de um ato de ofício, o crime será de concussão (Art. 316 do CP) ou corrupção passiva (Art. 317 do CP).

Sentimento Pessoal: vingança, ódio, amizade, inimizade, inveja, amor.

Ex.: Promotor de Justiça solicita o arquivamento de inquérito policial o qual investiga crime que supostamente foi praticado por seu amigo de infância.

A desídia (preguiça), negligência ou comodismo (sem o fim de satisfazer interesse ou sentimento pessoal): não há crime de prevaricação. Todavia, o funcionário público poderá incorrer em ato de improbidade administrativa.

Diferenças Importantes

Prevaricação (Art. 319, CP)	Condescendência Criminosa (Art. 320, CP)
Retardar ou DEIXAR de PRATICAR, indevidamente, ATO DE OFÍCIO, ou praticá-lo contra disposição expressa de lei, para SATISFAZER INTERESSE OU SENTIMENTO PESSOA.	DEIXAR o funcionário, POR INDULGÊNCIA, DE RESPONSABILIDADE subordinado que cometeu infração no exercício do cargo ou, quando lhe falte competência, não levar o fato ao conhecimento da autoridade competente.

Prevaricação Imprópria

Art. 319-A. *Deixar o Diretor de Penitenciária e/ou agente público de cumprir seu dever de vedar ao preso o acesso a aparelho telefônico, de rádio ou similar, que permita a comunicação com outros presos ou com o ambiente externo:*
Pena - *detenção, de 3 (três) meses a 1 (um) ano.*

Esse crime foi introduzido pela Lei nº 11.466/07 e recebe várias denominações por parte da doutrina, prevaricação imprópria, prevaricação em presídios, omissão do dever de vedar ao preso o acesso a aparelhos de comunicação. Todas essas classificações são aceitáveis, haja vista o legislador não conferir, na elaboração do tipo, o *nomem iuris* da conduta, deixando para que a doutrina o fizesse.

Classificação

É um crime doloso, não exigindo qualquer fim específico da conduta. Não é admitida a culpa.

É um crime simples, pois ofende um único bem jurídico e é um crime próprio, ou seja, podendo ser cometido somente por agente público que tenha o dever funcional de impedir a entrada de aparelhos de comunicação ou Diretor de Penitenciária.

Sujeitos do Crime

Sujeito Ativo: por ser um crime próprio, pode ser cometido por agente público que deve ser interpretado de forma restrita, pois o agente deve ser incumbido de evitar a conduta descrita no tipo, para exemplificar podemos citar os agentes penitenciários, carcereiros e até mesmo pelos policiais responsáveis pela escolta.

O preso que for encontrado na posse de aparelho de comunicação não comete este crime, contudo incide em falta grave. Já o particular que fornece o aparelho para o preso comete o crime do Art. 349-A do CP.

Consumação e Tentativa

Por ser um crime formal, dá-se a consumação no momento em que o agente público ou Diretor de Penitenciária não faz nada para impedir a entrada de aparelho de comunicação ao preso, contudo devendo saber que tal situação é ilícita. É dispensável o efetivo acesso do preso ao aparelho de comunicação.

Não é possível a tentativa, haja vista ser este um crime omissivo próprio.

Descrição do Crime

A finalidade deste crime é impedir que o preso tenha acesso a qualquer tipo de aparelho de comunicação que possa se comunicar com qualquer pessoa (familiares, advogados, outros presos).

Os aparelhos eletrônicos podem ser, telefones (fixos ou móveis) *walkie-talkies* ou até mesmo uma *webcam*.

O fato é atípico quando o aparelho não tem nenhuma capacidade de comunicação ou, de qualquer forma, impossibilitado de funcionar. O mesmo acontece para cópias falsas de aparelhos.

Telefones celulares sem crédito tipificam a conduta, pois se verifica a possibilidade da obtenção de créditos de formas ilícitas, por exemplo, extorsões baseadas em falsos sequestros. Caracteriza-se a conduta, até mesmo quando o aparelho não tiver bateria, visto que existem meios alternativos para a sua ativação.

Condescendência Criminosa

Art. 320. *Deixar o funcionário, por indulgência, de responsabilizar subordinado que cometeu infração no exercício do cargo ou, quando lhe falte competência, não levar o fato ao conhecimento da autoridade competente:*
Pena - *detenção, de quinze dias a um mês, ou multa.*

Esse tipo penal tem por objetivo punir o superior hierárquico que por indulgência (clemência) deixa de punir seu subordinado, bem como aquele que, sem competência para responsabilização, tendo conhecimento de alguma infração, não leva a informação aquém de competência para punir o agente público.

Tem como base o poder disciplinar da Administração Pública.

NOÇÕES DE DIREITO PENAL

DOS CRIMES CONTRA ADMINISTRAÇÃO PÚBLICA

Classificação

É considerado um crime próprio: omissivo próprio: sendo que ato está na inação (deixar de agir).

O dolo está na conduta de se OMITIR, sendo assim, não admite a forma culposa.

Sujeitos do Crime

Sujeito Ativo: somente funcionário público hierarquicamente superior ao servidor infrator.

Sujeito Passivo: o Estado e, por conseguinte, o particular, pessoa física ou jurídica prejudicada.

Consumação e Tentativa

NÃO Admite Tentativa

É um crime formal e omissivo próprio ou PURO. Consuma-se no momento em que o funcionário superior, depois de tomar conhecimento da infração, suplanta prazo legalmente previsto para a tomada de providências contra o subordinado infrator.

Descrição do Crime

O **crime** ocorre com a mera omissão do funcionário público que, ao tomar conhecimento da infração (administrativa ou penal) cometida pelo subordinado no exercício do cargo, deixa de tomar qualquer providência para responsabilizá-lo, ou, quando lhe faltar competência para tanto, não levar o fato ao conhecimento da autoridade competente. Não necessita da efetiva impunidade do infrator.

O fato será atípico quando o superior hierárquico, por negligência, não tomar conhecimento da infração cometida pelo funcionário público subalterno no exercício do cargo.

> Se o funcionário público superior hierárquico se omite para atender sentimento ou interesse pessoal, responderá pelo crime de prevaricação.
>
> Se o superior hierárquico se omite com o objetivo de receber alguma vantagem indevida do funcionário público infrator, responderá pelo crime de corrupção passiva (Art. 317 do CP).
>
> Não configura o crime em tela, eventuais irregularidades praticadas pelo subordinado "extra officio" (fora do cargo) e toleradas pelo superior hierárquico.

Nexo Funcional

Deve haver o nexo funcional, ou seja, a infração deve ter sido praticada no exercício do cargo público ocupado pelo funcionário público.

Ex.: Policial civil pratica peculato e o Delegado, após tomar conhecimento do caso, por indulgência (tolerância) nada faz.

Indulgência: é sinônimo de tolerância, perdão, clemência.

Advocacia Administrativa

Art. 321. Patrocinar, direta ou indiretamente, interesse privado perante a administração pública, valendo-se da qualidade de funcionário:

Pena - detenção, de um a três meses, ou multa.
Parágrafo único. Se o interesse é ilegítimo:
Pena - detenção, de três meses a um ano, além da multa.

Esse delito visa tipificar a conduta do agente que tem por objetivo defender, apadrinhar, advogar, interesse alheio perante a Administração Pública.

Classificação

É considerado crime próprio, pois exige uma qualidade específica, ser funcionário público.

A conduta é sempre dolosa, que pode ser praticada pela ação ou omissão. Não existe possibilidade para modalidade culposa.

É um crime comissivo, por conseguinte pode incorrer em omissão imprópria, quando o agente, como garantidor, podendo evitar, nada faz para que o crime não seja consumado (Art. 13, §2º, CP).

Sujeitos do Crime

Sujeito Ativo: somente funcionário público (crime próprio). Não necessariamente advogado, como diversas questões afirmam.

Admite-se o concurso de terceiro não qualificado, na modalidade de coautoria ou participação, desde que conhecedor da condição funcional do agente público.

Sujeito Passivo: o Estado e, por conseguinte, o particular, pessoa física ou jurídica prejudicada.

Consumação e Tentativa

ADMITE Tentativa

Consuma-se com a prática de ato revelador do patrocínio, que ofenda a moralidade administrativa, independente de obtenção de vantagem.

Descrição do Crime

Utilizando da qualidade de funcionário, o agente público defende interesse alheio de forma direta: pelo próprio funcionário, ou então, de forma indireta: participação de uma terceira pessoa.

Necessidade de Patrocínio

A advocacia administrativa exige mais do que um mero ato de encaminhamento ou protocolado de papéis. É necessário que se verifique o efetivo patrocínio de uma causa, complexa ou não, perante a administração.

Figura Qualificadora

Parágrafo único. Se o interesse é ilegítimo:

Para ensejar na qualificadora, o agente que pratica o ato de patrocínio deve ter conhecimento de que o pleito é ilegítimo.

Responsabilidade

Caso o patrocínio seja referente à instauração de processo licitatório ou a celebração de contrato junto à Administração Pública, cuja invalidação seja decretada pelo Judiciário, o agente responderá pelo Art. 91 da Lei nº 8.666/90.

Violência Arbitrária

Art. 322. Praticar violência, no exercício de função ou a pretexto de exercê-la:

Pena - *detenção, de seis meses a três anos, além da pena correspondente à violência.*

Esse delito tem por objetivo tipificar a conduta do agente público que atua com violência no exercício da sua função ou a pretexto dela.

Grande parte da doutrina entende que o presente artigo foi revogado tacitamente pela Lei nº 4.898/65 (Lei de abuso de autoridade). Entretanto, há decisões de Tribunais Superiores reconhecendo a vigência do artigo em comento.

Classificação

A conduta é sempre dolosa: que pode ser praticada pela ação ou omissão. Não existe possibilidade para modalidade culposa.

É um crime comissivo, por conseguinte, pode incorrer em omissão imprópria, quando o agente, como garantidor, podendo evitar, nada faz para que o crime não seja consumado (Art. 13, §2º, CP).

Sujeitos do Crime

Sujeito Ativo: somente funcionário público (crime próprio), não exige a qualidade específica de ser um policial, ademais, é possível a coautoria e participação do particular que tenha consciência da função publica do agente.

Sujeito Passivo: o Estado e, por conseguinte, o particular, pessoa física ou jurídica prejudicada.

Consumação e Tentativa

ADMITE Tentativa

Consuma-se no momento da prática do ato de violência (ação), com a lesão provocada.

Descrição do Crime

Conforme já mencionado, não é condição necessária que para incidir em violência arbitrária ou abuso de autoridade a condição específica de policial.

Ex.: Um fiscal sanitário que, no gozo de suas atribuições, ao encontrar uma bandeja de iogurte vencida, decide por lacrar o estabelecimento pelo prazo de noventa dias, além da aplicação da multa de R$ 100.000,00. Nessa hipótese, é claro observar que o agente abusou da atribuição do seu cargo prejudicando um particular. Pois, sua decisão, não foi proporcional ao agravo.

Figura Qualificadora Especial

Caso o agente seja ocupante de cargo em comissão, função de direção ou assessoramento, Art. 327,§2º, CP.

O simples emprego de intimidação moral, formada por ameaças, não é suficiente para caracterizar o crime desse artigo.

A pena do crime de violência arbitrária será somada à pena correspondente à violência.

Abandono de Função

Art. 323. *Abandonar cargo público, fora dos casos permitidos em lei:*
Pena - *detenção, de quinze dias a um mês, ou multa.*
§ 1º. Se do fato resulta prejuízo público:
Pena - *detenção, de três meses a um ano, e multa.*
§ 2º. Se o fato ocorre em lugar compreendido na faixa de fronteira:
Pena - *detenção, de um a três anos, e multa.*

Tutela-se o regular desenvolvimento das atividades administrativas, punindo-se a interrupção do trabalho do servidor público que abandona suas atividades, fora dos casos permitidos em lei.

Classificação

Trata-se de um crime de mão própria, ou seja, que só pode ser cometido pelo próprio agente.

É um crime omissivo próprio, cometido por um funcionário específico, no momento em que não cumpre com suas funções.

Pune-se somente na modalidade dolosa.

Sujeitos do Crime

Sujeito Ativo: embora o dispositivo diga abandono de função, entende a doutrina que somente o funcionário ocupante de cargo público pode cometer o crime, logo não prevalece a regra do Art. 327, CP.

Sujeito Passivo: A Administração Pública.

Consumação e Tentativa

NÃO Admite Tentativa

É consumado após um tempo relevante, sendo previsto uma probabilidade de dano à Administração, porém sem necessidade que esse realmente ocorra para a efetiva consumação do crime.

Há doutrinadores que dizem que só haverá o crime de abandono após 31 dias ou mais de ausência injustificada no trabalho.

Descrição do Crime

Forma Qualificada pelo Prejuízo

§ 1º. Se do fato resulta prejuízo público:
Pena - *detenção, de três meses a um ano, e multa.*

Nessa hipótese, compreende duas espécies de prejuízo, sendo o prejuízo social ou coleto, bem como aquele que afeta os serviços públicos e o interesse da coletividade.

Forma Qualificada Pelo Lugar de Fronteira

§ 2º. Se o fato ocorre em lugar compreendido na faixa de fronteira:
Pena - *detenção, de um a três anos, e multa.*

Considera-se fronteira a faixa situada até 150 Km de largura, ao longo das fronteiras terrestres.

Exercício Funcional Ilegalmente Antecipado ou Prolongado

Art. 324. *Entrar, no exercício de função pública antes de satisfeitas as exigências legais, ou continuar a exercê-la, sem autorização, depois de saber oficialmente que foi exonerado, removido, substituído ou suspenso:*
Pena - *detenção, de quinze dias a um mês, ou multa.*

O exercício ilegal de função pública afeta toda uma estrutura organizacional da Administração Pública, influindo diretamente na prestação de serviço público e no seu normal funcionamento. O referido crime tem por finalidade punir quem entra, exerce ou continua no serviço público de forma ilegal. É um crime de ação penal pública incondicionada.

NOÇÕES DE DIREITO PENAL

DOS CRIMES CONTRA ADMINISTRAÇÃO PÚBLICA

Classificação

É um crime simples, de mão própria e formal.

É um crime doloso, não existindo a modalidade culposa.

Sujeitos do Crime

Sujeito Ativo: é o funcionário público já nomeado que ainda não cumpriu todas as exigências para entrar no cargo ou que deixou de ser funcionário por ter sido exonerado, suspenso, removido etc.

Se for pessoa inteiramente alheia à função pública, o crime é o previsto no Art. 328 do CP.

Sujeito Passivo: é o Estado.

Consumação e Tentativa

Por ser um crime formal, o delito se consuma com o primeiro ato realizado pelo funcionário público em alguma das condições do tipo penal, não necessitando que a Administração Pública sofra um efetivo dano ou prejuízo. A tentativa é possível, haja vista o caráter plurissubsistente do crime.

Descrição do Crime

A primeira parte do *caput* versa uma norma penal em branco homogênea, pois necessita de complementação por legislação específica para saber quais são as exigências legais.

A segunda parte do *caput* descreve um elemento normativo específico, sendo necessário que o agente tenha o efetivo conhecimento de sua situação perante a Administração Pública.

Aquele que ingressa no exercício da função pública, antes de apresentar sua declaração de bens, incide no crime em tela se praticar algum ato inerente ao cargo.

Violação de Sigilo Funcional

Art. 325. *Revelar fato de que tem ciência em razão do cargo e que deva permanecer em segredo, ou facilitar-lhe a revelação:*
Pena - *detenção de seis meses a dois anos, ou multa, se o fato não constitui crime mais grave.*
§1º. *Nas mesmas penas deste artigo incorre quem:*
  I. Permite ou facilita, mediante atribuição, fornecimento e empréstimo de senha ou qualquer outra forma, o acesso de pessoas não autorizadas a sistemas de informações ou banco de dados da Administração Pública;
  II. Se utiliza, indevidamente, do acesso restrito.
§2º. *Se da ação ou omissão resulta dano á Administração Pública ou a outrem:*
Pena - *reclusão, de dois a seis anos, e multa.*

Certos assuntos da Administração Pública possuem caráter sigiloso e são imprescindíveis à segurança da sociedade e do Estado. Esse artigo tem por finalidade preservar os interesses públicos, privados e coletivos do sigilo das informações necessárias ao normal funcionamento da máquina pública. É um crime de ação penal pública incondicionada.

Classificação

É um crime simples, de mão própria (somente pode ser cometido por funcionário público que tenha o dever de assegurar o sigilo) e formal.

É considerado um crime doloso não tendo especificado em seu tipo penal um especial fim de agir. Não admite a modalidade culposa.

Sujeitos do Crime

Sujeito Ativo: por ser um crime de mão própria, exige-se uma qualidade especial do sujeito ativo do crime, podendo ser tanto o funcionário público em efetivo exercício, quanto o aposentado, afastado ou em disponibilidade, podendo o particular ser partícipe do crime (Art. 325 do CP) se concorreu de qualquer modo com a revelação da informação.

Sujeito Passivo: é o ente público que teve o seu segredo revelado e, eventualmente, o particular lesado pela revelação do segredo.

Consumação e Tentativa

O delito passa a ser consumado no momento em que a informação sigilosa é revelada a terceira pessoa, não exigindo que tal informação seja de conhecimento geral do público.

A tentativa somente é aceita se for uma conduta por escrito e, por circunstâncias alheias à vontade do agente, a carta não chega ao destino.

Descrição do Crime

Figuras Equiparadas do §1º

Inciso I, exemplo: "A", um analista da Receita Federal, revela a senha do banco de dados do cadastro dos contribuintes, para que sua amiga encontre o endereço de seu ex-namorado.

Inciso II, exemplo: "A", analista da Receita Federal, utiliza a senha restrita do banco de dados dos servidores para descobrir informações fiscais de seus colegas de repartição.

Qualificadora §2º

Nessa figura, existe a lesão à Administração Pública ou a algum particular, ou seja, é considerado um crime de dano.

Aplicando-se o princípio da especialidade, a violação de sigilo funcional envolvendo certames de interesse público não caracteriza o crime do Art. 325, mas sim o do Art. 311-A do CP.

Violação de Sigilo de Proposta de Concorrência

Art. 326. *Devassar o sigilo de proposta de concorrência pública, ou proporcionar a terceiro o ensejo de devassá-lo:*
Pena - *detenção, de três meses a um ano, e multa.*

> Revogado tacitamente pelo Art. 94 da Lei nº 8.666/93 (Lei das Licitações).

Funcionário Público

Art. 327. *Considera-se funcionário público, para os efeitos penais, quem, embora transitoriamente ou sem remuneração, exerce cargo, emprego ou função pública.*
§ 1º. *Equipara-se a funcionário público: quem exerce cargo, emprego ou função em entidade paraestatal, e quem trabalha para empresa prestadora de serviço contratada ou conveniada para a execução de atividade típica da Administração Pública.*

§ 2º. *A pena será aumentada da terça parte quando os autores dos crimes previstos neste Capítulo forem ocupantes de cargos em comissão ou de função de direção ou assessoramento de órgão da administração direta, sociedade de economia mista, empresa pública ou fundação instituída pelo poder público.*

São funcionários públicos não só aqueles que desempenham cargos criados por lei, regularmente investidos e nomeados, remunerados pelo cofres públicos, como também os que exercem emprego público (contratados, mensalistas, diaristas, tarefeiros, nomeados a título precário) e, ainda, todos que, de qualquer forma, exercem função pública.

> Para fins penais, considera-se funcionário público aquele que trabalha para uma empresa particular que mantém convênio com o Poder Público, e para este presta serviço.

6.2 Dos Crimes Praticados por Particular contra a Administração em Geral

Usurpação de Função Pública

Art. 328. *Usurpar o exercício de função pública:*
Pena - *detenção, de três meses a dois anos, e multa.*
Parágrafo único. *se do fato o agente aufere vantagem:*
Pena - *reclusão, de dois a cinco anos, e multa.*

Introdução

Esse crime foi criado com o intuito de punir aquele que exerce função pública sem possuir legitimidade para tanto, pois o Estado tem interesse em preservação da função das pessoas realmente investidas ao exercício das funções públicas. É um crime de ação penal pública incondicionada.

Classificação

É um crime simples, comum e formal.

É considerado um crime doloso, não dependendo de nenhuma finalidade. Não é admitida a culpa.

Sujeitos do Crime

Sujeito Ativo: Por ser um crime comum, pode ser praticado por qualquer pessoa, inclusive por funcionário público. **Ex.:** um escrivão que atue exercendo tarefas exclusivas de um Delegado de Polícia.

Sujeito Passivo: Imediatamente é a Administração Pública e secundariamente a pessoa física ou jurídica à qual recaiu a conduta criminosa.

Consumação e Tentativa

Trata-se de crime formal. Consuma-se o delito com a prática de ato exclusivo, que só pode ser praticado por pessoa legalmente investida no ofício usurpado.

A tentativa é plenamente possível. No caso do agente ser impedido de executar ato de ofício por circunstâncias alheias a sua vontade.

Descrição do Crime

A figura qualificada (Art. 328, parágrafo único) se refere a um crime material, visto que o agente aufere vantagem do delito, sendo a vantagem de qualquer natureza.

Resistência

Art. 329. *Opor-se à execução de ato legal, mediante violência ou ameaça a funcionário competente para executá-lo ou a quem lhe esteja prestando auxílio:*
Pena - *detenção, de dois meses a dois anos.*
§ 1º. *Se o ato, em razão da resistência, não se executa:*
Pena - *reclusão, de um a três anos.*
§ 2º. *As penas deste artigo são aplicáveis sem prejuízo das correspondentes à violência.*

Introdução

Esse crime visa proteger a Administração Pública e, também, a atuação do funcionário público na realização de atos legais e a integridade física e moral do particular que lhe presta auxílio. É um crime de ação penal pública incondicionada.

Classificação

É um crime **pluriofensivo** (atinge mais de um bem jurídico), comum e formal.

É um crime doloso e mais a intenção de impedir a execução de ato legal (especial fim de agir). Não se admite a modalidade culposa.

Sujeitos do Crime

Sujeito Ativo: pode ser praticado por qualquer pessoa (crime comum).

O funcionário público pode ser sujeito ativo deste crime nas situações em que age como particular.

O sujeito ativo (autor) pode ser pessoa alheia à execução do ato legal. Ex.: Filho que procura resistir à prisão legítima do pai mediante violência ou grave ameaça.

Sujeito Passivo: primariamente o Estado e, secundariamente, o funcionário público agredido ou ameaçado pela resistência.

> É indispensável que o particular esteja efetivamente acompanhado do funcionário público competente para a execução do ato para que se caracterize o crime de resistência, pois caso o particular esteja sozinho o agente responderá por outro crime (lesão corporal, ameaça, tentativa de homicídio etc.).

Consumação e Tentativa

É crime formal. Não importa se o agente consegue ou não impedir a execução do ato legal, o crime estará consumado.

Em regra admite tentativa, com exceção de ameaça verbal.

Descrição do Crime

Opor-se: impedir a execução do ato legal. O ato legal deve ser específico e concreto, isto é, apto a gerar efeitos imediatos e dirigido a pessoa(s) determinada(s).

NOÇÕES DE DIREITO PENAL

DOS CRIMES CONTRA ADMINISTRAÇÃO PÚBLICA

Espécies de Resistência

Resistência ATIVA: é o crime de resistência do Art. 329, *caput*, do Código Penal.

Resistência PASSIVA: o agente, sem o emprego de violência ou ameaça a funcionário público competente ou a quem lhe presta auxílio, se opõe à execução de ato legal.

Ex.: "A", policial civil, vai cumprir um mandado de prisão preventiva expedido em face de "B", este se agarra a um poste para não ser preso.

Nesta hipótese, (Resistência Passiva) não se configura o crime de Resistência. Todavia, o agente responderá pelo crime de Desobediência (Art. 330, CP).

Violência:

A violência deve ser dirigida contra pessoa, pois se for dirigida contra coisa o agente responderá pelo crime de dano qualificado (Art. 163, parágrafo único, III, CP).

A violência deve ser empregada durante a execução do ato legal, pois se for empregada antes ou depois o agente responderá pelo crime de ameaça (Art. 147, CP) ou lesão corporal (Art. 129, CP).

A violência deve ser empregada para impedir o cumprimento da ordem, se for outra a causa, o crime será outro.

Figura qualificada (Art. 329, §1º, CP): O que seria o exaurimento do crime funciona como uma qualificadora. Nesta hipótese o crime é material.

Legalidade do Ato

Legalidade do Ato: o ato deve ser legal, mesmo que injusto.

Ex.: O juiz decretou a prisão preventiva de "A" pois ele é o principal suspeito de ter estuprado oito mulheres numa pequena cidade do interior. No momento da realização da prisão, "A" agrediu os policiais militares, pois jurava que era inocente. Uma semana após a prisão, "B" o verdadeiro estuprador fez duas novas vítimas e foi preso em flagrante. O juiz mandou soltar "A", mas este responderá pelo crime de resistência, pois o ato, apesar de injusto, era legal.

Desobediência

Art. 330. *Desobedecer a ordem legal de funcionário público:*
Pena - detenção, de quinze dias a seis meses, e multa.

O crime de desobediência, também conhecido como "resistência passiva", apresenta pontos em comum com o crime de resistência (Art. 329 do CP), porém se diferencia pela ausência de violência ou grave ameaça ao funcionário público ou a pessoa que está auxiliando o funcionário. É um crime de ação penal pública incondicionada.

Classificação

É um crime simples, comum e formal.

Dolo. O agente deve ter consciência da legalidade da ordem e da competência do funcionário público, sob pena de atipicidade do fato (o fato não será crime). Não se admite a modalidade culposa.

Pode ser praticado por ação ou por omissão.

Sujeitos do Crime

Sujeito Ativo: qualquer pessoa, desde que vinculada ao cumprimento da ordem legal imposta pela autoridade pública.

Se o agente devia cumprir a ordem, por dever de ofício, tipifica-se, em tese, o delito de prevaricação.

Sujeito Passivo: é o Estado de forma imediata e mediatamente é o funcionário público o qual teve a ordem descumprida injustificadamente.

Consumação e Tentativa

→ **A consumação depende do tipo de ordem:**

Se for uma **omissão** do agente: no momento em que o agente atuar, violando, assim, a ordem de abster-se;

Se for uma **ação** do agente: no momento em que transcorrer o prazo para que o agente realize determinado ato e este não cumpra a ordem dada.

Admite-se a tentativa na modalidade comissiva (ação). Não é cabível na modalidade omissiva.

Conduta

Desobedecer (Recusar cumprimento / Desatender / Descumprir) ordem legal de funcionário público competente para emiti-la. Necessita da presença de dois requisitos:

Existência de uma ordem legal: não se trata de uma mera solicitação ou pedido.

Ordem emanada de funcionário público competente: o funcionário deve possuir competência funcional para emitir a ordem.

Legalidade

Segundo a Jurisprudência, pratica o crime de desobediência o indivíduo que se recusa a identificar-se criminalmente nos casos previstos em lei. Assim, como o indiciado que se recusa a identificar-se civilmente.

Pratica o crime previsto no Art. 307 da Lei nº 9.503/97 (Código de Trânsito Brasileiro), o indivíduo que viola a suspensão ou proibição de se obter a permissão ou a habilitação para dirigir veículo automotor.

Desobediência X Resistência

Desobediência (Art. 330, CP)	Resistência (Art. 329, CP)
Não há emprego de violência ou ameaça.	Há emprego de violência ou ameaça.

Apontamentos

→ Não é crime de desobediência a conduta do agente que se recusa a realizar:
> Teste de bafômetro;
> Exame de sangue (hematológico);
> Exame de DNA;
> Dosagem alcoólica;
> Exame grafotécnico.

Lembre-se de que ninguém é obrigado a produzir prova contra si mesmo, pois trata-se de desdobramento lógico da garantia constitucional ao silêncio.

Desacato

> **Art. 331.** Desacatar funcionário público no exercício da função ou em razão dela:
> **Pena** - detenção, de seis meses a dois anos, ou multa.

Todo funcionário público representa o Estado e age em seu nome a todo o momento em que exerce sua função. O crime de desacato (Art. 332 do CP) foi criado com o intuito de proteger o agente público e o prestígio da função exercida pelo funcionário público. É um crime de ação penal pública incondicionada.

Classificação

Crime de forma livre, admitindo qualquer meio de execução.

Dolo. Vontade livre e consciente de agir com a finalidade de desprestigiar a função pública do ofendido. Não se admite a modalidade culposa.

É um crime formal. Independe, para sua consumação, de um resultado naturalístico.

Sujeitos do Crime

Sujeito Ativo: crime comum (pode ser praticado por qualquer pessoa).

É possível que o funcionário público seja autor do crime de desacato, pois, ao cometer este delito, ele se despe de sua qualidade de funcionário público e passa a atuar como um particular. Nesta situação não importa se o agente é ou não superior hierárquico do funcionário público ofendido.

O advogado pode praticar (ser sujeito ativo) o crime de desacato caso ofenda funcionário público no exercício da função ou em razão dela.

Sujeito Passivo: o Estado, primariamente, e o funcionário público ofendido, secundariamente.

Será vítima somente o funcionário público assim definido no caput do Art. 327 do CP, não abrangendo o equiparado.

> Não há crime de desacato na hipótese em que o ofendido, no momento da conduta, não possui mais a condição de funcionário público (Ex.: aposentado, demitido etc). Todavia, poderá haver crime contra a honra (calúnia/difamação/injúria), pois neste caso há lesão contra um particular e não contra a Administração Pública.

Consumação e Tentativa

É crime Formal. Ocorre no momento em que o funcionário público é ofendido. Não importa se sente ou não ofendido com os atos praticados. Não é necessário que outras pessoas presenciem a ofensa proferida.

Admite-se a tentativa, salvo quando a ofensa é praticada verbalmente.

Descrição do Crime

O autor deste crime deve ter ciência de que o ofendido é funcionário público e se encontra no exercício da função pública ou que a ofensa é proferida em razão dela. Deve ter ainda o propósito de desprestigiar a função pública do funcionário público (especial fim de agir).

Não é necessário que o funcionário público se encontre no interior da repartição pública. Basta que esteja no exercício da função pública.

Ex.: Pedro encontra o Juiz de Direito no supermercado e o chama de corrupto.

Haverá crime único de desacato caso o agente ofenda vários funcionários públicos no mesmo contexto fático, pois o sujeito passivo é a Administração Pública.

Considerações

Não haverá o crime de desacato caso a ofensa diga respeito à vida particular do funcionário público. Todavia, poderá caracterizar crime contra a honra.

Ex.: Afirmar que o Promotor de Justiça foi visto saindo de um prostíbulo.

Vejamos as diferenças entre os crimes de injúria (Art. 140 do CP) e desacato (Art. 331 do CP).

Desacato (Art. 331, CP)	Injúria (Art. 140, CP)
A ofensa é proferida na PRESENÇA do funcionário público.	A ofensa é proferida na AUSÊNCIA do funcionário público.
Crime contra a Administração Pública.	Crime contra a honra.
Ação Penal Pública Incondicionada.	Regra: Ação Penal iniciativa privada.

Tráfico de Influência

> **Art. 332.** Solicitar, exigir, cobrar ou obter, para si ou para outrem, vantagem ou promessa de vantagem, a pretexto de influir em ato praticado por funcionário público no exercício da função:
> **Pena** - reclusão, de 2 (dois) a 5 (cinco) anos, e multa
> **Parágrafo único.** a pena é aumentada da metade, se o agente alega ou insinua que a vantagem é também destinada ao funcionário.

O crime de tráfico de influência foi criado pela Lei nº 9.127/95, porém antes de sua criação, o delito era chamado de exploração de prestígio (Art. 357 do CP), sendo esse um crime contra a Administração da justiça e o tráfico de influência (Art. 332 do CP) contra a Administração Pública. O crime em apreço é de ação penal pública incondicionada.

Classificação

É classificado como crime simples, comum e FORMAL.

É um crime doloso e com um especial fim de agir (vantagem para si ou para outrem). Não é admitida a modalidade culposa.

Sujeitos do Crime

Sujeito Ativo: por ser um crime comum, pode ser praticado por qualquer pessoa.

Sujeito Passivo: de maneira imediata é o Estado e mediatamente, o comprador da influência (pessoa que paga ou promete vantagem), com o fim de obter benefício do funcionário público.

NOÇÕES DE DIREITO PENAL

Consumação e Tentativa

É um crime de consumação antecipada ou formal, caracterizando-se pela realização da conduta descrita no tipo penal, independentemente da obtenção da vantagem. Observação: com o núcleo do tipo "obter", o crime é material, consumando o delito no momento da obtenção da vantagem.

Tentativa é possível em determinados casos, do contrário não será admitida, pois se a conduta for realizada verbalmente não há que se falar em tentativa.

Descrição do Crime

Por haver vários núcleos do tipo (exigir, solicitar, obter, cobrar), o crime de tráfico de influência é classificado como crime de ação múltipla ou de conteúdo variado, respondendo o agente se praticado no mesmo contexto fático, por crime único, mesmo se realizar mais de um núcleo do tipo.

Segundo STJ é dispensável para a caracterização do delito que o agente efetivamente influa em ato praticado por funcionário público, basta que o mesmo alegue ter condições para tanto.

Ex.: "A", dizendo ser amigo de um Delegado de Polícia, sem realmente sê-lo, solicita a "B" que entregue certo valor a pretexto de convencer (influir) o Delegado a não instaurar uma investigação contra o filho de "A".

Influência

Caso a aludida influência seja real, poderá haver outro crime (corrupção).

Causa de Aumento de Pena, Parágrafo Único

Caso o agente, além de toda a fraude empregada, alega que a vantagem também se destina ao funcionário público, será aquele merecedor de pena majorada, visto que o bem jurídico tutelado no tipo é mais gravemente afetado, qual seja, o prestígio da Administração Pública.

Corrupção Ativa

Art. 333. Oferecer ou prometer vantagem indevida a funcionário público, para determiná-lo a praticar, omitir ou retardar ato de ofício:

Pena - reclusão, de 2 (dois) a 12 (doze) anos, e multa.

Parágrafo único. A pena é aumentada de um terço, se, em razão da vantagem ou promessa, o funcionário retarda ou omite ato de ofício, ou o pratica infringindo dever funcional.

O crime de corrupção ativa está tipificado no Art. 333 do Código Penal e faz parte dos crimes cometidos por particular contra a Administração Pública. Isso não quer dizer que não possa ser cometido por funcionário público que, se praticá-lo, estará se despindo de sua função pública e agindo como um particular.

É um crime de ação penal pública incondicionada.

Classificação

É considerado um crime formal, que para sua consumação não se exige um resultado.

Classificado como plurissubsistente, podendo sua conduta ser fracionada em diversos atos.

É um crime doloso, acrescido de um especial fim de agir (determinar o funcionário público a praticar, omitir ou retardar ato de ofício).

Sujeitos do Crime

Sujeito Ativo: crime comum (qualquer pessoa).

Funcionário público também pode ser sujeito ativo deste crime, desde que realize a conduta sem aproveitar-se das facilidades inerentes à sua condição funcional.

Ex.: Pedro, analista judiciário do TRF, oferece dinheiro a um Delegado de Polícia para que este não o prenda em flagrante pela prática do crime de porte ilegal de arma de fogo.

O particular só responderá por corrupção ativa se este oferecer ou prometer vantagem indevida. A simples entrega de vantagem ilícita solicitada por funcionário público não configura crime nestes casos, o particular será vítima secundária de corrupção passiva (Art. 317 do CP).

Sujeito Passivo: o Estado e, secundariamente, a pessoa física ou jurídica prejudicada pela conduta criminosa.

Consumação e Tentativa

É crime formal. Ocorre a consumação com a oferta ou promessa de vantagem indevida ao funcionário público, independentemente da sua aceitação. Ofereceu ou prometeu, o crime já está consumado.

Também não é necessária a prática, omissão ou retardamento do ato de ofício. Desse modo, se o agente oferece ou promete a vantagem indevida ao funcionário público, o crime estará consumado.

A tentativa é possível, salvo quando o crime é praticado verbalmente.

Descrição do Crime

Vantagem Indevida: não precisa ser necessariamente patrimonial/econômica. Pode ter qualquer natureza: patrimonial, sexual, moral etc.

Meios de Execução: o delito de corrupção ativa pode ser praticado de duas formas:

Oferecer vantagem indevida: nesta hipótese, a conduta parte do particular que põe à disposição a vantagem indevida ao funcionário público e este a recebe. Desse modo, o particular praticou o crime de corrupção ativa (Art. 333 do CP) e o funcionário público o crime de corrupção passiva (Art. 317 do CP).

PROMETE vantagem indevida: nesta hipótese, a conduta parte do particular que promete a vantagem indevida ao funcionário público e este a aceita. Desse modo, o particular praticou o crime de corrupção ativa (Art. 333 do CP) e o funcionário público o crime de corrupção passiva (Art. 317 do CP). Não é necessário que o particular efetivamente cumpra sua promessa para que ocorra a consumação do delito, basta a simples promessa.

Não se configura a infração penal quando a oferta ou promessa tem o fim de impedir ou retardar ato ilegal.

Causa de Aumento de Pena

Parágrafo único. A pena é aumentada de um terço, se, em razão da vantagem ou promessa, o funcionário retarda ou omite ato de ofício, ou o pratica infringindo dever funcional.

A corrupção ativa é um crime formal. Desse modo, o que seria o exaurimento do crime (retardar ou omitir ato de ofício, ou o praticar infringindo dever funcional) funciona como uma causa de aumento de pena.

Considerações

O crime de corrupção ativa é uma exceção à Teoria Unitária ou Monista do concurso de pessoas (Art. 29 do CP), pois o particular que oferece ou promete vantagem indevida responde pelo crime de corrupção ativa (Art. 333 do CP), já o funcionário público que recebe ou aceita promessa de vantagem indevida responde pelo crime de corrupção passiva (Art. 317 do CP).

Corrupção Ativa (Art. 333, CP)	Corrupção Passiva (Art. 317, CP)
Sujeito Ativo: Particular	Sujeito Ativo: Funcionário Público
Fato Atípico ←	Solicitar
Oferecer →	Receber
Prometer →	Aceitar Promessa

É possível que ocorra o crime de corrupção ativa sem que ocorra corrupção passiva.

Ex.: Pedro oferece ou promete dinheiro, vantagem indevida, para que João (Delegado de Polícia) não o prenda em flagrante, mas João não recebe ou aceita a promessa.

Também é possível que ocorra o crime de corrupção passiva sem que ocorra corrupção ativa.

Ex.: Ronaldo (auditor fiscal) solicita vantagem indevida a André (empresário) para não aplicar uma multa milionária na empresa deste último.

Duas situações podem ocorrer: André realiza a entrega da vantagem indevida, ou não. Nas duas hipóteses, apenas Ronaldo praticou crime, pois a conduta de André é atípica.

Apontamentos

Na hipótese em que o particular pede para o funcionário público dar um jeitinho não responderá pelo crime de corrupção ativa, pois o agente não ofereceu nem prometeu vantagem indevida. Nessa hipótese, duas situações podem ocorrer:

> O funcionário público Dá o jeitinho. Responderá por corrupção passiva privilegiada (Art. 317, §2º, CP) e o particular será partícipe deste crime;

> O funcionário público Não dá o jeitinho. O fato é atípico para ambos.

Contrabando e Descaminho

Descaminho - Art. 334

Antes da publicação da Lei nº 13.008/14, o Art. 334 do Código Penal tipificava a prática dos crimes de contrabando e descaminho como crime único, atribuindo pena de reclusão de um a quatro anos. Com a nova redação ocorre a separação dos crimes de contrabando e descaminho, tornando-os crimes autônomos.

Art. 334. Iludir, no todo ou em parte, o pagamento de direito ou imposto devido pela entrada, pela saída ou pelo consumo de mercadoria

Pena - reclusão, de 1 (um) a 4 (quatro) anos.
§ 1º. Incorre na mesma pena quem:
  I. pratica navegação de cabotagem, fora dos casos permitidos em lei;
  II. pratica fato assimilado, em lei especial, a descaminho;
  III. vende, expõe à venda, mantém em depósito ou, de qualquer forma, utiliza em proveito próprio ou alheio, no exercício de atividade comercial ou industrial, mercadoria de procedência estrangeira que introduziu clandestinamente no País ou importou fraudulentamente ou que sabe ser produto de introdução clandestina no território nacional ou de importação fraudulenta por parte de outrem;
  IV. adquire, recebe ou oculta, em proveito próprio ou alheio, no exercício de atividade comercial ou industrial, mercadoria de procedência estrangeira, desacompanhada de documentação legal ou acompanhada de documentos que sabe serem falsos.
§ 2º. Equipara-se às atividades comerciais, para os efeitos deste artigo, qualquer forma de comércio irregular ou clandestino de mercadorias estrangeiras, inclusive o exercido em residências.
§ 3º. A pena aplica-se em dobro se o crime de descaminho é praticado em transporte aéreo, marítimo ou fluvial.

No Descaminho, as mercadorias apreendidas são legais no território brasileiro, porém não há o devido pagamento de tributos pela entrada e saída de mercadorias.

Descrição do Crime

> Objeto Material: tributos não recolhidos.

> Núcleo do Tipo: iludir, ou seja, ludibriar, frustrar o pagamento do tributo.

> Sujeito Ativo: crime comum (qualquer pessoa) por ser um crime comum, pode ser praticado por qualquer pessoa, até mesmo um funcionário público, desde que o funcionário não tenha o dever funcional de impedir a prática do crime de contrabando e descaminho.

> Sujeito Passivo: o Estado

Ex.: Tício, policial civil, auxilia Caio a contrabandear caixas de cigarro para o outro lado da fronteira. Tício não tem um especial dever funcional de evitar tal conduta, portanto responderá pelo crime de descaminho ou contrabando capitulados, respectivamente, nos Art. 334 e 334-A do CP, como partícipe ou coautor, a depender do contexto fático.

> Apesar de existir divergência entre o STF e o STJ é cabível o princípio da insignificância no crime de Descaminho. Para a aplicação desse princípio o STJ estipula o valor de R$ 10.000,00, enquanto o STF entende que o valor é de R$ 20.000,00. Diante disso é de suma importância atentar-se para o comando da questão e observar qual dos posicionamentos a banca irá abordar.

Contrabando - Art. 334-A

Art. 334-A. Importar ou exportar mercadoria proibida:
Pena - reclusão, de 2 (dois) a 5 (cinco) anos.
§ 1º. Incorre na mesma pena quem:
  I. pratica fato assimilado, em lei especial, a contrabando;
  II. importa ou exporta clandestinamente mercadoria que dependa de registro, análise ou autorização de órgão público competente;

NOÇÕES DE DIREITO PENAL

III. reinsere no território nacional mercadoria brasileira destinada à exportação;

IV. vende, expõe à venda, mantém em depósito ou, de qualquer forma, utiliza em proveito próprio ou alheio, no exercício de atividade comercial ou industrial, mercadoria proibida pela lei brasileira;

V. adquire, recebe ou oculta, em proveito próprio ou alheio, no exercício de atividade comercial ou industrial, mercadoria proibida pela lei brasileira.

§ 2º. Equipara-se às atividades comerciais, para os efeitos deste artigo, qualquer forma de comércio irregular ou clandestino de mercadorias estrangeiras, inclusive o exercido em residências.

§ 3º. A pena aplica-se em dobro se o crime de contrabando é praticado em transporte aéreo, marítimo ou fluvial.

Diferentemente do que ocorre no Descaminho, no crime de Contrabando as mercadorias são proibidas no território brasileiro. Dessa forma, NÃO é possível a aplicação do princípio da insignificância.

Descrição do Crime:

> Objeto Material: mercadoria contrabandeada.
> Núcleos do Tipo: importar, exportar mercadoria contrabandeada.
> Sujeito Ativo: crime comum (qualquer pessoa).
> Sujeito Passivo: o Estado.

Importante

A importação de bebidas é legal, porém a legislação traz uma restrição quanto à quantidade. Caso ocorra o excesso da quantidade permitida incidirá o Contrabando, Art. 334-A. Diferentemente ocorre no caso do crime de Descaminho, Art. 334, no qual ocorre a sonegação do tributo devido.

É mais uma exceção à teoria monista ou unitária no concurso de pessoas (Art. 29, *caput*, CP). Haja vista ser a conduta do funcionário público que facilita o contrabando ou descaminho (Art. 318 do CP) ser mais reprovável em razão de sua natureza funcional perante a administração pública, as condutas foram separadas e com penas distintas, porém, ambos os crimes tipificam o mesmo resultado, qual seja, o descaminho ou o contrabando.

O funcionário público que:

Não possui o dever funcional de impedir o contrabando ou descaminho. Será coautor ou partícipe do crime de contrabando ou descaminho (Art. 334, CP).

Possui o dever funcional de impedir a prática do contrabando ou descaminho e concorre para a realização de qualquer destes crimes. Responderá pelo crime de facilitação de contrabando ou descaminho (Art. 318, CP).

> Trata-se de mais uma exceção à Teoria Unitária ou Monista do concurso de pessoas (Art. 29, CP).

A redação anterior do Código Penal considerava que a pena seria aplicada em dobro mediante transporte aéreo. De acordo com o §3º dos Arts. 334 e 334-A, a nova redação passou a considerar esta previsão também para os transportes marítimos e fluviais.

	São crimes materiais (consumam-se com a produção de um resultado)
Contrabando	O agente importa ou exporta a mercadoria proibida pelas vias ordinárias (caminhos normais), ou seja, pela fiscalização alfandegária: o crime estará consumado no instante em que a mercadoria é liberada pela autoridade alfandegária.
	O agente se vale dos meios clandestinos para importar ou exportar a mercadoria proibida. O crime estará consumado no momento da entrada ou saída da mercadoria do território nacional.
Descaminho	Se consuma com a liberação da mercadoria (permitida) sem o pagamento de tributo devido pela sua entrada ou saída do Brasil.

No crime de contrabando a mercadoria não precisa ser necessariamente estrangeira (produzida no exterior). Desse modo é possível a fabricação da mercadoria em território nacional desde que seja destinada exclusivamente à exportação.

Ex.: Empresa fabrica explosivos no Brasil e os exporta para a Coreia do Norte. Posteriormente, um norte coreano ingressa com estes explosivos em território brasileiro.

Crimes específicos: por ter natureza genérica ou residual, o crime de contrabando e descaminho somente será aplicado quando a conduta de descaminho ou contrabando de mercadoria não configurar algum crime específico.

Ex.: O indivíduo que importar ou exportar drogas, sem autorização ou em desacordo com determinação legal, responderá pelo crime de tráfico internacional de drogas (Art. 33, Lei nº 11.343/06. Lei de Drogas).

O indivíduo que importar ou exportar arma de fogo, acessório ou munição, sem autorização da autoridade competente, responderá pelo crime de tráfico internacional de arma de fogo (Art. 18, Lei nº 10.826/03. Estatuto do Desarmamento).

Competência para julgamento: Justiça federal, pois ofendem interesses da União (Art. 109, IV, CF/88).

Súm. 151, STJ: A competência para o processo e julgamento por crime de contrabando ou descaminho define-se pela prevenção do Juízo Federal do lugar da apreensão dos bens.

Impedimento, Perturbação ou Fraude de Concorrência

Art. 335. Impedir, perturbar ou fraudar concorrência pública ou venda em hasta pública, promovida pela administração federal, estadual ou municipal, ou por entidade paraestatal; afastar ou procurar afastar concorrente ou licitante, por meio de violência, grave ameaça, fraude ou oferecimento de vantagem:

Pena - detenção, de seis meses a dois anos, ou multa, além da pena correspondente à violência.

Parágrafo único. Incorre na mesma pena quem se abstém de concorrer ou licitar, em razão da vantagem oferecida.

Revogado tacitamente pelos Art. 93 e 95 da Lei nº 8.666/93 (Lei das Licitações)

Inutilização de Edital ou de Sinal

Art. 336. *Rasgar ou, de qualquer forma, inutilizar ou conspurcar edital afixado por ordem de funcionário público; violar ou inutilizar selo ou sinal, empregado por determinação legal ou por ordem de funcionário público, para identificar ou cerrar qualquer objeto:*
Pena - *detenção, de um mês a um ano, ou multa.*

O que é protegido nesse crime é a Administração Pública, pois acarreta complicação ao interesse público e o normal desenvolvimento de suas atividades.

Classificação

É considerado um crime simples, pois ofende um único bem jurídico e também material, pois para sua consumação gera um resultado naturalístico.

É um crime doloso, não possuindo um especial fim de agir. Não é admitida a modalidade culposa.

Sujeitos do Crime

Sujeito Ativo: por ser um crime comum, pode ser praticado por qualquer pessoa, até mesmo funcionário público.

Sujeito Passivo: o Estado.

Consumação e Tentativa

É exigido para sua consumação um resultado naturalístico, não sendo suficiente para a consumação a conduta descrita no tipo.

É possível que haja o fracionamento do *iter criminis*, portanto é admitida a tentativa.

Descrição do Crime

Edital: tem natureza administrativa (licitação) ou judicial (citação).

Selo ou sinal: qualquer tipo de marca feita por determinação legal (lacre de interdição da vigilância sanitária).

Núcleos do tipo: rasgar, inutilizar, conspurcar (sujar) e violar.

Não haverá o crime se os objetos materiais referidos no tipo perderam utilidade, como na hipótese do edital com prazo vencido.

Não pratica o crime aquele que reage, moderadamente, contra ato abusivo (ilegal) de funcionário público, rasgando, por exemplo, tira de papel afixada por oficial de justiça na porta de sua moradia, anunciando seu despejo.

Subtração ou Inutilização de Livro ou Documento

Art.337. *Subtrair, ou inutilizar, total ou parcialmente, livro oficial, processo ou documento confiado à custódia de funcionário, em razão de ofício, ou de particular em serviço público:*
Pena - *reclusão, de dois a cinco anos, se o fato não constitui crime mais grave.*

Essa conduta de subtração, inutilização de livro oficial, processo ou documento é prevista em vários tipos do Código Penal. As leituras dos Arts. 305, 314, 337 e 356 são relativamente semelhantes, porém cada crime possui uma especificação diferente que os caracteriza. Esse crime é de ação penal pública incondicionada.

Classificação

Considerado um crime simples, pois ofende um único bem jurídico e comum, podendo ser praticado por qualquer pessoa.

É um crime doloso, e não depende de nenhuma finalidade específica. Não admite a modalidade culposa.

Sujeitos do Crime

Sujeito Ativo: por ser um crime comum, pode ser cometido por qualquer pessoa, desde que não seja pelo funcionário público responsável pela custódia dos documentos.

Caso o agente seja funcionário público, incumbido ratione officci da guarda dos objetos materiais, a conduta será enquadrada no Art. 314 do CP. Se o agente for advogado ou procurador que, nessa qualidade, tiver retirado o processo ou documentos, o crime será o do Art. 356 do CP.

Sujeito Passivo: primeiramente é o Estado, e secundariamente a pessoa jurídica ou física que foi prejudicada pela ação criminosa.

Consumação e Tentativa

Consuma-se o crime no momento da subtração de livro oficial, processo ou documento, mediante apoderamento do agente ou no momento da inutilização total ou parcial da coisa.

A tentativa é possível devido o crime ser de caráter plurissubsistente.

Descrição do Crime

Subtrair e inutilizar são os núcleos do tipo. Subtrair é retirar um dos elementos do tipo (livro oficial, processo ou documento) da custódia do funcionário público, se apoderando do item.

Sonegação de Contribuição Previdenciária

Art. 337-A. *Suprimir ou reduzir contribuição social previdenciária e qualquer acessório, mediante as seguintes condutas:*
I. Omitir de folha de pagamento da empresa ou de documento de informações previsto pela legislação previdenciária segurados, empregado, empresário, trabalhador avulso ou trabalhador autônomo ou a este equiparado que lhe prestem serviços;
II. Deixar de lançar mensalmente nos títulos próprios da contabilidade da empresa as quantias descontadas dos segurados ou as devidas pelo empregador ou pelo tomador de serviços;
III. Omitir, total ou parcialmente, receitas ou lucros auferidos, remunerações pagas ou creditadas e demais fatos geradores de contribuições sociais previdenciárias:
Pena - *reclusão, de 2 (dois) a 5 (cinco) anos, e multa.*
§ 1º. É extinta a punibilidade se o agente, espontaneamente, declara e confessa as contribuições, importâncias ou valores e presta as informações devidas à previdência social, na forma definida em lei ou regulamento, antes do início da ação fiscal.
§ 2º. É facultado ao juiz deixar de aplicar a pena ou aplicar somente a de multa se o agente for primário e de bons antecedentes, desde que:
II. O valor das contribuições devidas, inclusive acessórios, seja igual ou inferior àquele estabelecido pela previdência social, administrativamente, como sendo o mínimo para o ajuizamento de suas execuções fiscais.

NOÇÕES DE DIREITO PENAL

§ 3º. Se o empregador não é pessoa jurídica e sua folha de pagamento mensal não ultrapassa R$ 1.510,00 (um mil, quinhentos e dez reais), o juiz poderá reduzir a pena de um terço até a metade ou aplicar apenas a de multa.

§ 4º. O valor a que se refere o parágrafo anterior será reajustado nas mesmas datas e nos mesmos índices do reajuste dos benefícios da previdência social.

> No caso do §1º, preenchidos os requisitos para a concessão, é dever do juiz conceder o perdão ou aplicar a pena de multa. Trata-se de direito público subjetivo do réu.

6.3 Dos Crimes Praticados por Particular contra a Administração Pública Estrangeira

Corrupção Ativa em Transação Comercial Internacional

Art. 337-B. Prometer, oferecer ou dar, direta ou indiretamente, vantagem indevida a funcionário público estrangeiro, ou a terceira pessoa, para determiná-lo a praticar, omitir ou retardar ato de ofício relacionado à transação comercial internacional:
Pena - reclusão, de 1 (um) a 8 (oito) anos, e multa.
Parágrafo único. A pena é aumentada de 1/3 (um terço), se, em razão da vantagem ou promessa, o funcionário público estrangeiro retarda ou omite o ato de ofício, ou o pratica infringindo dever funcional.

Tráfico de Influência em Transação Comercial Internacional

Art. 337-C. Solicitar, exigir, cobrar ou obter, para si ou para outrem, direta ou indiretamente, vantagem ou promessa de vantagem a pretexto de influir em ato praticado por funcionário público estrangeiro no exercício de suas funções, relacionado a transação comercial internacional:)
Pena - reclusão, de 2 (dois) a 5 (cinco) anos, e multa.
Parágrafo único. A pena é aumentada da metade, se o agente alega ou insinua que a vantagem é também destinada a funcionário estrangeiro.

Funcionário Público Estrangeiro

Art. 337-D. Considera-se funcionário público estrangeiro, para os efeitos penais, quem, ainda que transitoriamente ou sem remuneração, exerce cargo, emprego ou função pública em entidades estatais ou em representações diplomáticas de país estrangeiro.
Parágrafo único. Equipara-se a funcionário público estrangeiro quem exerce cargo, emprego ou função em empresas controladas, diretamente ou indiretamente, pelo Poder Público de país estrangeiro ou em organizações públicas internacionais.

6.4 Dos Crimes Contra a Administração da Justiça

Reingresso de Estrangeiro Expulso

Art. 338. Reingressar no território nacional o estrangeiro que dele foi expulso:
Pena - reclusão, de um a quatro anos, sem prejuízo de nova expulsão após o cumprimento da pena.

A expulsão do estrangeiro está regulada na Lei nº 6.815/80. Estatuto do Estrangeiro. Ocorrendo qualquer das hipóteses elencadas no Art. 65 desta lei, caberá ao Presidente da República, por meio de decreto, analisar o cabimento e conveniência da expulsão (ato discricionário administrativo).

Para tipificar a conduta, é indispensável, após a edição do decreto de expulsão, que o agente tenha efetivamente saído do país, retornando em seguida. Desta forma, não configura o crime a recusa do estrangeiro expulso em deixar o país.

Denunciação Caluniosa

Art. 339. Dar causa à instauração de investigação policial, de processo judicial, instauração de investigação administrativa, inquérito civil ou ação de improbidade administrativa contra alguém, imputando-lhe crime de que o sabe inocente:
Pena - reclusão, de dois a oito anos, e multa.
§ 1º. A pena é aumentada de sexta parte, se o agente se serve de anonimato ou de nome suposto.
§ 2º. A pena é diminuída de metade, se a imputação é de prática de contravenção.

O crime de denunciação caluniosa está capitulado no Art. 339 do Código Penal e versa sobre dar causa à instauração de algum procedimento de investigação contra alguém, imputando-lhe falsamente crime, sabendo que esse não o cometeu. O crime de denunciação caluniosa é de ação penal pública incondicionada.

Tal crime é também chamado calúnia qualificada.

Classificação

É considerado um crime pluriofensivo, ou seja, ofende mais de um bem jurídico como estudaremos no tópico **Sujeitos do Crime**, desse mesmo artigo.

É um crime comum, podendo ser praticado por qualquer pessoa e unissubjetivo, praticado por um só agente, mas admite concurso de pessoas.

O elemento subjetivo é o dolo direto, pois é indispensável que o agente tenha o conhecimento da inocência da pessoa a quem imputou falsamente o crime, segundo STJ.

Sujeitos do Crime

Sujeito Ativo: qualquer pessoa (crime comum).
Sujeito Passivo: o Estado e a pessoa acusada falsamente de crime.

Consumação e Tentativa

Por ser um crime material, consuma-se no momento em que se tem a efetiva instauração da investigação policial, de processo judicial, instauração de investigação administrativa, inquérito civil ou ação de improbidade administrativa contra alguém que o sabe ser inocente.

É admitida a tentativa.

Ex.: "A" vai à Delegacia e de forma dolosa, imputa "B" a prática de um crime de roubo, de que o sabia não ter cometido, com o fim de instaurar inquérito policial contra "B". O Delegado, contudo, já havia encerrado o referido caso e prendido o verdadeiro responsável pelo crime. Constatando a manobra de "A", o Delegado o prendeu em flagrante.

É necessário observar que não se faz necessário que seja a informação formalizada no inquérito policial. Basta que a conduta criminosa desencadeie atos preliminares de investigação. Aqui já se encontra consumado o crime e esse é o entendimento que prevalece.

Descrição do Crime

A falsa imputação deve estar relacionada com crime, se for contravenção, estará caracterizada a forma privilegiada de denunciação caluniosa (Art. 339, §2º, do CP).

A expressão "contra alguém" versa que deve ser dada a falsa imputação de pessoa determinada, indicando nome e atributos pessoais.

Considerações

Diferença entre o crime de calúnia e denunciação caluniosa.

CALÚNIA (Art. 138, CP)	DENUNCIAÇÃO CALUNIOSA (Art. 339, CP)
Caluniar alguém, imputando-lhe falsamente fato definido como crime.	Dar causa à instauração de investigação policial, de processo judicial, instauração de investigação administrativa, inquérito civil ou ação de improbidade administrativa contra alguém, imputando-lhe crime de que o sabe inocente.
É crime contra a honra.	É crime contra a Administração da Justiça.
Regra: Ação Penal Privada.	Ação Penal Pública Incondicionada.
Não admite a imputação falsa de Contravenção Penal.	Admite (é circunstância que importa na diminuição da pena pela metade (Art. 339, §22, CP).

Ex.: José assaltou o Banco do Brasil → Calúnia.

José assaltou o Banco do Brasil: eu afirmo isso para o Delegado, querendo a instauração de procedimento inútil e criminoso → denunciação caluniosa.

O advogado não tem imunidade penal na calúnia e, nem tampouco, na denunciação caluniosa.

Pode ser praticado o crime de denunciação caluniosa até mesmo pelo Promotor de Justiça que denuncia alguém sabendo ser inocente. Essa denúncia criminosa do Promotor de Justiça é denominada denúncia temerária ou abusiva.

Denunciação Caluniosa Privilegiada

§2º. *A pena é diminuída de metade, se a imputação é de prática de contravenção.*

A pena é reduzida de metade se a imputação é de contravenção penal. Passa-se a ter infração de menor potencial ofensivo, admitindo-se a suspensão condicional do processo.

Comunicação Falsa de Crime ou Contravenção

Art. 340. *Provocar a ação de autoridade, comunicando-lhe a ocorrência de crime ou contravenção que sabe não se ter verificado:*
Pena - detenção, de um a seis meses, ou multa.

Introdução

Em que pese ser muito semelhante o *caput* ao crime de denunciação caluniosa, veremos que suas diferenças são facilmente perceptíveis.

Classificação

É considerado um crime SIMPLES por ofender um único bem jurídico e COMUM, podendo ser cometido por qualquer pessoa.

É um crime CAUSAL ou MATERIAL, sendo que a consumação depende de alguma medida tomada pela autoridade.

O elemento subjetivo do agente é o DOLO direto, portanto se a pessoa tem DÚVIDA sobre a existência da infração o fato é atípico.

Ex.: "A" não tem certeza se seu relógio foi furtado ou se foi perdido, e mesmo assim comunica à autoridade), não tendo previsão da modalidade culposa.

Sujeitos do Crime

Sujeito Ativo: por ser um crime comum ou geral, pode ser cometido por qualquer pessoa.

Sujeito Passivo: o Estado.

Consumação e Tentativa

Por ser um crime material, a mera comunicação falsa não é suficiente para a consumação do delito, exigindo a provocação da ação da autoridade para fazer algo (conduta positiva). Consuma-se no momento em que a autoridade toma providência para apurar a ocorrência do crime, ou contravenção, comunicado falsamente.

A tentativa é possível. Vejamos como exemplo um indivíduo que comunica à autoridade um crime ou contravenção que sabe inexistente e, por circunstâncias alheias a sua vontade, a autoridade não toma nenhuma providência, tem-se o crime tentado.

Descrição do Crime

O delito é comunicação falsa de crime ou contravenção (Art. 340 do CP). O agente não acusa nenhuma pessoa, mas a ocorrência de um crime inexistente. Se o agente vier a individualizar o autor, o STF já decidiu: responde por denunciação caluniosa (Art. 339 do CP).

O núcleo do tipo provocar significa dar causa à ação da autoridade, podendo ocorrer de várias formas, uma delas é que o crime ou contravenção penal comunicado não existiu ou houve o fato, mas foi absolutamente diverso do comunicado para a autoridade. Por isso é considerado um crime de forma livre.

NOÇÕES DE DIREITO PENAL

DOS CRIMES CONTRA ADMINISTRAÇÃO PÚBLICA

Considerações

Caracteriza uma figura equiparada de estelionato (Art. 171, §2º, V, do CP) quando a comunicação falsa de crime ou contravenção é um meio fraudulento para que o agente obtenha o valor do seguro. O delito (Art. 340 do CP) se torna um antefactum impunível. Aplica-se o princípio da consunção.

Ex.: "A" esconde seu automóvel que é amparado por contrato de seguro e comunica à autoridade que sofreu um furto, já com a intenção de receber o dinheiro do seguro.

Atentem-se às diferenças:

Na denunciada caluniosa, o agente imputa a infração penal imaginária a pessoa certa e determinada.

Na comunicação falsa de crime, apenas comunica a fantasiosa infração, não a imputando a ninguém ou, imputando, aponta personagem fictício.

Autoacusação Falsa

Art. 341. *Acusar-se, perante a autoridade, de crime inexistente ou praticado por outrem:*
Pena - *detenção, de três meses a dois anos, ou multa.*

O que leva uma pessoa a se autoacusar falsamente tem fundamento em vários motivos, por exemplo, alguém que recebe certa vantagem para assumir um crime praticado por outra pessoa ou o próprio pai diz ter sido o autor de um delito para que o filho não seja preso.

Para evitar esse comportamento, o crime de autoacusação falsa está tipificado no Art. 341 do Código Penal. Crime de ação penal pública incondicionada.

Classificação

Considerado um crime simples por ofender um único bem jurídico que é a Administração da justiça. Comum, podendo ser cometido por qualquer pessoa.

É um crime doloso, não tendo previsão para crime culposo.

Crime formal, não exigindo para sua consumação um resultado naturalístico, sendo possível então a tentativa.

Sujeitos do Crime

Sujeito Ativo: por ser um crime comum, pode ser praticado por qualquer pessoa, porém se ocorreu realmente o crime, não pode ser sujeito ativo o próprio autor, coautor ou partícipe do crime ocorrido.

Sujeito Passivo: é o Estado.

Consumação e Tentativa

É um crime formal, consumando-se no momento em que o sujeito efetua a autoacusação perante a autoridade, independentemente se a autoridade tomou alguma providência.

A tentativa só é possível quando a autoacusação é cometida por meio escrito, não se admitindo quando praticado verbalmente.

Descrição do Crime

Não há que se falar em autoacusação falsa quando essa conduta for de CONTRAVENÇÃO PENAL.

O agente que se autoacusa não pode ser autor, coautor ou partícipe do delito anterior.

A autoridade que recebe essa notícia de crime legalmente deve ter poderes de investigar a prática de delitos.

Não configura o crime quando o réu chama para si a exclusiva responsabilidade de ilícito penal de que deve ser considerado concorrente (RT 371/160).

Considerações

Para facilitar o entendimento do crime, exemplos:

Vantagem Pecuniária:
Ex.: "A" recebe dinheiro do verdadeiro autor do crime para autoacusar-se.

Sacrifício:
Ex.: Mãe se autoacusa para livrar o filho que cometeu um crime.

Exibicionismo:
Ex.: Criminoso se autoacusa para que tenha reputação entre a bandidagem de sua comunidade.

Álibi:
Ex.: "A" imputa a si próprio crime menos grave para se livrar de crime mais grave, alegando ser no mesmo horário, porém em lugar diferente.

Supondo que João assuma autoria de crime praticado por outrem, e não só assume a autoria, mas também imputa a coautoria a outrem, que não o autor do delito.

Nessa situação, Fernando Capez[1] diz que o agente irá responder pelos Art. 341 e 339, em concurso formal imperfeito, soma das penas.

Falso Testemunho ou Falsa Perícia

Art. 342. *Fazer afirmação falsa, ou negar ou calar a verdade como testemunha, perito, contador, tradutor ou intérprete em processo judicial, ou administrativo, inquérito policial, ou em juízo arbitral:*
Pena - *reclusão, de um a três anos, e multa.*
§ 1º. *As penas aumentam-se de um sexto a um terço se o crime é praticado mediante suborno ou se cometido com o fim de obter prova destinada a produzir efeito em processo penal, ou em processo civil em que for parte entidade da administração pública direta ou indireta.*
§ 2º. *O fato deixa de ser punível se, antes da sentença no processo em que ocorreu o ilícito, o agente se retrata ou declara a verdade.*

Muitas vezes o testemunho é o único meio probatório para a autoridade competente louvar-se da decisão. A testemunha que mente, nega ou cala a verdade não sacrifica apenas interesses individuais, mas atinge o Estado, responsável por assegurar a eficácia da justiça.

O Código Penal, visando preservar a busca pela verdade, versa em seu Art. 342 o crime de falso testemunho ou falsa perícia, sendo esse um crime de ação penal pública incondicionada.

Classificação

É um crime de ação múltipla ou de conteúdo variado, pois a prática de várias condutas típicas no tocante ao mesmo objeto material acarreta crime único.

---

1 - Fernando Capez é um professor, jurista e político brasileiro.

Trata-se de crime de médio potencial ofensivo, admitindo-se a suspensão condicional do processo.

É um crime doloso, não exigindo qualquer finalidade específica.

Crime de mão própria, comissivo ou omissivo e instantâneo.

Sujeitos do Crime

Sujeito Ativo: crime de mão própria, somente podendo ser praticado pela testemunha, perito, contador, tradutor ou intérprete.

Crime de mão própria. Em que pese o STF já ter admitido a coautoria quando o advogado instrui a testemunha, são frequentes as decisões de nossos Tribunais afirmando a incompatibilidade do instituto com o delito de falso testemunho, face a sua característica de mão própria. Desta forma, deve se tratar de mera participação.

Toda testemunha pratica o delito, ou apenas aquela que presta compromisso? A corrente majoritária entende que se a lei não submete a testemunha informante ao compromisso de dizer a verdade, não pode cometer o ilícito do Art. 342 do CP. Entretanto, já teve julgados no STF dizendo ser crime.

A vítima, por não ser testemunha (sequer equiparada), não pratica o crime do Art. 322, podendo ser autora de outro delito, como por exemplo, denunciação caluniosa. Art. 339 do CP.

Sujeito Passivo: é o Estado e, secundariamente, a pessoa prejudicada pelo falso testemunho ou pela falsa perícia.

Consumação e Tentativa

Consumação ocorre no momento em que o depoimento é encerrado ou que o laudo pericial, os cálculos, a tradução ou interpretação são entregues concluídos. Sendo admitida a tentativa.

É fato atípico a conduta de mentir para evitar sua própria incriminação, pois ninguém é obrigado a produzir prova contra si mesmo.

Descrição do Crime

Testemunha: aquela pessoa chamada para depor no processo, sob o compromisso de dizer a verdade fática. Perito: quem fornece laudos técnicos de conhecimentos específicos, que escapam da ciência do Juiz. Contador: especialista em assuntos contábeis. Pessoa que apresenta os cálculos a serem eventualmente efetuados. Tradutor: tem a função de adaptar textos em língua estrangeira para o vernáculo (idioma pátrio). Intérprete: responsável pela comunicação daquele que não conhece o idioma nacional.

O crime em tela possui três núcleos:

→ **Fazer Afirmação Falsa:**
  > Falsidade positiva;
  > Mentir para a autoridade.

  Pedro mente para o juiz, dizendo que na data do crime estava viajando com Ronaldo (acusado) para Florianópolis.

→ **Negar a Verdade:**
  > Falsidade negativa;
  > Recusar-se a confirmar a veracidade de um fato.

  Ex.: "A" nega que presenciou o latrocínio praticado por "B" contra "C".

→ **Calar a Verdade:**
  > Reticência;
  > Permanecer em silêncio sobre a verdade de determinado fato.

O juiz, durante a oitiva da testemunha formula várias perguntas a esta, mas ela nada responde.

O agente deve saber que falta com a verdade. Não há crime quando a testemunha ou perito é acometido por erro indesejado, pelo esquecimento dos fatos ou mesmo pela deformação inconsciente da lembrança em razão da passagem do tempo.

É imprescindível que a falsidade verse sobre fato juridicamente relevante (apto a influir de algum modo na decisão final da causa). Desse modo, exige-se que a falsidade tenha potencialidade lesiva, de modo a influir no futuro julgamento da causa.

Considerações

Falso Testemunho e Carta Precatória: na hipótese de falso testemunho prestado através de carta precatória, o foro competente para processar e julgar este crime é do juízo deprecado (comarca onde o falso testemunho foi prestado e onde o delito se consumou).

Falso Testemunho em CPI: responde pelo crime previsto no Art. 4º, II da Lei nº 1.579/52 a pessoa que presta falso testemunho perante CPI (Comissão Parlamentar de Inquérito).

O depoimento falso, prestado perante autoridade incompetente, não exclui o crime.

O depoimento falso, prestado em processo nulo, exclui o crime.

O compromisso de dizer a verdade (Art. 203, CPP) representa mera formalidade relacionada ao procedimento para a oitiva do juiz. Desse modo, tal ato é dispensável para a caracterização do crime.

Se o falso testemunho ou falsa perícia se der perante a justiça do trabalho, o seu processo e julgamento estarão afetos ao juízo criminal federal, por ser atingido interesse da União.

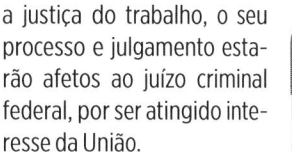

Aumento de Pena

§1º. As penas aumentam-se de um sexto a um terço, se o crime é praticado mediante suborno ou se cometido com o fim de obter prova destinada a produzir efeito em processo penal, ou em processo civil em que for parte entidade da administração pública direta ou indireta.

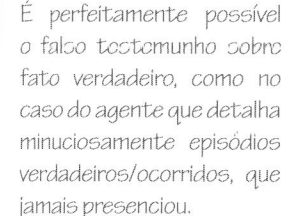

Apontamentos

Teoria Subjetiva: O crime em estudo adotou a teoria subjetiva: só há crime quando o depoente (testemunha) tem consciência da divergência entre sua versão e o fato presenciado. Desse modo, é possível que haja o crime de falso testemunho ainda que o fato seja verdadeiro. Nesta hipótese, é necessário que a testemunha narre um fato que realmente ocorreu, mas não foi presenciado por ela.

É perfeitamente possível o falso testemunho sobre fato verdadeiro, como no caso do agente que detalha minuciosamente episódios verdadeiros/ocorridos, que jamais presenciou.

DOS CRIMES CONTRA ADMINISTRAÇÃO PÚBLICA

→ **São três as causas de aumento de pena:**
> Mediante suborno;
> Com o fim de obter prova destinada a produzir efeito em processo penal;
> Com o fim de obter prova destinada a produzir efeito em processo civil em que for parte entidade da administração pública direta ou indireta.

Retratação: Art. 342, §2º. O fato deixa de ser punível se, antes da sentença, no processo em que ocorreu o ilícito, o agente se retrata ou declara a verdade. Trata-se de causa de extinção da punibilidade (Art. 107, VI, do CP).

A retratação formulada pelo autor deve comunicar-se aos partícipes do delito.

Se o perito, contador, tradutor ou intérprete solicitar, receber ou aceitar promessa de vantagem indevida a fim de fazer afirmação falsa, negar ou calar a verdade, mas não o faz, incorrerá no crime de corrupção ativa, pois o crime em estudo depende da efetiva afirmação falsa, negação ou omissão da verdade.

Em processo de competência do Tribunal do Júri, é possível a retratação extintiva da punibilidade, mesmo após a decisão de pronúncia, desde que anterior à sentença de mérito.

Corrupção Ativa de Testemunha ou Perito

Art. 343. Dar, oferecer ou prometer dinheiro ou qualquer outra vantagem a testemunha, perito, contador, tradutor ou intérprete, para fazer afirmação falsa, negar ou calar a verdade em depoimento, perícia, cálculos, tradução ou interpretação: (Redação dada pela Lei nº 10.268, de 28.8.2001)
Pena - reclusão, de três a quatro anos, e multa.(Redação dada pela Lei nº 10.268, de 28.8.2001)
Parágrafo único. As penas aumentam-se de um sexto a um terço, se o crime é cometido com o fim de obter prova destinada a produzir efeito em processo penal ou em processo civil em que for parte entidade da administração pública direta ou indireta.

O tipo pode ser executado de forma livre (palavras, escritos, gestos etc). Entretanto, se o agente se utilizar de violência ou grave ameaça, o crime será o de coação no curso do processo. Art. 344 CP.

Conduta: trata-se de modalidade especial de corrupção ativa, abrangendo o mesmo comportamento criminoso, acrescido do núcleo dar.

Para configurar o delito em tela é necessário que haja algum procedimento oficial em andamento.

Consumação: trata-se de crime formal, logo se consuma com a simples realização de uma das condutas previstas no caput, sendo desnecessária a prática de qualquer ato pelos possíveis corrompidos.

Coação no Curso do Processo

Art. 344. Usar de violência ou grave ameaça, com o fim de favorecer interesse próprio ou alheio, contra autoridade, parte, ou qualquer outra pessoa que funciona ou é chamada a intervir em processo judicial, policial ou administrativo, ou em juízo arbitral:
Pena - reclusão, de um a quatro anos, e multa, além da pena correspondente à violência.

A razão pela qual existe esse crime é para impedir que frustrem a eficiência da Administração da justiça com violência ou ameaças e para garantir o regular andamento dos processos ou em juízo arbitral. Crime esse de ação penal pública incondicionada.

Classificação

É um crime **pluriofensivo**, pois atinge mais de um bem jurídico, primeiramente a Administração da justiça, e secundariamente a integridade física ou a liberdade individual.

Doloso e com um especial fim de agir, apresentado no tipo com o fim de favorecer interesse próprio ou alheio. Não admite a modalidade culposa.

Considerado um crime comum, instantâneo, de concurso eventual, e em regra comissivo.

Sujeitos do Crime

Sujeito Ativo: por ser um crime comum, pode ser cometido por qualquer pessoa, não sendo necessário que o agente tenha interesse no próprio processo.

Sujeito Passivo: é o Estado e de forma mediata, e secundariamente, figurará no polo passivo o indivíduo que sofreu a coação.

Magistrado, delegado, réu, testemunha, jurado etc.

Consumação e Tentativa

Ocorre a consumação no momento do emprego da violência ou grave ameaça do agente.

A tentativa é possível, visto que o crime tem caráter plurissubsistente.

Ex.: "A" manda uma carta ameaçadora para uma testemunha de um processo judicial, mas por circunstâncias alheias a sua vontade, a carta se extravia nos Correios.

Segundo STJ, o crime de coação no curso do processo, por ser um crime formal, se consuma tão só com o emprego da grave ameaça ou violência contra qualquer das pessoas referidas no Art. 344 do CP, independentemente do efetivo resultado pretendido ou de a vítima ter ficado intimidada. (STJ. REsp 819.763/PR)

Descrição do Crime

Se a conduta descrita no tipo penal for realizada no curso de processo de uma CPI, o agente incidirá no crime previsto no Art. 4º, I, da Lei nº 1.579/52 que versa sobre as Comissões Parlamentares de Inquérito.

Não basta para a configuração do delito que a violência ou grave ameaça seja proferida às pessoas do Art. 344. É necessário que se faça tal injusto com o interesse de favorecimento próprio ou alheio.

Ex.: "A" amigo do réu, ameaça a testemunha a depor em favor do amigo. / "B" réu em processo judicial, intimida o perito a não revelar o verdadeiro resultado do laudo pericial.

Considerações

Se da conduta criminosa resulta violência, restarão caracterizados dois crimes, incidindo em concurso material obrigatório, somando as penas da coação no curso do processo mais o crime de violência (lesão corporal ou homicídio).

Exercício Arbitrário das Próprias Razões

> **Art. 345.** *Fazer justiça pelas próprias mãos, para satisfazer pretensão, embora legítima, salvo quando a lei o permite:*
> **Pena -** *detenção, de quinze dias a um mês, ou multa, além da pena correspondente à violência.*
> **Parágrafo único.** *Se não há emprego de violência, somente se procede mediante queixa.*

Como disposto no Art. 345 do Código Penal, não é aceita a justiça entre particulares e a ninguém é dado o direito de versar sobre a justiça privada se não o próprio poder judiciário, que tem a competência para resolver as divergências existentes entre os indivíduos. Em regra, esse crime é de ação penal privada, contudo será de ação penal pública incondicionada se estiver presente a violência.

Classificação

Crime simples, pois atinge um único bem jurídico. Comum, cometido por qualquer pessoa.

É um crime doloso, acompanhado com um elemento subjetivo específico "para satisfazer pretensão, embora legítima". Não sendo admitida a modalidade culposa.

Em regra é comissivo e instantâneo, consumando-se em um momento determinado.

A ação penal será pública incondicionada quando o crime é praticado em detrimento do patrimônio ou interesse da União, Estado ou Município.

Sujeitos do Crime

Sujeito Ativo: pode ser cometido por qualquer pessoa, mas se o agente for funcionário público e comete o delito prevalecendo-se de sua condição, serão imputados dois crimes: exercício arbitrário das próprias razões + abuso de autoridade (Lei nº 4.898/65).

Ex.: "A" policial, proprietário de uma casa, encosta a viatura na frente de seu imóvel, entra na residência e, de arma em punho, expulsa "B", que não pagara o aluguel do mês anterior.

Sujeito Passivo: primeiramente é o Estado, e secundariamente a pessoa física ou jurídica prejudicada pela conduta criminosa.

> Não é regra que, sendo funcionário responda por abuso de autoridade, somente se ele se prevalecer das condições de seu cargo.

Consumação e Tentativa

Existe divergência entre os doutrinadores, mas majoritariamente foi classificado como um crime formal, consumando-se mesmo que a pretensão não seja atingida.

É plenamente aceitável a tentativa, visto o caráter plurissubsistente (ação composta por vários atos) do crime.

Descrição do Crime

O núcleo do tipo fazer justiça pelas próprias mãos, tem sentido de satisfazer pretensão pessoal. Essa pretensão pode ser de qualquer natureza, ligada ou não à propriedade, mas exigindo-se ao menos uma aparência de direito legítimo.

Ex.: Marido indignado com a traição da esposa, a expulsa da casa que construíram juntos.

A pretensão deve ser legítima, pois do contrário, a conduta acarretará na incidência de outros crimes, tais como o furto, roubo, estelionato, apropriação indébita, entre outros.

Ex.: "A", indignado com a traição de sua esposa, vai até a casa de "B" que é o homem que se deitou com ela e, para fazer justiça com as próprias mãos, obriga a mulher de "B" a manter relações sexuais com "A".

6.5 Subtração ou Dano de Coisa Própria em Poder de Terceiro

> **Art. 346.** *Tirar, suprimir, destruir ou danificar coisa própria, que se acha em poder de terceiro por determinação judicial ou convenção:*
> **Pena -** *detenção, de seis meses a dois anos, e multa.*

Sujeitos do Crime

Sujeito Ativo: somente pode ser executado pelo proprietário da coisa (crime próprio). Sendo que o concurso de pessoas é plenamente possível.

Sujeito Passivo: será o estado, e secundariamente o indivíduo possuidor da coisa ou aquele contra quem foi empregada violência.

Fraude Processual

> **Art. 347.** *Inovar artificiosamente, na pendência de processo civil ou administrativo, o estado de lugar, de coisa ou de pessoa, com o fim de induzir a erro o juiz ou o perito:*
> **Pena -** *detenção, de três meses a dois anos, e multa.*
> **Parágrafo único.** *Se a inovação se destina a produzir efeito em processo penal, ainda que não iniciado, as penas aplicam-se em dobro.*

O crime de fraude processual é um crime tacitamente subsidiário, somente sendo aplicável quando o fato não constituir crime mais grave. Delito esse de ação penal pública incondicionada.

Classificação

Considera-se um crime **simples**, pois ofende um único bem jurídico que é a Administração da justiça.

O crime de fraude processual também é considerado um crime **formal** ou de consumação antecipada, pois independe do resultado naturalístico.

Em regra é comissivo, considerado também um crime de dano, pois causa lesão à Administração da justiça.

Crime de concurso eventual, normalmente praticado por um só agente, mas o concurso é plenamente possível.

Sujeitos do Crime

Sujeito Ativo: considerado um crime comum, logo, é passível de ser cometido por qualquer pessoa. (vítima, acusado ou mesmo advogado)

NOÇÕES DE DIREITO PENAL

DOS CRIMES CONTRA ADMINISTRAÇÃO PÚBLICA

Foge do alcance do tipo o perito, uma vez que, se inovar o estado de coisa, pessoa ou lugar no decorrer dos exames periciais, incorrerá no crime previsto no Art. 342 do CPI.

Sujeito Passivo: de forma imediata é o Estado, e de forma mediata é a pessoa prejudicada no processo administrativo, penal ou civil.

Consumação e Tentativa

Consuma-se no momento em que o agente utiliza o meio fraudulento para a inovação na pendência do processo.

A tentativa, entretanto, deve apresentar potencialidade real para enganar o juiz ou o perito. Se o artifício (fraude) for grosseiro ou perceptível é crime impossível (Art. 17 do CP) por ineficácia absoluta do meio.

Para o STJ não é exigido para a consumação do crime de fraude processual que o Juiz ou o perito sejam realmente induzidos a erro, basta que a inovação seja apta para produzir o resultado, mesmo que a pessoa não tenha interesse no processo. (STJ. HC 137.206/SP).

> Para o STJ não é exigido para a consumação do crime de fraude processual que o Juiz ou o perito sejam realmente induzidos a erro, basta que a inovação seja apta para produzir o resultado, mesmo que a pessoa não tenha interesse no processo. (STJ. HC 137.206/SP).

Descrição do Crime

É um crime doloso e também necessita de um elemento subjetivo específico que é a intenção de induzir a erro o juiz ou perito, não sendo admitida a modalidade culposa.

Estado de lugar, de coisa ou de pessoa é onde deve recair a conduta artificiosa, para enganar o juiz ou perito.

Ex.: Limpar as manchas de sangue onde ocorreu o crime / Colocar uma arma de fogo na mão de uma pessoa assassinada para simular um suicídio.

Nem toda a inovação caracteriza o surgimento do crime de fraude processual, pois esse elemento normativo do tipo deve ser empregado de forma artificiosa (ardil, fraude).

O parágrafo único aparentemente versa **uma causa especial de aumento de pena** sendo um tipo penal autônomo, pois a conduta de inovar artificiosamente foi cometida em processo penal que ainda não foi iniciado.

> Trata-se de infração subsidiária, logo absorvida quando a finalidade constituir crime mais grave.

> STJ pronunciou que o direito à não autoincriminação (nemo tenetur se detegere), não abrange a possibilidade dos acusados de mudarem a cena do crime de forma artificiosa, com o fim de induzir a erro Juiz ou perito. (STJ. HC 137.206/SP)

Conduta: os objetos materiais do crime são taxativos, e desta forma, descabida qualquer integração analógica em relação às inovações que poderão ser praticadas pelo agente.

Pressupõe-se a existência de processo - civil ou administrativo - em andamento.

Em atenção ao princípio da inexigibilidade de conduta diversa, já se entendeu que não ocorre o ilícito quando o autor de um crime de homicídio nega a autoria e dá sumiço à arma, atuando no direito natural de autodefesa (RT 258/356).

Favorecimento Pessoal

Art. 348. Auxiliar a subtrair-se à ação de autoridade pública autor de crime a que é cominada pena de reclusão:
Pena - detenção, de um a seis meses, e multa.
§ 1º. Se ao crime não é cominada pena de reclusão:
Pena - detenção, de quinze dias a três meses, e multa.
§ 2º. Se quem presta o auxílio é ascendente, descendente, cônjuge ou irmão do criminoso, fica isento de pena.

O crime de favorecimento pessoal basicamente consiste em prestar auxílio ao agente condenado com pena de reclusão para que escape da ação da autoridade pública. É um crime de ação penal pública incondicionada.

Classificação

Em análise ao Art. 348 do CP pode ser verificado que se trata de um crime acessório, pois depende da prática anterior de um crime com pena de reclusão (contravenção não).

Somente pode ser praticado de forma comissiva (ação), não havendo possibilidade de auxílio à subtração de autor de crime mediante uma conduta omissiva.

Sujeitos do Crime

Sujeito Ativo: não é exigida qualquer qualidade específica do agente.

A vítima do crime anterior pode ser sujeito ativo do crime de favorecimento pessoal (Art. 348 do CP). Ex.: uma vítima de roubo (Art. 157 do CP), logo após a ocorrência do crime, engana os policiais, prestando-lhes falsas informações do paradeiro do criminoso para que tenha êxito em sua fuga.

Consumação e Tentativa

Por ser um crime material, o crime se consuma com o efetivo auxílio, ainda que seja por curto período de tempo. Caso o criminoso tenha sido pego, o agente responderá pelo crime da mesma forma, já que a conduta de auxiliar o criminoso teve êxito, mesmo que breve.

É plenamente possível a tentativa.

O agente que deixa de comunicar à autoridade pública o local onde está escondido o autor do crime, mesmo que esta circunstância seja de conhecimento do agente, não comete crime algum.

Descrição do Crime

Não é necessário que o autor do crime esteja em perseguição, fuga ou esteja sendo procurado pela autoridade pública no momento em que recebe o auxílio. Basta que, de forma idônea, o agente auxilie o criminoso a escapar da ação da autoridade pública.

Não esqueça, se quem presta o auxílio é cônjuge, ascendente, descendente ou irmão do criminoso, fica isento de pena. É a chamada escusa absolutória, presente no §2º do Art. 348 do CP.

Não existe o crime de favorecimento pessoal (Art. 348 do CP) quando a conduta de auxiliar a subtrair-se à ação de autoridade pública for referente a um crime cometido por um agente menor de idade ou qualquer outro inimputável, já que estes inimputáveis não cometem crimes, mas atos infracionais que acabarão sofrendo medidas de proteção ou medidas socioeducativas no caso dos menores de idade ou medidas de segurança quando forem doentes mentais ou tiverem desenvolvimento mental incompleto ou retardado.

Não há crime quando o agente estiver em escusa absolutória (cônjuge, ascendente, descendente ou irmão), quando o agente que cometeu o crime anterior estiver acobertado por uma excludente de ilicitude ou causa excludente de culpabilidade. E se o agente for absolvido pelo crime anterior, estará excluído o crime de favorecimento pessoal.

O favorecimento deve ocorrer APÓS o cometimento do crime e nunca para o cometimento do crime. Se o favorecimento for ajustado previamente, antes da consumação do crime, incidirá o agente como partícipe segundo o Art. 29 do Código Penal: *Quem de qualquer modo concorre para o crime, incide nas penas a este cominadas, na medida de sua culpabilidade.*

O agente que presta o auxílio deve ter ciência da atual situação do criminoso, se não, tem-se excluído o dolo.

Ex.: Tício de forma voluntária, empresta seu carro a Mévio para que este faça uma viajem de negócios, quando na verdade, Mévio, que acabara de cometer um crime, pretendia fugir da polícia. Desta forma Tício não responde pelo crime.

Favorecimento Real

Art. 349. Prestar a criminoso, fora dos casos de coautoria ou de receptação, auxílio destinado a tornar seguro o proveito do crime:

Pena - detenção, de um a seis meses, e multa.

O Código Penal prevê mais uma espécie de favorecimento, demonstrando ser este um crime acessório, pois necessita de algum crime já praticado anteriormente não alcançando as contravenções penais.

Classificação

É um crime de forma livre, ou seja, o favorecimento pode acontecer de diversas formas, como esconder o bem subtraído, aplicar no banco os valores provenientes de um estelionato, deixar um cofre aberto para que o agente que cometeu o crime guarde os documentos roubados no assalto.

É um crime doloso com um elemento subjetivo específico, no qual a finalidade do agente é tornar seguro o proveito do crime, porquanto o agente deve ter a ciência de que seu comportamento será efetivo para auxiliar o criminoso, não se admitindo portanto a modalidade culposa.

Sujeitos do Crime

Sujeito Ativo: o crime de favorecimento real é comum, podendo ser praticado por qualquer pessoa, salvo coautor ou partícipe do crime que antecede o favorecimento.

Ex.: Tício, conhecido de Mévio, se dispõe a auxiliar Mévio a esconder o dinheiro que será roubado de uma casa lotérica. Se efetivamente vier a ocorrer o roubo, Tício será partícipe do crime, por auxiliar Mévio. O intuito de auxiliar deve vir de forma posterior ao cometimento do crime.

Sujeito Passivo: é o Estado e secundariamente, a vítima do delito anterior.

Consumação e Tentativa

É considerado um crime formal ou de consumação antecipada, ou seja, o crime se consuma no instante em que o agente presta devido auxílio ao criminoso no intuito de tornar seguro o proveito do crime, mesmo que não venha a ocorrer efetivamente essa finalidade. A tentativa é plenamente aceitável em face do caráter plurissubsistente do delito.

Descrição do Crime

O auxílio deve ser destinado a tornar seguro o proveito do crime.

Favorecimento Pessoal. Art. 348 CP:

> **Objeto material:** autor de crime anterior; Se busca a fuga do criminoso.
> **Quanto ao resultado:** crime material (prevalece).
> **Escusa absolutória:** possui hipótese de escusa absolutória, se quem presta o auxílio é cônjuge, ascendente, descendente ou irmão do criminoso, fica isento de pena. É a chamada escusa absolutória, presente no §2º do Art. 348 do CP.

Favorecimento Real. Art. 349 CP:

> **Objeto material:** proveito de crime anterior; Presta-se auxílio não ao criminoso em si, mas indiretamente, assegurando para ele a ocultação da coisa, proveito do crime (real).
> **Quanto ao resultado:** crime formal.
> **Escusa absolutória:** não tem previsão de escusa absolutória.

Para que possa ocorrer o crime do Art. 349, é necessário que o crime anterior tenha alcançado a consumação e se no crime não houve qualquer tipo de proveito, também não haverá o crime de favorecimento real.

Considerações

Quem estuda de maneira superficial o crime de favorecimento real, certamente poderia interpretar de forma errônea as diferenças entre os crimes de receptação própria (CP, Art. 180, caput, 1ª parte) na modalidade "ocultar" e favorecimento real (CP, Art. 349). Vamos observar as diferenças:

NOÇÕES DE DIREITO PENAL

DOS CRIMES CONTRA ADMINISTRAÇÃO PÚBLICA

Receptação própria "ocultar" (Art. 180, caput, 1ª parte, CP)	Favorecimento real (Art. 349, CP)
Crime Contra o Patrimônio.	Crime contra a Administração da Justiça.
Quem se beneficia é qualquer outra pessoa que não seja o autor do crime anteriormente praticado.	O próprio autor do crime anteriormente cometido é o beneficiado pela conduta.
Exige-se que o proveito seja econômico.	O proveito pode ser tanto econômico quando de outra natureza.

Favorecimento Real Impróprio

Art. 349-A. Ingressar, promover, intermediar, auxiliar ou facilitar a entrada de aparelho telefônico de comunicação móvel, de rádio ou similar, sem autorização legal, em estabelecimento prisional.
Pena - detenção, de 3 (três) meses a 1 (um) ano.

Esse crime foi introduzido pela Lei nº 12.012/2009 e o legislador não atribuiu denominação alguma para esse crime, transferindo essa tarefa à jurisprudência e à doutrina.

Classificação

É um crime de ação múltipla ou de conteúdo variado, ou seja, se o agente vier a cometer mais de um núcleo do tipo no mesmo contexto fático, configurará crime único.

É um crime de forma livre, admitindo qualquer meio de execução.

Ex.: A esposa de um detento que oculta um aparelho celular em suas partes íntimas e leva ao interno no dia de visita ou joga o aparelho por cima dos muros da cadeia e até mesmo coloca os aparelhos no interior de alimentos (bolo, torta).

Sujeitos do Crime

Sujeito Ativo: é um crime comum, podendo ser praticado por qualquer pessoa, vale ressaltar que até mesmo um preso pode ser sujeito ativo do crime tipificado no Art. 349-A, somente se este estiver em alguma permissão de saída ou saída temporária e também pode ser partícipe, por exemplo, o preso que induz sua esposa a levar a ele o aparelho de comunicação.

Sujeito Passivo: é o Estado.

Consumação e Tentativa

É considerado crime de mera conduta, ou seja, a lei sequer prevê qualquer resultado naturalístico. Consuma-se o crime quando é praticada qualquer das condutas descritas no tipo (ingressar, promover, intermediar, auxiliar ou facilitar a entrada de aparelho de comunicação ou similar em estabelecimento prisional).

A tentativa é plenamente possível.

Ex.: Tício, em horário de visita, ao tentar ingressar no presídio onde seu primo está preso, esconde em sua blusa um aparelho celular e acaba sendo preso em flagrante durante a revista pessoal.

Descrição do Crime

O objeto material do crime pode ser qualquer instrumento que tenha potencial de comunicação. (aparelho telefônico, *walkie-talkie*, *webcam*).

Não é exigido qualquer fim específico, basta o dolo, por parte do agente, de levar ao poder do preso o aparelho de comunicação.

Exercício Arbitrário ou Abuso de Poder

Art. 350. Ordenar ou executar medida privativa de liberdade individual, sem as formalidades legais ou com abuso de poder:
Pena - detenção, de um mês a um ano.
Parágrafo único. Na mesma pena incorre o funcionário que:
I. Ilegalmente recebe e recolhe alguém a prisão, ou a estabelecimento destinado a execução de pena privativa de liberdade ou de medida de segurança;
II. Prolonga e execução de pena ou de medida de segurança, deixando de expedir em tempo oportuno ou de executar imediatamente a ordem de liberdade;
III. Submete pessoa que está sob sua guarda ou custódia a vexame ou a constrangimento não autorizado em lei;
IV. Efetua, com abuso de poder, qualquer diligência.

Os crimes de exercício arbitrário e abuso de poder, tanto o caput como as figuras equiparadas do parágrafo único foram revogados pela Lei nº 4.898/65.

Fuga de Pessoa Presa ou Submetida a Medida de Segurança

Art. 351. Promover ou facilitar a fuga de pessoa legalmente presa ou submetida a medida de segurança detentiva:
Pena - detenção, de seis meses a dois anos.
§ 1º. Se o crime é praticado à mão armada, ou por mais de uma pessoa, ou mediante arrombamento, a pena é de reclusão, de dois a seis anos.
§ 2º. Se há emprego de violência contra pessoa, aplica-se também a pena correspondente à violência.
§ 3º. A pena é de reclusão, de um a quatro anos, se o crime é praticado por pessoa sob cuja custódia ou guarda está o preso ou o internado.
§ 4º. No caso de culpa do funcionário incumbido da custódia ou guarda, aplica-se a pena de detenção, de três meses a um ano, ou multa.

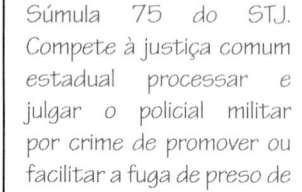

> Súmula 75 do STJ. Compete à justiça comum estadual processar e julgar o policial militar por crime de promover ou facilitar a fuga de preso de estabelecimento penal.

Evasão Mediante Violência contra a Pessoa

Art. 352. Evadir-se ou tentar evadir-se o preso ou o indivíduo submetido a medida de segurança detentiva, usando de violência contra a pessoa:
Pena - detenção, de três meses a um ano, além da pena correspondente à violência

Arrebatamento de Preso

Art. 353. Arrebatar preso, a fim de maltratá-lo, do poder de quem o tenha sob custódia ou guarda:
Pena - reclusão, de um a quatro anos, além da pena correspondente à violência.

Conduta

Somente uma conduta é prevista para a prática do crime, consubstanciada no núcleo arrebatar preso, com o fim de maltratá-lo (linchamento). Arrebatar significa arrancar, levar, retirar com violência.

Se não tiver o fim de maltratá-lo, não configurará este crime, mas poderá incorrer no Art. 351 do CP. promover ou facilitar fuga de pessoa presa.

O arrebatamento de pessoa submetida à medida de segurança (ou adolescente apreendido) com a finalidade de maltratá-la não configurará o crime do Art. 353 do CP. Nesses casos a retirada do internado da custódia da autoridade será atípica, respondendo o agente somente por eventual conduta posterior praticada contra o arrebatado (morte, lesões corporais etc).

Motim de Presos

Art. 354. Amotinarem-se presos, perturbando a ordem ou disciplina da prisão:
Pena - detenção, de seis meses a dois anos, além da pena correspondente à violência.

Considerações

No tipo penal não há descrição de quantos presos são necessários para configurar o motim. Para alguns autores, três presos são suficientes. Já Mirabete exige no mínimo quatro. Todavia, nenhum entendimento está consolidado, sendo essencial que constitua um ajuntamento tumultuário de aprisionados.

Patrocínio Infiel

Art. 355. Trair, na qualidade de advogado ou procurador, o dever profissional, prejudicando interesse, cujo patrocínio, em juízo, lhe é confiado:
Pena - detenção, de seis meses a três anos, e multa.

Patrocínio Simultâneo ou Tergiversação

Parágrafo único. Incorre na pena deste artigo o advogado ou procurador judicial que defende na mesma causa, simultânea ou sucessivamente, partes contrárias.

Sujeitos

Sujeito Ativo: o crime em tela somente poderá ser praticado por advogado ou procurador judicial devidamente inscrito nos quadros da OAB. Não estão incluídos no dispositivo os promotores e procuradores de justiça.

Sujeito Passivo: é o Estado e, possivelmente, o outorgante do mandato que foi prejudicado.

Conduta

Pode se dar por ação (Ex.: Manifesta-se no processo de forma contrária aos interesses da parte defendida), ou por omissão (Ex.: Deixa de recorrer).

Conforme alguns autores, o patrocínio infiel deve ser empreendido em causa judicial, pouco importando a natureza ou espécie. Desta forma, a atuação extrajudicial do profissional, como em inquérito policial, sindicância etc. não caracteriza o crime em estudo, sendo o agente passível, apenas, de punição disciplinar.

Consumação e Tentativa

Consuma-se com a ocorrência do efetivo prejuízo ao patrocinado, ainda que a situação possa ser revertida.

A tentativa é possível apenas na forma comissiva.

O dispositivo traz duas formas de infidelidade profissional:

> Não é necessário que o patrocínio se dê no mesmo processo, bastando ser a mesma causa.

Patrocínio simultâneo: consiste na conduta do advogado ou procurador que, concomitantemente, zela (ainda que por interposta pessoa) os interesses de partes contrárias.

Patrocínio sucessivo ou tergiversação: consiste na conduta do advogado que renuncia ao mandato de uma parte (ou por ela é dispensado) e passa, em seguida, a representar a outra.

No parágrafo único é dispensável a comprovação de efetivo prejuízo ao patrocinado traído - delito formal.

Sonegação de Papel ou Objeto de Valor Probatório

Art. 356. Inutilizar, total ou parcialmente, ou deixar de restituir autos, documento ou objeto de valor probatório, que recebeu na qualidade de advogado ou procurador:
Pena - detenção, de seis meses a três anos, e multa.

Exploração de Prestígio

Art. 357. Solicitar ou receber dinheiro ou qualquer outra utilidade, a pretexto de INFLUIR em juiz, jurado, órgão do Ministério Público, funcionário de justiça, perito, tradutor, intérprete ou testemunha:
Pena - reclusão, de um a cinco anos, e multa.
Parágrafo único. As penas aumentam-se de um terço, se o agente alega ou insinua que o dinheiro ou utilidade também se destina a qualquer das pessoas referidas neste artigo.

Introdução

Versa de forma similar ao crime de tráfico de influência Art. 332 do CP. Com a edição da Lei nº 9.127/95, esses dois crimes foram diferenciados e o Art. 332 passou a ser o crime de tráfico de influência. Esse delito é de ação penal pública incondicionada.

Classificação

É um crime simples, pois ofende um único bem jurídico que é a administração da justiça.

Considerado um crime comum, podendo ser praticado por qualquer pessoa.

É um crime formal quando o agente (SOLICITAR) ou material (RECEBER).

É conhecido como um crime de ação múltipla ou de conteúdo variado, mesmo o agente praticando mais de um verbo do tipo no mesmo contexto, responderá por um único crime.

Sujeitos do Crime

Sujeito Ativo: por ser considerado um crime comum, pode ser cometido por qualquer pessoa, pois a própria Descrição do Crime não exige qualquer qualidade do agente.

NOÇÕES DE DIREITO PENAL

DOS CRIMES CONTRA ADMINISTRAÇÃO PÚBLICA

Sujeito Passivo: o Estado, e também o servidor utilizado na fraude, bem como a pessoa ludibriada pelo agente.

Consumação e Tentativa

A consumação dependerá da conduta praticada:

Se a conduta do agente for solicitar, o crime se consuma com o simples pedido, independentemente do aceite da vítima enganada (crime formal).

A TENTATIVA é possível, porém dependerá de como será praticado o delito.

Ex.: "A", alegando conhecer um jurado, sem realmente conhecê-lo, solicita a "B" uma determinada vantagem para supostamente convencer o jurado a absolver seu irmão, réu em determinada ação penal.

> STF diz que, para a configuração do delito de exploração de prestígio, não é necessário que o agente influa na atuação das pessoas do tipo (juiz, jurado, perito etc.), bastando que o pedido da vantagem seja a PRETEXTO de influir. (STF. RHC 75.128/RJ)

Descrição do Crime

Exige-se um especial fim de agir por parte do agente, portanto só caracteriza o crime na forma dolosa, não admitindo a forma culposa.

Causa de Aumento de Pena

Parágrafo único. As penas aumentam-se de um terço, se o agente alega ou insinua que o dinheiro ou utilidade também se destina a qualquer das pessoas referidas no artigo.

Não é exigida a afirmação explícita de qualquer das pessoas indicadas no caput desse artigo, basta a insinuação.

Se restar provado que o destinatário da vantagem é uma das pessoas indicadas no tipo penal, restará a este a corrupção passiva (Art. 317 do CP) e ao particular e ao intermediador o crime de corrupção ativa (Art. 333 do CP).

Considerações

Exploração de prestígio (Art. 357 do CP)	Tráfico de influência (Art. 332 do CP)
Solicitar ou receber.	Solicitar, exigir, cobrar ou obter.
Ato de disposição específica relativa aos órgão ou funcionários da administração da justiça.	Ato praticado por funcionário público no exercício da função.

Violência ou Fraude em Arrematação Judicial

Art. 358. Impedir, perturbar ou fraudar arrematação judicial; afastar ou procurar afastar concorrente ou licitante, por meio de violência, grave ameaça, fraude ou oferecimento de vantagem:
Pena - detenção, de dois meses a um ano, ou multa, além da pena correspondente à violência.

Desobediência a Decisão Judicial Sobre Perda ou Suspensão de Direito

Art. 359. Exercer função, atividade, direito, autoridade ou múnus, de que foi suspenso ou privado por decisão judicial:
Pena - detenção, de três meses a dois anos, ou multa.

6.6 Dos Crimes Contra as Finanças Públicas

Contração de Operação de Crédito

Art. 359-A. Ordenar, autorizar ou realizar operação de crédito, interno ou externo, sem prévia autorização legislativa:
Pena - reclusão, de 1 (um) a 2 (dois) anos.
Parágrafo único. Incide na mesma pena quem ordena, autoriza ou realiza operação de crédito, interno ou externo:
I. Com inobservância de limite, condição ou montante estabelecido em lei ou em resolução do Senado Federal;
II. Quando o montante da dívida consolidada ultrapassa o limite máximo autorizado por lei.

Inscrição de Despesas não Empenhadas em Restos a Pagar

Art. 359-B. Ordenar ou autorizar a inscrição em restos a pagar, de despesa que não tenha sido previamente empenhada ou que exceda limite estabelecido em lei:
Pena - detenção, de 6 (seis) meses a 2 (dois) anos.

Assunção de Obrigação no Último Ano do Mandato ou Legislatura

Art. 359-C. Ordenar ou autorizar a assunção de obrigação, nos dois últimos quadrimestres do último ano do mandato ou legislatura, cuja despesa não possa ser paga no mesmo exercício financeiro ou, caso reste parcela a ser paga no exercício seguinte, que não tenha contrapartida suficiente de disponibilidade de caixa:
Pena - reclusão, de 1 (um) a 4 (quatro) anos.

Ordenação de Despesa não Autorizada

Art. 359-D. Ordenar despesa não autorizada por lei:
Pena - reclusão, de 1 (um) a 4 (quatro) anos.

Prestação de Garantia Graciosa

Art. 359-E. Prestar garantia em operação de crédito sem que tenha sido constituída contragarantia em valor igual ou superior ao valor da garantia prestada, na forma da lei:
Pena - detenção, de 3 (três) meses a 1 (um) ano.

Não Cancelamento de Restos a Pagar

Art. 359-F. Deixar de ordenar, de autorizar ou de promover o cancelamento do montante de restos a pagar inscrito em valor superior ao permitido em lei:
Pena - detenção, de 6 (seis) meses a 2 (dois) anos.

Aumento de Despesa Total com Pessoal no Último Ano do Mandato ou Legislatura

Art. 359-G. Ordenar, autorizar ou executar ato que acarrete aumento de despesa total com pessoal, nos cento e oitenta dias anteriores ao final do mandato ou da legislatura:
Pena - reclusão, de 1 (um) a 4 (quatro) anos.

Oferta Pública ou Colocação de Títulos no Mercado

Art. 359-H. *Ordenar, autorizar ou promover a oferta pública ou a colocação no mercado financeiro de títulos da dívida pública sem que tenham sido criados por lei ou sem que estejam registrados em sistema centralizado de liquidação e de custódia:*
Pena - *reclusão, de 1 (um) a 4 (quatro) anos.*

Questões

01. (CONSULPLAN) Considere a seguinte situação hipotética: "Tício", funcionário público municipal concursado, exige, para si, diretamente em razão da função, vantagem indevida. Em tal hipótese, o referido funcionário estará cometendo o crime de
   a) Peculato.
   b) Concussão.
   c) Prevaricação.
   d) Corrupção ativa.

Gabaritos

| 01 | B |

NOÇÕES DE DIREITOS HUMANOS E PARTICIPAÇÃO SOCIAL

1. DECLARAÇÃO UNIVERSAL DOS DIREITOS HUMANOS (DUDH)

O período que sucedeu a Segunda Guerra Mundial carregou consigo a memória viva das grandes atrocidades experimentadas em um conflito sangrento e de proporções alarmantes. A barbárie imposta pelos nazistas, consolidada sobre a lógica da "supremacia racial", fez com que o mundo se colocasse diante de situações de absoluta desumanidade em que os direitos mais básicos do ser humano eram negados, restando-lhe a fome, a falta de liberdade, o trabalho forçado, o sofrimento e a morte. Contudo, a consolidação das potências bélicas, vitoriosas da grande guerra, resultou no encabeçamento de um movimento que traria respeito e segurança aos direitos humanos, garantindo-lhes proteção em qualquer tempo e lugar.

A Organização das Nações Unidas (ONU), constituída por 58 Estados-membros em sua origem, entre eles o Brasil, em 10 de dezembro de 1948 instituiu, por meio da resolução 217 A (III), a Declaração Universal dos Direitos Humanos (DUDH). Quando foi editada a Resolução, ela era apenas uma recomendação, não possuía força vinculante. Este posicionamento não é mais adequado porque décadas após a Resolução que criou a DUDH, os Tribunais Internacionais consideram que essa Resolução pode ser vista como espelho do costume internacional de Proteção dos Direitos Humanos.

Constituída por 30 artigos, o documento traz a defesa dos direitos básicos para a promoção da dignidade humana. Sem distinção de cor, nacionalidade, orientação sexual, política ou religiosa, a resolução visa impedir as arbitrariedades dos indivíduos e dos Estados que firam os Direitos Humanos.

Considerando que o reconhecimento da dignidade inerente a todos os membros da família humana e de seus direitos iguais e inalienáveis é o fundamento da liberdade, da justiça e da paz no mundo,

Considerando que o desprezo e o desrespeito pelos direitos humanos resultam em atos bárbaros que ultrajam a consciência da humanidade e que o advento de um mundo em que os homens gozem de liberdade de palavra, descrença e da liberdade de viverem a salvo do temor e da necessidade foi proclamado como a mais alta aspiração do homem comum, (...)

Considerando que os povos das Nações Unidas reafirmaram, na Carta, sua fé nos direitos humanos fundamentais, na dignidade e no valor da pessoa humana e na igualdade de direitos dos homens e das mulheres, e que decidiram promover o progresso social e melhores condições de vida em uma liberdade mais ampla,

Considerando que uma compreensão comum desses direitos e liberdades é da mais alta importância para o pleno cumprimento desse compromisso.

Trechos retirados do Preâmbulo da DUDH, 1948.

Vejamos alguns trechos da DUDH:

A presente Declaração Universal dos Direitos Humanos como o ideal comum a ser atingido por todos os povos e todas as nações, com o objetivo de que cada indivíduo e cada órgão da sociedade, tendo sempre em mente esta Declaração, se esforce, através do ensino e da educação, por promover o respeito a esses direitos e liberdades, e, pela adoção de medidas progressivas de caráter nacional e internacional, por assegurar o seu reconhecimento e a sua observância universal e efetiva, tanto entre os povos dos próprios Estados-Membros, quanto entre os povos dos territórios sob sua jurisdição.	OBJETIVO

Medidas progressivas: não é intenção da Declaração Universal dos Direitos Humanos que suas medidas sejam compreendidas e estabelecidas de maneira absoluta.

Artigo 1

Todos os seres humanos nascem livres e iguais em dignidade e direitos. São dotados de razão e consciência e devem agir em relação uns aos outros com espírito de fraternidade.	Declaração dos Direitos do Homem e do Cidadão, 1789.

Artigo 2

Toda pessoa tem capacidade para gozar os direitos e as liberdades estabelecidas nesta Declaração, sem distinção de qualquer espécie, seja de raça, cor, sexo, língua, religião, opinião política ou de outra natureza, origem nacional ou social, riqueza, nascimento, ou qualquer outra condição. Não será tampouco feita qualquer distinção fundada na condição política, jurídica ou internacional do país ou território a que pertença uma pessoa, quer se trate de um território independente, sob tutela, sem governo próprio, quer sujeito a qualquer outra limitação de soberania.	Nenhum pré-requisito é motivo de distinção entre cidadãos em relação ao direito.

Artigo 3

Toda pessoa tem direito à vida, à liberdade e à segurança pessoal. Exceção: Em caso de Guerra Declarada.	Não podemos encarar de forma absoluta.

Artigo 4

Ninguém será mantido em escravidão ou servidão; a escravidão e o tráfico de escravos serão proibidos em todas as suas formas.	Vedação à escravidão, para alguns autores temos um direito que se reveste de caráter absoluto.

Artigo 8

Todo ser humano tem direito a receber dos tribunais nacionais competentes remédio efetivo para os atos que violem os direitos fundamentais que lhe sejam reconhecidos pela constituição ou pela lei.	Base para os remédios constitucionais.

NOÇÕES DE DIREITOS HUMANOS E PARTICIPAÇÃO SOCIAL

DECLARAÇÃO UNIVERSAL DOS DIREITOS HUMANOS (DUDH)

Artigo 11.

1. Todo ser humano acusado de um ato delituoso tem o direito de ser presumido inocente até que a sua culpabilidade tenha sido provada de acordo com a lei, em julgamento público no qual lhe tenham sido asseguradas todas as garantias necessárias à sua defesa.	Presunção de inocência.
2. Ninguém poderá ser culpado por qualquer ação ou omissão que, no momento, não constituíam delito perante o direito nacional ou internacional. Também não será imposta pena mais forte do que aquela que, no momento da prática, era aplicável ao ato delituoso.	Reserva Legal.

1.1 Em alguns artigos da DUDH, podemos ver (Grifos Nossos) os Principais Direitos Tutelados

Artigo 5

Ninguém será submetido à tortura nem a tratamento ou **castigo cruel, desumano** ou **degradante**.

Artigo 6

Todo ser humano tem o direito de ser, em todos os lugares, reconhecido como pessoa perante a lei.

Artigo 7

Todos são iguais perante a lei e têm direito, sem qualquer distinção, a igual proteção da lei. **Todos têm direito a igual proteção contra qualquer discriminação** que viole a presente Declaração e contra qualquer incitamento a tal discriminação.

Artigo 13

1. Todo ser humano tem direito à **liberdade de locomoção** e residência dentro das fronteiras de cada Estado.
2. Todo ser humano tem o direito de deixar qualquer país, inclusive o próprio, e a este regressar.

Artigo 14

1. Toda pessoa, vítima de perseguição, tem o direito de **procurar e de gozar asilo em outros países**.
2. Este direito **não pode ser invocado em caso de perseguição legitimamente motivada** por crimes de direito comum ou por atos contrários aos objetivos e princípios das Nações Unidas.

Artigo 15

1. Todo ser humano tem **direito a uma nacionalidade**.
2. Ninguém será arbitrariamente privado de sua nacionalidade, nem do direito de mudar de nacionalidade.

Artigo 16

1. Os homens e mulheres de maior idade, sem qualquer restrição de raça, nacionalidade ou religião, têm o **direito de contrair matrimônio e fundar uma família**. Gozam de iguais direitos em relação ao casamento, sua duração e sua dissolução.
2. O casamento não será válido senão com o livre e pleno consentimento dos nubentes.
3. A **família** é o núcleo natural e fundamental da sociedade e **tem direito à proteção da sociedade e do Estado**.

Artigo 17

1. Todo ser humano tem **direito à propriedade**, só ou em sociedade com outros.
2. Ninguém será arbitrariamente privado de sua propriedade.

Artigo 20

1. Todo ser humano tem direito à **liberdade de reunião e associação pacífica**.
2. Ninguém pode ser obrigado a fazer parte de uma associação.

Artigo 21

1. Todo ser humano tem o **direito de tomar parte no governo de seu** país diretamente ou por intermédio de representantes livremente escolhidos.
2. Todo ser humano tem igual direito de **acesso ao serviço público** do seu país.
3. A **vontade do povo** será a base da autoridade do governo; esta vontade será expressa em **eleições periódicas e legítimas**, por **sufrágio universal**, por **voto secreto** ou processo equivalente que assegure a liberdade de voto.

Artigo 26

1. Todo ser humano tem **direito à instrução**. A instrução será **gratuita, pelo menos nos graus elementares** e **fundamentais**. A instrução elementar será **obrigatória**. A instrução técnico-profissional será acessível a todos, bem como a **instrução superior**, está **baseada no mérito**.
2. A instrução **será orientada no sentido do pleno desenvolvimento da personalidade humana e do fortalecimento do respeito pelos direitos humanos e pelas liberdades fundamentais**. A instrução promoverá a compreensão, a tolerância e a amizade entre todas as nações e grupos raciais ou religiosos, e coadjuvará as atividades das Nações Unidas em prol da manutenção da paz.

1.2 Breves Considerações sobre a Declaração Universal dos Direitos Humanos

> Quando a Declaração Universal dos Direitos Humanos começou a ser pensada, o mundo ainda sentia os efeitos da Segunda Guerra Mundial, encerrada em 1945.

> Outros documentos já haviam sido redigidos em reação a tratamentos desumanos e injustiças, como a Declaração de Direitos Inglesa (elaborada em 1689, após as Guerras Civis Inglesas, para pregar a democracia) e a Declaração dos Direitos do Homem e do Cidadão (redigida em 1789, após a Revolução Francesa, a fim de proclamar a igualdade para todos).

> Depois da Segunda Guerra e da criação da Organização das Nações Unidas (também em 1945), líderes mundiais decidiram complementar a promessa da comunidade internacional de nunca mais permitir atrocidades como as que haviam sido vistas na guerra. Assim, elaboraram um guia para garantir os direitos de todas as pessoas e em todos os lugares do globo.

> O documento foi apresentado na primeira Assembleia Geral da ONU em 1946 e repassado à Comissão de Direitos Humanos para que fosse usado na preparação de uma declaração internacional de direitos. Na primeira sessão da comissão em 1947, seus membros foram autorizados a elaborar o que foi chamado de "esboço preliminar da Declaração Internacional dos Direitos Humanos".

> Um comitê formado por membros de oito países recebeu a declaração e se reuniu pela primeira vez em 1947. Ele foi presidido por Eleanor Roosevelt, viúva do presidente americano Franklin D. Roosevelt. O responsável pelo primeiro esboço da declaração, o francês René Cassin, também participou.

> O primeiro rascunho da Declaração Universal dos Direitos Humanos, que contou com a participação de mais de 50 países na redação, foi apresentado em setembro de 1948 e teve seu texto final redigido em menos de dois anos.

1.3 Direitos Humanos e Legislação Brasileira

> Podemos afirmar uma clara violação dos direitos humanos durante 21 anos (1964 a 1985).

> Temos uma violação desigual atingindo a Sociedade em diferentes níveis.

> A Emenda Constitucional nº 1, de 1969, alterou o Texto Constitucional, formando na prática uma nova Constituição (referente a Constituição de 1967).

> Em 1984, como resposta à repressão imposta pela Constituição de 1967 aos Direitos Políticos, surgiu o movimento das "Diretas Já", que reivindicava a volta das eleições diretas no Brasil para eleger o Presidente da República. No primeiro momento, o movimento não logrou êxito plenamente, pois a primeira eleição após o regime militar foi indireta, realizada pelo Congresso. Entretanto, conseguiu um bom resultado quando, nestas eleições, conseguiu devolver o governo à sociedade civil.

> A Constituição de 1988, conhecida como "Constituição Cidadã", é a que melhor representa a harmonia do Brasil com os Direitos Humanos nos dias atuais, pelo menos em tese. Pela própria estrutura da Constituição, como ela é escrita e como seus artigos estão organizados, percebemos que há um maior destaque para os Direitos Humanos: estes aparecem logo nas primeiras linhas do texto constitucional, sendo uma forma de demonstrar que o constituinte quis garanti-los e fazer deles a base para a nova sociedade que nascia a partir daquele momento.

> Logo no primeiro artigo, encontramos como fundamento da República Federativa do Brasil a "dignidade da pessoa humana", os "valores sociais do trabalho e da livre iniciativa" e o "pluralismo político". Isto prova que a nova ordem social, acolhida e inaugurada pela nova Constituição, rompe com aquela criada em 1967, e valorizava os Direitos Sociais, Trabalhistas e Políticos. É, porém, no Art. 5º da Carta de 1988, que encontramos o maior leque de direitos garantidos; vão desde direitos individuais e coletivos, passando por direitos civis, até instrumentos de controle judiciário da vida social e de limitações ao direito estatal de punir. É um grande avanço comparado à constituição anterior.

Questões

01. É correto afirmar sobre a Declaração Universal dos Direitos Humanos.
a) Não se admite a prisão, a detenção ou o exílio arbitrário.
b) Admite-se a tortura, excepcionalmente, para se penalizar crimes hediondos.
c) Todo acusado deverá ser considerado culpado até que se prove a sua inocência.
d) É vedada a escravatura, porém, admite-se a servidão de pessoas até dezoito anos.
e) É obrigação dos Estados signatários da Declaração instituírem tribunais parciais e dependentes.

02. É correto afirmar sobre a Declaração Universal dos Direitos Humanos.
a) O caráter laico do Estado dispensa proteção ao direito de religião.
b) Todos os seres humanos nascem livres e iguais em dignidade e em direitos.
c) A proteção à opinião política é reduzida em razão da salvaguarda das liberdades.
d) Por não possuir natureza comercial, não há previsão de proteção e satisfação de direitos econômicos.
e) A Declaração somente protege direitos de cidadãos residentes em países ou territórios plenamente livres e soberanos.

03. Considerando o quanto disposto na Declaração Universal dos Direitos Humanos, é correto afirmar que:
a) a liberdade de opinião e de expressão não inclui a liberdade de transmitir informações por qualquer meio e independente de fronteiras.
b) toda pessoa tem direito a repouso e lazer, inclusive a limitação razoável das horas de trabalho e a férias periódicas não remuneradas.
c) toda pessoa, vítima de perseguição, tem o direito de procurar e de gozar asilo em outros países com os quais existe tratado de reciprocidade.
d) toda pessoa tem o direito de tomar parte no governo de seu país, diretamente ou por intermédio de representantes livremente escolhidos.
e) não será feita qualquer distinção fundada na condição política, jurídica ou internacional do país ou território a que pertença uma pessoa, desde que tal território não esteja sujeito a qualquer tipo de limitação de soberania.

04. A Declaração Universal dos Direitos do Homem foi adotada em 10 de dezembro de 1948. A seu respeito, assinale a alternativa correta.
a) Não tratou do direito à propriedade, tendo em vista que esse ponto poderia ser objeto de impasse com os Estados do bloco socialista.
b) Embora sem grande repercussão, garante o direito à felicidade que, nos últimos anos, tem sido tema de grande debate nacional e internacional.
c) Dada sua correlação com os direitos naturais, houve grande consenso em torno do documento que contou com a aprovação unânime dos Estados, sem reprovações ou abstenções.
d) Estabelece três categorias de direitos: os direitos civis e políticos, os direitos econômicos, sociais e culturais e os direitos coletivos, combinando, de forma inédita, os discursos liberal, social e plural.

NOÇÕES DE DIREITOS HUMANOS E PARTICIPAÇÃO SOCIAL

DECLARAÇÃO UNIVERSAL DOS DIREITOS HUMANOS (DUDH)

e) Não apresenta força de lei, por não ser um tratado. Foi adotada pela Assembleia das Nações Unidas sob a forma de resolução. Contudo, como consagra valores básicos universais, reconhece-se sua força vinculante.

05. Os direitos humanos são direitos inerentes a todos os seres humanos, independentemente de raça, sexo, nacionalidade, etnia, idioma, religião ou qualquer outra condição. De acordo com o que prescreve a Declaração Universal dos Direitos Humanos leia e analise as assertivas abaixo:

I. Todo ser humano tem o direito de ser, em todos os lugares, reconhecido como pessoa perante a lei.

II. Todos são iguais perante a lei e têm direito, sem qualquer distinção, a igual proteção da lei. Todos têm direito a igual proteção contra qualquer discriminação que viole a presente Declaração e contra qualquer incitamento a tal discriminação.

III. Todo ser humano tem direito a receber dos tribunais nacionais competentes remédio efetivo para os atos que violem os direitos fundamentais que lhe sejam reconhecidos pela constituição ou pela lei.

a) Somente as assertivas I e II estão corretas.
b) Somente as assertivas II e III estão corretas.
c) Somente as assertivas I e III estão corretas.
d) Somente a assertiva I está correta.
e) Todas as assertivas estão corretas.

Gabaritos

01	A	04	E
02	B	05	E
03	D		

2. PROGRAMA NACIONAL DE DIREITOS HUMANOS (PNDH-3)

2.1 Considerações Gerais

O PNDH3 tem como base uma estrutura sistemática e que tenta englobar o máximo possível, com eficácia e eficiência, os pontos discutidos em todos os momentos que anteciparam sua afirmação, que foram:

- 6 EIXOS ORIENTADORES
- 25 DIRETRIZES
- 82 OBJETIVOS ESTRATÉGICOS
- 521 AÇÕES PROGRAMÁTICAS

Os objetivos estratégicos e as ações programáticas constam no anexo ao decreto 7037/2009

Eixo orientador I: Interação democrática entre Estado e Sociedade Civil.

Diretriz 1: Interação democrática entre Estado e sociedade civil como instrumento de fortalecimento da democracia participativa.

Diretriz 2: Fortalecimento dos Direitos Humanos como instrumento transversal das políticas públicas e de interação democrática.

Diretriz 3: Interação e Ampliação dos sistemas de informação em Direitos Humanos e construção de mecanismos de avaliação e monitoramento de sua efetivação.

6 objetivos – 28 ações programáticas

Eixo orientador II: Desenvolvimento e Direitos Humanos.

Diretriz 4: Efetivação de modelo de desenvolvimento sustentável, com inclusão social e econômica, ambientalmente equilibrado e tecnologicamente responsável, cultural e regionalmente diverso, participativo e não discriminatório.

Diretriz 5: Valorização da pessoa humana como sujeito central do processo de desenvolvimento.

Diretriz 6: Promover e proteger os direitos ambientais como Direitos Humanos, incluindo as gerações futuras como sujeitos de direitos.

8 objetivos – 54 ações programáticas

Eixo orientador III: Universalizar direitos em um contexto de desigualdades.

Diretriz 7: Garantia dos Direitos Humanos de forma universal, indivisível e interdependente, assegurando a cidadania plena.

Diretriz 8: Promoção de direitos de crianças e adolescentes para o seu desenvolvimento integral, de forma não discriminatória assegurando seu direito de opinião e participação.

Diretriz 9: Combate às desigualdades estruturais.

Diretriz 10: Garantia da igualdade na diversidade.

25 objetivos – 213 ações programáticas

Eixo orientador IV: Segurança Pública, acesso à Justiça e Combate à violência.

Diretriz 11: Democratização e modernização do sistema de segurança pública.

Diretriz 12: Transparência e participação popular no sistema de segurança pública e justiça criminal.

Diretriz 13: Prevenção da violência e da criminalidade e profissionalização da investigação de atos criminosos.

Diretriz 14: Combate à violência institucional, com ênfase na erradicação da tortura e na redução da letalidade policial e carcerária.

Diretriz 15: Garantia dos direitos das vítimas de crimes e de proteção das pessoas ameaçadas.

Diretriz 16: Modernização da política de execução penal, priorizando a aplicação de penas e medidas alternativas à privação de liberdade e melhoria do sistema penitenciário.

Diretriz 17: Promoção de sistema de justiça mais acessível, ágil e efetivo, para o conhecimento, a garantia e a defesa dos direitos.

29 objetivos – 161 ações programáticas

Eixo orientador V: Educação e Cultura em Direitos Humanos

Diretriz 18: Efetivação das diretrizes e dos princípios da política nacional de educação em Direitos Humanos para fortalecer cultura de direitos.

Diretriz 19: Fortalecimento dos princípios de democracia e dos Direitos Humanos nos sistemas de educação básica, nas instituições de ensino superior e nas instituições formadoras.

Diretriz 20: Reconhecimento da educação não formal como espaço de defesa e promoção dos Direitos Humanos.

Diretriz 21: Promoção da educação em Direitos Humanos no serviço público.

Diretriz 22: Garantia do direito à comunicação democrática e o acesso à informação para a consolidação de uma cultura em Direitos Humanos.

11 objetivos – 59 ações

Eixo orientador VI: Direito à Memória e à Verdade.

Diretriz 23: Reconhecimento da memória e da verdade como Direito Humano da cidadania e dever do Estado.

Diretriz 24: Preservação da memória histórica e a construção pública da verdade.

Diretriz 25: Modernização da Legislação relacionada com a promoção do direito à memória e à verdade, fortalecendo a democracia.

3 objetivos – 11 ações

PROGRAMA NACIONAL DE DIREITOS HUMANOS (PNDH-3)

Eixo I	Eixo II	Eixo III
• Diálogo entre Estado e Sociedade Civil; • Pressuposição de que a participação social está no monitoramento das políticas públicas que garantam a realização dos Direitos Humanos e da legitimação da Democracia.	• Evidencia a inclusão social; • A ampliação do espaço da cidadania; • Levanta reflexões acerca das futuras gerações; • Além de atitudes que garantam os direitos dos cidadãos futuros.	• Evidencia a necessidade de reconhecimento das desigualdades; • A concretização da igualdade frente a uma sociedade desigual; • Iniciativas para diminuição ou erradicação de problemas sociais que impeçam o desenvolvimento dos Direitos Humanos.

Eixo IV	Eixo V	Eixo VI
• Metas a serem traçadas no combate à violência; • Aplicação de medidas que promovam mais acesso à justiça; • Transparência da justiça e dos indivíduos que a ela promovem.	• Atitudes com relação à ponte Educação – Direitos humanos; • Atitudes com relação à ponte Cultura – direitos Humanos.	• Valorização dos princípios históricos como valorização dos Direitos Humanos; • Reflexão acerca do processo histórico dos Direitos Humanos, evitando o retorno a momentos de violação desses direitos.

A seguir apresentaremos o texto do decreto 7037/09 na íntegra, porém com algumas contextualizações importantes para o entendimento de cada Eixo Orientador, retiradas do anexo do próprio decreto.

Decreto nº 7.037, de 21 de dezembro de 2009.

Aprova o Programa Nacional de Direitos Humanos - PNDH-3 e dá outras providências.

O PRESIDENTE DA REPÚBLICA, no uso da atribuição que lhe confere o art. 84, inciso VI, alínea "a", da Constituição,

DECRETA:

Art. 1º Fica aprovado o Programa Nacional de Direitos Humanos – PNDH-3, em consonância com as diretrizes, objetivos estratégicos e ações programáticas estabelecidos, na forma do Anexo deste Decreto.

Art. 2º O PNDH-3 será implementado de acordo com os seguintes eixos orientadores e suas respectivas diretrizes:

I. Eixo Orientador I: Interação democrática entre Estado e sociedade civil:

CONTEXTUALIZAÇÃO

A partir da metade dos anos 1970, começam a ressurgir no Brasil iniciativas de rearticulação dos movimentos sociais, a despeito da repressão política e da ausência de canais democráticos de participação. Fortes protestos e a luta pela democracia marcaram esse período. Paralelamente, surgiram iniciativas populares nos bairros reivindicando direitos básicos como saúde, transporte, moradia e controle do custo de vida. Em um primeiro momento, eram iniciativas atomizadas, buscando conquistas parciais, mas que ao longo dos anos foram se caracterizando como movimentos sociais organizados.

Com o avanço da democratização do País, os movimentos sociais se multiplicaram. Alguns deles se institucionalizaram e passaram a ter expressão política. Os movimentos populares e sindicatos foram, no caso brasileiro, os principais promotores da mudança e da ruptura política em diversas épocas e contextos históricos. Com efeito, durante a etapa de elaboração da Constituição Cidadã de 1988, esses segmentos atuaram de forma especialmente articulada, afirmando-se como um dos pilares da democracia e influenciando diretamente os rumos do País.

Nos anos que se seguiram, os movimentos passaram a se consolidar por meio de redes com abrangência regional ou nacional, firmando-se como sujeitos na formulação e no monitoramento das políticas públicas. Nos anos 1990, desempenharam papel fundamental na resistência a todas as orientações do neoliberalismo de flexibilização dos direitos sociais, privatizações, dogmatismo do mercado e enfraquecimento do Estado. Nesse mesmo período, multiplicaram-se pelo País experiências de gestão estadual e municipal em que lideranças desses movimentos, em larga escala, passaram a desempenhar funções de gestores públicos.

Com as eleições de 2002, alguns dos setores mais organizados da sociedade trouxeram reivindicações históricas acumuladas, passando a influenciar diretamente a atuação do governo e vivendo de perto suas contradições internas. Nesse novo cenário, o diálogo entre Estado e sociedade civil assumiu especial relevo, com a compreensão e a preservação do distinto papel de cada um dos segmentos no processo de gestão. A interação é desenhada por acordos e dissensos, debates de ideias e pela deliberação em torno de propostas. Esses requisitos são imprescindíveis ao pleno exercício da democracia, cabendo à sociedade civil exigir, pressionar, cobrar, criticar, propor e fiscalizar as ações do Estado.

Essa concepção de interação democrática construída entre os diversos órgãos do Estado e a sociedade civil trouxe consigo resultados práticos em termos de políticas públicas e avanços na interlocução de setores do poder público com toda a diversidade social, cultural, étnica e regional que caracteriza os movimentos sociais em nosso País. Avançou-se fundamentalmente na compreensão de que os Direitos Humanos constituem condição para a prevalência da dignidade humana, e que devem ser promovidos e protegidos por meio do esforço conjunto do Estado e da sociedade civil.

Uma das finalidades do PNDH-3 é dar continuidade à integração e ao aprimoramento dos mecanismos de participação existentes, bem como criar novos meios de construção e monitoramento das políticas públicas sobre Direitos Humanos no Brasil. No âmbito institucional o PNDH-3 amplia as conquistas na área de direitos e garantias fundamentais, pois internaliza a diretriz segundo a qual a primazia dos Direitos Humanos constitui princípio transversal a ser considerado em todas as políticas públicas.

a) Diretriz 1: Interação democrática entre Estado e sociedade civil como instrumento de fortalecimento da democracia participativa;

b) Diretriz 2: Fortalecimento dos Direitos Humanos como instrumento transversal das políticas públicas e de interação democrática; e

c) Diretriz 3: Integração e ampliação dos sistemas de informações em Direitos Humanos e construção de mecanismos de avaliação e monitoramento de sua efetivação;

As diretrizes deste capítulo discorrem sobre a importância de fortalecer a garantia e os instrumentos de participação social, o caráter transversal dos Direitos Humanos e a construção de mecanismos de avaliação e monitoramento de sua efetivação. Isso inclui a construção de sistema de indicadores de Direitos Humanos e a articulação de políticas e instrumentos de monitoramento existentes.

O Poder Executivo tem papel protagonista na coordenação e implementação do PNDH-3, mas faz-se necessária a definição de responsabilidades compartilhadas entre a União, Estados, Municípios e Distrito Federal na execução de políticas públicas, tanto quanto a criação de espaços de participação e controle social nos Poderes Judiciário e Legislativo, no Ministério Público e nas Defensorias, em ambiente de respeito, proteção e efetivação dos Direitos Humanos. O conjunto dos órgãos do Estado – não apenas no âmbito do Executivo Federal – deve estar comprometido com a implementação e o monitoramento do PNDH-3.

Aperfeiçoar a interlocução entre Estado e sociedade civil depende da implementação de medidas que garantam à sociedade maior participação no acompanhamento e monitoramento das políticas públicas em Direitos Humanos, num diálogo plural e transversal entre os vários atores sociais e deles com o Estado. Ampliar o controle externo dos órgãos públicos por meio de ouvidorias, monitorar os compromissos internacionais assumidos pelo Estado brasileiro, realizar conferências periódicas sobre a temática, fortalecer e apoiar a criação de conselhos nacional, distrital, estaduais e municipais de Direitos Humanos, garantindo-lhes eficiência, autonomia e independência são algumas das formas de assegurar o aperfeiçoamento das políticas públicas por meio de diálogo, de mecanismos de controle e das ações contínuas da sociedade civil.

Fortalecer as informações em Direitos Humanos com produção e seleção de indicadores para mensurar demandas, monitorar, avaliar, reformular e propor ações efetivas, garante e consolida o controle social e a transparência das ações governamentais. A adoção de tais medidas fortalecerá a democracia participativa, na qual o Estado atua como instância republicana da promoção e defesa dos Direitos Humanos e a sociedade civil como agente ativo – propositivo e reativo – de sua implementação.

***II.** Eixo Orientador II: Desenvolvimento e Direitos Humanos:*

CONTEXTUALIZAÇÃO

O tema "desenvolvimento" tem sido amplamente debatido por ser um conceito complexo e multidisciplinar. Não existe modelo único e preestabelecido de desenvolvimento, porém pressupõe-se que ele deva garantir a livre determinação dos povos, o reconhecimento de soberania sobre seus recursos e riquezas naturais, respeito pleno à sua identidade cultural e a busca de equidade na distribuição das riquezas.

Durante muitos anos, o crescimento econômico, medido pela variação anual do Produto Interno Bruto (PIB), foi usado como indicador relevante para medir o avanço de um país. Acreditava-se que, uma vez garantido o aumento de bens e serviços, sua distribuição ocorreria de forma a satisfazer as necessidades de todas as pessoas. Constatou-se, porém, que, embora importante, o crescimento do PIB não é suficiente para causar, automaticamente, melhoria do bem estar para todas as camadas sociais. Por isso, o conceito de desenvolvimento foi adotado por ser mais abrangente e refletir, de fato, melhorias nas condições de vida dos indivíduos.

A teoria predominante de desenvolvimento econômico o define como um processo que faz aumentar as possibilidades de acesso das pessoas a bens e serviços, propiciadas pela expansão da capacidade e do âmbito das atividades econômicas. O desenvolvimento seria a medida qualitativa do progresso da economia de um país, refletindo transições de estágios mais baixos para estágios mais altos, por meio da adoção de novas tecnologias que permitem e favorecem essa transição. Cresce nos últimos anos a assimilação das ideias desenvolvidas por *Amartya Sem*, que abordam o desenvolvimento como liberdade e seus resultados centrados no bem estar social e, por conseguinte, nos direitos do ser humano.

São essenciais para o desenvolvimento: as liberdades e os direitos básicos como alimentação, saúde e educação. As privações das liberdades não são apenas resultantes da escassez de recursos, mas sim das desigualdades inerentes aos mecanismos de distribuição, da ausência de serviços públicos e de assistência do Estado para a expansão das escolhas individuais. Este conceito de desenvolvimento reconhece seu caráter pluralista e a tese de que a expansão das liberdades não representa somente um fim, mas também o meio para seu alcance. Em consequência, a sociedade deve pactuar as políticas sociais e os direitos coletivos de acesso e uso dos recursos. A partir daí, a medição de um índice de desenvolvimento humano veio substituir a medição de aumento do PIB, uma vez que o Índice de Desenvolvimento Humano (IDH) combina a riqueza per capita indicada pelo PIB aos aspectos de educação e expectativa de vida, permitindo, pela primeira vez, uma avaliação de aspectos sociais não mensurados pelos padrões econométricos.

No caso do Brasil, por muitos anos o crescimento econômico não levou à distribuição justa de renda e riqueza, mantendo-se elevados índices de desigualdade. As ações de Estado voltadas para a conquista da igualdade socioeconômica requerem ainda políticas permanentes, de longa duração, para que se verifique a plena proteção e promoção dos Direitos Humanos. É necessário que o modelo de desenvolvimento econômico tenha a preocupação de aperfeiçoar os mecanismos de distribuição de renda e de oportunidades para todos os brasileiros, bem como incorpore os valores de preservação ambiental.

Os debates sobre as mudanças climáticas e o aquecimento global, gerados pela preocupação com a maneira com que os países vêm explorando os recursos naturais e direcionando o progresso civilizatório, está na agenda do dia. Esta discussão coloca em questão os investimentos em infraestrutura e modelos de desenvolvimento econômico na área rural, baseados, em grande parte, no agronegócio, sem a preocupação com a potencial violação dos direitos de pequenos e médios agricultores e das populações tradicionais.

O desenvolvimento pode ser garantido se as pessoas forem protagonistas do processo, pressupondo a garantia de acesso de todos os indivíduos aos direitos econômicos, sociais, culturais e ambientais, e incorporando a preocupação com a preservação e a sustentabilidade como eixos estruturantes de proposta renovada de progresso. Esses direitos têm como foco a distribuição da riqueza, dos bens e serviços.

Todo esse debate traz desafios para a conceituação sobre os Direitos Humanos no sentido de incorporar o desenvolvimento como exigência fundamental. A perspectiva dos Direitos Humanos contribui para redimensionar o desenvolvimento. Motiva a passar da consideração de problemas individuais a questões de interesse comum, de bem-estar coletivo, o que alude novamente o Estado e o chama à corresponsabilidade social e à solidariedade.

a) Diretriz 4: Efetivação de modelo de desenvolvimento sustentável, com inclusão social e econômica, ambientalmente equilibrado e tecnologicamente responsável, cultural e regionalmente diverso, participativo e não discriminatório;

b) Diretriz 5: Valorização da pessoa humana como sujeito central do processo de desenvolvimento; e

c) Diretriz 6: Promover e proteger os direitos ambientais como Direitos Humanos, incluindo as gerações futuras como sujeitos de direitos;

Ressaltamos que a noção de desenvolvimento está sendo amadurecida como parte de um debate em curso na sociedade e no governo, incorporando a relação entre os direitos econômicos, sociais, culturais e ambientais, buscando a garantia do acesso ao trabalho, à saúde, à educação, à alimentação, à vida cultural, à moradia adequada, à previdência, à assistência social e a um meio ambiente sustentável. A inclusão do tema Desenvolvimento e Direitos Humanos na 11ª Conferência Nacional reforçou as estratégias governamentais em sua proposta de desenvolvimento.

Assim, este capítulo do PNDH-3 propõe instrumentos de avanço e reforça propostas para políticas públicas de redução das desigualdades sociais concretizadas por meio de ações de transferência de renda, incentivo à economia solidária e ao cooperativismo, à expansão da reforma agrária, ao fomento da aquicultura, da pesca e do extrativismo e da promoção do turismo sustentável. O PNDH-3 inova ao incorporar o meio ambiente saudável e as cidades sustentáveis como Direitos Humanos, propõe a inclusão do item "direitos ambientais" nos relatórios de monitoramento sobre Direitos Humanos e do item "Direitos Humanos" nos relatórios ambientais, assim como fomenta pesquisas de tecnologias socialmente inclusivas.

Nos projetos e empreendimentos com grande impacto socioambiental, o PNDH-3 garante a participação efetiva das populações atingidas, assim como prevê ações mitigatórias e compensatórias. Considera fundamental fiscalizar o respeito aos Direitos Humanos nos projetos implementados pelas empresas transnacionais, bem como seus impactos na manipulação das políticas de desenvolvimento. Nesse sentido, avalia como importante mensurar o impacto da biotecnologia aplicada aos alimentos, da nanotecnologia, dos poluentes orgânicos persistentes, metais pesados e outros poluentes inorgânicos em relação aos Direitos Humanos.

Alcançar o desenvolvimento com Direitos Humanos é capacitar as pessoas e as comunidades a exercerem a cidadania, com direitos e responsabilidades. É incorporar, nos projetos, a própria população brasileira, por meio de participação ativa nas decisões que afetam diretamente suas vidas. É assegurar a transparência dos grandes projetos de desenvolvimento econômico e mecanismos de compensação para a garantia dos Direitos Humanos das populações diretamente atingidas. Por fim, este PNDH-3 reforça o papel da equidade no Plano Plurianual, como instrumento de garantia de priorização orçamentária de programas sociais.

***III.** Eixo Orientador III: Universalizar direitos em um contexto de desigualdades:*

CONTEXTUALIZAÇÃO

A Declaração Universal dos Direitos Humanos afirma em seu preâmbulo que o "reconhecimento da dignidade inerente a todos os membros da família humana e de seus direitos iguais e inalienáveis é o fundamento da liberdade, da justiça e da paz no mundo". No entanto, nas vicissitudes ocorridas no cumprimento da Declaração pelos Estados signatários, identificou-se a necessidade de reconhecer as diversidades e diferenças para concretização do princípio da igualdade.

No Brasil, ao longo das últimas décadas, os Direitos Humanos passaram a ocupar uma posição de destaque no ordenamento jurídico. O País avançou decisivamente na proteção e promoção do direito às diferenças. Porém o peso negativo do passado continua a projetar no presente uma situação de profunda iniquidade social. O acesso aos direitos fundamentais continua enfrentando barreiras estruturais, resquícios de um processo histórico, até secular, marcado pelo genocídio indígena, pela escravidão e por períodos ditatoriais, práticas que continuam a ecoar em comportamentos, leis e na realidade social.

O PNDH-3 assimila os grandes avanços conquistados ao longo dos últimos anos, tanto nas políticas de erradicação da miséria e da fome quanto na preocupação com a moradia e saúde, e aponta para a continuidade e ampliação do acesso a tais políticas, fundamentais para garantir o respeito à dignidade humana. Os objetivos estratégicos direcionados à promoção da cidadania plena preconizam a universalidade, indivisibilidade e interdependência dos Direitos Humanos, condições para sua efetivação integral e igualitária. O acesso aos direitos de registro civil, alimentação adequada, terra e moradia, trabalho decente, educação, participação política, cultura, lazer, esporte e saúde, deve considerar a pessoa humana em suas múltiplas dimensões de ator social e sujeito de cidadania.

À luz da história dos movimentos sociais e de programas de governo, o PNDH-3 orienta-se pela transversalidade, para que a implementação dos direitos civis e políticos transitem pelas diversas dimensões dos direitos econômicos, sociais, culturais e ambientais. Caso contrário, grupos sociais afetados pela pobreza, pelo racismo estrutural e pela discriminação dificilmente terão acesso a tais direitos.

As ações programáticas formuladas visam enfrentar o desafio de eliminar as desigualdades, levando em conta as dimensões de gênero e raça nas políticas públicas, desde o planejamento até a sua concretização e avaliação. Há, neste sentido, propostas de criação de indicadores que possam mensurar a efetivação progressiva dos direitos. Às desigualdades soma-se a persistência da discriminação, que muitas vezes se manifesta sob a forma de violência contra sujeitos que são histórica e estruturalmente vulnerabilizados.

O combate à discriminação mostra-se necessário, mas insuficiente enquanto medida isolada. Os pactos e as convenções que integram o sistema regional e internacional de proteção dos Direitos Humanos apontam para a necessidade de combinar essas medidas com políticas compensatórias que acelerem a construção da igualdade, como forma capaz de estimular a inclusão de grupos socialmente vulneráveis. Além disso, as ações afirmativas constituem medidas especiais e temporárias que buscam remediar um passado discriminatório. No rol de movimentos e grupos sociais que demandam políticas de inclusão social encontram-se crianças, adolescentes, mulheres, pessoas idosas, lésbicas, gays, bissexuais, travestis, transexuais, pessoas com deficiência, pessoas moradoras de rua, povos indígenas, populações negras e quilombolas, ciganos, ribeirinhos, varzanteiros e pescadores, dentre outros.

a) Diretriz 7: Garantia dos Direitos Humanos de forma universal, indivisível e interdependente, assegurando a cidadania plena;
b) Diretriz 8: Promoção dos direitos de crianças e adolescentes para o seu desenvolvimento integral, de forma não discriminatória, assegurando seu direito de opinião e participação;
c) Diretriz 9: Combate às desigualdades estruturais; e
d) Diretriz 10: Garantia da igualdade na diversidade;

Definem-se, neste capítulo, medidas e políticas que devem ser efetivadas para reconhecer e proteger os indivíduos como iguais na diferença, ou seja, para valorizar a diversidade presente na população brasileira para estabelecer acesso igualitário aos direitos fundamentais. Trata-se de reforçar os programas de governo e as resoluções pactuadas nas diversas conferências nacionais temáticas, sempre sob o foco dos Direitos Humanos, com a preocupação de assegurar o respeito às diferenças e o combate às desigualdades, para o efetivo acesso aos direitos.

Por fim, em respeito à primazia constitucional de proteção e promoção da infância, do adolescente e da juventude, o capítulo aponta suas diretrizes para o respeito e a garantia das gerações futuras. Como sujeitos de direitos, as crianças, os adolescentes e os jovens são frequentemente subestimados em sua participação política e em sua capacidade decisória. Preconiza-se o dever de assegurar-lhes, desde cedo, o direito de opinião e participação.

Marcadas pelas diferenças e por sua fragilidade temporal, as crianças, os adolescentes e os jovens estão sujeitos a discriminações e violências. As ações programáticas promovem a garantia de espaços e investimentos que assegurem proteção contra qualquer forma de violência e discriminação, bem como a promoção da articulação entre família, sociedade e Estado para fortalecer a rede social de proteção que garante a efetividade de seus direitos.

IV. Eixo Orientador IV: Segurança Pública, Acesso à Justiça e Combate à Violência:

CONTEXTUALIZAÇÃO

Por muito tempo, alguns segmentos da militância em Direitos Humanos mantiveram-se distantes do debate sobre as políticas públicas de segurança no Brasil. No processo de consolidação da democracia, por diferentes razões, movimentos sociais e entidades manifestaram dificuldade no tratamento do tema. Na base dessa dificuldade, estavam a memória dos enfrentamentos com o aparato repressivo ao longo de duas décadas de regime ditatorial, a postura violenta vigente, muitas vezes, em órgãos de segurança pública, a percepção do crime e da violência como meros subprodutos de uma ordem social injusta a ser transformada em seus próprios fundamentos.

Distanciamento análogo ocorreu nas universidades, que, com poucas exceções, não se debruçaram sobre o modelo de polícia legado ou sobre os desafios da segurança pública. As polícias brasileiras, nos termos de sua tradição institucional, pouco aproveitaram da reflexão teórica e dos aportes oferecidos pela criminologia moderna e demais ciências sociais, já disponíveis há algumas décadas às polícias e aos gestores de países desenvolvidos. A cultura arraigada de rejeitar as evidências acumuladas pela pesquisa e pela experiência de reforma das polícias no mundo era a mesma que expressava nostalgia de um passado de ausência de garantias individuais e que identificava na ideia dos Direitos Humanos não a mais generosa entre as promessas construídas pela modernidade, mas uma verdadeira ameaça.

PROGRAMA NACIONAL DE DIREITOS HUMANOS (PNDH-3)

Estavam postas as condições históricas, políticas e culturais para que houvesse um fosso aparentemente intransponível entre os temas da segurança pública e os Direitos Humanos. Nos últimos anos, contudo, esse processo de estranhamento mútuo passou a ser questionado. De um lado, articulações na sociedade civil assumiram o desafio de repensar a segurança pública a partir de diálogos com especialistas na área, policiais e gestores. De outro, começaram a ser implantadas as primeiras políticas públicas buscando caminhos alternativos de redução do crime e da violência, a partir de projetos centrados na prevenção e influenciados pela cultura de paz.

A proposição do Sistema Único de Segurança Pública, a modernização de parte das nossas estruturas policiais e a aprovação de novos regimentos e leis orgânicas das polícias, a consciência crescente de que políticas de segurança pública são realidades mais amplas e complexas do que as iniciativas possíveis às chamadas "forças da segurança", o surgimento de nova geração de policiais, disposta a repensar práticas e dogmas e, sobretudo, a cobrança da opinião pública e a maior fiscalização sobre o Estado, resultante do processo de democratização, têm tornado possível a construção de agenda de reformas na área.

O Programa Nacional de Segurança Pública com Cidadania (Pronasci) e os investimentos já realizados pelo Governo Federal na montagem de rede nacional de altos estudos em segurança pública, que têm beneficiado milhares de policiais em cada Estado, simbolizam, ao lado do processo de debates da 1ª Conferência Nacional de Segurança Pública, acúmulos históricos significativos, que apontam para novas e mais importantes mudanças.

a) Diretriz 11: Democratização e modernização do sistema de segurança pública;

b) Diretriz 12: Transparência e participação popular no sistema de segurança pública e justiça criminal;

c) Diretriz 13: Prevenção da violência e da criminalidade e profissionalização da investigação de atos criminosos;

d) Diretriz 14: Combate à violência institucional, com ênfase na erradicação da tortura e na redução da letalidade policial e carcerária;

e) Diretriz 15: Garantia dos direitos das vítimas de crimes e de proteção das pessoas ameaçadas;

f) Diretriz 16: Modernização da política de execução penal, priorizando a aplicação de penas e medidas alternativas à privação de liberdade e melhoria do sistema penitenciário; e

g) Diretriz 17: Promoção de sistema de justiça mais acessível, ágil e efetivo, para o conhecimento, a garantia e a defesa de direitos;

As propostas elencadas neste eixo orientador do PNDH-3 articulam-se com tal processo histórico de transformação e exigem muito mais do que já foi alcançado. Para tanto, parte-se do pressuposto de que a realidade brasileira segue sendo gravemente marcada pela violência e por severos impasses estruturais na área da segurança pública.

Problemas antigos, como a ausência de diagnósticos, de planejamento e de definição formal de metas, a desvalorização profissional dos policiais e dos agentes penitenciários, o desperdício de recursos e a consagração de privilégios dentro das instituições, as práticas de abuso de autoridade e de violência policial contra grupos vulneráveis e a corrupção dos agentes de segurança pública demandam reformas tão urgentes quanto profundas.

As propostas sistematizadas no PNDH-3 agregam, nesse contexto, as contribuições oferecidas pelo processo da 11ª Conferência Nacional dos Direitos Humanos e avançam também sobre temas que não foram objeto de debate, trazendo para o PNDH-3 parte do acúmulo crítico que tem sido proposto ao País pelos especialistas e pesquisadores da área.

Em linhas gerais, o PNDH-3 aponta para a necessidade de ampla reforma no modelo de polícia e propõe o aprofundamento do debate sobre a implantação do ciclo completo de policiamento às corporações estaduais. Prioriza transparência e participação popular, instando ao aperfeiçoamento das estatísticas e à publicação de dados, assim como à reformulação do Conselho Nacional de Segurança Pública. Contempla a prevenção da violência e da criminalidade como diretriz, ampliando o controle sobre armas de fogo e indicando a necessidade de profissionalização da investigação criminal.

Com ênfase na erradicação da tortura e na redução da letalidade policial e carcerária, confere atenção especial ao estabelecimento de procedimentos operacionais padronizados, que previnam as ocorrências de abuso de autoridade e de violência institucional, e confiram maior segurança a policiais e agentes penitenciários. Reafirma a necessidade de criação de ouvidorias independentes em âmbito federal e, inspirado em tendências mais modernas de policiamento, estimula as iniciativas orientadas por resultados, o desenvolvimento do policiamento comunitário e voltado para a solução de problemas, elencando medidas que promovam a valorização dos trabalhadores em segurança pública. Contempla, ainda, a criação de sistema federal que integre os atuais sistemas de proteção a vítimas e testemunhas, defensores de Direitos Humanos e crianças e adolescentes ameaçados de morte.

Também como diretriz, o PNDH-3 propõe profunda reforma da Lei de Execução Penal que introduza garantias fundamentais e novos regramentos para superar as práticas abusivas, hoje comuns. E trata as penas privativas de liberdade como última alternativa, propondo a redução da demanda por encarceramento e estimulando novas formas de tratamento dos conflitos, como as sugeridas pelo mecanismo da Justiça Restaurativa.

Reafirma-se a centralidade do direito universal de acesso à Justiça, com a possibilidade de acesso aos tribunais por toda a população, com o fortalecimento das defensorias públicas e a modernização da gestão judicial, de modo a garantir respostas judiciais mais céleres e eficazes. Destacam-se, ainda, o direito de acesso à Justiça em matéria de conflitos agrários e urbanos e o necessário estímulo aos meios de soluções pacíficas de controvérsias.

O PNDH-3 apresenta neste eixo, fundamentalmente, propostas para que o Poder Público se aperfeiçoe no desenvolvimento de políticas públicas de prevenção ao crime e à violência, reforçando a noção de acesso universal à Justiça como direito fundamental, e sustentando que a democracia, os processos de participação e transparência, aliados ao uso de ferramentas científicas e à profissionalização de instituições e trabalhadores da segurança, assinalam os roteiros mais promissores para que o Brasil possa avançar no caminho da paz pública.

***V.** Eixo Orientador V: Educação e Cultura em Direitos Humanos:*

CONTEXTUALIZAÇÃO

A educação e a cultura em Direitos Humanos visam à formação de nova mentalidade coletiva para o exercício da solidariedade, do respeito às diversidades e da tolerância. Como processo sistemático e multidimensional que orienta a formação do sujeito de direitos, seu objetivo é combater o preconceito, a discriminação e a violência, promovendo a adoção de novos valores de liberdade, justiça e igualdade.

A educação em Direitos Humanos, como canal estratégico capaz de produzir uma sociedade igualitária, extrapola o direito à educação permanente e de qualidade. Trata-se de mecanismo que articula, dentre outros elementos:

a) a apreensão de conhecimentos historicamente construídos sobre Direitos Humanos e a sua relação com os contextos internacional, regional, nacional e local;

b) a afirmação de valores, atitudes e práticas sociais que expressem a cultura dos Direitos Humanos em todos os espaços da sociedade;

c) a formação de consciência cidadã capaz de se fazer presente nos níveis cognitivo, social, ético e político;

d) o desenvolvimento de processos metodológicos participativos e de construção coletiva, utilizando linguagens e materiais didáticos contextualizados;

e) o fortalecimento de políticas que gerem ações e instrumentos em favor da promoção, da proteção e da defesa dos Direitos Humanos, bem como da reparação das violações.

O PNDH-3 dialoga com o Plano Nacional de Educação em Direitos Humanos (PNEDH) como referência para a política nacional de Educação e Cultura em Direitos Humanos, estabelecendo os alicerces a serem adotados nos âmbitos nacional, estadual, distrital e municipal. O Plano Nacional de Educação em Direitos Humanos (PNEDH), refletido neste programa, se desdobra em cinco grandes áreas:

• Na educação básica, a ênfase do PNDH-3 é possibilitar, desde a infância, a formação de sujeitos de direito, priorizando as populações historicamente vulnerabilizadas. A troca de experiências entre crianças de diferentes raças e etnias, imigrantes, com deficiência física ou mental, fortalece, desde cedo, sentimento de convivência pacífica. Conhecer o diferente, desde a mais tenra idade, é perder o medo do desconhecido, formar opinião respeitosa e combater o preconceito, às vezes arraigado na própria família.

• No PNDH-3, essa concepção se traduz em propostas de mudanças curriculares, incluindo a educação transversal e permanente nos temas ligados aos Direitos Humanos e, mais especificamente, o estudo da temática de gênero e orientação sexual, das culturas indígena e afro-brasileira entre as disciplinas do ensino fundamental e médio.

• No ensino superior, as metas previstas visam a incluir os Direitos Humanos, por meio de diferentes modalidades como disciplinas, linhas de pesquisa, áreas de concentração, transversalização incluída nos projetos acadêmicos dos diferentes cursos de graduação e pós-graduação, bem como em programas e projetos de extensão.

• A educação não formal em Direitos Humanos é orientada pelos princípios da emancipação e da autonomia, configurando-se como processo de sensibilização e formação da consciência crítica. Desta forma, o PNDH-3 propõe inclusão da temática de Educação em Direitos Humanos nos programas de capacitação de lideranças comunitárias e nos programas de qualificação profissional, alfabetização de jovens e adultos, dentre outros. Volta-se, especialmente, para o estabelecimento de diálogo e parcerias permanentes como o vasto leque brasileiro de movimentos populares, sindicatos, igrejas, ONGs, clubes, entidades empresariais e toda sorte de agrupamentos da sociedade civil que desenvolvem atividades formativas em seu cotidiano.

• A formação e a educação continuada em Direitos Humanos, com recortes de gênero, relações étnico-raciais e de orientação sexual, em todo o serviço público, especialmente entre os agentes do sistema de Justiça de segurança pública, são fundamentais para consolidar o Estado Democrático e a proteção do direito à vida e à dignidade, garantindo tratamento igual a todas as pessoas e o funcionamento de sistemas de Justiça que promovam os Direitos Humanos.

a) Diretriz 18: Efetivação das diretrizes e dos princípios da política nacional de educação em Direitos Humanos para fortalecer uma cultura de direitos;

b) Diretriz 19: Fortalecimento dos princípios da democracia e dos Direitos Humanos nos sistemas de educação básica, nas instituições de ensino superior e nas instituições formadoras;

c) Diretriz 20: Reconhecimento da educação não formal como espaço de defesa e promoção dos Direitos Humanos;

d) Diretriz 21: Promoção da Educação em Direitos Humanos no serviço público; e

e) Diretriz 22: Garantia do direito à comunicação democrática e ao acesso à informação para consolidação de uma cultura em Direitos Humanos; e

Aborda-se também o papel estratégico dos meios de comunicação de massa, no sentido de construir ou desconstruir ambiente nacional e cultura social de respeito e proteção aos Direitos Humanos. Daí a importância primordial de introduzir mudanças que assegurem ampla democratização desses meios, bem como de atuar permanentemente junto a todos os profissionais e as empresas do setor (seminários, debates, reportagens, pesquisas e conferências), buscando sensibilizar e conquistar seu compromisso ético com a afirmação histórica dos Direitos Humanos.

VI. Eixo Orientador VI: Direito à Memória e à Verdade:

CONTEXTUALIZAÇÃO

A investigação do passado é fundamental para a construção da cidadania. Estudar o passado, resgatar sua verdade e trazer à tona seus acontecimentos caracterizam forma de transmissão de experiência histórica, que é essencial para a constituição da memória individual e coletiva.

O Brasil ainda processa com dificuldades o resgate da memória e da verdade sobre o que ocorreu com as vítimas atingidas pela repressão política durante o regime de 1964. A impossibilidade de acesso a todas as informações oficiais impede que familiares de mortos e desaparecidos possam conhecer os fatos relacionados aos crimes praticados e não permite à sociedade elaborar seus próprios conceitos sobre aquele período.

A história que não é transmitida de geração a geração torna-se esquecida e silenciada. O silêncio e o esquecimento das barbáries geram graves lacunas na experiência coletiva de construção da identidade nacional. Resgatando a memória e a verdade, o País adquire consciência superior sobre sua própria identidade, a democracia se fortalece. As tentações totalitárias são neutralizadas e crescem as possibilidades de erradicação definitiva de alguns resquícios daquele período sombrio, como a tortura, por exemplo, ainda persistente no cotidiano brasileiro.

O trabalho de reconstituir a memória exige revisitar o passado e compartilhar experiências de dor, violência e mortes. Somente depois de lembrá-las e fazer seu luto, será possível superar o trauma histórico e seguir adiante. A vivência do sofrimento e das perdas não pode ser reduzida a conflito privado e subjetivo, uma vez que se inscreveu num contexto social, e não individual.

A compreensão do passado por intermédio da narrativa da herança histórica e pelo reconhecimento oficial dos acontecimentos possibilita aos cidadãos construírem os valores que indicarão sua atuação no presente. O acesso a todos os arquivos e documentos produzidos durante o regime militar é fundamental no âmbito das políticas de proteção dos Direitos Humanos.

As violações sistemáticas dos Direitos Humanos pelo Estado durante o regime ditatorial são desconhecidas pela maioria da população, em especial pelos jovens. A radiografia dos atingidos pela repressão política ainda está longe de ser concluída, mas calcula-se que pelo menos cinquenta mil pessoas foram presas somente nos primeiros meses de 1964; cerca de vinte mil brasileiros foram submetidos a torturas e cerca de quatrocentos cidadãos foram mortos ou estão desaparecidos. Ocorreram milhares de prisões políticas não registradas, cento e trinta banimentos, quatro mil, oitocentos e sessenta e duas cassações de mandatos políticos, uma cifra incalculável de exílios e refugiados políticos.

a) Diretriz 23: Reconhecimento da memória e da verdade como Direito Humano da cidadania e dever do Estado;

b) Diretriz 24: Preservação da memória histórica e construção pública da verdade; e

c) Diretriz 25: Modernização da legislação relacionada com promoção do direito à memória e à verdade, fortalecendo a democracia.

As ações programáticas deste eixo orientador têm como finalidade assegurar o processamento democrático e republicano de todo esse período da história brasileira, para que se viabilize o desejável sentimento de reconciliação nacional. E para se construir consenso amplo no sentido de que as violações sistemáticas de Direitos Humanos registradas entre 1964 e 1985, bem como no período do Estado Novo, não voltem a ocorrer em nosso País, nunca mais.

Parágrafo único. A implementação do PNDH-3, além dos responsáveis nele indicados, envolve parcerias com outros órgãos federais relacionados com os temas tratados nos eixos orientadores e suas diretrizes.

Art. 3º *As metas, prazos e recursos necessários para a implementação do PNDH-3 serão definidos e aprovados em Planos de Ação de Direitos Humanos bianuais.*

Art. 4º *(Revogado pelo Decreto nº 10.087, de 2019)*

Art. 5º *Os Estados, o Distrito Federal, os Municípios e os órgãos do Poder Legislativo, do Poder Judiciário e do Ministério Público, serão convidados a aderir ao PNDH-3.*

Art. 6º *Este Decreto entra em vigor na data de sua publicação.*

Art. 7º *Fica revogado o Decreto no 4.229, de 13 de maio de 2002.*

Brasília, 21 de dezembro de 2009; 188º da Independência e 121º da República.

LUIZ INÁCIO LULA DA SILVA

3. REGRAS MÍNIMAS PARA TRATAMENTO DE PRISIONEIROS - REGRAS DE MANDELA

Regras de Mandela

Adotadas pelo 1º Congresso das Nações Unidas sobre Prevenção do Crime e Tratamento de Delinquentes, realizado em Genebra, em 1955, e aprovadas pelo Conselho Econômico e Social da ONU através da sua resolução 663 C I (XX4., de 31 de julho de 1957, aditada pela resolução 2076 (LX2. de 13 de maio de 1977. Em 25 de maio de 1984, através da resolução 1984/47, o Conselho Econômico e Social aprovou treze procedimentos para a aplicação efetiva das Regras Mínimas (anexo).

3.1 Observações preliminares

1. *O objetivo das presentes regras não é descrever detalhadamente um sistema penitenciário modelo, mas apenas estabelecer - inspirando-se em conceitos geralmente admitidos em nossos tempos e nos elementos essenciais dos sistemas contemporâneos mais adequados - os princípios e as regras de uma boa organização penitenciária e da prática relativa ao tratamento de prisioneiros.*

2. *É evidente que devido a grande variedade de condições jurídicas, sociais, econômicas e geográficas existentes no mundo, todas estas regras não podem ser aplicadas indistintamente em todas as partes e a todo tempo. Devem, contudo, servir para estimular o esforço constante com vistas à superação das dificuldades práticas que se opõem a sua aplicação, na certeza de que representam, em seu conjunto, as condições mínimas admitidas pelas Nações Unidas.*

3. *Por outro lado, os critérios que se aplicam às matérias referidas nestas regras evoluem constantemente e, portanto, não tendem a excluir a possibilidade de experiências e práticas, sempre que as mesmas se ajustem aos princípios e propósitos que emanam do texto das regras. De acordo com esse espírito, a administração penitenciária central sempre poderá autorizar qualquer exceção às regras.*

4.

1. *A primeira parte das regras trata das matérias relativas à administração geral dos estabelecimentos penitenciários e é aplicável a todas as categorias de prisioneiros, criminais ou civis, em regime de prisão preventiva ou já condenados, incluindo aqueles que tenham sido objeto de medida de segurança ou de medida de reeducação ordenada por um juiz.*

2. *A segunda parte contém as regras que são aplicáveis somente às categorias de prisioneiros a que se refere cada seção. Entretanto, as regras da seção A, aplicáveis aos presos condenados, serão igualmente aplicáveis às categorias de presos a que se referem as seções B, C e D, sempre que não sejam contraditórias com as regras específicas dessas seções e sob a condição de que sejam proveitosas para tais prisioneiros.*

5.

1. *Estas regras não estão destinadas a determinar a organização dos estabelecimentos para delinquentes juvenis (estabelecimentos Borstal, instituições de reeducação etc.) Todavia, de um modo geral, pode-se considerar que a primeira parte destas regras mínimas também é aplicável a esses estabelecimentos.*

2. *A categoria de prisioneiros juvenis deve compreender, em qualquer caso, os menores sujeitos à jurisdição de menores. Como norma geral, os delinquentes juvenis não deveriam ser condenados a penas de prisão.*

PARTE I

Regras de aplicação geral

3.2 Princípio Fundamental

6.

1. *As regras que se seguem deverão ser aplicadas imparcialmente. Não haverá discriminação alguma baseada em raça, cor, sexo, língua, religião, opinião política ou qualquer outra opinião, origem nacional ou social, fortuna, nascimento ou em qualquer outra situação.*

2. *Ao contrário, é necessário respeitar as crenças religiosas e os preceitos morais do grupo a que pertença o preso.*

3.3 Registro

7.

1. *Em todos os lugares em que haja pessoas detidas, deverá existir um livro oficial de registro, atualizado, contendo páginas numeradas, no qual serão anotados, relativamente a cada preso:*

a) A informação referente a sua identidade;

b) As razões da sua detenção e a autoridade competente que a ordenou;

c) O dia e a hora da sua entrada e da sua saída.

2. *Nenhuma pessoa deverá ser admitida em um estabelecimento prisional sem uma ordem de detenção válida, cujos dados serão previamente lançados no livro de registro.*

3.4 Separação de categorias

8. *As diferentes categorias de presos deverão ser mantidas em estabelecimentos prisionais separados ou em diferentes zonas de um mesmo estabelecimento prisional, levando-se em consideração seu sexo e idade, seus antecedentes, as razões da detenção e o tratamento que lhes deve ser aplicado. Assim é que:*

a) Quando for possível, homens e mulheres deverão ficar detidos em estabelecimentos separados; em estabelecimentos que recebam homens e mulheres, o conjunto dos locais destinados às mulheres deverá estar completamente separado;

b) As pessoas presas preventivamente deverão ser mantidas separadas dos presos condenados;

c) Pessoas presas por dívidas ou por outras questões de natureza civil deverão ser mantidas separadas das pessoas presas por infração penal;

d) Os presos jovens deverão ser mantidos separados dos presos adultos.

3.5 Locais destinados aos presos

9.

1. *As celas ou quartos destinados ao isolamento noturno não deverão ser ocupadas por mais de um preso. Se, por razões especiais, tais como excesso temporário da população carcerária, for indispensável que a administração penitenciária central faça exceções a esta regra, deverá evitar-se que dois reclusos sejam alojados numa mesma cela ou quarto individual.*

2. Quando se recorra à utilização de dormitórios, estes deverão ser ocupados por presos cuidadosamente escolhidos e reconhecidos como sendo capazes de serem alojados nessas condições. Durante a noite, deverão estar sujeitos a uma vigilância regular, adaptada ao tipo de estabelecimento prisional em que se encontram detidos.

10.
Todos os locais destinados aos presos, especialmente aqueles que se destinam ao alojamento dos presos durante a noite, deverão satisfazer as exigências da higiene, levando-se em conta o clima, especialmente no que concerne ao volume de ar, espaço mínimo, iluminação, aquecimento e ventilação.

11.
Em todos os locais onde os presos devam viver ou trabalhar:
a) As janelas deverão ser suficientemente grandes para que os presos possam ler e trabalhar com luz natural, e deverão estar dispostas de modo a permitir a entrada de ar fresco, haja ou não ventilação artificial.
b) A luz artificial deverá ser suficiente para os presos poderem ler ou trabalhar sem prejudicar a visão.

12.
As instalações sanitárias deverão ser adequadas para que os presos possam satisfazer suas necessidades naturais no momento oportuno, de um modo limpo e decente.

13.
As instalações de banho deverão ser adequadas para que cada preso possa tomar banho a uma temperatura adaptada ao clima, tão frequentemente quanto necessário à higiene geral, de acordo com a estação do ano e a região geográfica, mas pelo menos uma vez por semana em um clima temperado.

14.
Todos os locais de um estabelecimento penitenciário frequentados regularmente pelos presos deverão ser mantidos e conservados escrupulosamente limpos.

3.6 Higiene pessoal

15.
Será exigido que todos os presos mantenham-se limpos; para este fim, ser-lhes-ão fornecidos água e os artigos de higiene necessários à sua saúde e limpeza.

16.
Serão postos à disposição dos presos meios para cuidarem do cabelo e da barba, a fim de que possam se apresentar corretamente e conservem o respeito por si mesmos; os homens deverão poder barbear-se com regularidade.

3.7 Roupas de vestir, camas e roupas de cama

17.
1. Todo preso a quem não seja permitido vestir suas próprias roupas, deverá receber as apropriadas ao clima e em quantidade suficiente para manter-se em boa saúde. Ditas roupas não poderão ser, de forma alguma, degradantes ou humilhantes.
2. Todas as roupas deverão estar limpas e mantidas em bom estado. A roupa de baixo será trocada e lavada com a frequência necessária à manutenção da higiene.
3. Em circunstâncias excepcionais, quando o preso necessitar afastar-se do estabelecimento penitenciário para fins autorizados, ele poderá usar suas próprias roupas, que não chamem atenção sobre si.

18.
Quando um preso for autorizado a vestir suas próprias roupas, deverão ser tomadas medidas para se assegurar que, quando do seu ingresso no estabelecimento penitenciário, as mesmas estão limpas e são utilizáveis.

19.
Cada preso disporá, de acordo com os costumes locais ou nacionais, de uma cama individual e de roupa de cama suficiente e própria, mantida em bom estado de conservação e trocada com uma frequência capaz de garantir sua limpeza.

3.8 Alimentação

20.
1. A administração fornecerá a cada preso, em horas determinadas, uma alimentação de boa qualidade, bem preparada e servida, cujo valor nutritivo seja suficiente para a manutenção da sua saúde e das suas forças.
2. Todo preso deverá ter a possibilidade de dispor de água potável quando dela necessitar.

Exercícios físicos

21.
1. O preso que não trabalhar ao ar livre deverá ter, se o tempo permitir, pelo menos uma hora por dia para fazer exercícios apropriados ao ar livre.
2. Os presos jovens e outros cuja idade e condição física o permitam, receberão durante o período reservado ao exercício uma educação física e recreativa. Para este fim, serão colocados à disposição dos presos o espaço, as instalações e os equipamentos necessários.

Serviços médicos

22.
1. Cada estabelecimento penitenciário terá à sua disposição os serviços de pelo menos um médico qualificado, que deverá ter certos conhecimentos de psiquiatria. Os serviços médicos deverão ser organizados em estreita ligação com a administração geral de saúde da comunidade ou nação. Deverão incluir um serviço de psiquiatria para o diagnóstico, e em casos específicos, para o tratamento de estados de anomalia.
2. Os presos doentes que necessitem tratamento especializado deverão ser transferidos para estabelecimentos especializados ou para hospitais civis. Quando existam facilidades hospitalares em um estabelecimento prisional, o respectivo equipamento, mobiliário e produtos farmacêuticos serão adequados para o tratamento médico dos presos doentes, e deverá haver pessoal devidamente qualificado.
3. Cada preso poderá servir-se dos trabalhos de um dentista qualificado.

23.
1. Nos estabelecimentos prisionais para mulheres devem existir instalações especiais para o tratamento de presas grávidas, das que tenham acabado de dar à luz e das convalescentes. Desde que seja possível, deverão ser tomadas medidas para que o parto ocorra em um hospital civil. Se a criança nascer num estabelecimento prisional, tal fato não deverá constar no seu registro de nascimento.
2. Quando for permitido às mães presas conservar as respectivas crianças, deverão ser tomadas medidas para organizar uma creche, dotada de pessoal qualificado, onde as crianças possam permanecer quando não estejam ao cuidado das mães.

24.
O médico deverá ver e examinar cada preso o mais depressa possível após a sua admissão no estabelecimento prisional e

depois, quando necessário, com o objetivo de detectar doenças físicas ou mentais e de tomar todas as medidas necessárias para o respectivo tratamento; de separar presos suspeitos de doenças infecciosas ou contagiosas; de anotar deformidades físicas ou mentais que possam constituir obstáculos à reabilitação dos presos, e de determinar a capacidade de trabalho de cada preso.

25.

1. *O médico deverá tratar da saúde física e mental dos presos e deverá diariamente observar todos os presos doentes e os que se queixam de dores ou mal-estar, e qualquer preso para o qual a sua atenção for chamada.*

2. *O médico deverá informar o diretor quando considerar que a saúde física ou mental de um preso tenha sido ou venha a ser seriamente afetada pelo prolongamento da situação de detenção ou por qualquer condição específica dessa situação de detenção.*

26.

1. *O médico deverá regularmente inspecionar e aconselhar o diretor sobre:*

a) *A quantidade, qualidade, preparação e serviço da alimentação;*

b) *A higiene e limpeza do estabelecimento prisional e dos presos;*

c) *As condições sanitárias, aquecimento, iluminação e ventilação do estabelecimento prisional;*

d) *A adequação e limpeza da roupa de vestir e de cama dos presos;*

e) *A observância das regras concernentes à educação física e aos desportos, quando não houver pessoal técnico encarregado destas atividades.*

2. *O diretor levará em consideração os relatórios e os pareceres que o médico lhe apresentar, de acordo com as regras 25(2) e 26, e no caso de concordar com as recomendações apresentadas tomará imediatamente medidas no sentido de pôr em prática essas recomendações; se as mesmas não estiverem no âmbito da sua competência, ou caso não concorde com elas, deverá imediatamente enviar o seu próprio relatório e o parecer do médico a uma autoridade superior.*

Disciplina e sanções

27.

A disciplina e a ordem serão mantidas com firmeza, mas sem impor mais restrições do que as necessárias à manutenção da segurança e da boa organização da vida comunitária.

28.

1. *Nenhum preso pode ser utilizado em serviços que lhe sejam atribuídos em consequência de medidas disciplinares.*

2. *Esta regra, contudo, não impedirá o conveniente funcionamento de sistemas baseados na autogestão, nos quais atividades ou responsabilidades sociais, educacionais ou esportivas específicas podem ser confiadas, sob adequada supervisão, a presos reunidos em grupos com objetivos terapêuticos.*

29.

A lei ou regulamentação emanada da autoridade administrativa competente determinará, para cada caso:

a) *O comportamento que constitua falta disciplinar;*

b) *Os tipos e a duração da punição a aplicar;*

c) *A autoridade competente para impor tal punição.*

30.

1. *Nenhum preso será punido senão de acordo com a lei ou regulamento, e nunca duas vezes pelo mesmo crime.*

2. *Nenhum preso será punido a não ser que tenha sido informado do crime de que é acusado e lhe seja dada uma oportunidade adequada para apresentar defesa. A autoridade competente examinará o caso exaustivamente.*

3. *Quando necessário e possível, o preso será autorizado a defender-se por meio de um intérprete.*

31.

Serão absolutamente proibidos como punições por faltas disciplinares os castigos corporais, a detenção em cela escura e todas as penas cruéis, desumanas ou degradantes.

32.

a) *As penas de isolamento e de redução de alimentação não deverão nunca ser aplicadas, a menos que o médico tenha examinado o preso e certificado por escrito que ele está apto para as suportar.*

b) *O mesmo se aplicará a qualquer outra punição que possa ser prejudicial à saúde física ou mental de um preso. Em nenhum caso deverá tal punição contrariar ou divergir do princípio estabelecido na regra 31.*

c) *O médico visitará diariamente os presos sujeitos a tais punições e aconselhará o diretor caso considere necessário terminar ou alterar a punição por razões de saúde física ou mental.*

Instrumentos de coação

33. *A sujeição a instrumentos tais como algemas, correntes, ferros e coletes de força nunca deve ser aplicada como punição. Correntes e ferros também não serão usados como instrumentos de coação. Quaisquer outros instrumentos de coação não serão usados, exceto nas seguintes circunstâncias:*

a) *Como precaução contra fuga durante uma transferência, desde que sejam retirados quando o preso comparecer perante uma autoridade judicial ou administrativa;*

b) *Por razões médicas e sob a supervisão do médico;*

c) *Por ordem do diretor, se outros métodos de controle falharem, a fim de evitar que o preso se moleste a si mesmo, a outros ou cause estragos materiais; nestas circunstâncias, o diretor consultará imediatamente o médico e informará à autoridade administrativa superior.*

34. *As normas e o modo de utilização dos instrumentos de coação serão decididos pela administração prisional central. Tais instrumentos não devem ser impostos senão pelo tempo estritamente necessário.*

Informação e direito de queixa dos presos

35.

1. *Quando for admitido, cada preso receberá informação escrita sobre o regime prisional para a sua categoria, sobre os regulamentos disciplinares do estabelecimento e os métodos autorizados para obter informações e para formular queixas; e qualquer outra informação necessária para conhecer os seus direitos e obrigações, e para se adaptar à vida do estabelecimento.*

2. *Se o preso for analfabeto, tais informações ser-lhe-ão comunicadas oralmente.*

36.

1. *Todo preso terá, em cada dia de trabalho, a oportunidade de apresentar pedidos ou queixas ao diretor do estabelecimento ou ao funcionário autorizado a representá-lo.*

2. *As petições ou queixas poderão ser apresentadas ao inspetor de prisões durante sua inspeção. O preso poderá falar com o inspetor ou com qualquer outro funcionário encarregado da inspeção sem que o diretor ou qualquer outro membro do estabelecimento se faça presente.*

NOÇÕES DE DIREITOS HUMANOS E PARTICIPAÇÃO SOCIAL

3. Todo preso deve ter autorização para encaminhar, pelas vias prescritas, sem censura quanto às questões de mérito mas na devida forma, uma petição ou queixa à administração penitenciária central, à autoridade judicial ou a qualquer outra autoridade competente.

4. A menos que uma solicitação ou queixa seja evidentemente temerária ou desprovida de fundamento, a mesma deverá ser examinada sem demora, dando-se uma resposta ao preso no seu devido tempo.

3.9 Contatos com o mundo exterior

37.

Os presos serão autorizados, sob a necessária supervisão, a comunicar-se periodicamente com as suas famílias e com amigos de boa reputação, quer por correspondência quer através de visitas.

38.

1. Aos presos de nacionalidade estrangeira, serão concedidas facilidades razoáveis para se comunicarem com os representantes diplomáticos e consulares do Estado a que pertencem.

2. A presos de nacionalidade de Estados sem representação diplomática ou consular no país, e a refugiados ou apátridas, serão concedidas facilidades semelhantes para comunicarem-se com os representantes diplomáticos do Estado encarregado de zelar pelos seus interesses ou com qualquer entidade nacional ou internacional que tenha como tarefa a proteção de tais indivíduos.

39.

Os presos serão mantidos regularmente informados das notícias mais importantes através da leitura de jornais, periódicos ou publicações especiais do estabelecimento prisional, através de transmissões de rádio, conferências ou quaisquer outros meios semelhantes, autorizados ou controlados pela administração.

3.10 Biblioteca

40.

Cada estabelecimento prisional terá uma biblioteca para o uso de todas as categorias de presos, devidamente provida com livros de recreio e de instrução, e os presos serão estimulados a utilizá-la.

3.11 Religião

41.

1. Se o estabelecimento reunir um número suficiente de presos da mesma religião, um representante qualificado dessa religião será nomeado ou admitido. Se o número de presos o justificar e as condições o permitirem, tal serviço será na base de tempo completo.

2. Um representante qualificado, nomeado ou admitido nos termos do parágrafo 1, será autorizado a celebrar serviços religiosos regulares e a fazer visitas pastorais particulares a presos da sua religião, em ocasiões apropriadas.

3. Não será recusado o acesso de qualquer preso a um representante qualificado de qualquer religião. Por outro lado, se qualquer preso levantar objeções à visita de qualquer representante religioso, sua posição será inteiramente respeitada.

42.

Tanto quanto possível, cada preso será autorizado a satisfazer as necessidades de sua vida religiosa, assistindo aos serviços ministrados no estabelecimento ou tendo em sua posse livros de rito e prática religiosa da sua crença.

3.12 Depósitos de objetos pertencentes aos presos

43.

1. Quando o preso ingressa no estabelecimento prisional, o dinheiro, os objetos de valor, roupas e outros bens que lhe pertençam, mas que não possam permanecer em seu poder por força do regulamento, serão guardados em um lugar seguro, levantando-se um inventário de todos eles, que deverá ser assinado pelo preso. Serão tomadas as medidas necessárias para que tais objetos se conservem em bom estado.

2. Os objetos e o dinheiro pertencentes ao preso ser-lhe-ão devolvidos quando da sua liberação, com exceção do dinheiro que ele foi autorizado a gastar, dos objetos que tenham sido remetidos para o exterior do estabelecimento, com a devida autorização, e das roupas cuja destruição haja sido decidida por questões higiênicas. O preso assinará um recibo dos objetos e do dinheiro que lhe forem restituídos.

3. Os valores e objetos enviados ao preso do exterior do estabelecimento prisional serão submetidos às mesmas regras.

4. Se o preso estiver na posse de medicamentos ou de entorpecentes no momento do seu ingresso no estabelecimento prisional, o médico decidirá que uso será dado a eles.

3.13 Notificação de morte, doenças e transferências

44.

1. No caso de morte, doença ou acidente grave, ou da transferência do preso para um estabelecimento para doentes mentais, o diretor informará imediatamente o cônjuge, se o preso for casado, ou o parente mais próximo, e informará, em qualquer caso, a pessoa previamente designada pelo preso.

2. Um preso será informado imediatamente da morte ou doença grave de qualquer parente próximo. No caso de doença grave de um parente próximo, o preso será autorizado, quando as circunstâncias o permitirem, a visitá-lo, escoltado ou não.

3. Cada preso terá o direito de informar imediatamente à sua família sobre sua prisão ou transferência para outro estabelecimento prisional.

3.14 Transferência de presos

45.

1. Quando os presos estiverem sendo transferidos para outro estabelecimento prisional, deverão ser vistos o menos possível pelo público, e medidas apropriadas serão adotadas para protegê-los contra qualquer forma de insultos, curiosidade e publicidade.

2. Será proibido o traslado de presos em transportes com ventilação ou iluminação deficientes, ou que de qualquer outro modo possam submetê-los a sacrifícios desnecessários.

3. O transporte de presos será efetuado às expensas da administração, em condições iguais para todos eles.

3.15 Pessoal penitenciário

46.

1. A administração penitenciária escolherá cuidadosamente o pessoal de todas as categorias, posto que, da integridade, humanidade, aptidão pessoal e capacidade profissional desse pessoal, dependerá a boa direção dos estabelecimentos penitenciários.

2. A administração penitenciária esforçar-se-á constantemente por despertar e manter no espírito do pessoal e na opinião pública a convicção de que a função penitenciária constitui um serviço social de grande importância e, sendo assim, utilizará todos os meios apropriados para ilustrar o público.

3. Para lograr tais fins, será necessário que os membros trabalhem com exclusivadade como funcionários penitenciários profissionais, tenham a condição de funcionários públicos e, portanto, a segurança de que a estabilidade em seu emprego dependerá unicamente da sua boa conduta, da eficácia do seu trabalho e de sua aptidão física. A remuneração do pessoal deverá ser adequada, a fim de se obter e conservar os serviços de homens e mulheres capazes. Determinar-se-á os benefícios da carreira e as condições do serviço tendo em conta o caráter penoso de suas funções.

47.

1. Os membros do pessoal deverão possuir um nível intelectual satisfatório.

2. Os membros do pessoal deverão fazer, antes de ingressarem no serviço, um curso de formação geral e especial, e passar satisfatoriamente pelas provas teóricas e práticas.

3. Após seu ingresso no serviço e durante a carreira, os membros do pessoal deverão manter e melhorar seus conhecimentos e sua capacidade profissionais fazendo cursos de aperfeiçoamento, que se organizarão periodicamente.

48.

Todos os membros do pessoal deverão conduzir-se e cumprir suas funções, em qualquer circunstância, de modo a que seu exemplo inspire respeito e exerça uma influência benéfica sobre os presos.

49.

1. Na medida do possível dever-se-á agregar ao pessoal um número suficiente de especialistas, tais como psiquiatras, psicólogos, assistentes sociais, professores e instrutores técnicos.

2. Os serviços dos assistentes sociais, dos professores e instrutores técnicos deverão ser mantidos permanentemente, sem que isto exclua os serviços de auxiliares a tempo parcial ou voluntários.

50.

1. O diretor do estabelecimento prisional deverá estar devidamente qualificado para sua função por seu caráter, sua capacidade administrativa, uma formação adequada e por sua experiência na matéria.

2. O diretor deverá consagrar todo o seu tempo à sua função oficial, que não poderá ser desempenhada com restrição de horário.

3. O diretor deverá residir no estabelecimento prisional ou perto dele.

4. Quando dois ou mais estabelecimentos estejam sob a autoridade de um único diretor, este os visitará com frequência. Cada um desses estabelecimentos estará dirigido por um funcionário responsável residente no local.

51.

1. O diretor, o subdiretor e a maioria do pessoal do estabelecimento prisional deverão falar a língua da maior parte dos reclusos ou uma língua compreendida pela maior parte deles.

2. Recorrer-se-á aos serviços de um intérprete toda vez que seja necessário.

52.

1. Nos estabelecimentos prisionais cuja importância exija o serviço contínuo de um ou vários médicos, pelo menos um deles residirá no estabelecimento ou nas suas proximidades.

2. Nos demais estabelecimentos, o médico visitará diariamente os presos e residirá próximo o bastante do estabelecimento para acudir sem demora toda vez que se apresente um caso urgente.

53.

1. Nos estabelecimentos mistos, a seção das mulheres estará sob a direção de um funcionário responsável do sexo feminino, a qual manterá sob sua guarda todas as chaves de tal seção.

2. Nenhum funcionário do sexo masculino ingressará na seção feminina desacompanhado de um membro feminino do pessoal.

3. A vigilância das presas será exercida exclusivamente por funcionários do sexo feminino. Contudo, isto não excluirá que funcionários do sexo masculino, especialmente os médicos e o pessoal de ensino, desempenhem suas funções profissionais em estabelecimentos ou seções reservadas às mulheres.

54.

1. Os funcionários dos estabelecimentos prisionais não usarão, nas suas relações com os presos, de força, exceto em legítima defesa ou em casos de tentativa de fuga, ou de resistência física ativa ou passiva a uma ordem fundamentada na lei ou nos regulamentos. Os funcionários que tenham que recorrer à força, não devem usar senão a estritamente necessária, e devem informar imediatamente o incidente ao diretor do estabelecimento prisional.

2. Será dado aos guardas da prisão treinamento físico especial, a fim de habilitá-los a dominarem presos agressivos.

3. Exceto em circunstâncias especiais, os funcionários, no cumprimento de funções que impliquem contato direto com os presos, não deverão andar armados. Além disso, não será fornecida arma a nenhum funcionário sem que o mesmo tenha sido previamente adestrado no seu manejo.

3.16 Inspeção

55.

Haverá uma inspeção regular dos estabelecimentos e serviços prisionais por inspetores qualificados e experientes, nomeados por uma autoridade competente. É seu dever assegurar que estes estabelecimentos estão sendo administrados de acordo com as leis e regulamentos vigentes, para prosseguimento dos objetivos dos serviços prisionais e correcionais.

PARTE II - Regras aplicáveis a categorias especiais

A. Presos condenados
Princípios mestres

56.

Os princípios mestres enumerados a seguir têm por objetivo definir o espírito segundo o qual devem ser administrados os sistemas penitenciários e os objetivos a serem buscados, de acordo com a declaração constante no ítem 1 das Observações preliminares das presentes regras.

57.

A prisão e outras medidas cujo efeito é separar um delinquente do mundo exterior são dolorosas pelo próprio fato de retirarem do indivíduo o direito à auto-determinação, privando-o da sua liberdade. Logo, o sistema prisional não deverá, exceto por razões justificáveis de segregação ou para a manutenção da disciplina, agravar o sofrimento inerente a tal situação.

58.

O fim e a justificação de uma pena de prisão ou de qualquer medida privativa de liberdade é, em última instância, proteger a sociedade contra o crime. Este fim somente pode ser atingido se o tempo de prisão for aproveitado para assegurar, tanto quanto possível, que depois do seu regresso à sociedade o delinquente não apenas queira respeitar a lei e se auto-sustentar, mas também que seja capaz de fazê-lo.

59.

Para alcançar esse propósito, o sistema penitenciário deve empregar, tratando de aplicá-los conforme as necessidades do tratamento individual dos delinquentes, todos os meios curativos, educativos, morais, espirituais e de outra natureza, e todas as formas de assistência de que pode dispor.

60.

1. O regime do estabelecimento prisional deve tentar reduzir as diferenças existentes entre a vida na prisão e a vida livre quando tais diferenças contribuirem para debilitar o sentido de responsabilidade do preso ou o respeito à dignidade da sua pessoa.

2. É conveniente que, antes do término do cumprimento de uma pena ou medida, sejam tomadas as providências necessárias para assegurar ao preso um retorno progressivo à vida em sociedade. Este propósito pode ser alcançado, de acordo com o caso, com a adoção de um regime preparatório para a liberação, organizado dentro do mesmo estabelecimento prisional ou em outra instituição apropriada, ou mediante libertação condicional sob vigilância não confiada à polícia, compreendendo uma assistência social eficaz.

61.

No tratamento, não deverá ser enfatizada a exclusão dos presos da sociedade, mas, ao contrário, o fato de que continuam a fazer parte dela. Com esse objetivo deve-se recorrer, na medida ao possível, à cooperação de organismos comunitários que ajudem o pessoal do estabelecimento prisional na sua tarefa de reabilitar socialmente os presos. Cada estabelecimento penitenciário deverá contar com a colaboração de assistentes sociais encarregados de manter e melhorar as relações dos presos com suas famílias e com os organismos sociais que possam lhes ser úteis. Também deverão ser feitas gestões visando proteger, desde que compatível com a lei e com a pena imposta, os direitos relativos aos interesses civis, os benefícios dos direitos da previdência social e outros benefícios sociais dos presos.

62.

Os serviços médicos do estabelecimento prisional se esforçarão para descobrir e deverão tratar todas as deficiências ou enfermidades físicas ou mentais que constituam um obstáculo à readaptação do preso. Com vistas a esse fim, deverá ser realizado todo tratamento médico, cirúrgico e psiquiátrico que for julgado necessário.

63.

1. Estes princípios exigem a individualização do tratamento que, por sua vez, requer um sistema flexível de classificação dos presos em grupos. Portanto, convém que os grupos sejam distribuidos em estabelecimentos distintos, onde cada um deles possa receber o tratamento necessário.

2. Ditos estabelecimentos não devem adotar as mesmas medidas de segurança com relação a todos os grupos. É conveniente estabelecer diversos graus de segurança conforme a que seja necessária para cada um dos diferentes grupos. Os estabelecimentos abertos - nos quais inexistem meios de segurança física contra a fuga e se confia na autodisciplina dos presos - proporcionam, a presos cuidadosamente escolhidos, as condições mais favoráveis para a sua readaptação.

3. É conveniente evitar que nos estabelecimentos fechados o número de presos seja tão elevado que constitua um obstáculo à individualização do tratamento. Em alguns países, estima-se que o número de presos em tais estabelecimentos não deve passar de quinhentos. Nos estabelecimentos abertos, o número de presos deve ser o mais reduzido possível.

4. Ao contrário, também não convém manter estabelecimentos demasiadamente pequenos para que se possa organizar neles um regime apropriado.

64.

O dever da sociedade não termina com a libertação do preso. Deve-se dispor, por conseguinte, dos serviços de organismos governamentais ou privados capazes de prestar à pessoa solta uma ajuda pós-penitenciária eficaz, que tenda a diminuir os preconceitos para com ela e permitam sua readaptação à comunidade.

3.17 Tratamento

65.

O tratamento dos condenados a uma punição ou medida privativa de liberdade deve ter por objetivo, enquanto a duração da pena o permitir, inspirar-lhes a vontade de viver conforme a lei, manter-se com o produto do seu trabalho e criar neles a aptidão para fazê-lo. Tal tratamento estará direcionado a fomentar-lhes o respeito por si mesmos e a desenvolver seu senso de responsabilidade.

66.

1. Para lograr tal fim, deverá se recorrer, em particular, à assistência religiosa, nos países em que ela seja possível, à instrução, à orientação e à formação profissionais, aos métodos de assistência social individual, ao assessoramento relativo ao emprego, ao desenvolvimento físico e à educação do caráter moral, em conformidade com as necessidades individuais de cada preso. Deverá ser levado em conta seu passado social e criminal, sua capacidade e aptidão físicas e mentais, suas disposições pessoais, a duração de sua condenação e as perspectivas depois da sua libertação.

2. Em relação a cada preso condenado a uma pena ou medida de certa duração, que ingresse no estabelecimento prisional, será remetida ao diretor, o quanto antes, um informe completo relativo aos aspectos mencionados no parágrafo anterior. Este informe será acompanhado por o de um médico, se possível especializado em psiquiatria, sobre o estado físico e mental do preso.

3. Os informes e demais documentos pertinentes formarão um arquivo individual. Estes arquivos serão mantidos atualizados e serão classificados de modo que o pessoal responsável possa consultá-los sempre que seja necessário.

3.18 Classificação e individualização

67.

Os objetivos da classificação deverão ser:

a) Separar os presos que, por seu passado criminal ou sua má disposição, exerceriam uma influência nociva sobre os companheiros de detenção;

b) Repartir os presos em grupos, a fim de facilitar o tratamento destinado à sua readaptação social.

68.

Haverá, se possível, estabelecimentos prisionais separados ou seções separadas dentro dos estabelecimentos para os distintos grupos de presos.

69.

Tão logo uma pessoa condenada a uma pena ou medida de certa duração ingresse em um estabelecimento prisional, e depois de um estudo da sua personalidade, será criado um programa de tratamento individual, tendo em vista os dados obtidos sobre suas necessidades individuais, sua capacidade e suas inclinações.

3.19 Privilégios

70.

Em cada estabelecimento prisional será instituído um sistema de privilégios adaptado aos diferentes grupos de presos e aos diferentes métodos de tratamento, a fim de estimular a boa conduta, desenvolver o sentido de responsabilidade e promover o interesse e a cooperação dos presos no que diz respeito ao seu tratamento.

3.20 Trabalho

71.

1. O trabalho na prisão não deve ser penoso.

2. Todos os presos condenados deverão trabalhar, em conformidade com as suas aptidões física e mental, de acordo com a determinação do médico.

3. Trabalho suficiente de natureza útil será dado aos presos de modo a conservá-los ativos durante um dia normal de trabalho.

4. Tanto quanto possível, o trabalho proporcionado será de natureza que mantenha ou aumente as capacidades dos presos para ganharem honestamente a vida depois de libertados.

5. Será proporcionado treinamento profissional em profissões úteis aos presos que dele tirarem proveito, especialmente aos presos jovens.

6. Dentros dos limites compatíveis com uma seleção profissional apropriada e com as exigências da administração e disciplina prisionais, os presos poderão escolher o tipo de trabalho que querem fazer.

72.

1. A organização e os métodos de trabalho penitenciário deverão se assemelhar o mais possível aos que se aplicam a um trabalho similar fora do estabelecimento prisional, a fim de que os presos sejam preparados para as condições normais de trabalho livre.

2. Contudo, o interesse dos presos e de sua formação profissional não deverão ficar subordinados ao desejo de se auferir benefícios pecuniários de uma indústria penitenciária.

73.

1. As indústrias e granjas penitenciárias deverão ser dirigidas preferencialmente pela administração e não por empreiteiros privados.

2. Os presos que se empregarem em algum trabalho não fiscalizado pela administração estarão sempre sob a vigilância do pessoal penitenciário. A menos que o trabalho seja feito para outros setores do governo, as pessoas por ele beneficiadas pagarão à administração o salário normalmente exigido para tal trabalho, levando-se em conta o rendimento do preso.

74.

1. Nos estabelecimentos penitenciários, serão tomadas as mesmas precauções prescritas para a proteção, segurança e saúde dos trabalhadores livres.

2. Serão tomadas medidas visando indenizar os presos que sofrerem acidentes de trabalho e enfermidades profissionais em condições similares às que a lei dispõe para os trabalhadores livres.

75.

1. As horas diárias e semanais máximas de trabalho dos presos serão fixadas por lei ou por regulamento administrativo, tendo em consideração regras ou costumes locais concernentes ao trabalho das pessoas livres.

2. As horas serão fixadas de modo a deixar um dia de descanso semanal e tempo suficiente para a educação e para outras atividades necessárias ao tratamento e reabilitação dos presos.

76.

1. O trabalho dos reclusos deverá ser remunerado de uma maneira equitativa.

2. O regulamento permitirá aos reclusos que utilizem pelo menos uma parte da sua remuneração para adquirir objetos destinados a seu uso pessoal e que enviem a outra parte à sua família.

3. O regulamento deverá, igualmente, prever que a administração reservará uma parte da remuneração para a constituição de um fundo, que será entregue ao preso quando ele for posto em liberdade.

3.21 Educação e recreio

77.

1. Serão tomadas medidas para melhorar a educação de todos os presos em condições de aproveitá-la, incluindo instrução religiosa nos países em que isso for possível. A educação de analfabetos e presos jovens será obrigatória, prestando-lhe a administração especial atenção.

2. Tanto quanto possível, a educação dos presos estará integrada ao sistema educacional do país, para que depois da sua libertação possam continuar, sem dificuldades, a sua educação.

78. Atividades de recreio e culturais serão proporcionadas em todos os estabelecimentos prisionais em benefício da saúde física e mental dos presos.

3.22 Relações sociais e assistência pós-prisional

79.

Será prestada especial atenção à manutenção e melhora das relações entre o preso e sua família, que se mostrem de maior vantagem para ambos.

80.

Desde o início do cumprimento da pena de um preso, ter-se-á em conta o seu futuro depois de libertado, devendo ser estimulado e auxiliado a manter ou estabelecer relações com pessoas ou organizações externas, aptas a promover os melhores interesses da sua família e da sua própria reabilitação social.

81.

1. Serviços ou organizações, governamentais ou não, que prestam assistência a presos libertados, ajudando-os a reingressarem na sociedade, assegurarão, na medida do possível e do necessário, que sejam fornecidos aos presos libertados documentos de identificação apropriados, casas adequadas e trabalho, que estejam conveniente e adequadamente vestidos, tendo em conta o clima e a estação do ano, e que tenham meios materiais suficientes para chegar ao seu destino e para se manter no período imediatamente seguinte ao da sua libertação.

2. Os representantes oficiais dessas organizações terão todo o acesso necessário ao estabelecimento prisional e aos presos, sendo consultados sobre o futuro do preso desde o início do cumprimento da pena.

3. É recomendável que as atividades dessas organizações estejam centralizadas ou sejam coordenadas, tanto quanto possível, a fim de garantir a melhor utilização dos seus esforços.

NOÇÕES DE DIREITOS HUMANOS E PARTICIPAÇÃO SOCIAL

B. Presos dementes e mentalmente enfermos

82.

1. Os presos considerados dementes não deverão ficar detidos em prisões. Devem ser tomadas medidas para transferí-los, o mais rapidamente possível, para instituições destinadas a enfermos mentais.

2. Os presos que sofrem de outras doenças ou anomalias mentais deverão ser examinados e tratados em instituições especializadas sob vigilância médica.

3. Durante sua estada na prisão, tais presos deverão ser postos sob a supervisão especial de um médico.

4. O serviço médico ou psiquiátrico dos estabelecimentos prisionais proporcionará tratamento psiquiátrico a todos os presos que necessitam de tal tratamento.

83.

Será conveniente a adoção de disposições, de acordo com os organismos competentes, para que, caso necessário, o tratamento psiquiátrico prossiga depois da libertação do preso, assegurando-se uma assistência social pós-penitenciária de caráter psiquiátrico.

C. Pessoas detidas ou em prisão preventiva

84.

1. As pessoas detidas ou presas em virtude de acusações criminais pendentes, que estejam sob custódia policial ou em uma prisão, mas que ainda não foram submetidas a julgamento e condenadas, serão designados por "presos não julgados" nestas regras.

2. Os presos não julgados presumem-se inocentes e como tal devem ser tratados.

3. Sem prejuízo das normas legais sobre a proteção da liberdade individual ou que prescrevem os trâmites a serem observados em relação a presos não julgados, estes deverão ser beneficiados por um regime especial, delineado na regra que se segue apenas nos seus requisitos essenciais.

85.

1. Os presos não julgados serão mantidos separados dos presos condenados.

2. Os presos jovens não julgados serão mantidos separados dos adultos e deverão estar, a princípio, detidos em estabelecimentos prisionais separados.

86.

Os presos não julgados dormirão sós, em quartos separados.

87.

Dentro dos limites compatíveis com a boa ordem do estabelecimento prisional, os presos não julgados podem, se assim o desejarem, mandar vir alimentação do exterior às expensas próprias, quer através da administração, quer através da sua família ou amigos. Caso contrário, a administração fornecer-lhes-á alimentação.

88.

1. O preso não julgado será autorizado a usar a sua própria roupa de vestir, se estiver limpa e for adequada.

2. Se usar roupa da prisão, esta será diferente da fornecida aos presos condenados.

89.

Será sempre dada ao preso não julgado oportunidade para trabalhar, mas não lhe será exigido trabalhar. Se optar por trabalhar, será pago.

90.

O preso não julgado será autorizado a adquirir, às expensas próprias ou às expensas de terceiros, livros, jornais, material para escrever e outros meios de ocupação compatíveis com os interesses da administração da justiça e a segurança e a boa ordem do estabelecimento prisional.

91.

O preso não julgado será autorizado a receber a visita e ser tratado por seu médico ou dentista pessoal, desde que haja motivo razoável para tal pedido e que ele possa suportar os gastos daí decorrentes.

92.

O preso não julgado será autorizado a informar imediatamente à sua família sobre sua detenção, e ser-lhe-ão dadas todas as facilidades razoáveis para comunicar-se com sua família e amigos e para receber as visitas deles, sujeito apenas às restrições e supervisão necessárias aos interesses da administração da justiça e à segurança e boa ordem do estabelecimento prisional.

93.

O preso não julgado será autorizado a requerer assistência legal gratuita, onde tal assistência exista, e a receber visitas do seu advogado para tratar da sua defesa, preparando e entregando-lhe instruções confidenciais. Para esse fim ser-lhe-á fornecido, se ele assim o desejar, material para escrever. As conferências entre o preso não julgado e o seu advogado podem ser vigiadas visualmente por um policial ou por um funcionário do estabelecimento prisional, mas a conversação entre eles não poderá ser ouvida.

D. Pessoas condenadas por dívidas ou à prisão civil

94.

Nos países em que a legislação prevê a possibilidade de prisão por dívidas ou outras formas de prisão civil, as pessoas assim condenadas não serão submetidas a maiores restrições nem a tratamentos mais severos que os necessários à segurança e à manutenção da ordem. O tratamento dado a elas não será, em nenhum caso, mais rígido do que aquele reservado às pessoas acusadas, ressalvada, contudo, a eventual obrigação de trabalhar.

E. Pessoas presas, detidas ou encarceradas sem acusação

95.

Sem prejuízo das regras contidas no artigo 9 do Pacto de Direitos Civis e Políticos, será dada às pessoas detidas ou presas sem acusação a mesma proteção concedida nos termos da Parte I e da seção C da Parte II. As regras da seção A da Parte II serão do mesmo modo aplicáveis sempre que beneficiarem este grupo especial de indivíduos sob detenção; todavia, medida alguma será tomada se considerado que a reeducação ou a reabilitação são, por qualquer forma, inapropriadas a indivíduos não condenados por qualquer crime.

ANEXO - Procedimentos para a aplicação efetiva das Regras Mínimas para o Tratamento de Prisioneiros

Procedimento 1

Todos os Estados cujas normas de proteção a todas as pessoas submetidas a qualquer forma de detenção ou prisão não estiverem à altura das Regras Mínimas para o Tratamento de Prisioneiros, adotarão essas regras mínimas.

Comentário:

A Assembleia Geral, em sua Resolução 2.858 (XXVI), de 20 de dezembro de 1971, chamou a atenção dos Estados membros para as Regras Mínimas e recomendou que eles as aplicassem na administração das instituições penais e correcionais e que considerassem favoravelmente a possibilidade de incorporá-las em sua legislação nacional. É possível que alguns Estados tenham normas mais avançadas que as Regras e, portanto, não se pede aos mesmos que as adotem.

Quando os Estados considerarem que as Regras necessitam ser harmonizadas com seus sistemas jurídicos e adaptadas à sua cultura, devem ressaltar a intenção e não a letra fria das Regras.

Procedimento 2

Adaptadas, se necessário, às leis e à cultura existentes, mas sem distanciar-se do seu espírito e do seu objetivo, as Regras Mínimas serão incorporadas à legislação nacional e demais regulamentos.

Comentário:

Este procedimento ressalta a necessidade de se incorporar as Regras Mínimas à legislação e aos regulamentos nacionais, com o que se abrange também alguns aspectos do procedimento 1.

Procedimento 3

As Regras Mínimas serão postas à disposição de todas as pessoas interessadas, em particular dos funcionários responsáveis pela aplicação da lei e do pessoal penitenciário, a fim de permitir sua aplicação e execução dentro do sistema de justiça penal.

Comentário:

Este procedimento lembra que as Regras Mínimas, assim como as leis e os regulamentos nacionais relativos à sua aplicação, devem ser colocados à disposição de todas as pessoas que participem na sua aplicação, em especial dos funcionários responsáveis pela aplicação da lei e do pessoal penitenciário. É possível que a aplicação das Regras exija, ademais, que o organismo administrativo central encarregado dos aspectos correcionais organize cursos de capacitação. A difusão dos presentes procedimentos é examinada nos procedimentos 7 a 9.

Procedimento 4

As Regras Mínimas, na forma em que se incorporaram à legislação e demais regulamentos nacionais, também serão colocadas à disposição de todos os presos e de todas as pessoas detidas ao ingressarem em instituições penitenciárias e durante sua reclusão.

Comentário:

Para se alcançar o objetivo das Regras Mínimas, é necessário que as Regras, assim como as leis e as regulamentações nacionais destinadas a dar-lhes aplicação, sejam postas à disposição dos presos e de todas as pessoas detidas (regra 95), a fim de que todos eles saibam que as Regras representam as condições mínimas aceitas pelas Nações Unidas. Assim, este procedimento complementa o disposto no procedimento 3. Um requisito análogo - que as Regras sejam colocadas à disposição das pessoas para cuja proteção foram elaboradas - figura já nos quatro Convênios de Genebra, de 12 de agosto de 1949, cujos artigos 47 do primeiro Convênio, 48 do segundo, 127 do terceiro e 144 do quarto contêm a mesma disposição: "As Altas Partes contratantes comprometem-se a difundir, o mais amplamente possível, em tempo de paz e em tempo de guerra, o texto do presente Convênio em seus respectivos países, e especialmente a incorporar seu estudo aos programas de instrução militar e, em sendo possível, também civil, de modo que seus princípios sejam conhecidos pelo conjunto da população, particularmente das forças armadas combatentes, do pessoal da saúde e dos capelães."

Procedimento 5

Os Estados informarão a cada cinco anos, ao Secretário-Geral das Nações Unidas, em que medida cumpriram as Regras Mínimas e os progressos que se realizaram em sua aplicação, assim como os fatores e inconvenientes, se existirem, que afetam sua aplicação, respondendo a questionário do Secretário Geral. Tal questionário, que se baseará em um programa específico, deveria ser seletivo e limitar-se a perguntas concretas visando permitir o estudo e o exame aprofundado dos problemas selecionados. O Secretário-Geral, levando em conta os informes dos governos, assim como todas as demais informações pertinentes, disponíveis dentro do sistema das Nações Unidas, preparará um informe periódico independente sobre os progressos realizados na aplicação das Regras Mínimas. Na preparação desses informes, o Secretário-Geral também poderá obter a cooperação de organismos especializados das organizações intergovernamentais e não-governamentais competentes, reconhecidas pelo Conselho Econômico e Social como entidades consultivas. O Secretário-Geral apresentará os informes ao Comitê de Prevenção do Delito e Luta contra a Delinquência para sua consideração e para a adoção de novas medidas, se for o caso.

Comentário:

Como se recorda, o Conselho Econômico e Social, em sua Resolução 663 C (XX4. , de 31 de julho de 1957, recomendou que o Secretário-Geral fosse informado, a cada período de cinco anos, sobre os progressos alcançados na aplicação das Regras Mínimas, e autorizou o Secretário-Geral a tomar as providências cabíveis para a publicação, quando fosse o caso, da informação recebida e para que solicitasse, se necessário, informações complementares. É prática generalizada nas Nações Unidas rogar a cooperação dos organismos especializados e das organizações intergovernamentais e não-governamentais competentes. Na preparação do seu informe independente sobre os progressos realizados em relação à apliicação das Regras Mínimas, o Secretário-Geral levará em conta, dentre outras coisas, a informação de que dispõem os órgãos das Nações Unidas dedicados aos direitos humanos, incluindo a Comissão de Direitos Humanos, a Subcomissão de Prevenção de Discriminações e Proteção às Minorias, o Comitê de Direitos Humanos criado em virtude do Pacto Internacional de Direitos Civis e Políticos e o Comitê para a Eliminação da Discriminação Racial. Também poderia ser considerado o trabalho de aplicação relacionado com a futura convenção contra a tortura, bem como toda a informação que possa ser reunida com referência ao conjunto de princípios para a proteção das pessoas presas e detidas que está sendo atualmente preparado pela Assembleia Geral.

Procedimento 6

Como parte da informação mencionada no procedimento 5, os Estados fornecerão ao Secretário-Geral: a) cópias ou resumos de todas as leis, regulamentos e disposições administrativas relativas a aplicação das Regras Mínimas a pessoas detidas e aos lugares e programas de detenção; b) quaisquer dados e materiais descritivos sobre os programas de tratamento, o pessoal e o número de pessoas detidas, qualquer que seja o tipo de detenção, assim como estatísticas, se dispuserem delas; c) qualquer outra informação pertinente à aplicação das Regras, assim como informação sobre as possíveis dificuldades em sua aplicação.

NOÇÕES DE DIREITOS HUMANOS E PARTICIPAÇÃO SOCIAL

Comentário:

Este requisito tem origem na Resolução 663 C (XX4. do Conselho Econômico e Social e nas recomendações dos congressos das Nações Unidas sobre a prevenção do crime e o tratamento do delinquente. Embora os elementos de informação solicitados neste procedimento não estejam expressamente previstos, parece factível recolher tal informação com o objetivo de auxiliar os Estados membros a superar as dificuldades mediante o intercâmbio de experiências. Além disso, um pedido de informação dessa natureza tem como predecessor o sistema existente de apresentação periódica de informações sobre direitos humanos, estabelecida pelo Conselho Econômico e Social em sua Resolução 624 B (XXII), de 1º de agosto de 1956.

Procedimento 7

O Secretário-Geral divulgará as Regras Mínimas e os presentes procedimentos de aplicação no maior número possível de idiomas e se colocará a disposição de todos os Estados e organizações intergovernamentais e não-governamentais interessadas, a fim de lograr que as Regras Mínimas e os procedimentos de aplicação recebam a maior difusão possível.

Comentário:

É evidente a necessidade de dar-se uma maior divulgação possível às Regras Mínimas. É importante estabelecer uma íntima relação com todas as organizações intergovernamentais e não-governamentais competentes para se lograr uma difusão e aplicação mais eficazes das Regras. A Secretaria deverá, para tanto, manter estreitos contatos com tais organizações e colocar à sua disposição a informação e os dados pertinentes. Deverá, também, incentivá-las a difundir informação sobre as Regras Mínimas e os procedimentos de aplicação.

Procedimento 8

O Secretário-Geral divulgará seus informes sobre a aplicação das Regras Mínimas, incluídos os resumos analíticos dos estudos periódicos, os informes do Comitê de Prevenção do Delito e Luta contra a Delinquência, os informes preparados pelos congressos das Nações Unidas sobre a prevenção do crime e o tratamento dos delinquentes, assim como os informes desses congressos, as publicações científicas e demais documentação pertinente se necessário naquele momento para promover a aplicação das Regras Mínimas.

Comentário:

Este procedimento reflete a prática atual de divulgar os informes de referência como parte da documentação dos órgãos competentes das Nações Unidas ou como artigos no Anuário de Direitos Humanos, na Revista Internacional de Política Criminal, no Boletim de Prevenção do Delito e Justiça Penal e em outras publicações pertinentes.

Procedimento 9

O Secretário-Geral zelará para que, em todos os programas pertinentes das Nações Unidas, incluídas as atividades de cooperação técnica, se mencione e se utilize da forma mais ampla possível o texto das Regras Mínimas.

Comentário:

Deveria se garantir que todos os órgãos pertinentes das Nações Unidas incluíssem as Regras e os procedimentos de aplicação, ou fizessem referência a eles, contribuindo desse modo para uma maior difusão e um maior conhecimento, entre os organismos especializados, os órgãos governamentais, intergovernamentais e não-governamentais e o público em geral, das Regras e do empenho do Conselho Econômico e Social e da Assembleia Geral em assegurar sua aplicação. À medida em que as Regras têm efeitos práticos nas instâncias correcionais depende consideravelmente da forma como se incorporam às práticas legislativas e administrativas locais. É indispensável que uma ampla gama de profissionais e de não profissionais em todo o mundo conheça e compreenda estas Regras. Por conseguinte, é sumamente importante dar-lhes a maior publicidade possível, objetivo esse que também pode ser alcançado mediante frequentes referências às Regras e campanhas de informação pública.

Procedimento 10

Como parte de seus programas de cooperação técnica e desenvolvimento, as Nações Unidas:

a. ajudarão os governos, quando estes solicitarem, a criar e consolidar sistemas correcionais amplos e humanitários;

b. colocarão os serviços de peritos e de assessores regionais e inter-regionais em matéria de prevenção de delito e justiça penal à disposição dos governos que os solicitarem; c. promoverão a celebração de seminários nacionais e regionais e outras reuniões de nível profissional e não profissional para fomentar a difusão das Regras Mínimas e dos presentes procedimentos de aplicação;

d. reforçarão o apoio que se presta aos institutos regionais de investigação e capacitação em matéria de prevenção de delito e justiça penal associados as Nações Unidas. Os institutos regionais de investigação e capacitação em matéria de prevenção de delito e justiça penal das Nações Unidas deverão elaborar, em cooperação com as instituições nacionais, planos de estudo e material instrutivo, baseados nas Regras Mínimas e nos presentes procedimentos de aplicação, adequados para seu uso em programas educativos sobre justiça penal em todos os níveis, assim como em cursos especializados em direitos humanos e outros temas conexos.

Comentário:

O objetivo deste procedimento é conseguir que os programas de assistência técnica das Nações Unidas e as atividades de capacitação dos institutos regionais das Nações Unidas sejam utilizados como instrumentos indiretos para a aplicação das Regras Mínimas e dos presentes procedimentos de aplicação. Afora os cursos ordinários de capacitação para o pessoal penitenciário, os manuais de instrução e outros textos similares, se deveria dispor do necessário - particularmente a nível da elaboração de políticas e da tomada de decisões - para que se pudesse contar com o assessoramento de expertos em relação às questões apresentadas pelos Estados membros, incluindo um sistema de remissão aos expertos à disposição dos Estados interessados. Tudo indica que tal sistema seja necessário sobretudo para garantir a aplicação das Regras de acordo com o seu espírito e levando em consideração a estrutura sócio-econômica dos países que solicitam dita assistência.

Procedimento 11

O Comitê das Nações Unidas de Prevenção do Delito e Luta contra a Delinquência:

a. examinará regularmente as Regras Mínimas visando a elaboração de novas regras, normas e procedimentos aplicáveis ao tratamento das pessoas privadas de sua liberdade;

b. observará os presentes procedimentos de aplicação, incluída a apresentação periódica de informes prevista no procedimento 5, supra.

Comentário:

Considerando-se que uma boa parte da informação reunida nas consultas periódicas e por ocasião das missões de assistência técnica será transmitida ao Comitê de Prevenção do Delito e Luta contra a Delinquência, a tarefa de garantir a eficácia das Regras em relação à melhoria das práticas correcionais é responsabilidade do Comitê, cujas recomendações determinarão a orientação futura da aplicação das Regras, juntamente com os procedimentos de aplicação. Em consequência, o Comitê deverá individualizar claramente as fendas na aplicação das Regras ou os motivos pelos quais elas não são aplicadas por outros meios, estabelecendo contatos com os juízes e com os ministérios de Justiça dos países interessados com vistas a sugerir medidas corretivas adequadas.

Procedimento 12

O Comitê de Prevenção do Delito e Luta contra a Delinquência ajudará a Assembleia Geral, o Conselho Econômico e Social e todos os demais órgãos das Nações Unidas que se ocupam dos direitos humanos, segundo corresponda, formulando recomendações relativas aos informes das comissões especiais de estudo, no que disser respeito a questões relacionadas com a aplicação e com a implementação prática das Regras Mínimas.

Comentário:

Já que o Comitê de Prevenção do Delito e Luta contra a Delinquência é o órgão competente para examinar a aplicação das Regras Mínimas, também deveria prestar assistência aos órgãos antes mencionados.

Procedimento 13

Nenhuma das disposições previstas nestes procedimentos será interpretada no sentido de excluir a utilização de quaisquer outros meios ou recursos disponíveis, de acordo com o direito internacional ou estabelecidos por outros órgãos e organismos das Nações Unidas, para a reparação de violações dos direitos humanos, inclusive o procedimento relativo aos quadros persistentes de manifestas violações dos direitos humanos, conforme a Resolução 1503 (XLV3. do Conselho Econômico e Social, de 27 de maio de 1970; o procedimento de comunicação previsto no Protocolo Facultativo do Pacto Internacional de Direitos Civis e Políticos, e o procedimento de comunicação previsto na Convenção Internacional sobre a Eliminação de todas as Formas de Discriminação Racial.

4. LEI Nº 7.210, DE 11 DE JULHO DE 1984 - LEI DE EXECUÇÃO PENAL

4.1 Capítulo II - Do Conselho Nacional de Política Criminal e Penitenciária

Art. 62. O Conselho Nacional de Política Criminal e Penitenciária, com sede na Capital da República, é subordinado ao Ministério da Justiça.

Art. 63. O Conselho Nacional de Política Criminal e Penitenciária será integrado por treze membros designados através de ato do Ministério da Justiça, dentre professores e profissionais da área do Direito Penal, Processual Penal, Penitenciário e ciências correlatas, bem como por representantes da comunidade e dos Ministérios da área social.

Parágrafo único. O mandato dos membros do Conselho terá duração de dois anos, renovado um terço em cada ano.

Art. 64. Ao Conselho Nacional de Política Criminal e Penitenciária, no exercício de suas atividades, em âmbito federal ou estadual, incumbe:

I. propor diretrizes da política criminal quanto a prevenção do delito, Administração da Justiça Criminal e execução das penas e das medidas de segurança;

II. contribuir na elaboração de planos nacionais de desenvolvimento, sugerindo as metas e prioridades da política criminal e penitenciária;

III. promover a avaliação periódica do sistema criminal para a sua adequação às necessidades do País;

IV. estimular e promover a pesquisa criminológica;

V. elaborar programa nacional penitenciário de formação e aperfeiçoamento do servidor;

VI. estabelecer regras sobre a arquitetura e construção de estabelecimentos penais e casas de albergados;

VII. estabelecer os critérios para a elaboração da estatística criminal;

VIII. inspecionar e fiscalizar os estabelecimentos penais, bem assim informar-se, mediante relatórios do Conselho Penitenciário, requisições, visitas ou outros meios, acerca do desenvolvimento da execução penal nos Estados, Territórios e Distrito Federal, propondo às autoridades dela incumbida as medidas necessárias ao seu aprimoramento;

IX. representar ao juiz da execução ou à autoridade administrativa para instauração de sindicância ou procedimento administrativo, em caso de violação das normas referentes à execução penal;

X. representar à autoridade competente para a interdição, no todo ou em parte, de estabelecimento penal.

O Conselho Nacional de Política Criminal e Penitenciária é um órgão colegiado, com sede em Brasília, subordinado ao Ministério da Justiça. O conselho é composto por 13 membros, designados por ato do Ministério da Justiça, entre professores e profissionais da área do Direito Penal, Processo Penal, Penitenciário e Ciências Correlatadas, bem como por representantes da comunidade dos Ministérios da área social.

O mandato dos membros do conselho tem duração de dois anos, renovando-se um terço em cada ano.

As funções do CNPCP vêm definidas no art. 64.

4.2 Capítulo V - Do Conselho Penitenciário

De acordo com o Art. 69, o Conselho Penitenciário é um órgão consultivo e fiscalizador da execução da pena, de modo que constitui um elo entre o poder executivo e o judiciário sobre esse tema.

O CP é um órgão consultivo pois a ele compete opinar, mediante pareceres, nas situações que lhe são apresentadas. E é órgão fiscalizador no sentido que lhe cabe zelar pela observância dos direitos e interesses dos sentenciados.

Ainda, o §1º do Art.69 estabelece que o CP será integrado por membros nomeados pelo governador do estado, do Distrito Federal e dos Territórios, entre professores e profissionais da área do direito penal, processo penal, penitenciário e ciências correlatadas, bem como por representantes da comunidade, com mandato de quatro anos.

Nos termos do art. 69 fica a cargo da legislação federal e estadual a regulamentação do funcionamento do CP.

O CP é composto por 20 membros efetivos, escolhidos e indicados entre profissionais que apresentem experiência de, no mínimo, 10 anos na área de direito penal, processual penal, penitenciário e ciências correlatadas, distribuídos da seguinte forma:

> seis médicos psiquiatras, indicados pelo Conselho Regional de Medicina do Estado de São Paulo;

> quatro Procuradores de Justiça, indicados pelo Procurador-Geral de Justiça do Estado;

> dois Procuradores da República, indicados pelo Procurador-Geral da República;

> quatro advogados, indicados pela Ordem dos Advogados do Brasil – Seção São Paulo, sendo dois deles na qualidade de representantes da comunidade; dois Procuradores do Estado, da Procuradoria de Assistência Judiciária, indicados pelo Procurador-Geral do Estado;

> dois psicólogos, indicados pelo Conselho Regional de Psicologia do Estado de São Paulo;

> além de dirigentes de órgãos com atuação no sistema prisional, estes últimos na qualidade de membros informantes, sem direito ao voto.

Não havendo vedação legislativa, nada impede que o Conselho Penitenciário, vencido o respectivo mandato, sejam reconduzidos. Também não se afasta a possibilidade da sua exoneração ocorrer antes do final do período de 4 anos, podendo esta ser motivada pela prática de infrações penais ou administrativas, tudo em conformidade com o que dispõe a lei, conforme disposição do §2º do Art. 69.

Art. 70. Incumbe ao Conselho Penitenciário:

I. emitir parecer sobre indulto e comutação de pena, excetuada a hipótese de pedido de indulto com base no estado de saúde do preso;

II. inspecionar os estabelecimentos e serviços penais;

III. apresentar, no primeiro trimestre de cada ano, ao Conselho Nacional de Política Criminal e Penitenciária, relatório dos trabalhos efetuados no exercício anterior;

***IV.** supervisionar os patronatos, bem como assistência dos egressos.*

O rol de atribuições do CP não é taxativo, visto que a própria LEP traz outras funções no decorrer dos demais artigos.

4.3 Capítulo VIII - Do Conselho da Comunidade

A LEP instituiu o Conselho da Comunidade no Art. 80, o qual tem o intuito de demostrar a importância da participação da sociedade no processo de ressocialização do condenado, uma vez que o descaso e a falta de aceitação da sociedade é um dos fatores que podem determinar a reincidência criminosa.

O Conselho da Comunidade será composto por:

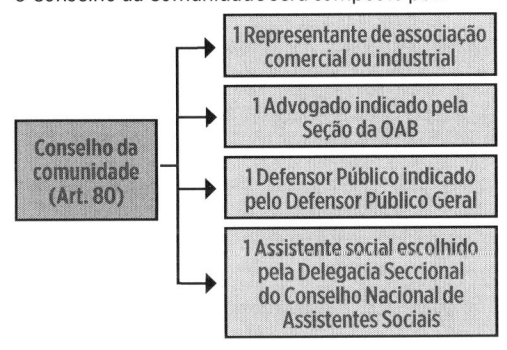

Conselho da comunidade (Art. 80)
- 1 Representante de associação comercial ou industrial
- 1 Advogado indicado pela Seção da OAB
- 1 Defensor Público indicado pelo Defensor Público Geral
- 1 Assistente social escolhido pela Delegacia Seccional do Conselho Nacional de Assistentes Sociais

Art. 81. *Incumbe ao Conselho da Comunidade:*
I. visitar, pelo menos mensalmente, os estabelecimentos penais existentes na Comarca;
II. entrevistar presos;
III. apresentar relatórios mensais ao juiz da execução e ao Conselho Penitenciário;
IV. diligenciar a obtenção de recursos materiais e humanos para melhor assistência ao preso ou internado, em harmonia com a direção do estabelecimento.

Considerando as atribuições contidas no art. 81 da LEP, podemos notar que elas estão, em sua maioria, se referindo sobre a atuação diante de sentenciados presos ou internados, deste modo podemos concluir que o conselho de comunidade deve ser instalado nas comarcas onde haja presídio ou hospital de custódia e tratamento psiquiátrico.

Será de competência do juiz da execução, nos termos do art. 66, IX da LEP a compor e instalar o conselho da comunidade.

O rol de atribuições do conselho não é exaustivo, uma vez que a própria LEP em outros artigos estabelece outras funções.

LEGISLAÇÃO ESPECIAL

1. LEI 9.455/1997 - LEI DE TORTURA

A prática da tortura encontra proibição expressa no Art. 5º, inciso III, da Constituição Federal: ninguém será submetido a tortura nem a tratamento desumano ou degradante.

No mesmo sentido, a Convenção contra a Tortura e outros Tratamentos ou Penas Cruéis, Desumanos ou Degradantes (Decreto 40, de 15 de fevereiro de 1991)define que o termo 'tortura' designa qualquer ato pelo qual dores ou sofrimentos agudos, físicos ou mentais, são infligidos intencionalmente a uma pessoa a fim de obter, dela ou de uma terceira pessoa, informações ou confissões; de castigá-la por ato que ela ou uma terceira pessoa tenha cometido ou seja suspeita de ter cometido; de intimidar ou coagir esta pessoa ou outras pessoas; ou por qualquer motivo baseado em discriminação de qualquer natureza; quando tais dores ou sofrimentos são infligidos por um funcionário público ou outra pessoa no exercício de funções públicas, ou por sua instigação, ou com o seu consentimento ou aquiescência. Não se considerará como tortura as dores ou sofrimentos que sejam consequência unicamente de sanções legítimas, ou que sejam inerentes a tais sanções ou delas decorram(Art. 1º, 1).

Essa convenção determinou, ademais, em seu Art. 4º, que cada Estado-Parte assegurará que os atos de tortura sejam considerados crimes segundo a sua legislação penal.

Com esse objetivo, o Brasil editou a Lei 9.455/97, para atender à Convenção assinada pelo Brasil, com a finalidade de proteção de todos os seres humanos contra a prática de tortura.

> A Lei 12.847, de 2 de agosto de 2013, instituiu o Sistema Nacional de Prevenção e Combate à Tortura-SNPCT, com o objetivo de fortalecer a prevenção e o combate à tortura, por meio de articulação e atuação cooperativa de seus integrantes, dentre outras formas, permitindo as trocas de informações e o intercâmbio de boas práticas.

Antes de dar prosseguimento a este estudo, devemos definir o que efetivamente se entende por tortura, levando em consideração a Lei 9.455/1997. Isso porque essa Lei não seguiu integralmente o parâmetro legislativo que a fundamentou, permitindo a punição da tortura praticada não só por funcionário público, mas também por particulares. Nesse contexto, podemos entender a tortura como todo sofrimento físico ou mental que tenha como finalidade obter de informação, declaração ou confissão; provocar uma ação ou omissão criminosa; causar sofrimento em razão de discriminação pela raça ou religião; ou ainda como meio de aplicação de castigo ou medida preventiva contra alguém sob sua guarda, poder ou autoridade.

Todos os crimes previstos na Lei de Tortura visam tutelar de maneira imediata o **bem jurídico "dignidade humana"**. Sobre o tema, é relevante mencionar precedente do Supremo Tribunal Federal sobre a definição de dignidade humana: (...) *a dignidade da pessoa humana precede a Constituição de 1988 e esta não poderia ter sido contrariada, em seu art. 1º, III, anteriormente a sua vigência. (...)* Tem razão a arguente ao afirmar que a *dignidade não tem preço. As coisas têm preço, as pessoas têm dignidade. A dignidade não tem preço, vale para todos quantos participam do humano. Estamos, todavia, em perigo quando alguém se arroga o direito de tomar o que pertence à dignidade da pessoa humana como um seu valor (valor de quem se arrogue a tanto).* É que, então, o valor do humano assume forma na substância e medida de quem o afirme e o pretende impor na qualidade e quantidade em que o mensure. Então o valor da dignidade da pessoa humana já não será mais valor do humano, de todos quantos pertencem à humanidade, porém de quem o proclame conforme o seu critério particular. Estamos então em perigo, submissos à tirania dos valores.

(**STF**, Pleno, ADPF 153, voto do rel. **Min. Eros Grau**, j. 29.04.2010, DJe 06.08.2010). (grifo nosso)

De forma mediata, indireta, também se pretende tutelar a vida e a integralidade física da pessoa torturada.

Vale lembrar, ainda, que todos os crimes de tortura são dolosos, isto é, dependem da vontade consciente do agente que o realiza para sua caracterização. Em outras palavras, não há tortura culposa.

Em todos os casos, ademais, a ação penal será pública incondicionada, isto é, o Ministério Público não dependerá de representação da vítima para ingressar com a denúncia contra o suspeito.

Para facilitar o entendimento, vamos dividir a tortura em duas partes: inciso I e inciso II. Depois que tal assunto for compreendido, dividiremos cada uma conforme sua modalidade.

> **Art. 1º.** Constitui crime de tortura:
> **I.** constranger alguém com **emprego de violência ou grave ameaça**, causando-lhe **sofrimento físico ou mental**:
> **a)** com o fim de **obter informação, declaração ou confissão** da vítima ou de terceira pessoa;
> **b)** para **provocar ação ou omissão de natureza criminosa**;
> **c)** em razão de **discriminação racial ou religiosa**;(grifo nosso)

A tortura prevista no inciso I fica condicionada ao preenchimento cumulativo de três elementos: o meio utilizado + as consequências sofridas pela vítima + a finalidade pretendida ou as razões do crime.

Meio utilizado	Violência ou grave ameaça
Consequências sofridas	Físicas ou mentais
Finalidades ou razões	Fim de obter informação, Declaração ou confissão Provocar ação ou omissão de Natureza criminosa Discriminação racial ou religiosa

Nessas hipóteses, o sujeito ativo pode ser qualquer pessoa, não se exigindo qualidade especial, de modo que o inciso I irá tratar de um crime comum.

> **II.** submeter alguém, **sob sua guarda, poder ou autoridade**, com emprego de violência ou grave ameaça, a **intenso sofrimento físico ou mental**, como forma de aplicar castigo pessoal ou medida de caráter preventivo. (grifo nosso)

Este inciso apresenta uma importante diferença com relação ao inciso anterior, pois trata de uma hipótese de crime próprio de tortura. Assim, o sujeito ativo nesse caso tem uma qualidade definida no tipo penal, de modo que somente os indivíduos nele

LEI 9.455/1997 - LEI DE TORTURA

descritos é que podem praticá-lo. Então, o crime descrito no inciso II SOMENTE será praticado por aquele que tem a guarda, o poder ou a autoridade sobre a vítima.

Sujeito ativo	detentor	Guarda
		Poder
		Autoridade

E, ainda, devemos nos atentar à palavra "intenso". O legislador teve o cuidado de ressaltar que não será qualquer sofrimento a ser punido nesse tipo incriminador, apenas os que ensejam intenso sofrimento. A questão é que o intenso sofrimento é um tipo penal aberto, ou seja, dependerá do caso concreto para verificar sua aplicação, devendo o delegado de polícia apurar a intensidade do sofrimento recebido pela vítima, bem como ao Ministério Público comprovar a intensidade desse sofrimento e o juiz justificá-lo na sentença. Caso não seja verificado o "intenso sofrimento", o agente poderá responder pelo crime de maus-tratos.

Outro aspecto importante sobre esse inciso é que há dolo específico nele, ou seja, a vontade de aplicar o sofrimento como forma de castigo pessoal ou medida de caráter preventivo.

O castigo se refere a uma conduta já praticada pela vítima. Assim, o agente tem a intenção de puni-la por algo já feito. Já a medida de caráter preventivo tem a finalidade de evitar que determinada conduta seja praticada, ela antecede a conduta, visando evitar sua ocorrência.

> **STJ. Recurso ordinário em habeas corpus. Tortura. Lesão corporal e cárcere privado. Crimes praticados em contexto de violência doméstica. Prisão em temporária convertida em preventiva. Circunstâncias dos crimes. Gravidade excessiva. Periculosidade social. Garantia da ordem pública. Custódia fundamentada e necessária. Condições pessoais favoráveis. Irrelevância. Coação ilegal não demonstrada. Reclamo improvido.** 1. Não há o que se falar em constrangimento ilegal quando a constrição está devidamente justificada na garantia da ordem pública, em razão da gravidade efetiva dos delitos em tese praticados e da periculosidade social do acusado, bem demonstradas pelas circunstâncias em que ocorreu o fato criminoso. 2. Caso em que o recorrente foi denunciado pelos crimes de tortura, lesão corporal e cárcere privado, acusado de haver <u>submetido um bebê de pouco mais de 1 ano de idade, que estava sob a sua autoridade, a intenso sofrimento físico e mental, utilizando de violência como forma de castigo pessoal, ofendendo também a sua integridade corporal.</u> Além disso, o agente teria privado a liberdade da mãe da vítima, sua companheira, mediante cárcere privado, tentando evitar que a mesma prestasse socorro a filha que, em razão das agressões sofridas, se encontrava desfalecida. 3. Condições pessoais favoráveis não têm, em princípio, o condão de, isoladamente, revogar a prisão cautelar, se há nos autos elementos suficientes a demonstrar a necessidade da custódia. 4. Recurso ordinário improvido. (STJ - (5ª T.) - Rec. em HC 83785 - SP - Rel.: Min. Jorge Mussi - J. em 22/08/2017 - DJ 30/08/2017 - Doc. LEGJUR 177.1642.4004.6200)

Como já anunciamos anteriormente, depois de havermos nos dedicado à observação de cada inciso, analisaremos o que eles têm de semelhante e depois os dividiremos conforme sua modalidade.

Primeiramente, é pertinente compreender que, em todas as modalidades descritas anteriormente, o crime de tortura é material, isto é, para que o crime se configure, é necessário que ocorra o resultado naturalístico. Em ambos, admite-se a tentativa e ainda a desistência voluntária. E em todos os casos, a **ação será pública incondicionada.**

MODALIDADES DE TORTURA	
Tortura-prova	Art. 1º, inciso I, alínea a
Tortura-crime	Art. 1º, inciso I, alínea b
Tortura discriminatória	Art. 1º, inciso I, alínea c
Tortura-castigo	Art. 1º, inciso II

Pena - <u>reclusão</u>, de dois a oito anos.

> **§ 1º.** Na mesma pena incorre quem submete **pessoa presa ou sujeita a medida de segurança a sofrimento físico ou mental**, por intermédio da prática de ato não previsto em lei ou não resultante de medida legal. (grifo nosso)

Nesse parágrafo, é possível observar que a exigência é quanto ao sujeito passivo, de modo que apenas poderão ser vítimas nesse tipo incriminador as pessoas que estão presas ou sujeitas a medida de segurança.

> **§ 2º.** Aquele que se omite **em face dessas condutas**, quando <u>**tinha o dever de evitá-las ou apurá-las**</u>, incorre na **pena de <u>detenção</u> de um a quatro anos.** (grifo nosso)

Agora, falaremos da omissão diante da tortura. Neste caso, o agente tinha o dever de evitar o cometimento da tortura ou de efetuar sua apuração, mas não o fez. Esse tipo penal tem uma peculiaridade, primeiramente temos que dividir o § 2º em dois.

A primeira parte diz respeito ao trecho aquele que se omite em face dessas condutas, quando tinha o dever de evitá-las; estamos falando de um crime próprio, no qual somente podem ser sujeitos ativos as pessoas que tinham o **dever de agir**, as quais estão descritas no Art. 13, § 2º do CP:

> **Art. 13, § 2º** A omissão é penalmente relevante quando o omitente devia e podia agir para evitar o resultado. O dever de agir incumbe a quem:
> **a)** tenha por lei obrigação de cuidado, proteção ou vigilância;
> **b)** de outra forma, assumiu a responsabilidade de impedir o resultado;
> **c)** com seu comportamento anterior, criou o risco da ocorrência do resultado.

E a segunda parte se relaciona ao trecho aquele que se omite em face dessas condutas, quando tinha o dever de apurá-las. Neste caso, estamos falando de um crime próprio em que o sujeito ativo só poderá ser a autoridade competente para a apuração do fato.

Então, podemos concluir que o crime de omissão diante da tortura se divide em conduta omissiva de evitação e conduta omissiva de apuração.

Quem COMETE a tortura	→	Pena: reclusão de 2 a 8 anos
Quem se OMITE a tortura	→	Pena: detenção de 1 a 4 anos

> **§ 3º.** Se resulta lesão corporal de natureza grave ou gravíssima, a pena é de reclusão de quatro a dez anos; se resulta morte, a reclusão é de oito a dezesseis anos. (grifo nosso)

A tortura será qualificada se dela houver como resultado lesão corporal de natureza grave, que são as hipóteses previstas no Art. 129, § 1º, do CP, ou gravíssima, hipóteses previstas no Art. 129, § 2º, do CP, ou se da tortura se resulta a morte.

1.1 Lesão Corporal de Natureza Grave

§ 1º. Se resulta:

I. Incapacidade para as ocupações habituais, por mais de trinta dias;

II. perigo de vida;

III. debilidade permanente de membro, sentido ou função;

IV. aceleração de parto.

1.2 Lesão Corporal de Natureza Gravíssima

§ 2º. Se resulta:

I. Incapacidade permanente para o trabalho;

II. enfermidade incurável;

III. perda ou inutilização do membro, sentido ou função;

IV. deformidade permanente;

V. aborto.

Tortura que resulta lesão corporal grave	→	Reclusão de 4 a 10 anos
Tortura que resulta lesão corporal gravíssima	→	Reclusão em 4 a 10 anos
Tortura que resulta morte	→	Reclusão de 8 a 16 anos

A tortura qualificada pelo resultado morte ocorre quando há dolo na conduta antecedente (tortura) e dolo ou culpa na consequente (lesão ou morte), exatamente o que ocorreu. A vítima era agredida consecutivamente pelo réu, culminando com sua morte, e condená-lo por CP, art. 121, § 2º, III, e Lei 9.455/1997, art. 1º, II, § 4º, II, incidiria no 'bis in idem'.

(TJRJ, Apelação Criminal 7.584/2009, rel. **Des. Suely Lopes Magalhães**, j. em 25.11.2009)

§ 4º. Aumenta-se a pena de um sexto até um terço:

*I. se o crime é **cometido por** agente público;*

*II. se o crime é cometido **contra criança, gestante, portador de deficiência, adolescente ou maior de 60 (sessenta) anos;***

*III. se o crime é cometido **mediante sequestro.***

Aumenta-se a pena de 1/6 a 1/3	Se cometido por agente público	**Funcionário público:** de acordo com o Art. 327, do Código Penal, considera-se funcionário público, para os efeitos penais, quem, embora transitoriamente ou sem remuneração, exerce cargo, emprego ou função pública.
	Se cometido contra criança, gestante, portador de deficiência, adolescente ou maior de 60 anos	**Criança:** pessoa até doze anos de idade incompletos (Art. 2º da Lei 8.069/90) **Adolescente:** pessoa entre doze e dezoito anos de idade(Art. 2º da Lei 8.069/90). **Portador de deficiência:** considera-se pessoa com deficiência aquela que tem impedimento de longo prazo de natureza física, mental, intelectual ou sensorial, o qual, em interação com uma ou mais barreiras, pode obstruir sua participação plena e efetiva na sociedade em igualdade de condições com as demais pessoas (Art. 2º da Lei 13.146/2015) **Maior de 60 anos:** é a pessoa idosa conforme estabelece Art. 1º do Estatuto do Idoso (Lei 10.741/2003).
	Se cometido mediante sequestro	Sequestro: é a privação da liberdade da vítima por tempo juridicamente relevante.

As causas de aumento de pena se aplicam também ao crime de omissão à tortura e às hipóteses de tortura qualificada, não se limitando aos crimes previstos no Art. 1º.

§ 5º. A condenação acarretará a perda do cargo, função ou emprego público e a interdição para seu exercício pelo dobro do prazo da pena aplicada.(grifo nosso)

Como vimos, existem algumas pessoas que têm o dever de agir, ou seja, têm como obrigação o dever de proteger o indivíduo. Tanto no § 4º, inciso I, quanto no § 5º, o legislador visa garantir que o crime de tortura, quando praticado por agente público, tenha uma pena mais severa, uma vez que o agente público, dentro de suas funções, não age em nome próprio, mas sim em nome do Estado, sendo que é dever do Estado garantir a proteção aos indivíduos.

Assim, o crime de tortura, quando praticado por agente público, acarreta em causa de aumento de pena e ainda perda do cargo e interdição para seu exercício.

Suponhamos que Norberto, carcereiro de determinado presídio, torture Daniel, sendo este um dos presos sob sua responsabilidade; suponhamos que Norberto seja condenado pelo crime de tortura e o juiz o sentencie a uma pena de 6 anos. Além da perda do cargo automática, Norberto só poderá exercer qualquer outra função pública depois de transcorrido o prazo de 12 anos, por força o previsto neste § 5º.

Vale ressaltar que a perda do cargo é, segundo o Supremo Tribunal Federal, efeito automático da condenação: *A perda do cargo, função ou emprego público – que configura efeito extrapenal secundário – constitui consequência necessária que resulta, automaticamente, de pleno direito, da condenação penal imposta ao agente público pela prática do crime de tortura, ainda que se cuide de integrante da Polícia Militar, não se lhe aplicando, a despeito de tratar-se de Oficial da Corporação, a cláusula inscrita no art. 125, § 4.º, da Constituição da República. Doutrina. Precedentes*(**STF**, 2ª T., AI 769.637, rel. **Min. Celso de Melo**, j. 25.06.2013, DJe 15.10.2013).

No mesmo sentido:

A perda do cargo, função ou emprego público é efeito automático da condenação pela prática do crime de tortura, não sendo necessária fundamentação concreta para a sua aplicação (**STJ**, 6ª T., AgRg no Ag 1388953/SP, rel. **Min.Maria Thereza de Assis Moura**, j. 20.06.2013, DJe 28.06.2013)

§ 6º. O crime de tortura é inafiançável e insuscetível de graça ou anistia.(grifo nosso)

LEI 9.455/1997 - LEI DE TORTURA

Temos aqui um aspecto muito importante que merece atenção: o § 6º segue estritamente o que dispõe a Constituição Federal:

> **Art. 5º**, XLIII, CF: A lei considerará crimes inafiançáveis e insuscetíveis de graça ou anistia a prática da tortura, o tráfico ilícito de entorpecentes e drogas afins, o terrorismo e os definidos como crimes hediondos, por eles respondendo os mandantes, os executores e os que, podendo evitá-los, se omitirem.

Mas o que devemos frisar é que, para fins de concurso, o crime de tortura é equiparado a crime hediondo. Então, além da regra constitucional e da Lei de Tortura, seguimos ainda a regra da Lei 8.072/90:

> **Art. 2º** - Lei 8.072/90 - Os crimes hediondos, a prática da tortura, o tráfico ilícito de entorpecentes e drogas afins e o terrorismo são insuscetíveis de
> **I.** anistia, graça e indulto;
> **II.** fiança.

Então não esqueça, para fins de concurso público, o crime de tortura é **INAFIANÇÁVEL, INSCUSCETÍVEL DE GRAÇA, ANISTIA E INDULTO**.

Embora haja discussão na doutrina, o Supremo Tribunal Federal decidiu que a Constituição Federal veda, implicitamente, o indulto àqueles que tenham praticado crimes hediondos e assemelhados (como é o caso da tortura), veja-se: "Crime hediondo: vedação de graça: inteligência. (...) é constitucional o art. 2º, I, da L. 8.072/90, porque, nele, a menção ao indulto é meramente expletiva da proibição de graça aos condenados por crimes hediondos ditada pelo art. 5º, XLIII, da Constituição. **Na Constituição, a graça individual e o indulto coletivo - que ambos, tanto podem ser totais ou parciais, substantivando, nessa última hipótese, a comutação de pena - são modalidades do poder de graça do Presidente da República (art. 84, XII) - que, no entanto, sofre a restrição do art. 5º, XLIII, para excluir a possibilidade de sua concessão, quando se trata de condenação por crime hediondo.** Proibida a comutação de pena, na hipótese do crime hediondo, pela Constituição, é irrelevante que a vedação tenha sido omitida no D. 3.226/99." (STF, 1ª T., HC 81.565, rel. Min. Sepúlveda Pertence, j. 19-02-2002, DJ 22-03-2002).

> Para a CESPE é correta a seguinte assertiva: "Não é possível a concessão de anistia, graça ou indulto àqueles que tenham praticado crimes hediondos" (CESPE – 2013 – TJDFT – Técnico).

> **§ 7º**. O condenado por crime previsto nesta Lei, salvo a hipótese do § 2º, **iniciará** o cumprimento da pena em regime fechado. (grifo nosso)

Com exceção do crime de omissão a tortura, todos **os crimes previstos nessa lei terão como regime inicial o fechado**, sendo possível assim a progressão de regimes.

> **Súmula 698 - STF:** Não se estende aos demais crimes hediondos a admissibilidade de progressão no regime de execução da pena aplicada ao crime de tortura.

Caso a questão pergunte sobre o início do cumprimento de pena de acordo com a **jurisprudência do Supremo Tribunal Federal**, a resposta será diferente do texto legal, pois a Corte Suprema entende inconstitucional qualquer determinação abstrata para o início do cumprimento de pena no regime fechado.

"Habeas corpus. Penal. Tráfico de entorpecentes. Crime praticado durante a vigência da Lei nº 11.464/07. Pena inferior a 8 anos de reclusão. Obrigatoriedade de imposição do regime inicial fechado. Declaração incidental de inconstitucionalidade do § 1º do art. 2º da Lei nº 8.072/90. Ofensa à garantia constitucional da individualização da pena (inciso XLVI do art. 5º da CF/88). Fundamentação necessária (CP, art. 33, § 3º, c/c o art. 59). Possibilidade de fixação, no caso em exame, do regime semiaberto para o início de cumprimento da pena privativa de liberdade. Ordem concedida. (...) Se a Constituição Federal menciona que a lei regulará a individualização da pena, é natural que ela exista. Do mesmo modo, os critérios para a fixação do regime prisional inicial devem-se harmonizar com as garantias constitucionais, sendo necessário exigir-se sempre a fundamentação do regime imposto, ainda que se trate de crime hediondo ou equiparado. (...) Ordem concedida tão somente para remover o óbice constante do § 1º do art. 2º da Lei nº 8.072/90, com a redação dada pela Lei nº 11.464/07, o qual determina que "[a] pena por crime previsto neste artigo será cumprida inicialmente em regime fechado". Declaração incidental de inconstitucionalidade, com efeito ex nunc, da obrigatoriedade de fixação do regime fechado para início do cumprimento de pena decorrente da condenação por crime hediondo ou equiparado." (STF, Pleno, HC 111.840, rel. Min. Dias Toffoli, j. 27-06-2012, DJe 16-12-2013)

> **Art. 2º**. O disposto nesta Lei aplica-se ainda quando o crime não tenha sido cometido em território nacional, sendo a vítima brasileira ou encontrando-se o agente em local sob jurisdição brasileira.

Aplicação extra territorial da Lei 9.455	Caso o crime seja cometido **fora do território nacional** quando:	a vítima for brasileira ou o agente esteja em local sob jurisdição brasileira.

> **Art. 3º**. Esta Lei entra em vigor na data de sua publicação.
> **Art. 4º**. Revoga-se o art. 233 da Lei nº 8.069, de 13 de julho de 1990 - Estatuto da Criança e do Adolescente.

2. LEI ANTICORRUPÇÃO

A história da Administração Pública no Brasil registra endêmicos problemas de corrupção de empresas privadas e públicas em contratos com a administração, e esta situação tem várias origens, desde a improbidade administrativa por parte dos agentes públicos, seja por conta de brechas na legislação ou ainda crime deliberado devido as organizações.

Nos últimos anos o Brasil avançou na legislação anticorrupção no que tange a responsabilização das organizações e, neste sentido, principalmente no início dos anos 2010, e em especial na relação de contrato de fornecimento de bens e serviços (processo licitatório), o Brasil ganhou "músculo" jurídico na responsabilização dessas organizações, em atos lesivos a administração pública.

A Lei nº 12.846/2013, denominada Lei Anticorrupção, dispôs sobre a responsabilização objetiva administrativa e civil de pessoas jurídicas pela prática de atos contra a administração pública, nacional ou estrangeira.

O diploma legal foi regulamentado por meio do Decreto nº 8.420 de 18 de março de 2015 que dispôs, entre outros aspectos, sobre o procedimento para aplicação de sanções, forma de cálculo de multas, celebração de acordos de leniência, publicação de sanções e cadastro das empresas punidas.

2.1 inovações da Lei nº 12.846/2013

> Responsabilidade Objetiva: empresas podem ser responsabilizadas em casos de corrupção, independentemente da comprovação de culpa.

> Penas mais rígidas: valor das multas pode chegar até a 20% do faturamento bruto anual da empresa, ou até 60 milhões de reais, quando não for possível calcular o faturamento bruto. Na esfera judicial, pode ser aplicada até mesmo a dissolução compulsória da pessoa jurídica.

> Acordo de Leniência: se uma empresa cooperar com as investigações, ela pode conseguir uma redução das penalidades.

> Abrangência: lei pode ser aplicada pela União, estados e municípios e tem competência inclusive sobre as empresas brasileiras atuando no exterior.

Fonte: https://www.gov.br/cgu/pt-br/assuntos/responsabilizacao-de-empresas/lei-anticorrupcao#:~:text=Responsabilidade%20Objetiva%3A%20empresas%20podem%20ser,poss%C3%ADvel%20calcular%20o%20faturamento%20bruto.

2.2 DECRETO Nº 8.420, DE 18 DE MARÇO DE 2015

A PRESIDENTA DA REPÚBLICA , no uso da atribuição que lhe confere o art. 84, caput , inciso IV, da Constituição, e tendo em vista o disposto na Lei nº 12.846, de 1º de agosto de 2013,
DECRETA:
Art. 1º *Este Decreto regulamenta a responsabilização objetiva administrativa de pessoas jurídicas pela prática de atos contra a administração pública, nacional ou estrangeira, de que trata a Lei nº 12.846, de 1º de agosto de 2013 .*

[...]
CAPÍTULO II - DAS SANÇÕES ADMINISTRATIVAS E DOS ENCAMINHAMENTOS JUDICIAIS
Seção I - Disposições gerais
Art. 15. *As pessoas jurídicas estão sujeitas às seguintes sanções administrativas, nos termos do art. 6º da Lei nº 12.846, de 2013 :*
I. multa; e
II. publicação extraordinária da decisão administrativa sancionadora.
Art. 16. *Caso os atos lesivos apurados envolvam infrações administrativas à Lei nº 8.666, de 1993 , ou a outras normas de licitações e contratos da administração pública e tenha ocorrido a apuração conjunta prevista no art. 12, a pessoa jurídica também estará sujeita a sanções administrativas que tenham como efeito restrição ao direito de participar em licitações ou de celebrar contratos com a administração pública, a serem aplicadas no PAR.*
[...]
CAPÍTULO III - DO ACORDO DE LENIÊNCIA
Art. 28. *O acordo de leniência será celebrado com as pessoas jurídicas responsáveis pela prática dos atos lesivos previstos na Lei nº 12.846, de 2013 , e dos ilícitos administrativos previstos na Lei nº 8.666, de 1993 , e em outras normas de licitações e contratos, com vistas à isenção ou à atenuação das respectivas sanções, desde que colaborem efetivamente com as investigações e o processo administrativo, devendo resultar dessa colaboração:*
I. a identificação dos demais envolvidos na infração administrativa, quando couber; e
II. a obtenção célere de informações e documentos que comprovem a infração sob apuração.
[...]
Art. 38. *A Controladoria-Geral da União poderá conduzir e julgar os processos administrativos que apurem infrações administrativas previstas na Lei nº 12.846, de 2013 , na Lei nº 8.666, de 1993 , e em outras normas de licitações e contratos, cujos fatos tenham sido noticiados por meio do acordo de leniência.*
[...]
Art. 42. *Para fins do disposto no § 4º do art. 5º, o programa de integridade será avaliado, quanto a sua existência e aplicação, de acordo com os seguintes parâmetros:*
I. comprometimento da alta direção da pessoa jurídica, incluídos os conselhos, evidenciado pelo apoio visível e inequívoco ao programa;
II. padrões de conduta, código de ética, políticas e procedimentos de integridade, aplicáveis a todos os empregados e administradores, independentemente de cargo ou função exercidos;
III. *padrões de conduta, código de ética e políticas de integridade estendidas, quando necessário, a terceiros, tais como, fornecedores, prestadores de serviço, agentes intermediários e associados;*
IV. *treinamentos periódicos sobre o programa de integridade;*
V *análise periódica de riscos para realizar adaptações necessárias ao programa de integridade;*
VI. registros contábeis que reflitam de forma completa e precisa as transações da pessoa jurídica;
VII. controles internos que assegurem a pronta elaboração e confiabilidade de relatórios e demonstrações financeiros da pessoa jurídica;
VIII. procedimentos específicos para prevenir fraudes e ilícitos no âmbito de processos licitatórios, na execução de contratos administrativos ou em qualquer interação com o setor público, ainda que intermediada por terceiros, tal como pagamento de tributos, sujeição a fiscalizações, ou obtenção de autorizações, licenças, permissões e certidões;

IX. independência, estrutura e autoridade da instância interna responsável pela aplicação do programa de integridade e fiscalização de seu cumprimento;

X. canais de denúncia de irregularidades, abertos e amplamente divulgados a funcionários e terceiros, e de mecanismos destinados à proteção de denunciantes de boa-fé;

XI. medidas disciplinares em caso de violação do programa de integridade;

XII. procedimentos que assegurem a pronta interrupção de irregularidades ou infrações detectadas e a tempestiva remediação dos danos gerados;

XIII. diligências apropriadas para contratação e, conforme o caso, supervisão, de terceiros, tais como, fornecedores, prestadores de serviço, agentes intermediários e associados;

XIV. verificação, durante os processos de fusões, aquisições e reestruturações societárias, do cometimento de irregularidades ou ilícitos ou da existência de vulnerabilidades nas pessoas jurídicas envolvidas;

XV. monitoramento contínuo do programa de integridade visando seu aperfeiçoamento na prevenção, detecção e combate à ocorrência dos atos lesivos previstos no art. 5º da Lei nº 12.846, de 2013; e

XVI. transparência da pessoa jurídica quanto a doações para candidatos e partidos políticos.

§ 1º Na avaliação dos parâmetros de que trata este artigo, serão considerados o porte e especificidades da pessoa jurídica, tais como:

I. a quantidade de funcionários, empregados e colaboradores;

II. a complexidade da hierarquia interna e a quantidade de departamentos, diretorias ou setores;

III. a utilização de agentes intermediários como consultores ou representantes comerciais;

IV. o setor do mercado em que atua;

V. os países em que atua, direta ou indiretamente;

VI. o grau de interação com o setor público e a importância de autorizações, licenças e permissões governamentais em suas operações;

VII. a quantidade e a localização das pessoas jurídicas que integram o grupo econômico; e

VIII. o fato de ser qualificada como microempresa ou empresa de pequeno porte.

§ 2º A efetividade do programa de integridade em relação ao ato lesivo objeto de apuração será considerada para fins da avaliação de que trata o caput.

§ 3º Na avaliação de microempresas e empresas de pequeno porte, serão reduzidas as formalidades dos parâmetros previstos neste artigo, não se exigindo, especificamente, os incisos III, V, IX, X, XIII, XIV e XV do caput.

§ 4º Caberá ao Ministro de Estado Chefe da Controladoria-Geral da União expedir orientações, normas e procedimentos complementares referentes à avaliação do programa de integridade de que trata este Capítulo.

§ 5º A redução dos parâmetros de avaliação para as microempresas e empresas de pequeno porte de que trata o § 3º poderá ser objeto de regulamentação por ato conjunto do Ministro de Estado Chefe da Secretaria da Micro e Pequena Empresa e do Ministro de Estado Chefe da Controladoria-Geral da União.

[...]

3. LEI Nº 13.869/2019 - LEI DE ABUSO DE AUTORIDADE

A lei de abuso de autoridade é o epíteto da Lei 13.869, de 5 de setembro de 2019, que possui sua base constitucional no art. 5º, inciso XXXIV, alínea "a" de nossa Magna Carta, dispositivo que trata do direito de petição em face dos Poderes Públicos em defesa de direitos contra a ilegalidade ou abuso de poder. Seu objetivo é buscar combater a arbitrariedade no exercício do poder pelos agentes públicos em geral, criminalizando uma série de condutas que anteriormente no máximo eram consideradas ilícitos administrativos.

Deve-se ter em mente, no entanto, que o conceito de "abuso de autoridade" usado pela lei refere-se ao seu conceito legal - subordinado ao princípio da legalidade penal - , sendo mais estrito que o conceito visto em Direito Administrativo em geral.

Essa nova lei revogou expressamente a Lei 4.898/1965, que tratava do mesmo assunto.

Importante observar que o prazo de "vacatio legis" (prazo para a lei entrar em vigor) previsto no art. 45 da lei é de 120 dias, contados a partir de sua publicação oficial, a qual ocorreu no dia 5 de setembro de 2019.

A lei sofreu diversos vetos pelo Presidente da República, sendo que vários deles foram derrubados pelo Congresso Nacional.

De uma certa forma polêmica, é certo que muitos dispositivos da referida lei estão sendo e serão questionados quanto à sua constitucionalidade, devendo estar-se atento a eventuais pronunciamentos do Supremo Tribunal Federal sobre a lei.

Por ser uma lei que trata diretamente da conduta de agentes públicos, deve ser bastante cobrada em provas, especialmente em carreiras policiais e jurídicas.

Para melhor clareza, estudaremos os dispositivos da lei um a um, comentando-os, desprezando-se, porém, aqueles que foram vetados pelo Presidente da República e cujo veto não foi derrubado pelo Congresso Nacional.

Disposições gerais

Art. 1º Esta Lei define os crimes de abuso de autoridade, cometidos por agente público, servidor ou não, que, no exercício de suas funções ou a pretexto de exercê-las, abuse do poder que lhe tenha sido atribuído.

§ 1º As condutas descritas nesta Lei constituem crime de abuso de autoridade quando praticadas pelo agente com a finalidade específica de prejudicar outrem ou beneficiar a si mesmo ou a terceiro, ou, ainda, por mero capricho ou satisfação pessoal.

§ 2º A divergência na interpretação de lei ou na avaliação de fatos e provas não configura abuso de autoridade.

O Art. 1º da Lei deixa claro que suas disposições se aplicam aos agentes públicos em geral, seja ou não servidor (vide no próximo tópico o conceito de agente público, para os efeitos dessa lei).

Por outro lado, também deixa claro que as condutas previstas na lei somente serão consideradas criminosas se forem praticadas com o dolo específico de prejudicar ou beneficiar alguém, ou quando o ato for praticado por mero capricho ou satisfação pessoal. Sendo assim, os crimes previstos na lei não admitem a modalidade culposa (que é quando o agente não tem a intenção de produzir o resultado, mas age com imprudência, imperícia ou negligência).

Por fim, especialmente visando tranquilizar o trabalho dos juízes e autoridades policiais, e até para evitar que sejam vítimas de perseguições políticas, o parágrafo 2º do art. 1º estipula que a divergência na interpretação da lei ou avaliação de fatos e provas não configura abuso de autoridade.

Sujeitos do crime

Art. 2º É sujeito ativo do crime de abuso de autoridade qualquer agente público, servidor ou não, da administração direta, indireta ou fundacional de qualquer dos Poderes da União, dos Estados, do Distrito Federal, dos Municípios e de Território, compreendendo, mas não se limitando a:

I. servidores públicos e militares ou pessoas a eles equiparadas;

II. membros do Poder Legislativo;

III. membros do Poder Executivo;

IV. membros do Poder Judiciário;

V. membros do Ministério Público;

VI. membros dos tribunais ou conselhos de contas.

Parágrafo único. Reputa-se agente público, para os efeitos desta Lei, todo aquele que exerce, ainda que transitoriamente ou sem remuneração, por eleição, nomeação, designação, contratação ou qualquer outra forma de investidura ou vínculo, mandato, cargo, emprego ou função em órgão ou entidade abrangidos pelo caput deste art..

Sujeito ativo de um crime é a pessoa que pode praticá-lo, ou seja, é aquele a quem pode ser imputada a prática do crime.

No caso dos crimes previstos na Lei de Abuso de Autoridade, todo agente público pode incorrer em suas penas, ainda que não seja servidor público, trazendo os incisos do art. 2º apenas exemplos, conforme o "caput" deixa claro, ao dizer *"compreendendo, mas não se limitando a"*.

Por sua vez, o conceito de agente público utilizado pela lei é bastante amplo, assemelhando-se àquele utilizado pela Lei de Improbidade Administrativa.

Assim, para a Lei de Abuso de Autoridade, basta que a pessoa exerça um cargo, mandato, emprego ou função em órgão da Administração Direta ou entidade da Administração Indireta, mesmo que de forma transitória ou sem remuneração, alcançando, desta forma, até mesmo trabalhadores terceirizados ou temporários.

Ação penal

Os crimes previstos na Lei de Abuso de Autoridade são de ação penal pública incondicionada.

Isso quer dizer que quem é o titular legitimado para propor a ação, processando o agente público, é o Ministério Público, não havendo sequer necessidade de representação por parte de algum ofendido. Assim, tomando o Ministério Público conhecimento da prática de ato que configure abuso de autoridade, deverá ele propor de ofício a ação penal respectiva, mesmo que ninguém o requeira.

No entanto, até em obediência à norma constitucional, a mesma lei estabelece que será admitida ação privada se a ação penal pública não for intentada no prazo legal, cabendo ao Ministério Público aditar a queixa, repudiá-la e oferecer denúncia substitutiva, intervir em todos os termos do processo, fornecer elementos de prova, interpor recurso e, a todo tempo, no caso de negligência do querelante, retomar a ação como parte principal.

LEI Nº 13.869/2019 - LEI DE ABUSO DE AUTORIDADE

Ou seja, se o Ministério Público não apresentar a ação no prazo legal, poderá o ofendido - na condição de querelante - propor ele mesmo a ação, desde que o faça, de acordo com o § 2º do Art. 3º, no prazo de 6 meses contados da data em que se esgotar o prazo para oferecimento da denúncia.

Porém, ainda que seja o particular que proponha a ação (ação privada subsidiária da pública), continua sendo o Ministério Público o seu titular, podendo ele intervir no processo, inclusive interpondo recursos e retomando a ação como parte principal, no caso de negligência do querelante.

O Art. 39 da Lei de Abuso de Autoridade estipula que, na condução da ação penal, devem ser aplicadas as normas do Código de Processo Penal e da Lei dos Juizados Especiais (Lei 9.099/95), o que, permite, por exemplo, desde que atendidos os requisitos desta última, considerar-se o crime como de pequeno potencial ofensivo e aplicar-se o "sursis" processual, suspendendo o processo respectivo.

Efeitos da condenação e penas restritivas de direitos

O Capítulo IV da Lei 13.869/19 trata dos efeitos da condenação e também das penas restritivas de direitos que poderão ser aplicadas no caso dos crimes de abuso de autoridade.

Efeitos da condenação

A lei determina em seu art. 4º que são efeitos da condenação:

a) tornar certa a obrigação de indenizar o dano causado pelo crime, devendo o juiz, a requerimento do ofendido, fixar na sentença o valor mínimo para reparação dos danos causados pela infração, considerando os prejuízos por ele sofridos;

b) a inabilitação para o exercício de cargo, mandato ou função pública, pelo período de 1 (um) a 5 (cinco) anos;

c) a perda do cargo, do mandato ou da função pública.

Os efeitos previstos nos itens b) e c), porém, somente ocorrerão se houver reincidência em crime de abuso de autoridade e não são automáticos, ou seja, para que ocorram, o juiz deve prevê-los expressamente e de forma justificada em sua decisão.

Deve-se observar que, além desses efeitos específicos, existem outros, previstos na Constituição Federal ou em outras leis, como a perda dos direitos políticos após o trânsito em julgado da condenação (art. 15, inciso III, da CF).

Penas restritivas de direitos

A Constituição Federal, em seu Art. 5º, inciso XLVI, prevê a aplicação de penas alternativas à prisão, nos casos e na forma previstos em lei.

No caso dos crimes de abuso de autoridade, o Art. 5º da Lei 13.869/19 prevê as seguintes:

a) prestação de serviços à comunidade ou a entidades públicas; e

b) suspensão do exercício do cargo, da função ou do mandato, pelo prazo de 1 (um) a 6 (seis) meses, com a perda dos vencimentos e das vantagens.

Essas penas podem ser aplicadas de forma autônoma ou cumulativamente. Além disso, cabe ao juiz, com base nos critérios previstos no Código Penal, decidir se substituição da pena de prisão por essas penas é adequado e suficiente em cada caso.

Sanções de natureza civil e administrativa

Além das imposições de caráter penal - prisão ou aplicação de penas restritivas de direitos -, a Lei de Abuso de Autoridade prevê que podem ser aplicadas concomitantemente as penalidades de natureza civil e administrativa cabíveis em cada caso.

Isso decorre do princípio da independência entre as instâncias penal, civil e administrativa.

As notícias de crimes previstos na Lei 13.869/19 que também configurarem falta funcional deverão serão informadas à autoridade competente para a abertura de eventual processo administrativo disciplinar.

Embora o Art. 7º da lei estipule que as responsabilidades civil e administrativa são independentes da criminal, deixa ele claro que não se pode questionar sobre a existência ou a autoria do fato quando essas questões tenham sido decididas no juízo criminal.

Ou seja, se o juiz criminal decidiu que não houve crime ou que ficou provado que quem praticou o crime não foi o acusado, ele não poderá ser responsabilizado nas esferas cível e administrativo. No entanto, se o acusado for absolvido no âmbito penal por falta de provas, poderá ser condenado civil e administrativamente.

O Art. 8º também traz disposição importante, ao determinar que faz coisa julgada em âmbito cível, assim como no administrativo-disciplinar, a sentença penal que reconhecer expressamente ter sido o ato praticado com alguma excludente de ilicitude (estado de necessidade, legítima defesa, estrito cumprimento de dever legal ou exercício regular de direito).

Dos crimes e das penas

Em seus Art. 9º a 38, traz a Lei 13.869/19 a descrição dos diversos crimes que configuram abuso de autoridade no âmbito criminal, lembrando que o princípio da legalidade do direito penal estipula que alguém só pode ser acusado de um crime se a conduta respectiva estiver prevista (tipificada) previamente em lei e a mesma lei também preveja as penas aplicáveis.

Reproduzimos abaixo os artigos da lei que tipificam os crimes de abuso de autoridade, cujo estudo pertence ao campo do direito penal, devendo ser lidos com atenção:

Art. 9º *Decretar medida de privação da liberdade em manifesta desconformidade com as hipóteses legais:*
Pena - *detenção, de 1 (um) a 4 (quatro) anos, e multa.*
Parágrafo único. *Incorre na mesma pena a autoridade judiciária que, dentro de prazo razoável, deixar de:*
I. relaxar a prisão manifestamente ilegal;
II. substituir a prisão preventiva por medida cautelar diversa ou de conceder liberdade provisória, quando manifestamente cabível;
III. deferir liminar ou ordem de habeas corpus, quando manifestamente cabível.

Art. 10. *Decretar a condução coercitiva de testemunha ou investigado manifestamente descabida ou sem prévia intimação de comparecimento ao juízo:*

Pena - detenção, de 1 (um) a 4 (quatro) anos, e multa.
Art. 11. (VETADO).
Art. 12. Deixar injustificadamente de comunicar prisão em flagrante à autoridade judiciária no prazo legal:
Pena - detenção, de 6 (seis) meses a 2 (dois) anos, e multa.
Parágrafo único. Incorre na mesma pena quem:

I. deixa de comunicar, imediatamente, a execução de prisão temporária ou preventiva à autoridade judiciária que a decretou;

II. deixa de comunicar, imediatamente, a prisão de qualquer pessoa e o local onde se encontra à sua família ou à pessoa por ela indicada;

III. deixa de entregar ao preso, no prazo de 24 (vinte e quatro) horas, a nota de culpa, assinada pela autoridade, com o motivo da prisão e os nomes do condutor e das testemunhas;

IV. prolonga a execução de pena privativa de liberdade, de prisão temporária, de prisão preventiva, de medida de segurança ou de internação, deixando, sem motivo justo e excepcionalíssimo, de executar o alvará de soltura imediatamente após recebido ou de promover a soltura do preso quando esgotado o prazo judicial ou legal.

Art. 13. Constranger o preso ou o detento, mediante violência, grave ameaça ou redução de sua capacidade de resistência, a:

I. exibir-se ou ter seu corpo ou parte dele exibido à curiosidade pública;

II. submeter-se a situação vexatória ou a constrangimento não autorizado em lei;

III. produzir prova contra si mesmo ou contra terceiro:

Pena - detenção, de 1 (um) a 4 (quatro) anos, e multa, sem prejuízo da pena cominada à violência.
Art. 14. (VETADO).
Art. 15. Constranger a depor, sob ameaça de prisão, pessoa que, em razão de função, ministério, ofício ou profissão, deva guardar segredo ou resguardar sigilo:
Pena - detenção, de 1 (um) a 4 (quatro) anos, e multa.
Parágrafo único. Incorre na mesma pena quem prossegue com o interrogatório:

I. de pessoa que tenha decidido exercer o direito ao silêncio; ou

II. de pessoa que tenha optado por ser assistida por advogado ou defensor público, sem a presença de seu patrono.

Art. 16. Deixar de identificar-se ou identificar-se falsamente ao preso por ocasião de sua captura ou quando deva fazê-lo durante sua detenção ou prisão:
Pena - detenção, de 6 (seis) meses a 2 (dois) anos, e multa.
Parágrafo único. Incorre na mesma pena quem, como responsável por interrogatório em sede de procedimento investigatório de infração penal, deixa de identificar-se ao preso ou atribui a si mesmo falsa identidade, cargo ou função.
Art. 17. (VETADO).
Art. 18. Submeter o preso a interrogatório policial durante o período de repouso noturno, salvo se capturado em flagrante delito ou se ele, devidamente assistido, consentir em prestar declarações:
Pena - detenção, de 6 (seis) meses a 2 (dois) anos, e multa.
Art. 19. Impedir ou retardar, injustificadamente, o envio de pleito de preso à autoridade judiciária competente para a apreciação da legalidade de sua prisão ou das circunstâncias de sua custódia:
Pena - detenção, de 1 (um) a 4 (quatro) anos, e multa.
Parágrafo único. Incorre na mesma pena o magistrado que, ciente do impedimento ou da demora, deixa de tomar as providências tendentes a saná-lo ou, não sendo competente para decidir sobre a prisão, deixa de enviar o pedido à autoridade judiciária que o seja.

Art. 20. Impedir, sem justa causa, a entrevista pessoal e reservada do preso com seu advogado:
Pena - detenção, de 6 (seis) meses a 2 (dois) anos, e multa.
Parágrafo único. Incorre na mesma pena quem impede o preso, o réu solto ou o investigado de entrevistar-se pessoal e reservadamente com seu advogado ou defensor, por prazo razoável, antes de audiência judicial, e de sentar-se ao seu lado e com ele comunicar-se durante a audiência, salvo no curso de interrogatório ou no caso de audiência realizada por videoconferência.
Art. 21. Manter presos de ambos os sexos na mesma cela ou espaço de confinamento:
Pena - detenção, de 1 (um) a 4 (quatro) anos, e multa.
Parágrafo único. Incorre na mesma pena quem mantém, na mesma cela, criança ou adolescente na companhia de maior de idade ou em ambiente inadequado, observado o disposto na Lei nº 8.069, de 13 de julho de 1990 (Estatuto da Criança e do Adolescente).
Art. 22. Invadir ou adentrar, clandestina ou astuciosamente, ou à revelia da vontade do ocupante, imóvel alheio ou suas dependências, ou nele permanecer nas mesmas condições, sem determinação judicial ou fora das condições estabelecidas em lei:
Pena - detenção, de 1 (um) a 4 (quatro) anos, e multa.
§ 1º Incorre na mesma pena, na forma prevista no caput deste art., quem:

I. coage alguém, mediante violência ou grave ameaça, a franquear-lhe o acesso a imóvel ou suas dependências;

II. (VETADO);

III. cumpre mandado de busca e apreensão domiciliar após as 21h (vinte e uma horas) ou antes das 5h (cinco horas).

§ 2º Não haverá crime se o ingresso for para prestar socorro, ou quando houver fundados indícios que indiquem a necessidade do ingresso em razão de situação de flagrante delito ou de desastre.
Art. 23. Inovar artificiosamente, no curso de diligência, de investigação ou de processo, o estado de lugar, de coisa ou de pessoa, com o fim de eximir-se de responsabilidade ou de responsabilizar criminalmente alguém ou agravar-lhe a responsabilidade:
Pena - detenção, de 1 (um) a 4 (quatro) anos, e multa.
Parágrafo único. Incorre na mesma pena quem pratica a conduta com o intuito de:

I. eximir-se de responsabilidade civil ou administrativa por excesso praticado no curso de diligência;

II. omitir dados ou informações ou divulgar dados ou informações incompletos para desviar o curso da investigação, da diligência ou do processo.

Art. 24. Constranger, sob violência ou grave ameaça, funcionário ou empregado de instituição hospitalar pública ou privada a admitir para tratamento pessoa cujo óbito já tenha ocorrido, com o fim de alterar local ou momento de crime, prejudicando sua apuração:
Pena - detenção, de 1 (um) a 4 (quatro) anos, e multa, além da pena correspondente à violência.
Art. 25. Proceder à obtenção de prova, em procedimento de investigação ou fiscalização, por meio manifestamente ilícito:
Pena - detenção, de 1 (um) a 4 (quatro) anos, e multa.
Parágrafo único. Incorre na mesma pena quem faz uso de prova, em desfavor do investigado ou fiscalizado, com prévio conhecimento de sua ilicitude.
Art. 26. (VETADO).
Art. 27. Requisitar instauração ou instaurar procedimento investigatório de infração penal ou administrativa, em desfavor de alguém, à falta de qualquer indício da prática de crime, de ilícito funcional ou de infração administrativa:

LEI Nº 13.869/2019 - LEI DE ABUSO DE AUTORIDADE

Pena - detenção, de 6 (seis) meses a 2 (dois) anos, e multa.

Parágrafo único. Não há crime quando se tratar de sindicância ou investigação preliminar sumária, devidamente justificada.

Art. 28. Divulgar gravação ou trecho de gravação sem relação com a prova que se pretenda produzir, expondo a intimidade ou a vida privada ou ferindo a honra ou a imagem do investigado ou acusado:

Pena - detenção, de 1 (um) a 4 (quatro) anos, e multa.

Art. 29. Prestar informação falsa sobre procedimento judicial, policial, fiscal ou administrativo com o fim de prejudicar interesse de investigado:

Pena - detenção, de 6 (seis) meses a 2 (dois) anos, e multa.

Parágrafo único. (VETADO).

Art. 30. Dar início ou proceder à persecução penal, civil ou administrativa sem justa causa fundamentada ou contra quem sabe inocente:

Pena - detenção, de 1 (um) a 4 (quatro) anos, e multa.

Art. 31. Estender injustificadamente a investigação, procrastinando-a em prejuízo do investigado ou fiscalizado:

Pena - detenção, de 6 (seis) meses a 2 (dois) anos, e multa.

Parágrafo único. Incorre na mesma pena quem, inexistindo prazo para execução ou conclusão de procedimento, o estende de forma imotivada, procrastinando-o em prejuízo do investigado ou do fiscalizado.

Art. 32. Negar ao interessado, seu defensor ou advogado acesso aos autos de investigação preliminar, ao termo circunstanciado, ao inquérito ou a qualquer outro procedimento investigatório de infração penal, civil ou administrativa, assim como impedir a obtenção de cópias, ressalvado o acesso a peças relativas a diligências em curso, ou que indiquem a realização de diligências futuras, cujo sigilo seja imprescindível:

Pena - detenção, de 6 (seis) meses a 2 (dois) anos, e multa.

Art. 33. Exigir informação ou cumprimento de obrigação, inclusive o dever de fazer ou de não fazer, sem expresso amparo legal:

Pena - detenção, de 6 (seis) meses a 2 (dois) anos, e multa.

Parágrafo único. Incorre na mesma pena quem se utiliza de cargo ou função pública ou invoca a condição de agente público para se eximir de obrigação legal ou para obter vantagem ou privilégio indevido.

Art. 34. (VETADO).

Art. 35. (VETADO).

Art. 36. Decretar, em processo judicial, a indisponibilidade de ativos financeiros em quantia que extrapole exacerbadamente o valor estimado para a satisfação da dívida da parte e, ante a demonstração, pela parte, da excessividade da medida, deixar de corrigi-la:

Pena - detenção, de 1 (um) a 4 (quatro) anos, e multa.

Art. 37. Demorar demasiada e injustificadamente no exame de processo de que tenha requerido vista em órgão colegiado, com o intuito de procrastinar seu andamento ou retardar o julgamento:

Pena - detenção, de 6 (seis) meses a 2 (dois) anos, e multa.

Art. 38. Antecipar o responsável pelas investigações, por meio de comunicação, inclusive rede social, atribuição de culpa, antes de concluídas as apurações e formalizada a acusação:

Pena - detenção, de 6 (seis) meses a 2 (dois) anos, e multa.

4. IMPROBIDADE ADMINISTRATIVA

A improbidade administrativa está prevista no texto constitucional em seu Art. 37, § 4º, que prevê:

Art. 37, § 4º - Os atos de improbidade administrativa importarão a suspensão dos direitos políticos, a perda da função pública, a indisponibilidade dos bens e o ressarcimento ao erário, na forma e gradação previstas em lei, sem prejuízo da ação penal cabível.

A norma constitucional determinou que os atos de improbidade administrativa deveriam ser regulamentados para a sua execução, o que ocorreu com a edição da Lei nº 8.429/92, que dispõe sobre as sanções aplicáveis aos agentes públicos nos casos de enriquecimento ilícito no exercício de mandato, cargo, emprego ou função na administração pública direta, indireta ou fundacional e dá outras providências.

4.1 Sujeitos

Sujeito Passivo (Vítima)

A administração direta, indireta ou fundacional de qualquer dos Poderes da União, dos Estados, do Distrito Federal, dos Municípios, de Território, de empresa incorporada ao patrimônio público ou de entidade para cuja criação ou custeio o erário haja concorrido ou concorra com mais de 50% do patrimônio ou da receita anual.

Entidade que receba subvenção, benefício ou incentivo, fiscal ou creditício, de órgão público, bem como daquelas para cuja criação ou custeio o erário haja concorrido ou concorra com menos de cinquenta por cento do patrimônio ou da receita anual, limitando-se, nesses casos, a sanção patrimonial à repercussão do ilícito sobre a contribuição dos cofres públicos.

Sujeito Ativo (Pessoa que Pratica o Ato de Improbidade Administrativa)

Agente público (exceção agente político sujeito a crime de responsabilidade STF), servidores ou não, com algum tipo de vínculo nas entidades que podem ser vítimas de improbidade administrativa.

Conceito de agente público para aplicação da lei

Reputa-se agente público, para os efeitos dessa lei, todo aquele que exerce, ainda que transitoriamente ou sem remuneração, por eleição, nomeação, designação, contratação ou qualquer outra forma de investidura ou vínculo, mandato, cargo, emprego ou função nas entidades mencionadas no artigo anterior.

Qualquer pessoa que induza ou concorra com o agente público ou que se beneficie do ato.

As disposições dessa lei são aplicáveis, no que couber, àquele que, mesmo não sendo agente público, induza ou concorra para a prática do ato de improbidade ou dele se beneficie sob qualquer forma direta ou indireta.

4.2 Regras Gerais

Os agentes públicos de qualquer nível ou hierarquia são obrigados a velar pela estrita observância dos princípios de legalidade, impessoalidade, moralidade e publicidade no trato dos assuntos que lhe são afetos.

Ocorrendo lesão ao patrimônio público por ação ou omissão, dolosa ou culposa, do agente ou de terceiro, dar-se-á o integral ressarcimento do dano.

No caso de enriquecimento ilícito, perderá o agente público ou terceiro beneficiário os bens ou valores acrescidos ao seu patrimônio.

Quando o ato de improbidade causar lesão ao patrimônio público ou ensejar enriquecimento ilícito, caberá à autoridade administrativa responsável pelo inquérito representar ao Ministério Público, para a indisponibilidade dos bens do indiciado.

A indisponibilidade, a que se refere o *caput* desse artigo, recairá sobre bens que assegurem o integral ressarcimento do dano ou sobre o acréscimo patrimonial resultante do enriquecimento ilícito.

O sucessor daquele que causar lesão ao patrimônio público ou se enriquecer ilicitamente está sujeito às cominações dessa lei até o limite do valor da herança.

4.3 Modalidades

As modalidades estão previstas do Art. 9º ao 11, da Lei nº 8.429/92, e constituem um rol exemplificativo, ou seja, no caso concreto, podem existir outras situações capituladas como improbidade que não estão expressamente previstas no texto da lei.

Enriquecimento Ilícito

Art. 9º. Constitui ato de improbidade administrativa, importando enriquecimento ilícito auferir qualquer tipo de vantagem patrimonial indevida em razão do exercício de cargo, mandato, função, emprego ou atividade nas entidades mencionadas no Art. 1º desta lei, e notadamente:

I. Receber, para si ou para outrem, dinheiro, bem móvel ou imóvel, ou qualquer outra vantagem econômica, direta ou indireta, a título de comissão, percentagem, gratificação ou presente de quem tenha interesse, direto ou indireto, que possa ser atingido ou amparado por ação ou omissão decorrente das atribuições do agente público;

II. Perceber vantagem econômica, direta ou indireta, para facilitar a aquisição, permuta ou locação de bem móvel ou imóvel, ou a contratação de serviços pelas entidades referidas no Art. 1º por preço superior ao valor de mercado;

III. Perceber vantagem econômica, direta ou indireta, para facilitar a alienação, permuta ou locação de bem público ou o fornecimento de serviço por ente estatal por preço inferior ao valor de mercado;

IV. Utilizar, em obra ou serviço particular, veículos, máquinas, equipamentos ou material de qualquer natureza, de propriedade ou à disposição de qualquer das entidades mencionadas no Art. 1º desta lei, bem como o trabalho de servidores públicos, empregados ou terceiros contratados por essas entidades;

V. Receber vantagem econômica de qualquer natureza, direta ou indireta, para tolerar a exploração ou a prática de jogos de azar, de lenocínio, de narcotráfico, de contrabando, de usura ou de qualquer outra atividade ilícita, ou aceitar promessa de tal vantagem;

VI. Receber vantagem econômica de qualquer natureza, direta ou indireta, para fazer declaração falsa sobre medição ou avaliação em obras públicas ou qualquer outro serviço, ou sobre quantidade, peso, medida, qualidade ou característica de mercadorias ou bens fornecidos a qualquer das entidades mencionadas no Art. 1º desta lei;

LEGISLAÇÃO ESPECIAL

IMPROBIDADE ADMINISTRATIVA

VII. Adquirir, para si ou para outrem, no exercício de mandato, cargo, emprego ou função pública, bens de qualquer natureza cujo valor seja desproporcional à evolução do patrimônio ou à renda do agente público;

VIII. Aceitar emprego, comissão ou exercer atividade de consultoria ou assessoramento para pessoa física ou jurídica que tenha interesse suscetível de ser atingido ou amparado por ação ou omissão decorrente das atribuições do agente público, durante a atividade;

IX. Perceber vantagem econômica para intermediar a liberação ou aplicação de verba pública de qualquer natureza;

X. Receber vantagem econômica de qualquer natureza, direta ou indiretamente, para omitir ato de ofício, providência ou declaração a que esteja obrigado;

XI. Incorporar, por qualquer forma, ao seu patrimônio, bens, rendas, verbas ou valores integrantes do acervo patrimonial das entidades mencionadas no Art. 1º dessa lei;

XII. Usar, em proveito próprio, bens, rendas, verbas ou valores integrantes do acervo patrimonial das entidades mencionadas no Art. 1º dessa lei.

Prejuízo ao Erário

Dos atos de improbidade administrativa que causam prejuízo ao erário:

Art. 10. Constitui ato de improbidade administrativa que causa lesão ao erário qualquer ação ou omissão, dolosa ou culposa, que enseje perda patrimonial, desvio, apropriação, malbaratamento ou dilapidação dos bens ou haveres das entidades referidas no Art. 1º desta lei, e notadamente:

I. Facilitar ou concorrer por qualquer forma para a incorporação ao patrimônio particular, de pessoa física ou jurídica, de bens, rendas, verbas ou valores integrantes do acervo patrimonial das entidades mencionadas no Art. 1º desta lei;

II. Permitir ou concorrer para que pessoa física ou jurídica privada utilize bens, rendas, verbas ou valores integrantes do acervo patrimonial das entidades mencionadas no Art. 1º desta lei, sem a observância das formalidades legais ou regulamentares aplicáveis à espécie;

III. Doar à pessoa física ou jurídica bem como ao ente despersonalizado, ainda que de fins educativos ou assistências, bens, rendas, verbas ou valores do patrimônio de qualquer das entidades mencionadas no Art. 1º desta lei, sem observância das formalidades legais e regulamentares aplicáveis à espécie;

IV. Permitir ou facilitar a alienação, permuta ou locação de bem integrante do patrimônio de qualquer das entidades referidas no Art. 1º desta lei, ou ainda a prestação de serviço por parte delas, por preço inferior ao de mercado;

V. Permitir ou facilitar a aquisição, permuta ou locação de bem ou serviço por preço superior ao de mercado;

VI. Realizar operação financeira sem observância das normas legais e regulamentares ou aceitar garantia insuficiente ou inidônea;

VII. Conceder benefício administrativo ou fiscal sem a observância das formalidades legais ou regulamentares aplicáveis à espécie;

VIII. Frustrar a licitude de processo licitatório ou de processo seletivo para celebração de parcerias com entidades sem fins lucrativos, ou dispensá-los indevidamente; (Redação dada pela Lei nº 13.019, de 2014)

IX. Ordenar ou permitir a realização de despesas não autorizadas em lei ou regulamento;

X. Agir negligentemente na arrecadação de tributo ou renda, bem como no que diz respeito à conservação do patrimônio público;

XI. Liberar verba pública sem a estrita observância das normas pertinentes ou influir de qualquer forma para a sua aplicação irregular;

XII. Permitir, facilitar ou concorrer para que terceiro se enriqueça ilicitamente;

XIII. Permitir que se utilize, em obra ou serviço particular, veículos, máquinas, equipamentos ou material de qualquer natureza, de propriedade ou à disposição de qualquer das entidades mencionadas no Art. 1º desta lei, bem como o trabalho de servidor público, empregados ou terceiros contratados por essas entidades.

XIV. Celebrar contrato ou outro instrumento que tenha por objeto a prestação de serviços públicos por meio da gestão associada sem observar as formalidades previstas na lei;

XV. Celebrar contrato de rateio de consórcio público sem suficiente e prévia dotação orçamentária, ou sem observar as formalidades previstas na lei.

XVI. Facilitar ou concorrer, por qualquer forma, para a incorporação, ao patrimônio particular de pessoa física ou jurídica, de bens, rendas, verbas ou valores públicos transferidos pela administração pública a entidades privadas mediante celebração de parcerias, sem a observância das formalidades legais ou regulamentares aplicáveis à espécie; (Incluído pela Lei nº 13.019, de 2014)

XVII. Permitir ou concorrer para que pessoa física ou jurídica privada utilize bens, rendas, verbas ou valores públicos transferidos pela administração pública a entidade privada mediante celebração de parcerias, sem a observância das formalidades legais ou regulamentares aplicáveis à espécie; (Incluído pela Lei nº 13.019, de 2014)

XVIII. Celebrar parcerias da administração pública com entidades privadas sem a observância das formalidades legais ou regulamentares aplicáveis à espécie; (Incluído pela Lei nº 13.019, de 2014)

XIX. Agir negligentemente na celebração, fiscalização e análise das prestações de contas de parcerias firmadas pela administração pública com entidades privadas; (Incluído pela Lei nº 13.019, de 2014, com a redação dada pela Lei nº 13.204, de 2015).

XX. Liberar recursos de parcerias firmadas pela administração pública com entidades privadas sem a estrita observância das normas pertinentes ou influir de qualquer forma para a sua aplicação irregular. (Incluído pela Lei nº 13.019, de 2014, com a redação dada pela Lei nº 13.204, de 2015).

XXI. Liberar recursos de parcerias firmadas pela administração pública com entidades privadas sem a estrita observância das normas pertinentes ou influir de qualquer forma para a sua aplicação irregular. (Incluído pela Lei nº 13.019, de 2014)

Dos Atos de Improbidade Administrativa Decorrentes de Concessão ou Aplicação Indevida de Benefício Financeiro ou Tributário

Art. 10-A. Constitui ato de improbidade administrativa qualquer ação ou omissão para conceder, aplicar ou manter benefício financeiro ou tributário contrário ao que dispõem o caput e o § 1º do art. 8º-A da Lei Complementar nº 116, de 31 de julho de 2003. (Incluído pela Lei Complementar nº 157, de 2016) (Produção de efeito)

A lei complementar a que o artigo acima se refere é a lei de ISS. Dessa forma, o agente público que conceder, aplicar ou mantiver benefício ligado ao ISS, contrário à lei, estará sujeito à condenação por improbidade administrativa.

Atos que atentem aos Princípios da Administração Pública

Art. 11. *Constitui ato de improbidade administrativa que atenta contra os princípios da Administração Pública qualquer ação ou omissão que viole os deveres de honestidade, imparcialidade, legalidade, e lealdade às instituições, e notadamente:*

I. Praticar ato visando ao fim proibido em lei ou regulamento ou diverso daquele previsto, na regra de competência;

II. Retardar ou deixar de praticar, indevidamente, ato de ofício;

III. Revelar fato ou circunstância de que tem ciência em razão das atribuições e que deva permanecer em segredo;

IV. Negar publicidade aos atos oficiais;

V. Frustrar a licitude de concurso público;

VI. Deixar de prestar contas quando esteja obrigado a fazê-lo;

VII. Revelar ou permitir que chegue ao conhecimento de terceiro, antes da respectiva divulgação oficial, teor de medida política ou econômica capaz de afetar o preço de mercadoria, bem ou serviço.

VIII. Descumprir as normas relativas à celebração, fiscalização e aprovação de contas de parcerias firmadas pela administração pública com entidades privadas. (Redação dada pela Lei nº 13.019, de 2014)

IX. Deixar de cumprir a exigência de requisitos de acessibilidade previstos na legislação. (Incluído pela Lei nº 13.146, de 2015)

X. transferir recurso a entidade privada, em razão da prestação de serviços na área de saúde sem a prévia celebração de contrato, convênio ou instrumento congênere, nos termos do parágrafo único do art. 24 da Lei nº 8.080, de 19 de setembro de 1990. (Incluído pela Lei nº 13.650, de 2018)

4.4 Efeitos da Lei

A lei de improbidade administrativa gera quatro efeitos. A suspensão dos direitos políticos e a perda da função pública somente se dão depois do trânsito em julgado da sentença condenatória. A indisponibilidade dos bens não constitui penalidade, mas, sim medida cautelar e pode se dar mesmo antes do início da ação.

O ressarcimento ao erário, por sua vez, constitui a responsabilidade civil do agente, ou seja, a obrigação de reparar o dano.

> Suspensão dos Direitos Políticos;
> Perda da Função Pública;
> Indisponibilidade dos Bens;
> Ressarcimento ao Erário.

4.5 Das Sanções

Natureza das Sanções

→ **Administrativa**
> Perda da função pública;
> Proibição de contratar com o poder público;
> Proibição de receber benefícios ou incentivos fiscais do poder público.

→ **Civil**
> Ressarcimento ao erário;
> Perda dos bens;
> Multa.

» **Política:** suspensão dos direitos políticos.

» **Medida cautelar:** a indisponibilidade dos bens visa à garantia da aplicação das penalidades civis.

Não estabelece sanções penais, mas, se o fato também for tipificado como crime, haverá tal responsabilidade.

Penalidades

Enriquecimento Ilícito: perda dos bens ou valores acrescidos ilicitamente ao patrimônio; ressarcimento integral do dano, quando houver; perda da função pública; suspensão dos direitos políticos de oito a dez anos; pagamento de multa civil de até três vezes o valor do acréscimo patrimonial; e proibição de contratar com o Poder Público ou receber benefícios ou incentivos fiscais ou creditícios, direta ou indiretamente, ainda que por intermédio de pessoa jurídica da qual seja sócio majoritário, pelo prazo de dez anos.

Prejuízo ao Erário: ressarcimento integral do dano; perda dos bens ou valores acrescidos ilicitamente ao patrimônio, se concorrer essa circunstância; perda da função pública; suspensão dos direitos políticos de cinco a oito anos; pagamento de multa civil de até duas vezes o valor do dano; e proibição de contratar com o Poder Público ou receber benefícios ou incentivos fiscais ou creditícios, direta ou indiretamente, ainda que por intermédio de pessoa jurídica da qual seja sócio majoritário, pelo prazo de cinco anos.

Atos que Atentem contra os Princípios da Administração Pública: ressarcimento integral do dano, se houver; perda da função pública; suspensão dos direitos políticos de três a cinco anos; pagamento de multa civil de até cem vezes o valor da remuneração percebida pelo agente; e proibição de contratar com o Poder Público ou receber benefícios ou incentivos fiscais ou creditícios, direta ou indiretamente, ainda que por intermédio de pessoa jurídica da qual seja sócio majoritário, pelo prazo de três anos.

Punições

Art. 12 da Lei 8.429/92				
Modalidades / Sanções	Enriquecimento Ilícito (Art. 9º)	Prejuízo ao Erário (Art. 10)	Concessão indevida de benefício tributário (Art. 10-A)	Afronta os Princípios (Art. 11)
Suspensão dos direitos políticos	De 8 a 10 anos	De 5 a 8 anos	De 5 a 8 anos	De 3 a 5 anos
Multa Civil	Até 3X o valor do acréscimo	Até 2X o valor do dano	Até 3X o valor do benefício	Até 100X o valor da remuneração
Proibição de contratar com a Administração	10 anos	5 anos	----------	3 anos

Aplicação das Sanções

Na fixação das penas previstas, o juiz levará em conta a extensão do dano causado, assim como o proveito patrimonial obtido pelo agente.

Independe da efetiva ocorrência de dano ao patrimônio público, salvo quanto ao ressarcimento.

Independe de aprovação ou rejeição de contas pelos órgãos de controle.

Concessão ou Aplicação Indevida de Benefício Financeiro\Tributário: perda da função pública, suspensão dos direitos políticos de 5 (cinco) a 8 (oito) anos e multa civil de até 3 (três) vezes o valor do benefício financeiro ou tributário concedido. (Incluído pela Lei Complementar nº 157, de 2016)

→ **Características**
> - Ocorrendo lesão ao patrimônio público por ação ou omissão, dolosa ou culposa, do agente ou de terceiro, dar-se-á o integral ressarcimento do dano.
> - No caso de enriquecimento ilícito, perderá o agente público ou terceiro beneficiário os bens ou valores acrescidos ao seu patrimônio.
> - Quando o ato de improbidade causar lesão ao patrimônio público ou ensejar enriquecimento ilícito, caberá à autoridade administrativa responsável pelo inquérito representar ao Ministério Público, para a indisponibilidade dos bens do indiciado.
> - O sucessor daquele que causar lesão ao patrimônio público ou se enriquecer ilicitamente está sujeito às cominações dessa lei até o limite do valor da herança.
> - Nas ações de improbidade administrativa, admite-se a celebração de acordo de não persecução cível, conforme Art. 17, §1º da Lei 8.429/92 com redação dada pela Lei 13.964/19).
> - A aplicação das seguintes penalidades: perda da função pública e suspensão dos direitos políticos depende do trânsito em julgado da sentença condenatória.
> - A autoridade judicial ou administrativa competente poderá determinar o afastamento do agente público do exercício do cargo, emprego ou função, sem prejuízo da remuneração, quando a medida se fizer necessária à instrução processual.
> - Não existe foro por prerrogativa de função para processos que apuram atos de improbidade administrativa.

4.6 Declaração de Bens

A posse e o exercício de agente público ficam condicionados à apresentação de declaração dos bens e valores que compõem o seu patrimônio privado, a fim de que essa seja arquivada no serviço de pessoal competente.

A declaração compreenderá imóveis, móveis, semoventes, dinheiro, títulos, ações e qualquer outra espécie de bens e valores patrimoniais, localizados no país ou no exterior, e, quando for o caso, abrangerá os bens e valores patrimoniais do cônjuge ou companheiro, dos filhos e de outras pessoas que vivam sob a dependência econômica do declarante, excluídos apenas os objetos e utensílios de uso doméstico.

A declaração de bens será anualmente atualizada e na data em que o agente público deixar o exercício do mandato, cargo, emprego ou função.

Será punido com a pena de demissão, a bem do serviço público, sem prejuízo de outras sanções cabíveis, o agente público que se recusar a prestar declaração dos bens, dentro do prazo determinado, ou que a prestar falsa.

O declarante, a seu critério, poderá entregar cópia da declaração anual de bens apresentada à Delegacia da Receita Federal na conformidade da legislação do Imposto sobre a Renda e proventos de qualquer natureza, com as necessárias atualizações, para suprir a exigência contida na lei.

4.7 Prescrição

Os atos de improbidade administrativa prescrevem, segundo o Art. 23 da Lei nº 8.429/92:

> *I. Até cinco anos após o término do exercício de mandato, de cargo em comissão ou de função de confiança;*
>
> *II. Dentro do prazo prescricional previsto em lei específica para faltas disciplinares puníveis com demissão a bem do serviço público, nos casos de exercício de cargo efetivo ou emprego.*
>
> *III. Até cinco anos da data da apresentação à administração pública da prestação de contas final pelas entidades referidas no parágrafo único do Art. 1º desta Lei. (Incluído pela Lei nº 13.019, de 2014)*

As ações de ressarcimento ao erário são imprescritíveis.

5. LEI Nº 10.826/2003 - ESTATUTO DO DESARMAMENTO

5.1 Conceitos Introdutórios

O Estatuto do Desarmamento é uma lei que possui normas de Direito Administrativo, Penal e Processual Penal, iremos focar o estudo acerca das infrações penais; contudo, para entender determinados pontos existentes na lei, será necessário o conhecimento básico de alguns conceitos iniciais.

Por exemplo, o órgão responsável pela autorização e pelo registro de arma de fogo, em regra, é o SINARM (Sistema Nacional de Armas) – alocado na Polícia Federal e instituído pelo Ministério da Justiça –, cujas competências são exauridas do art. 3º da referida lei.

Objetivo

→ Os objetivos estão expostos na ementa da lei, quais sejam:
> Dispõe sobre registro, posse, porte e comercialização de armas de fogo e munição;
> Dispõe sobre o Sistema Nacional de Armas – SINARM;
> Define crimes; e
> Dá outras providências.

O Estatuto tem incriminação apenas das armas de fogo, acessórios, munições e artefatos explosivos ou incendiários, não se aplicando às armas brancas (arts. 18º e 19º da LCP[1] ou art. 242º do ECA[2]).

Norma Penal em Branco

→ A Lei nº 10.826/2003 não definiu o conceito do que é:
> Arma de fogo, acessório e munição;
> De uso permitido, restrito e proibido; e
> Artefato explosivo ou incendiário.

Tais definições e outros complementos são regulados por diversos decretos, dentre eles: Decreto nº 9.607/2018 (Política Nacional de Exportação e Importação de Produtos de Defesa), Decreto nº 9.845/2019 (Regulamento acerca da posse de armas de fogo), Decreto nº 9.846/2019 (Regulamento para caçadores, colecionadores e atiradores), Decreto nº 9.847/2019 (Regulamento acerca do porte, da comercialização, do SINARM e do SIGMA), Decreto nº 10.030/2019 (Regulamento de Produtos Controlados pelo Comando do Exército), além de outros.

---

1 Art. 18, Decreto-Lei nº 3.688/1941: "Fabricar, importar, exportar, ter em depósito ou vender, sem permissão da autoridade, arma ou munição: Pena – prisão simples, de três meses a um ano, ou multa, ou ambas cumulativamente, se o fato não constitui crime contra a ordem política ou social.".
Art. 19, Decreto-Lei nº 3.688/1941: "Trazer consigo arma fora de casa ou de dependência desta, sem licença da autoridade: Pena – prisão simples, de quinze dias a seis meses, ou multa, ou ambas cumulativamente. §1º. A pena é aumentada de um terço até metade, se o agente já foi condenado, em sentença irrecorrível, por violência contra pessoa. §2º. Incorre na pena de prisão simples, de quinze dias a três meses, ou multa, quem, possuindo arma ou munição: a) deixa de fazer comunicação ou entrega à autoridade, quando a lei o determina; b) permite que alienado menor de 18 anos ou pessoa inexperiente no manejo de arma a tenha consigo; c) omite as cautelas necessárias para impedir que dela se apodere facilmente alienado, menor de 18 anos ou pessoa inexperiente em manejá-la.".
2 Art. 242, Lei nº 8.069/1990: "Vender, fornecer ainda que gratuitamente ou entregar, de qualquer forma, a criança ou adolescente arma, munição ou explosivo: Pena – reclusão, de 3 (três) a 6 (seis) anos.".

Definições dadas pelo Decreto nº 10.030/2019 (Anexo III)	
Acessório de arma de fogo	artefato que, acoplado a uma arma, possibilita a melhoria do desempenho do atirador, a modificação de um efeito secundário do tiro ou a modificação do aspecto visual da arma.
Acessório explosivo	engenho não muito sensível, de elevada energia de ativação, que tem por finalidade fornecer energia suficiente à continuidade wde um trem explosivo e que necessita de um acessório iniciador para ser ativado.
Arma de fogo	arma que arremessa projéteis empregando a força expansiva dos gases, gerados pela combustão de um propelente confinado em uma câmara, normalmente solidária a um cano, que tem a função de dar continuidade à combustão do propelente, além de direção e estabilidade ao projétil.
Explosivo	tipo de matéria que, quando iniciada, sofre decomposição muito rápida, com grande liberação de calor e desenvolvimento súbito de pressão.

Definições dadas pelo Decreto nº 9.847/2019	
Arma de fogo de uso permitido: (Art. 2º, I)	as armas de fogo semiautomáticas ou de repetição que sejam: a) de porte, cujo calibre nominal, com a utilização de munição comum, não atinja, na saída do cano de prova, energia cinética superior a mil e duzentas libras-pé ou mil seiscentos e vinte joules; b) portáteis de alma lisa; ou c) portáteis de alma raiada, cujo calibre nominal, com a utilização de munição comum, não atinja, na saída do cano de prova, energia cinética superior a mil e duzentas libras-pé ou mil seiscentos e vinte joules.
Arma de fogo de uso restrito (Art. 2º, II)	as armas de fogo automáticas e as semiautomáticas ou de repetição que sejam: a) não portáteis; b) de porte, cujo calibre nominal, com a utilização de munição comum, atinja, na saída do cano de prova, energia cinética superior a mil e duzentas libras-pé ou mil seiscentos e vinte joules; ou c) portáteis de alma raiada, cujo calibre nominal, com a utilização de munição comum, atinja, na saída do cano de prova, energia cinética superior a mil e duzentas libras-pé ou mil seiscentos e vinte joules.
Arma de fogo de uso proibido (Art. 2º, III)	a) as armas de fogo classificadas de uso proibido em acordos e tratados internacionais dos quais a República Federativa do Brasil seja signatária; ou b) as armas de fogo dissimuladas, com aparência de objetos inofensivos.
Munição de uso restrito (Art. 2º, IV)	as munições que: a) atinjam, na saída do cano de prova de armas de porte ou portáteis de alma raiada, energia cinética superior a mil e duzentas libras-pé ou mil seiscentos e vinte joules; b) sejam traçantes, perfurantes ou fumígenas; c) sejam granadas de obuseiro, de canhão, de morteiro, de mão ou de bocal; ou d) sejam rojões, foguetes, mísseis ou bombas de qualquer natureza.
Munição de uso proibido (Art. 2º, V)	as munições que sejam assim definidas em acordo ou tratado internacional de que a República Federativa do Brasil seja signatária e as munições incendiárias ou químicas.

LEGISLAÇÃO ESPECIAL

LEI Nº 10.826/2003 - ESTATUTO DO DESARMAMENTO

Munição (Art. 2º, X)	cartucho completo ou seus componentes, incluídos o estojo, a espoleta, a carga propulsora, o projétil e a bucha utilizados em armas de fogo.
Arma de fogo de porte (Art. 2º, VII)	as armas de fogo de dimensões e peso reduzidos que podem ser disparadas pelo atirador com apenas uma de suas mãos, a exemplo de pistolas, revólveres e garruchas.
Arma de fogo portátil (Art. 2º, VIII)	as armas de fogo que, devido às suas dimensões ou ao seu peso, podem ser transportadas por uma pessoa, tais como fuzil, carabina e espingarda.
Arma de fogo não portátil (Art. 2º, IX)	as armas de fogo que, devido às suas dimensões ou ao seu peso, precisam ser transportadas por mais de uma pessoa, com a utilização de veículos, automotores ou não, ou sejam fixadas em estruturas permanentes.

Classificação e definição das armas de fogo: a classificação e definição das armas de fogo de uso permitido, restrito ou proibido, além das obsoletas e de valor histórico, serão disciplinadas por ato do chefe do Poder Executivo Federal, por meio de proposta do Comando do Exército, conforme expõe o caput do art. 23º do referido estatuto.

Art. 23. A classificação legal, técnica e geral bem como a definição das armas de fogo e demais produtos controlados, de usos proibidos, restritos, permitidos ou obsoletos e de valor histórico serão disciplinadas em ato do chefe do Poder Executivo Federal, mediante proposta do Comando do Exército. (Redação dada pela Lei nº 11.706, de 19/06/2008)

§1º. Todas as munições comercializadas no País deverão estar acondicionadas em embalagens com sistema de código de barras, gravado na caixa, visando possibilitar a identificação do fabricante e do adquirente, entre outras informações definidas pelo regulamento desta Lei.

§2º. Para os órgãos referidos no art. 6º, somente serão expedidas autorizações de compra de munição com identificação do lote e do adquirente no culote dos projéteis, na forma do regulamento desta Lei.

§3º. As armas de fogo fabricadas a partir de 1 (um) ano da data de publicação desta Lei conterão dispositivo intrínseco de segurança e de identificação, gravado no corpo da arma, definido pelo regulamento desta Lei, exclusive para os órgãos previstos no art. 6º.

§4º. As instituições de ensino policial e as guardas municipais referidas nos incisos III e IV do 'caput' do art. 6º desta Lei e no seu §7º poderão adquirir insumos e máquinas de recarga de munição para o fim exclusivo de suprimento de suas atividades, mediante autorização concedida nos termos definidos em regulamento. (Parágrafo acrescido pela Lei nº 11.706, de 19/06/2008)

Em muitos lugares na referida lei, haverá expressões que determinam a necessidade de complemento normativo, tais como: na forma [...], nas condições [...], nos termos do regulamento desta Lei; sem autorização ou em desacordo com determinação legal ou regulamentar.

SINARM e Registro

Art. 1º. O Sistema Nacional de Armas – SINARM, instituído no Ministério da Justiça, no âmbito da Polícia Federal, tem circunscrição em todo o território nacional.

O SINARM é órgão vinculado à Polícia Federal e o responsável pelo cadastramento e registro das armas de fogo em território nacional, salvo as das Forças Armadas e Auxiliares, bem como as dos órgãos que constem em seus registros próprios (art. 2º, par. único) — estas serão cadastradas no SIGMA[3].

Art. 2º. Ao SINARM compete:

I. identificar as características e a propriedade de armas de fogo, mediante cadastro;

II. cadastrar as armas de fogo produzidas, importadas e vendidas no País;

III. cadastrar as autorizações de porte de arma de fogo e as renovações expedidas pela Polícia Federal;

IV. cadastrar as transferências de propriedade, extravio, furto, roubo e outras ocorrências suscetíveis de alterar os dados cadastrais, inclusive as decorrentes de fechamento de empresas de segurança privada e de transporte de valores;

V. identificar as modificações que alterem as características ou o funcionamento de arma de fogo;

VI. integrar no cadastro os acervos policiais já existentes;

VII. cadastrar as apreensões de armas de fogo, inclusive as vinculadas a procedimentos policiais e judiciais;

VIII. cadastrar os armeiros em atividade no País, bem como conceder licença para exercer a atividade;

IX. cadastrar mediante registro os produtores, atacadistas, varejistas, exportadores e importadores autorizados de armas de fogo, acessórios e munições;

X. cadastrar a identificação do cano da arma, as características das impressões de raiamento e de microestriamento de projétil disparado, conforme marcação e testes obrigatoriamente realizados pelo fabricante;

XI. informar às Secretarias de Segurança Pública dos Estados e do Distrito Federal os registros e autorizações de porte de armas de fogo nos respectivos territórios, bem como manter o cadastro atualizado para consulta.

Parágrafo único. As disposições deste artigo não alcançam as armas de fogo das Forças Armadas e Auxiliares, bem como as demais que constem dos seus registros próprios.

Armas de fogo de uso restrito: compete ao Comando do Exército autorizar a aquisição e registrar as armas de fogo de uso restrito (art. 3º, par. único).

Art. 3º. É obrigatório o registro de arma de fogo no órgão competente.

Parágrafo único. As armas de fogo de uso restrito serão registradas no Comando do Exército, na forma do regulamento desta Lei.

Art. 27. Caberá ao Comando do Exército autorizar, excepcionalmente, a aquisição de armas de fogo de uso restrito.

Parágrafo único. O disposto neste artigo não se aplica às aquisições dos Comandos Militares.

Da Posse de Arma de Fogo

A regra geral é que a população não tenha arma de fogo, daí o nome "Estatuto do Desarmamento". Contudo, um particular poderá obter a autorização para **posse de arma de fogo de uso permitido** (há diferença entre "posse" e "porte") caso preencha os requisitos necessários do art. 4º, que são, entre outros: curso técnico, avaliação psicológica, pagamento de taxas; bem como a idade mínima de 25 anos (art. 28).

---

3 Art. 4º, caput, Decreto nº 9.847/2019: "O SIGMA, instituído no âmbito do Comando do Exército do Ministério da Defesa, manterá cadastro nacional das armas de fogo importadas, produzidas e comercializadas no país que não estejam previstas no art. 3º.". (Sistema de Gerenciamento Militar de Armas)

Art. 4º. Para adquirir arma de fogo de uso permitido o interessado deverá, além de declarar a efetiva necessidade, atender aos seguintes requisitos:

I. comprovação de idoneidade, com a apresentação de certidões negativas de antecedentes criminais fornecidas pela Justiça Federal, Estadual, Militar e Eleitoral e de não estar respondendo a inquérito policial ou a processo criminal, que poderão ser fornecidas por meios eletrônicos;

II. apresentação de documento comprobatório de ocupação lícita e de residência certa;

III. comprovação de capacidade técnica e de aptidão psicológica para o manuseio de arma de fogo, atestadas na forma disposta no regulamento desta Lei.

§1º. O SINARM expedirá autorização de compra de arma de fogo após atendidos os requisitos anteriormente estabelecidos, em nome do requerente e para a arma indicada, sendo intransferível esta autorização.

§2º. A aquisição de munição somente poderá ser feita no calibre correspondente à arma registrada e na quantidade estabelecida no regulamento desta Lei.

§3º. A empresa que comercializar arma de fogo em território nacional é obrigada a comunicar a venda à autoridade competente, como também a manter banco de dados com todas as características da arma e cópia dos documentos previstos neste artigo.

§4º. A empresa que comercializa armas de fogo, acessórios e munições responde legalmente por essas mercadorias, ficando registradas como de sua propriedade enquanto não forem vendidas.

§5º. A comercialização de armas de fogo, acessórios e munições entre pessoas físicas somente será efetivada mediante autorização do SINARM.

§6º. A expedição da autorização a que se refere o §1º será concedida, ou recusada com a devida fundamentação, no prazo de 30 (trinta) dias úteis, a contar da data do requerimento do interessado.

§7º. O registro precário a que se refere o §4º prescinde do cumprimento dos requisitos dos incisos I, II e III deste artigo.

§8º. Estará dispensado das exigências constantes do inciso III do 'caput' deste artigo, na forma do regulamento, o interessado em adquirir arma de fogo de uso permitido que comprove estar autorizado a portar arma com as mesmas características daquela a ser adquirida.

Art. 28. É vedado ao menor de 25 (vinte e cinco) anos adquirir arma de fogo, ressalvados os integrantes das entidades constantes dos incisos I, II, III, V, VI, VII e X do 'caput' do art. 6º desta Lei.

Diferenciação entre posse e porte: a *posse* de arma de fogo restringe-se à circunscrição residencial ou empresarial – desde que seja o proprietário ou o responsável legal. Já o *porte* é a autorização de levar a arma de fogo consigo além desses locais.

Art. 5º. O certificado de Registro de Arma de Fogo, com validade em todo o território nacional, autoriza o seu proprietário a manter a arma de fogo exclusivamente no interior de sua residência ou domicílio, ou dependência desses, ou, ainda, no seu local de trabalho, desde que seja ele o titular ou o responsável legal pelo estabelecimento ou empresa.

§1º. O certificado de registro de arma de fogo será expedido pela Polícia Federal e será precedido de autorização do SINARM. (Redação dada pela Lei nº 10.884, de 17/06/2004)

§2º. Os requisitos de que tratam os incisos I, II e III do art. 4º deverão ser comprovados periodicamente, em período não inferior a 3 (três) anos, na conformidade do estabelecido no regulamento desta Lei, para a renovação do Certificado de Registro de Arma de Fogo.

§3º. O proprietário de arma de fogo com certificados de registro de propriedade expedido por órgão estadual ou do Distrito Federal até a data da publicação desta Lei que não optar pela entrega espontânea prevista no art. 32 desta Lei deverá renová-lo mediante o pertinente registro federal, até o dia 31 de dezembro de 2008, ante a apresentação de documento de identificação pessoal e comprovante de residência fixa, ficando dispensado do pagamento de taxas e do cumprimento das demais exigências constantes dos incisos I a III do 'caput' do art. 4º desta Lei.[4] (Redação dada pela Lei nº 11.706, de 19/06/2008) (Prazo prorrogado até 31/12/2009, de acordo com o art. 20 da Lei nº 11.922, de 13/04/2009)

§4º. Para fins do cumprimento do disposto no §3º deste artigo, o proprietário de arma de fogo poderá obter, no Departamento de Polícia Federal, certificado de registro provisório, expedido na rede mundial de computadores — internet, na forma do regulamento e obedecidos os procedimentos a seguir:

I. emissão de certificado de registro provisório pela internet, com validade inicial de 90 (noventa) dias; e

II. revalidação pela unidade do Departamento de Polícia Federal do certificado de registro provisório pelo prazo que estimar como necessário para a emissão definitiva do certificado de registro de propriedade. (Parágrafo acrescido pela Lei nº 11.706, de 19/06/2008)

§5º. Aos residentes em área rural, para os fins do disposto no 'caput' deste artigo, considera-se residência ou domicílio toda a extensão do respectivo imóvel rural. (Incluído pela Lei nº 13.870, de 17/09/2019)

Do porte de arma de fogo

Art. 6º. É proibido o porte de arma de fogo em todo o território nacional, salvo para os casos previstos em legislação própria e para:

I. os integrantes das Forças Armadas;

II. os integrantes de órgãos referidos nos incisos I, II, III, IV e V do 'caput' do art. 144 da Constituição Federal e os da Força Nacional de Segurança Pública (FNSP); (Redação dada pela Lei nº 13.500, de 2017)

III. os integrantes das guardas municipais das capitais dos Estados e dos Municípios com mais de 500.000 (quinhentos mil) habitantes, nas condições estabelecidas no regulamento desta Lei;

IV. os integrantes das guardas municipais dos Municípios com mais de 50.000 (cinquenta mil) e menos de 500.000 (quinhentos mil) habitantes, quando em serviço; (Redação dada pela Lei nº 10.867, de 2004)

V. os agentes operacionais da Agência Brasileira de Inteligência e os agentes do Departamento de Segurança do Gabinete de Segurança Institucional da Presidência da República;

VI. os integrantes dos órgãos policiais referidos no art. 51, IV, e no art. 52, XIII, da Constituição Federal;

VII. os integrantes do quadro efetivo dos agentes e guardas prisionais, os integrantes das escoltas de presos e as guardas portuárias;

VIII. as empresas de segurança privada e de transporte de valores constituídas, nos termos desta Lei;

IX. para os integrantes das entidades de desporto legalmente constituídas, cujas atividades esportivas demandem o uso de armas de fogo, na forma do regulamento desta Lei, observando-se, no que couber, a legislação ambiental.

X. integrantes das Carreiras de Auditoria da Receita Federal do Brasil e de Auditoria-Fiscal do Trabalho, cargos de Auditor-Fiscal e Analista Tributário. (Redação dada pela Lei nº 11.501, de 2007)

---

4   Art. 20, Lei nº 11.922/2009: "Ficam prorrogados para 31 de dezembro de 2009 os prazos de que tratam o §3º do art. 5º e o art. 30, ambos da Lei nº 10.826, de 22 de dezembro de 2003.".

XI. *os tribunais do Poder Judiciário descritos no art. 92 da Constituição Federal e os Ministérios Públicos da União e dos Estados, para uso exclusivo de servidores de seus quadros pessoais que efetivamente estejam no exercício de funções de segurança, na forma de regulamento a ser emitido pelo Conselho Nacional de Justiça – CNJ e pelo Conselho Nacional do Ministério Público – CNMP. (Incluído pela Lei nº 12.694, de 2012)*

§1º. *As pessoas previstas nos incisos I, II, III, V e VI do 'caput' deste artigo terão direito de portar arma de fogo de propriedade particular ou fornecida pela respectiva corporação ou instituição, mesmo fora de serviço, nos termos do regulamento desta Lei, com validade em âmbito nacional para aquelas constantes dos incisos I, II, V e VI. (Redação dada pela Lei nº 11.706, de 2008)*

§1º-A. *REVOGADO (Revogado pela Lei nº 11.706, de 2008)*

§1º-B. *Os integrantes do quadro efetivo de agentes e guardas prisionais poderão portar arma de fogo de propriedade particular ou fornecida pela respectiva corporação ou instituição, mesmo fora de serviço, desde que estejam: (Incluído pela Lei nº 12.993, de 2014)*

I. *submetidos a regime de dedicação exclusiva;*

II. *sujeitos à formação funcional, nos termos do regulamento; e*

III. *subordinados a mecanismos de fiscalização e de controle interno.*

§1º-C. *VETADO (Vetado na Lei nº 12.993, de 2014)*

§2º. *A autorização para o porte de arma de fogo aos integrantes das instituições descritas nos incisos V, VI, VII e X do 'caput' deste artigo está condicionada à comprovação do requisito a que se refere o inciso III do 'caput' do art. 4º desta Lei nas condições estabelecidas no regulamento desta Lei. (Redação dada pela Lei nº 11.706, de 2008)*

§3º. *A autorização para o porte de arma de fogo das guardas municipais está condicionada à formação funcional de seus integrantes em estabelecimentos de ensino de atividade policial, à existência de mecanismos de fiscalização e de controle interno, nas condições estabelecidas no regulamento desta Lei, observada a supervisão do Ministério da Justiça. (Redação dada pela Lei nº 10.884, de 2004)*

§4º. *Os integrantes das Forças Armadas, das polícias federais e estaduais e do Distrito Federal, bem como os militares dos Estados e do Distrito Federal, ao exercerem o direito descrito no art. 4º, ficam dispensados do cumprimento do disposto nos incisos I, II e III do mesmo artigo, na forma do regulamento desta Lei.*

§5º. *Aos residentes em áreas rurais, maiores de 25 (vinte e cinco) anos que comprovem depender do emprego de arma de fogo para prover sua subsistência alimentar familiar será concedido pela Polícia Federal o porte de arma de fogo, na categoria caçador para subsistência, de uma arma de uso permitido, de tiro simples, com 1 (um) ou 2 (dois) canos, de alma lisa e de calibre igual ou inferior a 16 (dezesseis), desde que o interessado comprove a efetiva necessidade em requerimento ao qual deverão ser anexados os seguintes documentos:*

I. *documento de identificação pessoal;*

II. *comprovante de residência em área rural; e*

III. *atestado de bons antecedentes. (Redação dada pela Lei nº 11.706, de 2008)*

§6º. *O caçador para subsistência que der outro uso à sua arma de fogo, independentemente de outras tipificações penais, responderá, conforme o caso, por porte ilegal ou por disparo de arma de fogo de uso permitido. (Redação dada pela Lei nº 11.706, de 2008)*

§7º. *Aos integrantes das guardas municipais dos Municípios que integram regiões metropolitanas será autorizado porte de arma de fogo, quando em serviço. (Incluído pela Lei nº 11.706, de 2008)*

Art. 7º. *As armas de fogo utilizadas pelos empregados das empresas de segurança privada e de transporte de valores, constituídas na forma da lei, serão de propriedade, responsabilidade e guarda das respectivas empresas, somente podendo ser utilizadas quando em serviço, devendo essas observar as condições de uso e de armazenagem estabelecidas pelo órgão competente, sendo o certificado de registro e a autorização de porte expedidos pela Polícia Federal em nome da empresa.*

§1º. *O proprietário ou diretor responsável de empresa de segurança privada e de transporte de valores responderá pelo crime previsto no parágrafo único do art. 13 desta Lei, sem prejuízo das demais sanções administrativas e civis, se deixar de registrar ocorrência policial e de comunicar à Polícia Federal perda, furto, roubo ou outras formas de extravio de armas de fogo, acessórios e munições que estejam sob sua guarda, nas primeiras 24 (vinte e quatro) horas depois de ocorrido o fato.*

§2º. *A empresa de segurança e de transporte de valores deverá apresentar documentação comprobatória do preenchimento dos requisitos constantes do art. 4º desta Lei quanto aos empregados que portarão arma de fogo.*

§3º. *A listagem dos empregados das empresas referidas neste artigo deverá ser atualizada semestralmente junto ao SINARM.*

Art. 7º-A. *As armas de fogo utilizadas pelos servidores das instituições descritas no inciso XI do art. 6º serão de propriedade, responsabilidade e guarda das respectivas instituições, somente podendo ser utilizadas quando em serviço, devendo estas observar as condições de uso e de armazenagem estabelecidas pelo órgão competente, sendo o certificado de registro e a autorização de porte expedidos pela Polícia Federal em nome da instituição.*

§1º. *A autorização para o porte de arma de fogo de que trata este artigo independe do pagamento de taxa.*

§2º. *O presidente do tribunal ou o chefe do Ministério Público designará os servidores de seus quadros pessoais no exercício de funções de segurança que poderão portar arma de fogo, respeitado o limite máximo de 50% (cinquenta por cento) do número de servidores que exerçam funções de segurança.*

§3º. *O porte de arma pelos servidores das instituições de que trata este artigo fica condicionado à apresentação de documentação comprobatória do preenchimento dos requisitos constantes do art. 4º desta Lei, bem como à formação funcional em estabelecimentos de ensino de atividade policial e à existência de mecanismos de fiscalização e de controle interno, nas condições estabelecidas no regulamento desta Lei.*

§4º. *A listagem dos servidores das instituições de que trata este artigo deverá ser atualizada semestralmente no SINARM.*

§5º. *As instituições de que trata este artigo são obrigadas a registrar ocorrência policial e a comunicar à Polícia Federal eventual perda, furto, roubo ou outras formas de extravio de armas de fogo, acessórios e munições que estejam sob sua guarda, nas primeiras 24 (vinte e quatro) horas depois de ocorrido o fato. (Artigo acrescido pela Lei nº 12.694, de 24/07/2012)*

Art. 8º. *As armas de fogo utilizadas em entidades desportivas legalmente constituídas devem obedecer às condições de uso e de armazenagem estabelecidas pelo órgão competente, respondendo o possuidor ou o autorizado a portar a arma pela sua guarda na forma do regulamento desta Lei.*

O porte de arma de fogo, via de regra, é proibido (principalmente aos particulares), porém, com regras específicas, os arts. 6º, 7º e 8º autorizam alguns agentes (a maioria se trata de órgãos públicos de segurança pública)[5]. Além de outros que possuem autorização emanada de outras leis específicas[6].

---

5 Art. 24, caput, Decreto nº 9.847/2019: "O porte de arma de fogo é deferido aos militares das Forças Armadas, aos policiais federais, estaduais e distritais, civis e militares, aos corpos de bombeiros militares e aos policiais da Câmara dos Deputados e do Senado Federal em razão do desempenho de suas funções institucionais.".

6 São exemplos de leis próprias que constam autorizações de porte de arma de fogo: Lei Orgânica dos Magistratura Nacional – LOMN (Lei Complementar nº 35/1979); Lei Orgânica do Ministério Público – LOMP (Lei nº 8.625/1993); e Lei Orgânica do Ministério Público da União – LOMPU (Lei Complementar nº 75/1993).

Basicamente, é autorizado para:

Agentes Públicos (em serviço ou fora dele)

Forças Armadas (art. 6º, caput, I)

Art. 142º, caput, CF/88:
- Marinha;
- Aeronáutica;
- Exército.

Órgãos de Segurança Pública e Força Nacional de Segurança Pública (art. 6º, caput, II)

Art. 144º, caput, CF/88:
- Polícia Federal;
- Polícia Rodoviária Federal;
- Polícia Ferroviária Federal;
- Polícias Civis;
- Polícias Militares e Corpo de Bombeiros Militares.
- Força Nacional de Segurança Pública[7] – FNSP.

Guardas Municipais* (art. 6º, caput, III)

Capitais de Estado e Municípios com mais de 500 mil habitantes.

GSI-PR e ABIN (art. 6º, caput, V)

Agentes Operacionais da ABIN;
Agentes de Segurança Presidencial do GSI-PR.

Polícia Legislativa Federal (art. 6º, caput, VI)

Polícia da Câmara dos Deputados (art. 51, IV, CF);
Polícia do Senado (art. 52, XIII, CF).

Agentes Públicos (apenas em serviço)

Guardas Municipais* (art. 6º, caput, IV, e §7º)

Municípios com **mais de 50** mil habitantes e **menos de 500** mil habitantes (art. 6º, *caput*, IV);
Municípios que integrem **regiões metropolitanas** (art. 6º, §7º).

Guardas Prisionais e Portuárias (art. 6º, caput, VII)

Agentes e Guardas Prisionais (poderão obter o porte para uso fora de serviço, desde que preencham os requisitos do §1º-B do art. 6º);
Integrantes de Escolta de Presos;
Guardas Portuários.[8]

Auditoria Fiscal Federal Tributária e Trabalhista (art. 6º, *caput*, X)

Auditor-Fiscal da Receita Federal;
Analista Tributário da Receita Federal;
Auditor-Fiscal do Trabalho Federal.

Agentes de Segurança do Poder Judiciário e Ministério Público (art. 6º, caput, XI)

Porte em nome da instituição e uso em serviço: competência da **Polícia Federal** (art. 7º-A).

Particulares

Empresas de Segurança Privada e de Transporte de Valores (art. 6º, caput, VIII)

Porte em nome da empresa e uso apenas em serviço: competência da **Polícia Federal** (art. 7º).[9]

Caçador para subsistência (art. 6º, §§ 5º e 6º)

Porte "caçador para subsistência" (residente em área rural): competência da **Polícia Federal**.

Atiradores, caçadores e colecionadores[10] (art. 9º)

Integrantes (art. 6º, *caput*, IX) e entidades desportivas (art. 8º).
Registro e porte de trânsito (guia de tráfego): competência do **Comando do Exército** (art. 9º).[11]

Estrangeiros no Brasil

Responsáveis pela segurança de cidadãos estrangeiros em visita ou sediados no Brasil

Autorização do porte de arma de fogo: competência do **Ministério da Justiça** (art. 9º).

Representantes estrangeiros em competição internacional oficial de tiro no Brasil

Registro e porte de trânsito: competência do **Comando do Exército** (art. 9º).[12]

---

7 Art. 4º, §2º, Decreto nº 5.289/2004: "O contingente mobilizável da Força Nacional de Segurança Pública será composto por servidores que tenham recebido, do Ministério da Justiça, treinamento especial para atuação conjunta, integrantes das polícias federais e dos órgãos de segurança pública dos Estados que tenham aderido ao programa de cooperação federativa.".
8 Art. 29, Parágrafo único, Decreto nº 9.847/2019: "Caberá à Polícia Federal expedir o porte de arma de fogo para os guardas portuários.".
9 Art. 32, Decreto nº 9.847/2019: "As empresas de segurança privada e de transporte de valores solicitarão à Polícia Federal autorização para aquisição de armas de fogo. §1º. A autorização de que trata o 'caput': I – será concedida se houver comprovação de que a empresa possui autorização de funcionamento válida e justificativa da necessidade de aquisição com base na atividade autorizada; e II – será válida apenas para a utilização da arma de fogo em serviço. [...]".
10 Art. 1º, §§ 1º e 2º, Decreto nº 9.846/2019: "[...] §1º. As armas de fogo de colecionadores, atiradores e caçadores serão cadastradas no Sistema de Gerenciamento Militar de Armas – SIGMA. §2º. O Certificado de Registro de Colecionador, Atirador e Caçador expedido pelo Comando do Exército, terá validade de dez anos.".
11 Art. 5º, Decreto nº 9.846/2019: "Os clubes e as escolas de tiro e os colecionadores, os atiradores e os caçadores serão registrados no Comando do Exército. [...] §2º. Fica garantido o direito de transporte desmuniciado das armas dos clubes e das escolas de tiro e de seus integrantes e dos colecionadores, dos atiradores e dos caçadores, por meio da apresentação do Certificado de Registro de Colecionador, Atirador e Caçador ou do Certificado de Registro de Arma de Fogo válidos. §3º. Os colecionadores, os atiradores e os caçadores poderão portar uma arma de fogo curta municiada, alimentada e carregada, pertencente a seu acervo cadastrado no SINARM ou no SIGMA, conforme o caso, sempre que estiverem em deslocamento para treinamento ou participação em competições, por meio da apresentação do Certificado de Registro de Colecionador, Atirador e Caçador, do Certificado de Registro de Arma de Fogo e da Guia de Tráfego válidos. §4º. A Guia de Tráfego é o documento que confere a autorização para o tráfego de armas, acessórios e munições no território nacional e corresponde ao porte de trânsito previsto no art. 24 da Lei nº 10.826, de 22 de dezembro de 2003. §5º. A Guia de Tráfego a que refere o §4º poderá ser emitida no sítio eletrônico do Comando do Exército.".
12 Art. 31, Decreto nº 9.847/2019: "A entrada de arma de fogo e munição no país, como bagagem de atletas, destinadas ao uso em competições internacionais será autorizada pelo Comando do Exército. §1º. O porte de trânsito das armas a serem utilizadas por delegações estrangeiras em competição oficial de tiro no país será expedido pelo Comando do Exército. §2º. Os responsáveis pelas delegações estrangeiras e brasileiras em competição oficial de tiro no país e os seus integrantes transportarão as suas armas desmuniciadas.".

LEGISLAÇÃO ESPECIAL

LEI Nº 10.826/2003 - ESTATUTO DO DESARMAMENTO

Art. 9º. Compete ao Ministério da Justiça a autorização do porte de arma para os responsáveis pela segurança de cidadãos estrangeiros em visita ou sediados no Brasil e, ao Comando do Exército, nos termos do regulamento desta Lei, o registro e a concessão de porte de trânsito de arma de fogo para colecionadores, atiradores e caçadores e de representantes estrangeiros em competição internacional oficial de tiro realizada no território nacional.

Autorização conforme os órgãos	
Ministério da Justiça	Autorização do porte de arma para: • Seguranças de cidadãos estrangeiros em visita ou sediados no Brasil.
Comando do Exército[13]	Registro e concessão de porte de trânsito de arma de fogo para: • Colecionadores; • Atiradores; • Caçadores; e • Representantes estrangeiros em competição internacional oficial de tiro realizada no território nacional.

Perda automática: aquele que for abordado ou detido em estado de embriaguez ou sob o efeito drogas perderá automaticamente a eficácia do porte de arma de fogo (art. 10, §2º).

Art. 10. A autorização para o porte de arma de fogo de uso permitido, em todo o território nacional, é de competência da Polícia Federal e somente será concedida após autorização do SINARM.

§1º. A autorização prevista neste artigo poderá ser concedida com eficácia temporária e territorial limitada, nos termos de atos regulamentares, e dependerá de o requerente:

I. demonstrar a sua efetiva necessidade por exercício de atividade profissional de risco ou de ameaça à sua integridade física;

II. atender às exigências previstas no art. 4º desta Lei;

III. apresentar documentação de propriedade de arma de fogo, bem como o seu devido registro no órgão competente.

§2º. A autorização de porte de arma de fogo, prevista neste artigo, perderá automaticamente sua eficácia caso o portador dela seja detido ou abordado em estado de embriaguez ou sob efeito de substâncias químicas ou alucinógenas.

O uso ostensivo de arma de fogo para aqueles que possuem o porte é proibido, isto é, o sujeito que leva a arma consigo, mas a deixa aparecer. O resultado é o mesmo para quem seja detido embriagado portando a arma de fogo: cassação do porte e apreensão da arma (art. 20, Decreto nº 9.847/2019)[14].

Art. 11. Fica instituída a cobrança de taxas, nos valores constantes do Anexo desta Lei, pela prestação de serviços relativos:

I. ao registro de arma de fogo;

II. à renovação de registro de arma de fogo;

III. à expedição de segunda via de registro de arma de fogo;

IV. à expedição de porte federal de arma de fogo;

V. à renovação de porte de arma de fogo;

VI. à expedição de segunda via de porte federal de arma de fogo.

§1º. Os valores arrecadados destinam-se ao custeio e à manutenção das atividades do SINARM, da Polícia Federal e do Comando do Exército, no âmbito de suas respectivas responsabilidades.

§2º. São isentas do pagamento das taxas previstas neste artigo as pessoas e as instituições a que se referem os incisos I a VII e X e o §5º do art. 6º desta Lei. (Parágrafo com redação dada pela Lei nº 11.706, de 19/6/2008)

Art. 11-A. O Ministério da Justiça disciplinará a forma e as condições do credenciamento de profissionais pela Polícia Federal para comprovação da aptidão psicológica e da capacidade técnica para o manuseio de arma de fogo.

§1º. Na comprovação da aptidão psicológica, o valor cobrado pelo psicólogo não poderá exceder ao valor médio dos honorários profissionais para realização de avaliação psicológica constante do item 1.16 da tabela do Conselho Federal de Psicologia.

§2º. Na comprovação da capacidade técnica, o valor cobrado pelo instrutor de armamento e tiro não poderá exceder R$ 80,00 (oitenta reais), acrescido do custo da munição.

§3º. A cobrança de valores superiores aos previstos nos §§ 1º e 2º deste artigo implicará o descredenciamento do profissional pela Polícia Federal. (Artigo acrescido pela Lei nº 11.706, de 19/6/2008)

Do Comércio

A **comercialização, produção, importação, exportação ou manutenção** de armas de fogo em território nacional são permitidas[15] desde que o estabelecimento comercial tenha sido previamente *autorizado pelo Comando do Exército (art. 24) e cadastrado no SINARM* (art. 2º, IX).

Art. 24. Excetuadas as atribuições a que se refere o art. 2º desta Lei, compete ao Comando do Exército autorizar e fiscalizar a produção, exportação, importação, desembaraço alfandegário e o comércio de armas de fogo e demais produtos controlados, inclusive o registro e o porte de trânsito de arma de fogo de colecionadores, atiradores e caçadores.

Comércio entre pessoas físicas: o comércio entre pessoas físicas só é possível mediante *autorização prévia do SINARM* (art. 4º, §5º), bem como a atividade de *armeiro*[16] (art. 2º, VIII).

A proibição não se restringe apenas às armas de fogo, mas também às armas de brinquedos (art. 26).

Art. 26. São vedadas a fabricação, a venda, a comercialização e a importação de brinquedos, réplicas e simulacros de armas de fogo, que com estas se possam confundir.

Parágrafo único. Excetuam-se da proibição as réplicas e os simulacros destinados à instrução, ao adestramento, ou à coleção de usuário autorizado, nas condições fixadas pelo Comando do Exército.

Das Armas de Fogo Apreendidas

Destinatário das armas de fogo apreendidas (art. 25): deverão ser encaminhadas ao Comando do Exército pela autoridade judiciária competente, em até 48 horas, desde que já tenha sido

---

13 Ao Comando do Exército também se inclui a competência para o registro e cadastro das armas de fogo das representações diplomáticas (Art. 4º, §2º, IV, Decreto nº 9.847/2019).

14 Art. 20, Decreto nº 9.847/2019: "O titular de porte de arma de fogo para defesa pessoal concedido nos termos do disposto no art. 10 da Lei nº 10.826, de 2003, não poderá conduzi-la ostensivamente ou com ela adentrar ou permanecer em locais públicos, tais como igrejas, escolas, estádios desportivos, clubes, agências bancárias ou outros locais onde haja aglomeração de pessoas em decorrência de eventos de qualquer natureza. §1º. A inobservância ao disposto neste artigo implicará na cassação do porte de arma de fogo e na apreensão da arma, pela autoridade competente, que adotará as medidas legais pertinentes. §2º. Aplica-se o disposto no §1º na hipótese de o titular do porte de arma de fogo portar o armamento em estado de embriaguez ou sob o efeito de drogas ou medicamentos que provoquem alteração do desempenho intelectual ou motor.".

15 Art. 9º, Decreto nº 9.847/2019: "Fica permitida a venda de armas de fogo de porte e portáteis, munições e acessórios por estabelecimento comercial credenciado pelo Comando do Exército.".

16 Armeiro: "mecânico de armas" (Art. 3º, XXIV, Anexo, Decreto nº 3.665/2000).

feito o laudo pericial, a juntada aos autos e não mais interessem à persecução penal, a fim de serem destruídas ou doadas aos órgãos de segurança pública (art. 144, CF) ou às Forças Armadas (art. 142, CF).

Art. 25. As armas de fogo apreendidas, após a elaboração do laudo pericial e sua juntada aos autos, quando não mais interessarem à persecução penal serão encaminhadas pelo juiz competente ao Comando do Exército, no prazo de até 48 (quarenta e oito) horas, para destruição ou doação aos órgãos de segurança pública ou às Forças Armadas, na forma do regulamento desta Lei. (Redação dada pela Lei nº 13.886, de 17/10/2019)

§1º. As armas de fogo encaminhadas ao Comando do Exército que receberem parecer favorável à doação, obedecidos o padrão e a dotação de cada Força Armada ou órgão de segurança pública, atendidos os critérios de prioridade estabelecidos pelo Ministério da Justiça e ouvido o Comando do Exército, serão arroladas em relatório reservado trimestral a ser encaminhado àquelas instituições, abrindo-se-lhes prazo para manifestação de interesse. (Redação dada pela Lei nº 11.706, de 19/06/2008)

§1º-A. As armas de fogo e munições apreendidas em decorrência do tráfico de drogas de abuso, ou de qualquer forma utilizadas em atividades ilícitas de produção ou comercialização de drogas abusivas, ou, ainda, que tenham sido adquiridas com recursos provenientes do tráfico de drogas de abuso, perdidas em favor da União e encaminhadas para o Comando do Exército, devem ser, após perícia ou vistoria que atestem seu bom estado, destinadas com prioridade para os órgãos de segurança pública e do sistema penitenciário da unidade da federação responsável pela apreensão. (Incluído pela Lei nº 13.886, de 17/10/2019)

§2º. O Comando do Exército encaminhará a relação das armas a serem doadas ao juiz competente, que determinará o seu perdimento em favor da instituição beneficiada. (Incluído pela Lei nº 11.706, de 19/06/2008)

§3º. O transporte das armas de fogo doadas será de responsabilidade da instituição beneficiada, que procederá ao seu cadastramento no SINARM ou no SIGMA. (Incluído pela Lei nº 11.706, de 19/06/2008)

§4º. (VETADO na Lei nº 11.706, de 19/06/2008)

§5º. O Poder Judiciário instituirá instrumentos para o encaminhamento ao SINARM ou ao SIGMA, conforme se trate de arma de uso permitido ou de uso restrito, semestralmente, da relação de armas acauteladas em juízo, mencionando suas características e o local onde se encontram. (Incluído pela Lei nº 11.706, de 19/06/2008)

Do Banco Nacional de Perfis Balísticos

Criação do Banco Nacional de Perfis Balísticos: a Lei nº 13.964/19 (pacote anticrime) incluiu o art. 34-A no Estatuto do Desarmamento a fim de auxiliar o trabalho pericial com sistema automatizado e integrado.

Art. 34-A. Os dados relacionados à coleta de registros balísticos serão armazenados no Banco Nacional de Perfis Balísticos. (Artigo acrescido pela Lei nº 13.964, de 24/12/2019)

§1º. O Banco Nacional de Perfis Balísticos tem como objetivo cadastrar armas de fogo e armazenar características de classe e individualizadoras de projéteis e de estojos de munição deflagrados por arma de fogo.

§2º. O Banco Nacional de Perfis Balísticos será constituído pelos registros de elementos de munição deflagrados por armas de fogo relacionados a crimes, para subsidiar ações destinadas às apurações criminais federais, estaduais e distritais.

§3º. O Banco Nacional de Perfis Balísticos será gerido pela unidade oficial de perícia criminal.

§4º. Os dados constantes do Banco Nacional de Perfis Balísticos terão caráter sigiloso, e aquele que permitir ou promover sua utilização para fins diversos dos previstos nesta Lei ou em decisão judicial responderá civil, penal e administrativamente.

§5º. É vedada a comercialização, total ou parcial, da base de dados do Banco Nacional de Perfis Balísticos.

§6º. A formação, a gestão e o acesso ao Banco Nacional de Perfis Balísticos serão regulamentados em ato do Poder Executivo federal.

Justificado no Projeto de Lei nº 882/2019, de autoria do Ministro Sérgio Moro, segundo o qual:

"Registre-se, ainda, a introdução do art. 34-A., que disciplina a coleta de dados e armazenamento de perfis balísticos, através de um Banco Nacional gerenciados por Unidade Oficial de Perícia Criminal. Trata-se de modalidade de prova técnica essencial para a apuração de crimes praticados com arma de fogo, entre eles o homicídio, cujos índices de apuração não têm sido positivos. A Secretaria Nacional de Segurança Pública – SENASP, em nota técnica manifestou-se afirmando: 'A Criação do Banco Nacional de Perfis Balísticos, com sistemas automatizados em rede integrada, possibilitará a elucidação dos crimes envolvendo armas de fogo como Homicídios, Feminicídios, Latrocínios, Roubos, crimes realizados por Organizações Criminosas, dentre outros.'."

5.2 Dos Crimes e das Penas

Bem jurídico tutelado: é a *segurança pública e a paz social* (incolumidade pública). Preserva-se a coletividade e não apenas uma única pessoa, ou seja, *não é a incolumidade física*. A segurança pública, de acordo com a Constituição Federal (art. 144, *caput*, CF)[17], é dever do Estado, porém de responsabilidade de todos, assim, aqueles que atentem contra a preservação da ordem social e da incolumidade pública serão punidos de acordo com a lei.

Ação penal: é *pública incondicionada*, uma vez que o bem jurídico tutelado pela norma é a incolumidade pública.

Sujeito passivo: o sujeito passivo imediato é a *coletividade*, ou seja, tratam-se de *crimes vago* e, em regra, *de perigo abstrato* e *de mera conduta*. Quase todos os delitos são dolosos e comissivos; contudo, haverá um ou outro que será culposo ou omissivo, como é o caso da omissão de cautela (art. 13, *caput*).

Fiança e liberdade provisória: *via de regra*, os crimes previstos na Lei nº 10.826/2003 são *suscetíveis de liberdade provisória* (todos) e *afiançáveis* (salvo os arts. 16, 17 e 18).

Delitos hediondos: os arts. 16, 17 e 18 são considerados crimes hediondos (art. 1º, par. único, Lei nº 8.072/90) e, por conseguinte, *insuscetíveis de anistia, graça, indulto e fiança*.

Inconstitucionalidade do art. 21º e dos parágrafos únicos dos arts. 14º e 15º: tais dispositivos foram considerados *inconstitucionais* segundo o Supremo Tribunal Federal (STF/ADI 3.112), uma vez que não estão incluídos no rol constitucional dos delitos inafiançáveis, conforme os incisos XLII, XLIII, XLIV, do art. 5º, da Carta Magna, quais sejam: *racismo, tortura, tráfico ilícito de drogas, terrorismo, crimes hediondos e ação de grupos armados contra a ordem constitucional e o Estado Democrático*.

---

17 Art. 144, caput, CF/88: "A segurança pública, dever do Estado, direito e responsabilidade de todos, é exercida para a preservação da ordem pública e da incolumidade das pessoas e do patrimônio, através dos seguintes órgãos: [...]".

"A **proibição de estabelecimento de fiança** para os delitos de 'porte ilegal de arma de fogo de uso permitido' e de 'disparo de arma de fogo', **mostra-se desarrazoada,** porquanto são crimes de mera conduta, que não se equiparam aos crimes que acarretam lesão ou ameaça de lesão à vida ou à propriedade.

Insusceptibilidade de liberdade provisória quanto aos delitos elencados nos arts. 16, 17 e 18. **Inconstitucionalidade reconhecida**, visto que o texto magno não autoriza a prisão 'ex lege', em face dos princípios da presunção de inocência e da obrigatoriedade de fundamentação dos mandados de prisão pela autoridade judiciária competente. [...]

Ação julgada procedente, em parte, para declarar a **inconstitucionalidade dos parágrafos únicos dos artigos 14 e 15 e do artigo 21** da Lei nº 10.826, de 22 de dezembro de 2003.".[18]

Norma penal em branco: por se tratar de norma penal em branco, a definição de *arma de fogo, munição e acessórios de uso permitido, restrito ou proibido e artefatos explosivos* constam em outras normas infralegais. Lembre-se de que o Estatuto do Desarmamento cuida *apenas de arma de fogo*, acessórios e munições, mas *não de arma branca* (o porte dela poderá configurar contravenção penal).

Apenas um delito qualificado: somente o crime de "posse ou porte ilegal de arma de fogo de uso proibido" é *qualificado* (art. 16, §2º), já os arts. 19 e 20 se referem a *majorantes* (causas de aumento de pena).

Abolitio criminis temporária ou *vacatio legis* indireta:

> **Art. 30.** Os possuidores e proprietários de arma de fogo de uso permitido ainda não registrada deverão solicitar seu registro até o dia 31 de dezembro de 2008, mediante apresentação de documento de identificação pessoal e comprovante de residência fixa, acompanhados de nota fiscal de compra ou comprovação da origem lícita da posse, pelos meios de prova admitidos em direito, ou declaração firmada na qual constem as características da arma e a sua condição de proprietário, ficando este dispensado do pagamento de taxas e do cumprimento das demais exigências constantes dos incisos I a III do 'caput' do art. 4º desta Lei. (Redação dada pela Lei nº 11.706, de 19/06/2008) (Prazo prorrogado até 31/12/2009, de acordo com o art. 20 da Lei nº 11.922, de 13/04/2009)
>
> **Parágrafo único.** Para fins do cumprimento do disposto no 'caput' deste artigo, o proprietário de arma de fogo poderá obter, no Departamento de Polícia Federal, certificado de registro provisório, expedido na forma do §4º do art. 5º desta Lei. (Parágrafo único acrescido pela Lei nº 11.706, de 19/06/2008)
>
> **Art. 31.** Os possuidores e proprietários de armas de fogo adquiridas regularmente poderão, a qualquer tempo, entregá-las à Polícia Federal, mediante recibo e indenização, nos termos do regulamento desta Lei.
>
> **Art. 32.** Os possuidores e proprietários de arma de fogo poderão entregá-la, espontaneamente, mediante recibo, e, presumindo-se de boa-fé, serão indenizados, na forma do regulamento, ficando extinta a punibilidade de eventual posse irregular da referida arma. (Redação dada pela Lei nº 11.706, de 19/06/2008)

A abolitio criminis temporária a que se referem os arts. 30º e 32º é aplicável somente à **posse de arma de fogo de uso permitido (art. 12),** contudo há duas datas que distinguem a aplicação:

→ Até 23/10/2005: além do art. 12º, também era cabível à "posse de arma de fogo de uso permitido com numeração raspada ou suprimida" (art. 16, §1º, IV).

> **Súmula nº 513 do STJ:** "A 'abolitio criminis' temporária prevista na Lei nº 10.826/2003 aplica-se ao crime de posse de arma de fogo de uso permitido com numeração, marca ou qualquer outro sinal de identificação raspado, suprimido ou adulterado, praticado somente até 23/10/2005.".

→ Após 23/10/2005 e até 31/12/2009:[19] somente aplicável ao art. 12º, a posse de arma de fogo de uso permitido.

"É típica a conduta de possuir arma de fogo de uso permitido com numeração, marca ou qualquer outro sinal de identificação raspado, suprimido ou adulterado, praticada após 23/10/2005, pois, em relação a esse delito, a 'abolitio criminis' temporária cessou nessa data, termo final da prorrogação dos prazos previstos na redação original dos arts. 30 e 32 da Lei nº 10.826/2003.

A nova redação do art. 32 da Lei nº 10.826/2003, trazida pela Lei nº 11.706/2008, não mais suspendeu, temporariamente, a vigência da norma incriminadora ou instaurou uma 'abolitio criminis' temporária — conforme operado pelo art. 30 da mesma lei —, mas instituiu uma causa permanente de exclusão da punibilidade, consistente na entrega espontânea da arma.

A causa extintiva da punibilidade, na hipótese legal, consiste em ato jurídico (entrega espontânea da arma), e tão somente se tiver havido a sua efetiva prática é que a excludente produzirá seus efeitos. Se isso não ocorreu, não é caso de aplicação da excludente.".[20]

Posse Irregular de Arma de Fogo de Uso Permitido (Art. 12º)

> **Art. 12.** Possuir ou manter sob sua guarda arma de fogo, acessório ou munição, de uso permitido, em desacordo com determinação legal ou regulamentar, no interior de sua residência ou dependência desta, ou, ainda no seu local de trabalho, desde que seja o titular ou o responsável legal do estabelecimento ou empresa:
>
> **Pena** – detenção, de 1 (um) a 3 (três) anos, e multa.

Cuida-se, aqui, exclusivamente da **posse** de *arma de fogo, acessório ou munição*, **de uso permitido**. Portanto, tenha muito cuidado se houver a expressão "porte", "de uso restrito" ou "de uso proibido", pois incorrerá em outro tipo penal: ou art. 14, ou art. 16.

Veja que o tipo penal versa apenas sobre arma de fogo, bem como toda a Lei nº 10.826/2003, portanto, é **fato atípico** para o Estatuto do Desarmamento a posse ou o porte de **arma branca**, mas será contravenção penal (art. 19, LCP).

Descrição do crime

Sujeito ativo: é comum na primeira parte (não necessita de qualidade especial); enquanto que, na segunda, é próprio, uma vez que somente "o titular ou o responsável legal do estabelecimento ou empresa" pode cometê-lo.

---

18. STF, ADI 3.112/DF, Rel. Min. Ricardo Lewandowski, julgado em 02/05/2007, Tribunal Pleno, DJe 26/10/2007.
19. Art. 20, Lei nº 11.922/2009: "Ficam prorrogados para 31 de dezembro de 2009 os prazos de que tratam o §3º do art. 5º e o art. 30, ambos da Lei nº 10.826, de 22 de dezembro de 2003.".
20. STJ, REsp 1.311.408/RN, Rel. Min. Sebastião Reis Júnior, julgado em 13/03/2013, Terceira Seção, DJe 20/05/2013.

Condutas: como o tipo penal possui mais de um verbo, "possuir" e "manter", é considerado de ação múltipla (de conteúdo variado, tipo misto alternativo ou multinuclear).

Delimitação espacial: em sua residência, dependências dela ou em seu local de trabalho desde que seja o titular ou responsável pela empresa.

Caminhão não é residência (STJ): "Se o delito é de posse de arma de fogo e ocorreu dentro do prazo da 'vacatio legis' indireta, a pena deve ser extinta, mas tal causa de extinção não se estende ao porte de arma de fogo encontrada dentro do caminhão que o paciente dirigia. O conceito de residência não se confunde com o de veículo-caminhão, pois este é mero instrumento de trabalho.".[21]

Caminhão não é local de trabalho (STJ): "Configura delito de porte ilegal de arma de fogo se a arma é apreendida no interior de caminhão. O caminhão não é um ambiente estático, não podendo ser reconhecido como local de trabalho.".[22]

Objeto material: arma de fogo, acessório ou munição, de uso permitido (norma penal em branco).

Elemento normativo jurídico: em desacordo com determinação legal ou regulamentar, isto é, sem o certificado de registro de arma de fogo (norma penal em branco).

Elemento subjetivo: delito exclusivamente doloso (não há tipificação da modalidade culposa) e sem necessidade de fim específico (dolo genérico).

Consumação e tentativa: trata-se de crime de perigo abstrato e de mera conduta, não necessitando de resultado naturalístico, além de ser delito permanente em que a sua consumação se protrai no tempo, portanto, a prisão em flagrante é possível em qualquer momento[23] enquanto perdurar a sua guarda ou posse. Ainda que seja de difícil ocorrência, a tentativa é possível (plurissubsistente).

Sursis processual: trata-se de crime de médio potencial ofensivo (a pena mínima é de até 1 ano e a máxima é superior a 2 anos), no qual será julgado pelo Juizado Comum, contudo é cabível a suspensão condicional do processo (art. 89, Lei nº 9.099/95)[24].

Ação penal pública incondicionada: por se tratar de crime de perigo abstrato, no qual o bem jurídico tutelado é a incolumidade pública.

Fiança policial: uma vez que a pena máxima não é superior a 4 anos nem está no rol constitucional dos crimes inafiançáveis (art. 5º, incisos XLII, XLIII e XLIV, CF/88), é possível a liberdade provisória mediante fiança policial (art. 322º, CPP)[25].

Omissão de Cautela (Art. 13º)

Art. 13. *Deixar de observar as cautelas necessárias para impedir que menor de 18 (dezoito) anos ou pessoa portadora de deficiência mental se apodere de arma de fogo que esteja sob sua posse ou que seja de sua propriedade:*

Pena – *detenção, de 1 (um) a 2 (dois) anos, e multa.*

Parágrafo único. *Nas mesmas penas incorrem o proprietário ou diretor responsável de empresa de segurança e transporte de valores que deixarem de registrar ocorrência policial e de comunicar à Polícia Federal perda, furto, roubo ou outras formas de extravio de arma de fogo, acessório ou munição que estejam sob sua guarda, nas primeiras 24 (vinte e quatro) horas depois de ocorrido o fato.*

Devemos ter cuidado quanto a esse artigo, pois **no *caput*** é um **delito culposo**; enquanto que, **no parágrafo único, doloso** (crime autônomo). Dessa forma, analisaremos as condutas em separado, inicialmente pela omissão de cautela prevista no *caput*.

As penas são as mesmas para as duas condutas, tanto no *caput* quanto no parágrafo único, sendo que, em ambos os casos, estamos tratando de **infração de menor potencial ofensivo**: pena máxima de 2 anos (art. 61, Lei nº 9.099/95)[26]. Portanto, será julgado pelo Juizado Especial Criminal (JECRIM) e é admissível as suas benesses (art. 2º, Lei nº 9.099/95)[27], por exemplo: a transação penal e o *sursis* processual (art. 89, Lei nº 9.099/95).

Ação penal: pública e incondicionada, de igual modo toda a Lei nº 10.826/2003, por se tratar de crimes de perigo em que o bem jurídico tutelado é a incolumidade pública.

Fiança em sede policial: também é possível nas duas situações, uma vez que a pena máxima é inferior a 4 anos.

Descrição do Crime (*caput*)

Sujeitos do crime: com relação ao sujeito ativo é próprio, na medida em que o agente é o possuidor ou proprietário da arma de fogo; já o sujeito passivo imediato é a coletividade (crime vago) e, mediatamente, qualquer menor de 18 anos ou deficiente mental que venha efetivamente a se apoderar da arma de fogo: comum.

Objeto material: somente arma de fogo, porém de qualquer porte, seja de uso permitido, restrito ou proibido. Assim, será fato atípico quando se tratar de munições ou acessórios.

Elemento subjetivo e conduta: é a culpa na modalidade negligência, com a conduta de "deixar de observar as cautelas necessárias" (omissão do dever objetivo de cuidado).

Consumação e tentativa: consuma-se no exato momento em que há o apossamento pelo menor de 18 ou deficiente mental da arma de fogo independentemente da ocorrência de deflagração de munição ou crime mais grave (crime instantâneo e de perigo). Dessa forma, caso o agente viva sozinho e esqueça a arma de fogo sobre a mesa, será fato atípico, bem como se ele tiver o zelo necessário, por exemplo, imagine que o agente tenha guardado a arma em um cofre, mas de qualquer forma a criança venha a se apoderar furtando a chave do cofre: não haverá crime. Outrossim, por ser

---

21 STJ, HC 116.052/MG, Rel. Min. Jane Silva (Des. Conv. do TJ/MG), julgado em 20/11/2008, 6ª Turma, DJe 09/12/2008
22 STJ, REsp 1.219.901/MG, Rel. Min. Sebastião Reis Júnior, julgado em 24/04/2012, 6ª Turma, DJe 10/05/2012 (Vide Inf. 496).
23 Art. 303, CPP: "Nas infrações permanentes, entende-se o agente em flagrante delito enquanto não cessar a permanência.".
24 Art. 89, caput, Lei nº 9.099/1995: "Nos crimes em que a pena mínima cominada for igual ou inferior a um ano, abrangidas ou não por esta Lei, o Ministério Público, ao oferecer a denúncia, poderá propor a suspensão do processo, por dois a quatro anos, desde que o acusado não esteja sendo processado ou não tenha sido condenado por outro crime, presentes os demais requisitos que autorizariam a suspensão condicional da pena (art. 77 do Código Penal).".
25 Art. 322, caput, CPP: "A autoridade policial somente poderá conceder fiança nos casos de infração cuja pena privativa de liberdade máxima não seja superior a 4 (quatro) anos. [...]".

26 Art. 61, Lei nº 9.099/1995: "Consideram-se infrações penais de menor potencial ofensivo, para os efeitos desta Lei, as contravenções penais e os crimes a que a lei comine pena máxima não superior a 2 (dois) anos, cumulada ou não com multa.".
27 Art. 2º, Lei nº 9.099/1995: "O processo orientar-se-á pelos critérios da oralidade, simplicidade, informalidade, economia processual e celeridade, buscando, sempre que possível, a conciliação ou a transação.".

LEGISLAÇÃO ESPECIAL

delito culposo e omissivo puro, não se admite a tentativa: ou se consuma, ou não há crime.

Concurso material: caso o menor de 18 anos ou o deficiente mental que tenha se apoderado da arma de fogo venha a cometer um crime, por exemplo, um homicídio, então o agente possuidor ou proprietário da arma de fogo responderá pela infração do art. 13 (omissão de cautela) e também pelo outro delito cometido.

> É muito comum as bancas de concursos cobrarem acerca desse crime o deficiente físico, mas é incorreto. Portanto, tenha muito cuidado e lembre-se que são apenas dois sujeitos os quais descrevem o tipo penal sobre se apoderar da arma de fogo:
> > Menor de 18 anos de idade;
> > Pessoa com deficiência mental.
>
> ~~Deficiente físico~~
> (Fato atípico)

Descrição do Crime (parágrafo único)

Sujeitos do crime: em relação ao sujeito ativo é próprio, pois somente "o proprietário ou diretor responsável" da empresa de segurança e transporte de valores poderá cometê-lo; já o sujeito passivo imediato é a coletividade (crime vago), contudo há dois obstáculos nos estudos: o registro policial (qualquer delegacia) e a comunicação à Polícia Federal (especificamente).

Objeto material: arma de fogo, acessório ou munição que estejam sob sua guarda.

Elemento subjetivo e conduta: é exclusivamente doloso (não se admite a modalidade culposa) com condutas omissivas próprias de "deixar de registrar" ocorrência policial do sumiço e "deixar de comunicar" à Polícia Federal.

Consumação e tentativa: consuma-se após 24 horas do efetivo conhecimento do furto ou extravio (crime a prazo). Por conta disso, não se inicia a contagem do tempo enquanto não houver o conhecimento "do sumiço". A tentativa não é possível, por ser um crime omissivo próprio (ou omissivo puro).

Porte Ilegal de Arma de Fogo de Uso Permitido (Art. 14º)

> **Art. 14.** Portar, deter, adquirir, fornecer, receber, ter em depósito, transportar, ceder, ainda que gratuitamente, emprestar, remeter, empregar, manter sob guarda ou ocultar arma de fogo, acessório ou munição, de uso permitido, sem autorização e em desacordo com determinação legal ou regulamentar:
> **Pena** – reclusão, de 2 (dois) a 4 (quatro) anos, e multa.
> **Parágrafo único.** O crime previsto neste artigo é inafiançável, salvo quando a arma de fogo estiver registrada em nome do agente. (Vide Adin 3.112-1)

Semelhantemente ao art. 12º, este delito prevê incriminação pelo porte de arma de fogo, acessório ou munição, de uso permitido. Cuidado, pois, caso o agente possua autorização para posse de arma de fogo de uso permitido em sua residência e a leve consigo para o seu local de trabalho, sem ser proprietário ou responsável legal, configurará crime previsto no art. 14º: porte ilegal de arma de fogo de uso permitido.

Além disso, se a arma de fogo, acessório ou munição forem "de uso restrito" ou "de uso proibido", então o crime será o do art. 16º (posse ou porte ilegal de arma de fogo de uso restrito ou proibido).

> Cuida-se apenas de arma de fogo (toda a Lei nº 10.826/2003), portanto, é fato atípico para o Estatuto do Desarmamento o porte de arma branca: será contravenção penal (art. 19º, LCP).

Descrição do Crime

Sujeito ativo: comum, uma vez que qualquer pessoa pode cometê-lo, até mesmo um integrante dos órgãos de segurança pública cujo porte seja deferido, basta que esteja com arma de fogo diversa da qual lhe foi autorizada, por exemplo: um policial militar que transporte no seu carro uma Winchester .44, do século XIX, totalmente funcional, a qual tenha ganhado de seu avô, porém sem certificado de registro (CR).

Condutas: como possui 13 verbos, é considerado tipo misto alternativo (de ação múltipla, de conteúdo variado ou multinuclear); assim, no mesmo contexto fático, a prática de mais de uma conduta pelo mesmo agente será crime único, por força do princípio da alternatividade.

Objeto material: arma de fogo, acessório ou munição, de uso permitido (norma penal em branco).

Arma desmuniciada, com defeito parcial e totalmente inapta: com relação a capacidade lesiva da arma, devemos entender como é a jurisprudência dos Tribunais Superiores e como é cobrado em prova, havendo algumas situações.

→ **Arma desmontada ou desmuniciada:** é crime, do mesmo modo que carregar apenas uma única munição.

"O Supremo Tribunal Federal firmou o entendimento de que é de perigo abstrato o crime de porte ilegal de arma de fogo, sendo, portanto, **irrelevante** para sua configuração encontrar-se a **arma desmontada ou desmuniciada**.".[28]

"Este Superior Tribunal de Justiça tem jurisprudência pacificada no sentido de que o **porte ilegal de arma de fogo desmuniciada ou desmontada configura hipótese de perigo abstrato,** bastando apenas a prática do ato de levar consigo para a consumação do delito. Dessa forma, eventual nulidade do laudo pericial, ou até mesmo a sua ausência, **não impede o enquadramento da conduta.".**[29]

→ **Arma com defeito parcial:** trata-se de objeto material com impropriedade relativa e, portanto, é típica.

"O mero fato de o **funcionamento de arma de fogo não ser perfeito** não afasta a tipicidade material do **crime definido** no art. 14 da Lei nº 10.826/2003.".[30]

---

[28] STF, HC 95.861/RJ, Rel. p/ ac. Min. Dias Toffoli, julgado em 02/06/2015, 2ª Turma, DJe 01/07/2015.
[29] STJ, AgRg no REsp 1.390.999/SP, Rel. Min. Laurita Vaz, julgado em 27/03/2014, 5ª Turma, DJe 03/04/2014. Precedente: STJ, AgRg no AREsp 179.022/DF, Rel. Min. Assusete Magalhães, julgado em 07/02/2013, 6ª Turma, DJe 05/04/2013.
[30] STF, HC 93.816/RS, Rel. Min. Joaquim Barbosa, julgado em 06/05/2008, 2ª Turma, DJe 01/08/2008 (Vide Inf. 505).

→ **Arma totalmente inidônea:** crime impossível, pela impropriedade absoluta do objeto material ou ineficácia absoluta do meio.

"**Não está caracterizado o crime** de porte ilegal de **arma de fogo** quando o instrumento apreendido sequer pode ser enquadrado no conceito técnico de arma de fogo, por estar quebrado e, de acordo com laudo pericial, **totalmente inapto** para realizar disparos.".[31]

> Para configurar o crime impossível, não só a arma de fogo deve ser totalmente inapta, mas também a arma estar desmuniciada ou as munições serem totalmente inaptas (deflagradas e percutidas ou estragadas).

"A Terceira Seção desta Corte pacificou entendimento no sentido de que o tipo penal de posse ou porte ilegal de arma de fogo cuida-se de delito de mera conduta ou de perigo abstrato, sendo irrelevante a demonstração de seu efetivo caráter ofensivo.

Na hipótese, contudo, em que demonstrada por laudo pericial a **total ineficácia da arma de fogo** (inapta a disparar) **e das munições apreendidas** (deflagradas e percutidas), deve ser reconhecida a atipicidade da conduta perpetrada, diante da ausência de afetação do bem jurídico incolumidade pública, tratando-se de **crime impossível pela ineficácia absoluta do meio**.".[32]

É CRIME		
Arma desmontada ou desmuniciada	Arma com defeito parcial	Arma inapta e municiada

Elemento subjetivo: delito exclusivamente doloso (não há tipificação da modalidade culposa) e sem necessidade de fim específico (dolo genérico).

Elemento normativo jurídico: sem autorização e em desacordo com determinação legal ou regulamentar (norma penal em branco).

Consumação e tentativa: é instantâneo nas condutas: adquirir, fornecer, receber, ceder, emprestar, remeter e empregar; permanente nas demais. A tentativa é possível.

Ação penal: pública incondicionada, por se tratar de crime de perigo abstrato e de mera conduta, no qual o bem jurídico tutelado é a incolumidade pública (segurança pública e paz social).

Fiança policial: o parágrafo único foi considerado inconstitucional pelo STF (ADI 3.112), portanto, é possível a fiança em sede policial (art. 322º, CPP), já que sua pena máxima é de 4 anos e não está no rol constitucional dos crimes inafiançáveis (art. 5º, incs. XLII, XLIII e XLIV, CF/88).

Concurso de crimes: normalmente, o porte ilegal de arma de fogo – tanto de uso permitido quanto de uso restrito – é crime-meio (menor e menos grave) para se atingir um crime-fim (maior e mais grave). Dessa forma, poderá ou não ocorrer a absorção do porte pelo crime mais grave (princípio da consunção), desde que seja no mesmo contexto fático, por exemplo, o agente porta arma de fogo para o cometimento de um único homicídio ou roubo, então será possível a aplicação da consunção, havendo crime único, portanto, tenha cuidado.

→ **Roubo e porte, no mesmo contexto (logo após):** é crime único (princípio da consunção).

"O crime de porte de arma é **absorvido** pelo de roubo quando restar evidenciado o nexo de dependência ou de subordinação entre as duas condutas e que os delitos foram praticados em um mesmo contexto fático — o que caracteriza o princípio da consunção.".[33]

"PRINCÍPIO DA CONSUNÇÃO. ABSORÇÃO DO PORTE ILEGAL DE ARMA PELO CRIME PATRIMONIAL. A posse de arma de fogo, **logo após** a execução de roubo com o seu emprego, **não constitui crime autônomo** previsto no art. 16, §1º, IV, da Lei nº 10.826/03, por se encontrar na linha de desdobramento do crime patrimonial.".[34]

→ **Roubo e porte, em contexto diverso (dias após):** configura concurso material de crimes (delitos autônomos).

"PRINCÍPIO DA CONSUNÇÃO. INAPLICABILIDADE. CIRCUNSTÂNCIAS FÁTICAS DISTINTAS. DELITOS AUTÔNOMOS. [...] o acusado foi flagrado na **posse ilegal da arma de fogo em momento distinto** ao da prática do crime de roubo, caracterizando, assim, uma nova conduta autônoma e independente, o que **impede a aplicação do princípio da consunção**.".[35]

→ **Homicídio e porte de arma de fogo:** Há duas situações possíveis:

Caso ocorra **no mesmo contexto fático**, será **crime único**, por exemplo, imagine que, logo após a prisão do estuprador de sua filha, o pai – sob o domínio de violenta emoção – saque a arma do coldre do policial que estava levando o meliante e, então, dispare contra o bandido.

"A jurisprudência desta Corte Superior de Justiça orienta no sentido de que **o crime de homicídio absorve o de porte ilegal de arma de fogo** quando as duas condutas delituosas guardem, entre si, uma **relação de meio e fim** estreitamente vinculadas.".[36]

Se o agente não possuir autorização de posse nem porte, mas tiver a arma de fogo previamente **(contexto diverso)**, haverá **concurso de crimes.**

"A conduta de portar armas ilegalmente **não pode ser absorvida** pelo crime de homicídio qualificado, quando resta evidenciada a existência de crimes autônomos, sem nexo de dependência ou subordinação.".[37]

"Embora seja admissível, não se revela possível, 'in casu', a aplicação do princípio da consunção, porquanto a conduta de portar a arma de um lado, e a tentativa de homicídio de outro, ao que se tem, decorrem de desígnios autônomos **não se verificando a relação de meio e fim** que autoriza a absorção de uma figura típica pela outra.".[38]

---

31 STJ, AgRg no AREsp 397.473/DF, Rel. Min. Marco Aurélio Bellizze, julgado 19/08/2014, 5ª Turma, DJe 25/08/2014 (Vide Inf. 544).
32 STJ, REsp 1.451.397/MG, Rel. Min. Maria Thereza de Assis Moura, julgado em 15/09/2015, 6ª Turma, DJe 01/10/2015 (Vide Inf. 570).
33 STJ, Jurisprudência em Teses nº 51. Precedentes: HC 315.059/SP; AgRg no AREsp 484.845/DF; HC 249.718/RJ; HC 228.062/SC; HC 206.274/SP; HC 71.696/PR; HC 156.621/SP; HC 138.530/SP.
34 STF, RHC 123.399/RJ, Rel. Min. Dias Toffoli, julgado em 30/09/2014, 1ª Turma, DJe 17/11/2014.
35 STJ, AgRg no AREsp 988.625/ES, Rel. Min. Ribeiro Dantas, julgado em 07/03/2017, 5ª Turma, DJe 15/03/2017. No mesmo sentido: HC 241.666/SP, HC 317.337/RJ.
36 STJ, HC 126.944/MS, Rel. Min. Jorge Mussi, julgado em 04/03/2010, 5ª Turma, DJe 05/04/2010.
37 STJ, HC 226.373/SP, Rel. Min. Laurita Vaz, julgado em 26/02/2013, 5ª Turma, DJe 06/03/2013.
38 STJ, HC 101.127/SP, Rel. Min. Felix Fischer, julgado em 02/10/2008, 5ª Turma, DJe 10/11/2008.

LEI Nº 10.826/2003 - ESTATUTO DO DESARMAMENTO

→ **Legítima defesa absorve o homicídio, mas não o porte ilegal de arma de fogo:** trata-se de delito autônomo.

"**Não se comunica** a excludente de ilicitude que é a legítima defesa, relativa ao homicídio, **ao crime autônomo de porte ilegal de arma**.".[39]

Multiplicidade de armas do mesmo tipo penal: o porte de mais de uma arma de fogo, munição ou acessório, no mesmo contexto, e do mesmo tipo penal (e.g.: ou apenas do art. 14, ou apenas do art. 16), não configura concurso de crimes, mas sim crime único (princípio da consunção).

"A apreensão de **mais de uma** arma de fogo, acessório ou munição, em um **mesmo contexto** fático, não caracteriza concurso formal ou material de crimes, mas **delito único**.".[40]

Multiplicidade de armas de tipos penais diferentes: o porte de mais de uma arma de fogo, munição ou acessório, no mesmo contexto, de uso permitido (art. 14) e de uso restrito ou proibido (art. 16), haverá concurso de crimes, porque estão em tipos penais diferentes. Quanto ser concurso material ou formal de crimes, há divergência doutrinária e, por conseguinte, a banca irá mencionar que ocorrerá apenas o concurso de crimes (sem adentrar às suas espécies, material ou formal).

"**Não há crime único,** podendo haver concurso formal, quando, no mesmo contexto fático, o agente incide nas condutas dos arts. 14 (porte ilegal de arma de fogo de uso permitido) e 16 (posse ou porte ilegal de arma de fogo de uso restrito) da Lei nº 10.826/2003.".[41]

"**Não há crime único**, podendo haver concurso material, quando, no mesmo contexto fático, o agente incide nas condutas dos arts. 14 (porte ilegal de arma de fogo de uso permitido) e 16 (posse ou porte ilegal de arma de fogo de uso restrito) da Lei nº 10.826/2003.".[42]

> O Estatuto do Desarmamento prevê a incriminação não só de armas de fogo, mas também de munições e acessórios. Sendo assim, a conduta de levar consigo munições sem a referida arma de fogo, incorrerá em crime previsto no Estatuto (Lei nº 10.826/2003), até mesmo se estiver com partes da arma de fogo ou com ela desmuniciada. Do mesmo modo, quando se tratar de acessórios, por exemplo, uma mira telescópica.

Disparo de Arma de Fogo (art. 15º)

Art. 15. *Disparar arma de fogo ou acionar munição em lugar habitado ou em suas adjacências, em via pública ou em direção a ela, desde que essa conduta não tenha como finalidade a prática de outro crime:*
Pena *– reclusão, de 2 (dois) a 4 (quatro) anos, e multa.*
Parágrafo único. *O crime previsto neste artigo é inafiançável. (Vide Adin 3.112-1)*

Cuida-se de crime subsidiário (soldado reserva)[43], isto é, se o agente tiver intenção de crime mais grave, então será absorvido pelo delito maior. Além disso, só existirá o crime se for praticado em local habitado ou em sua direção.

Descrição do Crime

Sujeito ativo: é comum, uma vez que pode ser praticado por qualquer pessoa.

Elemento subjetivo e conduta: é o dolo (não há modalidade culposa) de "disparar" arma de fogo ou "acionar" munição (tipo misto alternativo).

Delimitação espacial: são duas situações que devem ser somadas para o crime existir: em lugar habitado ou em suas adjacências e em via pública ou em direção a ela. Se o agente efetuar o disparo em local ermo e desabitado, por exemplo: em uma área rural sem pessoas aos arredores, então será fato atípico.

Objeto material: arma de fogo ou munição, de uso permitido, restrito ou proibido (norma penal em branco). O tipo penal não mencionou sobre "acessório" (fato atípico).

Consumação e tentativa: consuma-se no momento em que ser der o disparo da arma ou o acionamento da munição (delito instantâneo) e de mera conduta (não é obrigatória ocorrência de resultado naturalístico a bem jurídico individual), sendo possível a tentativa (plurissubsistente)[44].

→ **Absorção do porte pelo disparo:** há duas situações a depender do contexto.

> **No mesmo contexto:** será <u>crime único</u>, havendo absorção do porte de arma de fogo de uso permitido (art. 14) pelo disparo de arma de fogo (princípio da consunção).

"A jurisprudência desta Corte possui entendimento firmado no sentido de que não é automática a aplicação do princípio da consunção para **absorção do** delito de **porte** de arma de fogo **pelo** de **disparo**, dependendo das circunstâncias em que ocorreram as condutas.

"Na hipótese dos autos, as instâncias ordinárias reconheceram que os crimes foram praticados no **mesmo contexto** fático, devendo ser aplicado o referido postulado para que a **conduta menos grave** (porte ilegal de arma de fogo) seja **absorvida pela conduta mais grave** (disparo de arma de fogo).".[45]

> **Em momentos distintos (contexto diverso):** haverá <u>concurso de crimes</u> (delitos autônomos).

"Segundo iterativa jurisprudência desta Corte, **não há falar em aplicação do princípio da consunção** quando dos delitos de porte ilegal de arma e disparo de arma de fogo são praticados em **momentos diversos**, em **contextos distintos**".[46]

---

39 STF, HC 120.678/PR, Rel. p/ ac. Min. Marco Aurélio, julgado em 24/02/2015, 1ª Turma, DJe 06/04/2015.
40 STJ, Jurisprudência em Teses nº 23. Precedentes: HC 228.231/SP; HC 163.783/RJ; HC 194.697/SP; HC 104.669/RJ; HC 110.800/SP; AREsp 303.312/SP (Vide Inf. 488).
41 STJ, Jurisprudência em Teses nº 23. Precedentes: HC 130.797/SP; HC 162.018/SP.
42 STJ, Jurisprudência em Teses nº 23. Precedentes: HC 211.834/SP; REsp 1.418.900/AL.
43 HUNGRIA, N. Comentários ao Código Penal. 5ª ed. Rio de Janeiro: Forense, v.1, 1977. Tomo I (arts. 1º ao 10), p. 147.
44 Para Guilherme de Souza Nucci, o delito pode ser unissubsistente ou plurissubsistente, dependendo do mecanismo eleito pelo agente. (NUCCI, G. S. Leis Penais e Processuais Penais Comentadas. 8ª ed. Rio de Janeiro: Forense, v.2, 2014)
45 STJ, AgRg no REsp 1.331.199/PR, Rel. Min. Ericson Maranho (Des. Conv. do TJ/SP), julgado em 23/10/2014, 6ª Turma, DJe 10/11/2014.
46 STJ, CC 134.342/GO, Rel. Min. Newton Trisotto (Des. Conv. do TJ/SC), julgado em 22/04/2015, 3ª Seção, DJe 05/05/2015. Precedentes: HC 128.533/MG; AgRg no REsp 1.347.003/SC; HC 214.606/RJ.

Concurso de crimes: normalmente, quando a finalidade for crime mais grave, então este absorverá o disparo, por se tratar de crime subsidiário, descrito no trecho: "desde que essa conduta não tenha como finalidade a prática de outro crime" (subsidiariedade explícita). Por exemplo: o agente dispara arma de fogo com a finalidade de se cometer um homicídio. Entretanto, o problema surge se o delito não for mais grave, há divergência doutrinária, como é o exemplo do disparo de arma de fogo e lesão corporal de natureza leve.

Nesse sentido, discorre Fernando Capez (apud Gonçalves & Júnior, 2016):

"Em resumo, o delito previsto no art. 15, 'caput', da Lei nº 10.826/2003 não é absorvido pelo crime de lesões corporais de natureza leve, em face de sua maior gravidade. Entendemos que **o agente responde por ambos os crimes em concurso**".[47]

Posse ou Porte Ilegal de Arma de Fogo de Uso Restrito (Art. 16º)

Art. 16. Possuir, deter, portar, adquirir, fornecer, receber, ter em depósito, transportar, ceder, ainda que gratuitamente, emprestar, remeter, empregar, manter sob sua guarda ou ocultar arma de fogo, acessório ou munição de uso restrito, sem autorização e em desacordo com determinação legal ou regulamentar. (Redação dada pela Lei nº 13.964, de 24/12/2019)

Pena – reclusão, de 3 (três) a 6 (seis) anos, e multa.

§1º. Nas mesmas penas incorre quem: (Redação dada pela Lei nº 13.964, de 24/12/2019)

I. suprimir ou alterar marca, numeração ou qualquer sinal de identificação de arma de fogo ou artefato;

II. modificar as características de arma de fogo, de forma a torná-la equivalente a arma de fogo de uso proibido ou restrito ou para fins de dificultar ou de qualquer modo induzir a erro autoridade policial, perito ou juiz;

III. possuir, deter, fabricar ou empregar artefato explosivo ou incendiário, sem autorização ou em desacordo com determinação legal ou regulamentar;

IV. portar, possuir, adquirir, transportar ou fornecer arma de fogo com numeração, marca ou qualquer outro sinal de identificação raspado, suprimido ou adulterado;

V. vender, entregar ou fornecer, ainda que gratuitamente, arma de fogo, acessório, munição ou explosivo a criança ou adolescente; e

VI. produzir, recarregar ou reciclar, sem autorização legal, ou adulterar, de qualquer forma, munição ou explosivo.

§2º. Se as condutas descritas no 'caput' e no §1º deste artigo envolverem arma de fogo de uso proibido, a pena é de reclusão, de 4 (quatro) a 12 (doze) anos. (Incluído pela Lei nº 13.964, de 24/12/2019)

Cuida-se, não só da *posse*, mas também do *porte* (além de outras 12 condutas previstas no *caput* e mais outras 19 figuras equiparadas no §1º) de arma de fogo, acessório ou munição **de uso restrito** (*caput*) ou **de uso proibido** (§2º), bem como as formas equiparadas (§1º).

Delito hediondo: o art. 16 foi incluído no rol dos crimes hediondos pela Lei nº 13.497, de 26/10/2017. Todavia, com o advindo da Lei nº 13.964, de 24/12/2019, promoveu-se uma alteração nesse dispositivo prevendo ser hediondo "o crime de posse ou porte ilegal de arma de fogo de uso proibido" (art. 1º, par. único, II, Lei nº 8.072/90).

---
47 GONÇALVES, V. E. R.; JUNIOR, J. P. B. Legislação Penal Especial. 2. ed. São Paulo: Saraiva, 2016, p. 229.

Desde a Lei nº 13.497/17 se discutia acerca do alcance da hediondez do art. 16º do Estatuto do Desarmamento: somente o caput ou todo o artigo (caput e figuras equiparadas). De acordo com o Superior Tribunal de Justiça – STJ, todo o art. 16 possui natureza hedionda.

INFORMATIVO Nº 657 – STJ:

"A qualificação de hediondez aos crimes do art. 16 da Lei nº 10.826/2003, inserida pela Lei nº 13.497/2017, abrange os tipos do 'caput' e as condutas equiparadas previstas no seu parágrafo único.

O art. 16 da Lei nº 10.826/2003 (Estatuto do Desarmamento) prevê gravosas condutas de contato com 'arma de fogo, acessório ou munição de uso proibido ou restrito', vindo seu parágrafo único a acrescer figuras equiparadas — em gravidade e resposta criminal. Dessa forma, ainda que algumas das condutas equiparadas possam ser praticadas com armas de uso permitido, o legislador as considerou graves ao ponto de torná-las com reprovação criminal equivalente às condutas do 'caput'. No art. 1º, parágrafo único, da Lei nº 8.072/1990, com redação dada pela Lei nº 13.497/2017, o legislador limitou-se a prever que o delito descrito no art. 16 da Lei nº 10.826/2003 é considerado hediondo. Assim, como a equiparação é tratamento igual para todos os fins, considerando equivalente o dano social e equivalente também a necessária resposta penal, salvo ressalva expressa, ao ser qualificado como hediondo o art. 16 da Lei nº 10.826/2003, as condutas equiparadas devem receber igual tratamento.".[48]

Reviveu-se a discussão pela doutrina a partir da Lei nº 13.964/19, na medida em que o nomen juris foi alterado para "posse ou porte ilegal de arma de fogo de uso proibido", ou seja, o art. 16º do Estatuto do Desarmamento só é hediondo quando envolver arma de fogo de uso proibido.

Inafiançável e insuscetível de graça, anistia e indulto: por se tratar de delito hediondo, não há possibilidade de fiança nem perdão pelos dispositivos da graça, da anistia e do indulto (art. 2º, caput, Lei nº 8.072/90)[49], mas ainda é suscetível de liberdade provisória (art. 2º, §3º, Lei nº 8.072/90)[50].

Descrição do Crime (*caput*)

Sujeito ativo: é comum, uma vez que pode ser praticado por qualquer pessoa.

Elemento subjetivo e conduta: exclusivamente doloso (não há modalidade culposa) e, como possui 14 verbos, é considerado de ação múltipla (de conteúdo variado, tipo misto alternativo ou multinuclear).

Objeto material: no caput, trata-se apenas de arma de fogo, acessório ou munição de uso restrito.

Consumação e tentativa: em regra, é delito instantâneo, nas condutas: adquirir, fornecer, ceder, emprestar, remeter e empregar. Será permanente, nas condutas: possuir, deter, portar, ter em depósito, transportar, manter sob sua guarda e ocultar arma de

---
48 STJ, Informativo nº 657, HC 526.916/SP, Rel. Min. Nefi Cordeiro, julgado em 01/10/2019, 6ª Turma, DJe 08/10/2019.
49 Art. 2º, caput, Lei nº 8.072/1990: "Os crimes hediondos, a prática da tortura, o tráfico ilícito de entorpecentes e drogas afins e o terrorismo são insuscetíveis de: I – anistia, graça e indulto; II – fiança. [...]".
50 Art. 2º, §3º, Lei nº 8.072/1990: "Em caso de sentença condenatória, o juiz decidirá fundamentadamente se o réu poderá apelar em liberdade.".

LEI Nº 10.826/2003 - ESTATUTO DO DESARMAMENTO

fogo. Não há a necessidade de resultado naturalístico a integridade física individual, haja vista ser crime de mera conduta e de perigo abstrato. A tentativa é possível (plurissubsistente).

Formas equiparadas (§1º): as condutas previstas no §1º sujeitam o agente às mesmas penas previstas no caput. Estende-se o alcance de incriminação da norma, abarcando as armas de fogo, acessórios e munições de uso restrito, de uso permitido (conspurcadas) e artefatos explosivos ou incendiários.

Forma qualificada (§2º): a pena será de reclusão de 4 (quatro) a 12 (doze) anos se a arma de fogo for de uso proibido.

Conflito aparente de normas: por força do princípio da especialidade, quando houver conflito entre normas penais e o objeto material for arma de fogo, acessório ou munição, então prevalecerá o Estatuto do Desarmamento.

Conduta	Conflito	Prevalece
Numeração, marca ou qualquer outro sinal de identificação raspado, suprimido ou adulterado	Arts. 12 e 14 (Est. do Desarmamento)	Art. 16, §1º, I e IV (Est. do Desarmamento)
Fraude processual em arma de fogo	Art. 347 do CP	Art. 16, §1º, II (Est. do Desarmamento)
Ceder arma de fogo, acessório, munição ou explosivo à criança ou ao adolescente	Art. 242 do ECA	Art. 16, §1º, V (caso a arma não seja de fogo, então se aplicará o ECA)
Possuir, deter, fabricar ou empregar artefato explosivo ou incendiário, sem autorização ou em desacordo com determinação legal ou regulamentar	Art. 253 do CP	Art. 16, §1º, III (Est. do Desarmamento)

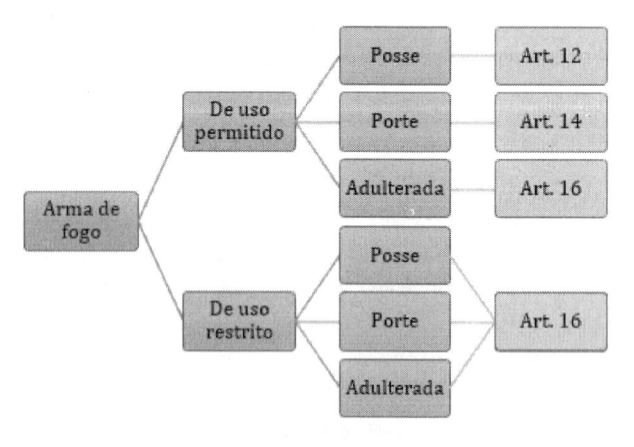

```
                              ┌── Posse ──── Art. 12
              ┌─ De uso ──────┤
              │  permitido    ├── Porte ──── Art. 14
              │               └── Adulterada ─ Art. 16
Arma de fogo ─┤
              │               ┌── Posse
              └─ De uso ──────┤
                 restrito     ├── Porte ────── Art. 16
                              └── Adulterada
```

Comércio Ilegal de Arma de Fogo (Art. 17º)

Art. 17. Adquirir, alugar, receber, transportar, conduzir, ocultar, ter em depósito, desmontar, montar, remontar, adulterar, vender, expor à venda, ou de qualquer forma utilizar, em proveito próprio ou alheio, no exercício de atividade comercial ou industrial, arma de fogo, acessório ou munição, sem autorização ou em desacordo com determinação legal ou regulamentar:

Pena – reclusão, de 6 (seis) a 12 (doze) anos, e multa. (Redação dada pela Lei nº 13.964, de 24/12/2019)

§1º. Equipara-se à atividade comercial ou industrial, para efeito deste artigo, qualquer forma de prestação de serviços, fabricação ou comércio irregular ou clandestino, inclusive o exercido em residência. (Redação dada pela Lei nº 13.964, de 24/12/2019)

§2º. Incorre na mesma pena quem vende ou entrega arma de fogo, acessório ou munição, sem autorização ou em desacordo com a determinação legal ou regulamentar, a agente policial disfarçado, quando presentes elementos probatórios razoáveis de conduta criminal preexistente. (Incluído pela Lei nº 13.964, de 24/12/2019)

Por mais que o nome do crime dê a impressão de ser "compra e venda" (comércio) apenas de "armas de fogo" (comércio ilegal de arma de fogo), o tipo penal abarca não só a atividade comercial, mas também a industrial e a prestadora de serviços, bem como os acessórios e as munições.

Descrição do Crime

Sujeito ativo: é próprio, uma vez que somente o agente que estiver "no exercício de atividade comercial ou industrial" (habitualidade preexistente), sem autorização ou em desacordo com determinação legal ou regulamentar. Se cometido por qualquer um dos agentes listados nos arts. 6º, 7º ou 8º, haverá aumento de metade da pena (art. 20).

Atividade irregular ou residencial (§1º): o exercício habitual exercido de forma irregular, clandestino ou residencial será equiparado à atividade comercial ou industrial.

Armeiro: "o exercício da atividade de armeiro, sem a devida licença, pode sujeitar o infrator às penas do art. 17, §1º, da Lei nº 10.826/03."[51]

Art. 4º, Portaria nº 2.259/2011 (DG-DPF): "O armeiro não poderá prestar qualquer serviço aos possuidores de armas de fogo não registradas ou sem os documentos de que trata o artigo anterior, devendo, nesse caso, informar imediatamente à Polícia Federal.".

Art. 5º, Portaria nº 2.259/2011 (DG-DPF): "É vedado ao armeiro a realização de recarga de munição, assim como adquirir, deter ou manter em depósito equipamento ou material destinado a esse fim.".

Art. 6º, §2º, Portaria nº 2.259/2011 (DG-DPF): "É vedada a modificação das características da arma de fogo, de forma a torná-la equivalente a arma de fogo de uso proibido ou restrito ou para fins de dificultar ou de qualquer modo induzir a erro autoridade policial, perito ou juiz.".

Art. 7º, Portaria nº 2.259/2011 (DG-DPF): "A licença concedida ao armeiro não implica autorização para a fabricação artesanal de armas, armações, canos, ferrolhos, e nem para a comercialização do material que tiver posse em razão de seu ofício.".

Elemento subjetivo e conduta: delito exclusivamente doloso (não se admite a forma culposa) e de tipo misto alternativo (de ação múltipla, de conteúdo variado ou multinuclear), por haver 14 verbos.

Objeto material: arma de fogo, acessório ou munição, sem autorização ou em desacordo com determinação legal ou regulamentar.

---

51 ORIENTAÇÕES para o Licenciamento de Armeiros. Polícia Federal, 26 abr. 2012. Disponível em: <http://www.pf.gov.br/servicos-pf/armas/armeiros/licenciamento-armeiros>. Acesso em: 5 mar. 2020.

Forma simples (caput): a punição na modalidade simples só é cabível ao objeto material de uso permitido (reclusão, de 6 a 12 anos, e multa).

Forma majorada: se a arma de fogo, acessório ou munição forem de uso proibido ou restrito, então haverá aumento de metade da pena (art. 19).

Consumação e tentativa: instantâneo nas modalidades: adquirir, receber, desmontar, montar, remontar, adulterar, vender ou utilizar; e permanente nas demais: alugar, transportar, conduzir, ocultar, ter em depósito, expor à venda. A tentativa é admissível (plurissubsistente).

Delito hediondo: a Lei nº 13.964, de 24/12/2019, incluiu o art. 17 do referido Estatuto no rol dos crimes hediondos (art. 1º, par. único, III, Lei nº 8.072/90).

Inafiançável e insuscetível de graça, anistia e indulto: por se tratar de delito hediondo, não há possibilidade de fiança nem perdão pelos dispositivos da graça, da anistia e do indulto (art. 2º, caput, Lei nº 8.072/90), mas ainda é suscetível de liberdade provisória (art. 2º, §3º, Lei nº 8.072/90).

Prisão por agente encoberto (§2º): a Lei nº 13.964/19 (pacote anticrime) acrescentou a possibilidade de prisão em flagrante, por agente policial disfarçado, de quem vender ou entregar arma de fogo, acessório ou munição – desde que a conduta criminal seja preexistente. Não haverá crime impossível por obra do agente provocador, o chamado flagrante preparado (Súm. nº 145 do STF).

Justificado no Projeto de Lei nº 882/2019, de autoria do Ministro Sérgio Moro, segundo o qual:

"Vale aqui lembrar que as operações policiais disfarçadas, 'undercover operations' nos Estados Unidos, são extremamente eficazes naquele país. A exigência de indícios de conduta criminal pré-existente visa evitar aquilo que os norte-americanos chamam de 'entrapment', quando um agente policial provoca a prática de um crime por parte de um inocente e não de um criminoso. A Súmula nº 145 do STF (Não há crime, quando a preparação do flagrante pela polícia torna impossível a sua consumação) não é óbice para a sua aplicação, pois, além de antiga e ter analisado matéria legal, o Supremo vem temperando sua rigidez. No HC 67.908/SP, julgado pela 2ª Turma do STF em 08/03/1990, decidiu-se, cf. ementa, que 'denunciado o paciente pela guarda de haxixe, para comercialização, ato preexistente à venda ficta da substância entorpecente aos policiais — não há falar em crime impossível em face da provocação do flagrante'. O mesmo entendimento foi manifestado no HC 69.476/SP, julgado também pela 2ª Turma do STF em 04/08/1992 ('Posse de entorpecente pelo réu, que preexistia à atuação do agente provocador, ao manifestar interesse pela aquisição da droga, para fixar a prova pelo crime já consumado. Não é invocável, na espécie, a Súmula 145'). De teor semelhante, encontram-se ainda o HC 72.674/SP, julgado em 26/03/1996, pela 2ª Turma do STF; o HC 73.898/SP, julgado pela 2ª Turma do STF em 21/05/1996; o HC 74.510/SP, julgado pela 1ª Turma do STF em 08/10/1996; e o HC 81.970/SP, julgado pela 1ª Turma do STF em 28/06/2002.".

Tráfico Internacional de Arma de Fogo (Art. 18º)

Art. 18. Importar, exportar, favorecer a entrada ou saída do território nacional, a qualquer título, de arma de fogo, acessório ou munição, sem autorização da autoridade competente:

Pena – reclusão de 8 (oito) a 16 (dezesseis) anos, e multa. (Redação dada pela Lei nº 13.964, de 24/12/2019)

Parágrafo único. Incorre na mesma pena quem vende ou entrega arma de fogo, acessório ou munição, em operação de importação, sem autorização da autoridade competente, a agente policial disfarçado, quando presentes elementos probatórios razoáveis de conduta criminal preexistente. (Incluído pela Lei nº 13.964, de 24/12/2019)

Descrição do Crime

Sujeito ativo: pode ser praticado por qualquer pessoa, por isso se trata de crime comum. Por força da conduta "favorecer a qualquer título", agentes públicos, em serviço, também incorrerão no delito que, de qualquer forma, favorecerem (não evitarem ou buscar evitar, dolosamente). Se cometido por qualquer um dos agentes listados nos arts. 6º, 7º ou 8º, haverá aumento de metade da pena (art. 20).

Elemento subjetivo e conduta: é o dolo (não há conduta culposa) da internacionalidade de forma ilegal, atinge os interesses não só da coletividade (segurança pública), mas também da União pela ausência de pagamento dos tributos de importação ou exportação. Como possui 3 verbos, é considerado de conteúdo variado (multinuclear, tipo misto alternativo ou de ação múltipla).

Objeto material: arma de fogo, acessório ou munição, sem autorização da autoridade competente.

Forma simples (caput): a punição na modalidade simples só é cabível ao objeto material de uso permitido (reclusão, de 8 a 16 anos, e multa).

Forma majorada: se a arma de fogo, acessório ou munição forem de uso proibido ou restrito, então haverá aumento de metade da pena (art. 19).

Consumação e tentativa: consuma-se no exato momento da entrada no território nacional ou da saída dele (delito instantâneo), não necessitando de efetiva entrega a seu destinatário, venda ou utilização dos objetos (crime formal). É admissível a tentativa (plurissubsistente).

Justiça Federal: os crimes previstos no Estatuto do Desarmamento, em regra, são de competência da Justiça Estadual, porém o tráfico internacional de armas compete à Justiça Federal, pois ofende os interesses da União (art. 21º, XXII, e art. 109, IV e V, da CF) que exerce o controle alfandegário.

Delito hediondo: a Lei nº 13.964, de 24/12/2019, incluiu o tráfico internacional de armas de fogo no rol dos crimes hediondos (art. 1º, par. único, IV, Lei nº 8.072/90).

Inafiançável e insuscetível de graça, anistia e indulto: por se tratar de delito hediondo, não há possibilidade de fiança nem perdão pelos dispositivos da graça, da anistia e do indulto (art. 2º, caput, Lei nº 8.072/90), mas ainda é suscetível de liberdade provisória (art. 2º, §3º, Lei nº 8.072/90).

Prisão por agente encoberto (par. único): a Lei nº 13.964/19 (pacote anticrime) acrescentou a possibilidade de prisão em flagrante, por agente policial disfarçado, de quem vender ou entregar arma de fogo, acessório ou munição – desde que a conduta criminal seja preexistente. Não haverá crime impossível por obra do agente provocador, o chamado flagrante preparado (Súm. nº 145 do STF).

Conflito Aparente de Normas

Por força do princípio da especialidade, quando os crimes de contrabando (art. 334-A, CP) e a facilitação de contrabando ou descaminho (art. 318, CP) tiverem por objeto armas de fogo, acessórios e munições, então incorrerá no art. 18 do Estatuto do Desarmamento.

Crime	Conflito	Prevalece
Contrabando	Art. 334-A do CP	Art. 18 (Est. do Desarmamento)
Facilitação de contrabando ou descaminho	Art. 318 do CP	Art. 18 (Est. do Desarmamento)

Aumento de Pena (Arts. 19º e 20º)

Art. 19. *Nos crimes previstos nos arts. 17 e 18, a pena é aumentada da metade se a arma de fogo, acessório ou munição forem de uso proibido ou restrito.*

Art. 20. *Nos crimes previstos nos arts. 14, 15, 16, 17 e 18, a pena é aumentada da metade se:*

I. forem praticados por integrante dos órgãos e empresas referidas nos arts. 6º, 7º e 8º desta Lei; ou

II. o agente for reincidente específico em crimes dessa natureza. (Incluído pela Lei nº 13.964, de 24/12/2019)

→ Basicamente, haverá aumento de metade da pena em duas situações:

Quanto ao objeto material: de uso restrito ou proibido (nos arts. 17 e 18).

Quanto ao sujeito ativo: agente listado nos arts. 6º, 7º e 8º; ou reincidente específico (nos arts. 14 a 18).

Liberdade Provisória (Art. 21º)

Art. 21. *Os crimes previstos nos arts. 16, 17 e 18 são insuscetíveis de liberdade provisória.*

Tal artigo foi considerado inconstitucional pelo STF (ADI 3.112), bem como os parágrafos únicos dos arts. 14º e 15º. Portanto, **todos** os crimes do Estatuto do Desarmamento **admitem a liberdade provisória** e, ressalvando os arts. 16º, 17º e 18º (delitos hediondos), também admitem a fiança.

"A **proibição de estabelecimento de fiança** para os delitos de 'porte ilegal de arma de fogo de uso permitido' e de 'disparo de arma de fogo', mostra-se **desarrazoada**, porquanto são crimes de mera conduta, que não se equiparam aos crimes que acarretam lesão ou ameaça de lesão à vida ou à propriedade.

"**Insusceptibilidade de liberdade provisória** quanto aos delitos elencados nos arts. 16, 17 e 18. **Inconstitucionalidade reconhecida**, visto que o texto magno não autoriza a prisão 'ex lege', em face dos princípios da presunção de inocência e da obrigatoriedade de fundamentação dos mandados de prisão pela autoridade judiciária competente. [...]

"Ação julgada procedente, em parte, para declarar a **inconstitucionalidade** dos **parágrafos únicos dos artigos 14 e 15 e do artigo 21** da Lei nº 10.826, de 22 de dezembro de 2003.".[52]

Questões

01. Teotônio é proprietário rural, atuando em área de pequeno porte onde habita com sua família e colhe para subsistência. E com pequeno excesso de produção, atua vendendo os produtos nas feiras próximas. Tendo em vista que não existem órgãos de segurança pública no distrito onde exerce a agricultura, requer autorização para portar arma. Nos termos do estatuto do desarmamento, aos residentes em áreas rurais, maiores de vinte e cinco anos, que comprovem depender do emprego de arma de fogo para prover sua subsistência alimentar familiar será concedido pela Polícia Federal o porte de arma de fogo, comprovados os requisitos legais, na categoria:
    a) atirador amador.
    b) competidor eventual.
    c) caçador para subsistência.
    d) profissional de segurança.

02. Wolff, após longos serviços prestados na área de segurança pública, é convidado para organizar a memória dos armamentos utilizados no Brasil, compondo catálogo e administrando órgão que seria criado para o exercício do seu mister. Nos termos do estatuto do desarmamento, a classificação legal, técnica e geral, bem como a definição das armas de fogo e demais produtos controlados, de usos proibidos, restritos, permitidos ou obsoletos e de valor histórico serão disciplinadas em ato do chefe do:
    a) Poder Executivo Federal.
    b) Departamento de Polícia Federal.
    c) Setor de Armamentos do Exército.
    d) Conselho Nacional de Armas.

03. Considerando o entendimento sumulado e a jurisprudência do STJ acerca da interpretação da Lei nº 10.826/2003, que dispõe sobre o registro, a posse e a comercialização de armas de fogo e munição, assinale a opção correta.
    a) Para a configuração do tráfico internacional de arma de fogo, acessório ou munição, não basta apenas a procedência estrangeira do artefato, sendo necessária a comprovação da internacionalidade da ação.
    b) Em razão do princípio da mínima lesividade, aquele que detém o porte legal não responderá pelo crime de importar arma de fogo sem autorização da autoridade competente.
    c) O delito de comércio ilegal de arma de fogo, acessório ou munição foi abrangido pela abolitio criminis temporária prevista na referida lei.
    d) A inaptidão de arma de fogo para efetuar disparos, ainda que comprovada por laudo pericial, não é excludente de tipicidade.
    e) O princípio da consunção aplica-se no caso de haver apreensão de armas de fogo e munições de uso permitido e restrito em um mesmo contexto fático.

---

[52] STF, ADI 3.112/DF, Rel. Min. Ricardo Lewandowski, julgado em 02/05/2007, Tribunal Pleno, DJe 26/10/2007.

04. Analise as afirmativas abaixo com base na Lei nº 10.826, de 22 de dezembro de 2003, que "dispõe sobre registro, posse e comercialização de armas de fogo e munição, sobre o Sistema Nacional de Armas – SINARM, define crimes e dá outras providências".

I. É permitido o porte de arma de fogo em todo o território nacional para os integrantes das Forças Armadas.

II. Para adquirir arma de fogo de uso permitido o interessado deverá comprovar capacidade técnica e aptidão psicológica para o manuseio de arma de fogo, sendo dispensada a apresentação de documento comprobatório de ocupação lícita e de residência certa.

III. Os integrantes do quadro efetivo de agentes e guardas prisionais poderão portar arma de fogo de propriedade particular ou fornecida pela respectiva corporação ou instituição, mesmo fora de serviço, desde que estejam submetidos a regime de dedicação exclusiva.

IV. A autorização para o porte de arma de fogo de uso permitido, em todo o território nacional, é de competência da Polícia Civil e da Polícia Federal e somente será concedida após autorização do Sinarm.

Assinale a alternativa que indica todas as afirmativas corretas.

a) São corretas apenas as afirmativas I e III.
b) São corretas apenas as afirmativas I e IV.
c) São corretas apenas as afirmativas I, II e III.
d) São corretas apenas as afirmativas II, III e IV.
e) São corretas as afirmativas I, II, III e IV.

05. De acordo com o Estatuto do Desarmamento (Lei nº 10.826, de 2003), compete ao Sistema Nacional de Armas – SINARM:

I. Cadastrar os armeiros em atividade no País, bem como conceder licença para exercer a atividade.

II. Identificar as características e a propriedade de armas de fogo, mediante cadastro.

III. Cadastrar as apreensões de armas de fogo, inclusive as vinculadas a procedimentos policiais e judiciais.

IV. Cadastrar as armas de fogo produzidas, importadas e vendidas no País e no exterior.

Assinale a alternativa que indica todas as afirmativas corretas.

a) São corretas apenas as afirmativas I, II e III.
b) São corretas apenas as afirmativas I, II e IV.
c) São corretas apenas as afirmativas I, III e IV.
d) São corretas apenas as afirmativas II, III e IV.
e) São corretas as afirmativas I, II, III e IV.

06. Conforme dispõe a Lei nº 10.826, de 2003, a posse irregular de arma de fogo de uso permitido (possuir ou manter sob sua guarda arma de fogo, acessório ou munição, de uso permitido, em desacordo com determinação legal ou regulamentar, no interior de sua residência ou dependência desta, ou, ainda no seu local de trabalho, desde que seja o titular ou o responsável legal do estabelecimento ou empresa) constitui crime sancionável com a seguinte pena:

a) detenção, de 1 a 2 anos, e multa.
b) reclusão, de 1 a 3 anos, e multa.
c) detenção, de 1 a 3 anos, e multa.
d) reclusão, de 2 a 4 anos, e multa.
e) reclusão, de 3 a 6 anos, e multa.

07. Em certo domingo, J. M. S., com vontade livre e consciente, sacou a própria arma, devidamente registrada, e efetuou disparos de arma de fogo, por diversão, nas proximidades da feira permanente de sua cidade. A ação ocorreu por volta de 10 horas, exatamente no momento em que J. M. S. passava de carro pela avenida central, em sentido à rodoviária. Nessa situação hipotética, ele responderá por:

a) comércio ilegal de arma de fogo.
b) homicídio qualificado tentado.
c) disparo de arma de fogo em via pública.
d) lesão corporal gravíssima tentada.
e) perigo para a vida ou para a saúde de outrem.

08. De acordo com o Artigo 10 do Estatuto do Desarmamento (Lei nº 10.826/2003), que dispõe sobre registro, posse e comercialização de armas de fogo e munição sobre o Sistema Nacional de Armas (SINARM), a autorização para o porte de arma de fogo de uso permitido, em todo o território nacional, é de competência da _____ _____.

Assinale a alternativa que preencha corretamente a lacuna.

a) Polícia Civil.
b) Polícia Federal.
c) Polícia Estadual.
d) Polícia Militar.

09. Nos moldes da Lei Federal nº 10.826/2003, a comercialização de armas de fogo, acessórios e munições entre pessoas físicas somente será efetivada mediante autorização:

a) do Sinarm.
b) da Polícia Militar.
c) da Polícia Federal.
d) do Exército.
e) da Guarda Municipal.

10. Considere que "Flora" é ocupante de cargo de Guarda Municipal Feminino de um Município com 90 mil habitantes, que não integra nenhuma região metropolitana. Nessa situação hipotética, a Lei Federal nº 10.826/2003 estabelece, expressamente, que "Flora":

a) não tem direito a usar arma de fogo em serviço.
b) tem direito a usar arma de fogo em serviço e fora dele.
c) não pode usar arma de fogo por ocupar cargo de Guarda Feminino.
d) tem direito a usar arma de fogo em serviço.
e) deve usar a sua arma de fogo particular quando em serviço.

Gabaritos

01	C	06	C
02	A	07	C
03	A	08	B
04	A	09	A
05	A	10	D

LEGISLAÇÃO ESPECIAL

6. LEI Nº 11.343/2006 - SISTEMA NACIONAL DE POLÍTICAS PÚBLICAS SOBRE DROGAS (SISNAD)

6.1 Disposições Preliminares

A Lei nº 11.343/06 instituiu o Sistema Nacional de Políticas Públicas sobre Drogas - Sisnad. Ela prescreve medidas para prevenção do uso indevido, atenção e reinserção social de usuários e dependentes de drogas, além de estabelecer normas para repressão à produção não autorizada e ao tráfico ilícito de drogas e define crimes relacionados a esse assunto.

Ficam proibidas, em todo o território nacional, as drogas, bem como o plantio, a cultura, a colheita e a exploração de vegetais e substratos dos quais possam ser extraídas ou produzidas drogas, ressalvada a hipótese de autorização legal ou regulamentar, assim como estabelece a Convenção de Viena, de 1971, das Nações Unidas, sobre Substâncias Psicotrópicas a respeito de plantas de uso estritamente ritualístico-religioso.

Pode a União autorizar o plantio, a cultura e a colheita dos vegetais acima referidos, exclusivamente para fins medicinais ou científicos, em local e prazo predeterminados, mediante fiscalização, respeitadas as ressalvas supramencionadas.

6.2 Do Sistema Nacional de Políticas Públicas sobre Drogas

O Sisnad tem a finalidade de articular, integrar, organizar e coordenar as atividades relacionadas com:

> A prevenção do uso indevido, a atenção e a reinserção social de usuários e dependentes de drogas.
> A repressão da produção não autorizada e do tráfico ilícito de drogas.

Dos Princípios e dos Objetivos do Sistema Nacional de Políticas Públicas sobre Drogas

Princípios do Sisnad

> O respeito aos direitos fundamentais da pessoa humana, especialmente quanto à sua autonomia e à sua liberdade.
> O respeito à diversidade e às especificidades populacionais existentes.
> A promoção dos valores éticos, culturais e de cidadania do povo brasileiro, reconhecendo-os como fatores de proteção para o uso indevido de drogas e outros comportamentos correlacionados.
> A promoção de consensos nacionais, de ampla participação social, para o estabelecimento dos fundamentos e estratégias do Sisnad.
> A promoção da responsabilidade compartilhada entre Estado e Sociedade, reconhecendo a importância da participação social nas atividades do Sisnad.
> O reconhecimento da intersetorialidade dos fatores correlacionados com o uso indevido de drogas, com a sua produção não autorizada e o seu tráfico ilícito.
> A integração das estratégias nacionais e internacionais de prevenção do uso indevido, atenção e reinserção social de usuários e dependentes de drogas e de repressão à sua produção não autorizada e ao seu tráfico ilícito.
> A articulação com os órgãos do Ministério Público e dos Poderes Legislativo e Judiciário visando à cooperação mútua nas atividades do Sisnad.
> A adoção de abordagem multidisciplinar que reconheça a interdependência e a natureza complementar das atividades de prevenção do uso indevido, atenção e reinserção social de usuários e dependentes de drogas, repressão da produção não autorizada e do tráfico ilícito de drogas.
> A observância do equilíbrio entre as atividades de prevenção do uso indevido, atenção e reinserção social de usuários e dependentes de drogas e de repressão à sua produção não autorizada e ao seu tráfico ilícito, visando a garantir a estabilidade e o bem-estar social.
> A observância às orientações e normas emanadas do Conselho Nacional Antidrogas - Conad.

Objetivos do Sisnad

> Contribuir para a inclusão social do cidadão, visando a torná-lo menos vulnerável a assumir comportamentos de risco para o uso indevido de drogas, seu tráfico ilícito e outros comportamentos correlacionados.
> Promover a construção e a socialização do conhecimento sobre drogas no país.
> Promover a integração entre as políticas de prevenção do uso indevido, atenção e reinserção social de usuários e dependentes de drogas e de repressão à sua produção não autorizada e ao tráfico ilícito e as políticas públicas setoriais dos órgãos do Poder Executivo da União, Distrito Federal, Estados e Municípios.
> Assegurar as condições para a coordenação, a integração e a articulação das atividades de prevenção e repreensão.

Da Composição e da Organização do Sistema Nacional de Políticas Públicas sobre Drogas

A organização do Sisnad assegura a orientação central e a execução descentralizada das atividades realizadas em seu âmbito, nas esferas federal, distrital, estadual e municipal e se constitui matéria definida no regulamento desta Lei.

Da Coleta, Análise e Disseminação de Informações sobre Drogas

As instituições com atuação nas áreas da atenção à saúde e da assistência social, que atendam usuários ou dependentes de drogas, devem comunicar ao órgão competente do respectivo sistema municipal de saúde os casos atendidos e os óbitos ocorridos, preservando a identidade das pessoas, conforme orientações emanadas da União.

Os dados estatísticos nacionais de repressão ao tráfico ilícito de drogas integrarão sistema de informações do Poder Executivo.

6.3 Das Atividades de Prevenção do Uso Indevido, Atenção e Reinserção Social de Usuários e Dependentes de Drogas

Da Prevenção

Constituem atividades de prevenção do uso indevido de drogas, para efeito desta Lei, aquelas direcionadas para a redução dos fatores de vulnerabilidade e risco e para a promoção e o fortalecimento dos fatores de proteção.

As atividades de prevenção do uso indevido de drogas devem observar os seguintes princípios e diretrizes:

> O reconhecimento do uso indevido de drogas como fator de interferência na qualidade de vida do indivíduo e na sua relação com a comunidade à qual pertence.
> A adoção de conceitos objetivos e de fundamentação científica como forma de orientar as ações dos serviços públicos comunitários e privados e de evitar preconceitos e estigmatização das pessoas e dos serviços que as atendam.
> O fortalecimento da autonomia e da responsabilidade individual em relação ao uso indevido de drogas.
> O compartilhamento de responsabilidades e a colaboração mútua com as instituições do setor privado e com os diversos segmentos sociais, incluindo usuários e dependentes de drogas e respectivos familiares, por meio do estabelecimento de parcerias.
> A adoção de estratégias preventivas diferenciadas e adequadas às especificidades socioculturais das diversas populações, bem como das diferentes drogas utilizadas; o reconhecimento do "nao uso", do "retardamento do uso" e da redução de riscos como resultados desejáveis das atividades de natureza preventiva, quando da definição dos objetivos a serem alcançados.
> O tratamento especial dirigido às parcelas mais vulneráveis da população, levando em consideração as suas necessidades específicas.
> A articulação entre os serviços e organizações que atuam em atividades de prevenção do uso indevido de drogas e a rede de atenção a usuários e dependentes de drogas e respectivos familiares.
> O investimento em alternativas esportivas, culturais, artísticas, profissionais, entre outras, como forma de inclusão social e de melhoria da qualidade de vida.
> O estabelecimento de políticas de formação continuada na área da prevenção do uso indevido de drogas para profissionais de educação nos três níveis de ensino.
> A implantação de projetos pedagógicos de prevenção do uso indevido de drogas, nas instituições de ensino público e privado, alinhados às Diretrizes Curriculares Nacionais e aos conhecimentos relacionados a drogas.
> A observância das orientações e normas emanadas do Conad.
> O alinhamento às diretrizes dos órgãos de controle social de políticas setoriais específicas.

As atividades de prevenção do uso indevido de drogas dirigidas à criança e ao adolescente deverão estar em consonância com as diretrizes emanadas pelo Conselho Nacional dos Direitos da Criança e do Adolescente - Conanda.

Das Atividades de Atenção e de Reinserção Social de Usuários ou Dependentes de Drogas

Constituem atividades de atenção ao usuário e dependente de drogas e respectivos familiares, para efeito desta Lei, aquelas que visem à melhoria da qualidade de vida e à redução dos riscos e dos danos associados ao uso de drogas.

Constituem atividades de reinserção social do usuário ou do dependente de drogas e respectivos familiares, para efeito desta Lei, aquelas direcionadas para sua integração ou reintegração em redes sociais.

As atividades de atenção e as de reinserção social do usuário e do dependente de drogas e respectivos familiares devem observar os seguintes princípios e diretrizes:

> Respeito ao usuário e ao dependente de drogas, independentemente de quaisquer condições, observados os direitos fundamentais da pessoa humana, os princípios e diretrizes do Sistema Único de Saúde e da Política Nacional de Assistência Social.
> A adoção de estratégias diferenciadas de atenção e reinserção social do usuário e do dependente de drogas e respectivos familiares que considerem as suas peculiaridades socioculturais.
> Definição de projeto terapêutico individualizado, orientado para a inclusão social e para a redução de riscos e de danos sociais e à saúde.
> Atenção ao usuário ou dependente de drogas e aos respectivos familiares, sempre que possível, de forma multidisciplinar e por equipes multiprofissionais.
> Observância das orientações e normas emanadas do Conad.
> O alinhamento às diretrizes dos órgãos de controle social de políticas setoriais específicas.

LEGISLAÇÃO ESPECIAL

As redes dos serviços de saúde da União, dos Estados, do Distrito Federal, dos Municípios desenvolverão programas de atenção ao usuário e ao dependente de drogas, respeitadas as diretrizes do Ministério da Saúde e os princípios acima explicitados, obrigatória a previsão orçamentária adequada.

A União, os Estados, o Distrito Federal e os Municípios poderão conceder benefícios às instituições privadas que desenvolverem programas de reinserção no mercado de trabalho, do usuário e do dependente de drogas encaminhados por órgão oficial.

As instituições da sociedade civil, sem fins lucrativos, com atuação nas áreas da atenção à saúde e da assistência social, que atendam usuários ou dependentes de drogas poderão receber recursos do Funad, condicionados à sua disponibilidade orçamentária e financeira.

O usuário e o dependente de drogas que, em razão da prática de infração penal, estiverem cumprindo pena privativa de liberdade ou submetidos à medida de segurança, têm garantidos os serviços de atenção à sua saúde, definidos pelo respectivo sistema penitenciário.

Dos Crimes e das Penas

Essas penas poderão ser aplicadas isolada ou cumulativamente, bem como substituídas a qualquer tempo, ouvidos o Ministério Público e o defensor.

Posse para uso pessoal (Art. 28)

Quem adquirir, guardar, tiver em depósito, transportar ou trouxer consigo, para consumo pessoal, drogas sem autorização ou em desacordo com determinação legal ou regulamentar será submetido às seguintes penas:

> Advertência sobre os efeitos das drogas.
> Prestação de serviços à comunidade (prazo máximo de 5 meses; em caso de reincidência → até 10 meses).
> Medida educativa de comparecimento a programa ou curso educativo (prazo máximo de 5 meses; em caso de reincidência → até 10 meses).

Às mesmas medidas submete-se quem, para seu consumo pessoal, semeia, cultiva ou colhe plantas destinadas à preparação de pequena quantidade de substância ou produto capaz de causar dependência física ou psíquica.

Para determinar se a droga destinava-se a consumo pessoal, o Juiz atenderá à natureza e à quantidade da substância apreendida, ao local e às condições em que se desenvolveu a ação, às circunstâncias sociais e pessoais, bem como à conduta e aos antecedentes do agente.

A prestação de serviços à comunidade será cumprida em programas comunitários, entidades educacionais ou assistenciais, hospitais, estabelecimentos congêneres, públicos ou privados sem fins lucrativos, que se ocupem, preferencialmente, da prevenção do consumo ou da recuperação de usuários e dependentes de drogas.

Para garantia do cumprimento das medidas educativas a que se refere essa lei (penas aplicadas aos usuários), a que injustificadamente se recuse o agente, poderá o juiz submetê-lo, sucessivamente a:

> Admoestação verbal.
> Multa.

O juiz determinará ao Poder Público que coloque à disposição do infrator, gratuitamente, estabelecimento de saúde, preferencialmente ambulatorial, para tratamento especializado.

Na imposição da pena de medida educativa de multa (em caso de recusa injustificada) o juiz, atendendo à reprovabilidade da conduta, fixará o número de dias-multa, em quantidade nunca inferior a 40 nem superior a 100, atribuindo depois a cada um, segundo a capacidade econômica do agente, o valor de um trinta avos (1/30) até três vezes o valor do maior salário-mínimo.

Os valores decorrentes da imposição dessa multa serão creditados à conta do Fundo Nacional Antidrogas.

Prescrevem em dois anos a imposição e a execução das penas, observado, no tocante à interrupção do prazo, o disposto nos Arts. 107 e seguintes do Código Penal.

6.4 Da Repressão à Produção não Autorizada e ao Tráfico Ilícito de Drogas

Disposições Gerais

É indispensável a licença prévia da autoridade competente para produzir, extrair, fabricar, transformar, preparar, possuir, manter em depósito, importar, exportar, reexportar, remeter, transportar, expor, oferecer, vender, comprar, trocar, ceder ou adquirir, para qualquer fim, drogas ou matéria-prima destinada à sua preparação, observadas as demais exigências legais.

As plantações ilícitas serão imediatamente destruídas pelo delegado de polícia (incineração, em no máximo 30 dias da apreensão) que recolherá quantidade suficiente para exame pericial, de tudo lavrando auto de levantamento das condições encontradas, com a delimitação do local, asseguradas as medidas necessárias para a preservação da prova.

Em caso de ser utilizada a queimada para destruir a plantação, observar-se-á, além das cautelas necessárias à proteção ao meio ambiente, o disposto no Decreto nº 2.661, de 8 de julho de 1998, no que couber, dispensada a autorização prévia do órgão próprio do Sistema Nacional do Meio Ambiente - Sisnama.

As glebas cultivadas com plantações ilícitas serão expropriadas, conforme o disposto no Art. 243 da Constituição Federal, de acordo com a legislação em vigor.

Dos Crimes

Tráfico de Drogas

Importar, exportar, remeter, preparar, produzir, fabricar, adquirir, vender, expor à venda, oferecer, ter em depósito, transportar, trazer consigo, guardar, prescrever, ministrar, entregar a consumo ou fornecer drogas, ainda que gratuitamente, sem autorização ou em desacordo com determinação legal ou regulamentar.

Pena: reclusão de 5 a 15 anos e pagamento de 500 a 1.500 dias-multa.

É possível caracterizar o crime de tráfico de drogas com as seguintes peculiaridades:

> vale lembrar que **não é preciso** obter lucro para o cometimento desse crime;
> trata-se de um **crime vago e misto alternativo**;
> é um **crime congruente**, visto que não há um fim específico.

De acordo com os tribunais superiores, como a saúde pública é o bem jurídico tutelado por essa lei, NÃO se admite o princípio da insignificância!

Classificação: crime comum ou próprio (prescrever, ministrar), formal ou material (deve haver apreensão da droga), permanente, de perigo abstrato.

Bem Jurídico Tutelado: Saúde Pública.

Consumação e Tentativa: o momento consumativo ocorre com a conduta antecipada, dispensando-se o resultado naturalístico. A tentativa é admitida.

O STJ tem entendimento de que haverá tráfico de drogas consumado quando ocorrer a negociação telefônica e a posterior apreensão das drogas antes mesmo de chegar a seu destinatário.

Crimes Equiparados ao Tráfico de Drogas

Nas mesmas penas incorre quem:
> Importa, exporta, remete, produz, fabrica, adquire, vende, expõe à venda, oferece, fornece, tem em depósito, transporta, traz consigo ou guarda, ainda que gratuitamente, sem autorização ou em desacordo com determinação legal ou regulamentar, matéria-prima, insumo ou produto químico destinado à preparação de drogas.
> Semeia, cultiva ou faz a colheita, sem autorização ou em desacordo com determinação legal ou regulamentar, de plantas que se constituam em matéria-prima para a preparação de drogas.
> Utiliza local ou bem de qualquer natureza de que tem a propriedade, posse, administração, guarda ou vigilância, ou consente que outrem dele se utilize, ainda que gratuitamente, sem autorização ou em desacordo com determinação legal ou regulamentar, para o tráfico ilícito de drogas.

Tráfico Privilegiado: essas penas (itens 1 e 2) poderão ser reduzidas de 1/6 a 2/3, desde que o agente seja primário, de bons antecedentes, não se dedique às atividades criminosas nem integre organização criminosa[1].

Maquinário, Aparelho, Instrumento ou Objetos Destinados a Preparação (Art. 34)

Fabricar, adquirir, utilizar, transportar, oferecer, vender, distribuir, entregar a qualquer título, possuir, guardar ou fornecer, ainda que gratuitamente, maquinário, aparelho, instrumento ou qualquer objeto destinado à fabricação, preparação, produção ou transformação de drogas, sem autorização ou em desacordo com determinação legal ou regulamentar.

---
[1] De acordo com a resolução 5 do Senado Federal, a parte desse dispositivo que dizia ser vedada a conversão em penas restritivas de direitos foi suspensa. Dessa forma, a pena privativa de liberdade pode ser convertida em restritiva de direitos.

Pena: reclusão, de 3 a 10 anos, e pagamento de 1.200 a 2.000 dias-multa.

Associação para o Tráfico (Art. 35)

Art. 35. Associarem-se **DUAS OU MAIS PESSOAS** para o fim de praticar, **REITERADAMENTE OU NÃO**, qualquer dos crimes previstos nos arts. 33, caput e § 1º, e 34 desta Lei.

Pena - reclusão, de 3 (três) a 10 (dez) anos, e pagamento de 700 (setecentos) a 1.200 (mil e duzentos) dias-multa.

Diferente do artigo 288 do CP, o qual caracteriza associação criminosa a junção de 3 ou mais pessoas com a finalidade de cometer crimes, aqui o mínimo de pessoas não é 3, mas 2 pessoas. Por isso, vale lembrar que se trata de um crime plurissubjetivo.

Nesse artigo somente cabem as hipóteses previstas de tráfico + condutas equiparadas + tráfico de maquinário, lembrando que o cometimento de crimes pode ser **REITERADO OU NÃO**. Por se tratar de crime autônomo, ocorrendo qualquer outro crime, estar-se-á diante de concurso material de infrações penais. Exige-se também a estabilidade e a permanência para a configuração desse crime (STJ).

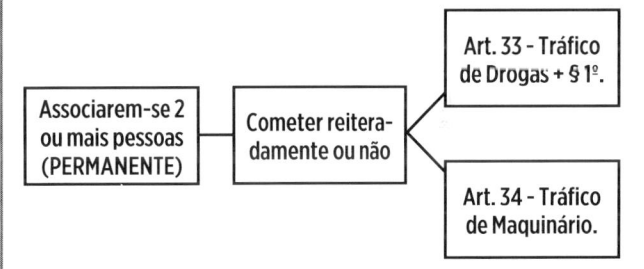

```
Associarem-se 2                              Art. 33 - Tráfico
ou mais pessoas  → Cometer reitera- →        de Drogas + § 1º.
(PERMANENTE)      damente ou não
                                             Art. 34 - Tráfico
                                             de Maquinário.
```

É alvo de provas também a possibilidade de acumular esse crime com o tráfico. A doutrina afirma que **HÁ POSSIBILIDADE** plena do concurso entre associação para o tráfico e o tráfico de drogas, caracterizando concurso material de crimes.

NOTA: para o cometimento desse crime, é preciso combinar a ação criminosa, sendo o fato ocasional descaracterizado em tal tipo penal.

FORMA EQUIPARADA

Parágrafo único. Nas mesmas penas do caput deste artigo incorre quem se associa para a **PRÁTICA REITERADA** do crime definido no art. 36 desta Lei.

O parágrafo único penaliza a conduta de quem **se associa para a prática reiterada** do custeio ou financiamento do tráfico de drogas ou de maquinário. É a chamada figura equiparada do caput, mas divergindo apenas na finalidade reiterada de financiamento.

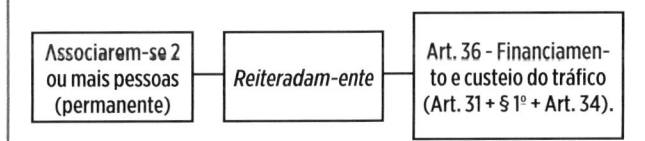

```
Associarem-se 2                           Art. 36 - Financiamen-
ou mais pessoas  → Reiteradam-ente →      to e custeio do tráfico
(permanente)                              (Art. 31 + § 1º + Art. 34).
```

Colaborador do Tráfico (Art. 37)

Colaborar, como informante, com grupo, organização ou associação destinados à prática de qualquer dos crimes previstos nos itens 1, 2 e 3, e também do crime previsto no item 6 (financiar ou custear).

Pena: reclusão, de 2 a 6 anos, e pagamento de 300 a 700 dias-multa.

LEI Nº 11.343/2006 - SISTEMA NACIONAL DE POLÍTICAS PÚBLICAS SOBRE DROGAS (SISNAD)

Financiamento ou Custeio do Tráfico (Art. 36)

Financiar ou custear a prática de qualquer dos crimes previstos nos arts. 33, caput e § 1o, e 34 desta Lei.

Pena - reclusão, de 8 (oito) a 20 (vinte) anos, e pagamento de 1.500 (mil e quinhentos) a 4.000 (quatro mil) dias-multa.

Nesse artigo, o custeio ou financiamento tem que ser relevante, e o financiamento ou custeio deve ser reiterado (habitual), por isso NÃO admite tentativa. Se o financiamento for ocasional, o agente se enquadra no Art. 33 com aumento de pena (Art. 40).

As condutas consideradas (equiparadas) tráfico e, por conseguinte, consideradas como crime hediondo são apenas o caput do artigo 33 + §1º + Art. 36 (Doutrina)!

Assunto bastante interessante julgado pelo STJ foi a questão do autofinanciamento. O STJ entendeu que, na hipótese de autofinanciamento do tráfico, não há concurso material entre os crimes de tráfico e o Art. 36, sobressaindo, neste caso, o Art. 33 com aumento de pena previsto no Art. 40, VII (1/6 a 2/3).

Causa de Aumento de Pena (Art. 40)

As penas dos itens 1 ao 6 são aumentadas de um sexto a dois terços (1/6 a 2/3), se:

> A natureza, a procedência da substância ou do produto apreendido e as circunstâncias do fato evidenciarem a transnacionalidade do delito.

> O agente praticar o crime prevalecendo-se de função pública ou no desempenho de missão de educação, poder familiar, guarda ou vigilância.

> A infração tiver sido cometida nas dependências ou imediações de estabelecimentos prisionais, de ensino ou hospitalares, de sedes de entidades estudantis, sociais, culturais, recreativas, esportivas, ou beneficentes, de locais de trabalho coletivo, de recintos onde se realizem espetáculos ou diversões de qualquer natureza, de serviços de tratamento de dependentes de drogas ou de reinserção social, de unidades militares ou policiais ou em transportes públicos.

> O crime tiver sido praticado com violência, grave ameaça, emprego de arma de fogo, ou qualquer processo de intimidação difusa ou coletiva.

> Caracterizado o tráfico entre Estados da Federação ou entre estes e o Distrito Federal.

> Sua prática envolver ou visar a atingir criança ou adolescente ou a quem tenha, por qualquer motivo, diminuída ou suprimida a capacidade de entendimento e determinação.

> O agente financiar ou custear a prática do crime.

Esses crimes (itens 1 ao 6) são inafiançáveis e insuscetíveis de sursis, graça, indulto, anistia e liberdade provisória, vedada a conversão de suas penas em restritivas de direitos.

Nesses crimes, dar-se-á o livramento condicional após o cumprimento de dois terços da pena, vedada sua concessão ao reincidente específico.

Induzimento ou Auxílio ao Consumo Indevido de Droga (Art. 33, §2º)

Induzir, instigar ou auxiliar alguém ao uso indevido de droga[2]:

Pena: detenção, de 1 a 3 anos, e multa de 100 a 300 dias-multa.

Oferecimento de Droga para Consumo em Conjunto (Art. 33, §3º)

Oferecer droga, eventualmente e sem objetivo de lucro, à pessoa de seu relacionamento para juntos a consumirem:

Pena: detenção, de 6 meses a 1 ano, e pagamento de 700 a 1.500 dias-multa, sem prejuízo das penas previstas para usuários.

Prescrição ou Ministração Culposa de Drogas (Art. 38)

Prescrever ou ministrar, culposamente, drogas, sem que delas necessite o paciente, ou fazê-lo em doses excessivas ou em desacordo com determinação legal ou regulamentar:

Pena: detenção, de 6 meses a 2 anos, e pagamento de 50 a 200 dias-multa.

O juiz comunicará a condenação ao Conselho Federal da categoria profissional a que pertença o agente.

Condução de Embarcação ou Aeronave Pós-Consumo de Drogas (Art. 39)

Conduzir embarcação ou aeronave após o consumo de drogas, expondo a dano potencial a incolumidade de outrem:

Pena: detenção, de 6 meses a 3 anos, além da apreensão do veículo, cassação da habilitação respectiva ou proibição de obtê-la, pelo mesmo prazo da pena privativa de liberdade aplicada, e pagamento de 200 a 400 dias-multa.

As penas de prisão e multa, aplicadas cumulativamente com as demais, serão de 4 a 6 anos e de 400 a 600 dias-multa, se o veículo for de transporte coletivo de passageiros.

O indiciado ou acusado que colaborar voluntariamente com a investigação policial e o processo criminal na identificação dos demais coautores ou partícipes do crime e na recuperação total ou parcial do produto do crime, no caso de condenação, terá pena reduzida de um terço a dois terços.

O juiz, na fixação das penas, considerará, com preponderância sobre o previsto no Art. 59 do Código Penal, a natureza e a quantidade da substância ou do produto, a personalidade e a conduta social do agente.

Na fixação da multa, o juiz, atendendo ao acima disposto para fixação das penas, determinará o número de dias-multa, atribuindo a cada um, segundo as condições econômicas dos acusados, valor não inferior a um trinta avos nem superior a cinco vezes o maior salário-mínimo.

---

2 ADI nº 4.274 (STF) O Tribunal, por unanimidade e nos termos do voto do Relator, julgou procedente a ação direta para dar ao § 2º do Art. 33 da Lei nº 11.343/2006 interpretação conforme à Constituição, para dele excluir qualquer significado que enseje a proibição de manifestações e debates públicos acerca da descriminalização ou legalização do uso de drogas ou de qualquer substância que leve o ser humano ao entorpecimento episódico, ou então viciado, das suas faculdades psicofísicas.

As multas, que em caso de concurso de crimes serão impostas sempre cumulativamente, podem ser aumentadas até o décuplo se, em virtude da situação econômica do acusado, considerá-las o juiz ineficazes, ainda que aplicadas no máximo.

É isento de pena o agente que, em razão da dependência ou sob o efeito, proveniente de caso fortuito ou força maior, de droga, era, ao tempo da ação ou da omissão, qualquer que tenha sido a infração penal praticada, inteiramente incapaz de entender o caráter ilícito do fato ou de determinar-se de acordo com esse entendimento.

Quando absolver o agente, reconhecendo, por força pericial, que este apresentava, à época do fato, as condições acima referidas, poderá determinar o juiz, na sentença, o seu encaminhamento para tratamento médico adequado.

As penas podem ser reduzidas de um terço a dois terços se, por força das circunstâncias previstas para isenção de pena (acima estudadas), o agente não possuía, ao tempo da ação ou da omissão, a plena capacidade de entender o caráter ilícito do fato ou de determinar-se de acordo com esse entendimento.

Na sentença condenatória, o juiz, com base em avaliação que ateste a necessidade de encaminhamento do agente para tratamento, realizada por profissional de saúde com competência específica na forma da lei, determinará que a tal se proceda, observado o disposto no Art. 26 desta Lei. (*O usuário e o dependente de drogas que, em razão da prática de infração penal, estiverem cumprindo pena privativa de liberdade ou submetidos a medida de segurança, têm garantidos os serviços de atenção à sua saúde, definidos pelo respectivo sistema penitenciário.*)

Do Procedimento Penal

O procedimento relativo aos processos por crimes definidos neste Título rege-se pelo a seguir, aplicando-se, subsidiariamente, as disposições do Código de Processo Penal e da Lei de Execução Penal.

O agente de qualquer das condutas previstas no Art. 28 desta Lei (adquirir, guardar, tiver em depósito, transportar ou trouxer consigo, para consumo pessoal, drogas sem autorização ou em desacordo com determinação legal ou regulamentar), salvo se houver concurso com os crimes previstos nos itens 1 a 8 do tópico anterior, será processado e julgado na forma dos Arts. 60 e seguintes da Lei nº 9.099, de 26 de setembro de 1995, que dispõe sobre os Juizados Especiais Criminais.

Tratando-se da conduta prevista no Art. 28 (acima citado) desta Lei, não se imporá prisão em flagrante, devendo o autor do fato ser imediatamente encaminhado ao juízo competente ou, na falta deste, assumir o compromisso de a ele comparecer, lavrando-se termo circunstanciado e providenciando-se as requisições dos exames e perícias necessários.

Se ausente a autoridade judicial, as providências acima previstas serão tomadas de imediato pela autoridade policial, no local em que se encontrar, vedada a detenção do agente.

Concluídos esses procedimentos (encaminhamento ao juízo), o agente será submetido a exame de corpo de delito, se o requerer ou se a autoridade de polícia judiciária entender conveniente, e em seguida liberado.

Para os fins do disposto no Art. 76 da Lei nº 9.099, de 1995, que dispõe sobre os Juizados Especiais Criminais, o Ministério Público poderá propor a aplicação imediata de pena prevista no Art. 28 (acima citado) desta Lei, a ser especificada na proposta.

Tratando-se de condutas tipificadas nos itens 1 ao 6 do tópico anterior, o juiz, sempre que as circunstâncias o recomendem, empregará os instrumentos protetivos de colaboradores e testemunhas previstos na Lei nº 9.807, de 13 de julho de 1999.

Da Investigação

Ocorrendo prisão em flagrante, a autoridade de polícia judiciária fará, imediatamente, comunicação ao juiz competente, remetendo-lhe cópia do auto lavrado, do qual será dada vista ao órgão do Ministério Público, em 24 horas.

Para efeito da lavratura do auto de prisão em flagrante e estabelecimento da materialidade do delito, é suficiente o laudo de constatação da natureza e quantidade da droga, firmado por perito oficial ou, na falta deste, por pessoa idônea.

O perito que subscrever esse laudo não ficará impedido de participar da elaboração do laudo definitivo.

Recebida cópia do auto de prisão em flagrante, o juiz, no prazo de 10 dias, certificará a regularidade formal do laudo de constatação e determinará a destruição das drogas apreendidas, guardando-se amostra necessária à realização do laudo definitivo.

A destruição das drogas será executada pelo delegado de polícia competente no prazo de 15 dias na presença do Ministério Público e da autoridade sanitária.

O local será vistoriado antes e depois de efetivada a destruição das drogas, sendo lavrado auto circunstanciado pelo delegado de polícia, certificando-se neste a destruição total delas.

A destruição de drogas apreendidas sem a ocorrência de prisão em flagrante será feita por incineração, no prazo máximo de 30 dias contado da data da apreensão, guardando-se amostra necessária à realização do laudo definitivo, aplicando-se, no que couber, o procedimento de destruição acima citado.

O inquérito policial será concluído no prazo de 30 dias, se o indiciado estiver preso, e de 90 dias, quando solto. Esses prazos podem ser duplicados pelo juiz, ouvido o Ministério Público, mediante pedido justificado da autoridade de polícia judiciária.

Findos esses prazos, a autoridade de polícia judiciária, remetendo os autos do inquérito ao juízo:

> relatará sumariamente as circunstâncias do fato, justificando as razões que a levaram à classificação do delito, indicando a quantidade e natureza da substância ou do produto apreendido, o local e as condições em que se desenvolveu a ação criminosa, as circunstâncias da prisão, a conduta, a qualificação e os antecedentes do agente; ou

> requererá sua devolução para a realização de diligências necessárias.

A remessa dos autos far-se-á sem prejuízo de diligências complementares:

> Necessárias ou úteis à plena elucidação do fato, cujo resultado deverá ser encaminhado ao juízo competente até três dias antes da audiência de instrução e julgamento.

> Necessárias ou úteis à indicação dos bens, direitos e valores de que seja titular o agente, ou que figurem em seu nome, cujo resultado deverá ser encaminhado ao juízo competente até três dias antes da audiência de instrução e julgamento.

Em qualquer fase da persecução criminal relativa aos crimes previstos nesta Lei, são permitidos, além dos previstos em lei, mediante autorização judicial e ouvido o Ministério Público, os seguintes procedimentos investigatórios:

> A infiltração por agentes de polícia, em tarefas de investigação, constituída pelos órgãos especializados pertinentes.

> A não atuação policial sobre os portadores de drogas, seus precursores químicos ou outros produtos utilizados em sua produção, que se encontrem no território brasileiro, com a finalidade de identificar e responsabilizar maior número de integrantes de operações de tráfico e distribuição, sem prejuízo da ação penal cabível.

  » Nessa hipótese, a autorização será concedida desde que sejam conhecidos o itinerário provável e a identificação dos agentes do delito ou de colaboradores.

Da Instrução Criminal

Recebidos em juízo os autos do inquérito policial, de Comissão Parlamentar de Inquérito ou peças de informação, dar-se-á vista ao Ministério Público para, no prazo de dez dias, adotar uma das seguintes providências:

> Requerer o arquivamento.

> Requisitar as diligências que entender necessárias.

> Oferecer denúncia, arrolar até cinco testemunhas e requerer as demais provas que entender pertinentes.

Oferecida a denúncia, o juiz ordenará a notificação do acusado para oferecer defesa prévia, por escrito, no prazo de dez dias.

Na resposta, consistente em defesa preliminar e exceções, o acusado poderá arguir preliminares e invocar todas as razões de defesa, oferecer documentos e justificações, especificar as provas que pretende produzir e arrolar até cinco testemunhas.

As exceções serão processadas em apartado, nos termos dos Arts. 95 a 113 do Decreto-Lei nº 3.689, de 3 de outubro de 1941 - Código de Processo Penal.

Se a resposta não for apresentada no prazo, o juiz nomeará defensor para oferecê-la em dez dias, concedendo-lhe vista dos autos no ato de nomeação.

Apresentada a defesa, o juiz decidirá em cinco dias.

Se entender imprescindível, o juiz, no prazo máximo de dez dias, determinará a apresentação do preso, realização de diligências, exames e perícias.

Recebida a denúncia, o juiz designará dia e hora para a audiência de instrução e julgamento, ordenará a citação pessoal do acusado, a intimação do Ministério Público, do assistente, se for o caso, e requisitará os laudos periciais.

Tratando-se de condutas tipificadas como infração do disposto nos itens 1 a 6 do tópico anterior, o juiz, ao receber a denúncia, poderá decretar o afastamento cautelar do denunciado de suas atividades, se for funcionário público, comunicando ao órgão respectivo.

Essa audiência será realizada dentro dos 30 dias seguintes ao recebimento da denúncia, salvo se determinada a realização de avaliação para atestar dependência de drogas, quando se realizará em 90 dias.

Na audiência de instrução e julgamento, após o interrogatório do acusado e a inquirição das testemunhas, será dada a palavra, sucessivamente, ao representante do Ministério Público e ao defensor do acusado, para sustentação oral, pelo prazo de 20 minutos para cada um, prorrogável por mais dez minutos, a critério do juiz.

Após proceder ao interrogatório, o juiz indagará das partes se restou algum fato para ser esclarecido, formulando as perguntas correspondentes se o entender pertinente e relevante.

Encerrados os debates, proferirá o juiz sentença de imediato, ou o fará em dez dias, ordenando que os autos para isso lhe sejam conclusos.

Nos crimes dos itens 1 ao 6 do capítulo anterior o réu não poderá apelar sem recolher-se à prisão, salvo se for primário e de bons antecedentes, assim reconhecido na sentença condenatória.

Da Apreensão, Arrecadação e Destinação de Bens do Acusado

O juiz, de ofício, a requerimento do Ministério Público ou mediante representação da autoridade de polícia judiciária, ouvido o Ministério Público, havendo indícios suficientes, poderá decretar, no curso do inquérito ou da ação penal, a apreensão e outras medidas assecuratórias relacionadas aos bens móveis e imóveis ou valores consistentes em produtos dos crimes previstos nesta Lei, ou que constituam proveito auferido com sua prática, procedendo-se na forma dos Arts. 125 a 144 do Decreto-Lei nº 3.689, de 3 de outubro de 1941 - Código de Processo Penal.

Decretadas quaisquer dessas medidas, o juiz facultará ao acusado que, no prazo de cinco dias, apresente ou requeira a produção de provas acerca da origem lícita do produto, bem ou valor objeto da decisão.

Provada a origem lícita do produto, bem ou valor, o juiz decidirá pela sua liberação.

Nenhum pedido de restituição será conhecido sem o comparecimento pessoal do acusado, podendo o juiz determinar a prática de atos necessários à conservação de bens, direitos ou valores.

A ordem de apreensão ou sequestro de bens, direitos ou valores poderá ser suspensa pelo juiz, ouvido o Ministério Público, quando a sua execução imediata possa comprometer as investigações.

Não havendo prejuízo para a produção da prova dos fatos e comprovado o interesse público ou social, mediante autorização do juízo competente, ouvido o Ministério Público e cientificada a

Senad, os bens apreendidos poderão ser utilizados pelos órgãos ou pelas entidades que atuam na prevenção do uso indevido, na atenção e reinserção social de usuários e dependentes de drogas e na repressão à produção não autorizada e ao tráfico ilícito de drogas, exclusivamente no interesse dessas atividades.

Recaindo a autorização sobre veículos, embarcações ou aeronaves, o juiz ordenará à autoridade de trânsito, ou ao equivalente órgão de registro e controle, a expedição de certificado provisório de registro e licenciamento, em favor da instituição à qual tenha deferido o uso, ficando esta livre do pagamento de multas, encargos e tributos anteriores, até o trânsito em julgado da decisão que decretar o seu perdimento em favor da União.

Os veículos, embarcações, aeronaves e quaisquer outros meios de transporte, os maquinários, utensílios, instrumentos e objetos de qualquer natureza, utilizados para a prática dos crimes definidos nesta Lei, após a sua regular apreensão, ficarão sob custódia da autoridade de polícia judiciária, excetuadas as armas, que serão recolhidas na forma de legislação específica.

Comprovado o interesse público na utilização de qualquer dos bens acima mencionados, a autoridade de polícia judiciária poderá deles fazer uso, sob sua responsabilidade e com o objetivo de sua conservação, mediante autorização judicial, ouvido o Ministério Público.

Feita essa apreensão acima referida, e tendo recaído sobre dinheiro ou cheques emitidos como ordem de pagamento, a autoridade de polícia judiciária que presidir o inquérito deverá, de imediato, requerer ao juízo competente a intimação do Ministério Público.

Intimado, o Ministério Público deverá requerer ao juízo, em caráter cautelar, a conversão do numerário apreendido em moeda nacional, se for o caso, a compensação dos cheques emitidos após a instrução do inquérito, com cópias autênticas dos respectivos títulos, e o depósito das correspondentes quantias em conta judicial, juntando-se aos autos o recibo.

Após a instauração da competente ação penal, o Ministério Público, mediante petição autônoma, requererá ao juízo competente que, em caráter cautelar, proceda à alienação dos bens apreendidos, excetuados aqueles que a União, por intermédio da Senad, indicar para serem colocados sob uso e custódia da autoridade de polícia judiciária, de órgãos de inteligência ou militares, envolvidos nas ações de prevenção ao uso indevido de drogas e operações de repressão à produção não autorizada e ao tráfico ilícito de drogas, exclusivamente no interesse dessas atividades.

Excluídos esses casos acima, o requerimento de alienação deverá conter a relação de todos os demais bens apreendidos, com a descrição e a especificação de cada um deles, e informações sobre quem os tem sob custódia e o local onde se encontram.

Requerida a alienação dos bens, a respectiva petição será autuada em apartado, cujos autos terão tramitação autônoma em relação aos da ação penal principal.

Autuado o requerimento de alienação, os autos serão conclusos ao juiz, que, verificada a presença de nexo de instrumentalidade entre o delito e os objetos utilizados para a sua prática e risco de perda de valor econômico pelo decurso do tempo, determinará a avaliação dos bens relacionados, cientificará a Senad e intimará a União, o Ministério Público e o interessado, este, se for o caso, por edital com prazo de cinco dias.

Feita a avaliação e dirimidas eventuais divergências sobre o respectivo laudo, o juiz, por sentença, homologará o valor atribuído aos bens e determinará sejam alienados em leilão.

Realizado o leilão, permanecerá depositada em conta judicial a quantia apurada, até o final da ação penal respectiva, quando será transferida ao Funad, juntamente com os demais valores.

Terão apenas efeito devolutivo os recursos interpostos contra as decisões proferidas no curso do procedimento previsto neste artigo.

Quanto aos bens, recaindo a autorização sobre veículos, embarcações ou aeronaves, o juiz ordenará à autoridade de trânsito ou ao equivalente órgão de registro e controle a expedição de certificado provisório de registro e licenciamento, em favor da autoridade de polícia judiciária ou órgão aos quais tenha deferido o uso, ficando estes livres do pagamento de multas, encargos e tributos anteriores, até o trânsito em julgado da decisão que decretar o seu perdimento em favor da União.

Ao proferir a sentença de mérito, o juiz decidirá sobre o perdimento do produto, bem ou valor apreendido, sequestrado ou declarado indisponível.

Os valores apreendidos em decorrência dos crimes tipificados nesta Lei e que não forem objeto de tutela cautelar, após decretado o seu perdimento em favor da União, serão revertidos diretamente ao Funad.

Compete à Senad a alienação dos bens apreendidos e não leiloados em caráter cautelar, cujo perdimento já tenha sido decretado em favor da União.

A Senad poderá firmar convênios de cooperação, a fim de dar imediato cumprimento a essa alienação.

Transitada em julgado a sentença condenatória, o juiz do processo, de ofício ou a requerimento do Ministério Público, remeterá à Senad relação dos bens, direitos e valores declarados perdidos em favor da União, indicando, quanto aos bens, o local em que se encontram e a entidade ou o órgão em cujo poder estejam, para os fins de sua destinação nos termos da legislação vigente.

A União, por intermédio da Senad, poderá firmar convênio com os Estados, com o Distrito Federal e com organismos orientados para a prevenção do uso indevido de drogas, a atenção e a reinserção social de usuários ou dependentes e a atuação na repressão à produção não autorizada e ao tráfico ilícito de drogas, com vistas na liberação de equipamentos e de recursos por ela arrecadados, para a Implantação e execução de programas relacionados à questão das drogas.

6.5 Da Cooperação Internacional

De conformidade com os princípios da não intervenção em assuntos internos, da igualdade jurídica e do respeito à integridade territorial dos Estados e às leis e aos regulamentos nacionais em vigor, e observado o espírito das Convenções das Nações Unidas e outros instrumentos jurídicos internacionais relacionados à questão das drogas, de que o Brasil é parte, o governo brasileiro prestará, quando solicitado, cooperação a outros países e organismos internacionais e, quando necessário, deles solicitará a colaboração, nas áreas de:

> Intercâmbio de informações sobre legislações, experiências, projetos e programas voltados para atividades de prevenção do uso indevido, de atenção e de reinserção social de usuários e dependentes de drogas.

> Intercâmbio de inteligência policial sobre produção e tráfico de drogas e delitos conexos, em especial o tráfico de armas, a lavagem de dinheiro e o desvio de precursores químicos.

> Intercâmbio de informações policiais e judiciais sobre produtores e traficantes de drogas e seus precursores químicos.

6.6 Disposições Finais e Transitórias

Para fins do conceito de drogas instituído nessa lei, até que seja atualizada a terminologia da lista mencionada no preceito, denominam-se drogas substâncias entorpecentes, psicotrópicas, precursoras e outras sob controle especial, da Portaria SVS/MS nº 344, de 12 de maio de 1998.

A liberação dos recursos previstos na Lei nº 7.560, de 19 de dezembro de 1986, em favor de Estados e do Distrito Federal, dependerá de sua adesão e respeito às diretrizes básicas contidas nos convênios firmados e do fornecimento de dados necessários à atualização do sistema previsto no Art. 17 desta Lei, pelas respectivas polícias judiciárias.

A União, os Estados, o Distrito Federal e os Municípios poderão criar estímulos fiscais e outros, destinados às pessoas físicas e jurídicas que colaborem na prevenção do uso indevido de drogas, atenção e reinserção social de usuários e dependentes e na repressão da produção não autorizada e do tráfico ilícito de drogas.

No caso de falência ou liquidação extrajudicial de empresas ou estabelecimentos hospitalares, de pesquisa, de ensino, ou congêneres, assim como nos serviços de saúde que produzirem, venderem, adquirirem, consumirem, prescreverem ou fornecerem drogas ou de qualquer outro em que existam essas substâncias ou produtos, incumbe ao juízo perante o qual tramite o feito:

> Determinar, imediatamente, à ciência da falência ou liquidação, que sejam lacradas suas instalações.

> Ordenar à autoridade sanitária competente a urgente adoção das medidas necessárias ao recebimento e guarda, em depósito, das drogas arrecadadas.

> Dar ciência ao órgão do Ministério Público, para acompanhar o feito.

Da licitação para alienação de substâncias ou produtos não proscritos referidos no inciso II do caput deste artigo, só podem participar pessoas jurídicas regularmente habilitadas na área de saúde ou de pesquisa científica que comprovem a destinação lícita a ser dada ao produto a ser arrematado.

Ressalvada a hipótese a seguir citada, o produto não arrematado será, ato contínuo à hasta pública, destruído pela autoridade sanitária, na presença dos Conselhos Estaduais sobre Drogas e do Ministério Público.

Figurando entre o praceado e não arrematadas especialidades farmacêuticas em condições de emprego terapêutico, ficarão elas depositadas sob a guarda do Ministério da Saúde, que as destinará à rede pública de saúde.

O processo e o julgamento dos crimes previstos nos itens de 1 a 6 do tópico acima estudado, se caracterizado ilícito transnacional, são da competência da Justiça Federal.

Os crimes praticados nos Municípios que não sejam sede de vara federal serão processados e julgados na vara federal da circunscrição respectiva.

Encerrado o processo penal ou arquivado o inquérito policial, o juiz, de ofício, mediante representação do delegado de polícia ou a requerimento do Ministério Público, determinará a destruição das amostras guardadas para contraprova, certificando isso nos autos.

A União poderá estabelecer convênios com os Estados e o com o Distrito Federal, visando à prevenção e à repressão do tráfico ilícito e do uso indevido de drogas, e com os Municípios, com o objetivo de prevenir o uso indevido delas e de possibilitar a atenção e reinserção social de usuários e dependentes de drogas.

Esta Lei entra em vigor 45 dias após a sua publicação (23 de agosto de 2006) e revogam-se a Lei nº 6.368, de 21 de outubro de 1976, e a Lei nº 10.409, de 11 de janeiro de 2002.

7. LEI Nº 7.210, DE 11 DE JULHO DE 1984 - LEI DE EXECUÇÃO PENAL

A Lei de Execução Penal, lei n.º 7.210/84 estabelece o procedimento destinado à efetiva aplicação da pena ou da medida de segurança que foi definido anteriormente por sentença judicial.

A execução da pena é um procedimento autônomo, regulamentado por lei específica no qual serão juntadas cópias do processo penal com o intuito de se acompanhar o cumprimento da pena e a concessão de benefícios do apenado.

Com base no princípio da pessoalidade e da individualização da pena cada acusado terá direito a um processo de execução individual, ainda que haja mais envolvidos no mesmo crime por ele cometido.

A execução penal se apresenta como um novo processo, possuindo caráter jurisdicional e administrativo, e tem por finalidade efetivar as normas acerca da sentença penal e oferecer ao condenado ou internado condições de reintegração social.

A doutrina diverge sobre a natureza jurídica da execução penal, visto que há quem defenda que esta tenha natureza jurisdicional e outros defendam que esta tenha natureza administrativa.

Contudo é certo que o juiz da execuçao penal pratica atos administrativos, mas também pratica atos jurisdicionais, assim podemos dizer que a execução penal tem uma natureza híbrida, contudo esse entendimento não é pacífico.

A Lei de Execuções Penais contém 204 artigos, sendo que esta está dividida em 9 títulos e diversos capítulos.

TÍTULO I - DO OBJETO E DA APLICAÇÃO DA LEI DE EXECUÇÃO PENAL

Art. 1º *A execução penal tem por objetivo efetivar as disposições de sentença ou decisão criminal e proporcionar condições para a harmônica integração social do condenado e do internado.*

A LEP tem como seu objetivo garantir o cumprimento das sanções impostas na sentença ou na decisão criminal, visando proporcionar ao condenado ou internado medidas de reintegração social.

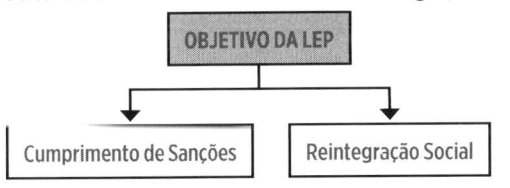

```
          OBJETIVO DA LEP
           /          \
Cumprimento de Sanções   Reintegração Social
```

Art. 2º *A jurisdição penal dos juízes ou tribunais da justiça ordinária, em todo o território nacional, será exercida, no processo de execução, na conformidade desta Lei e do Código de Processo Penal.*

Parágrafo único. *Esta lei aplicar-se-á igualmente ao preso provisório e ao condenado pela Justiça Eleitoral ou Militar, quando recolhido a estabelecimento sujeito à jurisdição ordinária.*

As decisões ou sentenças proferidas por outras justiças, como a Federal, Militar ou Eleitoral, nos casos em que as penas sejam cumpridas em estabelecimento prisional estadual, a execução da pena será de competência da justiça estadual.

Súmula 192 do STJ - *Compete ao Juízo das Execuções Penais do Estado a execução das penas impostas a sentenciados pela Justiça Federal, Militar ou Eleitoral, quando recolhidos a estabelecimentos sujeitos a Administração Estadual. (Súmula 192, TERCEIRA SEÇÃO, julgado em 25/06/1997, DJ 01/08/1997)*

Ainda seguindo a mesma linha de pensamento desta súmula, o condenado pela justiça estadual, que se encontrar em cumprimento pena em estabelecimento prisional federal, terá como competente para o processo de execução da pena a justiça federal.

Ademais, ressalta-se que o preso provisório, conforme Art. 3º da LEP, está sujeito à execução penal, ou seja, ainda que não haja sentença penal condenatória transitada em julgada, ao preso provisório se aplicam as mesmas regras do condenado ou do internado, tendo em vista que está em regime fechado, garantindo assim que a pessoa já presa provisoriamente seja beneficiada pela LEP.

A LEP dentro deste artigo quis reforçar que o condenado ou internado tem os seus direitos preservados, ainda que o agente seja condenado ele não perde o seu estado de ser humano. Existem alguns direitos que são atingidos no momento da condenação como, a liberdade e os direitos políticos. Contudo todos os demais direitos que a sentença não atinge devem ser aplicados ao preso, garantindo que haja o tratamento humanizado, com respeito de modo a não sofrer qualquer tipo de discriminação.

Também, todos os direitos elencados como fundamentais pelo art. 5º da CF que não tenham sido afetados pela sentença deverão ser aplicados ao condenado, tal como o direito à vida, segurança, igualdade, legalidade, proteção à integridade física e moral etc.

Art. 4º *O Estado deverá recorrer à cooperação da comunidade nas atividades de execução da pena e da medida de segurança.*

Esta cooperação da comunidade está relacionada ao item 25 da Exposição de Motivos da LEP que, *"muito além da passividade ou da ausência de reação quanto as vítimas mortas ou traumatizadas, a comunidade participa ativamente do procedimento da execução, quer através de um conselho, quer através das pessoas jurídicas ou naturais que assistem ou fiscalizam não somente as reações penais em meios fechados (penas privativas da liberdade e medida de segurança detentiva) como também em meio livre (pena de multa e penas restritivas de direitos)".*

Fica evidente que cabe à comunidade o auxílio na reabilitação do condenado, ou seja, o Estado em conjunto com a comunidade deve trabalhar para ajudar o condenado a voltar à sociedade, e como meio de garantir esse auxílio, dentro da LEP foram introduzidas figuras como o Patronato, o Conselho da Comunidade, como meios de garantir que haja efetivamente essa cooperação e não seja apenas algo utópico.

```
     Execução da pena e Reintegração social do
              condenado ou internado
              /              \
         ESTADO           COMUNIDADE
            |                  |
  Participação ativa    Importante participação por meio
  na execução e na      de órgãos de execução criminal e
   resocialização          de forças comunitárias
                              / | \
                    Patronato  Conselho da  Forças
                               comunidade   Comunitárias
```

LEGISLAÇÃO ESPECIAL

LEI Nº 7.210, DE 11 DE JULHO DE 1984 - LEI DE EXECUÇÃO PENAL

TÍTULO II - DO CONDENADO E DO INTERNADO
CAPÍTULO I - DA CLASSIFICAÇÃO

Art. 5º *Os condenados serão classificados, segundo os seus antecedentes e personalidade, para orientar a individualização da execução penal.*

O processo de individualização da pena acontece por meio de 3 fases:

1ª Fase – âmbito legislativo: ocorre com a criação do tipo penal incriminador, no qual se estabelece de forma abstrata o mínimo e o máximo da pena cominada.

2ª Fase – âmbito judicial: ocorre no momento em que o juiz do processo de conhecimento, ao se deparar com o caso concreto, seguindo as diretrizes processuais fixa a pena cabível ao agente.

3ª Fase – âmbito executório: ocorre quando o juiz da execução penal adapta a pena aplicada pelo juiz da sentença à pessoa do condenado, ou seja, lhe concede ou nega benefícios com base no seu histórico pessoal.

Com o intuito de orientar essa terceira fase de individualização, o art. 5 da LEP trouxe de forma expressa a necessidade de classificação dos condenados à pena privativa de liberdade, tendo por critérios obrigatórios o exame de seus antecedentes e de sua personalidade, os quais podem, ainda, ser agregados a outros fatores como o âmbito familiar e social do agente e até mesmo sua capacidade laboral.

A classificação é um direito do preso, garantindo a ele tratamento individual que auxiliará em sua ressocialização, proporcionando um cumprimento de pena dentro de suas condições e necessidades.

Conforme estabelece o Art. 6º, cabe à Comissão Técnica de Classificação a elaboração do programa individualizado da pena privativa de liberdade, adequando esta à realidade do condenado ou do preso provisório, avaliando suas condições subjetivas somando-as com as particularidades acerca do crime praticado, tais como a natureza do crime praticado, o seu grau de periculosidade, o seu grau de instrução, dentre outros.

Será, então, função da Comissão especificar que tipo de trabalho será o mais adequado ao preso, se este pode estudar, se deve fazer terapia ocupacional, se precisa de acompanhamento psicológico, se existe necessidade de acompanhamento assistencial e relação ao preso e sua família, as atividades de lazer indicadas, a forma como as necessidades do preso serão supridas bem como o local indicado para o cumprimento da pena, tentando possibilitar da melhor forma possível a ressocialização do indivíduo.

O exame de antecedentes irá fazer uma análise dos dados pertinentes à vida pregressa do condenado, ou seja, sua vida antes da condenação, verificando se existe outros processos que o condenado esteja respondendo, bem como uma eventual reincidência.

Contudo o exame de personalidade tem por objetivo verificar as características genéticas do condenado, principalmente no que diz respeito ao seu caráter e às suas tendências. Nesse exame é verificado se existem traços no condenado que são permanentes ou se existem traços dinâmicos que podem ser modificações no decorrer da execução da pena, por isso que se leva em conta não apenas o histórico conhecido, mas também a realidade em que ele está inserido.

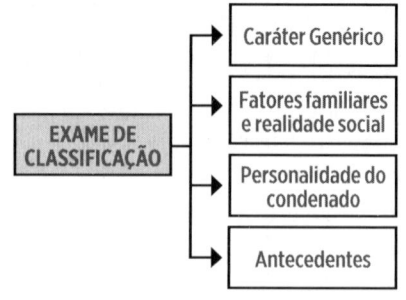

EXAME DE CLASSIFICAÇÃO
- Caráter Genérico
- Fatores familiares e realidade social
- Personalidade do condenado
- Antecedentes

Art. 7º *A Comissão Técnica de Classificação, existente em cada estabelecimento, será presidida pelo Diretor e composta, no mínimo por dois chefes de serviço, um psiquiatra, um psicólogo e um assistente social, quando se tratar de condenado à pena privativa da liberdade.*

Parágrafo único. *Nos demais casos a Comissão atuará junto ao Juízo da Execução e será integrada por fiscais do Serviço Social.*

A composição da comissão técnica dependerá da natureza da pena, ou seja, se será pena restritiva de direitos ou de liberdade.

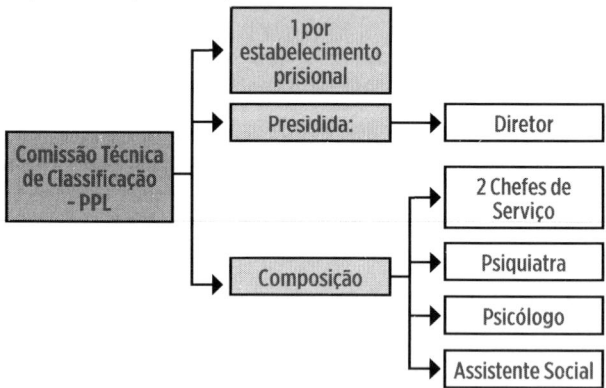

Comissão Técnica de Classificação - PPL
- 1 por estabelecimento prisional
- Presidida: Diretor
- Composição:
  - 2 Chefes de Serviço
  - Psiquiatra
  - Psicólogo
  - Assistente Social

Ao se tratar de pena restritiva de direitos a LEP não faz a mesma exigência das penas privativas de liberdade, ficando deste modo dispensada a avaliação do condenado.

Art. 8º *O condenado ao cumprimento de pena privativa de liberdade, em regime fechado será submetido a exame criminológico para a obtenção dos elementos necessários a uma adequada classificação e com vistas à individualização da execução.*

Parágrafo único. *Ao exame de que trata este artigo poderá ser submetido o condenado ao cumprimento da pena privativa de liberdade em regime semiaberto.*

Primeiramente, não devemos confundir o exame criminológico com o exame de classificação. Como vimos, o exame de classificação é apresentado de forma genérica, já o exame criminológico é mais limitado, de modo a se restringir a questões de ordem psicológica e psiquiátrica do condenado.

O exame criminológico tem como função relevar elementos como maturidade, frustrações, vínculos efetivos, grau de agressividade, periculosidade, e a partir desses pontos verificar se existe a possibilidade de novas práticas delituosas.

O artigo em análise estabelece que o exame criminológico será obrigatório, isso acontece porque os crimes que a imposição é o regime fechado são mais gravosos, se fazendo necessário, então, a análise do condenado. Contudo no cumprimento de pena inicial em regime semiaberto esse exame será facultativo, podendo ser feito por iniciativa da Comissão visando uma melhor individualização da pena.

EXAME CRIMINOLÓGICO

- **Obrigatório** → Regime fechado
- **Facultativo** → Regime semiaberto/ progressão de regime e livramento condicional
- **Dispensado** → Regime aberto e pena restritiva de direitos

No que diz respeito ao exame criminológico na progressão de regime, a jurisprudência entende que o juiz pode solicitar desde que faça fundamentadamente, uma vez que o benefício da progressão é direito adquirido o cumprimento dos requisitos do art. 112 da LEP, tendo o condenado bons antecedentes fornecidos pela direção do estabelecimento prisional, e como a regra da progressão de regime é aplicada também ao livramento condicional, se aplica a ele a faculdade do exame criminológico, isto é: o entendimento que os tribunais superiores vêm tendo acerca do caso.

> **Art. 9º** A Comissão, no exame para a obtenção de dados reveladores da personalidade, observando a ética profissional e tendo sempre presentes peças ou informações do processo, poderá:
> *I.* entrevistar pessoas;
> *II.* requisitar, de repartições ou estabelecimentos privados, dados e informações a respeito do condenado;
> *III.* realizar outras diligências e exames necessários.

A partir do que estabelece esse artigo, verifica-se que a Comissão Técnica de Classificação deve buscar sempre o maior número de subsídios a respeito do condenado do examinado, ou seja, não se deve medir esforços para que todos os dados e as informações possíveis sobre o condenado sejam apreciadas. Além das providências elencadas neste artigo pode, ainda, a Comissão fazer uma análise dos autos da ação e do processo de execução, bem como verificar o comportamento do acusado durante a fase de execução.

Embora a comissão tenha um papel fundamental na formação do convencimento do juiz da execução, este não esta vinculado às conclusões encontradas pela comissão, ou seja, pode o juiz decidir de modo contrário ao que estabelece a comissão, desde que fundamente sua decisão.

> **Art. 9º-A** Os condenados por crime praticado, dolosamente, com violência de natureza grave contra pessoa, ou por qualquer dos crimes previstos no art. 1º da Lei nº 8.072, de 25 de julho de 1990, serão submetidos, obrigatoriamente, à identificação do perfil genético, mediante extração de DNA - ácido desoxirribonucleico, por técnica adequada e indolor.
> **§ 1º** A identificação do perfil genético será armazenada em banco de dados sigiloso, conforme regulamento a ser expedido pelo Poder Executivo.
> **§ 1º-A.** A regulamentação deverá fazer constar garantias mínimas de proteção de dados genéticos, observando as melhores práticas da genética forense.
> **§ 2º** A autoridade policial, federal ou estadual, poderá requerer ao juiz competente, no caso de inquérito instaurado, o acesso ao banco de dados de identificação de perfil genético.
> **§ 3º** Deve ser viabilizado ao titular de dados genéticos o acesso aos seus dados constantes nos bancos de perfis genéticos, bem como a todos os documentos da cadeia de custódia que gerou esse dado, de maneira que possa ser contraditado pela defesa.
> **§ 4º** O condenado pelos crimes previstos no caput deste artigo que não tiver sido submetido à identificação do perfil genético por ocasião do ingresso no estabelecimento prisional deverá ser submetido ao procedimento durante o cumprimento da pena.
> **§ 8º** Constitui falta grave a recusa do condenado em submeter-se ao procedimento de identificação do perfil genético.

Estamos diante da identificação obrigatória do perfil genético, nos casos dos crimes dolosos praticados com violência de natureza grave contra a pessoa bem como nos casos de prática de crime hediondo.

Essa identificação visa equipar o banco de dados para que sejam facilitados os esclarecimentos acerca do crime em investigações futuras, tal como disposto no §1º.

A exigência desse tipo de exame é limitada a apenas condenações que decorram de determinados crimes:

→ Crimes Dolosos Praticados Com Violência De Natureza Grave Contra A Pessoa;

→ Crimes Hediondos.

O material genético a ser extraído deve ser realizado por meio de técnica adequada e indolor, ou seja, não pode ser invasiva e nem causar lesões físicas ao condenado, e ainda a extração de DNA deverá ser determinada na sentença condenatória após o trânsito em julgado, a fim de que não se viole o princípio da presunção de inocência.

Identificado o perfil genético este deverá ser armazenado no banco de dados sigilosos regulamentado por meio do Poder Executivo, tendo as autoridades acesso a esses dados apenas mediante ordem judicial.

A ordem judicial pode vir de qualquer vara criminal, a competência dependerá de para qual juiz a representação do delegado foi distribuída ordinariamente.

Note que o exame é uma garantia do preso, uma vez que o indivíduo não tenha sido submetido a ele no início do cumprimento da pena, durante a sua execução ele deverá ser.

Havendo recusa do preso ao realizar o exame de identificação genético, esta conduta será considerada como falta grave.

Fique atento aos parágrafos 1º-A, 3º, 4º e 8º, pois todos foram introduzidos recentemente pela lei 13.964/19.

CAPÍTULO II - DA ASSISTÊNCIA
SEÇÃO I - DISPOSIÇÕES GERAIS

> **Art. 10.** A assistência ao preso e ao internado é dever do Estado, objetivando prevenir o crime e orientar o retorno à convivência em sociedade.
> **Parágrafo único.** A assistência estende-se ao egresso.

A reabilitação do condenado é a finalidade primordial da pena ou da medida de segurança, possibilitando ao indivíduo o retorno ao convívio em sociedade. Contudo, para que isto venha acontecer, é necessário que o Estado adote medidas de assistência ao preso e ao internado, de forma a orientá-los no retorno da sua vida social, reduzindo as chances de reincidência em prática delituosa.

Essa assistência se estende também ao "egresso", sendo este o liberado definitivo pelo prazo de um ano contados da saída do estabelecimento prisional ou o liberado condicionalmente pelo período de prova, isso ocorre porque de nada adiantaria o agente ter a assistência durante o período de cárcere e no momento de sua reintegração este ficasse desamparado.

É um meio de garantir que o tempo passado longe da sociedade e as dificuldades encontradas façam com que ele volte ao caminho criminoso.

Evitando a reincidência criminosa, bem como o auxílio ao retorno dos condenados ao convívio social, a LEP trouxe as espécies de assistência disponibilizadas, sendo elas o amparo material, à saúde, jurídico, educacional, social, e religioso, cada uma com sua função individual, conforme prevê o art. 11 da Lei 7.210/84., tendo cada uma delas uma função individual.

SEÇÃO II - DA ASSISTÊNCIA MATERIAL

Art. 12. A assistência material ao preso e ao internado consistirá no fornecimento de alimentação, vestuário e instalações higiênicas.

Art. 13. O estabelecimento disporá de instalações e serviços que atendam aos presos nas suas necessidades pessoais, além de locais destinados à venda de produtos e objetos permitidos e não fornecidos pela Administração.

Visa garantir o fornecimento de roupas, alimentação, produtos e instalações de higiene, asseio da sela ou alojamento entre outros, na exposição dos motivos da LEP, o item 41 menciona que a assistência ao condenado se espelhou nos princípios e nas regras internacionais sobre os direitos da pessoa presa, em especial às Regras Mínimas da ONU.

Sobre a **alimentação** tais regras determinam que *"a administração fornecerá a cada preso, em horas determinadas, uma alimentação de boa qualidade, bem preparada e servida, cujo valor nutritivo seja suficiente para a manutenção da sua saúde e das suas forças"* (item 20.1); e *"todo preso deverá ter a possibilidade de dispor de água potável quando dela necessitar"*.

A questão sobre vestuário também teve amparo das regras mencionadas: estabelecendo que *"todo preso a quem não seja permitido vestir suas próprias roupas deverá receber as apropriadas ao clima e em quantidade suficiente para manter-se em boa saúde. Ditas roupas não poderão ser, de forma alguma, degradantes ou humilhantes"* (item 17.1); *"todas as roupas deverão estar limpas e mantidas em bom estado. A roupa de baixo será trocada e lavada com a frequência necessária à manutenção da higiene"* (item 17.2); *"em circunstâncias excepcionais, quando o preso necessitar afastar-se do estabelecimento penitenciário para fins autorizados, ele poderá usar suas próprias roupas, que não chamem atenção sobre si"* (item 17.3); *"quando um preso for autorizado a vestir suas próprias roupas, deverão ser tomadas medidas para se assegurar que, quando do seu ingresso no estabelecimento penitenciário, as mesmas estão limpas e são utilizáveis"* (item 18); e *"cada preso disporá, de acordo com os costumes locais ou nacionais, de uma cama individual e de roupa de cama suficiente e própria, mantida em bom estado de conservação e trocada com uma frequência capaz de garantir sua limpeza"* (item 19).

No que diz respeito à higiene pessoal e asseio da sela ou alojamento, será um dever do preso cuidar, contudo cabendo à administração carcerária fornecer meios para que esse dever possa ser cumprido.

O artigo 13 deve ser entendido junto com o artigo 88 da LEP, em se tratando de estabelecimento destinado a presos em regime fechado o condenado será alojado em cela individual que conterá dormitório, aparelho sanitário e lavatório. Sendo requisitos básicos da unidade celular: a) salubridade do ambiente pela concorrência dos fatores de aeração, insolação e condicionamento térmico adequado à existência humana; b) área mínima de seis metros quadrados.

E, ainda, havendo a impossibilidade de acesso dos presos e internados a certos objetos de consumo e de uso pessoal, desde que não fornecidos pela administração penitenciária e que se trate de objetos de uso permitido, haverá um local destinado à venda destes materiais.

SEÇÃO III - DA ASSISTÊNCIA À SAÚDE

Como dissemos anteriormente, o condenado tem a garantia de aplicação de todos os direitos que não são atingidos pela sentença, dentre esses direitos encontra-se o da vida, e entre os meios de se garantir esse direito está a assistência à saúde na qual visa conceder aos presos o devido tratamento de saúde, médico ou ambulatorial, bem como o fornecimento de medicação quando se fizer necessária.

Nesse sentido, o artigo 14 estabelece que a assistência à saúde terá caráter preventivo e curativo e compreenderá atendimento médico, farmacêutico e odontológico.

O artigo 14 está em concordância com o artigo 41, VII da LEP que determina como direito do preso a assistência à saúde. Ainda o artigo 43 garante a contratação de médico de confiança pessoal do internado, ou da sua família, com o intuito de orientar e acompanhar o tratamento recebido em casos de medida de segurança.

Caso não haja dentro do estabelecimento prisional local adequado ao tratamento do condenado, mediante autorização do diretor ou do juiz da execução poderá esta assistência ser prestada em local diverso nos termos do § 2º, do Art. 14.

E, ainda, a mulher no pré-natal e no pós parto e ao recém-nascido, são assegurados a assistência à saúde, e em se tratamento de gestante de alto risco, quando o tratamento não possa ser atendido dentro do estabelecimento prisional, a jurisprudência tem entendido que excepcionalmente a prisão domiciliar se estende a gestantes em regimes diversos do aberto.

SEÇÃO IV - DA ASSISTÊNCIA JURÍDICA

Art. 16. As Unidades da Federação deverão ter serviços de assistência jurídica, integral e gratuita, pela Defensoria Pública, dentro e fora dos estabelecimentos penais.

§ 1º As Unidades da Federação deverão prestar auxílio estrutural, pessoal e material à Defensoria Pública, no exercício de suas funções, dentro e fora dos estabelecimentos penais.

§ 2º Em todos os estabelecimentos penais, haverá local apropriado destinado ao atendimento pelo Defensor Público.

§ 3º Fora dos estabelecimentos penais, serão implementados Núcleos Especializados da Defensoria Pública para a prestação de assistência jurídica integral e gratuita aos réus, sentenciados em liberdade, egressos e seus familiares, sem recursos financeiros para constituir advogado.

Como se sabe, em todo o processo criminal inclusive na execução da pena é fundamental a presença do defensor, visando tornar efetiva as garantias ao longo de toda execução.

A assistência deverá ser proporcionada aos presos ou internados pobres, ou seja, àqueles que não tenham recursos financeiros para constituir um advogado particular para acompanhar a execução da pena, bem como requerer benefícios, buscar reparação por erros judiciários, dentre outros conforme dispõe o Art. 15 da LEP.

Ademais, nos termos do Art. 16, o Estado, por meio da Defensoria Pública, tem a responsabilidade de proporcionar essa assistência, dentro e fora dos estabelecimentos prisionais e, para isso, deve o estado auxiliar com estrutura, recursos humanos e materiais, a possibilitando, assim, o exercício de suas funções. A LEP ainda introduz a necessidade de criação de Núcleos Especializados da Defensoria Pública, ainda que se trate de sentenciados em liberdade ou de egressos e seus familiares.

SEÇÃO V - DA ASSISTÊNCIA EDUCACIONAL

Art. 17. A assistência educacional compreenderá a instrução escolar e a formação profissional do preso e do internado.

Dentro do campo da assistência educacional se insere a instrução escolar e formação profissional do preso ou do internado, efetivando a regra constitucional de educação para todos.

Art. 18. O ensino de primeiro grau será obrigatório, integrando-se no sistema escolar da unidade federativa.

Art. 18-A. O ensino médio, regular ou supletivo, com formação geral ou educação profissional de nível médio, será implantado nos presídios, em obediência ao preceito constitucional de sua universalização.

§ 1º O ensino ministrado aos presos e presas integrar-se-á ao sistema estadual e municipal de ensino e será mantido, administrativa e financeiramente, com o apoio da União, não só com os recursos destinados à educação, mas pelo sistema estadual de justiça ou administração penitenciária.

§ 2º Os sistemas de ensino oferecerão aos presos e às presas cursos supletivos de educação de jovens e adultos.

§ 3º A União, os Estados, os Municípios e o Distrito Federal incluirão em seus programas de educação a distância e de utilização de novas tecnologias de ensino, o atendimento aos presos e às presas.

Este artigo traz a obrigatoriedade do ensino fundamental, antes chamado de 1º grau, a todos os presos, de modo que todos que não tenham a instrução fundamental passem a ter como um direito a ser efetivado pelo Estado. Contudo para que isto aconteça será necessário a implementação de escolas ou cursos dentro dos estabelecimentos prisionais, devendo atender todos os requisitos e as capacidades técnicas exigidas para a formação. Ou seja, o preso deverá ter o mesmo ensino disponibilizado em ensinos públicos ou particulares, habilitando este para seguir com os estudos quando posto em liberdade.

Art. 19. O ensino profissional será ministrado em nível de iniciação ou de aperfeiçoamento técnico.

Parágrafo único. A mulher condenada terá ensino profissional adequado à sua condição.

Como o ensino é um forte aliado na ressocialização do condenado, dispõe este artigo que ele pode ser feito em nível de iniciação para aqueles que não possuem a habilitação educacional, bem como pode ser feito em forma de aperfeiçoamento profissional.

E, ainda, teve o legislador o cuidado de garantir que deverá existir atividades que sejam habitualmente adequadas ao público feminino, visando facilitar sua reinserção social.

E por estar o legislador ciente da realidade e das dificuldades que o Poder Público possa encontrar para efetivar essa assistência, possibilitou-se o convênio entre Estado e escolas públicas ou particulares que ofereçam cursos especializados, conforme prevê o Art. 20 da LEP.

E para que essa assistência seja ainda mais ampla, o Art. 21 determina que os estabelecimentos prisionais sejam dotados de biblioteca, garantindo aos presos acesso à leitura, visto que este pode ser um forte instrumento de enriquecimento cultural e fonte de estudo, sendo um grande fator na reabilitação do preso, auxiliando também na disciplina prisional.

Por fim, o Art. 21-A prevê a realização de censo penitenciário, para que se garanta a efetiva e completa assistência educacional ao preso para apurar informações relevantes que irão auxiliar no momento da aplicação desses direitos, tais como o nível de escolaridade de cada preso, a existência de cursos nos níveis fundamental e médio e o número de apenados atendidos, a implementação de cursos profissionais, a existência de biblioteca e suas condições, bem como outros dados relevantes.

SEÇÃO VI - DA ASSISTÊNCIA SOCIAL

Art. 22. A assistência social tem por finalidade amparar o preso e o internado e prepará-los para o retorno à liberdade.

Como sabemos, a pena ter como finalidade a ressocialização do indivíduo, de modo que possibilite sua volta ao convívio social, assim o serviço social passa a auxiliar o indivíduo dando a ele suporte para enfrentar as dificuldades encontradas após sua liberação e até mesmo acompanhando o preso ou internado durante o processo de execução, auxiliando dessa forma o processo de reabilitação.

A assistência social passa a ser o elo de ligação entre a realidade carcerária e a realidade social, auxiliando o preso a reconhecer as causas que o levaram a transgredir e os meios para evitar que isso ocorra novamente.

Para auxiliar nesse processo de reabilitação, o serviço de assistência social terá algumas incumbências, conforme prevê o Art. 23 e seus incisos:

I. conhecer os resultados dos diagnósticos e exames;

Os exames em que o preso está sujeito na fase executória serão analisados pela assistência social com a finalidade de dar ao órgão um maior conhecimento sobre o indivíduo e, assim, poder traçar métodos de adaptação do preso ao convívio social bem como sua adaptação dentro do cárcere.

II. relatar, por escrito, ao diretor do estabelecimento, os problemas e as dificuldades enfrentados pelo assistido;

A assistência social tem um contato direto com o preso, de modo que ela irá conhecer a realidade do cotidiano dentro do estabelecimento prisional, realidade essa que irá refletir no processo de reabilitação e, por isso, havendo problemas ou dificuldades deverão ser informadas, garantindo que o diretor tenha conhecimento do que o indivíduo esteja passando.

III. acompanhar o resultado das permissões de saídas e das saídas temporárias;

As autorizações de saída facultadas ao preso podem sem classificadas em permissões de saídas e saídas temporárias.

Permissões de saída: É destinada ao preso que cumpre regime fechado ou semiaberto. Neste caso o preso terá permissão de sair do estabelecimento prisional, contudo com a necessidade de ser escoltado, nos casos de falecimento ou doença grave do

LEI Nº 7.210, DE 11 DE JULHO DE 1984 - LEI DE EXECUÇÃO PENAL

cônjuge, companheira, ascendente, descendente ou irmão, bem como no caso de necessitar o apenado de tratamento médico.

Saídas temporárias: Podem ser destinadas aos presos em regime semiaberto, sendo dispensada a escolta, contudo se pode exigir o monitoramento eletrônico, para os fins de visita à família, frequência em curso educacional.

Como em ambos os casos o preso passa a ter contato com o convívio em sociedade a LEP estabelece o acompanhamento da assistência social durante essas saídas, conseguindo verificar a forma que o preso reage fora do cárcere.

IV. promover, no estabelecimento, pelos meios disponíveis, a recreação;

Um dos pontos negativos do cárcere é a falta de ocupação, isso pode interferir diretamente no processo de reabilitação do preso e, por isso, incumbe à assistência social possibilitar atividades de integração no cárcere, de forma a manter a disciplina e o bom convívio entre os encarcerados.

V. promover a orientação do assistido, na fase final do cumprimento da pena, e do liberando, de modo a facilitar o seu retorno à liberdade;

Após um tempo dentro do cárcere é normal que, ao se aproximar o período de liberdade, o preso passe a ter sentimentos de dúvida, medo, ansiedade e insegurança, pois ele não sabe o que acontecerá após a sua libertação. Visando impedir que esses sentimentos o levem à frustração e a uma possível volta à vida criminosa se faz necessário a assistência social como mecanismo de orientação e alicerce diante desse fato marcante na vida do condenado.

VI. providenciar a obtenção de documentos, dos benefícios da previdência social e do seguro por acidente no trabalho;

É comum que ao ser colocado em liberdade o ex-preso não tenha documentação que o habilite a práticas de atos da vida civil ou mesmo obtenção de emprego. Desse modo, o serviço social vem como orientador sob como ele pode obter esses documentos e ainda promover seu encaminhamento a eventuais benefícios previdenciários que ele ou alguém de sua família possam a ter direito.

VII. orientar e amparar, quando necessário, a família do preso, do internado e da vítima.

Ao contrário do que se pensa, não é apenas o preso que precisa de auxílio da fase de execução, a família que sofreu um abalo também precisa de suporte. Assim, o serviço social servirá como suporte, passando a orientar a família para que os laços entre eles e o preso não sejam desfeitos, bem como ajudar na busca de recursos econômicos para que haja manutenção das necessidades básicas.

Logo essa assistência não se limita ao preso, pois a família da vítima também necessita desse cuidado, principalmente em crimes em que os resultados são mais graves, como na ocorrência de morte, estupro, dentre outros.

SEÇÃO VII - DA ASSISTÊNCIA RELIGIOSA

O Art. 24 da LEP assegura a assistência religiosa aos presos, a posse de livros religiosos e a liberdade de culto, diante do acesso de pessoas religiosas, em local adequado, para a realização de culto. Ademais, nenhum preso será obrigado a participar de atividade religiosa.

SEÇÃO VIII - DA ASSISTÊNCIA AO EGRESSO

Art. 25. *A assistência ao egresso consiste:*
I. na orientação e apoio para reintegrá-lo à vida em liberdade;
II. na concessão, se necessário, de alojamento e alimentação, em estabelecimento adequado, pelo prazo de dois meses.
Parágrafo único. *O prazo estabelecido no inciso II poderá ser prorrogado uma única vez, comprovado, por declaração do assistente social, o empenho na obtenção de emprego.*

A preocupação com o egresso surge da prática comum dentro da sociedade no sentido de discriminar e marginalizar o ex-condenado, entre esses pontos temos a dificuldade de aceitação dentro do mercado de trabalho.

Consiste, então, a assistência do egresso nos primeiros passos após a sua liberdade, evitando que o abandono social ou a dificuldade o coloque de volta ao caminho criminoso.

A assistência pode consistir tanto na orientação quanto no apoio, muitas vezes por meio de núcleos especializados ao retorno do egresso, bem como ao seu retorno dentro da família, incluindo-o em atividades produtivas, direcionamento ao mercado de trabalho, de forma a apoiar o respeito e o exercício dos direitos inerentes a todas as pessoas. Pode também consistir a assistência no fornecimento de moradia e alimentação, em ambientes adequados, nos casos em que o egresso não tenha onde ficar. Contudo essa assistência é limitada em dois meses, prorrogável por uma única vez, desde que comprovado por declaração o empenho do egresso na busca por emprego, porém se transcorrido o prazo sem que o egresso tenha onde ficar, ele será encaminhado aos serviços de alojamento e alimentação destinados à população carente em geral, mas não perdendo o auxílio da assistência social já em progresso.

Art. 26. *Considera-se egresso para os efeitos desta Lei:*
I. o liberado definitivo, pelo prazo de um ano a contar da saída do estabelecimento;
II. o liberado condicional, durante o período de prova.

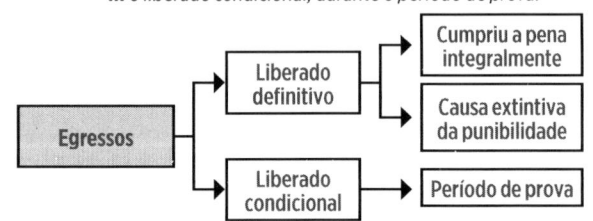

```
                            ┌─→ Cumpriu a pena integralmente
              ┌─→ Liberado ──┤
              │   definitivo └─→ Causa extintiva da punibilidade
  Egressos ───┤
              │   Liberado
              └─→ condicional ─→ Período de prova
```

Assim, nos termos do Art. 27 da LEP, a assistência social ajudará o egresso a voltar ao convívio social e o auxiliará na ressocialização através de meios que possibilitem a voltar a trabalhar e prover seu próprio sustento. Isso não implica, contudo, em preferências ou prioridades com relação a outros candidatos, seja no setor privado ou mesmo em concurso público.

CAPÍTULO III - DO TRABALHO
SEÇÃO I - DISPOSIÇÕES GERAIS

Art. 28. *O trabalho do condenado, como dever social e condição de dignidade humana, terá finalidade educativa e produtiva.*
§ 1º Aplicam-se à organização e aos métodos de trabalho as precauções relativas à segurança e à higiene.
§ 2º O trabalho do preso não está sujeito ao regime da Consolidação das Leis do Trabalho.

Será considerado como trabalho a atividade desempenhada pelo preso, dentro ou fora dos estabelecimentos prisionais, sujeito à devida remuneração.

O trabalho tem função ressocializadora e, com isso, apresenta-se como mecanismo de recuperação, disciplina e aprendizado para a vida que o condenado vai levar após o cumprimento da sua pena.

O trabalho se apresenta como um direito do preso, mas também como um dever no curso da execução penal, ou seja, o trabalho remunerado é obrigatório ao preso dentro das suas capacidades e aptidão. Vale ressaltar que a obrigatoriedade não se confunde com o trabalho forcado, uma vez que se o preso se negar a fazer incorrerá em cometimento de fata grave, e esse ficará sujeito às infrações disciplinares, mas não sofrerá qualquer tipo de constrangimento pela recusa.

O trabalho terá uma dupla finalidade: educativa, ou seja, possibilitará ao preso o aprendizado de um ofício no qual pode dar continuidade quando posto em liberdade, bem como a finalidade produtiva, a qual consiste na realização de algo útil, podendo o preso sentir o resultado do seu trabalho e o recebimento de remuneração por ele.

Outro aspecto importante é que o preso faz jus aos direitos previstos nas normas legais de higiene e segurança no trabalho, de modo que se este ficar enfermo por conta do trabalho ou sofrer acidente trabalhista, ele fará jus ao recebimento de indenização similares ao que o trabalhador em liberdade tenha direito.

Sobre a inaplicabilidade da CLT, temos que nos atentar ao caso concreto, em se tratando de trabalho dentro do estabelecimento prisional, este será um dever do preso e, por isso, não está regido pela CLT. Mas nos casos em que o trabalho é feito no âmbito externo, ou seja, fora do estabelecimento prisional, a jurisprudência pacificou entendimento de que *"o trabalho externo prestado por condenado em regime aberto não configura o trabalho prisional, previsto na Lei das Execuções Penais", razão pela qual se reconhece "relação de trabalho que se sujeita à tutela da CLT"*.

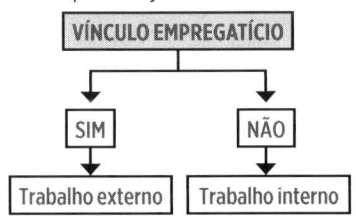

VÍNCULO EMPREGATÍCIO
- SIM → Trabalho externo
- NÃO → Trabalho interno

Por conseguinte, o Art. 29 da LEP assegura ao preso o o direito à remuneração adequada, que será estabelecida em tabela para evitar que haja injustiças ou exploração, de forma a abolir a mão de obra carcerária gratuita, não podendo ser inferior a 3/4 do salário mínimo.

Além do mais, poderá ser descontado da remuneração a indenização do dano ex-delicto, bem como os valores necessários para subsistência da família do preso, as suas despesas pessoais e, ainda, o ressarcimento do Estado pelas despesas realizadas com a manutenção do condenado dentro do cárcere. Contudo o desconto do ressarcimento só poderá ser feito após todos os demais descontos terem sido atendidos (§ 1º).

A LEP não dispõe o percentual de desconto em cada caso, sendo tarefa da legislação estadual ou federal pertinente sobre o assunto estabelecer. Ademais, o que restar da remuneração deverá ser depositado em caderneta de poupança que será disponibilizado ao preso quando em liberdade (§ 2º).

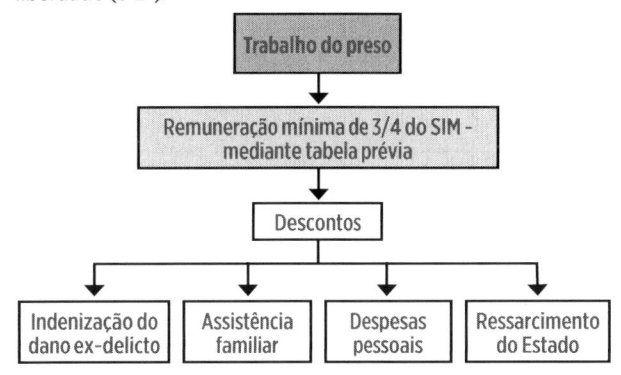

Trabalho do preso
- Remuneração mínima de 3/4 do SIM - mediante tabela prévia
- Descontos:
  - Indenização do dano ex-delicto
  - Assistência familiar
  - Despesas pessoais
  - Ressarcimento do Estado

Art. 30. *As tarefas executadas como prestação de serviço à comunidade não serão remuneradas.*

No que diz respeito a pena de prestação de serviço à comunidade, sendo esta uma possibilidade de pena restritiva de direitos, esta será feita de forma gratuita, ou seja, o condenado não recebe remuneração pelos serviços prestados.

SEÇÃO II - DO TRABALHO INTERNO

Art. 31. *O condenado à pena privativa de liberdade está obrigado ao trabalho na medida de suas aptidões e capacidade.*

Parágrafo único. *Para o preso provisório o trabalho não é obrigatório e só poderá ser executado no interior do estabelecimento.*

Entende-se como trabalho interno aquele prestado dentro das dependências do estabelecimento prisional, podendo consistir em construção, reforma, conservação, melhoramentos, serviços auxiliares nas cozinhas, lavanderias e enfermarias. Como já dissemos anteriormente, a LEP comporta o trabalho como um direito, mas também como uma obrigação do preso, e a recusa acarreta em infração disciplinar, exceto no caso de preso político e o preso provisório – estes não são obrigados –, contudo se o preso por vontade própria quiser trabalhar, poderá, desde que o faça internamente.

TRABALHO
- Obrigatório → TODOS
- Facultativo → Crimes políticos e ao preso provisório interno

Art. 32. *Na atribuição do trabalho deverão ser levadas em conta a habilitação, a condição pessoal e as necessidades futuras do preso, bem como as oportunidades oferecidas pelo mercado.*

§ 1º Deverá ser limitado, tanto quanto possível, o artesanato sem expressão econômica, salvo nas regiões de turismo.

§ 2º Os maiores de sessenta anos poderão solicitar ocupação adequada à sua idade.

§ 3º Os doentes ou deficientes físicos somente exercerão atividades apropriadas ao seu estado.

LEGISLAÇÃO ESPECIAL

Como podemos ver, para que o preso tenha um trabalho atribuído deverá ser verificado antes sua habilitação e condição pessoal, por exemplo: se estiver grávida, se for portador de necessidades especiais, as suas necessidades futuras e as oportunidades oferecidas no mercado de trabalho.

Sendo o trabalho um meio de profissionalização e reinserção do preso na sociedade, o melhor é que este seja aproveitado tanto na execução quanto na sua liberação, visando o que o mercado de trabalho tem buscado. Por essa razão que a prática do artesanato é limitada, por não ser uma atividade rentável a ponto de possibilitar ao indivíduo sustento futuro de sua família, salvo em regiões de turismo, onde recebe um grande número de visitantes e, com isso, o trabalho local passa a ser valorizado ou quando o preso não tiver aptidão para desempenhar outra atividade.

Aos idosos são assegurados o direito de ter uma ocupação adequada para sua idade, de modo a respeitar suas condições físicas, mentais e psíquicas. E, ainda, ao preso doente ou portador de necessidades especiais serão disponibilizadas atividades adequadas à sua condição, de modo a não excluir estes da atividade laborativa.

Art. 33. *A jornada normal de trabalho não será inferior a seis, nem superior a oito horas, com descanso nos domingos e feriados.*

Parágrafo único. *Poderá ser atribuído horário especial de trabalho aos presos designados para os serviços de conservação e manutenção do estabelecimento penal.*

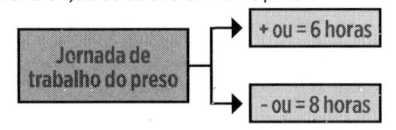

Jornada de trabalho do preso → + ou = 6 horas
Jornada de trabalho do preso → - ou = 8 horas

A princípio apenas a jornada diária já permite ao preso a obtenção dos benefícios e por isso decidiu o STJ que *"para fins de remição, será considerado no cálculo apenas o dia de trabalho realizado, isto é, o dia em que for desempenhada a jornada completa de trabalho e não o número de horas trabalhadas".*

Ou seja, o dia de trabalho realizado é que conta para o cálculo da remissão e não as horas, se o agente trabalhou uma jornada inteira de 6 horas, não se computa 6 horas de remissão mais sim um dia inteiro.

A LEP possibilita, ainda, uma jornada especial de trabalho aos presos designados para serviço de manutenção e conversão do estabelecimento prisional, serviços estes que não podem ser interrompidos e por isso exigem sua prestação em horários distintos dos estabelecidos na regra normal, inclusive nos dias que seria de descanso.

HABEAS CORPUS SUBSTITUTIVO. FALTA DE CABIMENTO. EXECUÇÃO PENAL. REMIÇÃO DA PENA PELA LEITURA. ART. 126 DA LEP. PORTARIA CONJUNTA N. 276/2012, DO DEPEN/MJ E DO CJF. RECOMENDAÇÃO N. 44/2013 DO CNJ. 1. Conquanto seja inadmissível o ajuizamento de habeas corpus em substituição ao meio próprio cabível, estando evidente o constrangimento ilegal, cumpre ao tribunal, de ofício, saná-lo. 2. A norma do art. 126 da LEP, ao possibilitar a abreviação da pena, tem por objetivo a ressocialização do condenado, sendo possível o uso da analogia in bonam partem, que admita o benefício em comento, em razão de atividades que não estejam expressas no texto legal (REsp n. 744.032/SP, Ministro Felix Fischer, Quinta Turma, DJe 5/6/2006). 3. O estudo está estreitamente ligado à leitura e à produção de textos, atividades que exigem dos indivíduos a participação efetiva enquanto sujeitos ativos desse processo, levando-os à construção do conhecimento. A leitura em si tem função de propiciar a cultura e possui caráter ressocializador, até mesmo por contribuir na restauração da autoestima. Além disso, a leitura diminui consideravelmente a ociosidade dos presos e reduz a reincidência criminal. 4. Sendo um dos objetivos da Lei de Execução Penal, ao instituir a remição, incentivar o bom comportamento do sentenciado e sua readaptação ao convívio social, a interpretação extensiva do mencionado dispositivo impõe-se no presente caso, o que revela, inclusive, a crença do Poder Judiciário na leitura como método factível para o alcance da harmônica reintegração à vida em sociedade. 5. Com olhos postos nesse entendimento, foram editadas a Portaria conjunta n. 276/2012, do Departamento Penitenciário Nacional/MJ e do Conselho da Justiça Federal, bem como a Recomendação n. 44/2013 do Conselho Nacional de Justiça. 6. Writ não conhecido. Ordem expedida de ofício, para restabelecer a decisão do Juízo da execução que remiu 4 dias de pena do paciente, conforme os termos da Recomendação n. 44/2013 do Conselho Nacional de Justiça.

Decisão

Vistos, relatados e discutidos os autos em que são partes as acima indicadas, acordam os Ministros da SEXTA Turma do Superior Tribunal de Justiça, por unanimidade, não conhecer do habeas corpus, concedendo, contudo, ordem de ofício, nos termos do voto do Sr. Ministro Relator. Os Srs. Ministros Rogerio Schietti Cruz, Nefi Cordeiro, Ericson Maranho (Desembargador convocado do TJ/SP) e Maria Thereza de Assis Moura votaram com o Sr. Ministro Relator -(HC 312.486-SP).

EMENTA: HABEAS CORPUS. EXECUÇÃO PENAL. REMIÇÃO DE PENA. JORNADA DE TRABALHO. PRETENSÃO DO CÔMPUTO DA REMIÇÃO EM HORAS, E NÃO EM DIAS TRABALHADOS: IMPROCEDÊNCIA. ORDEM DENEGADA. 1. Para fins de remição de pena, a legislação penal vigente estabelece que a contagem de tempo de execução é realizada à razão de um dia de pena a cada três dias de trabalho, sendo a jornada normal de trabalho não inferior a seis nem superior a oito horas, o que impõe ao cálculo a consideração dos dias efetivamente trabalhados pelo condenado e não as horas. 2. Ordem denegada. (HC 114393, Relator(a): Min. CÁRMEN LÚCIA, Segunda Turma, julgado em 03/12/2013, PROCESSO ELETRÔNICO DJe-242 DIVULG 09-12-2013 PUBLIC 10-12-2013)

Art. 34. *O trabalho poderá ser gerenciado por fundação, ou empresa pública, com autonomia administrativa, e terá por objetivo a formação profissional do condenado.*

§ 1º Nessa hipótese, incumbirá à entidade gerenciadora promover e supervisionar a produção, com critérios e métodos empresariais, encarregar-se de sua comercialização, bem como suportar despesas, inclusive pagamento de remuneração adequada.

§ 2º Os governos federal, estadual e municipal poderão celebrar convênio com a iniciativa privada, para implantação de oficinas de trabalho referentes a setores de apoio dos presídios.

O gerenciamento do trabalho pode ser feito por fundação ou empresa pública, com autonomia administrativa que terá como finalidade a formação profissional do preso. De modo que incumbirá a ela a supervisão e o financiamento das atividades laborativas.

Pode, ainda, por meio de convênios celebrados com o Poder Público ocorrer participação da iniciativa privada na implantação de oficinas de trabalhos referentes aos setores de apoio dos estabelecimentos prisionais.

Art. 35. *Os órgãos da administração direta ou indireta da União, Estados, Territórios, Distrito Federal e dos Municípios adquirirão, com dispensa de concorrência pública, os bens ou produtos do trabalho prisional, sempre que não for possível ou recomendável realizar-se a venda a particulares.*

Parágrafo único. *Todas as importâncias arrecadadas com as vendas reverterão em favor da fundação ou empresa pública a que alude o artigo anterior ou, na sua falta, do estabelecimento penal.*

Os produtos do trabalho dos presos serão comercializados a particulares, caso não seja possível, estes serão adquiridos pela Administração Pública, sem necessidade de haver concorrência pública, uma vez que a intenção por trás da aquisição seja a preparação profissional do preso, sendo que os valores arrecadados serão revertidos em favor da fundação ou empresa gerenciadora ou então em favor do estabelecimento prisional.

SEÇÃO III - DO TRABALHO EXTERNO

Art. 36. *O trabalho externo será admissível para os presos em regime fechado somente em serviço ou obras públicas realizadas por orgãos da administração direta ou indireta, ou entidades privadas, desde que tomadas as cautelas contra a fuga e em favor da disciplina.*

§ 1º O limite máximo do número de presos será de dez por cento do total de empregados na obra.

§ 2º Caberá ao órgão da administração, à entidade ou à empresa empreiteira a remuneração desse trabalho.

§ 3º A prestação de trabalho a entidade privada depende do consentimento expresso do preso.

O trabalho externo é aquele realizado fora da prisão, com o intuito de gerar oportunidade para o reingresso do preso na sociedade. O preso em regime fechado poderá trabalhar externamente quando os serviços forem realizados em obras públicas por órgão da Administração Pública, desde que os meios de prevenção contra fuga e disciplina sejam devidamente tomados.

Decidiu, ainda, o STJ que: *"Não obstante esta Corte já ter decidido pela possibilidade de concessão de trabalho externo a condenado em regime fechado, tem-se como indispensável, à concessão da benesse, a obediência a requisitos legais de ordem objetiva e subjetiva, além da vigilância direta, mediante escolta. Sobressai a impossibilidade prática de concessão da medida, evidenciando-se que não há como se designar um policial, diariamente, para acompanhar e vigiar o preso durante a realização dos serviços extramuros".*

Contudo, como já dissemos antes, por se tratar de regime fechado, o preso não tem vínculo empregatício, aplicando-se a ele as regras da LEP, pois o trabalho é obrigatório. Já ao preso no regime semiaberto, será permitido o trabalho externo em qualquer local, ou seja, aqui não existe as limitações de ser trabalho em obras públicas mediante escolta, e mais uma vez reforço, conforme entendimento jurisprudencial, ao preso no semiaberto se aplica o vínculo empregatício, se sujeitando então as regras da CLT.

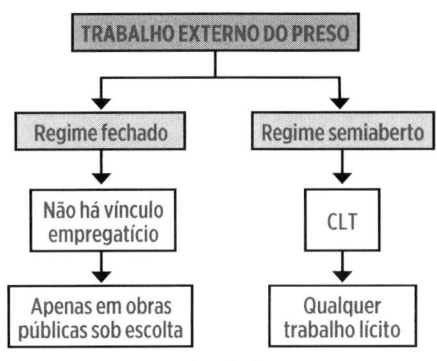

Art. 37. *A prestação de trabalho externo, a ser autorizada pela direção do estabelecimento, dependerá de aptidão, disciplina e responsabilidade, além do cumprimento mínimo de um sexto de pena.*

Parágrafo único. *Revogar-se-á a autorização de trabalho externo ao preso que vier a praticar fato definido como crime, for punido por falta grave, ou tiver comportamento contrário aos requisitos estabelecidos neste artigo.*

Caberá a direção do estabelecimento prisional deliberar acerca do trabalho externo, se preenchido os requisitos exigidos.

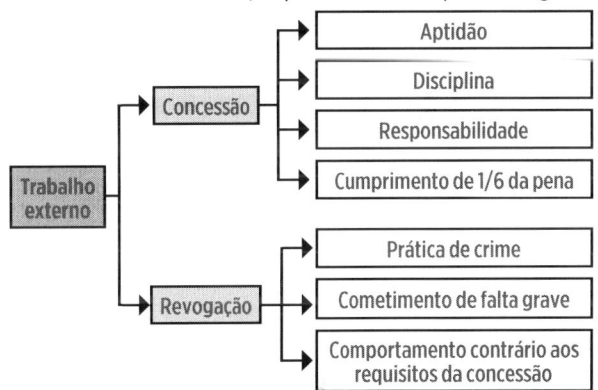

CAPÍTULO IV - DOS DEVERES, DOS DIREITOS E DA DISCIPLINA
SEÇÃO I - DOS DEVERES

Art. 38. *Cumpre ao condenado, além das obrigações legais inerentes ao seu estado, submeter-se às normas de execução da pena.*

O condenado está vinculado ao cumprimento das obrigações impostas na sentença:

Pena de Prisão: privação de liberdade;

Pena Restritiva de Direitos: se sujeitar às limitações impostas;

Pena de multa: responder com seu patrimônio pelo pagamento.

Além das obrigações acima mencionadas, que decorrem da própria natureza da pena, existe o rol de deveres do condenado, cuja violação acarretam em aplicação de medidas disciplinares que irão interferir no momento da deliberação sobre a concessão ou não de benefícios ao preso.

I. comportamento disciplinado e cumprimento fiel da sentença;

O comportamento disciplinar estar ligado à obediência, seria dizer que o preso deve agir com passividade, seguindo aquilo que lhe é determinado, visando a boa convivência com os demais presos, o impedimento de tumulto, brigas ou dissentimentos. O comportamento disciplinado influencia diretamente no momento de apreciação de pedidos de benefícios em favor do condenado, como no caso da progressão de regime, que além de outros requisitos se exige bom comportamento carcerário. Outro ponto é o fiel cumprimento da sentença, seria dizer que não basta o cumprimento da obrigação principal que seria a pena privativa de liberdade, mas também o cumprimento das demais obrigações advindas da sentença como, por exemplo, o ressarcimento do dano ex-delicto.

II. obediência ao servidor e respeito a qualquer pessoa com quem deva relacionar-se;

O dever de obediência implica tanto nas ordens dadas pelos servidores do estabelecimento prisional quanto no respeito a estes, implicando em falta grave a violação esse tipo de violação.

III. urbanidade e respeito no trato com os demais condenados;

O dever de urbanidade está ligado à boa convivência entre os condenados, evitando deste modo prática de condutas que possam gerar qualquer tipo de desentendimento dentro do ambiente carcerário.

IV. conduta oposta aos movimentos individuais ou coletivos de fuga ou de subversão à ordem ou à disciplina;

O termo "conduta oposta" tem como finalidade não estimular a atuação do condenado no sentido de participar, seja de que forma for, em movimentos voltados à fuga, motins, tumultos, rebeliões etc. Sendo considerada essa prática como uma falta grave.

Perceba que a lei só pede ao condenado que não haja de forma oposta, não sendo ele obrigado a denunciar ou intervir sem tomar conhecimento dessa situação.

V. execução do trabalho, das tarefas e das ordens recebidas;

Como já vimos, para o condenado em pena privativa de liberdade o trabalho é obrigatório pelo seu caráter ressocializador, e sendo este obrigatório, sua recusa caracteriza falta grave, interferindo no momento de concessão de benefícios como, por exemplo, no caso de progressão de regime.

VI. submissão à sanção disciplinar imposta;

O art. 53 da LEP traz o rol de sanções disciplinares que serão impostas ao preso em consequência das faltas praticadas. O que este inciso estabelece é que o preso, ao incorrer em alguma falta, deve cumprir a sanção a ele imposta, como forma de aprendizado e disciplina.

VII. indenização à vítima ou aos seus sucessores;

O art. 91 do Código Penal insere como um efeito automático e obrigatório da sentença condenatória transitada em julgado a obrigação certa de indenizar a vítima pelo dano causado pelo crime. Contudo o não cumprimento dessa obrigação não constitui falta disciplinar, mas poderá influenciar de forma negativa para concessão de benefícios como, por exemplo, o livramento condicional.

VIII. indenização ao Estado, quando possível, das despesas realizadas com a sua manutenção, mediante desconto proporcional da remuneração do trabalho;

Lembre-se de que já falamos sobre isso, sendo possível o desconto da remuneração do trabalho do preso em favor do Estado com o intuito de o ressarcir por todas as despesas tida com o condenado.

IX. higiene pessoal e asseio da cela ou alojamento;

O preso tem o dever de cuidar da limpeza tanto do compartimento individual quanto coletivo utilizado por ele.

X. conservação dos objetos de uso pessoal.

Essa conservação diz respeito aos objetos disponibilizados pela administração carcerária ao preso, tais como o colchão, as roupas, os objetos de higiene etc.

Parágrafo único. *Aplica-se ao preso provisório, no que couber, o disposto neste artigo.*

Perceba, ainda, que o parágrafo único diz que as mesmas regras aplicadas ao condenado definitivo se aplicam ao preso provisório, com exceção aos deveres decorrentes exclusivamente da condenação, como o fiel cumprimento da sentença, as indenizações à vítima e a execução do trabalho.

SEÇÃO II - DOS DIREITOS

Art. 40. Impõe-se a todas as autoridades o respeito à integridade física e moral dos condenados e dos presos provisórios.

Além de previsto na LEP, o art. 5º, XLIX da CF e o art. 38 do CP também asseguram aos presos, sejam eles definitivos ou provisórios, o respeito à sua integridade física e moral, tratando-se de um direito fundamental da pessoa humana. Essa proteção foi reforçada pelo STJ: *"o Estado Democrático de Direito repudia o tratamento cruel dispensado pelos seus agentes a qualquer pessoa, inclusive os presos. Impende assinalar, neste ponto, o que estabelece a Lex Fundamentalis, no art. 5o, inciso XLIX, segundo o qual os presos conservam, mesmo em tal condição, o direito à intangibilidade de sua integridade física e moral. Desse modo, é inaceitável a imposição de castigos corporais aos detentos, em qualquer circunstância, sob pena de censurável violação aos direitos fundamentais da pessoa humana".*

E seguindo esta mesma direção de proteção a integridade física e moral do preso é que o STF editou a Sumula Vinculante 11: *"só é lícito o uso de algemas em casos de resistência e de fundado receio de fuga ou de perigo à integridade física própria ou alheia, por parte do preso ou de terceiros, justificada a excepcionalidade por escrito, sob pena de responsabilidade disciplinar, civil e penal do agente ou da autoridade e de nulidade da prisão ou do ato processual a que se refere, sem prejuízo da responsabilidade civil do Estado".*

O rol de direitos apresentados pelo Art. 41 da LEP é meramente EXEMPLIFICATIVO, ou seja, os direitos do preso não estão limitados ao que está previsto aqui, mas como já vimos ao preso se assegura todos os direitos não atingidos pela sentença ou pela lei, podemos dizer, então, que o preso tem direito a tudo que não lhe é proibido.

Em seguida, analisar-se-ão cada um dos direitos dispostos no artigo em análise.

I. alimentação suficiente e vestuário;

Estando o Estado responsável pelo condenado será cabível a ele prover a alimentação necessária, bem como o fornecimento de uniforme para identificá-lo das demais pessoas que circulam pelo estabelecimento prisional, desde que este vestuário não afronte a dignidade da pessoa humana expondo o preso ao ridículo.

II. atribuição de trabalho e sua remuneração;

Como já vimos o trabalho além de ser uma obrigação é ainda um direito do preso e isso acontece por seu caráter ressocializador e por beneficiar o preso com redução de pena. A remuneração pelo trabalho é, ainda, um direito do preso, sendo vedado o trabalho gratuito.

***III.** previdência social;*

Conforme dispõe também o art. 39 do CP, o preso tem direito à previdência social, embora o trabalho dele não esteja sujeito às regras da CLT, ele fará jus aos benefícios previdenciários. Vale a ressalva de que a lei não prevê a possibilidade de desconto automático da remuneração para contribuição previdenciária, sendo essa uma faculdade.

Outro aspecto importante sobre o direito do preso e a previdência está no auxílio-reclusão, que é um benefício concedido pelo INSS aos dependentes de pessoas presas, quando essas pessoas já contribuem para a previdência social no momento de sua prisão.

***IV.** constituição de pecúlio;*

Nada mais é do que a verba depositada em caderneta de poupança em decorrência da remuneração pelo trabalho, o qual será entregue ao preso quando for posto em liberdade. Lembre-se de que esse valor só será depositado após serem feitos todos os descontos necessários.

***V.** proporcionalidade na distribuição do tempo para o trabalho, o descanso e a recreação;*

Como já vimos, o trabalho terá uma jornada fixada e para que durante o período sem trabalho não seja ocioso, é um direito do preso que lhe sejam promovidas atividades recreativas, que além de contribuir para a manutenção da disciplina ainda auxiliem no processo de ressocialização.

***VI.** exercício das atividades profissionais, intelectuais, artísticas e desportivas anteriores, desde que compatíveis com a execução da pena;*

Esse inciso vem para reforçar a ideia de que o preso precisa de atividades que auxiliem no seu retorno à vida em sociedade, de modo que o Estado deve promover meios, espaços e condições que possibilitem a realização de atividades profissionais, intelectuais, artísticas e desportivas quando compatíveis com a execução da pena.

***VII.** assistência material, à saúde, jurídica, educacional, social e religiosa;*

Essa assistência vem prevista ao longo da LEP. Como já vimos, na forma de assistência material temos o fornecimento de roupas, instalações higiênicas e alimentação; na assistência à saúde temos o direito ao tratamento médico; na assistência jurídica temos a defensoria pública; como assistência educacional temos a instrução escolar e a formação profissional; como assistência social temos o amparo realizado em função do preso ou internado, bem como de sua família para prepará-lo para seu reingresso na sociedade e, por fim, como assistência religiosa temos a permissão de que os presos e internados participem de atividades religiosas organizadas dentro do estabelecimento prisional e também tendo acesso a livros contendo conteúdo religioso.

***VIII.** proteção contra qualquer forma de sensacionalismo;*

A imagem do indivíduo já é naturalmente atingida quando condenado por um crime e é recolhido ao cárcere, de modo que não há motivos para haver sensacionalismo infundados envolvendo seu nome, o que só faz contribuir com a sua marginalização. Este dispositivo não veda reportagens ou notícias envolvendo os estabelecimentos prisionais, nem eventuais entrevistas concedidas de forma espontânea pelo preso, contudo o conteúdo desses trabalhos não pode atentar contra a dignidade da pessoa humana.

***IX.** entrevista pessoal e reservada com o advogado;*

Esta prerrogativa decorre do direito de ampla defesa, sendo uma garantia prevista constitucionalmente pelo art. 5º, LV da CF. Este direito de entrevista decorre do direito de sigilo entre cliente e advogado, de modo que nenhuma interceptação será permitida.

Durante um tempo chegou a existir a discussão sobre restringir esse direito aos presos que se encontram em Regime Disciplinar Diferenciado como, por exemplo *"a Secretaria da Administração Penitenciária editou a Resolução SAP 49, de 17 de julho de 2002, com o objetivo de disciplinar o direito de visita e entrevista dos advogados com os presos do Regime Disciplinar Diferenciado, dispondo que "as entrevistas com advogado deverão ser previamente agendadas, mediante requerimento, escrito ou oral, à direção do estabelecimento, que designará imediatamente data e horário para o atendimento reservado, dentro dos 10 dias subsequentes"*. Contudo o STJ entendeu que esta regra era ilegal: *"o prévio agendamento das visitas, mediante requerimento à direção do estabelecimento prisional, é exigência que fere o direito do advogado de comunicar-se com cliente recolhido a estabelecimento civil, ainda que incomunicável, conforme preceitua o citado art. 7o da L. 8.906/1994, norma hierarquicamente superior ao ato impugnado"*, essa decisão se deu pelo fato de que ainda que em Regime Disciplinar Diferenciado, o preso faz parte do mesmo sistema que os demais de modo que ao aplicar a resolução ele seria tratado de forma desigual aos demais, ferindo diretamente a garantia constitucional da igualdade.

***X.** visita do cônjuge, da companheira, de parentes e amigos em dias determinados;*

Como auxílio na reabilitação do preso, a proximidade da família e de pessoas próximas nesse momento é essencial. Contudo essa visitação será feita em dia e horário determinado pela Administração Penitenciária, contudo esse direito não é ilimitado, ele pode sofrer restrições conforme o caso.

Existem dois pontos relevantes sobre o tema, o primeiro é sobre a visita do filho menor de idade, foi entendida pelo STF que deve ser permitida e que cabe à administração prisional proporcionar meios para que isso ocorra, uma vez que o preso precisa do contato com a família no processo de ressocialização.

O segundo ponto é sobre a chamada "visita íntima", sendo as visitas que têm como objetivo satisfazer as necessidades sexuais do preso, como um meio de tentar reduzir a tensão interna entre os presos e manter a disciplina entre eles, em especial a violência de caráter sexual entre eles e ainda manter o vínculo afetivo com o seu cônjuge ou companheiro.

***XI.** chamamento nominal;*

O preso tem o direito de ser chamado pelo nome, de modo a ser vedado sua designação por número, apelidos ou qualquer outra denominação que não seu próprio nome.

***XII.** igualdade de tratamento salvo quanto às exigências da individualização da pena;*

Como já sabemos, o preso tem direito à igualdade, de modo a não ser tratado de forma distinta aos demais, contudo essa igualdade deve ser limitada às exigências da individualização da

LEGISLAÇÃO ESPECIAL

pena, ou seja, o preso deve ser tratado de forma igual naquilo em que houver igualdade de situação.

XIII. audiência especial com o diretor do estabelecimento;

É o direito do preso de ter contato direto com o diretor para apresentar reclamações, sugestões, fazer pedidos, dentre outros. Esse direito constitui um importante instrumento de manutenção da ordem e da disciplina dentro do estabelecimento prisional.

Segundo Guilherme de Souza Nucci, "o direito não deve ser absoluto, mas regrado. O diretor-geral não pode negar-se sistematicamente a receber os presos em audiência, mas pode impor limites e condições em nome da disciplina e da segurança".

XIV. representação e petição a qualquer autoridade, em defesa de direito;

Esse direito encontra respaldo no art. 5º, XXXIV da CF, o qual dispõe que "são a todos assegurados, independentemente do pagamento de taxas: a) o direito de petição aos Poderes Públicos em defesa dos direitos ou contra ilegalidade ou abuso de poder".

Sendo assim, é reforçado o direito do preso de representar ou peticionar diretamente ao Poder Judiciário ou a outros órgãos públicos, visando apresentar reclamações ou realizar pedidos em defesa de seu direito.

Vale a ressalva de que o direito de representação e petição não confere ao preso permissão para ajuizar medidas que exijam capacidade postulatória para tanto.

XV. contato com o mundo exterior por meio de correspondência escrita, da leitura e de outros meios de informação que não comprometam a moral e os bons costumes.

Ao preso é garantido o direito de ter contato com o mundo exterior por meio de correspondência, leitura de jornais, televisão, rádio ou qualquer outro meio de comunicação, inclusive, conforme os avanços tecnológicos, o acesso à internet.

A limitação dos meios que comprometam a moral e os bons costumes possibilita à administração carcerária, em prol da segurança, da disciplina e do objetivo ressocializador da pena, proibir aos detentos o acesso a determinados conteúdos como, por exemplo, notícias de rebeliões ou motins, filmes com atos de violência entre detentos ou relativos ao cometimento de crimes, sites pornográficos, livros alusivos a armas, bombas, dentre outros.

XVI. atestado de pena a cumprir, emitido anualmente, sob pena da responsabilidade da autoridade judiciária competente.

Esse direito surgiu em 2003, com a necessidade de fornecer ao preso, ao menos anualmente, o quanto de pena ainda resta a ele cumprir, uma vez que o cálculo da pena não se limita à simples subtração entre o total imposto e o tempo já cumprido, uma vez que existem diversas situações que podem reduzir o tempo de pena do preso.

Parágrafo único. Os direitos previstos nos incisos V, X e XV poderão ser suspensos ou restringidos mediante ato motivado do diretor do diretor do estabelecimento.

Trata-se aqui de uma suspensão ou redução da jornada de trabalho, da recreação, das visitas e dos contatos com o mundo exterior. Vale a ressalva que a doutrina entende que como o parágrafo único foi explícito ao mencionar quais os direitos podem ser suspensos e restringidos, significa dizer que os demais direitos não estão sujeitos à suspensão ou restrição.

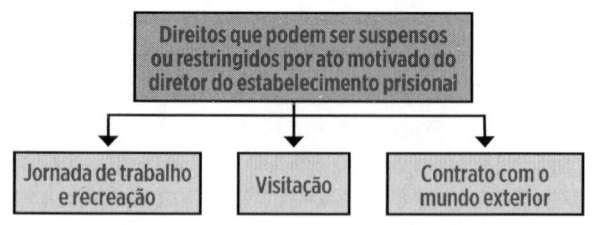

Direitos que podem ser suspensos ou restringidos por ato motivado do diretor do estabelecimento prisional
- Jornada de trabalho e recreação
- Visitação
- Contrato com o mundo exterior

Art. 42. Aplica-se ao preso provisório e ao submetido à medida de segurança, no que couber, o disposto nesta Seção.

Os direitos assegurados ao preso definitivo são aplicados no que couber aos réus presos provisoriamente e aos submetidos a medidas de segurança.

No que diz respeito ao preso provisório, o art. 41, XVI não teria aplicabilidade uma vez que como não existe condenação não há pena definitiva estabelecida. E, ainda, ele não fica obrigado ao trabalho, será facultado a ele.

Contudo, com relação ao internado, existe a possibilidade de que o seu próprio estado mental não permita o exercício de determinados direitos, que poderão ser suspensos ou restringidos pelo período que for necessário.

Art. 43. É garantida a liberdade de contratar médico de confiança pessoal do internado ou do submetido a tratamento ambulatorial, por seus familiares ou dependentes, a fim de orientar e acompanhar o tratamento.

Parágrafo único. As divergências entre o médico oficial e o particular serão resolvidos pelo juiz de execução.

O direito à contratação a médico de confiança pessoal do internado ou ao preso submetido a tratamento ambulatorial tem como finalidade alcançar maiores chances de cura, uma vez que se trata de médico em quem o internado tenha confiança que facilitaria a relação médico/paciente. Fora que, como sabemos, um médico particular não tem as limitações, em termos de recursos materiais e humanos, que os estabelecimentos psiquiátricos têm.

Contudo, se houverem divergências entre o diagnóstico do médico do estabelecimento psiquiátrico e do médico particular, esta será resolvida pelo juiz da execução.

SEÇÃO III - DA DISCIPLINA
SUBSEÇÃO I - DISPOSIÇÕES GERAIS

Art. 44. A disciplina consiste na colaboração com a ordem na obediência às determinações das autoridades e seus agentes e no desempenho do trabalho.

Parágrafo único. Estão sujeitos à disciplina o condenado à pena privativa de liberdade ou restrita de direitos e o preso provisório.

A disciplina consiste num conjunto de regras que impõem ao condenado atenção às normas disciplinares contidas no estabelecimento prisional, bem como o fiel cumprimento aos deveres contidos no art. 39.

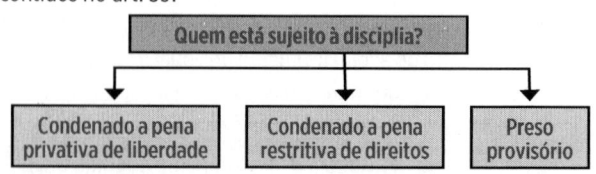

Quem está sujeito à disciplina?
- Condenado a pena privativa de liberdade
- Condenado a pena restritiva de direitos
- Preso provisório

Art. 45. Não haverá falta nem sanção disciplinar sem expressa e anterior previsão legal ou regulamentar.

Este artigo consagra o princípio da legalidade, sendo uma regra semelhante à contida no art. 1º do Código Penal e do art. 5º, XXXIX da CF, ou seja, toda e qualquer sanção disciplinar deve ser estabelecida anteriormente pela lei ou por regulamentos emitidos pela administração carcerária.

§ 1º *As sanções não poderão colocar em perigo a integridade física e moral do condenado.*

São expressamente vedadas as sanções que possam colocar em perigo a integridade física e moral do condenado. Essa regra vai de encontro com a previsão do art. 5o, XLIX, da CF, segundo a qual "é assegurado aos presos o respeito à integridade física e moral". No mesmo sentido, o art. 38 do Código Penal dispõe que "o preso conserva todos os direitos não atingidos pela perda da liberdade, impondo-se a todas as autoridades o respeito à sua integridade física e moral", e o art. 40 da LEP estabelece que "impõe-se a todas as autoridades o respeito à integridade física e moral dos condenados e dos presos provisórios". Como se vê, não há como permitir qualquer ato de constrangimento ou prática vexatória contra segregados.

§ 2º *É vedado o emprego de cela escura.*

No passado conhecíamos a cela escura por solitária, conhecida como um local precário, insalubre que não apresentava condições de ser habitado. Ressalta-se que esta proibição não impede que o preso seja recolhido a uma cela individual, conforme os termos previstos para o preso em regime disciplinar diferenciado.

A proibição é de que o preso seja colocado ou mantido em uma cela sob condições indignas, desumana ou degradante.

§ 3º *São vedadas as sanções coletivas.*

Esse artigo tem como finalidade garantir que não se consagre a responsabilidade penal objetiva, a qual é proibida no direito penal, uma vez que não se pode punir indiscriminadamente todos os indivíduos sem que se comprove a participação de cada um deles.

Tratando do tema, decidiu o Tribunal de Justiça de São Paulo que o simples fato de alguns apenados habitarem a cela, sem a demonstração de sua participação efetiva na escavação do túnel com intenção de fuga, não conduz a aplicação da pena correspondente à falta grave, devendo se ponderar "que nos termos do § 3o do art. 45 da LEP é vedada a sanção coletiva, prevalecendo assim o princípio da individualização da culpa".

Art. 46. *O condenado ou denunciado, no início da execução da pena ou da prisão, será cientificado das normas disciplinares.*

Logo no ingresso do preso ao estabelecimento prisional é necessário que ele seja comunicado das regras disciplinares existentes, a fim de que futuramente não seja alegado por ele ignorância de tais regras.

Art. 47. *O poder disciplinar, na execução da pena privativa da liberdade, será exercido pela autoridade administrativa conforme as disposições regulamentares.*

Quando se tratar de execução de pena privativa de liberdade, o poder disciplinar será exercido pela autoridade administrativa carcerária, conforme as regras contidas no regulamento do estabelecimento prisional. Ao conferir à direção do estabelecimento prisional a imposição e a execução das sanções disciplinares, estabelece a lei uma exceção ao princípio da jurisdicionalidade. E, portanto, podemos afirmar que a atuação do juiz da execução nesses casos apenas ocorrerá nas hipóteses em que a administração carcerária infringir as regras estabelecidas pela lei ou pelo regulamento, devendo-se instaurar, nesse caso, o incidente de desvio de execução contido no art. 185 da LEP, o qual pode ser suscitado pelo Ministério Público, pelo Conselho Penitenciário, pelo próprio sentenciado ou por qualquer dos demais órgãos da execução penal.

Art. 48. *Na execução das penas restritas de direitos, o poder disciplinar será exercido pela autoridade administrativa a que estiver sujeito o condenado.*

Parágrafo único. *Nas faltas graves, a autoridade representará ao juiz da execução para os fins dos arts. 118, inciso I, 125, 127, 181, §§ 1º, letra d, e 2º desta Lei.*

Diferente do artigo acima, em se tratando de penas restritivas de direito o poder disciplinar será conferido à autoridade administrativa em que o condenado esteja sujeito, isso ocorre porque muitas vezes esse tipo de penalidade será executada por estabelecimento administrados por agentes do Estado.

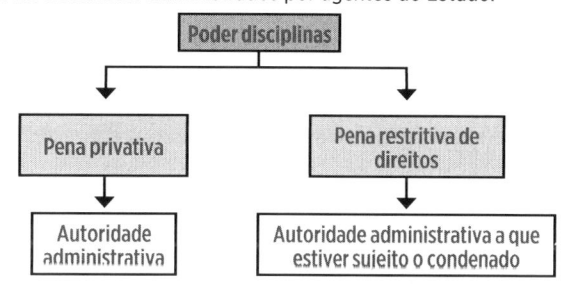

SUBSEÇÃO II - DAS FALTAS DISCIPLINARES

Art. 49. *As faltas disciplinares classificam-se em leves, médias e graves. A legislação local especificará as leves e médias, bem assim as respectivas sanções.*

Parágrafo único. *Pune-se a tentativa com a sanção correspondente à falta consumada.*

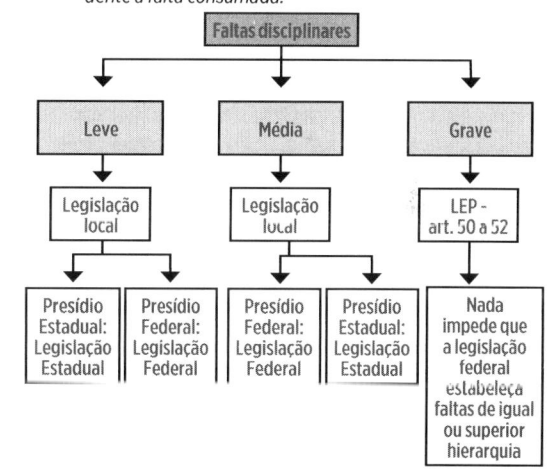

A tentativa será punida com a sanção correspondente à falta consumada, parte da doutrina entende que a aplicação da sanção disciplinar cabível na tentativa depende de cada caso, uma vez que deve ser levado em conta que as consequências da tentativa não são tão graves como se tivesse sido consumado. Em sentido contrário, outra parte da doutrina entende que seja a falta tentada ou consumada a sanção a ser aplicada deve ser a mesma, sem qualquer redução.

Art. 50. *Comete falta grave o condenado a pena privativa de liberdade que:*

I. incitar ou participar de movimento para subverter a ordem ou a disciplina;

II. fugir;

III. possuir, indevidamente, instrumento capaz de ofender a integridade física de outrem;

IV. provocar acidente de trabalho;

LEI Nº 7.210, DE 11 DE JULHO DE 1984 - LEI DE EXECUÇÃO PENAL

V. descumprir, no regime aberto, as condições impostas;

VI. inobservar os deveres previstos nos incisos II e V no art. 39 desta Lei.

VII. tiver em sua posse, utilizar ou fornecer aparelho telefônico, de rádio ou similar, que permita a comunicação com outros presos ou com o ambiente externo.

VIII. recusar submeter-se ao procedimento de identificação do perfil genético.

Parágrafo único. O disposto neste artigo aplica-se no que couber, ao preso provisório.

Este artigo estabelece o rol de condutas que se classificam como faltas de natureza grave praticadas por condenados que cumprem pena privativa de liberdade, e que se estendem, no que couber, também ao preso provisório.

De acordo com a jurisprudência, esse rol estabelecido pela Lei de Execução Penal é taxativo, não podendo ser ampliado por outros atos normativos.

Sendo assim, se pronunciou o Superior Tribunal de Justiça, salientando que "resolução da Secretaria de Administração Penitenciária do Estado de São Paulo tipificando a conduta como falta grave não é suficiente para legitimar a decisão (de punição), pois nos termos do art. 49 da L. 7.210/1984 a legislação local somente está autorizada a especificar as condutas que caracterizem faltas leves ou médias e suas respectivas sanções".

Na apuração da falta grave, é indispensável assegurar ao apenado o direito à ampla defesa e ao contraditório, sob pena de nulidade da punição eventualmente aplicada.

Fique atento ao inciso VIII pois ele foi introduzido recentemente pela Lei 13.964/19 (Pacote Anticrime).

HABEAS CORPUS SUBSTITUTIVO DE RECURSO ESPECIAL. EXECUÇÃO PENAL. RECUSA INJUSTIFICADA AO TRABALHO. FALTA GRAVE. O DEVER DE TRABALHO IMPOSTO AO APENADO NÃO SE CONFUNDE COM A PENA DE TRABALHO FORÇADO. HABEAS CORPUS NÃO CONHECIDO.

> *O Superior Tribunal de Justiça, seguindo a posição sedimentada pelo Supremo Tribunal Federal, uniformizou o entendimento no sentido de ser inadmissível o conhecimento de habeas corpus substitutivo de recurso previsto para a espécie. Contudo, se constatada a existência de manifesta ilegalidade, é possível a concessão da ordem de ofício.*

> *O art. 50, inciso VI, da Lei de Execução Penal - LEP prevê a classificação de falta grave quando o apenado incorrer na inobservância do dever previsto no inciso V do art. 39 da mesma lei. Dessa forma, constitui falta disciplinar de natureza grave a recusa injustificada à execução do trabalho, tarefas e ordens recebidas no estabelecimento prisional. Ainda, determina o art. 31 da LEP a obrigatoriedade do trabalho ao apenado condenado à pena privativa de liberdade, na medida de suas aptidões e capacidades.*

> *A pena de trabalho forçado, vedada constitucionalmente no art. 5º, inciso XLVIII, alínea 'c', da Constituição Federal, não se confunde com o dever de trabalho imposto ao apenado, consubstanciado no art. 39, inciso V, da LEP, ante o disposto no art. 6º, 3, da Convenção Americana de Direitos Humanos.*

> *Habeas Corpus não conhecido. (HC 264.989/SP, Rel. Ministro ERICSON MARANHO (DESEMBARGADOR CONVOCADO DO TJ/SP), SEXTA TURMA, julgado em 04/08/2015, DJe 19/08/2015)*

Art. 51. Comete falta grave o condenado à pena restritiva de direitos que:

I. descumprir, injustificadamente, a restrição imposta;

II. retardar, injustificadamente, o cumprimento da obrigação imposta;

III. inobservar os deveres previstos nos incisos II e V do art. 39 desta Lei.

Este artigo determina quais condutas se enquadram como faltas graves cometidas por condenados a pena restritivas de direitos.

I. descumprir, injustificadamente, a restrição imposta;

Ocorre quando o condenado descumpre sem qualquer motivação a obrigação imposta na pena.

II. retardar, injustificadamente, o cumprimento da obrigação imposta;

Ocorre quando o condenado atrasa o início do cumprimento da obrigação imposta na pena sem nenhum motivo relevante.

III. inobservar os deveres previstos nos incisos II e V do art. 39 desta Lei.

Trata-se da desobediência ao servidor, do desrespeito a qualquer pessoa com quem deva o condenado se relacionar e da não execução do trabalho, das tarefas ou das ordens recebidas.

Art. 52. A prática de fato previsto como crime doloso constitui falta grave e, quando ocasionar subversão da ordem ou disciplina internas, sujeitará o preso provisório, ou condenado, nacional ou estrangeiro, sem prejuízo da sanção penal, ao regime disciplinar diferenciado, com as seguintes características:

I. duração máxima de até 2 (dois) anos, sem prejuízo de repetição da sanção por nova falta grave de mesma espécie;

II. recolhimento em cela individual;

III. visitas quinzenais, de 2 (duas) pessoas por vez, a serem realizadas em instalações equipadas para impedir o contato físico e a passagem de objetos, por pessoa da família ou, no caso de terceiro, autorizado judicialmente, com duração de 2 (duas) horas;

IV. direito do preso à saída da cela por 2 (duas) horas diárias para banho de sol, em grupos de até 4 (quatro) presos, desde que não haja contato com presos do mesmo grupo criminoso;

V. entrevistas sempre monitoradas, exceto aquelas com seu defensor, em instalações equipadas para impedir o contato físico e a passagem de objetos, salvo expressa autorização judicial em contrário;

VI. fiscalização do conteúdo da correspondência;

VII. participação em audiências judiciais preferencialmente por videoconferência, garantindo-se a participação do defensor no mesmo ambiente do preso.

A primeira parte do caput do art. 52 diz que a prática de fato previsto como crime doloso constitui falta grave, contudo a lei não faz qualquer distinção entre o condenado por pena privativa de liberdade e restritiva de direitos, então podemos entender que ela se aplica a ambos.

No que diz respeito aos crimes preterdolosos, considerando que neles existe dolo quanto ao crime antecedente, então em regra incidem na regra contida acima.

Note que o artigo não exige condenação, basta apenas a prática do ato considerado crime doloso.

Por fim, se o ato praticado ocasionar subversão da ordem ou da disciplina internas do estabelecimento prisional, o juiz da execução está autorizado a determinar a inclusão do preso ao regime disciplinar diferenciado.

> *§ 1º O regime disciplinar diferenciado também será aplicado aos presos provisórios ou condenados, nacionais ou estrangeiros:*
> *I. que apresentem alto risco para a ordem e a segurança do estabelecimento penal ou da sociedade;*
> *II. sob os quais recaiam fundadas suspeitas de envolvimento ou participação, a qualquer título, em organização criminosa, associação criminosa ou milícia privada, independentemente da prática de falta grave.*
> *§ 2º (Revogado)*
> *§ 3º Existindo indícios de que o preso exerce liderança em organização criminosa, associação criminosa ou milícia privada, ou que tenha atuação criminosa em 2 (dois) ou mais Estados da Federação, o regime disciplinar diferenciado será obrigatoriamente cumprido em estabelecimento prisional federal.*
> *§ 4º Na hipótese dos parágrafos anteriores, o regime disciplinar diferenciado poderá ser prorrogado sucessivamente, por períodos de 1 (um) ano, existindo indícios de que o preso:*
> *I. continua apresentando alto risco para a ordem e a segurança do estabelecimento penal de origem ou da sociedade;*
> *II. mantém os vínculos com organização criminosa, associação criminosa ou milícia privada, considerados também o perfil criminal e a função desempenhada por ele no grupo criminoso, a operação duradoura do grupo, a superveniência de novos processos criminais e os resultados do tratamento penitenciário.*
> *§ 5º Na hipótese prevista no § 3º deste artigo, o regime disciplinar diferenciado deverá contar com alta segurança interna e externa, principalmente no que diz respeito à necessidade de se evitar contato do preso com membros de sua organização criminosa, associação criminosa ou milícia privada, ou de grupos rivais.*
> *§ 6º A visita de que trata o inciso III do caput deste artigo será gravada em sistema de áudio ou de áudio e vídeo e, com autorização judicial, fiscalizada por agente penitenciário.*
> *§ 7º Após os primeiros 6 (seis) meses de regime disciplinar diferenciado, o preso que não receber a visita de que trata o inciso III do caput deste artigo poderá, após prévio agendamento, ter contato telefônico, que será gravado, com uma pessoa da família, 2 (duas) vezes por mês e por 10 (dez) minutos."*

O regime disciplinar diferenciado é uma forma especial de cumprimento de pena dentro do regime fechado, caracterizada pela permanência do preso em cela individual, com limitação ao direito de visita e redução no direito de saída da cela.

O RDD é considerado tanto uma sanção disciplinar como uma medida cautelar, sendo sanção disciplinar quando imposta nos termos do art. 52, caput da LEP, e quanto medida cautelar nos termos do art. 52 e parágrafos da LEP.

O crime de organização criminosa vem definido no art. 1, §1º da Lei 12.850/13, já o crime de quadrilha ou banco, atualmente nomeado por associação criminosa nos termos do art. 24 da Lei 12.850/13.

> *O artigo 52 foi inteiramente alterado pela Lei 13.694/19, ou seja, tem grandes chances de o examinador cobrar esse artigo!*

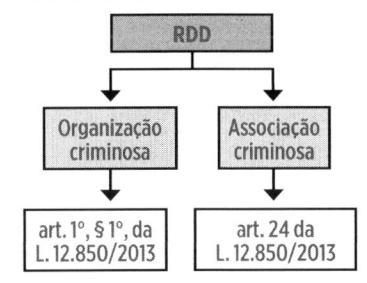

```
                    RDD
                     |
        +------------+------------+
        |                         |
   Organização              Associação
    criminosa                criminosa
        |                         |
  art. 1º, § 1º, da         art. 24 da
   L. 12.850/2013          L. 12.850/2013
```

SUBSEÇÃO III - DAS SANÇÕES E DAS RECOMPENSAS

> *Art. 53. Constituem sanções disciplinares:*
> *I. advertência verbal;*
> *II. repreensão;*
> *III. suspensão ou restrição de direitos (art. 41, parágrafo único);*
> *IV. isolamento na própria cela, ou em local adequado, nos estabelecimentos que possuam alojamento coletivo, observado o disposto no art. 8º desta Lei.*
> *V. inclusão no regime disciplinar diferenciado.*

Esse rol de sanções é taxativo, de modo que não será admitida sua ampliação. A aplicação das sanções disciplinares é alternativa e não cumulativa.

Considerando a necessidade de que a sanção seja individual e proporcional à conduta praticada pelo preso, determina o art. 57, caput, da LEP que, na sua imposição, devem ser levados em conta a natureza, os motivos, as circunstâncias e as consequências do fato, bem como a pessoa do faltoso e seu tempo de prisão.

> *Art. 54. As sanções dos incisos I a IV do art. 53 serão aplicadas por ato motivado do diretor do estabelecimento e a do inciso V, por prévio e fundamentado despacho do juiz competente.*
> *§ 1º A autorização para a inclusão do preso em regime disciplinar dependerá de requerimento circunstanciado elaborado pelo diretor do estabelecimento ou outra autoridade administrativa.*
> *§ 2º A decisão judicial sobre inclusão de preso em regime disciplinar será precedida de manifestação do Ministério Público e da defesa e prolatada no prazo máximo de quinze dias.*

A inclusão do preso ao RDD está condicionado ao prévio e fundamentado despacho do juiz competente. Existe divergências sobre quem seria o juiz competente, uma corrente defende que seja o juiz das execuções penais, outra defende que pode ser o próprio juiz do processo.

A legitimidade para postular a inclusão do RDD é o diretor do estabelecimento prisional em que encontre o preso provisório ou condenado, ou de outra autoridade administrativa, tais como Secretário de Segurança Pública e o Secretário da Administração Penitenciária, sendo vedado ao juiz determiná-lo ex-officio, tampouco o Ministério Público requerer essa inserção.

Assim, apresentado o pedido de inclusão do preso ao RDD, sobre ele deverá se manifestar o MP e a Defesa, sendo que cada um terá o prazo de três dias, após transcorrido o prazo, caberá ao juiz da execução proferir a decisão dentro de 15 dias, sendo que dessa decisão caberá o recurso de agravo da execução.

Art. 55. *As recompensas têm em vista o bom comportamento reconhecido em favor do condenado, de sua colaboração com a disciplina e de sua dedicação ao trabalho.*

Art. 56. *São recompensas:*

I. o elogio;

II. a concessão de regalias.

Parágrafo único. *A legislação local e os regulamentos estabelecerão a natureza e a forma de concessão de regalias.*

As recompensas têm como finalidade estimular o preso a manter bom comportamento, a ter responsabilidade no exercício do seu trabalho e de cumprir de forma adequada os deveres que lhe são impostos pela LEP.

SUBSEÇÃO IV - DA APLICAÇÃO DAS SANÇÕES

Art. 57. *Na aplicação das sanções disciplinares, levar-se-ão em conta a natureza, os motivos, as circunstâncias e as consequências do fato, bem como a pessoa do faltoso e seu tempo de prisão.*

Parágrafo único. *Nas faltas graves, aplicam-se as sanções previstas nos incisos III a V do art. 53 desta Lei.*

Assim como toda sanção não basta apenas que se verifique o ato de forma isolada, mas sim todas as circunstâncias para que a falta fosse cometida.

Art. 58. *O isolamento, a suspensão e a restrição de direitos não poderão exceder a trinta dias, ressalvada a hipótese do regime disciplinar diferenciado.*

Parágrafo único. *O isolamento será sempre comunicado ao juiz da execução.*

O artigo em análise trouxe um limite de 30 para a duração das penas de isolamento, suspensão e restrição de direito, uma vez que por se tratar de sanções mais severas deve-se garantir que não haverá abuso na aplicação da sanção. Perceba ainda que por se tratar da sanção mais severa, o isolamento deve ser informado ao juiz de execução.

SUBSEÇÃO V - DO PROCEDIMENTO DISCIPLINAR

Art. 59. *Praticada a falta disciplinar, deverá ser instaurado o procedimento para sua apuração, conforme regulamento, assegurado o direito de defesa.*

Parágrafo único. *A decisão será motivada.*

Art. 60. *A autoridade administrativa poderá decretar o isolamento preventivo do faltoso pelo prazo de até dez dias. A inclusão do preso no regime disciplinar diferenciado, no interesse da disciplina e da averiguação do fato, dependerá de despacho do juiz competente.*

Parágrafo único. *O tempo de isolamento ou inclusão preventiva no regime disciplinar diferenciado será computado no período de cumprimento da sanção disciplinar.*

As aplicações das sanções disciplinares contidas no art. 53, inciso I a V compete ao diretor do estabelecimento prisional, exigindo motivação para tanto. Já a penalidade contida no art. 53, inciso V está condicionada a decisão fundamentada do juiz competente.

A aplicação dessas sanções, seja qual for, será precedida de prévio procedimento administrativo disciplinar, que será instaurado no âmbito do estabelecimento prisional, no qual será assegurado ao preso o direito de defesa.

Considera-se necessária a presença do advogado durante o procedimento administrativo disciplinar, sob pena de nulidade por afrontamento às garantias constitucionais da ampla defesa e do contraditório, assim não se pode aplicar a sanção sem respeitada essa formalidade. Se o fizer, a imposição da sanção poderá ser revista judicialmente, uma vez que a regra contida na Súmula Vinculante 5 não se aplica em sede de execução penal diante da repercussão na liberdade de ir e vir do condenado.

Instaurado o procedimento administrativo podem ocorrer três situações:

Não ser reconhecida a prática da falta disciplinar ou não apurar a sua autoria.

Ser reconhecida a prática da falta disciplinar de natureza leve ou média.

Ser reconhecida a prática da natureza disciplinar de natureza grave.

TÍTULO III - DOS ÓRGÃOS DA EXECUÇÃO PENAL
CAPÍTULO I - DISPOSIÇÕES GERAIS

Art. 61. *São órgãos da execução penal:*

I. o Conselho Nacional de Política Criminal e Penitenciária;

II. o Juízo da Execução;

III. o Ministério Público;

IV. o Conselho Penitenciário;

V. os Departamentos Penitenciários;

VI. o Patronato;

VII. o Conselho da Comunidade;

VIII. a Defensoria Pública.

Cada um desses órgãos possui diferentes atribuições, sendo que uma não conflita com a outra, todos são relevantes para o controle e a fiscalização da execução penal e para o fortalecimento do propósito da LEP de ressocialização do condenado e de apoio ao egresso.

CAPÍTULO III - DO JUÍZO DA EXECUÇÃO

Art. 65. *A execução penal competirá ao juiz indicado na lei local de organização judiciária e, na sua ausência, ao da sentença.*

O juiz competente para atuar no âmbito da execução penal será o juiz indicado pela lei local, ou na sua falta o juiz da sentença, menciona-se o juiz da sentença porque em comarcas menores é comum a inexistência de vara específica para execução criminal, neste caso a função de execução da pena será exercida pelo próprio juiz que proferiu a sentença no processo conhecimento.

Existe um ponto de discussão na doutrina, pois como sabemos a LEP se aplica no que couber ao preso provisório, assim sendo, parte da doutrina entende que competiria ao juiz de execução do local de cumprimento da reprimenda decidir sobre os incidentes que surgirem durante a execução. Contudo outra parte da doutrina entende que por se tratar de execução provisória da pena esta deveria se submeter ao juiz da condenação.

No caso de o preso ter sido condenado pela justiça federal, mas se encontrar recolhido em estabelecimento prisional estadual, caberá, nesse caso, ao juiz das execuções penais do estado presidir sobre a execução da pena imposta, não sendo relevante o âmbito da condenação.

Outro caso é quando o preso é transferido de um estabelecimento prisional estadual para estabelecimento de segurança máxima federal, neste caso o acompanhamento da execução da pena caberá ao juiz federal competente da localidade em que se situar o referido estabelecimento. Entretanto, em se tratando de transferência de preso provisório, será de responsabilidade do juízo que solicitou a transferência do preso dirigir o controle da prisão, por meio de carta precatória.

No caso de o apenado estar sob suspensão condicional do processo, a competência será fixada pelo juízo da residência do executado, essa regra será aplicada igualmente ao indivíduo que cumpre pena restritiva de direitos.

No que diz respeito à pena de multa a competência é da vara de execuções fiscais, por ser considerada uma dívida de valor.

Por fim, no que diz respeito à medida de segurança, a competência será do juízo da execução da comarca em que estiver sendo cumprida, não sendo relevante, para tanto, se a hipótese é de internação ou de tratamento ambulatorial.

Por incompetência do Juízo, a Turma deferiu habeas corpus para cassar decisão proferida pelo juízo de Cascavel/PR, que, com base na Resolução 13/95 do Tribunal de Justiça do Estado do Paraná - que determinava ser, provisoriamente, da competência do juízo da sentença, a execução das penas privativas de liberdade a serem cumpridas em regime fechado, enquanto não implantado o Sistema Penitenciário do Estado -, decidira sobre o pedido de substituição da pena privativa de liberdade a que fora condenado o paciente. Considerou-se que a Lei Paranaense 11.374/95 - que alterou a lei de organização judiciária, prevendo a criação da Vara de Execução Criminal na Comarca de Cascavel -, ainda encontra-se pendente de regulamentação, não podendo o Tribunal de Justiça, por meio de Resolução, regular matéria que está sob reserva legal. HC deferido para cassar a decisão do juízo da comarca de Cascavel/PR, a fim de que outra seja proferida, agora pelo Juízo da Comarca de Curitiba. HC 81.393-PR, rel. Ministra Ellen Gracie, 18.2.2003. (HC-81393)

Art. 66. Compete ao juiz da execução:

I. aplicar aos casos julgados lei posterior que de qualquer modo favorecer o condenado;

II. declarar extinta a punibilidade;

III. decidir sobre:

a) soma ou unificação de penas;

b) progressão ou regressão nos regimes;

c) detração e remição da pena;

d) suspensão condicional da pena;

e) livramento condicional;

f) incidentes da execução;

IV. autorizar saídas temporárias;

V. determinar:

a) a forma de cumprimento da pena restritiva de direitos e fiscalizar sua execução;

b) a conversão da pena restritiva de direitos e de multa em privativa de liberdade;

c) a conversão da pena privativa de liberdade em restritiva de direitos;

d) a aplicação da medida de segurança, bem como a substituição da pena por medida de segurança;

e) a revogação da medida de segurança;

f) a desinternação e o restabelecimento da situação anterior;

g) o cumprimento de pena ou medida de segurança em outra Comarca;

h) a remoção do condenado na hipótese prevista no § 1º do art. 86 desta Lei;

VI. zelar pelo correto cumprimento da pena e da medida de segurança;

VII. inspecionar, mensalmente, os estabelecimentos penais, tomando providências para o adequado funcionamento e promovendo, quando for o caso, a apuração de responsabilidade;

VIII. interditar, no todo ou em parte, estabelecimento penal que estiver funcionando em condições inadequadas ou com infringência aos dispositivos desta Lei;

IX. compor e instalar o Conselho da Comunidade;

X. emitir anualmente atestado de pena a cumprir.

A execução penal é jurisdicionalizada, o que significa dizer que incumbe ao magistrado impulsioná-la e fiscalizar o adequado cumprimento da pena imposta. Sendo assim, o artigo acima arrola quais as competências do juiz da execução.

Trata-se de um rol meramente exemplificativo, ou seja, as competências do juiz da execução não se exaurem aqui.

CAPÍTULO IV - DO MINISTÉRIO PÚBLICO

Art. 67. O Ministério Público fiscalizará a execução da pena e da medida de segurança, oficiando no processo executivo e nos incidentes da execução.

Art. 68. Incumbe, ainda, ao Ministério Público;

I. fiscalizar a regularidade formal das guias de recolhimento e de internamento;

II. requerer;

a) todas as providências necessárias ao desenvolvimento do processo executivo;

b) a instauração dos incidentes de excesso ou desvio de execução;

c) a aplicação de medida de segurança, bem com a substituição da pena por medida de segurança;

d) a revogação da medida de segurança;

e) a conversão de penas, a progressão ou regressão nos regimes e a revogação da suspensão condicional da pena e do livramento condicional;

f) a internação, a desinternação e o restabelecimento da situação anterior;

III. interpor recursos de decisões proferidas pela autoridade judiciária, durante a execução.

Parágrafo único. O órgão do Ministério Público visitará mensalmente os estabelecimentos penais, registrando a sua presença em livro próprio.

Ao Ministério Público incumbe atuar em todo processo de execução, desde o início até a extinção da punibilidade do condenado.

No decorrer da sua atuação, existem duas intervenções que são facultadas ao membro do MP: uma, no que diz respeito a requerer deliberações judicias relacionadas à concessão ou revogações de benefícios, instauração de instauração de incidentes, conversões e demais providências concernentes ao desenvolvimento do processo executivo; e a segunda no sentido de intervir mediante a formulação de pareceres com relação a situações materializadas no processo de execução criminal decorrentes de postulações do apenado ou do seu defensor, de manifestações do conselho da comunidade, de pronunciamentos do Conselho Penitenciário, de constatações ex-officio do juiz da execução etc.

LEGISLAÇÃO ESPECIAL

LEI Nº 7.210, DE 11 DE JULHO DE 1984 - LEI DE EXECUÇÃO PENAL

Contudo entende que é pacífico o entendimento jurisprudencial de que a ausência de manifestação do MP em todas as fases pertinentes à execução da pena é causa de nulidade absoluta.

O rol contido no art. 68 é meramente exemplificado, uma vez que no próprio decorrer da LEP vemos demais situações onde se faz necessária a atuação do parquet.

CAPÍTULO VI - DOS DEPARTAMENTOS PENITENCIÁRIOS
SEÇÃO I - DO DEPARTAMENTO PENITENCIÁRIO NACIONAL

De acordo com o *caput* do Art. 71, o DEPEN está subordinado ao Ministério da Justiça, sendo um órgão executivo da Política Penitenciaria Nacional e de apoio administrativo e financeiro do Conselho Nacional de Política Criminal e Penitenciária.

> **Art. 72.** São atribuições do Departamento Penitenciário Nacional:
> I. acompanhar a fiel aplicação das normas de execução penal em todo o território nacional;
> II. inspecionar e fiscalizar periodicamente os estabelecimentos e serviços penais;
> III. assistir tecnicamente as unidades federativas na implementação dos princípios e regras estabelecidos nesta Lei;
> IV. colaborar com as unidades federativas, mediante convênios, na implantação de estabelecimentos e serviços penais;
> V. colaborar com as unidades federativas para a realização de cursos de formação de pessoal penitenciário e de ensino profissionalizante do condenado e do internado;
> VI. estabelecer, mediante convênios com as unidades federativas, o cadastro nacional das vagas existentes em estabelecimentos locais destinadas ao cumprimento de penas privativas de liberdade aplicadas pela justiça de outra unidade federativa, em especial para presos sujeitos a regime disciplinar;
> VII. acompanhar a execução da pena das mulheres beneficiadas pela progressão especial de que trata o § 3º do art. 112 desta Lei, monitorando sua integração social e a ocorrência de reincidência, específica ou não, mediante a realização de avaliações periódicas e de estatísticas criminais.
> **§ 1º** Incumbe também ao Departamento a coordenação e supervisão
> dos estabelecimentos penais e de internamento federais.
> **§ 2º** Os resultados obtidos por meio do monitoramento e das avaliações periódicas previstas no inciso VII do caput deste artigo serão utilizados para, em função da efetividade da progressão especial para a ressocialização das mulheres de que trata o § 3º do art. 112 desta Lei, avaliar eventual desnecessidade do regime fechado de cumprimento de pena para essas mulheres nos casos de crimes cometidos sem violência ou grave ameaça.

Se trata de um órgão responsável por executar a política penitenciária estabelecida pelo Ministério da Justiça, cabendo-lhe garantir que as normas de execução penal sejam aplicadas de forma adequada em todo o país.

SEÇÃO II - DO DEPARTAMENTO PENITENCIÁRIO LOCAL

A LEP, nos artigos 73 e 74, trouxe a possibilidade de os estados-membros criarem, dentro do seu âmbito de atuação, departamento penitenciário ou órgão similar, sendo que a lei local irá definir suas atribuições, com o fim de supervisionar e coordenar os estabelecimentos prisionais da sua respectiva unidade federativa.

Além de objetivar acompanhar a execução da pena mais de perto, a esses órgãos incumbe ainda a função de promoção da melhoria do sistema carcerário, adotando estrutura adequada para atender as demandas de humanização da pena, bem como fortalecer o processo ressociativo e integrativo do preso para com a sociedade.

SEÇÃO III - DA DIREÇÃO E DO PESSOAL DOS ESTABELECIMENTOS PENAIS

Para que o agente possa se tornar direito de estabelecimento prisional ele deve preencher alguns requisitos cumulativos:

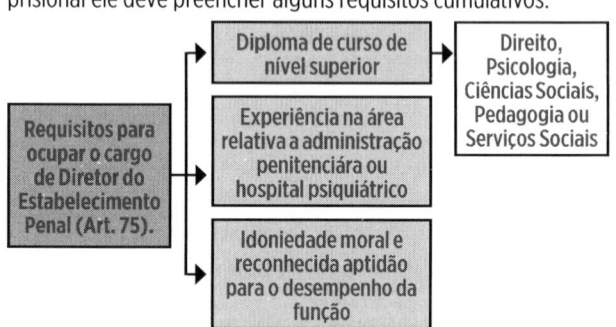

Requisitos para ocupar o cargo de Diretor do Estabelecimento Penal (Art. 75):
- Diploma de curso de nível superior → Direito, Psicologia, Ciências Sociais, Pedagogia ou Serviços Sociais
- Experiência na área relativa a administração penitenciára ou hospital psiquiátrico
- Idoneidade moral e reconhecida aptidão para o desempenho da função

Além disso, deve o direitor residir no próprio estabelecimento ou nas proximidades, dedicando tempo integral à função exercida.

> **Art. 76.** O Quadro do Pessoal Penitenciário será organizado em diferentes categorias funcionais, segundo as necessidades do serviço, com especificação de atribuições relativas às funções de direção, chefia e Assessoramento do estabelecimento e às demais funções.

A LEP se preocupou em constar a organização do quadro pessoal penitenciário em suas diferentes categorias funcionais, estabelecidas de acordo com a necessidade do serviço prestado, bem como especificando as atribuições inerentes a cada função, sendo elas de direção, chefia e assessoramento do estabelecimento penal.

Essa organização surge em decorrência da complexidade do processo de execução da pena, no qual demanda do estabelecimento prisional diversas funções que devem ser exercidas por uma pessoa especializada no tema.

São distribuídos em 4 categorias distintas o pessoal penitenciário:

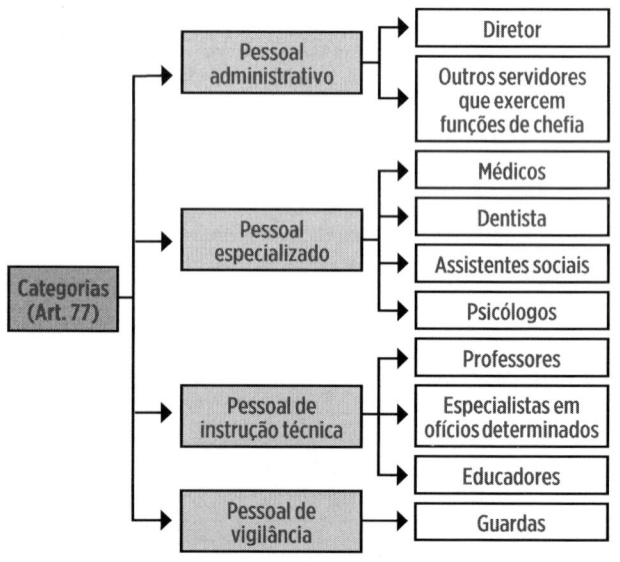

Categorias (Art. 77):
- Pessoal administrativo → Diretor; Outros servidores que exercem funções de chefia
- Pessoal especializado → Médicos; Dentista; Assistentes sociais; Psicólogos
- Pessoal de instrução técnica → Professores; Especialistas em ofícios determinados; Educadores
- Pessoal de vigilância → Guardas

Independentemente dessa classificação, a lei estabelece que o ingresso dos servidores, bem como a progressão e ascensão funcional dependeram de participação de cursos específicos, devendo ser realizada a reciclagem periódica daqueles que estiverem em exercício.

E, ainda, nos estabelecimentos penais destinados às mulheres a lei assegura que o trabalho será exercido por mulheres, com exceção de se tratar de pessoal técnico especializado.

CAPÍTULO VII - DO PATRONATO

Art. 78. O Patronato público ou particular destina-se a prestar assistência ao albergados e aos egressos (art. 26).

Art. 79. Incumbe também ao Patronato:

I. orientar os condenados à pena restritiva de direitos;

II. fiscalizar o cumprimento das penas de prestação de serviço à comunidade e de limitação de fim de semana;

III. colaborar na fiscalização do cumprimento das condições da suspensão e do livramento condicional.

O Patronato, de acordo com o Art. 78, destina-se a prestar assistência aos albergados e aos egressos, que estão na condição de liberdade ou por estarem regime aberto, ou por estar cumprindo penas restritivas de direitos ou por outro benefício a ele concedido, uma vez que o caput do art. 78 menciona que o patronato está destinado à assistência aos albergados e aos egressos.

Incumbe, ainda, ao patronato orientar os condenados às penas restritivas de direitos, fiscalizar o cumprimento das penas e dos benefícios, verificando se estão sendo respeitadas as restrições impostas.

Os patronatos podem ser públicos ou particulares, sendo público aqueles oficiais, vinculados ao Poder Público, e particular aqueles que são exercidos por instituições privadas que auxiliam o poder judiciário na execução e fiscalização das penas alternativas e contribuem para a valorização do apenado na comunidade e no seio familiar.

CAPÍTULO IX - DA DEFENSORIA PÚBLICA

Em prol da ampla defesa a LEP introduziu, no Art. 81-A, a Defensoria Pública como uma espécie de fiscal da execução da pena e da medida de segurança, garantindo que todos aqueles que não tiverem condições financeiras de pagar um defensor particular não fiquem desamparados de defesa técnica.

Art. 81-B. Incumbe, ainda, à Defensoria Pública:

I. requerer:

a) todas as providências necessárias ao desenvolvimento do processo executivo;

b) a aplicação aos casos julgados de lei posterior que de qualquer modo favorecer o condenado;

c) a declaração de extinção da punibilidade;

d) a unificação de penas;

e) a detração e remição da pena;

f) a instauração dos incidentes de excesso ou desvio de execução;

g) a aplicação de medida de segurança e sua revogação, bem como a substituição da pena por medida de segurança;

h) a conversão de penas, a progressão nos regimes, a suspensão

condicional da pena, o livramento condicional, a comutação de pena e o indulto;

i) a autorização de saídas temporárias;

j) a internação, a desinternação e o restabelecimento da situação anterior;

k) o cumprimento de pena ou medida de segurança em outra comarca;

l) a remoção do condenado na hipótese prevista no § 1º do art. 86 desta Lei;

II. requerer a emissão anual do atestado de pena a cumprir;

III. interpor recursos de decisões proferidas pela autoridade judiciária ou administrativa durante a execução;

IV. representar ao Juiz da execução ou à autoridade administrativa

para instauração de sindicância ou procedimento administrativo em caso de violação das normas referentes à execução penal;

V. visitar os estabelecimentos penais, tomando providências para o adequado funcionamento, e requerer, quando for o caso, a apuração de responsabilidade;

VI. requerer à autoridade competente a interdição, no todo ou em parte, de estabelecimento penal.

Parágrafo único. O órgão da Defensoria Pública visitará periodicamente

os estabelecimentos penais, registrando a sua presença em livro próprio.

O rol em que consta as atribuições da Defensoria é meramente exemplificativo, podendo a defensoria atuar em outras hipóteses fora das contidas no art. 81-B.

TÍTULO IV - DOS ESTABELECIMENTOS PENAIS
CAPÍTULO I - DISPOSIÇÕES GERAIS

De acordo com o Art. 82, os estabelecimentos penais são destinados ao condenado, ao indivíduo submetido à medida de segurança, ao preso provisório e ao egresso, considerando o egresso como sendo o liberado definitivo, pelo prazo de um ano a contar da saída do estabelecimento, bem como o preso sob liberdade condicional durante o período de prova.

LEI Nº 7.210, DE 11 DE JULHO DE 1984 - LEI DE EXECUÇÃO PENAL

São estabelecimentos penais previstos na LEP:

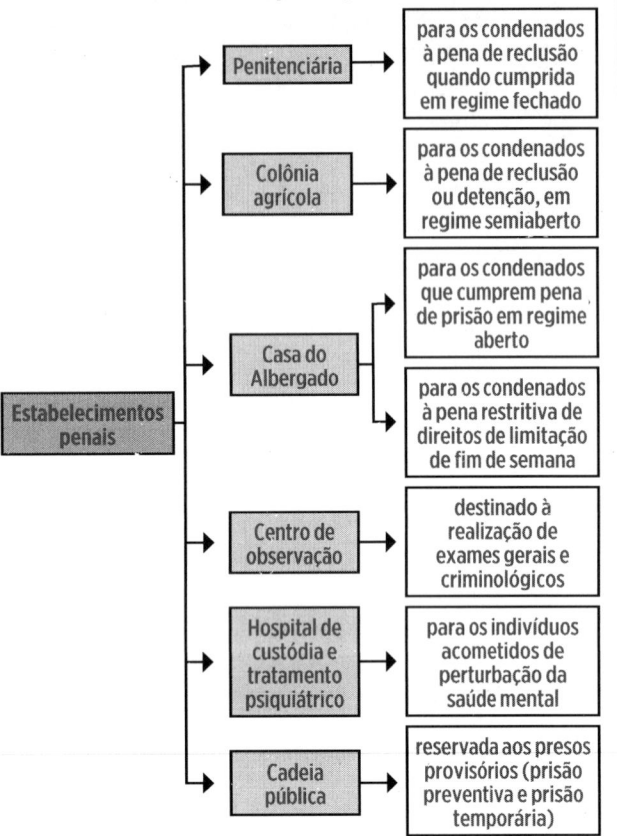

- **Penitenciária**: para os condenados à pena de reclusão quando cumprida em regime fechado
- **Colônia agrícola**: para os condenados à pena de reclusão ou detenção, em regime semiaberto
- **Casa do Albergado**:
  - para os condenados que cumprem pena de prisão em regime aberto
  - para os condenados à pena restritiva de direitos de limitação de fim de semana
- **Centro de observação**: destinado à realização de exames gerais e criminológicos
- **Hospital de custódia e tratamento psiquiátrico**: para os indivíduos acometidos de perturbação da saúde mental
- **Cadeia pública**: reservada aos presos provisórios (prisão preventiva e prisão temporária)

No que diz respeito à classificação legal dos estabelecimentos penais e das diferenças entre elas, a lei não impõe que o Poder Público construa prédios separados para abrigar cada um deles, nesse sentido o art. 82, §2º da LEP diz que um mesmo conjunto arquitetônico poderá abrigar estabelecimento com destinações diversas, desde que, cada um fique isolado do outro.

O isolamento deve ocorrer, por exemplo, com divisão do estabelecimento prisional em pavilhões ou alas específicas, uma para cada diferente categoria dos presos.

Os estabelecimentos, a depender de sua natureza, deverão contar dentro de suas dependências com áreas e serviços destinados a dar assistência, educação, trabalho, recreação e prática esportiva. Essa norma está agregada a outras normas contidas na LEP, especialmente aquelas que garantem ao preso a assistência material, a assistência à saúde, a assistência jurídica, a assistência educacional e assistência social e o direito ao trabalho.

A lei ainda obriga que dentro dos estabelecimentos existam salas de aula destinadas a cursos de ensino básico e profissionalizante. A previsão legal tem como condão auxiliar na capacitação do indivíduo de modo que ela possa retornar ao mercado de trabalho quando colocado em liberdade.

Outro ponto em que o legislador se preocupou em trazer para o texto legislativo foi garantir a instalação destinada à Defensoria Pública nos estabelecimentos prisionais, impondo ao poder público que forneça aos defensores a estrutura pessoal e material necessária para o atendimento da população carcerária.

Ainda, como meio de prevenir a superlotação dos estabelecimentos prisionais, a LEP determina que a lotação deve ser compatível com a estrutura e a finalidade impostas pelo Conselho Nacional de Política Criminal e Penitenciária, a qual incube delimitar o limite máximo de capacidade do estabelecimento, atendendo à sua natureza e especificidades.

No caso de haver a superlotação carcerária esta poderá implicar na interdição do estabelecimento penal, determinada pelo juiz da execução com fundamento no art. 66, VIII, da LEP, sem prejuízo da incidência do art. 203, § 4º da LEP.

O art. 82,§1º da LEP veio para confirmar a regra constante no art. 5º, XLVII da CF, estabelecendo que a mulher deve ser recolhida em estabelecimento próprio e adequado para suas condições pessoais, o objetivo dessa norma é separar os homens das mulheres, tentando afastar as violências de ordem sexual e da própria promiscuidade entre eles.

Os estabelecimentos que são direcionados às mulheres deverão possuir, de forma exclusiva, agentes do sexo feminino de segurança nas suas dependências internas.

Os estabelecimentos femininos deverão, ainda, ter berçários, onde as condenadas possam cuidar dos seus filhos, tendo direito de amamentá-los no mínimo até os 6 meses de idade, regra essa que harmoniza com o disposto no art. 5º, L da CF.

Aos maiores de 60 anos é garantido o direito de serem recolhidos em estabelecimentos penais adequados à sua condição penal, independentemente do seu regime de cumprimento de pena. Esta norma se fundamenta na maior fragilidade por conta da sua idade, como meio de preservar sua saúde física e mental. Ressalta-se que, em se tratando de maior de 70 anos, o regime de cumprimento de pena será o aberto.

Art. 83-A. *Poderão ser objeto de execução indireta as atividades materiais acessórias, instrumentais ou complementares desenvolvidas em estabelecimentos penais, e notadamente:*

I. serviços de conservação, limpeza, informática, copeiragem, portaria, recepção, reprografia, telecomunicações, lavanderia e manutenção de prédios, instalações e equipamentos internos e externos;

II. serviços relacionados à execução de trabalho pelo preso.

§ 1º A execução indireta será realizada sob supervisão e fiscalização do poder público.

§ 2º Os serviços relacionados neste artigo poderão compreender o fornecimento de materiais, equipamentos, máquinas e profissionais.

O artigo anterior estabelece que o preso possa cumprir sua pena de forma indireta ao exercer algumas atividades realizadas dentro do estabelecimento prisional, sendo que essas atividades seriam supervisionadas e fiscalizadas.

Consoante o Art. 83-B, os cargos relacionados às funções de direção, chefia e coordenação não podem ser delegados a outras pessoas dentro do quadro pessoal do sistema prisional, isso porque são cargos com poder de decisão e as pessoas que irão exercê-los devem ser previamente escolhidas e devem, ainda, preencher os requisitos estabelecidos pela LEP.

Art. 84. *O preso provisório ficará separado do condenado por sentença transitada em julgado.*

§ 1º Os presos provisórios ficarão separados de acordo com os seguintes critérios:

I. acusados pela prática de crimes hediondos ou equiparados;

II. acusados pela prática de crimes cometidos com violência ou grave ameaça à pessoa;

III. acusados pela prática de outros crimes ou contravenções diversos dos apontados nos incisos I e II.

§ 2º *O preso que, ao tempo do fato, era funcionário da Administração da Justiça Criminal ficará em dependência separada.*

§ 3º *Os presos condenados ficarão separados de acordo com os seguintes critérios:*

I. condenados pela prática de crimes hediondos ou equiparados;

II. reincidentes condenados pela prática de crimes cometidos com violência ou grave ameaça à pessoa;

III. primários condenados pela prática de crimes cometidos com violência ou grave ameaça à pessoa;

IV. demais condenados pela prática de outros crimes ou contravenções em situação diversa das previstas nos incisos I, II e III.

§ 4º *O preso que tiver sua integridade física, moral ou psicológica ameaçada pela convivência com os demais presos ficará segregado em local próprio.*

Art. 85. O estabelecimento penal deverá ter lotação compatível com a sua estrutura e finalidade.

Parágrafo único. *O Conselho Nacional de Política Criminal e Penitenciária determinará o limite máximo de capacidade do estabelecimento, atendendo a sua natureza e peculiaridades.*

Primeiramente vale diferenciar quem é o preso provisório e quem é o definitivo, o primeiro é referente àqueles que se encontram presos de forma preventiva ou temporária; já os definitivos são aqueles condenados por decisão judicial transitada em julgado.

Seguindo a linha do CPP, a LEP também determina que os presos definitivos devem ficar separados dos provisórios, uma vez que o preso definitivo está em cárcere por ter ficado comprovada a sua responsabilidade criminal, já o preso preventivo está lá por necessidade cautelar, não há certeza sobre sua culpa nem sobre sua inocência.

Nos casos em que a estrutura do estabelecimento não consegue fazer a divisão dos presos, a prisão domiciliar se apresentar como um meio de resolver a questão, embora as hipóteses em que a prisão preventiva possa ser convertida em domiciliar sejam taxativas, o preso não pode ter seu direito violado, sendo assim o STF já entendeu que, zelando pelo bem estar do acusado, deve-se ir pelo que mais o beneficia, no caso a prisão domiciliar.

"Em subsistindo, assim, a falta de vaga para o cumprimento em regime semiaberto e na impossibilidade da Casa de Albergado, mostra-se juridicamente plausível a concessão de prisão domiciliar, impondo-se, como se impõe, sem qualquer exoneração do Poder Público do dever de promover a efetividade da resposta penal, na dupla perspectiva da prevenção geral e especial, decidir em favor do direito de liberdade, como é do Estado Social e Democrático de Direito." STJ, Habeas Corpus 48.629/MG, DJ 04.09.2006

Sendo o preso primário, este cumprirá sua pena em seção distinta daquela reservada aos presos reincidentes, isto porque se deve evitar que o indivíduo que acabou de iniciar sua vida no cárcere permaneça na mesma cela que criminosos habituais, podendo sofrer influências negativas que possam vir a prejudicar seu processo de ressocialização.

O preso que no momento do crime era funcionário da administração da justiça criminal ficará em local separado dos demais, isolado dos presos comuns, com o objetivo de resguardar sua integridade física e moral, que por hostilidade dos demais presos poderá ser comprometida.

Embora o artigo se relacione apenas aos funcionários da administração da justiça, a jurisprudência tem entendido que esta regra deve ser aplicada por analogia aos agentes penitenciários e aos policiais civis ou militares.

As penas privativas de liberdade que estão sendo aplicadas pela justiça de uma unidade federativa poderão ser executadas em outro estado, seja em estabelecimento local ou da União, conforme disposto no Art. 86.

No que diz respeito aos presos que apresentem um perigo maior à sociedade podem ser colocados em presídios de segurança máxima em local distante, conforme estabelece o Art. 86,§1º da LEP.

Os egressos e os liberados da medida de segurança poderão realizar atividades laborais nos estabelecimentos penais desde que estes se dediquem a obras públicas ou ao aproveitamento de terras ociosas, isso conforme o §2º do Art. 86. O trabalho poderá ser desenvolvido em estabelecimentos destinados aos presos dos regimes semiaberto e aberto, e em caráter excepcional poderá ser realizado em locais reservados aos presos do regime fechado.

CAPÍTULO II - DA PENITENCIÁRIA

Em consonância com o Art. 87, a penitenciaria é destinada aos condenados à pena de reclusão em regime de cumprimento fechado. É um estabelecimento que contará com o máximo de segurança, muros altos e com vigilância ostensiva exercida por meio de policiais ou agentes penitenciários. Note que a lei foi omissa sobre os condenados à pena de detenção que se encontrem em regime fechado, nesse caso os detentos cumpriram sua pena em penitenciárias, contudo permanecendo em alas separadas dos condenados com pena de reclusão.

O parágrafo único assegura a construção de estabelecimentos separados ao presos provisórios e os que se encontrem em cumprimento em RDD, os quais por razão de ordem pública precisam contar com máxima condição de segurança e, ainda, necessitam de recolhimento em celas individuais.

Com o objetivo de garantir os direitos e as garantias fundamentais do preso, a LEP, no Art. 88, determina que o condenado deva ser alojado em cela individual, que conterá equipamentos mínimos para uma vida digna dentro do cárcere, sem contar nas condições mínimas de salubridade do ambiente, bem como deverá ter a área mínima de seis metros quadrados, tudo isso para garantir que os presos sejam tratados de forma humanizada.

Além dos requisitos mínimos de humanização contidos no Art. 89, a penitenciária que se destina ao recolhimento de mulheres deverá ser dotada de uma seção voltada para gestante e parturiente e de creche para abrigar crianças maiores de seis meses e menores de sete anos, com a finalidade de assistir a criança desamparada cuja a responsável esteja presa.

A previsão de que o processo além de ser ressocializador, deve ainda garantir que a execução da pena seja feita de forma justa, estando em consonância com o que a Constituição Federal consagra como sendo direito e garantia de toda pessoa humana.

Art. 90. A penitenciária de homens será construída em local afastado do centro urbano a distância que não restrinja a visitação.

O cuidado do legislador nesse dispositivo decorre das questões de segurança para a comunidade, junto a qual esteja situado o estabelecimento, considerando-se principalmente a possiblidade de motins e de fugas.

Contudo essa precaução não pode impedir o contato do preso com seus familiares e amigos durante o período em cárcere, uma vez que o isolamento pode tornar o processo ressocializador ineficaz.

CAPÍTULO III - DA COLÔNIA AGRÍCOLA, INDUSTRIAL OU SIMILAR

Não importa a forma como sentenciado passou para o regime do semiaberto, seja ele o inicial ou seja ele alcançado por meio de progressão de regime, uma vez estando em cumprimento de pena no semiaberto, em consonância com o Art. 91, ele deverá ser colocado em colônia agrícola, industrial ou similar.

Trata-se de um estabelecimento de segurança média, sem muros ou grades, com uma segurança discreta e não armada. Os presos dentro desta condição tem liberdade de movimento, uma vez que a vigilância nesse estabelecimento se baseia na disciplina e responsabilidade do preso.

O preso em regime do semiaberto colocado em colônia agrícola, industrial ou similar, poderá ser alojado em compartimento coletivo conforme disposto no Art. 92, desde que observadas as condições de salubridade do ambiente, em especial ao que diz respeito à aeração, isolação e condicionamento térmico.

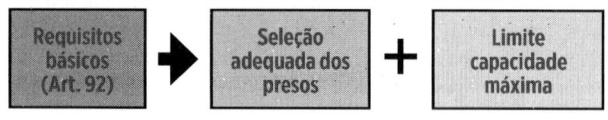

| Requisitos básicos (Art. 92) | → | Seleção adequada dos presos | + | Limite capacidade máxima |

No caso de não haver vaga na unidade prisional, o preso deverá ser posto no regime aberto ou em prisão domiciliar, uma vez que seria ilegal que ele cumprisse sua pena em local mais gravoso por falta de estruturas do Estado.

CAPÍTULO IV - DA CASA DO ALBERGADO

Art. 94. O prédio deverá situar-se em centro urbano, separado dos demais estabelecimentos, e caracterizar-se pela ausência de obstáculos físicos contra a fuga.

Art. 95. Em cada região haverá pelo menos uma Casa do Albergado, a qual deverá conter, além dos aposentos para acomodar os preços, local adequado para cursos e palestras.

Parágrafo único. O estabelecimento terá instalações para os serviços de fiscalização e orientação dos condenados.

O Art. 93 dispõe que a casa do albergado se destina ao cumprimento de pena privativa de liberdade dentro do regime aberto, bem como da pena restritiva de direitos de limitação de fim de semana.

O regime aberto está baseado na autodisciplina e no senso de responsabilidade e sem vigilância, trabalhar, frequentar curso ou exercer outra atividade autorizada, permanecendo recolhido na casa do albergado durante o período noturno e nos dias de folga.

A limitação do fim de semana consiste na obrigação de permanecer, aos sábados e aos domingos, pelo período de 5 horas diárias, em casa do albergado ou em outro estabelecimento igualmente adequado. Nesse local poderão ser realizados cursos e palestras ou, ainda, serem atribuídas atividades educativas.

O prédio da casa do albergado deverá situar-se em centro urbano, separado dos demais estabelecimentos, caracterizando-se pela ausência de guarda armada e de obstáculos físicos contra a fuga, tais como grades e muros. Contudo nada impede de existir na referida casa o controle de entrada e saída dos condenados, até mesmo para que seja informado adequadamente ao juiz da execução sobre o correto cumprimento da pena. Em termos de estrutura física, dispõe a lei que a edificação, além dos aposentos para acomodar os presos, deverá conter local adequado para cursos e palestras.

CAPÍTULO V - DO CENTRO DE OBSERVAÇÃO

Art. 96. No Centro de Observação realizar-se-ão os exames gerais e o criminológico, cujos resultados serão encaminhados à Comissão Técnica de Classificação.

Parágrafo único. No Centro poderão ser realizadas pesquisas criminológicas.

Art. 97. O Centro de Observação será instalado em unidade autônoma ou em anexo a estabelecimento penal.

Art. 98. Os exames poderão ser realizados pela Comissão Técnica de Classificação, na falta do Centro de Observação.

Tendo como finalidade a orientação sobre a individualização da pena e com isso dar início à execução da pena, o centro de observação surge para dar aplicabilidade às garantias contidas no art. 5º e 8º da LEP. O condenado a pena privativa de liberdade será submetido a exames gerais e também ao criminológico, como forma de garantir que cada indivíduo seja tratado dentro do processo de execução da pena conforme as suas peculiaridades.

Os exames mencionados terão seus resultados encaminhados à Comissão Técnica de Classificação, a fim de que seja elaborado o programa individualizado da pena privativa de liberdade adequada ao condenado.

O centro de observação, que deve existir em cada estado, será instalado em unidade autônoma ou em prédio anexo a estabelecimento penal. Se ausente, a lei vai permitir que os exames gerais e criminológicos sejam realizados pela comissão técnica – classificação instalada no estabelecimento que se encontra o condenado.

CAPÍTULO VI - DO HOSPITAL DE CUSTÓDIA E TRATAMENTO PSIQUIÁTRICO

Art. 99. O Hospital de Custódia e Tratamento Psiquiátrico destina-se aos inimputáveis e semi-imputáveis referidos no art. 26 e seu parágrafo único do Código Penal.

Parágrafo único. Aplica-se ao Hospital, no que couber, o disposto no parágrafo único do art. 88 desta Lei.

Art. 100. O exame psiquiátrico e os demais exames necessários ao tratamento são obrigatórios para todos os internados.

Art. 101. O tratamento ambulatorial, previsto no art. 97, segunda parte, do Código Penal, será realizado no Hospital de Custódia e Tratamento Psiquiátrico ou em outro local com dependência médica adequada.

O hospital de custódia e tratamento psiquiátrico, conforme dispõe o Art. 99, é destinado aos inimputáveis e semi-imputáveis mencionados no art. 26 e em seu parágrafo único. Em outras palavras, esse tipo de estabelecimento está reservado ao recolhimento dos indivíduos sujeitos à medida de segurança de internação, a lei permite, ainda, que na falta desses estabelecimentos ou de vagas, o indivíduo possa ser internado em outra instituição igualmente adequada. Esse estabelecimento será, ainda, o local adequado para o recebimento de indivíduos que sejam acometidos de doença mental no curso da execução da pena, até que ele se recupere e que possa retornar à casa prisional.

O hospital, além dos equipamentos médicos necessários, deve ainda cumprir os requisitos contidos no art. 88 da LEP, ou seja, garantia de que o indivíduo terá as condições mínimas de salubridade e de área mínima de 6 metros quadrados.

Em consonância com o Art. 100, todos os internados nesses estabelecimentos deverão ser submetidos a um exame psiquiátrico, a fim de que a eles lhe seja atestada a sua verdadeira condição mental. A lei não menciona de quanto em quanto tempo esse exame deve ser realizado, ficando a critério dos médicos responsáveis pelo indivíduo submetido a tratamento.

Os indivíduos sujeitos à medida de segurança, ainda, deverão ser submetidos aos exames de cessação de periculosidade.

CAPÍTULO VII - DA CADEIA PÚBLICA

Art. 102. A cadeia pública destina-se ao recolhimento de presos provisórios.

Art. 103. Cada comarca terá, pelo menos uma cadeia pública a fim de resguardar o interesse da Administração da Justiça Criminal e a permanência do preso em local próximo ao seu meio social e familiar.

Art. 104. O estabelecimento de que trata este Capítulo será instalado próximo de centro urbano, observando-se na construção as exigências mínimas referidas no artigo 88 e seu parágrafo único desta Lei.

De acordo com **Guilherme de Souza Nucci**, cadeia pública "é o estabelecimento destinado a abrigar presos provisórios, em sistema fechado, porém sem as características do regime fechado. Em outras palavras, a cadeia, normalmente encontrada na maioria das cidades brasileiras, é um prédio (muitas vezes anexo à delegacia de polícia) que abriga celas – o ideal é que fossem individuais ou, pelo menos, sem superlotação –, contendo um pátio para banho de sol. Não há trabalho disponível, nem outras dependências de lazer, cursos etc., justamente por ser lugar de passagem, onde não se deve cumprir pena." (NUCCI, Guilherme de Souza. Leis Penais e Processuais Penais Comentadas. 11. ed. São Paulo: Gen, 2018. 2. v.).

TÍTULO V - DA EXECUÇÃO DAS PENAS EM ESPÉCIE
CAPÍTULO I - DAS PENAS PRIVATIVAS DE LIBERDADE
SEÇÃO I- DISPOSIÇÕES GERAIS

Art. 105. Transitando em julgado a sentença que aplicar pena privativa de liberdade, se o réu estiver ou vier a ser preso, o Juiz ordenará a expedição de guia de recolhimento para a execução.

O trânsito em julgado da sentença penal condenatória é decorrente da irrecorribilidade da decisão que reconheceu a procedência da acusação e a imposição de sanção penal. Esse é o marco essencial do cumprimento das penas privativas de liberdade, por observância ao princípio constitucional da presunção de inocência.

Formalmente, uma vez ocorrendo o trânsito, será expedida guia de recolhimento para a execução. Essa guia nada mais é do que a formalização de que houve a condenação e o estabelecimento dos seus limites. Essa guia deverá ser expedida independentemente de o condenado estar solto ou preso.

Nesse sentido, o Art. 106 da LEP, determina que a guia de recolhimento será remetida à autoridade administrativa responsável pela execução penal, contendo o nome do condenado, sua qualificação civil, o número do registro geral de identificação, o inteiro teor da denúncia e da sentença condenatória, com a certidão do trânsito em julgado, bem como a informação de antecedentes, o grau de instrução, a data de término da pena e outras peças indispensáveis à execução.

A guia de recolhimento é a formalização da execução penal. Emitida, em regra, com o trânsito em julgado, ela é tida como se fosse a petição inicial da execução penal, isto é, o seu ato inaugural. Responsável pelo cumprimento da pena, da decisão do Poder Judiciário. A remessa da guia deverá ser comunicada ao Ministério Público, devendo ser retificada (corrigida) sempre que houver modificação em relação ao cumprimento da pena **(§ 1°)**.

Note que o funcionário da Administração da Justiça Criminal, em razão de sua peculiar situação, ficará em dependência separada quando do cumprimento da sanção penal **(§ 2°)**.

Art. 107. Ninguém será recolhido, para cumprimento de pena privativa de liberdade, sem a guia expedida pela autoridade judiciária.

§ 1° A autoridade administrativa incumbida da execução passará recibo da guia de recolhimento para juntá-la aos autos do processo, e dará ciência dos seus termos ao condenado.

§ 2° As guias de recolhimento serão registradas em livro especial, segundo a ordem cronológica do recebimento, e anexadas ao prontuário do condenado, aditando-se, no curso da execução, o cálculo das remições e de outras retificações posteriores.

A existência da guia de recolhimento é condição sem a qual não poderá dar-se início à execução da penal. No caso, contudo, de determinação da prisão processual, em que não há trânsito em julgado da sentença penal condenatória, mas sim de uma necessidade cautelar do processo (para, por exemplo, evitar a fuga do suspeito), a guia é dispensada, bastando para o recolhimento o mandado de prisão emitido pela autoridade judiciária.

Art. 108. O condenado a quem sobrevier doença mental será internado em Hospital de Custódia e Tratamento Psiquiátrico.

Não se trata, na hipótese, propriamente da conversão da pena privativa de liberdade em medida de segurança (como previsto no art. 183 da LEP), mas de uma situação provisória em que se manifesta uma doença mental. Caso ela se torne definitiva, de longa duração, será necessário dar início ao processo de conversão.

Art. 109. Cumprida ou extinta a pena, o condenado será posto em liberdade, mediante alvará do Juiz, se por outro motivo não estiver preso.

Esse dispositivo tem a função de exigir a expedição de ato do Poder Judiciário para a soltura do condenado, não bastando mera determinação administrativa. Pense que se para ser inserido no sistema é necessário um ato judicial, para ser solto, a mesma via é necessária. Até por ser possível a existência de outros processos que exigem a manutenção do condenado preso.

SEÇÃO II - Dos Regimes

Art. 110. *O Juiz, na sentença, estabelecerá o regime no qual o condenado iniciará o cumprimento da pena privativa de liberdade, observado o disposto no artigo 33 e seus parágrafos do Código Penal.*

O estabelecimento do regime inicial de cumprimento de pena (se fechado, semiaberto ou aberto) deve ser o produto do chamado sistema trifásico de individualização da pena, previsto nos Arts. 59 a 68 do Código Penal. Os artigos referidos pelo dispositivo dizem respeito somente a previsão em abstrato dos três regimes.

Art. 111. *Quando houver condenação por mais de um crime, no mesmo processo ou em processos distintos, a determinação do regime de cumprimento será feita pelo resultado da soma ou unificação das penas, observada, quando for o caso, a detração ou remição.*

Parágrafo único. *Sobrevindo condenação no curso da execução, somar-se-á a pena ao restante da que está sendo cumprida, para determinação do regime.*

O juízo da execução penal é um "juízo universal", isto é, todas as penas aplicadas a uma mesma pessoa serão cumpridas numa mesma Vara de Execução Criminal, que estará vinculada ao local em que o condenado estiver preso ou que tiver domicílio, se estiver em liberdade. Como registra **Guilherme de Souza Nucci**, "cabe ao juiz que controla todas as suas condenações promover o necessário somatório das penas e verificar a adequação do regime imposto, bem como dos benefícios auferidos. Em caso de concurso material, quando as penas serão somadas, é possível que o réu tenha, exemplificando, três penas de dois anos em regime aberto, cada uma delas, pois todas provenientes de juízos criminais diferentes. É natural que, concentrando-se todas elas na Vara de Execução Penal, o montante atingirá seis anos e o regime aberto torna-se incompatível (art. 33, § 2.º, b, CP). Deve o magistrado adaptá-lo ao semiaberto, no mínimo. Por outro lado, é viável haver a unificação de penas (consultar a nota 175 ao art. 66, III, a, desta Lei), ocasião em que nova adaptação de regime pode ser necessária. Ilustrando: o réu possui dez condenações por furto simples, atingindo dez anos de reclusão, motivo pelo qual foi inserido no regime inicial fechado (art. 33, § 2.º, a, CP). Porém, em seu processo de execução da pena, constata-se ter havido crime continuado (art. 71, CP), razão pela qual o juiz unifica todas elas em um ano e seis meses de reclusão. Deve, logicamente, afastar o regime fechado, concedendo o aberto." (NUCCI, Guilherme de Souza. Leis Penais e Processuais Penais Comentadas. 11. ed. São Paulo: Gen, 2018. 2. v.).

Assim, a ideia do legislador é sempre que sobrevier nova condenação, no âmbito da execução, o juiz precisará unificar as penas e verificar qual o regime que deve ser imposto no caso concreto.

Art. 112. *A pena privativa de liberdade será executada em forma progressiva com a transferência para regime menos rigoroso, a ser determinada pelo juiz, quando o preso tiver cumprido ao menos:*

I. 16% da pena, se o apenado for primário e o crime tiver sido cometido sem violência à pessoa ou grave ameaça;

II. 20% da pena, se o apenado for reincidente em crime cometido sem violência à pessoa ou grave ameaça;

III. 25% da pena, se o apenado for primário e o crime tiver sido cometido com violência à pessoa ou grave ameaça;

IV. 30% da pena, se o apenado for reincidente em crime cometido com violência à pessoa ou grave ameaça;

V. 40% da pena, se o apenado for condenado pela prática de crime hediondo ou equiparado, se for primário;

VI. 50% da pena, se o apenado for:

a) condenado pela prática de crime hediondo ou equiparado, com resultado morte, se for primário, vedado o livramento condicional;

b) condenado por exercer o comando, individual ou coletivo, de organização criminosa estruturada para a prática de crime hediondo ou equiparado; ou

c) condenado pela prática do crime de constituição de milícia privada;

VII. 60% da pena, se o apenado for reincidente na prática de crime hediondo ou equiparado;

VIII. 70% da pena, se o apenado for reincidente em crime hediondo ou equiparado com resultado morte, vedado o livramento condicional.

§ 1º Em todos os casos, o apenado só terá direito à progressão de regime se ostentar boa conduta carcerária, comprovada pelo diretor do estabelecimento, respeitadas as normas que vedam a progressão.

§ 2º A decisão do juiz que determinar a progressão de regime será sempre motivada e precedida de manifestação do Ministério Público e do defensor, procedimento que também será adotado na concessão de livramento condicional, indulto e comutação de penas, respeitados os prazos previstos nas normas vigentes.

O sistema progressivo de cumprimento de pena determinado na Lei de Execução Penal é fundamentado, essencialmente, em dois requisitos: um objetivo, consistente na necessidade de um determinado tempo de cumprimento, e um subjetivo, aferido através de atestado emitido pelo direto do estabelecimento.

O sistema brasileiro tem influência direta do sistema irlandês, que melhor adaptou o regime progressivo. A sua utilização visa manter a esperança do condenado na redução do rigor do cumprimento da pena com o passar do tempo e a demonstração do seu mérito, do seu merecimento.

Originalmente, para a demonstração do mérito, era necessária a realização de um novo exame criminológico. Contudo, em razão da ausência de profissionais suficientes para realização dos exames, foi substituído somente pelo atestado de boa conduta carcerária. Vale mencionar que embora não haja mais previsão legal de submissão ao sentenciado à exame criminológico para a progressão, a jurisprudência entende que é possível a realização da perícia caso o fato concreto assim justifique. Nesse sentido a Súmula 439 do Superior Tribunal de Justiça: "Admite-se o exame criminológico pelas peculiaridades do caso, desde que em decisão motivada".

Como toda decisão judicial, aquela que determina a progressão será motivada, sendo ouvido o Ministério Público e o defensor do sentenciado.

Em relação aos requisitos objetivos, a modificação realizada pelo Pacote Anticrime foi substancial, criando diversos percentuais diferentes para progressão, dependendo do crime praticado (sem violência, com violência ou hediondo) e da condição de primário ou reincidente do condenado. Esquematicamente, entende-se essa como a melhor visualização:

Tipo de crime	Condição	Percentual
Crimes cometidos **sem** violência ou grave ameaça	primário	16%
	reicidente	20%
Crimes cometidos **com** violência ou grave ameaça	primário	25%
	reicidente	30%
Crimes hediondo ou assemelhado **sem** resultado morte	primário	40%
	reicidente	60%
Crimes hediondo ou assemelhado **com** resultado morte	primário	40%
	reicidente	70% — vedado o livramento condicional
condenado por exercer o comando, individual ou coletivo, de organização criminosa estruturada para a prática de crime hediondo ou equiparado		50%
condenado pela prática do crime de constituição de milícia privada		50%

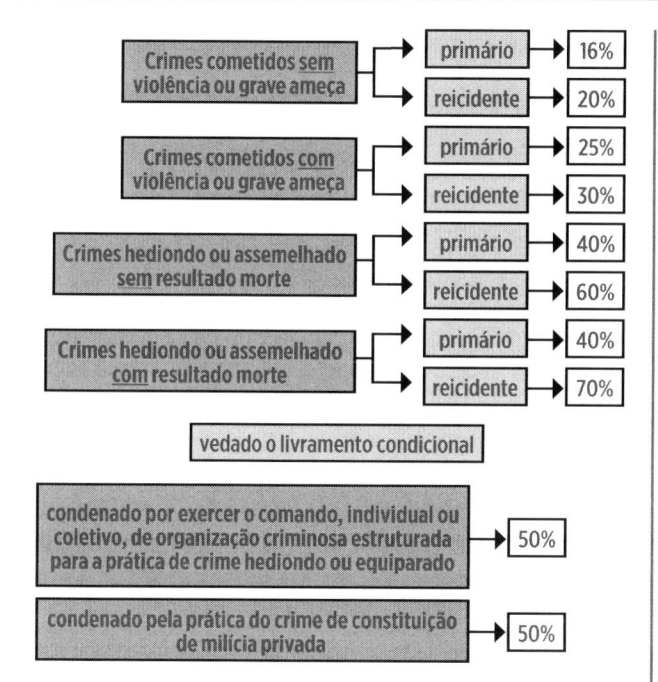

Importante registar, por fim, que não se admite a chamada progressão *per saltum*, isto é, a transferência direta do regime fechado para o regime aberto. Somente será possível essa transferência, de maneira provisória quando faltar vagas no regime intermediário. Nesse sentido a **Súmula Vinculante 56 do Supremo Tribunal Federal:** "A falta de estabelecimento penal adequado não autoriza a manutenção do condenado em regime prisional mais gravoso, devendo-se observar, nessa hipótese, os parâmetros fixados no RE 641.320/RS"

> **§ 3º** No caso de mulher gestante ou que for mãe ou responsável por crianças ou pessoas com deficiência, os requisitos para progressão de regime são, cumulativamente:
>
> **I.** não ter cometido crime com violência ou grave ameaça a pessoa;
>
> **II.** não ter cometido o crime contra seu filho ou dependente;
>
> **III.** ter cumprido ao menos 1/8 da pena no regime anterior;
>
> **IV.** ser primária e ter bom comportamento carcerário, comprovado pelo diretor do estabelecimento;
>
> **V.** não ter integrado organização criminosa.
>
> **§ 4º** O cometimento de novo crime doloso ou falta grave implicará a revogação do benefício previsto no § 3º deste artigo.

Em se tratando de mulheres gestantes ou mães que sejam responsáveis por pessoas em situação de vulnerabilidade (pela idade ou por deficiência) terão um requisito temporal diferenciado (1/8), desde que cumpridos os demais requisitos previsto em lei.

> **§ 5º** Não se considera hediondo ou equiparado, para os fins deste artigo, o crime de tráfico de drogas previsto no § 4º do art. 33 da Lei nº 11.343, de 23 de agosto de 2006.

Essa modificação, também realizada pelo pacote anticrime, foi decorrente da mudança na jurisprudência do Supremo Tribunal Federal. Por uma questão de política criminal, a jurisprudência acabou excluindo dos crimes hediondos o chamado "pequeno traficante", consistente no indivíduo primário, com bons antecedentes, que não se dedique a atividades criminosas e nem faça parte de organização criminosa. Nessas hipóteses, o critério para progressão seguirá aqueles determinados para os crimes comuns.

> **§ 6º** O cometimento de falta grave durante a execução da pena privativa de liberdade interrompe o prazo para a obtenção da progressão no regime de cumprimento da pena, caso em que o reinício da contagem do requisito objetivo terá como base a pena remanescente.

Se, de um lado, há um grande incentivo ao "bom" comportamento durante o cumprimento de pena, através da possibilidade da progressão de regime, a Lei de Execução Penal também prevê o inverso, a chamada regressão de regime. Contudo, quando o condenado já está no regime mais gravoso, por exemplo, a prática de falta grave -obviamente- não levará a progressão. Para que essa falta não passe impune, além da perda dos dias remidos, o apenado terá o reinício dos prazos para obtenção da progressão. Pense, por exemplo, que apenado tenha recebido uma pena de 10 anos; após o cumprimento de 5 anos, pratique falta grave. Seu prazo para obtenção da progressão será zerado, porém o novo cálculo somente incidirá sobre os cinco anos restantes, pois pena cumprida é pena extinta, não mais sendo utilizada para fins de benefícios.

> **Art. 113.** O ingresso do condenado em regime aberto supõe a aceitação de seu programa e das condições impostas pelo Juiz.

De acordo com o art. 36 do Código Penal, o regime aberto é baseado na autodisciplina e no senso de responsabilidade do condenado. Assim, para o seu ingresso no regime aberto se realiza uma audiência para que essas condições sejam aceitas pelo apenado.

> **Art. 114.** Somente poderá ingressar no regime aberto o condenado que:
>
> **I.** estiver trabalhando ou comprovar a possibilidade de fazê-lo imediatamente;
>
> **II.** apresentar, pelos seus antecedentes ou pelo resultado dos exames a que foi submetido, fundados indícios de que irá ajustar-se, com autodisciplina e senso de responsabilidade, ao novo regime.
>
> **Parágrafo único.** Poderão ser dispensadas do trabalho as pessoas referidas no artigo 117 desta Lei.

Tendo em vista que um dos objetivos da própria sanção é a reintegração social do condenado, e o trabalho é uma das principais formas de fazê-lo, a Lei de Execução Penal condicionou o ingresso no regime aberto para os condenados que demonstrarem sua aptidão para a autodisciplina e responsabilidade e também que estiverem trabalho ou comprarem a possibilidade de trabalhar imediatamente.

Contudo, em razão da situação brasileira, esse requisito não é pode ser tomado como absoluto. Esse o entendimento do Superior Tribunal de Justiça: "As turmas que integram a Terceira Seção desta Corte consagraram o entendimento de que a regra do art. 114, I, da LEP, a qual exige do condenado, para ingressar no regime aberto, a comprovação de trabalho ou a possibilidade imediata de fazê-lo (apresentação de proposta de emprego), deve sofrer temperamentos, ante a realidade brasileira (HC 292.764/RJ, rel. Min. Maria Thereza de Assis Moura, Sexta Turma, DJe 27/06/2014) (HC 285.115/SP, Rel. Ministro Gurgel de Faria, Quinta Turma, DJe 08/04/2015)" (**STJ**, 6ª T., AgRg no HC 334247, rel. **Min. Nefi Cordeiro**, j. 14.03.2017)

O **art. 115** da LEP traz as chamadas condições mínimas (gerais e obrigatórias) para a inserção no regime aberto, sendo elas:

I. o dever de permanecer no local designado, durante o repouso e nos dias de folga;

II. sair para o trabalho e retornar, nos horários estabelecidos;

III. não se ausentar da cidade onde reside, sem autorização;

IV. comparecer a Juízo, para informar e justificar suas atividades, quando determinado.

O dispositivo, ademais, prevê a possibilidade de o juiz estabelecer condições especiais, que tenham relação com o crime praticado pelo apenado, como, por exemplo, a proibição de contato com a vítima do delito pelo qual fora condenado. Como já decidiu o Superior Tribunal de Justiça do Paraná: "É lícito ao Juiz estabelecer condições especiais para a concessão do regime aberto, em complementação daquelas previstas na LEP (art. 115 da LEP), mas não poderá adotar a esse título nenhum efeito já classificado como pena substitutiva (art. 44 do CPB)." (3ª S., REsp 1.107.314, rel. Min. Laurita Vaz, j. 13.12.2010, Dje 05.10.2011.). Aliás, sobre a utilização de uma pena substitutiva como condição do regime aberto, o mesmo Tribunal estabeleceu a Súmula 493: "É inadmissível a fixação de pena substitutiva (art. 44 do CP) como condição especial ao regime aberto.".

Art. 116. *O Juiz poderá modificar as condições estabelecidas, de ofício, a requerimento do Ministério Público, da autoridade administrativa ou do condenado, desde que as circunstâncias assim o recomendem.*

O artigo prevê a possibilidade justa do Juiz da Execução adaptar as condições da pena às circunstâncias fáticas que se apresentarem.

Art. 117. *Somente se admitirá o recolhimento do beneficiário de regime aberto em residência particular quando se tratar de:*

I. condenado maior de 70 anos;

II. condenado acometido de doença grave;

III. condenada com filho menor ou deficiente físico ou mental;

IV. condenada gestante.

A chamada prisão albergue domiciliar (PAD) é destinada, a princípio, aos condenados que estejam elencados no rol do art. 117 da LEP. A realidade brasileira, contudo, impôs que essa espécie seja praticamente a regra quando se fala em regime aberto, tendo em vista a ausência de casas do albergado no Brasil. Ademais, esse é o entendimento do STJ (HC 216.828, j.15.02.2012), diante da precariedade do sistema prisional e a ausência de condições para o cumprimento da pena em regime aberto.

Art. 118. *A execução da pena privativa de liberdade ficará sujeita à forma regressiva, com a transferência para qualquer dos regimes mais rigorosos, quando o condenado:*

I. praticar fato definido como crime doloso ou falta grave;

II. sofrer condenação, por crime anterior, cuja pena, somada ao restante da pena em execução, torne incabível o regime (artigo 111).

§ 1º O condenado será transferido do regime aberto se, além das hipóteses referidas nos incisos anteriores, frustrar os fins da execução ou não pagar, podendo, a multa cumulativamente imposta.

§ 2º Nas hipóteses do inciso I e do parágrafo anterior, deverá ser ouvido previamente o condenado.

Se a progressão é um direito daquele que tem mérito, nada mais natural que a regressão seja uma sanção aquele que descumpriu os objetivos do sistema prisional. Com efeito, caso o apenado pratique fato definido como crime doloso ou qualquer das faltas graves taxativamente previstas na LEP deverá ser transferido para regime mais gravoso de cumprimento de pena. Isso ocorrerá tanto se estiver em regime semiaberto quanto no regime aberto. Sobre o regime aberto, ademais, prevê o dispositivo que poderá haver a regressão se frustrar os fins da execução da pena (descumprindo as medidas impostas) ou se deixar de pagar a multa, quando podia fazê-lo. Nas duas hipóteses, o apenado deverá ser ouvido antes da regressão para que, podendo, justifique sua conduta e impeça a sanção.

De outro lado, caso haja uma unificação da pena do apenado, com o novo patamar punitivo deverá o Juiz da Execução realizar nova análise sobre o regime correto para cumprimento da sanção. Nesse caso, como a nova condenação já foi resultado de um processo judicial, desnecessária a oitiva do apenado.

Note que não há determinação expressa para que a progressão seja para o regime imediatamente mais grave. A doutrina, assim, entende cabível a progressão do regime aberto direto para o fechado. Para tanto, é claro, deve ser realizada fundamentação idônea.

Por fim, vale mencionar que é possível a chamada suspensão cautelar do regime em razão da prática de crime doloso ou de falta grave. , conforme entendimento do STF (HC 84.112, j. 04.05.2004).

Art. 119. *A legislação local poderá estabelecer normas complementares para o cumprimento da pena privativa de liberdade em regime aberto (artigo 36, § 1º, do Código Penal).*

SEÇÃO III - DAS AUTORIZAÇÕES DE SAÍDA
SUBSEÇÃO I - DA PERMISSÃO DE SAÍDA

Art. 120. *Os condenados que cumprem pena em regime fechado ou semiaberto e os presos provisórios poderão obter permissão para sair do estabelecimento, mediante escolta, quando ocorrer um dos seguintes fatos:*

I. falecimento ou doença grave do cônjuge, companheira, ascendente, descendente ou irmão;

II. necessidade de tratamento médico.

Parágrafo único. *A permissão de saída será concedida pelo diretor do estabelecimento onde se encontra o preso.*

Como observa **Guilherme de Souza Nucci**: "os presos, condenados ou provisórios, podem deixar o estabelecimento penal, sob escolta de policiais ou agentes penitenciárias, que assegurem não haver fuga, para situações de necessidade: a) participar de cerimônia funerária em decorrência de falecimento do cônjuge, companheiro(a), ascendente, descendente ou irmão; b) visitar as mesmas pessoas retro mencionadas quando padecerem de doença grave; c) necessidade de submissão a tratamento médico não disponível no presídio ou em hospital penitenciário anexo." (NUCCI, Guilherme de Souza. Leis Penais e Processuais Penais Comentadas. 11. ed. São Paulo: Gen, 2018. 2. v.).

Vale mencionar que a permissão para tratamento médico somente se aplica caso não haja o serviço no próprio estabelecimento.

Art. 121. *A permanência do preso fora do estabelecimento terá a duração necessária à finalidade da saída.*

A permissão não se confunde com a saída temporária. A permissão está condicionada ao motivo de sua determinação, enquanto a segunda já possui um tempo previamente determinado.

SUBSEÇÃO II - DA SAÍDA TEMPORÁRIA

Art. 122. *Os condenados que cumprem pena em regime semiaberto poderão obter autorização para saída temporária do estabelecimento, sem vigilância direta, nos seguintes casos:*

I. visita à família;

II. frequência a curso supletivo profissionalizante, bem como de instrução do 2º grau ou superior, na Comarca do Juízo da Execução;

III. participação em atividades que concorram para o retorno ao convívio social.

§ 1º A ausência de vigilância direta não impede a utilização de equipamento de monitoração eletrônica pelo condenado, quando assim determinar o juiz da execução.

§ 2º Não terá direito à saída temporária a que se refere o caput deste artigo o condenado que cumpre pena por praticar crime hediondo com resultado morte.

A saída temporária é um direito "destinado aos presos que cumprem pena em regime semiaberto, como forma de viabilizar, cada vez mais, a reeducação, desenvolvendo-lhes o senso de responsabilidade, para, no futuro, ingressar no regime aberto, bem como para dar início ao processo de ressocialização." (NUCCI, Guilherme de Souza. Leis Penais e Processuais Penais Comentadas. 11. ed. São Paulo: Gen, 2018. 2. v.).

A concessão desse direito, segundo determinação do Superior Tribunal de Justiça é exclusivo da autoridade judiciária. Nesse sentido a Súmula 520 dispõe: "O benefício de saída temporária no âmbito da execução penal é ato jurisdicional insuscetível de delegação à autoridade administrativa do estabelecimento prisional".

Note que o pacote anticrime inseriu dois parágrafos no artigo, autorizando a imposição da vigilância indireta (através de equipamento de monitoração eletrônica), quando determinado pelo juiz. Ademais, proibiu-se a concessão de saídas temporárias aos condenados por crime hediondo com resultado morte.

Art. 123. *A autorização será concedida por ato motivado do Juiz da execução, ouvidos o Ministério Público e a administração penitenciária e dependerá da satisfação dos seguintes requisitos:*

I. comportamento adequado;

II. cumprimento mínimo de 1/6 da pena, se o condenado for primário, e 1/4, se reincidente;

III. compatibilidade do benefício com os objetivos da pena.

Como toda decisão judicial, a concessão da saída temporária deve ser motivada pela autoridade judiciária e precedida da oitiva tanto do Ministério Público quando da administração penitenciária. Note que os requisitos legais são cumulativos, devendo o apenado cumprir os três para pleitear o direito.

Art. 124. *A autorização será concedida por prazo não superior a 7 dias, podendo ser renovada por mais 4 vezes durante o ano.*

§ 1º. Ao conceder a saída temporária, o juiz imporá ao beneficiário as seguintes condições, entre outras que entender compatíveis com as circunstâncias do caso e a situação pessoal do condenado:

I. fornecimento do endereço onde reside a família a ser visitada ou onde poderá ser encontrado durante o gozo do benefício;

II. recolhimento à residência visitada, no período noturno;

III. proibição de frequentar bares, casas noturnas e estabelecimentos congêneres.

§ 2º. Quando se tratar de frequência a curso profissionalizante, de instrução de ensino médio ou superior, o tempo de saída será o necessário para o cumprimento das atividades discentes.

§ 3º. Nos demais casos, as autorizações de saída somente poderão ser concedidas com prazo mínimo de 45 dias de intervalo entre uma e outra.

O dispositivo limita a concessão de 4 saídas por anos por prazo não superior a 7 dias. Normalmente, na prática, são concedidas em períodos festivos, como as comemorações de final de ano, dia das mães ou dos pais.

Art. 125. *O benefício será automaticamente revogado quando o condenado praticar fato definido como crime doloso, for punido por falta grave, desatender as condições impostas na autorização ou revelar baixo grau de aproveitamento do curso.*

Parágrafo único. *A recuperação do direito à saída temporária dependerá da absolvição no processo penal, do cancelamento da punição disciplinar ou da demonstração do merecimento do condenado.*

Assim como todos os direitos concedidos no campo das execuções, a saída temporária visa na medida do possível, facilitar a reintegração social do apenado. Assim, qualquer demonstração no sentido contrário deverá ser sancionada, no caso com a revogação, além do processo para apuração da falta grave eventualmente praticada.

SEÇÃO IV - DA REMIÇÃO

Art. 126. *O condenado que cumpre a pena em regime fechado ou semiaberto poderá remir, por trabalho ou por estudo, parte do tempo de execução da pena.*

§ 1º. A contagem de tempo referida no caput será feita à razão de:

I. 1 dia de pena a cada 12 horas de frequência escolar - atividade de ensino fundamental, médio, inclusive profissionalizante, ou superior, ou ainda de requalificação profissional - divididas, no mínimo, em 3 dias;

II. 1 dia de pena a cada 3 dias de trabalho.

§ 2º. As atividades de estudo a que se refere o § 1º deste artigo poderão ser desenvolvidas de forma presencial ou por metodologia de ensino a distância e deverão ser certificadas pelas autoridades educacionais competentes dos cursos frequentados.

§ 3º. Para fins de cumulação dos casos de remição, as horas diárias de trabalho e de estudo serão definidas de forma a se compatibilizarem.

§ 4º. O preso impossibilitado, por acidente, de prosseguir no trabalho ou nos estudos continuará a beneficiar-se com a remição.

§ 5º. O tempo a remir em função das horas de estudo será acrescido de 1/3 no caso de conclusão do ensino fundamental, médio ou superior durante o cumprimento da pena, desde que certificada pelo órgão competente do sistema de educação.

§ 6º. O condenado que cumpre pena em regime aberto ou semiaberto e o que usufrui liberdade condicional poderão remir, pela frequência a curso de ensino regular ou de educação profissional, parte do tempo de execução da pena ou do período de prova, observado o disposto no inciso I do § 1º. deste artigo.

§ 7º. O disposto neste artigo aplica-se às hipóteses de prisão cautelar.

§ 8º. A remição será declarada pelo juiz da execução, ouvidos o Ministério Público e a defesa.

A remição consiste no resgate de parcela da pena pelo trabalho ou pelo estudo do condenado. É uma das principais formas de reintegração social possíveis, por permitir uma adaptação do apenado ao mercado de trabalho que encontrará no meio aberto, além de, é claro, trazer melhores instrumentos para a vida em sociedade.

Originalmente, a remição se dava unicamente em relação ao trabalho. Com a evolução da jurisprudência, adotada agora pela lei, o estudo foi inserido como forma de remição. Posteriormente, o Conselho Nacional de Justiça, por meio da Resolução 44, estabeleceu até a possibilidade de remição pela leitura.

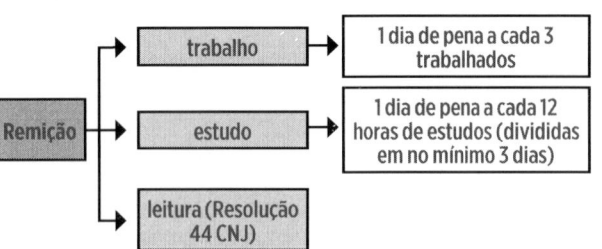

LEI Nº 7.210, DE 11 DE JULHO DE 1984 - LEI DE EXECUÇÃO PENAL

Remição:
- trabalho → 1 dia de pena a cada 3 trabalhados
- estudo → 1 dia de pena a cada 12 horas de estudos (divididas em no mínimo 3 dias)
- leitura (Resolução 44 CNJ)

Art. 127. *Em caso de falta grave, o juiz poderá revogar até 1/3 do tempo remido, observado o disposto no art. 57, recomeçando a contagem a partir da data da infração disciplinar.*

Como não poderia ser diferente, o apenado não deve se esquecer dos objetivos centrais da execução penal para manutenção de seus direitos. Entre as consequências danosas decorrentes da prática da falta grave está, expressamente, a perda de até 1/3 dos dias remidos. Essa sanção é uma forma de contra motivação ao descumprimento dos objetivos da execução penal.

Esse dispositivo foi uma evolução em relação a previsão originária da LEP que determinava a perda de todo o tempo remido. Interessante notar que a lei só prevê um máximo de perda, mas não um mínimo. Discute-se o mínimo de tempo a ser determinado, se seria o mínimo de um dia ou de 1/6. Os defensores da perda de um dia se ancoram na falta de qualquer previsão, devendo utilizar-se a perda mínima como critério. De outro lado, parte dos autores entende que 1/6 é o modelo ideal, por ser o menos patamar previsto na legislação.

Art. 128. *O tempo remido será computado como pena cumprida, para todos os efeitos.*

A própria palavra remição já deixa claro que todo o tempo remido deve ser considerado como pena cumprida e não como tempo eventualmente a ser descontado do total da pena (que seria o correto se o termo usado fosse remissão). Prevê a LEP, então, que haverá remição (resgate) e não remissão (perdão). O que é mais benéfico para o apenado, uma vez que pena cumprida é pena extinta, acelerando não só o término do cumprimento das penas, mas também a obtenção de todos os benefícios prisionais. Nesse sentido, é o entendimento do STJ (HC 205.895, 6ª Turma, j. 23.08.2011).

Art. 129. *A autoridade administrativa encaminhará mensalmente ao juízo da execução cópia do registro de todos os condenados que estejam trabalhando ou estudando, com informação dos dias de trabalho ou das horas de frequência escolar ou de atividades de ensino de cada um deles.*

§ 1º. O condenado autorizado a estudar fora do estabelecimento penal deverá comprovar mensalmente, por meio de declaração da respectiva unidade de ensino, a frequência e o aproveitamento escolar.

§ 2º. Ao condenado dar-se-á a relação de seus dias remidos.

Todos os envolvidos no processo de remição devem possuir os dados atualizados mensalmente. Tanto o juízo da execução quando o próprio condenado. É uma forma de controle e incentivo ao mesmo tempo.

Art. 130. *Constitui o crime do artigo 299 do Código Penal declarar ou atestar falsamente prestação de serviço para fim de instruir pedido de remição.*

Prevê o art. 299 do Código Penal o crime de falsidade ideológica. A previsão é desnecessária, mas serve como um *aviso* buscando evitar declarações falsas para a remição.

SEÇÃO V - Do Livramento Condicional

Art. 131. *O livramento condicional poderá ser concedido pelo Juiz da execução, presentes os requisitos do artigo 83, incisos e parágrafo único, do Código Penal, ouvidos o Ministério Público e Conselho Penitenciário.*

O livramento condicional é um benefício prisional que, embora siga normalmente o mesmo processo da progressão, tem requisitos próprios. Como observa a doutrina, o livramento condicional é "um instituto de política criminal, destinado a permitir a redução do tempo de prisão com a concessão antecipada e provisória da liberdade do condenado, quando é cumprida pena privativa de liberdade, mediante o preenchimento de determinados requisitos e a aceitação de certas condições."(NUCCI, Guilherme de Souza. Leis Penais e Processuais Penais Comentadas. 11. ed. São Paulo: Gen, 2018. 2. v.).

De acordo com o art. 83 do Código Penal, o juiz concederá o livramento condicional ao condenado a pena privativa de liberdade igual ou superior a dois anos, desde que: I - cumprida mais de um terço da pena se o condenado não for reincidente em crime doloso e tiver bons antecedentes; II - cumprida mais da metade se o condenado for reincidente em crime doloso; III – comprovado: a) bom comportamento durante a execução da pena; b) não cometimento de falta grave nos últimos 12 meses; c) bom desempenho no trabalho que lhe foi atribuído; e d) aptidão para prover a própria subsistência mediante trabalho honesto; IV - tenha reparado, salvo efetiva impossibilidade de fazê-lo, o dano causado pela infração; V - cumpridos mais de dois terços da pena, nos casos de condenação por crime hediondo, prática de tortura, tráfico ilícito de entorpecentes e drogas afins, tráfico de pessoas e terrorismo, se o apenado não for reincidente específico em crimes dessa natureza. Ademais, para o condenado por crime doloso, cometido com violência ou grave ameaça à pessoa, a concessão do livramento ficará também subordinada à constatação de condições pessoais que façam presumir que o liberado não voltará a delinquir.

Em que pese a legislação mencione o *poder* do Juiz da execução conceder o livramento, há, em verdade, um direito subjetivo do condenado que preencher os requisitos.

Por fim, vale mencionar que de acordo com a Súmula 441 do Superior Tribunal de Justiça: "A falta grave não interrompe o prazo para obtenção de livramento condicional".

Art. 132. *Deferido o pedido, o Juiz especificará as condições a que fica subordinado o livramento.*

§ 1º Serão sempre impostas ao liberado condicional as obrigações seguintes:
a) obter ocupação lícita, dentro de prazo razoável se for apto para o trabalho;
b) comunicar periodicamente ao Juiz sua ocupação;
c) não mudar do território da comarca do Juízo da execução, sem prévia autorização deste.

§ 2º Poderão ainda ser impostas ao liberado condicional, entre outras obrigações, as seguintes:
a) não mudar de residência sem comunicação ao Juiz e à autoridade incumbida da observação cautelar e de proteção;
b) recolher-se à habitação em hora fixada;
c) não frequentar determinados lugares.

Art. 133. *Se for permitido ao liberado residir fora da comarca do Juízo da execução, remeter-se-á cópia da sentença do livramento ao Juízo do lugar para onde ele se houver transferido e à autoridade incumbida da observação cautelar e de proteção.*

Art. 134. *O liberado será advertido da obrigação de apresentar-se imediatamente às autoridades referidas no artigo anterior.*

Art. 135. *Reformada a sentença denegatória do livramento, os autos baixarão ao Juízo da execução, para as providências cabíveis.*

Note que o Art. 132 da LEP divide as condições em obrigatórias (§ 1º) e facultativas (§ 2º). Todas devem ser levadas a conhecimento do condenado, que deverá cumpri-las integralmente para não perder o benefício e, consequentemente, voltar ao estágio anterior de cumprimento de pena. É essencial a observância dos requisitos, pois uma vez revogado o benefício, em regra, o tempo que permaneceu em livramento será desconsiderado.

Art. 136. *Concedido o benefício, será expedida a carta de livramento com a cópia integral da sentença em 2 vias, remetendo-se uma à autoridade administrativa incumbida da execução e outra ao Conselho Penitenciário.*

Art. 137. *A cerimônia do livramento condicional será realizada solenemente no dia marcado pelo Presidente do Conselho Penitenciário, no estabelecimento onde está sendo cumprida a pena, observando-se o seguinte:*

I. a sentença será lida ao liberando, na presença dos demais condenados, pelo Presidente do Conselho Penitenciário ou membro por ele designado, ou, na falta, pelo Juiz;

II. a autoridade administrativa chamará a atenção do liberando para as condições impostas na sentença de livramento;

III. o liberando declarará se aceita as condições.

§ 1º De tudo em livro próprio, será lavrado termo subscrito por quem presidir a cerimônia e pelo liberando, ou alguém a seu rogo, se não souber ou não puder escrever.

§ 2º Cópia desse termo deverá ser remetida ao Juiz da execução.

A carta de livramento é o documento oficial que contém a concessão do benefício e todas as obrigações do apenado. Para que não haja qualquer ruído na comunicação, além de receber propriamente a carta, é realizada uma cerimonia oficial, tanto para incentivar o cumprimento das condições como para esclarecê-las.

Art. 138. *Ao sair o liberado do estabelecimento penal, ser-lhe-á entregue, além do saldo de seu pecúlio e do que lhe pertencer, uma caderneta, que exibirá à autoridade judiciária ou administrativa, sempre que lhe for exigida.*

§ 1º A caderneta conterá:
a) a identificação do liberado;
b) o texto impresso do presente Capítulo;
c) as condições impostas.

§ 2º Na falta de caderneta, será entregue ao liberado um salvo-conduto, em que constem as condições do livramento, podendo substituir-se a ficha de identificação ou o seu retrato pela descrição dos sinais que possam identificá-lo.

§ 3º Na caderneta e no salvo-conduto deverá haver espaço para consignar-se o cumprimento das condições referidas no artigo 132 desta Lei.

Como o sentenciado permanece em cumprimento de pena, ainda vinculado ao sistema prisional, mantém uma identificação própria, até como forma de ser controlado pelo sistema policial.

Art. 139. *A observação cautelar e a proteção realizadas por serviço social penitenciário, Patronato ou Conselho da Comunidade terão a finalidade de:*

I. fazer observar o cumprimento das condições especificadas na sentença concessiva do benefício;

II. proteger o beneficiário, orientando-o na execução de suas obrigações e auxiliando-o na obtenção de atividade laborativa.

Parágrafo único. A entidade encarregada da observação cautelar e da proteção do liberado apresentará relatório ao Conselho Penitenciário, para efeito da representação prevista nos artigos 143 e 144 desta Lei.

Como observa Guilherme de Souza Nucci: "cumprimento da pena precisa ser efetivo e real, em particular quando se trata de benefício concedido para avaliar o grau de ressocialização do sentenciado. Nesse cenário, as condições fixadas pelo juiz para o gozo do livramento condicional devem ser fielmente respeitadas" (NUCCI, Guilherme de Souza. Leis Penais e Processuais Penais Comentadas. 11. ed. São Paulo: Gen, 2018. 2. v.).

Art. 140. *A revogação do livramento condicional dar-se-á nas hipóteses previstas nos artigos 86 e 87 do Código Penal.*

Parágrafo único. Mantido o livramento condicional, na hipótese da revogação facultativa, o Juiz deverá advertir o liberado ou agravar as condições.

São hipóteses de revogação obrigatória caso o condenado venha a ser condenado a pena privativa de liberdade, em sentença irrecorrível: I - por crime cometido durante a vigência do benefício; II - por crime anterior, observada a nova unificação das penas. De outro lado, será facultativa a revogação quando o liberado deixar de cumprir qualquer das obrigações constantes da sentença, ou for irrecorrivelmente condenado, por crime ou contravenção, a pena que não seja privativa de liberdade

Art. 141. *Se a revogação for motivada por infração penal anterior à vigência do livramento, computar-se-á como tempo de cumprimento da pena o período de prova, sendo permitida, para a concessão de novo livramento, a soma do tempo das duas penas.*

Art. 142. *No caso de revogação por outro motivo, não se computará na pena o tempo em que esteve solto o liberado, e tampouco se concederá, em relação à mesma pena, novo livramento.*

Art. 143. *A revogação será decretada a requerimento do Ministério Público, mediante representação do Conselho Penitenciário, ou, de ofício, pelo Juiz, ouvido o liberado.*

Unicamente na hipótese em que a revogação se der por crime praticado anteriormente pelo apenado, o tempo que esteve em livramento não será desconsiderado. Entendeu o legislador que o cometimento de crime posterior ou o descumprimento das demais condições devem levar a perda de todos o tempo de livramento, como forma de evitar o descumprimento das condições.

Pelos mesmos motivos, o apenado que tem o benefício revogado, em regra, não poderá novamente receber o livramento: "O apenado que motiva a revogação do livramento condicional não pode obter novamente o mesmo benefício, exceto quando a perda da benesse decorrer de infração penal cometida em data anterior à vigência do livramento, nos exatos termos dos artigos 88 do Código Penal e 142 da Lei de Execuções Penais que, consoante precedentes do Superior Tribunal de Justiça, foram recepcionados pela Constituição Federal" (STJ, 5ª T., HC 135.437, rel. Min. Laurita Vaz, 29.04.2010).

Art. 144. *O Juiz, de ofício, a requerimento do Ministério Público, da Defensoria Pública ou mediante representação do Conselho Penitenciário, e ouvido o liberado, poderá modificar as condições especificadas na sentença, devendo o respectivo ato decisório ser lido ao liberado por uma das autoridades ou funcionários indicados no inciso I do caput do art. 137 desta Lei, observado o disposto nos incisos II e III e §§ 1º e 2º do mesmo artigo.*

LEI Nº 7.210, DE 11 DE JULHO DE 1984 - LEI DE EXECUÇÃO PENAL

O livramento condicional, tal qual o regime aberto, pode a qualquer tempo sofrer modificações em seus requisitos, para melhor adaptá-lo à realidade.

Art. 145. *Praticada pelo liberado outra infração penal, o Juiz poderá ordenar a sua prisão, ouvidos o Conselho Penitenciário e o Ministério Público, suspendendo o curso do livramento condicional, cuja revogação, entretanto, ficará dependendo da decisão final.*

O dispositivo refere-se a possibilidade de suspensão do curso do livramento condicional. Tal procedimento vista evitar a revogação açodada, permitindo a realização do devido processo legal para verificação das causas e motivos que levaram ao descumprimento das condições, conforme entendimento do Supremo Tribunal Federal (HC 99652, j. 03.11.2009).

Assim, com a prática de uma nova infração penal, durante o período de livramento, a prorrogação é automática.

Art. 146. *O Juiz, de ofício, a requerimento do interessado, do Ministério Público ou mediante representação do Conselho Penitenciário, julgará extinta a pena privativa de liberdade, se expirar o prazo do livramento sem revogação.*

Com o fim do prazo determinado para o livramento sem sua prorrogação ou revogação, haverá a extinção da punibilidade do apenado. Importante observar que: "Consoante o disposto nos artigos 90 do Código Penal e 146 da Lei de Execuções Penais, **não é possível prorrogar, suspender ou revogar o livramento condicional após o escoamento do período de prova, mesmo que em razão da prática de novo delito durante o referido período.**" (STJ, 5ª T., HC 346.663, rel. Min. Reynaldo Soares da Fonseca, j. 06.12.2016).

SEÇÃO VI - DA MONITORAÇÃO ELETRÔNICA
(Incluído pela Lei nº 12.258, de 2010)

Art. 146-B. *O juiz poderá definir a fiscalização por meio da monitoração eletrônica quando:*

II. autorizar a saída temporária no regime semiaberto;

IV. determinar a prisão domiciliar;

Art. 146-C. *O condenado será instruído acerca dos cuidados que deverá adotar com o equipamento eletrônico e dos seguintes deveres:*

I. receber visitas do servidor responsável pela monitoração eletrônica, responder aos seus contatos e cumprir suas orientações;

II. abster-se de remover, de violar, de modificar, de danificar de qualquer forma o dispositivo de monitoração eletrônica ou de permitir que outrem o faça;

Parágrafo único. *A violação comprovada dos deveres previstos neste artigo poderá acarretar, a critério do juiz da execução, ouvidos o Ministério Público e a defesa:*

I. a regressão do regime;

II. a revogação da autorização de saída temporária;

VI. a revogação da prisão domiciliar;

VII. advertência, por escrito, para todos os casos em que o juiz da execução decida não aplicar alguma das medidas previstas nos incisos de I a VI deste parágrafo.

Art. 146-D. *A monitoração eletrônica poderá ser revogada:*

I. quando se tornar desnecessária ou inadequada;

II. se o acusado ou condenado violar os deveres a que estiver sujeito durante a sua vigência ou cometer falta grave.

A monitoração eletrônica foi inserida pela Lei 12.258/2010 à Lei de Execução Penal, buscando aumentar o controle sobre aqueles sujeitos a cumprimento de pena fora do sistema prisional. Houve, como se percebe, diversos vetos à lei, devido a polêmica no entorno do regramento. As questões envolvendo o tema costumam ser literais, indicando-se a leitura cuidadosa dos dispositivos.

CAPÍTULO II - DAS PENAS RESTRITIVAS DE DIREITOS
SEÇÃO I - DISPOSIÇÕES GERAIS

Art. 147. *Transitada em julgado a sentença que aplicou a pena restritiva de direitos, o Juiz da execução, de ofício ou a requerimento do Ministério Público, promoverá a execução, podendo, para tanto, requisitar, quando necessário, a colaboração de entidades públicas ou solicitá-la a particulares.*

Art. 148. *Em qualquer fase da execução, poderá o Juiz, motivadamente, alterar, a forma de cumprimento das penas de prestação de serviços à comunidade e de limitação de fim de semana, ajustando-as às condições pessoais do condenado e às características do estabelecimento, da entidade ou do programa comunitário ou estatal.*

As penas restritivas de direitos estão previstas no art. 43 do Código Penal, cabendo a Lei de Execução Penal o estabelecimento de alguns critérios para seu cumprimento. É bom lembrar que essas penas podem ser, a critério do Juízo da execução, modificadas entre elas, para melhor atender os fins da sanção que fora aplicada no caso concreto.

SEÇÃO II - DA PRESTAÇÃO DE SERVIÇOS À COMUNIDADE

Art. 149. *Caberá ao Juiz da execução:*

I. designar a entidade ou programa comunitário ou estatal, devidamente credenciado ou convencionado, junto ao qual o condenado deverá trabalhar gratuitamente, de acordo com as suas aptidões;

II. determinar a intimação do condenado, cientificando-o da entidade, dias e horário em que deverá cumprir a pena;

III. alterar a forma de execução, a fim de ajustá-la às modificações ocorridas na jornada de trabalho.

§ 1º O trabalho terá a duração de 8 (oito) horas semanais e será realizado aos sábados, domingos e feriados, ou em dias úteis, de modo a não prejudicar a jornada normal de trabalho, nos horários estabelecidos pelo Juiz.

§ 2º A execução terá início a partir da data do primeiro comparecimento.

Art. 150. *A entidade beneficiada com a prestação de serviços encaminhará mensalmente, ao Juiz da execução, relatório circunstanciado das atividades do condenado, bem como, a qualquer tempo, comunicação sobre ausência ou falta disciplinar.*

Umas das penas mais efetivas de todo o sistema, a prestação de serviços à comunidade é determinada pela sentença condenatória, mas cabe ao Juiz da execução a determinação do local de prestação pelo apenado. Importante ressaltar que a previsão do § 1º do Art. 149 da LEP está em conflito com o Código Penal, que prevê que a duração do trabalho será de 7 horas semanais. Na prática, aplica-se o Código Penal, que é norma mais nova (foi modificado em 1998). De outro lado, a atribuição de controlar mais de perto a prestação de serviços será da entidade beneficiada, que deverá enviar relatórios ao Juiz da execução.

SEÇÃO III - DA LIMITAÇÃO DE FIM DE SEMANA

Art. 151. *Caberá ao Juiz da execução determinar a intimação do condenado, cientificando-o do local, dias e horário em que deverá cumprir a pena.*

Parágrafo único. *A execução terá início a partir da data do primeiro comparecimento.*

Art. 152. *Poderão ser ministrados ao condenado, durante o tempo de permanência, cursos e palestras, ou atribuídas atividades educativas.*

Parágrafo único. Nos casos de violência doméstica contra a mulher, o juiz poderá determinar o comparecimento obrigatório do agressor a programas de recuperação e reeducação.

Art. 153. O estabelecimento designado encaminhará, mensalmente, ao Juiz da execução, relatório, bem assim comunicará, a qualquer tempo, a ausência ou falta disciplinar do condenado.

A limitação de final de semana é uma das penas menos aplicadas em nosso sistema, seja pela falta de rigor punitivo, seja pela falta de local para a sua efetiva prestação. Consiste no comparecimento do condenado aos sábados e domingos, por 5 horas diárias, em casa do albergado ou estabelecimento adequado, onde serão ministrados cursos e palestras ou atribuídas atividades educativas.

SEÇÃO IV - DA INTERDIÇÃO TEMPORÁRIA DE DIREITOS

Art. 154. Caberá ao Juiz da execução comunicar à autoridade competente a pena aplicada, determinada a intimação do condenado.

§ 1º Na hipótese de pena de interdição do artigo 47, inciso I, do Código Penal, a autoridade deverá, em 24 horas, contadas do recebimento do ofício, baixar ato, a partir do qual a execução terá seu início.

§ 2º Nas hipóteses do artigo 47, incisos II e III, do Código Penal, o Juízo da execução determinará a apreensão dos documentos, que autorizam o exercício do direito interditado.

Art. 155. A autoridade deverá comunicar imediatamente ao Juiz da execução o descumprimento da pena.

Parágrafo único. A comunicação prevista neste artigo poderá ser feita por qualquer prejudicado.

De acordo com o Art. 47 do Código Penal, as penas de interdição temporária de direitos são: I - proibição do exercício de cargo, função ou atividade pública, bem como de mandato eletivo; II - proibição do exercício de profissão, atividade ou ofício que dependam de habilitação especial, de licença ou autorização do poder público; III - suspensão de autorização ou de habilitação para dirigir veículo; IV – proibição de frequentar determinados lugares. E V - proibição de inscrever-se em concurso, avaliação ou exame públicos.

CAPÍTULO III - DA SUSPENSÃO CONDICIONAL

Art. 156. O Juiz poderá suspender, pelo período de 2 a 4 anos, a execução da pena privativa de liberdade, não superior a 2 anos, na forma prevista nos artigos 77 a 82 do Código Penal.

A suspensão condicional da pena (ou sursis penal) consiste em medida determinada na sentença condenatória, na qual o juiz determinará a suspensão do cumprimento efetivo da pena caso o condenado cumpra determinados requisitos. De acordo com o art. 77 do Código Penal, a execução da pena privativa de liberdade, não superior a 2 anos, poderá ser suspensa, por 2 a 4 anos, desde que: I - o condenado não seja reincidente em crime doloso; II - a culpabilidade, os antecedentes, a conduta social e personalidade do agente, bem como os motivos e as circunstâncias autorizem a concessão do benefício; III - não seja indicada ou cabível a substituição por pena restritiva de direitos. Importante registrar que a condenação anterior a pena de multa não impede a concessão do benefício. De outro lado, a execução da pena privativa de liberdade, não superior a quatro anos, poderá ser suspensa, por quatro a seis anos, desde que o condenado seja maior de setenta anos de idade, ou razões de saúde justifiquem a suspensão.

Art. 157. O Juiz ou Tribunal, na sentença que aplicar pena privativa de liberdade, na situação determinada no artigo anterior, deverá pronunciar-se, motivadamente, sobre a suspensão condicional, quer a conceda, quer a denegue.

Como toda decisão judicial, a concessão ou denegação da suspensão condicional da pena depende de motivação idônea pelo Juiz.

Art. 158. Concedida a suspensão, o Juiz especificará as condições a que fica sujeito o condenado, pelo prazo fixado, começando este a correr da audiência prevista no artigo 160 desta Lei.

§ 1º As condições serão adequadas ao fato e à situação pessoal do condenado, devendo ser incluída entre as mesmas a de prestar serviços à comunidade, ou limitação de fim de semana, salvo hipótese do artigo 78, § 2º, do Código Penal.

§ 2º O Juiz poderá, a qualquer tempo, de ofício, a requerimento do Ministério Público ou mediante proposta do Conselho Penitenciário, modificar as condições e regras estabelecidas na sentença, ouvido o condenado.

§ 3º A fiscalização do cumprimento das condições, reguladas nos Estados, Territórios e Distrito Federal por normas supletivas, será atribuída a serviço social penitenciário, Patronato, Conselho da Comunidade ou instituição beneficiada com a prestação de serviços, inspecionados pelo Conselho Penitenciário, pelo Ministério Público, ou ambos, devendo o Juiz da execução suprir, por ato, a falta das normas supletivas.

§ 4º O beneficiário, ao comparecer periodicamente à entidade fiscalizadora, para comprovar a observância das condições a que está sujeito, comunicará, também, a sua ocupação e os salários ou proventos de que vive.

§ 5º A entidade fiscalizadora deverá comunicar imediatamente ao órgão de inspeção, para os fins legais, qualquer fato capaz de acarretar a revogação do benefício, a prorrogação do prazo ou a modificação das condições.

§ 6º Se for permitido ao beneficiário mudar-se, será feita comunicação ao Juiz e à entidade fiscalizadora do local da nova residência, aos quais o primeiro deverá apresentar-se imediatamente.

Art. 159. Quando a suspensão condicional da pena for concedida por Tribunal, a este caberá estabelecer as condições do benefício.

§ 1º De igual modo proceder-se-á quando o Tribunal modificar as condições estabelecidas na sentença recorrida.

§ 2º O Tribunal, ao conceder a suspensão condicional da pena, poderá, todavia, conferir ao Juízo da execução a incumbência de estabelecer as condições do benefício, e, em qualquer caso, a de realizar a audiência admonitória.

Art. 160. Transitada em julgado a sentença condenatória, o Juiz a lerá ao condenado, em audiência, advertindo-o das consequências de nova infração penal e do descumprimento das condições impostas.

Art. 161. Se, intimado pessoalmente ou por edital com prazo de 20 dias, o réu não comparecer injustificadamente à audiência admonitória, a suspensão ficará sem efeito e será executada imediatamente a pena.

Como toda a execução da pena é judicializada, caberá o controle da efetividade da suspensão a autoridade judiciária, assim como a imposição e acompanhamento das condições. Interessante notar que a suspensão, eventualmente, pode até ser concedida diretamente pelo Tribunal. Isso se dá, normalmente, nos casos de desclassificação ou absolvição por delitos conexos ou, mesmo, em caso de competência originária.

Art. 162. A revogação da suspensão condicional da pena e a prorrogação do período de prova dar-se-ão na forma do artigo 81 e respectivos parágrafos do Código Penal.

De acordo com o art. 81 do Código Penal, a suspensão será revogada obrigatoriamente se, no curso do prazo, o beneficiário:

LEI Nº 7.210, DE 11 DE JULHO DE 1984 - LEI DE EXECUÇÃO PENAL

I - for condenado, em sentença irrecorrível, por crime doloso; II – deixar de pagar a multa ou não efetuar, sem motivo justificado, a reparação do dano; ou III – descumprir a prestação de serviços ou limitação de final de ano no primeiro ano de suspensão. Contudo, poderá haver a revogação se o condenado descumpre qualquer outra condição imposta ou é irrecorrivelmente condenado, por crime culposo ou por contravenção, a pena privativa de liberdade ou restritiva de direitos.

Art. 163. *A sentença condenatória será registrada, com a nota de suspensão em livro especial do Juízo a que couber a execução da pena.*

§ 1º Revogada a suspensão ou extinta a pena, será o fato averbado à margem do registro.

§ 2º O registro e a averbação serão sigilosos, salvo para efeito de informações requisitadas por órgão judiciário ou pelo Ministério Público, para instruir processo penal.

Todos os eventos relativos à suspensão condicional da pena deverão ser registrados formalmente, não só para acompanhamento, mas também para a verificação posterior do cumprimento de requisitos e consequências da sentença penal condenatória, como a reincidência.

CAPÍTULO IV - DA PENA DE MULTA

Art. 164. *Extraída certidão da sentença condenatória com trânsito em julgado, que valerá como título executivo judicial, o Ministério Público requererá, em autos apartados, a citação do condenado para, no prazo de 10 (dez) dias, pagar o valor da multa ou nomear bens à penhora.*

§ 1º Decorrido o prazo sem o pagamento da multa, ou o depósito da respectiva importância, proceder-se-á à penhora de tantos bens quantos bastem para garantir a execução.

§ 2º A nomeação de bens à penhora e a posterior execução seguirão o que dispuser a lei processual civil.

Art. 165. *Se a penhora recair em bem imóvel, os autos apartados serão remetidos ao Juízo Cível para prosseguimento.*

Art. 166. *Recaindo a penhora em outros bens, dar-se-á prosseguimento nos termos do § 2º do artigo 164, desta Lei.*

A pena de multa foi convertida exclusivamente em dívida de valor em 1996, no âmbito do Código Penal. Atualmente, portanto, ela não mais pode ser convertida em pena privativa de liberdade. Por isso, deve ser executada como dívida que é.

Art. 167. *A execução da pena de multa será suspensa quando sobrevier ao condenado doença mental (artigo 52 do Código Penal).*

O mesmo que se dá com a pena privativa de liberdade se dá com a multa. O condenado que esteja em *situação* de doença mental deve ser, mesmo que provisoriamente, excluído tanto do cumprimento da pena privativa de liberdade quanto da pena de multa.

Art. 168. *O Juiz poderá determinar que a cobrança da multa se efetue mediante desconto no vencimento ou salário do condenado, nas hipóteses do artigo 50, § 1º, do Código Penal, observando-se o seguinte:*

I. o limite máximo do desconto mensal será o da quarta parte da remuneração e o mínimo o de um décimo;

II. o desconto será feito mediante ordem do Juiz a quem de direito;

III. o responsável pelo desconto será intimado a recolher mensalmente, até o dia fixado pelo Juiz, a importância determinada.

Art. 169. *Até o término do prazo a que se refere o artigo 164 desta Lei, poderá o condenado requerer ao Juiz o pagamento da multa em prestações mensais, iguais e sucessivas.*

§ 1º O Juiz, antes de decidir, poderá determinar diligências para verificar a real situação econômica do condenado e, ouvido o Ministério Público, fixará o número de prestações.

§ 2º Se o condenado for impontual ou se melhorar de situação econômica, o Juiz, de ofício ou a requerimento do Ministério Público, revogará o benefício executando-se a multa, na forma prevista neste Capítulo, ou prosseguindo-se na execução já iniciada.

De modo a facilitar a cobrança da multa, é possível o seu parcelamento através do desconto mensal nas hipóteses previstas no art. 168 da LEP.

Art. 170. *Quando a pena de multa for aplicada cumulativamente com pena privativa da liberdade, enquanto esta estiver sendo executada, poderá aquela ser cobrada mediante desconto na remuneração do condenado (artigo 168).*

§ 1º Se o condenado cumprir a pena privativa de liberdade ou obtiver livramento condicional, sem haver resgatado a multa, far-se-á a cobrança nos termos deste Capítulo.

§ 2º Aplicar-se-á o disposto no parágrafo anterior aos casos em que for concedida a suspensão condicional da pena.

Sempre que possível haverá a execução conjunta de ambas as sanções. Na maior parte das vezes, contudo, o apenado somente realizará o pagamento após o cumprimento da pena mais grave.

TÍTULO VI - DA EXECUÇÃO DAS MEDIDAS DE SEGURANÇA
CAPÍTULO I - DISPOSIÇÕES GERAIS

Art. 171. *Transitada em julgado a sentença que aplicar medida de segurança, será ordenada a expedição de guia para a execução.*

Art. 172. *Ninguém será internado em Hospital de Custódia e Tratamento Psiquiátrico, ou submetido a tratamento ambulatorial, para cumprimento de medida de segurança, sem a guia expedida pela autoridade judiciária.*

Assim como ocorre no âmbito da pena privativa de liberdade, as medidas de segurança somente podem ser cumpridas após emissão da guia de execução. As medidas de segurança são destinadas aos agentes que tiverem praticado fatos típicos e ilícitos, mas sejam reconhecidos como inimputáveis. Nesse caso, ao invés de condenados, são submetidos a uma sentença chamada de absolutória imprópria, pois absolve o agente mas impõe uma medida de segurança baseada na sua periculosidade, não na culpabilidade.

Art. 173. *A guia de internamento ou de tratamento ambulatorial, extraída pelo escrivão, que a rubricará em todas as folhas e a subscreverá com o Juiz, será remetida à autoridade administrativa incumbida da execução e conterá:*

I. a qualificação do agente e o número do registro geral do órgão oficial de identificação;

II. o inteiro teor da denúncia e da sentença que tiver aplicado a medida de segurança, bem como a certidão do trânsito em julgado;

III. a data em que terminará o prazo mínimo de internação, ou do tratamento ambulatorial;

IV. outras peças do processo reputadas indispensáveis ao adequado tratamento ou internamento.

§ 1º Ao Ministério Público será dada ciência da guia de recolhimento e de sujeição a tratamento.

§ 2º A guia será retificada sempre que sobrevier modificações quanto ao prazo de execução.

Art. 174. *Aplicar-se-á, na execução da medida de segurança, naquilo que couber, o disposto nos artigos 8º e 9º desta Lei.*

A guia de execução, seja ela uma guia de internamento ou de tratamento ambulatorial, cumprirá as formalidades legais, tal qual a guia de recolhimento.

CAPÍTULO II - DA CESSAÇÃO DA PERICULOSIDADE

Art. 175. A cessação da periculosidade será averiguada no fim do prazo mínimo de duração da medida de segurança, pelo exame das condições pessoais do agente, observando-se o seguinte:

I. a autoridade administrativa, até 1 mês antes de expirar o prazo de duração mínima da medida, remeterá ao Juiz minucioso relatório que o habilite a resolver sobre a revogação ou permanência da medida;

II. o relatório será instruído com o laudo psiquiátrico;

III. juntado aos autos o relatório ou realizadas as diligências, serão ouvidos, sucessivamente, o Ministério Público e o curador ou defensor, no prazo de 3 dias para cada um;

IV. o Juiz nomeará curador ou defensor para o agente que não o tiver;

V. o Juiz, de ofício ou a requerimento de qualquer das partes, poderá determinar novas diligências, ainda que expirado o prazo de duração mínima da medida de segurança;

VI. ouvidas as partes ou realizadas as diligências a que se refere o inciso anterior, o Juiz proferirá a sua decisão, no prazo de 5 dias.

Art. 176. Em qualquer tempo, ainda no decorrer do prazo mínimo de duração da medida de segurança, poderá o Juiz da execução, diante de requerimento fundamentado do Ministério Público ou do interessado, seu procurador ou defensor, ordenar o exame para que se verifique a cessação da periculosidade, procedendo-se nos termos do artigo anterior.

Art. 177. Nos exames sucessivos para verificar-se a cessação da periculosidade, observar-se-á, no que lhes for aplicável, o disposto no artigo anterior.

Como visto, no caso de inimputabilidade, é a periculosidade e não a culpabilidade o motivo de ser da execução. Assim, diferentemente dos presos submetido a pena privativa de liberdade, em que há modelos previamente impostos com tempos mínimos de cumprimento, as medidas de segurança estão em constante avaliação e, a princípio, a qualquer momento poderá ser verificada a cessação da periculosidade do sujeito.

Art. 178. Nas hipóteses de desinternação ou de liberação (artigo 97, § 3º, do Código Penal), aplicar-se-á o disposto nos artigos 132 e 133 desta Lei.

Art. 179. Transitada em julgado a sentença, o Juiz expedirá ordem para a desinternação ou a liberação.

Como observa **Guilherme de Souza Nucci**: "revê a lei penal que o tratamento ambulatorial pode ser convertido em internação, caso essa providência seja necessária para fins curativos. Nada fala, no entanto, quanto à conversão da internação em tratamento ambulatorial, o que se nos afigura perfeitamente possível. Muitas vezes, o agente pode não revelar periculosidade suficiente para ser mantido internado, mas ainda necessitar de um tratamento acompanhado. Assim, valendo-se, por analogia, da hipótese prevista no art. 97, § 4.º, do Código Penal, pode o magistrado determinar a desinternação do agente para o fim de se submeter a tratamento ambulatorial, que seria a conversão da internação em tratamento ambulatorial. Leia-se, uma autêntica desintegração progressiva". (NUCCI, Guilherme de Souza. Leis Penais e Processuais Penais Comentadas. 11. ed. São Paulo: Gen, 2018. 2. v.).

Assim como as penas privativas de liberdade, as medidas de segurança também têm fim. Foi-se o tempo em que eram vistas como perpétuas. A jurisprudência já determinou sua limitação no máximo pelo prazo determinado no art. 75 do Código Penal, havendo, contudo, entendimento ainda mais moderno de que a limitação da duração da medida de segurança seria o mesmo da pena máxima do crime imputado ao inimputável. Nesse sentido, a Súmula 517 do Superior Tribunal de Justiça: "O tempo de duração da medida de segurança não deve ultrapassar o limite máximo da pena abstratamente cominada ao delito praticado".

TÍTULO VII - DOS INCIDENTES DE EXECUÇÃO
CAPÍTULO I - DAS CONVERSÕES

Art. 180. A pena privativa de liberdade, não superior a 2 anos, poderá ser convertida em restritiva de direitos, desde que:

I. o condenado a esteja cumprindo em regime aberto;

II. tenha sido cumprido pelo menos 1/4 da pena;

III. os antecedentes e a personalidade do condenado indiquem ser a conversão recomendável.

A hipótese complementa o disposto no Código Penal, permitindo a conversão de pena privativa de liberdade que já esteja em cumprimento em pena restritiva de direitos, no âmbito da execução.

Art. 181. A pena restritiva de direitos será convertida em privativa de liberdade nas hipóteses e na forma do artigo 45 e seus incisos do Código Penal.

§ 1º A pena de prestação de serviços à comunidade será convertida quando o condenado:

a) não for encontrado por estar em lugar incerto e não sabido, ou desatender a intimação por edital;

b) não comparecer, injustificadamente, à entidade ou programa em que deva prestar serviço;

c) recusar-se, injustificadamente, a prestar o serviço que lhe foi imposto;

d) praticar falta grave;

e) sofrer condenação por outro crime à pena privativa de liberdade, cuja execução não tenha sido suspensa.

§ 2º A pena de limitação de fim de semana será convertida quando o condenado não comparecer ao estabelecimento designado para o cumprimento da pena, recusar-se a exercer a atividade determinada pelo Juiz ou se ocorrer qualquer das hipóteses das letras «a», «d» e «e» do parágrafo anterior.

§ 3º A pena de interdição temporária de direitos será convertida quando o condenado exercer, injustificadamente, o direito interditado ou se ocorrer qualquer das hipóteses das letras «a» e «e», do § 1º, deste artigo.

De outro lado, no caso de descumprimento de condições estabelecidas para as penas restritivas de direitos, a Lei de Execução Penal também possibilita a reconversão da pena alternativa em pena privativa de liberdade.

Art. 183. Quando, no curso da execução da pena privativa de liberdade, sobrevier doença mental ou perturbação da saúde mental, o Juiz, de ofício, a requerimento do Ministério Público, da Defensoria Pública ou da autoridade administrativa, poderá determinar a substituição da pena por medida de segurança.

Esse artigo prevê a efetiva substituição da pena por medida de segurança. Aqui não se trata das hipóteses anteriores, em que há uma suspensão da pena, mas há efetiva substituição com definitividade.

Vale registar, nesse ponto, que "Em se tratando de medida de segurança aplicada em substituição à pena corporal, prevista

LEI Nº 7.210, DE 11 DE JULHO DE 1984 - LEI DE EXECUÇÃO PENAL

no art. 183 da Lei de Execução Penal, sua duração está adstrita ao tempo que resta para o cumprimento da pena privativa de liberdade estabelecida na sentença condenatória. Precedentes desta Corte" (STJ, 6ª T., HC 373.405, rel. Min. Maria Thereza de Assis Moura, j. 06.10.2016).

>**Art. 184.** O tratamento ambulatorial poderá ser convertido em internação se o agente revelar incompatibilidade com a medida.
>
>**Parágrafo único.** Nesta hipótese, o prazo mínimo de internação será de 1 ano.

O tratamento ambulatorial é direcionado aos agentes que tenham praticado crime apenado com pena de detenção, considerados menos graves. Há, contudo, a hipótese desse tratamento tornar-se uma internação, caso se mostre incompatível com a realidade.

CAPÍTULO II - DO EXCESSO OU DESVIO

>**Art. 185.** Haverá excesso ou desvio de execução sempre que algum ato for praticado além dos limites fixados na sentença, em normas legais ou regulamentares.

Conforme observa a doutrina: "instaura-se um incidente próprio, que correrá em apenso ao processo de execução, quando houver desvio (destinação diversa da finalidade da pena) ou excesso (aplicação abusiva do previsto em lei) em relação ao cumprimento da pena, seja ela de que espécie for. Exemplos: a) o condenado é privado do trabalho, embora deseje participar das atividades, porque se encontra em cela isolada, apenas para garantir a sua incolumidade física, vez que se encontra ameaçado por outros presos. O Estado deve buscar formas alternativas de proteção à integridade dos presos, mas não pode privá-los do trabalho, que, além de um dever, é um direito do condenado. Trata-se de um desvio da execução penal; b) o condenado, por ter cometido alguma falta disciplinar, passa mais de trinta dias em isolamento, infringindo o disposto no art. 58 desta Lei. Há nítido excesso de execução; c) pode-se aventar uma hipótese mista, em que se vislumbra desvio e excesso. Imagine-se o preso inserido no regime disciplinar diferenciado por ter desrespeitado o diretor do presídio (falta grave), porém fato que não se coaduna com o previsto nas hipóteses do art. 52 desta Lei." (NUCCI, Guilherme de Souza. Leis Penais e Processuais Penais Comentadas. 11. ed. São Paulo: Gen, 2018. 2. v.).

>**Art. 186.** Podem suscitar o incidente de excesso ou desvio de execução:
>
>**I.** o Ministério Público;
>
>**II.** o Conselho Penitenciário;
>
>**III.** o sentenciado;
>
>**IV.** qualquer dos demais órgãos da execução penal.

Os demais órgãos da execução designam, especialmente, o Conselho Nacional de Política Criminal e Penitenciária - CNPCP, os Departamentos Penitenciários, o Patronato, o Conselho da Comunidade e, eventualmente, o próprio juiz, agindo de ofício.

CAPÍTULO III - DA ANISTIA E DO INDULTO

>**Art. 187.** Concedida a anistia, o Juiz, de ofício, a requerimento do interessado ou do Ministério Público, por proposta da autoridade administrativa ou do Conselho Penitenciário, declarará extinta a punibilidade.

Anistia é uma forma de perdão concedida por meio de lei. Nas palavras de Guilherme de Souza Nucci, anistia "é a declaração feita pelo Poder Público, através de lei, editada pelo Congresso Nacional, de que determinado fato, anteriormente considerado criminoso, se tornou impunível por motivo de utilidade social. Volta-se, primordialmente, a crimes políticos, mas nada impede a sua aplicação a outras infrações penais" (Leis Penais e Processuais Penais Comentadas - Vol. 2, 11ª edição. [VitalSource Bookshelf]). Seu efeito é a extinção da punibilidade do fato penal.

>**Art. 188.** O indulto individual poderá ser provocado por petição do condenado, por iniciativa do Ministério Público, do Conselho Penitenciário, ou da autoridade administrativa.

O indulto individual também chamado de graça é modalidade de perdão concedida pelo Presidente da República (CF, art. 84, XII) por meio de decreto autônomo. Os critérios para sua concessão são discricionários do Chefe do Executivo.

>**Art. 189.** A petição do indulto, acompanhada dos documentos que a instruírem, será entregue ao Conselho Penitenciário, para a elaboração de parecer e posterior encaminhamento ao Ministério da Justiça.
>
>**Art. 190.** O Conselho Penitenciário, à vista dos autos do processo e do prontuário, promoverá as diligências que entender necessárias e fará, em relatório, a narração do ilícito penal e dos fundamentos da sentença condenatória, a exposição dos antecedentes do condenado e do procedimento deste depois da prisão, emitindo seu parecer sobre o mérito do pedido e esclarecendo qualquer formalidade ou circunstâncias omitidas na petição.
>
>**Art. 191.** Processada no Ministério da Justiça com documentos e o relatório do Conselho Penitenciário, a petição será submetida a despacho do Presidente da República, a quem serão presentes os autos do processo ou a certidão de qualquer de suas peças, se ele o determinar.
>
>**Art. 192.** Concedido o indulto e anexada aos autos cópia do decreto, o Juiz declarará extinta a pena ou ajustará a execução aos termos do decreto, no caso de comutação.

Os artigos 189 a 192 trazem, textualmente, o procedimento para a realização de anistia e indulto.

>**Art. 193.** Se o sentenciado for beneficiado por indulto coletivo, o Juiz, de ofício, a requerimento do interessado, do Ministério Público, ou por iniciativa do Conselho Penitenciário ou da autoridade administrativa, providenciará de acordo com o disposto no artigo anterior.

De acordo com a doutrina, indulto coletivo é "a clemência concedida pelo Presidente da República, por decreto, a condenados em geral, desde que preencham determinadas condições objetivas e/ou subjetivas. Cuida-se, também, de ato discricionário do Chefe do Poder Executivo, sem qualquer vinculação a parecer de órgão da execução penal. Anualmente, no mínimo um decreto é editado (como regra, o denominado indulto de natal), podendo perdoar integralmente a pena, gerando a extinção da punibilidade, mas mantendo-se o registro da condenação na folha de antecedentes do beneficiário, para fins de reincidência e análise de antecedentes criminais, como pode perdoar parcialmente a pena, operando-se um desconto (comutação), sem provocar a extinção da punibilidade." (NUCCI, Guilherme Souza. Leis Penais e Processuais Penais Comentadas - Vol. 2, 11ª edição. [VitalSource Bookshelf]).

TÍTULO VIII - DO PROCEDIMENTO JUDICIAL

>**Art. 194.** O procedimento correspondente às situações previstas nesta Lei será judicial, desenvolvendo-se perante o Juízo da execução.

Todo o procedimento de execução é jurisdicional. O controle dos direitos é todos feito por meio do Poder Judiciário. Cabe ao poder executivo, unicamente, o cumprimento de suas determinações ou a realização de procedimento essencialmente internos aos estabelecimentos prisionais.

Art. 195. *O procedimento judicial iniciar-se-á de ofício, a requerimento do Ministério Público, do interessado, de quem o represente, de seu cônjuge, parente ou descendente, mediante proposta do Conselho Penitenciário, ou, ainda, da autoridade administrativa.*

Art. 196. *A portaria ou petição será autuada ouvindo-se, em 3 dias, o condenado e o Ministério Público, quando não figurem como requerentes da medida.*

§ 1º Sendo desnecessária a produção de prova, o Juiz decidirá de plano, em igual prazo.

§ 2º Entendendo indispensável a realização de prova pericial ou oral, o Juiz a ordenará, decidindo após a produção daquela ou na audiência designada.

O procedimento de execução é oficial, isto é, não há necessidade de requerimento pelo Ministério Público ou parte interessada.

O agravo é o único recurso previsto na Lei de Execução Penal. É denominado agravo em execução. Como não há previsão de seu procedimento, utiliza-se o rito dos recursos em sentido estrito, previsto nos Arts. 582 a 592 do Código de Processo Penal.

TÍTULO IX - DAS DISPOSIÇÕES FINAIS E TRANSITÓRIAS

As disposições finais e transitórias têm incidência muito baixa em provas e concursos, portanto, serão apenas transcritas abaixo. Elas se referem a temas que não são afetos diretamente aos demais temas da norma, ou simplesmente servem como orientação para a realização de outras normas, esgotando na edição delas a sua eficácia.

Art. 198. *É defesa ao integrante dos órgãos da execução penal, e ao servidor, a divulgação de ocorrência que perturbe a segurança e a disciplina dos estabelecimentos, bem como exponha o preso à inconveniente notoriedade, durante o cumprimento da pena.*

Art. 199. *O emprego de algemas será disciplinado por decreto federal.*

Art. 200. *O condenado por crime político não está obrigado ao trabalho.*

Art. 201. *Na falta de estabelecimento adequado, o cumprimento da prisão civil e da prisão administrativa se efetivará em seção especial da Cadeia Pública.*

Art. 202. *Cumprida ou extinta a pena, não constarão da folha corrida, atestados ou certidões fornecidas por autoridade policial ou por auxiliares da Justiça, qualquer notícia ou referência à condenação, salvo para instruir processo pela prática de nova infração penal ou outros casos expressos em lei.*

Art. 203. *No prazo de 6 (seis) meses, a contar da publicação desta Lei, serão editadas as normas complementares ou regulamentares, necessárias à eficácia dos dispositivos não autoaplicáveis.*

§ 1º Dentro do mesmo prazo deverão as Unidades Federativas, em convênio com o Ministério da Justiça, projetar a adaptação, construção e equipamento de estabelecimentos e serviços penais previstos nesta Lei.

§ 2º Também, no mesmo prazo, deverá ser providenciada a aquisição ou desapropriação de prédios para instalação de casas de albergados.

§ 3º O prazo a que se refere o caput deste artigo poderá ser ampliado, por ato do Conselho Nacional de Política Criminal e Penitenciária, mediante justificada solicitação, instruída com os projetos de reforma ou de construção de estabelecimentos.

§ 4º O descumprimento injustificado dos deveres estabelecidos para as Unidades Federativas implicará na suspensão de qualquer ajuda financeira a elas destinada pela União, para atender às despesas de execução das penas e medidas de segurança.

Art. 204. *Esta Lei entra em vigor concomitantemente com a lei de reforma da Parte Geral do Código Penal, revogadas as disposições em contrário, especialmente a Lei nº 3.274, de 2 de outubro de 1957.*

Brasília, 11 de julho de 1984; 163º da Independência e 96º da República.

8. LEI 13.675/2018 E DECRETO 9.489/2018

cria a política nacional de segurança pública e defesa social e institui o sistema único de segurança pública

8.1 Da Capacitação e da Valorização do Profissional em Segurança Pública e Defesa Social

Do Sistema Integrado de Educação e Valorização Profissional (Sievap)

É instituído o Sistema Integrado de Educação e Valorização Profissional (Sievap), com a finalidade de:

I. planejar, pactuar, implementar, coordenar e supervisionar as atividades de educação gerencial, técnica e operacional, em cooperação com as unidades da Federação;

II. identificar e propor novas metodologias e técnicas de educação voltadas ao aprimoramento de suas atividades;

III. apoiar e promover educação qualificada, continuada e integrada;

IV. identificar e propor mecanismos de valorização profissional.

O Sievap é constituído, entre outros, pelos seguintes programas:

I. matriz curricular nacional;

II. Rede Nacional de Altos Estudos em Segurança Pública (Renaesp);

III. Rede Nacional de Educação a Distância em Segurança Pública (Rede EaD-Senasp);

IV. programa nacional de qualidade de vida para segurança pública e defesa social.

Os órgãos integrantes do Susp terão acesso às ações de educação do Sievap, conforme política definida pelo Ministério Extraordinário da Segurança Pública.

A matriz curricular nacional constitui-se em referencial teórico, metodológico e avaliativo para as ações de educação aos profissionais de segurança pública e defesa social e deverá ser observada nas atividades formativas de ingresso, aperfeiçoamento, atualização, capacitação e especialização na área de segurança pública e defesa social, nas modalidades presencial e a distância, respeitados o regime jurídico e as peculiaridades de cada instituição.

A matriz curricular é **pautada nos direitos humanos**, nos princípios da andragogia (educação voltada ao adulto) e nas teorias que enfocam o processo de construção do conhecimento. Os programas de educação deverão estar em consonância com os princípios da matriz curricular nacional.

A Renaesp, integrada por instituições de ensino superior, observadas as **normas de licitação e contratos**, tem como objetivo:

I. promover cursos de graduação, extensão e pós-graduação em segurança pública e defesa social;

II. fomentar a integração entre as ações dos profissionais, em conformidade com as políticas nacionais de segurança pública e defesa social;

III. promover a compreensão do fenômeno da violência;

IV. difundir a cidadania, os direitos humanos e a educação para a paz;

V. articular o conhecimento prático dos profissionais de segurança pública e defesa social com os conhecimentos acadêmicos;

VI. difundir e reforçar a construção de cultura de segurança pública e defesa social fundada nos paradigmas da contemporaneidade, da inteligência, da informação e do exercício de atribuições estratégicas, técnicas e científicas;

VII. incentivar produção técnico-científica que contribua para as atividades desenvolvidas pelo Susp.

A **Rede EaD-Senasp é escola virtual destinada aos profissionais de segurança pública e defesa social** e tem como objetivo **viabilizar o acesso aos processos de aprendizagem**, independentemente das limitações geográficas e sociais existentes, com o propósito de democratizar a educação em segurança pública e defesa social.

8.2 Do Programa Nacional de Qualidade de Vida para Profissionais de Segurança Pública (Pró-Vida)

O Programa Nacional de Qualidade de Vida para Profissionais de Segurança Pública (Pró-Vida) tem por objetivo **elaborar, implementar, apoiar, monitorar e avaliar**, entre outros, os projetos de programas de atenção psicossocial e de saúde no trabalho dos profissionais de segurança pública e defesa social, bem como a integração sistêmica das unidades de saúde dos órgãos que compõem o Susp.

8.3 Disposições Finais

Os **documentos de identificação funcional dos profissionais da área de segurança pública e defesa social serão padronizados** mediante ato do Ministro de Estado Extraordinário da Segurança Pública e terão fé pública e validade em todo o território nacional.

Deverão ser realizadas **conferências a cada 5 (cinco) anos** para debater as diretrizes dos planos nacional, estaduais e municipais de segurança pública e defesa social.

Os entes federados integrantes do Sistema Nacional de Informações de Segurança Pública, Prisionais, de Rastreabilidade de Armas e Munições, de Material Genético, de Digitais e de Drogas (Sinesp) que deixarem de fornecer ou atualizar seus dados no Sistema não poderão receber recursos do Funpen.

Os integrantes do Sistema Nacional de Informações de Segurança Pública, Prisionais, de Rastreabilidade de Armas e

Munições, de Material Genético, de Digitais e de Drogas (Sinesp) que cumprirem os prazos estabelecidos pelo órgão competente para o fornecimento de dados e informações ao Sistema;

Os entes federados integrantes do Sistema Nacional de Informações de Segurança Pública, Prisionais, de Rastreabilidade de Armas e Munições, de Material Genético, de Digitais e de Drogas (Sinesp) que deixarem de fornecer ou de atualizar seus dados e informações no Sistema não poderão receber recursos do Pronasci."

8.4 O Decreto nº 9.489/18

A Política Nacional de Segurança Pública e Defesa Social será implementada por estratégias que garantam integração, coordenação e cooperação federativa, interoperabilidade, liderança situacional, modernização da gestão das instituições de segurança pública, valorização e proteção dos profissionais, complementaridade, dotação de recursos humanos, diagnóstico dos problemas a serem enfrentados, excelência técnica, avaliação continuada dos resultados e garantia da regularidade orçamentária para execução de planos e programas de segurança pública.

Parágrafo único. Configuram meios e instrumentos essenciais da Política Nacional de Segurança Pública e Defesa Social:

I. o Plano Nacional de Segurança Pública e Defesa Social - PNSP, que compreenderá o Plano Nacional de Enfrentamento de Homicídios de Jovens;

II. o Sistema Nacional de Informações e Gestão de Segurança Pública e Defesa Social; e

III. a atuação integrada dos mecanismos formados pelos órgãos federais de prevenção e controle de atos ilícitos contra a administração pública e referentes à ocultação ou à dissimulação de bens, direitos e valores.

O Ministério da Segurança Pública, responsável pela gestão, pela coordenação e pelo acompanhamento do Susp, orientará e acompanhará as atividades dos órgãos integrados ao Sistema, além de promover as seguintes ações:

I. apoiar os programas de aparelhamento e modernização dos órgãos de segurança pública e defesa social do País;

II. implementar, manter e expandir, observadas as restrições previstas em lei quanto ao sigilo, o Sistema Nacional de Informações e de Gestão de Segurança Pública e Defesa Social;

III. efetivar o intercâmbio de experiências técnicas e operacionais entre os órgãos policiais federais, estaduais, distrital e as guardas municipais;

IV. valorizar a autonomia técnica, científica e funcional dos institutos oficiais de criminalística, medicina legal e identificação, de modo a lhes garantir condições plenas para o exercício de suas competências;

V. promover a qualificação profissional dos integrantes da segurança pública e defesa social, especialmente nos âmbitos operacional, ético e técnico-científico;

VI. elaborar estudos e pesquisas nacionais e consolidar dados e informações estatísticas sobre criminalidade e vitimização;

VII. coordenar as atividades de inteligência de segurança pública e defesa social integradas ao Sistema Brasileiro de Inteligência; e

VIII. desenvolver a doutrina de inteligência policial.

8.5 Do Plano Nacional de Segurança Pública e Defesa Social

Caberá ao Ministério da Segurança Pública elaborar o PNSP, que deverá incluir o Plano de Nacional de Enfrentamento de Homicídios de Jovens, além de estabelecer suas estratégias, suas metas, suas ações e seus indicadores, direcionados ao cumprimento dos objetivos e das finalidades do Plano.

O PNSP terá duração de dez anos, contado da data de sua publicação e deverá ser estruturado em ciclos de implementação de dois anos.

Sem prejuízo do pressuposto de que as ações de prevenção à criminalidade devem ser consideradas prioritárias na elaboração do PNSP, o primeiro ciclo do PNSP editado após a data de entrada em vigor deste Decreto deverá priorizar ações destinadas a viabilizar a coleta, a análise, a atualização, a sistematização, a interoperabilidade de sistemas, a integração e a interpretação de dados:

I. de segurança pública e defesa social;

II. prisionais;

III. de rastreabilidade de armas e munições;

IV. relacionados com perfil genético e digitais; e

V. sobre drogas.

O PNSP será estabelecido após processo de consulta pública, efetuada por meio eletrônico.

AlfaCon
Concursos Públicos

Esta tabela é uma sugestão de como você pode organizar seu plano de estudo. Para cada dia, você deve reservar um tempo para duas disciplinas e também para a resolução de exercícios e/ou revisão de conteúdos. Fique atento ao fato de que o horário precisa ser determinado por você, ou seja, a duração e o momento do dia em que será feito o estudo é você quem escolhe.

TABELA SEMANAL

SEMANA	SEGUNDA	TERÇA	QUARTA	QUINTA	SEXTA	SÁBADO	DOMINGO
1							
2							
3							
4							

Esta tabela é uma sugestão de como você pode organizar seu plano de estudo. Para cada dia, você deve reservar um tempo para duas disciplinas e também para a resolução de exercícios e/ou revisão de conteúdos. Fique atento ao fato de que o horário precisa ser determinado por você, ou seja, a duração e o momento do dia em que será feito o estudo é você quem escolhe.

TABELA SEMANAL

SEMANA	SEGUNDA	TERÇA	QUARTA	QUINTA	SEXTA	SÁBADO	DOMINGO
1							
2							
3							
4							

App AlfaCon Notes

O **AlfaCon Notes** é um aplicativo perfeito para registrar suas **anotações de leitura**, deixando seu estudo **mais prático**. Viva a experiência Alfacon Notes. Para instalar, acesse o Google Play ou a Apple Store.

Se liga no **vídeo!**

Cada tópico de seu livro contém **um Código QR** ao lado.

Escolha o tópico e faça a leitura do Código QR utilizando o aplicativo AlfaCon Notes para registrar sua anotação.

Pronto para essa **nova experiência?** Então, baixe o App **AlfaCon Notes** e crie suas anotações.

Disponível na App Store

Disponível na Google play

Acesse seu material complementar:

1 Acesso o site **www.alfaconcursos.com.br** para se cadastrar **gratuitamente** ou para efetuar seu login.

2 Na aba Resgatar código, digite o código abaixo. Seu código estará disponível por 120 dias a partir do primeiro acesso.

CÓDIGO DE ACESSO

| SEJU | AGENPOLI | RESGATAR |

3 Após a validação do código, você será redirecionado para a página em que constam seus materiais (erratas, atualizações e material complementar). Todo esse conteúdo está disponível gratuitamente.

É mais que um livro, é uma experiência!